유통의 개념과 기능, 유통산업에 대한 최근의 환경변화, 유통산업의 특성과 역할, 유통경로 및 구조, 유통업태 등에서 폭넓게 출제되고 있다.

세부적으로 보면 유통경영전략의 수립과 실행, 조직의 구성과 관리, 인적자원관리, 재무관리, 구매 및 조달관리, 도소매 물류, 재고비와 재고관리기법, 물류비, 물류아웃소싱과 제3자 물류(3PL)와 제4자물류(4PL), 공급사슬관리(SCM), 기업의 사회적 책임(CSR)과 기업윤리 등에 관한 다양한 문제가 자주 출제되고 있다.

2. 상권분석

유통관리사 시험의 제2과목인 상권분석은 유통 상권조사, 입지분석, 개점전략 등 세 부분으로 구성되어 있다. 이 중 유통 상권조사에서 45~55% 이상, 입지분석에서 35~45% 정도 출제되고 있다. 특히 유통 상권조사에서는 상권의 다양한 개념과 상권분석의 기초가 되는 이론들이 나오기 때문에 많이 출제되고 있다.

상권분석은 많은 수험생들이 비교적 수월하게 생각하는 과목이다. 그러나 실수할 수 있는 내용들도 꽤 있기 때문에 가볍게만 보지 말고 기본적인 내용을 잘 정리해 두어야 한다.

세부적으로는 상권의 개념과 유형, 기존점포와 신규점포에 대한 상권분석방법, 상권의 측정과 관련된 내용(IRS, MEP 등), 입지의 유형(특히 도심입지와 쇼핑센터, 독립입지 등)과 선정, 점포개점계획, 상권분석에 관한 이론 등이 자주 출제된다.

3. 유통마케팅

25문항이 출제되는 유통마케팅은 크게 유통마케팅 전략기획, 점포관리, 상품판매와 고객관리, 유통마케팅 조사와 평가 등으로 구성되어 있지만 마케팅 이론과 실무적인 내용들은 물론 최근에 새로 등장하고 있는 마케팅 기법들도 출제되므로 범위가 매우 넓다고 볼 수 있다.

세부적으로 보면 마케팅의 기본개념, 마케팅요소 4P와 4C 및 마케팅 믹스, STP전략을 포함한 유통경쟁전략, 상품수명주기별 마케팅 전략, 가격설정, 판매촉진, 점포의 레이아웃과 진열기법, 머천다이징, 고객관계관리(CRM), 마케팅 조사 방법 등에 관한 내용이 주로 출제되고 있다.

Preface

4. 유통정보

20문항이 출제되는 유통정보는 유통관리사 시험을 처음 준비하는 수험생들이 가장 힘들어하는 과목이다. 그 이유는 그동안 살면서 듣도 보도 못한 생소한 영문약자 용어들이 아주 많기 때문이다. 그러나 용어의 원어 의미를 하나하나 확인하면서 내용을 이해 및 암기하고, 전체적인 흐름을 파악하면 의외로 고득점을 할 수 있는 과목이다.

유통정보에 나오는 내용 중 상당부분은 유통물류일반관리와 유통마케팅에서도 함께 나오고 있고, 이미 나왔던 문제들이 반복해서 나오는 경우가 많이 있다. 따라서 기본적인 내용을 학습하고 문제를 충분히 풀어보면 쉽게 접근할 수 있다.

유통정보의 구성은 최근 유통업계의 이슈 및 기술 동향을 고려하여 2024년부터 유통정보의 이해, 주요 유통정보화 기술 및 시스템, 유통정보의 관리와 활용, 전자상거래의 이해, 유통혁신을 위한 정보자원관리, 신융합기술의 활용으로 변경되었다. 특히 공급망에서 유통혁신을 위한 정보자원관리의 중요성을 이해하고, 4차 산업혁명 기술 발전에 따른 신융합기술이 유통분야에 응용되는 경향을 반영하기 위하여 해당 내용이 추가되었으므로 학습과정에서 이에 대한 대비가 필요하다.

세부적으로 살펴보면, 유통정보에서 데이터 거버넌스에 대한 관심이 증가하고 개인정보와 프라이버시에 대한 중요도가 높아짐에 따라 새로 추가된 내용을 학습하여야 한다. 또한 빅데이터, 인공지능, 사물인터넷, 로보틱스, 블록체인, 클라우드컴퓨팅, 가상현실, 자율주행 등 신융합기술에 대한 이해가 요구된다. 한편 지식경영의 비중이 줄어들고, 시험범위와 직무특성의 적합성을 제고하기 위하여 전자상거래에 관한 범위가 축소되었다. 이러한 출제경향의 변화를 파악하여 효율적으로 학습하는 것이 중요하다.

본 교재가 그동안 여러분들의 노력이 합격이라는 결실로 맺어지는 데 보탬이 되기를 바라며, 수험생 모두의 행운과 안녕을 기원합니다.

편저자 씀

개정1쇄
한권으로
끝내기

Only 1 합격을 위한 최상의 선택

유통관리사 2급

유통관리사 핵심요약

황사빈 · 류하영 공편저

- 유통물류일반관리
- 상권분석
- 유통마케팅
- 유통정보

(주)아이엠에듀
iamEDU

Preface

유통관리사 시험은 유통물류일반관리, 상권분석, 유통마케팅 및 유통정보 4과목으로 나누어 시행된다. 그러나 시행처가 제시하는 각 과목의 출제기준에서 보면 일부 중복되는 내용도 있고, 실제 시험에서도 과목 간의 경계가 명확하지 않아 다른 과목에서도 중복 출제되는 경우도 많이 있다. 유통물류일반관리에 유통마케팅이나 유통정보, 심지어는 상권분석 문제까지 출제되고 있고, 다른 과목의 경우에도 마찬가지이다. 중요한 내용은 여러 과목에 걸쳐 반복해서 출제되고 있는 것이다.

최근 들어 난이도가 매우 높은 문제, 출제범위에 포함되지 않은 문제도 출제되고 있고, 유통전문가를 양성한다는 취지에서 대학 고학년에서나 배우는 매우 전문적인 내용들도 많이 출제되고 있다. 그만큼 폭넓게 공부하여 시험을 준비해야 한다는 것을 의미한다.
또한 광고, 진열, 포장, 고객응대, 컴플레인에 대한 대응 등 판매실무에 관한 내용들이 많이 나오고 있다. 기본서에 최대한 반영을 하였지만 범위가 넓기 때문에 한계가 있다.

근래 등장한 새로운 개념에 기반을 둔 시사적인 내용들도 신경을 써야 한다. 최근 IT와 ICT의 눈부신 발전에 따라 새롭게 등장하고 있는 O2O 기반의 옴니채널 등 신업태, IoT, SNS 마케팅 등도 관심있게 보고 지나가야 할 내용이다.

본서는 2024년 출제기준을 반영하여 구성하였다. 따라서 먼저 기본서의 내용을 학습하면서 예시문제나 연습문제를 충분히 풀어본 후 최근의 기출문제부터 과거의 문제까지 역순으로 풀어본다면 시험에서 좋은 결과를 얻게 될 것이다.

1. 유통물류일반관리

  유통관리사 시험의 제1과목인 유통물류일반관리는 크게 유통의 이해, 유통경영전략, 유통경영관리, 물류경영관리, 유통기업의 윤리와 법규로 구성되어 있다. 유통관리 전반에 걸친 내용은 물론 경영학의 전체 내용이 출제범위에 포함되어 있어 가장 광범위하고 포괄적인 과목이라고 할 수 있다. 또한 다른 과목과도 연계되어 있어 시간이 걸려도 전체 내용을 잘 정리해 두어야 한다.

시험안내

01 개요 및 전망

유통업체의 전문화, 대형화와 국내 유통시장 개방으로 판매(구 판매관리사 취득자는 유통관리사 취득확인서 및 자격증 신청가능 함)유통전문가의 양성이 필수적임, 유통관리사 검정은 소비자와 생산자 간의 커뮤니케이션, 소비자 동향 파악 등 판매현장에서 활약할 전문가의 능력을 평가하는 시험이다.

※ 2024년부터 유통관리사 출제기준이 변경됨.

1 시행 기관

대한상공회의소

2 자격체제(등급)

1급, 2급, 3급

3 직무 내용

유통관리사는 다음의 직무를 수행한다.
1. 유통경영·관리 기법의 향상
2. 유통경영·관리와 관련한 계획·조사·연구
3. 유통경영·관리와 관련한 진단·평가
4. 유통경영·관리와 관련한 상담·자문
5. 그 밖에 유통경영·관리에 필요한 사항

- **유통관리사 1급** : 유통업 경영에 관한 전문석인 지식을 터득하고 경영계획의 입안과 종합적인 관리업무를 수행할 수 있는 자 및 중소유통업의 경영지도 능력을 갖춘 자
- **유통관리사 2급** : 유통에 관한 전문적인 지식을 터득하고 관리업무 및 중소유통업 경영지도의 보조업무능력을 갖춘 자
- **유통관리사 3급** : 유통실무에 관한 기본적인 지식과 기술을 터득하고 판매업무를 직접 수행할 수 있는 능력을 갖춘 자

4 자격 취득 요건

산업통상자원부장관이 실시하는 유통관리사 자격시험에 합격하여야 한다.

Information

5 자격 취득자의 진로

- 백화점, 쇼핑센터 등 대규모 유통업체에서 경영진으로 활동할 수 있다.
- 정부가 종업원의 일정비율 이상을 유통관리사로 고용하도록 의무화하고 있을 뿐만 아니라 관련 업체에서도 유통관리사 확보에 열을 올리고 있어 취업전망은 양호한 편이다.

02 유통관리사 시험

1 응시자격

- 1급 시험의 응시자격이 있는 자는 다음 각호의 1에 해당하는 자이어야 한다.
  1. 유통분야에서 만 7년 이상의 실무경력이 있는 자
  2. 유통관리사 2급 자격을 취득한 후 만 5년 이상의 실무경력이 있는 자
  3. 「경영지도사 및 기술지도사에 관한 법률」 제3조에 따른 경영지도사 자격을 취득한 자로서 실무경력이 만 3년 이상인 자
- 2급, 3급 : 제한 없음
- 유통관리사의 자격이 취소된 자는 그 취소일부터 3년간 시험에 응시할 수 없다.

2 시험과목별 문항수

등급	검정방법	시험과목	문항수	총문항수	제한시간(분)	출제방법
1급	필기시험	• 유통경영 • 물류경영 • 상권분석 • 유통마케팅 • 유통정보	20 20 20 20 20	100	100	객관식 5지선다
2급	필기시험	• 유통물류일반관리 • 상권분석 • 유통마케팅 • 유통정보	25 20 25 20	90	100	객관식 5지선다
3급	필기시험	• 유통상식 • 판매 및 고객관리	20 25	45	45	객관식 5지선다

시험안내

[2024년 출제기준 주요개편 내용]

출제기준	2급		
		• 주요항목 이하 적합한 과목에 맞춰 재배정	(상권분석) 세부항목 '상권의 개요' 중 '상권조사의 방법과 분석' 세부항목 '상권설정 및 분석'으로 위치 변경
		• 최신 경향 및 트렌드 반영하여 내용 추가	(유통마케팅) 주요항목 '디지털 마케팅 전략' 추가
		• 최신 경향 및 트렌드 반영하여 내용 축소	(유통정보) 주요항목 '주요 유통정보화기술 및 시스템'의 세부항목 이하를 최근 감소된 중요도를 고려하여 내용 축소
		• 2급 수준으로 적절하지 않은 항목 조정	(유통물류일반관리) 주요항목 '유통경영관리'의 세세항목으로 제시된 '조직이론의 변천과정'을 '조직이론'으로 위치 변경
		• NCS 유통관리 내용 반영	(유통마케팅) NCS 유통관리에 제시되어 있는 '상품 로스(Loss)관리'를 주요항목 '상품판매와 고객관리'의 세세항목으로 추가

3 합격 기준

필기시험 : 1과목당 100점을 만점으로 하여 각 과목별 성적이 40점 이상, 전 과목 평균성적이 60점 이상

Contents

1과목 유통물류일반관리

Chapter 01 유통의 이해

제1절 유통의 이해 ·· 4
   1. 유통의 개념과 분류 / 4   2. 유통(중간상)의 필요성 / 5
   3. 유통기능(function)과 유통흐름(flow) / 6

제2절 유통경로 및 구조 ·· 13
   1. 유통경로의 개념 / 13   2. 유통경로의 유용성 / 13
   3. 유통경로의 유형과 관리 / 16   4. 유통경로의 조직 / 17
   5. 유통경로의 믹스 / 21   6. 유통경로 결정에 관한 이론 / 24
   7. 유통경로에서의 힘과 갈등관리 / 27   8. 소매업의 기능 및 특성 / 29
   9. 소매업 발전에 관한 이론 / 31   10. 도매업의 기능 및 특성 / 36
   11. 도매상의 유형 / 38

제3절 유통경제와 유통산업의 이해 ·· 41
   1. 유통환경의 변화와 특징 / 41   2. 유통산업의 경제적 역할 / 43
   3. 유통비용과 이윤 / 44

   ▶ 실전감각 기르기 ·· 46

Chapter 02 유통경영전략

제1절 유통경영환경분석 ·· 64
   1. 유통경영전략의 필요성과 이해 / 64   2. 유통기업의 비전과 목표 / 65
   3. 유통경영의 외부적·내부적 요소분석 / 66

제2절 유통경영전략의 수립과 실행 ·· 69
   1. 경쟁우위와 경쟁전략 / 69   2. 경영혁신 / 73

   ▶ 실전감각 기르기 ·· 75

차례

Chapter 03 유통경영관리

제1절 조직관리 ·· 83
1. 조직의 이해 / 83
2. 조직구조의 설계 / 83
3. 조직구조의 유형 / 85
4. 조직의 목표관리 / 87
5. 리더십 / 88
6. 조직의 동기부여 / 95

제2절 인적자원관리 ·· 100
1. 인적자원관리의 기초와 개념 / 100
2. 직무분석 / 101
3. 직무평가 / 104
4. 인사고과 / 106
5. 인적자원의 확보와 개발 / 109
6. 인적자원의 보상과 유지 / 110

제3절 재무관리 ·· 113
1. 재무관리의 개요 / 113
2. 자본예산과 자본조달 / 114
3. 재무분석 / 116

제4절 회계관리 ·· 118
1. 회계의 기초 / 118
2. 재무회계의 개념체계 / 119

제5절 구매 및 조달관리 ·· 122
1. 구매 및 조달관리의 개념과 절차 / 122
2. 품질관리 / 123
3. 공급자 선택 및 관리 / 125
4. 구매실무 / 126

▶ 실전감각 기르기 ··· 131

Chapter 04 물류경영관리

제1절 도소매 물류의 이해 ·· 150
1. 도소매 물류의 기초 / 150
2. 도소매 물류의 고객서비스 / 156

제2절 도소매 물류관리 ·· 158
1. 수요예측 / 158
2. 재고관리 / 161
3. 운송, 보관 및 하역 / 163
4. 포장 및 하역 / 166
5. 물류관리를 위한 정보기술 / 169
6. 물류비 / 171
7. 물류 아웃소싱과 제3자 물류, 제4자 물류 / 174
8. 공급사슬관리 / 177

▶ 실전감각 기르기 ··· 180

Contents

Chapter 05 유통기업의 윤리와 법규

제1절 기업윤리의 기본개념 ·· 199
   1. 기업윤리의 기본개념 / 199   2. 유통기업의 사회적 책임 / 201

제2절 기업윤리의 기본원칙 ·· 202
   1. 공리주의 / 202   2. 권리와 의무 / 203
   3. 정의와 공평성 / 204

제3절 유통관련법규 ·· 205
   1. 유통산업발전법 / 205   2. 전자문서 및 전자거래기본법 / 208
   3. 소비자기본법 / 208
   ▶ 실전감각 기르기 ·· 211

2과목 상권분석

Chapter 01 유통 상권조사

제1절 상권의 개요 ·· 224
   1. 상권의 정의와 유형 / 224   2. 상권의 계층성 / 226

제2절 상권분석 및 설정 ·· 228
   1. 상권분석의 의의와 방법 / 228   2. 상권·입지분석의 제이론 / 232
   3. 상권설정의 의의와 방법 / 244
   ▶ 실전감각 기르기 ·· 247

차 례

Chapter 02 입지분석

제1절 입지의 개요 ··· 268
   1. 소매입지와 도매입지의 개요 / 268

제2절 입지별 유형 ··· 269
   1. 도시공간구조 / 269   2. 도심입지와 독립입지 / 270
   3. 쇼핑센터 / 272   4. 복합용도개발지역 / 276

제3절 입지선정 및 분석 ··· 278
   1. 입지선정의 의의 / 278   2. 소매입지의 평가 / 285
   3. 입지영향인자 / 291   4. 백화점의 입지선정 / 299
   5. 의류패션전문점의 입지선정 / 301
   6. 패션잡화점, 생활용품 전문점 및 식료품점의 입지선정 / 303

제4절 경쟁점 조사·분석 및 대책 ··· 305
   1. 경쟁점 조사 방법 / 305   2. 경쟁점 분석 / 307
   3. 경쟁점 대책 / 308
   ▶ 실전감각 기르기 ·· 310

Chapter 03 개점전략

제1절 개점계획 ··· 330
   1. 점포개전의 의의와 원칙 / 330   2. 투자의 기본계획 / 331
   3. 개점입지에 대한 법률규제 검토 / 332

제2절 점포의 개점과 폐점 ··· 336
   1. 출점 및 개점 / 336   2. 내점객 조사 / 338
   3. 업종전환과 폐점 / 340
   ▶ 실전감각 기르기 ·· 342

Contents

3과목 유통마케팅

Chapter 01 유통마케팅 전략기획

제1절 유통마케팅 전략 ··· 354
- 1. 유통마케팅의 개요 / 354
- 2. 유통마케팅 환경분석 / 358
- 3. 시장세분화 등 STP 전략 / 360
- 4. 포지셔닝 전략 / 366

제2절 유통경쟁전략 ··· 367
- 1. 유통경쟁의 개요 / 367
- 2. 환경 분석과 기업능력 분석 / 376
- 3. 서비스 마케팅 / 377

제3절 상품관리 및 머천다이징 전략 ··· 382
- 1. 머천다이징 및 상품관리의 개요 / 382
- 2. 머천다이징과 브랜드 / 386
- 3. 업태별 머천다이징 및 상품기획 / 389
- 4. 상품 카테고리 계획과 관리 / 391
- 5. 제품수명주기별 상품관리전략 / 392

제4절 가격관리전략 ··· 396
- 1. 가격관리의 개요 / 396
- 2. 가격설정의 방법 / 399
- 3. 가격설정정책 / 402

제5절 촉진관리 전략 ··· 406
- 1. 촉진관리 전략의 개요 / 406
- 2. 프로모션믹스 / 410
- 3. 디지털 마케팅 전략 / 416
- 4. 소셜미디어 마케팅 / 418

▶ 실전감각 기르기 ··· 419

Chapter 02 점포관리

제1절 점포구성 및 레이아웃 ··· 447
- 1. 매장 레이아웃 및 상품진열 / 447

제2절 매장환경관리 ··· 448
- 1. 매장환경과 환경관리 / 448
- 2. 매장의 내·외부 환경관리 / 449

제3절 상품진열 ··· 450
 1. 진열의 개요 / 450   2. 진열의 기본조건 / 451
 3. 진열의 형식 및 기법 / 453   4. 상품포장 / 457

제4절 비주얼 프리젠테이션 ·· 459
 1. 디스플레이 웨어 / 459

제5절 머천다이징 ·· 459
 1. 머천다이징의 개요 / 459   2. 상품의 매입과 구매계획 / 461
 3. 상품의 발주와 재발주 / 465   4. 비주얼 머천다이징(VMD) / 466

 ▶ 실전감각 기르기 ·· 468

Chapter 03   상품판매와 고객관리

제1절 상품판매와 고객서비스 ·· 481
 1. 상품판매의 의의 / 481   2. 고객정보의 수집과 고객응대 / 482
 3. 고객 컴플레인 대응 / 484

제2절 CRM 전략 및 구현방안 ··· 487
 1. CRM의 배경 및 장점 / 487   2. CRM의 유형과 구현단계 / 489

 ▶ 실전감각 기르기 ·· 494

Chapter 04   유통마케팅 조사와 평가

제1절 유통마케팅 조사 ··· 501
 1. 유통마케팅 조사의 개요 / 501 2. 유통마케팅 조사의 절차와 방법 / 501
 3. 유통마케팅 자료분석기법 / 508 4. 마케팅 정보시스템 / 510

제2절 유통마케팅 성과평가 ··· 512
 1. 유통마케팅 성과평가의 개요 / 512 2. 유통마케팅 목표의 평가 / 512
 3. 유통업의 성과평가 / 513   4. 경로구성원의 평가 / 519

 ▶ 실전감각 기르기 ·· 521

Contents

4과목 유통정보

Chapter 01 유통정보의 이해

제1절 정보의 개념과 정보화 사회 ·· 540
    1. 정보와 자료의 개념 / 540   2. 정보와 자료, 지식 간의 관계 / 542
    3. 정보혁명의 의의와 특성 / 543   4. 정보화 사회의 개요 / 544
    5. 정보화 사회의 특징과 문제점 / 547

제2절 정보와 유통혁명 ··· 548
    1. 유통정보혁명의 시대 / 548
    2. 유통업에 있어서의 정보혁명과 유통업태의 변화 / 549

제3절 정보와 의사결정 ·· 550
    1. 의사결정의 이해 / 550   2. 의사결정의 종류와 정보 / 552
    3. 의사결정상의 오류와 정보 / 553

제4절 지식경영과 지식관리시스템의 활용 ··· 555
    1. 지식경제와 지식경영 / 555   2. 지식경영 관련 이론 / 556

제5절 지식경영 프로세스 ··· 558
    1. 지식근로자와 지식경영자 / 558   2. 지적 자본과 지식기반 조직 / 559
    3. 조직문화와 지식문화 / 560   4. 지식경영 프로세스 / 561

제6절 지식경영 정보기술과 지식관리시스템 ··· 564
    1. 지식경영 정보기술 / 564   2. 지식관리시스템 / 565

제7절 유통정보시스템 ··· 566
    1. 정보시스템의 개념 및 설계 / 566   2. 정보시스템의 유형 / 568
    3. 정보시스템의 운영환경적 특성 / 571   4. 유통정보시스템의 중요성 / 573
    5. 유통정보시스템의 구성요소 / 574   6. 유통정보시스템의 구축 / 576
    ▶ 실전감각 기르기 ··· 578

차 례

Chapter 02 주요 유통정보화 기술 및 시스템

제1절 바코드의 개념 및 활용 ·· 599
1. 바코드와 유통정보화 / 599 2. 바코드와 국제표준 / 602
3. 공통상품코드 / 607 4. 상품코드체계 / 612
5. 상품코드의 종류 / 614

제2절 POS 시스템의 개념 및 활용 ·· 617
1. POS 도입과 유통네트워크화 / 617 2. POS 시스템의 효과 / 618
3. POS 데이터의 분류 및 활용 / 619 4. POS 데이터의 수집과 분석 / 620
5. POS 정보의 활용 / 621

제3절 EDI의 개념 및 활용 ·· 622
1. EDI의 의의 / 622
2. EDI의 효과 / 624
3. VAN, CALS, Internet, Intranet & Extranet / 625

제4절 QR 시스템의 개념 및 활용 ·· 631
1. QR의 의의 / 631 2. QR의 효과 / 632

제5절 발주시스템 ·· 635
1. 재고보충 시스템 / 635 2. 재고관리 방식 / 636
▶ 실전감각 기르기 ··· 638

Chapter 03 유통정보의 관리와 활용

제1절 데이터관리 ·· 660
1. 데이터 웨어하우징과 데이터 마이닝 / 660 2. 데이터 거버넌스 / 666

제2절 개인정보보호와 프라이버시 ·· 667
1. 개인정보보호와 프라이버시의 개념 / 667 2. 개인정보보호 정책 / 668
3. 개인정보보호 방안 및 보안시스템 / 670

Contents

제3절 고객충성도 프로그램 ··· 673
   1. 고객충성도 프로그램의 개념과 필요성 / 673   2. 고객충성도 프로그램을 위한 정보기술 / 675
   ▶ 실전감각 기르기 ··· 676

Chapter 04   전자상거래의 이해

제1절 전자상거래 개요 ··· 684
   1. 전자상거래의 개념 및 특징 / 684   2. 전자상거래 프로세스 / 686

제2절 전자상거래 운영 ··· 687
   1. 전자상거래 기반기술 / 687   2. e-Catalog / 688
   3. e-Marketplace / 689   4. e-Procurement / 692
   5. CM, TOC, CPFR, APS, ATP / 693   6. 전자결제시스템 / 697
   ▶ 실전감각 기르기 ··· 701

Chapter 05   유통혁신을 위한 정보자원관리

제1절 ERP 시스템 ··· 718
   1. ERP 개념 / 718   2. ERP 요소기술 / 719
   3. ERP 구축 / 720   4. ERP 적용 / 720

제2절 CRM 시스템 ·· 721
   1. CRM 개념 / 721   2. e-CRM 개념 / 722
   3. CRM 요소기술 / 723   4. CRM 분류 및 구축 / 724
   5. CRM 적용 / 725

제3절 SCM 시스템 ·· 726
   1. SCM 개념 / 726   2. e-SCM 개념 / 728
   3. SCM 요소기술 / 729   4. SCM 요소기술 및 정보시스템 / 729
   5. SCM 구축 및 활용의 성과측정 / 732
   ▶ 실전감각 기르기 ··· 734

차 례

Chapter 06 신융합기술의 활용

제1절 4차 산업혁명과 신융합기술 ··········· 740
1. 4차 산업혁명과 유통 산업의 변화 / 740

제2절 4차 산업혁명 신융합기술의 개념 및 활용 ··········· 741
1. 빅데이터와 애널리틱스 / 741
2. 인공지능 / 741
3. RFID / 742
4. 사물인터넷 / 747
5. 로보틱스와 자동화 / 748
6. 블록체인과 핀테크 / 749
7. 클라우드 컴퓨팅 / 751
8. 가상현실과 메타버스 / 752
9. 스마트물류와 자율주행 / 753

▶ 실전감각 기르기 ··········· 754

부록 최근기출문제

2023년 제1회 유통관리사 ··········· 764
2023년 제2회 유통관리사 ··········· 802
2023년 제3회 유통관리사 ··········· 844

유통관리사 한권으로 끝내기

유통관리사 한권으로 끝내기

1과목
유통물류일반관리

유통관리사 출제경향 및 학습전략

1 기출문제분석

대분류	중분류	2021 1회	2021 2회	2021 3회	2022 1회	2022 2회	2022 3회	2023 1회	2023 2회	2023 3회	합계
유통의 이해	유통의 이해	3	4	3	4	2	3	2	2	2	25
	유통경로 및 구조	4	4	5	1	1	2	4	4	4	29
	유통경제										
	유통산업의 이해·환경									1	1
유통경영 전략	유통경영환경 분석	1	1	1				1	1		5
	유통경영전략의 수립과 실행	2	2	2	2	3	2	3	3	3	22
	유통경영전략의 평가 및 통제		1		2	2	2	1	1	1	10
유통경영 관리	조직관리	1	2	3		2	3	1	1		13
	인적자원관리	1	1	1	2	1	2	1	2	1	12
	재무관리	2		1	1	1	1	1	1	2	10
	구매 및 조달관리	1	2	4	1	2	3	2	2	2	19
물류경영 관리	도소매 물류의 이해	4	3	1	2	1	1	3	4	3	22
	도소매 물류관리	4	3	2	5	8	4	4	4	4	38
유통기업의 윤리와 법규	기업윤리의 기본개념	1	1		1						3
	유통관련법규	1	1	2	2	2	1	2	2	2	15
기 타											

유통물류일반관리

2 학습 전략

유통관리사 시험의 제1과목인 유통물류일반관리는 크게 유통의 이해, 유통경영전략, 유통경영관리, 물류경영관리, 유통기업의 윤리와 법규로 구성되어 있다. 유통관리 전반에 걸친 내용은 물론 경영학과 물류학의 전체 내용이 출제범위에 포함되어 있어 가장 광범위하고 포괄적인 과목이라고 할 수 있다. 또한 다른 과목과도 연계되어 있어 시간이 걸려도 전체 내용을 잘 정리해 두어야 한다.

유통의 개념과 기능, 유통산업에 대한 최근의 환경변화, 유통산업의 특성과 역할, 유통경로 및 구조, 유통업태 등에서 폭넓게 출제되고 있다.
세부적으로 보면 유통경영전략의 수립과 실행, 조직의 구성과 관리, 인적자원관리, 재무관리, 구매 및 조달관리, 도소매 물류, 재고비와 재고관리기법, 물류비, 물류아웃소싱과 제3자 물류(3PL)와 제4자 물류(4PL), 공급사슬관리(SCM), 기업의 사회적 책임(CSR)과 기업윤리 등에 관한 다양한 문제가 자주 출제되고 있다.

CHAPTER 01 유통의 이해

제1절 유통의 이해

1 유통의 개념과 분류

(1) 유통의 개념

① 유통의 의의
  ㉠ 유통(distribution)은 생산과 소비의 결합을 매개로 하는 일련의 비즈니스 과정으로, 어떤 상품이나 서비스를 생산자로부터 소비자에게 이전시키기 위한 제반활동을 말한다. 즉, 유통은 생산으로부터 소비에 이르는, 상품 및 서비스의 사회적 이전에 관련된 모든 인간의 활동을 말한다.
  ㉡ 유통경로(distribution channel)는 최초의 생산단계에서 생산된 상품이 최종 소비자에게 전달되기까지의 과정을 의미한다.

② 유통의 역할
  ㉠ 사회적 불일치 극복 : 생산과 소비 사이에는 생산자와 소비자가 별도로 존재한다는 사회적 분리가 있다. 그러나 유통은 생산과 소비 사이에 발생하는 사회적인 간격을 줄여 주는 역할을 한다.
  ㉡ 장소적 불일치 극복 : 생산과 소비 사이에는 상품이 생산되는 생산자와 소비되는 소비자가 서로 다르다는 장소적 분리가 있으나, 적절한 운송 등의 유통활동을 통하여 생산자와 소비자 사이의 장소적인 차이를 해소하여 장소적 효용(지리적·공간적 효용)을 창출하는 역할을 한다.
  ㉢ 시간적인 불일치 극복 : 생산과 소비의 사이에는 생산 시기와 소비 시기의 차이라는 시간적 분리가 있다. 유통은 생산된 재화의 적절한 보관 등을 통하여 시간적인 차이를 해소하여 시간적 효용을 창출하는 역할을 한다.

(2) 유통산업과 유통경로

① 유통산업과 유통경로
  ㉠ 유통산업(distribution industry)은 "도매상, 소매상, 물적 유통기관 등과 같이 유통기능을 수행·지원하는 유통기업들의 집합"을 의미한다.
  ㉡ 제조업자 입장에서 유통경로관리는 제조업자 → 도매상 → 소매상 → 소비자로 이어지는

수직적 연계를 설계·관리하는 과정으로, 이때의 유통경로(place)는 제품(products)·가격(price)·촉진(promotion)과 함께 마케팅 믹스(marketing mix)를 구성하는 마케팅요소 4P의 하나이다.

ⓒ 유통관리의 목적은 수송·보관·재고·포장·하역 등을 효율적으로 관리하여 고객에 대한 서비스를 향상시키고, 유통비용을 절감시키며, 매출의 증대와 가격을 안정화하는데 있다.

② **유통경로의 전략적 중요성**

유통경로는 다른 마케팅 믹스 요소와는 달리, 낮은 유연성과 비탄력성으로 인해 한 번 결정되면 다른 유통경로로의 전환이 용이하지 않으므로 유통경로의 설계와 관리는 신중하게 이루어져야 한다.

(3) 유통의 기능

유통의 기능은 크게 상적 유통기능과 물적 유통기능, 그리고 유통조성기능으로 나누어지는데 여기서 물적 유통을 물류라고 한다.

① **상적 유통기능**

상적 유통기능(transactional distribution function)은 거래유통기능이라고도 하는데 소유권 이전기능과 지각조정기능, 수량적 조정기능, 품질적 조정기능을 포함한다.

② **물적 유통기능**

물적 유통기능(physical distribution function)은 장소적 조정기능인 운송기능과 시간적 조정기능인 보관기능, 하역기능, 포장기능, 유통가공기능, 물류정보기능을 포함하고 있다.

③ **유통조성기능**

유통조성기능(facilitating marketing function)은 표준화 및 등급화기능, 금융기능, 위험부담기능, 시장정보기능, 교환주선기능을 포함하고 있다.

2 유통(중간상)의 필요성

유통경로상에서 중간상이 개입되면 상품의 가격은 높아지지만 이는 중간상이 창출하는 효용에 의해 상쇄된다. 중간상이 필요한 이유는 다음 네 가지로 설명이 될 수 있다.

① **총거래수 최소의 원칙**

㉠ 유통경로에서 중간상이 없다면 생산자와 소비자가 직접 거래하여야 하므로 거래수가 많아지지만 중간상이 개입하면 거래수가 감소하므로 거래비용도 감소한다.

㉡ 예컨대 세 명의 생산자와 네 명의 소비자가 있는 경우 중간상이 없다면 총거래수는 $3 \times 4 = 12$가 되지만 중간상이 개입하면 총거래수는 $3 + 4 = 7$이 된다.

② **분업의 원칙**

㉠ 제조와 유통업무를 분담하여 생산자와 중간상이 각자의 업무만을 수행하면 경험효과에 따른 숙련도 및 노하우의 증진으로 일의 전문화(specialization)가 이루어지고, 이로 인해 효율성이 높아지는 것을 분업의 원칙이라고 한다.

ⓒ 유통경로상에서 수행되는 다양한 기능에도 분업의 원리가 적용된다. 즉, 협상, 주문, 촉진, 금융, 정보수집 등의 기능을 중간상들이 분담하여 수행하면 유통기능의 효율성이 높아져 전체 유통비용은 감소하고 상품의 가격도 낮아지게 된다.

③ **변동비 우위의 원칙**
　　㉠ 대부분의 제조업의 경우에는 고정비(fixed cost)의 비중이 크기 때문에 시설규모가 커지고 생산량이 증가할수록 단위당 고정비가 하락하여 단위당 비용이 하락하는 규모의 경제(economies to scale)효과가 크게 나타난다.
　　ⓒ 그러나 유통업은 제조업에 비해 변동비(variable cost)의 비중이 크기 때문에 생산자가 제조와 유통을 통합하여 생산된 제품을 직접판매하는 경우 규모의 경제효과가 오히려 적게 나타나게 된다. 따라서 이런 경우 제조와 유통을 분리하여 기능을 분담하는 것이 비용측면에서 효율적이다.

④ **집중준비의 원칙(집중저장의 원칙)**
　　㉠ 집중저장의 원칙은 중간상이 존재함으로써 사회전체가 원활한 소비를 위해 저장(storage)해야 할 제품의 총량을 줄일 수 있다는 것이다. 특히 소매상이 필요로 하는 많은 품목을 도매상이 대량으로 저장함으로써 소매상이 저장해야 할 양을 줄여준다.
　　ⓒ 따라서 집중저장의 원칙은 도매상의 존재이유를 설명하는 원리라고 할 수 있다. 이 원칙에 따를 때 만약 도매상이 없으면 소매상은 더 많은 양의 제품을 저장하고 있어야 하므로 사회 전체로는 저장량이 증대되어 유통의 효율성이 떨어진다는 것이다.

3 유통기능(function)과 유통흐름(flow)

(1) 소매업의 분류 : 업종과 업태

소매업을 분류하는 기준은 크게 업종과 업태로 나누어 볼 수 있다. 업종에 의한 분류는 '무엇을 파는가(what to sell)'의 관점에서 분류하는 것이고, 업태는 '어떻게 파는가(how to sell)'의 관점에서 소매업을 분류하는 것이다.

① **업 종**
　　업종(kind of business)은 소매상이 판매하는 상품그룹에 따른 분류방법이다(생산자·제품 중심적 시각). 업종은 의류점, 가전제품점, 가구점, 식료품점 등으로 구분한다.

② **업 태**
　　업태(type of management)는 소매점의 영업전략에 따른 분류방법이다(소비자·전략 지향적 시각). 머천다이징 전략, 입지, 판매방식, 영업시간, 광고, 가격전략 등에 의해 소매업의 업태가 결정된다. 업태는 백화점, 할인점, 슈퍼마켓, 카테고리 킬러, 전자상거래 등으로 구분한다.

③ 업종과 업태개념의 비교

업 종	업 태
상품을 만드는 방법을 중심으로 한 분류	상품의 사용방법을 중심으로 한 분류
상품특성에 의한 분류(무엇을 파는가)	판매방법, 경영방법의 차이에 의한 분류(어떻게 파는가)
제조업자 입장에서 특정 상품을 취급하는 차이에 의한 분류	소비자 라이프스타일의 다양한 변화에 대응한 판매방법의 유형에 의한 분류
제조업자를 기점으로 한 발상	소비자를 중심으로 한 발상

(2) 소매업과 소매상의 분류

① **소매업의 변화**
  ㉠ 소매업(retailing)은 최종소비자를 대상으로 제품 및 서비스를 판매하는 것과 관련된 모든 활동을 수행한다. 소매상은 소비자와 직접 접촉하기 때문에 소비자의 욕구에 신속하게 반응한다.
  ㉡ 소비자의 욕구가 점점 다양해지면서 이에 부합하기 위하여 다양한 소매업태가 등장하고 있다.

② **소매업의 분류기준**
  ㉠ **점포의 유무** : 소매업은 점포의 유무에 따라 점포 소매업(store retailing)과 무점포 소매업(non-store retailing)으로 구분된다. 최근 전자상거래의 발전에 따라 무점포 소매업의 비중이 크게 증가하고 있으나 아직은 점포 소매업의 비중이 크다.
  ㉡ **취급상품** : 소매업은 취급하는 상품의 종류에 따라 분류되기도 하는데 이를 업종별 분류라고 한다. 여기서 업종은 한국표준산업분류(KSIC)에 따라 중분류, 소분류로 세분화된다.
  ㉢ **판매방법** : 판매방법의 차이에 따른 소매업 분류를 업태별 분류라고 한다. 업태별로 분류하면 백화점, 전문점, 슈퍼마켓, 하이퍼마켓, DS(디스카운트스토어), 아웃렛스토어, 카테고리킬러, 드럭스토어, CVS(편의점) 등으로 구분된다.
  ㉣ **점포규모** : 소매업은 점포의 규모에 따라 대규모 소매업과 중소규모 소매업으로 구분된다. 「유통산업발전법」에 의하면 대규모 점포란 매장면적이 3천 제곱미터 이상의 점포를 말한다. 대규모 점포에는 대형마트, 전문점, 백화점, 쇼핑센터, 복합쇼핑몰 등이 있다.
  ㉤ **경영방식** : 경영방식을 기준으로 하면 소매업은 단독점 경영과 체인점 경영으로 구분된다. 체인점 경영은 동일업종의 소매점포를 다수 직영하거나, 계약에 의하여 다수의 소매점포에 대해 경영지원을 계속하는 것을 말한다.

(3) 점포 소매상

① **슈퍼마켓**
　㉠ 슈퍼마켓(super market)은 부분별 관리방식을 기본으로 하는 종합식료품점, 셀프서비스와 염가판매, 비교적 넓은 매장 보유와 대규모화, 중앙집중의 구매방식 채택 등을 들 수 있다.
　㉡ 미국의 업태분류에서는, 식품의 비중이 압도적으로 높으면 슈퍼마켓, 의류상품의 비중이 높으면 슈퍼스토어(super store), 식료품 이외에 일상생활에 필요한 내구소비재나 일용잡화 등의 상품을 종합적으로 취급하면 GMS(general merchandise store), 즉 양판점으로 구분하고 있다.

② **슈퍼슈퍼마켓**
　㉠ 슈퍼슈퍼마켓(super-super market, SSM)은 대형 또는 기업형 슈퍼마켓을 의미한다. 일반 슈퍼마켓의 매장면적이 1,000m^2 이하인데 대하여 SSM은 1,700~3,000m^2의 규모로 생선류나 가공식품 등 풍부한 상품구색을 갖추는 것을 매력으로 하고 있다.
　㉡ 미국의 식품슈퍼마켓은 대부분 SSM이고 우리나라에서는 대형마트와 슈퍼마켓의 중간형태로 기업형 슈퍼마켓이라고 한다.

③ **하이퍼마켓**
　㉠ 하이퍼마켓(hyper market, HM)은 유럽, 특히 프랑스를 중심으로 발달한 소매업태로, 대형화된 슈퍼마켓에 기존의 할인점 및 창고소매업 방식을 접목시켜 가격을 저가로 책정하여 판매하는 유통업태이다. 1963년에 세워진 프랑스의 까르프(Carrefour)가 그 효시이다.
　㉡ 주로 교외에 입지하여 점포의 면적은 5,000~10,000m^2 정도의 대형점으로 출점한다. 즉, 교외입지, 넓은 주차장, 넓은 매장, 셀프서비스 중심, 폭넓은 상품구색, 할인판매를 주된 특징으로 한다.
　㉢ 국제셀프서비스 협회는 "하이퍼마켓이란 식품, 비식품을 풍부하게 취급하며 대규모의 주차장을 보유한 매장면적 2,500m^2 이상의 소매점포"라고 정의하고 있다.

④ **창고형 할인점**
　㉠ 창고형 할인점(wholesale club) 또는 회원제 창고형 할인점(membership wholesale club, MWC)은 미국에서 급성장한 소매업태로, 법인이나 개인회원에 대하여 식품이나 잡화를 킬로그램이나 상자단위로 도매가격 수준의 저가로 판매한다. 총이익률은 낮지만 회원에게서 징수하는 회비수입과 그 운용수익으로 보충한다.
　㉡ 상품의 압축과 대량구매를 기반으로 원가를 낮추고, 셀프서비스를 철저하게 하여 인건비를 절감함은 물론 출점·광고비용의 절약과 같은 저비용 운영정책을 통해 할인판매라도 이익을 창출할 수 있는 체제를 구축하고 있다.

⑤ **아웃렛스토어**
　㉠ 아웃렛스토어(outlet store) 또는 아웃렛몰(outlet mall)은 제조업자와 백화점의 비인기상품, 재고상품, 사용상에는 아무 문제가 없는 하자상품, 이월상품 등을 대폭적인 할인가격으로 판매하는 초저가 판매형 소형 할인점포를 말한다.

ⓒ 유명 메이커의 재고 처리점인 팩토리 아웃렛(factory outlet)과 일반 소매점의 재고처리점인 리테일 아웃렛(retail outlet)으로 구분된다.
　　ⓒ 최근에는 아웃렛스토어만을 한 곳에 모아놓은 쇼핑센터인 아웃렛센터(outlet center)도 증가하고 있다. 아웃렛센터의 핵심적인 컨셉은 가치(value)이다.

> **지식+톡톡　오프프라이스 스토어**
>
> 오프프라이스 스토어(off-price store)는 유명 브랜드 상품을 정규적인 루트 이외의 방법으로 구입한다든지, 백화점·전문점 등의 재고 처분품을 저렴하게 들여와 백화점·전문점의 정가보다 파격적으로 할인된 가격에 판매하는 소매점을 말한다. 팩토리 아웃렛이나 흔히 말하는 '땡처리' 소매점을 말한다.

⑥ 홈디포
　　㉠ 홈센터(home center) 또는 홈퍼니싱(home furnishing)이라고도 하는 홈디포(home depot)의 주요 특징은 인구의 교외 이동을 반영하여 주택 개·보수에 관련된 내구소비재·철물·인테리어 제품·전기자재 등 DIY(do it yourself)용품을 중심으로 판매한다.
　　㉡ 처음에는 진열형식이었지만 현재는 창고형 매장과 회원제를 통한 저가판매를 지향하는 셀프서비스점으로 정착되었다.

⑦ 카테고리 킬러
　　㉠ 카테고리 킬러(category killer)는 대형 전문 할인매장으로, 다른 소매업태나 백화점보다는 훨씬 좁은 범위의 상품을 깊은 상품구색을 갖추고 싸게 판매하는 소매업태이다.
　　㉡ 복수 구매를 촉진할 수 있도록 제품구색을 기획하고, 제품의 깊이는 구매량을 촉진시킬 수 있도록 설계되어 저비용·고효율을 실현한 파워 리테일링(power retailing)의 대표적인 업태이다.
　　㉢ 세계최대의 완구 전문할인점인 토이저러스(toysrus), 신발 멀티숍인 ABC마트, 가전제품 전문매장인 하이마트 등이 대표적이다.
　　㉣ 최근 카테고리 킬러는 가치지향 경향, 시간절약형 소비패턴 등의 소비행동이 나타나면서 가장 성장가능성이 높은 업태로 평가받고 있다.

⑧ 편의점
　　㉠ 편의점(convenience store, CVS)은 편의품이나 조리된 식료품에 이르기까지 소비자의 일상생활에 밀접한 비교적 폭넓은 상품을 취급한다.
　　㉡ 고객이 언제든지 상품을 구매할 수 있도록 24시간 영업하는 등의 시간적인 편의성을 갖고 있을 뿐만 아니라 주택지 안이나 주택지에 밀접한 지역에 점포가 있어 공간적인 편의성을 갖추고 있다.
　　㉢ 또한 상품판매방식으로 셀프 서비스를 채택하는 등의 상품구매에 있어 편의성을 제공하는 새로운 경영방침을 취하는 것이 특징이다.

⑨ 대형마트
　㉠ 대형마트(large-scale retail mart)는 각종 상품을 다른 업태에 비해 저렴한 가격으로 구매할 수 있도록 하는 소매업태로, 매장면적 3,000m² 이상의 대규모 소매점을 의미한다.
　㉡ 전통적인 대형마트는 의류, 일용잡화, 내구소비재의 비중이 높았으나 점차 식품비중이 높은 슈퍼센터형으로 전환되어 가고 있는 추세이다. 우리나라의 대형마트는 식품비중이 높아 전통적인 디스카운트 스토어라기보다 하이퍼마켓에 더 가깝다.

⑩ 드럭 스토어
　㉠ 드럭 스토어(drug store)는 일반의약품은 물론 건강기능식품과 화장품, 생활용품, 음료, 다과류까지 함께 판매하는 복합형 전문점이다. 매출의 50% 이상이 의약품이며 이외에 건강 및 미용용품을 집중적으로 판매한다.
　㉡ 우리나라에서는 드럭 스토어라는 표현 대신 H&B 스토어(healthy & beauty store)라는 용어를 사용하여 화장품, 샴푸 등 비식품(non-food retailer) 상품군이 전체의 60%를 차지하고 있다. 올리브 영, 롭스 등이 대표적인 H&B 스토어이다.

⑪ 복합쇼핑몰
　㉠ 쇼핑을 하면서 여가도 즐길 수 있도록 의류 및 잡화를 판매하는 매장은 물론 영화관, 식당 등을 포함한 대규모 상업시설을 의미한다.
　㉡ 「유통산업발전법」에서는 복합쇼핑몰을 용역의 제공장소를 제외한 매장면적의 합계가 3천 제곱미터 이상인 점포의 집단으로서 쇼핑, 오락 및 업무 기능 등이 한 곳에 집적되고, 문화·관광 시설로서의 역할을 하며, 1개의 업체가 개발·관리 및 운영하는 점포의 집단으로 정의하고 있다(법 제2조 제3호 별표).

(4) 무점포 소매상

① 무점포 소매상의 유형
　㉠ 무점포 소매상은 크게 직접마케팅(direct marketing), 직접판매(direct selling), 자동판매기(automatic vending machine) 등으로 구분한다.
　㉡ 직접마케팅에는 e-마케팅(인터넷 소매업 또는 인터넷 쇼핑몰), 카탈로그·DM 소매업, 텔레마케팅, 텔레비전 마케팅(TV홈쇼핑) 등이 있다. 직접판매에는 방문판매, 다단계판매 등이 있다.

② e-마케팅
　㉠ e-마케팅(인터넷 소매업 또는 인터넷 쇼핑몰)은 인터넷이라는 가상공간(cyber space)을 통해 기업과 소비자들이 상거래를 하거나 정보를 교환하는 것을 말한다.
　㉡ 인터넷 쇼핑몰은 인터넷상에 상품을 제시하고 판매하는 소매 형태를 의미한다. 인터넷 쇼핑몰은 기업과 소비자 사이에 이루어지는 전자상거래(B2C)의 가장 대표적인 형태이다.

ⓒ 인터넷 쇼핑몰은 시간과 공간의 편의성이 극대화될 수 있고, 유통경로가 짧고, 단순하기 때문에 저렴한 가격으로 제품을 공급할 수 있다. 인터넷 쇼핑몰에서 상품을 주문하면 대부분의 경우 상품의 배송은 생산자가 담당한다.

③ 카탈로그·DM 소매업
ⓐ 카탈로그(catalog) 판매는 우편을 통하여 고객들이 필요하다고 예상되는 제품을 카탈로그를 이용하여 소개하고 판매계약을 접수한 뒤 제품을 우편(또는 택배)으로 전달하는 전통적인 무점포 소매방식이다.
ⓑ DM(direct mail) 소매업은 특정한 개인에게 특정한 광고주가 자신들의 선전 내용을 우편물 속에 담아서 보내는 것을 말한다.

④ 텔레비전 마케팅
ⓐ 텔레비전 마케팅은 TV광고를 통해 제품구매를 유도하는 방식으로, 크게 ⓐ 직접반응 텔레비전 광고와 ⓑ 홈쇼핑 채널로 나누어진다.
ⓑ 직접반응 텔레비전 광고(direct-response television advertising)는 60초 또는 120초의 비교적 긴 TV광고를 통해 제품의 특징을 자세히 소개한 후 주문을 유도하는 방식이다. 경우에 따라 한 제품에 대해 30분 이상의 긴 시간을 할애하여 제품을 아주 자세하게 소개하기도 하는데 이는 인포머셜(informercial)이라고 한다.
ⓒ 홈쇼핑(home shopping) 채널은 상품과 서비스를 판매할 목적으로만 방영되는 TV 프로그램 또는 TV 채널을 말한다. 홈쇼핑 채널에서는 상품의 소개와 함께 오락적 요인을 포함하도록 프로그램을 제작하고, 상품 카테고리별로 일정한 시간대를 정해서 방영하는 것이 바람직하다.

⑤ 텔레마케팅(telemarketing)
ⓐ 텔레마케팅은 전화로 소비자에게 제품정보를 제공한 후 제품판매를 유도하거나 혹은 고객이 TV광고, 우편광고를 보고 수신자부담 전화번호(080)를 이용하여 주문하는 소매유형이다.
ⓑ 기업이 일반소비자와 기업고객들에게 전화를 통해 직접 제품과 서비스를 판매하는 아웃바운드(outbound) 텔레마케팅과 TV 및 인쇄물광고·카탈로그에 기재된 주문전화를 통해 고객의 주문을 유도함으로써 판매가 이루어지는 인바운드(inbound) 텔레마케팅으로 나누어진다.
ⓒ 기업의 고객을 향한 텔레마케팅은 적극적인 제품의 판매, 제품정보의 제공, 지속적인 고객관리 등을 통하여 고객에게 가치를 전달하는 것이다.

⑥ 직접판매
ⓐ 직접판매(direct selling)는 제조업자가 자기의 비용을 들여 소비자를 집집마다 방문하여 상품을 설명하고 판매하는 방식이다. 불필요한 재고나 반품이 적게 되어 생산계획을 쉽게 세울 수 있고, 중간 상인에게 유통 마진을 지불하지 않아 그만큼 가격을 인하할 수 있어, 판매자와 소비자 모두에게 이득이 된다.
ⓑ 방문판매는 영업사원을 이용한 직접판매 방식으로 역사가 가장 오랜 무점포형 소매업이다. 우리나라의 경우 화장품이나 서적, 가전제품, 학습지, 보험 등의 판매가 방문판매를 통해 이루어지고 있다.

ⓒ 다단계판매(network marketing)는 피라미드형 판매라고도 부르는 것으로, 판매원(distri-butor)의 추천으로 상품을 사용해 보고 이에 만족한 소비자 자신이 다시 판매원이 되어 상품의 사용을 권하고, 이 상품을 사용한 소비자가 다시 판매원으로 전환되는 과정이 반복됨으로써 상품의 판매범위가 넓어지는 유통기법이다. 우리나라에서는「방문판매 등에 관한 법률」에 의해 합법적으로 허용하고 있다.

(5) 소셜커머스

① 소셜커머스의 의의
  ㉠ 소셜커머스(social commerce)는 소셜미디어(social media)를 활용하여 이루어지는 전자상거래의 일종으로 다양한 비즈니스 모델로 변모하고 있다.
  ㉡ 초기에는 주로 블로그나 카페를 통해 인터넷 공동구매라는 형태의 소셜커머스가 존재하였다. 최근에는 티몬, 위메프, 쿠팡 등이 그룹 바이(group-buy) 형태의 서비스를 제공하고 있고, 그루폰(Groupon)의 모델과 유사한 소셜커머스 서비스들이 붐을 이루고 있다.

② 소셜커머스의 유형
  ㉠ 그룹 바이(group-buy) : 제한된 시간 동안 정해진 인원이 모이면 특정 상품을 할인된 쿠폰으로 판매하는 방식이다. 지역거점을 중심으로 판매상품을 구성하고 있다는 점에서 다른 유형과 차이가 있다. 쿠팡이 대표적인 사례이다.
  ㉡ 플래시 세일(flash sale) : 온라인상에서 한정된 수량을 일정시간 동안만 판매하는 유형이다. 현재는 공동구매와 플래시 세일 모델을 혼합하여 판매하는 형태가 일반적이다.
  ㉢ 소셜 쇼핑(social shopping) : 소셜 큐레이션(social curation)이라고도 하는데 단순히 상품을 할인된 가격에 판매하는 것이 아니라, 이용자들이 온라인상에서 찾아낸 좋은 판매사이트, 혹은 상품을 서로 공유하게 하는 형태이다. 이를 통해 서로의 쇼핑을 돕고 상품의 판매를 촉진하는 서비스이다.
  ㉣ 소셜 쇼핑 앱스(social shopping apps) : LBS Socail Apps라고도 하는데 상거래의 범위를 온라인에서 오프라인까지 확장시키는 형태이다. 'Shopkick'이 대표적인 형태이다.
  ㉤ 퍼체이스 쉐어링(purchase-sharing) : 소비자가 자신의 상품구매 정보를 공유하게 함으로써 사업자에게는 마케팅의 수단을 제공하고, 구매 소비자에게는 금전적 보상을 해주는 방식이다.
  ㉥ 오픈 마켓(open market) : 온라인상에서 개인이나 소규모 업체가 개설한 점포를 통해 구매자에게 직접 상품을 판매할 수 있도록 하는 전자상거래 사이트를 총칭한다. 오픈마켓은 제품 생산자와 판매자 간의 중간 유통마진 없이 직접 구매자에게 제품을 판매할 수 있기 때문에 상품 가격이 저렴하다는 장점이 있다.

제2절 유통경로 및 구조

1 유통경로의 개념

(1) 유통경로의 정의
① 유통경로(distribution channel)는 제품이나 서비스가 생산자로부터 소비자에 이르기까지 거치게 되는 통로 또는 단계를 말한다.
② 유통경로는 '제조업자 → 도매상 → 소매상 → 소비자'로 표현할 수 있으며, 제조업자의 입장에서 유통경로관리는 이러한 수직적 연계를 설계·관리하는 과정이다.

(2) 유통경로의 전략적 중요성
① 제조업자의 유통경로에 관한 의사결정은 기업이 제품이나 서비스를 그들의 표적시장에 효율적으로 도달시키는 방법으로 결정하는 것으로 시장 성공의 주요 결정요인 중의 하나이다.
② 유통경로는 다른 마케팅 믹스 요소와는 달리 한번 결정되면 다른 유통경로로의 전환이 용이하지 않은 비탄력성(inelastic)이 있기 때문에 유통경로의 결정과 관리는 신중해야 한다.

(3) 유통경로의 설계
① 유통경로의 설계는 최종사용자 혹은 고객의 기대를 잘 충족시키는 것을 목적으로 유통경로의 형태와 집약도를 결정하는 것을 말한다.
② 유통경로의 설계는 고객욕구의 분석과 기업의 장·단기 목표설정 → 유통경로 목표의 설정 → 경로커버리지 전략 및 경로구조의 결정 → 개별 경로구성원의 결정 등의 과정을 거친다.

2 유통경로의 유용성

(1) 유통경로의 효용과 기능
① 유통경로가 창출하는 효용
  ㉠ 시간적 효용(time utility) : 언제든지 소비자가 원하는 시간에 상품과 서비스를 제공함으로써 소비자의 욕구를 충족시켜주는 효용이다.
  ㉡ 장소적 효용(place utility) : 어디서든지 소비자가 원하는 장소에서 상품과 서비스를 제공함으로써 소비자의 욕구를 충족시켜주는 효용이다.
  ㉢ 소유적 효용(possession utility) : 특정한 소비자가 직접 구매하지 않고도 중간상의 도움으로 구매와 동일한 효용을 얻을 수 있게 해주는 것을 말한다. 즉, 신용판매, 할부판매 등을 통하여 효용을 창출하여 제품의 부가가치를 높임으로써 판매를 높이는 역할을 수행한다.
  ㉣ 형태적 효용(form utility) : 대량으로 생산되는 상품의 수량을 소비지에서 요구되는 적절한 수량으로 분할·분배함으로써 창출되는 효용이다.

② **유통경로의 기능(중간상의 기능)**
  ㉠ **교환과정의 촉진** : 중간상의 개입으로 교환과정을 보다 단순화시킬 수 있으므로 보다 많은 거래를 효율적으로 이루어낼 수 있다.
  ㉡ **제품구색의 불일치 완화** : 제조업자는 소수의 제품라인을 대량생산하고 소비자는 소수의 다양한 제품을 구매하고자 하는데, 양자의 욕구 차이에서 발생하는 제품구색과 생산·구매량의 불일치를 유통경로가 완화시켜주는 기능을 한다.
  ㉢ **소비자와 제조업자의 연결** : 제조업자들은 중간상을 이용하면 적은 비용으로 더 많은 잠재고객에 도달할 수 있으며 소비자들의 탐색비용도 절약할 수 있다.
  ㉣ **고객서비스 제공** : 유통경로는 제조업자를 대신하여 소비자에게 애프터 서비스의 제공과 제품의 배달, 설치, 사용방법의 교육 등의 서비스를 제공한다.
  ㉤ **정보 제공 기능** : 유통기관 특히 소매업은 유형재인 상품의 판매기능뿐만 아니라 소비자에게 상품정보, 유행정보를 제공한다.

유통경로의 기능

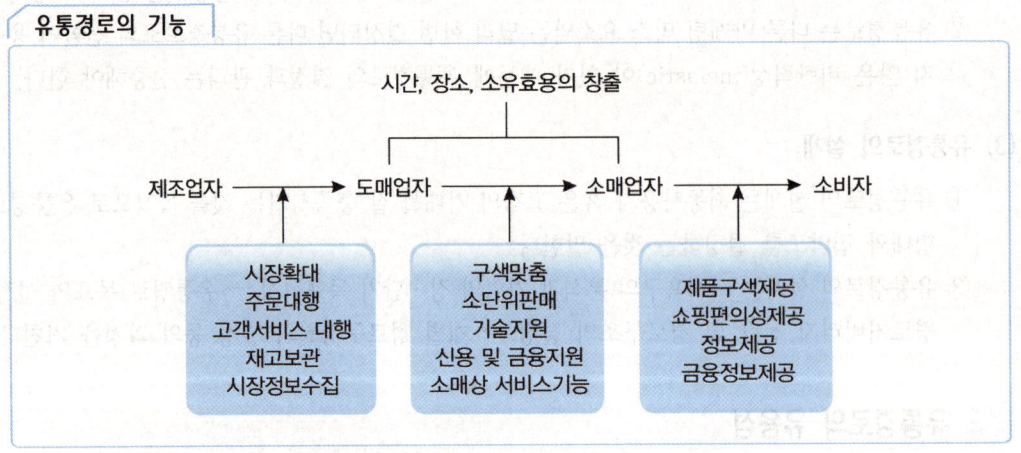

③ **유통경로의 분류기능(구색갖춤 기능)**
  ㉠ 생산자가 생산하는 상품의 구색(assortment)과 소비자가 원하는 상품의 구색 사이에는 괴리가 있다. 중간상은 생산자로부터 여러 가지 상품을 구입하여 같은 것들끼리 분류해서(sorting out), 모아놓고(accumulation), 같은 상품들을 팔기에 알맞은 크기로 나누며(allocation), 고객이 사기 편하도록 구색을 갖춤으로써(assorting) 생산자와 소비자 사이의 괴리를 없애주기도 한다. 이러한 기능을 구색갖춤 기능(creating assortment) 또는 '분류기능'이라고 한다. 분류기능을 수행함으로써 중간상은 형태, 소유, 시간, 장소 등의 효용을 창출한다.
  ㉡ 분류(sorting out) 또는 등급분류는 다양한 생산자들로부터 공급된 이질적 제품들의 색, 크기, 용량, 품질 등에 있어 상대적으로 동질적인 집단으로 구분하는 것이다.
  ㉢ 집적(accumulation) 또는 수합은 도매상은 소매상들을 위해, 소매상들은 소비자들을 위해 다양한 생산자들로부터 제공되는 제품들을 대규모 공급이 가능하도록 다량으로 구매하는 것이다.

② 분배(distribution) 또는 배분(분할)은 유통과정상에서 도매상은 소매상이 원하는 단위로 소매상에게, 소매상은 소비자가 원하는 단위로 소비자에게 연속적으로 나누어 제공하는 것이다.
⑪ 구색갖춤(assorting)은 중간상이 다양한 생산자들로부터 제품을 구매하여 소비자가 원하는 제품을 구비하는 것이다. 즉, 판매를 위해 배분된 상품들을 카테고리별로 묶어 매장에 진열하는 것을 의미한다.
⑫ 이 중 집적과 등급분류는 주로 농산물 분야에서, 배분과 구색은 주로 공산품 분야에서 사용되는 개념이다.

구색형성과정

	산개(나눔)	집중(모음)
이질적 생산물	1. 분류(sorting out) 이질적인 것을 동질적 단위로 나누는 과정, 생산자의 표준화 기능	4. 구색(assortment) 이질적인 것을 모두 다시 모으는 단계
동질적 생산물	3. 분배(allocation) 동질적으로 쌓여진 것을 다시 나누는 과정	2. 집적(accumulation) 동질적인 것끼리 다시 모으는 수집기능

(2) 유통경로의 기능의 구분

유통경로 구성원들이 수행하는 유통의 기능을 물적 취득, 소유권 이전, 촉진, 협상, 금융 제공, 위험 부담, 주문, 자본(판매대금) 이전기능 등 8가지로 구분해 볼 수 있다. 이러한 기능은 작용하는 방향에 따라 전방기능 흐름, 후방기능 흐름 및 양방기능 흐름으로 구분할 수 있다.

① **전방기능 흐름**

전방기능 흐름은 생산자로부터 최종 소비자의 방향으로 이전되는 물리적인 상품과 소유권 등의 흐름을 말한다. 촉진(promotion)도 최종 소비자를 대상으로 하므로 전방기능 흐름에 포함된다.

② **후방기능 흐름**

후방기능 흐름은 주문이나 판매대금의 결제와 같이 최종 소비자로부터 소매상 → 도매상 → 생산자로의 흐름을 말한다.

③ **양방기능 흐름**

양방기능 흐름은 생산자로부터 소비자의 방향으로, 동시에 소비자로부터 생산자의 방향으로 이루어지는 흐름을 말한다. 협상과 금융, 위험부담기능 등을 들 수 있다.

3 유통경로의 유형과 관리

(1) 유통경로의 유형

① 소비재의 유통경로 유형

소비재의 유통경로는 최종적으로 소비자에게 제품을 공급하는데 있어 몇 개의 경로단계를 거치게 되느냐에 따라 크게 네 가지 유형으로 분류될 수 있다.

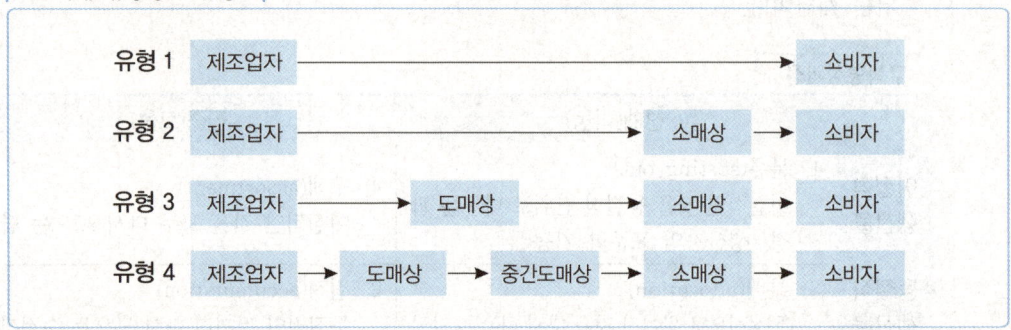

② 산업재의 유통경로 유형

산업재는 기업들이 제품의 생산에 투입되기 위해 혹은 도움을 주기 위해 구매하는 제품을 말하는데, 산업재의 유통경로도 크게 네 가지 유형으로 나누어 질 수 있다. 이 중 제조업자에 의한 직접 판매가 일반적이며 대리점이나 도매상들을 이용하기도 한다.

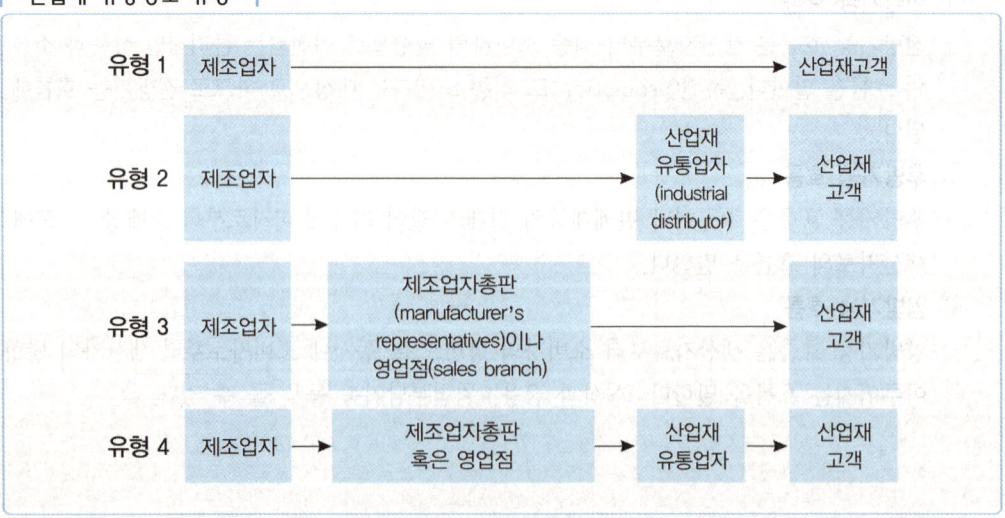

(2) 유통경로 관리
  ① 유통경로 관리의 의의
    ㉠ 유통경로는 고객이 원하는 가치를 제공하기 위해 각 경로구성원들이 상호의존적 관계에 있는 시스템으로 이해할 수 있다.
    ㉡ 각 경로구성원들은 교환과정에서 전체시스템의 효율에 관심을 가지기보다 개인의 목적을 중시하는 기회주의적 행동을 취하는 경우가 많다.
    ㉢ 따라서 경로시스템 내의 경로선도자는 경로구성원의 활동을 조정·통제하고 경로구성원들의 협력 체제를 구축하는 것이 중요하다.
  ② 경로시스템 내의 거래관계 유형
    경로시스템 내의 경로구성원들 간에 이루어지는 거래관계의 유형은 크게 단속형 거래와 관계형 교환으로 나누어진다.
    ㉠ 단속형 거래(discrete transaction)는 유통경로 내의 거래당사자들(즉, 판매자와 구매자)이 현재의 거래를 통해 최대의 이윤을 올리고자 하는 경우를 말하며, 거래쌍방간의 협상이나 교섭과 같은 경쟁적 메커니즘을 통해 거래의 효율성을 높이고자 한다.
    ㉡ 관계형 교환(relational exchange)은 유통경로 내 거래당사자들이 현재 및 미래의 경로성과 모두에 관심을 가지며 연속적 거래를 통해 발생되는 이윤을 극대화하려는 거래형태를 말한다.
    ㉢ 단속형 거래에서는 각 경로구성원이 수행하는 과업에 대한 책임은 그 과업을 수행한 해당 경로구성원에게 돌아가지만, 관계형 교환에서는 거래쌍방이 협력하고 각자의 활동을 조정하기 때문에 과업수행의 책임은 거래쌍방에게 공동으로 부과된다.
    ㉣ 그러므로 경로구성원들(혹은 거래당사자들) 간의 장기협력관계는 단속형 거래보다는 관계형 교환을 통해 형성된다. 장기협력관계(혹은 관계형 교환)가 실현되기 위해서는 경로구성원들(거래당사자들) 간에 높은 신뢰(trust)와 몰입(commitment)이 요구된다.

4 유통경로의 조직

(1) 전통적 유통경로
  ① 전통적 유통경로의 의의
    ㉠ 전통적 유통경로(traditional marketing system)는 각기 다른 기능을 수행하는 독립적인 경로구성원들이 판매과정에서 자연스럽게 결합된 형태의 경로조직을 말한다.
    ㉡ 각 경로구성원은 다른 경로구성원의 경로성과나 마케팅 기능에 관심을 갖기보다는 자기의 이익만을 위하여 자기들에게 주어진 마케팅 기능들만을 수행한다. 따라서 경로구성원 간에 법적 결속력(legal commitment)이 없기 때문에 경로기능이 원활하게 수행되지 못하는 경우가 많다.
    ㉢ 경로구성원들의 경로활동과 거래조건은 사전적 계획이 아니라 협상에 의해서 주로 이루어진다.

② **전통적 유통경로의 특징**
  ㉠ 경로구성원들 간의 결속(commitment)이 약하다. 따라서 경로구성원들은 공통의 목표를 거의 가지고 있지 않다.
  ㉡ 경로구성원들 간의 연결이 느슨하기 때문에 구성원들의 유통경로로의 진입과 철수가 비교적 쉽다.
  ㉢ 수직적 마케팅시스템보다는 효율성(efficiency)과 효과성(effectiveness)은 낮지만 유연성(flexibility)은 매우 높다.
  ㉣ 경로구성원들 간의 업무조정이 어렵다. 따라서 경로구성원들 간에 이해관계가 충돌했을 때 이를 조정하기가 매우 어렵다.

(2) **수직적 유통경로**
  ① **수직적 유통경로의 의미**
    수직적 유통경로(VMS : vertical marketing system)는 중앙(본부)에서 계획된 프로그램에 의해 수직적 유통경로상의 경로구성원들을 전문적으로 관리·통제하는 네트워크 형태의 경로조직을 가진다. 대표적인 예로 프랜차이즈 시스템이 있다.

  > **지식+톡톡 수평적 유통경로**
  >
  > 수평적 유통경로(HMS)는 공생적(symbiotic) 유통경로라고도 한다. 동일한 유통경로상에 있는 2개 이상의 기관들이 각기 독자성을 유지하면서 기업이 가지고 있는 자본, 노하우, 마케팅 자원 등을 수평적으로 결합하여 시너지 효과를 얻기 위해 통합하는 것이다.

  ② **수직적 유통경로의 도입이유**
    ㉠ 대량생산에 의한 대량판매의 요청
    ㉡ 가격 안정(또는 유지)의 필요
    ㉢ 유통비용의 절감
    ㉣ 경쟁자에 대한 효과적인 대응
    ㉤ 기업의 상품 이미지 제고
    ㉥ 목표이익의 확보
    ㉦ 유통경로 내에서의 지배력 확보
  ③ **수직적 유통경로의 장·단점**

장 점	단 점
• 총유통비용의 절감 가능 • 자원 및 원재료 등을 안정적으로 확보가능 • 혁신적인 기술보유 가능 • 높은 진입장벽으로 새로운 기업의 진입 어려움	• 막대한 자금의 소요 • 시장이나 기술변화에 민감한 대응 곤란 • 각 유통단계에서의 전문화 상실

(3) 수직적 유통경로(VMS)의 유형

수직적 유통경로는 경로구성원들에 대한 소유권의 강도에 따라 관리형과 계약형, 기업형으로 나눌 수 있다. 수직적 통합의 정도가 가장 약한 관리형에서 가장 강한 기업형으로 갈수록 경로구성원에 대한 통제력은 증가하지만 유통환경의 변화에 대한 유연성은 낮아진다.

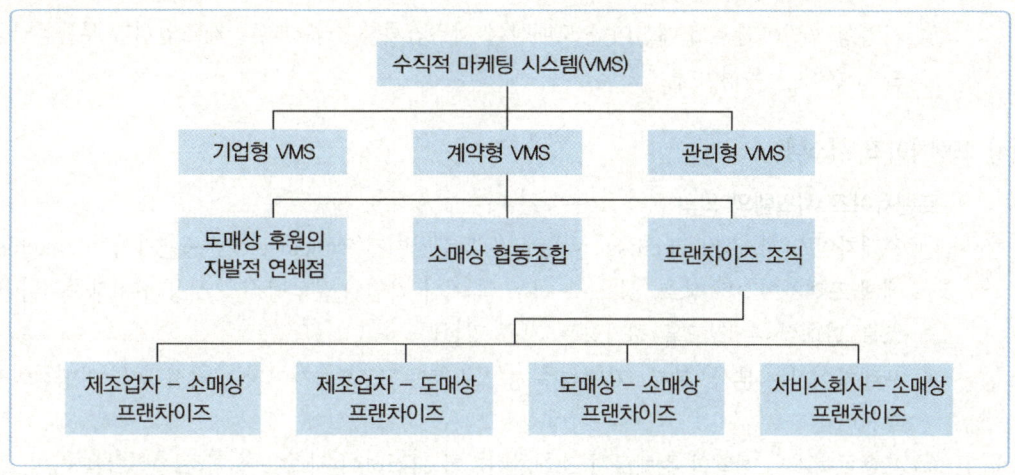

① 관리형 VMS
  ㉠ 관리형(administered) VMS는 경로구성원들의 마케팅 활동이 소유권이나 계약에 의하지 않고 상호이익을 바탕으로 맺어진 협력시스템으로, 어느 한 경로리더의 규모나 파워, 또는 경영지원에 의해 조정되는 경로유형이다.
  ㉡ 명시적인 계약에 의하여 형성된 협력관계라기보다는 암묵적인 협력관계로 형성된 시스템이다.
  ㉢ 본부의 통제력을 기준으로 보면 세 가지 유형 중 통제력이 가장 낮은 형태이다.

② 계약형 VMS
  ㉠ 계약형(contractual) VMS는 경로구성원들이 각자 수행해야 할 마케팅 기능들을 계약(contract)에 의해 합의함으로써 공식적인 경로관계를 형성하는 경로조직이다. 구성원들의 경로활동에 대한 통제는 계약형 VMS가 관리형 VMS보다 더 강하다.
  ㉡ 도매상 후원의 자발적 연쇄점(wholesaler-sponsored voluntary chain)은 도매상을 중심으로 독립적인 소매상들이 수직 통합된 경로조직을 말한다.
  ㉢ 소매상 협동조합(retailer cooperative)은 중소 소매상들이 도매기능을 가진 공동소유의 조직체를 결성하여 이를 공동으로 운영하는 경로조직이다.
  ㉣ 프랜차이즈 시스템(franchise system)은 프랜차이즈 본부가 계약에 의해 가맹점에게 일정기간 동안 특정지역 내에서 자신들의 상표·상호·사업운영방식 등을 사용하여 제품이나 서비스를 판매할 수 있는 권한을 허가하고, 가맹점은 이에 대한 대가로 초기 가입비와 매출액에 대한 일정 비율의 로열티(royalty) 등을 지급한다.

③ 기업형 VMS
  ㉠ 기업형(corporal) VMS는 한 경로구성원이 다른 경로구성원들을 법적으로 소유·관리하는 유형으로, 여기에는 전방통합과 후방통합이 있다.
  ㉡ 기업형 전방통합은 제조회사가 도·소매업체를 소유하거나 혹은 도매상이 소매업체를 소유하는 유형이다.
  ㉢ 기업형 후방통합은 소매상이나 도매상이 제조업체를 소유하거나 제조업체가 부품공급업체를 소유하는 유형이다.

(4) 프랜차이즈 시스템
  ① 프랜차이즈 시스템의 의의
    ㉠ 프랜차이즈 시스템(franchise system)은 프랜차이저(franchiser)가 프랜차이지(franchisee)에게 프랜차이저의 상호, 상표, 노하우 및 기타 기업의 운영방식을 사용하여 제품이나 서비스를 판매할 수 있도록 허가하는 것을 말한다.
    ㉡ 프랜차이저는 본사, 본부, 가맹점주 등으로 부르고, 프랜차이지는 지점 혹은 가맹점이라고 부른다.
    ㉢ 프랜차이저는 계약의 주체로서 프랜차이지를 모집하여 사업을 수행하는 역할을 하며, 프랜차이지를 선정하여 특정지역마다 사업의 동반자 혹은 대리인으로 영업할 권한을 허용해 준다.
    ㉣ 프랜차이지는 프랜차이저의 상호 등을 사용하는 권한을 갖기 위해 가입금, 보증금, 로열티 등을 지불하고, 프랜차이저의 경영지도와 지원으로 양자 간의 계속적인 관계가 유지된다.
  ② 프랜차이저(franchiser)의 장점
    ㉠ 사업확장을 위한 자본조달이 용이하다.
    ㉡ 공동으로 대량구매를 하기 때문에 규모의 경제를 달성할 수 있다.
    ㉢ 판매촉진 활동으로 공동으로 광고를 하면 개별점포의 경우보다 많은 광고를 할 수 있으며, 높은 광고 효과를 기대할 수 있다.
    ㉣ 프랜차이저는 직접 경영에 참가하지 않기 때문에, 프랜차이즈사업 상품개발에 전념할 수 있다.
    ㉤ 노사문제에 있어서 프랜차이저는 프랜차이지가 각각의 피고용자를 조정하기 때문에 신경을 쓸 필요가 없다.
  ③ 프랜차이저의 단점
    ㉠ 계속적인 지도와 원조 때문에 비용과 노력이 소모되기 쉽고, 프랜차이지의 수가 급격히 증가할 경우에는 통제의 어려움이 있다.
    ㉡ 프랜차이저가 프랜차이지보다 우월한 지위를 갖는다는 사고방식 때문에 시스템 전체의 활력이 없어질 우려가 있다.
  ④ 프랜차이지(franchisee)의 장점
    ㉠ 프랜차이저가 합리적인 방법에 따라 개발한 프랜차이즈사업 상품을 이용하고, 그에 따라 영업을 하기 때문에 실패의 위험성이 적다.

ⓒ 비교적 소액의 자본으로 시작이 가능하므로 설비와 도구를 프랜차이저로부터 임차할 수도 있고, 상품과 원재료를 프랜차이저가 공급해 주므로 개업 초기의 재고부담이 적다.
　　ⓒ 사업경험이 없더라도 프랜차이저의 교육프로그램, 경영방식 등의 지도로 쉽게 사업을 할 수 있다.
　　② 프랜차이저가 개발한 우수한 품질의 상품, 점포, 디자인, 지명도가 높은 상표명을 사용하므로 처음부터 소비자의 신뢰를 받을 수 있다.
　　⑩ 프랜차이저가 일괄적인 광고 등의 판촉활동을 해주므로, 개별점포가 홀로 판매촉진활동이 가능하다.
　　⑪ 프랜차이저가 공동 집중구매를 통해 원재료를 공급해주기 때문에 품질과 가격면에서 우월한 공급을 받을 수 있다.
⑤ **프랜차이지의 단점**
　　㉠ 프랜차이저가 제공하는 서비스는 애매하게 경비로 계산되는 경우가 있다.
　　ⓒ 대다수의 프랜차이지가 일반적으로 만족을 느끼지만, 프랜차이저와 최초의 계약대로 약속이 이루어지지 않을 경우에는 갈등의 조정이 어렵다.
　　ⓒ 상표나 상호의 가치가 의문시되는 경우가 있다.
　　② 프랜차이저에게 의뢰하는 경향이 커져서 스스로의 문제해결능력이나 경영개선의 노력을 등한시 할 수 있다.
　　⑩ 프랜차이저는 시스템 전체의 효율을 고려하여 계획을 설립하고 운영하기 때문에, 특정 점포의 실정에 맞지 않을 수도 있다.
　　⑪ 하나의 프랜차이지의 실패가 프랜차이즈 시스템 전체와 타점포에 영향을 줄 수 있다.

5 유통경로의 믹스

유통경로의 믹스전략은 유통범위의 결정 → 유통길이의 결정 → 통제수준의 결정 단계를 거친다.

(1) 제1단계 : 유통범위(커버리지)의 결정

경로(시장)커버리지 또는 유통집중도(distribution intensity)는 특정지역에서 자사 제품을 취급하는 점포의 수를 말하며, 제조업자가 선택할 수 있는 경로 커버리지 전략에는 집중적 유통, 선택적 유통, 전속적 유통이 있다.

① **개방적 유통경로**
　　㉠ 개방적 유통경로는 가능한 한 많은 점포가 자사 제품을 취급하도록 하는 마케팅 전략으로 집중적(intensive) 유통경로라고도 한다.
　　ⓒ 집약적 유통경로는 제품이 소비자에게 충분히 노출되어 있고, 제품판매의 체인화에 어려움이 있는 일용품이나 편의품 등에 적용할 수 있다. 그러나 유통비용이 증가하고, 통제가 어렵다는 문제점이 있다.

② **전속적 유통경로**
  ㉠ 전속적(exclusive) 유통경로는 일정한 지역에서 자사의 제품을 한 점포가 배타적·독점적으로 취급하게 하는 것으로 유통경로 계열화의 가장 강력한 형태이다.
  ㉡ 제조업체가 도매상이나 소매상을 강하게 통제할 수 있어 유통비용을 줄일 수 있는 경우에 적용할 수 있다.
  ㉢ 주로 고급 자동차·귀금속·의류 등 고가품이나 제품에 대한 이미지가 좋은 경우에 적용이 가능하다.

③ **선택적 유통경로**
  ㉠ 선택적(selective) 유통경로는 일정한 자격(점포규모, 경영능력, 평판)을 갖춘 소수의 중간상에게만 자사의 제품을 취급하게 하는 것이다.
  ㉡ 경영능력이나 평판이 좋은 중간상들만 유통경로에 포함시키므로 만족스러운 매출과 이익을 기대할 수 있다.
  ㉢ 전속적 유통경로에 비하면 제품의 노출이 확대되고, 개방적 유통경로에 비하면 중간상의 수가 적기 때문에 유통비용이 절감된다. 주로 의류·가구 및 가전제품의 경우 적용할 수 있다.

④ **복수의 유통경로(다중유통경로 정책)**
  ㉠ 1980년대 중반 이후 소비자 욕구가 다양화·개성화되는 추세에 따라 시장세분화가 더욱 가속화됨에 따라, 많은 제조업체들이 복수의 표적세분시장들을 상대로 마케팅활동을 수행하며 각 세분시장에 맞는 복수의 유통경로를 구축하고 있다.
  ㉡ 2개 이상의 유통경로를 동시에 사용하면 판매량을 증가시킬 수 있다. 그러나 이 경우 유통경로 간의 갈등이 심화될 수 있고, 이중가격 형성 등의 부작용이 나타날 수 있다.

지식+톡톡 멀티채널과 옴니채널

최근 주요 소매업태들은 듀얼채널(dual channel) 전략보다 멀티채널(multi channel)이나 옴니채널(omni channel) 전략으로 방향을 전환하고 있다.

1. **멀티채널**
   멀티채널은 기존의 채널, 즉 TV와 인터넷, 인터넷과 오프라인의 동시·교차구매를 유도하여 시너지 효과를 얻고자 하는 것이다.

2. **옴니채널**
   ① 옴니채널은 모든 것, 또는 모든 방식을 의미하는 접두사 옴니(omni)와 유통경로를 의미하는 채널(channel)의 합성어이다.
   ② 이는 소비자가 온라인, 오프라인, 모바일 등 다양한 채널을 넘나들며 상품을 검색하고 구매할 수 있도록 하는 O2O서비스를 말한다. 즉, 각 유통채널의 특성을 결합해 어떤 채널에서든 같은 매장을 이용하는 것처럼 느낄 수 있도록 한 쇼핑환경을 말한다.
   ③ 옴니채널은 스마트폰 근거리 통신기술을 이용하여 편의점을 지나는 고객에게 할인쿠폰을 지급하는 형태로도 활용된다.

3. **멀티채널과 옴니채널의 차이**
   멀티채널은 각 채널을 독립적으로 운영하여 온·오프라인이 경쟁관계라고 한다면, 옴니채널은 고객중심의 유기적 채널로 온·오프라인이 상생관계라는 점에서 다르다. 최근 유통산업은 멀티채널에서 옴니채널로 진보하고 있다.

(2) 제2단계 : 유통경로 길이의 결정

제조업자가 선택할 수 있는 유통경로 길이의 형태는 제품의 유형과 특성, 시장의 특성 등에 따라 달라진다.

① 유통경로 길이의 결정요인

- ㉠ **제품의 특성** : 신선도를 유지해야 하는 부패성 제품과 선적거리와 물량공급의 횟수를 최소화해야 하는 대용량 제품(bulky products)의 경우, 판매에 전문적 기술을 필요로 하는 복잡한 제품의 경우, 다양한 제품계열을 생산하는 기업이 유통비용을 줄이려는 경우에는 직접 마케팅경로(짧은 경로 길이)를 채택한다.
- ㉡ **시장의 특성** : 시장의 범위가 좁아 구매자 수가 적고(예컨대 신업태의 경우), 지리적으로 구매자가 집중되어 있으며, 구매패턴, 즉 구매빈도가 높은 경우에는 직접유통의 형태를 택한다.
- ㉢ **기업의 특성** : 기업의 규모와 자본력이 크거나 제품계열이 넓어 스스로 마케팅 기능을 수행할 수 있는 경우, 또한 신제품을 적극적으로 개발하려는 경우나 경영자의 경험이 풍부한 경우에도 직접유통의 경향이 높다.
- ㉣ **중간상의 특성** : 바람직한 유형의 중간상이 없거나, 있다고 하더라도 그 이용 가능성이 없는 경우에는 직접유통을 하거나 새로운 유통형태를 개발하게 된다. 또한 제조업자는 중간상이 제공해야 할 서비스 수가 너무 많거나 서비스의 품질이 제품판매에 중요하다면 직접 마케팅경로를 선택한다.
- ㉤ **경쟁적 특성** : 경쟁업자와 경쟁력 차별화를 위해 직접유통을 하기도 한다.

② 유통경로의 길이

- ㉠ 짧은 유통경로
    - ⓐ 짧은 경로를 선택하는 제품의 특성은 부패성이 있거나, 표준화가 되지 않은 제품 및 기술적으로 복잡한 전문품으로 구매 단위가 크고 구매빈도수는 낮으며 비규칙적이다.
    - ⓑ 이러한 제품을 공급하는 생산자의 수는 적고, 공급자의 시장진입과 탈퇴에는 제한이 있다. 또한 지역적으로 집중적인 생산이 되며 유통비용 측면에 있어서 장기적으로는 불안정하다.
- ㉡ 긴 유통경로
    - ⓐ 긴 유통경로를 선택하는 제품의 특성은 부패성이 없고, 표준화가 되어 있는 제품 및 기술적으로 단순한 편의품으로, 구매단위는 작지만 구매빈도수는 높고 규칙적이다.
    - ⓑ 이러한 제품을 공급하는 생산자의 수는 많으며, 공급자의 시장진입과 탈퇴에 아무런 제약이 없기 때문에 지역적인 분산생산이 가능하고 유통비용 구조면에서 장기적으로 안정적이다.

유통경로 길이의 결정요인		
영향 요인	짧은 경로	긴 경로
제품특성	• 비표준화된 중량품, 부패성 상품 • 기술적으로 복잡한 제품, 전문품	• 표준화된 경량품, 비부패성 상품 • 기술적으로 단순한 제품, 편의품
수요특성	• 구매단위가 큰 제품 • 구매빈도 낮고 비규칙적인 제품	• 구매단위가 작은 제품 • 구매빈도 높고 규칙적인 제품
공급특성	• 생산자 수 적고, 진입이 제한적 • 지역적 집중생산	• 생산자 수 많고, 진입 자유 • 지역적 분산생산
유통비용구조	• 장기적으로 불안정 → 최적화 추구	• 장기적으로 안정적

6 유통경로 결정에 관한 이론

유통경로 구조를 설명하는 이론으로 연기-투기 이론, 기능위양 이론, 시장거래비용 이론, 게임이론, 대리인 이론, 체크리스트법 등이 있다.

(1) 연기-투기 이론

① **연기-투기 이론의 의의**
  ㉠ 연기-투기(postponement-speculation) 이론은, 경로구성원들 중 누가 재고를 유지해야 하는가의 문제가 흔히 경로구조를 결정하기도 하는데, 이를 설명하는 데 유용한 이론이다.
  ㉡ 이 이론은 경로구성원들은 재고의 부담을 가능한 한 연기(또는 회피)하거나 또는 투기에 의해 적극적으로 재고를 부담하는 방법 중의 하나를 선택할 수 있는데 이에 따라 경로길이가 달라진다는 것이다.

② **재고부담의 연기(회피)와 투기**
  ㉠ 경로구성원들은 재고부담을 가능한 한 연기(postponement, 또는 회피)함으로써 경로효율성을 높이려고 할 수 있다. 예컨대, 중간상들이 필요한 시점에 신속히 배달해 줄 수 있는 제조업자를 선택함으로써 재고부담을 주문 발생시점까지 연기시키려고 하면 제조업자가 재고부담을 져야 한다. 따라서 이 경우 경로길이는 짧아진다.
  ㉡ 반면 경로구성원들이 제조업자 대신 투기적(speculative) 재고를 유지하는 등 경로활동을 적극적으로 수행할 수도 있다. 중간상들은 투기적 재고를 통해 상품의 소유권을 가짐으로써 제조업자의 재고부담 비용을 대신 부담하는 것이다. 이런 경우 제조업자는 많은 중간상들을 경로활동에 참여시키므로 경로길이가 길어진다.

③ **연기-투기 이론의 적용**
  ㉠ 소비재(예컨대 편의품)는 개별 소비자가 지역적으로 분산되어 있고, 다빈도 소량(small lots)구매를 하므로 소비자는 가능한 한 최소의 재고를 유지하려고 한다. 따라서 많은 중간 상들이 투기적 재고를 통해 제조업체와 고객을 대신하여 재고위험을 부담한다. 그 결과 편의품은 일반적으로 경로길이가 긴 간접적 유통경로를 가진다.

ⓛ 반면 산업재는 소수의 구매자가 일정한 구매주기를 가지고 집중적으로 대규모 구매를 하므로 산업재 제조업자는 경로길이가 짧은 직접 유통경로를 통해 자신이 경로활동을 직접 수행하게 된다.

(2) 기능위양 이론

① 기능위양 이론의 의의
㉠ 기능위양(functional spinoff) 이론은, 각 유통기관은 비용우위를 갖는 마케팅 기능들만을 수행하고, 나머지 마케팅 기능은 다른 경로구성원들에게 위양한다는 것이다.
㉡ 만약 중간상이 제조업자보다 마케팅 기능을 적은 비용으로 수행할 수 있다면, 제조업자는 비용우위가 있는 부분만을 수행하고, 나머지 마케팅 기능들은 중간상들에게 위임하므로 경로길이가 길어진다.

② 기능위양 이론의 적용
㉠ 인적·물적 자원의 제약을 받는 중소기업이 경쟁이 치열한 제품시장에 진입할 경우에는 전문적 능력을 지닌 중간상에게 마케팅 기능의 일부를 위임하는 것이 바람직할 것이다.
㉡ 그러나 기업의 규모가 커지게 되면 중간상을 이용하는 것보다 직접 유통기능을 수행하는 것이 더 효과적이다.

(3) 시장거래비용 이론

① 시장거래비용 이론의 의의
㉠ 기업은 유통경로를 수직적으로 계열화하여 부품생산에서 유통까지를 직접 수행하거나, 혹은 외부의 공급업체나 중간상들과 시장거래를 하는 대안 중의 하나를 선택할 수 있다.
㉡ 이 경우 기업의 유통경로 길이(또는 경로계열화)에 대한 결정을 설명하는 이론으로 윌리엄슨(Oliver Williamson)의 거래비용 이론(transaction cost theory)이 있다.

② 거래비용과 유통경로 길이
㉠ 거래비용 이론에 의하면 수직적 계열화(또는 내부조직화)에 드는 비용과 시장거래에서 발생되는 거래비용 간의 상대적 크기에 따라 경로길이의 범위가 결정된다고 본다.
㉡ 시장거래비용 이론에 의하면 수직적 계열화, 즉 기업내부화에 의해 마케팅 기능을 직접 수행하는 것이 시장거래에 의존하는 것보다 적은 비용이 들기 때문에 유통경로의 수직적 통합이 이루어지고, 따라서 짧은 유통경로를 선택한다고 본다.
㉢ 거래비용에 의한 시장의 실패(market failure) 때문에 기업내부화(수직적 통합)가 이루어진다는 것이다.

③ 수직적 통합의 원인
㉠ 윌리엄슨의 거래비용 이론에 따르면 유통경로 계열화(유통경로의 수직적 통합)는 결국 거래비용의 과다로 인한 것이고, 거래비용의 과다는 시장의 실패를 가져온다.
㉡ 거래비용 이론에서 시장의 실패를 설명하는 주요개념으로는 거래관련변수인 자산의 특수성(asset specificity) 존재, 거래빈도, 불확실성을 들고 있고, 인간행동에 대한 기본 가정

으로는 제한된 합리성과 기회주의적 행동을 제시하고 있다.

(4) 게임이론

① 게임이론의 의의
㉠ 게임이론(game theory)은 힘의 구조에 관한 가정을 토대로 경로구조의 결정을 설명하기 위해 유통이론에 도입되었다.
㉡ 게임이론은 수직적으로 경쟁관계에 있는 제조업자와 중간상이 각자 자신의 이익을 극대화하기 위해 자신과 상대방의 행위를 조정하는 과정에서 유통경로구조가 결정되는 것으로 보고 있다.

② 유통구조와 게임이론
㉠ 게임이론에서는 중간상의 기능을 수직적으로 통합하여 생산과 유통기능을 제조업자가 동시에 수행할 것인가, 아니면 독립적으로 중간상을 이용하여 생산과 유통기능을 분리시킬 것인가, 또 독립적인 중간상을 이용한다면 어떤 형태의 중간상을 몇 단계에 걸쳐 활용할 것인가 등을 경쟁업체들 간의 힘의 구조를 토대로 설명한다.
㉡ 그러나 게임이론은 수리적 모형이 지니는 제약으로 인해 가격 혹은 수량에 지나치게 의존하여 유통구조를 설명하는 한계를 지니고 있다.

(5) 대리인 이론

① 대리인 이론의 의의
㉠ 대리인 이론(agency theory)은 대리인과 의뢰인(또는 주인) 간의 대리관계, 즉 의뢰인을 위해 대리인이 취하는 행동에 의뢰인이 의존하는 관계로부터 출발한다. 대리인 이론은 특정한 관계를 지배하는 가장 효율적인 형태의 계약이 무엇인가를 설명하는 것이라고 할 수 있다.
㉡ 대리인 이론에 있어 효율성에 대한 판단은 대리인 관점에서가 아니라 의뢰인 관점에서 이루어진다. 따라서 효율적인 계약이란 주어진 상황 하에서 의뢰인에게 최선의 성과를 가져다주는 계약을 의미한다.

② 정보 불균형과 유통경로 길이
㉠ 대리인 이론에서는 대리인과 의뢰인 사이에 계약 전과 계약 후의 정보 불균형(information equilibrium)이 존재한다고 본다. 이 때 계약 전의 정보 불균형이란, 대리인이 과연 의뢰인이 원하는 능력을 제대로 갖고 있는가 하는 것이고, 계약 후의 정보 불균형이란, 대리인이 의뢰인을 위해 제대로 일을 수행하고 있는가 하는 것이다.
㉡ 따라서 의뢰인이 대리인을 선정할 때는 이러한 정보 불균형을 극복하는데 소요되는 비용, 즉 정보수집, 감시 및 평가와 관련된 비용이 적게 드는 대리인을 선택하게 된다는 것이다.
㉢ 대리인 이론은 유통분야에서 유통경로 구조가 어떻게 결정되고 경로구성원 간의 행위가 어떻게 이루어지는가를 설명하는 데 유용하다.

7 유통경로에서의 힘과 갈등관리

(1) 힘(파워)과 갈등관리의 의의

① 경로관리자의 역할
- ㉠ 유통기업은 고객의 구매상황에 따라 최적의 유통서비스(예를 들어 최소구매단위, 배송시간, 제품이나 서비스 구색의 폭과 깊이)를 제공하기 위해서 다양한 마케팅 기능들(예를 들어 물리적 소유, 촉진, 협상, 주문, 신용공여)을 수행해야 한다.
- ㉡ 이를 위해 경로관리자는 각 경로구성원에게 알맞은 마케팅 기능을 부여하여야 한다.

② 경로파워의 행사
- ㉠ 경로구성원은 전체 경로목표를 달성하기 위해 서로 협동해야 하며 만약 경로구성원들 간에 이해의 상충(trade-off)이 발생될 때 경로리더는 경로파워를 행사하여 이를 조정해야 한다.
- ㉡ 전통적인 유통경로에서는 경로갈등에 대한 조정·통제가 어렵다. 이에 반해 수직적 마케팅 시스템(VMS)에서는 경로구성원들에 대한 역할의 할당과 경로갈등의 해소를 위해 힘을 행사할 수 있는 공식적 메커니즘이 있다.

(2) 경로파워의 원천과 경로구성원의 상호의존성

① 경로구성원의 파워
- ㉠ 경로구성원의 파워는 그 경로구성원이 가지고 있는 힘의 원천(power sources)과 다른 경로구성원들의 특정 경로구성원에 대한 의존성(dependence)의 정도에 따라 결정된다.
- ㉡ 강력한 경로파워를 가진 경로구성원은 힘의 원천을 이용하여 다른 경로구성원의 의사결정 변수를 통제할 수 있다.

② 힘의 원천

다른 경로구성원들의 의존성을 높일 수 있는 높은 마케팅기능 수행능력을 힘의 원천이라고 한다. 프렌치와 라벤(J. French and B. Raven)은 파워의 원천을 보상적 파워, 강압적 파워, 전문적 파워, 준거적 파워, 그리고 합법적 파워로 구분하였다.

- ㉠ 보상적 파워(reward power) : 이는 경로구성원 A가 B에게 보상을 제공할 능력이 있을 때 발생되는 파워이다. 예를 들어, 특정 경로구성원 A가 다른 경로구성원 B에게 높은 제품마진과 다양한 촉진공제를 제공할 수 있는 능력이 있다면, A는 B에게 이러한 보상적 파워를 효과적으로 행사하여 B의 경로행동을 통제할 수 있다.
- ㉡ 강압적 파워(coercive power) : 이는 경로구성원 A의 영향력행사에 경로구성원 B가 따르지 않을 때 A가 처벌을 가할 것이라는 경로구성원 B의 기대 때문에 발생되는 파워이다. 경로구성원 A가 B에게 제공했던 판매독점권의 철회, 대리점 보증금의 인상 등은 강압적 파워의 구체적인 예이다.
- ㉢ 전문적 파워(expert power) : 경로구성원 A가 특별한 지식이나 기술이 있다고 B가 지각할 때 발생되는 파워이다. 예를 들어, 의약품 도매상은 약국에 대해 판매촉진 지원이나 점포 디스플레이에 대한 조언 등의 전문적 지식을 행사함으로써 소매점주의 의사결정이나 행동에 영향을 미치게 된다.

② 준거적 파워(referent power) : 경로구성원 B가 A와 일체감을 갖기를 원하기 때문에 A가 B에 대해 갖는 파워이다. 경로구성원 A가 매력적인 집단이면, B는 그 구성원이 되고 싶어하거나 기존의 관계를 지속적으로 유지하려 할 것이다.

⑩ 합법적 파워(legitimate power) : 경로구성원 A가 B에게 영향력을 행사할 권리를 가지고 있고, 또한 B가 그것을 받아들일 의무가 있다고 경로구성원 B가 믿기 때문에 발생되는 파워이다.

유통경로상의 파워원천 사례

보상적 파워 (reward power)	판매지원, 영업활동지원, 관리기법, 시장정보, 금융지원, 신용조건, 마진폭의 증대, 특별할인, 리베이트, 광고지원, 판촉물 지원, 신속한 배달, 빈번한 배달, 감사패 제공, 지역 독점권 제공
강압적 파워 (coercive power)	상품공급의 지연, 대리점 보증금의 인상, 마진폭의 인하, 대금결제일의 단축, 전속적 지역권의 철회, 인접 지역에 새로운 점포의 개설, 끼워 팔기, 밀어내기, 기타 보상적 파워의 철회
합법적 파워 (legitimate power)	오랜 관습이나 상식에 따라 당연하게 인정되는 권리, 계약, 상표등록, 특허권, 프랜차이즈 협약, 기타 법률적 권리
준거적 파워 (referent power)	유명상표를 취급한다는 긍지와 보람, 유명업체 또는 관련 산업의 선도자와 거래한다는 긍지, 상호간 목표의 공유, 상대방과의 관계지속 욕구, 상대방의 신뢰 및 결속
전문적 파워 (expert power)	경영관리에 관한 상담과 조언, 영업사원의 전문지식, 종업원의 교육과 훈련, 상품의 진열 및 전시조언, 경영정보, 시장정보, 우수한 제품, 다양한 제품, 신제품 개발 능력

(3) 갈등의 대처방안

① **갈등관리 기법**

갈등관리 기법으로 상위 목표에 호소하거나, 자원의 확충, 종업원 교체, 조직구조의 변경 및 대면과 협상 등이 제시되고 있다.

② **토마스와 킬만의 갈등 대처방식**

토마스(Kenneth W. Thomas)와 킬만(Ralph H. Kilmann)은 갈등상황에 처했을 때 대처하는 방식을 회피, 호의, 경쟁, 타협 및 협력 등 5가지로 구분하고 있다.

㉠ 양보(accommodating) : 자신의 이해관계보다는 상대의 요구에 맞춰 갈등해결을 추구한다.
㉡ 타협(compromising) : 자신의 실익 및 상대와의 관계를 적절히 조화시키려 한다.
㉢ 경쟁(competing) : 자신의 입장을 고수하기 위해 자신의 능력을 사용한다.
㉣ 협력(collaborating) : 경로구성원이 자신의 목적달성을 중시하지만, 동시에 다른 경로구성원의 입장을 충분히 이해하기 위해 노력하는 것이다.
㉤ 회피(avoiding) : 갈등에 대한 언급 자체를 피하고, 갈등상태에 있는 자신의 목표 달성을 추구하지 않는다.

8 소매업의 기능 및 특성

(1) 소매업의 의의

① **소매업의 의미**
  ㉠ 소매업(retailing)이란 소매상이 상품과 서비스를 매입하여 필요한 가치를 부가한 후 최종 소비자에게 판매하는 일련의 비즈니스 활동을 의미한다. 그리고 이러한 소매업을 수행하는 상인을 소매상(retailer)이라고 한다.
  ㉡ 소매업은 유형의 점포에서 이루어지는 활동만을 의미하는 것은 아니고 인터넷 쇼핑몰, TV 홈쇼핑, 방문판매, 다단계판매, 카탈로그 판매, 자동판매기 등 무점포 판매도 소매업에 포함된다.

② **소매업의 의의**
  ㉠ 소매업은 유통에 있어서 최종 소비자와의 접점에 있기 때문에 소비자의 욕구를 정확히 파악하고, 이를 생산자에게 전달하여 소비자 욕구에 부응하는 제품을 만들어 제공하도록 하는 역할을 수행한다.
  ㉡ 소매업은 전통적인 재래시장에서 백화점, 슈퍼마켓, 편의점, 할인점, 쇼핑센터 등 다양한 형태로 발전하여 왔다. 또한 소매업의 규모가 점점 더 커지면서 대형 소매업체들로 유통경로의 지배력이 옮겨오고 있다.

(2) 소매업의 기능

① **소비자를 위한 소매업의 기능**
  ㉠ 상품구색 제공기능 : 소비자에게 적정한 가격과 우수한 품질을 지닌 상품을 제공하기 위해 다양한 상품구색(assortment)을 제공한다. 소매상은 취급하는 상품구색의 폭과 깊이에 따라 여러 형태의 업태(retail format)로 나누어진다.
  ㉡ 상품 소량분할기능 : 소매상은 제품을 박스 단위로 생산자나 도매상으로부터 공급받아 소비자가 원하는 형태인 소량으로 판매한다. 이를 통해 소매상은 소비자에게는 제품을 원하는 형태로 제공하면서 유통경로에서의 비용을 절감시켜 준다.
  ㉢ 재고보유기능 : 소매상은 소비자의 수요에 신속하게 대응할 수 있도록 적정량의 재고를 확보·유지한다. 이러한 소매상의 재고보유는 생산자나 도매상의 재고 분산에 도움을 주고, 소매업체로의 배송횟수를 줄임으로써 물류비용을 줄이는 효과도 있다.
  ㉣ 정보제공기능 : 소매상은 매장내 POP(point of purchase) 광고나 판매원 서비스, 점포 디스플레이 등을 통해 소비자에게 제품관련 정보를 제공하고, 생산자에게는 소비자에 대한 정보를 제공한다.
  ㉤ 금융기능 : 소매상은 외상판매나 할부판매, 기타 신용제공을 통해 소비자의 구매비용 부담을 덜어 주는 등의 금융기능을 수행한다.
  ㉥ 각종 부가서비스 제공 : 애프터서비스의 제공, 제품의 배달·설치, 사용방법의 교육 등과 같은 서비스를 제공한다. 또한 소비자가 언제, 어디서든지 제품을 구매할 수 있도록 교통이나 생활환경이 적합한 곳에 위치한다.

② 생산자를 위한 소매업의 기능
  ㉠ 판매활동을 대신해 주는 역할 : 제조업자가 생산한 제품을 판매함으로써 생산업자나 도매업자가 각자 본연의 업무에 전념할 수 있도록 해준다.
  ㉡ 소비자 정보를 제공해 주는 역할 : 소비자와의 접촉을 통해 얻은, 상품에 대한 소비자의 요구에 관한 정보를 생산자에게 전달하여 상품개발·계획·생산 등에 활용하도록 한다.
  ㉢ 물적 유통기능을 수행하는 역할 : 운송·설치·보관 등 각종 물적 유통기능을 수행한다.
  ㉣ 금융기능을 수행하는 역할 : 제조업자의 제품 구입시 제품대금을 지불함으로써 생산자의 자금순환을 도와준다.
  ㉤ 판매촉진기능 : 판매 실적을 올리기 위하여 자체적으로 소비자들에게 광고와 판매 촉진활동을 하게 되는데, 이러한 활동은 간접적으로 생산업자나 도매업자들의 판매 촉진활동을 도와주게 된다.

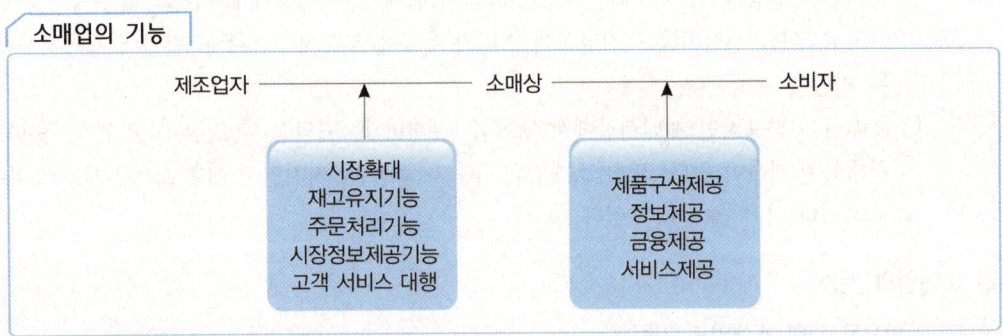

소매업의 기능

(3) 소매점의 전략 및 운영 : 수익률(마진)과 회전율
  ① 소매상의 전략
    ㉠ 소매상의 성격은 소비자들이 요구하는 서비스의 정도와 소매상의 재무구조에 의해 결정된다. ⓐ 소비자들이 요구하는 서비스의 정도는 제품구색, 위치 그리고 제공하는 서비스의 규모에 의해 결정된다. ⓑ 소매상의 재무구조는 수익률(margin)과 회전율(turn over)에 의해 결정된다.

	저	회전율	고
고 수익률 저	고급 전문점 고급 백화점		편의점
	손실		창고형 할인점 대형 마트 슈퍼마켓

ⓒ 이 두 가지를 바탕으로 소매상이 취할 수 있는 전략의 형태는 위 그림에서 보는 것처럼 ⓐ "고수익률-저회전율, 다양한 서비스 제공"전략과, ⓑ "저수익률-고회전율, 최소한의 서비스 제공"전략으로 구분할 수 있다. 근래에는 대형마트나 창고형 매장의 성장에서 보는 것처럼 후자의 전략을 택하는 소매상이 주류를 이루고 있다.

② 두 가지 전략의 비교

저수익률 고회전율 전략	고수익률 저회전율 전략
• 별도의 노력 없이 팔리는 잘 알려진 제품 • 점포에 오기 전에 고객이 구매를 결정하는 제품 • 시중보다 낮은 가격으로 가격에 초점을 둔 촉진 • 최소한의 서비스 제공 • 독립지역이나 임대료가 싼 곳에 위치 • 단순한 소매점포의 조직	• 잘 알려지지 않은 제품 • 점포에 와서 구매 결정 • 서비스, 특징적 상품, 판매기법이 고객의 선택에 영향 • 판매지원, 신용, 배달 등 다양한 서비스 • 시내나 쇼핑센터 밀집지역에 위치 • 복잡한 소매점포 조직

9 소매업 발전에 관한 이론

(1) 소매업 수레바퀴 이론

① 소매 수레바퀴 이론의 의의

㉠ 소매 수레바퀴 이론(The Wheel of Retailing Theory)은 1958년 하버드 대학의 맥나이어(M. McNair) 교수가 미국과 영국의 소매업 발전과정을 분석하여 증명한 이론이다.

㉡ 소매기관들은 다소 '제한된 원' 안에서 변화하는데 처음에는 혁신적인 형태에서 출발하여 성장하다가 새로운 개념으로 등장한 신업태에게 그 자리를 양보하고 사라진다는 것이다. 즉, 소매 수레바퀴 이론은 진입단계(entry phase), 성장단계(trading up phase), 쇠퇴단계(vulnerability phase)의 세 단계로 구성되어 있다.

㉢ 혁신적 형태의 소매상은 시장진입 초기에 저가격, 저마진, 최소 서비스의 소구방식으로 진입하여 기존의 고가격, 고마진, 높은 서비스의 다른 소매업태와 경쟁한다. 이러한 전략이 소비자들에게 수용되면 본격적으로 성장기에 접어들게 된다.

㉣ 성공적인 시장진입 후에는 동일유형의 소매점 사이의 경쟁이 격화됨으로써 경쟁적 우위를 확보하기 위하여 보다 세련된 설비와 서비스를 더해감에 따라 고비용, 고가격, 높은 서비스의 소매점으로 전환되어 초기의 혁신적인 특징들은 사라지게 된다.

㉤ 성장기를 거쳐 쇠퇴기에 접어들게 되면 시장에서 안정적이고 보수적인 대형 소매업태로 발전하게 되며, 투자수익률 또한 현저하게 낮아지게 된다.

㉥ 소매환경의 변화는 새로운 유형의 혁신적인 소매점이 시장에 진입할 수 있는 여지를 제공하게 되고, 이 새로운 유형의 소매점 역시 위와 동일한 패턴을 따르게 된다는 것이다.

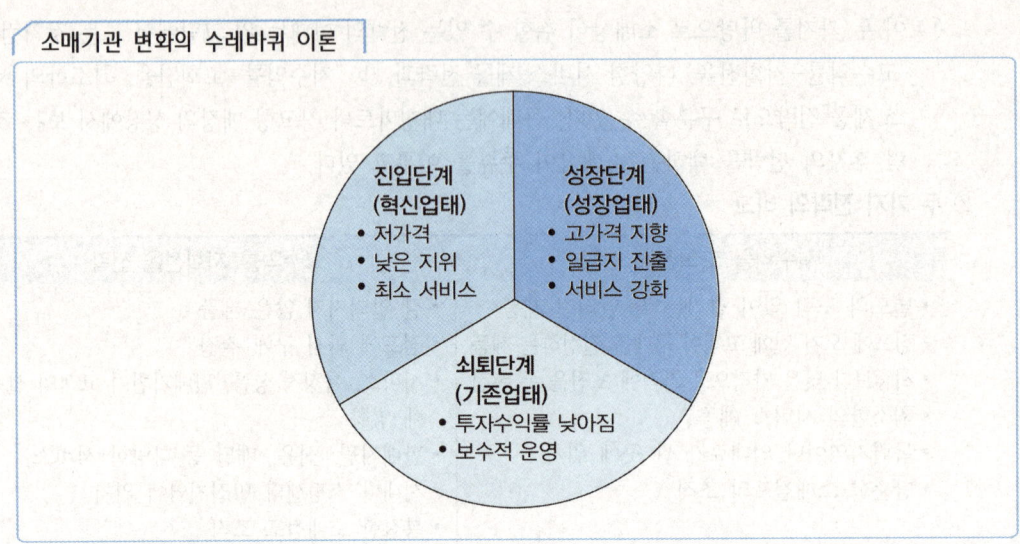

② 소매업 수레바퀴 이론의 평가

　㉠ 소매업 수레바퀴 이론은 근래에 등장한 새로운 업태인 대형할인점, 카테고리 킬러, 인터넷 전자상거래 등의 성공적인 소매시장 진입을 효과적으로 설명해 주고 있지만, 가격만을 소매업 변천의 주원인으로 보고 있다는 한계가 있다.

　㉡ 즉, 이 이론은 가격만을 중심으로 소매업의 변천을 설명하기 때문에 백화점이나 자동판매기 같은 고가격 및 고마진을 추구하는 새로운 소매상에 대하여는 충분히 설명할 수 없다.

(2) 소매 아코디언 이론

① 소매 아코디언 이론의 의의

　소매 아코디언 이론(Retail Accordion Theory)은 홀랜더(S. C. Hollander) 교수가 주장한 것으로, 상품의 가격이나 마진이 아니라 상품믹스(product mix)의 변화에 초점을 맞추고 있다.

② 소매상의 변천

　소매상의 변천은 제품구색의 변화에 초점을 맞추어 제품구색이 넓은 소매상(종합점)에서 제품구색이 좁은 소매상(전문점)으로, 다시 종합점으로 되풀이하는 것으로 아코디언처럼 제품구색이 늘었다 줄었다 하는 과정을 되풀이하는 이론이다.

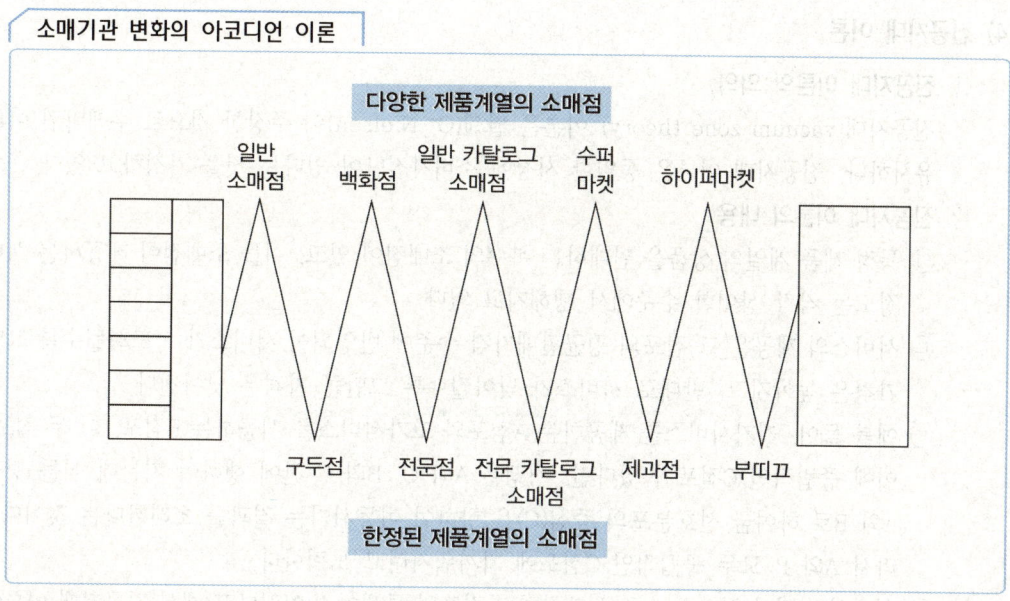

(3) 변증법 이론

① **변증법 이론의 의의**
  ㉠ 소매상의 변증법적 발전과정을 주장하는 학자들이 정·반·합의 변증법 이론을 소매변천 이론에 적용하고 있다.
  ㉡ 변증법 이론(Dialectic Theory)은 소매업태가 발전해 가는 모습을 마치 변증법 정(thesis)의 이미 형성된 기존의 유통기관, 반(antithesis)의 새로운 혁신적 유통기관, 합(synthesis)은 정과 반의 서로 다른 또는 공통적인 특징이 구체화되는 과정을 설명한 이론이다.

② **소매기관 변천의 변증법적 과정**

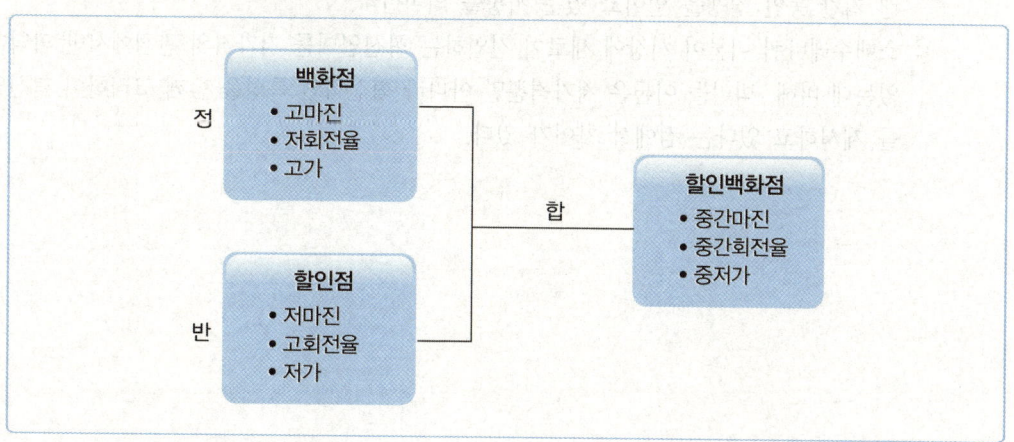

(4) 진공지대 이론

① 진공지대 이론의 의의
진공지대(vacuum zone theory) 이론은 닐센(O. Nielsen)이 주장한 것으로 수레바퀴 이론과 유사하다. 진공지대 이론은 동일한 시장에 소비자집단이 있다는 것을 가정하고 있다.

② 진공지대 이론의 내용
㉠ 특정 제품 계열의 상품을 판매하는 복수의 소매점이 있고, 이들 소매점이 제공하는 서비스 정도는 각각 상이한 수준에서 행해지고 있다.

㉡ 서비스의 제공은 그 점포의 평균판매가격 수준에 반영되어 서비스가 고도화될수록 그만큼 가격은 높아지고, 반대로 서비스가 낮아질수록 그만큼 가격은 낮아진다.

㉢ 예를 들어, 저가서비스를 제공하는 A점포와 고가서비스를 제공하는 B점포, 이 두 점포 사이에 중립적인 C점포가 있다면, 경쟁은 A와 C, B와 C 간에 행하여 지는데 이들 경쟁은 A와 B로 하여금 선호분포의 중심(C)을 향하여 이동시키는 결과를 초래한다는 것이다. 따라서 A와 B 모두 중립적인 C점포에 가까워지려고 노력한다.

㉣ 원래의 가격과 서비스 수준을 제공하던 점포의 특색이 없어진다고 해서 진공지대 이론이라 한다.

(5) 빅미들 이론

① 빅미들 이론의 의의
㉠ 빅미들(big middle) 이론은 레비(M. Levy) 등의 학자들에 의해 주장된 이론으로, 신규 소매업태는 저가격(low price)을 실현할 수 있거나 혁신적인(innovative) 특성이 있을 때 신규 시장(빅미들)으로 진입이 가능하다는 것이다.

㉡ 여기서 빅미들(big middle)이란 많은 수의 잠재적 고객들이 있어 대규모 소매업체들이 오랜 기간 동안 경쟁을 벌이고 있는 시장을 의미한다.

㉢ 소매수레바퀴 이론이 시장에 새로이 진입하는 혁신업태를 저가격의 관점에서만 파악하고 있는데 비해, 빅미들 이론은 저가격뿐만 아니라 혁신적인 특성을 함께 고려하여 혁신업태를 제시하고 있다는 점에서 차이가 있다.

② 빅미들 이론의 내용

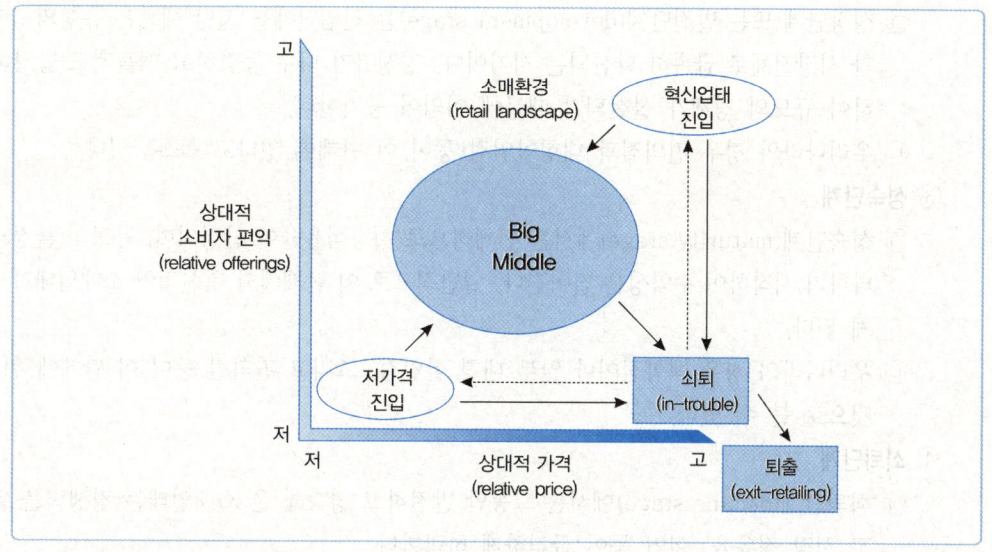

㉠ 위 [그림]에서와 같이 소매업체는 빅미들, 혁신자, 저가격 진입자 및 쇠퇴기 소매업 등 4가지로 분류할 수 있다. 빅미들은 잠재고객이 충분한 시장에서 고객이 원하는 편익을 제공하고 있기 때문에 지속적으로 성장하고 있는 소매업체들이 자리잡고 있다.

㉡ 혁신자(innovative)는 프리미엄을 제공하는 품질 지향적인 시장에 그 전략에 맞춘 업체들이 위치하는 영역이고, 저가격 진입자는 가격에 민감한 소비자를 위해 저가격을 소구하는 소매업이다. 마지막으로 더 이상 경쟁업체들보다 높은 가치를 소비자들에게 제공할 수 없는 소매업체는 쇠퇴하게 된다.

㉢ 미국의 경우 1960년대와 1970년대에는 전통적인 백화점들이 빅미들의 업태였고, 1980년에 들어서는 전문점과 할인점 및 교외지역의 몰(mall)이, 1990년대에는 갭(The Gap), 홈디포(Home Depot) 그리고 베스트바이(Best Buy)의 혁신적인 소매업태들이 빅미들로 진입하였다. 따라서 현재 빅미들은 혁신적 업태, 저가격 지향업태와 전자상거래 업태까지 존재하는 시장이 되었다.

(6) 소매수명주기 이론

소매수명주기 이론(life cycle theory)은 한 소매기관이 출현하여 사라지기까지 일반적으로 도입단계(초기 성장단계), 성장단계(발전단계), 성숙단계, 그리고 쇠퇴단계를 거친다는 이론이다.

① 진입단계

㉠ 진입단계(innovation stage) 또는 초기 성장단계는 새로운 유형의 소매업태가 등장하여 시장에 진입하는 시기이다. 이 단계에서는 매출액 성장률이 높고 경쟁자의 수는 적지만 초기 투자비용으로 인해 수익성은 낮다.

㉡ 우리나라의 경우 TV 홈쇼핑이나 인터넷 쇼핑몰 등이 이 단계에 있다고 할 수 있다.

② 성장단계
　㉠ 성장단계 또는 발전단계(development stage)는 진입단계를 지난 새로운 유형의 소매업태가 시장전체로 급속히 확산되는 시기이다. 경쟁자가 다수 등장하고 매출액도 급격히 증가하여 규모의 경제가 실현되기 때문에 이익이 증가한다.
　㉡ 우리나라의 경우 편의점과 대형할인점 등이 이 단계에 있다고 볼 수 있다.
③ 성숙단계
　㉠ 성숙단계(maturity stage)에서는 전체적으로 시장점유율이 안정되며, 규모의 불경제가 나타나기 시작하여 수익성은 떨어진다. 일반적으로 이 단계에서 혁신적인 소매업태가 출현하게 된다.
　㉡ 우리나라의 경우 백화점이나 일부 대형 할인점, 그리고 편의점 등이 이 단계에 위치하는 것으로 볼 수 있다.
④ 쇠퇴단계
　㉠ 쇠퇴단계(decline stage)에서는 그동안 발전하고 성숙해 온 소매업태는 경쟁력을 잃게 되고 시장 점유율, 이익 등이 급격하게 하락한다.
　㉡ 우리나라의 경우 재래시장이나 슈퍼마켓, 지방 백화점 등이 이 단계에 위치해 있다고 볼 수 있다.

10 도매업의 기능 및 특성

(1) 도매업의 의의
① 도매업의 의미
　㉠ 도매업(wholesaling)은 최종 고객에게 판매하지 않고 소매상이나 다른 상인, 또는 다른 기관 등의 상업적 사용자에게 판매하는 유통활동을 말한다.
　㉡ 즉, 도매는 재판매 또는 사업을 목적으로 상품이나 서비스를 구입하는 자에게 상품이나 서비스를 판매하는 데 관련된 모든 활동으로 정의된다.
② 도매업의 특징
　㉠ 도매상(wholesaler)은 최종 판매상이 아니므로 소매상처럼 입지, 촉진, 점포분위기 등과 관련된 마케팅에 상대적으로 주의를 덜 기울이며 넓은 상권을 대상으로 대량 거래를 하게 된다.
　㉡ 도매상은 상품의 수집과 배송이 편리한 교통기관의 발착지 부근에 위치하고, 같은 종류의 점포가 밀집되어 있는 장소가 유리하다.

(2) 도매상의 기능
① 도매상의 기능
　㉠ 도매상은 유통경로상에서 제조업체와 소매상 간의 유통의 흐름을 보다 원활하게 해주는 중간상의 역할을 한다. 도매상의 주요 기능으로는 금융기능, 소매상 지원기능, 재고보유기능, 물류대행기능, 구색편의기능, 위험부담 분산기능 등이 있다.

ⓒ 최근 들어 유통시장이 개방되고, 소매상이 대형화됨에 따라 제조업체와 소매상의 직접 거래가 크게 증가하여 도매상의 입지는 크게 좁아지고 있는 실정이다.

② **제조업자를 위한 도매상의 기능**
   ㉠ **시장 커버리지 제공기능** : 도매상은 넓은 지역에 퍼져 있는 다수의 고객을 커버리지(포괄)하여 고객이 제조업자의 제품을 필요로 할 때 쉽게 구매할 수 있도록 해준다.
   ㉡ **판매 접촉점 창출기능** : 제조업자가 판매조직을 가지고 외부판매원을 유지한다면 비용이 많이 들지만 도매상이 제조업자를 대신하여 판매접촉점으로 기능함으로써 이러한 비용을 줄여 준다.
   ㉢ **재고유지기능** : 도매상들이 일정량의 재고를 보유함으로써 제조업자의 재무부담과 재고보유에 따른 제조업자의 위험을 감소시켜 주게 된다.
   ㉣ **주문처리기능** : 다수 제조업자들의 제품을 구비한 도매상들은 고객들의 소량 주문을 보다 효율적으로 처리할 수 있다.
   ㉤ **시장정보 수집기능** : 도매상이 소매상을 통하여 수집한 고객에 대한 정보가 제조업자에게 전달되어 제조업자의 마케팅 전략 수립에 유용하게 이용된다.
   ㉥ **고객지원 대행기능** : 도매상에서 제품을 구입하는 소매상들은 제품구매 이외에도 다양한 유형의 서비스를 기대하고 있다. 이러한 기대를 제조업자를 대신하여 도매상이 충족시켜 주게 된다.

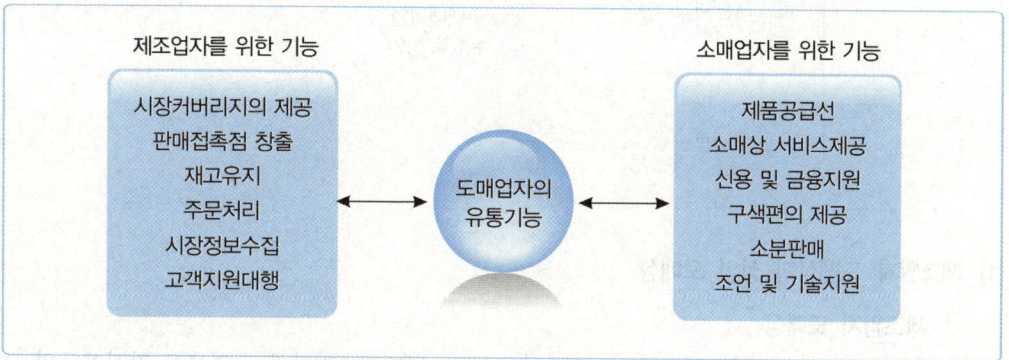

③ **소매상을 위한 도매상의 기능**
   ㉠ **제품 공급선기능** : 도매상은 제조업자들이 쉽게 충족시켜줄 수 없는 제품의 공급력을 소매상에게 제공할 수 있다. 도매상들은 제조업자에 비해 더 빠르게, 더 적절한 제품을, 요구하는 양만큼 소매업자들에게 공급할 수 있다.
   ㉡ **소매상 서비스 제공기능** : 소매상들은 제품의 구매처로부터 배달·수리·보증 등 다양한 유형의 서비스를 요구하게 된다. 도매상은 이러한 서비스를 제공함으로써 소매상들의 노력과 비용을 절감시켜 준다.
   ㉢ **신용 및 금융지원기능** : 도매상은 소매상에게 외상판매와 할부판매를 확대함으로써 소매상들이 쉽게 제품을 구매할 수 있는 기회를 제공한다.

ⓔ 구색 편의 제공기능 : 도매상은 다수의 제조업자로부터 제품을 제공받아 소매상의 주문업무를 단순화시킬 수 있는 다양한 제품구색을 동시에 갖추고 있다.
ⓜ 소분판매기능 : 도매상은 제조업자로부터 대량으로 제품을 구입한 뒤, 이를 소량으로 분할하여 소매상들에게 판매할 수 있다.
ⓗ 조언 및 기술지원기능 : 소매상들은 필요로 하는 제품사용에 대한 기술적 지원과 제품판매에 대한 조언을 도매상이 제공해 줄 수 있다.

11 도매상의 유형

도매상에는 다양한 유형이 있으나 크게 제조업자 도매상, 상인 도매상, 대리인 및 브로커 등으로 구분된다.

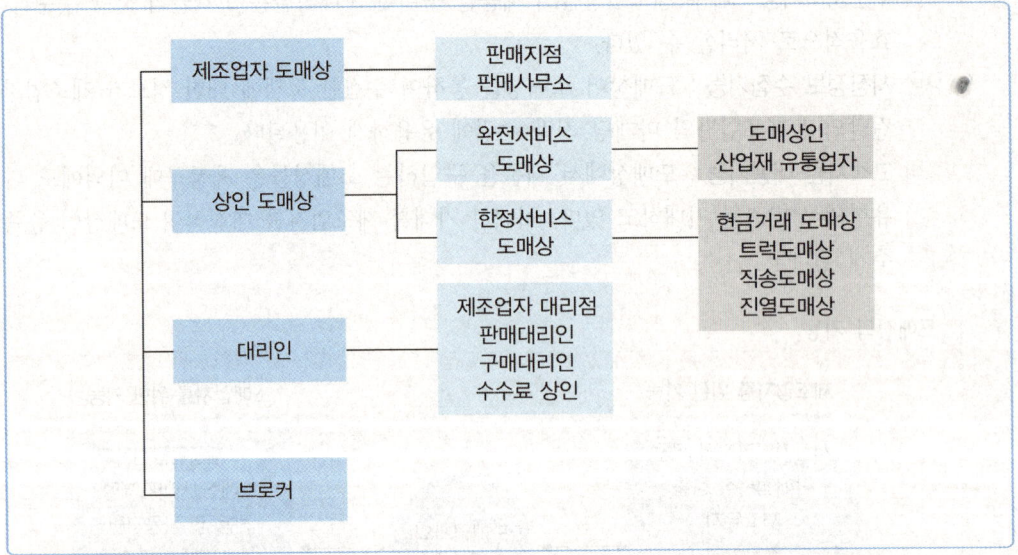

(1) 제조업자 도매상과 상인 도매상

① 제조업자 도매상
　㉠ 제조업자 도매상(manufacturer wholesaler)은 제조업자가 직영으로 자사제품의 도매업을 수행하여, 재고통제와 판매 및 촉진관리를 하는 형태이다.
　㉡ 일반적으로 영업소라는 조직으로 운영되는데 중소소매업체가 주 고객이며 대형소매업체는 본사 내 별도 영업조직에서 주로 담당한다.

② 상인 도매상
　㉠ 상인 도매상(merchant wholesaler)은 자신이 취급하는 제품에 대한 소유권을 가지는 독립된 사업체로서 가장 전형적인 형태의 도매상이다.
　㉡ 상인 도매상은 거래고객에게 제공하는 서비스의 정도에 따라 크게 완전서비스 도매상과 한정서비스 도매상으로 구분된다.

(2) 대리인과 브로커

① **대리인의 의미**
- ㉠ 대리인(agent) 또는 대리점은 위탁도매상의 일종으로, 장기적인 기반 위에서 구매자나 판매자 한쪽을 대표한다. 제조업체와의 전속계약에 의한 제조업자 판매대리인이 주된 형태이다.
- ㉡ 이들은 제조업자와 계약을 통해 장기적인 거래관계를 맺고, 일정한 상권을 보장받기도 하고 경영지도 및 필요하면 금융지원을 받기도 한다.
- ㉢ 대리인과 브로커(broker)는 거래되는 제품에 대한 소유권을 보유하고 있지 않으며 단지 제품거래를 촉진시키는 역할만 수행한다.

② **판매 대리인**
- ㉠ 판매 대리인(selling agent)은 기업의 마케팅 부서와 같은 기능을 수행하는 도매상으로, 비경쟁적인 제품을 생산하는 몇 개의 제조업자를 대신하여 비교적 넓은 지역을 대상으로 판매를 수행한다.
- ㉡ 판매 대리인은 제조업자가 생산하는 전품목을 판매하기 위하여 계약을 통해 권한을 부여받으며, 제조업자가 판매기능에 관심이 없거나 능력이 없을 경우 주로 이 유형의 대리인이 이용된다.

③ **구매 대리인**
- ㉠ 구매 대리인(purchasing agent)은 통상적으로 구매자와 장기적인 관계를 유지하면서 구매자를 대리하여 상품을 구입·인수·검사하여 창고에 보관하고 구매자에게 제품을 선적해 보내는 역할을 한다.
- ㉡ 구매대리인은 의류산업에서 자주 이용되는데, 이들은 소규모 의류 소매업자들에게 필요한 의류의 탐색과 구입을 대신해 주는 역할을 한다.

④ **수수료 상인**
- ㉠ 수수료 상인(commission merchant)은 제조업자와 단기적인 계약을 맺어 제품소유권은 보유하지 않고 단지 제조업자의 판매협상을 대리하고 수수료와 발생비용을 제외한 제품판매대금을 제조업자에게 지불한다.
- ㉡ 수수료 상인은 농산물 산업에서 자주 발견되며 직판능력이 없거나 조합에 가입하지 않은 농산물 생산업자들이 이들을 주로 활용한다.

⑤ **브로커**
- ㉠ 브로커(broker), 즉 중개인은 취급하는 상품에 대한 소유권을 보유하지 않고, 단지 상품거래를 촉진시켜주고 판매가격의 일정비율을 수수료로 받는다. 즉, 브로커는 구매자와 판매자 사이에서 거래협상을 도와주는 역할만을 수행한다.
- ㉡ 대표적인 예로서는 부동산업자, 보험 및 증권업자, 공동구매를 주선하는 웹사이트 등이 있다.

(3) 상인 도매상

① **완전서비스 도매상**
- ㉠ 완전서비스 도매상(full-service wholesaler) : 유통경로상에서 거의 모든 유통기능을 수행

하며 소매상 고객들을 위해 재고유지, 판매원 지원, 신용제공, 배송, 경영지도와 같은 종합적인 서비스를 제공하기도 한다.
- ⓒ 일반상품 도매상(general merchandise wholesaler) : 서로 관련이 없는 다양한 상품들을 취급하며, 중소슈퍼마켓과 같은 중소소매상들과 주로 거래한다.
- ⓒ 한정상품 도매상(limited line wholesaler) : 서로 연관성이 있는 소수의 상품라인을 집중적으로 취급한다. 의약품 도매상, 의류 도매상, 가구 도매상 등을 말한다.
- ⓔ 전문품 도매상(specialty wholesaler) : 소수 혹은 하나의 제품계열 내에서 소수의 특정제품만을 깊이 있게 취급한다. 청과물 도매상, 건강식품 도매상 등이 있다. 이들은 구색의 깊이와 함께 전문성을 갖추고 고객의 욕구를 충족시킨다.

> **지식+ 톡톡 완전서비스 도매상**
>
> 완전서비스 도매상을 도매업자와 산업재 유통업자로 구분하기도 한다.
> - 도매업자 또는 도매상인(wholesale merchant)이란 전형적인 중간상으로 제조업체나 납품업체로부터 상품과 서비스를 구매하여 소매상을 대상으로 분산 판매하는 전형적인 도매업자를 말한다.
> - 산업재 유통업자(industrial distributor)란 주로 제조업자나 신용사용자에게 MRO(Maintenance, Repair, Operation) 품목, 시설·장비, 부품 등을 풀 서비스로 제공하는 업자를 말한다.

② 한정서비스 도매상
- ⊙ 한정서비스 도매상(limited-service wholesaler) : 유통기능 중 소수의 기능에 전문화되어 있고 소매상 고객에게 제한된 서비스만을 제공하는 도매상이다.
- ⓒ 현금거래 도매상(cash and carry wholesaler) : 현금무배달 도매상이라고도 하며, 현금지불을 거래조건으로 하고, 배달은 하지 않으며 낮은 가격으로 공급한다. 코스트코 홀세일 클럽이나 농협의 하나로 클럽 등이 좋은 예이다.
- ⓒ 트럭배달 도매상(truck jobber) : 판매와 배달기능을 트럭을 이용하여 직접 수행한다. 주로 한정된 제품을 취급하며 고객(소매상)들의 주문에 의해 구매와 보관, 배송의 기능을 수행한다.
- ⓔ 선반진열 중개인(rack jobber) : 소매상들에게 매출비중이 높지 않은 상품들을 주로 공급하며, 상대적으로 이윤이 적고 매출비중은 낮지만 회전율이 높은 상품들을 취급한다. 진열도매상은 위탁판매를 주로 한다.
- ⓜ 직송 도매상(drop shipper) : 소매상 고객으로부터 주문이 왔을 때, 해당 상품을 생산자가 직접 구매자에게 배송하도록 하는 형태이다. 제품을 주문받은 도매상은 재고를 보유하거나 운송하는 기능을 수행하지 않는다. 주 취급품목은 물류비용이 큰, 부피가 크고 무포장 상품이며 목재, 석탄, 건자재 등이다. 직송도매상은 상품에 대한 소유권을 가지며 보관기능과 운송기능만을 생산자에게 의존한다는 점에서 거간과는 다르다.

제3절 유통경제와 유통산업의 이해

1 유통환경의 변화와 특징

(1) 우리나라 유통산업의 환경변화

① 시장개방의 가속화
  ㉠ 우리나라의 유통시장은 1987년에 개방이 시작되어 외국인의 투자가 허용되었고, 1996년에는 완전한 개방이 이루어져 점포수 및 점포당 매장면적 제한이 완전히 철폐되었다.
  ㉡ 이러한 유통시장 개방의 가속화는 선진유통기법 도입의 촉진, 경쟁촉진에 따른 유통효율성의 제고, 소비자의 선택 폭 확대, 고객서비스 수준의 향상, 수입품의 가격하락에 다른 물가안정 등 긍정적인 측면을 기대할 수 있다.

② 대형 유통업체의 지방출점 가속화
  ㉠ 유통시장 개방 이후 대형 할인점과 전문점 등 신업태의 등장으로 유통시장의 경쟁이 치열해지면서 백화점이나 대형마트 등 대형 유통업체들이 다점포 경영전략을 채택하면서 지방출점이 가속화되고 있다.
  ㉡ 또한 최근에는 국내시장이 포화상태에 이르면서 백화점과 대형마트들이 유통망을 중국이나 베트남 등 해외로까지 확대시키고 있다.

③ 소비자의 변화
  ㉠ 소비자들의 소득수준이 향상됨에 따라 점점 더 고급화・다양화된 상품과 서비스를 요구하게 되었다.
  ㉡ 자동차의 급속한 보급으로 대형 소매점의 교외입지가 가속화되었고, 핵가족화 현상의 진전과 맞벌이 부부의 증가로 야간 및 휴일 쇼핑이 증가하고 있다.

④ 업태 간 경쟁격화
  ㉠ 대형 할인점과 인터넷 쇼핑・TV홈쇼핑 등 무점포판매의 급속한 성장으로 백화점의 성장세는 둔화되었고, 재래시장의 쇠퇴가 가속화되고 있다.
  ㉡ 정보화, 대형화, 전략적 제휴 등을 통한 업태・업체 간의 치열한 경쟁은 유통산업을 효율적이고 고객 지향적으로 변모시킬 것으로 예상된다.

⑤ 기술환경의 변화와 이에 따른 무점포 소매업의 성장
  신업태의 성공은 첨단 유통정보 시스템(CIS)에 기인하는 바가 크다. 앞으로 유통산업의 경쟁력 향상을 위해서는 POS, EDI, 고객 및 판매정보시스템 구축이 지속적으로 추진되어야 한다. 또한 인터넷 환경의 발전으로 전자상거래의 급속한 확대가 예상된다.

(2) 소매업의 최근 추세

① 강력한 소매상의 등장
  강력한 소매상(power retailer)이란 경쟁적인 전략수립을 통해 고객들에게 뛰어난 만족을 제공해 주는 소매점포를 의미한다. 이러한 강력한 소매상으로는 카테고리 킬러, 대형마트, 회원제 창고형 도소매점, 전문소매점 등을 들 수 있다.

② 소매업의 양극화 현상
  ㉠ 소매업 양극화의 의미
    소매업 양극화는 하이터치형 소매업태와, 하이테크형 소매업태의 양극단으로 소매업이 전개되고 있는 현상을 말한다.
  ㉡ 하이터치형
    ⓐ 하이터치(high-touch)형 소매업태는 제한된 제품계열에 대한 철저한 관리를 특징으로 하며 고도로 집중화되고 전문화된 소매업태이다. High-touch라는 말은 소비자들의 욕구가 모두 다르다는 의미를 가지고 있다.
    ⓑ 대표적인 업체로는 갭(the GAP), 토이저러스(Toys 'R' Us) 등의 전문점 체인이 있는데, 이들은 고수익률-저회전율 소매전략을 사용한다.
  ㉢ 하이테크형
    ⓐ 하이테크(high-tech)형 소매업태는 대형점포와 진열·보관기술 및 셀프 서비스 노하우를 바탕으로 한 소매업태이다. High-tech라는 말은 고회전율-저마진율을 실현하기 위해 첨단기술을 사용한다는 의미를 지니고 있다.
    ⓑ 대표적인 업체로는 초대형 점포를 기반으로 운영하는 월마트(Wal mart), 코스트코(Costco) 등을 들 수 있다. 카테고리 킬러(할인전문점)는 일종의 전문점이지만 초대형 점포형태이므로 하이테크형으로 볼 수 있다.

(3) 소비자의 변화
① 프로슈머
  ㉠ 프로슈머(prosumer)란 생산자를 뜻하는 producer와 소비자를 의미하는 consumer의 합성어로 생산활동에 직접 참여하는 소비자를 뜻한다. 미래학자인 앨빈 토플러(A. Toffler)가 미래 정보화사회의 소비자라고 해서 처음 사용한 용어이다.
  ㉡ 생산자와 소비자의 경계가 점차 모호해지면서 소비자가 소비만 하는 수동적인 입장에서 벗어나 제품의 개발과 유통과정에도 참여하는 능동적인 소비자를 의미한다.
  ㉢ 기업은 이들을 활용하여 다양한 아이디어를 얻고 상품홍보 효과도 누리는데, 이를 프로슈머 마케팅이라고 한다.
② 큐레이슈머
  ㉠ 큐레이슈머(curasumer)란 전시회 기획자인 curator와 소비자인 consumer의 합성어로, 전시회의 큐레이터처럼 기존제품을 꾸미고 다양하게 활용하는 편집형 소비자이다.
  ㉡ 기존의 생산에 참여하던 프로슈머에서 한 단계 더 나아간 능동적 소비자로 제품을 기존 용도와 다르게 활용하거나 더 나아가 기업에 원하는 사양의 상품을 요구하기까지 한다.
③ 트랜슈머
  ㉠ 트랜슈머(transumer)는 이동한다는 뜻이 담긴 trans와 소비자인 consumer의 합성어로, 이동하면서 상품이나 서비스를 구매하는 사람들을 의미한다.

    ⓒ 원래는 공항의 대기시간을 쪼개 면세점 등에서 쇼핑하는 사람들을 가리키는 말이었으나, 최근에는 개인의 위치추적이 가능하도록 통신기술이 발전하면서 스마트폰을 이용하여 쇼핑을 즐기는 사람들을 의미한다.

2 유통산업의 경제적 역할

(1) 소유권 이전기능(매매기능)

① **매매기능**
매매(trade)기능은 재화와 서비스의 소유권 이전을 위한 활동을 말한다. 즉, 거래처를 결정하고 상품을 선택하며 가격을 정함과 동시에 대금의 지불방법을 결정하게 된다.

② **소유권 이전기능**
이러한 소유권 이전기능은 유통의 가장 기본적인 기능이라고 할 수 있다. 소유권 이전이란 상품의 물리적 이전뿐만 아니라, 상품의 지배권도 이전하는 것을 말한다.

(2) 물적 유통기능(운송 · 보관기능)

① **운송기능**
운송(transportation)기능은 생산과 소비 사이의 장소적 격차를 해소시키기 위해서 생산지에서 소비지까지 상품을 운반하는 기능이다.

② **보관기능**
보관(storage)기능은 생산과 소비의 시간적인 분리를 극복하기 위하여 상품을 생산시기에서부터 소비시기까지 안전하게 관리하는 기능이다.

(3) 유통조성기능(금융, 보험, 정보통신, 표준화 등)

① **금융기능**
금융(finance)기능은 상품의 유통을 촉진시키기 위하여 유통기관이 외상으로 판매하거나 할부로 판매하는 등의 방법으로 금융상의 편익을 제공하는 기능이다.

② **보험기능**
보험(insurance)기능은 유통과정에서 발생하는 물리적 위험과 경제적 위험을 부담하여 생산이나 매매업무가 안전하게 이루어질 수 있도록 하는 기능이다.

③ **정보통신기능**
정보통신(communication)기능은 제조업자에게 고객의 욕구나 희망사항, 문제점 등을 파악해서 전달하는 기능을 말한다.

④ **표준화기능**
표준화(standardization)기능은 수요와 공급 간의 품질적 차이를 조절하는 방법으로 거래 단위, 가격 등을 표준화하여 상품의 사회적 유통을 촉진시키는 기능이다.

3 유통비용과 이윤

(1) 완전경쟁시장의 이윤극대화 전략

① 산업의 경쟁구조

시장(또는 산업)이 경쟁적인가 독점적인가를 분석·판단하는 기준으로 ㉠ 공급자와 수요자의 수, ㉡ 시장가격에 대한 영향력, ㉢ 상품 차별화의 정도 등을 들 수 있다.

② 완전경쟁시장의 성립조건

㉠ 가격수용자로서의 수요자와 공급자 : 시장에 참여하는 수요자와 공급자 수가 아주 많으므로 누구도 가격에는 영향을 줄 수가 없고, 따라서 시장전체에서 결정된 가격이 주어지면 그 가격하에서 개별기업은 생산량에 관한 의사결정을 할 수 있다. 따라서 완전경쟁시장에서의 수요자와 공급자는 모두 가격수용자(price taker)이다.

㉡ 동질적인 상품 : 동질적인 상품의 거래가 이루어진다. 여기서의 질은 제품의 품질은 물론 디자인, 포장, 판매방법, 애프터 서비스 등을 포함하는 개념이다.

㉢ 진입의 자유 : 경쟁시장이기 때문에 새로운 기업의 진입(entry)은 물론 퇴출(exit)에 아무런 제약이 없다.

㉣ 완전한 정보 : 시장상황은 물론 개별기업들의 행동과 비용조건 등에 대한 정보가 완전해야 완전경쟁이 될 수 있다.

③ 이윤 극대화 조건

㉠ 개별기업이 이윤을 극대화하기 위해서는 한계수입(MR)과 한계비용(MC)이 일치하는 수준에서 가격과 생산량을 결정해야 한다. 한계수입(MR, marginal revenue)은 재화 1단위를 추가로 생산하여 판매할 때 증가하는 총수입의 증가분을, 한계비용(MC, marginal cost)은 재화 1단위를 추가로 생산할 때 증가하는 총비용의 증가분을 말한다.

㉡ 재화 1단위를 더 생산하여 판매할 때 MR > MC이면 기업은 생산량을 늘리고, MR < MC이면 생산량을 줄이므로 MR = MC가 성립되면 생산량을 변화시킬 아무런 유인이 없게 된다.

㉢ 한편 완전경쟁시장에서는 시장에서 주어지는 가격을 수용하므로 기업의 생산량과는 무관하게 가격(P)은 일정하다. 가격이 일정하면 한계수입(MR) = 가격(P)이므로 완전경쟁시장에서의 이윤극대화 조건은 P(= MR) = MC로 나타낼 수 있다.

④ 손익분기점(BEP)과 생산폐쇄점

㉠ 손익분기점

ⓐ 완전경쟁시장의 개별기업은 총수입(TR) = 총비용(TC)인 생산량 수준에서는 초과이윤(excess profit)도 손실도 없는 상황에 이르게 된다.

ⓑ 따라서 P = ATC(또는 AC)에서 결정되는 생산량을 손익분기점(break-even point : BEP)이라고 한다. 여기서 ATC(또는 AC)는 평균비용이다.

ⓒ 생산폐쇄점
  ⓐ 개별기업은 P < ATC(or AC)가 되어 손실을 보더라도 생산을 계속하는 것이 유리하다. ATC(또는 AC)에 포함된 고정비용(FC)은 생산을 중단하더라도 지출되는 매몰비용(sunk cost)이기 때문에 고려할 필요가 없다.
  ⓑ 따라서 P > AVC인 한 생산을 계속하는 것이 유리하다. P = AVC가 되면 생산을 중단해야 하는데 이때의 생산량을 생산폐쇄점(shut down point) 또는 조업중단점이라고 한다.

(2) 규모의 경제와 범위의 경제
① 규모의 경제
  ㉠ 규모의 경제의 뜻 : 기업이 생산규모를 확대하여 생산량을 점차 증가시킬 때 장기평균비용(LAC)이 하락하는 경우 규모의 경제(economies of scale)가 있다고 한다. 반대로 장기평균비용이 상승하면 규모의 불경제(diseconomies of scale)가 있다고 한다.
  ㉡ 규모의 경제 원인 : 규모의 경제가 나타나는 가장 큰 이유는 분업과 그에 따른 전문화(또는 특화)를 들 수 있다. 이와 함께 기술적 요인도 들 수 있다. 예컨대 공학에서 말하는 0.6법칙(rule)에 의하면, 시설용량을 k배 늘릴 때 비용은 $k^{0.6}$배 증가한다는 것이다. 따라서 k가 2라면 $2^{0.6}$ = 1.52이므로 비용은 1.52배 증가한다는 것이다.
  ㉢ 사례의 적용 : 규모의 경제는 교환의 이익, 또는 국제무역의 이익을 설명할 때 매우 유용하다. 즉, 국제무역을 위해 생산량을 늘리는 경우 규모의 경제가 나타나 무역 당사국 모두가 이익을 얻을 수 있다는 것이다.
② 범위의 경제
  ㉠ 범위의 경제의 뜻 : 범위의 경제(economies of scope)는 어떤 두 가지 이상의 생산물을 따로따로 독립된 기업에서 생산하는 것보다 한 기업이 동시에 생산하는 것이 더 유리한 경우, 즉 비용이 적게 드는 경우를 가리킨다. 예컨대 버스만을 생산하는 1기업의 버스 1대당 평균비용이 1,000만원이고, 트럭만을 생산하는 2기업의 트럭 1대당 평균비용이 1,500만원인 경우, 어느 한 기업이 버스와 트럭을 동시에 생산하면 버스 1대 + 트럭 1대의 평균비용이 2,200만원 들 때 범위의 경제가 있다고 한다.
  ㉡ 범위의 경제가 나타나는 경우 : 범위의 경제는 ⓐ 버스와 트럭, 냉장고와 에어컨처럼 성격이 유사한 결합생산물의 경우에 나타날 수 있다. 또한 ⓑ 생산시설이나 유통망을 공동으로 사용할 수 있는 경우에 나타날 수 있다.

실전감각 기르기

01 다음 중 유통과 관련한 설명으로 옳지 않은 것은?

① 생산과정을 통하여 획득된 제품의 사용가치는 유통경로(유통업)에 의해 추가적인 효용, 즉 소유효용, 상품분할 및 묶음효용, 시간 및 장소효용이 부가됨으로써 생산된 상품의 교환가치를 높이고 시장에서 상품으로써 거래가 원활하게 발생하게 된다.
② 유통산업이란 유통과정에 참여하는 중개인, 중간상, 물류기관, 금융기관 등을 모두 포괄하여 일컫는 말이다.
③ 유통기능은 크게 소유권 이전기능, 물류기능, 유통조성기능 등으로 구분할 수 있다.
④ 유통경로 수준이란 생산자와 소비자 사이에 중간 유통상이 몇 단계에 걸쳐서 개입하는가를 나타내는 개념이다.
⑤ 유통은 생산과 소비 사이에 발생하는 사회적·장소적·시간적인 불일치를 해소시켜 생산과 소비의 수급을 결합시키는 역할을 수행한다.

해설 ② 유통산업(distribution industry)은 「유통산업발전법」의 정의에 따르면 "농산물·임산물·축산물·수산물(가공물 및 조리물을 포함한다) 및 공산품의 도매·소매 및 이를 경영하기 위한 보관·배송·포장과 이와 관련된 정보·용역의 제공 등을 목적으로 하는 산업"을 말한다(법 제2조). 금융기관은 유통산업에 포함시키지는 않는다.
유통산업은 국민경제적 측면에서 생산과 소비를 연결해주는 기능을 수행하며, 국민들로 하여금 상품이나 서비스의 소비를 가능하게 함으로써 국민의 생활수준을 유지·향상시켜주는 역할을 담당하고 있다.

Answer 01 ②

02 유통은 상류(상적 유통)와 물류(물적 유통)로 분류되는데 이에 대한 설명으로 가장 옳지 않은 것은?

① 상류는 매매계약 등의 거래의 흐름을 의미하고 물류는 물자의 흐름을 의미한다.
② 물류는 상류의 파생기능을 수행한다.
③ 상류와 물류는 고도의 긴밀한 협력관계를 필요로 하고, 상호보완적인 관계이므로 원활한 커뮤니케이션을 요한다.
④ 물류합리화의 일환으로 상류와 물류의 분리운영이 제시되고 있다.
⑤ 상물분리는 배송센터나 공장에서 하고 있던 물류활동을 지점이나 영업소에서 집중적으로 수행하는 것을 말한다.

  해설 ⑤ 상물(商物)분리는 물류합리화의 관점에서 상적 유통(상류)과 물적 유통(물류)을 분리하여 운영하는 것을 말한다. 상물분리가 이루어지면 물류는 물류부서에서 전담하고, 상류는 영업부서(마케팅부서)에서 담당하게 된다.

03 유통산업의 변화의 흐름에 대한 전반적인 설명으로 가장 올바르지 않은 것은?

① 초기 산업사회는 생산과 소비가 분리되면서 초보적인 유통기능이 발생하기 시작하였으며, 후기 산업사회로 이전하면서 생산과 소비 사이에서 유통의 기능이 더욱 강화되기 시작하였다.
② 초기 산업사회는 소비자의 욕구가 다양하지 않았으므로 제조업자의 판매부서나 독립 유통업자들에 의한 단순한 재분배 기능의 수행만으로도 소비자의 욕구를 충족시킬 수 있었다.
③ 지식사회·정보화사회로 사회구조가 발전하면서 정보와 지식을 유통하는 기업들의 역할이 더욱 명확해지고 지식·정보의 생산 및 소비, 유통기능이 더욱 분업화, 전문화되고 있다.
④ 소비자의 욕구가 다양화되면서 이를 충족시키기 위해 제조업체들은 다품종 소량생산 시스템과 유연생산 시스템으로 전환하게 되어 유통기능이 전문적으로 수행되는 경영기능의 분업화가 이루어졌다.
⑤ 최근 제조부문보다 상대적으로 유통부문의 힘이 강해지는 이유는 제조업자 상표의 수가 증가하면서 경쟁이 심화되고, 유통부문의 고객정보 수집이 기업의 성과에 중요한 영향을 미치며, 유통자체를 영위하는 기업의 등장과 성장 등을 들 수 있다.

  해설 ③ 지식사회·정보화사회로 사회구조가 발전하면 지식·정보의 생산 및 소비, 유통기능은 통합화되어 가는 경향이 나타난다.

Answer 02 ⑤ 03 ③

04 다음 중 유통업의 기능과 역할 및 유통기업에 관한 설명으로 옳지 않은 것은?

① 기업의 형태를 제조기업과 유통기업으로 구분하는 기준은 특정기업의 태생이나 역사성을 기준으로 구분하기보다는 현재 어떤 활동을 주로 하고 있느냐에 따라 구분되어야 한다.
② 상품의 제조활동은 2차 산업에 속하지만 유통활동은 서비스 산업의 하나로 분류되어 3차 산업에 속한다.
③ 유통기업은 수많은 소비자와 생산자의 중간에서 서로를 연결시켜 주는 교환활동, 즉 거래가 원활하게 이루어지도록 하는 역할을 하는 영리추구의 조직체이다.
④ 간접유통의 형태는 직접유통의 형태에 비해 생산자에게는 보다 높은 이익을 추구할 수 있도록 해 주는 반면, 소비자에게는 이익이 항상 적게 발생하게 되는 단점이 있다.
⑤ 유통산업은 소비자의 즐거운 구매를 돕는 환경조성자로서의 역할을 수행한다.

해설 ④ 간접유통은 중간상이 개입함으로써 직접유통에 비해 생산자는 물론 소비자에게 보다 높은 이익을 줄 수 있다.

05 다음 중 도매와 소매의 본질적인 차이점을 가장 올바르게 설명한 것은?

① 소매상은 소비재를 주로 취급하지만 도매상은 원자재·반자재를 주로 취급한다.
② 도매상은 영업방식에 있어 수직적인 유통경로를 주로 취하는 반면에 소매상은 수평적인 유통경로를 취하는 경우가 많다.
③ 소매상의 주된 판매대상은 최종소비자, 즉 가계가 되며, 도매상이 상대하는 주된 고객은 최종소비자를 제외한 모든 개인 및 조직이다.
④ 대량주문과 대량판매 등 대규모 거래를 하면 도매상이 되며, 소량주문과 소량판매 등 소규모 거래를 하면 소매상이 된다.
⑤ 도매상은 제조업자와 직거래를 하나, 소매상은 제조업자와는 직거래를 하지 않는다.

해설 ① 소매상과 도매상 모두 소비재를 주로 취급한다.
② 도매상과 소매상 모두 수직적인(vertical) 유통경로상에서 영업활동을 한다.
④ 주문량과 판매량으로 도매상과 소매상을 구분할 수는 없다(**예** 백화점과 대형 마트는 소매상이지만 대량구매와 판매를 하고 있다).
⑤ 제조업자와의 직거래는 도매상이나 소매상이나 가능하므로, 본질적인 차이가 될 수 없다.

참고 소매와 도매의 차이
㉠ 소매(retail)와 도매(wholesale)를 구분하는 기준의 하나는 판매대상의 차이이다. 즉, 어떤 상거래에 있어서 구매자가 최종소비자라면 소매가 되고, 구매자가 재판매 또는 재생산 등과 같이 사업운영상의 목적으로 구입하는 경우라면 도매가 된다.
㉡ 소매상(retailer)은 최종소비자에게 재화나 서비스를 판매하는 것에 관련된 활동을 수행하는 개인이나 조직으로 정의되고, 도매상(wholesaler)은 재판매 또는 사업을 목적으로 구입하는 고객에게 상품이나 서비스를 판매하고 이와 관련된 활동을 수행하는 개인이나 조직으로 정의된다.

Answer 04 ④ 05 ③

06 유통경로의 분류기능에 관한 설명 중 옳지 않은 것은?

① 등급의 예는 귤을 크기와 보관 상태에 따라 구분하는 것이다.
② 분류기능을 수행함으로써 중간상은 형태, 소유, 시간, 장소 등의 효용을 창출한다.
③ 분배는 대체로 생산자에서 소비자에 이르는 유통과정에 있어 중요한 기능이라 할 수 있다.
④ 수합은 다양한 공급원으로부터 소규모로 제공되는 동질적인 제품들을 한데 모아 대규모 공급이 가능하게 만드는 것이다.
⑤ 구색화는 소매상이 소비자가 원하는 구매단위로 나누어 판매하는 것을 말한다.

해설 ⑤ 구색화(assortment)는 이질적인 것을 모두 다시 모으는 것으로, 분산기구라고 불리는 중간상인들이 이 기능을 수행한다.

참고 구색형성과정

	산개(나눔)	집중(모음)
이질적 생산물	1. 분류(sorting out) 이질적인 것을 동질적 단위로 나누는 과정, 생산자의 표준화 기능	4. 구색(assortment) 이질적인 것을 모두 다시 모으는 단계
동질적 생산물	3. 배분(allocation) 동질적으로 쌓여진 것을 다시 나누는 과정	2. 집적(accumulation) 동질적인 것끼리 다시 모으는 수집기능

07 다음 중 유통집약도에 대한 내용으로 틀린 것은?

① 유통집약도와 매출의 관계가 항상 정(+)의 관계는 아니다.
② 유통단계에 대한 통제력 강화를 원하는 제조업체일수록 전속적 유통을 선택한다.
③ 편의품의 경우 유통집약도를 낮추는 것이 유리하다.
④ 표적시장의 범위가 좁을수록 유통집약도를 낮추는 것이 유리하다.
⑤ 선매품의 유통집약도는 전속적 유통과 집약적 유통의 중간에 해당한다.

해설 ③ 편의품(convenience goods)은 다수의 소매점에서 취급되는 상품으로서 소비자가 최소의 노력으로 구입할 수 있는 제품이다. 일상적인 생활용품이므로 유통집약도를 높이는 것이 유리하다.

Answer 06 ⑤ 07 ③

08 다음 중 유통업태에 관한 설명으로 옳지 않은 것은?

① 유통업태는 유통기업(점포)의 영업전략에 따라 유통기업(점포)을 구분하는 방법이다.
② 유통업태는 유통기업(점포)이 취급하는 상품의 품목에 따라 여러 가지의 형태로 구분한다.
③ 유통업태의 변화 이론 중 소매 아코디언 이론은 상품믹스에 따른 유통업태의 변화를 설명하는 이론이다.
④ 유통업태의 변화 이론 중 소매 수명주기 이론은 유통업태가 시간이 지남에 따라 일정한 단계를 거쳐 발전한다는 이론이다.
⑤ 진공지대 이론은 기존의 소매업태가 다른 업태로 변화할 때 그 빈자리인 진공지대를 새로운 형태의 소매업태가 자리를 메운다는 이론이다.

> [해설] ② 유통기업이 취급하는 상품의 종류에 따라 구분되는 것은 업종이다. 업종은 소매상이 판매하는 상품군에 따른 전통적인 분류방법으로, 의류점, 가전제품점, 가구점, 양화점, 식품점 등으로 구분한다 (생산자·제품 중심적 시각).

> [참고] 유통업태
> 업태는 소매점의 영업전략에 따른 분류방법(소비자·전략지향적 시각)으로, 머천다이징 전략, 입지, 판매방식, 영업시간, 광고, 가격전략 등에 의해 소매업의 업태가 결정된다. 업태로는 백화점, 할인점, 슈퍼마켓, 카테고리 킬러, 전자상거래 등이 있다.

09 다음 중 소매상의 특성에 대한 일반적인 설명으로 가장 부적합한 것은?

① 점포 소매상은 다른 경로구성원보다 소매점 내의 시설을 중요시한다.
② 소매상은 소비자들이 점포를 방문하거나 전화·우편·인터넷 등으로 주문을 하여 판매가 이루어진다.
③ 생산자나 도매상은 대량판매를 하지만 소매상은 소량단위로 판매한다.
④ 생산자나 도매상은 대체적으로 모든 소비자에게 같은 가격으로 판매하지만 소매상은 다양한 가격할인정책을 가지고 있다.
⑤ 소매상은 고객의 요구에 대한 정보를 직접 파악할 수 있다.

> [해설] 제조업자는 중간상에게 각종 지원을 해주고 있다. 즉, 일정량 이상을 구매한 중간상에게 가격을 할인해 주기도 하고, 일정액을 지원하면서 소매상이 소비자를 대상으로 가격할인을 하게 하기도 하며, 또한 제품을 소매상이 취급해주는 대가로 일정액을 지급하기도 한다. 이러한 각종 지원을 통틀어 중간상 할인(trade allowance)이라고 한다.

Answer 08 ② 09 ④

10 소매업체들이 다양한 제품을 취급하는 종합점포 유형에서 몇몇 종류의 전문제품에 집중하는 전문업체 유형으로 변했다가 다시 다양한 제품을 취급하는 종합점포로 전환하는 형식으로 발달하는, 즉 상품구색 측면에서 수축과 확장을 반복하면서 업태의 발달과정이 전개되고 있다고 설명하는 소매업발달 이론은?

① 소매수레바퀴 이론
② 소매아코디언 이론
③ 변증법론
④ 소매수명주기론
⑤ 소매기관의 적응행동 이론

해설 ② 소매아코디언 이론(retail accordion theory)은 홀랜더(S. C. Hollander) 교수가 주장하였다. 소매상의 변천을 제품구색의 변화에 초점을 맞추어 제품구색이 넓은 소매상(종합점)에서 제품구색이 좁은 소매상(전문점)으로, 다시 종합점으로 되풀이된다는 이론이다. 마치 아코디언처럼 제품구색이 늘었다(확대) 줄었다(수축)하는 과정을 되풀이한다는 이론이다.

11 다음 중 유통구조에 대한 설명으로 옳지 않은 것은?

① 생산자와 수요자 사이에서 직접거래에 비해 간접거래의 경우 거래비용이 감소될 수 있는 장점이 있다.
② 다중 유통경로 정책이 주는 장점의 하나로 경로 간 갈등을 최소화할 수 있다는 점을 들 수 있다.
③ 간접유통경로에 있어서 유통경로에 대한 의사결정의 핵심은 업태선정에 대한 의사결정과정으로 볼 수 있다.
④ 기업형 경로는 관리비의 상승과 투자비용이 증가하는 단점이 있다.
⑤ 최근 재래시장과 같은 생계의존형 유통구조에서 백화점이나 할인점과 같은 기업형 유통구조로 전환되고 있다.

해설 1980년대 중반 이후 소비자 욕구가 다양화·개성화되는 추세에 따라 시장세분화가 더욱 가속화되고 있다. 이에 따라 많은 제조업체들이 복수의 세분시장들을 상대로 마케팅 활동을 수행하며 각 세분시장에 맞는 유통경로를 구축하고 있다. 둘 이상의 유통경로를 구축하여 활용하는 경우 이를 복수의 유통경로, 또는 다중 유통경로라고 한다.
② 2개 이상의 유통경로를 동시에 사용하면 판매량을 증가시킬 수 있다. 그러나 이 경우 유통경로 간의 갈등이 심화될 수 있고, 이중가격 형성 등의 부작용이 나타날 수 있다.

Answer 10 ② 11 ②

12 다음 중 한정서비스 도매상에 대한 설명으로 옳은 것은?

① 거래되는 제품에 대한 소유권은 없으며, 단지 거래를 촉진시키는 역할만을 한다.
② 주요 형태로 현금거래 도매상, 트럭 도매상, 직송 도매상 등이 있다.
③ 유통경로상에서 물적 소유, 촉진, 협상, 위험부담, 지불 등 거의 모든 유통활동을 수행한다.
④ 독립적인 도매상이 아니며 제조업자에 의해 직접 소유·운영된다.
⑤ 소매상 고객들을 위해 재고유지, 판매원 지원, 신용제공, 배송, 경영지도와 같은 종합적인 서비스를 제공하기도 한다.

> 해설 한정서비스 도매상(limited-service wholesaler)은 유통기능 중 소수의 기능에 전문화되어 있고 소매상 고객에게 제한된 서비스만을 제공하는 도매상이다. 주요 형태로는 현금거래 도매상(cash and carry wholesaler) 또는 현금무배달 도매상, 트럭배달 도매상(truck jobber) 또는 트럭 중개상, 선반진열 중개인(rack jobber), 직송 도매상(drop shipper) 등이 있다.

13 판매업체로서 제조업체 혹은 도매상은 직접제품이익(DPP ; direct product profit) 평가방법을 통해 나온 결과를 향상시키기 위해 다각적인 방안을 모색할 수 있다. 이러한 방안과 가장 거리가 먼 내용은?

① 제품라인의 축소
② 통합 선적프로그램
③ 고객에 의한 제품 픽업
④ 신제품 개발
⑤ 운송수단의 공동이용

> 해설 직접제품이익(DPP ; direct product profit) 평가는 신종 상품관리기법으로 미국 소매업계에 급속히 보급되고 있는 시스템이다. 직접이익으로는 원료의 공동구입, 운송수단의 공동이용, 판매시장의 공동이용, 제품라인의 축소, 통합 선적프로그램, 고객에 의한 제품 픽업, 금융·세제 등 정부의 정책지원 등을 통해 얻는 이익을 의미한다.
> ④ 신제품 개발을 통해 얻는 이익은 직접제품이익에 포함되지 않는다.

14 다음 중 유통업체들의 재무적 성과를 측정하기 위한 기본개념들에 대한 설명으로 옳지 않은 것은?

① 자산수익률은 자산회전율에 순이익률을 곱한 값으로, 소매업체가 자산에 대한 투자로부터 얼마나 많은 이익이 발생할 수 있는지를 나타내 주는 개념이다.
② 순이익률은 기업이 획득한 (세후)이익을 순매출액으로 나눈 금액을 말한다.
③ 재무적 목표의 하나로 자산수익률(ROA) 혹은 투자수익률을 들 수 있는데, 이것은 순매출액을 총자산(총투자)으로 나눈 값을 의미한다.
④ 자산회전율이란 기업의 자산에 대한 투자의 생산성을 측정하기 위해 사용되며 순매출액을 총자산으로 나눈 값으로 표현된다.

Answer 12 ② 13 ④ 14 ③

⑤ 재고자산회전율이 높을수록 적은 재고자산으로 효율적인 판매활동을 수행한다는 것을 의미한다.

> [해설] 자산수익률(ROA ; return on asset)은 글자 그대로 기업의 총자산(asset)에 대한 수익, 즉 당기순이익(return)의 비율을 나타낸다. 이는 특정기업이 자산을 얼마나 효율적으로 운용했느냐를 나타내는 지표가 된다.

15 대규모 제조업체나 프랜차이즈 본부는 개별 경로구성원이 해당 기업에 얼마나 공헌하는가에 관심을 가지게 된다. 다음 중 구매자의 입장에서 특정 공급업자의 개별품목 혹은 재고관리단위(stock keeping unit, 단품) 각각에 대한 평가에 가장 적합한 방법은?

① 순매출이익률
② 총자산이익률
③ 총자산회전율
④ 직접제품이익률
⑤ 자기자본순이익률

> [해설] 구매자의 입장에서 특정 공급업자의 개별품목(SKU) 각각에 대해 평가하는 경우 적합한 방법은 직접제품이익(률)이다. 즉, 각 경로대안이나 개별품목의 직접제품이익(DPP ; direct product profit)을 계산하여 가장 높은 대안을 선택한다. 직접제품이익은 유통경로상에서 발생되어 비용에 영향을 준 항목들(인수, 이동, 서류처리, 선별, 검사, 하역, 보관에 드는 비용 등)을 모두 원가계산에 반영하여 구한다.

16 다음은 중간상이 수행하는 '분류기능'을 세분화한 것이다. 각 개념들에 대한 적절한 용어를 (가)~(라) 순서대로 바르게 나열한 것은?

> 가. 다양한 생산자들로부터 공급된 이질적 제품들의 색, 크기, 용량, 품질 등에 있어 상대적으로 동질적인 집단으로 구분한다.
> 나. 도매상은 소매상들을 위해, 소매상들은 소비자들을 위해 다양한 생산자들로부터 제공되는 제품들을 대규모 공급이 가능하도록 다량으로 구매한다.
> 다. 유통과정상에서 도매상은 소매상이 원하는 단위로 소매상에게, 소매상은 소비자가 원하는 단위로 소비자에게 연속적으로 나누어 제공한다.
> 라. 중간상은 다양한 생산자들로부터 제품을 구매하여 소비자가 원하는 제품을 구비한다.

① 분류 – 수합 – 분배 – 구색갖춤
② 구색갖춤 – 수합 – 분배 – 분류
③ 구색갖춤 – 분배 – 수합 – 분류
④ 분류 – 분배 – 수합 – 구색갖춤
⑤ 분배 – 수합 – 구색갖춤 – 분류

> [해설] 가. 분류(sorting), 나. 수합(accumulation), 다. 분배(distribution), 라. 구색갖춤(assorting)이다.

Answer 15 ④ 16 ①

17 다음 중 유통경로 전략에 대한 설명으로 적절하지 않은 것은?

① 유통길이의 결정요인으로는 제품특성, 수요특성, 공급특성 등이 있다.
② 개방적 유통경로전략은 희망하는 소매점이면 누구나 자사의 상품을 취급할 수 있도록 하는 것이다.
③ 유통경로에 대한 통제수준이 낮을수록 수직적 통합의 정도가 강하다.
④ 유통범위란 기업이 표적으로 하는 시장 내 소비자에게 어느 정도 가까이 접근할 것인가를 결정하는 것이다.
⑤ 유통경로 길이가 긴 경우에 유통비용구조는 장기적으로 안정적이다.

[해설] 회사형 수직적 마케팅 시스템(VMS)에서 보는 것처럼 수직적 통합의 정도가 강할수록 유통경로에 대한 통제수준이 높다.

18 다음 중 프랜차이즈 시스템의 특성과 거리가 먼 것은?

① 본부에서 제공하는 제품만 취급해야 하므로 각 가맹점의 특성에 맞는 상품을 취급할 수 없어 자율성이 약하다.
② 본부의 재무적 문제로 인한 제품가격이나 기타 설비가격 등을 인상하게 되면 가맹점은 상대적으로 재정적 어려움을 겪게 된다.
③ 가맹점은 자본에 의해 재산권을 확립하므로 사업추진에 대한 의욕이 높다.
④ 본부는 새로운 분야나 전문적인 사업을 시작하면서 가맹점의 신규 참여를 유도한다.
⑤ 본사는 가맹점에 상품이나 서비스 및 관련 시설 등의 공급을 하게 되나, 가맹점들의 자율성은 유지된다.

[해설] 프랜차이즈 시스템(franchise system)은 프랜차이즈 본부(franchisor)가 가맹점(franchisee)과 계약을 맺고 자신의 상호 등을 사용하게 한 후 그 대가로 일정한 로열티를 받는 시스템이다. 따라서 그 계약에 의한 구속력이 존재하면서 가맹점의 자율성 보장은 어렵게 된다.

19 생산자가 소비자에게 직접 판매하기보다는 중간상을 통하여 유통하는 것이 생산자 측면에서 더 유리한 경우는?

① 대고객서비스를 강화하고자 할 때
② 소비자를 대상으로 CRM을 실시하고자 할 때
③ 유통경로에 대한 통제를 강화하고자 할 때
④ 수요와 공급 간의 구색 불일치가 클 때
⑤ 제품의 공급가격을 낮추고자 할 때

Answer 17 ③ 18 ⑤ 19 ④

[해설] 생산지가 전국에 걸쳐 넓게 분포되어 있고 다양한 제품이 공급되는 과일이나 채소의 경우에는 수요와 공급 간의 구색 불일치가 매우 크다. 이런 경우에는 중간상을 통하는 것이 바람직하다.

20 중간상이 유통과정에서 창출하는 효용에 대한 설명으로 가장 올바른 것은?

① 생산자와 소비자간 교환과정에 있어 생산자들과 구매자들 사이에서 거래의 수를 대폭 증가시켜 가치를 창출한다.
② 중간상은 생산자들로부터 다수의 제품라인을 소량으로 구매하여 소비자들에게 묶어서 판매하기 때문에 직접구매에 비해 가격을 저렴하게 판매하기도 한다.
③ 중간상은 교환에 필요한 다양한 거래사항을 표준화를 통해 거래의 단순화로 거래를 촉진하고 주문관련비용을 감소시키는 기능을 한다.
④ 중간상은 고객정보를 생산자들로부터 구매함으로써 고객정보탐색의 비용과 시간을 감소시킬 수 있다.
⑤ 중간상은 분류기능을 통해 생산자와 소비자 사이의 제품구색의 차이를 증대시킨다.

[해설] ① 중간상이 개입하면 거래수는 감소하여 거래비용을 감소시킨다. ② 중간상은 생산자들로부터 대량구매하여 판매한다. ④ 중간상은 고객정보를 고객으로부터 직접 수집하여 이를 생산자들에게 제공하는 기능을 한다. ⑤ 중간상은 생산자와 소비자 사이의 제품구색의 불일치를 완화하는 기능을 한다.

21 다음 중 유통경로 커버리지 전략에 대한 설명으로 틀린 것은?

① 선택적 유통경로는 전속적 유통경로에 비하면 제품의 노출이 확대되고, 개방적 유통경로에 비하면 중간상의 수가 적어 유통비용이 절감된다.
② 상표와 점포를 함께 비교한 후 특정상표와 점포를 선택하는 선매품의 경우에는 선택적 유통경로 전략이 필요하다.
③ 전속적 유통경로는 제조업체가 도매상이나 소매상을 강하게 통제할 수 있어 유통비용을 줄일 수 있는 경우에 적용할 수 있다.
④ 복수의 유통경로는 판매량을 증가시킬 수 있는 반면에 유통경로 간 갈등이 발생할 수 있다.
⑤ 개방적 유통경로는 경영능력이나 평판이 좋은 중간상들만 유통경로에 포함시키므로 만족스러운 매출과 이익을 기대할 수 있다.

[해설] ⑤ 경영능력이나 평판이 좋은 중간상들만 유통경로에 포함시키므로 만족스러운 매출과 이익을 기대할 수 있는 것은 선택적 유통경로에 해당한다.

Answer 20 ③ 21 ⑤

22 다음 중 경로파워의 원천에 대한 설명으로 틀린 것은?

① 준거적 파워는 한 경로구성원이 상대에게 보상을 제공할 능력이 있을 때 발생하는 파워이다.
② 전문적 파워는 한 경로구성원이 특별한 지식이나 기술이 있다고 상대방이 지각할 때 발생되는 파워이다.
③ 정보적 파워는 다른 경로구성원이 이전에 얻을 수 없었던 정보를 제공하거나, 그 구성원이 몰랐던 일의 결과들을 지적함으로써 발생하는 파워이다.
④ 합법적 파워는 한 경로구성원이 상대에게 영향력을 행사할 권리를 갖고 있고, 상대가 그것을 받아들일 의무가 있다고 상대 믿기 때문에 발생하는 파워이다.
⑤ 한 경로구성원의 영향력 행사에 상대 경로구성원이 따르지 않을 때 한 경로구성원이 처벌을 가할 것이라는 상대 경로구성원의 기대 때문에 발생하는 파워는 강압적 파워이다.

[해설] ①은 보상적 파워에 대한 설명이고, 준거적 파워는 특정 경로구성원이 다양한 능력을 갖고 있으면 다른 경로구성원이 그와 일체성을 갖고 한 구성원이 되고자 하는데, 이때 특정 경로구성원이 다른 경로구성원에 갖는 영향력을 말한다.

23 유통경로의 구조를 결정하는 요인으로 고객의 서비스 기대수준(expected level of service output)을 들 수 있다. 서비스 기대수준과 유통경로의 특성을 설명한 다음의 내용 중에서 옳지 않은 것은?

① 최종소비자가 요구하는 서비스의 수준이 높을수록 보다 많은 유통상인이 경로구조에 들어서게 된다.
② 고객이 원하는 1회 구매량(lot size)이 적고, 다수인 경우 일반적으로 경로의 길이가 길어진다.
③ 고객이 다양한 구색을 원할수록 유통경로의 길이는 짧아진다.
④ 유통과정에서 최종소비자가 서비스 생산에 많이 참여하면 할수록 최종소비자는 이에 상응하여 보다 낮은 가격으로 상품 및 서비스를 구매할 수 있다.
⑤ 구매자의 수가 적고, 구매자가 집중되어 있으면 직접유통이 더 좋다.

[해설] ③ 고객이 다양한 구색을 원하면 보다 많은 유통구성원이 유통경로에 들어오게 되고, 이로 인해 유통경로는 길어지게 된다.

Answer 22 ① 23 ③

해설 유통경로 길이의 결정요인

영향 요인	짧은 경로	긴 경로
제품특성	• 비표준화된 중량품, 부패성 상품 • 기술적으로 복잡한 제품, 전문품	• 표준화된 경량품, 비부패성 상품 • 기술적으로 단순한 제품, 편의품
수요특성	• 구매단위가 큰 제품 • 구매빈도 높고 비규칙적인 제품	• 구매단위가 작은 제품 • 구매빈도 낮고 규칙적인 제품
공급특성	• 생산자의 수가 적고, 진입이 제한적 • 지역적 집중생산	• 생산자의 수가 많고, 진입이 자유로움 • 지역적 분산생산
유통비용 구조	• 장기적으로 불안정 → 최적화 추구	• 장기적으로 안정적

24 경로커버리지 결정에 관한 다음 설명 중 옳지 않은 것은?

① 중간상(혹은 점포)의 수가 증가한다고 반드시 시장점유율이나 매출액이 이에 비례하여 증가하는 것은 아니다.
② 각각의 개별경로형태에 있어 얼마나 많은 수의 경로구성원을 활용할 것인가를 결정하는 것이 경로집약도에 관한 결정이다.
③ 집약적 유통을 선택하는 것이 매출액 증가 측면에서 가장 바람직하다.
④ 만약 각 중간상이 거래하는 고객이 중복되는 경우, 영역불일치에 의한 갈등이 발생하게 된다.
⑤ 유통경로에 대한 통제수준이 높을수록 유통경로에 대한 수직적 통합의 정도가 강화되어 기업이 소유하게 된다.

해설 ③ 집약적 유통(개방적·집중적 유통)을 선택하는 경우 제품의 노출이 확대되어 충동구매를 가능하게 할 수 있지만, 그렇다고 해서 다른 유통경로에 비해 매출액이 반드시 증가하는 것은 아니다.

25 아메리카 온라인(AOL)과 타임워너(Time Warner)의 합병은 유사성이 있는 종류(업종)의 기업이 결합하여 새로운 상품을 개발할 수 있는 이점이 있다. 이러한 이점을 무엇이라 하는가?

① economies of scope
② economies of scale
③ increasing returns to scale
④ constant returns to scale
⑤ mergers of scale

해설 ① 미국의 글로벌 인터넷 서비스 및 미디어 회사인 AOL과 CNN을 보유한 종합 미디어 그룹인 타임워너(Time Warner)의 합병은, 다르지만 유사성이 있는 업종이 통합하여 새로운 제품을 개발하고 나아가 제품의 생산비용을 줄인 대표적인 사례에 해당한다. 경제학에서는 이를 범위의 경제(economies of scope)라고 한다.

Answer 24 ③ 25 ①

26 다음 표는 완전경쟁시장의 전자제품 판매점에서 가격이 5만원인 USB 메모리에 대한 자료이다. (   ) 안에 들어가야 할 금액을 바르게 조합한 것은?

판매수량 (개)	총비용 (만원)	총수입 = 총매출액 (만원)	한계수입 (만원)	이 윤 (만원)
0				
1			(㉡)	
2		(㉠)		
3				
4	12			(㉢)
5				

① ㉠ = 10, ㉡ = 5, ㉢ = 8
② ㉠ = 15, ㉡ = 6, ㉢ = 9
③ ㉠ = 5, ㉡ = 6, ㉢ = 9
④ ㉠ = 10, ㉡ = 6, ㉢ = 8
⑤ ㉠ = 10, ㉡ = 5, ㉢ = 9

[해설] ㉠ 총수입, 즉 총매출액은 가격(5만원)에 판매량을 곱한 것이므로 5만원 × 2 = 10만원이다.
㉡ 한계수입은 생산물 1단위를 추가로 생산하여 판매할 때 추가되는 수입을 말한다. 완전경쟁시장에서는 생산량의 크기와 관계없이 가격이 일정하므로 가격과 한계수입이 같다. 따라서 한계수입은 5만원이다.
㉢ (초과)이윤 = 총수입 - 총비용이다. 4개를 판매할 때 총수입은 4 × 5만원 = 20만원이고, 여기서 총비용 12만원을 빼면 총이윤은 8만원이다.

27 다음은 프랜차이즈 유통시스템에 관한 내용들이다. 이들 중 프랜차이지(franchisee) 관점에서 설명된 내용으로 가장 옳은 것은?

① 소비자와 업계에 대하여 일관된 이미지와 보다 나은 신뢰를 제공할 수 있다.
② 광범위한 지역에 걸쳐 단기간에 판매망을 확보할 수 있는 장점이 있다.
③ 사업경험이 없어도 교육프로그램, 매뉴얼 등에 의해 사업을 수행할 수 있다.
④ 가입금과 로열티를 통해 사업을 안정적으로 수행할 수 있다.
⑤ 공동으로 대량구매를 하기 때문에 규모의 경제를 달성할 수 있다.

[해설] 프랜차이즈 시스템은 프랜차이저(franchisor)가 프랜차이지(franchisee)에게 프랜차이저의 상호·상표·노하우 및 기타 기업의 운영방식을 사용하여 제품이나 서비스를 판매할 수 있도록 허가해준다. 프랜차이저는 본사·본부·가맹점주 등으로, 프랜차이지는 지점 혹은 가맹점이라고 부른다. 프랜차이지는 프랜차이저의 상호 등을 사용하는 권한을 갖기 위해 가입금, 보증금, 로열티 등을 지불하고, 프랜차이저의 경영지도와 지원으로 양자 간의 계속적인 관계가 유지된다.
③ 무경험자도 사업수행이 가능하다.

Answer 26 ① 27 ③

28 유통경로에 대한 의사결정을 위하여 사용되는 거래(혹은 소유권이전)비용을 분석하기 위해 기본적으로 사용되는 주요 개념에 해당되지 않는 것은?

① 제한된 합리성
② 거래규모 및 거래규모별 유통마진율
③ 기회주의
④ 거래빈도
⑤ 불확실성

해설 윌리엄슨(O. Williamson)의 거래비용 이론에 의하면, 유통경로의 계열화는 거래비용의 과다로 인한 것이고, 거래비용의 과다는 시장의 실패(market failure)를 가져온다. 여기서 시장의 실패가 나타나는 이유로는 소수의 거래자만 참여하거나, 기회주의적 행동이 발생하는 경우, 제한된 합리성하에서 행동하는 경우 등을 들 수 있다.

29 유통경로의 구조는 유통경로상 필요한 업무 · 과제를 누가 가장 효율적으로 수행할 수 있느냐, 즉 업무를 수행하는 데 소요되는 마케팅비용 또는 유통비용을 가장 적게 필요로 하는 유통경로기관이 해당 업무를 수행하는 방향으로 유통경로의 구조가 결정된다. 이러한 유통경로구조 이론은 무엇인가?

① 연기-투기(postponement-speculation) 이론
② 거래(혹은 소유권이전)비용(transaction cost) 이론
③ 기능위양(functional spinoff) 이론
④ 대리(agency) 이론
⑤ 게임(game) 이론

해설 유통경로구조를 설명하는 이론으로는 연기-투기 이론, 기능위양 이론, 시장거래비용 이론, 게임이론, 대리인 이론, 체크리스트법 등이 있다. 기능위양(functional spinoff) 이론은 각 유통기관은 비용우위를 갖는 마케팅기능들만을 수행하고, 나머지 마케팅기능은 다른 경로구성원들에게 위양한다는 것이다. 만약 중간상이 제조업자보다 마케팅기능을 적은 비용으로 수행할 수 있다면, 제조업자는 비용우위가 있는 부분만을 수행하고, 나머지 마케팅기능들은 중간상들에게 위임하므로 경로길이가 길어진다.

30 다음 유통경로의 선택기준 중 고객의 욕구충족이라는 측면에서 유통경로를 선택할 경우, 직접적 유통경로를 선호하는 이유와 가장 거리가 먼 것은?

① 고객이 제품의 기술적인 정보에 대한 욕구가 높으면 높을수록
② 고객화(customization)의 필요성이 높으면 높을수록
③ 상품구색, 즉 상품의 깊이 및 넓이에 대한 고객의 욕구가 높으면 높을수록
④ 로지스틱스가 복잡하면 할수록
⑤ 제품단가가 비싸거나 평균수주 규모가 클수록

Answer   28 ②   29 ③   30 ③

[해설] 유통경로 결정의 영향요인으로 제품의 특성은 제품의 기술적 복잡성이 높고 서비스 요건이 충족되어야 하며, 부패성 내지는 유행성이 강하거나 표준화되지 않거나 제품단가가 비싸거나 평균수주 규모가 큰 경우에는 직접유통의 정도가 높다. 반면에, 상품의 깊이나 넓이 측면에서 고객의 욕구를 강조할 경우에는 간접유통경로가 좋다.

31 유통경로 성과에 대한 평가기준은 거시적 평가기준과 미시적 평가기준으로 나눌 수 있다. 다음 중 이에 대한 설명으로 틀린 것은?

① 효율성(efficiency)은 투입 대 산출의 비율로 정의되는 개념으로 구체적으로는 생산성과 수익성을 들 수 있다.
② 일정한 매출을 획득하기 위해 경영자가 자금을 얼마나 효과적으로 활용하고 있는가를 나타내 주는 척도로서 총자산회전율(asset turnover)이 있다.
③ 형평성(equity)은 특정 유통시스템에 의해 제공되는 혜택이 다양한 세분시장에 어느 정도 골고루 배분되었는가를 나타내 준다.
④ 효과성(effectiveness)은 목표지향적 성과기준에 해당한다.
⑤ 형평성은 효율성과는 상충관계(trade-off)에 있으며, 개별기업에 의한 해결은 매우 어려우므로 정부의 정책적 개입에 의한 해결이 바람직할 수 있다.

[해설] 유통경로 성과에 대한 거시적 평가기준으로는 유통목표의 달성 여부를 의미하는 효과성, 그리고 효율성 및 형평성 등이 있다.
② 총자산회전율과 같은 각종 재무비율은 유통기업의 경영성과를 보여주는 미시적 평가기준에 해당한다.

32 다음 중 관리형 VMS(administered VMS)에 대한 설명으로 가장 거리가 먼 것은?

① 수직적 마케팅 시스템의 한 형태로서 본부의 통제력을 기준으로 보면 통제 정도가 가장 낮은 시스템이다.
② 경로구성원들 간의 상호 이익을 바탕으로 맺어진 협력시스템이라고 볼 수 있다.
③ 경로리더의 역할 및 통제가 중요하며 시스템의 운영은 사전에 정해진 원칙에 따라 경로구성원의 행동이 통일된다.
④ 명시적인 계약에 의하여 형성된 협력관계라기보다는 묵시적인 협력관계로 형성된 시스템이라고 볼 수 있다.
⑤ 일반적으로 경로구성원들이 상이한 목표를 가지고 있으므로 이를 조정·통제하는 일이 어렵다.

Answer 31 ② 32 ③

[해설] 관리형(administered) VMS는 경로구성원들의 마케팅 활동이 소유권이나 계약에 의하지 않고 상호 이익을 바탕으로 맺어진 협력시스템으로, 어느 한 경로구성원의 규모나 파워, 또는 경영지원에 의해 조정되는 경로유형이다. 명시적인 계약에 의하여 형성된 협력관계라기보다는 암묵적인 협력관계로 형성된 시스템이므로, 경로리더의 효과적인 머천다이징 프로그램의 제공에 따라 성공 여부가 결정된다.
③ 관리적 VMS에서는 경로리더의 역할 및 통제가 중요하지만 시스템의 운영은 그때그때의 상황에 따라 달라진다.

33 다음의 수직적 마케팅 시스템(VMS ; vertical marketing system)에 대한 설명 중 기업형 VMS(vertical marketing system)에 관한 설명으로 가장 올바른 것은?

① 독립적인 경로구성원들이 자신의 목적만을 추구함으로써 발생하는 갈등을 제거하려는 강력한 경로구성원들에 의해 발생한 것이 수직적 마케팅 시스템이며, 이 중 기업형의 VMS에 관한 구체적인 예로서 소매상조합 및 도매상 중심의 체인형태를 들 수 있다.
② 독자적으로 달성할 수 있는 것보다 많은 경제성이나 판매효과를 달성하기 위해 생산과 유통의 상이한 단계에 있는 독립된 기업들이 계약을 기초로 하여 형성된 시스템을 의미한다.
③ 하나의 소유권하에서 생산과 유통의 연속적(수직적)인 단계를 결합시킨 수직적 마케팅 시스템의 형태를 의미한다.
④ 코카콜라 기업이 다양한 시장에 있는 음료판매회사에게 원액을 공급하고 이 음료판매회사는 이것을 탄산음료로 만들고, 병에 담아 각 지역시장의 여러 소매상에 판매하는 형태가 이 유형에 포함된다.
⑤ 상호 독립적인 경로구성원들 중에서 규모나 파워에 있어서 지도적인 위치에 있는 기업이 다른 구성원들의 활동을 통제하고 조정하는 경우를 가리킨다.

[해설] 기업형(corporal) VMS는 한 경로구성원이 다른 경로구성원들을 법적으로 소유·관리하는 유형으로, 여기에는 전방통합과 후방통합이 있다. 즉, 하나의 소유권하에서 생산과 유통의 연속적(수직적)인 단계를 결합시킨 수직적 마케팅 시스템의 형태를 의미한다.
① 소매상조합 및 도매상 중심의 체인형태는 계약형 VMS이다.
④ 계약형 VMS의 한 유형인 제조 프랜차이징(manufacturing franchising)을 말한다.
⑤ 상호 독립적이지 않다.

34 소매업태를 분류·규정하는 중요 특성으로 가장 거리가 먼 것은?

① 대금결제 혹은 지불방법
② 매장면적의 크기
③ 고객접점의 유형
④ 입지의 차이
⑤ 판매방식

[해설] 소매업태(retailing type)는 소매점의 영업전략에 따른 분류방법이다(소비자·전략지향적 시각). 즉, 머천다이징 전략, 입지, 판매방식, 영업시간, 광고, 가격전략 등에 의해 소매업의 업태가 결정된다. 소매업태는 백화점, 할인점, 슈퍼마켓, 카테고리 킬러, 전자상거래 등으로 구분한다.

Answer 33 ③ 34 ①

35 다음 중 인터넷 소매업에 대한 설명으로 옳은 것은?

① 최근 우리나라의 인터넷을 이용한 소매업은 인지도가 높은 브랜드를 중심으로 온라인과 오프라인 판매를 분리하는 경향이 있다.
② 최근 인터넷 쇼핑몰은 제조업자와 소매업자 간의 중간단계의 중개상이 완전히 사라지는 직거래의 형태가 대부분이다.
③ 우리나라에서는 인터넷 소매업과 관련된 법률을 「전자상거래기본법」에서 구체적으로 규정하고 있다.
④ 인터넷 소매업이 활성화되기 위해서는 물류와 연계한 효율성을 높이는 것이 바람직하다.
⑤ 유통단계의 축소를 통해 저가로 상품을 공급할 수 있으며, 가격경쟁에 쉽게 노출되지 않는다.

[해설] ④ 인터넷 소매업은 다빈도 소량운송이 중심을 이루기 때문에 인터넷 소매업이 활성화되기 위해서는 물류와 연계한 효율성을 높이는 것이 바람직하다.
① 온라인 채널과 기존의 오프라인 채널은 서로 경쟁 혹은 적대적인 관계라기보다 상호 보완적인 관계로 시너지 효과가 나올 수 있도록 활용하는 것이 바람직하다.
② 인터넷 쇼핑몰에서 상품을 주문하면 대부분의 경우 상품의 배송은 생산자가 담당한다. 또한 중간단계의 중개상이 완전히 없어지는 것은 아니라는 점에 유의해야 한다.
③ 「전자거래기본법」과 「전자상거래 등에서의 소비자보호에 관한 법률」로 규정하고 있다.
⑤ 고객들이 쉽게 점포들의 가격을 비교하는 것이 가능하기 때문에 가격경쟁에 쉽게 노출된다.

36 다음의 설명에 가장 적합한 인터넷 소매업 유형은?

> 소비자가 알고 싶어 하는 상품 및 서비스 등에 관한 다양한 정보를 인터넷을 통해서 제공받고자 할 때, 인터넷 유통업자는 소비자가 자신들의 사이트에서 인터넷 접속을 시작하고, 다른 사이트로 옮기지 않고 끝까지 자신의 사이트에 머물면서 비즈니스를 하도록 유도하고자 하는 사업모델이다.

① 채널지원형　　　　　　　　② 카테고리 킬러형
③ 스위칭 촉진형　　　　　　　④ 수직적 포털형
⑤ 경매형

[해설] 인터넷 소매업의 유형으로는 채널지원형, 카테고리 킬러형, 경매형 및 수직적 포털형 등이 있다.
④ 제시문은 수직적 포털형에 대한 설명이다.

37 인터넷 소매업에 대한 다음의 설명 중 가장 거리가 먼 것은?

① 온라인과 오프라인 채널은 서로 경쟁 혹은 적대적인 관계라기보다 상호 보완적인 관계로 시너지 효과가 나올 수 있도록 활용하는 것이 바람직하다.
② 온라인 소매업의 경우 카테고리 킬러형보다는 채널지원형을 추구하는 것이 더욱 안전하다.

Answer 35 ④　36 ④　37 ②

③ 제품전략과 연계하여 제품과 서비스의 묶음(bundling), 관련제품의 교차판매(cross-selling) 등을 추구하는 것이 바람직하다.
④ 표적고객 및 시장의 특성에 맞추어 온라인과 오프라인 채널을 차별적·차등적으로 적용하는 것이 유용한 전략이 될 수 있다.
⑤ 여러 채널을 함께 활용함으로써 많은 소비자에게 접근하여 시장의 크기를 키워나가는 것이 중요하다.

[해설] ② 각각의 채널이 서로 상충되는 것으로 볼 것이 아니라 여러 채널을 함께 활용함으로써 시장의 크기를 키워나가는 것이 중요하다.

[참고] 인터넷 소매업의 유형
  ㉠ 채널지원형 : 오프라인 채널과 함께 활용하여 추가적인 매출을 인터넷으로 올리려는 경우에 사용한다(예 피자와 같은 패스트푸드점).
  ㉡ 카테고리 킬러형 : 특정한 제품계열에 특화하여 대량구매와 대량판매, 그리고 저비용·저가격으로 상품을 소비자에게 제시함으로써 경쟁우위를 추구하려는 경우에 사용한다(예 Toys 'R'us나 Office Depot 등).
  ㉢ 경매형 : 제품을 사려는 사람들(또는 팔려는 사람들) 간의 입찰에 의해서 가격이 결정되는 모형으로 시간과 장소의 제약이 없다는 것이 특징이다(예 e-bay, Auction 등).
  ㉣ 수직적 포털형 : 소비자가 알고 싶어 하는 상품 및 서비스 등에 관한 다양한 정보를 인터넷을 통해서 제공받고자 할 때, 인터넷 유통업자는 소비자가 자신들의 사이트에서 인터넷 접속을 시작하고, 다른 사이트로 옮기지 않고 끝까지 자신의 사이트에 머물면서 비즈니스를 하도록 유도하고자 하는 사업모델이다.

38 다음 중 다단계 판매 또는 네트워크 마케팅에 대한 설명으로 가장 옳지 않은 것은?

① 우리나라에서는 「방문판매 등에 관한 법률」에 의해 합법적으로 허용하고 있다.
② 다단계 판매는 판매원 겸 소비자인 디스트리뷰터가 회사로부터 구입한 제품을 소비자에게 재판매하는 형태이다.
③ 최근 인건비의 증가, 높은 마진율, 판매비용의 증가 등으로 인하여 소매업태로서의 매력이 위협받고 있다.
④ 일정수의 판매원을 모집하면 판매실적에 관계없이 후원수당을 많이 받을 수 있다.
⑤ 이 상품을 사용한 소비자가 다시 판매원으로 전환되는 과정이 반복됨으로써 상품의 판매범위가 넓어지는 무한 연쇄 소개판매의 유통기법이다.

[해설] 다단계 판매(network marketing)는 피라미드형 판매라고도 부르는 것으로, 판매원(distributor)의 추천으로 상품을 사용해 보고 이에 만족한 소비자가 스스로의 의사로 판매원이 되어 상품의 사용을 권하고, 이 상품을 사용한 소비자가 다시 판매원으로 전환되는 과정이 반복됨으로써 상품의 판매범위가 넓어지는 무한 연쇄 소개판매의 유통기법이다.
  ④ 판매원이 다른 판매원을 많이 모집해도 판매실적이 없으면 후원수당은 지급되지 않는다.

Answer 38 ④

CHAPTER 02 유통경영전략

제1절 유통경영환경분석

1 유통경영전략의 필요성과 이해

(1) 유통경영전략의 의의와 중요성

① 유통경영전략의 의의
  ㉠ 전략(strategy)은 환경의 제약 하에서 목표달성을 위해 조직이 사용하는 주요 수단이다. 즉, 조직의 목표를 세우고 기업 활동의 제약조건이 되는 환경을 분석하고 환경에 대해 조직이 대응해나가는 과정을 의미한다.
  ㉡ 전략경영(strategic management)은 기업이 설정한 장기목표 달성을 위해 각종 정책들을 수립하고, 이를 통해 자원을 전략적으로 배분하는 경영활동을 의미한다.

② 유통경영전략의 중요성
  ㉠ 조직의 환경적응능력 촉진 : 경영전략은 변화하는 외부환경에 기업이 유연하게 대처할 수 있도록 조직의 환경적응능력을 촉진하는 기능을 담당한다.
  ㉡ 경영자원의 효율적 배분 : 경영전략은 기업 내 각 부문의 자원할당의 우선순위를 합리적으로 평가하여 전사적인 관점에서 경영자원을 효율적으로 배분하도록 한다.
  ㉢ 다양한 경영활동들을 통합 : 경영전략은 기업의 존재가치와 사명을 명확히 하고, 사명달성을 위한 장기적인 전략목표와 목표달성을 위한 활동방향을 제시함으로써 기업 내부의 다양한 경영활동들의 통합에 기여한다.

(2) 경영전략의 유형

① 기업전략(Corporate Strategy)
  그 기업이 경쟁하는 시장과 산업의 범위를 결정하는 가장 상위의 경영전략, 즉 기업전략은 다각화, 수직적 통합, 기업인수합병, 해외사업진출과 같은 결정이나 각 사업분야에 경영자원을 배분하고 신규사업의 진출과 기존사업부분에서의 탈퇴와 같은 결정을 의미한다.

② 사업전략(Business Strategy)
  기업이 각각의 시장에서 경쟁하는 구체적인 방법을 결정하는 것으로 기업전략에 종속된 하위전략, 즉 기업이 경쟁대상 기업보다 경쟁에서 이기려면 경쟁우위에 설 수 있는 전략이 필요한데, 이러한 경쟁우위를 확보하고 유지하는 전략을 의미한다.

③ **기능전략(Functional Strategy)**

기업전략과 사업전략에 종속된 하위전략으로서, 생산·마케팅·재무·인사조직·회계·연구개발 등 경영관리의 제 기능을 결정하는 전략을 의미한다.

2 유통기업의 비전과 목표

(1) 경영전략의 수립단계

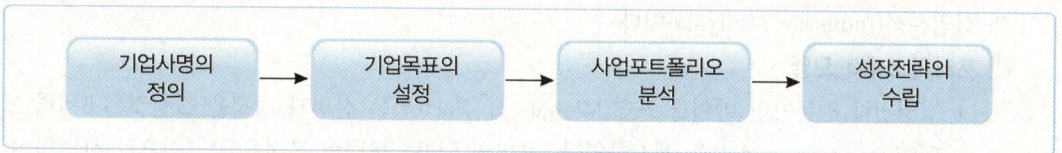

① **기업사명의 정의**

기업사명(mission)은 사업영역(business domain)의 규정, 시장지향성, 실현 가능성, 동기부여적인 내용 등을 포함한다.

② **기업목표의 설정**

기업사명은 구체적인 경영목표(goals)로 전환되어서 목표에 의한 경영이 수행되어야 한다. 목표를 설정하기 위해서는 환경분석이 선행되어야 한다.

③ **사업 포트폴리오 분석**

기업이 목표를 설정한 후에는 기존사업에 대한 평가를 위해 사업 포트폴리오 분석(business portfolio analysis)을 하여야 한다. 이는 기업의 한정된 자원을 기업의 각 사업부에 어떻게 배분하는 것이, 즉 어떤 사업 포트폴리오를 갖는 것이 가장 효율적인가를 결정하는 것이다.

④ **성장전략의 수립**

신규사업에 대한 평가를 통해 성장전략을 수립한다. 새로운 사업을 통한 기업성장은 크게 집약적 성장, 통합적 성장 및 다각화 성장 등 3가지 방법을 통해 이루어질 수 있다.

(2) 전략결정의 고려요소

① **외부환경 파악**

기업이 경쟁해야 할 상대가 누구인가 하는 외부환경을 파악하여 외부환경이 기회(oppotunity)인지 위협(threats)인지를 파악하여야 한다.

② **내부환경 파악**

기업 자신의 능력은 어떠한가 하는 내부여건을 고려하는 것이다. 즉, 내부역량이 강점(strength)인지 약점(weakness)인지를 파악하는 것이다.

③ **경영철학**

기업의 방향을 제시하는 경영철학을 고려한다.

④ **사회적 책임**

전략 수행시 사회적 책임을 다하고 있는가를 고려한다.

⑤ 경쟁구조 환경

포터(M. Porter)의 산업분석에서는 경쟁구조 환경으로 5가지 요소(five force)를 제시하고 있다.

3 유통경영의 외부적·내부적 요소분석

(1) 외부환경 분석

과업환경을 분석하는 것은 곧 이해관계자들을 분석하는 것이며, 가장 대표적인 분석방법이 포터의 산업분석(Industry Analysis)이다.

① 포터의 5세력 모델
　㉠ 경영전략 전문가인 마이클 포터(Michael E. Porter)는 산업과 경쟁을 결정짓는 5세력 모델(five-force model)을 제시하였다. 포터의 5세력 모델의 목적은 궁극적으로 산업의 수익 잠재력에 영향을 주는 주요 경제·기술적 세력을 분석하는 것이다.
　㉡ 5세력은 신규진입자(잠재적 경쟁자)의 위협, 공급자의 교섭력, 구매자의 교섭력, 대체품의 위협 및 기존 기업 간의 경쟁이다. 5가지 세력 중 잠재적 경쟁업자의 진입 가능성은 다각화전략(diversification strategy)과 관련이 있다.

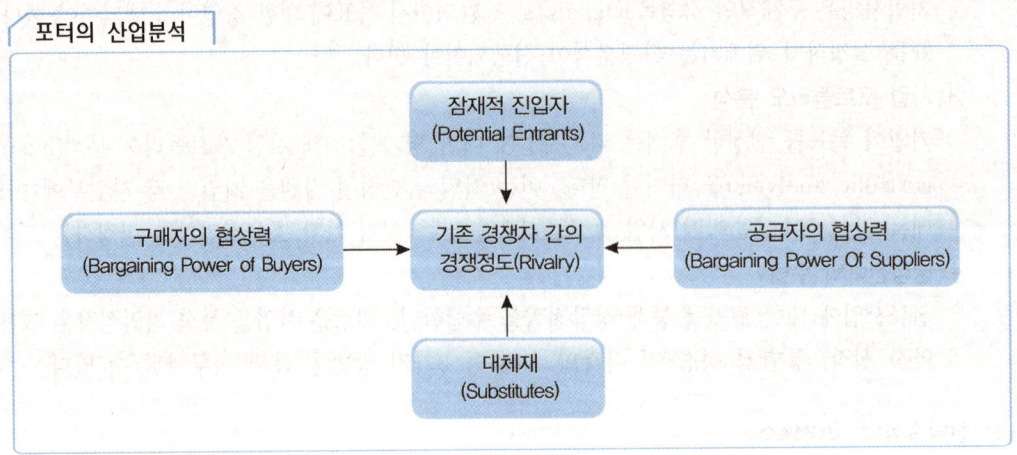

② 5세력의 분석
　㉠ 기존 경쟁자들 간의 경쟁 정도 : 산업에 참여하고 있는 기업의 수가 적을수록, 즉 산업의 경쟁 정도가 낮을수록 그 산업의 전반적인 수익률은 상대적으로 높아지게 되며, 경쟁 정도가 높을수록 산업의 수익률은 낮아지게 된다.
　㉡ 잠재적 진입자 : 진입장벽이 낮아 새로운 기업의 진입이 용이하다면, 그 산업 내에서 높은 가격을 받을 수 없기 때문에 수익률은 낮아지게 된다.
　㉢ 대체재 : 대체재의 가능성이 높으며 가격이 낮고 성장성이 클수록 이윤폭이 제한되고 시장 침투의 위험이 크므로 산업의 수익률은 낮아진다.

ⓔ 구매자의 협상력 : 구매자집단의 교섭(협상)능력이 클수록 기업의 제품에 대한 소비자들의 지속적인 구매력이 낮아지기 때문에 산업의 수익률은 낮아진다.

ⓜ 공급자의 협상력 : 공급자 집단의 교섭(협상)능력이 클수록 제품가격과 품질에 영향력을 미침으로써 소비자들의 지속적인 구매력이 낮아지기 때문에 산업의 수익률은 낮아지게 된다.

③ 외부환경 분석의 중요성

ⓐ 환경이 기업에 미치는 영향의 중요성은 환경의 변화가 어떤 기업에는 기회(opportunity)로 또 다른 기업에게는 위협(threat)으로 작동할 수 있다는데 기인한다.

ⓑ 따라서 기업은 지속적인 환경감시를 통하여 환경속에서 기회가 되는 요인과 위협이 되는 요인을 발견하여, 위협요인을 피하며 시장기회는 적극활동해 나갈 수 있도록 기업전략을 수립해 나가야 한다.

(2) 내부환경 분석

① 내부환경 분석의 의의

내부환경 분석은 기업이 보유하고 있는 능력을 파악하는 것이다. 기업능력 분석은 보유자원의 분석과 조직구조의 분석으로 이루어진다.

ⓐ 보유자원 분석은 기업이 전략을 수행하는 데 동원할 수 있는 자금과 자금 이외에 필요한 설비, 자연 자원, 노하우 등을 살펴보는 과정이다.

ⓑ 조직구조 분석은 기업의 관리자와 종업원이 공유하는 가치관인 기업문화에 관한 분석과 기업 내 기능 부서간의 관계에 관한 분석을 의미한다.

② 포터의 가치사슬 분석

ⓐ 가치사슬의 의의 : 가치사슬(value chain)은 기업활동에서 부가가치가 생성되는 과정을 의미한다. 마이클 포터(M. Porter)가 정립한 것으로 부가가치 창출에 직접 또는 간접적으로 관련된 일련의 활동·기능·프로세스의 연계를 의미한다.

ⓑ 가치창출활동 : 가치창출활동은 주활동(primary activities)과 지원활동(support activities)으로 나눠볼 수 있다.

　ⓐ 주활동(본원적 활동)은 제품이 생산·운송·마케팅·판매·물류·서비스 등과 같은 현장업무활동을 의미한다.

　ⓑ 지원활동(보조활동)은 구매·기술개발·인사·재무·기획 등 현장활동을 지원하는 제반업무를 의미한다.

　ⓒ 주활동은 부가가치를 직접 창출하는 부문을, 지원활동은 부가가치가 창출되도록 간접적인 역할을 하는 부문을 말한다.

ⓒ 가치사슬 분석의 의의 : 가치사슬 분석을 통하여 가치활동 각 단계에 있어서 부가가치 창출과 관련된 핵심활동이 무엇인가를 규명할 수 있으며, 각 단계 및 핵심활동들의 강점이나 약점 및 차별화 요인을 분석하여 경쟁우위 구축을 위한 도구로 활용할 수 있다. 보통 기업의 내부역량 분석도구로 많이 사용된다.

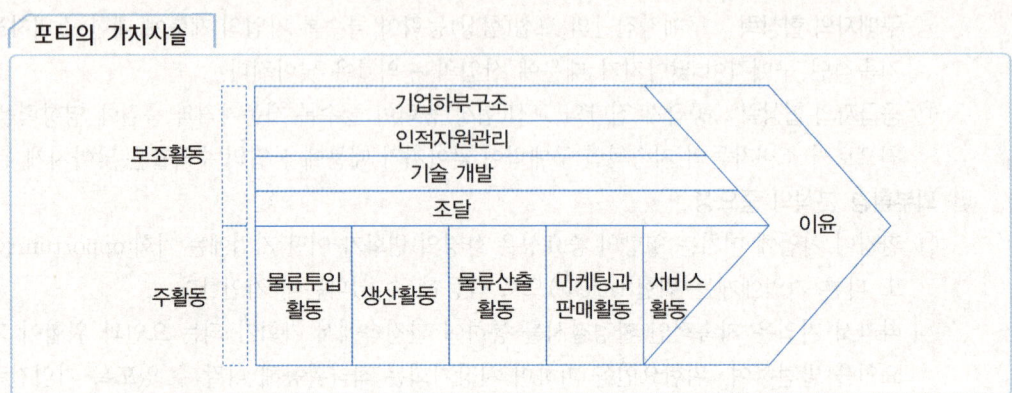

(3) 외부환경과 내부환경의 결합

① **분석의 의의**

외부환경의 기회·위협 요인과 기업 내부능력의 강점·약점을 조화롭게 고려한 전략의 수립은 기업의 경쟁력을 좌우하게 된다.

② **SWOT 분석**

㉠ SWOT 분석의 의의 : SWOT는 강점(S : strength), 약점(W : weakness), 기회(O : opportunity), 위협(T : threat)의 이니셜로 기업내부의 강점과 약점을 파악하여 환경의 기회요인을 포착하고 위험요인을 회피하는 전략의 수립이 이루어져야 한다는 모형이다.

㉡ SWOT 분석의 목적 : SWOT 분석의 목적은 기회를 최대화하고 위협을 최소화하여 기업의 자원을 가장 효율적으로 사용하려는 것이다. 피터 드러커(p.Drucker)는 강점을 살릴 수 있는 전략이 최우선이라고 하였다.

SWOT 매트릭스

내부요인 외부요인	강점(Strength)	약점(Weakness)
기회(Opportunity)	기회활용을 위해 강점을 사용할 수 있는 상황	기회활용을 위해 약점을 보완해야 하는 상황
위협(Threat)	위협을 극복하기 위해 강점을 사용할 수 있는 상황	위협을 극복하기 위해 약점을 보완해야 하는 상황

㉢ 각 상황에서의 전략

SO상황	• 시장의 기회를 활용하기 위해 강점을 적극 활용하는 전략 • 시장기회 선점전략, 시장·제품 다각화 전략
ST상황	• 시장의 위협을 회피하거나 극복하기 위해 강점을 활용하는 전략 • 시장침투 전략, 제품확장 전략
WO상황	• 약점을 극복하거나 제거함으로써 시장의 기회를 활용하는 전략 • 핵심역량 강화전략, 전략적 제휴 등의 전략
WT상황	• 시장의 위협을 회피하고 약점을 최소화하거나 없애는 전략 • 철수, 핵심역량 개발, 전략적 제휴, 벤치마킹 등의 전략

제2절 유통경영전략의 수립과 실행

1 경쟁우위와 경쟁전략

(1) 포터의 본원적 경쟁전략

① 경쟁전략의 의의
  ㉠ 경쟁전략이란 산업 내에서 방어 가능한 지위를 구축하고 5가지 세력에 잘 대처하여 기업의 투자수익을 높이기 위한 공격적 혹은 방어적인 행동을 취하는 것이다.
  ㉡ 계획기간 동안에 달성하고자 하는 구체적인 목표를 설정하고, 목표달성을 위한 전략방향을 설정하는 데 있어 포터(M. Porter)는 경쟁우위의 원천과 경쟁영역의 범위를 기준으로 4가지 본원적 경쟁전략(generic competitive strategies)을 제시하고 있다.

② 본원적 경쟁전략의 유형

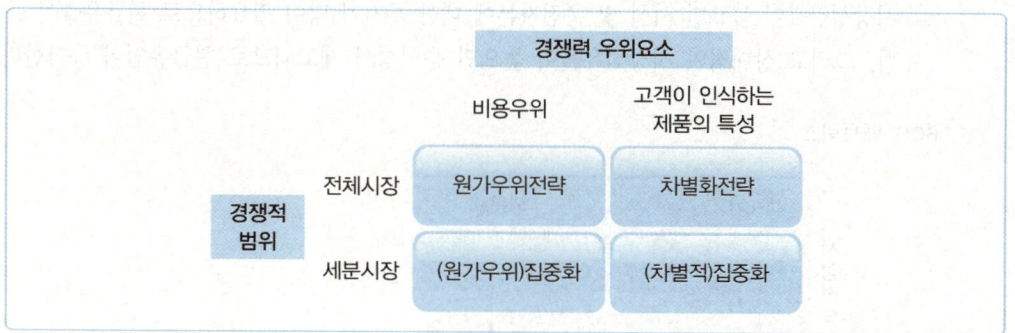

  ㉠ 본원적 전략은 크게 두 가지로 나누어 질 수 있는데 하나는 동일한 제품을 경쟁자보다 싸게 만들어서 판매하는 방법으로, 이를 원가우위전략(cost leadership strategy)이라고 한다.
  ㉡ 다른 하나는 다소 비싸더라도 경쟁자에 비해 우수하게 만들고 높은 마진을 통해 목표를 달성하는 방법으로, 이를 차별화 전략(differentiation strategy)이라고 한다.
  ㉢ 경쟁영역의 범위가 좁은 경우에 사용할 수 있는 전략은 집중화 전략이다. 집중화 전략은 기업의 자원이 제한되어 있고 경쟁영역의 범위가 좁은 경우, 즉 세분시장을 대상으로 하는 전략이다.

포터의 3가지 기본적 전략

전 략	내 용
코스트 리더십(원가우위)	비용면에서 최우위를 가진다는 기본목표에 따라 일련의 직능별 전략에 의해 산업 내에서 코스트 리더십(원가우위)을 취하고자 하는 전략
차별화	자사제품이나 서비스를 차별화해서 산업 내에서 무엇인가 특이한 것을 창조하고자 하는 전략
집중화	특정의 구매자집단이라든가, 특정의 제품종류 및 지역시장에 맞추어 기업의 자원을 집중시키는 전략

(2) 사업 포트폴리오 전략

① 제품 포트폴리오 전략(BCG 기법)
㉠ 제품 포트폴리오 전략(PPM : Product Portfolio Management)은 각 사업단위가 속해있는 시장 성장률과 각 사업단위가 그 시장 내에서 차지하는 상대적 시장점유율을 기준으로 사업 포트폴리오를 평가하는 분석기법이다.
㉡ 보스턴 컨설팅 그룹(BCG : Boston Consulting Group)에 의해 개발되어 BCG 기법이라고도 한다.
㉢ 기업이 하고 있는 여러 가지 사업을 전략적 사업단위(SBU)로 파악하여 어느 사업을 성장시킬 것인지 또는 포기할 것인지를 전략적으로 결정할 때 사용할 수 있다.

② BCG 기법의 가정
㉠ BCG 기법(PPM 격자)은 시장성장률과 상대적인 시장점유율이 기업의 현금흐름(cash flow)과 깊은 관계가 있다고 가정한다.
㉡ 시장성장률이 높으면 시설 및 운전자본에 대한 투자가 많이 필요하므로 현금유출이 증가한다. 그리고 상대적인 시장점유율이 높으면 수익성이 제고되므로 현금유입이 증가한다.

BCG 매트릭스

	상대적 시장점유율 고	상대적 시장점유율 저
시장점유율 고	별(star)	의문표(question mark)
시장점유율 저	현금젖소(cash cow)	개(dog)

→ 성공하는 방향
⇢ 실패하는 방향

③ BCG 전략
㉠ 별(Star) : 성장사업
자사의 시장점유율이 제일 높고, 시장성장률도 평균보다 높은 경우이다. 급속한 성장기회를 활용하기 위해 생산시설의 확충 등 많은 자금의 투자를 필요로 하며, 동시에 경쟁우위가 있어 많은 수익을 발생시킨다.
㉡ 현금젖소(Cash Cow) : 수익주종사업
자사의 시장점유율은 높으나, 해당시장의 성장률이 낮은 경우이다. 시장리더로서 안정적인 지위를 확보하고 있어 많은 이익을 발생시키지만, 시장성장률이 낮기 때문에 시장지위의 유지를 위해 새로운 투자를 많이 요구하지는 않는다.
㉢ 의문표(Question Mark) : 개발사업
자사의 시장점유율은 낮지만, 해당시장의 성장률은 높은 경우이다. 시장은 대단히 매력적이지만 상대적으로 시장점유율이 낮기 때문에 시장성장에 따른 잠재적 이익이 실현될 수

있을지 의문이 제기된다. 성장전략으로 대응하기도 하고 축소전략으로 대응할 수도 있다. 문제아(problem children) 또는 유전탐사라고도 한다.
    ② 개(Dog) : 사양사업
       제품의 시장점유율도 낮고, 해당시장의 성장률도 낮은 경우이다. 이익 창출도 어렵고 미래에 개선가능성도 희박하므로 해당사업을 축소 또는 철수하는 전략을 택할 수 있다.
④ 대응전략
    ㉠ 확대 또는 강화(build)전략(육성전략)
       ⓐ 전략사업단위의 시장점유율을 높이고자 하는 전략, 즉 시장점유율이 경쟁자보다 상대적으로 더 큰 폭으로 늘어나도록 하기 위하여 많은 투자가 필요
       ⓑ 단기이익을 희생하고 장기이익을 도모하는 전략으로 개발사업(question marks)에 적합
    ㉡ 유지(hold)전략
       ⓐ 기존에 영위하고 있던 사업단위를 현재수준으로 유지시키는 전략, 즉 전략사업단위의 시장점유율을 계속 유지하고자 하는 전략
       ⓑ 계속적 현금유입이 기대되는 강력한 수익주종사업(cash cows)에 적합
    ㉢ 수확(harvest)전략(회수전략)
       ⓐ 장기적 효과와 관계없이 단기 현금회수를 노리는 전략으로, 사업단위에 대한 투자를 극소화하거나 중단하여 사업을 상대적으로 축소시키는 전략
       ⓑ 약한 수익주종사업이나 개발사업, 사양사업에 적합
    ㉣ 철수 또는 제거(divest)전략
       자원을 다른 사업에 사용하는 것이 더 효율적이므로 사업을 판매・청산하는 전략으로, 사양사업과 전망 없는 개발사업에 적합
⑤ BCG 기법의 평가
    ㉠ 보스톤 컨설팅 그룹은 바람직한 사업의 이동방향으로 물음표 → 별 → 현금젖소의 방향을 제시한다.
    ㉡ 자금의 흐름구도로는 젖소 → 물음표 → 별의 방향을 제시하여, 사업부전략은 현금젖소에서 발생하는 초과자금으로 어린 스타나 성장가능성이 있는 문제아 사업단위를 지원하여 이를 스타로 육성하는 것이라고 주장한다.
    ㉢ 그러나 BCG 기법은 지나친 단순화와 재무적인 현금흐름에 의한 평가만을 강조하고 있는 점 등이 문제점으로 지적되고 있다.
⑥ 맥킨지 사업 포트폴리오 분석
    ㉠ 맥킨지 모형의 의의
       맥킨지(McKinsey) 모형은 BCG 모형의 문제점을 개선하기 위해 산업성장률, 시장점유율 이외의 보다 다양한 환경・전략변수들을 반영한 사업부 평가모형이다.
    ㉡ 평가요인
       이 모형에서는 BCG 모형에서와 마찬가지로 산업매력도(market attractiveness)와 사업경쟁력(business strength)이라는 두 개의 차원을 이용하여 개별 사업부를 평가하지만, 각 차원의 평가에 있어 보다 다양한 변수들을 이용하고 있다는 점에서 BCG 모형과 차이가 있다.

산업의 매력도 평가요소	시장규모, 산업성장률, 산업의 평균수익률, 경쟁의 정도, 산업의 집중도, 산업의 전반적 수급상황, 기술적 변화 정도 등
사업부의 경쟁력 평가요소	시장점유율, 관리능력, 기술수준, 제품의 품질, 상표이미지, 생산능력, 원가구조, 유통망, 원자재 공급원의 확보 등

ⓒ 평가방법
  ⓐ 각 사업부의 산업매력도 지수와 사업경쟁력 지수의 값은 각각의 평가요소별 평가점수에 속성별로 가중치를 반영한 가중평가점수를 합산하여 구한다.
  ⓑ 산업매력도와 사업부 경쟁력은 각각 상·중·하로 나누어져 매트릭스는 총 9개의 영역으로 구분된다.

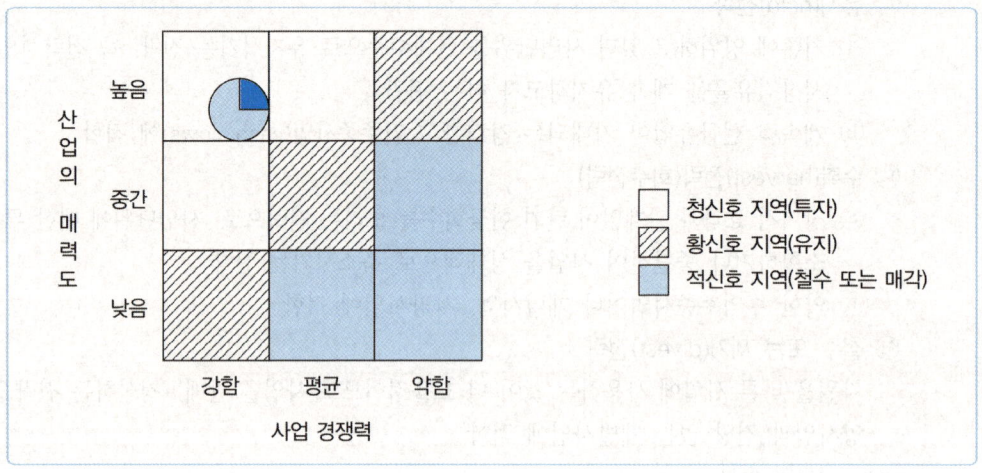

  ⓒ 사업부가 현재 처해있는 상황을 원으로 표시하는데, 원의 크기는 시장의 크기, 원 내부의 부채꼴은 시장 점유율을 의미한다.

(3) 성장전략의 수립
① **집약적 성장**
  ㉠ 집약적 성장(intensive growth), 또는 집중적 성장은 현재의 영업범위 내에서 기업이 가능한 기회를 확인하려는 전략이다. 현재의 제품 및 시장과 관련된 기회를 충분히 활용하지 못하고 있는 경우에 유용하다.
  ㉡ 앤소프(H. Igor Ansoff)의 제품·시장 확장 그리드(product·market expansion grid)

	현존제품	신제품
현재시장	시장침투	제품개발
신시장	시장개발	다각화

         ⓐ **시장침투 전략** : 현존시장에서 현존제품의 시장점유율을 증가시키는 전략으로, 기존고객의 구매빈도를 증가시키고, 경쟁기업의 고객을 유인하며, 미사용 고객층을 설득하는 방법을 사용한다.
         ⓑ **시장개발 전략** : 현제품으로 충족시킬 수 있는 욕구를 가진 새로운 시장을 개발하는 전략이다.
         ⓒ **제품개발 전략** : 신제품의 개발가능성을 고려한다.
      ② 통합적 성장
         ㉠ 통합적 성장(integrative growth)은 산업 내 마케팅 시스템의 다른 부분과의 통합기회를 확인하려는 전략이다. 기업이 속한 산업의 성장전망이 좋을 때나 기업이 산업 내에서 전방·후방 또는 수평적으로 이동함으로써 얻는 것이 많을 경우에 유용하다.
         ㉡ 형 태
         ⓐ **후방통합** : 마케팅 경로상의 공급 시스템에 대한 소유나 통제를 강화하는 것
         ⓑ **전방통합** : 마케팅 경로상의 유통 시스템에 대한 소유나 통제를 강화하는 것
         ⓒ **수평적 통합** : 동일 마케팅 경로상의 일부경쟁자에 대한 소유나 통제를 강화하는 것
      ③ 다각화 성장
         ㉠ 다각화 성장(diversification growth)은 기업이 속한 산업 밖에서 기회를 발견하고자 하는 전략으로, 기업이 속한 산업이 성장기회를 제공하지 못하는 경우나 산업 외부의 기회가 우수한 경우에 유용하다.
         ㉡ 형 태
         ⓐ **집중적 다각화** : 현재의 제품계열에 기술이나 마케팅에서 시너지를 갖고 있는 신제품을 추가해서 고객에게 호소하는 성장전략
         ⓑ **수평적 다각화** : 현재의 제품계열과 관련이 없는 신제품으로 현재의 고객에게 호소하는 성장전략
         ⓒ **복합적 다각화** : 현재의 기술, 시장, 제품과 관련이 없는 신제품을 추가해서 새로운 고객에게 호소하는 성장전략

2 경영혁신

(1) 혁신 경영전략

① 혁신 경영전략의 의미
기업이 비즈니스를 수행하는 방식에 큰 변화를 가져옴으로써 기업 경쟁력을 강화시켜주는 수단 또는 과정을 의미한다.

② **경영혁신 기법**

고객 관계 관리 (CRM)	• 기업이 고객과 관련된 내외부 자료를 분석·통합해 고객중심 자원을 극대화하고 이를 토대로 고객 특성에 맞게 마케팅 활동을 계획·지원·평가하는 과정 • 신규고객 창출보다는 기존고객의 관리에 초점
벤치마킹 (benchmarking)	경쟁우위를 쟁취하기 위해서 선도적 기업들의 기술 혹은 업무방식(프로세스)을 지속적으로 측정하고 비교함으로써 얻어진 유용한 정보를 자사의 성과 향상을 위한 업무개선 수행에 반영하는 것
리엔지니어링 (BPR)	• 기업의 비용·품질·서비스·속도와 같은 핵심적 분야에서 극적인 향상을 이루기 위해 기존의 업무수행방식을 원점에서 재검토하여 업무처리절차를 근본적으로 재설계하는 것 • 리엔지니어링의 궁극적인 목적은 고객만족
아웃소싱 (outsourcing)	• 기업 내부의 프로젝트 활동을 기업 외부의 제3자에게 위탁해 처리하거나, 외부 정보통신 전문업체가 고객의 정보처리 업무의 일부 또는 전부를 장기간 운영·관리하는 것 • 경비절약, 기업의 규모축소, 전문화 등이 목적
다운사이징 (downsizing)	• 조직의 효율, 생산성, 경쟁력을 높이기 위해서 비용구조나 업무 흐름을 개선하는 일련의 조치 • 필요 없는 인원이나 경비를 줄여 낭비적인 조직을 제거하는 것 • 구체적인 실천방법으로는 팀제, 명예퇴직, 성과보수체계 등
전사적 자원관리 (ERP)	• 기업이 구매, 생산, 물류, 판매, 인사, 회계 등 별도로 시스템으로 운영되던 것을 하나의 통합적인 시스템으로 구축하여 경영자원을 효율적으로 관리하는 것 • 기업 전반의 업무 프로세스를 통합적으로 관리, 경영 상태를 실시간으로 파악하고 정보를 공유하게 함으로써 빠르고 투명한 업무처리의 실현을 목적으로 함

실전감각 기르기

01 유통기업의 전략으로 올바른 것만 나열한 것은?

(가) 유통기업의 전략은 기업수준의 전략과 사업부수준의 전략으로 구분할 수 있는데, 유통기업의 시장 또는 상품이 다각화되지 않았다면 사업부수준의 전략은 필요 없다.
(나) 유통기업이 수직적 통합, 기업인수합병, 해외사업진출과 같은 결정이나 각 사업분야에 경영자원을 배분하는 것은 기업수준의 전략에 해당한다.
(다) 유통기업이 경영전략을 수립하기 위해서는 비전이나 목표를 설정해야 하는데, 비전은 기업의 미래상으로서 목표에 비해 정량적이며 구체성을 지니고 있어야 한다.
(라) 유통기업의 경영전략 수립에 전제가 되는 목표는 비전과 달리 구체적일 필요 없이 기업의 방향만 설정해도 충분하다.
(마) 유통기업의 측면에서 기업전략은 어떤 업종에서 경쟁할 것인가보다는 어떤 업태에서 경쟁할 것인가를 결정한다.

① (가), (나), (다)
② (가), (나), (마)
③ (나), (다), (라)
④ (나), (다), (마)
⑤ (다), (라), (마)

해설 (다) 비전(vision)은 기업의 미래상으로 목표(objective)보다 상위에 있다. 따라서 비전보다는 목표가 정량적이며 구체성을 지니고 있어야 한다. (라) 목표는 정량적이고 구체적이어야 한다.

02 다음의 설명은 어느 것에 관한 것인가?

생산, 판매, 구매, 인사, 재무, 물류 등 기업업무 전반을 통합·관리하는 경영정보시스템으로 모든 정보가 실시간으로 데이터베이스화되고 각 부서가 이를 공유하게 된다.

① MIS(management information system)
② SCM(supply chain management)
③ ERP(enterprise resource planning)
④ MRP(material resource planning)
⑤ BPR(business process reengineering)

Answer 01 ② 02 ③

해설 ERP(enterprise resource planning), 즉 전사적 자원계획은 회계, 인사, 판매, 수·배송, 제조, 물류 등 기업운영에 필요한 핵심정보를 전사적으로 처리해 줄 수 있는 응용소프트웨어이다. ERP는 정보기술을 활용하는 경영전략의 하나로, 기간업무뿐만 아니라 기업활동에 필요한 모든 자원을 하나의 체계로 통합하여 운영하고 기업의 업무처리방식을 선진화시킴으로써 한정된 기업의 자원을 효율적으로 관리하여 생산성을 극대화하려는 기업 리엔지니어링 기법이다.

03

앤소프(H. I. Ansoff)는 제품의 유형(기존제품 대 신제품) 및 시장의 유형(기존시장 대 신시장)을 기준으로 하여 기업의 다양한 성장전략의 방향을 제시하고 있다. 다음 중 시장침투전략의 방법과 거리가 가장 먼 것은?

① 기존고객의 구매량을 증가시키는 방법
② 경쟁기업의 고객을 유인하는 방법
③ 판촉활동을 통하여 비사용자를 설득하는 방법
④ 가격정책을 통한 고객확보전략
⑤ 인터넷과 같은 새로운 유통망을 구축하는 방법

해설 ①, ②, ③은 시장침투전략이고, ④ 역시 시장침투전략에 속한다. 그러나 ⑤는 시장개발전략이다. 새로운 사업의 성장전략 중 집약적 성장(intensive growth) 또는 집중적 성장은 현재의 영업범위 내에서 기업이 가능한 기회를 확인하려는 전략이다. 현재의 제품 및 시장과 관련된 기회를 충분히 활용하지 못하고 있는 경우에 유용하다. 집약적 성장의 세 가지 성장전략은 앤소프(H. I. Ansoff)의 제품·시장확장 그리드(product·market expansion grid)를 통해 파악할 수 있다.

	현존제품	신제품
현재시장	시장침투	제품개발
신시장	시장개발	다각화

04

기업이 다각화 전략을 추진하는 이유에 대한 설명으로 가장 옳지 않은 것은?

① 보유한 능력과 자원을 새로운 업태 혹은 다른 업종의 사업에 투자함으로써 기존의 자원과 능력을 확장 또는 발전시킬 수 있기 때문이다.
② 동일 기업 내의 여러 사업체가 공동으로 활용하거나 축적된 경영노하우 및 관리시스템 등의 기능을 서로 보완하여 활용하는 경우 상승효과가 발생한다.
③ 개별 사업부문의 경기순환에서 오는 위험을 분산시킬 수 있는 수단이 되며, 기존사업의 성장이 둔화되거나 점차 쇠퇴해 감에 따라 새로운 사업 분야로 진출할 필요성이 대두되기 때문이다.
④ 기술 또는 브랜드와 같은 많은 무형의 경영자원을 확보하고 있는 경우, 이를 활용할 수 있는 비관련 사업으로 다각화를 하는 것이 범위의 경제성을 활용하여 수익률을 증대시킬 수 있기 때문이다.

Answer 03 ⑤ 04 ④

⑤ 복합기업화가 이루어지면 시장지배력 증가에 도움이 되며, 다양한 사업 분야에 진출함으로써 기업경영상의 유연성 제고와 사업의 포트폴리오를 추구할 수 있기 때문이다.

> **해설** ④ 범위의 경제성(economies of scope)은 관련사업으로 사업을 확장하는 경우 비용을 줄이고 수익률을 높일 수 있는 것을 의미한다.

05 다음 중 BCG 매트릭스에서 시장성장률은 낮은 수준이고 시장점유율은 높은 수준에 있는 전략적 사업단위와 시장성장률은 높은 수준이고 시장점유율은 낮은 수준의 사업단위끼리 옳게 연결된 것은?

| ㉠ 캐시 카우(cash cow) | ㉡ 스타(stars) |
| ㉢ 퀘스천 마크(question mark) | ㉣ 도그(dogs) |

① ㉠ - ㉡
② ㉠ - ㉢
③ ㉡ - ㉢
④ ㉢ - ㉣
⑤ ㉡ - ㉣

> **해설** BCG 매트릭스에서 시장성장률은 낮은 수준이고 시장점유율은 높은 수준에 있는 전략적 사업단위는 캐시 카우(cash cow)이고, 시장성장률은 높은 수준이고 시장점유율은 낮은 수준의 사업단위는 퀘스천 마크(question mark)이다.

06 다음 중 경영전략적 의사결정 요소의 하나인 인수 및 합병(M&A)과 관련한 설명으로 올바르지 않은 것은?

① 한 기업 혹은 투자단체가 대상회사의 이사회와 협상을 통해서 사들이는 것을 인수(acquisition)라고 한다.
② 인수(acquisition) 및 합병(merger)의 주된 이유로는 전략적인 목표달성, 즉 기업의 규모가 크고 작음에 상관없이 비용절감을 통한 전사적 효율성 향상, 중복업무 부문제거, 구매력 향상, 시장점유율 향상, 경쟁 감소 등을 들 수 있다.
③ 2개 이상의 회사가 결합해 하나의 회사로 결합하는 것을 합병(merger)이라 한다.
④ 합병의 유형에는 수평적 및 수직적 그리고 복합합병이 있으며 원자재공급업체, 배급회사 등을 합병하는 것을 수평적 합병이라 한다.
⑤ 경영환경의 변화에 대응하기 위해 외부적인 경영자원을 활용하는 것으로, 기업의 성장을 도모하는 가장 적극적인 경영전략이다.

> **해설** 수평적 합병은 동일한 단계의 다른 업체와 합병하는 것을 의미하고, 수직적 합병은 서로 다른 단계에 있는 업체와 합병하는 것을 의미한다.
> ④ 제조업체가 원자재 공급업체나 배급회사 등을 합병하는 것은 수직적 합병이다.

Answer 05 ② 06 ④

07 포터(M. E. Porter)는 경쟁우위의 원천과 경쟁영역의 범위를 기준으로 4가지의 경쟁전략을 제시하였다. "어떤 유통업체가 경쟁업체에 비해 상품을 저렴한 가격으로 매입할 수 있으면서 동시에 경쟁영역의 범위가 좁은 경우"에는 어떠한 전략적 대안을 선택하는 것이 가장 바람직한가?

① 비용경쟁우위 전략
② 차별적 경쟁우위 전략
③ 집중적 원가우위 전략
④ 집중적 차별화 전략
⑤ 차별적 원가우위 전략

[해설] 포터 교수는 사업부에서 경쟁우위를 확보하기 위한 방안을 본원적 전략(generic strategy)이라고 하였다. 본원적 전략은 크게 두 가지로 나누어질 수 있는데 하나는 동일한 제품을 경쟁자보다 싸게 만들어서 판매하는 방법으로, 이를 원가우위전략(cost leadership strategy)이라고 한다. 다른 하나는 다소 비싸더라도 경쟁자에 비해 우수하게 만들고 높은 마진을 통해 목표를 달성하는 방법으로, 이를 차별화 전략(differentiation strategy)이라고 한다.
유통업체가 경쟁업체에 비해 상품을 저렴한 가격으로 매입할 수 있는 경우에는 원가우위전략을 채택하는 것이 바람직하다. 동시에 경쟁영역의 범위가 좁은 경우에 사용할 수 있는 전략은 집중적 전략이다. 집중적 전략은 기업의 마케팅 자원이 제한되어 있고 경쟁영역의 범위가 좁은 경우, 즉 세분시장을 대상으로 하는 전략이다.

08 기업의 외부환경 분석기법으로 활용되는 포터(M. Porter)의 산업구조 분석에서는 산업의 수익률에 영향을 미치는 5대 핵심요인을 제시하고 있는데, 이에 해당되지 않는 것은?

① 산업 내의 경쟁
② 대체재의 위협
③ 공급자의 힘
④ 구매자의 힘
⑤ 비용구조

[해설] 마이클 포터(Michael E. Porter)는 산업과 경쟁을 결정짓는 5요인 모델(five-force model)을 제시하였다. 포터의 5요인 모델의 목적은 궁극적으로 산업의 수익 잠재력에 영향을 주는 주요 경제·기술적 세력을 분석하는 것이다. 산업의 수익 잠재력을 파악하는 행위를 통해서 기업의 외부환경과 기업이 보유하고 있는 자원 간에 존재하는 전략적 갭을 연결할 수 있는 토대가 마련된다.
5요인(5세력)은 신규진입자(잠재적 경쟁자)의 위협, 공급자의 교섭력, 구매자의 교섭력, 대체품의 위협 및 기존 기업 간의 경쟁이다.

Answer 07 ③ 08 ⑤

09 다음 중 SWOT 분석에서의 각 상황에 대한 전략으로 틀린 것은?

① S-T : 시장침투 전략
② W-T : 철수 전략
③ S-O : 시장기회 선점
④ W-O : 제품다각화 전략
⑤ S-T : 제품확장 전략

해설 ④ W-O 상황에서는 약점을 극복하거나 제거함으로써 시장기회를 활용하는 전략을 실시한다. 핵심역량 강화전략, 전략적 제휴 등을 선택한다.

10 포터가 제시한 산업구조분석의 틀에서 한 산업의 경쟁강도를 결정하는 주요한 세력이 아닌 것은?

① 기존업체 간의 경쟁
② 공급자의 교섭력
③ 대체재의 위협
④ 시장의 불균형
⑤ 구매자의 교섭력

해설 포터는 산업의 경쟁강도를 결정하는 요인으로 다섯 요인을 제시하고 있다. ㉠ 기존업체들 간의 경쟁, ㉡ 경쟁자의 진입장벽, ㉢ 대체재의 위협, ㉣ 구매자의 협상력, ㉤ 공급자의 협상력 등이다.

11 포터가 말한 가치창출활동 중 본원적 활동에 속하지 않는 것은?

① 내적유통
② 작업활동
③ 기술개발
④ 서비스
⑤ 마케팅

해설 포터(M. Porter)의 가치창출활동은 크게 본원적 활동과 지원활동으로 구분된다.
㉠ 본원적 활동(primary activities) : 물류투입(IL, Inbound Logistics), 운영·생산(OP, Operations), 물류산출(OL, Outbound Logistics), 마케팅 및 영업(M&S, Marketing & Sales), 서비스(Services) 활동이 이에 포함되며, 제품·서비스의 물리적 가치창출과 관련된 활동들로서 직접적으로 고객들에게 전달되는 부가가치 창출에 기여하는 활동들을 의미한다.
㉡ 지원활동(support activities) : 회사 인프라(firm infrastructure), 인적자원관리(HRM), 기술개발(technology development), 구매조달(procurement)이 이에 포함되며, 본원적 활동이 발생하도록 하는 투입물 및 인프라를 제공한다. 지원활동들은 직접적으로 부가가치를 창출하지는 않지만, 이를 창출할 수 있도록 지원하는 활동들을 의미한다.
③ 기술개발은 지원활동에 포함된다.

Answer 09 ④ 10 ④ 11 ③

12 다음 중 동종의 경쟁관계에 있는 기업 간에 일부사업 또는 기능별 부분에서 일시적인 협조관계를 형성하여 기업의 유연성을 확보하려는 경영기법은?

① 시간중심 경영　　　　　　　② 전략적 아웃소싱
③ 총공급망 관리경영　　　　　④ 전략적 제휴
⑤ 지식경영

> **해설** 오늘날 기업이 성장하는 전략적 방법으로는 내적 발전과 인수합병(M&A) 그리고 전략적 제휴가 있다. 전략적 제휴(strategic alliance)는 치열해지는 시장경쟁구도에서 둘 또는 그 이상의 기업들이 각기의 경영전략을 효율화시키기 위하여 상호간에 유익한 기술과 제품·물류 등 가용한 경영자원을 제공하는 협력관계이다. 한 기업이 모든 것을 다 할 수 없다는 인식에서 나온 것이다. 전략적 제휴는 고객과의 관계개선에 목적이 있는 것이 아니라 자원과 위험을 공유하고 유연성을 확보하고자 하는 데 그 목적이 있다.

13 다음 중 원가나 품질상의 우위를 바탕으로 특정 세분시장에서 경쟁하려는 기업이 사용하는 전략은?

① 집중화 전략　　　　　　　② 원가우위 전략
③ 차별화 전략　　　　　　　④ 다각화 전략
⑤ 시장침투 전략

> **해설** 집중화 전략(focused strategy)은 시장이나 제품계열의 일부에 집중한다는 것이다. 즉, 특정의 고객층·제품·시장·기술 등 비교우위가 있는 부문에 기업의 노력을 집중시키는 전략이다. 이 전략을 추구하는 기업이나 사업부는 제품시장 전체에 걸쳐 경쟁을 하려고 하지 않는다. 지속적인 경쟁우위가 제품시장의 일부에만 국한되어 있기 때문이다.

14 업무시스템을 재구축하여 Zero-base 관점에서 기업재창조를 실현하려는 경영혁신기법을 의미하는 것은?

① 리스트럭처링　　　　　　　② 전사적 자원관리
③ 벤치마킹　　　　　　　　　④ 리엔지니어링
⑤ 전략적 아웃소싱

> **해설** ④ 리엔지니어링은 1990년 마이클 해머가 제창한 기업의 체질 및 구조의 근본적인 변혁을 가리킨다. 비용, 품질, 서비스, 속도와 같이 핵심이 되는 경영성과의 지표들을 비약적으로 향상시킬 수 있도록 사업활동을 근본적으로 다시 생각하여 조직구조와 업무방법을 혁신시키는 재설계방법이다.

Answer 12 ④　13 ①　14 ④

15 사업 포트폴리오 분석 방법인 BCG 매트릭스와 GE 매트릭스에 관한 다음의 서술 중 가장 바르지 못한 것은?

① BCG 매트릭스는 시장성장률과 절대적 시장점유율을 양축으로 사업의 매력도를 평가한다.
② BCG 매트릭스 분석결과로서 적용될 수 있는 전략으로는 확대, 철수, 유지, 수확 전략이 있다.
③ BCG 매트릭스상에서 수익성이 낮고 시장전망이 어두워 철수가 요망되는 영역은 개(Dog)이다.
④ GE 매트릭스는 산업매력도와 사업단위의 강점을 기준으로 구분한 9개의 영역으로 구성된다.
⑤ GE 매트릭스상에서 원의 크기는 시장의 크기, 원 내부의 부채꼴은 시장 점유율을 의미

> **해설** ① 보스턴 컨설팅 그룹의 BCG 매트릭스는 시장성장률과 상대적 시장점유율을 양축으로 하여 사업의 매력도를 평가하는 기법이다.

16 균형성과표(BSC : Balanced Score Card)에 대한 설명으로 옳은 것은?

① 비즈니스 프로세스의 관점에서 해당 기업의 공급업체로부터 고객에 이르기까지 계획, 공급, 생산, 인도, 회수가 이루어지는 공급망을 통합적으로 분석한다는 데 그 기초를 두고 있다.
② 재무성과 중심 측정도구의 한계를 극복하기 위해 개발되었으며, 주요 성과지표로는 재무, 고객, 내부 프로세스, 성장과 학습 등이 있는데, 이들 분야에 대해 측정 지표를 선정해 평가한 뒤 각 지표별로 가중치를 적용해 산출한다.
③ 전체적인 공급망 성과측정을 위해 공급망의 신뢰성, 유연성, 대응성, 비용, 자산 등의 성과측정분야를 제시하고 있다.
④ 조직 내외부의 관점에서 성과를 측정할 수 있으며, 공습사슬관리의 성과측정을 위해 개발된 모형으로 계획, 조달, 제조, 인도, 반환 등의 기본 프로세스를 가지고 있다.
⑤ 공급망의 통합적 분석을 통해 공급망상의 상품, 서비스, 정보 등의 흐름을 개선하며 망 내의 연결부분에서 발생하는 과잉재고와 낭비의 방지방법을 도출할 수 있게 한다.

> **해설** 균형성과표(BSC : Balanced Score Card)는 조직의 비전과 경영목표를 각 사업 부문과 개인의 성과측정지표로 전환해 전략적 실행을 최적화하는 경영관리기법이다. BSC는 재무, 고객, 내부 프로세스, 학습·성장 등 4분야에 대해 측정지표를 선정해 평가한 뒤 각 지표별로 가중치를 적용해 산출한다. BSC는 비재무적 성과까지 고려하고 성과를 만들어낸 동인을 찾아내 관리하는 것이 특징이다.

17 업계에서의 선두기업을 표본으로 삼아 이를 능가하려는 노력을 통해 경쟁력을 제고하려는 기업의 혁신 방법은?

① 리엔지니어링(BPR) ② 구조 조정(restructuring)
③ 벤치마킹(benchmarking) ④ 아웃소싱(outsourcing)
⑤ 리스트럭춰링(restructuring)

Answer 15 ① 16 ② 17 ③

해설 업계에서의 선두기업을 표본으로 삼아 이를 능가하려는 노력을 통해 경쟁력을 제고하려는 기업의 혁신 방법은 벤치마킹(benchmarking)이다. 벤치마킹은 경쟁우위를 쟁취하기 위해서 선도적 기업들의 기술 혹은 업무방식(프로세스)을 지속적으로 측정하고 비교함으로써 얻어진 유용한 정보를 자사의 성과 향상을 위한 업무개선 수행에 반영하는 것이다.

18 기존기업은 잠재기업이 시장에 진입하는 것을 방지하기 위해 진입장벽을 구축하는데, 진입장벽의 유형 및 사례로서 가장 올바른 것은?

① 규모의 경제 – 기존기업은 판매상품을 독점적으로 보유하거나 신규기업이 실현하지 못하도록 판매관리비용을 낮춘다.
② 경험곡선 – 기존기업은 자신의 기업이 다른 기업에 비해 예전부터 고품질의 제품을 판매한다는 광고를 지속적으로 한다.
③ 비용열위 – 기존기업은 판매상품을 대량으로 저렴하게 구입하여 소비자에게 판매시 낮은 마진을 붙인다.
④ 범위의 경제 – 기존기업은 상품구색시 주력상품에서 발생하는 비용상의 우위를 활용하여 취급상품의 수를 확대한다.
⑤ 차별화 – 기존기업은 판매경력이 풍부한 인력을 채용하여 판매업무의 효율성을 높인다.

해설 규모의 경제, 경험곡선 효과(경험의 경제) 및 범위의 경제는 모두 단위당 생산비용을 절감시켜 비용우위를 가져오므로 강력한 진입장벽으로 작용한다. 또한 제품의 차별화도 진입장벽으로 작용한다.
①, ②, ⑤는 사례가 올바르지 않다.

19 유통기업의 경영전략을 계층적으로 구분할 때, 다음 중에서 사업전략(business strategy)에 해당하는 것은?

① 최근 외부적 환경을 고려하여 새로운 업태를 개발한다.
② 우리 기업과 유사한 경쟁기업을 인수한다.
③ PB상품을 안정적으로 공급받기 위해 제조기업에 지분투자를 한다.
④ 경쟁관계에 있는 기업과 경쟁하기 위해 고급화를 추구한다.
⑤ 판매원의 자질향상을 위해 교육과 근로환경을 개선한다.

해설 경영전략의 수준을 의사결정의 수준과 범위에 따라 기업전략(corporate strategy), 사업전략(business strategy), 기능전략(functional strategy)으로 구분할 수 있다. 기업전략은 전사적 수준에서의 전략으로 기업의 사업영역을 선택하고 여러 사업들을 효과적으로 관리하기 위한 전략이다. 사업전략은 특정 사업부문의 구체적인 경쟁방법을 결정하는 것으로 경쟁전략이라고도 한다.
①, ②, ③은 기업전략이고, ⑤는 기능전략이다.

Answer 18 ④ 19 ④

CHAPTER 03 유통경영관리

제1절 조직관리

1 조직의 이해

(1) 조직과 조직화

① 조직의 의의

조직(organization)이란 공동의 목표를 추구하기 위해 여러 역할과 지위들이 환경변화에 적절하게 체계적으로 연결된 여러 개인들의 집합체로 정의된다. 따라서 조직이 구성되기 위해서는 공동의 목표, 상호작용, 사회집단이라는 요소가 갖추어져야 한다.

② 조직화의 의의

계획(planning)의 다음 단계로 이루어지는 조직화(organizing)는 조직을 어떠한 형태로 구성할 것인가를 결정하고 인적·물적 자원, 자본, 정보, 지식 등 각종 경영자원을 배분하고 조정하는 활동을 의미한다.

(2) 조직의 원리

① 조직원리의 의의

조직의 원리는 조직을 합리적으로 구성하고, 그것을 능률적으로 운영하는데 필요한 원리를 말한다.

② 조직원리의 종류

조직의 원리로는 전문화(분업)의 원리, 조정의 원리, 통제범위의 원리, 계층제의 원리, 명령통일의 원리 등이 제시되고 있다.

2 조직구조의 설계

(1) 조직구조와 조직설계

① 조직구조

조직구조는 조직 내 직무들과 부서들 간의 연계를 의미한다. 조직구조는 어떻게 업무가 공식적으로 나누어지는가, 묶여지는가, 조정되는가를 결정한다.

② 조직설계

조직설계란 조직의 목표를 달성할 수 있도록 조직구조를 만들고 조정하는 과정이다. 조직설계는 조직목표로부터 시작한다. 조직목표는 직무의 기초가 되는 과업의 형태로 변화한다. 그리고 직무들은 부서로 집단화되고 부서들은 조직구조 형태로 연결된다.

(2) 조직구조를 설계할 때 고려해야 할 요소
① **조직구조의 기본변수**
  ㉠ 여러 가지 상황요인을 고려하여 조직을 설계할 경우에도 기본적으로 고려해야 할 변수가 있다. 조직구조의 기본변수로는 수직적·수평적·지역적 분화를 뜻하는 복잡성(complexity), 권한의 분산정도를 의미하는 집권화(centralization) 또는 분권화(decentralization), 업무의 표준화 정도를 의미하는 공식화(formalization)의 세 가지가 있다.
  ㉡ 경영자들이 조직구조를 설계할 때 고려해야 하는 기본요소를 업무 전문화(work specialization), 부문화(departmentalization), 명령체계(chain of command), 통제 범위(span of control), 의사결정의 집권화와 분권화(centralization and decentralization), 공식화(formalization) 등으로 세분하여 제시하기도 한다.

② **조직구조의 상황변수**
  조직구조를 주어진 상황에 적합하게 설계하기 위해서는 상황변수를 고려하여야 한다. 조직구조의 객관적 상황변수로는 환경·기술·조직규모이고, 주관적 상황변수는 전략과 권력유형이다.

(3) 조직구조의 기본변수
① **복잡성**
  복잡성(complexity)은 조직 내 분화의 정도(degree of differentiation)에 관한 것으로 과업을 분할하고 통합시키는 정도를 의미한다. 분화의 형태로는 수평적 분화, 수직적 분화, 그리고 지역적 분산을 들 수 있다. 이 세 가지 요소 중 어느 한 가지 요소만 증가해도 조직의 복잡성은 증가한다.

② **집권화**
  ㉠ 집권화의 의의
    집권화(centralization)란 조직의 의사결정권이 어디에 존재하느냐에 관한 것으로 의사결정권이 조직 내의 한 지점에 집중되어 있는 정도를 의미한다.
  ㉡ 명령체계
    집권화의 개념은 권한(authority)과 명령체계(chain of command)를 고려해야 한다. 권한은 집권화되거나 분권화된 것이며, 명령체계는 분권화가 따르게 되는 경로를 나타낸다.

③ **공식화**
  ㉠ 공식화(formalization)는 조직 내의 직무가 표준화되어 있는 정도를 나타낸다. 즉 조직의 정책, 규칙 및 절차가 명문화된 형태로 존재하는 정도를 말한다.
  ㉡ 고도로 공식화된 조직은 조직의 규칙, 직무기술서 그리고 분명하게 정의된 절차 등이 존재하므로 구성원들에게는 최소한의 의사결정권만 주어진다.

(4) 조직구조의 상황변수

모든 조직에 적합한 유일한 형태의 조직구조가 있는 것은 아니다. 조직이 처해 있는 다양한 상황에 따라 바람직한 조직구조는 차이가 있다.

여러 조직구조 연구자에 따르면 조직의 규모, 조직이 활용하는 기술, 조직이 처한 환경, 전략과 목표, 정보매체의 발전 등이 조직구조에 영향을 미치는 것으로 알려져 있다.

3 조직구조의 유형

(1) 기능별 조직

① **기능별 조직의 의의**
  ㉠ 기능별 조직(functional organization) 또는 직능별 조직은 부문화의 가장 기본적인 형태로 전체조직을 인사·생산·재무·회계·마케팅 등의 경영기능을 중심으로 부문화한 것이다.
  ㉡ 기능별 조직은 모든 조직구조 형성의 기본요소가 되며 또한 모든 조직의 기준이 된다. 기능별 조직은 직능전문화의 원리에 따라 각 기능을 분리하여 각각의 업무수행에 필요한 전문적 지식 내지 기술을 충분히 활용할 수 있도록 한 조직구조이다.

② **기능별 조직의 장점**
  기능별 조직은 부서별로 분업이 이루어짐에 따라 전문화를 촉진시켜 능률을 향상시키고, 관련된 활동을 부서화했기 때문에 개별부서 내의 조정이 용이하다는 장점이 있다.

③ **기능별 조직의 단점**
  ㉠ 기업의 성장으로 인하여 규모가 확대되어 구조가 복잡해지면 기업전체의 의사결정이 지연되고, 기업전반의 효율적인 통제가 어려워진다.
  ㉡ 또한 최고경영자에게 과다하게 업무가 집중되어, 전략적 차원의 의사결정보다는 눈앞의 일상적인 문제에 얽매이게 됨에 따라 "사소한 의사결정이 중요한 의사결정을 몰아낸다"는 의사결정에서의 그레샴의 법칙(Grasham's Law)이 발생할 수도 있다.

(2) 사업부제 조직

① **사업부제 조직의 의의**
  ㉠ 사업부제 조직(divisional organization)은 제품별·시장별·지역별로 사업부를 분화하여, 각 사업부별로 독립된 경영을 하도록 하는 조직구조이다.
  ㉡ 이 조직은 제품별 또는 지역별로 제조 및 판매에 따르는 재료의 구매권한까지도 사업부에 부여되어 경영상의 독립성을 인정해 주고, 책임까지 갖게 함으로써 경영활동을 효과적으로 수행할 수 있도록 형성된 조직형태이다.

② **사업부제 조직의 장점**
  ㉠ 기업 전체의 전략적 결정기능과 관리적 결정기능을 분화시키고, 각 사업본부장에게 사업부의 전략적 결정을 맡겨 분권화시킨다. 이에 따라 최고경영층은 일상적인 업무결정에서 해방되어 기업전체의 전략적 결정에 몰두할 수 있다.

ⓒ 의사결정에 대한 책임이 일원화되고 명확해진다. 또한 사업부 내에 관리·기술 스탭을 갖게 되므로 합리적인 정보수집 및 분석을 가능하게 해준다.
ⓒ 각 사업부는 하나의 이익단위(profit center)로서 독립적인 시장을 갖고, 독자적인 이익 책임을 갖는 사업부로 분할된다.

③ **사업부제 조직의 문제점**
㉠ 사업부제 조직은 사업단위별로 이익책임단위를 형성하여 각 사업단위가 독자적인 경영활동을 수행하기 때문에 각 사업단위는 자기 단위의 이익만을 생각한 나머지 기업 전체적으로는 손해를 미치는 부문이기주의적 경향을 띤다.
ⓒ 각 사업부의 자주성이 지나치면 사업부문 상호간의 조정이나 기업전체로서의 통일적인 활동이 어려워지는 문제점이 있다.

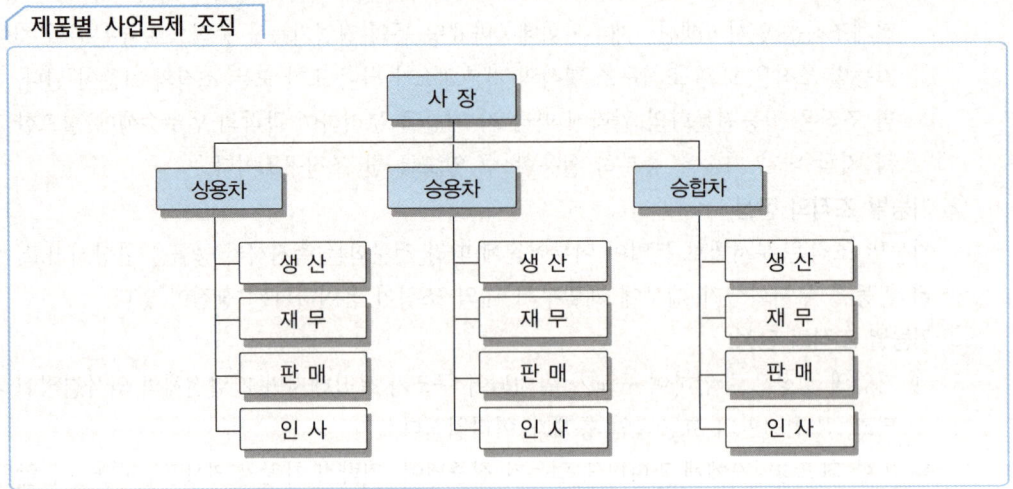

제품별 사업부제 조직

(3) 매트릭스(Matrix) 조직

① **매트릭스 조직의 의의**
㉠ 매트릭스(matrix) 조직, 즉 행렬 조직(또는 grid 조직)은 급변하는 새로운 환경변화에 적극적으로 대처하기 위해 시도된 조직이다. 이 조직은 기능별 조직과 같은 효율성 지향의 조직과 프로젝트 조직과 같은 유연성 지향의 조직의 장점, 즉 효율성 목표와 유연성 목표를 동시에 달성하고자 하는 의도에서 발생하였다.
ⓒ 이는 경영자가 프로젝트와 같은 구체적인 목적을 효율적으로 달성하기 위한 조직구조를 만들고자할 때 사용되는 부문화 방법이다.

② **매트릭스 조직의 특징**
㉠ 매트릭스 조직에서 작업자는 2중 명령체계(two boss system)를 갖는다. 하나는 기능부문이나 사업부문에서 유래하는 수직적 명령체계이며, 또 하나는 특수한 분야의 전문가인 프로젝트 책임자로부터 받는 수평적 명령체계이다.

ⓒ 매트릭스 조직은 항공우주산업·연구개발사업·건설회사·광고대행업 등의 대규모 기업에서 널리 사용되고 있다. 매트릭스 조직은 영구적인 조직이다.

③ **매트릭스 조직의 장점**

매트릭스 조직의 장점은 여러 개의 프로젝트를 동시에 수행할 수 있다는 것이다. 각 프로젝트는 그 임무가 완성될 때까지 자율적으로 운영되며 여러 프로젝트가 동시에 운영될 수 있고, 동시에 여러 기능을 담당하는 부서들로 유지될 수 있다.

④ **매트릭스 조직의 단점**

매트릭스 조직구조의 단점으로는 명령계통 간의 혼선이 유발될 수 있다는 점이다. 가령 기능부서와 프로젝트팀에서 서로 상반되는 지시가 내려질 경우 업무에 지장을 초래할 수 있다.

┌─ 매트릭스 조직 ─────────────────────────────────┐

	디자인 담당부서	기 술 담당부서	판 매 담당부서	생 산 담당부서	인 사 담당부서	재 무 담당부서	홍 보 담당부서
프로젝트 A	디자인	기 술	판 매	생 산	인 사	재 무	홍 보
프로젝트 B	디자인	기 술	판 매	생 산	인 사	재 무	홍 보
프로젝트 C	디자인	기 술	판 매	생 산	인 사	재 무	홍 보

4 조직의 목표관리

(1) 목표에 의한 관리(MBO)

① **MBO의 등장배경**

전통적인 조직관리방식은 최고관리자가 목표를 설정하고 이를 하위관리자에게 지시하는 일방적·지시적인 방식이었다. 이러한 관리방식은 구성원의 자발적인 참여를 가져오지 못했고 그 결과 생산성은 떨어지게 되었다. 이러한 전통적 관리방식의 대안으로, 목표설정시 구성원을 참여시키는 방식으로 등장한 경영관리에 대한 새로운 사고방식이 목표에 의한 관리(MBO : Management By Objectives)이다.

② **MBO의 구성요소**

MBO에 있어서 중요한 구성요소는 목표설정, 참여, 그리고 피드백이다.

목표의 설정	측정가능하고 비교적 단기적인 목표를 설정하는 것
참 여	하급자를 목표설정에 참여시키는 것
피드백	상급자와 하급자 사이의 상호작용

③ MBO의 특징과 한계
  ㉠ MBO의 목표는 결과지향적이므로 객관적이고 측정가능한 형태로 나타나므로 통제가 용이하고, 참여의 과정을 통해 조직의 목표와 개인의 목표를 통합할 수 있다.
  ㉡ MBO는 몇 가지 한계점을 지니는데 단기목표를 지나치게 강조하고, 목표달성을 위한 리더의 역할에 대한 제시가 없으며, 질보다 양을 중시하는 경향이 있다는 것이다.
  MBO의 특징과 한계를 정리하면 다음 표와 같다.

특 징	한 계
• 목표설정과 관리과정을 동시에 강조	• 단기적 목표를 강조하는 경향이 있음
• 궁극적인 목표의 채택권한은 하급자에게 있음	• 모든 구성원의 참여가 현실적으로 쉽지 않음
• 종업원의 동기부여에 큰 효과가 있음	• 부문 간에 과다경쟁이 일어날 수 있음
• 조직은 구성원과 능동적으로 상호작용	• 신축성 또는 유연성이 결여되기 쉬움
• 의사소통이 원활해짐	• 도입 및 실시에 시간, 비용, 노력이 많이 듦
• 목표의 질보다 양을 중요시	• 계량화할 수 없는 성과가 무시될 수 있음

5 리더십

(1) 리더십과 권력

① 리더십의 의의
  리더십(leadership)은 일정한 상황에서 목표달성을 위해 개인이나 집단의 행위에 영향력을 행사하려는 과정으로 정의된다. 즉, 리더십이란 개인이나 집단에 대한 영향력 행사의 과정이라고 할 수 있는데, 리더(leader)가 영향력을 행사할 수 있는 것은 권력을 지니기 때문에 가능하다.

② 권력의 의의
  권력(power)이란 한 개인(또는 집단)이 다른 개인으로 하여금 어떤 행동을 하도록 시킬 수 있는 능력을 가지는 개인 간의 관계를 뜻한다. 즉, 권력이란 다른 사람으로 하여금 권력보유자가 원하는 어떤 것을 하도록 시키거나, 원하는 방향으로 행동이 일어나게 만들 수 있는 능력을 가리킨다.

(2) 리더십 행위이론

① 행위이론의 의의
  ㉠ 리더십 행위이론(behavioral theory)은 특정의 리더들이 나타내 보이는 리더의 행위(행동 스타일)에 관심을 두고 어떤 특별한 점이 있는가를 연구하였다. 예컨대, 민주적인 행위를 하는 리더와 독재적인 행위를 하는 리더를 비교하여 어느 리더가 더 효과적인가를 연구하는 것이다.
  ㉡ 리더십을 리더의 특성이 아닌 행위를 통하여 연구함으로써 효과적인 리더의 행위가 밝혀진다면 훈련을 통해 효과적인 리더를 만들 수 있고 리더와 부하의 교환관계를 파악할 수 있다는 이점이 있다.

② 레윈 등의 연구

레윈 등(Kurt Lewin, Lippitt, White)은 독재형, 민주형, 방임형 등 세 가지 기본적인 리더십 스타일을 제시하였다.

㉠ 독재형 리더 : 독재형 리더(autocratic style)는 직무환경을 운영하는데 있어서 규칙과 규제를 사용한다.

㉡ 민주형 리더 : 민주형 리더(democratic style)는 협조적이고 감각적이며 양방향적인 모습을 보이고, 독재형 리더보다 규칙과 규제를 덜 강조한다.

㉢ 방임형 리더 : 방임형 리더(laissez-faire style)는 지위에서 나오는 권한과 책임감을 포기하여, 방임형 리더가 있는 조직은 종종 혼란에 휩싸인다.

③ 오하이오(Ohio) 주립대의 연구

이들은 리더의 행동을 크게 종업원에 대한 배려의 많고 적음과 구조주도의 많고 적음으로 분류하여 네 가지 형태의 리더십 유형을 제시하고 있다.

㉠ 분류기준

ⓐ 배려(consideration) 또는 고려란 상호 신뢰, 부하의 아이디어 존중, 부하의 감정에 대한 배려 등을 의미한다. 배려가 많은 리더는 부하의 복지와 신분, 만족 등에 지대한 관심을 보이고 모든 부하들을 공평하게 대한다.

ⓑ 구조주도(initiating structure)란 리더가 집단의 목표를 달성하기 위해 부하의 역할을 규정하고 구조화하는 정도를 가리킨다. 부하들을 특정 과업에 배치할당하고, 부하들에게 일정한 업적목표를 달성하도록 독려한다.

㉡ 네 가지 유형의 리더행위

배려와 구조주도의 양 차원에서 많고 적음에 따라 네 가지 유형의 리더행위를 이끌어낼 수 있다. 연구결과를 살펴보면 다음과 같다.

ⓐ 배려와 구조주도 양쪽에서 높은 수준의 행위를 보이는 리더는 그렇지 못한 리더보다 더 자주 부하의 높은 업적과 높은 만족과 관련이 있었다.

ⓑ 두 차원에서 높은 수준을 나타내는 리더가 어떤 상황에서나 항상 긍정적인 결과를 나타낸 것만은 아니었다.

④ 미시간(Michigan)대학의 연구

㉠ 리더십의 두 가지 차원

미시간 대학의 연구에서는 리더십의 두 가지 행위차원으로 종업원 지향적(employee-centered)과 생산지향적(product-centered)인 행위로 구분하고 있다.

ⓐ 종업원 지향적인 행위를 하는 리더는 개인간의 관계를 강조하는 리더로서 부하들의 욕구에 대한 개인적인 관심을 나타내 보이며, 부하들의 개인차를 인정한다.

ⓑ 생산지향적인 행위를 하는 리더는 직무의 기술적 측면과 과업적 측면을 강조하여 집단의 과업완성을 리더의 주된 관심사로 생각하고 부하들을 그 목적달성의 수단으로 생각한다.

ⓒ 미시간대학 연구의 의의
  ⓐ 미시간대학교의 초기 연구에서는 어느 특정 행위의 리더십 스타일과 유효성 간에 어떤 일관적인 관계를 발견하지 못했다.
  ⓑ 그러나 이후 연구결과에 의하면 생산지향적인 리더십과 종업원 지향적인 리더십 모두가 종업원의 생산성에 긍정적인 영향을 미치는 것으로 밝혀졌고, 종업원의 만족은 생산 지향적인 감독을 하는 집단보다는 종업원 지향적인 감독을 하는 집단에서 더 높게 나타나고 있다.

⑤ 매니지리얼 그리드(관리격자이론)
  ㉠ 매니지리얼 그리드의 의미
    ⓐ 매니지리얼 그리드(managerial grid)는 미국 텍사스대학교의 블레이크(Robert R. Blake)와 머튼(Jane S. Mouton)에 의해 개발된 것으로 리더의 행위를 생산에 대한 관심(concern for production)과 사람에 대한 관심(concern for people) 두 차원으로 격자를 구성하였다.
    ⓑ 다음의 그림에서와 같이 생산에 대한 관심과 사람에 대한 관심 각각의 차원을 9개의 눈금으로 나누어 이론상으로는 81개의 리더십 유형이 있을 수 있으나 블레이크와 머튼은 다섯 가지의 리더십 유형을 제시하고 있다.

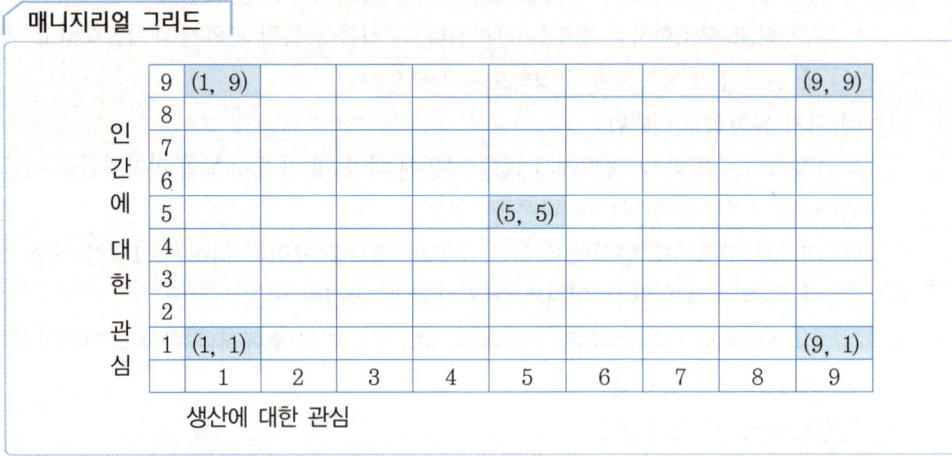

매니지리얼 그리드

  ㉡ 다섯 가지 리더십 유형
    ⓐ (1, 1) 무관심형(impoverished) : 주어진 리더의 역할을 수행하는 데 최소한의 노력을 기울이는 무관심형으로서 과업달성 및 인간관계의 유지에 모두 관심을 보이지 않는다.
    ⓑ (9, 1) 과업형(task) : 과업형으로 인간관계의 유지에는 낮은 관심을 보이지만 생산에 대해서는 높은 관심을 보이는 유형이다.
    ⓒ (1, 9) 컨트리클럽형(country club) : 생산에 대한 관심은 낮으나 인간관계에 대해서는 높은 관심을 보이는 컨트리클럽형으로서 인간관계를 만족스럽게 유지하는 노력만 한다면 과업도 잘되어간다.

ⓓ (5, 5) 중간형(middle of the road) : 생산과 인간관계의 유지 모두에 적당한 정도의 관심을 보이는 중간형으로서 조직의 성과는 사기와 과업수행의 필요성간의 상호 균형에 있다.

ⓔ (9, 9) 팀형(team) : 생산과 인간관계의 유지 모두에 높은 관심을 보이는 이상형 또는 팀형으로서 공통된 이해관계를 통하여 신뢰와 존경의 인간관계를 낳게 하고 더불어 과업달성을 강조한다.

(4) 상황이론

① 피들러의 상황 – 유효성이론

㉠ 상황 – 유효성이론의 의의

ⓐ 리더가 처해 있는 상황의 호의성을 높일 수 있을 때 리더십은 촉진된다는 맥락에서 등장한 것이 피들러(Fred Fiedler)의 상황 – 유효성이론이다.

ⓑ 피들러에 따르면 리더십의 유효성은 리더와 집단성원의 상호작용 스타일과 상황의 호의성에 따라서 결정된다는 것이다. 피들러는 리더십의 특성과 상황을 대응시키기 위해서 다음과 같이 상황과 리더를 분류하고 있다.

㉡ 리더의 분류

ⓐ 피들러는 리더의 유형을 결정하기 위하여 LPC(Least Preferred Coworker) 척도를 개발하였다. LPC 점수는 리더에게 '가장 함께 일하기 싫은 동료작업자'에 대해 평가하게 함으로써 얻는다.

ⓑ 그래서 LPC 점수가 높은 리더는 관계지향적 리더로서 부하들과 긴밀한 대인관계를 유지하며, 사려 깊고 지원적인 행동을 한다고 보았다. 반면에 LPC 점수가 낮은 리더는 과업지향적 리더로서 과업목표의 달성을 강조하는 리더이다.

ⓒ 이를 통해 피들러는 과업지향적(task-oriented) 리더와 관계지향적(relationship-oriented) 리더로 분류하고 있다.

㉢ 상황변수

리더-부하관계 (leader-member relations)	부하들이 리더에 대해 갖는 신뢰와 존경의 정도를 나타내는 집단 분위기로, 소시오메트릭(sociometric) 구조와 집단 분위기의 척도를 통해서 측정
과업구조 (task structure)	과업의 목표가 분명하게 명시되어 있고 그것을 달성하는 수단 또한 명확하게 설정되어 있는 정도
직위권력 (position power)	리더의 직위에 의해 부하들에게 행사할 수 있는 영향력의 정도

이 세 가지 요소의 조합이 리더에 대한 상황의 호의성(favorableness of the situation)을 결정하게 된다. 피들러는 상황의 호의성이라는 것을 그 상황이 리더로 하여금 자기집단에 대해서 그의 영향력을 행사할 수 있게 하는 정도라고 말한다.

② 리더와 상황의 적합관계

피들러는 리더의 유형, 상황의 호의성, 그리고 과업수행의 성과 사이의 관계를 조사하여 과업지향적인 리더(LPC점수가 낮은 리더)는 고도로 호의적이거나 또는 고도로 비호의적인 상황에서 효과적이며, 상황의 호의성이 중간 정도인 상황에서는 관계지향적인 리더(LPC점수가 높은 리더)가 효과적임을 밝혔다.

② 경로 - 목표이론
  ㉠ 경로 - 목표이론의 의의
    ⓐ 하우스(Robert House)의 경로 - 목표이론(path-goal theory)은 기대이론을 리더십에 접목시킨 이론으로, 리더의 행동이 부하의 직무만족과 동기화 정도에 어떤 영향을 미치는가를 설명하고 있다.
    ⓑ 피들러의 상황이론과는 다르게 리더가 자신의 리더십 스타일을 상황에 부합되게 변화시킬 수 있고 또한 변화시켜야 한다고 보고 있다.
  ㉡ 리더십 유형
    ⓐ 지시적 리더십(Directive Leadership) : 지시적 리더십에서 리더는 권위주의적이다. 리더는 부하에게 구체적인 지시를 한다. 부하들은 의사결정과정에 참여하지 않는다.
    ⓑ 지원적 리더십(Supportive Leadership) : 이 리더십에서 리더는 우호적이고 가까이하기 쉽다. 그리고 부하들에게 진정으로 관심을 보인다.
    ⓒ 참여적 리더십(Participative Leadership) : 부하들에게 자문을 구하며 제안을 이끌어낸다. 그리고 부하들의 제안을 진지하게 받아들인다.
    ⓓ 성취지향적 리더십(Achievement-oriented Leadership) : 리더는 부하들에게 도전적인 목표를 설정하여 주며, 그들이 그러한 목표를 달성할 것이라는 자신감을 심어준다.
  ㉢ 적합한 리더십 유형의 선택
    경로 - 목표이론에서는 적합한 리더십 유형을 선택하는 데 있어 부하와 상황적 특성이 중요하다고 제안하고 있다.
    ⓐ 고려하여야 할 부하의 특성으로는 권위주의, 통제의 위치, 능력의 수준, 성취동기 수준 등이다. 내적 통제위치의 부하는 외적 통제위치의 부하보다 참여적 리더십에 만족할 것이다. 또한 성취동기가 높은 부하들에게는 성취지향 리더십은 적합할지 모르지만 나머지 리더십은 적합하지 않다.
    ⓑ 고려하여야 할 상황변수로는 과업의 특성을 들 수 있다. 과업이 구조화되어 있지 않고 모호하면 할수록 지시적 리더십이 적합하며, 과업이 구조화되어 있고 명확하면 할수록 지원적 리더십이 적합하다.

③ 허시와 블랜차드의 리더십 상황이론
  ㉠ 이론의 의의
    ⓐ 허시(Paul Hersey)와 블랜차드(Kenneth H. Blanchard)는 상황변수로서 특히 하급자들의 성숙도(maturity level)를 강조하는 리더십의 상황이론(상황적 리더십 모델)을 제시하였다.

    ⓑ 그들은 오하이오 대학 연구의 구조주도와 고려의 개념을 이용해서, 리더의 행위를 과업행위와 관계행위의 2가지 차원을 축으로 한 4가지 분면으로 분류하고 여기에 상황요인으로서 구성원의 성숙도를 추가하였다.
    ⓒ 이들의 이론은 리더의 과업행위, 관계행위 및 구성원의 성숙도의 3가지 차원으로 구성된다.
  ㉡ 이론의 결론
    ⓐ 성숙도가 최저인 하급자들에 대해서는 인간관계에 대한 고려를 최소로 하고 직접적인 지도를 하는 것이 효과가 있다(지시형 리더십). 하급자가 어느 정도 성숙할 때에는 그들에 대한 배려를 강하게 하는 지도, 즉 하급자의 주체성·자주성을 존중하고 가능한 한 많은 부분을 하급자에게 위양하는 것이 효과가 있다(지도형 리더십).
    ⓑ 하급자의 성숙도가 높은 위치에 달하면 리더는 과업행위도 관계행위도 줄여 나가는 것이 좋다(참여형 리더십). 하급자의 성숙도가 최고에 달하면 관계행위의 일부를 제외하고는 하급자에게 영향력을 행사하지 않을 때 유효성이 높아지게 된다(위임형 리더십).

(5) 현대의 리더십이론

① **카리스마적 리더십**
  ㉠ 카리스마적 리더십의 의의
    조직이 매우 어려운 시기에 어떤 리더들은 구성원들(followers)의 신념, 지각, 가치관, 행동들의 심각한 변화를 만들어내는 데 성공적이다. 이러한 리더들을 카리스마적 리더(charismatic leaders)라 부른다.
  ㉡ 카리스마적 리더의 특징
    ⓐ **자신감** : 카리스마적 리더는 그들의 능력과 판단에 고도의 확신감을 갖고, 다른 사람들이 곧 이를 알아차린다.
    ⓑ **비전** : 카리스마적 리더는 기존 조건이 어떻게 개선될 것인가를 제안하는 비전을 가지며, 이 비전을 구성원들에게 분명하게 전달하고 이해시킨다. 또한 그 비전에 대한 강한 확신을 나타내며, 개인적인 자기희생을 통해서라도 그 비전의 실천에 힘쓴다.
    ⓒ **비범한 행동** : 카리스마적 리더는 관습에 얽매이지 않는다. 그들의 기이한 방법이 성공하는 경우에는 경탄을 자아낸다.
    ⓓ **변화담당자로서의 역할인식** : 현상유지는 카리스마적 리더들의 적이다. 그들은 일이 되도록 만들어간다.
    ⓔ **환경적 감수성** : 카리스마적 리더는 그들에게 부과된 제약조건들이나 변화에 필요한 자원에 대하여 지극히 현실적이다. 즉, 그들은 그들이 할 수 있는 일과 할 수 없는 일을 알고 있다.

② **변혁적 리더십**
  ㉠ 변혁적 리더십의 의의
     변혁적 리더십(transformational leadership)이란 조직을 재활성화시키고 변혁시키는 일을 성공적으로 해내는 리더의 특성을 말한다.

교환적 리더십 (transactional leadership)	• 리더가 부하들의 역할과 과업요건을 명확하게 함으로써, 기존에 잘 정립되어 있는 목표달성을 위해서 부하들이 노력하도록 동기화시키는 리더십 • 기존에 출현한 대부분의 리더십 이론
변혁적 리더십 (transformational leadership)	리더가 부하들로 하여금 자기 자신의 이익을 초월하여 더 나아가 조직의 이익에 대해 관심을 가지고 공헌하도록 고무시켜주고, 부하 자신의 성장과 발전을 위해서도 노력하도록 중대한 영향을 미치는 리더십

  ㉡ 변혁적 리더의 특징
     ⓐ 카리스마(charisma) : 변혁적 리더는 조직에 대하여 강한 비전과 사명감을 제공한다.
     ⓑ 지적 자극 : 변혁적 리더는 구성원들이 문제를 인식하고, 그 해결책을 만들어내는 것을 돕는다.
     ⓒ 개인별 자상한 배려(individualized consideration) : 변혁적 리더는 구성원들이 일을 잘 수행하는 데 필요한 지원, 격려, 그리고 관심을 준다.
     ⓓ 영감적 동기부여(inspiration) : 고취능력이라고도 하는데 변혁적 리더는 조직의 사명의 중요성을 분명히 전달하고, 리더의 노력에 초점을 맞추는 데 도움이 되는 상징에 의존한다.
  ㉢ 변혁적 리더십의 개발
     변혁적 리더십은 교육과 훈련을 통해서 개발할 수 있다. 즉, 리더는 부하를 신뢰한다든가, 부하들과 공유할 수 있는 비전을 개발한다든가, 심리적으로 동요하지 않아 부하들에게 불안감을 주지 않는다든가, 위험을 감수한다든가, 자기계발 노력을 기울여 업무에 탁월한 전문가가 됨으로써 변혁적 리더가 될 수 있다.

③ **서번트 리더십**
  ㉠ 그린리프(R. Greenleaf)가 주장한 서번트 리더십(servant leadership)은 인간존중을 바탕으로 구성원들이 업무수행에서 잠재력과 기량을 충분히 발휘할 수 있도록 도와주는 리더십이다.
  ㉡ 섬기는 리더는 자신을 서번트(servant) 또는 지원자(support)로 인식하여 조직에서 가장 가치있는 자원을 사람이라고 보고 먼저 경청하며, 설득과 대화로 업무를 추진하고 공동체를 형성하고 권한위임을 하는 리더이다.

6 조직의 동기부여

(1) 동기부여와 동기부여이론

① **동기부여의 의의**

동기부여(motivation)는 '어떤 목표를 지향하도록 행동을 유발·규제·유지시켜나가는 것' 또는 '작업노력의 수준, 방향 및 지속성을 결정하는 개인 내부의 힘'이라고 정의할 수 있다. 즉, 동기부여는 자발적 내지 적극적으로 책임을 지고 일을 하고자 하는 의욕이 생기게 하는 것으로 목적달성을 위한 행동을 유발시키는 행동과정이라고 할 수 있다.

② **동기부여의 세 가지 접근법**

동기부여의 세 가지 접근법은 경제인 가설에 기초한 전통적 접근법, 사회인 가설에 기초한 인간관계론적 접근법, 복잡한 인간가설에 기초한 인적자원적 접근법이다.

㉠ **전통적 접근법** : 동기부여에 대한 초기의 연구들은 맥그리거(D. McGregor)의 X이론에 입각하고 있다. 종업원들은 기본적으로 게으르기 때문에 그들을 동기화시킬 수 있는 것은 돈 뿐이라는 믿음을 가지고 있었고, 이러한 사고는 과학적 관리법에 그대로 반영되었다.

㉡ **인간관계론적 접근법** : 인간관계론에서는 작업장에서의 인간의 본성에 관한 가정이 크게 바뀌고(경제인에서 사회인으로) 성과를 내는 데 있어 인적 요소의 중요성이 크게 부각된다.

㉢ **인적자원적 접근법** : 인적자원모형은 동기부여를 더욱 복잡한 관점에서 파악해서 인간행위에 영향을 줄 수 있는 요소가 대단히 많다고 가정한다. 따라서 인간은 화폐나 애정 또는 성취동기, 의미 있는 일에 대한 욕구 등과 같은 상호 관련된 복합적인 요인에 의해 동기화된다고 주장한다.

동기부여의 세 가지 접근법

접근법	인간관	관련 이론
전통적 접근법	경제인	과학적 관리론, 맥그리거의 X이론
인간관계론적 접근법	사회인	인간관계론
인적자원적 접근법	복잡인	행동과학이론

③ **동기부여이론**

동기부여에 관한 중요성이 인식되면서부터 많은 학자들에 의해서 이 분야에 관한 연구 및 조사가 이루어졌으며, 특히 행동과학의 발전으로 인해 제 관련학문(disciplines)인 사회학, 심리학, 문화인류학 등의 도움을 얻어 종합과학적 연구의 방향으로 전개되고 있다. 동기부여이론은 크게 내용이론, 과정이론으로 구분된다.

구 분	의 의	이 론
내용이론 (Content Theories)	어떤 요인이 동기부여를 시키는 데 크게 작용하게 되는가를 연구	욕구단계설, ERG이론, 2요인이론, 성취동기이론 등
과정이론 (Process Theories)	동기부여가 어떠한 과정을 통해 발생하는가를 연구	기대이론, 공정성이론, 목표설정이론, 강화이론 등

(2) 매슬로우의 욕구단계이론

① **인간의 5가지 욕구**

매슬로우(Abraham Maslow)는 인간을 동기유발시킬 수 있는 욕구를 다섯 가지로 구분하였다. 즉, 하위욕구로 생리적 욕구, 안정 및 안전욕구, 사랑 및 소속욕구가 있고, 상위욕구로는 존경욕구, 자아실현욕구가 계층적 구조를 이루고 있다고 주장한다.

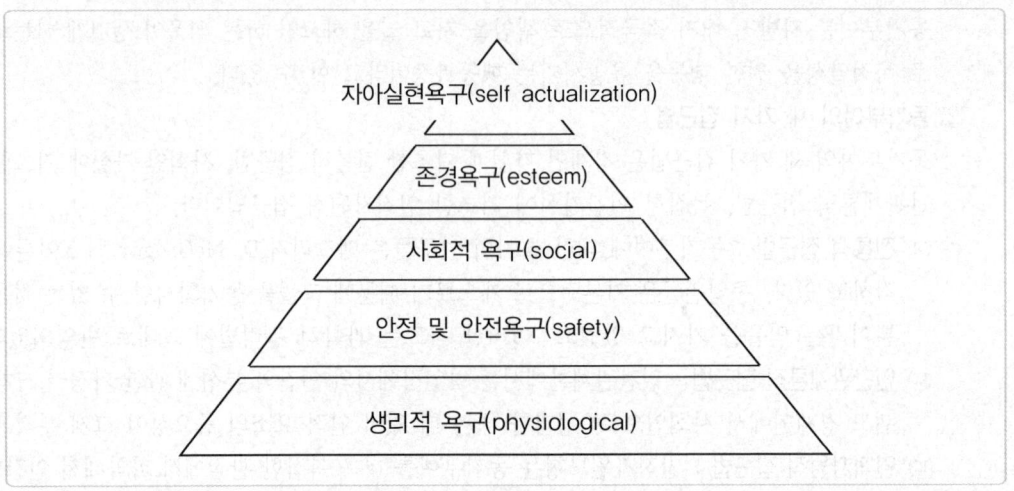

㉠ 생리적 욕구 : 이 욕구는 삶 그 자체를 유지하기 위한 것으로 인간의 가장 근원적인 욕구이다. 이것은 학습되지 않는 욕구로 구체적으로 의, 식, 주 및 성에 대한 욕구 등이다.

㉡ 안정 및 안전욕구 : 일단 생리적인 욕구가 충족되면 나타나는 욕구로 육체적 안전과 정신적인 안정을 찾고자 하는 욕구이다. 공무원에 대한 인기가 좋은 것은 다름 아닌 직업에 대한 안정성 때문이다.

㉢ 사회적 욕구 : 인간은 사회적인 존재이기 때문에 첫째와 두 번째 욕구가 어느 정도 충족되면 싹트는 욕구가 바로 소속 및 사랑욕구로 어딘가에 소속되고 싶어하며, 사랑하고 싶은 욕구를 갖게 된다.

㉣ 존경욕구 : 존경욕구란 안팎으로부터 존경받고자 하는 욕구이다. 내부적으로는 자존심과 자신감 등을 들 수 있으며, 밖으로는 권위와 인정 등을 들 수 있다.

㉤ 자아실현욕구 : 자아실현욕구란 인간의 가장 고차적인 욕구로 자신의 현재적 내지 잠재적 유용성을 극대화시킴으로써 자기 자신의 능력을 최고도로 발휘하고 싶어하는 욕구를 말한다.

② **욕구단계설(need hierarchy theory)**

㉠ 각 단계의 욕구가 충족되면 전 단계의 욕구는 더 이상 모티베이션의 역할을 수행하지 못하고, 다음 단계의 욕구가 행위를 동기화할 수 있는 요인으로 작용하게 된다고 가정하였다. 즉, 매슬로우의 이론은 하위욕구가 충족되어야만 상위욕구가 충족되는 만족-진행모형이다.

㉡ 매슬로우는 한 가지 이상의 욕구가 동시에 작용할 수 없고, 상위욕구가 동기유발 되려면 하위욕구가 반드시 충족되어야 한다고 주장한다.

ⓒ 매슬로우는 자아실현욕구를 가장 강조하여 이를 성장욕구(growth need)라고 부르고, 나머지는 모두 결핍욕구(deficiency need)라고 하였다. 결핍욕구는 충족됨에 따라 더 이상 동기유발 요인이 될 수 없지만 자아실현욕구는 충족됨에 따라 바람이 더욱 커지므로 계속적인 동기유발 요인이 된다.

③ **욕구의 역동성**

동기유발에 영향을 미치는 계층적 욕구 사이의 서행성과 복합성을 욕구의 역동성이라고 한다. 욕구의 역동성은 결핍원리와 진행원리로 설명된다. 결핍된 욕구에서 그것을 충족하기 위한 동기유발이 이루어진다는 것이 결핍원리이다. 그리고 하위욕구로부터 상위욕구로 이동한다는 것이 진행원리이다.

(3) 허즈버그의 2요인 이론

① **2요인 이론의 의의**

ⓐ 허즈버그(Frederick Herzberg)는 인간에게는 상호 독립적인 두 종류의 욕구범주가 존재하고, 이들이 인간의 행동에 각기 다른 방법으로 영향을 미친다고 주장하였다. 이를 2요인이론 또는 동기–위생이론이라고 한다.

ⓑ 허즈버그는 실증분석을 통해 직무에 불만족을 느끼는 사람은 직무환경과 관련되어 있고, 직무에 만족을 느끼는 사람은 직무내용과 관계가 있다는 것을 알게 되었다.

② **동기요인과 위생요인**

ⓐ 직무불만족과 관련한 요인을 위생요인(hygiene factors) 또는 환경요인(context factors)이라고 하고, 직무만족을 유발시키는 요인을 동기요인(motivational factors) 또는 내용요인(content factors)이라고 한다.

ⓑ 위생요인에는 임금, 복지후생, 지위, 대인관계, 감독, 안전보건, 회사방침 및 작업환경 등을 들 수 있고, 동기유발요인에는 성취, 인정, 발전, 책임 및 직무 그 자체를 들고 있다.

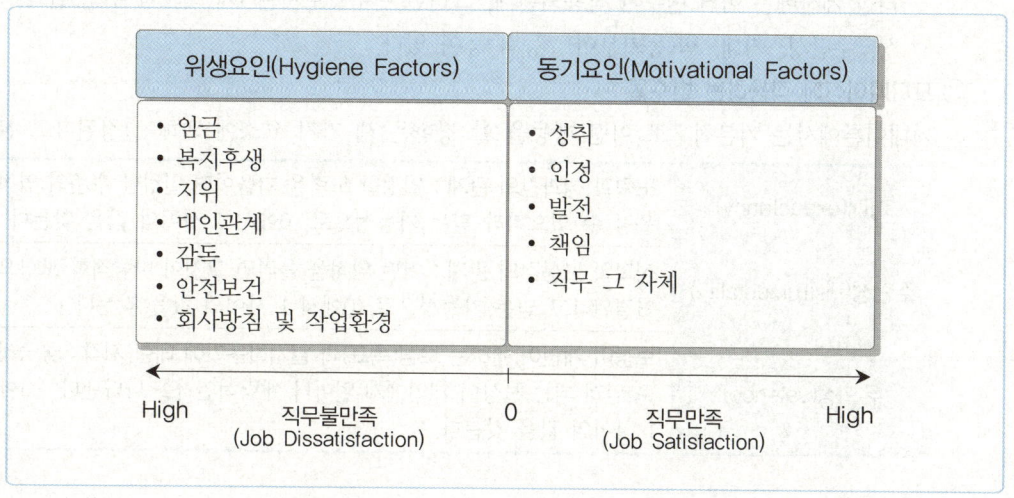

③ **2요인이론의 의의**
　㉠ 허즈버그는 개인행동을 자극하는 동기요소를 두 가지 요인으로 나누고 이들이 개인의 불만족행동과 동기행동에 미치는 영향을 분석하고 있다. 여기에서 허즈버그는 종래의 만족 - 불만족의 단차원적(uni-dimensional) 개념을 부인하고 만족과 불만족의 복수 차원적(bi-dimensional) 개념을 제시함으로써 동기요인들의 작용영역과 한계를 명백히 해주고 있다.
　㉡ 2요인이론은 직무설계에 대한 관심을 불러 일으켜 직무확대와 직무충실화의 이론적 기초를 제공하였다.

(4) 기대이론(expectancy theory)

① **기대이론의 의의**
　㉠ 모티베이션의 기대이론은 수단성이론(instrumentality theory) 또는 기대 - 유의성이론(expectancy-valence theory)이라고도 불리는 것으로, 레윈(K. Lewin)과 톨만(E. Tolman) 등에 의해 그 개념이 제시된 것이다.
　㉡ 개인은 사고와 이성을 지닌 존재로서, 현재와 미래의 행위에 대한 모티베이션의 정도는 행위가 가져다주는 결과의 매력 정도(유의성)와 행위를 통해 결과를 얻어 낼 수 있는 가능성(기대)이라는 2가지 요인에 의해서 결정된다고 보았다.
　㉢ 기대이론을 작업상황에 처음 체계적으로 도입한 것은 브룸(V. Vroom)에 의해서이다. 여기에서는 대표적인 기대이론인 브룸의 이론을 중점적으로 살펴보고자 한다.

② **브룸의 기대이론**
　㉠ 브룸에 의하면 모티베이션이란 여러 자발적인 행위들 가운데에서 사람들의 선택을 지배하는 과정으로 정의된다. 여러 행동대안이 있을 경우, 어떤 개인의 행위는 각 행동대안이 가지는 힘(모티베이션)이 가장 큰 쪽으로 이루어진다는 것이다.
　㉡ 이러한 선택을 위해서는 각 행동대안에 대한 모티베이션 정도가 먼저 계산되어야 한다. 이러한 계산에는 여러 변수가 작용되는데, 그러한 변수들로서는 1차 및 2차 수준 결과, 유의성, 수단성, 기대, 힘(동기부여), 능력 등이 있다.

③ **모티베이션에 작용하는 변수들**
　기대이론에서는 기본적으로 어떤 행동을 할 경향은 세 가지 요소에 의해 결정된다고 본다.

기대(expectancy)	노력과 성과간의 관계 : 일정한 노력을 기울이면 일정한 수준의 업적을 올릴 수 있으리라 믿는 가능성으로, 0에서 1 사이의 값을 갖는다.
수단성(instrumentality)	성과와 보상간의 관계 : 어떤 업적을 올리면 그것이 바람직한 보상으로 연결된다고 믿는 가능성으로, 0에서 1 사이의 값을 갖는다.
유의성(valence)	보상이 개인이 원하는 보상(목표)과 일치하는가에 대한 지각 : 궁극적으로 얻게 되는 보상이 개인에게 얼마나 매력적인가를 나타낸다. -1에서 1 사이의 값을 갖는다.

④ 모티베이션의 원리

기대이론에 따르면 동기부여는 다음 공식으로 표현될 수 있다. 이 공식이 의미하는 바는 높은 수준의 동기부여를 올리기 위해서는 기대, 수단성, 유의성 중 어느 하나라도 0 가까이의 값을 가져서는 안 된다는 것이다.

$$동기부여(M) = 기대(E) \times 수단성(I) \times 유의성(V)$$

(5) 공정성이론

① 공정성이론의 의의
   ㉠ 아담스(J. S. Adams)의 공정성이론(equity theory)은 개인의 보상체계와 관련하여 인지부조화이론을 동기부여와 연관시켜 설명하는 이론으로 자신의 공헌과 보상의 크기를 다른 사람(비교인물)의 투입과 산출 비율을 비교함으로써 동기가 유발된다는 이론이다.
   ㉡ 비교 결과 투입과 산출 비율이 비교인물과 동일하다고 지각하게 될 때는 적극적이고 최선을 다하려 하지만, 그 비율이 낮거나 커서 불공정을 지각하게 되면 불공정 상태를 수정하려고 한다는 것이다.
   ㉢ 각 개인은 타인의 투입 대 산출과 자신의 투입 대 산출 사이의 불균형을 크게 인지할수록 강하게 동기유발이 된다는 이론이다. 즉, 불공정성의 지각 → 개인 내의 긴장 → 긴장감소 쪽으로 동기유발 → 행위가 이루어진다는 것이다.

② 불공정성을 줄이기 위한 행위
   ㉠ 투입의 변경 : 일을 열심히 한다거나 또는 열심히 하지 않음으로써 자신의 투입을 증대 또는 감소시켜 불공정을 줄이려 한다.
   ㉡ 산출의 변경 : 사람들은 임금인상 또는 보다 큰 사무실이나 비서의 요청 등을 통해 자신의 산출을 변화시키려고 할 수 있다.
   ㉢ 투입 또는 산출에 대한 지각의 변경 : 투입과 산출을 실제로 변화시키는 대신에 이러한 요소들에 대한 지각을 변화시킬 수 있다.
   ㉣ 타인의 투입 또는 산출의 변경 : 비교대상이 되는 사람에게 압력을 가하여 그의 투입과 산출을 바꿀 수 있다.
   ㉤ 비교대상의 변경 : 어떤 사람과의 비교에서 불공정 상태를 느끼게 되면 비교대상을 바꿈으로써 공정상태로 돌아갈 수 있다.
   ㉥ 이직 : 주어진 상황에서 도저히 불공정 상태를 수정하지 못할 것 같으면 조직을 떠나는 방법이 있다. 조직 내의 다른 부서로의 이동일 수도 있고 조직을 아예 떠나는 방법도 있다.

(6) 직무설계이론

① 직무설계이론의 아이디어
   ㉠ 관리자는 직무를 설계할 때 환경의 변화, 회사의 기술력과 종업원들의 기량·능력·선호도를 신중하게 반영해야 한다. 이렇게 직무설계가 이루어지면 종업원들도 동기부여가 되어 더 열심히 일하게 된다.

ⓒ 이러한 전제 아래 동기부여를 할 수 있는 직무설계의 방법으로 고안된 것이 핵크먼(J. Hackman)과 올드햄(G. Oldham)의 직무특성모델(job characteristic model ; JCM)이다. 직무특성이론은 직무특성이 직무 수행자의 성장 욕구 수준(growth need strength)에 부합될 때 긍정적인 동기 유발 효과를 초래하게 된다는 것이다.

② **직무특성요소**

핵크먼과 올드햄에 따르면 모든 직무는 다음의 다섯 가지 직무특성요소로 나타낼 수 있다.

기술 다양성 (skill variety)	종업원들이 다른 기량과 재능을 활용할 수 있도록 직무가 요구하는 여러 활동의 다양성 정도
과업 정체성 (task identity)	직무가 요구하는 업무전체의 완성단계와 인식가능한 업무단위 정도
과업 중요성 (task significance)	다른 사람들의 삶과 일에 직무가 영향을 미치는 정도
자율성 (autonomy)	직무가 제공할 수 있는 자유, 독립성 그리고 종업원이 작업을 수행함에 있어 계획 및 절차를 정할 수 있는 재량 등의 정도
피드백 (feedback)	일을 수행함에 있어 개개의 종업원이 그들의 실적에 대해 정확하고 직접적으로 정보를 전달받는 정도

제2절 인적자원관리

1 인적자원관리의 기초와 개념

(1) 인적자원관리의 의미와 개념모형

① **인적자원관리의 의미**

인적자원관리(HRM : human resource management)란 조직과 구성원의 목표를 만족시키기 위해서 조직의 인적자원을 효과적으로 관리하기 위한 기능으로, 인적자원의 확보, 개발, 활용, 보상, 유지 등의 관리활동을 의미한다.

② **인적자원관리의 개념모형**

인적자원관리의 개념모형은 인적자원관리 조직의 목표달성을 위한 인적자원의 확보 → 개발 → 활용 → 보상 → 유지를 계획·조직·통제하는 관리체계이다.

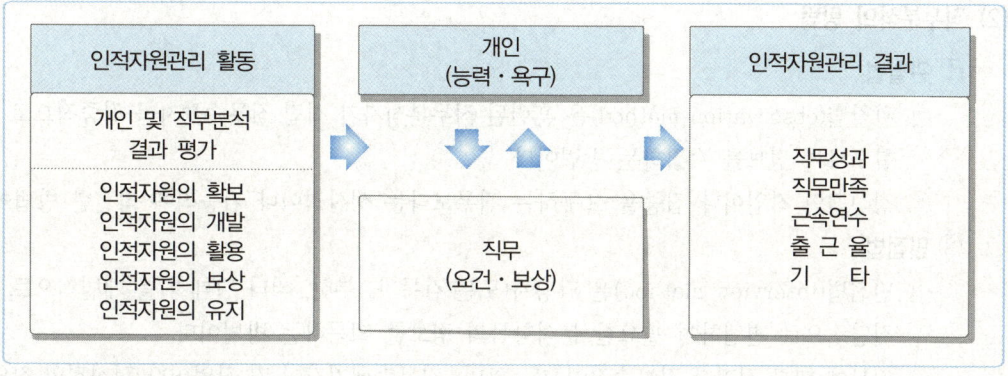

③ 인적자원관리 활동

기업의 인적자원관리 활동은 인적자원관리의 지원적 활동(개인 및 직무분석, 결과평가, 인적자원계획)과 인적자원관리의 기능적 활동(인적자원의 확보·개발·활용·보상·유지) 등 크게 두 가지로 구분할 수 있다.

(2) 인적자원관리의 결과

① 직무성과

직무성과(job performance)는 종업원 유효성의 중요한 기준이다. 종업원들은 조직을 위한 과업을 수행하기 위해서 고용되며, 보다 능률적으로 일을 할수록 조직에 대한 공헌도가 그만큼 커진다.

② 직무만족

직무만족(job satisfaction)의 경우에 개인은 직무와 관련된 보상을 추구함으로써, 충족시키고자 하는 특정한 욕구를 가지고 있다는 것을 전제로 한다.

③ 출근율과 근속연수

높은 출근율과 근속연수는 직무와 조직에 대한 지속적 몰입(commitment)을 나타내 주며, 중단 없는 과업의 수행을 가능하게 한다.

2 직무분석

(1) 직무분석의 의의와 목적

① 직무분석의 의의

직무분석(job analysis)이란 특정 직무의 내용(또는 성격)을 분석해서 그 직무가 요구하는 조직구성원의 지식·능력·숙련·책임 등을 명확히 하는 과정을 말한다. 즉, 직무분석은 조직이 요구하는 일의 내용 또는 요건을 정리·분석하는 과정이라고 말할 수 있다.

② 직무분석의 목적

직무분석의 목적은 궁극적으로 직무기술서와 직무명세서를 작성하여 직무평가(job evaluation)를 하려는 것이다.

(2) 직무분석의 방법

① 관찰법
  ㉠ 관찰법(observation method)은 훈련된 직무분석자가 직접 직무수행자를 집중적으로 관찰함으로써 정보를 수집하는 방법이다.
  ㉡ 정신적인 작업이나 집중을 요구하는 직무보다는 생산직이나 기능직에 적절한 방법이다.

② 면접법
  ㉠ 면접법(interview method)은 담당자(또는 감독자, 부하, 기타 관계자)를 개별적으로 혹은 집단적으로 면접하여 필요한 분석항목의 정보를 획득하는 방법이다.
  ㉡ 직무에 대한 정확한 정보수집이 가능하며, 직무수행기간이 긴 작업이나 정신적인 작업 등에도 적용이 가능하다.

③ 질문지법
  ㉠ 질문지법(questionnaire method)은 표준화되어 있는 질문지를 통하여 직무담당자가 직접 직무에 관련된 항목을 체크하거나 평가하도록 하는 방법이다.
  ㉡ 직무의 성격에 관계없이 모든 직무에 대하여 적용가능하고, 다른 직무분석방법에 비해 시간과 비용이 절약되며 폭넓은 정보를 얻을 수 있다.

④ 실제수행법 또는 경험법
  ㉠ 실제수행법 또는 경험법(empirical method)은 직무분석자가 분석대상 직무를 직접 수행해 봄으로써 직무에 관한 정보를 얻는 방법이다.
  ㉡ 비교적 짧은 기간 동안에 학습될 수 있는 직무에 적합하다는 장점이 있지만, 직무수행에 광범위한 훈련이 필요하거나 위험이 따르는 직무에는 적합하지 않다.

⑤ 중요사건법
  ㉠ 중요사건법(critical incidents method) 또는 중요사건서술법은 직무수행과정에서 직무수행자가 보였던 보다 중요한 또는 가치가 있는 행동을 기록해 두었다가 이를 취합하여 분석하는 방법을 말한다.
  ㉡ 이는 주로 감독자에 의해 수행되며, 먼저 중요사건이 포착되어지고 전체로서의 직무에 대한 난이도, 빈도, 중요성 또는 기여도가 평가된다.

(3) 직무기술서와 직무명세서

① 의 의

직무기술서와 직무명세서는 직무분석의 산물이며, 직무분석은 직무기술서와 직무명세서의 기초가 된다. 직무기술서는 과업중심적인 직무분석에 의하여 얻어지며 직무명세서는 사람중심적인 직무분석에 의하여 얻어진다. 즉, 직무기술서는 과업요건에 초점을 둔 것이며, 직무명세서는 인적요건에 초점을 둔 것이다.

② 직무기술서
  ㉠ 직무기술서의 의의
    직무기술서(job description)는 직무분석을 통해 얻어진 직무의 성격과 내용, 직무의 이행방법과 직무에서 기대되는 결과 등 과업요건을 중심으로 정리해 놓은 문서를 말한다.
  ㉡ 직무기술서의 내용
    직무기술서는 직무명칭과 직무번호, 소속부서명 등 직무표식, 직무수행의 목적이나 내용 등 직무개요, 직무의 구체적 내용, 직무수행에 요구되는 조건, 즉 책임, 지식, 직무수행에 필요한 장비, 환경 등 직무요간 등의 정보를 수록하고 있다.

③ 직무명세서
  ㉠ 직무명세서의 의의
    직무명세서(job specification)는 직무를 만족스럽게 수행하는 데 필요한 작업자의 지식·기능·능력 및 기타 특성 등을 정리해 놓은 문서를 말한다. 직무명세서는 직무 그 자체의 내용에 초점을 둔 것이 아니고, 직무를 수행하는 사람의 인적요건에 초점을 맞춘 것이 그 특징이다.
  ㉡ 직무명세서의 내용
    직무명세서는 직무표식, 직무개요, 작업자의 교육수준, 육체적·정신적 특성, 지적 능력, 전문적 능력, 경력, 기능 등 인적요건이 포함된다.

직무기술서와 직무명세서

구 분	직무기술서	직무명세서
목 적	인적자원관리의 일반목적을 위해 작성	인적자원관리의 구체적이고 특정한 목적을 위해 세분화하여 작성
작성시 유의사항	직무내용과 직무요건에 동일한 비중을 두고, 직무 자체의 특성을 중심으로 정리	직무내용보다는 직무요건을, 또한 직무요건 중에서도 인적요건을 중심으로 정리
포함되는 내 용	직무명칭, 직무개요, 직무내용, 장비·환경·작업활동 등 직무요건	직무명칭, 직무개요, 작업자의 지식·기능·능력 및 기타 특성 등 인적요건
특 징	속직적 기준, 직무행위의 개선점 포함.	속인적 기준, 직무수행자의 자격요건명세서

(4) 직무설계
  ① 직무설계의 의의와 목적
    ㉠ 직무설계의 의의
      직무분석을 실시하여 직무기술서와 직무명세서가 작성되면 이러한 정보를 활용하여 직무를 설계(job design)하거나 재설계(redesign)할 수 있다. 즉, 직무분석을 통해 얻어진 정보는 구성원들의 만족과 성과를 증대시키는 방향으로 직무요소와 의무, 그리고 과업 등을 구조화시키는 직무설계에 활용될 수 있다.

ⓒ 직무설계의 목적
　　　직무를 설계하는 근본적인 목적은 직무성과와 직무만족을 높이기 위한 것이다.
② **직무설계방안**
　ⓒ **직무순환**
　　직무순환(job rotation)이란 직무 자체의 내용은 그대로 둔 상태에서 작업자들로 하여금 여러 직무를 돌아가면서 번갈아 수행하게 하는 것이다.
　ⓒ **직무확대**
　　직무확대(job enlargement)는 한 직무에서 수행되는 과업의 수를 증가시키는 것을 말한다. 이는 직무의 다양성을 증대시키기 위해 직무를 수평적으로 확대시키는 방안이다.
　ⓒ **직무충실화**
　　ⓐ 직무충실화(job enrichment)는 전통적인 직무설계방법과는 달리 직무성과가 직무수행에 따른 경제적 보상(economic rewards)보다도 개인의 심리적 만족에 달려 있다는 전제하에 직무수행의 내용과 환경을 재설계하는 방법이다.
　　ⓑ 직무충실화는 보다 높은 수준의 지식과 기술이 요구되며, 작업자에게 자신의 성과를 계획하고 통제할 수 있는 자주성과 책임이 보다 많이 부여되고, 개인적 성장과 의미 있는 작업경험에 대한 기회를 제공할 수 있도록 직무의 내용을 재편성하는 것을 의미한다.
　　ⓒ 직무충실화의 이론적 근거는 동기유발이론에서 찾아볼 수 있는데, 특히 매슬로우(A. H. Maslow)의 욕구단계이론 중 상위수준의 욕구와 허즈버그(F. Herzberg)의 2요인이론 중 동기유발요인(motivator), 그리고 해크만과 올드햄의 직무특성모형 등이 그 이론적 기초가 된다.

3 직무평가

(1) **직무평가의 의의와 목적**
　① **직무평가의 뜻**
　　직무평가(job evaluation)는 직무분석을 기초로 하여 각 직무가 지니고 있는 상대적인 가치를 결정하는 방법이다. 즉, 기업이나 기타의 조직에 있어서 각 직무의 중요성·곤란도·위험도 등을 평가하여 다른 직무와 비교한 직무의 상대적 가치를 정하는 체계적 방법이다.
　② **직무평가의 특징**
　　ⓒ 직무평가는 직무분석에 의해 작성된 직무기술서와 직무명세서를 기초로 하여 이루어진다.
　　ⓒ 직무평가는 객관적인 직무 그 자체의 가치를 평가하는 것이다. 직무상의 인간을 평가하는 것이 아니다.
　③ **직무평가의 목적**
　　직무평가는 '동일노동에 대하여 동일임금'이라는 직무급 제도를 확립하는 데 그 목적이 있으며, 나아가 인적자원관리 전반의 합리화를 이루고자 한다.

④ 평가요소

직무평가는 직무의 상대적 가치를 결정하는 것이므로 직무의 공헌도에 의해서 결정된다. 직무의 공헌도는 일반적으로 4가지 요소를 기준으로 파악한다. 즉 ㉠ 숙련(skill), ㉡ 노력(effort), ㉢ 책임(responsibility), ㉣ 작업조건(working condition) 등이다.

(2) 직무평가의 방법

① 직무평가 방법의 구분

㉠ 비양적 방법(non-quantitative method)

직무수행에 있어서 난이도 등을 기준으로 포괄적 판단에 의하여 직무의 가치를 상대적으로 평가하는 방법으로, 서열법과 분류법이 있다.

㉡ 양적 방법(quantitative method)

직무분석에 따라 직무를 기초적 요소 또는 조건으로 분석하고 이들을 양적으로 계측하는 분석적 판단에 의하여 평가하는 방법으로, 점수법과 요소비교법이 있다.

② 직무평가의 비양적 방법

㉠ 서열법

ⓐ 서열법(ranking method)은 전체적이고 포괄적인 관점에서 평가자가 종업원의 직무수행에 있어서 요청되는 지식, 숙련, 책임 등에 비추어 상대적으로 가장 단순한 직무를 최하위에 배정하고, 가장 중요하고 가치가 있는 직무를 최상위에 배정함으로써 순위를 결정하는 방법이다.

ⓑ 신속하고 간편하게 직무등급을 설정할 수 있지만, 직무등급을 정하는 일정한 표준이 없으므로 평가결과의 객관화가 곤란하다.

㉡ 분류법

ⓐ 분류법(job-classification method)은 서열법이 좀 더 발전한 것으로, 일정한 기준에 따라 사전에 직무등급을 결정해 놓고, 각 직무를 적절히 판정하여 맞추어 넣는 직무평가방법이다.

ⓑ 간단하고 이해하기 쉬우며 비용이 적게 소요되지만, 직무등급 분류의 정확성을 기하기가 어렵다는 단점이 있다.

③ 직무평가의 양적 방법

㉠ 점수법

ⓐ 점수법(point rating method)은 직무를 평가요소로 분해하고, 각 요소별로 그 중요도에 따라 숫자에 의한 점수를 준 후, 이 점수를 총계하여 각 직무의 가치를 평가하는 방법이다. 평가요소는 숙련요소 · 노력요소 · 책임요소 · 작업조건요소 등으로 구분할 수 있다.

ⓑ 양적 분석적 방법을 이용하므로 직무의 상대적 차이를 명확하게 정할 수 있고 구성원들에게 평가결과에 대하여 이해와 신뢰를 얻을 수 있다는 장점이 있다.

⦁ 요소비교법
  ⓐ 요소비교법(factor-comparison method)은 그 기업이나 조직에 있어서 가장 핵심이 되는 몇 개의 기준직무를 선정하고 각 직무의 평가요소를 기준직무의 평가요소와 결부시켜 비교함으로써 모든 직무의 가치를 결정하는 방법이다.
  ⓑ 요소비교법은 직무의 상대적 가치를 임금액으로 평가하는 것이 특징이다. 말하자면, 임금액을 가지고 바로 평가 점수화할 수 있다는 것이다. 이와 같은 방법은 점수법을 개선한 것으로 점수법이 각 평가요소의 가치에 따라서 점수를 부여하는 데 반하여, 요소비교법은 각 평가요소별로 직무를 등급화하게 된다.
  ⓒ 점수법이 주로 공장의 기능직에 국한하여 사용되는 데 비해, 요소비교법은 기능직은 물론이고 사무직·기술직·감독직·관리직 등 서로 다른 직무에도 널리 이용될 수 있다.

4 인사고과

(1) 인사고과의 의의와 목적

① **인사고과의 의의**

인사고과란 종업원의 태도와 성격·적성 등을 판정하고, 종업원의 직무수행상의 업적(성과)을 측정하며, 종업원의 능력(현재능력과 잠재능력)을 파악하는 과정이다. 따라서 인사고과는 태도고과, 업적평가 및 능력고과로 구성되어 있다.

② **인사고과의 목적**

인사고과의 목적은 조직의 전체적인 유효성을 제고시키는 데 있다고 볼 수 있으며, 주목적을 달성하기 위한 구체적인 목적은 공정평가, 적정배치, 능력개발, 공정처우 및 근로의욕 증진 등이다.

(2) 인사고과의 기법

① **서열법**
  ㉠ 서열법(ranking method)은 피고과자의 능력과 업적에 대하여 서열 또는 순위를 매기는 방법이다.
  ㉡ 간단하여 실시가 용이하고 비용이 적게 들며, 관대화 경향이나 중심화 경향 등의 규칙적 오류를 예방할 수 있다는 장점이 있다.

② **강제할당법**
  ㉠ 강제할당법(forced distribution method)은 사전에 정해 놓은 비율에 따라 피고과자를 강제로 할당하는 방법으로 피고과자의 수가 많을 때 서열법의 대안으로 주로 사용한다.
  ㉡ 관대화 경향이나 중심화 경향 같은 규칙적 오류를 방지할 수 있는 장점이 있다.

③ **평정척도법**
  ㉠ 평정척도법(rating scales method)은 피고과자의 능력과 업적을 각 평가요소별로 연속척도 또는 비연속척도에 의하여 평가하는 방법이다.

⑥ 장점으로는 피고과자를 전체적으로 평가하지 않고 각 평가요소를 분석적 · 계량적으로 평가하므로 평가의 타당성이 높아진다는 점을 들 수 있다.
⑥ 각 평가요소에 인위적으로 점수를 부여하므로 관대화 경향이나 중심화 경향 등의 규칙적 오류가 나타날 수 있고, 헤일로 효과 같은 심리적 오류도 발생할 수 있다.

④ 중요사건서술법
⊙ 중요사건서술법(CIAM : Critical Incidents Appraisal Method)은 피고과자의 효과적이고 성공적인 업적뿐만 아니라 비효과적이고 실패한 업적까지 구체적인 행위와 예를 기록하였다가 이 기록을 토대로 평가하는 방법이다.
⑥ 구성원에게 피드백이 가능하므로 개발목적에 유용하고, 객관적인 증거에 기초를 두고 평가하므로 타당성이 높아진다는 장점이 있다.

⑤ 인적평정센터법
⊙ 인적평정센터법(HACM : Human Assessment Center Method)은 평가를 전문으로 하는 평가센터를 만들고 여기에서 다양한 자료를 활용하여 고과하는 방법이다. 주로 중간관리층의 승진목적의 고과로 활용된다.
⑥ 피고과자의 재능을 나타내는 데 동등한 기회를 가질 수 있고, 개인이 미래에 얼마나 능력있게 잘 행동할 것인가를 예측하는 데 유용하다.

⑥ 목표에 의한 관리
⊙ 목표에 의한 관리(MBO : Management By Objectives)는 목표설정과 결과에 대한 평가에 종업원이 참여하여 평가하고 고과하는 기법이다.
⑥ 각 업무담당자가 ⓐ 자신의 측정가능한 목표를 설정하고, ⓑ 상급자와 협의하여 조직목표와 비교 · 수정하여 목표를 확정하며, ⓒ 업무를 수행한 후 기말에 결과를 목표와 비교 · 평가하고, ⓓ 상황적 요인을 검토하고 문제점 및 개선점을 공동으로 검토하여 다음 기의 목표를 설정한다.

⑦ 행위기준고과법
⊙ 행위기준고과법(BARS : Behaviorally Anchored Rating Scales)은 구성원이 실제로 수행하는 구체적인 행위에 근거하여 구성원을 평가함으로써 신뢰도와 평가의 타당성을 높인 고과방법이다.
⑥ BARS는 직무중심으로 작성된 것이기 때문에 평가될 모든 성과의 차원은 관찰가능한 행위 위에 기초하고 있고, 평가될 직무에 적합한 것이어야 한다. 구체적인 직무수행에 있어 구성원들에게 행위의 지침을 마련해 주므로 개발목적에 유용하다.

(3) 인사고과의 오류

① 헤일로 효과
⊙ 헤일로 효과(halo effect)는 어느 한 분야에 있어서의 어떤 사람에 대한 호의적인 또는 비호의적인 인상이 그 사람에 대한 다른 분야의 평가에 영향을 주는 경향을 말한다. 현혹효과 또는 후광효과라고도 한다.

  ⓛ 헤일로 효과는 첫째, 지각된 특성(trait)을 충성심·협동심·친절함·학습의욕 등으로 제시하여 그 행동적 표현이 불분명하거나 애매모호한 경우, 둘째 지각자가 별로 많이 접해 보지 못한 특성일 경우, 셋째 특성에 도덕적 의미가 포함되어 있는 경우에 많이 나타난다.
  ⓒ 헤일로 효과를 줄이기 위해서는 평가항목을 줄이거나 여러 평가자가 동시에 평가하도록 해야 한다.

② **상동적 태도**
  ㉠ 상동적 태도(stereotyping)는 헤일로 효과와 유사하지만, 헤일로 효과가 어떤 한 가지 특성(trait)에 근거한 데 반해, 상동적 태도는 한 가지 범주(category)에 따라 판단하는 오류이다. 즉, 상동적 태도는 그들이 속한 집단의 특성에 근거하여 다른 사람을 판단하는 경향을 말한다.
  ⓛ 예컨대, 한국인은 매우 부지런하고, 미국인은 개인주의적이며, 흑인은 운동소질이 있고, 이탈리아인은 정열적이다라고 판단하는 것 등이다.

③ **항상오차**
항상오차(constant errors)는 고과평정자가 실제로 평정을 할 경우에 일어나기 쉬운 가치판단상의 심리적인 오차이다. 가장 많이 나타나는 것으로는 관대화 경향과 중심화 경향을 들 수 있다.

  ㉠ 관대화 경향(leniency tendency)
   인사고과를 할 때 실제의 능력과 성과보다 높게 평가하려는 것으로서, 평가결과의 집단분포가 점수가 높은 쪽으로 치우치는 경향을 뜻한다.
  ⓛ 중심화 경향(centralization tendency)
   인사고과를 할 때 대부분의 평가가 '중간' 또는 '보통'으로 평가하여 평균치에 집중하는 경향을 뜻한다.
  ⓒ 가혹화 경향(severity)
   관대화 경향에 대비되는 것으로 고과평정자가 평가점수를 전체적으로 평균보다 낮게 평가하는 경향을 말한다.
  ㉣ 항상오차의 해결
   항상오차를 피하기 위해서는 정규분포를 기준으로 피평가자의 평가등급 또는 점수를 일정 비율로 강제할당하는 방법을 사용할 수 있다.

④ **대비오차**
대비오차(contrast errors)는 인사고과에 있어서 고과평정자가 자신과 비교해서 대체로 정반대의 경향으로 평가하는 경향을 의미한다.

⑤ **유사효과**
유사효과(similar to me effect)는 평가자의 태도, 취미, 성별, 종교, 정치적 성향 등이 자신과 유사한 사람에게 후한 평가를 하는 오류를 말한다. 예컨대 같은 종교를 가진 사람은 처음 만난 사람이라도 호의적으로 평가할 수 있다.

5 인적자원의 확보와 개발

(1) 인적자원의 확보활동

① **인적자원 계획**
   ㉠ 인적자원 계획(human resource planning)이란 조직에서 필요로 하는 인적자원을 적시에 확보하기 위한 인적자원 관리기능을 말한다.
   ㉡ 직무관리의 가장 핵심적 부분인 직무분석을 통하여 기업의 목표달성을 위해 수행되어야 하는 활동 및 업무의 내용과 특성을 결정하고 그에 필요한 인력의 요건을 밝혀낼 수 있다.
   ㉢ 직무분석이 끝나면 다음에는 특정 시기와 상황에 어느 정도의 인적자원이 필요하게 될 것인가를 명확히 해야 한다.

② **채용관리**
   ㉠ 기업의 목적달성을 위해 필요한 인력을 조직 내로 유인하여 적재적소에 배치하는 과정을 채용관리라 한다. 따라서 채용관리는 모집→선발→배치의 과정을 말하는 것이다.
   ㉡ 조직 내부로부터의 채용은 승진이나 재배치에 의해 수행되며, 조직 외부로부터의 채용은 모집(recruitment)과 선발(selection)에 의해 수행된다.
   ㉢ 모집은 외부 노동시장으로부터 기업의 공석인 직무에 관심이 있고 자격이 있는 사람을 식별하고 조직으로 유인하는 일련의 활동을 말한다.
   ㉣ 선발은 응모자 중에서 생산적이고 만족스러운 종업원이 될 수 있는 능력과 동기를 가진 자를 선택하는 과정이다. 선발방법으로 자주 사용되는 것은 시험과 면접이다.

③ **선발도구의 합리적 조건**
   시험이나 면접 등과 같은 선발도구를 이용하여 선발하는 경우 인력을 잘못 선발하는 오류를 범할 수 있다. 이러한 오류를 범하지 않기 위해서는 선발도구의 신뢰성과 타당성이 고려되어야 한다.
   ㉠ 신뢰성(reliability) : 신뢰성은 동일한 사람이 동일한 환경에서 어떤 시험을 몇 번이고 다시 보았을 때 그 측정 결과가 서로 일치하는 정도를 뜻하는 것으로 일관성, 안정성, 정확성 등을 나타낸다.
   ㉡ 타당성(validity) : 타당성은 시험이 당초에 측정하려고 의도하였던 것을 얼마나 정확히 측정하고 있는가를 밝히는 정도를 말한다. 즉, 시험에서 우수한 성적을 얻은 사람이 근무성적 또한 예상대로 우수할 때 그 시험은 타당성이 인정된다.

(2) 인적자원의 개발활동

① **교육훈련의 필요성**
   ㉠ 새로운 기술·설비, 새로운 생산·판매방법, 기타 새로운 경영방법 등에 대하여 교육훈련이 부단히 실시되어야 변화에 적응할 수 있다.
   ㉡ 교육훈련은 종업원들의 잠재적 능력을 최대한도로 발휘하게 하고, 자격요건이 갖추어진 모든 종업원들을 직장의 환경에 빨리 적응하게 하여 효과적인 직무활동을 수행할 수 있도록 해준다.

② 교육훈련의 분류
  ㉠ 현장훈련과 현장 외 훈련

현장훈련 (OJT : On the Job Training)	현장 외 교육훈련 (Off-JT : Off the Job Training)
• 직장에서 구체적인 직무를 수행하는 과정에서 직속상사가 부하에게 직접적으로 개별지도하고 교육훈련을 시키는 방식이다. • OJT는 현장의 직속상사를 중심으로 하는 라인(line)담당자를 중심으로 해서 이루어진다.	• 교육훈련을 담당하는 전문스태프의 책임하에 집단적으로 교육훈련을 실시하는 방식이다. • 이 훈련은 기업 내의 특정한 교육훈련시설을 통해서 실시되는 경우도 있고, 기업 외의 전문적인 훈련기관에 위탁하여 수행되는 경우도 있다.

  ㉡ 도제훈련방식 : 특히 숙련공을 필요로 하는 금속, 인쇄, 건축 같은 업종의 기업에서 하는 훈련방식으로 고도의 기술수준이 필요한 경우에 적합하다.
  ㉢ 인턴제도 : 수련훈련방식에 포함되는 것으로 졸업을 앞둔 대학생이 직무에 배치되어 배우면서 일하는 프로그램이다.

6 인적자원의 보상과 유지

(1) 임금과 임금관리

① 임금의 의의
  ㉠ 넓은 의미에서의 임금(wage)은 정기적으로 지불되는 통상의 임금 및 급료 등의 경상적 지급 외에 수당, 상여 등 각종의 임시적 지급까지도 포함한다.
  ㉡ 임금은 근로자에게 있어서 경제적인 면에서는 생계를 유지하는 수입(income)의 원천이다. 그리고 기업의 측면에서 볼 때 임금은 제품원가를 구성하는 비용(cost)이다.

② 임금관리의 원리
  이러한 임금관리의 내용과 목적은 취급하는 의도에 따라 서로 달라지겠지만, 그 기본적인 사고로서 적정성과 공정성·합리성을 들 수 있으며, 이에 따라 임금관리의 체계도 임금수준, 임금체계, 임금형태의 순으로 나누어 파악할 수 있다.

③ 임금관리의 내용
  ㉠ 임금수준의 관리 : 임금수준(wage level)은 종업원들에게 제공하는 임금의 크기와 관련된 것으로, 적정한 임금수준은 종업원의 생계비 수준, 기업의 지불능력, 사회일반의 임금수준을 충분히 고려하면서 관리되어야 한다.
  ㉡ 임금체계의 관리 : 임금체계(wage structure)는 임금의 구성내용을 의미한다. 임금체계를 결정하는 기본적인 요인으로는 필요기준, 담당직무기준, 능력기준, 성과기준 등을 들 수 있는데, 이는 임금체계의 유형인 연공급, 직무급, 직능급 체계와 관련된다.

ⓒ 임금형태의 관리 : 임금형태(method of wage payment)의 관리란 임금의 계산 및 지불방법에 관한 것이다. 임금형태로는 시간급, 성과급과 함께 특수임금제(집단자극임금제, 순응임금제, 이윤분배제, 성과분배제) 등이 있다.

(2) 임금수준의 관리

① 임금수준의 의의
임금수준의 관리는 기업 전체의 임금수준, 즉 일정한 기간 동안에 특정기업 내의 모든 종업원에게 지급되는 평균임금을 어느 정도로 할 것인가의 문제로 파악한다.

② 임금수준의 결정
㉠ 임금수준의 결정요인

내적 요인	기업규모, 경영전략, 노동조합 조직여부, 기업의 지급능력
외적 요인	생계비, 사회일반의 임금수준

㉡ 임금수준 결정의 3요소
임금수준의 결정요소로는 생계비, 기업의 지불능력 및 사회 일반의 임금수준 등 3요소와, 행정적 요인을 그 환경요인으로 고려해 볼 수 있다.

(3) 임금체계의 관리

① 연공급
㉠ 연공급의 의의 : 연공급이란 임금이 개인의 근속연수·학력·연령 등 인적요소를 중심으로 변화하는 것으로 생활급적 사고원리에 따른 임금체계라고 할 수 있다.
㉡ 연공급의 장점 : 연공급은 고용의 안정화 및 노동력의 정착화, 노동자의 생활보장으로 기업에 대한 귀속의식 제고 등의 장점이 있다.

② 직능급
㉠ 직능급의 의의 : 직능급 체계는 직무수행능력에 따라 임금의 격차를 만드는 체계이다. 직능급은 능력에 따라 개인의 임금이 설정된다는 점에서 직무급과는 다르다.
㉡ 직능급의 장점 : 능력에 따른 임금결정으로 종업원의 불평 해소, 능력자극으로 유능한 인재 확보 등의 장점이 있다.

③ 직무급
㉠ 직무급의 의의 : 직무급 체계는 직무의 중요성과 곤란도 등에 따라서 각 직무의 상대적 가치를 평가하고, 그 결과에 의거하여 임금액을 결정하는 체계이다.
㉡ 직무급의 특징 : 직무급은 동일한 직무에 대하여는 동일한 임금을 지급한다는 원칙(equal pay for equal work)에 입각한 것으로서, 적정한 임금수준의 책정과 더불어 각 직무 간에 공정한 임금격차를 유지할 수 있는 기반이 된다.
ⓒ 직무급의 장점 : 개인별 임금격차에 대한 불만 해소, 전문기술인력의 확보 용이, 능력 위주의 인사풍토 조성, 불합리한 노무비 상승 방지 등의 장점이 있다.

(4) 임금형태의 관리

① **임금형태의 의의**
  ㉠ 임금형태의 의의 : 임금형태(method of wage payment)는 특히 종업원의 작업의욕의 향상과 직접적으로 관련된다. 임금형태는 임금의 계산 및 종업원에게 지급하는 방식에 관한 것이다.
  ㉡ 임금형태의 유형 : 임금형태 중에서 가장 중심이 되는 것은 시간급제(time payment)와 성과급제(output payment)이다.

② **시간급(고정급)제**
  시간급제(time-rate plan)는 수행한 작업의 양과 질에는 관계없이 단순히 근로시간을 기준으로 하여 임금을 산정·지불하는 방식이다. 예컨대, 일급, 주급, 월급, 연봉 등이 그것이다.

③ **성과급(변동급)제**
  성과급제(piece-rate plan)는 노동성과를 측정하여 측정된 성과에 따라 임금을 산정·지급하는 제도이다. 따라서 이 제도에서는 임금은 성과와 비례한다.

(5) 복지후생관리

① **복지후생의 의의**
  기업에 있어서 복지후생(employee benefit and programs)이란 종업원의 생활수준 향상을 위하여 시행하는 임금 이외의 간접적인 제 급부를 말한다.

② **복지후생관리의 3원칙**
  ㉠ 적정성의 원칙 : 적정성의 원칙은 기업의 모든 종업원에게 절실히 필요하고, 경비부담이 적당하며, 같은 업종의 다른 기업과 비교하여 크게 차이가 없는 정도의, 즉 균형을 이루는 복지후생을 제공하는 것이 바람직하다는 것이다.
  ㉡ 합리성의 원칙 : 복지후생에 관한 시설 및 제도는 기업 내에서만 아니고, 국가나 지역사회에 의해서도 추진되므로 기업으로서는 서로 중복되거나 일관성이 유지되도록 합리적으로 조정·통합되어야 한다.
  ㉢ 협력성의 원칙 : 협력성은 지역사회와 복지시설을 공동운영하는 것과 같은 기업 외적인 협력관계도 포함되지만, 그보다는 기업 내적인 노사간의 협력관계를 의미한다.

③ **카페테리아식 복지후생**
  종업원들에게 가치가 없고 종업원들의 만족을 충족시켜 주지 못하는 복지후생제도는 상대적으로 비용에 대한 효율이 떨어진다. 이와 같은 문제점을 해결하기 위하여 고안된 것이 카페테리아(cafeteria)식 복지후생제도이다.

제3절 재무관리

1 재무관리의 개요

(1) 재무관리의 의의
① **재무관리의 개념**
기업의 재무활동(financing)은 자본을 어떻게 조달하고 운용할 것인가를 결정하는 활동을 말한다. 재무관리(financial management)는 기업의 목표를 효율적으로 달성하기 위하여 필요한 자금의 조달과 투자결정에 관한 의사결정 및 관리활동을 의미한다.
② **재무관리의 기능**
기업에서 이루어지는 재무관리는 크게 투자 의사결정과 자본조달 의사결정이라는 두 가지 영역으로 나누어진다. 재무관리의 기능을 정리하면 다음과 같다.

투자 의사결정	• 기업이 어떤 종류의 자산을 어느 정도로 보유할 것인가에 대한 의사결정 • 투자 의사결정의 결과는 재무상태표상의 차변항목으로 표시 • 기업의 영업현금흐름과 영업위험을 결정짓게 됨
자본조달 의사결정	• 투자에 소요되는 자본을 어떻게 효율적으로 조달할 것인가에 대한 의사결정 • 자본조달 의사결정의 결과는 재무상태표상의 대변항목으로 표시 • 기업의 재무위험을 결정짓게 됨
배당 의사결정	• 투자 의사결정에 의해 자금을 운용한 결과로 얻게 되는 이익을 어떻게 배분할 것인가에 관한 의사결정

(2) 재무관리의 두 영역
① **자금의 조달** : 자본조달
  ㉠ 외부자금의 조달 : 기업의 규모가 커지면 기업운영에 필요한 대규모의 자금을 기업외부에서 조달하게 된다. 이때 외부자금은 금융시장을 통한 차입(debt)이나 또는 자본시장에서 주식(stock)이나 채권(bond)을 발행하여 조달할 수 있다.
  ㉡ 자금조달에서의 문제 : 자금조달에서의 문제는 여러 가지 자금조달 원천 중에서 자본비용이 가장 저렴한 자금을 어떻게 조달하느냐 하는 것이다. 자본비용을 감안하여 자금을 조달하면 그 결과 한 기업의 자본구성과 재무위험(financial risk)이 정해지며, 전체자본 중에서 자기자본과 타인자본의 구성이 결정된다.
② **자금의 운용** : 투자
  ㉠ 자금운용에서의 문제 : 재무관리의 두 번째 영역은 조달된 자금을 어떻게 합리적으로 운용하느냐 하는 것이다. 자금운용은 조달된 자금을 어느 투자안에 배분하느냐 하는 것이므로 자본예산(capital budgeting)이라고도 하고 또는 투자(investment)라고도 한다.
  ㉡ 경상적 지출과 자본적 지출 : 기업의 투자는 자금지출의 효과가 나타나는 기간에 따라서 경상적 지출과 자본적 지출로 구분할 수 있다.

ⓐ 경상적 지출 혹은 수익적 지출은 자금지출의 효과가 단기간에 완료되는 경우를 말한다. 원자재 구입을 위한 재료비 지출, 노동력 구입을 위한 노무비 지출 등이 그 예이다.
ⓑ 자본적 지출이란 투자로부터 얻어지는 미래의 현금유입이 1년 이상 장기간에 걸쳐 지속되는 지출을 말한다. 예컨대 조달된 자본이 기계설비, 건물과 같은 고정자산 취득, 신제품 개발, 사업확장 등에 지출되는 것을 말한다.

(3) 재무관리의 목표

① **기업의 목표**
일반적으로 기업의 목표는 이익의 극대화라고 알려져 있다. 재무관리에서의 이익은 회계적 이익이 아니라 경제적 이익을 의미한다. 경제적 이익이란 현금유입과 현금유출에 화폐의 시간적 가치(time value of money)를 반영한 순현금흐름을 말한다.

② **재무관리의 목표**
재무관리의 목표는 기업가치의 극대화에 있다는 것이 일반적인 견해이다. 기업의 가치는 자금조달 측면에서는 자기자본 가치와 타인자본 가치의 합계로 표시된다.

2 자본예산과 자본조달

(1) 현금흐름의 추정

① **자본예산의 의의**
㉠ 자본예산의 의미
ⓐ 자본예산(capital budget)이란 조달된 자금의 운용을 의미하는 것으로 현금흐름이 1년 이상의 장기에 걸쳐 나타나는 투자에 관한 의사결정이다. 생산설비 및 기계에 대한 장기적인 투자계획을 수립하여 투자결정여부를 평가하고 자금배분을 행하는 일련의 종합적인 장기계획이다.
ⓑ 자본예산의 과정은 투자대상 확인 → 현금흐름의 추정 → 투자안의 경제성 평가 → 투자안의 수행 → 투자안의 재평가의 순으로 이루어진다.
㉡ 자본예산의 특징
자본예산은 현금의 유입과 유출이 장기간 발생하고, 불확실성 내지 위험이 크며, 대규모의 자금이 소요되어 기업의 성패를 좌우하는 중요한 재무의사결정에 속한다.

② **현금흐름의 추정**
㉠ 투자안 평가의 전제
투자안 평가를 위해서는 먼저 투자안으로부터 발생되는 현금흐름(cash flow)을 추정하여야 한다. 현금흐름은 현금유입과 현금유출로 구분할 수 있다.

현금유입과 현금유출	
현금유입	제품의 판매로 인한 수익, 투자세액공제(investment tax credit)에 따른 혜택, 잔존가치 등
현금유출	최초의 투자지출액, 경상운영비, 운전자본의 증가 등

    ⓒ 현금흐름 추정시 고려할 점
        ⓐ 세금효과를 고려하여야 하며, 특히 감가상각 등의 비현금지출비용에 유의해야 한다. 또한 인플레이션을 반영하여야 한다.
        ⓒ 증분 현금흐름을 반영하여야 한다. 즉, 특정 투자안의 선택으로 인해 기존사업에 미치는 영향을 고려하여야 한다. 이 밖에도 기회비용, 매몰원가(sunk cost) 등에 대한 정확한 조정이 필요하다.

(2) 투자안의 경제성 분석

투자안의 경제성 분석은 추정된 현금흐름에 기초하여 투자안의 채택 여부를 결정하는 것이다.

① **투자안의 평가방법**
자본예산, 즉 투자안의 평가방법은 크게 할인방식과 비할인방식으로 구분할 수 있다.

할인방식	• 미래 현금수지의 현재가치, 즉 화폐의 시간가치를 고려하여 투자안을 평가하는 방식 • 순현가(NPV)법, 내부수익률(IRR)법, 수익성 지수법 등
비할인방식	• 화폐의 시간가치를 고려하지 않는 방식 • 회수기간법, 평균회계이익률(AAR)법 등

② **순현재가치법**
    ㉠ 순현가(NPV)의 의미 : 순현가(net present value : NPV)는 투자의 결과 발생하는 현금유입의 현가에서 현금유출의 현가를 뺀 것이다.

$$NPV = 현금유입의\ 현가 - 현금유출의\ 현가$$
$$= \sum_{t=1}^{n} \frac{C_t}{(1+r)^t} - C_0$$

여기서 할인율 r은 투자안을 채택하기 위하여 그 투자안이 벌어들여야 하는 최소한의 수익률로 소요자본의 기회비용을 의미한다. 이것을 요구수익률 또는 자본비용이라고 한다.
    ⓒ 투자결정 : 독립적인 투자안의 경우 순현가(NPV) > 0이면 투자안을 채택하고, 순현가(NPV) < 0이면 투자안을 기각한다. 그리고 상호배타적인 투자안의 경우 순현가(NPV) > 0인 투자안 중 순현가가 가장 높은 투자안을 채택한다.
    ⓒ 평가 : 순현가법은 주주의 부의 극대화라는 기업의 목표에 부합되는 가장 합리적인 투자안의 평가방법이다.

③ **내부수익률법**
  ㉠ 내부수익률(IRR) : 내부수익률(IRR : internal rate of return)은 순현가(NPV)를 0으로 만드는 할인율, 즉 기대수익의 현재가치와 투자비용을 같도록 만드는 할인율을 말한다. 즉, 내부수익률은 예상된 현금수입과 지출의 합계를 서로 같게 만드는 할인율이다.
  ㉡ 투자결정 : 계산된 내부수익률이 내부수익률 ≥ 요구수익률이면 그 투자를 채택하고, 내부수익률 < 요구수익률이면 그 투자를 기각한다. 일반적으로 순현가법이 투자판단의 준거로 내부수익률법보다 선호된다.

④ **수익성지수법**
  ㉠ 수익성지수(PI) : 수익성지수(PI : profit index) 또는 현재가치지수(present value index)는 사업기간 중의 총현금 수입합계의 현재가치를 순현금 투자지출 합계의 현재가치로 나눈 상대지수로서, 순현가(NPV)가 같은 두 개 이상의 사업을 비교 검토할 때 유효한 지표로 사용된다.
  ㉡ 투자결정 : 만일 순현가(NPV)와 기타 모든 판단지표가 동일할 경우 초기 현금투자가 적은 사업일수록 높은 수익성지수를 나타내게 된다.

⑤ **회수기간법**
  ㉠ 회수기간 : 회수기간(payback period)은 투자에 소요된 모든 비용을 회수하는데 걸리는 기간을 의미한다.
  ㉡ 투자결정 : 투자안의 회수기간이 기업자체에서 결정한 목표회수기간보다 짧을 경우 투자안을 채택하고, 상호배타적인 투자안의 경우 회수기간이 가장 짧은 투자안을 채택한다.
  ㉢ 평가 : 회수기간법은 회수기간 내 현금흐름의 화폐적 시간가치를 무시하고, 회수기간 이후의 현금흐름을 무시하며, 목표회수기간의 선정이 자의적이라는 문제점이 있다.

3 재무분석

(1) 재무비율의 종류

① **재무비율 개관**

유동성비율은 기업의 단기적인 지급능력을 파악하는 것이고, 레버리지비율은 기업의 자본구성과 이자지급능력을 보는 것이다. 또한 활동성비율은 영업활동과 산출된 매출액을 기준으로 투입된 자산들이 얼마나 효율적으로 사용되었는가를 판단하는 것이고, 수익성비율은 매출액이나 순이익을 기준으로 이익률을 살펴보는 것이다.

주요 재무비율

유동성비율	유동비율, 당좌비율
레버리지비율	부채비율, 이자보상비율, 고정재무비보상비율
활동성비율	매출채권회전율, 재고자산회전율, 총자산회전율
수익성비율	매출액순이익률, 총자산순이익률, 자기자본순이익률

② **유동성비율**

기업의 단기채무지급능력을 평가하는데 사용되는 것으로, 유동비율과 당좌비율이 있다.
   ⊙ 유동비율 = 유동자산/유동부채
   ⓒ 당좌비율 = 당좌자산/유동부채

③ **레버리지비율**

기업의 타인자본에 대한 의존도를 나타내는 비율로서, 부채비율과 이자보상비율이 있다.
   ⊙ 부채비율 = (유동부채 + 고정부채)/자기자본
   ⓒ 이자보상비율 = 영업이익/지급이자

④ **활동성비율**

기업의 자산이 얼마나 효율적으로 활용되고 있는가를 나타내는 비율이다. 매출채권회전율, 재고자산회전율, 유형고정자산회전율, 총자산회전율 등이 있다.
   ⊙ 재고자산회전율 = 매출액/재고자산
   ⓒ 총자산회전율 = 매출액/총자산

⑤ **수익성비율**

일정기간 동안의 경영성과를 종합적으로 측정하는 비율이다. 매출액순이익률, 매출액영업이익률, 총자본순이익률 등이 있다.
   ⊙ 매출액순이익률 = 당기순이익/매출액
   ⓒ 매출액영업이익률 = 영업이익/매출액
   ⓒ 총자본순이익률 = 당기순이익/총자본

(2) **손익분기점 분석**

① **손익분기점의 의의**

손익분기점(BEP : break-even point)이란 매출액(총수익)과 총비용이 일치하여 이익 또는 손실이 발생하지 않는 조업도(생산량, 판매량 또는 매출액)를 말한다. 즉, 손익분기점보다 적게 팔리면 손해를 보게 되고 그 이상 팔려야만 이익을 기대할 수 있다.

② **손익분기점 분석**

손익분기점을 구하려면 우선 비용(변동비와 고정비), 수익(매출액), 이익의 관계를 고려해야 한다. 다음의 공식으로 구할 수 있다.

$$손익분기\ 매출량 = \frac{고정비}{판매단가 - 단위당\ 변동비}$$

제4절 회계관리

1 회계의 기초

(1) 회계의 의의

① 회계의 정의

회계(accounting)란 가계와 기업 등 각 경제단위가 자원배분에 관한 의사결정을 합리적으로 할 수 있도록 경제적 실체에 관한 유용한 재무적 정보를 제공하는 서비스 활동을 의미한다.

② 회계정보의 목적

㉠ 현재 및 잠재적인 투자자와 채권자들에게 투자와 신용제공, 이와 유사한 문제에 대한 합리적인 정보를 제공한다.

㉡ 현재 및 잠재적인 투자자와 채권자들에게 미래에 해당기업에 유입될 것으로 예상되는 순현금흐름의 금액, 시기 및 불확실성 평가에 도움이 되는 정보를 제공한다.

㉢ 기업의 경제적 자원과 그에 대한 청구권 등에 변동을 초래하는 거래, 사건 또는 환경의 영향 등에 관한 정보를 제공한다.

(2) 재무회계와 관리회계

① 의의

㉠ 기업의 이해관계자, 즉 정보이용자는 내부정보이용자와 외부정보이용자로 구분할 수 있다. 내부정보이용자는 기업경영을 책임지는 경영자를 의미한다. 그리고 외부정보이용자는 주주 및 일반투자자, 채권자, 정부와 지방자치단체, 종업원 및 소비자 등을 의미한다.

㉡ 여기서 각각의 정보이용자들은 서로 다른 의사결정 문제에 직면하기 때문에 그들이 필요로 하는 정보의 내용이나 형식은 다양할 수밖에 없다. 이에 따라 회계는 정보이용자의 유형에 따라 재무회계와 관리회계로 나눌 수 있다.

② 재무회계와 관리회계의 특징

구 분	특 징
재무회계	• 재무회계(financial accounting)는 기업 외부의 이해관계자인 주주, 채권자, 투자자, 정부 및 개인 등에게 기업의 재무상태, 경영성과 및 현금흐름에 관한 회계정보를 제공하는 데 목적이 있다. • 재무회계에서는 재무상태표(대차대조표)나 손익계산서와 같은 일반목적의 재무제표(general purpose financial statements)가 제공된다.
관리회계	• 관리회계(managerial accounting)는 기업의 내부보고 회계로 경영자나 관리자 등 내부정보이용자의 의사결정이나 업적평가를 위한 회계정보를 제공한다. • 관리회계는 화폐적 정보뿐만 아니라 비화폐적 정보도 포함되어야 하며, 과거지향적 회계정보는 물론 미래상황을 파악하고 예측하는 데 도움을 줄 수 있는 정보가 포함되어야 한다.

2 재무회계의 개념체계

(1) 재무회계 개념체계의 의의

① **재무제표의 의의와 종류**

㉠ 재무제표의 의의
재무제표(financial statements)는 재무회계과정의 결과로 일정 회계기간 동안의 기업경영활동을 간결하게 요약하여 나타내는 보고서이다.

㉡ 재무제표의 종류

재무제표의 종류	내 용
재무상태표	특정 시점에서 기업의 자산, 부채, 자본을 표시
포괄손익계산서	일정 기간 동안의 기업의 수익과 비용을 표시
자본변동표	자본의 크기와 그 변동에 관한 정보를 제공
현금흐름표	일정기간 동안의 현금의 유입과 유출에 관한 정보를 제공
주 석	독립된 재무제표는 아니지만 재무제표의 필수적 요소

② **재무제표의 구성요소**

재무제표의 구성요소로는 자산, 부채, 자본, 수익, 비용 등이 있다.

구성요소	의 미
자 산	기업이 소유하고 있는 토지, 건물, 기계, 채권 등과 같은 경제적 자원을 말한다.
부 채	기업이 미래의 어느 시점에서 현금이나 기타 재화 등을 지급하여야 할 의무를 말하는 것으로서 외상매입금이나 차입금 등이 포함된다.
자 본	기업에서 자산을 구입하기 위해서는 출자를 받아 조달하거나 차입금(부채) 등을 통해서 조달된 자금이 사용된다. 따라서 자산총액에서 부채를 차감한 순자산액이 자본이 된다.
수 익	제품의 판매나 생산 등을 통해서 자산이 증가하거나 부채가 감소하는 것을 의미한다.
비 용	수익을 창출하기 위해서 자산이 유출 또는 사용되는 것을 의미한다.

(2) 재무제표

① **재무상태표**

㉠ 재무상태표(F/P : Statement of Financial Position)는 대차대조표라고도 하는 데, 일정 시점의 기업의 재무상태를 보여주는 재무보고서이다. 재무상태는 자원구조(자산)와 재무구조(부채 + 자본)로 나타낸다.

㉡ 재무상태표의 구성요소인 자산, 부채, 자본의 상호관계에 따라 식으로 표현하면 자산 = 부채 + 자본이 되는데 이를 재무상태표 등식이라고 한다.

② **포괄손익계산서**

㉠ 포괄손익계산서(CIS : Statement of Comprehensive Income)는 일정기간의 기업의 경영성과를 나타내는 재무보고서이다.

ⓛ 경영성과는 당기순이익과 포괄이익으로 인식하는 데 특정기간에 실현된 수익에 발생된 비용을 대응시켜 순이익을 산출한다.

③ **자본변동표**

자본변동표(Statement of Changes in Equity)는 자본의 크기와 그 변동에 관한 정보를 제공하는 재무보고서이다. 자본변동표에는 자본금, 자본잉여금, 자본조정, 이익잉여금, 기타포괄손익누계액의 변동사항이 표시된다.

④ **현금흐름표**

현금흐름표(Statement of Cash Flows)는 일정기간 중의 현금의 유입과 유출에 관한 정보를 제공하는 재무보고서이다. 영업활동, 투자활동, 재무활동에 관한 정보를 제공함으로써 현금변동의 원인을 설명한다.

(3) 자 산

① **자산의 의의**

㉠ 자산(assets)은 기업이 소유하고 있는 자신의 경제활동에 유용한 경제적 자원 및 미래의 경제적 효익 또는 용역잠재력이다.

ⓛ 자산은 유동자산과 비유동자산으로 분류한다. 유동자산(current assets)은 재무상태표로부터 1년 이내에 현금화되는 자산을 말하고, 비유동자산(non-current assets)은 현금화되는 기간이 1년 이상인 것으로, 경제활동에 사용할 목적으로 장기간 보유하는 자산이다.

② **유동자산**

유동자산에는 당좌자산, 재고자산, 기타유동자산 등이 있다. 여기서 특히 재고자산의 평가는 수익인식과 함께 회계에서 아주 중요한 비중을 차지한다.

유동자산	당좌자산	현금 및 현금성자산, 단기금융상품, 유가증권, 매출채권(외상매출금, 받을 어음) 등
	재고자산	기업이 보유한 상품, 제품, 반제품, 재공품, 원재료, 저장품 등
	기타유동자산	선급금, 선급비용 등

③ **비유동자산**

비유동자산은 판매 또는 처분을 목적으로 하지 않고 비교적 장기간에 걸쳐 영업활동에 사용하고자 취득한 각종 자산이다. 비유동자산에는 투자자산, 유형자산, 무형자산, 기타비유동자산 등이 있다.

비유동자산	투자자산	장기금융상품, 투자유가증권, 출자금, 관계회사 주식, 투자부동산, 장기대여료, 임차보증금, 부도어음 등
	유형자산	토지, 건물, 구축물, 기계장치, 차량운반구, 비품 및 건설 중인 자산 등
	무형자산	산업재산권, 라이센스와 프랜차이즈, 저작권, 컴퓨터 소프트웨어, 개발비, 임차권리금, 광업권 및 어업권 등
	기타비유동자산	장기매출채권, 장기미수금, 임차보증금, 부도어음 등

(4) 부 채

① **부채의 의의**
  ㉠ 부채(liabilities)는 기업이 타인에게 현금을 지급하거나 기타 재화 또는 서비스를 제공하여야 할 의무를 말한다.
  ㉡ 부채에는 1년 이내에 상환할 유동부채와 1년 이후에 지출이 예상되는 비유동부채로 구분한다. 부채는 상환시 지급할 금액으로 평가할 수 있으나 이론적으로는 미래에 지급할 금액의 현재가치에 의해 평가하여야 한다.

② **부채의 분류**

부 채	유동부채	단기금융부채(단기차입금 등), 매입채무(외상매입금, 지급어음), 단기차입금, 미지급금(선수금, 예수금), 기타유동부채 등
	비유동부채	장기금융부채(사채, 장기차입금), 장기성매입채무, 장기충당부채, 이연법인세대, 기타비유동부채 등

(5) 자 본

① **자본의 의의**
  ㉠ 자본(capital)이란 자산에 대한 소유주, 즉 주주의 지분을 의미하며 자산에서 부채를 차감한 잔액이다. 따라서 다음과 같은 자본등식으로 표시할 수 있다.

  > 자산 − 부채 = 자본

  ㉡ 자본은 경제적인 측면에서 자기자본이라고 하고 부채는 타인자본, 이들의 합계액을 총자본이라고 한다.

② **자본의 분류**
  ㉠ 자본은 자본금, 자본잉여금, 이익잉여금, 자본조정, 기타포괄손익누계액 등으로 나누어진다.
  ㉡ 자본금은 기업의 출자액, 자본잉여금은 소유주(주주)와의 거래에서 발생한 잉여금을 말한다. 이익잉여금은 손익거래, 즉 영업활동에서 발생한 잉여금이다. 그리고 자본조정이란 자본거래에 해당하나 자본금이나 자본잉여금으로 분류할 수 없는 항목을 말한다.

(6) 수익과 비용

① **수 익**
  수익(revenue)은 기업의 정상영업활동의 일환으로 발생되며 매출액, 수수료수익, 이자수익, 배당수익, 로열티수익 및 임대료수익 등 다양한 명칭으로 구분된다. 수익발생 결과는 자산의 유입 또는 부채의 감소로 볼 수 있다.

② **비 용**
  비용(expense)은 기업의 정상영업활동의 일환으로 발생하는 비용(매출원가, 급여 및 감가상각비)과 차손 모두 포함된다. 비용의 발생 결과는 자산의 유출·소멸 또는 부채의 증가로 볼 수 있다.

제5절 구매 및 조달관리

1 구매 및 조달관리의 개념과 절차

(1) 구매관리

① 구매관리의 의의
  ㉠ 구매관리의 의미 : 구매관리(purchase management)는 제품생산에 필요한 원재료 및 부품을 될수록 유리한 가격으로, 필요한 시기에, 적당한 공급자로부터 구입하기 위한 체계적인 관리를 의미한다.
  ㉡ 구매관리를 위한 조직 : 집중화와 분권화
    ⓐ 구매기능을 집중화할 것이냐, 분권화할 것이냐는 기업의 규모와 개별 부서의 업무특성에 따라 달라진다. 집중화와 분권화에 따른 장·단점을 정리하면 다음과 같다.

    구매관리의 집중화와 분권화에 따른 장·단점

구 분	집중화	분권화
장 점	• 품목의 표준화가 용이 • 주문비용 절감과 구매단가 인하 • 공급자에 영향을 미칠 수 있는 물량 확보 • 자금 흐름의 통제가 용이 • 구매의 전문화가 용이	• 개별 부서의 니즈를 가장 잘 파악 • 구매절차가 간단하고 신속 • 적시조달이 가능
단 점	(분권화의 장점과 상반)	(집중화의 장점과 상반)

    ⓑ 최근 BPR(business process reengineering) 등 분권화에 따른 경영혁신방안이 널리 소개되고 있는데, 기업 전체에서 사용되는 물량이 많은 경우 기업으로서는 집중화에 따른 이점을 쉽게 포기하기가 힘들 것이다.
    ⓒ 이런 경우, 부서별 구매관련 책임자들로 구성된 팀의 운용을 통해서 분권화에 따른 유연성을 살리면서 집중화에 따른 규모경제의 실현과 자금의 통제도 가능하게 하는 방법들이 제시되고 있다.

② 공급자관계관리(SRM)
  ㉠ 최근의 구매관리 추세가 다수 공급자의 가격경쟁을 통한 구매단가 인하에서 소수 공급자의 장기적 공영관계로 이행됨에 따라 향후의 기업경쟁력을 함께 키워 나가야 할 공급자를 선정하고 이를 유지하고 육성하는 일이 매우 중요하게 되었다.
  ㉡ 공급자의 선정은 일반적으로 구매자의 목표달성에 부합되는 적정품질과 수량, 최적의 가격, 적정서비스 수준, 납기의 신뢰성 등과 관련된 공급자의 능력을 기준으로 이루어진다.

(2) 조달물류

① 조달물류의 뜻
  ⊙ 조달물류(procurement logistics)는 주로 기업에서의 구매관리, 자재관리 및 재고관리 분야를 의미한다. 즉, 원재료나 부품을 주문해서 제조업자의 자재창고로 운송·입하되어 생산공정에 투입되기 이전까지의 물류활동을 의미한다.
  ⓒ 조달물류는 원자재 공급자의 입장에서는 판매(납품)물류가 되고, 구입처(제조업자)의 입장에서는 조달물류가 되는 양면성을 지니고 있다.

② 조달물류의 합리화
  ⊙ 조달비용의 절감 : 조달물류는 전체 물류활동의 출발점이 되는 것으로, 조달물류의 원활화 여부는 이어지는 모든 물류활동에 영향을 미치므로 신중하게 관리되어야 한다.
  ⓒ 조달물류 합리화의 과제 : 조달물류에서 관심을 두어야 할 과제로는 리드타임(lead time)과 재고관리, 운송체제의 정비, 품질과 정확성 유지 등이다. 조달물류 관리의 요체는 원재료 공급자와의 긴밀한 협력체제에 있다.

2 품질관리

(1) 품질관리의 의의와 전개

① 품질관리의 의의
  품질관리(quality control : QC)란 소비자의 요구에 적합한 품질의 제품과 서비스를 경제적으로 생산할 수 있도록 조직내의 여러 부문이 품질을 유지·개선하는 관리적 활동의 체계를 말한다. 즉, 품질관리는 경영전반에 걸친 조직시스템을 통하여 통계적 기법을 적용시켜 소비자가 요구하는 품질을 경제적이고 과학적으로 산출해 내는 관리활동이다.

② 품질관리의 전개
  ⊙ 품질관리는 '예방의 원칙'을 토대로 하며, 객관적 판단을 위해 통계적인 고찰이나 기법 등의 과학적 수단을 활용하게 되었다. 이와 같이 통계적 기법의 응용을 강조한 품질관리를 통계적 품질관리(statistical quality control : SQC)라고 한다.
  ⓒ 그러나 현대적 품질관리는 종합적으로 품질관리를 추진해야 한다는 입장을 취하는데, 이러한 측면을 강조하는 품질관리를 전사적 품질관리(total quality control : TQC) 또는 종합적 품질관리라고 한다.

(2) 품질관리 기법

① 통계적 품질관리(SQC)
  통계적 품질관리는 표본(sample)을 추출하여 그들이 속한 모집단의 규격에의 적합성을 추측하기 위한 기법이다.

② **종합적 품질관리(TQC)**
종합적 품질관리(total quality control)는 고객에게 최대의 만족을 주는 가장 경제적인 품질을 생산하고 서비스할 수 있도록 사내 각 부문의 활동을 품질의 개발·유지·향상을 위해 전사적으로 통합·조정하는 시스템이다.

③ **종합적 품질경영(TQM)**
㉠ TQM의 의의 : 종합적 품질경영(total quality management : TQM)은 경영자가 소비자 지향적인 품질방침을 세우고 최고경영진은 물론 모든 종업원들이 전사적으로 참여하여 품질향상을 추구하는 활동을 말한다. 즉, 제품과 서비스 품질, 고객만족 그리고 기업의 수익성 사이의 관계를 적극적으로 고려한 조직체 전체의 접근방법으로서 제품 및 서비스 전부의 품질을 지속적으로 향상하기 위한 품질관리 시스템이다.
㉡ TQM의 원칙 : TQM의 운영에는 고객중심, 공정개선, 전원참가라는 원칙이 갖추어져야 한다.

④ **6시그마(six sigma)**
㉠ 6시그마의 정의
ⓐ 시그마(σ)는 통계학에서의 표준편차(standard deviation)를 의미한다. 경영혁신 수단으로서의 6시그마 운동은 제품의 설계, 제조, 그리고 서비스의 품질편차를 최소화해 그 상한과 하한이 품질 중심으로부터 6σ 이내에 있도록 한다는 것이다. 이 경우 품질규격을 벗어날 확률은 1백만 개 중 3.4개(3.4PPM) 수준이 된다.
ⓑ 6시그마 활동은 목표 품질수준의 달성을 위하여 모든 관련 프로세스를 평가하여 품질개선 활동의 우선순위를 설정하고 이에 따라 체계적이고 효율적으로 프로세스 관리를 수행해 나가는 것을 원칙으로 한다.

㉡ 6시그마의 수행단계
6시그마는 일반적으로 DMAIC라고 불리는 프로세스를 거쳐 최종적으로 6σ 기준에 도달하는 것을 목표로 한다.

단 계	내 용
정의(define)	고객들의 요구사항과 품질의 중요영향요인(CTQ : critical to quality), 즉 고객만족을 위해 개선해야 할 중요부분을 인지하고 이를 근거로 개선작업을 수행할 프로세스를 선정하는 단계
측정(measure)	CTQ에 영향을 미치는 프로세스에 대하여 그 업무과정에서 발생하는 결함을 측정하는 단계
분석(analyze)	결함의 형태와 발생원인을 조사하여 중요한 직접적 및 잠재적 변동원인을 파악하는 단계
개선(improve)	결함의 원인을 제거하여 문제나 프로세스를 개선하는 단계
통제(control)	개선효과 분석, 개선프로세스의 지속방법을 모색하는 단계

3 공급자 선택 및 관리

(1) 공급업자의 평가 및 선정

① 벤더의 의의

㉠ 벤더의 의미와 유형

벤더(vendor)란 소매점에 제품을 공급하는 사람을 말한다. 벤더의 종류는 몇 가지로 분류된다.

제조업자 상표의 벤더	일반적 내셔널 브랜드의 벤더
소매업자 상표의 벤더	보통 소매업자가 고안하고 제조하여 그 소매업체에서만 팔리는 상표의 제품
라이센스 상표의 벤더	유명업체의 상표를 빌려서 제품을 개발·판매하는 경우를 의미
무상표 제품의 벤더	상표 없는 제품

㉡ 벤더와의 거래유형

이러한 벤더, 즉 공급업자와의 관계를 살펴보면, 한 번의 거래로 끝나는 일회성 거래관계, 여러 번에 걸쳐 관계가 유지되는 기능적 거래관계, 마지막으로 아주 높은 신뢰를 유지하여 밀접한 관계를 가지고 협력하는 관계인 전략적 거래관계로 구분해 볼 수 있다.

② 공급업자의 평가기준

공급업자의 평가기준으로는 제품기준, 유통기준, 가격기준, 판촉기준 및 서비스기준 등이 있다. 즉 구매자의 목표달성에 부합되는 적정 품질, 최적의 가격, 적정서비스 수준, 납기의 신뢰성 등으로 평가해야 한다.

(2) 공급업자와의 매입협상

① 매입협상의 의의와 내용

㉠ 매입협상의 의의 : 공급업자를 적절하게 평가하고 나면 그들과 실제적으로 매입협상을 하여야 한다. 소매업자는 협상을 통해 가격, 도착기일, 할인, 반품 등 세부사항을 결정하여야 한다. 모두에게 중요한 것은 거래업체와의 장기적인 관계를 통해 수익을 높이는 것이다.

㉡ 매입협상의 내용 : 협상의 대상이 되는 것은 가장 중요한 가격과 상품도착시간, 배달비용과 배달방법, 독점적 판매권, 할인액, 판촉보조금, 반품조건 등 상품의 구매와 관련된 모든 조건들이다.

㉢ 매입협상에서 바이어(buyer)의 교섭능력 강화요인

ⓐ 바이어가 큰 기업일수록, 바이어의 구매금액이 공급자의 매출에서 차지하는 비중이 클수록 바이어의 교섭력은 강화된다.

ⓑ 바이어가 공급자의 제품·가격·비용구조에 대해 많은 정보를 가질수록 바이어의 교섭력은 강화된다.

ⓒ 바이어가 수직적 통합을 할 수 있는 경우 교섭력은 강화되고, 공급자를 바꾸는데 전환비용이 많이 소요되면 바이어의 교섭력은 약화된다.

② 위탁매입
　㉠ 제품의 판매여부를 확신할 수 없을 때 공급업자가 제품의 소유권을 가지면서 점포에 진열하여 제품이 판매되면 판매액의 일정 비율만큼 점포에서 가지고 제품이 판매될 때까지 대금을 지불하지 않는 위탁매입을 고려해 볼 수도 있다.
　㉡ 이때 판매되지 않은 제품은 공급업체로 다시 반품을 하는데 반품은 납품가격의 인상을 초래할 수 있기 때문에 신중히 고려해야 한다.

③ 상품의 주문과정
레위슨(Lewison)교수는 상품 주문과정을 매입전략문제, 매입방법, 주문시스템 등으로 나누었다.
　㉠ 매입전략문제
　　ⓐ 집중전략 : 소매업자가 소수의 공급업체와 거래하는 것으로 수량할인, 주문에서 보관까지 운영비 절감 또한 공급업체의 특별한 배려를 기대할 수도 있다.
　　ⓑ 분산전략 : 여러 공급업체로 주문을 분산시키는 것으로 상품의 다양성 증가, 유행하는 아이템 파악, 공급원 대체, 여러 공급업자간의 경쟁적 서비스 촉진 등 많은 장점을 가지고 있다.
　㉡ 매입방법
　　ⓐ 대량매입 : 대량매입을 할 경우에는 현금할인이나 수량할인을 받을 수 있는 이점이 있다. 그러나 재고품의 보관비용이 많이 들고 상품의 재고기간이 길어지면 자금이 묶이는 불리한 점도 있다.
　　ⓑ 당용매입 : 그때그때 필요한 양만큼의 상품을 구매하는 방법이다. 할인혜택은 적지만 상품의 회전이 빠르고 재고로 인한 손실이나 자금의 고정화로 인하여 생기는 불리한 점을 피할 수 있다는 장점이 있다.

4 구매실무

(1) 구매협상

① 협상 이슈들
협상의 주요 이슈는 가격과 매출총이익, 특별마진 증진기회, 구매기간, 독점권, 광고비용 할당, 수송 등에 관한 것이다. 가격과 총매출이익을 결정하는 두 가지 요소에는 마진보장과 입점비가 있다.
　㉠ 마진보장(margin guarantees) : 상품의 도매가 협상은 총마진 목표를 달성하게 해줄 수는 있지만 상품이 팔리지 않으면 낮은 가격으로 판매해야 하므로 마진목표를 달성하지 못할 수 있다. 이러한 불확실성으로 인해 총마진을 달성할 수 있는 보장을 요구한다.
　㉡ 입점비(slotting allowance) : 입점비는 공급자가 소매유통기업의 점포 사용에 따른 비용을 지불하는 것인데 이는 비윤리적이라고 인식된다. 입점비의 형태는 상품의 특징이나 소매유통기업의 상대적 영향력에 따라 다양하게 나타날 수 있다.

② **파트너십 관계우위 확보**

전략적 파트너십을 유지하는 것은 공급자와 구매자 모두의 목표를 달성하게 해준다. 성공적인 파트너십을 위한 요인으로는 상호신뢰, 개방적 의사소통, 공동의 목표, 확고한 결속 등이 있다.

(2) 공급자와의 거래에서 발생하는 비윤리적 문제

공급업체와 소매업체의 거래에서 발생되는 비윤리적 문제로 입점비(slotting allowances), 역매입(buybacks), 역청구(chargebacks), 뇌물, 위조상품, 전환상품, 지역점독점권, 독점거래협정(exclusive dealing agreement), 구속적 계약(tying contract), 거래거절(refusals to deal) 등의 사례를 들 수 있다.

① **역매입(buybacks)**

입점비와 마찬가지로 점포에 입점하기 위해 공급업체와 소매유통기업이 암묵적 합의하에 사용하는 전략으로, 두 가지 경우를 생각해 볼 수 있다.

㉠ 소매유통기업이 공급업체에게 경쟁자의 상품을 역매입하게 하여 경쟁자의 상품을 제거하고 그 공간에 공급업체 상품을 진열하게 하는 경우이다.

㉡ 판매가 느리게 이루어지는 상품에 대해 소매유통기업이 공급업체에게 역매입을 요구하는 경우이다.

② **역청구(chargebacks)**

㉠ 소매상이 공급업체로부터 발생한 상품수량의 차이에 대해 대금을 공제하는 것을 말한다. 상품이 판매되지 않아 송장에서 대금을 공제하는 경우도 있고, 포장이나 품목의 오류, 선적지연 등 공급업체의 잘못에 대해 대금을 공제하는 것이다.

㉡ 이는 합법적이기는 하지만 공급업체는 불공정하다고 느끼기 때문에 비윤리적인 문제의 하나로 지적되고 있다. 따라서 역청구(chargebacks) 가능성 여부를 적정한 거래처를 확보하기 위한 평가기준으로 삼아서는 안 된다.

③ **구속적 계약(tying contract)**

사고자 하는 상품을 구입하기 위해서 사고 싶지 않은 상품까지도 소매업체가 구입하도록 하는 공급업체와 소매업체 간에 맺는 협정을 의미한다.

④ **회색시장과 전환상품**

㉠ 회색시장(gray-market)의 상품들은 한국정부에 등록된 트레이드 마크를 가지고 있으며, 외국에서 생산되어 한국의 트레이드 마크 소유자의 허가 없이 한국 내로 수입된 것이다. 회색시장의 상품은 위조상품과는 다른 것이다. 정상적인 경로로 유통되는 상품과 동일한 것이다.

㉡ 전환상품(diverted merchandise)은 국제적 경계를 넘어 유통하지 않는다는 점을 제외하고는 회색시장의 상품과 동일하다.

(3) 재고관리의 의의

① **재고의 정의**
  ㉠ 재고(inventory)란 경제적 가치를 지닌 모든 물품의 흐름이 시간적 관점에서 시스템 내의 어떤 지점에 정체 또는 저장되어 있는 상태를 의미한다. 제조업의 경우 재고는 원재료·재공품·반제품·구입부품·완성품 등의 형태로 존재한다.
  ㉡ 재고를 보유하는 이유는 경제적 발주(제조)기능, 불확실성 대처기능, 생산평준화기능 등 중요한 기능을 감당하기 때문이다.

② **재고관리의 의의**
  ㉠ 재고관리(inventory control)는 능률적이고 계속적인 생산활동을 위해 또는 고객의 요구에 부응하기 위해, 필요한 원재료·반제품·제품 등의 최적 보유량을 계획·조직·통제하는 기능을 말한다.
  ㉡ 재고보유에는 비용이 들기 때문에, 재고관리란 재고보유의 이익과 비용의 균형을 유지할 수 있는 적정수준의 재고량 보유와 관련된 관리기능을 의미한다.

③ **재고관리 방법**
  ㉠ 독립 수요품목의 재고관리
     재고품목 중에서 제조업자의 완성품이나 유통업자의 상품과 같은 독립 수요품목(그 품목에 대한 수요가 다른 품목의 수요와는 관계없이 이루어지며, 수요량은 예측으로 구해짐)에 대해서는 통계적 재고관리 기법을 이용할 수 있다.
  ㉡ 종속 수요품목의 재고관리
     한편 제조업에서의 부품이나 원재료는 종속 수요품목으로, 그 수요의 양과 시기는 최종제품의 수요량을 기준으로 하여 부품구성표(bill of materials : BOM)와 제조 리드타임을 검토함으로써 계산할 수 있다. 이와 같은 종속 수요품목의 재고관리에 대해서는 자재소요계획(MRP)이 활용된다.

④ **재고관리의 세부내용**
  ㉠ 1회 주문량을 '얼마'로 하여야 하는가 하는 경제발주량(EOQ) 결정
  ㉡ '언제' 주문하여야 하는가? 하는 발주시기 내지 발주점 결정
  ㉢ '어느 정도'의 재고수준을 유지해야 하는가 하는 적정재고 수준이나 안전재고(safety stock) 수준의 문제

⑤ **재고관리의 지연(postponement)전략**
  ㉠ 지연(postponement)전략은 차별화 지연(delayed differentiation)이라고도 하는데, 고객의 욕구가 정확히 알려질 때까지 되도록 생산을 연기하다가 욕구가 확실해졌을 때 생산하는 것이다.
  ㉡ 지연전략은 수요의 불확실성에 대처하기 위한 방법 중 하나로 제품의 완성을 뒤로 미루어 물류센터에서 출고 직전에 간단한 조립이나 패키징을 하는 것으로 SCM 개선방법 중 하나이다.

(4) 재고관리 시스템

① **재고의 종류**
  ⊙ 수송 중 재고 : 자재흐름 체계를 통해 한 지점에서 다른 지점으로 이동 중인 재고를 말한다.
  ⓒ 투기성 재고 : 가격의 변동이 큰 물품은 가격이 쌀 때 재고를 보유하였다가 가격이 올라가면 출하하여 차익을 얻을 목적으로 보유하는 재고를 의미한다.
  ⓒ 순환재고 : 연속적인 재고보충 시점 간의 평균수요를 충족시키는데 필요한 재고를 말한다.
  ⓔ 안전재고 : 재고에 대한 수요와 보충 조달기간의 변동에 대한 방지책으로 보유하는 재고를 말한다. 완충재고라고도 한다.
  ⑩ 침몰재고 : 불용재고 또는 진부화 재고라고도 하는 것으로 재고기간 동안 손상, 손실 및 진부화(obsolescence)되는 재고를 말한다.

② **재고관리비용**
  ⊙ 주문비용(발주비용) : 주문비용(ordering cost)은 자재나 부품을 구입할 때 주문에 수반되어 발생하는 비용이다. 주문관련 서류비용, 통신비, 검사비, 입고비, 통관료, 물품운송비 등을 말한다.
  ⓒ 재고유지비용 : 재고유지비용(holding cost)은 재고를 보유하고 유지하는 데 수반되는 비용이다. 기회비용으로서의 이자, 창고료, 보험료, 감가상각비, 진부화비용, 세금 등을 말한다.
  ⓒ 준비비용 : 재고준비비용(production change cost)은 재고품을 외부로부터 구매하지 않고 자체적으로 생산할 때 발생하는 제비용을 의미한다. 노무비, 자재 공구 교체비, 원료준비 등에 소요되는 비용이다.
  ⓔ 재고부족비용 : 재고부족비용(shortage cost)은 재고부족으로 인한 생산중단, 판매기회 상실, 신용하락 등의 손실비용이다.

③ **재고관리의 효율성을 측정하는 지표**
  ⊙ 서비스율 : 재고관리 시스템은 최적의 재고 보유로 서비스율을 향상시키는 것을 목적으로 한다. 서비스율은 고객의 수요를 얼마나 충족시켰는지를 나타내는 지표이다.

$$(고객)서비스율 = 납기내\ 납품량(액)/수주량(액) \times 100$$

예를 들어 어떤 회사의 제품의 연간 총수요가 5,000개이며, 제품의 연간 평균 품절량이 300개이면 서비스율 = $\dfrac{5,000개 - 300개}{5,000개} \times 100 = 94\%$ 이다.

  ⓒ 백오더율 : 백오더율(back order rate)은 결품률을 의미한다. 따라서 서비스율 + 백오더율 = 100%이다.

$$백오더(back\ order)율 = 결품량/요구량 \times 100$$

ⓒ 재고회전율

> 재고회전율 = 매출액 또는 매출수량/평균재고액 또는 재고량

여기서 평균재고량(액)은 기초재고량(액)과 기말재고량(액)의 평균값을 의미한다. 재고수량을 최소화 또는 최적화하여 재고회전율을 높게 유지하는 것이 바람직하다.

④ **재고 수준**
  ㉠ 운영재고 수준 : 운영재고는 조달기간(lead time) 중에 필요한 자재의 수요 예측량을 의미한다. 운영재고 수준의 결정요소는 가용자금, 저장시설, 재고회전율, 경제적 수송량, 재고 보충빈도 등이다.
  ㉡ 안전재고 수준 : 안전재고는 수요·공급의 변동, 수송의 지연 등으로 품절이 발생하는 경우를 방지하기 위한 예비목적의 재고를 의미한다. 수요의 변동 폭이 커지면 수요의 표준편차가 커지므로 안전재고는 증가한다.

> 안전재고 = 안전계수 × 수요의 표준편차 × $\sqrt{조달기간}$

안전계수는 통계적으로 서비스율이 95%(결품율 5%)인 경우 1.645이다.
  ㉢ 적정재고 : 적정재고는 수요를 가장 경제적으로 충족시킬 수 있는 재고량으로 운영재고와 안전재고를 더한 것이다.

⑤ **재고일수**

> 재고일수 = 현재 재고수량(재고금액)/일평균 출하량(출하금액)

CHAPTER 03 실전감각 기르기

01 고전적 경영이론 중 작업의 분업화가 필연적인 것이라면, 시간연구와 동작연구를 통해 표준작업시간을 결정하고 관리자의 권한은 최대한 줄이며 작업과 작업도구를 표준화시켜야 한다고 주장한 인물은?

① 페욜(H. Fayol)
② 베버(M. Weber)
③ 핸디(Handy)
④ 테일러(F. Taylor)
⑤ 포드(H. Ford)

[해설] 제시된 내용은 테일러(F. Taylor)의 과학적 관리법이다. 테일러는 근로자들의 생산성을 높이기 위해 시간연구와 동작연구를 통해 표준과업량을 설정한 후 이를 달성한 자에게만 높은 임금을 지급하는 차별성과급제를 주장하였다.

02 조직구조를 설계할 때 고려해야 할 주요 요인과 거리가 먼 것은?

① 전문화
② 권한 위양
③ 공식화
④ 통제의 폭
⑤ 집권화

[해설] 조직설계의 기본변수로는 복잡성(complexity), 집권화(centralization) 또는 분권화, 공식화(formalization)를 들 수 있다. 복잡성은 과업의 분화정도를 나타내는 것으로 분화 또는 전문화라고도 한다. 공식화는 조직 내의 직무가 표준화되어 있는 정도를 나타낸다. 집권화 또는 부문화는 의사결정 권한의 배분 정도를 의미하는데, 의사결정의 권한이 하위계층에 위양되어 있는 경우 분권적 조직이 된다.

03 과거에 비해 달라진 조직화의 경향에 대한 설명 중 가장 거리가 먼 것은?

① 불필요한 단계를 제거하면서 명령단계의 축소가 일어나기도 한다.
② 프로젝트팀이나 매트릭스조직이 등장하면서 명령일원화의 원칙이 감소하기도 한다.
③ 조직의 효율성을 위해 스탭 부분을 축소하기도 한다.
④ 명령단계가 축소되면, 한 사람이 직접적으로 관리하는 부하직원의 수, 즉 통제범위가 축소되기도 한다.
⑤ 분산화와 집중화가 동시에 진행되기도 한다.

[해설] ④ 명령단계가 축소되면 조직의 계층구조가 낮아지므로, 통제범위(감독 폭)는 넓어진다.

Answer 01 ④ 02 ④ 03 ④

04 유통기업의 조직구조에 대한 설명으로 가장 올바른 것은?

① 조직의 유형에는 조직구성원의 역할에 대해 정형화한 비공식조직과 조직구성원의 사회적 관계나 네트워크에 의해서 자연스럽게 형성된 공식조직이 있다.
② 유통기업이 조직을 설계할 때, 관리자가 효과적으로 관리할 수 있는 업무량을 기준으로 관리의 범위를 결정한다.
③ 조직구조에서 관리의 범위와 조직계층의 수 사이에는 비례관계가 있다.
④ 조직의 부문화는 기능별 부문화, 지역별 부문화, 고객별 부문화 및 제품별 부문화 등으로 구분한다.
⑤ 매트릭스 조직은 복수의 부문화 조직을 결합하여 각 부문화의 장점을 활용하기 위한 구조로서 최고경영자의 조정과 통합능력은 상대적으로 덜 필요로 한다.

해설 ① 조직구성원의 역할에 대해 정형화한 것은 공식조직이고, 조직구성원의 사회적 관계나 네트워크에 의해서 자연스럽게 형성된 것은 비공식조직이다.
② 조직을 설계할 때는 업무량이 아니라 통제범위(관리폭), 즉 통솔할 수 있는 부하의 수를 기준으로 한다.
③ 관리의 범위(통제범위)와 계층의 수 사이에는 반비례 관계가 있다.
⑤ 매트릭스 조직은 기능식 조직과 프로젝트 조직을 결합한 것으로 최고경영자의 조정과 통합능력이 중요하다.

05 기계적 조직과 유기적 조직의 비교·설명으로 옳은 것은?

① 기계적 조직은 직무 전문화가 낮고, 유기적 조직은 직무 전문화가 높다.
② 기계적 조직은 의사결정 권한이 분권화되어 있고, 유기적 조직은 의사결정 권한이 집권화되어 있다.
③ 기계적 조직은 동태적이고 복잡한 환경에 적합하며, 유기적 조직은 안정적이고 단순한 환경에 적합하다.
④ 기계적 조직은 통제범위가 넓고, 유기적 조직은 통제범위가 좁다.
⑤ 기계적 조직은 지휘계통이 길고, 유기적 조직은 지휘계통이 짧다.

해설 번즈와 스토커(T. Burns & G. M. Stalker)는 조직구조를 기계적 조직과 유기적 조직으로 구분하였다.
기계적 조직은 정형화된 조직으로, 고도의 직무세분화, 권한과 책임의 명확성, 관료적·비인격적·수직적인 명령계통 등을 특징으로 한다.
유기적 조직은 상황에 따라 조직구조를 쉽게 바꿀 수 있는 조직으로, 직무의 권한과 책임관계의 유연성, 분권적 의사결정, 수평적·인격적 상호관계 등을 특징으로 한다.
⑤ 기계적 조직은 지휘계통이 길고, 유기적 조직은 지휘계통이 짧다.

Answer 04 ④ 05 ⑤

06 다음은 조직구조의 유형 중 매트릭스(Matrix) 조직구조에 대한 설명이다. 올바르지 않은 내용은?

① 이 조직구조는 팀 우선적인 구조로 개인들에게 스스로를 개발하고, 기술적·전문적인 능력 및 인간관계능력을 강화할 기회를 제공하기 어렵다는 단점이 있다.
② 특수과제를 맡은 팀에서 작업하는 직원들은 높은 수준의 주인의식, 몰입도 및 높은 작업의욕을 체험할 수도 있는 장점이 있는 반면, 팀 구성원들 사이의 혼란, 보고관계와 직무에 대한 책임이 명확하지 않을 수 있다.
③ 매트릭스 구조는 계층적인 기능식 구조에 수평적인 사업부제 조직을 결합한 부문화의 형태이다.
④ 장점으로 자원의 효율적인 활용, 즉 관리자는 유휴인력을 가진 거대집단을 구축하기보다는 오직 일을 완수하기 위해 필요로 하는 전문화된 스태프(staff)만 활용한다는 것이다.
⑤ 작업자는 이중 명령체계를 따르므로 명령계통 간의 혼선이 야기될 수 있다.

[해설] ①은 팀(team) 조직에 대한 설명이다. 팀 조직은 상호 보완적인 기능을 가진 소수의 종업원들이 공동의 목표달성을 위해 상호책임을 공유하고, 문제해결을 위해 공동의 접근방법을 사용하는 조직단위이다. 매트릭스 조직(행렬조직 또는 그리드 조직)은 생산·재무·마케팅·인사·연구개발 등과 같은 기능식 조직에, 특수한 목적을 달성하기 위해 편성하는 프로젝트 조직(혹은 지역단위에 따른 지역별 부문)을 결합한 형태의 조직이다. 이는 경영자가 프로젝트와 같은 구체적인 목적을 효율적으로 달성하기 위한 조직구조를 만들고자할 때 사용되는 부문화 방법이다.

07 분업의 원리를 이용한 조직으로 소품종 대량생산이 유리하고 전문기술 개발에 유리한 반면에 책임영역의 규정이 곤란한 조직은?

① 라인조직　　　　　　　　　② 기능별 조직
③ 매트릭스 조직　　　　　　　④ 사업부제 조직
⑤ 팀조직

[해설] 기능별(직능별) 조직은 라인조직의 단점을 보완하기 위한 것으로 수평적 분화에 중점을 두고 관리자의 업무를 기능화하여 부문별로 관리자를 두고 지휘·감독하는 조직형태이다. 테일러(F. W. Taylor)의 분업에 의한 전문화의 원리에 입각한 조직형태이다.

08 환경변화에 신축적으로 대응할 수 있고, 업무조정이 용이하며 과업에 집중이 가능하며 또한 책임소재가 명확한 조직유형은?

① 기능별 조직　　　　　　　　② 사업부제 조직
③ 라인조직　　　　　　　　　　④ 매트릭스 조직
⑤ 프로젝트 조직

Answer　06 ①　07 ②　08 ②

해설 사업부제 조직(divisional organization)은 경영활동을 제품별·지역별 또는 고객별 사업부로 분화하고, 독립성을 인정하여 권한과 책임을 위양함으로써 의사결정의 분권화가 이루어지는 조직이다. 이 조직은 기술혁신에 의한 제품의 다양화가 이루어짐에 따라 등장하게 되었다. 따라서 사업부제 조직은 환경변화에 신축적으로 대응할 수 있고 업무의 조정이 용이하다.

09 업무나 계층이 조직 내에서 얼마나 나누어져 있는가를 뜻하는 것은?

① 복잡성
② 공식화
③ 집권화
④ 분권화
⑤ 전문화

해설 조직구조의 기본변수 중 복잡성(complexity)은 과업의 분화정도를 뜻하는 것으로 수평적 분화와 수직적 분화로 구분할 수 있다.

10 센지(P.M. Senge)가 제시한 학습조직의 기본요소가 아닌 것은?

① 자아완성(Personal Mastery)
② 개인학습(Private Learning)
③ 사고모형(Mental Model)
④ 공유비전(Shared Vision)
⑤ 시스템 사고(System Thinking)

해설 1980년대 말 미국 MIT대학의 피터 센지(P.M. Senge) 교수에 의해 처음으로 제시된 학습조직(learning organization : LO)은 급변하는 경영 환경 속에서 승자로 살아남기 위해서는 조직원이 학습할 수 있도록 기업이 모든 기회와 자원을 제공하고 학습 결과에 따라 지속적 변화를 이루어야 한다는 것으로 요약된다. 이는 벤치마킹에서 한 단계 발전된 것이다. 벤치마킹이 다른 기업의 장점을 수용하려는 자세를 강조한 것이라면 학습조직은 벤치마킹을 전사적으로 확대할 수 있는 방법을 집중적으로 다루고 있다.
② 학습조직은 개인학습에 의한 개인적 지식이 아니라 집단학습에 의한 조직적 지식을 중시한다.

11 목표에 의한 관리(MBO) 이론에 대한 설명으로 가장 옳은 것은?

① 종업원은 다른 사람과 보상을 비교하여 노력과 보상 간에 공정성을 유지하려 한다는 이론이다.
② 긍정적 또는 부정적 강화요인들이 사람들을 특정 방식으로 행동하게 한다는 이론이다.
③ 높지만 도달 가능한 목표를 제공하는 것이 종업원을 동기부여할 수 있다는 이론이다.
④ 종업원이 특정 작업에 투여하는 노력의 양은 기대하는 결과물에 따라 달라진다는 이론이다.
⑤ 목표 설정 및 수행을 위한 장기계획을 수립할 수 있을 만큼 안정적인 기업에 더 적합한 이론이다.

해설 ⑤ 피터 드러커(P. Drucker)가 제시하고 더글러스 맥그리거(D. McGregor)가 발전시킨 MBO는 개인과 조직의 목표를 명확히 규정함으로써 구성원의 목표를 상급자 및 조직전체의 목표와 일치하도록 하기 때문에 조직목표 달성에 효과적으로 기여한다는 것이다.

Answer 09 ① 10 ② 11 ⑤

MBO의 주요내용은 ㉠ 측정가능하고 비교적 단기적인 목표를 설정하는 것, ㉡ 하급자를 목표설정에 참여시키는 것, ㉢ 상급자와 하급자 사이의 상호작용(피드백) 등이다.
①은 아담스(J. S. Adams)의 공정성 이론, ②는 강화이론, ③은 로크(E. A. Locke)의 목표설정이론, ④는 브룸(V. Vroom)의 기대이론에 대한 설명이다.

12 참여적(민주적) 리더십에 대한 설명으로 옳은 것은?

① 관리자가 잠정적인 결정사항에 대해 발표하는 형태를 취하기도 한다.
② 부하들의 절대적인 복종이 필요한 위기상황에서 특히 유효하다.
③ 관리자가 목표를 설정하면 종업원은 비교적 자유로운 방법으로 일한다.
④ 의사나 엔지니어 등의 전문직을 상대하는 관리직에 적합하다.
⑤ 비숙련 근로자들을 지휘해야 하는 상황에서 효과적이다.

해설 참여적 리더십(Participative Leadership)은 부하들에게 자문을 구하며 제안을 이끌어내고 부하들의 제안을 진지하게 받아들이는 리더십이다. ②는 지시적 리더십, ③은 성취지향적 리더십, ④는 위임형 리더십, ⑤는 지시적 리더십에 대한 내용이다.

13 다음 중 LPC 점수를 사용하여 리더의 유형을 결정하고 호의적인 상황과 비호의적인 상황에서 유효한 리더의 유형을 제시하는 이론은?

① 피들러의 상황 – 유효성이론
② 브룸과 예튼의 리더 – 참여모형
③ 하우스의 경로 – 목표이론
④ 블레이크와 머튼의 관리격자이론
⑤ 허시와 블랜차드의 리더십 상황이론

해설 피들러(F. Fiedler)의 상황이론에서 리더 자신의 특징을 결정하는 방법은 리더에게 가장 싫어하는 동료작업자(LPC : Least Preferred Co-workers)에 대해 물어보는 방법을 통해 측정한다. LPC 점수는 8척도의 20개의 설문항에 대한 점수를 합계하여 산출하는데, LPC 점수가 낮을수록 리더가 과업지향적일 가능성이 크다.

14 피들러의 상황적합적 리더십이론에 대한 설명 중 타당하지 않은 것은?

① 상황의 호의성은 리더 – 부하관계, 과업구조 및 직위권한에 의해 결정된다.
② 상황이 유리할 때는 과업지향적 리더가 효과적이다.
③ 상황이 매우 불리할 때는 인간관계지향적 리더가 효과적이다.
④ 집단의 성과는 리더십 유형과 리더에 대한 집단상황의 유리성 정도에 따라 결정된다.
⑤ 점수가 높은 리더는 자기 부하와 호의적이고 원만한 관계를 유지하려는 기본적 목표를 지니고 있다.

Answer 12 ① 13 ① 14 ③

해설 피들러의 상황이론에서 과업지향적 리더(task-oriented leader)는 상황이 호의적이거나 비호의적인 상황에서 집단성과를 높일 수 있고, 인간관계지향적 리더(human relations-oriented leader)는 상황이 중간 정도에서 집단성과를 높일 수 있다.
③ 상황이 매우 불리할 때는 과업지향적(task-oriented) 리더가 집단성과에 효과가 있다.

15 기업 구성원의 동기부여에 대한 설명으로 옳은 것은?

① 프레드릭 허즈버그는 책임감, 인정과 같은 요인이 결핍되면 직무불만족을 야기하지만 이들이 충족된다고 해서 동기가 부여되는 것은 아니라고 주장하였다.
② 동기를 부여하는 직무확충전략에는 직무확대와 직무평가가 있다.
③ Y이론에 의하면 사람들은 일하기를 싫어하고 피하려고 노력한다고 가정한다.
④ 빅터 브룸의 공정성이론에 의하면 사람들은 다른 종업원과 자신의 임금을 늘 비교한다고 주장한다.
⑤ 기대이론에 의하면 긍정적 강화요인으로 인정·임금인상이 있고, 부정적 강화요인으로는 질책·해고 등이 있다.

해설 ① 허즈버그의 2요인이론에서 책임감, 인정은 동기요인으로 이것이 결핍되면 불만족을 야기하는 것이 아니고 직무만족이 감소하게 된다.
② 직무확충전략에는 직무확대와 직무충실화가 있다.
③의 내용은 맥그리거의 XY이론에서 X이론의 가정이다.
④ 공정성이론은 애덤스(J. S. Adams)의 이론이다.

16 리더의 행동을 생산에 대한 관심과 인간에 대한 관심으로 구분하여 이 두 행위측면을 계량화하여 리더십의 행위를 설명하려는 이론은?

① 슈퍼리더십 ② 피들러의 LPC 상황이론
③ 구조주도 리더십 ④ 관리격자이론
⑤ 경로 – 목표이론

해설 ④ 관리격자이론은 블레이크(Blake)와 머튼(Mouton)에 의해 개발된 것으로 리더의 행위를 생산에 대한 관심과 사람에 대한 관심 두 차원으로 격자를 구성하였다.

Answer 15 ⑤ 16 ④

17 변혁적 리더십에서 리더의 형태에 대한 설명으로 거리가 먼 것은?

① 조직 내 공유된 비전 창출
② 개인적 이익과 가치의 강조
③ 행동지침의 명료한 제시
④ 구성원들에 대한 신뢰감 제시
⑤ 영감적 동기부여

해설 ② 변혁적 리더십은 개인적 이익이나 가치보다는 개인 간의 신뢰 및 조직과 개인의 공생적 관계를 형성하고 공동의 목표를 향해 단합하게 하는 것이다.

18 직무특성모형에서 핵심직무차원에 해당하지 않는 것은?

① 기술 다양성
② 과업 정체성
③ 담당자의 중요성
④ 자율성
⑤ 과업 유의성

해설 직무특성모형은 해크맨과 올드햄이 제안한 이론으로, 핵심직무차원에는 기술다양성, 과업정체성, 과업유의성, 자율성과 피드백 등이 있다.

19 직무를 수행하는데 필요한 기능, 능력, 자격 등 직무수행요건(인적요건)에 초점을 두어 작성한 직무분석의 결과물은?

① 직무명세서
② 직무평가서
③ 직무표준서
④ 직무기술서
⑤ 직무지침서

해설 직무분석 결과 직무를 수행하는데 필요한 기능, 능력, 자격 등 직무수행요건(인적요건)에 초점을 두어 작성한 것은 직무명세서이다. 직무명세서는 직무 그 자체의 내용파악에 초점을 둔 것이 아니고 직무를 수행하는 사람의 인적요건에 초점을 맞춘 것이다. 작업자의 교육수준, 육체적·정신적 특성, 지적 능력, 전문적 능력, 경력, 기능 등이 포함된다.

20 개인의 일부 특성을 기반으로 그 개인 전체를 평가하는 지각경향은?

① 스테레오타입
② 최근효과
③ 자존적 편견
④ 후광효과
⑤ 대조효과

Answer 17 ② 18 ③ 19 ① 20 ④

[해설] 후광효과 또는 현혹효과(halo effect)란 어떤 한 분야에 있어서의 어떤 사람에 대한 호의적 또는 비호의적인 인상이 다른 분야에 있어서의 그 사람에 대한 평가에 영향을 주는 경향을 말한다. 헤일로(halo)는 부처상의 머리 뒤에서 비추는 후광을 가리키는 말인데 그 후광 때문에 부처의 얼굴이 더욱 인자하게, 신성하게 지각될 수 있는 이치와 같다. 이는 한 사람에 대한 전반적인 인상을 구체적인 특징평가에 일반화시키는 오류이다. 예컨대 성실해 보여서 좋은 인상이 드는 사람은 사실 실제의 업무성적과는 관계없이 업무에 능력이 있다고 판단해 버리는 경우이다.

21 직무평가의 방법에 관한 설명 중 옳지 않은 것은?

① 서열법은 직무 전체의 중요도와 난이도를 바탕으로 상대적 가치를 비교하여 직무의 우열을 정하는 방법이다.
② 분류법은 등급별로 책임도, 곤란성, 필요한 지식과 기술 등에 관한 기준을 고려하여 직무를 해당되는 등급에 배치하는 방법이다.
③ 요소비교법은 직무를 구성하는 요소별로 독립적으로 절대평가를 하여 직무의 등급을 정하는 방법이다.
④ 점수법은 직무의 평가요소별 가중치를 부여하고 각 직무에 대하여 요소별로 점수를 매긴 다음 이를 합산하는 방법이다.
⑤ 점수법에서 평가요소는 숙련요소·노력요소·책임요소·작업조건요소 등으로 구분할 수 있다.

[해설] ③ 요소비교법은 직무를 독립적으로 평가하는 절대평가가 아니라 직무를 대표직위와 비교하여 평가하는 상대 평가방법이다.

22 직무충실화에 대한 설명으로 옳지 않은 것은?

① 허즈버그의 2요인이론에 바탕을 두고 있는데, 위생요인은 직무충실화에 긍정적인 기여를 하지 못한다.
② 직무충실화를 성공시키기 위한 직무의 요건으로는 다양성, 과업유의성, 과업정체성, 자율성과 피드백 등이 있다.
③ 성취감, 인정감 등을 위해 직무를 재구성하여 직무를 가치 있게 만드는 것이다.
④ 수직적으로 직무부하가 아니라 수평적으로 직무의 수를 늘리는 것이다.
⑤ 직무성과가 직무수행에 따른 경제적 보상보다 개인의 심리적 만족에 달려있다는 전제에서 출발한다.

Answer 21 ③ 22 ④

해설 직무충실화(job enrichment)는 직무성과가 직무수행에 따른 경제적 보상(economic rewards)보다도 개인의 심리적 만족에 달려 있다는 전제하에 직무수행의 내용과 환경을 재설계하는 방법이다. 직무충실화는 특히 다양한 작업내용이 포함되고 보다 높은 수준의 지식과 기술이 요구되며, 작업자에게 자신의 성과를 계획하고 통제할 수 있는 자주성과 책임이 보다 많이 부여되고, 개인적 성장과 의미 있는 작업경험에 대한 기회를 제공할 수 있도록 직무의 내용을 재편성하는 것을 의미한다.
④ 직무충실화는 단지 직무의 수를 늘리는(enlarge) 것과 구별되어 그러한 요인이 포함되게 직무를 기름지게(enrich) 만드는 것이다. 직무충실화는 직무를 수직적으로 부과한다고 하여 수직적 직무확대(vertical job enlargement)라고도 한다.

23 다음 중 직무분석에 의하여 파악해야 할 기본적 내용에 들지 않는 것은?

① 직무내용과 직무목적   ② 직무평가
③ 작업장소와 소요기술   ④ 작업방법과 작업시간
⑤ 직무수행요건

해설 직무분석의 과정에서 파악해야 할 기본적 내용에는 직무내용과 직무목적, 작업장소와 소요기술, 작업방법과 작업시간, 직무수행요건 등이 있다.

24 임금의 구성내용이 어떻게 되어 있는가 하는 것이 (   )(이)라면, 임금을 종업원에게 지급하는 방식은 (   )이다. (   ) 안에 들어갈 용어가 순서대로 되어 있는 것은?

① 임금체계 – 임금수준   ② 임금형태 – 임금수준
③ 임금체계 – 임금형태   ④ 임금형태 – 임금체계
⑤ 임금수준 – 임금체계

해설 임금관리의 영역

구 분	개 념	적용 원리
임금수준	종업원에게 지급되는 임금의 크기, 즉 평균임금	적정성
임금체계	임금의 구성내용, 즉 연공급·직능급·직무급체계와 관련	공정성
임금형태	임금의 계산 및 지급방식, 시간급·성과급·특수임금제 등	합리성

Answer 23 ② 24 ③

25 다음은 어떤 평가의 오류를 지칭하는 것인가?

> 사람에 대한 경직적인 편견을 가진 지각을 뜻하는 것으로서, 타인에 대한 평가가 그가 속한 사회적 집단에 지각을 기초로 해서 이루어진다.

① 관대화 효과 ② 현혹효과
③ 객관의 주관화 ④ 상동적 태도
⑤ 유사효과

해설 상동적 태도(stereo typing)란 사람은 그가 속한 집단의 속성을 공유한다고 무의식적으로 판단해버릴 때 나타난다. 이는 인종, 나이, 성별, 출신지역, 출신학교 등과 관련하여 나타난다.

26 기업의 단기자금조달 방식으로 옳지 않은 것은?

① 채권발행 ② 기업간 신용
③ 약속어음 ④ 팩토링
⑤ 기업어음

해설 채권(회사채)을 발행하여 자금을 조달하는 것은 장기자금조달 방식이다. 장기자금조달 방식에는 이 외에도 기업공개, 유상증자 등이 있다.

27 다음 중 기업이 자본을 조달할 때 고려해야 할 사항은?

① 투자안의 현금흐름 ② 투자안의 평균수익률
③ 기업의 재무구조 및 자본비용 ④ 기업의 자산구조와 재투자수익률
⑤ 기대수익의 현재가치

해설 자본조달의 결정요인은 자본비용, 자본의 용도, 소요자본의 규모, 조달 후의 자본구조, 자본조달의 용이성, 조달자본의 만기 등이 있다.

28 "매출채권을 대출담보로 이용하는 대신에 매출채권을 직접 매각하여 채권에 투자된 자금을 회수하는 것"에 적합한 용어는 무엇인가?

① 어음할인 ② 팩토링
③ 전환사채 ④ 채권담보
⑤ 채권상쇄

Answer 25 ④ 26 ① 27 ③ 28 ②

해설 팩토링(factoring)은 제조업자(supplier, client)가 구매자(debtor, customer)에게 상품 등을 외상판매한 후 발생한 매출채권을 팩토링회사(factor)가 지속적으로 매입하면서 제조업자(상품 또는 용역의 공급자)에게 대금회수, 매출채권관리, 부실채권보호, 금융제공 등의 혜택을 부여하는 서비스를 말한다.

29 투자안의 경제성 분석을 위한 자본예산기법에 관한 설명으로 옳은 것을 모두 고른 것은?

㉠ 독립적인 투자안의 경우, 순현재가치법에서는 투자안의 순현재가치가 투자비용보다 크면 채택한다.
㉡ 순현재가치법과 내부수익률법은 화폐의 시간가치를 고려한다.
㉢ 내부수익률법에서 내부수익률은 투자로부터 기대되는 현금유입의 현가와 현금유출의 현가를 같게 하는 할인율이다.
㉣ 상호배타적인 투자안의 경우 순현재가치법과 내부수익률법은 상반된 결론이 나올 수도 있다.

① ㉠, ㉡
② ㉡, ㉢
③ ㉠, ㉢, ㉣
④ ㉡, ㉢, ㉣
⑤ ㉠, ㉡, ㉢, ㉣

해설 ㉠ 독립적인 투자안의 경우, 순현재가치법에서는 투자안의 순현재가치(NPV)가 0보다 크면 투자안을 채택한다. 여기서 순현재가치(NPV)는 투자안의 총현재가치에서 투자비용을 공제한 개념이다.

30 투자안의 경제적 평가기법 중 회수기간법의 장점으로 가장 옳지 않은 것은?

① 기업의 유동성 확보와 관련된 의사결정에 유용하다.
② 회수기간이 짧은 투자안일수록 안전하다.
③ 현금흐름이 불확실할 경우에 유용한 평가기법이다.
④ 투자안을 평가하는데 필요한 시간과 비용이 절약된다.
⑤ 화폐의 시간적 가치를 고려한다.

해설 ⑤ 회수기간법은 화폐의 시간적 가치를 고려하지 않는 비할인 방식이다.
회수기간(payback period)은 투자에 소요된 모든 비용을 회수하는데 걸리는 기간을 의미한다. 투자안의 회수기간이 기업자체에서 결정한 목표회수기간보다 짧을 경우 투자안을 채택하고, 상호배타적인 투자안의 경우 회수기간이 가장 짧은 투자안을 채택한다.

Answer 29 ④ 30 ⑤

31 주요 재무비율과 관련된 설명 중 옳지 않은 것은?
① 유동성비율은 단기부채상환을 위해 자산을 현금화할 수 있는 기업의 능력을 측정한다.
② 수익성비율은 기업이 이익을 얻기 위해 다양한 자원을 얼마나 효율적으로 사용하는지를 측정한다.
③ 레버리지비율은 총부채를 자기자본으로 나누어서 구한다.
④ 활동성비율은 평균재고를 매출원가로 나누어서 구한다.
⑤ 유동비율은 유동자산을 유동부채로 나누어서 구한다.

[해설] 활동성비율(activity ratio)은 기업의 자산이 얼마나 효율적으로 활용되고 있는가를 나타내는 비율이다. 매출채권회전율, 재고자산회전율, 유형고정자산회전율, 총자산회전율 등이 있다. 이 중 재고자산회전율은 매출액을 평균재고로 나누어 구한다.

32 투자안의 경제성 분석방법 중 시간에 따른 가치하락을 반영하지 않는 모형은?
① 회수기간법   ② 내부수익률법
③ 수익성지수법 ④ 순현재가치법
⑤ DCF분석법

[해설] 화폐의 시간가치를 고려하지 않는 투자안의 평가방법에는 회수기간법, 평균회계이익률법(AAR) 등이 있다.

33 경로성과를 평가하는 '재무비율을 결합한 전략적 이익모형'에 대한 설명으로 틀린 것은?
① 기업의 중요한 재무적 목표는 순자본투자에 대한 충분한 수익률을 올리는 것이다.
② 투자수익률이 저조한 기업은 시장점유율을 높여야 한다.
③ 투자수익률이 저조한 기업은 이익마진을 높여야 한다.
④ 투자수익률이 저조한 기업은 레버리지효과를 높여야 한다.
⑤ 투자수익률이 저조한 기업은 자산회전율을 높여야 한다.

[해설] 전략적 이익모형(SPM : strategic profit model)은 여러 재무비율들 간의 상호관계를 이용하여 경로성과를 평가하는 방법이다. 투자수익률은 투하자본에 대한 순수익의 비율을 의미하는 것으로, 순수익을 높이거나 투하자본의 비중을 낮추면 증가시킬 수 있다.
따라서 매출액을 늘려 자산회전율을 높이거나 이익마진을 높이는 경우 증가할 수 있다. 또한 레버리지 효과를 높여 자기자본의 비중을 낮추면 증가할 수 있다.

Answer 31 ④ 32 ① 33 ②

34 유통기업의 경영성과에 대한 지표로 효과성, 효율성, 수익성 등이 있다. 이에 대한 설명으로 가장 올바르지 않은 것은?

① 효과성은 목표 지향적인 성과측정치로서 유통기업이 표적시장에서 요구하는 서비스성과를 얼마나 제공하였는가를 나타낸다.
② 효율성은 일정한 비용으로 가능한 한 많은 산출물을 획득하거나, 일정한 산출을 얻기 위해 소요되는 비용을 가능한 한 줄이는 것을 말한다.
③ 효과성의 하위 개념인 생산성은 자원의 투입에 의해 생산되는 서비스 성과의 질적 개념으로, 노동력이나 기계장비 등의 물리적 효율성이 아닌 비물리적 효율성을 의미한다.
④ 수익성은 재무적 효율성을 나타내는 지표로서 투자수익률, 유동성, 영업레버리지, 이익증가율 등이 포함된다.
⑤ 유통기업이 제공하는 서비스로 인해 잠재수요의 자극정도가 높아졌다면 이는 효과성이 높아진 것이기 때문이다.

[해설] ③ 생산성은 자원의 투입에 대한 산출(서비스 성과)을 의미하는 것으로 노동이나 자본 등의 물리적 성과를 측정하는 개념이다.

35 투자안의 경제성 분석방법 중 NPV법과 IRR법에 대한 비교 설명 중 바르지 아니한 것은?

① NPV는 가치가산의 원리가 성립하나 IRR은 성립하지 아니한다.
② NPV는 투자의 한계수익률을 고려하였고, IRR은 투자의 평균수익률을 고려하였다.
③ NPV는 자본비용이 재투자됨을 가정하고 IRR은 내부수익률로 재투자됨을 가정한다.
④ 두 투자안 모두 내용연수 동안의 모든 현금흐름을 고려하였다.
⑤ NPV법은 투자안의 상대적 비교척도이고 IRR법은 투자안의 절대적 비교척도이다.

[해설] 순현가(NPV)법은 화폐의 시간가치 개념을 고려하여 투자로부터 예상되는 미래의 현금흐름과 자본의 기회비용에 의해서만 투자안을 평가하고 있기 때문에 여러 투자의사결정기법 중 가장 합리적인 방법이라고 할 수 있다. 특히, 순현가법은 투자안의 회계적 이익보다는 발생현금에 초점을 맞추고 있기 때문에 투자안의 가치평가에서 개입되기 쉬운 경영자의 자의성 또는 회계기법의 임의성을 배제할 수 있다는 장점이 있다. 또 이 방법은 기업가치의 극대화라는 기업의 목표와도 부합되며, 가치가산성의 원리가 적용되는 장점을 지니고 있다.
⑤ NPV법은 투자안의 절대적 비교척도이고 IRR법은 투자안의 상대적 비교척도이다.

Answer 34 ③ 35 ⑤

36

유통기업의 이윤측정에 있어서 경제적 부가가치(EVA)에 대한 설명 중 올바른 것을 모두 고른 것은?

> 가. EVA는 과거의 성과만을 평가하여 미래의 투자결정을 해야 한다.
> 나. EVA는 최고경영자에게 전체 기업가치의 크기를 점검할 수 있고, 조직의 중간관리자나 하위직원들에게 구체적인 목표를 제시할 수 있다.
> 다. EVA는 타인자본비용만을 고려하였기 때문에 투하자본수익률을 통해 자기자본수익률을 보완하여 사용하여야 한다.
> 라. EVA가 0보다 작다면 수익이 자본비용을 상회하지 못한 것으로 가치파괴가 일어났다는 것을 의미한다.
> 마. EVA는 세전영업이익에 법인세와 가중평균자본비용을 차감함으로써 측정한다.
> 바. 가중평균자본비용이란 기업의 투하자본을 부채와 자기자본의 비중으로 나누고 각각에 대해 자본조달비용과 기회비용을 산출하여 가중평균한 것이다.

① 가, 나, 다, 라
② 가, 나, 다, 마
③ 가, 라, 마, 바
④ 나, 다, 라, 마
⑤ 나, 다, 라, 바

해설 경제적 부가가치(EVA)는 기업이 영업활동을 통하여 얻은 영업이익에서 법인세, 금융, 자본비용 등을 제외한 금액을 말한다. 투자된 자본을 빼고 실제로 얼마나 이익을 냈는가를 보여주는 경영지표로서, 모든 경영활동의 목표를 현금흐름의 유입을 기준으로 기존사업의 구조조정과 신규사업의 선택, 그리고 업무의 흐름을 재구축시켜 기업의 가치를 극대화하는 경영기법이다.
EVA = 세후영업이익 − (투하자본 × WACC)
EVA = (ROIC − WACC) × 투하자본
여기서 WACC는 가중평균자본비용, ROIC는 투하자본수익률이고, (ROIC − WACC)는 초과수익률을 의미한다.
EVA 개념은 주주의 부 또는 기업가치를 중시하는 가치중심경영에서 특히 강조되는 개념이다. 가치중심경영은 미래 EVA의 현재가치를 극대화하는데 목적을 두고 있다. EVA가 음(−)이라는 것은 기업가치가 투하자본보다 작다는 것을 의미한다.

37

재고자산을 차감한 총유동자산을 총유동부채로 나눈 비율로, 기업의 유동성을 측정할 수 있는 척도가 되는 것은?

① 유동비율
② 순운전자본
③ 수익성비율
④ 당좌비율
⑤ 부채비율

해설 ④ 총유동자산에서 재고자산을 뺀 것이 당좌자산이다. 이를 총유동부채로 나눈 것이 당좌비율이다. 즉, 당좌비율 = 당좌자산/총유동부채이다. 유동비율과 함께 단기채무의 지급능력을 나타내는 유동성을 측정할 수 있는 척도가 된다.

Answer 36 ③ 37 ④

38 손익분기점 분석에 대한 설명으로 가장 옳지 않은 것은?

① 손익분기점에서의 손익은 0이다.
② 손익분기점 분석에서는 비용을 고정비와 변동비로 나누어 매출액과의 관계를 분석한다.
③ 손익분기점 분석을 통해 목표이익을 얻기 위한 매출액을 계산할 수 있다.
④ 손익분기점 판매량 = 총변동비/(단위당 판매가 − 단위당 고정비)
⑤ 매출액이 손익분기점을 넘어서면 이익이 발생하고 손익분기점을 밑돌면 손실이 발생한다.

해설 ④ 손익분기점 판매량 = 총고정비/(단위당 판매가격 − 단위당 변동비)이다.

39 다음 중 상품기획 성과분석방법의 하나인 ABC 방법에 대한 설명으로 잘못된 것은?

① 상품의 등위를 매겨 상품별 품절허용 여부와 제거 여부를 결정하는 데 활용한다.
② 카테고리 수준에서는 활용이 불가능하다는 단점이 있으나 단품(SKU's) 수준에서 활용도가 매우 높은 유용한 상품분석도구의 하나이다.
③ 80 대 20 법칙, 즉 소매업체 매출액의 약 80%는 상위 20%의 상품에 의해 창출된다.
④ ABC분석에서 가장 중요한 성과측정치의 기준은 공헌이익이다.
⑤ 재고나 자재관리뿐만 아니라 원가관리, 품질관리에도 이용할 수 있다.

해설 ABC분석기법은 파레토(Pareto) 법칙, 또는 20 − 80 법칙에 기초하여 재고자산관리 및 상품관리를 하는 방법이다. 각 품목이 기업의 이익에 미치는 영향을 고려하여 품목의 가치와 중요도를 분석하고, 품목을 세 그룹(category)으로 나눈 후, 각기 다른 수준의 상품관리방법을 적용하는 기법이다. ABC관리를 통해 상품관리의 경제성과 안전성을 제고할 수 있다. 이 기법은 재고나 자재관리뿐만 아니라 원가관리, 품질관리에도 이용할 수 있다.
② ABC분석법은 단품수준은 물론 카테고리 수준에서도 활용할 수 있다.

40 제품이나 업무의 불량수준을 측정하고 이를 체계적인 방법론을 통해 무결점 수준으로 줄이자는 전사적 품질혁신 추진방법론은?

① 품실봉제(QC) ② 지속적 개선
③ 식스시그마(6 Sigma) ④ ISO9000
⑤ JIT(just-in-time)

해설 제품이나 업무의 불량수준을 측정하고 이를 무결점 수준으로 줄이자는 전사적 품질혁신 추진방법은 식스시그마(6 Sigma)이다. 6시그마 운동은 제품의 설계, 제조 그리고 서비스의 품질편차를 최소화해 그 상한과 하한이 품질 중심으로부터 6σ 이내에 있도록 한다는 것이다. 이 경우 품질규격을 벗어날 확률은 1백만개 중 3.4개(3.4PPM) 수준이 된다.
6시그마 운동을 효과적으로 추진하기 위해 고객만족의 관점에서 출발하여 프로세스의 문제를 찾아 통계적 사고로 문제를 해결하는 품질개선 작업과정을 DMAIC 또는 MAIC이라고 한다. DMAIC은 정의(define), 측정(measurement), 분석(analysis), 개선(improvement), 관리(control) 5단계를 의미한다.

Answer 38 ④ 39 ② 40 ③

41

다음은 소매업의 매입방식에 대한 설명이다. 어떤 매입방식에 대한 설명인가?

> 소매업자가 납품받은 상품에 대한 소유권을 보유하되 일정기간 동안에 팔리지 않은 상품은 다시 납품업자에게 반품하든지 혹은 다 팔린 후에 대금을 지급하는 권리를 보유하는 조건으로 구매하는 방식이다.

① 위탁구매(consignment buying)
② 인정구매(approval buying)
③ 선도구매(forward buying)
④ 약정구매(memorandum buying)
⑤ 사양구매(specification buying)

해설   문제에 제시된 내용은 약정구매를 설명하고 있다. 약정구매(memorandum buying)는 위탁구매(consignment buying)의 변형으로 소매업자가 납품받은 상품에 대한 소유권을 보유하되 일정기간 동안에 팔리지 않은 상품은 다시 납품업자에게 반품하든지 혹은 다 팔린 후에 대금을 지급하는 권리를 보유하는 조건으로 구매하는 방식이다. 소매업자가 소유권을 가지는 이유는 가격정책 등에서의 통제권을 확보하기 위해서이다.

42

제품이나 상품을 제공하는 '공급자 선정' 시 고려하는 요소로써 가장 옳지 않은 것은?

① 품질과 품질보증
② 유연성
③ 가격
④ 리드타임
⑤ 공급자 수

해설   공급자의 선정은 일반적으로 품질·가격·물량·서비스·납기 등과 관련된 공급자의 능력을 기준으로 이루어진다. 이들 중 어느 것에 비중을 더 둘 것인가는 구매자재의 특성이나 구매기업의 사업특성 등에 따라 달라질 수가 있다.

43

유통업체에서 매입은 이익과 직접 관련이 있어 상당한 관리를 요한다. 다음 중 매입관리에서 말하는 매입에 대한 설명으로 가장 옳지 않은 것은?

① 매입은 필요로 하는 지정된 물자 또는 용역을 그에 상당하는 일정한 대가를 지불하고 다른 경제주체로부터 획득하는 경제행위를 말한다.
② 쌍방매입은 소매업체가 잘 팔리지 않는 다른 공급업체의 상품을 일시에 해결하기 위해 상호간 재고를 해결할 수 있는 다른 공급업체로부터 물건을 공급받는 방식을 말한다.
③ 직매입은 일반적으로 점포가 상품을 매입하는 가장 근원적인 방법으로 상품의 독창성, 수익성을 확보하기 위한 최선의 방법을 말한다.
④ 위탁매입은 소매업자가 일정기간 동안 최종 소비자에게 제품을 판매한 후 사전에 결정된 일정비율의 커미션만 받고 남은 제품을 공급업자에게 반품하는 방법을 말한다.

Answer   41 ④   42 ⑤   43 ②

⑤ 약정구매는 소매업자가 납품받은 상품에 대한 소유권을 보유하되 일정기간 동안에 팔리지 않은 상품은 다시 납품업자에게 반품하거나 혹은 다 팔린 후에 대금을 지급하는 권리를 보유하는 조건으로 구매하는 방식을 말한다.

[해설] 소매업의 매입방식은 여러 가지로 구분할 수 있다. 미국의 소매전문가인 레위슨(D. Lewison)이 제시하는 매입방식(구매방식)으로는 일반매입(regular buying) 또는 정기적 매입, 위탁매입(consignment buying) 또는 특정매입, 약정매입(memorandum buying), 사양매입(specification buying) 또는 명세매입, 선도매입(forward buying) 또는 사전매입 등이 있다.
② 쌍방매입 개념은 매입관리에서 일반적으로 사용되는 매입개념이 아니다.

44. (ㄱ), (ㄴ) 안에 들어갈 단어를 순서대로 가장 옳게 나열한 것은?

> (ㄱ)(이)란 재화를 취득하기 위해 규격을 결정하고, 공급원을 선정하고, 거래를 교섭하여 계약을 체결하고, 납입을 확보하는 기능을 말하며, (ㄴ)(이)란 공급자가 제품을 고객에게 보내는 과정으로 재고통제, 구매 및 인수와 창고관리의 기능을 포함하며, 공급망의 이윤을 극대화할 수 있는 전략적인 방식을 구사해야 한다.

① 구매, 재고관리
② 판매, 재고관리
③ 판매, 조달
④ 조달, 재고관리
⑤ 구매, 조달

[해설] 재화를 취득하기 위해 규격을 결정하고, 공급원을 선정하고, 거래를 교섭하여 계약을 체결하고, 납입을 확보하는 기능은 구매(purchase)이다. 공급자가 제품을 고객에게 보내는 과정으로 재고통제, 구매 및 인수와 창고관리의 기능을 포함하는 것은 조달(procurement)이다.

45. 다음 중 상품구매의 일반적인 원칙에 해당되지 않는 것은?

① 적절한 품질의 파악과 확보
② 최저이 공급자 선정과 확보
③ 올바른 필요수량의 파악과 확보
④ 최적의 유통업체 선정과 확보
⑤ 적정한 제품의 선정과 확보

[해설] 상품매입의 7가지 원칙(7R)은 적정한 거래처(right place), 적정한 품질(right quality), 적정한 수량(right quantity), 적정한 납기(right time), 적정한 가격(right price), 적정한 제품(right commodity), 적정한 인상(right impression) 등이다. 특히 앞의 5가지를 5R이라고도 한다.
④ 적정한 거래처는 적정한 상품의 공급자(유통업체를 포함)를 의미하는 것으로 유통업체만을 의미하는 것은 아니다.

Answer 44 ⑤ 45 ④

46 다음은 집중구매와 분산구매에 관한 설명들이다. 가장 올바르지 않은 것은?

① 분산구매를 선택한 경우에는 목표시장의 요구변화에 신속하고 유연한 대응이 상대적으로 쉽다.
② 안정적인 품질관리 측면에서 보면 집중구매의 경우가 더욱 유리하다고 볼 수 있다.
③ 통합적인 경영관리시스템을 구축하는 비용 측면에서 보면 분산구매를 결정할 경우 더욱 많은 비용이 요구된다.
④ 분산구매의 경우 신제품·기술개발 및 상품공급에 대한 종속성이 더욱 강화된다.
⑤ 집중구매의 경우 공통자재를 종합 구매하므로 구입단가가 저렴하고 재고를 줄일 수 있다.

> [해설] 집중구매는 일정한 거래처로부터 지속적으로 다량을 구매하는 방식으로, 안정적인 품질관리나 통합적인 경영관리시스템을 적용할 경우에 유리하다. 반면에, 분산구매는 각각 독립적으로 분산시켜 구매하는 방식으로, 정해진 목표시장의 변화에 대한 유연성이 증가되고, 기업의 제품개발이나 기술개발에 있어 상품공급 측면에서는 독립성이 강하게 작용을 한다.

47 다음 중 M. Porter가 제시한 경쟁세력 모형에서 공급자의 교섭력이 강해지는 경우가 아닌 것은?

① 공급자의 수가 적거나 공급자들이 조직화된 경우
② 구매자가 공급자를 교체할 때 전환비용이 높은 경우
③ 공급자가 전방통합할 가능성이 낮은 경우
④ 구매자가 가격에 민감하지 않을 경우
⑤ 공급자의 제품이 차별화된 경우

> [해설] 공급자가 전방통합할 가능성이 높은 경우, 예컨대 제조업자가 도매상을 통합할 가능성이 높은 경우에는 도매상에 대한 제조업자의 교섭력이 강해질 수 있다.

48 품질관리를 위한 6시그마(Sigma)의 프로세스에 포함되지 않는 것은?

① 측정(Measure) : 현재 불량수준을 측정하여 수치화하는 단계
② 분석(Analyze) : 불량의 발생원인을 파악하고 개선대상을 선정하는 단계
③ 개선(Improve) : 개선과제를 선정하고 실제 개선작업을 수행하는 단계
④ 평가(Evaluate) : 개선작업의 시행결과를 평가하는 단계
⑤ 관리(Control) : 개선결과를 유지하고 새로운 목표를 설정하는 단계

> [해설] 6시그마 운동을 효과적으로 추진하기 위해 고객만족의 관점에서 출발하여 프로세스의 문제를 찾아 통계적 사고로 문제를 해결하는 품질개선 작업과정을 DMAIC 또는 MAIC이라고 한다. DMAIC은 정의(define), 측정(measurement), 분석(analysis), 개선(improvement), 관리(control) 5단계로 나누어 실시하고 있다.

Answer 46 ④ 47 ③ 48 ④

49 어떤 회사에서 6시그마경영을 목표로 제품의 품질을 향상시키려 한다. 일년에 삼백만개의 생산이 이루어지는 경우, 몇 건의 생산오류 발생시 이 회사의 품질을 6시그마경영 수준으로 볼 수 있는가?

① 3,400건 정도 ② 1,000건 정도
③ 100건 정도   ④ 10건 정도
⑤ 3건 또는 4건

[해설] 6시그마는 상품이나 서비스의 에러가 100만 번에 3.4회 정도(3.4 ppm) 발생하는 수준을 말한다. 따라서 300만개의 생산에서는 10개 정도 에러가 발생할 수 있다.

50 ( ) 안에 들어갈 용어를 순서대로 올바르게 나열한 것은?

> (ㄱ) : 특정한 목적을 달성하기 위해서 희생되거나 포기된 자원이다.
> (ㄴ) : 주어진 원가대상과 관련된 원가로서 그 원가대상에 추적가능한 원가이다.
> (ㄷ) : 주어진 원가대상과 관련된 원가이지만 그 원가대상에 추적할 수 없는 원가이다. 그리하여 원가배부과정을 통해 원가집적대상에 귀속된다.
> (ㄹ) : 활동이나 조업도의 총수준과 관련해서 원가총액이 비례적으로 변동하는 원가이다.

① (ㄱ) : 원가, (ㄴ) : 간접원가, (ㄷ) : 직접원가, (ㄹ) : 변동원가
② (ㄱ) : 원가, (ㄴ) : 직접원가, (ㄷ) : 간접원가, (ㄹ) : 변동원가
③ (ㄱ) : 원가, (ㄴ) : 고정원가, (ㄷ) : 간접원가, (ㄹ) : 직접원가
④ (ㄱ) : 가격, (ㄴ) : 고정원가, (ㄷ) : 비추적원가, (ㄹ) : 비례원가
⑤ (ㄱ) : 가격, (ㄴ) : 추정원가, (ㄷ) : 비추적원가, (ㄹ) : 비례원가

[해설] 원가(cost)는 특정한 목적을 달성하기 위해서 희생되거나 포기된 자원을 말한다.
원가는 제품과의 관련성(추적 가능성)에 따라 직접원가(직접비)와 간접원가(간접비)로 구분된다. 직접원가(direct cost)는 주어진 원가대상과 관련된 원가로서 그 원가 대상에 추적가능한 원가이다. 반면 간접원가(indirect cost)는 주어진 원가대상과 관련된 원가이지만 그 원가대상에 추적할 수 없는 원가이다.
원가는 원가행태에 따라 고정원가(고정비)와 변동원가(변동비)로 구분된다. 변동원가(variable cost)는 활동이나 조업도의 총수준과 관련해서 원가총액이 비례적으로 변동하는 원가이다. 고정원가(fixed cost)는 조업도와 관계없이 원가총액이 일정한 원가이다.

Answer 49 ④ 50 ②

CHAPTER 04 물류경영관리

제1절 도소매 물류의 이해

1 도소매 물류의 기초

(1) 물류의 의의와 개념

① 물류의 의의
  ㉠ 최근 들어 기업활동에서 물류를 가리켜 흔히 '제3의 이익원'이라고 하여 물류의 중요성을 크게 강조하고 있다.
  ㉡ 물류는 아직 충분히 개척되지 않은 분야이므로 관리가 잘 이루어지면 획기적인 물류비용의 절감이 기대되므로 매출액의 증대(제1의 이익원)와 제조원가의 절감(제2의 이익원)에 이은 '제3의 이익원'이라고 하는 것이다.

② 물류의 개념
  ㉠ 「물류정책기본법」에서는 "물류란 재화가 공급자로부터 조달·생산되어 수요자에게 전달되거나 소비자로부터 회수되어 폐기될 때까지 이루어지는 운송·보관·하역 등과 이에 부가되어 가치를 창출하는 가공·조립·분류·수리·포장·상표부착·판매·정보통신 등을 말한다"고 정의하고 있다.
  ㉡ 마케팅 요소 4P의 하나인 유통(Place)은 상적 유통과 물적 유통으로 구분한다. 상적 유통(상류)은 물품의 소유권 이전을, 물적 유통(물류)은 물품의 이동과 관리에 관계된 제반활동을 의미한다.

③ 물류개념의 확대
  ㉠ 물적유통관리
    1960~70년대의 물적유통관리(Physical Distribution) 시기에 물류는 단순히 운송, 보관 등 생산과 판매를 위한 하위의 운영활동으로 간주되었다. 이 시기에는 기업들이 운송, 보관 및 재고관리 등 기능별 물류관리에 초점을 두고 부분최적화(sub optimization)의 관점에서 물류비 절감의 중요성을 인식하였다.
  ㉡ 로지스틱스관리
    1980년대 이후에는 그동안 물류비용 절감에만 초점을 맞추어 주로 기능별 물류효율화를 추구하던 접근방법에서 더 나아가 고객서비스의 개선이라는 목표를 추가하고, 기업 전체의 물류 프로세스를 효율화하여 부분 최적화보다 전체 최적화(total optimization)를 추구하게

되었다. 특히 정보기술(IT)의 발전으로 기업 내 부문 간 정보교환이 보다 용이하게 되면서 전체 물류영역을 대상으로 로지스틱스관리, 즉 통합 물류관리가 빠르게 확산되었다.

ⓒ 공급사슬관리

1990년대 중반 이후 최초의 공급자에서 시작하여 최종 단계의 고객에 이르기까지 제품과 정보의 흐름을 관리하기 위해, 기업의 경계를 넘어 기업 간에 전략적 관계를 형성하고, 정보를 공유하며 협력하는 프로세스를 의미하는 공급사슬통합(supply chain integration) 전략이 나타나게 되었다.

(2) 물류의 기본적 기능

① 운송활동

㉠ 운송(transportation)이란 일반적으로 자동차·철도·선박·항공기 등 대형 수송매체를 통하여 대량의 물품을 장거리에 걸쳐 이동시키는 것을 의미한다.

㉡ 즉, 운송이란 서로 다른 두 지점 간에 물자를 이동시키는 활동을 가리키는 것으로 공간적 (지리적) 격차를 조정함으로써 공간적 효용을 창출하는 기능을 한다.

② 보관활동

㉠ 보관(storage)이란 물품을 물리적으로 보존하고 관리하는 활동을 의미한다. 보관은 물품의 수요와 공급의 시간적인 격차를 조정하여 시간적 효용을 창출함으로써 경제생활을 안정시킬 뿐만 아니라, 촉진시키는 역할을 한다.

㉡ 보관은 단지 물품을 저장하는 기능뿐만 아니라 유통의 최전선으로 고객 서비스의 기능을 담당한다.

③ 하역활동

㉠ 하역(material handling)은 운송과 보관 사이에서 이루어지는 물품의 취급활동을 말한다. 물품의 취급활동에는 싣고 내리기, 운반 및 적재, 피킹(picking)과 소팅(sorting)이 포함된다.

㉡ 하역은 물류의 각 부문의 접점에서 연결고리 역할을 하므로 하역의 근대화는 물류시스템 전체의 합리화를 이루는 촉진제가 되고 있다.

④ 포장활동

㉠ 포장(packaging)은 물품을 운송하거나 보관함에 있어서 물품의 가치 및 상태를 보호하기 위해 적절한 재료와 용기 등을 사용하는 것을 말한다. 포장은 내용물의 보호만이 아니라 물품의 편리한 취급, 상품의 가치를 높여 판매를 촉진하는 등의 기능을 수행한다.

㉡ 포장은 생산의 종착점인 동시에 물류의 출발점이라고 할 수 있는 데, 근래에는 환경친화적 포장이 중시되고 있다.

⑤ 유통가공활동

㉠ 유통가공이란 유통단계에서 간단한 가공이나 조립, 재포장, 주문에 따른 소분작업 등 동일 기능의 형태이전을 위한 작업을 의미한다.

㉡ 유통가공은 물자유통상의 가동률을 향상시키고, 고객의 요구에 보다 부합되기 위한 활동으로 부가가치와 직결된다.

⑥ 정보유통활동

물품의 유통을 촉진시키기 위해 필요한, 무형의 물자로서의 정보를 유통시키는 경제활동을 의미한다. 정보유통활동에는 통신기초시설활동과 전달활동이 포함된다.

> **지식+톡톡** 물류의 기본적 기능
>
> 위에서 살펴본 물류의 개념에 기초하여 물류의 기능을 정리하면, 물류는 생산과 소비의 장소적·시간적·수량적·품질적·가격적·인격적 거리를 조정하는 기능을 수행한다. 이 중 전통적으로 가장 중요한 기능은 생산과 소비의 장소적 거리와 시간적 거리를 조정하는 기능이라고 할 수 있다.

(3) 물류관리의 영역

① 물류의 영역

㉠ 기업의 경영활동을 조달, 생산 및 판매라는 시스템으로 볼 때, 기업 전체의 입장에서 물적 유통은 원자재의 조달에서부터 생산단계를 거쳐 최종소비자에게 제품이 판매되는 과정으로 이해할 수 있다.

㉡ 따라서 물적 유통의 영역은 조달물류, 생산물류, 판매물류를 포함하는 것으로 볼 수 있다. 그리고 이와 함께 최근에는 환경친화적 물류가 중요시되면서 반품물류와 회수물류, 폐기물류도 물류의 영역에 포함시키고 있다.

물류활동의 범위

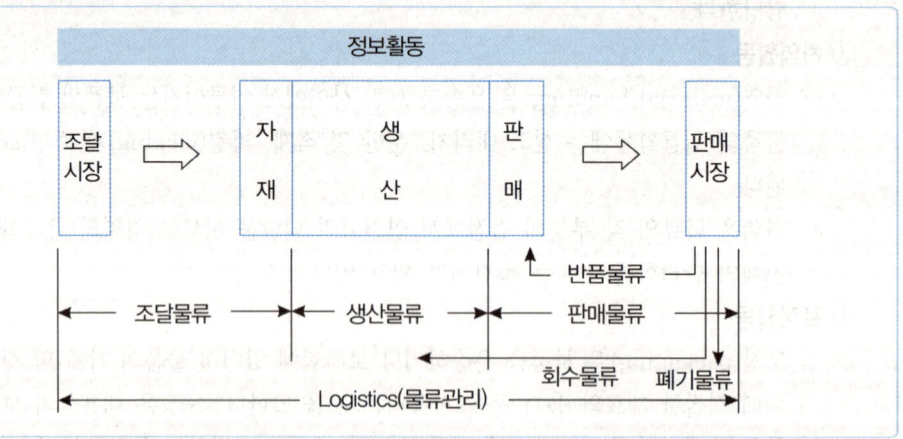

② 조달물류

㉠ 조달물류란 원재료나 부품이 공급자나 도매업자로부터 제조업자의 자재창고로 운송되어 생산공정에 투입되기 직전까지의 물류활동을 의미한다.

㉡ 따라서 조달물류는 물류활동의 시발점이 되는 것으로, 원재료 및 부품의 구매, 자재창고에의 보관, 효율적 자재관리 등에 중점을 둔다.

ⓒ 조달물류에서 관심을 두어야 할 과제로는 리드타임(lead time)과 재고관리, 운송체제의 정비, 품질과 정확성 유지 등이다.

③ **생산물류**
ⓐ 생산물류 또는 사내물류란 생산에 필요한 원자재, 반제품 등의 획득과 보관, 이송과 관련한 계획과 통제를 하는 활동을 포함한다.
ⓑ 생산물류의 합리화를 위하여 근래에 가장 활발하게 논의된 바 있는 주요과제는 자재소요계획(MRP : material requirements planning)의 도입, 적시생산(JIT : just-in-time) 체제의 도입이다.

④ **판매물류**
ⓐ 판매물류는 물류의 최종단계로서 제품을 고객에게 전달하는 일체의 활동, 즉 물류센터의 운용(보관·하역 포함), 제품의 수·배송 정보 네트워크의 운용 등이 그 관리대상이 된다.
ⓑ 판매물류의 합리화 과제로는 물류센터의 입지와 규모의 결정, 적정 서비스 수준과 적정재고의 유지, 수·배송 정책의 결정, 상물분리 등이다.

⑤ **역물류**
ⓐ 역물류의 의미 : 위에서 살펴 본 조달물류·생산물류·판매물류와 반대 방향으로 이루어지는 물류활동을 역물류(reverse physical distribution)라고 한다. 역물류에는 반품물류, 회수물류 및 폐기물류가 있다.
ⓑ 반품물류 : 판매된 제품의 반품에 따른 물류활동을 의미하며, 반환된 물품의 회수·운반·분류·정리·보관·처리업무가 물류활동의 핵심을 이룬다.
ⓒ 회수물류 : 회수물류는 제품의 판매물류에 부수적으로 발생하는 파렛트, 컨테이너 등과 같은 물류용기나 포장재를 회수하는 물류활동을 의미한다. 차량이나 가전제품의 리콜도 회수물류에 포함된다. 회수물류는 그린물류, 정맥물류, 환경물류 등으로도 불리고 있다.
ⓓ 폐기물류 : 폐기물류는 제품 및 포장용 용기나 수송용 용기·자재 등을 폐기하기 위한 물류활동을 의미한다.

포워드 물류(순물류)와 역물류의 차이점

포워드 물류(Forward Logistics)	역물류(Reverse Logistics)
동종제품의 포장형태 균일함	동종제품인 경우도 포장형태 상이함
동종제품의 경우 가격이 동일함	동종제품인 경우도 가격이 각기 상이함
재고관리의 편리·정확	재고관리의 어려움·부정확
제품수명주기 관리 가능	제품수명주기 관리 어려움

(4) 물류의 중요성

① **물류관리의 목표**
ⓐ 물류관리의 목표를 한 마디로 요약하면, 고객서비스의 향상과 물류비용의 절감이라고 할 수 있다. 그러나 이 두 가지는 상충관계(trade-off)에 있다.

ⓒ 즉, 고객서비스의 향상은 필연적으로 물류비용의 증가를 가져오고, 물류비용의 절감 역시 고객서비스 수준을 하락시키게 된다.

② **물류관리의 방향**
㉠ 물류는 제품의 시간적·공간적 편재를 극복하여 적은 비용으로 고객에게 보다 많은 만족을 제공한다.
ⓒ 다품종 소량생산과 다빈도 소량배송 증가에 따른 비용절감(cost down)과 서비스 향상(service up)의 물류 합리화를 추구한다.

(5) 물류관리의 원칙

① **3S 1L 원칙**
㉠ 기업에서는 소비자에게 필요한 물품을 필요한 장소에, 필요한 시기에, 적정한 가격으로 전달한다는 3S 1L 원칙을 추구한다.
ⓒ 3S 1L은 신속하게(speedy), 확실하게(surely), 안전하게(safely), 저렴하게(low)를 의미한다.

② **7R 원칙**
㉠ 7R의 원칙은 미시간 대학교의 스마이키(E. W. Smykey) 교수가 제창한 원칙으로 고객에 대한 서비스의 기본으로 간주되고 있다. 여기서 적절하다(right)는 말은 고객이 요구하는 서비스의 수준을 뜻하는 것이다.
ⓒ 물류의 7R은 적정한 제품(right commodity), 적당한 가격(right price), 적절한 품질(right quality), 적절한 양(right quantity), 적절한 인상(right impression), 적시에(right time), 원하는 장소(right place)를 의미한다. 최고의 제품이나 최저의 가격을 의미하는 것이 아니라는 점에 주의해야 한다.

(6) 물류의 합리화(최적화)

① **물류 합리화의 의미**
물류의 합리화(rationalization)는 생산의 합리화를 통해 생산비를 절감하고, 판매에 있어서는 고객이 만족할 수 있는 가격과 서비스를 제공하며, 동시에 기업이 이익을 얻을 수 있는 비용으로 재화와 서비스를 제공할 수 있도록 물류의 기능을 원활하게 하는 것을 말한다.

② **물류 합리화의 목적**
㉠ 물류 합리화의 목적은 물류비용의 절감을 통해 기업이 최대의 이익을 얻고 이와 함께 고객 서비스를 개선하는데 있다.
ⓒ 기업의 이익을 극대화하기 위해서는 고객에 대한 물류 서비스의 수준을 향상시키면 되지만 높은 서비스가 제공될수록 물류비용 또한 늘어나게 된다.

(7) 물류표준화

① **물류표준화의 정의**
㉠ 물류표준화는 화물유통 장비와 포장의 규격, 구조 등을 통일하고 단순화하는 것으로서 포장, 하역, 보관, 운송, 정보 등 각각의 물류기능 및 물류단계의 물동량 취급단위를 표준

규격화하고 이에 사용되는 기기, 용기, 설비 등을 대상으로 규격, 강도, 재질 등을 표준화하여 이들 간의 호환성과 연계성을 확보하는 유닛로드 시스템(ULS : Unit Load System)을 구축하는 것을 말한다.
ⓒ 물류표준화는 물동량의 흐름이 증대함에 따라 물류의 일관성과 경제성을 확보하기 위해 필요하다. 이를 통하여 물류비를 줄일 수 있으며, 물류활동의 효율성을 제고시키기 위해서는 물류의 표준화가 선행되어야 한다.

② 물류모듈화
㉠ 물류모듈(Module)화는 물류시스템을 구성하는 각종 요소인 화물의 단위적재 및 이에 대한 하역, 운반기기, 기계트럭, 철도화차, 선박 등의 운송을 위한 장비 및 보관용 기기나 시설 등의 치수와 사양에 관한 기준척도 및 대칭계열을 말하며, 물류표준화 체계의 가장 기본적인 요소이다.
ⓒ 물류모듈은 물류시설이나 장비 등의 규격이나 치수가 일정한 배수나 분할관계로 조합되어 있는 집합체로서 물류표준화를 위한 기준치수를 의미한다. 물류와 관계된 모든 설비나 기기의 사양과 기준에 대한 표준치수(기준척도)를 말한다.

(8) 물류공동화
① 물류공동화의 의의와 전제조건
물류공동화는 동일지역과 동일업종을 중심으로 하여 2 이상의 화주기업이 물류의 효율을 높이고, 비용절감의 공동이익을 추구하기 위해 수·배송, 보관 등 물류활동을 공동으로 수행하는 협력관계를 의미한다.

② 물류공동화의 필요성
㉠ 외부환경의 악화
물류업계, 운송업계의 현실은 도로의 정체 및 상점가의 극심한 교통혼잡, 교통규제의 강화, 환경에 대한 관심 증가, 상권의 확대 및 교차수송의 급증에 따른 배송효율의 저하, 인력난의 심화 등에 따른 물류비용의 상승
ⓒ 내부조건의 악화
업체 간의 경쟁심화, 유가인상 등에 따른 부가가치의 저하, 화주의 서비스 요구의 고급화와 다양화, 자가용 화물자동차 이용의 비경제성 등에 따른 물류비용의 상승

③ 물류공동화의 목적
㉠ 물자를 대량으로 처리하여 물류비 절감
ⓒ 인력부족에 대한 대응
ⓒ 수·배송 효율의 향상
ⓔ 중복투자의 감소

2 도소매 물류의 고객서비스

(1) 서비스와 고객서비스

① **서비스의 의미**
   ㉠ 서비스(service)는 고객의 욕구충족을 위해 사람의 노력이나 설비 등을 통해 제공되는 무형의 행위나 활동을 의미한다.
   ㉡ 서비스는 성과(performance)의 실현을 통해 고객에게 만족을 제공한다. 성과-만족은 소비자가 서비스의 무형적 활동에 의해 제공된 성과를 경험하면서 얻는 호의적 감정을 말한다.

② **고객서비스의 의의**
   고객서비스란 제품의 주문에서부터 시작하여 배달되는 동안은 물론 판매 후 수선이나 보수 등의 서비스를 포함하여 고객의 요구를 만족시키는 일련의 활동을 의미한다.

(2) 물류 고객서비스 요소

① **고객서비스 요소의 구성**
   ㉠ 거래 전 요소 : 거래 전 요소는 고객서비스에 관한 기업의 정책과 연관되어 있으며, 기업에 대한 고객인식과 고객의 총체적인 만족에 상당한 영향을 미칠 수 있다. 이들 요소들은 고객서비스 활동을 실행하기 전에 공식화되고 배치되어야 한다.
   ㉡ 거래시 요소 : 거래시 요소는 고객서비스와 관련된 것으로 통상적으로 인식되는 요소이다. 이는 제품 및 배달의 신뢰도와 같은 물적 유통기능을 수행하는 데 직접적으로 관계되는 고객서비스 변수와 같은 것들이다.
   ㉢ 거래 후 요소 : 거래 후 요소는 고객이 납품을 받은 후 제품 및 서비스를 지원한다. 이는 일반적으로 사용 중인 제품에 대한 지원으로 제품보증, 부품 및 수리 서비스, 고객의 불만에 대한 처리절차 및 제품의 교환 등을 말한다.

고객서비스 요소

거래 전 요소	거래시 요소	거래 후 요소
• 명문화된 고객서비스 정책 • 고객에게 정책선언문 제공 • 고객의 접근 용이성 • 고객서비스의 조직구조 • 시스템의 유연성 • 경영관리 서비스 • 기술적 서비스	• 재고 품절수준(재고가용률) • 주문주기의 일관성(배송의 신뢰성) • 주문정보의 입수가능성 • 주문의 용이성(편리성) • 미납주문의 처리능력 • 정보시스템의 정확성 • 제품 교환선적 • 특별취급 선적 • 제품대체	• 설치, 보증, 수리, 서비스부품 • 고객불만의 처리 • 제품추적 및 보증 • 수리기간 동안의 제품대체

② **고객서비스 요소의 중요성**
  ㉠ 고객서비스 요소는 각각의 제품과 시장별로 그 중요성은 달라진다. 그리고 위에서 언급한 항목 외에도 특정시장에만 적용되는 중요한 요소들이 있을 수 있다.
  ㉡ 세분시장별로 고객서비스의 요구 조건이 다르다면 모든 시장에 보편적으로 적용되는 요소는 거의 존재하지 않는다.

(3) **물류 고객서비스의 표준설정시 고려사항**
  ① **표준설정 방법**
    ㉠ 서비스 수준은 계량화하여 측정할 수 있어야 한다. 예컨대 '90% 고객만족'과 같은 정책적 선언은 측정이 어려울 뿐만 아니라 실현이나 통제도 어렵다. 따라서 의미있고 측정가능한 서비스 표준을 설정해야 한다.
    ㉡ 고객서비스 표준을 설정하기 위해서는 우선 측정단위를 규정하고, 달성하려는 목표수준을 구체적으로 설정해야 한다.
  ② **표준설정 시 고려해야 할 사항**
    ㉠ 주문인도 시간 : 고객의 주문에서부터 배달까지의 경과시간으로 이에 대한 표준은 고객이 정한 요구에 대응하여 정의되어야 한다.
    ㉡ 재고 가용률 : 대상 품목에 대한 수요 중에서 기존의 보유 중인 재고로부터 충족된 물량의 백분율이다.
    ㉢ 주문크기의 제약 : 소량의 물품을 즉시 배달해 주기를 바라는 고객들의 요구에 대한 유연성이다.
    ㉣ 주문의 편리성 : 고객으로부터의 접근이 용이한 정도를 의미한다.
    ㉤ 배송 빈도 : 지정된 시간에 다빈도의 배송을 고객의 요구에 대응할 수 있는 유연성이다.
    ㉥ 배송 신뢰도 : 총 주문건수 중 정시에 배송되는 건수로 재고 가용률 및 주문처리 과정의 능력을 반영하는 요소이다.
    ㉦ 문서의 품질 : 청구서와 송장 및 기타 고객과의 의사소통에 있어서 문서의 정확성이다.
    ㉧ 클레임 처리절차 : 고객 클레임의 추세 및 원인과 고객의 고정(苦情)과 클레임의 처리 정도 및 절차이다.
    ㉨ 주문의 완전성 : 전체 주문 중 완전하게 배송되는 주문의 수를 나타내며, 미배송 잔량이나, 부분 출하의 여부를 나타낸다.
  ③ **물류서비스와 물류시스템**
    ㉠ 기업들이 한정된 재화와 용역을 가지고 최대의 부가가치를 창출하려면 비용을 줄이면서 고객이 원하는 서비스 수준을 향상시킬 수 있는 물류시스템을 필히 구축해야 한다.
    ㉡ 서비스를 제공할 수 있는 시스템을 갖추려면 먼저 리드타임(Lead Time), 포장, 애프터서비스, 오류 및 클레임 처리 등을 어떻게 할 것인지 정해야 한다.
    ㉢ 고객서비스를 좌우하는 주요 요소는 제품 대체능력, 재고수준, 주문주기, 배송시간과 수단, 주문 편의성, 불만처리능력, 포장, 애프터서비스 등이다.

제2절 도소매 물류관리

1 수요예측

(1) 수요예측의 의의

① **수요예측의 중요성**

수요예측(demand forecasting)은 기업활동에 관한 여러 가지 장·단기 계획을 수립하는 데 필요한 기초자료를 제공한다. 특히 물류시설계획, 생산계획, 그리고 재고관리 등 물류운용계획에 관한 거의 모든 의사결정에는 미래수요의 예측이 필수적이다.

② **수요에 영향을 미치는 주요요인**

수요에 영향을 미치는 요인으로는 경기변동, 제품수명주기(PLC), 광고, 신용정책, 경쟁업체의 가격, 고객의 신뢰와 태도 등을 들 수 있다.

(2) 수요예측의 유형

① **수요예측기법의 분류**

수요예측기법은 여러 가지로 분류할 수 있으나 일반적으로 정성적 혹은 질적 기법(qualitative method)과 정량적 혹은 계량적 기법(quantitative method)으로 크게 나눈다.

② **정성적 기법**

㉠ 정성적(질적) 기법은 개인의 주관이나 판단 또는 여러 사람의 의견에 입각하여 수요를 예측하는 방법으로, 주로 과거의 자료가 충분치 않거나 신뢰할 수 없는 경우에 특히 유용하다. 정성적 기법은 주로 중·장기 예측에 많이 쓰인다.

㉡ 델파이법(Delphi method), 시장조사법(market research), 패널 동의법(panel consensus), 역사적 유추법(historical analogy) 등이 있다.

③ **정량적 기법**

정량적(양적) 기법은 다시 인과형 모형(causal forecasting method)과 시계열 분석(time series analysis)으로 나눌 수 있다.

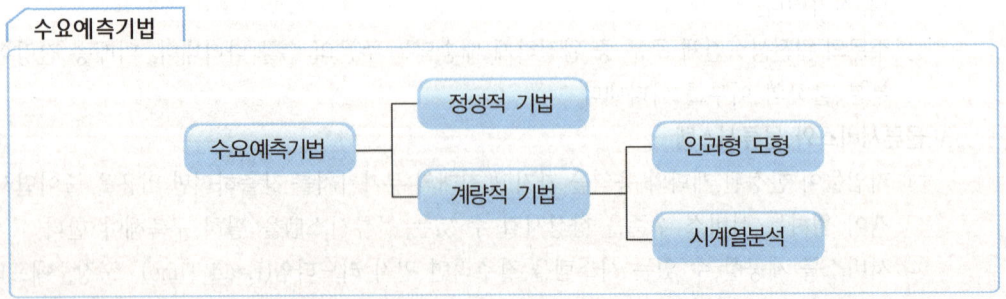

수요예측기법

(3) 정량적 기법

① **인과형 모형**
  ㉠ 인과형 모형에서는 과거의 자료에서 수요와 밀접하게 관련되어 있는 변수들을 찾아낸 다음 수요와 이들 간의 인과관계를 분석하여 미래수요를 예측한다.
  ㉡ 인과형 모형에 속하는 기법으로는 회귀분석(regression analysis), 계량경제모형(econometric model), 투입-산출모형(input-output model), 시뮬레이션모형(simulation model) 등이 있다.

② **시계열분석**
  ㉠ 시계열(time series)이란 시간에 따라 변화하는 어떤 형상을 일정한 시간 간격으로 관찰할 때 얻어지는 일련의 관측치를 말한다. 시계열분석 기법이란 과거의 역사적 수요에 입각하여 미래의 수요를 예측하는 방법을 총칭한다.
  ㉡ 일반적으로 시계열은 추세적(trend) 변동, 계절적(seasonal) 변동, 순환적(cyclical) 변동, 불규칙(irregular) 변동 등의 요소를 지니고 있다.
  ㉢ 시계열분석 기법에서는 과거의 패턴이 미래에도 계속될 것이라는 가정 하에서 과거의 패턴을 분석하여 미래에 투영(project)함으로써 미래수요를 예측한다.
  ㉣ 그러나 이와 같은 과거의 수요 패턴이 장기간 계속적으로 유지된다고 보기는 힘들기 때문에 시계열분석기법은 주로 단기와 중기 예측에 많이 쓰인다.

③ **회귀분석**
  ㉠ 회귀분석(regression analysis)은 한 개 또는 여러 개의 변수(독립변수)가 다른 변수(종속변수)와 상관관계를 가질 때, 독립변수가 변화함에 따라 종속변수가 어떻게 변화하는가를 규명하는 것을 의미한다.
  ㉡ 회귀분석은 독립변수의 개수에 따라 단순회귀분석(simple regression analysis)과 다중회귀분석(multiple regression analysis)로 나눈다. 단순회귀분석은 한 개의 독립변수와 한 개의 종속변수로 이루어지고, 다중회귀분석은 여러 개의 독립변수와 한 개의 종속변수로 이루어진다.
  ㉢ 독립변수(설명변수)가 여러 개인 다중 회귀모형에서 독립변수들 간에 상관관계가 낮아야만 다중공선성(multicollinearity) 문제가 해결되어 신뢰성 있는 결과를 도출할 수 있다.
  ㉣ 변수 간의 상관관계를 간편하게 관찰할 수 있는 방법으로 산포도(scatter diagram)를 들 수 있다. 산포도란 상관관계가 있는 어떤 두 변수(예를 들면 운송거리와 운송비) 각각을 X축과 Y축에 표시하여 그 관계를 점으로 표시한 도표이다.
  ㉤ 상관관계에는 여러 가지가 있으며, 상관관계의 밀접한 정도는 상관계수(r)로 나타낸다. 상관계수 r의 절대값이 1에 가까울수록 양 변수간의 관계가 강한 것으로 볼 수 있다.

④ **단순이동평균법**
  최근 몇 기간 동안의 시계열 관측치의 평균을 내어 이 평균치를 다음 기간의 예측치로 사용하는 방법이다.

⑤ **가중이동평균법**

각 관측치에 동일한 가중치를 주는 단순이동평균법과는 달리 오래된 값보다 최근의 값에 가중치를 좀 더 주어 그 값을 예측치로 사용하는 방법이다.

⑥ **지수평활법**

㉠ 지수평활법(Exponential smoothing)은 단기예측에 있어서 매우 유용한 기법이다. 가장 최근의 값에 가장 많은 가중치를 두고 자료가 오래될수록 가중치는 지수적으로 감소시키면서 예측하는 방법이다.

㉡ 가중이동평균법의 단점을 해소하기 위해 평활상수를 이용해 현재에서 과거로 갈수록 더 적은 비중을 주는 방법을 채택하고 있다.

㉢ 평활상수를 α로 표시하면 지수평활법에 의한 예측치(C)는 다음의 식에 의해 구해진다.

$$C = α \times 전기의\ 실적치 + (1 - α) \times 전기의\ 예측치$$
$$= 전기의\ 예측치 + α(전기의\ 실제치 - 전기의\ 예측치)$$

예제풀이

다음은 어느 TV 제조업체의 최근 5개월 동안 컬러TV 판매량을 나타낸 것이다.

구 분	1월	2월	3월	4월	5월	6월
판매량	10	14	9	13	15	
가중치	0.0	0.1	0.2	0.3	0.4	

6월의 컬러TV 판매량을 단순 이동평균법, 가중이동평균법, 단순 지수평활법을 이용하여 예측하라. (단, 이동평균법에서 주기는 4개월, 단순 지수평활법에서 평활상수는 0.4를 각각 적용한다)

해설&정답

1. 단순 이동평균법에 의한 예측치는 $\dfrac{14 + 9 + 13 + 15}{4} = 12.75$이다.

2. 가중 이동평균법에 의한 예측치는 $\dfrac{14 \times 0.1 + 9 \times 0.2 + 13 \times 0.3 + 15 \times 0.4}{1.0} = 13.10$이다.

3. 평활상수를 α로 표시하면 지수평활법에 의한 예측치(E)는 E = α × 전기의 실적치 + (1 - α) × 전기의 예측치가 된다. 그런데 여기서는 전기(5월)의 예측치를 알 수 없으므로 단순이동평균치나 가중이동평균치를 예측치로 사용한다. 4월까지의 단순이동평균치 = (10 + 14 + 9 + 13) / 4 = 11.50이다. 따라서 E = 0.4 × 15 + 0.6 × 11.50 = 12.900이다.

(4) 정성적 기법

① **델파이법**

㉠ 델파이법에서는 예측하고자 하는 대상의 전문가 집단을 선정한 다음 이들에게 여러 차례 설문지를 돌려 의견을 수렴함으로써 예측치를 얻는다.

ⓒ 즉, 전문가들에게 개별적으로 예측을 위한 설문지를 돌려 그들의 의견을 종합·정리한 뒤에 새로 설문지를 만들어 첫 번째 설문지의 결과와 함께 다시 그들의 의견을 묻는다. 이때 각 전문가는 자기의 종전 의견을 수정할 수 있다.
　　ⓒ 다시 두 번째 설문지의 결과를 요약·정리한 다음 그 결과와 함께 세 번째 설문지를 돌린다. 이와 같은 과정은 전문가들 간에 충분한 의견일치를 볼 때까지 보통 네 번에서 여섯 번까지(최소한 세 번) 계속되며 최종회에서 나온 결과를 예측치로 사용한다.
　　ⓔ 일반적으로 이 방법은 시간과 비용이 많이 드는 단점이 있으나 예측의 특성상 불확실성이 크거나 과거의 자료가 없는 경우에 많이 쓰는데, 특히 생산능력, 설비계획, 신제품개발, 시장전략 등을 위한 장기예측이나 기술예측에 적합하다.
　② **시장조사법**
　　ⓐ 실제시장에 대해서는 조사하려는 내용의 가설을 세운 뒤에 설문지, 직접 인터뷰, 전화 조사, 시제품 발송 등 여러 가지 방법을 통해 소비자의 의견을 조사함으로써 설정된 가설을 검정한다.
　　ⓑ 시장조사법을 통한 예측은 정성적 기법 중 가장 시간과 비용이 많이 들지만 비교적 정확하다는 장점이 있다.
　③ **패널 동의법**
　　패널 동의법이란 어느 한 개인의 의견보다는 여러 사람의 의견이 더 나은 예측치를 가져온다는 가정에 입각하여 경영자, 판매원, 소비자 등으로 패널(panel)을 구성하여 자유롭게 의견을 개진하게 함으로써 예측치를 구하는 방법이다.
　④ **역사적 유추법**
　　역사적 유추법이란 신제품의 경우와 같이 과거 자료가 없을 때 이와 비슷한 기존제품이 과거에 시장에서 어떻게 도입기, 성장기, 성숙기를 거치면서 수요가 증가해 갔느냐에 입각하여 수요를 유추해 보는 방법이다.

2　재고관리

(1) 경제적 주문량(EOQ) 모형
　① **모형의 의의**
　　경제적 주문량(EOQ : Economic Order Quantity) 모형은 다음과 같은 기본 가정하에서 재고유지비용과 재고주문비용을 더한 연간 재고비용의 최적화(최소화)를 위한 1회 주문량을 결정하는데 사용된다.
　② **기본가정**
　　㉠ 계획기간 중 해당품목의 수요량은 항상 일정하며, 알려져 있다.
　　㉡ 단위구입비용이 주문수량에 관계없이 일정하다.
　　㉢ 연간 단위재고 유지비용은 수량에 관계없이 일정하다.
　　㉣ 1회 주문비용이 수량에 관계없이 일정하다.

ⓜ 주문량이 일시에 입고된다.
ⓑ 조달기간(lead time)이 없거나 일정하다.
ⓢ 재고부족이 허용되지 않는다.

③ EOQ 모형
㉠ 위의 가정하에서 연간총비용(ATC : Annual Total Cost)은 1회 주문량(Q)에 의해 결정되며, 이를 식으로 나타내면 다음과 같다.

$$ATC = \underbrace{C_h \cdot \frac{Q}{2}}_{\text{연간 재고비용}} + \underbrace{C_0 \cdot \frac{D}{Q}}_{\text{연간 주문비용}}$$

단, C_h : 연간 단위재고비용
C_0 : 주문당 소요비용
D : 연간 수요량
Q : 1회 주문량(결정변수)

㉡ 여기서 ATC를 최소화하는 1회 주문량(Q), 즉 EOQ를 도출하면 다음과 같다.

$$EOQ = \sqrt{\frac{2C_0 D}{C_h}}$$

㉢ EOQ 모형의 평가
EOQ 모형의 기본가정들은 현실적이지 못하다는 비판에도 불구하고 EOQ 모형은 간편하다는 장점으로 인해 현실적으로 많이 활용되고 있다. 또한 현실을 감안한 보다 복잡한 모형을 설계하기 위한 기본모형의 역할을 해오고 있다.

(2) JIT 재고관리를 위한 정보시스템
적시공급시스템, 즉 JIT(Just In Time) 재고관리의 실현을 위해서는 판매시점관리(POS : Point of Sales) 시스템과 자동발주시스템(EOS : Electronic Order System)이 구축되어야 한다.

(3) 기타 주요 재고관리기법
① ABC 분석
㉠ ABC 분석의 의의
ABC 분석은 파레토(V. Pareto) 법칙(20-80법칙)에 근거한 것으로, 모든 품목에 대해 동일한 재고관리 노력을 기울이는 것이 비합리적이라는 사고에서 출발한다. 어떤 품목집단은 가짓수가 얼마 되지 않으면서 금액상으로는 높은 비율을 차지하며, 또 어떤 부류는 가짓수는 많으면서도 금액상 비율은 얼마 되지 않는 경우가 많은데, 이들은 같은 방식으로 관리한다는 것은 비경제적이라는 논리다.

        ⓛ ABC 그룹분류
            ⓐ ABC 분석은 제품을 A그룹, B그룹 및 C그룹으로 나누어 각기 다른 재고관리 방식을 적용한다. 이들 세 그룹의 특징은 다음과 같다.
            ⓑ A그룹은 금액구성비율이 높은 소수의 품목으로 이루어지는 제품집단이므로 중점관리하고, C그룹은 금액구성비율이 낮은 다수의 품목으로 이루어지는 제품집단이므로 간편한 관리방식을 채택한다.
    ② **고정량 주문시스템과 정기 주문시스템**
        ㉠ 고정량 주문시스템
            재고수준이 재주문점(ROP)에 오면 고정량(Q)을 발주하는 방식으로, 이는 가격과 중요도가 낮은 품목(B그룹 품목), 수요변동의 폭이 작은 품목의 관리에 적합하다.
        ㉡ 정기 주문시스템
            재고량을 정기적으로 파악하여 기준재고량과 현재고량의 차이를 발주(Q가 변동함)하는 방식으로, 이는 가격과 중요도가 높은 품목(A그룹 품목), 수요변동의 폭이 큰 품목의 관리에 적합하다.

3 운송, 보관 및 하역

(1) 운송의 결정
    ① **운송수단의 유형**
        ㉠ 기업이 선택할 수 있는 중요한 운송수단으로는 철도, 트럭, 해상운송, 파이프라인, 항공의 다섯 가지가 있다. 우리나라의 경우에는 트럭운송이 90% 이상을 차지하고 있고, 철도와 해상운송이 그 뒤를 잇고 있다.
        ㉡ 최근 화물운송에서의 컨테이너화 추세에 따라 두 가지 이상의 운송수단을 함께 이용하는 경우가 크게 늘고 있다. 운송수단을 여러 가지 이용하는 경우 이를 복합운송(multimodal transport)이라고 한다.
    ② **운송의 효율적 관리**
        기업의 물류비 중에서 가장 높은 비중을 차지하는 것이 운송비이다(우리나라의 경우 물류비의 약 50%). 따라서 운송비의 절감은 물류비의 절감, 나아가 기업의 원가절감에 큰 기여를 하게 된다. 운송비를 절감할 수 있는 방안으로는 물량단위의 대형화 및 공동배송제의 확대, 계획 수·배송의 실시, 복합일관운송의 도입 등을 들 수 있다.
        ㉠ **물량단위의 대형화** : 물량단위를 대형화하면 차량 적재율을 높이고 운송빈도를 줄임으로써 운송비를 절감할 수 있고, 연료소비를 줄여 환경오염을 줄일 수 있다. 물량단위의 대형화를 가능하게 하는 시스템이 공동 수·배송이다. 공동 수·배송이 활성화되기 위해서는 포장용기의 규격, 상품의 표시방법, 정보시스템의 통일 등이 전제되어야 한다.
        ㉡ **계획 수·배송** : 운송비용을 줄이고 보다 나은 고객서비스를 제공하기 위하여 배송계획의 개선에 의해 배송시간과 주행거리를 최소화하여, 화물량의 평준화를 가능하게 하여야 한다.

© 복합일관운송
ⓐ 복합일관운송(intermodal transport) 서비스는 철도, 트럭, 항공기 및 선박 등 운송수단들이 갖는 장점을 최대한 살리기 위해 상이한 운송수단들을 결합하여 화물을 운송하는 방법이다.
ⓑ 복합일관운송이 가능하기 위해서는 컨테이너를 이용한 일관 운송체계인 유닛로드시스템(unit load system)을 통해 하역작업에 드는 시간과 인력을 절감할 수 있어야 한다.

(2) 공동 수·배송

① **공동 수·배송의 의의**
㉠ 공동 수·배송은, 기본적으로 각 기업이 개별적으로 수·배송하는 것보다 저렴한 비용으로, 고객에 대한 배송 서비스를 향상(즉, 배송빈도의 향상 등)시키는 데 주된 목적이 있다.
㉡ 일정지역에서 복수의 화주에 관련되는 정기적인 운송수요에 대하여 당해 화주의 협력을 얻어 한 수·배송 사업자가 단독으로 또는 둘 이상의 수·배송 사업자가 공동으로 하나의 수·배송 시스템을 채택하여 수·배송의 효율화를 도모하려는 것이다.

② **공동 수·배송의 효과**
㉠ 화주(기업) 측면
ⓐ 운송횟수의 감소로 수·배송 비용의 절감
ⓑ 수·배송 업무의 효율화
ⓒ 차량 및 시설투자 증가의 억제
ⓓ 영업활동의 효율화
㉡ 고객 측면
ⓐ 납품빈도 증가로 상품구색의 강화 및 식료품의 경우 신선도 향상
ⓑ 재고보유의 감소
ⓒ 검사 등 일선업무의 효율화
㉢ 사회·경제적 측면
ⓐ 유통비용의 절감으로 소비자에게 이익 환원
ⓑ 교통혼잡의 감소, 주변환경의 양호화

(3) 복합운송

① **복합운송의 의의**
㉠ 복합운송(multimodal transport, combined transport)은 2가지 이상의 다른 운송수단에 의한 운송 형태를 말하는 것으로 통운송(through carriage) 또는 협동일관운송(intermodal carriage)이라고도 한다.
㉡ 복합운송은 일관운송 시스템을 말하는 것으로, 한 운송인이 화주에게 일관된 책임을 지고 하나의 운임청구서만으로 선박과 철도, 선박과 항공과 같이 서로 다른 운송수단을 이용하여 화주의 문전에서 수하인의 문전까지 운송을 담당하는 것을 말한다.

② 복합운송의 특징
　㉠ 복합운송인(MTO : Multimodal Transport Operater)이 전 구간에 걸쳐 책임을 지고 이에 대한 증거서류로 복합운송증권을 발행하는데, 운송수단을 중간에 바꿔야 하므로 환적이 불가피하며, 환적할 때 편의를 위해 화물형태가 단위화되는 특징을 지닌다. 또한 도착점이 기존의 항구에서 수하인의 문전 또는 창고로 바뀌어 운송된다.
　㉡ 복합운송은 일관된 운송책임과 통일된 운임(through rate)의 설정, 복합운송증권의 발행이라는 원칙을 필요로 한다.
　㉢ 복합운송은 반드시 둘 이상의 운송수단이 이용되어야 한다. 이 경우 운송수단으로 트럭과 철도가 결합되는 경우 피기백 방식(Piggy back system), 트럭과 선박이 결합되는 경우 피시백 방식(Fishy back system), 항공기와 트럭이 결합되는 경우 버디백 방식(Birdy back system)이라고 한다.
　㉣ 이외에도 최근에는 국제물류에 있어서 한국에서 유럽으로 가기 위해 미국이나 시베리아를 랜드 브리지(land bridge)로 활용하는 선박과 철도, 트럭의 복합적 결합운송 방식도 출현하고 있다.

(4) 소화물 일관운송
① 소화물 일관운송의 뜻
　㉠ 소화물 일관운송(courier service)은 개인 또는 기업의 하주로부터 소형·소량의 화물운송을 의뢰받아 송하주의 문전에서 수하주의 문전으로(door to door) 배달물품의 접수(집하)·포장·운송·배달에 이르기까지 신속·정확하게 운송 서비스를 제공하는 운송체계를 말한다.
　㉡ 일본에서는 택배(宅配), 미국에서는 Courier Service 등으로 불리는데 우리나라에서는 보통 소화물 일관운송으로 불리고 있다.
② 소화물 일관운송의 등장배경
　㉠ 최근 들어 인터넷 쇼핑과 TV 홈쇼핑 등 전자상거래가 크게 증가하고, GPS 보급 등 물류환경의 급속한 변화에 따라 소화물 일관운송이 크게 증가하고 있다.
　㉡ 소화물 일관운송이 등장한 배경으로는 다품종 소량생산의 확대, 다빈도 소량주문, 물류 합리화 요구, 소비자 욕구 등 물류환경의 변화 및 전자상거래의 확산 등을 들 수 있다.

(5) 보관활동
① 보관의 의의
　보관(storage)이란 물자를 보존하고 관리하는 것을 말한다. 보관은 고객서비스의 최전선으로, 수송과 배송 간의 윤활유 역할을 수행한다. 또한 생산과 판매의 조정 및 완충역할을 수행하며, 집하, 분류, 검사장소, 유통가공 기능 등의 역할도 수행하고 있다.
② 보관의 원칙
　㉠ 통로대면 보관의 원칙 : 창고 내에서 제품의 입고와 출고를 용이하게 하고 효율적으로 보관하기 위해 통로를 마주보게 보관함으로써 창고 내의 흐름을 원활히 하고 활성화하기 위한 기본원칙이다.

- ⓒ **높이 쌓기의 원칙** : 제품을 높게 쌓는 것으로서 높이 쌓게 되면 창고의 용적효율, 충전효율, 보관효율을 높일 수 있다.
- ⓒ **선입선출의 원칙** : 선입선출(FIFO : First In First Out)이란 먼저 입고된 제품을 먼저 출고한다는 원칙으로서, 이 원칙은 일반적으로 제품의 재고회전율(life cycle)이 낮은 경우와 제품의 수명주기(PLC)가 짧은 경우에 주로 적용된다.
- ⓔ **명료성의 원칙** : 시각에 따라 보관되어 있는 제품을 용이하게 식별할 수 있도록 보관하는 원칙이다. 창고 내 작업원이 시각적으로 보관장소나 보관품 자체를 쉽게 파악할 수 있도록 해야 한다.
- ⓜ **위치표시의 원칙** : 보관 및 적재되어 있는 제품의 랙의 위치와 상황에 맞는 특정한 기호를 사용하여 위치를 표시함으로써 입·출고 작업의 단순화를 통한 업무 효율성을 높일 수 있고, 재고의 파악 및 정리작업을 할 때, 불필요한 작업이나 실수를 줄일 수 있다.
- ⓗ **회전대응 보관의 원칙** : 보관할 물품의 장소를 회전정도에 따라 정하는 원칙으로서 입·출하 빈도의 정도에 따라 보관장소를 결정하는 것을 말한다.
- ⓢ **동일성 및 유사성의 원칙** : 동일품종은 동일장소에 모아서 보관하고, 유사품은 근처 가까운 장소에 모아서 보관해야 한다는 원칙이다. 동일품종은 동일장소에 보관하여 관리하면 관리효율의 향상을 기대할 수 있다.
- ⓞ **중량특성의 원칙** : 제품의 중량에 따라 보관장소의 출입구를 기준으로 한 거리와 특히 높낮이를 결정해야 한다는 원칙이다. 제품의 하역작업을 할 때 중량물과 대형물은 하부 및 출구 쪽으로 배치하여 안전사고 및 이동거리를 최소화하는 원칙을 말한다.
- ⓩ **형상특성의 원칙** : 형상, 즉 모양에 따라 보관방법을 변경하며, 형상특성에 부응하여 보관한다는 원칙이다. 포장의 모듈화에 대응하는 표준화된 제품은 랙에 보관하고 표준화되지 않은 제품은 모양에 따라 보관장소의 효율 등을 고려하여 보관한다.
- ⓧ **네트워크 보관의 원칙** : 관련된 상품을 한 장소에 모아 보관하는 원칙으로, 출하 품목의 다양성에 따라 보관상의 곤란을 예상하여 물품정리가 용이하도록 관련된 상품을 네트워크에 따라 계통적으로 보관하는 방식이다.

4 포장 및 하역

(1) 포장의 의의

① **포장에 대한 결정**

물류에 있어서 포장(packing)은 내용물의 보호, 하역 및 보관의 용이성, 내용물의 식별이라는 기능을 수행한다.

㉠ **포장의 차별화와 물류비의 상승**

마케팅 측면에서는 가급적 독특하고 차별적인 포장을 통해 경쟁우위를 차지하려고 하지만, 이는 필연적으로 포장비의 증대를 가져온다. 즉 포장의 차별화는 매출액 증대에는 기여하지만 물류비의 증대라는 상충관계(trade-off)를 야기한다.

ⓒ 포장의 표준화
  ⓐ 물류비의 절감을 위해선 포장의 규격화(표준화, 통일화)가 요청된다. 먼저 제품이 실릴 컨테이너(container)나 파렛트(pallet)의 규격에 맞추어 가장 효율적으로 제품이 적재(loading)될 수 있는 겉포장의 규격을 정하고, 이에 따라 속포장과 낱포장의 크기가 정해져야 한다.
  ⓑ 포장의 표준화는 포장비의 절감뿐 아니라 효율적인 하역·보관 및 운반 등의 이점을 가진다. 우리나라 기업의 포장개선은 주로 포장의 개선을 통해 원가절감을 이루는데 중점이 두어져 왔으나, 앞으로는 물류비용의 절감이라는 점에 초점을 맞춰 포장개선이 이루어져야 한다.
  ⓒ 한국산업표준(KST 1001)에서는 포장을 낱포장(단위포장), 속포장(내부포장) 및 겉포장(외부포장)의 3종류로 분류하고 있다.

② 공업포장과 상업포장
  ㉠ 공업포장(industrial packaging) : 물품을 운송, 보관하는 것을 주목적으로 시행하는 포장을 총칭하는 것으로 산업포장, 수송포장 또는 물류포장이라고 한다. 공업포장의 주 기능은 물품의 보호기능과 운송하역에서 물품취급의 편의성 등이다.
  ㉡ 상업포장(commercial packaging) : 상거래 과정에서 상품화 또는 판매단위의 포장으로 소매포장 또는 소비자포장이라고도 한다. 상업포장은 주로 판매촉진 기능을 한다.

③ 포장합리화의 원칙
  ㉠ 대형화·대량화 원칙 : 포장단위의 대형화를 도모하고, 물류 대량화를 기하여 비용절감을 모색해야 한다.
  ㉡ 집중화·집약화 원칙 : 전반적인 관리수준을 향상시키고 물류 대량화를 추구할 수 있도록 집중화 및 집약화를 도모하여야 한다.
  ㉢ 규격화·표준화 원칙 : 포장물류의 규격화 및 표준화를 추구하여 물류활동의 효율화를 추구하여야 한다.
  ㉣ 사양변경의 원칙 : 포장의 보호성에서 벗어나지 않는 범위에서 사양변경을 통한 비용절감을 도모하여야 한다.
  ㉤ 재질변경의 원칙 : 재질의 변경을 통하여 비용절감을 도모할 수 있는 방안을 모색하여야 한다.
  ㉥ 시스템화·단위화의 원칙 : 포장의 단위화를 도모하고, 수·배송, 보관, 하역 등 물류의 제 활동을 유기적으로 연계하여 시스템화할 필요성이 있다.

(2) 하역의 의의
  ① 유닛로드 시스템의 의의
    ㉠ 유닛로드 시스템(unit load system), 즉 단위적재 시스템은 하역(material handling)과 운송의 합리화에 있어서 가장 기본이 되는 시스템이다.
    ㉡ 유닛로드(unit load)는 제품(화물)을 1개의 유닛(단위)로 모아 하역과 운송을 하는 것을 말한다. 하역이 효율적으로 이루어지기 위해서는 제품이 가능한 한 큰 모듈(module) 단위로

묶여 처리되어야 한다.
ⓒ 이러한 기본단위가 유닛로드가 되며, 각 모듈을 가능한 한 분리시키지 않고 물류시스템 내에 흘러가도록 함으로써 하역비용을 절감할 수 있다.

② 유닛로드 시스템의 효율적 활용
ⓐ 유닛로드 시스템이 최대로 활용되기 위해서는 파렛트(pallet), 컨테이너와 지게차(fork lift)의 사용이 필수적이다.
ⓑ 파렛트의 이용범위는 부분적 파렛트화(palletization), 일관 파렛트화, 파렛트풀 시스템(PPS : pallet pool system)으로 구분될 수 있다. 파렛트풀 시스템은 규격화된 파렛트를 여러 기업들이 공동으로 사용하여 파렛트의 순환을 통해 반복 사용하도록 함으로써 자원의 낭비를 막기 위해 구축된 시스템이다.

③ 하역합리화의 기본원칙
ⓐ 하역 경제성의 원칙 : 불필요한 하역작업을 줄이고 가장 경제적인 하역 횟수로 하역이 이루어지도록 하여 화물의 파손, 손실을 최소화하는 원칙이다. 하역 경제성을 달성하기 위한 하위원칙은 다음과 같다.

하위원칙	내 용
운반 순도(purity)의 원칙	필요 이상의 과대포장(overpacking)으로 중량이나 용적을 불필요하게 크게 하여 운임이나 운반비, 하역비가 필요 이상 부담되지 않도록 고려해야 한다.
최소 취급(least handling)의 원칙	생략해도 지장이 없는 하역이나 운반은 줄여서 다시 취급(rehandling)하거나 임시로 놓아두는 행위를 줄이도록 한다.
수평 직선(straight line)의 원칙	운반거리를 직선으로 하는 것이 최단거리이고 교차, 지그재그, 왕복 등의 운반의 혼잡을 초래하는 요인을 없앨 수 있다.

ⓑ 이동거리 및 시간 최소화의 원칙 : 하역작업의 이동거리를 최소화하는 원칙이다. 물자가 이동하는 수·배송, 보관활동 등에 있어서 기본이 되는 원칙이다.
ⓒ 활성화의 원칙 : 운반활성지수를 최대화하는 원칙으로 지표와 접점이 작을수록 활성지수는 높아지며 하역작업의 효율이 증가한다. 활성지수란 놓여 있는 물건을 다음 동작으로 옮기기 쉽게 놓아 둔 상태를 나타내는 지수를 말하는 것으로 다음과 같다.

활성지수	
활성지수	물건을 놓아 둔 상태
0	바닥에 낱개의 상태로 놓여 있음
1	상자 속에 들어 있음
2	파렛트나 스키드(skid) 위에 놓여 있음
3	대차 위에 놓여 있음
4	컨베이어 위에 놓여 있음

② 유닛로드의 원칙 : 단위화의 원칙(유닛로드의 원칙)은 화물을 어떤 특정단위(중량 혹은 부피)로 단위화하는 것을 말한다. 유닛트화(파렛트화, 컨테이너화)함으로써 화물의 손상, 감모, 분실 등을 방지하고 하역작업의 효율화를 촉진할 수 있다.
㉤ 기계화의 원칙 : 인력작업을 기계작업으로 대체하여 생력화하는 원칙으로, 자동화를 통해 하역작업의 효율성과 경제성을 증가시키게 된다.
㉥ 중력이용의 원칙 : 화물은 중력의 법칙에 따라 위에서 아래로 움직이는 것이 쉬우며 운반비용도 절감할 수 있다.
㉦ 시스템화의 원칙 : 개개의 하역활동을 유기체로서의 활동으로 간주하는 원칙이다. 종합적인 관점에서 시스템 전체의 균형을 염두에 두고, 시너지 효과를 올리는 것이 시스템화의 기본 원칙이다.
㉧ 호환성의 원칙 : 인터페이스의 원칙은 하역작업에서 공정 간의 접점이 원활하게 소통하도록 하는 것을 뜻한다.
㉨ 흐름의 원칙 : 하역작업에서의 흐름이 연속되도록 하여야 한다는 것을 의미한다. 기계나 설비는 언제나 움직이고 있는 상태로 유지시키지 않으면 효율성이 떨어진다.
㉩ 표준화의 원칙 : 하역작업을 표준화하여 하역작업의 효율성을 추구하는 원칙으로 유닛로드화(단위화) 원칙에 대응하기 위한 것이다.
㉪ 취급균형의 원칙 : 작업의 흐름은 애로공정에 의해 좌우된다. 하역작업도 공정의 능력을 파악하고, 평준화 계획을 수립하여 최대의 효과를 발휘할 수 있도록 이루어져야 한다는 원칙이다.

5 물류관리를 위한 정보기술

(1) 물류정보와 물류정보시스템

① 물류정보의 의의와 중요성
㉠ 물류정보의 의의 : 물류정보(logistic information)는 종합적인 물류활동의 원활화를 도모하는데 있어서 필수불가결한 것으로, 생산에서 소비에 이르기까지 물류활동을 구성하고 있는 운송·보관·하역·포장 등의 물류기능을 수행하는데 관련된 다양한 정보를 의미한다.
㉡ 물류정보의 중요성 : 따라서 효율적인 물류활동(조달·생산·판매)을 지원하기 위한 모든 영역의 정보 흐름을 유기적으로 결합, 적시에 제공함으로써 물류비용 절감과 고객서비스를 향상시킬 수 있다.

② 물류정보시스템의 의의
㉠ 물류정보시스템의 전제 : 물류정보시스템(LIS : Logistics Information System)은 기업의 전체 물류활동을 최적화할 수 있도록 토털 시스템 관점에서 계획되어야 한다.
㉡ 물류정보시스템의 도입 효과
ⓐ 물류정보시스템의 가장 큰 효과는 물류비용의 절감과 고객서비스의 향상을 들 수 있다.

ⓑ 사내 문서 및 업무의 표준화, 다양한 고객에게 표준화된 비즈니스 프로세스를 제공할 수 있다. 따라서 효율적이고 정확한 주문관리, 재고상품 및 주문정보의 제공 등으로 고품질의 고객서비스가 실현될 수 있다.
ⓒ 물류정보시스템의 도입으로 영업력이 강화되어 매출을 증대시킬 수 있다.

③ ERP 시스템과 물류네트워크
㉠ ERP 시스템의 배경 : 전사적 자원계획(ERP : Enterprise Resource Planning) 시스템은 1960년대의 MRP(Material Requirements Planning)와 1980년대의 MRP Ⅱ(Manu-facturing Resources Planning)의 개념을 바탕으로 하여 구축되었다.
㉡ MRP, MRP Ⅱ, ERP
ⓐ MRP, 즉 자재소요계획은 생산일정계획(MPS : Master Production Schedule), BOM (Bill of Material), 그리고 재고정보를 근거로 자재의 생산과 조달계획을 산출해 내는 시스템이다.
ⓑ MRP Ⅱ, 즉 제조자원계획은 기본적으로 MRP에서 얻은 생산과 조달계획이 자사 또는 외주처의 생산능력에 비추어 합당한 것인지를 체크하고, 더 나아가 생산기능과 회계·구매 등 생산과 관련된 다른 업무를 지원할 수 있도록 확장된 정보시스템이다.
ⓒ ERP 시스템은 기업 내의 제조·물류·회계·인사·재무·판매 등 모든 업무 프로세스를 실시간 정보공유를 바탕으로 통합적으로 지원하여, 효율화와 의사결정의 신속화를 도모한다. 이러한 정보시스템의 혁신은 업무프로세스의 혁신(BPR : Business Process Restructuring)과 동반하여 이루어지는 것이 일반적이다.
㉢ 업종 간 물류정보네트워크 형태 : 최근 전자상거래(e-commerce), e-비즈니스 등이 급속히 확산됨에 따라 기업 간 정보교류시스템의 구축에 대한 필요성이 증대하고 있다.

(2) SCM
① SCM의 개념
㉠ SCM의 개념
ⓐ SCM, 즉 공급사슬관리는 원재료나 부품의 공급자에서 제품의 최종소비자에 이르기까지의 상호 관련된 가치활동 등을 대상으로, 정보의 공유와 업무프로세스의 근본적 변혁을 통하여 공급망 전체의 효율성을 극대화하는 경영활동이라고 할 수 있다.
ⓑ 즉, SCM은 기업 내 부문 간 또는 기업 간에 존재하는 벽을 넘어서 공급사슬(supply chain)에서 제품, 서비스, 정보 등의 흐름을 효과적으로 통합·관리함으로써 시장에서의 경쟁우위 확보를 그 목표로 한다.
㉡ SCM의 전개
ⓐ 최근 들어 기존의 SCM을 대체하여 e-SCM이라는 용어가 등장하였는데, 많은 기업이 e-비즈니스를 경영의 새로운 패러다임으로 채택하는 상황에서 SCM도 e-SCM으로 대체해야 한다는 관점에서 등장한 개념이다.
ⓑ 즉, 전체 공급사슬을 효율적으로 관리하기 위해서는 인터넷을 기반으로 하여 각 기업의 시스템을 표준화해서 연결하는 것이 필요하다는 점을 강조하는 것이다.

ⓒ SCM과 e-SCM은 본질적으로 동일한 목표를 지니며, 단지 주요 활용도구가 인터넷 기반기술로 확산된다는 점에서 차이를 보일 뿐이다.

② **SCM과 관련된 시스템**

㉠ e-비즈니스 환경과 CRM

ⓐ 전통적인 경영은 조직 내부차원의 경영효율성을 중시했지만, e-비즈니스에서는 조직 내부뿐만 아니라 공급자, 고객 등 조직 외부와의 연관성을 중시하고 이를 시스템적으로 계획하고 지원한다.

ⓑ 따라서 e-비즈니스 환경에서 고객관계관리는 선택이 아닌 필수인 수행과제가 된다. 기업은 고객을 물품과 서비스를 구매하는 객체라는 차원을 넘어서 동반자적 관계로 인식해야 하며, 고객으로부터 창출되는 정보자원은 경영의사결정에 필요한 귀중한 자산으로 활용해야 한다.

ⓒ 이러한 목적으로 운용되는 시스템이 CRM(Customer Relationship Management), 즉 고객관계관리이며, 이의 활용도는 e-비즈니스의 진전과 함께 더욱 높아지고 있다.

㉡ SRM, e-Procurement

ⓐ CRM과 대비되는 개념으로 SRM(Supplier Relationship Management), 즉 공급자관계관리를 들 수 있는데, 이는 공급자 기반을 체계적으로 관리하여 기업경쟁력을 향상시키려는 노력의 일환으로 볼 수 있다.

ⓑ SRM에서는 공급자와의 정보교류, 공급조건의 비교, 공급자의 육성, JIT 공급 등 다양한 기능이 수행될 수 있다.

ⓒ 그리고 SRM과는 별개의 개념이지만 부분적인 연관성을 지니는 것으로 e-Procurement를 들 수 있다. e-Procurement, 즉 전자조달은 웹상에서 효율적으로 물품을 구매함으로써 기업경쟁력을 높이려는 것이다. 이를 실현하는 수단으로 다양한 형태의 마켓플레이스가 구축되어 운영되고 있다.

6 물류비

(1) 물류비의 의의

① **물류비의 정의**

㉠ 물류비(logistic cost)는 원재료의 조달에서 생산과정을 거쳐 완성된 제품이 거래처에 납품되고, 소비자로부터 반품·회수·폐기 등에 이르기까지 포장·운송·보관·하역·정보 및 관리 등의 물류활동에 소요되는 모든 비용을 의미한다.

㉡ 즉, 물류활동을 수행하기 위하여 발생하거나 직·간접적으로 소비된 경제가치를 말한다. 기업의 연구개발비용은 물류비용이라고 할 수 없다.

② **국내 물류비의 실태와 개선방안**

㉠ 국내 기업들의 물류비가 증가해 온 원인은 물동량 증가, 다품종 소량 다빈도 운송, 인건비의 상승, 유가 상승 등을 들 수 있다.

ⓒ 기능별로 구분하면(2015년 기준) 운송비(58%), 보관비(28%), 포장비(11%), 물류관리비(3%)의 순으로 운송비가 가장 큰 비중을 차지한다.
　③ **물류비의 정확한 계산이 필요한 이유** : 물류 빙산(iceberg)
　　　㉠ 외부로 공표된 회계자료에 의해 산출되는 물류비는 손익계산서상의 '판매비 및 일반관리비' 항목에 상당한 정도의 물류비가 혼입되어 있다. 즉 포장비는 제조원가에, 운송비는 판매비에, 물류정보비는 일반관리비에 포함되어 있다.
　　　ⓒ 따라서 계산상의 물류비는 전체 물류비 중에서 빙산의 일각에 불과하므로 물류비의 정확한 파악을 통해 이를 줄이는 것이 물류관리의 중요한 과제가 되었다.

(2) 물류비 계산에 관한 지침

　① **지침의 필요성**
　　기업을 대상으로 물류비의 정확한 계산과 관리의 합리성 제고를 위한 기준을 제공함으로써, 기업물류의 효율화를 통한 원가절감과 경쟁력 강화를 위해, 기업물류비의 계산에 관한 표준화된 절차와 방법을 정하는 지침의 필요성을 인식하게 되었다.
　② **물류비 산정기준과 지침**
　　　㉠ 물류비 산정의 기준으로는 국토교통부가 「물류정책기본법」에 근거하여 제정한 「기업물류비 산정지침」이 있다.
　　　ⓒ 물류비 산정지침은 물류회계기준의 표준화를 위하여 총칙, 물류비 계산의 일반기준, 물류비 계산의 간이기준으로 구성되어 있다.

(3) 물류비 산정기준

　① **재무회계와 관리회계**
　　　㉠ 재무회계(financial accounting)는 기업 외부의 이해관계자(주주, 채권자, 투자자, 정부 및 개인)에게 회계정보를 제공할 목적으로 재무상태표나 포괄손익계산서와 같은 재무보고서를 작성·보고하는 외부보고 목적의 회계를 말한다.
　　　ⓒ 관리회계(managerial accounting)는 기업의 내부보고 회계로 경영자나 관리자의 의사결정이나 업적평가를 위한 회계정보를 제공한다.
　　　ⓒ 물류회계는 재무회계상의 계정과목과 물류활동을 수행하기 위하여 발생하거나 소비한 경제가치를 계산해내는 일종의 관리회계로 볼 수 있다.
　② **일반기준과 간이기준**
　　기업의 물류비 산출방법은 크게 재무회계 방식과 관리회계 방식으로 나눌 수 있다.
　　　㉠ 재무회계 방식은 간이기준이라 하며 기업이 외부 이해관계자를 위해 매년 작성 보고하는 재무제표를 이용하여 물류부문에 관련된 비용만을 역으로 추적해 산출하는 것이다.
　　　ⓒ 관리회계 방식은 일반기준이라 하며 원가계산제도에 의거하여 물류활동에 소요된 비용만을 측정하는 방식으로, 비교적 정확한 물류비를 얻을 수 있다.
　　　ⓒ 그러나 관리회계 방식은 별도의 복잡한 원가계산제도를 개발해야 한다는 부담이 있으며, 따라서 이 방식의 도입은 개별기업의 의사에 일임되어 있다.

일반기준과 간이기준의 비교

기준 항목	일반기준 (관리회계방식)	간이기준 (재무회계방식)
계산의 기본적인 관점	• 물류목표를 효과적으로 달성하기 위한 물류활동에 투입되는 인력, 자금, 시설 등의 계획 및 통제에 유용한 회계정보의 작성 목적 • 기능별, 관리항목별의 업적평가나 계획 수립 가능	기업활동의 손익상태(손익계산서)와 재무상태(대차대조표)를 중심으로 회계제도의 범주에서 물류활동에 소비된 비용항목을 대상으로 1회계기간의 물류비 총액 추정
계산방식	물류활동의 관리 및 의사결정에 필요한 회계정보를 입수하기 위해 영역별, 기능별, 관리항목별로 구분하여 발생 비용을 집계	재무회계의 발생형태별 비용항목 중에 물류활동에 소비된 비용을, 항목별 배분기준을 근거로 하여 해당 회계기간의 물류비로 추산
계산방식 장점	• 영역별, 기능별, 관리항목별 물류비계산을 필요한 시기, 장소에 따라 실시 가능 • 물류활동의 개선안과 개선항목을 보다 명확하게 파악 가능	개략적인 물류비 총액계산에 있어서 별도의 물류비 분류, 계산절차 등이 불필요하고, 전담 조직이나 전문 지식이 부족해도 계산 가능
계산방식 단점	상세한 물류비의 분류 및 계산을 위한 복잡한 사무절차 작업량이 많기 때문에 정보 시스템 구축이 전제	상세한 물류비의 파악이 곤란하기 때문에 구체적인 업무평가나 개선목표의 수립이 곤란하며 물류비 절감효과 측정에 한계

(4) 일반기준에 의한 물류비 계산

① 일반기준의 의의

㉠ 일반기준에 의한 물류비 계산목적은 물류비에 대한 실태파악을 상세히 하기 위하여 실적물류비를 발생요인별로 계산함에 목적이 있다. 이를 위해 물류비 계산을 위한 원가의 종류로는 실적물류비만을 대상으로 하고 있다. 여기서 실적물류비란 과거의 물류활동을 위해 발생한 비용을 말하는 것으로써, 미래에 발생할 수 있는 예상물류비와는 상대적인 개념이다.

㉡ 실적물류비는 발생요인별로 계산하도록 하고 있는데, 발생요인으로는 영역별, 기능별, 자가·위탁별, 세목별, 관리항목별로 구분하고 있다. 그리고 필요에 따라서는 이러한 분류를 더욱 세분화하거나 구체화하여 요인별로 물류비를 계산할 수도 있다.

물류비의 분류체계

과목	영역별	기능별	자가·위탁별	세목별	관리항목별
비목	조달물류비 사내물류비 판매물류비 역물류비	운송비 보관 및 재고관리비 포장비 하역비 유통가공비 물류정보·관리비	자가물류비 위탁물류비	재료비 노무비 경비 이자 • 시설부담이자 • 재고부담이자	조직별 제품별 지역별 고객별 운송수단별 등

② 물류비의 과목분류
  ㉠ 물류비의 과목분류는 영역별, 기능별, 자가·위탁별, 세목별, 관리항목별로 구분하고 있으며, 이들 물류비 분류체계를 요약한 것이 위의 [표]이다.
  ㉡ 이 지침에서 물류비 과목을 영역별 → 기능별 → 자가·위탁별 → 세목별 → 관리항목별의 순서로 분류하고 있는 것은 물류비의 계산방법이나 양식 등과의 통일성을 갖도록 하기 위해서이다.

7 물류 아웃소싱과 제3자 물류, 제4자 물류

(1) 물류 아웃소싱

① 물류 아웃소싱의 의의
  ㉠ 아웃소싱(outsourcing)은 한 기업이 자사가 수행하는 다양한 경영활동 중 핵심역량을 지닌 분야에 기업의 인적·물적 자원을 집중시키고, 이외의 분야에 대해서는 기획에서부터 운영까지 일체를 해당분야의 전문업체에 위탁함으로써 기업의 경쟁력을 높이려는 전략을 의미한다.
  ㉡ 즉, 네트워크를 통해 자사의 핵심역량을 공급업체의 핵심역량과 상호 연계시켜 기업 전체의 시너지 효과(synergy effect)를 극대화하려는 전략이라고 할 수 있다.
  ㉢ 따라서 물류 아웃소싱(logistics outsourcing), 즉 외주물류란 기업이 고객 서비스의 향상, 물류비 절감 등 물류활동을 효율화할 수 있도록 물류기능 전체 혹은 일부를 외부의 물류 전문업체에 위탁하는 전략을 의미한다.

② 아웃소싱의 효과
  ㉠ 제조업체가 물류 아웃소싱을 추구할 때, 그 업체는 전문화의 이점을 살려 고객욕구의 변화에 대응하여 주력사업에 집중할 수 있게 된다.
  ㉡ 물류공동화와 물류표준화가 가능하다.
  ㉢ 물류시설 및 장비를 이중으로 투자하는데 따르는 투자위험의 회피가 가능하다.
  ㉣ 기업의 경쟁우위 확보 및 사회적 비용의 절감과 국가경쟁력 강화에 기여할 수 있다.

(2) 제3자 물류(3PL)

제조업자와 소매업자, 그리고 물류서비스 제공자가 완벽한 협력체계를 갖추는 경우 기업은 물류와 재고비용의 절감, 고객서비스 수준의 향상이 가능해짐으로써 경쟁우위를 확보할 수 있다. 이러한 사고방식하에 등장한 것이 제3자 물류이다.

① 제1자 물류와 제2자 물류
  제3자 물류라는 용어는 기업의 물류활동을 수행하는 주체가 누구인가에 따라 분류되는 개념으로, 제1자 물류와 제2자 물류에 이은 개념이다.
  ㉠ 제1자 물류 : 제1자 물류(first party logistics, 1PL)는 기업이 물류업무를 사내의 물류부서를 통해 자체적으로 수행하는 경우로, 자사물류라고 한다.

ⓒ 제2자 물류 : 제2자 물류(second party logistics, 2PL)는 기업이 사내의 물류부서를 별도의 자회사로 독립시켜 물류활동을 수행하도록 하는 경우로, 자회사 물류라고 한다.
② 제3자 물류(3PL)
　㉠ 제3자 물류의 의의
　　제3자 물류(third party logistics, 3PL, TPL)에서 제3자는 물류경로 내의 다른 주체와 일시적이거나 장기적인 관계를 가지고 있는 물류경로 내의 대행자 또는 매개자를 의미하며, 제3자 물류는 화주와 단일(혹은 복수)의 제3자가 일정기간 동안 일정한 비용으로 일정한 서비스를 상호 합의하에 수행하는 것을 의미한다. 제3자 물류를 계약물류라고도 번역한다.
　㉡ 제3자 물류와 물류 아웃소싱의 차이

구 분	제3자 물류	물류 아웃소싱
화주와의 관계	전략적 제휴, 계약 기반	수·발주 관계, 거래 기반
관계의 특징	협력적 관계	일시적 관계
서비스의 범위	종합 물류서비스 지향	수송, 보관 등 기능별 서비스 지향
정보 공유	필수적	불필요
도입결정 권한	최고 경영자	중간 관리자
도입방법	경쟁계약	수의계약
관리형태	통합관리형	분산관리형
운영기간	중장기	단기, 일시
자산특성	무자산형 가능	자산소유 필수

③ 제3자 물류 도입의 기대효과
　㉠ 물류산업의 합리화에 의한 물류비용의 절감
　　ⓐ 제3자 물류 서비스의 개선 및 확충으로 물류산업의 수요기반이 확대될수록 물류시설에 대한 고정비(fixed cost) 부담이 감소되어 규모의 경제(economies to scale) 효과를 얻을 수 있어 물류산업의 합리화·고도화가 촉진되고, 그 결과 물류산업은 제조업을 지원하는 산업으로서의 역할을 제대로 수행하게 된다.
　　ⓑ 규모의 경제 효과에 의한 효율성 증대와 함께 여러 하주기업의 물류활동을 장기간 맡아 하는 과정에서 축적된 운영·관리기술 및 노하우로 전문성을 계속 높일 수 있고, 이로 인한 효과를 협력관계에 있는 하주기업과 공유할 수 있다.
　㉡ 고품질 물류서비스의 제공으로 화주기업의 경쟁력 강화
　　ⓐ 고객만족 경영체제를 지원할 수 있는 물류서비스가 신속하게 개발·제공됨에 따라 물류 수요자인 업체들이 자사의 핵심사업에 모든 경영자원을 집중하여 경쟁력을 강화할 수 있는 여건이 조성된다.
　　ⓑ 물류전문업체가 제공하는 물류서비스의 높은 신뢰성, 보관창고의 신속한 입출고 관리, 화물의 위치추적 등 다양한 부가서비스를 이용하여 고품질의 물류서비스를 바탕으로 서비스 이용업체의 경쟁력이 강화된다.

ⓒ 종합 물류서비스의 활성화
물류서비스 가운데 가장 비중이 높은 운송서비스는 현재의 화물자동차 의존형 개별직송방식에서 벗어나 다른 운송수단과 연계되는 연계수송방식과 물류시설을 이용한 거점운송방식이 활성화되어 종합서비스로 발전한다.

ⓔ 공급사슬관리의 도입·확산의 촉진
공급사슬관리(SCM)는 원자재 구매에서 최종 소비자에게 이르기까지 일련의 공급사슬(supply chain)상에 있는 사업주체 간의 연계화·통합화를 통하여 경쟁우위를 확보하려는 혁신경영기법이다. 제3자 물류의 도입으로 공급사슬관리가 확산되게 된다.

(3) 제4자 물류(4PL)

① 4PL의 의의

㉠ 4PL의 용어
제4자 물류(fourth party logistics, 4PL, FPL)는 제3자 물류가 확장된 개념으로 미국의 앤더슨 컨설팅(Anderson Consulting)사가 처음 사용한 용어이다. 제4자 물류를 Lead Logistics Provider(LLP)로 부르기도 하고, 물류 컨설팅업체로 번역하기도 한다.

㉡ 4PL의 정의
ⓐ 앤더슨 컨설팅에 의하면 4PL이란 "화주기업에게 포괄적인 공급사슬 솔루션을 제공하기 위해, 물류서비스 제공기업이 자사의 부족한 부문을 보완할 수 있는 타사의 경영자원, 능력 및 기술과 연계하여 보다 완전한 공급사슬 솔루션을 제공하는 공급사슬 통합자"라고 정의하고 있다.
ⓑ 4PL의 개념은 다양한 조직들의 효과적인 연결을 목적으로 하는 통합체(single contact point)로서 공급사슬의 모든 활동과 계획·관리를 전담한다는 의미를 지니고 있다.
ⓒ 즉, 4PL 서비스공급자는 광범위한 공급사슬의 조직을 관리하고 기술, 능력, 정보기술, 자료 등을 관리하는 공급사슬 통합자이다. 현재는 3PL이 일반적으로 받아들여지고 있지만 최근 들어 4PL이 점차 확산되고 있다.

② 4PL의 전제조건과 특징

㉠ 4PL의 성공요건 : 4PL 성공의 핵심은 고객에게 제공되는 서비스를 극대화하는 것(best of breed)이다. 4PL의 발전은 기본적으로 3PL의 능력을 기반으로 하여 전문적인 서비스의 제공, 비즈니스 프로세스 관리, 고객에게 서비스 기능의 통합과 운영의 자율성을 높여주고 있다.
㉡ 4PL의 특징 : 4PL의 두 가지 중요한 특징은, 첫째는 4PL은 3PL보다 범위가 넓은 공급사슬 역할을 담당하고, 둘째는 전체적인 공급사슬에 영향을 주는 능력을 통하여 가치를 증식시킨다.

8 공급사슬관리

(1) 공급사슬과 SCM

① **공급사슬의 의미**
  ㉠ 공급사슬(supply chain) 또는 공급망은 원자재 공급자로부터 시작하여 공장·창고를 거쳐 소비자에게 제품이 전달되기까지의 모든 과정, 즉 자재·정보·지불·서비스 등의 흐름을 말한다.
  ㉡ 공급사슬이란 원재료가 최종재로 변환되는 과정상의 조직 및 프로세스의 연결 네트워크를 말한다. 공급자 네트워크 ↔ 기업 ↔ 유통 네트워크 ↔ 최종소비자 등의 공급활동의 연쇄구조를 나타낸다.

② **공급사슬관리의 의미**
  ㉠ 공급사슬관리(SCM : supply chain management)란 기업 간 또는 기업 내부에서 제품·부품의 생산자로부터 사용자에 이르는 공급체인에 대하여 불필요한 시간과 비용을 절감하려는 관리기법을 말한다.
  ㉡ SCM은 제품계획, 원재료 구매, 제조, 배달 등 공급사슬에 관련된 구성요소를 유기적으로 통합하고, 그 결과로 생성된 가치를 고객에게 전달하는 것으로 "불확실성이 높은 시장변화에 공급사슬 전체를 기민하게 대응시켜 다이내믹하게 최적화를 도모하는 것"으로 정의할 수 있다.

③ **SCM의 등장배경**
  ㉠ 고객의 서비스 요구 증대 : 제품 간 경쟁의 결과 품질차이가 적어지고 품질에서의 경쟁우위 확보가 어려워지자, 기업들은 고객에 대한 서비스의 향상으로 부가가치를 창출하려고 하였다.
  ㉡ 시간의 경쟁 : 제품의 수명주기가 갈수록 짧아짐에 따라 신제품의 개발속도도 빨라지고 있다. 따라서 제조업체나 도매업체들은 원재료나 제품에 대해 적기·적량 공급체제를 요구한다. 그리고 최종 소비자들은 원하는 제품의 즉시 공급을 원하며, 곧바로 구입할 수 없다면 대체품을 구입하려 한다. 그 결과, 제품의 조달기간이 단축되므로 시간의 경쟁은 불가피하다.
  ㉢ 경영의 세계화 : 전자상거래가 빈번함에 따라 세계가 하나의 시장으로 인식되고 있다. 이에 맞게 세계 여러 나라에 조립공장, 판매망, 지점, 지사를 설치하고 원재료나 완제품을 공급하려면 공급사슬을 효율적으로 관리해야 한다.

④ **채찍효과**
  ㉠ 채찍효과의 의의 : 채찍효과(Bull Whip effect)는 공급사슬에서 최종 소비자로부터 멀어질수록 정보가 지연되거나 왜곡되어 수요와 재고의 불안정이 확대되는 현상을 말한다. 이러한 정보의 왜곡현상으로 공급사슬 전체에서 재고가 증가하고, 고객서비스 수준은 떨어지며, 생산능력 계획의 오류, 수송상의 비효율, 생산계획의 난맥 등과 같은 문제가 발생한다.
  ㉡ 채찍효과의 원인 : 채찍효과의 원인으로는 여러 부문에서의 중복적인 수요예측, 일괄주문에 의한 주문량의 변동폭 증가, 결품에 대한 우려로 경쟁적인 주문증대에 의한 가수요, 고가 또는 저가정책에 의한 선행 구입, 긴 리드타임 등을 들 수 있다.

ⓒ **채찍효과의 해결방안** : 채찍효과를 줄이는 방법으로는 공급사슬상의 수요 및 재고정보의 실시간 공유, 실시간(real time) 주문처리, 불확실성의 제거, 주문량의 변동폭 감소, 리드타임의 단축 등을 들 수 있다.

⑤ **공급사슬관리의 의의**
  ㉠ SCM은 이제까지 부문마다의 최적화, 기업마다의 최적화에 머물렀던 정보·물류·자금에 관련된 업무의 흐름을 공급사슬 전체의 관점에서 재검토하여 정보의 공유화와 비즈니스 프로세스의 근본적인 변혁을 꾀하여 공급사슬 전체의 자금흐름(cash flow)의 효율을 향상시키려고 하는 관리의 개념이다.
  ㉡ SCM은 구매·생산·배송·판매 등을 단편적인 책임으로 보는 것이 아니라 하나의 단일체로서 인식하고, 물류의 흐름을 고객에게 전달되는 가치의 개념에 기초하여 접근한다. 또한 단순한 인터페이스 개념이 아닌 통합의 개념으로 정보시스템에 대한 새로운 접근방법이다.

⑥ **SCM의 목적**
  ㉠ SCM은 제조, 물류, 유통업체 등 유통공급망에 참여하는 전 기업들이 협력을 바탕으로 양질의 상품 및 서비스를 소비자에게 전달하고 소비자는 거기에서 극대의 만족과 효용을 얻는 것을 목적으로 한다.
  ㉡ SCM은 협력업체와 정보 공유 등을 통해 생산과 재고관리의 최적화를 추구하는 경영기법이다. 제조업체는 유통업체 등을 통해 실시간으로 제품수요를 파악한 뒤 이를 바탕으로 제품을 생산하여 재고비용을 줄이고, 정확한 수요예측을 통해 공격적인 마케팅도 펼칠 수 있다.
  ㉢ SCM의 1차 목표는 정보공유를 통한 재고감축이다. 하지만 최근엔 고객이 원하는 제품을 적기에 공급하는 데 초점을 맞추고 있다.

(2) SCM의 적용

① **SCM의 사례**
  SCM은 적용되는 산업별로 그 표현을 달리하고 있다. 즉, 섬유·의류부문에서는 QR, 식품·잡화 부문에서는 ECR, 신선식품 부문에서는 EFR, 의약품 부문에서는 EHCR라고 표현한다.

> **지식+톡톡** SCM의 기원
> - SCM의 기원은 1980년대 중반에 미국의 의류제품부문에서 있었던 QR(Quick Response)에서 찾을 수 있다. QR의 도입으로 미국 의류업계와 유통업체는 매출증대 및 재고감소를 가져 왔다.
> - 이후 1993년에는 가공식품산업에서 이전까지 관행처럼 되어왔던 과다재고 및 반품의 감소 등을 통한 생산성 증대와 유통산업의 경쟁력 제고를 위해 ECR(Efficient Consumer Response), 즉 효율적 소비자 대응이라는 이름으로 유통공급망 내에 존재하는 비효율을 제거하고자 하였다.

② **산업별 SCM의 적용**
　㉠ 섬유·의류 부문 : QR(Quick Response)은 수입의류의 증가로 경쟁력을 잃은 미국의 패션의류업체들이 경쟁력을 회복시키기 위한 전략으로 1985년에 도입하였다. 수입의류가 가지는 가격경쟁력에 대하여 고객서비스에 초점을 둔 전략이 QR이었다.
　㉡ 식품·잡화 부문 : ECR(Efficient Consumer Response)은 1990년대 초 미국에서 슈퍼마켓들의 매출신장률 저조의 해결방안으로 도입된 것으로, 신속정확한 재고 보충을 가능하게 하였다. 이는 공급업체 - 제조업체 - 유통업체 간의 전략적 협조를 기본으로 하고 있다.
　㉢ 신선식품 부문 : EFR(Efficient Food Service Response)은 신선식품 부문에서 신선식품의 효율적으로 공급하고 재고를 최소화하기 위하여 구축되었다.
　㉣ 의약품 부문 : EHCR(Efficient Healthcare Consumer Response)은 의료공급체인을 효율적이고 효과적인 방법으로 관리함으로써 공급체인 내에서 발생하는 모든 비효율적인 요소들을 제거하여 관련비용을 최소화하려는 업계 전체의 노력이라고 할 수 있다.

CHAPTER 04 실전감각 기르기

01 물류활동 중 운송, 보관, 하역, 포장, 정보에 관련된 내용으로 옳지 않은 것은?

① 운송은 운송수단인 트럭, 화차, 선박, 항공기 등을 이용하여 물품을 이동시키는 행위로서 일반적으로 전체 물류비 중 가장 큰 부분을 차지한다.
② 보관은 물품 저장기능을 말하는 것으로, 재고와 창고비를 줄이려고 하면 운송비가 증가하게 되는 상충관계로 인해 조직 내 갈등이 생길 수 있다.
③ 하역은 보관, 운송의 양끝에서 물품을 처리하는 행위를 말하는 것으로 물류비 절감과 물류 합리화에 중요한 역할을 한다.
④ 포장은 운송, 보관, 판매 등을 위해 상품 상태를 유지하기 위한 것으로 물류측면에서는 공업포장보다 상업포장이 더 우선적으로 고려된다.
⑤ 정보활동은 상품 유통활동을 촉진시키기 위한 각종 정보를 뜻하는데 운송, 보관, 포장, 하역 등의 기능을 서로 연계시켜 물류 전반을 효율적으로 수행하게 한다.

[해설] ④ 물류측면에서는 상업포장보다 공업포장이 더 우선적으로 고려된다.
공업포장(Industrial Packaging)은 물품을 운송, 보관하는 것을 주목적으로 시행하는 포장을 의미하는 것으로 수송포장 또는 물류포장이라고 한다. 공업포장의 주 기능은 물품의 보호기능과 하역에서의 취급의 편의기능으로 상품의 중량과 용적이 증대함에 따라 운송비, 하역비, 보관비 등 물류비용을 절감할 수 있는 적정포장이어야 한다. 반면 상업포장(Commercial Packaging)은 상거래 과정에서 상품화 또는 판매단위의 포장으로 소비자포장이라고도 한다. 상업포장은 주로 판매촉진 기능을 한다.

02 물류관리의 목표에 대한 설명으로 가장 적절한 것은?

① 고객서비스 수준보다는 물류비용을 항상 우선적으로 고려해야 한다.
② 고객서비스 수준의 향상은 배달지연이나 재고부족으로 인한 매출의 감소를 가져온다.
③ 운송비, 주문처리비 등의 눈에 보이는 비용을 절감해야 고객서비스 수준이 향상된다.
④ 일반적으로 물류비의 감소와 고객서비스 수준의 향상 간에는 상충관계(trade-off)가 있다.
⑤ 물류비용과 관계없이 신속성을 우선적으로 고려해야 한다.

[해설] 물류관리 전반에 걸친 문제 중의 하나는 서비스와 비용 간의 상충관계(trade-off)이다. 즉, 일반적으로 물류비의 감소와 고객서비스 수준의 향상 간에는 상충관계가 있어 물류비용을 줄이면 고객서비스가 수준이 떨어지고, 고객서비스를 향상시키면 물류비용이 증가한다는 것이다.

Answer 01 ④ 02 ④

① 물류관리의 두 가지 목표 중 더 중요한 것은 고객서비스의 향상이다.
② 고객서비스 수준이 향상된다고 해서 배달지연이나 재고부족이 발생하는 것은 아니다.
③ 물류비용과 고객서비스 수준은 상충관계에 있다.
⑤ 물류관리의 목표는 최소의 비용으로 고객에 대한 서비스를 최대화하는 것이다.

03 다음 중 물류영역에 대한 정의로 옳지 않은 것은?

① 조달물류란 물자가 조달처로부터 운송되어 매입자의 보관창고에 입고·보관되었다가 생산공정에 투입될 때까지의 물류활동을 말한다.
② 생산물류란 물자가 생산공정에 투입되어 제품으로 만들어지기까지의 물류활동을 말한다.
③ 사내물류란 물자의 조달에서부터 완성품의 공장출하에 이르기까지의 물류를 말한다.
④ 반품물류란 고객에게 판매된 제품이 제품상의 하자 등의 이유로 교환되거나 공장으로 되돌아올 때까지의 물류활동을 말한다.
⑤ 회수물류는 제품이나 상품의 판매물류에 부수적으로 발생하는 파렛트, 컨테이너 등과 같은 빈 물류용기를 회수하는 물류활동을 말한다.

[해설] 물류관리의 영역은 크게 조달물류와 생산물류, 그리고 판매물류로 구분할 수 있다. 조달물류는 원자재와 부품이 운송되고 하역되어 생산공정에 투입되기 직전까지의 물류활동을 의미하고, 생산물류는 원자재와 부품이 생산공정에 투입되고 제품이 생산되어 판매를 위해 출하되기 직전까지의 물류활동을 의미한다. 판매물류는 제품이 창고나 물류센터에서 판매를 위해 출하되어 소비자에게 인도되기까지의 물류활동을 의미한다.
③ 사내물류란 제조업체의 공장에서 생산된 완제품의 출하에서부터 물류센터의 보관창고에 이르기까지의 물류활동을 말한다. 여기에는 물류센터에서의 입·출고와 보관활동이 포함된다.

04 다음은 포워드물류(forward logistics)와 역물류(reverse logistics)의 상대적 차이점을 비교한 것이다. 이 중 잘못 설명된 것은?

	포워드물류(forward logistics)	역물류(reverse logistics)
①	동종제품의 포장형태 균일함.	동종제품인 경우도 포장형태 상이
②	동종제품의 경우 가격이 동일함.	동종제품인 경우도 가격이 각기 상이
③	재고관리의 어려움·부정확	재고관리의 편리·정확
④	제품수명주기 관리 가능	제품수명주기 관리 어려움.
⑤	생산·판매·조달과 관련	반품·회수·폐기와 관련

[해설] 포워드 물류, 즉 순물류는 조달물류·생산물류·판매물류를 의미하는 것으로 제품의 포장형태가 균일하고 동종제품의 경우 가격이 동일하기 때문에 재고관리도 편리하고 정확하게 이루어질 수 있다. 반면, 역물류는 반품물류·회수물류·폐기물류를 의미하는 것으로 포장형태가 상이하고 가격도 상이하므로 재고관리가 어려울 뿐만 아니라 부정확하다.

Answer 03 ③ 04 ③

05 물류의 기능에 대한 다음 설명 중 적절하지 않은 것은?

① 하역이란 수송과 보관에 걸친 물품의 취급활동을 말하며 환적활동이 포함된다.
② 수송이란 생산자와 소비자 간의 공간적 격차를 극복하는 활동을 말하며, 우리나라에서는 물류비용 중에서 수·배송 비용이 차지하는 비중이 매우 크다.
③ 유통가공이란 물자유통과정에 있어서 상품의 보존 및 이질적 기능 전환을 위한 가공활동을 말한다.
④ 하역의 합리화를 위해서는 하역기기의 대형화 및 컨테이너화 등을 통하여 하역이 대량으로 신속하게 이루어지도록 해야 한다.
⑤ 물품 자체의 기능을 변화시키지 않고 부가가치만을 부여하는 것은 유통가공활동에 해당한다.

[해설] 유통가공이란 물품 자체의 기능을 변화시키지 않고 부가가치만을 부여하는 것을 말한다. 이는 고객의 요구에 합리적인 대응을 하고, 유통의 효율을 촉진하는 것이며, 이러한 작업에는 재포장작업이나 소비자 포장 및 라벨부착 등의 작업이 있다.

06 물류관리 기본원칙의 하나로서 흔히 3S1L이라는 이야기를 많이 한다. 다음 중 여기에 포함되지 않는 것은?

① safely
② surely
③ speedy
④ steady
⑤ low

[해설] 3S1L 원칙은 신속하게(speedy), 확실하게(surely), 안전하게(safely), 저렴하게(low)를 의미한다.

07 다음 중 물류활동의 기본원칙인 7R's에 대한 설명으로 옳지 않은 것은?

① 적절한 품질(right quality)
② 적절한 시간(right time)
③ 적절한 가격(right price)
④ 적절한 장소(right place)
⑤ 적절한 방법(right method)

[해설] 7R의 원칙은 미시간 대학교의 스마이키(E. W. Smykey) 교수가 제창한 원칙으로 고객에 대한 서비스의 기본으로 간주된다. 7R은 적절한 제품(right commodity), 적절한 가격(right price), 적절한 품질(right quality), 적절한 양(right quantity), 적절한 인상(right impression), 적시에(right time), 원하는 장소(right place)를 의미한다. 최고의 제품이나 최저의 가격을 의미하는 것이 아니라는 점에 주의해야 한다.

Answer 05 ③ 06 ④ 07 ⑤

08 포장 표준화의 직접적인 효과로 가장 옳지 않은 것은?

① 포장재 비용이 감소한다.
② 포장공정이 단순화된다.
③ 매출상승으로 기업의 수익이 증가한다.
④ 인건비 및 제품의 물류비가 절감된다.
⑤ 제품의 파손이 감소된다.

[해설] 포장 표준화(packaging standardization)는 포장에 대한 공통의 기준으로 치수, 강도, 기법 및 재료를 표준규격화함으로써 유통의 합리화를 도모하려는 것이다.
포장 표준화는 주로 공업포장(수송포장, 물류포장)에 적용되는 것으로 상업포장(소비자포장)과는 관계가 없다. 상업포장은 판매촉진 효과를 통하여 매출증가와 기업의 수익증가를 가져올 수 있지만 포장 표준화와는 관계가 없다.

09 물류는 고객서비스와 직결된다. 고객서비스는 거래(계약) 전 요소, 실제거래(계약) 요소, 거래(판매계약) 후 요소로 나누어진다. 다음 중 거래(판매계약) 후 요소에 가장 가까운 것은?

① 창고보관 및 운송시스템의 정확성   ② 명문화된 고객서비스 정책
③ 설치, 보증, 수리   ④ 신속한 재고 확보 및 운송
⑤ 시스템 유연성

[해설] ②와 ⑤는 거래 전 요소, ①과 ④는 거래요소이다.
고객서비스(customer services)는 구매자와 판매자의 연결부문에서의 관계에 주목한다. 고객서비스는 거래를 중심으로 거래 전 요소(사전거래, pre-transaction), 거래요소(본거래, transaction), 거래 후 요소(사후거래, post-transaction)로 구분해서 살펴볼 수 있다.

거래 전 요소	거래 요소	거래 후 요소
• 서면화된 정책 • 정책(문서)에 대한 고객의 수취, 이해 • 조직구조 • 시스템 유연성 • 관리자 서비스	• 결품률 • 주문정보 • 주문주기의 요인들 • 선적지연 • 교환선적 • 시스템의 정확성 • 주문의 편의성 • 물품대체	• 설치, 보증, 수리, 변경, 부품공급 • 물품추적 • 클레임 및 고충처리, 반품 • 물품의 일시대체

Answer 08 ③ 09 ③

10 다음은 물류와 관련된 주요 지표 간의 상관관계를 설명한 것이다. 옳지 않은 것은?

① 고객서비스 수준과 물류비는 상충관계에 있다.
② 물류거점의 수를 늘이면 총재고는 증가한다.
③ 재고유지비는 운송비와 비례관계에 있다.
④ 운송로트를 키우면 단위당 운송비는 감소한다.
⑤ 창고의 수가 증가할수록 총비용은 감소하다 증가한다.

해설 재고유지비(inventory holding costs)는 재고를 실제로 유지·보관하는 데 소요되는 비용을 말한다. 재고유지비는 재고자산에 투하된 자본의 기회비용인 이자, 보관비용(재고관리 인원의 인건비와 보험료 포함), 진부화에 의한 재고감손비(감가상각) 등이다.
③ 재고유지비와 운송비는 아무런 관계가 없다.

11 다음에서 설명하는 수요예측기법은 무엇인가?

- 과거의 수요에 입각하여 미래의 수요를 예측
- 시간에 따라 변화하는 현상을 일정한 간격으로 관찰할 때 얻어지는 관측치 사용
- 단·중기 예측에 주로 사용

① 델파이법　　　　　　　　② 수명주기유추법
③ 회귀분석법　　　　　　　④ 지수평활법
⑤ 비율법

해설 지수평활법(exponential smoothing method)은 가장 최근의 데이터에 가장 큰 가중치가 주어지고 시간이 지남에 따라 가중치가 기하학적으로 감소하는 가중치 이동평균 예측기법의 하나이다.

12 다음은 정량주문법과 정기주문법을 비교 설명한 것이다. 이 중 잘못 설명된 것은?

① 정량주문법에서는 구매금액이 적은 것이 좋지만, 정기주문법에서는 구매금액이 많은 것이 좋다.
② 정량주문법에서는 수요의 변동이 비교적 적은 편이 좋지만 정기주문법에서는 수요의 변동이 커도 된다.
③ 정량주문법에서는 품목수가 많아도 되지만 정기주문법에서는 품목의 수가 적을수록 좋다.
④ 정량주문법에서는 전용부품을 주문하는 것이 좋지만 정기주문법에서는 표준부품을 주문하는 것이 좋다.
⑤ 정량주문법에서는 조달기간이 짧은 편이 좋지만 정기주문법에서는 길어도 된다.

Answer 10 ③　11 ④　12 ④

해설 제품을 주문하는 데에는 정량주문법과 정기주문법으로 크게 나누어진다. 정량주문법은 주문기간과 관계없이 항상 주문하는 양이 동일하고, 정기주문법은 주문량과는 관계없이 항상 주문기간을 일·주·월 등의 일정기간을 정하여 주문하는 방식을 취한다. 일반적으로 정량주문법은 표준부품에 유리하고, 정기주문법은 전용부품에 유리하다.

13 다음 중 정기주문법(fixed order interval system)이 이용되지 않는 경우는?

① 재고수준을 자동적으로 유지하지 못할 때
② 정기적으로 주문할 경우 공급자가 상당한 할인을 해 줄 때
③ 물품을 FOB 조건으로 구입하여 자가 트럭을 이용할 수 있을 때
④ 미리 정해 둔 재고수준, 즉 재주문점에 달하면 정해진 주문량을 자동적으로 주문할 때
⑤ 물품의 가격이 비교적 낮고 재고회전율이 낮을 때

해설 미리 정해 둔 재고수준의 재고가 일정수준의 재주문점에 달하면 정해진 주문량을 자동적으로 주문하는 것을 발주점법 또는 정량발주 시스템(fixed order quantity system)이라 한다. 즉, 정량발주 시스템은 발주점까지 내려가면 일정량을 주문하여 재고관리하는 경제적 발주량 주문방식을 말한다.

14 다음의 표에 의할 때, 최적의 안전재고량은 얼마인가?

안전 재고량	안전재고 총가액($)	25% 유지 연간비용($)	품절발생 횟수	품절비용 ($)
30단위	14,400	3,600	12	3,888.60
40단위	19,200	4,800	8	2,592.40
50단위	24,000	6,000	6	1,944.30
60단위	28,800	7,200	4	1,296.20
70단위	30,200	8,400	2	994.10

① 30단위 ② 40단위
③ 50단위 ④ 60단위
⑤ 70단위

해설 안전재고는 수요공급의 변동, 수송의 지연 등으로 품절이 발생하여 계속적인 공급 중단사태를 방지하기 위한 예비목적의 재고량을 말한다. 최적의 안전재고량은 총비용(= 주문비용 + 유지비용 + 품절비용)을 최소로 하는 재고량을 구하면 된다.
  문제에서 주문비용은 주어져 있지 않으므로 유지비용과 품절비용을 더하면 ①의 경우는 7,488.8원, ②의 경우 7,392.4원, ③의 경우 7,944.3원, ④의 경우 8,496.2원, ⑤의 경우 9,3941.1원이므로 ②의 안전재고량 40단위인 경우 총비용이 최소가 된다.

Answer 13 ④ 14 ②

15 다음의 자료를 토대로 계산한 경제적 주문량(EOQ)이 200상자라면 연간 단위당 재고유지비용은 얼마인가?

> 연간제품수요량 : 10,000개
> 1회당 주문비용 : 200원

① 100　　　　　　　　　　② 200
③ 300　　　　　　　　　　④ 400
⑤ 500

해설 경제적 주문량(EOQ)은 재고의 단위원가가 최소가 되는 1회 주문량을 의미한다.

경제적 주문량(EOQ) = $\sqrt{\dfrac{2 \times 연간수요량 \times 회당주문비용}{단위당 재고유지비용}}$ 이다.

단위당 재고유지비용을 x 라고 하면 EOQ = $\sqrt{\dfrac{2 \times 10{,}000 \times 200}{x}}$ = 200개이다.

따라서 x = 100이다.

16 다음 중 재고관리를 제대로 하지 못하여 결품(缺品)이 발생하였을 때에 발생하는 손실과 가장 거리가 먼 것은?

① 유통매장 이미지 상실　　② 상품로스
③ 고객상실　　　　　　　　④ 판매손실
⑤ 사후처리비용

해설 결품이 발생하면 판매기회의 상실로 인한 손실(기회비용)은 물론 그 상품을 구입하려고 했던 고객을 상실할 수도 있다. 나아가 매장 이미지에도 타격을 줄 수 있다.
② 상품로스(loss)는 결품을 발생시킨 원인으로 파악할 수 있다.

17 재고관리에 수반되는 비용요소 중 재고유지비용에 해당되지 않는 것은?

① 주문비용　　　　　　　　② 재고위험비용
③ 재고서비스비용　　　　　④ 이자
⑤ 자본의 기회비용

해설 재고유지비용(inventory holding costs)은 재고를 실제로 유지·보관하는 데 소요되는 비용을 말한다. 재고유지비는 재고자산에 투하된 자본의 기회비용인 이자, 보관비용(재고관리 인원의 인건비와 보험료 포함), 진부화에 의한 재고감손비(감가상각) 등이다.
① 주문비용은 재고발주비용이다.

Answer 15 ① 16 ② 17 ①

18 물류와 고객서비스에 대한 내용으로 가장 옳지 않은 것은?

① 재고수준이 낮아지면 고객서비스가 좋아지므로 서비스 수준의 향상과 추가재고 보유비용의 관계가 적절한지 고려해야 한다.
② 주문을 받아 물품을 인도할 때까지의 시간을 리드타임이라고 한다면 리드타임은 수주, 주문처리, 물품준비, 발송, 인도시간으로 구성된다.
③ 리드타임이 길면 구매자는 그동안의 수요에 대비하기 위해 보유재고를 늘리게 되므로 구매자의 재고비용이 증가한다.
④ 효율적 물류관리를 위해 비용의 상충(trade-off)관계를 분석하고 최상의 물류서비스를 선택할 수 있어야 한다.
⑤ 동등수준의 서비스를 제공할 수 있는 대안이 여럿 있을 때 그중 비용이 최저인 것을 선택하는 것이 물류관리의 과제 중 하나이다.

[해설] ① 재고수준이 높아지면 품절이 발생할 가능성이 적으므로 고객서비스 수준은 높아진다. 따라서 서비스 수준의 향상과 추가재고 보유비용의 관계가 적절한지 고려해야 한다.

19 수요예측뿐만 아니라 다양한 형태의 의견조사에 활용되는 기법으로, 전문가그룹을 선정한 후 반복적인 설문조사를 통해 수요예측치를 추정하도록 하는 기법은?

① 델파이기법
② 시장조사법
③ 포커스그룹인터뷰기법
④ 지수평활법
⑤ 회귀분석법

[해설] 문제의 내용은 예측방법 중 델파이 기법(delphi method)이다. 전문가 합의법이라고도 하는 델파이 기법은 여러 전문가들을 한 장소에 모이게 할 필요 없이 그들의 평가를 이끌어 낼 수 있고, 의사결정 과정에서 타인의 영향력을 배제할 수 있다는 장점이 있다.
전문가들의 응답내용을 요약·정리하여 다시 보내고, 응답내용을 다시 받아 정리하여 합의에 도달하기까지 시간이 많이 소요된다. 즉, 시간이 많이 소요되므로 신속한 의사결정이 필요한 경우에는 사용할 수 없지만, 의사결정의 범위가 넓으니 장기적인 문제를 해결하는데 유용한 기법이다.

20 지게차(포크리프트)로 하역도 할 수 있고 수송도 할 수 있는 단위운송방식을 지칭하는 것으로 가장 옳은 것은?

① 파렛트 시스템
② 복합선적 시스템
③ 복합운송 시스템
④ 컨테이너 시스템
⑤ 콜드체인 시스템

Answer 18 ① 19 ① 20 ①

해설 ① 지게차(folk lift)를 기반으로 하는 단위운송방식으로 대표적인 것이 파렛트 시스템이다. 파렛트를 사용한 일관파렛트화의 채택은 포장의 표준화에 의해 포장 수송비의 절감은 물론 화물파손의 감소 등 물리적, 경제적 양면에서 상당한 효과를 기대할 수 있다.

21 제4자 물류에 대한 설명으로 옳지 않은 것은?

① 물류업무를 수행할 기업들이 합작투자형태로 존재한다.
② 제3자 물류서비스기능에 고객관리기능, 물류기획기능, 컨설팅기능 등이 추가된다.
③ 특정 물류업무를 전문적으로 수행하는 독립법인으로 공급사슬상의 기능 일부를 대행하며 운영된다.
④ 화주기업은 컨소시엄 형태로 된 물류 전문업체와 관계를 맺는다.
⑤ 물류조직은 고객인 화주기업과 물류서비스 제공자 간에 단일창구 역할을 수행해야 한다.

해설 제4자 물류(4PL)는 광범위한 공급체인관리(SCM) 체제를 구축하고 물류효율화를 위한 전략이 확대됨에 따라 등장한 개념이다. 3PL과 4PL의 기본적인 차이점은 3PL이 창고나 수송 분야를 기본으로 특화된 서비스를 제공하는 수준인 데 비하여 4PL은 3PL로서 SCM, 컨설팅, 전체적인 물류 네트워크 개선 등 한 차원 높은 물류서비스를 제공함으로써 물류효율화를 달성하려는 것이다.
③ 특정 물류업무를 전문적으로 수행하는 독립법인으로 공급사슬상의 기능 일부를 대행하며 운영하는 것은 제3자 물류(3PL)이다.

22 일반적으로 창고 내에서 활용될 수 있는 보관 원칙으로 가장 옳지 않은 것은?

① 통로대면보관 원칙
② 선입선출 원칙
③ 낮게 쌓기 원칙
④ 회전대응보관 원칙
⑤ 중량특성 원칙

해설 ③ 보관 합리화의 원칙으로 높이 쌓기의 원칙이 있다. 이는 파렛트와 랙 등을 이용하여 제품을 높게 쌓는 것으로 창고의 용적효율, 충전효율, 보관효율을 높일 수 있다.

23 수요예측 기법들 중 정량적인 기법이 아닌 것은?

① 지수평활법
② 이동평균법
③ 회귀분석법
④ 시계열분석법
⑤ 델파이 기법

해설 수요예측기법은 여러 가지로 분류할 수 있으나 일반적으로 정성적 혹은 질적 기법(qualitative method)과 정량적 혹은 계량적 기법(quantitative method)으로 크게 나눈다. 정량적 기법으로는 회귀분석(regression analysis)법, 지수평활법, 이동평균법, 시뮬레이션 모형(simulation model), 시계열 분석법 등이 있다. 그리고 정성적 기법으로는 델파이법(Delphi method), 시장조사법(market research), 패널동의법(panel consensus), 역사적 유추법(historical analogy) 등이 있다.

Answer 21 ③ 22 ③ 23 ⑤

24 다음 내용은 무엇에 대한 설명인가?

> 제품에 부착하는 태그(tag)에 생산, 유통, 보관, 소비의 전 과정에 대한 정보를 담고 자체 안테나를 갖추어 리더(reader)기가 이 정보를 읽고 인공위성이나 이동통신망과 연계하여 정보시스템과 통합사용할 수 있게 하는 것을 말한다.

① Bar code
② POS(Point of Sale) system
③ KAN(Korean Article Number)
④ EDI(Electronic Data Interchange)
⑤ RFID(Radio Frequency Identification)

해설 RFID는 무선주파수(RF : radio frequency)를 이용하여 대상을 식별할 수 있는 기술이다. 안테나와 칩으로 구성된 RF 태그(tag)에 사용목적에 알맞은 정보를 저장하여 대상물에 부착한 후 판독기에 해당하는 RFID 리더(reader)를 통하여 정보를 인식하는 방법이다.

25 경제적 주문모형의 전제조건으로 옳지 않은 것은?

① 단일품목에 대해서만 가정한다.
② 주문량에 따른 할인을 가정한다.
③ 수요는 일정하다고 가정한다.
④ 연간수요량은 알려져 있다.
⑤ 조달기간은 일정하다.

해설 경제적 주문량(EOQ) 모형은 주문기간 중의 수요량과 주문비용·유지비용·조달기간(lead time) 등이 확실하게 알려져 있고, 재고단위당 구입비용은 1회당 주문량에 영향을 받지 않으며, 재고부족비용은 없다는 가정하에 재고주문비용와 재고유지비용을 더한 총재고비용을 최소화하는 주문량을 구하는 모형이다.
② 단위당 구입비용은 1회당 주문량에 영향을 받지 않는다(즉, 주문량에 따른 할인은 없다)고 가정한다.

26 주문점(order point)은 다음 주문수량이 도달하기 전에 재고량이 가용수량을 유지 못하는 또는 품절이 발생하는 시점을 의미한다. 그렇다면 주문점 이하로 가용재고가 떨어졌을 때 재고가 고갈되거나 안전재고를 사용하지 않기 위해서는 얼마나 많은 양을 주문해야 하는가? (단, 가용재고는 100단위, 1일수요는 10단위, 점포에 상품이 도달하는 시간은 3일, 점검주기시간은 5일, 주문점은 130단위, 안전재고는 50단위이다)

① 20
② 30
③ 40
④ 50
⑤ 60

해설 상품을 주문하여 수취할 때까지 사용하게 될 재고량이 남아 있을 때 다시 주문하여야 하는데 이때 다시 주문하여야 하는 재고수준이 주문점(order point)이다. 주문점은 조달기간(리드타임)에 1일 평균 사용량을 곱해서 구한다. 즉, '주문점 = 조달기간(리드타임)×1일 평균수요'이다.
따라서 주문점 = 3일×10단위 = 30이다.

Answer 24 ⑤ 25 ② 26 ②

27 다음은 재고관리와 관련된 비용항목들이다. 각각 관련이 있는 것을 바르게 나열한 것으로 옳은 것은?

> ㉠ 청구비, 수송비, 검사비 등
> ㉡ 보관비, 보험료, 세금 등
> ㉢ 판매기회의 상실, 고객의 구매기회 상실, 조업중단 등

① ㉠ 재고부족비용
　㉡ 주문비용
　㉢ 재고유지비용
② ㉠ 재고유지비용
　㉡ 재고부족비용
　㉢ 주문비용
③ ㉠ 주문비용
　㉡ 재고유지비용
　㉢ 재고부족비용
④ ㉠ 주문비용
　㉡ 재고부족비용
　㉢ 재고유지비용
⑤ ㉠ 재고유지비용
　㉡ 주문비용
　㉢ 재고부족비용

해설 재고비용은 재고품을 보충하는 데 소요되는 비용으로, 주문횟수에 따라 그리고 주문수량에 따라 변화된다. ㉠ 재고주문비용은 청구비, 수송비, 검사비 등의 주문에서부터 창고 입고시까지의 모든 비용을 말한다. ㉡ 재고유지비용은 보관비, 보험료, 세금 등의 비용을 말한다. ㉢ 재고부족비용은 판매기회 상실, 고객의 구매기회 상실 등의 비용으로 기회비용 개념이다.

28 ABC 분석기법과 관련한 다음의 설명들 중 옳지 않은 것은?

① 도매상들은 표적소매상 고객들이 원하는 제품구색과 서비스 수준을 파악하고 수익성과 재고비용을 고려하여 효과적인 관리를 위해 ABC 분석기법을 활용한다.
② 공헌이익, 매출액, 판매량, 총이익, GMROI, 혹은 매장면적당 매출이나 총이익을 기준으로 상품을 분류하고 재고량을 조절하고자 할 때 ABC 분석을 활용한다.
③ 다양한 고객에 대한 평가기준 특히 공헌이익, 수익성 기여도 등에 따라 고객을 A, B, C등급으로 분류한 후 등급의 특성에 따른 마케팅 전략 및 믹스를 활용할 수 있도록 도와주는 기법이다.
④ 유통상이 취급하는 상품을 수익에 대한 기여도에 따라 A, B, C로 분류한 후 각각의 상품그룹의 특성을 활용한 상품확장, 신제품 개발 및 신시장 개척을 위한 도구로 사용되는 기법이다.
⑤ A그룹의 경우 신중하고 집중적인 재고관리를 실시하고 정기발주법을 주로 이용한다.

Answer 27 ③ 28 ④

[해설] ABC 분석은 통계적 방법에 의해 관리대상을 A, B, C그룹으로 나누고, 먼저 A그룹을 최우선 중점 관리대상으로 선정하여 관리노력을 집중함으로써 관리효과를 높이려는 분석방법이다. 이는 "극히 소수의 요인에 의해서 대세는 결정된다."라는 파레토(V. Pareto)의 법칙에서 도출된 분석방법이기 때문에 '파레토 분석'이라고도 한다. 이 분석은 재고관리나 상품관리는 물론 고객관리나 품질관리에도 응용할 수 있다.

29 유통물류에서의 RFID(radio frequency identification)의 직접적인 효용으로 가장 옳지 않은 것은?

① 제품이력관리 수월
② 생산효율 및 품질의 향상
③ 분실 및 멸실의 방지
④ 모조품의 방지
⑤ 품절의 감소

[해설] 바코드를 대체하여 사용이 확대되고 있는 RFID, 즉 무선주파수 식별기술은 무선 주파수(radio frequency)를 이용하여 먼 거리에 있는 대상(물건, 사람 등)을 식별할 수 있는 기술이다. 태그에 저장된 정보는 재고관리, 반품관리, 제품이력관리, 소매점에서의 정산 등 매우 다양한 분야에서 유용하게 활용된다.
② RFID를 도입해도 생산효율 및 품질의 향상을 가져올 수 있는 방법은 없다.

30 물류비를 합리화하기 위해 단일 운송수단을 이용하기보다는 두 개 이상의 운송수단을 이용하여 물류비 합리화를 추구할 수 있다. 다음 중 piggy-back은 어떠한 운송수단의 결합을 의미하는가?

① 트럭과 철도의 결합
② 트럭과 항공의 결합
③ 트럭과 선박의 결합
④ 선박과 항공의 결합
⑤ 항공과 철도의 결합

[해설] 피기백(piggy-back) 방식은 트레일러나 트럭에 의한 화물운송 도중 화물열차 위에 트레일러나 트럭을 화물과 함께 실어 운송하는 방법이다. 피기백 방식은 화물자동차의 기동성과 철도이 장거리 운송·신속성을 결합한 복합운송방식이다. 한편 피시백(fishy-back)은 도로운송과 해상운송의 장점을 활용한 트럭과 선박의 혼합이용 운송방법이고, 버디백(birdy-back)은 트럭과 항공운송을 결합한 수송방식이다.

Answer 29 ② 30 ①

31 제3자 물류를 이용하는 경우 화주기업이 얻는 효과로 가장 옳지 않은 것은?

① 제3자 물류업체의 고도화된 물류체제를 활용함으로써 자사의 핵심경쟁력에 집중할 수 있다.
② 리드타임의 단축이 가능하다.
③ 자사 물류활동의 노하우나 전문성을 활용할 수 있다.
④ 시설이나 설비투자에 대한 부담을 경감할 수 있다.
⑤ 고객에 대한 물류서비스 수준이 향상될 수 있다.

> [해설] 제3자 물류(3PL, TPL)는 화주기업과 물류전문기업이 장기적인 계약에 기초하여 전략적 제휴를 맺고, 화주기업의 물류관련업무를 전문물류기업에 위탁하는 것을 의미한다.
> ③ 자사 물류활동의 노하우나 전문성을 활용할 수 있는 것은 제1자 물류(자사물류)이다.

32 다음은 수·배송 공동화의 필요성에 관한 설명이다. 이 중 잘못된 것은?

① 상권 확대 및 교차수송에 대한 대응
② 대형 마트 등 대형 유통소매상의 등장에 따른 주문단위 대량화에 대한 대응
③ 개별 자가용 화물자동차의 이용에 따른 물류의 비효율성에 대한 대응
④ 도심 및 부도심 상가지역에 있어서 물류에 의한 교통혼잡도 상승에 대한 대응
⑤ 새로운 시설과 설비투자의 억제에 따른 위험부담에 대한 대응

> [해설] 수·배송 공동화는 개별화주가 각각 개별적으로 수송하는 단계에서 벗어나, 복수의 화주 또는 운송사업자가 화물자동차와 같은 수·배송 수단을 공동으로 이용하여 수송활동을 담당하는 것을 말한다. 이에 따라 차량 운행횟수가 줄어들고 차량적재율이 향상되어 운송비가 절감된다.
> ② 주문단위가 대량인 경우라면 수·배송 공동화는 별 의미가 없어진다. 고객서비스의 향상을 위해 소량다빈도 운송이 이루어져야 하는 경우, 고객서비스와 함께 물류비용을 절감하기 위해 수·배송 공동화가 필요한 것이다.

33 다음은 무엇에 대한 설명인가?

> 상품보관시설이 없는 곳에 상품을 묶음화하여 배송하고, 배송장소에서는 물류단위에 따른 상품의 납품관리만을 담당한다. 물류센터가 재고를 저장하기 위한 장소라기보다는 재고를 조정하기 위한 장소로 이용된다.

① 크로스 도킹   ② 제3자 물류
③ 자동발주시스템   ④ 신속대응시스템
⑤ JIT 시스템

Answer 31 ③ 32 ② 33 ①

해설 제시된 내용은 크로스 도킹에 대한 설명이다. 크로스 도킹(cross docking)은 상품이 물류센터에 도착하면 이를 보관하지 않고, 주문에 맞춰 바로 각 매장이나 소비자에게 소량으로 나누어 배송하는 방법이다. 이를 위해서는 정확한 주문내역과 상품의 정확한 선적내역 및 도착시간 등의 정보가 사전에 물류센터에 통보되어야 한다.

참고 물류센터의 업무흐름
일반적으로 물류센터에는 3가지 업무흐름이 있다. ㉠ 물품이 입고되자마자 출고되는 크로스 도킹 형태, ㉡ 입고 후 보관했다가 일정기간이 지난 후에 피킹하여 출고하는 형태, ㉢ 입고 후 유통가공을 거쳐 출고하는 형태 등이다. 물류센터에 RFID를 적용할 때에는 이러한 물류 프로세스를 감안해야 한다.

34 채찍효과(Bullwhip Effect)를 줄일 수 있는 방안으로 가장 옳지 않은 것은?

① 각각의 유통주체가 독립적인 수요예측을 통해 정확성과 효율성을 높인다.
② 공급리드타임을 줄일 수 있는 방안을 마련한다.
③ 공급체인에 소속된 각 주체들이 수요 정보를 공유한다.
④ 지나치게 잦은 할인행사를 지양한다.
⑤ EDLP(항시저가정책)를 통해 소비자의 수요변동 폭을 줄인다.

해설 채찍효과(Bullwhip Effect)란 정보전달의 지연, 왜곡 및 확대현상으로 일반소비자로부터 주문 및 수요의 변동이 일어났을 때 이에 대한 정보가 소매상, 도매상, 유통센터 등을 거슬러 전달되는 과정에서 발생하는 현상을 말한다.
채찍효과를 줄이는 방법으로는 공급사슬상의 수요 및 재고정보의 실시간 공유, 실시간(real time) 주문처리, 불확실성의 제거, 주문량의 변동폭 감소, 리드타임의 단축 등을 들 수 있다.
① 공급사슬상의 각 주체가 독립적으로 수요예측을 하는 경우 채찍효과를 발생시키는 원인이다.

35 다음 중 포장 합리화의 원칙과 가장 거리가 먼 것은?

① 규격화·표준화의 원칙
② 재질변경의 원칙
③ 시스템화 및 통합화의 원칙
④ 대량화 및 대형화의 원칙
⑤ 집중화·집약화의 원칙

해설 ③ 시스템화 및 모듈화의 원칙은 포장은 단기적·부분적 개선이라 하더라도 항상 모듈화를 지향하고 전체로서의 시스템을 생각할 필요가 있다는 것이다.

참고 포장 합리화
㉠ 포장 : 포장(packaging)은 KS A1006-1992(#1001)에 따르면 '물품의 수송, 보관, 취급, 사용 등에서 그 가치 및 상태를 유지하기 위하여 적절한 재료, 용기 등을 시행하는 기술 및 시행한 상태'를 의미한다. 따라서 포장은 단순히 물품의 내용물을 보호하기 위한 작업은 물론 물품의 가치나 상태를 유지하는 것을 포함한다. 포장의 합리화는 물류 합리화의 중요한 한 분야에 해당하므로 종합적인 관점에서 포장의 시스템화를 통한 합리화 전략이 실시되어야 한다.

Answer 34 ① 35 ③

ⓒ 포장의 합리화를 위한 6가지 일반원칙 : ⓐ 대량화·대형화의 원칙, ⓑ 집중화·집약화의 원칙, ⓒ 규격화·표준화의 원칙, ⓓ 사양변경의 원칙, ⓔ 재질변경의 원칙, ⓕ 시스템화·모듈화의 원칙

36 다음 중 하역의 기본원칙에 포함되지 않는 것은?

① 이동거리 최소화의 원칙
② 유닛로드(unit load)의 원칙
③ 중력 이용의 원칙
④ 시스템화의 원칙
⑤ 작업공정 분리의 원칙

해설 ⑤ 하역의 합리화를 위해서는 작업공정이 통합화 또는 시스템화되어야 한다.

참고 하역 합리화의 기본원칙
㉠ 하역경제성의 원칙 : 하역작업의 횟수를 줄임으로써 화물의 오손, 분실, 비용을 최소화한다.
㉡ 이동거리(시간) 최소화의 원칙 : 하역작업이 존재하는 한 기본이 되는 이동거리(시간)를 최소화한다.
㉢ 운반활성화의 원칙 : 물품을 운반하기 쉽고, 움직이기 쉽게 두어 운반을 편리하게 하는 것으로, 이를 위해서는 관련작업의 조합에 의해 전체를 능률적으로 운용하여야 한다.
㉣ 화물단위화(유닛화)의 원칙 : 화물을 일정 단위화하는 것으로, 이는 작업능률 및 운반의 활성화를 높임과 동시에 화물의 손상, 감모, 분실을 없애고 수량의 확인도 용이하게 한다.
㉤ 기계화의 원칙 : 인력작업을 기계작업으로 대체하는 것으로, 이를 위해서는 인간과 기계의 적절한 결합을 고려해야 한다.
㉥ 중력이용의 원칙 : 중력의 법칙에 따른 하역작업을 선택해야 하며, 물품을 들고 다니는 경우를 최소화하여야 한다.
㉦ 화물유동화의 원칙(인터페이스의 원칙) : 화물이 정체되지 않도록 하역작업 공정 간의 연계(접점)를 원활히 하여야 한다.
㉧ 시스템화의 원칙 : 개개의 하역활동을 종합적인 관점에서 시스템 전체의 균형을 고려하여 시너지 효과를 올릴 수 있도록 해야 한다.

37 다음 중 물류원가계산방식으로서 관리회계방식과 재무회계방식의 특징에 대한 설명으로 옳은 것은?

① 재무회계방식은 물류활동의 개선안과 개선항목을 보다 명확하게 파악하는 것이 가능하다.
② 관리회계방식은 개략적인 물류비 총액계산에 있어서 별도의 물류비 분류, 계산절차 등이 불필요하다.
③ 재무회계방식은 상세한 물류비의 파악이 곤란하기 때문에 구체적인 업무평가나 개선목표의 달성에 한계가 있다.
④ 관리회계방식은 기업활동의 손익상태와 재무상태를 중심으로 회계제도의 범주에서 물류활동에 소비된 비용항목을 대상으로 1회계기간의 물류비 총액을 추정한다.
⑤ 재무회계방식은 기능별·관리항목별의 업적평가나 계획수립이 가능하다.

Answer 36 ⑤ 37 ③

[해설] 기업의 물류비 산정방법
 ㉠ 재무회계방식 : 간이기준이라 하며 기업이 외부 이해관계자를 위해 매년 작성·보고하는 재무제표를 이용하여 물류부문에 관련된 비용만을 역으로 추적해 산출하는 것이다.
 ㉡ 관리회계방식 : 일반기준이라 하며 원가계산제도에 의거하여 물류활동에 소요된 비용만을 측정하는 방식으로, 비교적 정확한 물류비를 얻을 수 있다. 그러나 관리회계방식은 별도의 복잡한 원가계산제도를 개발해야 한다는 부담이 있으며, 따라서 이 방식의 도입은 개별기업의 의사에 일임되어 있다.

38 제3자 물류(third party logistics)에 대한 설명으로 가장 옳은 것은?

① 물류사업자가 화주기업과 전략적 제휴와 장기계약을 체결하고 물류기능을 대행처리하는 것이다.
② 물류사업자가 화주기업으로부터 받은 물류계약을 제3자에게 위임하는 것이다.
③ 물류사업자가 화주기업으로부터 받은 물류계약을 제3자와 공동으로 대행처리하는 것이다.
④ 공급체인을 3등분하고 각각을 전문 물류사업자에게 배분하는 것이다.
⑤ 조직상 유연하고 더욱 고도화된 물류서비스를 제공하게 된다.

[해설] 제3자 물류(3PL : third party logistics)는 물류경로 내의 다른 주체와 일시적이거나 장기적인 관계를 가지고 있는 물류경로 내의 대행자 또는 매개자를 의미하며, 화주와 단일 혹은 복수의 제3자가 일정기간 동안 일정비용으로 일정서비스를 상호 합의하에 수행하는 과정을 말한다. 물류 아웃소싱(outsourcing)을 의미하지만 물류 아웃소싱보다는 한 단계 더 진전된 형태로 파악한다.

39 QR(Quick Response) 시스템에 대한 내용으로 옳지 않은 것은?

① SCM보다는 주로 CRM과 연계되어 있다.
② EAN, POS, EDI 등의 정보기술을 활용한다.
③ 섬유, 의류산업에서 활용되고 있다.
④ 생산업체와 유통업체의 유기적인 상호협력이 필요하다.
⑤ 제품 공급사슬상의 효율성 극대화 및 소비자 만족 극대화를 위한 것이다.

[해설] ① QR은 SCM의 초기형태의 하나이다.
QR(quick response), 즉 신속대응 시스템은 1980년대 중반 미국의 섬유산업에서 등장한 것으로 정보기술을 이용하여 제품의 납기를 단축시키고 상품을 적시에 적량만큼 공급하기 위한 시스템이다. QR의 구축으로 기업 간의 정보공유를 통한 신속·정확한 납품, 생산 및 유통기간의 단축, 재고의 감축, 반품 로스의 감소 등을 실현할 수 있게 되었다.

Answer 38 ① 39 ①

40 MRP시스템과 JIT시스템을 비교하여 설명한 것 중 옳지 않은 것은?

① MRP시스템은 Push방식이며, JIT시스템은 Pull방식이다.
② MRP시스템은 자재의 소요 및 조달계획을 수립하여 그 계획에 의한 실행에 중점을 두며, JIT시스템은 불필요한 부품, 재공품, 자재의 재고를 없애도록 설계된 시스템이다.
③ MRP시스템은 칸반(Kanban)에 의해 자재의 제조명령, 구매주문을 가시적으로 통제하며, JIT시스템은 컴퓨터에 의한 정교한 정보처리를 한다.
④ MRP시스템은 품질수준에 약간의 불량을 허용하나, JIT시스템은 무결점 품질을 유지한다.
⑤ MRP시스템은 종속수요 품목의 자재 수급계획에 더 적합하다.

해설 ③ 칸반(Kanban)에 의해 자재의 제조명령, 구매주문을 가시적으로 통제하는 것은 JIT시스템이다. MRP시스템은 컴퓨터에 의한 정교한 정보처리를 한다.

41 다음 중 MRP(Material Requirement Planning)에 관한 설명으로 옳은 것을 모두 선택한 것은?

> ㉠ MRP의 입력요소는 BOM(Bill of Material), MPS(Master Production Scheduling), 재고기록철(Inventory Record File) 등이다.
> ㉡ 주문 또는 생산지시를 하기 전에 경영자가 계획들을 사전에 검토할 수 있다.
> ㉢ 종속수요품 각각에 대하여 수요예측을 별도로 해야 한다.
> ㉣ 개략생산능력계획(Rough-Cut Capacity Planning)에 필요한 정보를 제공한다.
> ㉤ 상위품목의 생산계획이 변경되면 부품의 수요량과 재고보충시기를 자동적으로 갱신하여 효과적으로 대응한다.

① ㉠, ㉢, ㉣
② ㉡, ㉢, ㉤
③ ㉠, ㉡, ㉤
④ ㉠, ㉢, ㉤
⑤ ㉡, ㉣, ㉤

해설 MRP의 기본 시스템은 기준생산계획(MPS : Master Production Schedule), 부품구성표(BOM : Bill of Material) 및 재고기록철(IRF : Inventory Record File)을 입력요소로 하여 최상위 수준으로 완제품을 조립하기 위해 필요한 부품의 필요시기와 소요량을 컴퓨터를 활용하여 출력해내는 재고관리 기법이다.
자재소요계획(MRP)에서는 주생산계획(Master Production Schedule : MPS)을 기초로 완제품 생산에 필요한 자재 및 구성부품의 종류, 수량, 시기 등을 계획한다. MPS에서 확정된 완제품의 소요량은 생산기간별로 자재 및 부품의 소요량으로 전환된다.
MRP에서는 부품의 재고수준을 합리적으로 낮게 하면서 완제품을 적시에 생산하도록 발주, 생산, 조립의 계획을 수립한다.
MRP는 자재 및 부품의 적절한 재고수준 유지, 작업흐름의 향상, 우선순위 및 납기준수, 생산능력의 활용 등을 목표로 한다.

Answer 40 ③ 41 ③

42 용어에 대해 설명한 것이다. 이 중 옳은 것을 모두 나열한 것은?

> ㉠ SCM(Supply Chain Management)은 제조, 물류, 유통업체 등 공급체인상의 모든 당사자가 협력을 바탕으로 재고를 최적화하고 리드타임을 감축하기 위한 기법이라고 할 수 있다.
> ㉡ CRP(Continuous Replenishment Program)는 POS에서 나온 판매정보를 기초로 하는 상품보충 프로세스이다.
> ㉢ CRP(Continuous Replenishment Program)는 수요에 맞춰 소매점에 상품을 공급하는 push 방식이다.
> ㉣ CAO(Computer Assisted Ordering)는 유통업체가 주체가 되어 판매현황을 실시간으로 파악, 분석, 주문함으로 과잉생산 및 과다재고를 방지할 수 있는 시스템이다.

① ㉠
② ㉠, ㉡
③ ㉠, ㉢
④ ㉠, ㉡, ㉢
⑤ ㉠, ㉡, ㉣

해설 CRP(Continuous Replenishment Program), 즉 지속적 상품보충은 수요에 맞춰 소매점에 상품을 보충해주는 방식이므로 풀(pull) 방식이다.

43 최근 많은 기업들이 e-SCM을 도입하여 활용하고 있다. e-SCM 도입의 결과로서 나타나는 현상과 가장 거리가 먼 것은?

① 수직적 가치사슬의 해체
② 유통채널 갈등의 해소
③ 중간상을 배제한 거래
④ 최소한의 핵심자산에 집중
⑤ 맞춤서비스 제공

해설 최근 들어 기존의 SCM을 대체하여 e-SCM이라는 용어가 등장하였는데, 많은 기업이 e-비즈니스를 경영의 새로운 패러다임으로 채택하는 상황에서 SCM도 e-SCM으로 대체해야 한다는 관점에서 등장한 개념이다. e-SCM은 기업 내부와 사업파트너들이 지닌 특유의 경쟁력과 경영자원을 통합하여 획기적인 고객만족을 추구하는 하나의 가상조직을 이루는 수단이라고 할 수 있다. e-SCM은 공급사슬을 구성하는 파트너 기업들은 일상의 영업활동에서 장기적 전략수립까지 모든 업무처리와 의사결정을 위하여 실시간으로 제공되는 정보흐름과 데이터베이스를 활용하며, 이로써 이들을 통합적으로 최적화된 고객만족체제를 갖추게 된다.
② e-SCM이 도입되면 여러 파트너 기업들이 참여하기 때문에 유통채널의 갈등은 증가할 수 있다.

Answer 42 ⑤ 43 ②

44 다음 중 QR(quick response)이 제공하는 성과로 보기에 가장 부적절한 것은?

① 기업 내 물류업무를 외부의 전문물류업체에 아웃소싱한다.
② 생산 및 유통단계의 단축, 재고의 감소, 반품의 절감 등으로 경영효율을 높인다.
③ 고객에 대하여 적절한 품질의 상품을, 적절한 가격으로, 그리고 적절한 시기에 제공한다.
④ 공동상품코드에 의한 소스 마킹, 전자자료교환, 데이터베이스 구축 등 정보기술의 활용으로 경영효율을 향상시킨다.
⑤ 정확한 수요예측, 주문량에 따른 생산의 유연성 확보, 높은 자산회전율 등이 뒤따른다.

[해설] 소비자 요구에 대한 신속대응(QR)은 미국의 패션의류업계가 수입의류의 급속한 시장잠식에 대한 방어목적으로 개발한 것이다. 상품을 공급함에 있어서 소비자들이 원하는 시간에 맞추어 공급하고, 불필요한 재고를 없애서 비용을 줄이도록 만드는 시스템으로, 공급사슬관리(SCM)의 최초의 사례이다. QR 시스템은 생산에서 판매에 이르기까지 시장정보를 즉각적으로 수집하여 대응하는 시스템으로, 정보기술과 참여기술의 활동을 통해 상품에 대한 소비자들의 반응에 신속히 대처하며 비용을 절감한다는 목표를 두고 있다.
① 물류 아웃소싱(outsourcing)과 QR의 성과와는 관련이 없다.

Answer 44 ①

유통기업의 윤리와 법규

제1절 기업윤리의 기본개념

1 기업윤리의 기본개념

(1) 기업윤리의 의의

① 기업윤리의 의의
  ㉠ 윤리의 의의
    ⓐ 윤리(ethics)는 욕구충족을 위한 인간 행위들 간의 갈등을 조정하고 규제하는 규범이다. 즉 윤리는 개인이나 집단을 지배하는 행동의 원칙들을 의미한다.
    ⓑ 윤리적 결정은 항상 규범적 판단을 내포하게 된다. 규범적 판단(normative judgement)이란 '어느 것이 옳고 그른지, 좋고 나쁜지'를 판단하는 것을 말한다.
    ⓒ 윤리(ethics)는 인간이 사회적 존재로서 질서 있고 역동적으로 살도록 그 생명력을 제공한다.
  ㉡ 기업윤리
    기업윤리(business ethics)는 기업경영이라는 상황에서 나타나는 행동이나 태도의 옳고 그름을 체계적으로 구분하는 판단기준이다. 기업윤리는 경영의 활력을 제공하는 본질적 요소이다.

② 윤리적 행동의 원천
  ㉠ 사회규범 : 법과 도덕·관습 등의 사회규범(social norm)은 윤리적·비윤리적 상황을 만드는 기준이 된다.
  ㉡ 개인적 기준 : 인간은 누구나 옳고 그름에 대한 자신의 생각을 가지고 있다. 개인이 내린 모든 결정과 행동은 도덕적 기준을 어디에 적용하느냐에 따라 더 좋아질 수도 더 나빠질 수도 있다.
  ㉢ 조직 : 조직이 윤리적 실천을 만든다. 윤리적 위기는 대부분 종업원의 문제가 아닌 조직의 관행 때문에 나타난다.
  ㉣ 최고경영자의 영향 : 상급자의 행동과 사고방식은 조직구성원들의 윤리적 결정에 중요한 영향을 미친다.
  ㉤ 윤리적 정책과 강령 : 윤리정책은 높은 윤리기준의 기업행동을 만드는 중요한 요인이 된다. 많은 기업이 윤리강령을 가지고 있으며, 경영진이 윤리강령을 강조할수록 기업의 비윤리적 행동은 적어진다.

(2) 기업윤리의 평가

① 기업윤리를 강화하는 방법
㉠ 최고경영자가 윤리경영에 대한 몰입을 강조하고, 기업의 윤리에 관한 강령(code)을 작성·발표한다.
㉡ 순응(compliance) 메커니즘을 수립한다. 즉 종업원의 모집·선발에서부터 훈련까지 기업윤리를 강조하여 종업원에게 동기를 유발하고 잘 따르는지 여부를 확인하는 감사를 한다.
㉢ 결과를 측정한다. 즉 윤리기준을 갖고 지속적으로 감사·조사하여 결과를 공유하고 개선방향을 토론한다.
㉣ 조직의 잘못을 보고하려는 종업원의 활동, 즉 '내부고발(whistle-blowing)'을 보장한다.

지식+톡톡 　도덕적 해이와 주인·대리인 문제

1. 도덕적 해이
① 정보의 비대칭성(information asymmetry) 현상을 설명할 수 있는 하나의 예로서 도덕적 해이(moral hazard)를 들 수 있다.
② 기업조직의 법적인 형태가 주식회사인 경우 주식소유주인 주주와 주식을 소유하지 않은 전문 경영인이 주주들의 이익에 반하는 조직 및 경영관리를 방지하는 방법으로서 감시감독의 강화, 높은 임금의 지급, 보수의 지급시기 조정(연기) 등을 들 수 있다.

2. 주인·대리인 문제
① 주인·대리인 문제는 대리인(agent)이 사용자(principal)를 위해 어떤 임무를 수행할 때 발생하는 문제로서 일반적으로 대리인은 사용자가 원하는 수준만큼 일하지 않는 경향뿐만 아니라 대리인이 사용자의 의도를 충분히 파악하고 실천하지 못한다는 점을 설명하고 있다.
② 전형적인 예로서 고용계약을 들 수 있다. 이때 고용주는 사용자(principal)로, 근로자는 대리인(agent)으로 생각할 수 있다.

---

② 윤리경영 평가모형
㉠ 기업윤리 평가모형

우리나라에서는 산업정책연구원이 기업윤리 평가모형을 만들어 이를 측정·조사한 바 있다. 평가모형의 구성요인으로 사회적 공헌, 경제적 공헌, 자발적 공헌 등을 측정하였다.

사회적 공헌	• 기업내부(작업환경, 투명경영, CEO의지, 기업윤리시스템) • 기업외부 1차(소비자, 협력업체, 경쟁업체, 자본시장) • 기업외부 2차(환경법 준수, 뇌물, 성실납세) 등
경제적 공헌	고용창출과 1인당 부가가치 등
자발적 공헌	사회복지 기여, 환경보호 등

㉡ 윤리경영지표

윤리경영지표(KoBEX : Korean Business Ethics IndeX)는 산업통상자원부와 산업정책연구원이 종업원, 고객, 협력업체, 자본시장, 지역사회 등 기업의 주요 이해관계자별 윤리적 성과를 측정한 것이다.

2 유통기업의 사회적 책임

(1) 기업의 사회적 책임

① 기업의 사회적 책임의 의의
기업윤리는 기업의 사회적 책임(CSR : corporate social responsibility)이라고 정의할 수도 있다. 기업의 사회적 책임은 다음과 같은 세 가지 의미를 포함한다.
- ㉠ 사회적 의무(obligation) : 사회적 의무는 기업의 경제적·법적 책임감을 반영한 기업의 행동이다. 기업은 법의 테두리 안에서 소유자를 위한 이익을 추구한다.
- ㉡ 사회적 반응(reaction) : 사회적 반응은 조직의 행동에 직접 이해관계가 있는 집단이 요구하는 행동이다. 사회의 규범, 가치관, 기대 등에 반응하는 것을 의미한다.
- ㉢ 사회적 책임(responsiveness) : 사회적 책임은 예측적이고 적극적이며 사전예방행동까지 포함한 개념이다. 사회적 의무·사회적 반응의 두 개념을 포함하며 사회적 문제를 막기 위한 적극적 조치까지 취한다.

(2) 사회적 책임의 배경과 국제표준

① 사회적 책임의 국제표준 : ISO 26000
- ㉠ ISO 26000은 국제표준화기구(ISO)가 제정한 기업의 사회적 책임(CSR)에 대한 국제표준이다. 국제표준화기구(ISO)는 2009년 11월부터 기업의 사회적 책임활동 인증을 위한 국제표준을 제정하였다.
- ㉡ CSR의 표준은 환경경영, 정도경영 및 사회공헌 등 3분야로 구분해 볼 수 있다. 환경경영은 환경보호 및 관리를 포함한 지속가능한 발전(sustainable development)을, 정도경영은 주주권한·노사관계·법령준수와 함께 임직원의 윤리성을, 그리고 사회공헌은 자선활동에 더하여 전략적 사회공헌활동까지 포함하고 있다.
- ㉢ ISO 26000에서는 환경, 인권, 노동, 지배구조, 공정한 업무 관행, 소비자 이슈, 지역사회 참여 등 7개 분야에서 가이드라인을 제시하고 있다.
- ㉣ ISO 26000은 기업은 물론 정부와 NGO에 지배구조 개선, 인권 신장, 노동관행 개선, 환경보호와 공정거래 등을 통해 소속사회에 도움이 되도록 노력할 것을 요구한다. 세계인권선언, 국제노동기구(ILO)협약, 기후변화협약, 유엔 소비자보호지침 등 각종 국제지침을 총망라한 행동지침 안내서이다.

② 기업가 정신
- ㉠ 경영자의 사회적 책임으로 기업가 정신의 추구를 강조하는 학자도 있다. 미국의 경제학자인 슘페터(J. Schumpeter)는 기업가 정신의 본질은 창조적 파괴(creative destruction), 즉 혁신(innovation)에 있다고 보고, 혁신이야말로 자본주의 경제성장의 원동력인 동시에 기업이윤의 원천이라고 주장하였다.
- ㉡ 기업가정신(enterpreneurship)은 혁신이나 창의성을 바탕으로 위험을 무릅쓰고 새로운 것을 과감하게 추구하는 모험정신으로 표현할 수 있다.

ⓒ 윤리성, 창의성 그리고 모험심을 바탕으로 경쟁기업의 제품보다 우수한 상품을 만들어 판매해야 한다.

③ **공유가치 창출**
㉠ 기업의 사회적 책임(CSR)에 이어 최근에는 하버드 경영대학원의 마이클 포터(M. Porter)가 제시한 기업의 공유가치 창출(CSV) 개념이 크게 강조되고 있다.
㉡ CSV는 기업이 이익을 내면서도 동시에 환경, 빈곤, 양극화 등 다양한 사회적 문제도 함께 해결해 공익적 가치를 창출해야 한다는 것이다. 즉 사업전략을 세우거나 새로운 상품을 기획하는 단계에서부터 경제적 이익과 함께 사회적 가치도 반드시 고려해야만 한다는 것이다. 사회에 도움을 주면서 이익도 얻는 비즈니스 모델을 만들면 기업의 지속가능성은 높아진다.
㉢ 기업의 사회적 책임(CSR)은 기업이 이미 만들어 낸 이익의 일부를 사회를 위해 쓰는, 즉 창출된 가치의 분배에 초점이 맞춰져 있다. 이에 비해 공유가치 창출은 가치의 분배가 아닌 가치의 창출에 더 큰 관심을 가지고 있다. 즉, CSV는 처음부터 경제적 가치와 사회적 가치를 동시에 창출하는 방법을 고민한다.

제2절 기업윤리의 기본원칙

1 공리주의

(1) **공리주의의 의의**
① **공리주의의 의미**
㉠ 공리주의(Utilitarianism)는 어떤 행동의 결과가 최대다수의 사람에게 최대한의 선(순효용)을 낳는다면 윤리적이라는 주장이다. 예컨대 뇌물을 주는 것은 나쁘지만, 그 결과로 이익을 많이 얻어 종업원이나 주주에게 돌아가는 혜택이 증가하면 뇌물을 주는 것은 비윤리적이 아니라는 주장이다.
㉡ 공리주의는 18세기 영국의 철학자인 벤담(J. Bentham)에 의해 주장된 것으로 행위의 결과만을 중시하여 결과의 좋고 나쁨에 따라 행위의 선악이 구별된다.

② **목적론적 이론**
㉠ 공리주의적 접근법은 그 행동이 윤리적이든 아니든 그 행동이 가져오는 결과에 따라 판단하기 때문에 목적론(teleology)적 이론이다. 즉 '결과가 수단을 정당화한다'는 주장이다.
㉡ 공리주의는 대중적 복리에 대해 관심을 갖도록 한다는 장점이 있다. 즉 개인의 이해관계를 떠난 행위의 가치가 의사결정의 폭을 넓혀준다.

(2) 공리주의의 문제점

① 선(효용) 개념의 불분명
공리주의는 결과로 나타나는 선(효용)을 극대화해야 한다고 하지만 어떤 선을 극대화해야 하는지, 또 누구의 입장에서 선인지가 분명하지 않다.

② 수단만 강조
공리주의에 의하면 결과만 좋으면 그 결과에 이르는 수단은 정당화될 수 있다. 그래서 이 이론은 흔히 비윤리적인 행위를 정당화하기 위해 활용되기도 한다. 따라서 공리주의는 공정성(justice) 개념과 갈등을 일으킬 수 있다.

③ 선의 분배를 고려하지 않음
공리주의는 결과적인 선을 극대화하면 된다고 하지만, 그 얻어진 선의 분배에 관해서는 논하지 않는다.

2 권리와 의무

(1) 권리의 원칙

① 공리주의와 권리
공리주의의 입장에서 보면 어떤 행동이 실제로 다른 사람의 권리를 침해하고 있는 경우에도 윤리적으로 정당화될 수 있다.

② 권리의 원칙
권리의 원칙(principle of rights)은 권리가 공리(utility)에 의해 훼손당할 수 없다는 것이다. 한 사람의 권리는 다른 사람의 더 기본적 권리에 의해서만 제약될 수 있다. 즉 공리주의와는 달리 권리의 원칙은 개인의 입장에서 윤리성을 나타낸 것이다.

(2) 의무론

① 의무론의 의의
㉠ 의무론(deontology)은 사람은 옳은 행동을 해야 하는데 그것은 좋은 결과가 생길 것이라는 기대 때문이 아니라 그렇게 하는 것이 사람으로서의 의무이기 때문이라는 것이다.
㉡ 따라서 이 기준을 적용하면 뇌물이 결과적으로 회사에 단기적 이익을 준다고 해도 뇌물을 주어서는 안 된다는 결론이 나온다.

② 여섯 가지 의무
영국의 철학자인 로스(W. D. Ross)는 정상적이고 성숙한 지식을 가진 사람이면 누구나 다 인정하는 명백한 의무(prima facie duties)가 있다고 주장한다. 로스가 주장하는 여섯 가지 의무는 다음과 같다.
㉠ 신의의 의무 : 신의의 의무(신의를 지킬 의무)는 전에 취한 행동 때문에 생기는 의무이다. 계약을 이행할 의무, 약속을 지킬 의무 등으로 마케팅 차원에서는 품질보증을 해주고, 과대허위광고를 하지 않을 것 등이다.

ⓒ 감사의 의무 : 다른 사람이 나에 대해서 행한 행위 때문에 생긴 의무이다. 동업자들이나 협력업체들 사이에서 생기는 의무이다.
ⓒ 정의의 의무 : 법률의 규정을 넘어서 정당하게 보상을 해주어야 할 의무를 말한다. 경쟁입찰의 경우 최저가 낙찰자와 계약을 해야 하고, 종업원에게는 그들의 성과에 따라 대우해 주어야 하는 의무이다.
ⓒ 선행의 의무 : 다른 사람을 도와주고 행복하게 해 줄 의무이다. 사람이란 누구나 기회가 있으면 착한 일을 할 의무가 있다고 본다.
ⓒ 자기향상의 의무 : 나 자신 또는 회사의 장래와 행복을 위해 노력할 의무가 있다는 것이다.
ⓒ 남에게 해를 끼치지 않을 의무 : 사람이나 기업은 그 행위의 결과로 선량한 다른 사람이나 다른 기업에 해를 끼쳐서는 안 된다는 것이다. 이 원칙에 의하면 유해품을 생산해서는 안 되고, 납품업자에게 부당하게 대금결제를 늦추어서는 안 된다.

3 정의와 공평성

(1) 정의론의 의의

① **정의론과 정의**
정의론(justice theory)은 기업활동에서 의사결정을 하는데 있어서 사회적 정의의 원칙이 기준이 되어야 한다는 이론이다. 여기에서 정의는 다른 사람을 '평등하고 공정하게' 대하는 것을 의미한다.

② **정의의 원칙**
평등이나 공정의 의미를 일반적으로 설명하기는 어렵지만 시장경제 질서하에서는 다음과 같은 두 가지 정의의 원칙이 적용될 수 있다고 본다.
ⓒ 모든 사람은 다른 사람이 누리는 기본적인 자유에 해당하는 자유를 가질 권리가 있다. 즉, 모든 사람을 평등하게 대우하여야 한다는 것이다.
ⓒ 사회적·경제적 차등은 모든 사람에게 개방되어 있는 직위와 책임에 상응하고, 각자의 이익을 고려하여 적절하다고 인정되는 범위 내에서 조정되어야 한다.

(2) 정의의 유형

① **분배적 정의**
분배적 정의(distributive justice) 또는 분배 공정성은 거래관계의 결과에 대한 평가에서 비롯된다. 동일한 일을 하고도 동료보다 적은 보상을 받는다고 생각할 때 분배 공정성의 문제가 발생한다.

② **절차적 정의**
절차적 정의(procedural justice) 또는 절차 공정성은 결과를 내는 과정 및 절차에서 비롯되는 문제이다. 감독자와 접촉을 가지고 응집력을 지각하고 있는가 하는 것이 절차 공정성과 관련이 있다.

③ **상호작용 정의**

상호작용 정의(interactional justice) 또는 상호작용 공정성은 거래관계에 있어서 의사소통의 평가에서 비롯된다. 정확한 정보를 가지고 개인이 기업조직과 관계를 갖도록 하고 의사소통에 있어서 공정성을 가지는 것을 상호작용 공정성이라고 한다.

제3절 유통관련법규

1 유통산업발전법

(1) 유통산업발전법의 의의

① **유통산업발전법의 의의**
  ㉠ 유통산업의 효율적인 진흥과 균형 있는 발전을 꾀하고, 건전한 상거래 질서를 세움으로써 소비자를 보호하고 국민경제의 발전에 이바지하기 위해 1986년 제정된 「도소매업진흥법」을 대체하여 1997년에 제정된 법이다.
  ㉡ 이 법에 의하면 산업통상자원부장관은 유통산업의 발전을 위해 유통산업 발전의 기본방향 등이 포함된 「유통산업발전 기본계획」을 5년마다 세우고, 기본계획에 따라 매년 시행계획을 세워야 한다.

② **유통산업발전법의 주요 용어**
  ㉠ 유통산업 : 농산물·임산물·축산물·수산물(가공 및 조리물을 포함한다) 및 공산품의 도매·소매 및 이를 영위하기 위한 보관·배송·포장과 이와 관련된 정보·용역의 제공 등을 목적으로 하는 산업을 말한다.
  ㉡ 매장 : 상품의 판매와 이를 지원하는 용역의 제공에 직접 사용되는 장소를 말한다.
  ㉢ 대규모점포 : 다음의 요건을 모두 갖춘 매장을 보유한 점포의 집단으로서 대통령령이 정하는 것을 말한다.
    ⓐ 하나 또는 대통령령이 정하는 2 이상의 연접되어 있는 건물 안에 하나 또는 여러 개로 나누어 설치되는 매장일 것
    ⓑ 상시 운영되는 매장일 것
    ⓒ 매장면적의 합계가 3,000m² 이상일 것
  ㉣ 임시시장 : 다수의 수요자와 공급자가 일정한 기간동안 상품을 매매하거나 용역을 제공하는 일정한 장소를 말한다.
  ㉤ 체인사업 : 같은 업종의 여러 소매점포를 직영하거나 같은 업종의 여러 소매점포에 대하여 계속적으로 경영을 지도하고 상품·원재료 또는 용역을 공급하는 사업으로서 대통령령이 정하는 것을 말한다.
  ㉥ 상점가 : 일정 범위 안의 가로 또는 지하도에 대통령령이 정하는 수 이상의 도매점포·소매점포 또는 용역점포가 밀집하여 있는 지구를 말한다.

ⓐ 전문상가단지 : 같은 업종을 영위하는 여러 도매업자 또는 소매업자가 일정 지역에 점포 및 부대시설 등을 집단으로 설치하여 만든 상가단지를 말한다.

(2) 유통산업 관련 정책

① **유통산업시책의 기본방향**
  ㉠ 유통구조의 선진화 및 유통기능의 효율화 촉진
  ㉡ 유통산업에서의 소비자 편익의 증진
  ㉢ 유통산업의 지역별 균형발전의 도모
  ㉣ 유통산업의 종류별 균형발전의 도모
  ㉤ 중소유통기업의 구조개선 및 경쟁력 강화
  ㉥ 유통산업의 국제경쟁력 제고
  ㉦ 유통산업에서의 건전한 상거래질서의 확립 및 공정한 경쟁여건의 조성

② **유통산업발전 기본계획의 내용**
  ㉠ 유통산업발전의 기본방향
  ㉡ 유통산업의 국내외 여건 변화 전망
  ㉢ 유통산업의 현황 및 평가
  ㉣ 유통산업의 지역별·종류별 발전 방안
  ㉤ 산업별·지역별 유통기능의 효율화·고도화 방안
  ㉥ 유통전문인력·부지 및 시설 등의 수급 변화에 대한 전망
  ㉦ 중소유통기업의 구조개선 및 경쟁력 강화 방안
  ㉧ 대규모점포와 중소유통기업 및 중소제조업체 사이의 건전한 상거래질서의 유지 방안
  ㉨ 그 밖에 유통산업의 규제완화 및 제도개선 등 유통산업의 발전을 촉진하기 위하여 필요한 사항

(3) 유통산업발전법의 주요 내용

① **법의 주요 내용**
  ㉠ 매장 면적의 합계가 3,000㎡ 이상인 대규모 점포를 개설하려는 자는 시장·군수·구청장에게 등록해야 한다.
  ㉡ 산업통상자원부장관은 유통표준코드의 보급에 관한 사항 등이 포함된 유통정보화시책을 세워 시행해야 한다.
  ㉢ 물류설비의 종류별로 인증규격 등을 정해 고시하고, 그 이용 및 보급 촉진을 위해 물류설비 인증사업을 할 수 있다.
  ㉣ 물류공동화를 촉진하기 위해 시·도지사의 추천을 받아 공동집배송센터로 지정할 수 있다.
  ㉤ 유통에 관한 분쟁을 조정하기 위해 특별시·광역시 및 시·군·구에 각각 유통분쟁조정위원회를 둔다.

㉥ 이 밖에 대규모 점포의 등록취소, 대규모 점포 개설자의 업무 및 지위승계, 체인사업자의 경영개선 사항, 우수 체인사업자 지정, 상점가진흥조합, 전문상가단지, 유통 전문인력 양성, 유통관리사, 우수 도매배송서비스업자 지정, 벌칙 등에 관한 규정이 있다.

② 대규모점포의 종류(제3조 제1항 관련)
㉠ 대형마트 : 용역의 제공장소를 제외한 매장면적의 합계가 3,000㎡ 이상인 점포의 집단으로서 식품·가전 및 생활용품을 중심으로 점원의 도움 없이 소비자에게 소매하는 점포의 집단
㉡ 전문점 : 용역의 제공장소를 제외한 매장면적의 합계가 3,000㎡ 이상인 점포의 집단으로서 의류·가전 또는 가정용품 등 특정 품목에 특화한 점포의 집단
㉢ 백화점 : 용역의 제공장소를 제외한 매장면적의 합계가 3,000㎡ 이상인 점포의 집단으로서 다양한 상품을 구매할 수 있도록 현대적 판매시설과 소비자 편익시설이 설치된 점포로서 직영의 비율이 30% 이상인 점포의 집단
㉣ 쇼핑센터 : 용역의 제공장소를 제외한 매장면적의 합계가 3,000㎡ 이상인 점포의 집단으로서 다수의 대규모점포 또는 소매점포와 각종 편의시설이 일체적으로 설치된 점포로서 직영 또는 임대의 형태로 운영되는 점포의 집단
㉤ 복합쇼핑몰 : 용역의 제공장소를 제외한 매장면적의 합계가 3,000㎡ 이상인 점포의 집단으로서 쇼핑, 오락 및 업무기능 등이 한 곳에 집적되고, 문화·관광시설로서의 역할을 하며, 1개의 업체가 개발·관리 및 운영하는 점포의 집단

③ 체인사업의 구분(제4조 관련)
㉠ 직영점형 체인사업 : 체인본부가 주로 소매점포를 직영하되, 가맹계약을 체결한 일부 소매점포에 대하여 상품의 공급 및 경영지도를 계속하는 형태의 체인사업
㉡ 프랜차이즈형 체인사업 : 독자적인 상품 또는 판매·경영기법을 개발한 체인본부가 상호·판매방법·매장운영 및 광고방법 등을 결정하고 가맹점으로 하여금 그 결정과 지도에 따라 운영하도록 하는 형태의 체인사업
㉢ 임의가맹점형 체인사업 : 체인본부의 계속적인 경영지도 및 체인본부와 가맹점 간 협업에 의하여 가맹점의 취급품목·영입방식 등의 표준화사업과 공동구매·공동판매·공동시설활용 등 공동사업을 수행하는 형태의 체인사업
㉣ 조합형 체인사업 : 동일업종의 소매점들이「중소기업협동조합법」제3조의 규정에 의한 중소기업협동조합을 설립하여 공동구매·공동판매·공동시설활용 등 사업을 수행하는 형태의 체인사업

④ 유통관리사의 직무
㉠ 유통경영·관리 기법의 향상
㉡ 유통경영·관리와 관련한 계획·조사·연구
㉢ 유통경영·관리와 관련한 진단·평가
㉣ 유통경영·관리와 관련한 상담·자문
㉤ 그 밖에 유통경영·관리에 필요한 사항

2 전자문서 및 전자거래기본법

(1) 전자문서 및 전자거래기본법의 의의

① **법의 제정**

전자문서 및 전자거래의 법률관계를 명확히 하고 전자문서 및 전자거래의 안전성과 신뢰성을 확보하며 그 이용을 촉진할 수 있는 기반을 조성함으로써 국민경제의 발전에 이바지할 것을 목적으로 한다.

② **법의 적용**

제2장은 전자문서, 제3장은 전자거래의 안전성 확보 및 소비자 보호, 제4장은 전자문서·전자거래기본정책의 수립 및 추진체계, 제5장은 전자문서 이용 및 전자거래의 촉진과 그 기반 조성, 제5장의2는 공인전자문서센터와 공인전자문서중계자, 제6장은 전자문서·전자거래분쟁조정위원회에 관한 사항을 규정하고 있다.

(2) 전자문서 및 전자거래기본법의 주요 내용

① **전자문서**

㉠ 전자문서는 다른 법률에 특별한 규정이 있는 경우를 제외하고는 전자적 형태로 되어 있다는 이유로 문서로서의 효력이 부인되지 아니한다.

㉡ 전자문서는 수신자 또는 그 대리인이 해당 전자문서를 수신할 수 있는 정보처리시스템에 입력한 때에 송신된 것으로 본다.

㉢ 작성자가 수신 확인을 조건으로 전자문서를 송신한 경우 작성자가 수신 확인 통지를 받기 전까지는 그 전자문서는 송신되지 아니한 것으로 본다.

② **전자거래의 안전성 확보 및 소비자 보호**

㉠ 정부는 전자거래의 안전성과 신뢰성을 확보하기 위하여 전자거래이용자의 개인정보와 영업비밀을 보호하기 위한 시책을 수립·시행하여야 한다.

㉡ 전자거래사업자는 전자거래의 안전성과 신뢰성을 확보하기 위하여 암호제품을 사용할 수 있다.

㉢ 정부는 전자거래와 관련되는 소비자의 기본권익을 보호하고 전자거래에 관한 소비자의 신뢰성을 확보하기 위한 시책을 수립·시행하여야 한다.

3 소비자기본법

(1) 소비자기본법의 의의

① **소비자기본법의 의의**

㉠ 소비자의 권익을 증진하기 위하여 소비자의 권리와 책무, 자유시장 경제에서 소비자와 사업자 사이의 관계를 규정함과 아울러 소비자정책의 종합적 추진을 위한 기본적인 사항을 규정한 법률로, 과거의 「소비자보호법」을 전부개정하여 2006년에 제정되었다.

㉡ 「소비자기본법」은 종래 소비자보호 위주의 소비자정책에서 탈피하여 중장기 소비자정책의 수립 등을 통해 소비자권익을 증진함으로써 소비자의 주권을 강화하고 있다.

ⓒ 시장환경 변화에 맞게 한국소비자원의 관할 및 소비자정책에 대한 집행기능을 공정거래위원회로 이관하도록 하며, 소비자피해를 신속하고 효율적으로 구제하기 위하여 일괄적 집단분쟁조정 및 단체소송을 도입하여 소비자피해구제제도를 강화하였다.

② 소비자기본법의 주요내용
㉠ 소비자는 자유시장 경제를 구성하는 주체임을 인식하여 소비자의 기본적 권리를 정당하게 행사하여야 하며, 스스로의 권익을 증진하기 위하여 필요한 지식과 정보를 습득하도록 노력하여야 하고, 자주적이고 합리적인 행동과 자원절약적이고 환경친화적인 소비생활을 함으로써 소비생활의 향상과 국민경제의 발전에 적극적인 역할을 다하여야 한다.
㉡ 국가 및 지방자치단체는 소비자의 기본적 권리가 실현되도록 하기 위하여 관계 법령의 제정, 필요한 행정조직의 정비 및 운영 개선, 필요한 시책의 수립 및 실시, 소비자의 건전하고 자주적인 조직활동의 지원·육성 등의 책무를 진다.
㉢ 공정거래위원회는 소비자정책위원회의 심의·의결을 거쳐 소비자정책에 관한 기본계획을 3년마다 수립하여야 한다.
㉣ 소비자단체는 국가 및 지방자치단체의 소비자의 권익과 관련된 시책에 대한 건의, 소비자의 교육, 소비자의 불만 및 피해를 처리하기 위한 상담·정보제공 및 당사자 사이의 합의의 권고 등의 업무를 행한다.
㉤ 소비자권익 증진시책의 효과적인 추진을 위하여 한국소비자원이라는 법인을 설립한다(법 제33조). 소비자는 물품 등의 사용으로 인한 피해의 구제를 한국소비자원에 신청할 수 있고(법 제55조), 소비자와 사업자 사이에 발생한 분쟁을 조정하기 위하여 한국소비자원에 소비자분쟁조정위원회를 둔다.
㉥ 조정위원회는 분쟁조정을 신청받은 때에는 그 신청을 받은 날부터 30일 이내에 그 분쟁조정을 마쳐야 한다.
㉦ 소비자단체가 소비자의 권익을 침해하는 사업자의 위법행위에 대하여 법원에 금지·중지를 청구하는 소비자단체소송을 도입하고 있다.

(2) 소비자의 기본적 권리와 책무
① 소비자의 기본적 권리(법 제4조)
㉠ 물품 또는 용역으로 인한 생명·신체 또는 재산에 대한 위해로부터 보호받을 권리
㉡ 물품 등을 선택함에 있어서 필요한 지식 및 정보를 제공받을 권리
㉢ 물품 등을 사용함에 있어서 거래상대방·구입장소·가격 및 거래조건 등을 자유로이 선택할 권리
㉣ 소비생활에 영향을 주는 국가 및 지방자치단체의 정책과 사업자의 사업활동 등에 대하여 의견을 반영시킬 권리
㉤ 물품 등의 사용으로 인하여 입은 피해에 대하여 신속·공정한 절차에 따라 적절한 보상을 받을 권리
㉥ 합리적인 소비생활을 위하여 필요한 교육을 받을 권리

◎ 소비자 스스로의 권익을 증진하기 위하여 단체를 조직하고 이를 통하여 활동할 수 있는 권리
◎ 안전하고 쾌적한 소비생활 환경에서 소비할 권리

② **소비자의 책무(법 제5조)**
  ㉠ 소비자는 사업자 등과 더불어 자유시장 경제를 구성하는 주체임을 인식하여 물품 등을 올바르게 선택하고, 제4조의 규정에 따른 소비자의 기본적 권리를 정당하게 행사하여야 한다.
  ㉡ 소비자는 스스로의 권익을 증진하기 위하여 필요한 지식과 정보를 습득하도록 노력하여야 한다.
  ㉢ 소비자는 자주적이고 합리적인 행동과 자원절약적이고 환경친화적인 소비생활을 함으로써 소비생활의 향상과 국민경제의 발전에 적극적인 역할을 다하여야 한다.

③ **한국소비자원의 업무(법 제35조)**
  ㉠ 소비자의 권익과 관련된 제도와 정책의 연구 및 건의
  ㉡ 소비자의 권익증진을 위하여 필요한 경우 물품 등의 규격·품질·안정성·환경성에 관한 시험·검사 및 가격 등을 포함한 거래조건이나 거래방법에 대한 조사·분석
  ㉢ 소비자의 권익증진·안전 및 소비생활의 향상을 위한 정보의 수집·제공 및 국제협력
  ㉣ 소비자의 권익증진·안전 및 능력개발과 관련된 교육·홍보 및 방송 사업
  ㉤ 소비자의 불만처리 및 피해구제
  ㉥ 소비자의 권익증진 및 소비생활의 합리화를 위한 종합적인 조사·연구
  ㉦ 국가 또는 지방자치단체가 소비자의 권익증진과 관련하여 의뢰한 조사 등의 업무
  ㉧ 그 밖에 소비자의 권익증진 및 안전에 관한 업무

(3) 사업자의 책무(법 제19조)

① 사업자는 물품 등으로 인하여 소비자에게 생명·신체 또는 재산에 대한 위해가 발생하지 아니하도록 필요한 조치를 강구하여야 한다.
② 사업자는 물품 등을 공급함에 있어서 소비자의 합리적인 선택이나 이익을 침해할 우려가 있는 거래조건이나 거래방법을 사용하여서는 아니 된다.
③ 사업자는 소비자에게 물품 등에 대한 정보를 성실하고 정확하게 제공하여야 한다.
④ 사업자는 소비자의 개인정보가 분실·도난·누출·변조 또는 훼손되지 아니하도록 그 개인정보를 성실하게 취급하여야 한다.
⑤ 사업자는 물품 등의 하자로 인한 소비자의 불만이나 피해를 해결하거나 보상하여야 하며, 채무불이행 등으로 인한 소비자의 손해를 배상하여야 한다.
⑥ 사업자는 국가 및 지방자치단체의 소비자권익 증진시책에 적극 협력하여야 한다.
⑦ 사업자는 소비자단체 및 한국소비자원의 소비자 권익증진과 관련된 업무의 추진에 필요한 자료 및 정보제공 요청에 적극 협력하여야 한다.
⑧ 사업자는 안전하고 쾌적한 소비생활 환경을 조성하기 위하여 물품 등을 제공함에 있어서 환경친화적인 기술의 개발과 자원의 재활용을 위하여 노력하여야 한다.

CHAPTER 05 실전감각 기르기

01 기업의 사회적 책임에 대한 내용 중 옳지 않은 것은?

① 기업의 사회적 책임은 근본적으로 합법성과 책임감의 두 가지 차원으로 구성된다.
② 성공적인 기업이 되려면 약속한 것을 고객에게 잘 전달해서 고객을 만족시켜야 한다.
③ 사회에 대한 책임의 일환으로 세금을 내기도 한다.
④ 현금기부와 제품기증은 전략적 기증이고, 자선행위는 자원봉사활동으로 분류된다.
⑤ 최고경영자의 윤리적인 말과 행동으로 솔선수범하는 것을 윤리적 리더십이라고 한다.

[해설] ④ 자선행위는 전략적 기증으로 분류된다. 필립 코틀러(p.Kotler)는 기업은 이제 단순한 현금기부와 제품기증에서 벗어나 전략적 차원에서 자사의 핵심 가치와 상품을 연계시킬 수 있을 때, 또한 사회공헌 활동의 결과로써 지역사회의 개선에 확실한 도움을 줄 수 있을 때 선택하는 것이 바람직하다고 주장하였다.

02 기업이 이해당사자들에게 갖는 책임에 대한 설명으로 옳지 않은 것은?

① 투자자들을 위한 이윤을 창출하는 것
② 종업원들에게 일자리를 제공하고 안정성을 도모하는 것
③ 사회적 정의를 촉진시키며 기업의 근무환경을 더 나은 곳으로 만들려는 노력
④ 주변 경쟁사와 상의하여 가격담합 행위를 하는 것
⑤ 가치가 있는 제품과 서비스를 통해 고객을 만족시키는 것

[해설] 기업이 이해당사자(stakeholder)들에게 갖는 책임은 기업의 사회적 책임의 하나이다.
④ 주변 경쟁사와 상의하여 가격담합 행위를 하는 것은 상거래 질서를 문란하게 하는 불공정 거래행위로 법(공정거래법)에 의해 금지된 행위이다.

03 기업의 사회적 책임들 중 나머지 내용과 성격이 다른 하나는?

① 기업의 유지·발전에 대한 책임
② 소유주 또는 주주에 대한 책임
③ 종업원에 대한 책임
④ 소비자에 대한 책임
⑤ 지역사회 및 정부에 대한 책임

[해설] 기업의 사회적 책임 중 기업의 유지·발전에 대한 책임은 기업의 가장 본질적이고 1차적인 사회적 책임이다. 나머지는 이해조정의 책임으로 기업의 대외적이고 2차적인 사회적 책임이다.

Answer 01 ④ 02 ④ 03 ①

04 소비자기본법에서 규정하는 사업자의 책무 사항으로 옳지 않은 것은?

① 사업자는 스스로의 권익을 증진하기 위하여 필요한 지식과 정보를 습득하도록 노력하여야 한다.
② 사업자는 물품 등을 공급함에 있어서 소비자의 합리적인 선택이나 이익을 침해할 우려가 있는 거래조건이나 거래방법을 사용하여서는 아니 된다.
③ 사업자는 소비자에게 물품 등에 대한 정보를 성실하고 정확하게 제공하여야 한다.
④ 사업자는 소비자의 개인정보가 분실·도난·누출·변조 또는 훼손되지 아니하도록 그 개인정보를 성실하게 취급하여야 한다.
⑤ 사업자는 물품 등의 하자로 인한 소비자의 불만이나 피해를 해결하거나 보상하여야 하며, 채무불이행 등으로 인한 소비자의 손해를 배상하여야 한다.

> **해설** ①은 소비자의 책무에 해당된다. 소비자는 스스로의 권익을 증진하기 위하여 필요한 지식과 정보를 습득하도록 노력하여야 한다(법 제5조 제1항).
> 사업자의 책무는, 사업자는 소비자에게 물품 등에 대한 정보를 성실하고 정확하게 제공하여야 한다(법 제19조 제3항).

05 다음은 유통산업발전법에서 정의한 체인사업의 한 유형이다. 이에 해당하는 체인사업의 유형은?

> 독자적인 상품 또는 판매·경영기법을 개발한 체인본부가 상호·판매방법·매장운영 및 광고방법 등을 결정하고, 가맹점으로 하여금 그 결정과 지도에 따라 운영하도록 하는 형태

① 프랜차이즈형 체인사업
② 임의가맹형 체인사업
③ 직영점형 체인사업
④ 조합형 체인사업
⑤ 카르텔형 체인사업

> **해설** 「유통산업발전법」에서는 체인사업을 직영점형, 프랜차이즈형, 임의가맹점형 및 조합형 4가지로 구분하고 있다(법 제2조 제6호). 문제에 제시된 것은 프랜차이즈형 체인사업이다.

06 다음의 내용을 담고 있는 관련 법은?

> 국가는 소비자가 사업자와의 거래에 있어서 표시나 포장 등으로 인하여 물품 등을 잘못 선택하거나 사용하지 아니하도록 물품 등에 대하여 표시기준을 정하여야 한다.

① 유통산업발전법
② 소비자기본법
③ 청소년보호법
④ 전통시장 및 상점가 육성을 위한 특별법
⑤ 소방기본법

Answer 04 ① 05 ① 06 ②

[해설] 제시한 내용은 「소비자기본법」 제10조의 내용이다. 「소비자기본법」은 소비자의 권익을 증진하기 위하여 소비자의 권리와 책무, 국가·지방자치단체 및 사업자의 책무, 소비자단체의 역할 및 자유시장경제에서 소비자와 사업자 사이의 관계를 규정함과 아울러 소비자정책의 종합적 추진을 위한 기본적인 사항을 규정함으로써 소비생활의 향상과 국민경제의 발전에 이바지하기 위해 제정된 법이다.

07. 소비자기본법(법률 제17799호, 2023.12.21.)에 의한 소비자의 기본적 권리로만 바르게 짝지어진 것은?

㉠ 물품 또는 용역을 선택함에 있어서 필요한 지식 및 정보를 제공받을 권리
㉡ 합리적인 소비생활을 위하여 필요한 교육을 받을 권리
㉢ 사업자 등과 더불어 자유시장경제를 구성하는 주체일 권리
㉣ 안전하고 쾌적한 소비생활 환경에서 소비할 권리
㉤ 환경친화적인 자원재활용에 대해 지원받을 권리

① ㉠, ㉡, ㉢, ㉣, ㉤
② ㉠, ㉡, ㉢
③ ㉠, ㉡, ㉣
④ ㉡, ㉢, ㉤
⑤ ㉡, ㉣, ㉤

[해설] ㉢과 ㉤은 「소비자기본법」에 규정된 소비자의 기본적 권리와는 관계가 없다.
[참고] 소비자의 기본적 권리
1. 물품 또는 용역으로 인한 생명·신체 또는 재산에 대한 위해로부터 보호받을 권리
2. 물품등을 선택함에 있어서 필요한 지식 및 정보를 제공받을 권리
3. 물품등을 사용함에 있어서 거래상대방·구입장소·가격 및 거래조건 등을 자유로이 선택할 권리
4. 소비생활에 영향을 주는 국가 및 지방자치단체의 정책과 사업자의 사업활동 등에 대하여 의견을 반영시킬 권리
5. 물품등의 사용으로 인하여 입은 피해에 대하여 신속·공정한 절차에 따라 적절한 보상을 받을 권리
6. 합리적인 소비생활을 위하여 필요한 교육을 받을 권리
7. 소비자 스스로의 권익을 증진하기 위하여 단체를 조직하고 이를 통하여 활동할 수 있는 권리
8. 안전하고 쾌적한 소비생활 환경에서 소비할 권리

08. A소매업체는 전국에 200여 개의 점포에서 B공급업체의 상품을 판매하고 있는데, 이 상품이 잘 팔리지 않아 진열대에서 제거할지 말지 고민하고 있다. 그리고 B공급업체와 경쟁관계에 있는 C공급업체가 A소매업체의 점포에 상품공급을 원하는 상황이다. 이런 경우, A소매업체가 C공급업체의 입점욕구를 수용하는 동시에 잘 팔리지 않은 B공급업체의 상품을 C공급업체를 통해서 일시에 해결할 수 있는 방법은?

① 입점비(slotting allowances)
② 역청구(chargebacks)
③ 거래거절(refusals to deal)
④ 역매입(buybacks)
⑤ 구속적 계약(tying contracts)

Answer 07 ③ 08 ④

해설 ④ 역매입(buybacks)은 입점비와 마찬가지로 점포에 입점하기 위해 공급업체와 소매유통기업이 암묵적 합의하에 사용하는 전략으로, 두 가지 경우를 생각해 볼 수 있다. ㉠ 소매유통기업이 공급업체에게 경쟁자의 상품을 역매입하게 하여 경쟁자의 상품을 제거하고 그 공간에 공급업체 상품을 진열하게 하는 경우이다. ㉡ 판매가 느리게 이루어지는 상품에 대해 소매유통기업이 공급업체에게 역매입을 요구하는 경우이다.

09

상품매입과 관련된 법적·윤리적 문제의 하나로써 사고자 하는 상품을 구입하기 위해서 사고 싶지 않은 상품까지도 소매업체가 구입하도록 하는 공급업체와 소매업체 간에 맺는 협정을 무엇이라고 하는가?

① 독점거래협정(exclusive dealing agreement)
② 역청구(chargebacks)
③ 회색시장(gray-market)
④ 역매입(buybacks)
⑤ 구속적 계약(tying contract)

해설 공급업체와 소매업체의 거래에서 발생되는 비윤리적 문제로 입점비(slotting allowances), 역매입(buybacks), 역청구(chargebacks), 뇌물, 위조상품, 독점거래협정(exclusive dealing agreement), 전환상품, 지역점독점권, 구속적 계약(tying contract), 거래거절(refusals to deal) 등의 사례를 들 수 있다.
⑤ 사고자 하는 상품을 구입하기 위해서 사고 싶지 않은 상품까지도 소매업체가 구입하도록 하는 공급업체와 소매업체 간에 맺는 협정은 구속적 계약(tying contract)이다.

10

유통산업발전법에서 정의하는 다음의 용어가 올바르게 짝지어진 것은?

> (가) 다수의 수요자와 공급자가 일정한 기간 동안 상품을 매매하거나 용역을 제공하는 일정한 장소
> (나) 체인본부가 주로 소매점포를 직영하되 가맹계약을 체결한 일부 소매점포에 대하여 상품의 공급 및 경영 지도를 계속하는 형태의 체인사업

① (가) 임시시장   (나) 직영점형 체인사업
② (가) 임시시장   (나) 프랜차이즈형 체인사업
③ (가) 상설시장   (나) 직영점형 체인사업
④ (가) 상설시장   (나) 프랜차이즈형 체인사업
⑤ (가) 전문상점가   (나) 조합형 체인사업

Answer 09 ⑤ 10 ①

[해설] 다수의 수요자와 공급자가 일정한 기간 동안 상품을 매매하거나 용역을 제공하는 일정한 장소는 임시시장을 말한다(「유통산업발전법」 제2조 제5호). 체인본부가 주로 소매점포를 직영하되, 가맹계약을 체결한 일부 소매점포에 대하여 상품의 공급 및 경영지도를 계속하는 형태의 체인사업은 직영점형 체인사업이다(「유통산업발전법」 제2조 제6호).

11 유통산업발전법상 유통산업의 경쟁력 강화를 위한 내용으로 틀린 것은?

① 정부는 재래시장의 활성화에 필요한 시책을 수립·시행하여야 하고, 정부 또는 지방자치단체의 장은 이에 필요한 행정적·재정적 지원을 할 수 있다.
② 산업통상자원부장관은 무점포판매업의 발전시책을 수립·시행할 수 있고, 그 내용으로 전문인력의 양성에 관한 사항 등을 포함해야 한다.
③ 정부 또는 지방자치단체의 장은 중소유통기업의 구조개선 및 경쟁력 강화에 필요한 시책을 수립·시행할 수 있고, 이에 필요한 행정적·재정적 지원을 할 수 있다.
④ 산업통상자원부장관은 중소유통공동소매물류센터의 설립·운영의 발전시책을 수립·시행할 수 있다.
⑤ 산업통상자원부장관은 유통산업의 경쟁력을 강화하기 위하여 체인사업의 발전시책을 수립·시행할 수 있다.

[해설] ④ 정부 또는 지방자치단체의 장은 중소유통공동도매물류센터의 설립·운영에 관한 사항을 수립·시행할 수 있고, 이에 필요한 행정적·재정적 지원을 할 수 있다(법 제15조 제4항).

12 산업통상자원부장관은 유통산업의 발전을 위하여 유통산업발전의 기본방향 등이 포함된 유통산업발전기본계획을 5년마다 수립하고, 이 기본계획에 따라 매년 시행계획을 세워야 한다. 계획과 시행계획에 포함되는 내용으로 가장 옳지 않은 것은?

① 유통산업의 국내외 여건 변화 전망
② 유통산업의 지역별·종류별 발전방안
③ 대규모점포와 전통시장 사이의 건전한 상거래질서의 유지 방안
④ 중소유통기업의 구조개선 및 경쟁력 강화 방안
⑤ 유통전문인력·부지 및 시설 등의 수급(需給) 변화에 대한 전망

[해설] ③은 대규모점포와 중소유통기업 및 중소제조업체 사이의 건전한 상거래질서의 유지 방안이다. 주어진 내용 이외에 기본계획에 포함되어야 할 내용은 다음과 같다(유통산업발전법 제5조 제2항).
㉠ 유통산업 발전의 기본방향, ㉡ 유통산업의 현황 및 평가, ㉢ 산업별·지역별 유통기능의 효율화·고도화 방안, ㉣ 중소유통기업의 구조개선 및 경쟁력 강화 방안, ㉤ 그 밖에 유통산업의 규제완화 및 제도개선 등 유통산업의 발전을 촉진하기 위하여 필요한 사항 등

Answer 11 ④ 12 ③

13 기업윤리의 중요성을 강조하기 위해 취할 수 있는 방법으로 가장 옳지 않은 것은?

① 기업윤리와 관련된 헌장이나 강령을 만들어 발표한다.
② 기업의 모든 의사결정 프로세스에서 반영될 수 있게 모니터링한다.
③ 윤리경영의 지표로서 정성적인 지표는 적용하기 힘드므로 계량적인 윤리경영지표만을 활용한다.
④ 조직 내의 문제점을 제기할 수 있는 제도를 활성화한다.
⑤ 윤리기준을 적용한 감사 결과를 조직원과 공유한다.

[해설] ③ 윤리경영의 지표로 최근에는 정량적인 지표뿐만 아니라 질적인 지표인 정성적 윤리경영지표들을 함께 활용한다.

14 유통산업발전법(법률 제17761호, 2023.6.28.)에서 규정하고 있는 체인사업 중 아래 글 상자에서 설명하고 있는 형태로 가장 옳은 것은?

> 체인본부가 주로 소매점포를 직영하되, 가맹계약을 체결한 일부 소매점포에 대하여 상품의 공급 및 경영지도를 계속하는 형태의 체인사업

① 프랜차이즈형 체인사업 ② 중소기업형 체인사업
③ 임의가맹점형 체인사업 ④ 직영점형 체인사업
⑤ 조합형 체인사업

[해설] 제시된 내용은 「유통산업발전법」 제2조에서 제시하고 있는 체인사업 중 직영점형 체인사업의 정의이다. 「유통산업발전법」에서는 체인사업을 직영점·프랜차이즈형·임의가맹점·조합형 등으로 구분하고 있다.

[참고] 체인사업의 유형
"체인사업"이란 같은 업종의 여러 소매점포를 직영(자기가 소유하거나 임차한 매장에서 자기의 책임과 계산하에 직접 매장을 운영하는 것을 말한다)하거나 같은 업종의 여러 소매점포에 대하여 계속적으로 경영을 지도하고 상품·원재료 또는 용역을 공급하는 사업을 말한다.

유형	정의
직영점형	체인본부가 주로 소매점포를 직영하되, 가맹계약을 체결한 일부 소매점포에 대하여 상품의 공급 및 경영지도를 계속하는 형태의 체인사업
프랜차이즈형	독자적인 상품 또는 판매·경영기법을 개발한 체인본부가 상호·판매방법·매장운영 및 광고방법 등을 결정하고 가맹점으로 하여금 그 결정과 지도에 따라 운영하도록 하는 형태의 체인사업
임의가맹점형	체인본부의 계속적인 경영지도 및 체인본부와 가맹점간 협업에 의하여 가맹점의 취급품목·영업방식 등의 표준화사업과 공동구매·공동판매·공동시설활용 등 공동사업을 수행하는 형태의 체인사업
조합형	동일업종의 소매점들이 중소기업협동조합을 설립하여 공동구매·공동판매·공동시설활용 등 사업을 수행하는 형태의 체인사업

Answer 13 ③ 14 ④

15 소비자기본법상 국가 및 지방자치단체가 소비자의 능력향상을 위해 힘써야 할 내용과 가장 거리가 먼 것은?

① 경제 및 사회의 발전에 따라 소비자의 능력향상을 위한 프로그램을 개발하여야 한다.
② 소비자가 자신의 선택에 책임을 지는 소비생활을 할 수 있도록 필요한 교육을 하여야 한다.
③ 물품 등으로 인하여 소비자에게 생명·신체 또는 재산에 대한 위해가 발생하지 아니하도록 필요한 조치를 강구하여야 한다.
④ 소비자교육과 학교교육을 연계하여 교육적 효과를 높이기 위한 시책을 수립하고 시행하여야 한다.
⑤ 소비자의 능력을 효과적으로 향상시키기 위한 방법으로 방송사업을 할 수 있다.

[해설] 「소비자기본법」 제14조에서 국가 및 지방자치단체가 소비자의 능력향상을 위해 힘써야 할 내용은 다음과 같다.
㉠ 소비자의 올바른 권리행사를 이끌고, 물품 등과 관련된 판단능력을 높이며, 소비자가 자신의 선택에 책임을 지는 소비생활을 할 수 있도록 필요한 교육을 하여야 한다.
㉡ 경제 및 사회의 발전에 따라 소비자의 능력 향상을 위한 프로그램을 개발하여야 한다.
㉢ 소비자교육과 학교교육·평생교육을 연계하여 교육적 효과를 높이기 위한 시책을 수립·시행하여야 한다.
㉣ 소비자의 능력을 효과적으로 향상시키기 위한 방법으로 「방송법」에 따른 방송사업을 할 수 있다.

16 다음 중 기업윤리의 중요성에 해당하지 않는 것은?

① 경영의 전체 기능을 수행하는 과정 속에 침투되어 성과창출에 기여한다.
② 경영의 건전한 경쟁력을 강화시키는 전략적 요소이다.
③ 인간이 사회적 존재로서 질서 있고 역동적으로 살도록 그 생명력을 제공한다.
④ 경영의 활력을 부여하는 간접적인 요소이다.
⑤ 비윤리적 비리는 경영손실뿐 아니라 사회 전체적인 손실로 이어질 수 있다.

[해설] 기업윤리는 기업이 사회 속에서 계속기업으로 건전성을 지속시키는 생명력을 제공한다. 따라서 이는 경영의 활력을 제공하는 본질적 요소이다.

Answer 15 ③ 16 ④

17 기업윤리의 효과적 실천을 위한 제도화로서 윤리경영의 기본적 방침에 따른 세부적 지침을 공식화한 것은 무엇인가?

① 법적 규율
② 윤리규칙
③ 윤리강령
④ 법적 강령
⑤ 윤리기준

[해설] 윤리강령이란 기업윤리의 효과적 실천을 위한 제도화로서 윤리경영의 기본적 방침에 따른 세부적 지침을 공식화한 것을 말한다. 이는 비윤리적 행동의 가능성을 미연에 방지하고 구성원들의 윤리적 행동을 자율적으로 주도하는 데 의의가 있다. 강령은 보통 문서로 되어 있으며, 경영자 스스로의 자존심과 타인의 존경을 받기 위해 제정된다. 그러므로 이는 구체적이어야 하고, 공공의 이익을 보호해야 하며, 성실한 실천과 효력이 발휘되도록 짜여져야 한다. 또한 형식적으로는 간결해야 하며 유용한 구문으로 구성되어야 한다.

18 다음 중 '기업가정신'에 대한 설명으로 옳지 않은 것은?

① 혁신이나 창의성을 바탕으로 위험을 무릅쓰고 새로운 것을 과감하게 추진하는 모험정신으로 표현할 수 있다.
② 기업가는 기술, 시장개척, 기업경영에 이르기까지 새로운 방법을 끊임없이 모색해야 한다.
③ 물류비용의 절감을 위하여 경쟁기업가와 전략적 제휴를 맺을 수 있다.
④ 윤리성, 창의성 그리고 모험심을 바탕으로 하여 경쟁기업의 제품과 유사한 상품의 생산 및 판매에 전력해야 한다.
⑤ 이윤을 창출하면서도 사회적 책임을 잊지 않는 정신을 가져야 한다.

[해설] ④ 경쟁기업의 제품과 유사한 상품을 생산하여 판매하는 것은 기업가정신으로 볼 수 없다.

[참고] 기업가정신(enterpreneurship)
미국의 경제학자인 조셉 슘페터(J. A. Schumpeter)는 끊임없이 혁신(innovation)을 추구하는 기업가의 창조적인 노력을 기업가정신으로 파악하였다. 여기서의 혁신은 새로운 상품의 개발, 새로운 기술개발, 새로운 원료의 사용, 새로운 시장의 개척, 새로운 생산조직의 구축 등이다.

Answer 17 ③ 18 ④

19 도덕적 해이(moral hazard) 및 사용자 – 대리인(principal – agent) 이론과 관련된 내용들 중 옳지 않은 것은?

① 정보의 비대칭성(information asymmetry) 현상을 설명할 수 있는 하나의 예로서 도덕적 해이(moral hazard)를 들 수 있다.
② 기업조직의 법적인 형태가 주식회사인 경우 주식의 소유주인 주주와 주식을 소유하지 않은 전문경영인 사이에서 발생할 수 있는 갈등, 즉 전문경영인이 주주들의 이익에 반하는 조직 및 경영관리를 방지하는 방법으로서 감시·감독의 강화, 높은 임금의 지급, 보수의 지급시기 조정(연기) 등을 들 수 있다.
③ 사용자(principal)가 대리인(agent)을 위해 어떤 임무를 수행할 때 발생하는 문제로서 일반적으로 사용자는 대리인이 원하는 수준만큼 일하지 않는 경향뿐만 아니라 대리인이 사용자의 의도를 충분히 파악하고 실천하지 못한다는 점을 설명하고 있다.
④ 전형적인 예로서 고용계약을 들 수 있다. 이때 고용주는 사용자(principal)로, 근로자는 대리인(agent)으로 생각할 수 있다.
⑤ 보험시장에서 정보의 불균형으로 인해 보험가입자가 가입 전에 했던 화재나 질병 등의 예방노력을 가입 후에는 게을리하는 경우가 도덕적 해이의 대표적인 예이다.

해설 사용자 – 대리인이론(principal – agent theory)은 사용자가 업무를 직접 수행하는 대신에 대리인에게 업무를 시키는 과정에서 신뢰관계를 중점적으로 파악하는 것이다. 일반적으로 적용하는 것은 주식회사의 사용자인 주주와 대리인인 전문경영자 사이를 예로 들 수도 있고, 크게는 나라의 주인인 국민과 대리인인 국회의원이나 공무원들 사이를 예로 들 수 있다. 이는 어떤 문제를 해결하는 과정에서 대리인이 사용자의 의도를 충분히 인지하지 못하는 과정에서 발생할 수가 있다.

Answer ▶ 19 ③

유통관리사 한권으로 끝내기

유통관리사 한권으로 끝내기

2과목

상권분석

유통관리사 출제경향 및 학습전략

1 기출문제분석

대분류	중분류	2021			2022			2023			합계
		1회	2회	3회	1회	2회	3회	1회	2회	3회	
유통 상권조사	상권의 개요	3	4	3	2	2	3	1	1	2	21
	상권분석에서의 정보기술 활용		1			2		2	1	1	7
	상권설정 및 분석	6	5	4	5	6	7	7	8	9	57
입지분석	입지의 개요	3	4	4	4	2	2	2	2	1	24
	입지별 유형	3	2	3	2	1	2	2	1	1	17
	입지선정 및 분석	2	2	2	4	3	3	3	4	3	26
개점전략	개점계획	1	1	2	1	2	1	2	2	2	14
	개점과 폐점	2	1	2	2	2	2	1	1	1	14
기 타											

상권분석

2 학습 전략

유통관리사 시험의 제2과목인 상권분석은 유통 상권조사, 입지분석, 개점전략 등 세 부분으로 구성되어 있다. 이 중 유통 상권조사에서 45~55% 이상, 입지분석에서 35~45% 정도 출제되고 있다. 특히 유통 상권조사에서는 상권의 다양한 개념과 상권분석의 기초가 되는 이론들이 나오기 때문에 많이 출제되고 있다.

상권분석은 많은 수험생들이 비교적 수월하게 생각하는 과목이다. 그러나 실수할 수 있는 내용들도 꽤 있기 때문에 가볍게만 보지 말고 기본적인 내용을 잘 정리해 두어야 한다.

세부적으로는 상권의 개념과 유형, 기존점포와 신규점포에 대한 상권분석방법, 상권의 측정과 관련된 내용(IRS, MEP 등), 입지의 유형(특히 도심입지와 쇼핑센터, 독립입지 등)과 선정, 점포개점계획, 상권분석에 관한 이론 등이 자주 출제된다.

CHAPTER 01 유통 상권조사

제1절 상권의 개요

1 상권의 정의와 유형

(1) 상권의 개념

① **상권의 정의**
  ㉠ 상권(trade area)이란 한 점포 또는 점포들의 집단이 고객을 흡인(또는 유인)할 수 있는 지역적 범위(geographic area), 즉 점포의 매출이 발생할 수 있는 공간적 범위를 의미한다. 또한 상권은 중심지 주변에 위치하면서 흡인할 수 있는 고객이 존재하는 지역적 범위를 의미하는 배후지(hinterland)와도 유사한 개념으로 사용된다.
  ㉡ 상권은 보통 두 가지 의미로 사용된다. 하나는 한 점포가 고객을 흡인하거나 흡인할 수 있는 범위를 말하고, 다른 하나는 다수의 상업시설(복수의 점포나 시장 등)이 고객을 흡인하는 공간적 범위를 말한다.
  ㉢ 복수의 점포 또는 상업집단(시장 혹은 상점가)이 고객을 끌어들일 수 있는 범위는 상세권이라고도 하는데, 상권에 포함되는 개념이다.
  ㉣ 상권은 인구밀도가 높을수록 유리하고, 고객의 경제적 수준이 높을수록 양호하다. 그리고 현재뿐만 아니라 장래의 후보지도 고려해야 한다.

② **상권의 의의**
  ㉠ 상권은 그 지역에 거주하는 고객의 구매력을 추정하고, 점포에서 판매하는 상품에 대한 예상매출액을 구할 때 기본적인 데이터를 제공하며, 판촉활동의 범위를 결정할 때 필요한 데이터를 제공한다.
  ㉡ 점포의 입지(location) 선정 시, 소매업체는 먼저 몇 곳의 후보지를 선정하고 후보지들에 대한 상권분석을 통해 상권을 설정한 후, 상권 내에서 가장 유망한 입지를 선택한다.
  ㉢ 상권의 범위는 점포의 업종·업태, 점포의 크기, 상업 집적도, 교통여건은 물론 상품의 종류·구성·가격대, 마케팅 전략 등과 관련이 있다. 또한 인구밀도 분포, 고객의 라이프 스타일, 경쟁상권의 위치와 규모도 상권의 범위에 영향을 준다.
  ㉣ 상권(배후지)의 범위는 유동적이고 가변적이다. 즉, 대형 아파트 단지의 건축이나 대형 점포의 신설, 지하철노선의 연장이나 버스노선의 변경 등은 상권의 범위를 크게 변화시킨다.
  ㉤ 소매상권의 크기는 판매하는 상품의 종류에 따라 다르다. 소비자의 구매관습을 기준으로 소비재를 편의품, 선매품, 전문품으로 구분할 때 상권의 범위는 전문품이 가장 넓고 선매품, 편의품의 순으로 좁아진다.

입지와 상권의 비교

구 분	입 지	상 권
개 념	점포가 소재하고 있는 위치 그 자체 (location)	점포에 미치는 영향권(거래권)의 범위 (trading area)
물리적 특성	평지, 도로변, 상업시설, 도시계획지구 등 물리적 시설	대학가, 역세권, 아파트단지, 시내중심가, 먹자상권 등 비물리적인 상거래 활동공간
등급구분	1급지, 2급지, 3급지	1차 상권, 2차 상권, 한계 상권
분석방법	점포분석, 통행량 분석	업종 경쟁력 분석, 구매력 분석
평가기준	권리금(영업권), 임대료(m^2당 단가)	반경거리(250m, 500m, 1km)

(2) 상권과 유사개념

① 상권의 다양한 의미
  ㉠ 상권은 주로 판매자의 관점을 나타내므로 구매자의 관점에서는 생활권이라고 한다. 또한 상업을 도매와 소매로 구분하는 경우에는 각각 도매상권·소매상권이라고 부르지만, 상권은 일반적으로 소매상권을 가리키는 경우가 많다.
  ㉡ 한편 상권은 상업의 기능을 폭넓게 해석해서 레크리에이션·의료·교육·행정 등의 각 서비스를 포함하는 서비스권(service area)으로 보기도 한다.
  ㉢ 상권은 단독점포의 상권과 복수점포의 상권, 현재상권과 잠재상권, 거주상권과 생활상권 등의 기준으로 구분할 수 있다.
  ㉣ 상권은 거래상대방이 소재하는 거래권, 판매행위가 이루어지는 판매권, 상품과 서비스의 구매자를 포함하는 지역인 시장권으로 보기도 한다.

② 상권의 유사개념 구분
  ㉠ 상권 : 한 점포 또는 점포들의 집단이 고객을 흡인할 수 있는 지역적 범위
  ㉡ 상세권 : 상가나 시장과 같은 복수의 점포로 구성되는 상업집단이 영향을 미치는 지리적 범위로서, 상권에 포함되는 개념
  ㉢ 거래권 : 주로 도매업 등에서 사용하는 개념으로 거래 상대방이 되는 고객의 소재지 범위
  ㉣ 판매권 : 소매점이 판매대상으로 삼고 있는 지역

(3) 상권에 영향을 미치는 요인

① 자연 조건
  ㉠ 하천이나 산과 같은 자연 조건은 상권에 영향을 미치게 된다. 자연 조건은 교통수단이나 도로가 발달하지 않은 시장 형성 초기단계에는 상권에 매우 큰 영향요인으로 작용하였다.
  ㉡ 최근에는 도로 개설이 용이하지 않은 산이나 하천을 배후로 하여 독립적으로 상권이 형성되는 경우도 있다. 도로, 산, 강에 둘러싸여 독립적으로 형성되는 상권을 항아리 상권 또는 포켓상권이라고 한다.

② 교통체계

도로나 대중교통 수단과 같은 교통체계도 상권형성에 영향을 미치고 있다. 예를 들면 어떤 점포 주위에 도로가 잘 형성되어 있고 대중교통 수단이 발달되어 접근성이 우수하다면 그 점포의 상권은 그렇지 않은 경우보다 확대된다.

③ 점포규모와 유통업의 형태

㉠ 일반적으로 점포규모가 클수록 많은 소비자를 흡수하게 되어 상권이 넓어지며, 규모가 작아질수록 상권이 좁아진다.

㉡ 동일한 규모일지라도 취급하는 상품의 종류에 따라 상권의 범위가 달라진다. 예를 들면, 고가의 상품이나 전문품을 취급하는 점포는 고객의 지리적 분포가 넓어지지만 식료품 등 생활필수품을 판매하는 점포는 고객의 지리적 범위가 한정되어 있다.

2 상권의 계층성

(1) 상권의 계층적 구조

상권은 계층적 구조로 되어 있어, 지역상권과 지구상권, 그리고 개별점포상권(또는 지점상권)으로 구분할 수 있다.

① 지역상권

㉠ 지역상권(GTA : General Trading Area) 또는 총상권지역은 가장 포괄적인 상권범위로, 도시의 행정구역과 거의 일치하여 시 또는 군을 포함하는 범위이다. 따라서 도시 간의 흡인이 이루어지는 범위이기도 하다.

㉡ 지역상권을 결정하는 요소는 인구규모, 행정기관 집적도, 업무기능 집적도, 상업 및 서비스 시설의 수 및 성격, 교통체계 등이다.

② 지구상권

㉠ 지구상권(DTA : District Trading Area)은 집적된 상업시설이 갖는 상권의 범위로 행정구역상 구를 포함한다. 따라서 하나의 지역상권 내에는 여러 지구상권이 포함된다.

㉡ 지구상권을 결정하는 요소로는 상업시설, 업무시설, 서비스시설의 집적도 및 성격, 교통체계, 유동객수, 지역상권의 특성 및 범위이다. 따라서 지구상권의 크기는 상권 내에 대형백화점의 존재여부, 관련 점포들 간의 집적여부에 따라 달라진다.

③ 개별점포상권

㉠ 개별점포상권(ITA : Individual Trading Area) 또는 지점상권은 지역상권과 지구상권 내 각각의 개별점포들이 형성하는 상권이다.

㉡ 개별점포상권을 결정하는 요소는 배후상권의 규모, 시설, 업종, 경영능력, 입지력, 지구상권의 특성 및 범위이며, 고객의 흡인정도에 따라 1차·2차·3차 상권(한계상권)으로 구분한다.

(2) 개별점포상권의 분류

개별점포상권(또는 지점상권)은 고객의 흡인정도에 따라 1차·2차 상권, 그리고 3차 상권(한계상권)으로 분류할 수 있다.

1차 상권 (primary trading area)	• 점포를 기준으로 반경 500m 이내 지역, 즉 직경 1km 이내 지역 • 전체 점포고객의 60~65%(또는 50~70%)를 흡인하는 지역 • 고객 1인당 매출액이 가장 높고, 점포를 중심으로 도보로 10~30분 정도 소요 • 고객들이 지리적으로 밀집되어 분포하고 있는 곳(고객밀집 지역)으로 주요 고객층이 거주
2차 상권 (secondary trading area)	• 1차 상권 외곽에 위치하며, 전체 점포이용 고객의 20~25%를 흡인하는 지역 • 1차 상권보다는 고객이 지역적으로 넓게 분산
3차 상권 (fringe trading area)	• 한계상권이라고도 하며, 2차 상권 외곽을 둘러싼 지역범위로 2차 상권에 포함되지 않은 나머지 고객들을 흡인 • 점포이용고객은 점포로부터 상당히 먼거리에 위치하며, 고객들이 광범위하게 분산

(3) 경쟁의 정도에 따른 상권 분류

포화성 이론(saturation theoty)에 따르면, 상권은 경쟁 정도에 따라 포화상권·과소상권·과다상권으로 구분할 수 있다. 포화성 이론은 어느 지역이 다른 시장지역에 비하여 특정 상품과 서비스의 수요에 얼마나 잘 대응하고 있는가를 설명하는 이론이다.

① **포화상권**

소매점의 포화상태로 기존의 점포시설이 효율적으로 이용되고 있으며, 특정의 상품이나 서비스에 대한 고객의 욕구에 잘 적응하고 있는 상태(충분한 소매시설)를 말한다.

② **과소상권**

시장의 점포수가 너무 적기 때문에(under stores) 고객의 욕구를 충족시키지 못하는 시장상황을 말한다. 점포수가 적기 때문에 이 상권에서는 점포당 평균수익률이 매우 높다.

③ **과다상권**

과잉점포(over stores) 상태에 있는 상권으로, 점포 수가 너무 많기 때문에 적정한 투자수익률을 올릴 수 없는 시장상황이다. 점포의 일부가 도산하거나 시장에서 퇴출되기도 한다.

> **지식+톡톡** 포화성 이론, 과점상권
>
> 1. **포화성 이론**
>   포화성 이론(saturation theory)은 소매점 시설의 수(공급)와 용도(수요)의 균형을 설명하는 이론이다. 여기서 과소점포 상태인지 과잉점포 상태인지를 알려주는 소매포화지수(IRS)는 일정한 지역 내에 어떤 상품과 서비스에 대한 소비자의 욕구를 충족시켜 줄 수 있는 소매점포가 얼마나 있는가를 나타내는 지표이다. 만일 소매포화지수가 다른 지역의 상권보다 높다면 점포당 매출액이 크다는 것(즉, 점포가 부족하다는 것)을 의미하기 때문에 매력적인 상권이라고 할 수 있다.
>
> 2. **과점상권**
>   과점상권은 특정 상품이나 서비스를 몇 개의 점포가 과점(oligopoly)하여 판매하고 있는 상권이다. 과점상태라고 해서 다른 점포들이 폐업을 하거나 신규점포가 출점할 수 없는 상태인 것은 아니다. 과점상권은 포화성 이론에 기초하여, 경쟁정도에 따라 구분되는 개념은 아니다.

(4) 상권의 범위에 따른 분류

① **도심상권**

도심상권은 중심상업지역(CBDs : Central Business Districts)을 포함하는 도시의 중심상권으로 상권의 범위가 넓고 소비자들의 체류시간이 긴 편이다. 또한 역이나 터미널 등이 있는 대중교통의 중심지로 접근성이 가장 좋은 상권이다.

② **부도심상권**

부도심상권은 간선도로의 결절점이나 역세권을 중심으로 형성되는 경우가 많으나, 도시 전체의 소비자를 유인하지는 못한다.

③ **근린상권**

근린상권은 동네상권이라고도 하며 도로에 인접한 경우가 많고, 점포인근 거주자들을 주요 고객으로 하는 생활밀착형 업종의 점포들이 입지하는 경향이 있다.

④ **역세권상권**

역세권상권은 지하철이나 철도역을 중심으로 형성되며 지상과 지하 부지를 입체적으로 연계하여 고밀도 개발이 이루어지는 경우가 많다.

⑤ **아파트상권**

아파트상권은 고정고객의 비중이 높아 안정적인 수요 확보가 가능하지만 외부고객을 유치하기는 어렵다. 아파트상권은 대부분 해당 단지를 넘어서지 못하는 한계가 있다. 아파트상권은 대형이나 중형 등 면적이 큰 가구일수록 단지내 상가 이용률은 낮아진다.

⑥ **포켓상권**

포켓상권은 항아리 상권 또는 독립상권이라고도 부르는 것으로, 상권 내 고객이 외부로 유출되지 않아 외부상권의 영향을 거의 받지 않고 자체상권의 이익을 누릴 수 있는 상권이다. 도로, 산, 강에 둘러싸여 독립적으로 형성되는 상권이 전형적인 포켓상권에 해당한다.

제2절 상권분석 및 설정

1 상권분석의 의의와 방법

(1) 상권조사의 개념과 대상

① **상권조사의 개념**

㉠ 상권조사(trade area survey)는 상권분석의 기초가 되는 2차 자료와 1차 자료를 수집하는 일련의 절차와 방법을 의미한다. 자료는 2차 자료를 먼저 수집한 후 1차 자료를 수집한다.

㉡ 2차 자료(secondary data)는 과거에 다른 목적을 위해 수행된 조사자료나 정부의 인구통계자료, 세무자료, 여러 유통연구소의 발표자료 등을 의미한다.

ⓒ 1차 자료(primary data)는 현재 당면한 과제를 해결하기 위해 직접적으로 수집하는 자료를 의미한다. 1차 자료의 수집에는 시간과 비용이 소요되므로 현재 당면한 문제에 충분한 해결책을 줄 수 있는 2차 자료가 있다면 1차 자료는 수집할 필요가 없다.
ⓔ 1차 자료의 수집방법으로는 관찰법(observation method), 질문법(survey method), 실험법(experiment method), 표적집단 면접법(FGI : focus group interview) 등이 있고, 최근 들어 인터넷 사용이 보편화됨에 따라 인터넷을 통한 자료수집도 많이 활용되고 있다.

② **상권조사의 대상**
㉠ 유동인구 조사 : 유동인구는 주말이라고 해도 토요일과 공휴일에 따라 달라지며, 날씨에 따라 차이가 많이 나기 때문에 날씨가 좋은 평일과 주말을 대상으로 조사한다.
㉡ 고객층과 시간대별 통행량 조사 : 주부들을 대상으로 하는 업종이라면 오전 11시부터 오후 5시까지, 학생들을 대상으로 한다면 하교시간대를, 직장인이라면 퇴근시간대를 대상으로 정밀조사한다.
㉢ 총유동인구 조사 : 자신의 주고객이 몰리는 시간에만 조사하는 것이 아니라 하루의 총유동인구를 조사해야 한다. 하루의 시간대는 오전 중 1시간을 선택하여 유동인구를 산출하고, 오후부터는 2시간마다 1시간을 조사해서 산출하는 방법이 있고, 매시간에 20분 정도 조사해서 산출하는 등 다양한 방법이 있다.
㉣ 내점률 조사 : 점포후보지의 유동인구와 잠재력을 조사하였다고 상권조사가 다 끝난 것은 아니다. 점포후보지의 내점률을 확인하여야 한다. 이는 추정매출액을 조사하기 위한 것인데, 경쟁점포나 유사 업종의 매출액을 조사하는 것으로 매출액을 추정할 수 있다.
㉤ 구매품목과 가격대 조사 : 유동인구를 조사하되 반드시 성별, 연령별 주요 구매품목과 구매가격대도 조사해야 하며, 점포 앞은 물론 각 방향에서의 입체적 통행량을 조사해야 한다.

③ **상권조사의 고려사항**
㉠ 점포의 기본환경 조사 : 점포의 위치, 점포의 형태, 규모, 도로와의 접근성, 주변환경, 주차용이성, 지역 특성, 경쟁점포, 각종 규제여부 등을 조사하여 평가기준에 따라서 평가한다.
㉡ 상권을 세분화하여 조사 : 상세하게 그려진 상권지도를 가지고 핵심상권과 전략상권을 결정한 후 해당 상권별 인구분포, 세대수, 상권 내 고객의 소비수준, 주요 교통수단 등을 조사한다. 이와 함께 주요 공중 집객시설, 경합점포 및 상호보완업종, 고객 흡인시설 유무, 학교, 향후 발전가능성, 도시계획의 변경 등도 조사한다.
㉢ 유동인구와 주변상권의 관계 고려 : 점포의 핵심 고객층을 설정하려면 점포주변과 상권의 유동인구수는 물론 연령대, 성별구성비, 주요통행시간, 통행방향, 주출입구 등을 조사하여야 한다. 이러한 유동인구의 조사는 시간대별 상황 및 평일과 휴일의 상황이 분석 가능하도록 조사하여야 한다.
㉣ 점포의 접근성·가시성·편의성을 고려 : 점포의 접근성은 양호한지, 유동고객의 시선을 끌 수 있는 곳인지, 고객이 편리하게 이용할 수 있는지 등을 고려하여 결정한다.
㉤ 기타 : 그 밖에 창업자금의 규모, 입지의 개발전망, 주거지와의 거리, 임대매장의 경우 건물주의 성향 등을 고려하여 적정한 점포를 선정한다.

(2) 상권조사의 절차

상권조사는 상권에 대한 2차적 지역정보 수집 → 지역상권에 대한 상권지도 작성 → 상권내 지역에 대한 관찰조사 → 직접방문에 의한 정성조사 및 정량조사 실시 등의 순서로 진행한다.

(3) 상권조사의 방법

① 전수조사와 표본조사
   ㉠ 전수조사(complete enumeration)는 조사대상이 되는 모집단 전부를 조사하는 것이고, 표본조사(sampling survey)는 모집단의 일부를 표본추출하여 조사하는 것이다.
   ㉡ 전수조사는 표본조사에 비해 표본오차가 없다는 장점이 있지만 조사대상 상권의 규모가 클수록 시간과 비용이 많이 소요되므로 모집단이 아주 작은 경우 이외에는 실시할 수 없다.

② 자료조사와 실지조사
   ㉠ 자료조사 : 저렴한 비용으로 필요 정보를 효율적이고 신속하게 구할 수 있도록 자료에 대한 신뢰성을 확보하는 것이 좋다.
   ㉡ 실지조사 : 점두조사, 호별방문조사, 경쟁점조사 등과 같이 상권의 파악 및 도로구조와 지역특성을 분석하는 경우가 많으며, 대부분은 입지조건 분석을 위해 행한다.

(4) 상권분석의 개념

① 상권분석(trade area analysis)은 점포의 수익성을 극대화할 수 있는 가장 유망한 입지(location)를 선정하기 위하여 선행하는 과정으로서, 상권조사를 통해 수집한 자료 및 정보를 분석하는 일련의 절차를 의미한다.
② 상권분석은 일반적으로 기존점포에 대한 상권분석과 신규점포에 대한 상권분석으로 구분하여 실행한다. 기존점포에 대한 상권분석이 신규점포에 대한 상권분석보다 더욱 상세하며 보다 정확하게 분석될 수 있다.

(5) 상권분석의 방법

① 기존점포에 대한 상권분석
   ㉠ 기존점포의 상권은 점포 내부자료와 기타 다른 목적으로 수행된 조사자료 등의 기업 내 2차 자료를 이용하여 측정할 수 있다.
   ㉡ 1차 상권, 2차 상권 및 한계상권은 특정구역 내 고객들의 자사점포에서의 상품구입 빈도, 고객의 평균 구매량(액) 등 2차 자료에 근거하여 추정될 수 있다.
   ㉢ 또한 기업은 1차 자료(primary data)의 수집을 통해 상권규모를 결정할 수 있다. 기업은 차량조사법이나 소비자조사법, 마일리지 고객주소 활용법 등을 이용하여 상권의 범위를 정할 수 있다.
   ㉣ 어떤 분석방법을 사용하든, 제조업자와 도소매업자는 특정지역의 상권규모가 시간대에 따라 변할 수도 있음에 유의해야 한다.

② 신규점포에 대한 상권분석
　㉠ 신규점포에 대한 상권분석 내용 : 신규점포에 대한 상권분석은 상권 내 제반 입지특성, 소비자의 특성, 경쟁구조를 분석한다.
　㉡ 신규점포에 대한 상권분석 방법
　　ⓐ 서술적 방법 : 체크리스트법, 유추법, 현지조사법, 비율법 등
　　ⓑ 규범적 모형 : 중심지이론, 소매중력법칙 등
　　ⓒ 확률적 모형 : 허프 모형, 루스 모형, MNL 모형, MCI 모형 등

(6) GIS를 이용한 상권분석
① **GIS의 의의**
　㉠ GIS(Geographic Information System), 즉 지리정보시스템은 과거 인쇄물 형태로 이용하던 지도 및 지리정보를 컴퓨터를 이용해 작성·관리하고, 여기서 얻은 지리정보를 기초로 데이터를 수집·분석·가공하여 상권분석 등 지형과 관련되는 모든 분야에 적용하기 위해 설계된 종합 정보시스템을 말한다.
　㉡ GIS는 여러 겹의 지도 레이어를 활용하여 상권의 중첩(overlay)을 표현할 수 있다. 지도 레이어는 점, 선, 면을 포함하는 개별 지도형상(map features)으로 주제도를 표현할 수 있다.
　㉢ 점포의 고객을 대상으로 gCRM을 실현하기 위한 기본적 틀을 제공할 수 있다. gCRM이란 GIS와 CRM의 결합으로 지리정보시스템(GIS) 기술을 활용한 고객관계관리(CRM) 기술을 가리킨다.

② **GIS의 활용**
　㉠ 소상공인 상권정보시스템(sg.smba.go.kr) : 중소벤처기업부가 주관하여 BC카드와 소상공인시장진흥공단이 협업하여 만든 것으로 시·군·구별 상권분석, 업종밀집지역과 매출통계, 임대시세통계, 지역별 권리금·보증금, 점포과밀정도, 점포이력관리 등의 서비스를 제공하고 있다.
　㉡ 우리마을가게 상권분석 서비스(golmok.seoul.go.kr) : 서울특별시가 영세상인이나 예비창업자 등 실세사용자의 편의를 고려하여 만든, GIS를 기반으로 운영되는 상권정보 및 상권분석 시스템이다.

③ **상권분석 기능**
　㉠ GIS는 고객의 인구통계정보, 구매행동 등을 포함하는 지리적 데이터베이스로 표적고객집단을 파악하고 상권의 경계선을 추정하는데 사용할 수 있다.
　㉡ 컴퓨터를 이용한 지도작성(mapping) 체계와 데이터베이스 관리시스템(DBMS)의 결합을 통해 공간데이터의 수집, 생성, 저장, 분석, 검색, 표현 등의 다양한 기능을 기반으로 상권분석에 활용되고 있다.
　㉢ 주제도작성, 공간조회, 버퍼링(buffering)을 통해 효과적인 상권분석이 가능하다.

2 상권·입지분석의 제이론

(1) 서술적 방법에 의한 상권분석

① **체크리스트법**

㉠ 체크리스트법의 의의

ⓐ 체크리스트법(checklist)은 상권의 규모에 영향을 미치는 요인들을 수집하여 이들에 대한 평가를 통해 시장잠재력을 측정하는 방법이다. 즉, 특정 상권의 제반특성을 여러 항목으로 구분하여 조사하고, 이를 바탕으로 신규점포의 개설가능성 여부를 평가하는 방법이다. 상권분석의 결과는 신규점포의 개설은 물론 마케팅 전략에도 반영된다.

ⓑ 상권의 범위에 영향을 미치는 요인을 크게 상권 내의 제반입지의 특성, 상권의 고객 특성, 상권의 경쟁구조로 구분하여 분석한다.

㉡ 체크리스트법의 조사내용

상권 내 입지의 특성에 대한 평가	• 상권 내의 행정구역 상황 및 행정 구역별 인구 통계적 특성 • 상권 내 도로 및 교통 특성 • 상권 내 도시계획 및 법적·행정적 특기 사항 • 상권 내 산업구조 및 소매시설 변화패턴 • 상권 내 대형 건축물 및 교통유발시설
상권 내 고객들의 특성에 대한 분석	• 배후상권고객 : 상권 내 거주하는 가구수 또는 인구수로 파악 • 직장(학생)고객 : 점포 주변에 근무하는 직장인(학생) 고객의 수로써 파악 • 유동고객 : 기타의 목적으로 점포 주변을 왕래하는 중 흡인되는 고객
상권의 경쟁구조의 분석	• 현재 그 상권에서 영업하고 있는 경쟁업체 분석 • 현재는 그 상권에서 영업하고 있지는 않지만, 앞으로 점포개설을 준비하는 업체도 경쟁업체로 분석

㉢ 체크리스트법의 장·단점

ⓐ 이해하기 쉽고 사용하기가 용이하며, 비용이 상대적으로 적게 든다는 장점이 있다. 또한 체크리스트를 수정할 수 있는 유연성이 있다.

ⓑ 그러나 체크리스트를 작성하고 변수를 선정하는 과정, 변수를 해석하는 과정에서 조사자의 주관성이 개입될 수 있다는 문제점이 있다.

② **유추법**

㉠ 유추법의 의의

ⓐ 새로운 점포가 위치할 지역에 대한 판매예측에 많이 활용되는 방법들 중의 하나가 애플바움(W. Applebaum)이 개발한 유추법(analog method)이다.

ⓑ 유추법은 자사의 신규점포와 특성이 비슷한 유사점포를 선정하여, 그 점포의 상권범위를 추정한 결과를 자사의 신규점포에 적용하여 신규입지에서의 매출액(상권규모)을 측정하는데 이용하는 방법이다.

ⓒ CST map 기법
　ⓐ 유추법에서 상권규모는, 자사점포를 이용하는 고객들의 거주지를 지도상에 표시한 후 자사점포를 중심으로 서로 다른 거리의 동심원을 그림으로써 시각적으로 파악할 수 있다. 이러한 상권규모의 측정방법을 CST(Customer Spotting Technique) map 기법이라고 한다.

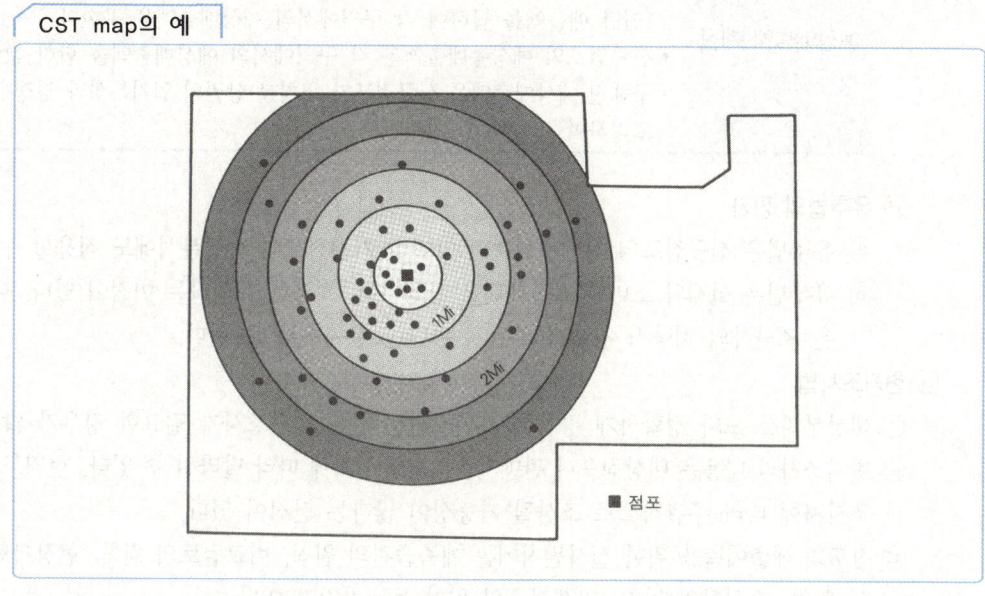

CST map의 예

　ⓑ CST map 기법은 1차 자료와 2차 자료를 이용하여 고객의 거주지역 분포를 파악하는 방법으로, 이미 존재하고 있는 2차 자료보다는 현재의 과제를 해결하기 위해 수집한 1차 자료를 이용하는 경우에 정확도가 높다.
　ⓒ 자료는 내점객을 상대로 설문조사를 하거나 고객충성도 프로그램을 이용하여 수집한 2차 자료를 사용할 수 있고, 표본수가 클수록 객관적인 결론을 도출할 수 있다.
　ⓓ CST map 기법은 상권의 규모 파악, 고객의 특성 조사, 광고 및 판촉전략 수립, 경쟁정도의 측정, 점포의 확장계획 등 소매정책의 수립에 유용하게 이용할 수 있다.
ⓒ 유추법에 의한 상권분석 절차 : 유추법에 의한 상권분석 절차는 자사(신규)점포의 입지조건 파악 → 유사점포 선정 → 출점예상 상권을 소규모 구역(zone)으로 구분 → 신규점포의 각 구역(zone)별 예상매출액 분석 → 신규점포의 예상총매출액 추정이다.

유사점포 선정	신규점포와 점포특성, 고객의 쇼핑 패턴, 고객의 사회적·경제적 인구 통계적 특성에서 유사한 기존점포(유사점포, analog store)를 선정한다.
유사점포의 상권범위 결정	• 유사점포의 상권범위는 1차 상권과 2차 상권을 나누어 그 범위를 설정한다. • 유사점포의 상권규모(trade area boundary)는 유사점포를 이용하는 소비자와의 면접이나 실사를 통하여 수집된 자료를 토대로 추정한다.

구역의 1인당 매출액 계산	• 전체 상권을 단위거리(예컨대 반경 1km, 2km 등)에 따라 소규모 구역(zone)으로 나눈다. • 각 구역 내에서 유사점포가 벌어들이는 매출액을 그 구역 내의 인구수로 나누어 각 구역 내에서의 1인당 매출액을 구한다.
예상매출액 계산	• 신규점포가 들어서려는 지역의 상권의 크기 및 특성이 유사점포의 상권과 동일하다고 가정하고, 예정 상권 입지 내 각 구역의 인구수에 유사점포의 1인당 매출액을 곱하여 각 구역에서의 예상매출액을 구한다. • 신규점포의 예상총매출액은 각 구역에서의 예상매출액을 합한 값이다. • 구해진 예상매출액은 신규점포가 위치할 상권의 입지특성과 경쟁수준을 고려하여 조정한 후 확정한다.

  ㄹ 유추법의 평가
    ⓐ 유추법은 신규점포의 상권분석뿐만 아니라 기존점포의 상권분석에도 적용할 수 있다.
    ⓑ 유추법은 실제의 소비자 쇼핑패턴을 반영하며, 적용하기 쉽다는 이점이 있다. 이 방법은 조사자의 계량적 경험과 주관적 판단을 함께 필요로 한다.

③ 현지조사법
  ㉠ 대상부지를 보다 정확하게 평가하기 위해서는 현지 실사조사가 필요한 경우가 많다.
  ㉡ 현지조사의 내용은 대상점포나 판매제품, 조사 성격에 따라 달라질 수 있다. 현지조사법은 조사자에 따라 주관적으로 조사될 가능성이 많다는 단점이 있다.
  ㉢ 점포의 매출예측을 위한 실사원칙에는 예측습관의 원칙, 비교검토의 원칙, 현장확인 우선의 원칙, 수치화의 원칙, 가설검증의 원칙 등 5가지가 있다.

④ 비율법
  ㉠ 비율법은 몇 가지 비율을 사용하여 적정부지를 선정하거나 주어진 부지를 평가한다.
  ㉡ 상권분석에 흔히 사용되는 비율로는 지역비율과 상권비율이 있다. 지역비율은 입지가능성이 큰 지역이나 도시를 선정하는 데 사용되며, 상권비율은 주어진 점포에 대한 가능매상고를 산정하는 데 주로 사용된다.
  ㉢ 비율법의 가장 큰 장점은 간단하다는 것이며, 비율법에 사용되는 자료는 손쉽게 구할 수 있고, 분석비용도 다른 어떤 것보다 저렴하다.
  ㉣ 상권확정에 분석자의 주관성이 많이 개입되며, 가능매상고에 대한 예측력이 떨어진다는 단점이 있다.

> **지식+톡톡** 신규점포의 예상매출액 추계 : 시장점유율법
>
> 1. 시장점유율법(market share approach)은 신규점포의 매출을 예측하는 방법의 하나이다. 시장점유율은 시장의 총잠재매출액 중에서 차지하는 특정점포의 매출액 비율이다.
>   시장점유율 = 점포의 가구당 매출액/가구당 잠재매출액으로 계산된다.
> 2. 시장점유율법에서 상권 내 업태의 연 매출액 추정을 위해 필요한 요소는 상권 내 특정업태 혹은 점포에서의 소비(지출)액 비율, 가구당 연 소득금액 중 특정상품에 대한 소비(지출)액 비율, 가구당 평균 소득액 등이다.
> 3. 그 절차는, 업태의 상권을 추정하여 상권 내 인구수를 파악한 다음 1인당 소비액을 추정하고, 인구수와 1인당 소비액을 곱하여 총 시장 잠재력을 구한 다음 상권 내의 총면적 대비 신규점포의 비율을 구한다.

(2) 규범적 모형에 의한 상권분석

① 중심지 이론

㉠ 중심지 이론의 의의

ⓐ 크리스탈러(Walter Christaller)의 중심지 이론(central place theory)은 한 지역 내의 생활거주지(취락)의 입지 및 수적 분포, 취락들 간의 거리관계와 같은 공간구조를 중심지 개념에 의해 설명하려는 이론이다.

ⓑ 중심지 이론에 의하면 한 도시(지역)의 중심지 기능의 수행정도는 일반적으로 그 도시(지역)의 인구규모에 비례하며, 중심도시(지역)를 둘러싼 배후상권의 규모도 도시(지역)의 규모에 비례하여 커진다.

ⓒ 여기서 중심지(central place)는 배후지역에 대해 다양한 상품과 서비스를 제공하고 교환의 편의를 도모해 주는 장소를 말하며, 일반적으로 모든 도시는 중심지 기능을 수행한다. 중심지 기능이란 도시의 여러 기능 중 도소매업, 교통, 행정, 기타 서비스업 등의 3차 산업의 기능을 말한다.

ⓓ 중심지 이론의 핵심은 한 도시 내의 상업 중심지가 포괄하는 상권의 규모는 도시의 인구규모에 비례하여 커진다는 것이다.

㉡ 중심지 이론의 특징

ⓐ 크리스탈러(W. Christaller)의 중심지 이론은 도시의 분포와 기능에 대한 이론으로, 독일 남부지역의 도시를 대상으로 실증분석한 결과를 기초로 성립되었다.

ⓑ 크리스탈러는 중심성의 크고 작음에 따라 도시를 상하 계층으로 나누고, 이들 중심지의 기능 및 중심성의 문제에 대하여 이론적 체계를 세웠다.

ⓒ 여기에서 말하는 중심지란 그 주변지역에 재화나 서비스를 공급하는 중심기능을 갖는 장소이다. 중심지는 그 기능이 넓은 지역에 미치는 고차 중심지로부터 그보다 작은 기능만 갖는 저차 중심지까지 여러 가지 계층으로 나뉘는데, 이와 같이 상대적인 의미에 있어서 도시의 기능 정도를 중심성이라 부른다.

ⓓ 공급의 합리성만을 추구하는 경우, 중심지와 교통로·행정구획과의 관계가 합리적이지 못할 수 있으므로 공급원리와는 별도로 교통원리·행정원리에 근거한 중심지 시스템 모델을 추구하였다.

ⓒ 중심지 이론의 기본전제
ⓐ 지표공간은 균질적 표면(isotropic surface)으로 되어 있고, 한 지역 내의 교통수단은 오직 하나이며, 운송비는 거리에 비례한다.
ⓑ 인구는 공간상에 균일하게 분포되어 있고, 주민의 구매력과 소비행태는 동일하다.
ⓒ 인간은 합리적인 사고에 따라 의사결정을 하며, 최소의 비용과 최대의 이익을 추구하는 경제인(economic man)이다.

ⓔ 중심지 이론의 주요내용
ⓐ 이 이론에 의하면 상업 중심지(central place)로부터 중심지 기능(또는 상업 서비스 기능)을 제공받을 수 있는 가장 이상적인 배후상권의 모양은 정육각형이며, 정육각형의 형상을 가진 배후상권은 중심지 기능의 최대 도달거리(the range of goods and services)와 최소수요 충족거리(threshold size)가 일치하는 공간구조이다.
ⓑ 중심지 이론의 핵심적인 개념은 중심지, 중심지 기능의 최대 도달거리(range), 최소수요 충족거리(threshold), 육각형 형태의 배후지 모양, 중심지 계층 등이다.
ⓒ 중심지 기능의 최대 도달거리(range)란 중심지가 수행하는 상업적 기능이 배후지에 제공될 수 있는 최대(한계)거리를 말한다. 즉, 배후지에 거주하는 소비자가 상품을 구매하기 위해 중심지까지 움직이는 최대거리를 의미한다.

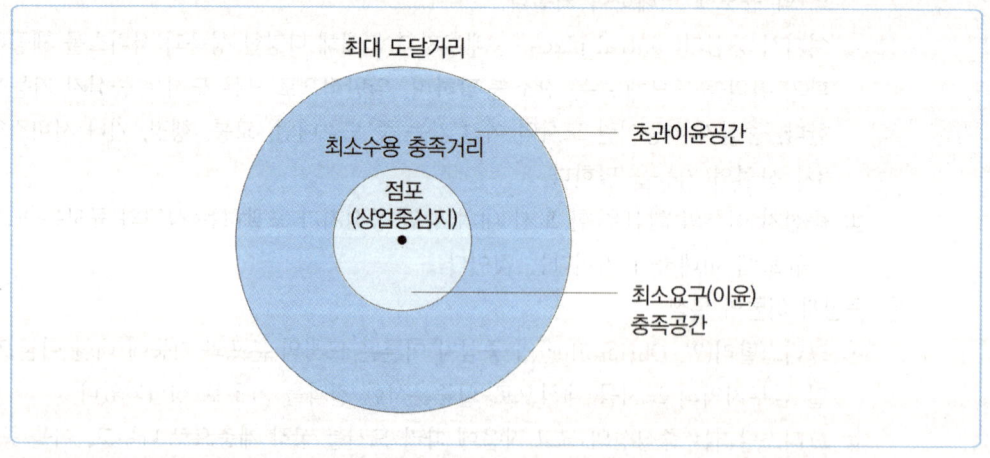

ⓓ 상업 중심지의 계속적인 존립을 위해 최소한의 정상이윤이 확보되어야 하며, 이를 위해 일정 지역범위 내의 소비자들로부터 최소한의 수요가 발생되어야 한다.
ⓔ 상업 중심지의 정상이윤 확보에 필요한 최소한의 수요를 발생시키는 상권범위를 최소수요 충족거리(threshold)라고 한다. 결국 최소수요 충족거리는 (상업)중심지의 존립에 필요한 최소한의 고객이 확보된 배후지의 범위를 말한다.

ⓕ 크리스탈러는 중심지의 최대 도달거리가 최소수요 충족거리보다 커야 상업시설이 입지할 수 있다고 주장하였다.
ⓖ 동일 계층의 중심지가 하나라면 배후지의 형태는 원형이고, 최소수요 충족거리와 재화의 최대 도달거리가 일치한다. 그러나 동일 계층의 중심지가 다수 분포할 경우 이상적인 배후지는 정육각형의 형태이고, 최대 도달거리가 최소수요 충족거리보다 클 경우 중심지가 형성된다고 주장하였다.
ⓗ 중심지 이론에 의하면 한 지역 내 거주자들이 모든 상업 중심지로부터 중심지 기능(최적 구입가격으로 상품을 구입하는 것)을 제공받을 수 있고, 상업 중심지들 간에 안정적인 시장균형을 얻을 수 있는 이상적인 상권모형은 원형 대신에 정육각형의 형상을 가질 때이다. 정육각형의 상권모형에서는 최대 도달거리와 최소수요 충족거리가 일치한다.
ⓘ 중심지 이론에서 다루는 중요 개념의 하나로 중심지 계층의 포함원리(또는 포섭원리)라는 것이 있는데, 이는 고차 중심지의 육각형의 상권 안에 차수가 작은 중심지들의 배후상권이 어떻게 분할·포함되는지를 설명한다.

② **소매인력법칙**
  ㉠ 레일리의 소매인력법칙
    ⓐ 윌리엄 레일리(W. Reilly)의 소매인력법칙(the law of retail gravitation)은 점포들의 밀집도가 점포의 매력도를 증가시키는 경향이 있음을 나타내는 법칙으로, 이웃 도시들 간의 상권 경계를 결정하는 데 주로 이용한다.
    ⓑ 소매인력법칙에 의하면 이웃한 두 경쟁도시가 그 중간에 위치한 소도시의 거주자들을 끌어들일 수 있는 상권 규모(proportion of retail trade)는 인구에 비례하고, 각 도시와 중간도시 간의 거리에 제곱에 반비례한다.
    ⓒ 두 도시(A, B)의 크기(인구)를 P_A와 P_B, 중간에 위치한 소도시로부터 두 도시까지의 거리를 D_A와 D_B라고 하면 상권의 경계는 다음의 식으로 구할 수 있다.

$$\frac{R_B}{R_A} = \frac{P_B}{P_A} \times \left(\frac{D_A}{D_B}\right)^2$$

    ⓓ 레일리의 법칙에 의하면 보다 많은 인구를 가진 도시는 그 지역에 보다 많은 점포(상품 구색)들이 위치하고, 따라서 더 많은 쇼핑기회를 제공할 가능성이 많으므로, 원거리에 위치한 고객들이 기꺼이 쇼핑하러 찾아온다는 것이다.
  ㉡ 소매인력법칙의 한계
    ⓐ 특정 상업지구까지의 거리는 주요 도로를 사용하여 측정되나, 소비자들이 샛길이나 간선도로를 이용할 경우에 거리는 보다 길지만 여행시간이 짧게 걸릴 수 있으므로 상업지구까지의 거리보다 여행시간이 보다 나은 척도가 될 수 있다.
    ⓑ 실제거리는 소비자가 생각하는 거리와 일치하지 않을 수도 있지만 이를 고려하지 않고 있다.

> **예제풀이**
>
> A도시의 인구는 20만 명, B도시의 인구는 40만 명, 중간에 위치한 C도시의 인구는 6만 명이다. A도시와 C도시의 거리는 5km, C도시와 B도시의 거리는 10km인 경우 레일리(J. W. Reilly)의 소매인력 이론에 의하면 C도시의 인구 중에서 몇 명이 A도시로 흡수되는가?
>
> **해설&정답** 레일리(J. W. Reilly)의 소매인력(중력)법칙의 요점은 두 도시 간 상거래의 흡인력은 두 도시의 크기(인구 또는 상점 수)에 비례하고, 두 도시 간의 거리의 제곱에 반비례한다는 이론이다. 따라서 A도시와 B도시의 흡인력은 20만 명/5^2 = 0.8 대 40만 명/10^2 = 0.4이다.
> 즉, 2 대 1이므로 6만 명 중 4만 명은 A도시로, 2만 명은 B도시로 흡수된다.

ⓒ 컨버스의 수정 소매인력의 법칙

ⓐ 컨버스(Paul D. Converse)는 레일리의 소매인력법칙을 수정하여, 두 도시 사이의 거래가 분기되는 중간지점의 정확한 위치를 결정하기 위해 거리가 멀어짐에 따라 구매이동이 줄어드는 현상을 거리-감소함수로 파악하여 거리와 구매빈도 사이의 관계를 역의 지수함수의 관계로 도출하였다.

ⓑ 컨버스의 제1법칙은 경쟁도시인 A와 B에 대해서 어느 도시로 소비자가 상품을 구매하러 갈 것인가에 대한 상권분기점을 찾아내는 것이다. 이것은 주로 선매품과 전문품에 적용되는 모델이다.

$$D_A = \frac{D_{AB}}{1 + \sqrt{\frac{P_B}{P_A}}} \text{ 또는 } D_B = \frac{D_{AB}}{1 + \sqrt{\frac{P_A}{P_B}}}$$

ⓒ 컨버스의 제2법칙은 소비자가 소매점포에서 지출하는 금액이 거주도시와 경쟁도시 중 어느 지역으로 얼마나 흡수되는가에 대한 것으로 중소도시의 소비자가 선매품을 구입하는데 있어 인근 대도시로 얼마나 유출되는지를 설명해 주는 이론이다.

> **예제풀이**
>
> 민주는 서울시(인구 1,000만 명)와 인천시(인구 250만 명) 사이에 있는 부천시에 살고 있다. 민주가 살고 있는 집은 서울시에서 24km, 인천시에서는 12km 떨어진 곳에 위치해 있다. Converse의 수정소매인력법칙을 적용하여 민주의 쇼핑행동을 설명하면? (서울시와 인천시 인구는 계산편의를 위해 사용된 가상수치임)
>
> **해설&정답** 컨버스는 레일리(William J. Reilly)의 소매인력법칙을 수정하여 두 도시 또는 두 지역 간 상권의 분기점을 계산할 수 있는 분기점 공식을 제시하였다.
>
> 도시 B의 상권의 한계점 $D(B) = \dfrac{d}{1+\sqrt{\dfrac{P(A)}{P(B)}}}$ 이다. 여기서 d는 두 도시 간의 거리, P(A)와 P(B)는 두 도시의 인구이다. 주어진 자료를 식에 대입하면 $D(B) = \dfrac{36km}{1+\sqrt{\dfrac{250}{1,000}}} = 24km$이다. 즉, 상권의 경계는 서울시로부터 24km 떨어진 곳이므로 민주는 두 상권의 분기점에 위치하고 있다. 따라서 민주는 두 도시를 무차별적으로 선택할 수 있는 경계지역에 있다.

(3) 확률적 모형에 의한 상권분석

① 확률적 모형의 의의와 특징

㉠ 확률적 모형의 의의

ⓐ 신규점포의 매출액 및 상권범위를 예측하고 점포의 성과(매출액)와 이에 영향을 미치는 소매환경변수 간의 관계를 평가하는데 있어 확률적 모형을 많이 이용한다.

ⓑ 확률적 모형(stochastic model)은 해당상권 내의 경쟁점포들에 대한 소비자의 지출패턴이나 소비자의 쇼핑여행패턴을 반영하여 특정점포의 매출액과 상권규모의 보다 정확한 예측을 가능하게 한다.

㉡ 확률적 모형의 특징

ⓐ 확률적 모형의 출발점은 한 상권 내에서 특정점포가 끌어들일 수 있는 소비자의 점유율은 점포까지의 방문거리에 반비례하고 해당점포의 매력도(attraction)에 비례한다는 가정으로, 레일리의 법칙과 유사하지만 확률적 모형에서는 상권의 크기를 결정하는데 있어서 소비자의 행동을 고려한다는 점에서 차이가 있다.

ⓑ 즉, 확률적 모형은 소비자가 상권 내의 여러 점포들 중 한 점포를 선택하는데 있어 점포까지의 거리 또는 접근가능성과 그 점포의 매력도를 비교·평가하는 과정을 모형에 반영하여, 이들 간의 관계를 실증분석을 통해 확인할 수 있도록 한다.

㉢ 확률적 모형의 근거와 공통점

ⓐ 확률적 점포선택 모형은 루스(R. D. Luce)의 선택공리(Luce choice axiom)에 이론적 근거를 두고 개발된 것이다. 루스 모델은 어떤 소비자가 점포 j를 선택할 확률은 그가 고려하는 점포대안들의 개별효용의 총합에 대한 점포 j의 효용의 비율에 의해서 결정된다는 것이다.

ⓑ 확률적 점포선택 모형에는 루스 모형, 허프 모형 및 MNL 모형 등 여러 가지가 있는데 이들 모형은 소비자의 점포선택이 결정적(deterministic)이 아니라 확률적(stochastic)인 현상으로 보고 있다는 점에서 공통점이 있다.

② 허프의 확률모형
㉠ 허프 모형의 의의
ⓐ 데이빗 허프(David Huff)의 모형은 소비자들의 점포선택과 소매상권의 크기를 예측하는데 널리 이용되어 온 확률적 점포선택 모형이다.
ⓑ 레일리나 컨버스의 이론, 즉 상권경계선 모델은 지역이나 도시의 고객흡인력이 각각의 지역의 인구 규모에 의해 결정되는 것으로 하는 경험법칙이었으나, 허프는 도시 내 소비자의 공간적 수요이동과 각 상업 중심지가 포괄하는 상권의 크기를 측정하기 위해 거리 변수 대신에, 거주지에서 점포까지의 교통시간을 이용하여 모형을 전개하였다.

㉡ 허프 모형의 가정
ⓐ 소비자의 특정점포에 대한 효용은 점포의 크기와 점포까지의 거리(또는 시간)에 좌우, 즉 소비자의 점포에 대한 효용은 점포의 매장이 크면 클수록 증가하고, 점포까지의 거리는 멀수록(또는 시간이 많이 걸릴수록) 감소한다는 것이다(허프의 모형에서는 점포의 규모, 점포까지의 거리와 시간이 소비자들의 점포선택에 영향을 미치는 주요 요인이다).
ⓑ 루스의 모형에 따라 특정점포에 대한 선택확률은, 소비자가 방문을 고려하는 대안점포들의 효용의 총합에 대한 해당점포의 효용의 비율로 표시된다.

예제풀이

A도시의 i존에 거주하는 주민이 선택대안으로 검토하는 쇼핑시설은 다음과 같다. i존에서 거주하는 주민들이 c쇼핑센터에서 지출할 것으로 예상되는 월간 의류구매액을 Huff모델을 적용하여 계산하면 얼마인가? (단, i존의 인구는 1,000가구이고, 해당상품은 의류이며, 가구당 월평균 의류비 지출은 120,000원이다. 모수값은 점포규모에 비례하고, 거리의 제곱에 반비례한다)

쇼핑센터명	쇼핑센터 규모	거리
a쇼핑센터	250,000평방미터	5km
b쇼핑센터	90,000평방미터	3km
c쇼핑센터	360,000평방미터	6km

해설&정답

a쇼핑센터	250,000평방미터	5km
b쇼핑센터	90,000평방미터	3km
c쇼핑센터	360,000평방미터	6km

이 지역의 총예상매출액 = 1,000가구 × 120,000원 = 120,000천원이다. 그리고 쇼핑센터 a의 효용은 $25/5^2 = 1$, 쇼핑센터 b의 효용 = $9/3^2 = 1$, 쇼핑센터 c의 효용 = $36/6^2 = 1$이다. 세 쇼핑센터에서의 구매확률은 모두 동일하다. 따라서 쇼핑센터 c에서의 구매확률은 1/3이다.
따라서 c쇼핑센터의 예상매출액 = 120,000천원/3 = 40,000천원이다.

ⓒ 허프 모형의 주요 내용
  ⓐ 소비자는 지역 내의 여러 상업 집적이 자신에게 제공하는 효용이 상대적으로 큰 것을 비교하여 점포를 선택하는 것에 대해, '효용의 상대적 크기를 상업집적의 면적규모와 소비자의 거주지로부터의 거리에 따라 결정되는 것'으로 전제하여 모델을 작성하였다. 다시 말하면 거리가 가깝고 매장면적이 큰 점포가 큰 효용을 준다는 것이다.
  ⓑ 허프의 모형을 통해 상업시설 간 경쟁구조의 파악이 가능하고, 최적의 상업시설 또는 최적의 매장면적에 대한 유추가 가능하다.

예제풀이

일반적으로 소비자가 특정 소매점포에서 구매할 가능성은 점포의 매장면적이 커질수록 높아지고(비례), 점포까지의 거리가 멀수록 낮아진다고 한다(반비례). 미나가 사는 지역에는 A, B, C 세 개의 쇼핑센터가 있다. 미나네 집에서 A, B, C 쇼핑센터까지는 각각 1km, 2km, 2km 떨어져 있고, 쇼핑센터의 매장면적은 각각 $1,000m^2$, $2,000m^2$, $4,000m^2$이다. Huff의 모형을 고려한다면 미나가 각 쇼핑센터를 이용할 확률은? (면적과 거리의 모수는 절대값으로 각 1의 값을 가진다)

해설&정답 쇼핑센터 A의 효용은 $1,000/1^1 = 1,000$, 쇼핑센터 B의 효용 = $2,000/2^1 = 1,000$, 쇼핑센터 C의 효용 = $4,000/2^1 = 2,000$이다. 따라서 A쇼핑센터에서의 구매확률 = $1,000/4,000 = 0.25$이고, B쇼핑센터에서의 구매확률 $1,000/4,000 = 0.25$이다. 그리고 C쇼핑센터에서의 구매확률 = $2,000/4,000 = 0.5$이다.

ⓔ 예상매출액의 추정절차

허프의 모형은 신규점포의 예상매출액 추정에 널리 활용되는 기법이다. 예상매출액을 추정하는 절차는 다음과 같다.
  ⓐ 신규점포를 포함하여 분석대상지역 내의 점포 수와 규모를 파악하고, 분석대상 지역을 몇 개의 구역으로 나눈 다음 각 구역의 중심지에서 개별점포까지의 거리를 구한다.
  ⓑ 각 구역별로 허프 모형의 공식을 활용하여 점포별 이용확률을 계산하고, 각 구역별 소매 지출액에 신규점의 이용 확률을 곱하여 구역별로 신규점의 예상매출액을 구하고 이를 합산한다.
  ⓒ 이 모형에서 신규점포의 예상매출액 = 특정지역의 잠재수요의 총합 × 특정지역으로부터 계획지로의 흡인율이다. 또한 허프의 모형에서 지역별 또는 상품의 잠재수요 = 지역별 인구 또는 세대수 × 업종별 또는 점포별 지출액으로 구할 수 있다.

ⓜ 허프 모형의 평가
  ⓐ 허프 모형은 특정 점포의 매력도(attraction)를 점포의 크기만으로 측정하는 데 문제가 있다. 즉, 허프 모형은 점포매력도가 점포 크기 이외에 취급상품의 가격, 판매원의 서비스 등 다른 요인들로부터 영향을 받을 수 있다는 점을 고려하지 않는다.

ⓑ 이에 따라 허프 이후의 수정 모형들은 점포 크기 이외에 점포의 이미지 관련 변수, 대중 교통 수단의 이용 가능성 등 점포 매력도에 영향을 미치는 여러 변수들을 추가하여 예측력을 개선하고 있다.
　　ⓒ 수정 허프 모형은 일본의 통산성이 고안하여 상업 조정에 실제로 이용되고 있는데 이는 '소비자가 어느 상업지에서 구매하는 확률은 그 상업 집적의 매장면적에 비례하고 그곳에 도달하는 거리의 제곱에 반비례한다'는 것을 공식화한 것이다.

> **지식+톡톡 점포의 매력도에 영향을 미치는 요인**
>
> - 점포의 규모는 점포의 상품 구색을 반영하는 지표가 되어 소비자의 점포 선택에 중요한 결정변수가 되고 있다.
> - 점포의 위치와 크기가 점포 선택에 있어 중요한 변수이지만 취급 상품의 특성에 따라 점포 위치와 크기의 중요성이 달라질 수 있다. 예를 들면, 식료품 등 일상적으로 구매되는 품목들의 경우에는 소비자의 거주지에서 가까운 점포일수록 그 점포가 선택될 확률이 높아진다.
> - 일용품을 주로 취급하는 점포들은 점포의 위치가 매우 중요한 요인이 된다. 즉, 고객이 접근하기 편리한 위치에 입지하는 것이 시장에서의 핵심적 성공 요인이다.
> - 가전상품이나 고급 의류와 같은 상품은 점포의 위치, 매장면적 등 점포 속성보다는 상표 이미지가 상품 선택에 보다 결정적인 역할을 하게 된다. 따라서 이러한 고관여 상품을 구매하는 소비자는 점포의 위치가 크게 중요하지 않으며, 자신이 선호하는 상표를 취급하는 점포를 방문하기 위해 기꺼이 멀리 가고자 한다.

③ MNL 모형
　㉠ MNL 모형의 의의
　　ⓐ 1980년대 이후 소비자의 점포선택행위와 특정점포의 시장점유율을 예측하는 데 많이 이용되고 있는 허프 모형 이외의 또 다른 확률적 선택모형이 MNL(Multi-Nomial Logit) 모형이다.
　　ⓑ MNL 모형은 루스(R. D. Luce)의 선택공리이론에 근거한 모델로, 소비자의 집합적 선택자료를 이용하여 공간 선택의 행동을 설명하려는 것이다.
　㉡ MNL 모형의 가정
　　ⓐ 가정 1 : 소비자의 특정점포 대안에 대한 효용은 결정적 요소(determinant point)와 무작위 요소(random component)로 구성된다. 결정적 요소는 관찰 가능한 점포 대안들의 점포 속성들 또는 소비자의 특성들의 영향을 반영하며, 무작위 요소는 결정적 요소에서 고려되지 않은 기타 변수들의 효과를 반영하는 부분이다.
　　ⓑ 가정 2 : 확률적 효용극대화이론(stochastic utility maximization)에 근거하여 소비자는 고려하고 있는 점포 대안들 중에서 가장 효용이 높은 점포를 선택한다. 이 이론에 의하면, 특정 점포대안이 선택될 확률은 그 대안이 가지는 효용이 다른 점포대안들보다 클 확률과 같다.
　　ⓒ 가정 3 : 무작위적 요소(즉 오차항)는 서로 독립적이다.

ⓒ MNL 모형의 주요내용
  ⓐ MNL 모형은 상권 내 소비자들의 각 점포에 대한 개별적인 쇼핑여행에 관한 관측자료를 이용하여 각 점포에 대한 선택확률의 예측은 물론, 각 점포의 시장점유율 및 상권의 크기를 추정할 수 있다.
  ⓑ 소비자의 점포선택행위는, 대체적 점포가 갖는 특성 중에서 소비자가 알고 있는 결정적 요소와 무작위적 요소에 대한 평가로 결정된다.

④ MCI 모형
  ㉠ 확률모형인 MCI(Multiplicative Competitive Interaction)모형은 허프(Huff)의 확률모형을 확장하여 점포의 다양한 매력을 고려한 모형이다.
  ㉡ 허프의 모형은 거리와 매장면적만을 고려하여 점포의 효용을 구하고 있지만, MCI 모형은 소비자들의 점포선택행위는 거리와 매장면적 이외에도 상품구색 효용, 판매원의 서비스 효용 등 여러 요인을 평가하여 결정한다고 하였다.

예제풀이

점포의 다양한 매력을 고려한 MCI(Multiplicative Competitive Interaction) 모형에서 상품구색 효용, 판매원의 서비스 효용, 상업시설까지의 거리 효용 등이 다음과 같을 때, B백화점을 찾을 확률은?

구 분		상품구색에 대한 효용치	판매원서비스에 대한 효용치	상업시설까지의 거리에 대한 효용치
A	할인점	2	5	10
B	백화점	5	4	5
C	상점가	5	5	6
D	쇼핑센터	10	5	3

해설&정답 확률적 모형의 하나인 MCI 모형에서는 상품구색에 대한 효용치와 판매원서비스에 대한 효용치, 거리에 대한 효용치를 곱한 값으로 확률을 계산한다. A할인점의 효용은 100, B백화점의 효용은 100, C상점가의 효용은 150, D쇼핑센터의 효용은 150이다.

따라서 B백화점을 찾을 확률 = $\dfrac{100}{100 + 100 + 150 + 150}$ = 20%이다.

3 상권설정의 의의와 방법

(1) 상권범위의 개념과 영향요인

① 상권범위의 개념
㉠ 상권의 범위(range of trading area)는 고정적인 것이 아니고 영위하고자 하는 영업의 종류, 사업장의 규모, 경영전략, 상권구분의 물리적 요소 등의 복합적 요인에 의해 변화한다.
㉡ 상권의 범위는 점포의 규모에 비례하여 커지는 것이 일반적이다. 즉, 대형 슈퍼마켓과 편의점의 상권을 비교해 보면 대형 슈퍼마켓을 찾는 고객의 상권이 더 크다. 따라서 다양한 상권의 영향요인을 고려하여 점포의 특정에 적합한 상권범위를 설정하여야 한다.

② 상권범위의 영향요인
㉠ 영업의 종류와 형태 : 업종에 따라 상권의 범위는 달라진다. 또 업태에 따라 편의점, 슈퍼마켓, 전문점, 백화점 등으로 구분하여 보면 상권의 범위가 다르게 형성된다.
㉡ 점포의 규모 : 동일한 업종에 종사하는 경우에도 점포의 규모에 따라, 또 시설의 고급화 정도에 따라 상권의 범위는 달라진다.
㉢ 경영전략 : 업종 및 시설조건이 동일하다고 하더라도 경영자의 경영자세 및 영업·판촉전략에 따라 상권은 크게 확장되기도 하고 축소되기도 한다.
㉣ 상권구분의 물리적 요소 : 산, 하천, 철도, 도로 등 자연지형물은 상권을 분할하는 대표적 요소이다. 학교, 공공건물, 운동장 등의 대형시설물은 상권을 분할시키는 요소이다. 도로망의 연계 상태, 도로의 폭 등의 도로상태는 상권에 큰 영향을 미친다.
㉤ 중심 방향 : 도심이나 역 등 사람들이 모여드는 방향이 어느 쪽이냐에 따라 상권의 범위는 다르게 형성된다. 일반적으로 중심 방향쪽으로는 상권이 좁고, 중심과 반대방향쪽으로는 상권이 넓다.

(2) 상권설정의 절차와 방법

① 상권설정의 절차
㉠ 1/10,000 또는 1/5,000 지도를 준비하여 계획지점을 마크한다.
㉡ 영위하고자 하는 사업의 업종과 업태를 고려하여 가상적인 기본상권의 반경범위를 그려 넣는다(원형).
㉢ 가상적인 기본상권의 범위가 그려진 상태에서 산, 하천, 철도, 도로, 대형 시설물 등 물리적으로 상권을 구분하는 요소들을 감안하여 현실적인 상권범위를 조정한다.
㉣ 조정된 상권에 경쟁점의 위치 및 영향권, 도로의 연계상황, 중심방향 등을 감안하여 더욱 현실적인 상권범위를 확정한다(아메바형).
㉤ 확정된 상권범위 내에 속하는 행정구역 단위의 인구수(세대수), 사업체수(종업원수), 산업통계지표 등의 자료를 입수하여 상권규모를 계량화한다.

② 상권설정의 방법

상권의 설정방법으로는 단순원형 상권설정법, 실사 상권설정법, 앙케이트를 이용한 상권설정법 및 고객리스트를 통한 상권설정법 등이 있다.

(3) 단순원형 상권설정법

단순원형 상권설정법은 단순하고 간편하게 상권을 설정할 수 있기 때문에 가장 많이 활용되는 상권설정 방법이다.

① 기본적인 흐름

기본 상권의 범위를 정해 상권 내의 인구를 산출하고, 상권인구를 기초로 예상매출액을 산출한다. 더 필요하다면 설정한 상권에서 경합 영향도를 계산한다.

② 고객분포 조사에 따른 기본상권범위

교외형 점포의 기본상권은 2~3km 정도로, 도시형 점포의 기본상권은 500m~1km 정도로 설정한다.

③ 상권인구 산출과 매출 예측

㉠ 점포를 중심으로 한 반경 500m의 원을 그린다. 점포를 중심으로 500m의 원을 그리는 이유는 드라이빙 데이터 베이스(driving data base)가 없기 때문이다.

㉡ 500m 내의 인구 데이터를 조사한다.

㉢ 500m 이내에 다른 구역의 경계선이 존재하면 면적배분을 해서 상권인구를 구한다.

㉣ 기존점포도 같은 조건으로 상권인구를 조사해 상권인구 1인당 매출액을 조사한다. 이 기존점포 자료를 기초로 신규 후보점포의 매출을 예측한다.

④ 경합 영향도의 산출

㉠ 기존점포 A와 신규점포 B를 중심으로 반경 500m의 원을 그린다.

㉡ 중복 부분의 인구를 구하고, 상권인구 전체에 대한 중복 부분의 인구비율을 산출한다.

㉢ 산출한 상권인구의 1.3배를 두 점포가 평균적으로 나눈다고 가정하여 절반 정도의 비율을 기존점포 A의 경합 영향도로 평가한다.

(4) 실사 상권설정법

① 실사에 의한 상권설정법은 실제 조사를 통해 고객의 범위를 파악하고 이를 기초로 상권을 설정하는 방법이다.

② 즉, 실사 상권설정법은 단순원형 상권설정법처럼 지도상에서 행해지는 것이 아니라 현장에 나가서 주변을 걸으며 본다든가, 승용차로 달려보면서 상권을 파악하는 방법이다.

(5) 기타의 상권설정법

① 앙케이트를 이용한 상권설정법

㉠ 앙케이트에 의한 상권설정법은 점포에 찾아온 고객에 대해 직접 물어보고 조사한 뒤 그 결과를 집계 분석하여 상권설정에 활용하는 방법이다.

ⓒ 그 과정을 크게 나누면 '응답표 작성 → 조사 준비 → 조사 실시 → 실제 고객지수의 산출 → 상권의 확정' 등 5단계로 구분되며, 이러한 일련의 조사를 판매 지역 조사법(SAS : Sales Area Survey)이라고 한다.

② **고객리스트를 통한 상권설정법**
　㉠ 고객리스트(customer list)에 의한 상권설정법은 상권설정을 위한 샘플 수집에 특정점포의 고객정보를 활용하는 방법이다.
　ⓒ 이 방법의 장점은 앙케이트 실시에 따르는 시간과 비용이 절감된다는 것이다. 반면 단점으로는 샘플의 신선도가 낮다는 점, 우리 점포의 고객 전체를 나타내는 샘플이 되기 어렵다는 점 등을 들 수 있다.

CHAPTER 01 실전감각 기르기

01 상권(trade area)에 대한 내용으로 올바르게 열거된 것은?

> ㉠ 한 점포가 고객을 흡인할 수 있는 지역의 한계범위(geographic area)를 지칭하는 말이다.
> ㉡ 지역상권(general trading area), 지구상권(district trading area), 개별점포상권(individual trading area) 등 계층적으로 분류될 수 있다.
> ㉢ 상권은 단순한 원형의 형태로만 구분하는 것이고, 아메바와 같이 정형화되지 않은 형태로 되는 경우는 없다고 본다.
> ㉣ 한 점포뿐만 아니라 점포집단이 고객을 유인할 수 있는 지역적 범위(geographic area)를 의미하기도 한다.
> ㉤ 전체 점포고객을 대상으로 상권에 포함할 수 있는 고객비율에 따라 1차, 2차, 한계상권으로 구분할 수 있다.
> ㉥ 고객밀도는 상권 내의 인구밀도와 밀접한 관련이 있어 새로 개발되는 신도시의 경우 인구밀도가 높아 기업에게 좋은 상권이 될 수 있다.

① ㉠, ㉡, ㉢, ㉣
② ㉡, ㉢, ㉣, ㉤
③ ㉠, ㉢, ㉤, ㉥
④ ㉢, ㉣, ㉤, ㉥
⑤ ㉡, ㉣, ㉤, ㉥

[해설] ㉠ 상권은 한 점포 또는 점포들의 집단이 고객을 흡인(또는 유인)할 수 있는 지역적 범위(geographic area)를 의미한다. 상권은 보통 두 가지 의미로 사용되는데, 하나는 한 점포가 고객을 흡인하거나 흡인할 수 있는 범위를 말하고, 다른 하나는 다수의 상업시설(복수의 점포나 시장 등)이 고객을 흡인하는 공간적 범위를 말한다.
㉢ 상권은 보통 원형으로 파악하지만 아메바 형태처럼 정형화되지 않은 경우도 있다.

Answer 01 ⑤

02 다음 중 상권설정 및 상권에 대한 설명으로 틀린 것은?

① 상권설정이란 상점으로부터 고객을 흡인하게 되는 지리적 영역인 상권의 범위가 어느 정도인지를 파악하는 것을 말한다.
② 판매권이란 소매점이 판매대상으로 삼고 있는 지역을 말한다.
③ 상세권이란 어느 특정상업집단(시장 혹은 상점가)의 상업세력이 미치는 범위를 말한다.
④ 거래권이란 소매업 등에서 사용하는 것으로 거래 상대방이 되는 고객의 소재지 위치라고 할 수 있다.
⑤ 상권은 주로 파는 쪽에서 본 것이기 때문에 소비자의 경우에는 생활권이라고 한다.

해설 상권의 유사개념으로 거래권, 판매권, 상세권 등이 사용된다. 여기서 거래권(trading area)은 상권과 같은 의미로 사용되는 개념이다. 즉, 소매업 등에서 사용하는 개념으로 거래 상대방이 되는 고객의 소재지 범위(위치가 아님)를 의미한다.

03 중심지체계나 주변환경 등에 의해 분류할 수 있는 상권의 유형에 대한 설명으로 가장 옳지 않은 것은?

① 도심상권은 중심업무지구(CBD)를 포함하며 상권의 범위가 넓고 소비자들의 평균 체류시간이 길다.
② 근린상권은 점포인근 거주자들이 주요 소비자로 생활 밀착형 업종의 점포들이 입지하는 경향이 있다.
③ 부도심상권은 간선도로의 결절점이나 역세권을 중심으로 형성되는 경우가 많으며 도시 전체의 소비자를 유인한다.
④ 역세권상권은 지하철이나 철도역을 중심으로 형성되며 지상과 지하의 입체적 상권으로 고밀도 개발이 이루어지는 경우가 많다.
⑤ 아파트상권은 고정고객의 비중이 높아 안정적인 수요확보가 가능하지만 외부와 단절되는 경우가 많아 외부고객을 유치하는 상권확대가능성이 낮은 편이다.

해설 ③ 부도심상권은 간선도로의 결절점이나 역세권을 중심으로 형성되는 경우가 많지만 도시 전체의 소비자를 유인하지는 못한다.

Answer 02 ④ 03 ③

04 아래 글상자는 입지의 유형을 점포를 이용하는 소비자의 이용목적에 따라 구분하거나 공간균배에 의해 구분할 때의 입지특성들이다. ㉠, ㉡, ㉢에 들어갈 용어를 순서대로 나열한 것으로 옳은 것은?

> • (㉠) : 고객이 구체적 구매의도와 계획을 가지고 방문하므로 단순히 유동인구에 의존하기보다는 상권 자체의 고객창출능력에 의해 고객이 유입되는 입지유형
> • (㉡) : 유사업종 또는 동일업종의 점포들이 한곳에 집단적으로 모여 집적효과 또는 시너지효과를 거두는 입지유형
> • (㉢) : 도시의 중심이나 배후지의 중심지 역할을 하는 곳에 점포가 위치하는 것이 유리한 입지유형

① ㉠ 생활형 입지, ㉡ 집심성 입지, ㉢ 집재성 입지
② ㉠ 적응형 입지, ㉡ 산재성 입지, ㉢ 집재성 입지
③ ㉠ 집심성 입지, ㉡ 생활형 입지, ㉢ 목적형 입지
④ ㉠ 목적형 입지, ㉡ 집재성 입지, ㉢ 집심성 입지
⑤ ㉠ 목적형 입지, ㉡ 집재성 입지, ㉢ 국지적 집중성 입지

[해설] ㉠ 예컨대 도심의 고급귀금속점처럼 고객이 구체적인 구매의도와 구매계획을 가지고 방문하는 입지유형은 목적형 입지이다. 목적형 입지는 단순히 유동인구에 의존하기보다는 상권 자체의 고객창출능력에 의해 고객이 유입되는 입지유형이다. ㉡은 집재성 입지, ㉢은 집심성 입지에 대한 설명이다.

[참고] 1. 입지는 주요 대상고객의 유형에 따라 유동인구 중심의 '적응형', 목적구매고객 중심의 '목적형', 주민 중심의 '생활형' 등으로 분류할 수 있다.
2. 입지를 공간균배의 원리에 따라 구분하면 집심성 입지, 집재성 입지, 산재성 입지 등으로 구분한다.

05 점포의 매출을 추정하기 위해서는 먼저 상권의 규모와 특성을 조사해야 한다. 다음 중 상권 내 소비자들에 대한 횡단조사를 통해 파악하기가 가장 어려운 상권 특성은?

① 상권의 쇠퇴 또는 팽창
② 세대의 수
③ 세대별 구성원 수
④ 연령별 인구구성
⑤ 가구별 소득 분포

[해설] 횡단조사(cross sectional survey)는 일정시점에서의 특성을 파악하는 조사이다. ① 상권의 쇠퇴 또는 팽창은 동일한 표본을 대상으로 일정기간 반복 조사를 통해 변화의 추이를 분석하는 종단조사(longitudinal survey)를 통해 파악할 수 있다.

Answer ▶ 04 ④ 05 ①

06 상권 내 소비자의 소비패턴이나 공간이용실태 등을 조사하기 위해 표본조사를 실시할 때 사용할 수 있는 비확률 표본추출방법에 해당하는 것으로 가장 옳은 것은?

① 층화표본추출법(stratified random sampling)
② 체계적 표본추출법(systematic sampling)
③ 단순무작위표본추출법(sample random sampling)
④ 할당표본추출법(quota sampling)
⑤ 군집표본추출법(cluster sampling)

해설 ① 층화표본추출법은 모집단을 내부적으로 동질적인 속성을 가지는 몇 개의 집단(층, stratum)으로 나누고, 이질적이고 배타적인 속성을 가지는 각 층에서 무작위로 표본을 추출하는 방식이다.
② 체계적 표본추출법은 고유한 번호를 가지는 표본들로 구성된 표본목록을 마련하고, 첫 번째 표준을 무작위로 선정한 후 k번째 표본들을 체계적(계통적, systematic)으로 추출하는 방식이다.
③ 단순무작위표본추출법은 고유한 번호를 가지는 표본들로 구성된 표본목록을 마련하고, 난수표(table of random number)를 이용하여 무작위로 표본을 추출하는 방식이다.
④ 할당표본추출법은 모집단을 내부적으로 유사한 속성을 가지는 몇 개의 집단으로 나누고, 각 집단의 구성비율을 고려하여 표본을 추출하는 방식이다.
⑤ 군집표본추출법은 모집단을 내부적으로 이질적인 속성을 가지는 몇 개의 집단(군집, cluster)으로 나누고, 동질적인 속성을 가지는 군집을 무작위로 선택한 후 그 군집 내에 있는 전체 또는 일부를 표본으로 추출하는 방식이다.

참고 1. 확률 표본추출방법은 조사대상이 표본으로 추출될 확률을 사전에 알고 실행하는 것으로 단순무작위표본추출법, 체계적 표본추출법, 층화표본추출법, 군집표본추출법 등이 있다.
2. 비확률 표본추출방법은 조사대상이 표본으로 추출될 확률을 모르는 상태에서 실행하는 것으로 편의표본추출법, 판단표본추출법, 할당표본추출법이 있다.

07 이론적 상권분석 모델에 대한 설명으로 옳지 않은 것은?

① Reilly 모델에서는 작은 도시의 구매력이 큰 도시로 흡인된다는 것을 각 도시까지의 거리 제곱에 비례하고 도시인구에 반비례한다는 것으로 설명하였다.
② Converse 모델은 소매인력의 제2법칙이라고도 하며 각 도시에 상대적으로 흡입되는 구매력 정도가 동일한 분기점을 구할 수 있다.
③ Huff 모델에서 매장면적과 거리저항에 대한 가중치를 매번 계산하여 부여하는 것은 소비자의 상업시설 선택에 영향을 미치는 정도가 상품과 지역에 따라서 일정치 않기 때문이다.
④ 유추법은 일반적으로 CST 분석을 토대로 이루어지고 있으며 신규점포뿐만 아니라 기존점포에서도 활용할 수 있다.
⑤ 독일 Christaller의 중심지이론에서는 상업 중심지로부터 가장 이상적인 배후상권의 모양이 정육각형이며, 정육각형 형상을 가진 상권은 중심지거리의 최대 도달거리와 최소수요 충족거리가 일치하는 공간이라고 하였다.

Answer 06 ④ 07 ①

[해설] ① 레일리(J. W. Reilly)의 소매인력(중력)법칙은 뉴턴의 만유인력법칙을 원용하여 두 도시 간 상권의 경계를 확정하는 이론이다. 이 법칙의 요점은 두 도시 간 상거래의 흡인력은 두 도시의 크기(인구 또는 상점 수)에 비례하고, 두 도시 간의 거리의 제곱에 반비례한다는 이론이다.

08 상권분석 기법 중 유추법(analog method)에 대한 설명으로 가장 옳지 않은 것은?

① 신규점포의 판매예측에 활용되는 기술적 방법이다.
② 유사점포의 판매실적을 활용하여 신규점포의 판매를 예측한다.
③ 기존점포의 판매예측에도 활용할 수 있다.
④ 유사점포는 신규점포와 동일한 상권 안에서 영업하고 있는 점포 중에서만 선택해야 한다.
⑤ CST(customer spotting technique)지도를 활용하여 신규점포의 상권규모를 예측한다.

[해설] ④ 유사점포를 선정하는 것은 예상매출액을 추정하려는 것이므로, 신규점포와 동일한 상권이 아니라도 비슷한 규모의 상권이라면 유사점포를 선정할 수 있다.

[참고] 애플바움(W. Applebaum)의 유추법(analog method)
1. 유추법은 상권분석 기법으로 새로운 점포가 위치할 지역에 대한 판매예측에 많이 활용되는 방법이다. 유추법은 자사의 새로운 점포와 특성이 비슷한 유사점포를 선정하여, 그 점포의 상권범위를 추정한 결과를 자사의 새로운 점포에 적용하여 신규입지에서의 매출액(상권규모)을 측정하는 방법이다. 상권규모를 측정할 때 사용하는 기법은 고객 스포팅(CST) 맵 기법이다.
2. 유추법에 의한 상권분석 절차는 자사(신규)점포의 입지조건 파악 → 유사점포 선정 → 출점예상 상권을 소규모지역(zone)으로 구분 → 신규점포의 각 지역(zone)별 예상매출액 분석 → 신규점포의 예상총매출액 추정이다.

09 정보기술의 발달과 각종 데이터의 이용가능성이 확대되면서 지도작성체계와 데이터베이스관리체계의 결합체인 지리정보시스템(GIS)을 상권분석에 적극 활용할 수 있는 환경이 조성되고 있다. 아래 글상자의 괄호 안에 적합한 GIS 관련용어로 가장 옳은 것은?

- GIS를 이용한 상권분석에서 각 점포에 대한 속성값 자료는 점포 명칭, 점포 유형, 매장면적, 월매출액, 종업원수 등을 포함할 수 있다.
- 이때 면, 선, 점의 형상들을 구성하는 각 점의 x-y 좌표값들은 통상적으로 경도와 위도 좌표체계를 기반으로 작성되는데 우수한 GIS 소프트웨어는 대체로 (   )을/를 포함하고 있다.
- (   )은/는 지도지능(map intelligence)의 일종이며, 이는 개별 지도형상에 대해 경도와 위도 좌표체계를 기반으로 다른 지도형상과 비교하여 상대적인 위치를 알 수 있는 기능을 부여하는 역할을 한다.

① 버퍼(buffer)
② 레이어(layer)
③ 중첩(overlay)
④ 기재단위(entry)
⑤ 위상(topology)

Answer 08 ④ 09 ⑤

> [해설] ⑤ 지도지능(map intelligence)의 일종이며, 이는 개별 지도형상에 대해 <u>경도와 위도 좌표체계를 기반으로 다른 지도형상과 비교하여 상대적인 위치를 알 수 있는 기능을 부여하는 역할을 하는 것</u>은 위상(topology)이다.
> ① 버퍼(buffer)는 지도에서 관심대상을 지정한 범위만큼 경계짓는 것으로, 면으로 표시된다.
> ② 지도 레이어(map layer)는 어떤 지도형상, 즉 점이나 선 혹은 면으로부터 특정한 거리 이내에 포함되는 영역을 의미하며, 선의 형태로 표현되는 것이다.
> ③ 중첩(overlay)은 공간적으로 동일한 경계선을 가진 레이어를 겹쳐 놓고 지도형상과 속성들을 비교하는 기능이다.

10 서로 떨어져 있는 두 도시 A, B의 거리는 30km이다. 이때 A시의 인구는 8만명이고 B시의 인구는 A시 인구의 4배라고 하면 도시 간의 상권경계는 B시로부터 얼마나 떨어진 곳에 형성되겠는가? (Converse의 상권분기점 분석법을 이용해 계산하라)

① 6km
② 10km
③ 12km
④ 20km
⑤ 24km

> [해설] 컨버스(Converse)의 제1법칙에 의하면 규모가 작은 A시의 상권의 한계점 $D(A) = \dfrac{d}{1+\sqrt{\dfrac{P(B)}{P(A)}}}$
> 이다. 여기서 d는 두 도시 간의 거리, P(A)와 P(B)는 각 도시의 인구이다. 주어진 자료를 대입하면 인구가 적은 A시로부터 분기점까지의 거리 $D(A) = \dfrac{30km}{1+\sqrt{\dfrac{320,000}{80,000}}} = 10km$이다. 따라서 B시로부터의 거리는 20km이다.
> 더 쉽게 구하면 B도시의 인구가 A도시의 4배이므로 $\sqrt{4} : \sqrt{1}$, 즉 2 : 1이 되므로 상권의 경계는 A시로부터 10km, B시로부터 20km 떨어진 곳에 형성된다.

11 특정 지점의 소비자가 어떤 점포를 이용할 확률을 추정할 때 활용하는 수정 Huff모델에 관한 설명 중 옳지 않은 것은?

① 점포면적과 점포까지의 이동거리 등 두 변수만으로 소비자들의 점포 선택확률을 추정한다.
② 실무적 편의를 위해 점포면적과 이동거리에 대한 민감도를 따로 추정하지 않는다.
③ 점포면적과 이동거리에 대한 소비자의 민감도는 '1'과 '-2'로 고정하여 추정한다.
④ 점포면적과 이동거리 두 변수 이외의 다른 변수들을 반영할 수 없다는 점에서 Huff 모델과 다르다.
⑤ Huff 모델보다 정확도가 낮을 수 있지만 일반화하여 쉽게 적용하고 대략적 계산이 가능하게 한 것이다.

Answer 10 ④ 11 ④

[해설] ④ Huff 모델은 특정 점포의 매력도(attraction)를 점포의 크기만으로 측정하는 데 문제가 있다. 이에 따라 Huff 이후의 수정 모델들은 점포 크기 이외에 점포의 이미지 관련 변수, 대중교통 수단의 이용가능성 등 점포의 매력도에 영향을 미치는 여러 변수들을 추가하여 예측력을 개선하고 있다.
수정 Huff 모델은 일본의 통산성이 고안하여 상업 조정에 실제로 이용되고 있는데 이는 '소비자가 어느 상업지에서 구매하는 확률은 그 상업 집적의 매장면적에 비례하고 그곳에 도달하는 거리의 제곱에 반비례한다'는 것을 공식화한 것이다.

12 소매상권을 분석하는 기법을 규범적 분석과 기술적 분석으로 구분할 때, 나머지 4가지와 성격이 다른 하나는?

① Applebaum의 유추법
② Christaller의 중심지이론
③ Reilly의 소매중력법칙
④ Converse의 무차별점 공식
⑤ Huff의 확률적 공간상호작용이론

[해설] ① Applebaum의 유추법(analog method)은 체크리스트법, 현지조사법, 비율법 등과 함께 기술적 방법(descriptive method)에 해당한다.
② 중심지이론, ③ 소매중력법칙 및 ④ 컨버스의 무차별점 공식은 규범적 모형(normative methods)에 해당한다. ⑤ Huff의 확률적 공간상호작용이론은 확률적(probabilistic methods) 모형이다.

13 다음 중 상권분석을 위한 확률적 선택모형의 하나인 MNL(multinominal logit) 모형의 가정이 아닌 것은?

① 소비자의 특정 대안점포에 대한 효용은 결정적 요소와 무작위 요소로 구성된다.
② 소비자는 고려 중인 대안점포들 중에서 가장 효용이 높은 점포를 선택한다.
③ 특정 대안점포가 선택될 확률은 그 대안점포가 가지는 효용이 다른 대안점포들보다 작을 확률과 같다.
④ 무작위 요소(오차항)는 서로 독립적이다.
⑤ 확률적 효용극대화이론에 의하면 특정 대안점포가 선택될 확률은 그 대안이 가지는 효용이 다른 대안점포들보다 클 확률과 같다.

[해설] MNL 모형(다항로짓모형)은 상권 내 소비자들의 각 점포에 대한 개별적인 쇼핑여행에 관한 관측자료를 이용하여 각 점포에 대한 선택확률의 예측은 물론, 각 점포의 시장점유율 및 상권의 크기를 추정할 수 있다. MNL 모형은 1980년대 이후 허프(D. L. Huff) 모형과 함께 소비자의 점포의 선택행위와 특정점포의 시장점유율을 예측하는 데 많이 이용되고 있다.
③ 특정 대안점포가 선택될 확률은 그 대안점포가 가지는 효용이 다른 대안점포들보다 클 확률과 같다.

Answer 12 ① 13 ③

14 지리정보시스템(GIS)의 활용으로 과학적 상권분석의 가능성이 높아지고 있는데 이와 관련한 설명으로 적합하지 않은 것은?

① 컴퓨터를 이용한 지도작성(mapping)체계와 데이터베이스 관리체계(DBMS)의 결합이라고 볼 수 있다.
② GIS는 공간데이터의 수집, 생성, 저장, 검색, 분석, 표현 등 상권분석과 연관된 다양한 기능을 기반으로 한다.
③ 대개 GIS는 하나의 데이터베이스와 결합된 하나의 지도 레이어(map layer)만을 활용하므로 강력한 공간정보 표현이 가능하다.
④ 지도 레이어는 점, 선, 면을 포함하는 개별 지도형상(map features)으로 주제도를 표현할 수 있다.
⑤ gCRM이란 GIS와 CRM의 결합으로 지리정보시스템(GIS) 기술을 활용한 고객관계관리(CRM) 기술을 가리킨다.

해설 ③ GIS는 여러 겹의 지도 레이어를 활용하여 상권의 중첩(overlay)을 표현할 수 있다.
GIS는 컴퓨터를 이용한 지도작성체계와 데이터베이스 관리체계(DBMS)의 결합이다. 지리정보시스템(GIS : Geographical Information System)은 각종 지리적 자료를 수집·저장·분석·출력할 수 있는 컴퓨터 응용시스템이다. 즉 GIS는 지리정보를 컴퓨터를 이용해 작성·관리하고, 여기서 얻은 지리정보를 기초로 데이터를 수집·분석·가공하여 지형과 관련되는 모든 분야에 적용하기 위해 설계된 종합정보시스템을 말한다.
중소벤처기업부의 소상공인 상권정보시스템(sg.smba.go.kr), 서울시 우리마을가게 상권분석 서비스(golmok.seoul.go.kr) 등은 GIS를 기반으로 운영되는 상권정보 및 상권분석 시스템이다.

15 다음은 상권 및 상권설정과 관련된 용어들에 대한 설명들이다. 내용(논리)적으로 수용되기 가장 어려운 것은?

① 특정점포의 상권을 분석하기 위해서는 1차 및 2차 자료의 수집을 필요로 한다.
② 상권분석은 일반적으로 기존점포와 신규점포를 분리하여 실행한다. 이때 신규점포의 상권분석이 기존점포에 대한 상권분석보다 상권의 크기와 특성 등에 대해 보다 상세하며 정확하게 분석될 수 있다.
③ 소매포화지수(IRS : index of retail saturation)와 시장확장 잠재력(MEP : market expansion potential)을 활용하여 신규점포가 입지할 지역시장의 매력도를 평가할 수 있다.
④ 상권이란 하나의 점포 또는 점포들의 집단이 고객을 유인할 수 있는 지역적 범위를 나타내며, 판매수량의 크기에 따라 1차·2차·3차 상권 및 영향권으로 구분할 수 있다.
⑤ 시장확장 잠재력지수는 지역시장 매력도의 평가에서 소매포화지수를 보완하는 지표로서, 거주자들이 지역시장 이외의 다른 지역에서의 쇼핑지출액을 추정하여 계산한다.

Answer 14 ③ 15 ②

해설 상권분석에서는 기존점포의 상권분석이 신규점포에 대한 상권분석보다 상권의 크기와 특성 등에 대해 보다 상세하며 정확하게 분석될 수 있다. 기존점포에 대해서는 점포 내부자료를 비롯한 2차 자료를 충분히 활용할 수 있기 때문이다.

16 인구 20만명이 거주하고 있는 a도시와 30만명이 거주하고 있는 b도시 사이에 인구 5만명이 거주하는 c도시가 있다. a와 c도시 사이의 거리는 10km이고 b와 c도시 간 거리는 20km이다. c도시 거주자들이 a, b도시에서 쇼핑한다고 할 때 레일리(Reilly)의 소매중력법칙을 활용하여 a도시에서의 구매비율을 계산한 값으로 가장 옳은 것은?

① 약 25%   ② 약 43%
③ 약 57%   ④ 약 6%
⑤ 약 73%

해설 레일리(Reilly)의 소매인력법칙은 상권의 흡인력은 두 도시의 크기(인구수)에 비례하고 두 도시로부터의 거리의 제곱에 반비례한다는 것이다. 따라서 $\frac{R_b}{R_a} = \frac{P_b}{P_a} \times (\frac{D_a}{D_b})^2 = \frac{30만명}{20만명} \times (\frac{1}{2})^2 = \frac{3}{8}$ 이다.

따라서 a도시와 b도시에 흡인되는 비율은 $\frac{8}{11} : \frac{3}{11}$, 즉 73% : 27%이다.

17 다음에서 상권조사의 절차를 순서대로 나열한 것은?

> ㉠ 상권에 대한 통계자료 등 2차적 지역정보를 수집한다.
> ㉡ 상권 내의 지역에 대한 관찰조사를 실시한다.
> ㉢ 지역상권에 대한 상권지도를 작성한다.
> ㉣ 방문에 의한 정성조사 및 정량조사를 실시한다.

① ㉠ → ㉢ → ㉣ → ㉡   ② ㉠ → ㉢ → ㉡ → ㉣
③ ㉢ → ㉠ → ㉡ → ㉣   ④ ㉢ → ㉠ → ㉣ → ㉡
⑤ ㉠ → ㉡ → ㉢ → ㉣

해설 상권조사는 먼저 상권 내의 기본적인 지역정보(2차 자료)를 수집하여 지역상권에 대한 상권지도를 작성한 후, 상권 내 지역에 대한 관찰조사를 실시하여 개인적 목적에 맞는 상세한 정보를 수집한다. 마지막으로 그룹방문(심층면접)에 의한 정성조사와 정량조사를 실시한다.

Answer 16 ⑤ 17 ②

18 A, B, C 세 점포의 크기와 소비자의 집으로부터 각 점포까지의 거리는 아래와 같다. 이 경우 Huff 모델을 적용하였을 때 이 소비자가 구매확률이 가장 높은 점포 및 그 점포를 선택할 확률은? (가정 : 이 소비자는 A, B, C 세 점포들에서만 상품을 구매할 수 있음. 소비자가 부여하는 점포 크기에 대한 효용은 1, 거리에 대한 효용은 −2임)

점포	거리(km)	크기(m^2)
A	4	50,000
B	6	70,000
C	3	40,000

① A, 약 12.3%
② B, 약 35.5%
③ B, 약 57.3%
④ C, 약 35.5%
⑤ C, 약 46.7%

해설 거리모수가 −2인 경우 점포 A의 효용 = $50,000/4^2$ = 3,125, 점포 B의 효용 = $70,000/6^2$ = 1,944, 점포 C의 효용 = $40,000/3^2$ = 4,444이다. 따라서 각 점포를 이용할 확률을 계산하면 아래 표와 같다.

점포	거리(km)	크기(m^2)	모수 −2인 경우 이용확률
A	4	50,000	3,125/9,513 = 32.8%
B	6	70,000	1,944/9,513 = 20.4%
C	3	40,000	4,444/9,513 = 46.7%

19 소매상권에 대한 중요한 이론 중의 하나인 소매인력이론에 대한 설명으로 옳지 않은 것은?

① 소매인력이론은 고객은 경쟁점포보다 더 가깝고 더 매력적인 점포로 끌려간다는 가정하에 설명을 전개한다.
② 소매인력이론은 중심지이론에서 말하는 최근거리가설이 적용되기 어려운 상황이 있을 수 있다고 본다.
③ 도시 간의 상권경계를 밝히는 것을 목적으로 한다.
④ Converse의 무차별점 공식은 두 도시 간의 상대적인 상업적 매력도가 같은 점을 상권경계로 본다.
⑤ 고객분포도표(customer spotting map)를 작성하는 것이 궁극적인 목표이다.

해설 ⑤ 고객분포도표(customer spotting map)는 유추법과 관련되는 개념이다. 유추법(analog method)은 애플바움(W. Applebaum)이 개발한 상권분석 기법으로 새로운 점포가 위치할 지역에 대한 판매 예측에 많이 활용되는 방법이다. 유추법은 자사의 새로운 점포와 특성이 비슷한 유사점포를 선정하여, 그 점포의 상권범위를 추정한 결과를 자사의 새로운 점포에 적용하여 신규입지에서의 매출액(상권규모)을 측정하는 방법이다. 상권규모를 측정할 때 사용하는 기법이 고객 스포팅(CST) 맵 기법이다.

Answer 18 ⑤ 19 ⑤

20 소비자 C가 이사를 했다. 아래 글상자는 이사 이전과 이후의 조건을 기술하고 있다. 허프(D. L. Huff)의 수정모형을 적용하였을 때, 이사 이전과 이후의 소비자 C의 소매지출에 대한 소매단지 A의 점유율 변화로 가장 옳은 것은?

> ㉠ 소비자 C는 오직 2개의 소매단지(A와 B)만을 이용하며, 1회 소매지출은 일정하다.
> ㉡ A와 B의 규모는 동일하다.
> ㉢ 이사 이전에는 C의 거주지와 B 사이 거리가 C의 거주지와 A 사이 거리의 2배였다.
> ㉣ 이사 이후에는 C의 거주지와 A 사이 거리가 C의 거주지와 B 사이 거리의 2배가 되었다.

① 4배로 증가
② 5배로 증가
③ 변화 없음
④ 5분의 1로 감소
⑤ 4분의 1로 감소

[해설] 수정 허프(Huff) 모형은 '소비자가 어느 상업지에서 구매하는 확률은 그 상업 집적의 매장면적에 비례하고 그곳에 도달하는 거리의 제곱에 반비례한다'는 것이다. 이사 이전 A의 효용을 1이라고 하면 B의 효용이 $\frac{1}{2^2} = \frac{1}{4}$ 이었으나, 이사 이후에는 B의 효용에 비해 A의 효용은 $\frac{1}{2^2} = \frac{1}{4}$ 이 되었다. 따라서 소매단지 A의 점유율은 1에서 $\frac{1}{4}$로 감소하였다.

21 다음 중 상권분석의 한 방법인 유추법(analog method)과 관련이 없는 것은?

① CST(customer spotting technique)
② 애플바움(Applebaum)
③ 정성적 상권분석
④ 확률모형
⑤ 유사한 기존 점포

[해설] ④ 유추법은 체크리스트법, 현지조사법, 비율법 등과 함께 기술적 방법(descriptive method)에 속한다. 확률적 모형은 허프 모형, 루스 모형, MNL 모형, MCI 모형 등이 있다.
유추법(analog method)은 애플바움(W. Applebaum)이 개발한 상권분석 기법으로 새로운 점포가 위치할 지역에 대한 판매예측에 많이 활용되는 방법이다. 유추법은 자사의 새로운 점포와 특성이 비슷한 유사점포를 선정하여, 그 점포의 상권범위를 추정한 결과를 자사의 새로운 점포에 적용하여 신규 입지에서의 매출액(상권규모)을 측정하는 방법이다.
상권규모를 측정할 때 사용하는 기법은 고객 스포팅(CST) 맵 기법이다.

Answer 20 ⑤ 21 ④

22 신규점포의 매출액을 예측하기 위한 방법의 하나인 시장점유율법(market share approach)에 있어서 상권 내 업태의 연매출액 추정을 위해 필요한 요소를 모두 고른 것은?

> ㉠ 가구당 평균소득액
> ㉡ 해당 업태 및 점포에 대한 소비자 만족도
> ㉢ 상권 내 특정업태 혹은 점포에서의 소비(지출)액 비율
> ㉣ 가구당 연소득액 중 상품에 대한 소비(지출)비율

① ㉠, ㉡
② ㉢, ㉣
③ ㉠, ㉡, ㉣
④ ㉠, ㉢, ㉣
⑤ ㉠, ㉡, ㉢, ㉣

[해설] ㉡ 해당 업태 및 점포에 대한 소비자 만족도는 계량화하기 어려운 지표이기도 하지만 연매출액 추정과는 전혀 관련이 없는 지표이다.

23 소비자들이 유사한 점포들 중에서 점포를 선택할 때는 가장 가까운 점포를 선택한다는 가정을 토대로 하며, 상권경계를 결정할 때 티센 다각형(Thiessen polygon)을 활용하는 방법은?

① Huff 모델
② 입지할당모델
③ 유사점포법
④ 근접구역법
⑤ 점포공간매출액비율법

[해설] 상권구획(상권분할) 기법으로서 근접구역법은 소비자들이 유사점포 중에서 선택을 할 때 자신들에게 가장 가까운 점포를 선택한다는 가정을 토대로 소매점포의 매출액을 추정하는 기법이다. 여기서 근접구역이란 당해점포가 다른 경쟁점포보다 공간적인 이점을 가진 구역을 의미한다. 이러한 근접구역의 경계를 설정하는 모형이 티센 다각형(Thiessen polygon)이다.
티센 다각형은 점으로부터 연산에 의해 생성되는 다각형으로, 이 다각형은 다각형 내의 어떠한 위치에서도 다각형 내부에 위치한 한 점까지의 거리가 다른 다각형 내에 위치한 거리보다 가깝도록 다각형의 경계가 설정된다. 따라서 상권분할 등에 많이 사용된다.

24 체크리스트법은 상권의 영향요인들을 분석·평가하여 시장을 측정하는 상권분석방법이다. 체크리스트법에서 분석하는 상권의 영향요인 중 중요성이 가장 낮은 것은?

① 경쟁업체분석
② 입지특성분석
③ 공급업자분석
④ 배후상권 고객분석
⑤ 상권경쟁구조

Answer 22 ④ 23 ④ 24 ③

해설 체크리스트법(checklist method)은 상권의 규모에 영향을 미치는 다양한 요인들을 수집하여 이들에 대한 목록을 작성하고 각각에 대한 평가를 통해 시장잠재력과 상권의 구조를 예측해 보는 방법이다. 상권의 범위에 영향을 미치는 요인들은 매우 많으나 경쟁업체분석, 배후상권 고객분석, 입지특성분석, 상권고객특성, 상권경쟁구조로 나누어진다. 기업은 이들에 대한 정보를 수집하여 상권의 시장잠재력을 평가한다.
③ 상권분석은 수요에 중점을 둔 것이므로 공급업자와는 관련이 없다.

25 상권의 구조적 특성에 의해 상권을 분류할 때 다음 중 포켓상권에 해당하는 것은?

① 도로, 산, 강에 둘러싸인 상권
② 고속도로나 간선도로에 인접한 상권
③ 대형소매점에 인접한 상권
④ 소형소매점들이 다수 모인 상권
⑤ 상가의 입구를 중심으로 형성된 상권

해설 포켓상권은 독립상권이라고도 부르는 것으로, 상권 내 고객이 외부로 유출되지 않아 외부상권의 영향을 거의 받지 않고 자체상권의 이익을 누릴 수 있는 상권이다.
① 도로, 산, 강에 둘러싸인 상권이 전형적인 포켓상권이다.

26 다음의 상권분석방법 중 자사의 신규점포와 특성이 비슷한 유사점포를 선정하여 그 점포의 상권범위를 추정한 결과를 자사점포의 신규입지에서의 매출액(상권규모)을 측정하는 데 이용하는 방법은?

① 확률모델활용법　　② 기록추정법
③ 유추법　　　　　　④ 체크리스트법
⑤ 소매인력법칙

해설 자사의 신규점포와 특성이 비슷한 유사점포를 선정하여 그 점포의 상권범위를 추정한 결과를 자사점포의 신규입지에서의 매출액(상권규모)을 측정하는 데 이용하는 것은 유추법(analog method)이다. 유추법은 애플바움(Applebaum)이 제시한 것으로, CST(Customer Spotting Technique) map 기법을 이용하여 상권의 범위를 결정하는 방법이다.

Answer　25 ①　26 ③

27 구체적 상권분석 기법 중 하나로 유추법 등에서 활용되는 CST map은 유통기업의 CRM에서 소비자를 공간적으로 분석하는 데 이용되기도 하는데 다음 중 이와 관련한 설명으로 적합하지 않은 것은?

① 최근 점점 더 활용도가 높아지고 있는 GIS의 다양한 분석기능들을 활용하면 2차원 또는 3차원의 공간데이터를 가공하여 상권과 관련한 의사결정에 도움을 줄 수 있다.
② 새롭게 개발하는 신규점포가 기존점포의 상권을 얼마나 잠식할 가능성이 있는가를 분석하여 점포 개설, 점포 이동, 점포 확장계획을 만들 수 있다.
③ 2차 자료인 공공데이터를 활용해 점포 이용자 중 특정속성을 가진 표적소비자들을 추출하고 그들만을 대상으로 하는 차별적 판촉전략을 수행할 수 있다.
④ 자사 점포 및 경쟁사의 점포 위치와 각 점포별 상권 범위 분석을 통해 점포들 간의 상권잠식 상태와 경쟁 정도를 측정할 수 있다.
⑤ 점포를 이용하고 있는 현재의 소비자나 잠재적 소비자들의 공간적 위치를 분석하여 상권의 범위를 파악할 수 있으며, 1차 상권, 2차 상권 및 한계 상권을 구획할 수 있다.

> [해설] ③ CST map에서는 별도로 수집한 1차 자료를 활용하여 점포 이용자 중 특정속성을 가진 표적소비자들을 추출하고 그들만을 대상으로 하는 차별적 판촉전략을 수행할 수 있다. 유추법에서 2차 자료인 공공데이터에 의해서는 경쟁점포들의 마케팅전략을 파악할 수 없다.
>
> [참고] CST map 기법
> ⓐ CST(Customer Spotting Technique) map 기법은 애플바움(W. Applebaum)이 개발한 유추법(analog method)에서 상권규모를 측정할 때 사용하는 기법으로 고객점표법이라고 번역한다.
> ⓑ CST map 기법은 상권의 규모 측정은 물론 고객특성 조사, 광고 및 판촉전략 수립, 경쟁 정도의 측정, 점포의 확장계획 등 소매정책의 수립에 유용하게 이용할 수 있다.

28 상권의 범위를 추정하는 고객 스포팅 기법(customer spotting technique)과 관련된 다음의 설명 중 옳지 않은 것은?

① 내점객을 상대로 설문조사를 하거나 고객충성도 프로그램을 이용하여 수집한 자료를 사용할 수 있다.
② 고객 스포팅은 고객의 거주지역 분포를 파악하는 방법이다.
③ 1차 자료보다는 2차 자료를 이용하는 경우에 정확도가 더 높다.
④ 자료수집의 표본규모가 작을수록 상권의 윤곽을 파악하는 데 더 많은 주관성이 개입된다.
⑤ 상권규모 파악이나 점포의 확장계획, 경쟁의 정도 측정이 가능하다.

> [해설] 고객 스포팅 맵(CST map) 기법은 이미 존재하고 있는 2차 자료보다는 현재의 과제를 해결하기 위해 수집한 1차 자료를 이용하는 경우에 정확도가 높다.

Answer 27 ③ 28 ③

29 목표상권 내에서 구매를 하는 소비자의 쇼핑행위(spatial behavior) 패턴을 실증분석하는 데 이용되며, 해당 상권 내의 경쟁점포들에 대한 소비자의 지출패턴이나 소비자의 쇼핑여행패턴을 반영함으로써 특정점포의 매출액과 상권규모를 보다 정확하게 예측할 수 있는 상권분석이론은 다음 중 어느 것인가?

① 크리스탈러의 중심지이론
② 허프의 확률모형
③ 레일리의 소매인력의 법칙
④ 공간적 상호작용모델
⑤ MNL 모형

해설 공간적 상호작용모델(spatial-interaction model)은 목표상권 내에서 구매를 하는 소비자의 소매공간이용(spatial behavior) 패턴을 실증적으로 분석하는 데 이용되는 모델이다. 이 모델은 해당상권 내의 경쟁점포들에 대한 소비자의 지출패턴이나 점포방문을 위한 소비자의 쇼핑여행패턴을 반영함으로써 특정점포의 매출액과 상권규모에 대한 보다 정확한 예측을 가능하게 한다. 공간적 상호작용모델은 한 상권 내에서 특정점포가 끌어들일 수 있는 소비자 점유율은 점포까지의 방문거리에 반비례하고 해당 점포의 매력도에 비례한다는 가정에서 출발한다. 이 모델은 수리심리학에서 널리 알려진 루스의 선택공리(Luce's choice axiom)에 이론적 근거를 두고 개발되었다.

30 상권분석에 이용할 수 있는 회귀분석 모형에 관한 설명으로 가장 옳지 않은 것은?

① 소매점포의 성과에 영향을 미치는 요소들을 파악하는 데 도움이 된다.
② 모형에 포함되는 독립변수들은 서로 관련성이 높을수록 좋다.
③ 점포성과에 영향을 미치는 영향변수에는 상권 내 경쟁수준이 포함될 수 있다.
④ 점포성과에 영향을 미치는 영향변수에는 상권 내 소비자들의 특성이 포함될 수 있다.
⑤ 회귀분석에서는 표본의 수가 충분하게 확보되어야 한다.

해설 ② 독립변수가 2개 이상인 다중회귀분석에서 모형에 포함되는 독립변수들이 서로 관련성이 높은 경우 다중공선성(multicollinearity) 문제를 발생시키므로 바람직하지 않다.
회귀분석(regression analysis)은 종속변수에 영향을 미치는 하나 또는 그 이상의 독립변수를 파악하여 종속변수와 독립변수의 상관관계를 선형관계식(최소자승선)으로 나타내는 방법이다. 이를 통하여 독립변수가 변화할 때 종속변수에 미치는 영향을 파악할 수 있다.

Answer 29 ④ 30 ②

31. Huff 모델과 MNL 모델에 대한 설명으로 옳지 않은 것은?

① Huff 모델과 MNL 모델은 모두 상권분석 기법 중에서 확률적 모형에 해당된다.
② 두 모델은 일반적으로 상권을 소규모의 세부지역(zone)으로 나누는 절차를 거친다.
③ Huff 모델과 달리 MNL 모델은 점포의 이미지 등 다양한 영향변수를 반영할 수 있다.
④ MNL 모델은 점포의 객관적 특성보다는 소비자의 주관적 평가자료를 활용한다.
⑤ MNL 모델은 상권분석을 할 때마다 변수의 민감도계수를 추정하는 절차를 거치게 된다.

해설 ④ MNL(MultiNomial Logit) 모델은 상권 내 소비자들의 각 점포에서 개별적인 쇼핑에 대한 관측 자료를 이용하여 각 점포에 대한 선택확률은 물론, 각 점포의 시장점유율 및 상권의 크기를 추정하는 모델이다.

32. Huff 모델과 관련한 설명으로 옳지 않은 것은?

① 소비자의 점포선택행동을 결정적 현상으로 본다.
② 소비자로부터 점포까지의 이동거리는 소요시간으로 대체하여 계산하기도 한다.
③ 소매상권이 연속적이고 중복적인 구역이라는 관점에서 분석한다.
④ 특정 점포의 효용이 다른 선택대안 점포들의 효용보다 클수록 그 점포의 선택가능성이 높아진다.
⑤ 점포크기 및 이동거리에 대한 민감도계수는 상권마다 소비자의 실제구매행동 자료를 통해 추정한다.

해설 데이빗 허프(D. Huff)의 모델은 고객이 특정 점포를 선택할 확률은 점포 크기에 비례하고 점포까지의 거리에 반비례한다는 것이다. 허프의 이론은 소비자들의 점포선택과 소매상권의 크기를 예측하는 데 널리 이용되어 온 확률적 점포선택모형들 중 대표적인 모형이다. 확률적 모형의 중요한 특징은 상권의 크기를 결정하는데 있어서 소비자 행동을 고려하고 있다는 점이다.
① 허프의 모델에서 소비자의 점포선택행동은 확률적 현상으로 본다.

33. 컨버스(Converse)의 법칙을 적용할 때, 다음의 인접한 두 도시 A와 B의 상권 분기점은 A로부터 몇 km 지점에 형성되는가?

- A도시의 인구수 : 25만명
- B도시의 인구수 : 100만명
- A도시와 B도시의 거리 : 18km

① 3.6
② 4.5
③ 6
④ 12
⑤ 14.4

Answer 31 ④ 32 ① 33 ③

[해설] 컨버스(P. D. Converse)는 두 도시 사이의 거래가 분기되는 중간지점(breaking point)의 정확한 위치를 결정키 위해서 레일리의 소매인력법칙을 수정하여, 거리가 멀어짐에 따라 구매이동이 줄어드는 현상을 거리-감소함수로 파악하여 거리와 구매빈도 사이의 관계를 역의 지수함수의 관계로 도출하였다.

따라서 A도시와 B도시 간의 상권분기점은 $\sqrt{25} : \sqrt{100}$, 즉 1 : 2이므로 상권의 경계는 A도시로부터 6km 떨어진 곳에서 형성된다.

34 ( ) 안에 들어갈 수 있는 가장 알맞은 단어를 순서대로 올바르게 나열한 것은?

> 입지 이론에서 기초적인 모델로 사용하는 ( )의 ( ) 이론을 보면, 1차적인 전제조건은 각각의 수요자가 시장을 방문하는데 소요되는 최단거리의 중심이 해당지역 상권의 중심이 되고 각 지역상권의 중심축을 연결하면 2차 중심축이, 다시 2차 중심축을 서로 연결하면 광역화된 도심이 형성된다는 것이다.

① Christaller, 다이아몬드형
② Christaller, 중심지
③ Reilly, 정육각형
④ Reilly, 소매인력
⑤ Converse, 수정소매인력

[해설] 제시된 내용은 크리스탈러(W. Christaller)의 중심지이론에 대한 설명이다. 중심지이론은 한 도시 내의 상업 중심지가 포괄하는 상권의 규모는 도시의 인구규모에 비례하여 커진다는 것이다.

35 확률적 상권분석 기법들에서 이론적 근거로 활용하고 있는 Luce의 선택공리와 관련이 없는 것은?

① Reilly의 소매중력모형
② Huff 모형
③ 수정 Huff 모형
④ MCI 모형
⑤ MNL 모형

[해설] 루스(R. D. Luce)의 선택공리(Luce choice axiom)에 이론적 근거를 두고 개발된 것이 확률적 점포선택 모형이다. 확률적 점포선택 모형에는 루스(Luce) 모형, 허프(Huff) 모형 및 MNL 모형, MCI 모형 등이 있다.
① Reilly의 소매중력모형은 규범적 모형에 해당된다.

Answer ▶ 34 ② 35 ①

36 어느 시장지역 내 거주지 i에서 소비자가 이용하는 쇼핑센터까지의 거리와 쇼핑센터의 매장면적이 다음 표와 같다고 할 때, 거주지 i에서 각 쇼핑센터를 방문할 확률을 Huff 모형에 의해 구할 때 가장 방문확률이 낮은 쇼핑센터와 방문확률은?

구 분	쇼핑센터 A	쇼핑센터 B	쇼핑센터 C
매장면적(단위 생략)	300	400	500
거주지 i로부터의 거리	5분	10분	15분

① 쇼핑센터 A, 0.10
② 쇼핑센터 B, 0.22
③ 쇼핑센터 B, 0.12
④ 쇼핑센터 C, 0.22
⑤ 쇼핑센터 C, 0.12

해설 허프(D. Huff)의 모형은 소비자의 특정점포에 대한 효용은 점포의 크기와 점포까지의 거리(또는 시간)에 좌우, 즉 소비자의 점포에 대한 효용은 점포의 매장이 크면 클수록 증가하고, 점포까지의 거리는 멀수록(또는 시간이 많이 걸릴수록) 감소한다는 것이다.

	쇼핑센터 A	쇼핑센터 B	쇼핑센터 C
매장면적(단위 생략)	300	400	500
거주지 i로부터의 거리	5분	10분	15분
효용	$300/5^2 = 12$	$400/10^2 = 4$	$500/15^2 = 2.2$
방문확률	0.66	0.22	0.12

각 쇼핑센터의 효용 = 매장면적/거리^{2}이고, 방문확률 = 각 쇼핑센터의 효용/효용의 합이다.

37 다음의 경우를 Reilly 법칙으로 계산한 결과로 옳은 것은?

> A도시의 인구는 200만명, B도시의 인구는 800만명, 중간에 위치한 C도시의 인구는 60만명이다. A도시와 C도시의 거리는 15km, C도시와 B도시의 거리는 30km인 경우

① C도시의 인구 60만명 중 20만명이 A도시로 쇼핑을 하러 간다.
② C도시의 인구 60만명 중 25만명이 A도시로 쇼핑을 하러 간다.
③ C도시의 인구 60만명 중 30만명이 A도시로 쇼핑을 하러 간다.
④ C도시의 인구 60만명 중 35만명이 A도시로 쇼핑을 하러 간다.
⑤ C도시의 인구 60만명 중 40만명이 A도시로 쇼핑을 하러 간다.

해설 레일리(J. W. Reilly)의 소매인력(중력)법칙의 요점은 두 도시 간 상거래의 흡인력은 두 도시의 크기(인구 또는 상점 수)에 비례하고, 두 도시 간의 거리의 제곱에 반비례한다는 이론이다.

따라서 A도시의 흡인력은 200만명/$15^2 = \frac{8}{9}$, B도시의 흡인력은 800만명/$30^2 = \frac{8}{9}$로 동일하다.

따라서 C도시의 인구 60만명 중 30만명은 A도시로, 30만명은 B도시로 쇼핑을 하러 간다.

Answer 36 ⑤ 37 ③

38 컴퓨터를 이용한 지도작성(mapping) 체계와 데이터베이스 관리시스템의 결합을 통해 공간데이터의 수집, 생성, 저장, 분석, 검색, 표현 등의 다양한 기능을 기반으로 상권분석에 활용되고 있는 것은?

① AI
② POS
③ EDI
④ GIS
⑤ DBMS

해설 GIS(geographic information system), 즉 지리정보시스템은 과거 인쇄물 형태로 이용하던 지도 및 지리정보를 컴퓨터를 이용해 작성·관리하고, 여기서 얻은 지리정보를 기초로 데이터를 수집·분석·가공하여 상권분석 등 지형과 관련되는 모든 분야에 적용하기 위해 설계된 종합 정보시스템을 말한다.

39 중심성지수(Centrality Index)와 가장 관계가 없는 것은?

① 소매업의 공간적 분포를 설명하는데 도움을 주는 지표로써 유출입지수라고도 한다.
② 매장규모도 중심지 분석을 위해 파악해야 할 가장 중요한 자료 중 하나이다.
③ 소매업이 불균등하게 분포한다는 것은 소매업이 외곽지역보다 중심지에 밀집된 형태로 구성됨을 의미한다.
④ 중심성지수는 상업인구가 거주인구와 동일할 때 1이 되고, 상업인구가 많으면 많을수록 1보다 큰 값이 된다.
⑤ 도시의 소매판매액을 1인당 소매구매액으로 나눈 값을 상업인구라 한다.

해설 중심성지수(centrality index)는 소매업의 공간적 분포를 파악하기 위해 이용되는 개념으로 그 식은 다음과 같다. 중심성지수 = 어떤 지역의 상업인구/그 지역의 거주인구
여기서 상업인구 = 그 지역의 소매판매액/1인당 평균구매액이다. 소매판매액에 변화가 없어도 그 지역의 거주인구가 감소하면 중심성지수는 상승한다.
② 매장규모는 간접적으로 중심성지수에 영향을 미치기는 하지만 가장 중요한 자료는 아니다.

40 명희가 사는 곳은 A와 B 두 도시가 만나는 경계선으로 A도시의 상권중심지까지는 6km, B도시의 상권중심지까지는 3km 떨어져 있다. A도시의 인구가 10만명이고, B도시의 인구가 2만 5천명이라고 할 때 Converse 법칙을 이용하여 올바르게 설명된 것은?

① 명희가 사는 곳을 기준으로 한다면 B도시로 이동하는 것이 좋은 선택이 된다.
② A도시를 기준으로 했을 때 상권분기점은 6km 떨어진 곳에 위치해 있다.
③ 인구보다는 상권규모를 활용하여야 하기 때문에 매출액을 구해서 계산해야 한다.
④ 각 도시의 가계별 구매액이 10만원이면 B도시로 이동해야 구매의 질이 증가한다.
⑤ B도시의 인구가 현재보다 4배 더 증가한다면 상권분기점은 B도시로 이동하게 된다.

Answer ▶ 38 ④ 39 ② 40 ②

[해설] 컨버스의 제1법칙에 의하면 규모가 작은 B도시의 상권의 한계점 $D(B) = \dfrac{d}{1+\sqrt{\dfrac{P(A)}{P(B)}}}$ 이다.

여기서 d는 두 도시 간의 거리, P(A)와 P(B)는 각 도시의 인구이다.

주어진 자료를 대입하면 인구가 적은 B도시로부터 분기점까지의 거리 $D(B) = \dfrac{9km}{1+\sqrt{\dfrac{100,000}{25,000}}} =$ 3km이다. 따라서 A도시로부터 분기점까지의 거리 = 9km − 3km = 6km이다.

따라서 명희는 현재 상권에 분기점에 위치해 있으므로 두 도시 어디로든 이동할 이유가 없다.

41 다음 중 크리스탈러(Christaller)의 중심지이론을 적용한 예측으로서 옳지 않은 것은?

① 동일계층의 중심지가 단 하나라면 배후지의 형태는 원형이 된다.
② 동일계층의 중심지가 다수 분포할 경우에는 배후지가 정육각형 형태를 취한다.
③ 중심지들은 재화의 도달범위와 최소수요에 따라 위계구조(계층)를 형성한다.
④ 중심지를 형성하기 위해서는 최소수요(the threshold)가 재화의 도달범위(the outer range)보다 큰 경우에만 가능하다.
⑤ 상업 중심지들 간에 안정적인 시장균형을 얻을 수 있는 이상적인 상권모형은 원형 대신에 정육각형의 형상을 가질 때이다.

[해설] 1930년대 크리스탈러(W. Christaller)에 의해 개발된 중심지이론(central place theory)은 도시(또는 지역) 내의 상업 중심지가 포괄하는 상권의 규모는 도시(또는 지역)의 인구규모에 비례하여 커진다는 이론이다. 여기서 중심지(central place)는 배후지에 대해 다양한 상품과 서비스를 제공하고, 상업 및 행정기능이 밀집된 장소를 말한다.

④ 크리스탈러의 중심지이론에서 동일 계층의 중심지가 하나라면 배후지의 형태는 원형이고, 최소수요 거리와 재화의 도달거리가 일치한다. 그러나 동일 계층의 중심지가 다수 분포할 경우 이상적인 배후지는 정육각형의 형태이고, 최대 도달거리가 최소수요 충족거리보다 클 경우 중심지가 형성되고 상업시설이 입지할 수 있다.

42 소매상권에 대한 다음의 여러 분석이론들 중에서 "우리 점포에 몇 명이나 찾아올까?"에 대한 답을 얻기에 가장 적합한 이론모형은?

① Huff의 확률적 모형
② Reilly의 소매흡인력
③ Converse의 상권분기점
④ Christaller의 중심지이론
⑤ A. Lösch의 수정 중심지이론

[해설] 소비자들의 점포선택의 원리는 Luce의 모델이나 Huff의 확률적 모형을 통해 파악할 수 있다. 루스 모델은 어떤 소비자가 점포 j를 선택할 확률은 그가 고려하는 대안점포들의 개별효용의 총합에 대한 점포 j의 효용의 비율에 의해서 결정된다는 것이다. 그리고 Huff 이론은 소비자의 특정점포에 대한 효용은 점포의 크기와 점포까지의 거리(또는 시간)에 좌우, 즉 소비자의 점포에 대한 효용은 점포의 매장이 크면 클수록 증가하고, 점포까지의 거리는 멀수록(또는 시간이 많이 걸릴수록) 감소한다는 것이다.

Answer 41 ④ 42 ①

43 레일리(William J. Reilly)의 소매인력의 법칙을 올바르게 설명한 것은?

① 한 상권 내에서 특정점포가 끌어들일 수 있는 소비자의 구매비율은 점포까지의 거리에 반비례하고 해당 점포의 매력도에 비례한다.
② A, B도시가 끌어들일 수 있는 상권범위는 해당 도시의 인구에 비례하고 도시 간의 거리의 제곱에 반비례한다.
③ 소매인력의 법칙은 이웃 도시(상업시설)들 간의 경계를 결정하는 것보다 개별점포의 상권 파악을 위해 주로 이용되는 이론이다.
④ 특정상업시설에 대한 소비자의 선택확률은 상권 내 방문을 고려하는 대체상업시설들에 대한 효용의 총합과 당해 상업시설의 효용(매력도) 간의 비율로 표시된다.
⑤ 두 도시의 거리가 멀어짐에 따라 구매이동이 줄어드는 현상을 거리 – 감소함수로 파악하여 거리와 구매빈도 사이의 관계를 역의 지수함수의 관계로 도출하였다.

> [해설] 레일리(J. W. Reilly)의 소매인력(중력)의 법칙은 두 도시 간에 상권의 경계를 확정하는 이론이다. 두 도시 간 상거래의 흡인력은 두 도시의 크기(인구, 상점 수)에 비례하고, 두 도시 간의 거리의 제곱에 반비례한다는 이론이다. ⑤는 컨버스의 수정 소매인력법칙의 내용이다.

44 개별점포의 수요를 예측할 수 있는 방법을 모두 고른 것은?

| ㉠ 허프(Huff)의 확률모델 | ㉡ 레일리의 소매인력법칙 |
| ㉢ 유추법 | ㉣ 컨버스(Converse)의 동심원모델 |

① ㉠, ㉡
② ㉠, ㉣
③ ㉡, ㉢, ㉣
④ ㉠, ㉡, ㉣
⑤ ㉠, ㉢, ㉣

> [해설] 개별점포의 수요예측은 곧 판매예측을 의미한다. 즉, 예상매출액을 파악하여 출점 여부를 결정하려는 것이다. 예상매출액은 애플바움의 유추법과 컨버스의 동심원 모형, 허프의 확률모형에 의해 추계할 수도 있고 통계자료를 통해 분석하는 다중회귀모형에 의해서도 분석할 수 있다.

Answer 43 ② 44 ⑤

입지분석

제1절 입지의 개요

1 소매입지와 도매입지의 개요

(1) 소매입지

① 입지의 개념
  ㉠ 입지(location)란 어떤 경제활동의 주체가 차지하고 있는 자연적·인문적 위치를 말한다. 즉 입지는 입지주체가 사업을 영위할 장소를 말하며, 상권(market area)과도 밀접한 관계가 있다.
  ㉡ 일반적으로 고객이 선택하는 점포는 첫째, 이용하기 편리한 장소에 있고, 둘째, 상품의 구색이 풍부하며, 셋째, 가격이 저렴하다는 느낌을 주는 점포라고 알려져 있다. 여기서 이용이 편리한 장소라는 것은 마케팅 요소 4P에서 place(또는 4C에서 convenience)에 해당하는 것으로 점포입지를 포함하는 개념이다.

② 소매입지의 중요성
  ㉠ 소매업은 '입지산업'이라고 할 정도로 입지는 소매업 성공의 가장 중요한 요소 중의 하나이다. 위치에 따라 매출이나 이익이 좌우되기 때문에 점포의 입지는 사업의 성공여부에 중요한 역할을 한다.
  ㉡ 기업이 일단 점포의 입지를 결정하게 되면 이를 바꾸기가 쉽지 않고, 부적합한 입지로 인한 불이익을 극복하기 어렵다. 또한 대형점포의 경우에는 장기적으로 계속적인 투자가 이루어져야 하므로, 최초로 선정되는 입지는 최대한의 투자수익률과 이익을 보장하여 줄 수 있는 입지이어야 한다.
  ㉢ 점포의 매출에 영향을 미치는 요인을 입지와 마케팅으로 구분할 때 입지의 영향력은 약 70% 정도이고 마케팅의 영향력은 약 30% 정도인 것으로 알려져 있다. 그만큼 입지가 점포의 매출에 큰 영향을 미치는 것을 알 수 있다.

(2) 도매입지

도매상은 최종소비자를 대상으로 하는 영업이 아니기 때문에 도매입지는 도심이나 철도역 등지의 중심상가 지역이 아니어도 무방하다. 따라서 도매상은 대체로 임대료가 싸거나 도매단지가 조성된 교외 지역이나 도시변두리 지역에 입지를 선정하는 경우가 많다.

제2절 입지별 유형

1 도시공간구조

(1) 도시공간구조의 의의
① 도시의 공간구조는 토지이용에 대한 대가로 지급되는 지대(rent)와 밀접한 관계가 있다. 일반적으로 도심에 가까울수록 지대는 급격히 상승하므로 높은 지대지급능력을 갖춘 경제활동에 토지가 배분된다. 그리고 이에 따라 도시공간구조, 즉 도시의 토지이용구조가 형성된다.
② 도시의 공간구조는 일반적으로 하나의 도심, 즉 하나의 핵(core)을 가진 단핵 도시공간구조, 그리고 여러 개의 부도심을 갖춘 다핵 도시공간구조를 가지는 경우로 나누어 볼 수 있다.

(2) 도시공간구조이론
① 동심원적 지대이론
  ㉠ 버제스(E.W. Burgess)에 의해 주장된 동심원적 지대이론(concentric zone theory)은 가장 단순한 이론으로 도심(CBD)을 중심으로 동심원의 형태로 도시의 공간구조가 형성된다는 이론이다.
  ㉡ 따라서 도심으로부터 지대지급능력에 따라 상업지역, 주거지역, 공업지역의 순서로 동심원의 형태로 위치하게 된다는 주장이다.
② 선형이론
  ㉠ 호이트(H. Hoyt)에 의해 주장된 선형이론(sector theory)은 도심으로부터 새로운 교통로가 발달하면 교통로를 축으로 도매, 경공업 지구가 부채꼴 모양으로 확대된다는 이론이다.
  ㉡ 선형이론은 버제스의 동심원적 지대이론을 수정 및 보완하여 제시된 이론으로, 도시 내부 구조가 도심으로부터 동심원상으로 분포하는 것이 아니라 도심으로부터 방사상으로 전개되는 교통로에 의해 결정된다고 보는 이론이다.
  ㉢ 상류층의 주거지는 교통이 편리한 주요 교통로를 따라서 가까운 지역에 분포하게 되고 가능하면 공업지역과 멀리 떨어지려는 경향을 가지므로 상류층의 주거지역과 공업지역은 떨어져 있고 그 사이를 중산층 주거지역이나 저소득층 주거지역이 배열되는 형태로 전개된다고 설명한다.
③ 다핵심이론
해리스(C.D. Harris)와 울먼(E.L. Ulman)의 다핵심이론(multiple nuclei theory)은 도시 및 지역의 발달은 몇 개의 핵(중심시장)을 중심으로 형성된다는 주장이다.

> **지식+톡톡** 젠트리피케이션(gentrification)
>
> - 젠트리피케이션(gentrification) 또는 둥지내몰림은 낙후된 구도심 지역이 활성화되어 중산층 이상의 계층이 유입됨으로써 기존의 저소득층 원주민을 대체하는 현상을 가리킨다.
> - 젠트리피케이션은 낙후된 도심 지역의 재건축·재개발·도시재생 등 대규모 도시개발에 연관된 현상으로 도시개발로 인해 지역의 부동산 가격이 급격하게 상승할 때 주로 발생하는 현상이다.
> - 이 개념에는 도시개발 후 지역사회의 원주민들의 재정착비율이 매우 낮은 현상과 상업지역의 활성화나 관광명소화로 인한 기존 유통업체의 폐점이 증가하는 현상, 임대료 상승으로 인해 소규모 근린상점들은 밀려나고 대신 높은 임대료를 부담할 수 있는 대형점포나 고급점포가 들어오는 현상으로 나타난다.

2 도심입지와 독립입지

(1) 도심입지

① 도심입지의 개념

도심입지는 대도시나 소도시의 전통적인 도심, 즉 중심상업지역(CBDs : Central Business Districts)에 위치하는 것을 말한다. 소매업에서 가장 성공적인 도심입지는 많은 주민이 거주하는 도심에 위치하는 것이다.

② 중심상업지역의 특징

㉠ 중심상업지역(CBDs)은 계획적으로 조성된 것이 아니고 자연발생적으로 형성되어 입지구조가 불규칙적이다.
㉡ 중심상업지역은 상업활동으로 인해 많은 사람을 유인하기 유리한 지역이다. 그리고 대중교통의 중심지역으로, 자동차와 도보 통행인구도 많은 지역이다.
㉢ 높은 지가로 인해 토지이용이 집약화되어 건물이 고층화·과밀화된다.
㉣ 교통체증의 발생하고, 주차문제가 심각한 것이 문제점이다.
㉤ 주말이나 야간에는 도심공동화 현상(도넛현상)이 나타나 유동인구의 감소로 매출이 저조하다.

③ 입지선정 기준

㉠ 잠재고객 여부 : 잠재고객이 충분한가 여부
㉡ 고객층의 성향 : 고객의 재산, 학력, 성별·연령별 구성분포 등
㉢ 동일업종군의 분포 : 경쟁점포 조사
㉣ 가시성 : 간판, 점포의 위치 등
㉤ 접근성 : 도보 또는 대중교통, 자가용의 접근 용이
㉥ 건물 특성 : 노후, 위치, 주변상권분포 등
㉦ 기타 : 임대비용, 창업자의 개인 환경 등

(2) 독립입지

① 독립입지의 정의
㉠ 노면 독립입지(freestanding sites, isolated sites) 또는 독립입지는 다른 업체들과 지리적으로 떨어져서 교외지역에 독립하여 입지하는 것을 말한다. 여러 점포가 한 곳에 모여 있는 군집입지(clustered sites)와 반대되는 개념이다.
㉡ 중소형 소매업체보다는 하이퍼마켓, 대형할인점, 회원제 창고형 할인점 등이 흔히 독립입지를 선택한다.
㉢ 전문품의 경우에는 독립입지가 바람직할 수도 있지만, 선매품의 경우에는 여러 점포를 통해 상품을 비교한 후 구매하므로 독립입지는 바람직하지 않다.
㉣ 독립입지를 선택하는 경우에는 다른 업체들과 고객을 공유하지 않으므로 그에 알맞은 경영전략을 수립해야 한다.

② 독립입지의 장·단점

장 점	• 가시성이 높고 임대료가 싸다. • 고객을 위한 편의성이 높고, 직접 경쟁업체가 없다. • 확장이 용이하고 주차공간이 넓다. • 영업시간·제품·간판에 대한 규제가 완화되므로 그에 알맞은 경영자의 경영전략 수립이 필요하다.
단 점	• 다른 점포와의 시너지 효과(synergy effect)를 기대할 수 없다. • 고객들은 오직 그 점포만을 생각하고 방문하기 때문에 고객을 유인하기 위한 상품, 가격, 판촉, 서비스 등에 차별화를 기해야 한다. • 이러한 차별화로 인해 마케팅 비용이 많이 소요된다.

③ 독립입지가 적합한 경우
㉠ 취급하는 상품에 대해 확실한 기술력을 보유하고 있는 전문성을 갖춘 소매점
㉡ 목적 구매상품을 취급하는 대규모 소매점
㉢ 독자적으로 고객을 흡인할 수 있는 마케팅 능력을 갖춘 소매점
㉣ 물류 네트워크상에서 비용절감을 위해 특정한 위치가 요구되는 경우
㉤ 독자적인 점포운영 정책(예컨대 24시간 운영)을 실시할 필요가 있는 경우
㉥ 할인점처럼 저비용·저가격 정책을 실시해야 하는 경우

> **지식+톡톡** 아웃렛 센터(outlet center) 또는 아웃렛 몰(outlet mall)
> • 제조업자와 백화점의 비인기상품, 재고상품, 사용상에는 아무 문제가 없는 하자상품, 이월상품 등을 대폭적인 할인가격으로 판매하는 상설할인점포(outlet store) 또는 점포로 구성되는 판매지역 내지 공간을 일컫는 말이다. 아웃렛 센터의 핵심적인 컨셉은 가치(value)이다.
> • 유명 메이커의 재고 처리점인 팩토리 아웃렛(factory outlet)과 일반 소매점의 재고처리점인 리테일 아웃렛(retail outlet) 스토어들이 군집형태로 모여 있는 곳이다.
> • 미국에서는 도심 밖의 물류창고에 위치하는 경우가 많다. 우리나라의 경우에도 최근 미국과 비슷한 추세를 보이고 있다.

3 쇼핑센터

(1) 쇼핑센터의 의의와 특징

① **쇼핑센터의 개념과 등장배경**
  ㉠ 쇼핑센터의 개념
    ⓐ 쇼핑센터는 하나의 개발업자(developer)가 도시 근교에 대규모 토지를 확보하여 의도적인 개발계획하에 대규모 커뮤니티(community) 시설로 만들어지는 것이 보통이다.
    ⓑ 쇼핑센터는 도시 외곽의 대형건물에 원스톱 쇼핑(one stop shopping)이 가능하도록 소매점을 비롯한 다양한 업종 및 업태들을 모아 만든 대규모 집단판매시설을 의미한다. 또는 상점가라고 한다.
    ⓒ 「유통산업발전법 시행령」에서는 쇼핑센터를 "용역의 제공장소를 제외한 매장면적의 합계가 3천제곱미터 이상인 점포의 집단으로서 다수의 대규모점포 또는 소매점포와 각종 편의시설이 일체적으로 설치된 점포로서 직영 또는 임대의 형태로 운영되는 점포의 집단"으로 정의하고 있다.
  ㉡ 쇼핑센터의 등장배경
    쇼핑센터(shopping center)는, 산업화에 따른 도시화로 도시가 확산되는 현상인 스프롤(sprawl) 현상과 함께 자가용 승용차의 보급이 확대됨에 따라, 제2차 세계대전 뒤 미국에서 등장하였다. 각종 상업시설의 집합체로 개발·운영되는 '집합형 소매상점가'를 말한다.

② **백화점과의 차이점**
  ㉠ 쇼핑센터는 다른 판매시설과는 달리 중앙 부분에 보행자전용로(pedestrian mall)를 가지고 있다. 이는 자동차와 보행자의 동선이 충돌하는 현상을 방지하기 위한 것이다.
  ㉡ 어떤 쇼핑센터는 구성요소 중의 하나로 백화점을 포함하고 있을 정도로 대규모인 경우도 있다.
  ㉢ 쇼핑센터는 상업활동 이외에도 커뮤니티 역할을 하는 은행, 이발소, 세탁소, 사무소, 호텔, 극장 그리고 대규모 주차장까지 포함하고 있다.
  ㉣ 쇼핑센터는 상품별 전문조직이 다수 업체인 집합이지만 백화점은 단일 주체라는 점에서 차이가 있다.

③ **쇼핑센터의 특징**
  ㉠ 주로 도심중심지에 상권이 형성
  ㉡ 개별점포의 영업시간 등 운영에 대한 간섭
  ㉢ 다양한 유형의 많은 점포들을 집적
  ㉣ 입점업체 구성(mix)의 계획적 조정 필요
  ㉤ 높은 임대료와 관리비용

(2) 쇼핑센터의 유형

쇼핑센터는 스트립 쇼핑센터와 쇼핑몰로 구분하고, 스트립 쇼핑센터는 다시 네이버후드 센터, 커뮤니티 센터, 파워 센터로 구분한다.

① 스트립 쇼핑센터

㉠ 네이버후드 센터
ⓐ 네이버후드 센터(neighborhood center)는 흔히 동네 쇼핑센터라고도 하는데, 소비자와 가장 가까운 지역에서 일상의 욕구충족을 위한 편리한 쇼핑장소를 제공하도록 설계된 근린형 쇼핑센터이다.
ⓑ 미국의 경우 이 센터의 반은 슈퍼마켓으로, 1/3 정도는 드럭 스토어로 정착되었다. 일반적으로 슈퍼마켓이 가장 강력한 핵점포(anchor store)의 역할을 수행한다.

> **지식+톡톡 드럭 스토어(drug store)**
>
> 드럭 스토어는 일반 의약품과 건강·미용상품을 주로 취급하는 상점이다. 우리나라에는 올리브영, LOHB's 등이 여기에 해당하는데 의약품을 취급하지 못하므로 H&B store(health & beauty store)라고 부른다.

㉡ 커뮤니티 센터
ⓐ 커뮤니티 센터(community center)는 지구 중심에 위치하여 의류와 일반상품에 대해 네이버후드 센터보다는 다양한 상품을 제공한다(네이버후드 센터보다 3~4배 면적의 부지). 지역 쇼핑센터라고도 한다.
ⓑ 센터 내 주요 소매업태는 일반적인 수퍼마켓과 대형 드럭 스토어, 할인백화점 등이고, 카테고리 전문점이나 할인점 등의 업체들이 입점해 있다.

㉢ 파워 센터
ⓐ 파워 센터(power center)는 전문센터라고도 하는데, 할인점·할인 백화점·창고형 클럽 등을 포함하는 대형점포들로 구성되어 있다. 또는 홈디포 등 카테고리 킬러형 소매점에도 적합하다. 대형점포는 물론 소수이 소규모 전문점도 입주하고 있다.
ⓑ 대규모 할인점이나 백화점을 핵점포(anchor store)로 유치하는 것이 적절한 점포 유형이다.

> **지식+톡톡 쇼핑센터의 유형별 핵점포**
>
> • 근린형 쇼핑센터 : 슈퍼마켓, 드럭 스토어, 편의품에 중점
> • 커뮤니티 쇼핑센터 : 양판점 또는 종합할인점, 편의품 및 일부 선매품에 중점
> • 지역형 쇼핑센터 : 하나 혹은 두개의 (대형)백화점, 일부 선매품 및 일부 전문품에 중점
> • 초광역형 쇼핑센터 : 다수의 백화점, 선매품 및 전문품에 중점

② 쇼핑몰
　㉠ 쇼핑몰의 개념
　　ⓐ 쇼핑몰(shopping mall)은 최근 들어 많이 등장하고 있는 것으로, 과거의 도로를 중심으로 한 직선적 상가 배치에서 벗어나, 원형 등 면 중심으로 상가를 배치한 형태를 말한다.
　　ⓑ 쇼핑센터 내에 녹지나 분수 등의 환경을 갖춘 홀이나 통로를 몰(mall)이라고 한다. 가로수·가로등·안내판·벤치 등을 고객들의 취향에 맞게 디자인하여 보행자의 쾌적성을 중시하고, 머무는 시간이 길어지도록 계획된 상점가이다.
　　ⓒ 최근에는 단일의 개발업자가 건물의 내부에 천장까지 이어지는 넓은 홀을 두고 그 주변으로 상점들을 배치한 형태의 대형 복합쇼핑몰이 등장하고 있다.
　　ⓓ 「유통산업발전법 시행령」에서는 복합쇼핑몰을 "용역의 제공장소를 제외한 매장면적의 합계가 3천제곱미터 이상인 점포의 집단으로서 쇼핑, 오락 및 업무 기능 등이 한 곳에 집적되고, 문화·관광 시설로서의 역할을 하며, 1개의 업체가 개발·관리 및 운영하는 점포의 집단"으로 정의하고 있다.
　㉡ 쇼핑몰의 특징
　　ⓐ 쇼핑몰의 전체적 관점에서 쇼핑몰 본부가 입점업체의 구성, 즉 입점업체 믹스를 계획하고 통제한다. 이와 함께 입점업체들의 매장경영 전반에 대해 계획·실행·관리를 해주기 때문에 개별업체들 입장에서는 투자의 위험성이 상대적으로 낮다.
　　ⓑ 그러나 입점업체들의 점포경영에 대해 쇼핑몰에서 전체적으로 관리를 해준다고 해서 모든 입점업체들이 반드시 좋아하는 것은 아니라는 점에 유의해야 한다.
　　ⓒ 다양한 유형의 점포, 다양한 상품구색, 쇼핑과 오락의 결합 등으로 고객흡인력이 매우 높고, 따라서 전천후 쇼핑을 가능하게 하는 쇼핑의 중심지가 된다.
　　ⓓ 개별점포의 영업시간이나 외부환경 등이 동질적으로 관리되므로, 따라서 개별점포는 외부환경에 대해 별도로 관리할 필요가 없다.
　　ⓔ 도심지형 쇼핑몰은 주로 편의성 컨셉(convenience concept)을 중심으로 형성된다. 따라서 백화점이나 전문점 등이 키 테넌트(key tenant)가 되며 핵점포가 차지하는 비율은 다른 쇼핑센터 유형보다 상대적으로 높다.
　　ⓕ 쇼핑몰 내부에 있는 점포의 임대료는 주변에 있는 점포들에 비해 임대료가 비교적 비싸다.
③ 쇼핑센터의 입지별 분류
　㉠ 교외형 쇼핑센터 : 교외형은 특정 상권의 사람들을 구매층으로 하며, 비교적 저층이고, 대규모 주차장을 갖고 있으며 백화점, 대형 슈퍼마켓 등을 중심으로 하는 경우가 많다.
　㉡ 도심형 쇼핑센터 : 도심형은 불특정다수의 사람들을 구매층으로 하며, 지가가 높은 지역에 입지하기 때문에 면적 효율상 고층이 되는 경우가 많고 주차공간도 집약된다.

(3) 쇼핑센터의 테넌트 관리

① **테넌트 믹스**
  ㉠ 테넌트(tenant)는 상업시설의 일정한 공간을 임대하는 계약을 체결하고 해당 상업시설에 입점하여 영업을 하는 임차인을 일컫는 말이다.
  ㉡ 테넌트 믹스(tenant mix)를 통해 상업시설의 머천다이징 정책을 실현하기 위해서는 시설 내 테넌트 간에 과도한 경쟁이 되지 않도록 해야 한다.

② **테넌트의 유형**
  ㉠ 앵커 테넌트(anchor tenant) : 백화점, 할인점, 대형서점 등으로 핵점포(key tenant)라고도 하며 상업시설 전체의 성격을 결정짓는 요소로 작용한다. 해당 상업시설로 많은 유동인구를 발생시키기도 한다. 해당 상업시설의 가치를 높여주는 역할을 한다.
  ㉡ 마그넷 스토어(magnet store) : 쇼핑센터의 이미지를 높이고 쇼핑센터의 회유성을 높이는 점포를 말한다.
  ㉢ 트래픽 풀러 : 전문점 빌딩 등의 스페셜리티 센터(speciality center)에 배치되어 흡인력이 높은 임차인을 의미한다.

(4) 쇼핑센터의 입지전략

① **기본계획**
  ㉠ 계획의 전제
    ⓐ 쇼핑센터의 위치 설정은 커뮤니티형과 교외형의 경우 자동차를 이용하여 도달할 수 있는 소요거리 및 소요시간이 중요하다.
    ⓑ 입지별로 교외형과 도심형 쇼핑센터로 구분하여 각각의 특성에 적합한 목표를 설정하여야 한다.
    ⓒ 쇼핑센터를 구성하는 중심상점, 몰(mall), 코트(court), 전문상가, 사회·문화시설 등의 연계체계를 세심하게 검토하여야 하며, 고객을 위한 다양한 공간의 제공을 고려하여야 한다.
  ㉡ 계획의 수안섬
    ⓐ 쇼핑센터의 특징적인 요소인 보행자 지대와 몰의 계획이 중요하다. 보행자 지대와 몰은 쇼핑센터 내의 주요동선으로 고객을 각 점포에 균등하게 접근할 수 있도록 하며, 고객에 다양한 공간과 휴식공간의 기능도 동시에 제공하여야 할 것이다.
    ⓑ 전문점과 중심상점의 주출입구는 몰에 면하도록 하며, 쇼핑센터의 몰은 단층 또는 다층으로 계획할 수 있으나 각 층 사이의 시야 개방이 고려되어야 한다.

② **배치계획**
  ㉠ 입지조건
    ⓐ 쇼핑센터의 위치결정은 이용객의 주거지로부터 쇼핑센터에 이르기까지의 소요거리(운전시간)가 중요한 요인이 된다. 미국의 예를 들면 12~15분간 운전하는 소요거리가 적당하다고 하며, 최대 25분을 초과하는 거리는 이용되기 어렵게 된다.

ⓑ 운전시간이 거리와 반드시 비례하지는 않는데, 그것은 고속도로와 같은 곳을 운전할 경우와 도심지를 통해 빠져나갈 경우 같은 운전시간이라도 거리상의 차이가 있기 때문이다.
ⓒ 배치 및 블록플랜
　ⓐ 중심상점을 몰로 연결하고 그 양측에 전문점을 두어, 주차장이나 대중교통수단으로부터의 진입방향에 출입구를 위치시킨다.
　ⓑ 쇼핑센터는 중심형과 분산형으로 구분할 수 있는데, 중심형의 경우는 고객의 주진입방향에 출입구를 두고 반대쪽에 중심상점을 배치하며, 그 사이에 몰을 축으로 하는 전문점들로 연결한다. 분산형인 경우는 각 중심상점들이 몰로 연결되어 고객들의 순환 동선이 원활하게 이루어지도록 한다.

> **지식+톡톡 목적점포와 기생점포**
> - 목적점포(destination store)는 그 점포가 일반적인 상업 중심지 밖에 있더라도 소비자가 그 점포만을 방문하기 위하여 이동할 용의가 있는, 즉 매장 자체가 목적지가 되는 점포이다.
> - 예컨대 유명 브랜드의 아웃렛(outlet)이 도시 외곽에 세워졌다고 하더라도 소비자는 기꺼이 장거리를 이동하여 그 점포를 이용한다. 이 경우 같은 센터에 있는 매장이라도 다른 상권을 가지게 될 수 있다.
> - 다른 업체와 비교하여 확실한 기술력을 보유하고 있는 업체나 뛰어난 마케팅 능력을 보유하고 있으며 스스로도 충분히 능력을 발휘할 수 있어 확실한 비교우위를 가진 점포라면 목적점포가 될 수 있다.
> - 즉, 고객이 스스로 찾아올 수 있도록 서비스와 시설규모를 가진 점포로, 예컨대 ㉠ 특정상권 안에서 가장 낮은 가격으로 식료품을 판매하는 대형 슈퍼마켓, ㉡ 특정상권 안에서 뚱뚱한 사람들에게 맞는 청바지를 파는 유일한 점포, ㉢ 수많은 종류의 장난감을 판매하는 카테고리 킬러 등이다.
> - 쇼핑몰 혹은 쇼핑센터에 입점해 있는 전문점이나 할인점은 목적점포이지만, 같은 곳에 입점해 있는 음식점이나 편의점, 세탁소 등은 기생점포라고 할 수 있다.
> - 기생점포(parasite store)는 그 자체가 소비자의 이동을 유도하지 못하고, 그 자체로 상권을 형성할 수 없는 점포이다.

4 복합용도개발지역

(1) 복합용도개발의 의의

① 복합용도개발의 정의
　㉠ 복합용도개발(MXDs : Mixed-use Developments)은 주거·상업·업무활동 등 3가지 이상의 활동이 함께 이루어지도록 계획되어, 편리성과 쾌적성을 높인 복합용도의 건축물 또는 건축물군으로 개발하는 것을 의미한다.
　㉡ 복합용도개발은 하나의 건물에 쇼핑센터, 오피스텔, 호텔, 주상복합건물, 시민회관, 컨벤션센터 등 다양한 용도를 결합시키는 것을 의미한다.

② **복합용도개발의 요건**

이 용어는 블렉켄펠트(G. Breckenfeld)에 의해 처음 사용되었고, 이후 위더스푼(R. E. Witherspoon)은 복합용도 건축물의 조건으로, ㉠ 세 가지 이상의 용도 수용, ㉡ 물리적·기능적 통합(동선체계의 연결), ㉢ 통일성 있는 계획에 의한 개발 등을 제시하였다.

㉠ 세 가지 이상의 용도 수용 : 복합용도로 개발된 건물은 호텔, 오피스, 상가, 주거 등 도시 속 인간생활의 기본요소인 주거, 작업, 여가의 각 활동을 동시에 수용하는 건물로서 세 가지 이상의 용도가 한 건물에 물리적·기능적으로 복합된 건물을 말한다.

㉡ 물리적·기능적 통합 : 복합용도개발의 또 하나의 특징은 구성요소들 간에 견고한 물리적 기능의 통합에 의한 고도의 토지이용을 창출하는 데 있다. 이를 위해서는 수직적·수평적 동선체계의 집중적인 연결로써 긴밀하게 통합되어야 한다.

㉢ 통일성 있는 계획에 의한 개발 : 복합용도개발은 단위개발 프로젝트에 비해 관련 전문분야와의 협력이 필요하며, 전체 프로젝트의 규모, 형태, 밀도, 용도들 간의 상대적인 관계, 오픈 스페이스 등의 일관된 계획에 의해 이루어진다.

③ **복합용도개발의 특징**

㉠ 많은 쇼핑객을 점포로 유인하므로 소매업체에 인기가 높고, 넓은 공간을 생산적으로 사용하기 때문에 비용이 절감되어 개발업체에도 인기가 높다.

㉡ 공간 활용률이 매우 높다.

㉢ 다양한 목적을 가진 고객을 유인하여 비업무시간대에도 높은 활용도를 보인다.

㉣ 특정한 지역에 같은 기능을 하는 점포들이 몰려있기 때문에, 많은 고객들을 점포로 유인할 수 있다.

㉤ 오피스 개념의 도심지에 주거기능을 도입함으로써 도넛 현상인 도심 공동화 현상을 어느 정도 방지할 수 있어 도시에 활력소가 된다.

㉥ 개발 가능성이 높기 때문에 재개발을 수행함으로써 도심지역 토지이용의 효율성을 높일 수 있다.

④ **복합용도개발의 장·단점**

장 점	• 높은 시너지 효과 • 업무의 효율성 향상 • 획일적 기능 완화 • 도심공동화 현상 완화
단 점	• 쾌적성 문제 • 공간 확보의 어려움(공공, 문화시설)

(2) 복합용도개발의 유형 및 효과

① **복합용도개발의 유형**
  ㉠ 업무 중심의 복합화 : 하나의 건물 내에 서로 다른 기능을 수용하는 유형으로, 여러 기능을 수용함으로써 건물이 고층화된다. 소규모 부지에도 적용이 가능하고, 지역의 랜드마크(landmark)적인 역할을 수행하며, 사람과 물자의 이동이 건물 내에서 수직 동선으로 처리되므로 교통혼잡 문제가 해결된다는 장점이 있다.
  ㉡ 다발층 콤플렉스 : 서로 다른 몇 개의 건물을 배치하고, 이를 상업용도의 저층 기단부로 묶어 그 하부에 공공지원시설, 주차시설 등을 구획하는 유형이다.
  ㉢ 도시블럭 연계형 : 중·저층의 건축물들을 한 개 층의 시설을 중심으로 연결·배치하고, 기능배치는 층별로 중첩시키거나 인접도로의 성격에 따라 분산배치하는 형태이다.

② **복합용도개발의 효과**
  ㉠ 복합기능의 수용에 따라 도시 내 상업기능만의 급격한 증가현상을 억제함으로써 도시의 균형 잡힌 발전을 도모할 수 있다.
  ㉡ 젊은 독신자나 젊은 부부처럼 도시 내에서 살고자 하는 사람이나 살 필요가 있는 사람들에게 양질의 주택을 공급할 수 있으며 이로 인해 직주분리 현상으로 인한 도심공동화 현상을 방지할 수 있다.
  ㉢ 도심지주변에 주상복합건물을 건설할 경우 이 지역이 도소매업, 광고업, 인쇄업 등 서비스 기능 위주의 전이지역(zone of transition)으로 변화하는 것을 방지할 수 있다.
  ㉣ 도심지 내 주생활에 필요한 근린생활시설 및 각종 생활편익시설의 설치가 가능하게 되어 도심지가 생동감이 넘치고 다양한 삶의 장소로 바뀔 수가 있다.

제3절 입지선정 및 분석

1 입지선정의 의의

(1) 입지와 입지선정

① **입지의 의의**
  ㉠ 입지(location)는 주택·점포·공장 등이 위치하고 있는 장소 또는 입지주체가 정하는 경제활동의 장소를 말하는 것으로 정적(static)인 개념이다. 입지는 상권과 밀접한 관계를 가지며 사업이 지향하는 목적에 따라 결정한다.
  ㉡ 입지는 점포가 소재하고 있는 위치적인 조건으로 일반적으로 상권의 크기, 교통망, 고객층, 점포의 지세 및 지형과 밀접한 관련을 맺고 있다.
  ㉢ 입지는 유동고객의 동선과 주변 여건에 따라 상급지와 중급지, 하급지(또는 1급지와 2급지, 3급지)로 분류할 수 있다.

② **입지선정의 의의**
  ㉠ 입지선정은 입지주체가 추구하는 조건을 갖춘 토지를 발견하는 것(입지론)으로 동적(dynamic)인 개념이다. 입지선정에는 주어진 토지에 가장 적정한 용도를 결정하는 것(적지론)도 포함된다.
  ㉡ 입지선정시 업종과의 부합성을 반드시 검토하여야 하는데, 일반적으로 좋은 입지라고 하는 곳도 업종과 부합되지 않으면 좋은 입지라고 할 수 없다.
  ㉢ 입지선정시 학교, 관공서, 오락시설, 재래시장 등이 있으면 고객의 유입이 원활하다.

③ **입지조건**
  ㉠ 입지조건의 의의 : 입지조건은 입지주체가 추구하는 토지의 자연적·인문적 조건, 사회적 제조건을 말하는 것으로, 토지의 용도에 따라 다르다. 예컨대 주거지는 쾌적성과 편리성, 상업지는 매상고, 수익성 등이 입지조건으로 중요하다.
  ㉡ 입지조건과 입지전략 : 유통시설의 입지조건은 유통전략에도 영향을 준다. 즉, 입지조건에 따라 유통전략은 달라져야 한다. 예컨대 유동인구가 아주 많은 뛰어난 상권 내에 위치하고 있다면 특별한 유통전략을 세우지 않아도 되지만, 그렇지 못한 경우에는 고객을 유인하기 위하여 차별화 전략 등을 세워야 한다.
  ㉢ 좋은 입지와 나쁜 입지 : 흔히 말하는 좋은 입지와 나쁜 입지의 예를 들면 다음과 같다. 나쁜 입지라면 각각의 상황에 적합한 전략을 세워 점포를 운용해야 한다.

좋은 입지	나쁜 입지
• 유동인구가 많음, 접근성이 용이 • 대형사무실보다 5층 이하의 사무실 • 집객시설이 있는 곳(사람들이 많이 모일 수 있는 시설) • 퇴근길 방향, 주차장 확보 공간 • 코너 상가, 중소형 대규모 아파트 단지 • 낮은 지대 중심상권, 비어있는 점포가 없는 곳	• 상권이 필요 이상으로 확대된 지역 예 신도시 • 업종이 자주 바뀌는 곳 • 쇠퇴기의 상권 • 주변에 공터가 많은 곳(미래에 큰 점포, 경쟁 점포 입점) • 보도의 폭이 좁은 곳

④ **이용목적에 따른 입지유형**
  ㉠ 적응형 입지 : 적응형 입지란 거리를 지나다니는 유동 인구에 의해 영업이 좌우되는 입지를 말한다. 대부분의 패스트푸드, 판매형 아이템 사업 등이 이에 해당한다.
  ㉡ 목적형 입지 : 고객이 특정한 목적을 가지고 이용하는 입지이다. 특정한 테마에 따라 고객이 유입되며, 도심 외곽의 테마카페 등이 이에 해당한다.
  ㉢ 생활형 입지 : 아파트, 주택 등의 주민들이 이용하는 입지를 말한다. 지역의 주민들이 이용하므로 생활형 아이템이 많다.

⑤ **입지선정시 고려해야 할 요인**
  ㉠ 안정성 : 안정성(stability)은 사업장의 투자규모와 수익성과의 관계를 말한다. 사업장의 입지여건이 아무리 좋아 보여도 개점에 필요한 투자비용이 수익성을 능가하면 창업은 의미가 없어진다.

ⓒ 균형성 : 균형성(equilibrium)은 주변 경쟁점(competitive store)과의 균형에 관한 문제를 말한다.
ⓒ 조화성 : 조화성(harmony)은 예비 개점자가 선택한 아이템과 주변 상권과의 조화를 말한다. 일반적으로 상권형성의 형태를 살펴보면 유사한 업종이 집중적으로 형성되어 상권을 이루고 있는 것을 볼 수 있는데, 이와 같은 현상은 고객을 유도하기 위한 전략 중 하나이다.

(2) 상업지의 입지

① 상업지의 입지조건

상업지의 입지조건은 매상고와 수익성이다. 매상고와 수익성에 영향을 미치는 요인을 사회·경제적 조건과 지리적 조건으로 나누어 살펴볼 수 있다.

㉠ 사회·경제적 조건

ⓐ 배후지 및 고객의 양과 질 : 배후지(hinterland)는 상권 또는 시장지역이라고도 하는데 상업활동은 고객을 상대로 하므로 그들이 존재하는 배후지가 가장 중요하다. 따라서 인구밀도와 지역면적이 크고, 고객의 소득수준이 높아야 유리하다.

ⓑ 고객의 교통수단과 접근성 : 상점가는 고객의 교통인구가 많은 곳이 좋다. 교통인구는 단순한 통과인구가 아닌 고객인구라야 한다.

ⓒ 일일 교통인구 : 일일 교통인구가 5,000~6,000명 정도, 또는 보행인구와 자동차 인구를 합하여 약 10,000~12,000명이면 100% 상업지화될 수 있다.

ⓓ 그 지역의 번영의 정도 : 당해 지역이 지역 사이클로 볼 때 어떤 국면에 있으며, 현재 얼마나 번영하고 있는가를 살펴야 한다. 당해 지역의 지가수준, 임료수준, 매상고, 교통량, 입지경쟁 등의 상태를 파악하면 이를 알 수 있다.

㉡ 물리적(지리적) 조건

ⓐ 가로의 구조 : 동서로 된 가로는 서쪽이 유리하고, 커브를 이룬 가로의 경우는 바깥쪽이 유리하며, 역이나 정류장 등을 향한 가로는 우측이 유리하다. 비탈길의 경우에는 하부가 유리하다.

ⓑ 가로의 길이 : 가로의 길이가 500m 이상의 직선인 경우는 상가로서 유리한 위치가 못되지만, 100m 이내에서 끊어지는 경우도 불리하다.

ⓒ 접면너비(바깥길이) : 상품의 전시(진열)를 위하여 가급적 가로와 접한 폭인 바깥길이가 넓은 것이 유리하며, 가로의 폭은 지나치게 넓지도 좁지도 않은 것이 유리하다.

ⓓ 지반의 고저 : 주거지는 가로보다 낮으면 마이너스 요인이 되지만 상업지는 가로보다 높으면 마이너스 요인이 된다.

ⓔ 지리적 특성 : 입지의 지리적 특성으로는 상권 내 자연경계 특성, 상권 내 도로 및 교통 특성, 상권 내 대형 건축물·교통유발시설 등이 있다.

상업지의 입지조건	
사회·경제적 조건	• 배후지 및 고객의 양과 질(연령대별 인구분포, 주민의 소득수준 등) • 고객의 교통수단과 접근성 • 일일 교통인구 • 인근지역의 번영의 정도
물리적 조건	• 가로의 구조 • 가로의 길이 • 접면너비(바깥길이) • 지반의 고저, 획지의 형상 • 노면상태

② 상업지의 입지평가 요인

상업지의 입지평가 요인은 지역적 요인과 개별적 요인으로 나누어 살펴볼 수 있다. 지역적 요인은 해당 부지를 포함하고 있는 인근 주변지역을 대상으로 하는 평가요인이고, 개별적 요인은 점포가 들어설 대상부지에 대한 평가요인이다.

상업지의 입지평가 요인	
지역적 요인	• 배후지 및 고객의 양과 질 • 고객의 교통수단의 상태 • 인근지역의 번영의 정도 • 영업의 종별 및 경쟁의 상태 • 지역 경영자들의 창의와 자력 • 토지이용에 관한 공법상의 규제상태
개별적 요인	• 가로와의 접면너비, 가로의 형상 및 지반 • 가로의 고저, 각지, 접면가로와의 관계 • 고객의 통행패턴 및 적합성 • 중심으로의 접근성 • 부동산의 상태

(3) 상점의 분류

① 고객의 구매관습에 따른 상품과 상점의 분류

㉠ 편의품점

ⓐ 편의품(convenience goods)은 집근처의 매장에서 쉽게 구매하는 상품으로 생활필수품이 대부분이며, 주로 저차원 중심지에 입지한다.

ⓑ 입지는 고객 가까이에 위치해야 하므로 도보로는 10~20분 이내, 거리는 1,000m 이내 위치로, 고객이 주로 통행하는 길목에 상점이 위치하는 것이 좋다.

ⓒ 판매하는 상품이 주로 가정용품이고, 주부를 대상으로 하므로, 편의점의 입지는 인근지역(또는 근린지역)과 2차 상업지역은 바람직하지만 도심상업지역에는 좋지 않다.

ⓒ 선매품점
- ⓐ 선매품(shopping goods)이란 고객이 상품의 가격·스타일 등을 여러 상점을 통해서 비교한 후 구매하는 것을 말한다.
- ⓑ 편의품에 비해 가격수준이나 이윤율은 높고, 구매횟수가 적으며, 고객의 취미 등이 잘 반영되어야 하므로 표준화되기 어렵다(가구, 패션의류, 보석류 등).
- ⓒ 집심성과 집재성 점포에 속하는 경우가 많고, 비교적 원거리에서 고객이 찾아오기 때문에 교통수단과 접근성이 좋아야 한다.
- ⓓ 주로 중차원 또는 고차원 중심지에 입지한다.

ⓒ 전문품점
- ⓐ 전문품(speciality goods)은 고객이 특수한 매력을 찾으려는 상품으로, 구매를 위한 노력을 아끼지 않는다.
- ⓑ 가격수준도 높으며, 광고가 많이 이루어진 유표품이 많다.
- ⓒ 주로 고차원 중심지에 입지한다.

② 공간균배 원리에 따른 상점의 분류
- ㉠ 공간균배의 원리
    - ⓐ 페터(R.M. Fetter)의 이론으로 경쟁관계에 있는 점포 상호 간에는 공간을 서로 균배(균등하게 나눔)한다는 것이다. 한 점포가 입지한 후 또 다른 점포가 입지하는 경우 어느 곳에 입지하는 것이 유리한가를 설명하는 이론이다.
    - ⓑ 시장이 좁고 수요의 교통비 탄력성이 작은 경우에는 집심적 입지, 시장이 넓고 수요의 교통비 탄력성이 큰 경우에는 분산입지 현상이 나타난다는 주장이다.
    - ⓒ 수요의 교통비 탄력성은 교통비가 증가할 때 수요량이 얼마나 감소하는가를 측정하는 개념이다. 즉, 수요의 교통비 탄력성 = 수요량의 변화율/교통비의 변화율이다. 수요의 교통비 탄력성이 탄력적이면 교통비가 조금만 증가해도 수요량이 크게 감소하므로 이런 상품은 주거지에 가까운 곳에서 판매하여야 하므로 주거지마다 분산입지하게 된다.
- ㉡ 상점의 분류
    - ⓐ 집심성 점포 : 도시의 중심지(CBD)에 입지해야 유리한 유형의 점포이다. 백화점, 고급음식점, 보석 가게, 고급의류점, 대형 서점, 영화관 등이 있다.
    - ⓑ 집재성 점포 : 동일 업종이 서로 한 곳에 모여 있어야 유리한 유형의 점포로 집적 효과를 얻을 수 있다. 가구점, 중고 서점, 전자제품, 기계점, 관공서 등이다.
    - ⓒ 산재성 점포 : 서로 분산입지를 하여야 유리한 유형의 점포로 잡화점, 이발소, 세탁소, 대중목욕탕, 어물점 등이 있다.
    - ⓓ 국부적 집중성 점포 : 어떤 특정 지역에 동업종끼리 국부적 중심지에 입지하여야 유리한 유형의 점포이다. 농기구점, 석재점, 비료점, 종묘점, 어구점 등이다.

(4) 소매입지의 선정
① 입지선정의 절차

입지선정은 대체적인 출점지역(region)의 선정 → 지역 내에서 상권(trade area) 결정 → 구체적인 출점부지(site) 선정의 절차에 따라 이루어진다. 지역, 상권, 특정입지(출점부지)의 세 가지 수준 가운데서 소매점포들 사이의 경쟁관계를 분석하는데 가장 적합한 수준은 상권 수준이다.

㉠ 상권측정과 평가
　ⓐ 상권(trading area)이란 소매업자가 소비자를 자신의 고객으로 끌어들이거나 끌어들이기를 기대할 수 있는 지리적 영역으로 정의된다.
　ⓑ 상권의 범위는 소매점이 제공하는 제품이나 서비스의 성질·구색·가격 등에 의해서 결정될 뿐 아니라, 점포내부의 특성, 운영방식, 상점의 밀집정도에 의해서도 영향을 받는다.

㉡ 특정입지(출점부지)의 선정
　ⓐ 잠재적인 상권이 규정되면 소비자의 접근가능성, 교통량, 상권인구의 규모와 분포, 수입, 경제적 안정성, 경쟁 등의 요인에 의해 선택가능한 점포 입지가 선정된다. 소매점포 입지(retail site)란 소매업을 하는 소매점포의 구체적인 지리적 위치를 의미한다.
　ⓑ 점포입지의 대안으로는 다른 소매점들과 지리적으로 격리되어 있는 독립입지(isolated site)와 지리적으로 인접하거나 밀집되어 있는 군집입지(clustered site) 등이 있을 수 있다.
　ⓒ 일반적으로 의류, 구두, 가구 등의 선매품을 판매하는 점포들은 군집입지에 위치하여야 하나 전문품을 판매하는 점포는 독립입지에 위치하여도 매출에 큰 영향을 받지는 않는다.

② 입지와 부지의 평가요소와 평가방법
㉠ 입지와 부지의 평가요소
　ⓐ 보행자 통행량 : 통행인 수, 통행인의 유형
　ⓑ 차량 통행량 : 차량통행 대수, 차종, 교통밀집 정도
　ⓒ 주차시설 : 주차장 수, 점포와의 거리, 종업원 주차의 가능성
　ⓓ 교통 : 대중교통수단의 이용가능성, 주요 도로에의 근접성, 상품배달의 용이성
　ⓔ 점포구성 : 상권 내 점포 수와 규모, 인근 점포와 자사 점포와의 유사성, 소매점 구성상의 균형 정도
　ⓕ 특정의 부지 : 가시성, 입지 내에서의 위치, 대지의 크기와 모양, 건물의 크기와 모양, 건물의 사용연수
　ⓖ 점유조건 : 소유 또는 임대조건, 운영 및 유지비용, 세금, 도시계획과의 관련 여부

㉡ 유통집적시설에 유리한 입지
　ⓐ 교외지역 : 교외지역은 인구가 충분하고 앞으로도 인구증가가 예상된다.
　ⓑ 간선도로망 : 간선도로망이 갖추어진 경우 어디에서든 자동차로 올 수 있다.
　ⓒ 핵점포의 존재 : 핵점포(anchor store)가 있으면 누구든지 찾아오므로 고객의 집객력이 높다.

ⓓ **지역 최대의 주차장** : 대형주차장은 자동차 쇼핑시대의 편의를 제공한다.
ⓔ **점포부족상태** : 점포가 부족한 상태라면 소비자가 대형 유통시설의 출점을 기대하고 있다.
ⓕ **독립상권의 성격** : 독립상권이라면 구매력이 다른 상권으로 유출되기 어려우므로 유리한 조건을 갖고 있다.

> **지식+톡톡** **핵점포**(anchor store)
> 상권이 넓고 다수의 고객을 유인할 수 있는 영업력이 강한 점포, 또는 쇼핑센터의 중심점포를 말한다. 상대적으로 점포규모가 큰 것도 핵점포의 중요한 조건이다. 계획적으로 세워진 쇼핑센터에서는 핵점포의 선정에 따라 경영성적이 크게 좌우된다.

(5) 점포의 위치선정

① **위치선정 요인**
소매점포의 위치 선정은 먼저 도시(지역)나 상업지역(상권)을 선택하고 난 후, 구체적으로 상업지역(상권) 내에서 부지를 선택하게 된다.

② **부지선정시 고려요소**
도시나 상업지역이 선택되면 다음 단계로 부지를 선택하게 된다. 부지를 선택할 때는 다음과 같은 사항을 고려해야 한다.

㉠ **추정된 매출액** : 유망한 부지를 선택하기 위해서는 잠재적인 1년 매출액을 추정해야만 한다. 왜냐하면 그 장소에서 점포가 이익을 낼 수 있는지의 여부를 결정하는 데는 매출액이 가장 중요하기 때문이다.

㉡ **취급 상품의 종류와 고객의 구매 관습** : 고객의 구매 관습과 취급상품의 종류는 부지의 선택에 매우 중요한 요소이다. 예를 들면, 식료품을 취급하는 슈퍼마켓은 고객의 주거지와 가깝거나 주차시설이 잘 되어 있고 다른 상품을 함께 구매할 수 있는 쇼핑센터에 위치해야 하지만, 백화점은 같은 형태의 점포가 무리를 이루어야 번창하기 때문에 중심지에 위치해야 한다.

㉢ **고객의 통행량** : 교통계수(traffic coefficient), 시간당·주당 고객의 통행량 및 통행의 유형은 점포의 위치에 중요한 영향을 준다. 다른 요소가 같을 때는 보통 통행량이 많을수록 영업거래량이 많아진다. 종전에는 통행량만을 중요시한데 반해 근래에는 통행의 질적 분포에도 관심이 높아지고 있다.

㉣ **경쟁자들과 다른 점포들에 관련된 위치** : 소매업자는 인근에 있는 경쟁점에 대해서 면밀한 연구를 해야 한다. 예를 들어 자동차 소매업자들은 '자동차 거리'에 위치하여, 그의 경쟁자들 가까이에 자리 잡는 것이 아주 바람직하다.

㉤ **접근성** : 접근성(accessibility)은 매우 중요한 부지선정 요인임에도 불구하고 사업을 시작하려는 소매업자들이 종종 소홀히 하기 쉬운 것이다. 접근성을 평가하기 위해서는 대중교통시설, 고객들의 주거지와 점포까지의 거리, 점포가 도로변에 위치해 있는지의 여부 등을 파악해야 한다.

ⓗ 자본 투자에서 얻어지는 수익 : 특정부지에 자본을 투자하여 얻어지는 수익은 부지선정의 가장 중요한 요인이다. 소매업자가 사용하려고 계획하는 설비와 장치, 상품의 재고, 임대료 등은 이 투자에 포함된다.

출점지역과 부지선정시 고려사항

구 분	고려사항
출점지역(region) 선정시 고려요소 (거시적 요소)	• 상업지역의 인구 • 지역의 발전 상황 • 잠재적 고객의 구매관습 • 지역주민의 구매력 • 부의 분배상태 • 경쟁 상태와 강도 • 제반 법령과 제도 • 도로망의 확장계획 • 경쟁점의 확장계획
부지(site) 선정시 고려요소 (미시적 요소)	• 예상 매출액 • 취급상품의 종류와 고객의 구매관습 • 고객의 통행량 • 경쟁점포와의 위치관계 • 접근성 • 자본투자에서 얻어지는 수익 • 부지의 특징 • 부지의 유용성(임대계약조건 등) 등

2 소매입지의 평가

(1) 입지평가의 의의와 방법

① **소매입지 평가의 의의**

미국의 대표적인 유통학자인 고쉬(A. Ghosh)나 루이슨(D. Lewison) 등은 소매입지 평가의 중요성에 대해 다음과 같이 언급하고 있다.

㉠ 소매업의 마케팅 요소인 가격(price)이나 촉진(promotion), 제품구색(products), 고객 서비스 등은 쉽게 변경될 수 있다. 그러나 소매점포의 입지(place)는 소매업의 계약조건이나 막대한 점포의 설비비용 등으로 인해 한 번 결정되면 쉽게 변경할 수 없다.

㉡ 따라서 소매입지와 상권을 결정할 때는 그 지역의 인구수와 소득, 그리고 전년도의 총소매매출액 등 여러 가지 입지평가 요인을 고려하여 소매입지를 평가해야 한다.

㉢ 예컨대 미국에서는 매년 각 지역별 구매력지수(BPI)가 발표되고 있는데, 이는 그 지역의 인구수와 소득, 그리고 전년도의 총소매매출액에 가중치를 부여하여 계산된다. 이러한 구매력지수도 소매입지와 상권을 평가하는데 중요한 지표로 활용된다.

② **소매입지의 평가방법**

소매입지 평가에 활용되는 대표적인 지수로 4가지를 들 수 있다. 그 지역의 수요를 측정하는 데는 구매력지수(BPI : Buying Power Index)와 판매활동지수(SAI : Sales Activity Index)가 이용된다. 그리고 수요와 함께 공급을 측정하는 데는 소매포화지수(IRS : Index of Retail Saturation)와 시장확장잠재력지수(MEP : Market Expansion Potential)가 이용될 수 있다.

(2) 수요의 측정

① 수요측정의 의의와 방법

㉠ **수요측정의 의의**

소매점포가 입지하려는 지역의 수요를 측정하는 방법은 다양하지만 가장 쉬운 방법은, 그 지역에 거주하는 인구(또는 가구)수와 각 가구의 가처분 소득(disposable income)에 대한 조사를 통해 그 지역의 구매력을 파악하는 것이다.

㉡ **수요측정의 방법**

ⓐ 지역의 수요를 측정할 때는 그 지역의 인구 수를 조사하는 것이 어떤 특정집단의 가구 수를 조사하는 것보다 더 효과적이다.

ⓑ 그러나 표적시장이 정해진 경우에는 그 지역의 인구 수를 조사하는 것보다 특정 인구집단의 가구 수를 조사하는 것이 더 효과적이다. 예를 들어 아동복을 판매하려는 점포라면 어린 자녀가 있는 가구만을 대상으로 조사하는 것이 바람직하다.

ⓒ 소매업자는 여러 가지 인구통계적 특성(가족구성원의 수와 연령, 인구밀도 등)과 사회·경제적 특성(가구의 소득, 주거유형 등)에 따라 세분시장을 나누고, 표적 세분시장의 수요를 측정한다.

② 구매력지수(BPI)

㉠ **구매력지수의 의의**

ⓐ 구매력지수(BPI : Buying Power Index)는 지역별 구매력을 나타내는 대표적인 지표이다. 미국의 경우 전국 각 지역에 대한 구매력지수가 매년 조사·발표되고 있다.

ⓑ BPI는 소매점포의 입지를 분석할 때 해당 지역시장의 구매력을 측정하는 기준이다. 여기서 구매력은 그 지역시장의 거주자들이 상품을 구매할 수 있는 능력을 나타낸다.

ⓒ BPI는 신규점포의 수요예측과 기존점포의 실적평가용으로 주로 사용되고 있다.

㉡ **구매력지수의 측정**

ⓐ 구매력지수(BPI)는 세 가지 지표를 이용하여 측정한다. 그것은 유효소득(전체의 가처분 소득 중에서 차지하는 그 지역의 가처분 소득 비율)과 인구(총인구에서 차지하는 그 지역인구의 비율), 그리고 소매매출액(전체의 소매매출액에서 차지하는 그 지역의 소매매출액 비율)이다.

ⓑ BPI는 다음과 같이 계산된다. 즉,

$$BPI = 0.5X + 0.3Y + 0.2Z$$

이다. 여기서 X는 전체의 가처분 소득 중에서 차지하는 그 지역의 가처분 소득 비율, Y는 전체의 소매매출액에서 차지하는 그 지역의 소매매출액 비율, 그리고 Z는 총인구에 대한 그 지역인구의 비율을 의미한다.

ⓒ 여기서 0.5나 0.3 등의 가중치는 각 요인의 구매력에 대한 기여도에 따라 부여한 것으로 미국에서도 이 가중치를 이용하고 있다.

ⓒ 구매력지수의 응용
  ⓐ BPI가 높을수록 시장의 구매력이 크다는 것을 의미하고, 따라서 그 지역은 신규점포를 내기에 매력적이라는 것을 의미한다.
  ⓑ BPI를 좀 더 현실적으로 적용하여 특정가격에 판매되는 제품의 판매잠재력을 예측할 수 있다. 지역인구의 비율 대신에 점포 목표집단의 인구비율, 그리고 지역의 소매매출액 비율 대신 유사점포의 소매매출액 비율을 이용하여 계산하면 제품의 판매잠재력을 예측할 수 있다.
  ⓒ BPI를 활용하여 품질지수(QI : quality index)를 구할 수도 있다. 품질지수는 BPI를 전체인구 비중으로 나누어 계산한다. 품질지수가 높다는 것은 그 지역 거주자들의 구매력이 평균 이상이거나, 아니면 비거주자에 의해 구매가 많이 이루어지고 있다는 것을 의미한다.

③ 판매활동지수(SAI)
  ㉠ 판매활동지수의 계산
  판매활동지수(SAI : Sales Activity Index)는 다른 지역과 비교한 특정 지역 내의 일인당 소매매출액을 측정한 것이다.

$$SAI = \frac{\text{총소매매출액에서 차지하는 그 지역의 비율(\%)}}{\text{총인구에서 차지하는 그 지역인구의 비율(\%)}}$$

  ㉡ 판매활동지수의 의의
  SAI가 높을수록 지역의 구매력은 크다는 것을 의미한다. 그러나 높은 SAI는 비거주자의 구매력이나 특정 기업체의 대량구매, 소수 거주자의 대량구매 등에 의해서 나타난 것일 수도 있기 때문에 주의를 기울여야 한다.

(3) 수요와 공급의 측정
① 소매포화지수(IRS)
  ㉠ 소매포화지수의 의의
  ⓐ 소매포화지수(IRS : Index of Retail Saturation, 또는 RSI : Retail Saturation Index)는 특정 지역시장의 잠재수요를 총체적으로 측정할 수 있는 지표로 많이 이용되고 있다.
  ⓑ IRS는 한 시장지역 내의 특정 소매업태(또는 집적 소매시설)의 단위매장면적당 잠재수요를 표시하는 것으로 다음과 같이 계산된다.

$$IRS = \frac{\text{잠재수요}}{\text{특정업태의 총매장면적}}$$
$$= \frac{\text{지역시장의 총가구수} \times \text{가구당 특정업태에 대한 지출액}}{\text{특정업태의 총매장면적}}$$

ⓒ IRS는 지역시장의 수요는 물론, 공급을 종합적으로 측정할 수 있는 지표로, 신규점포에 대한 시장 잠재력을 측정할 때 유용하게 사용된다.

ⓒ 소매포화지수의 활용

ⓐ 이 지수의 값이 클수록 수요가 공급에 비해 크다는 것(또는 수요에 비해 점포가 적어서 공급이 적다는 것)을 의미한다. 즉 현재 과소점포의 상태에 있고, 따라서 잠재적으로 고객을 흡인할 기회가 많으므로 그 지역이 매력적이라는 것을 의미한다.

ⓑ 그러나 특정지역의 IRS는 그 자체로는 큰 의미를 지니지 못하고 다른 지역의 IRS와 비교해야 그 의미가 분명해진다. 즉, IRS가 크다는 것은 그 지역의 잠재수요가 다른 지역에 비해 상대적으로 더 크다는 것을 의미한다.

ⓒ IRS는 BPI와 함께 사용될 수 있다. 즉, BPI가 아무리 높아도 IRS가 낮아 그 지역의 경쟁강도가 높다면 소매입지로 적당하지 못하다. BPI만 가지고는 지역분석이 불충분하기 때문에 수요와 공급을 함께 고려할 필요가 있고, 이때 이용할 수 있는 것이 IRS이다.

ⓒ 소매포화지수의 평가

ⓐ IRS는 경쟁의 양적인 측면만 고려되고 질적인 측면은 고려하지 못하는 점과 미래의 신규수요를 반영하지 못하는 점에서 비판을 받고 있다. 또한 거주자들의 지역시장 밖에서의 쇼핑정도(또는 수요, outshopping)를 반영하지 못하는 문제점이 있다.

ⓑ IRS는 점포가 비슷한 전통적인 슈퍼마켓 등에는 적용이 용이하나 스포츠 용품 또는 가구점 등 전문화된 점포에는 적용이 어렵다.

② 시장확장 잠재력지수(MEP)

㉠ 시장확장 잠재력의 의의

ⓐ 소매포화지수(IRS)가 낮은 지역이라고 해서 미래의 잠재력도 낮은 것은 아니다. 그 이유는 지역의 소비자들이 해당지역에서 욕구를 충족시키지 못해 다른 지역으로 나가서 쇼핑을 할 수도 있기 때문이다.

ⓑ 따라서 미래의 예상수요까지 포함해서 시장공급 가능성을 정확히 파악하기 위해서는 IRS뿐만 아니라 시장확장 잠재력도 분석할 필요가 있다.

㉡ 시장확장 잠재력지수의 측정

ⓐ 지역시장의 매력도는 기존의 수요와 공급뿐만 아니라 미래의 시장확장 잠재력에 의해서도 영향을 받는다. 미래의 시장확장 잠재력을 나타내는 것이 시장확장 잠재력지수(MEP : Market Expansion Potential)이다.

ⓑ 이 지표는 지역시장이 미래에 신규수요를 창출할 수 있는 잠재력을 반영하는 지표가 되는 것으로 해당상품(서비스)에 대한 예상수요액을 총매장면적으로 나눈 값이다.

$$MEP = \frac{해당상품의\ 예상수요}{총매장면적}$$

ⓒ 시장확장 잠재력은 지역에서 미래에 새로운 수요를 이끌어 낼 수 있는 가능성을 의미한다. 시장확장 잠재력은 다른 지역에서의 쇼핑정도, 다른 업태의 이용정도, 대체품의 구입정도 등을 측정하여 결정된다.

ⓒ 시장확장 잠재력지수의 활용
　ⓐ MEP는 지역시장 매력도의 평가에서 IRS의 문제점을 보완하는 지표로서, 구체적으로 거주자들이 지역시장 이외의 다른 지역에서의 쇼핑지출액을 추정하여 계산한다.
　ⓑ MEP 값이 크다는 것은 거주자들의 다른 지역에서의 쇼핑정도가 높다는 것을 의미하고, 따라서 시장확대 잠재력이 높다는 것을 나타낸다.

③ IRS와 MEP의 활용
㉠ IRS와 MEP의 결합
지역시장 매력도는 IRS와 MEP를 함께 사용하여 평가될 수 있는데, 아래 그림은 시장 매력도를 네 가지 유형으로 분류한 것이다.

	시장확장 잠재력지수(MEP)	
	고	저
소매포화지수(IRS) 고	1분면 현재 경쟁정도는 낮고 확장잠재력이 높은 경우	2분면 현재 경쟁정도는 낮고 확장잠재력도 낮은 경우
소매포화지수(IRS) 저	3분면 현재 경쟁정도는 높고 확장잠재력도 높은 경우	4분면 현재 경쟁정도는 높고 확장잠재력도 낮은 경우

㉡ 각 상황의 평가
　ⓐ 그림에서 IRS와 MEP가 모두 높은 지역시장이 가장 매력적인 시장이다. 즉, 높은 IRS는 시장의 포화정도가 낮아 아직 경쟁이 치열하지 않음을 의미하며, 높은 MEP는 총수요의 증가가능성이 높다는 것을 반영한다.
　ⓑ IRS와 MEP가 모두 낮은 시장은 치열한 경쟁과 낮은 시장확장 가능성을 반영하므로 신규점포 진출의 시장후보지로 적절하지 않다는 것을 의미한다.
　ⓒ 2분면과 3분면에 해당하는 지역시장의 매력도는 높지도 낮지도 않은 수준이므로 결국 자사점포의 경쟁력(competitive power)에 의해 좌우된다.

④ 경제적 기반
㉠ 경제적 기반의 의의
특정시장의 매력도는 IRS와 MEP에 의해 측정되지만 가능한 한 그 지역의 경제적 기반(economic base)도 함께 평가해야 한다.

ⓛ 경제적 기반의 평가대상이 되는 요인
　　　ⓐ 미래의 경제활성화 정도
　　　ⓑ 광고매체의 이용가능성과 비용
　　　ⓒ 근로자의 이용가능성과 비용
　　　ⓓ 지방자치단체의 지역경제 활성화 노력
　　　ⓔ 지역시장에 대한 정부의 법적 규제

(4) 점포의 입지평가

① 넬슨의 소매입지이론
　㉠ 넬슨(R. E. Nelson)은 점포의 경영주체가 최대의 이익을 얻을 수 있는 매출액을 확보하기 위하여 어떤 점을 고려할 것인가에 대해 8가지 원칙을 제시하였다.
　㉡ 8가지는 상권의 잠재력, 접근가능성, 성장가능성, 중간 저지성, 누적적 흡인력, 양립성, 경쟁 회피성, 용지 경제성 등으로, 이 중 넬슨은 양립성을 가장 중요시한다.

② 8가지 점포입지의 원칙
　㉠ 상권의 잠재력 : 잠재력(potential)은 점포가 진입한 상권이 얼마나 많은 인구를 포함하고 있어 매출액과 수익성에 어느 정도의 영향을 미칠 수 있는가를 의미한다. 즉, 상권의 크기와 수익창출 능력을 말하는 것이다.
　㉡ 접근가능성 : 접근성(accessibility)은 점포로의 진입과 퇴출의 용이성을 의미한다. 접근성을 평가하려면 도로구조, 도로상태, 주도로로의 진입과 퇴출, 교통량과 흐름, 가시도, 장애물 등을 분석해야 한다.
　㉢ 성장가능성 : 성장가능성(growth possibility)은 주변의 인구 증가와 일반 고객들의 소득증가로 인하여 시장규모나 선택한 사업장과 유통상권이 어느 정도로 성장할 수 있겠는가를 평가하는 것이다.
　㉣ 중간 저지성 : 저지성(interception)은 상권지역 내의 기존점포나 상권 지역이 고객과 중간에 위치하여 경쟁점포나 기존의 상권으로 접근하려는 고객을 중간에서 저지할 수 있는(가로챌 수 있는) 가능성을 의미한다.
　㉤ 누적적 흡인력 : 누적력(cumulative attraction)은 동일하거나 유사한 상품들을 판매하는 소매점들이 분산되어 있을 때보다 밀집해 있을 때 소비자를 끄는 힘(흡인력)이 더 큰 것을 의미한다.
　㉥ 양립성 : 양립성(compatibility)은 인접한 서로 다른 소매점포 간에 고객을 서로 주고받을 수 있는 능력을 의미한다. 예를 들면 보완재(complimentary goods)의 성격이 강한 상품을 판매하는 소매점들이 인근에 자리 잡을 경우 각 소매점들은 고객을 서로 주고받으면서 매상을 높일 수 있게 된다.
　㉦ 경쟁의 회피 : 창업자가 진입한 상권에 경쟁점이 입지하여 경쟁점의 규모, 형태 등을 감안하여 예비창업자의 사업장이 기존점포와 우위를 확보할 수 있는 가능성 및 차후에 새로운 경쟁점이 입점함으로써 창업할 사업장에 미칠 영향력의 정도를 평가하는 것이다.

◎ 용지 경제성 : 점포가 진입할 상권의 입지가격이나 비용 등으로 인한 수익성과 생산성의 정도를 검토 평가하는 것이다.
　③ **입지의 매력도를 평가하는 원칙(입지대안 평가의 원칙)**
　　㉠ 이용가능성(availability) : 그 장소를 임대 또는 매입할 수 있는가 하는 것이다.
　　㉡ 적합성(suitability) : 장소의 규모 또는 구조 등이 개설하려는 소매점포에 적합한가를 의미한다.
　　㉢ 수용가능성(acceptability) : 그 장소를 임대 또는 매입할 만한 충분한 자원이 있는가의 여부이다.
　　㉣ 고객차단의 원칙(principle of intercept) : 입지가 고객이 특정지역에서 다른 지역으로 이동할 때에 고객으로 하여금 점포를 방문하도록 하는 입지적 특성이 얼마나 되는지를 평가하는 것이다. 이러한 특성을 가지고 있는 지역으로 평가되는 입지는 사무실 밀집지역, 상업지역, 쇼핑센터 등이다(중간 저지성).
　　㉤ 동반유인의 원칙(principle of cumulative attraction) : 유사하거나 보충적인 소매업들이 군집하고 있는 경우가 분산되어 있거나 독립되어 있는 경우보다 더 큰 유인잠재력을 가질 수 있다는 원칙이다(누적적 흡인력).
　　㉥ 보충가능성의 원칙(principle of compatibility) : 두 개의 사업이 고객을 서로 교환할 수 있는 정도를 의미하는데, 이 원칙에 의하면 인접한 지역에 위치한 사업들 간에 보충가능성이 높을수록 점포의 매출액이 높아진다(양립성).
　　㉦ 점포밀집의 원칙(principle of store congestion) : 동반유인이나 보충가능성과는 반대로 지나치게 유사한 점포나 보충할 수 있는 점포들이 밀집되어 있어서 고객의 유인효과를 감소시키는 현상을 의미한다.
　　㉧ 접근가능성의 원칙(principle of accessibility) : 고객의 입장에서 점포를 방문할 수 있는 심리적, 물리적 특성을 의미하는데, 지리적으로 인접해 있거나, 교통이 편리하거나, 시간의 소요가 적은 경우에 점포의 매출이 증대된다는 원칙이다.

3 입지영향인자

(1) 입지영향인자의 의의

① **입지영향인자의 의미**
입지영향인자(factors)란 입지에 영향을 미치는 요인, 즉 지역이나 상권의 수요에 영향을 미치는 요소들을 말한다.

② **입지영향인자의 내용**
입지영향인자를 크게 구분하면 ㉠ 인구통계, ㉡ 인구의 라이프스타일 특성, ㉢ 비즈니스 환경, ㉣ 경쟁상황, ㉤ 다점포 경영성향, ㉥ 접근성, ㉦ 입지적 이점, ㉧ 시너지 효과, ㉨ 소비자의 상권이용 형태, ㉩ 법적 조건, ㉪ 성장성 등이 있다.

(2) 인구통계

① **배후지 인구의 통계적 특성 파악**
  ㉠ 가구수, 인구수, 가구당 인구수, 인구의 연령별 구조를 파악한다. 이와 같은 것들을 파악하기 위해서는 시·군·구 통계연보를 구해야 한다.
  ㉡ 이 통계연보로 연령별·남여별·지역별·가구별 인구 등을 파악할 수 있다. 또한 도소매업 조사보고서, 서비스업 조사보고서 등에서는 그 지역 주민들의 생활상을 파악할 수 있다.

② **인구통계의 자료**
  ㉠ 질적 자료 : 질적 자료는 글(words)의 형태로 나타나며 양적 자료는 숫자(numbers)로 나타난다. 질적 자료의 종류로는 현지조사노트, 심층면담사본, 그리고 문서(예를 들면, 신문 또는 잡지 기사, 법정판결문, 편지 등) 등이 있다.
  ㉡ 양적 자료 : 양적 자료의 종류로는 서베이, 센서스, 여론조사, 그리고 각 정부기관 또는 사설연구 기관에서 수집하는 다양한 종류의 통계자료 등이 있다.

(3) 라이프스타일 특성

① **라이프스타일의 의의**
  ㉠ 최근 마케팅과 소비자 행동 연구에서 라이프스타일에 관심을 갖게 된 이유는 시장의 세분화에 있어서 인구 통계학적 분류 외에 소비자의 심리적 측면을 고려할 필요가 있기 때문이고, 나아가 제품의 새로운 의미부여, 신제품 개발 등에서도 소비자의 요구를 파악할 필요가 있기 때문이다.
  ㉡ 예컨대 음악이나 향기치료제(aromatherapy products), 허브상품(herbal supplements) 등을 취급하는 소매점이 입지선정을 위해 상권을 분석할 때는 상권 내 거주자의 라이프스타일 분석에 최우선 순위를 두어야 한다(기호상품의 성격이 강하므로).

② **라이프스타일의 개념**
  ㉠ 생활양식 : 라이프스타일(life style)이라는 개념은 사회학에서 최초로 사용되기 시작했는데, 생활의 유형·양식 또는 방법을 의미하지만, 단순히 생활양식을 말하는 것이 아니라, 행동과 의식을 연합한 생활양식이며 종합적 상징으로서의 성격을 가지고 있다.
  ㉡ 라이프스타일의 유형화 : 라이프스타일은 집단별·단계별·사회별로 특이한 생활의 요소나 질에 연관되어 존재하게 되며, 각 라이프스타일 유형의 결과가 그들의 생활유형과 패턴에 동일하게 반영된다.

③ **라이프스타일의 접근(측정)방법**
  라이프스타일에 대한 측정은 AIO(Activities, Interests and Opinions) 기법을 비롯하여, 가치 측정도구인 RVS(Rokeach Value Survey), VALS(Value and Life-Style Survey) 그리고 LOV(List Of Value) 접근방법 등을 이용할 수 있다.
  ㉠ AIO 분석
    ⓐ AIO 분석은 응답자들을 대상으로 한 조사에서 도출하는 행동(activities), 관심(interests) 그리고 의견(opinions) 등으로 측정된다.

ⓑ AIO 분석법을 처음 창안한 플러머(Plummer)에 따르면, AIO 분석은 사람들이 그들의 활동·관심·의견에 관한 질문에 응답하도록 고안된 것이다.
ⓒ 소비자의 입장에서 보자면 활동은 제품을 구입하는 것과 같은 명확한 행동을, 관심은 어떠한 제품 및 서비스에 갖는 특별한 흥미를 가리키며, 의견은 소비 상황에서 제기되는 문제에 대한 소비자의 응답이라고 할 수 있다.
ⓒ 로키치 가치조사(RVS) (Rokeach Value Survey)
ⓐ 서구의 소비자 행동 연구 분야에서 연구자들이 소비 행동의 선행 변수로서 가치관에 관심을 두기 시작한 것은 로키치(Rokeach)의 가치관 연구 이후부터라 할 것이다. 그는 오랫동안 행동과학 분야에서 이루어져온 가치관에 대한 연구들을 고찰하여 여러 가지 논란들을 개념적·조작적 수준에서 새롭게 정립하였다.
ⓑ 로키치는 자신의 이론을 바탕으로 하여 가치관 측정도구인 RVS(Rokeach Value Survey)를 만들었다.

(4) 비즈니스 환경

① **비즈니스 환경의 의의**
비즈니스 환경이란 최고 경영자가 의사결정을 내릴 때 고려해야 할 외부 요인들로 크게 일반적 요인과 구체적 요인으로 나눌 수 있다.

② **비즈니스 환경의 구분**
㉠ 일반적 환경요인은 거시적 요인으로 기후나 지형과 같은 자연현상처럼 그 영향이 사회 전반에 미쳐서 개별 기업의 차원에서는 어쩔 수 없이 받아들일 수밖에 없는 것으로 경제, 정치·법률, 사회·문화, 국제환경으로 나눌 수 있다.
㉡ 구체적 환경요인은 경쟁업체·소비자·정부·금융기관처럼 조직 활동과 밀접한 관련을 맺고 있는 기업의 이해당사자들로 구성되며 특히 고객, 유통업체, 경쟁업체는 경영 성과에 직접적으로 영향을 미친다. 거시적 환경과는 달리 이들 요인으로부터의 영향은 경영자가 어느 정도 관리할 수 있다.

(5) 경쟁상황

① **경쟁상황 파악**
㉠ 경쟁상황의 의의 : 입지영향인자, 즉 상권이나 지역수요에 영향을 미치는 요인으로서 경쟁상황은 매우 중요한 요인이다. 점포가 과다상태에 있어 경쟁이 치열하다면 원가우위 전략이나 차별화 전략, 집중화 전략 등을 통해 이를 극복해야 한다.
㉡ 경쟁상황의 분석 내용 : 상권 내의 업종별 점포 수, 업종비율, 업종별·층별 분포, 판매업종과 서비스업종의 구조, 건물의 층별 점포구성 등을 분석한다.

② **경쟁분석**
㉠ 경쟁분석의 유형 : 경쟁분석은 위계별 경쟁구조분석, 업태별·업태 내 경쟁구조 분석, 경쟁 및 보완관계 분석, 잠재경쟁구조 분석 등이 포함된다. 특히 잠재경쟁구조분석을 위해서는

업태 내 경쟁분석과 업태별 경쟁분석, 위계별 경쟁구조 분석, 경쟁·보완관계 분석이 모두 시행되어야 한다.
ⓒ 위계별 경쟁구조 분석 : 위계별 분석은 대도시의 상권을 도심, 부도심, 지역중심, 지구중심 등으로 분류하고 각 수준별 및 수준 간 경쟁관계의 영향을 함께 고려한다.

③ **경쟁우위의 구축 전략**
㉠ 원가우위 전략
ⓐ 원가우위 전략이란 업계에서 생산원가가 가장 낮아 판매에서 경쟁우위가 되는 전략을 의미한다.
ⓑ 기업이 원가우위 전략을 실행하기 위한 조건은 규모의 경제 활용, 독보적인 기술이나 노하우를 보유하고 있을 때, 자원의 독점적 활용(독점계약 등), 기타의 비용 절감 가능성 등이 있다.

> **지식+톡톡** 원가우위 전략이 실패하는 경우
> • 신기술의 등장으로 경쟁자도 원가를 절감할 수 있을 때
> • 보유하고 있는 기술이나 노하우가 단순하여 쉽게 모방할 수 있을 때
> • 경쟁소매점의 차별화의 전략을 상쇄시킬 수 있을 만큼 가격이 충분히 저렴하지 않을 때

㉡ 차별화 전략
ⓐ 차별화 전략이란 경쟁자들은 보유하고 있지 않으나 소비자들은 가치 있다고 보는 점포의 특징 혹은 속성으로 비싼 가격을 보상하려는 전략을 의미하며 기업은 소비자에게 요구하는 프리미엄 가격이 정당화 될 수 있을 만큼의 가치를 제공하여야만 한다.
ⓑ 차별화의 대상으로는 서비스, 점포 이미지, 취급 제품 구색, 점포 위치, 점포 속성, 디자인 등 매우 다양하며 차별화 전략을 쓰는 대표적인 업태로는 백화점이나 전문점 등이 있다.

> **지식+톡톡** 차별화 전략이 실패하는 경우
> • 지나친 가격 차이로 차별화의 가치가 가격 차이를 극복하지 못하는 경우
> • 새로운 차별 제품의 등장으로 자사 제품의 차별 가치가 줄어드는 경우
> • 소비자의 기호가 변화한다든지 또는 경쟁자가 모방하는 경우

㉢ 집중화 전략
ⓐ 집중화 전략이란 세분시장 혹은 틈새시장 공략 등 집중적으로 공략하여 경쟁자보다 우위에 서는 전략이다. 집중화 전략은 다시 가격우위와 차별화의 두 가지로 세분화 된다.
ⓑ 집중화 전략시 표적시장이 전체 시장과 큰 차이가 없거나, 경쟁기업이 표적시장에서 보다 좁은 집중화전략을 펼칠 때에는 집중화전략의 성공 가능성이 희박하다.

(6) 다점포 경영
① 다점포 경영의 의의와 특징
㉠ 다점포 경영의 의의
ⓐ 최근 들어 유통시장 전면 개방에 대한 대응책으로 기존 백화점들은 유통망의 경쟁력 강화와 경쟁우위를 확보하기 위해 지방도시의 기존 중소업체를 인수하거나 수도권 및 신도시지역으로 신규점포를 출점하고 있다. 이러한 다점포 경영 성향으로 인해 동종 업종 간의 경쟁악화가 하나의 문제점으로 부각되고 있다.
ⓑ 다점포 경영(chain-store operation)은 각 지역에 지점포를 출점하게 하는 전략에 따라서 만든 각 체인점에 대한 영업관리를 의미한다. 즉 규모의 경제 이익과 효율성을 고려하여 계획적으로 여러 지역에 출점하는 것을 말한다.

㉡ 다점포 경영의 특징
ⓐ 매입과 판매활동을 분할하여, 전체 지점포의 매입은 본사가 총괄적으로 담당하고, 각 지점포는 오로지 판매활동만을 담당하도록 하는 경영이다. 즉 본사를 통한 대량매입과 각 지점포를 통한 대량판매를 동시에 실현하고자 하는 경영관리이다. 백화점, 할인점, 패스트 푸드점·음식점 등 프랜차이즈에서 볼 수 있다.
ⓑ 다점포 경영의 상품구색, 가격, 판촉활동은 전국시장보다는 지역시장의 욕구에 적합하게 수립할 수 있다.
ⓒ 동일업종이나 업태의 수를 증가시킴으로써 구매자에 대한 구매력을 향상시킬 수 있는 이점이 있다.

② 다점포 경영의 평가
㉠ 다점포 경영의 장·단점

장 점	• 본사의 경험과 노하우를 이용하므로 실패의 위험이 상대적으로 적음 • 저렴한 가격으로 원부자재의 공급이 용이 • 광고비용이 적게 들고, 높은 홍보효과 • 본사의 시장조사와 상품개발로, 시장변화에 빠르게 적응 가능 • 본사의 개설비용 융자와 상품의 외상공급으로 자금부담을 절감
단 점	• 본사의 방침에 따라 운영되므로 사업의 독립성이 보장되지 않음 • 일관된 운영방식으로 각 프랜차이즈의 개성과 특성이 고려되지 못함 • 본사에 대한 로열티 부담 • 점포의 양도나 매매가 제한되기도 함 • 특정 가맹점이 잘못하는 경우 다른 가맹점 전체가 피해를 볼 수도 있음

㉡ 복수의 점포를 출점하는 경우
소매점이 동일한 상권 내에 복수의 점포를 출점하는 경우도 있다. 이 경우의 장단점을 정리해보면 다음과 같다.
ⓐ 물류센터 운영, 광고 등의 공동 활동을 통해 시너지 효과(synergy effect)를 얻을 수 있다.

ⓑ 동일 상권 내에 복수 및 다수의 점포운영은 고객의 접근성 및 편리성을 보다 높일 수 있을 뿐만 아니라, 단수의 점포로는 규모가 지나치게 비대해져서 발생할 수 있는 비효율적인 경영을 막을 수 있다.
ⓒ 같은 회사의 점포들 사이의 경쟁을 유발하여 각 점포경영의 성과를 더욱 촉진할 수도 있다.
ⓓ 다점포 경영을 하는 경우 기존점포 소비자의 일부가 다른 점포로 옮겨가는 현상, 즉 자기잠식 현상(cannibalization)이 나타날 수 있다. 이런 경우 총수익의 증대가 실현되지 못할 수 있다.

(7) 접근성

① 접근성의 의미
㉠ 접근성(accessibility)은 어떤 위치에 도달하는데 소요되는 시간적・경제적・거리적 부담과 관련되는 개념이다. 일반적으로 접근성이 좋을수록 입지조건은 양호한 것이 원칙이다.
㉡ 또한 접근성은 점포로의 진입과 퇴출의 용이성을 의미한다. 접근성을 평가하려면 도로구조, 도로상태, 주도로로의 진입과 퇴출, 교통량과 흐름, 가시도, 장애물 등을 분석해야 한다.

② 접근성의 중요성
㉠ 동일한 상권 내의 고객들을 자신의 점포로 유인하는 데 있어서 어떠한 장애요소가 접근할 수 있는 가능성을 방해하는가를 철저하게 분석해야 한다.
㉡ 접근성은 거리상태, 통행량, 통행시간, 점포의 매력 등에 의해 결정되며, 접근가능성이 높을수록 교통량은 증가한다.
㉢ 독립점포 입지평가에서와 마찬가지로 쇼핑몰이나 쇼핑센터의 입지평가에 있어서도 접근성이 중요하고, 쇼핑센터 및 쇼핑몰 내부에서의 입지평가에 있어서도 접근성을 고려해야 한다.

③ 입지유형에 따른 접근성 분석
㉠ 적응형 입지 : 적응형 입지는 도보객의 접근성을 우선 고려하여야 한다. 도보객이 접근하기 쉬운 출입구는 물론 시설물, 계단, 가시성 등이 좋아야 한다. 출입구도 자동문이나 회전문은 좋지 않다. 대부분의 도보객은 버스나 택시, 지하철을 이용하므로 이들 교통시설물과 근접하면 좋다.
㉡ 목적형 입지 : 목적형 입지는 특정테마에 따라 고객이 유입되므로 차량이 접근하기 쉬워야 한다. 주도로에서 접근하기 쉽고, 주차장이 크고 편리성이 있어야 하며, 주차관리원도 두어야 한다. 또 주차장의 위치는 건물 앞쪽에 있어야 이용자의 편리성이 높다.
㉢ 생활형 입지 : 생활형 입지는 지역주민이 주로 이용하는 입지이므로 도보객이나 차량이용객을 모두 흡수할 수 있어야 한다. 주차시설도 갖추고 도보객의 접근도 유리한 지역에 출점해야 한다.

④ 접근성의 거시적 분석
  ㉠ 거시적 분석의 의의
    거시적 분석은 상권 내에서 자신의 점포와 연결되는 주요 도로구조나 도로의 상태, 장애물 등의 존재로 인하여 점포로의 접근 가능성이 어느 정도인가를 분석하는 것이다.
  ㉡ 거시적 분석의 내용
    ⓐ 도로구조 : 점포로 연결되는 주요 도로의 존재여부를 분석
    ⓑ 도로상태 : 차선의 수, 신호등의 수, 교통의 혼잡도, 교차로의 존재유무 및 위치
    ⓒ 장애물 : 자연장애인 산과 강, 인공장애인 조형물, 육교, 철도, 공원 등과 주민들의 소득격차도 장애물로 작용
⑤ 접근성의 미시적 분석
  ㉠ 미시적 분석의 의의
    미시적 분석은 점포주변에서의 가시도, 도로정체 등 교통의 흐름, 도로의 여건과 패턴, 주차장으로의 진입과 퇴출 등 출입문제, 쇼핑센터로의 접근성, 센터 내의 고객흐름 등을 분석하는 것이다.
  ㉡ 미시적 분석의 내용
    ⓐ 주차시설의 양과 질은 쇼핑센터, 쇼핑몰 및 주차시설을 개별적으로 갖춘 단독매장들에 대한 접근성을 평가하기 위한 중요한 요인의 하나이다.
    ⓑ 혼잡도(conjestion)는 사람들이 밀집되어 복잡한 정도뿐만 아니라 자동차의 밀집에 따른 복잡한 정도를 모두 포함하는 개념이다. 혼잡도가 일정수준을 넘어 너무 혼잡하면 쇼핑속도가 떨어지고 고객불만을 야기하여 매출이 하락하지만, 적정수준의 혼잡도는 오히려 고객에게 쇼핑의 즐거움을 더해 주기도 한다.

> **지식+톡톡** 특정입지(site)의 접근성을 평가할 때 고려해야 하는 항목
> 주변의 도로패턴, 주변의 교통량, 주변의 도로 상태, 입지 내 주차장의 크기 등이다. 접근성은 시간적·경제적·거리적 부담 모두를 포함하는 개념이라는 것에 주의해야 한다.

(8) 고객유도시설과 동선
  ① 고객유도시설
    ㉠ 고객유도시설은 고객을 모으는 자석과 같은 역할을 한다고 하여 소매자석(CG : Customer Generator)이라고도 한다.
    ㉡ 점포주변에 고객이 되는 사람들이나 고객이 탄 차량이 집중하는 장소(경제적 및 교통 요지)를 말하며 고객유도시설과 점포와의 위치관계에 따라 상권이 가지는 시장성을 흡수할 수 있는가의 여부가 결정된다는 점에서 매우 중요하다.
    ㉢ 고객유도시설(자석)은 입지형태에 따라 달라진다. 입지유형별 고객유도시설을 살펴보면 다음과 같다.

입지유형별 고객유도시설(자석)의 예

입지유형	고객유도시설(자석)
도시형	역 개찰구, 대형 소매점, 대형 교차로
교외형	대형 소매점, 간선도로의 교차점, 간선도로, 인터체인지, 대형 레저시설
인스토어형	대형 소매점의 주 출입구, 주차장 출입구, 에스컬레이터, 엘리베이터

② 동 선
   ㉠ 동선(traffic line, circulation)은 고객들이 이동하는 궤적, 즉 사람들이 집중하는 자석과 자석을 연결하는 흐름을 말한다. 점포 내부의 점내동선과 점포 외부의 점외동선으로 구분한다.
   ㉡ 동선을 조사할 때 중요한 것은 사람들이 많이 걸어다니는 곳이 동선이 아니라는 점이다. 쇼핑이나 놀이, 레저를 위해 내점하는 사람들이 많이 걸어다니는 곳이 동선이다.
   ㉢ 점외동선은 주동선(단독동선), 복수동선(유희동선), 부동선(후면동선) 및 접근동선으로 구분한다.

동선의 종류

동선종류	특 징
주동선	자석과 자석을 잇는 가장 기본이 되는 선이다. 자석의 특성 및 종류에 의해 걸어다니는 사람의 질과 양이 변화한다.
복수동선	동선이 여러 개 혼재하는 것을 말한다. 역 → 대형 교차점 → 대규모 소매점 → 역 등의 순서처럼 복수의 자석이 같은 동선상에 있는 경우 동선의 힘은 자석의 수만큼 커진다.
부동선	주동선 이외에 사람들이 통행하는 뒷골목 같은 동선을 말한다. 경제적 사정으로 많은 자금이 필요한 주동선에 입지하기 어려운 점포는 부동선을 중시한다.
접근동선	동선으로 접근할 수 있는 동선을 말한다.

③ 인간심리와 동선의 관계를 나타내는 법칙
   ㉠ 최단거리 실현의 법칙 : 사람들은 최단거리로 목적지에 가려고 한다. 멀리 돌아가거나 쓸데없는 일, 손해 보는 일은 하지 않으려고 한다. 그래서 부동선(후면동선)이 생긴다.
   ㉡ 보증실현의 법칙 : 인간은 득실을 따져 득이 되는 쪽을 선택한다. 목적지를 향하여 최초의 횡단보도를 건너 진행한다. 예컨대 역전 로터리 바로 정면에 점포가 있어도 자신이 지금부터 진행하는 방향에 있지 않은 점포로는 가려 하지 않는다.
   ㉢ 안전중시의 법칙 : 인간은 기본적으로 신체의 안전을 지키기 위해 알지 못하는 길은 지나가려고 하지 않는다.
   ㉣ 집합의 법칙 : 인간은 자연적으로 사람들이 모여 있는 곳에 모인다.

4 백화점의 입지선정

(1) 백화점의 의의와 특징

① 백화점의 의의
  ㉠ 백화점의 정의
    ⓐ 백화점(department store)은 의류·가정용품·신변 잡화류·가구 등의 상품을 부문별로 구성하여 일괄구매(one stop shopping)할 수 있도록 하고, 대부분의 매장을 직영형태로 운영하는 대형 소매점포이다. 통합적인 대규모 소매상(integrated retailer)으로는 가장 오래된 기관이다.
    ⓑ 백화점은 선매품을 중심으로 편의품에서 전문품에 이르기까지 다양한 상품구색을 갖추고 대면판매, 현금 및 신용에 의해 정찰판매를 하는 소매점이다.
    ⓒ 백화점이 소비자에게 주는 가장 큰 장점은 많은 상품계열과 다양한 상품구색, 편리한 입지, 쾌적한 쇼핑공간 등이다.
  ㉡ 백화점의 조건
    우리나라의 백화점은 매장면적이 3,000m^2 이상이고 30% 이상이 직영으로 운영되어야 한다(유통산업발전법 시행령). 또한 판매장 이외에도 주차시설, 문화행사시설, 휴게실 등 서비스 시설에 대한 다양한 규제가 가해지고 있다.

② 백화점의 특징과 최근 추세
  ㉠ 백화점의 특징
    ⓐ 백화점은 대규모 경영을 통해 규모의 경제(economies to scale)를 추구하며, 점포의 입지를 대도시 중심이나, 부도심 및 민자 철도역사, 터미널 등에 정하고 있다.
    ⓑ 우리나라의 백화점은 서구와는 달리 수퍼마켓과 푸드코트, 문화센터 등을 포함하고 있는데, 이는 집객효과를 높이는데 매우 중요한 역할을 한다.
  ㉡ 백화점의 최근 추세
    ⓐ 최근 대형마트(할인점)나 온라인 쇼핑몰과 같은 새로운 소매업태가 발전하면서 백화점의 성장세가 둔화되기는 했지만 중저가품은 대형마트, 고급품은 백화점으로 소매점이 양극화되면서 백화점은 고급상품의 판로로서의 역할을 수행하며 제조업체들의 성장을 지원하기도 한다.
    ⓑ 우리나라의 경우 최근에는 교통체증과 주차난이 심한 구도심보다 도시외곽이나 신도시 지역, 유동인구가 많은 역세권 및 지방도시를 중심으로 출점하는 다점포 경영(multistore operation) 전략을 시도하고 있고, 레저 및 부대시설을 겸비한 쇼핑센터식으로 대형화되는 추세를 보이고 있다.
    ⓒ 백화점 경영에서 최근 추세 중 하나는 대형 편집매장(multi-shop)이 늘고 있다는 점이다. 편집매장은 여러 브랜드의 제품을 한 곳에 모아놓고 판매하는 매장을 말하는데, 특정 브랜드의 제품만 판매하는 브랜드숍(brand shop)과는 달리 여러 상표를 비교해 살 수 있는 장점이 있다.

③ 백화점의 입지선정
  ㉠ 백화점은 소비자가 가장 편리하게 접근할 수 있도록 주차의 편리성을 우선 고려해야 한다. 또한 소비자의 흡인력에 따라 성과가 좌우되므로 사람이 많이 모일 수 있는 곳에 입지를 정해야 한다.
  ㉡ 백화점의 입지선정에는 그 지역의 주요 산업, 유동인구, 소비자의 소비행태, 소비자의 흡인력, 소비자의 접근성, 소비자의 경제력, 대중교통의 연계성 등을 고려해야 한다.
  ㉢ 중심상업지역(CBDs)과 쇼핑센터는 백화점의 좋은 입지가 된다. 중심상업지역에 위치하는 백화점은 그 지역에 근무하는 사람들을 잠재고객으로 확보할 수 있다.

(2) 백화점의 입지전략과 경쟁전략
  ① 입지선정
    ㉠ 지리적·환경적 요인의 분석 : 주변의 교통, 문화시설, 환경요인 등을 고려해 교통이 편리하고 주변 시설과 연결될 수 있는 곳이 좋다.
    ㉡ 유동인구의 분석 : 지리적·환경적 요인이 충족되어도 유동인구가 적으면 잠재고객의 확보가 어렵다. 따라서 유동인구가 비교적 많은 곳을 택한다.
    ㉢ 부지의 분석 : 백화점의 부지(site)는 정사각형에 가까운 직사각형이 좋으며 주도로에 한 변을 접하고 다른 한 변이나 두 변이 상당한 폭을 가진 도로에 면하는 것이 이상적이다.
  ② 매장의 배치
    ㉠ 배치계획
      ⓐ 백화점의 매장배치에서 가장 고려되어야 하는 것은, 각 층의 매장효율을 높이기 위해 계획적 구매상품, 충동적 구매상품 등을 고려하여 배치하여야 한다.
      ⓑ 매장배치에서 저가상품과 고가상품, 신사용품과 숙녀용품, 대형상품과 소형상품, 실용품과 사치품 등의 관계를 고려하여 수익성, 구매객의 수요, 선택상의 편의 등을 고려하여 결정한다.
      ⓒ 주통로와 부통로의 유기적 관계가 중요하며, 고객이 보기 쉽도록 구성해야 하며 가능하면 장방형으로 하고 벽면을 최대한 사용하여 공간을 활용하여야 한다.

> **지식+톡톡** 판매장의 배치계획
> - 직각배치 : 효용성이나 경제적인 면에서 판매장 면적을 최대한 이용할 수 있으므로 가장 많이 이용되는 배치형식이다. 이용이 간단하나, 단조로운 배치가 되기 쉽고 통행량에 따른 통로의 폭 조절이 어려울 때도 있다.
> - 대각선 배치(사행배치) : 주통로는 직각배치로, 부통로는 45도로 사선배치를 하면 선택할 수 있는 동선이 많고 유도상품이 잘 보이는 장점이 있다. 매장 구석구석까지 가기가 쉽고 수직동선으로의 접근이 쉽다.
> - 자유형 배치 : 통로를 자유로운 곡선으로 배치한 것으로 통로폭도 자유로이 변화시킬 수 있고 전시도 상품에 따라 독특한 특징을 줄 수 있으며 판매장의 획일성을 탈피하고 개성있는 성격을 매장에 부여할 수 있기 때문에 현대적인 배치수법으로 활용된다.
> - 방사형 배치 : 판매진열대를 방사형으로 배치하는 것으로 쉽게 매장을 순회할 수 있는 장점이 있으나 매장 공간의 낭비를 초래하고 시각적으로 혼란스럽게 하는 단점이 있다.

ⓛ 동선계획
- ⓐ 동선은 매장 내의 고객이 가능한 많은 매장을 거치도록 고려하여야 한다.
- ⓑ 계획적인 구매를 하는 상품판매장으로 가는 중간에 충동적인 구매를 하는 상품을 배치한다.
- ⓒ 식료품은 혼잡한 장소에 배치하고, 귀금속은 한산한 장소에 배치하는 방법을 이용한다.
- ⓓ 고객과 점원의 동선, 그리고 상품의 교통로는 주변환경에 따라 분리하여야 한다.

5 의류패션전문점의 입지선정

(1) 패션의 의미와 수명주기

① 패션의 의미

패션(fashion)이란 유행·풍조·양식을 의미하는 말로, 어느 일정한 시기에 특정한 사회현상이나 생활양식 등이 일반적으로 받아들여져 널리 퍼지는 과정을 말한다.

② 패션의 수명주기
- ㉠ 프롭스(Flops) : 거의 대부분의 소비자들이 거부하는 형태를 말한다. 극히 일부 혁신적인 소비층을 위해서만 한번쯤 사용되다 버려지는 패션이다.
- ㉡ 패즈(Fads) : 소수집단에 의해 단시간에 수용되었다가 거부되는 초단기 유행상품을 지칭한다. 짧은 기간 동안 상당한 수준의 강렬한 느낌을 받는 패션형태를 말한다.
- ㉢ 포즈(Fords) : 상당히 오랜 기간 동안 소비자들에 의해 수용되는 패션을 말한다. 수익성도 높고 판매도 안정적이므로 포즈상품은 여러 제조업자들이 다양한 가격대의 변형상품을 개발하여 판매한다.
- ㉣ 클래식(Classic) : 주로 소득이 높은 계층에 의해 수용되고, 오랜 기간 동안 지속되는 패션으로서 안정적이며 수익성도 높으므로 포즈상품보다 중요성이 더 크다.

(2) 의류패션 전문점의 입지

① 의류패션 전문점의 특징과 머천다이징
- ㉠ 의류패션 전문점의 특징

  의류패션 전문점은 경기변동에 많은 영향을 받고(유행상품은 일반적으로 순환) 충동구매가 많으며 브랜드를 선호한다. 또한 가족단위 구매가 많이 이루어지므로 서로 다른 연령층 고객을 표적(target)으로 삼는 전략이 필요하다.
- ㉡ 머천다이징
  - ⓐ 의류패션 전문점은 브랜드 매장구성을 위하여 머천다이징(MD)의 개념을 도입해야 한다. 소매업의 머천다이징(MD : merchandising)이란 마케팅 목표를 실현하는데 가장 도움이 되도록 특정 상품 및 서비스를 표적고객에 대응하여 적정한 매장, 시기, 가격, 그리고 수량으로 구색을 갖추기 위해 적절하게 구매하고 재고를 관리하는 것으로 상품화 계획이라고 한다.

ⓑ 생산 또는 판매할 상품에 관한 결정, 상품의 구색 맞추기, 점포 구성과 레이아웃(layout) 및 컨셉(concept) 설정 등은 머천다이저(merchandiser)의 핵심업무이다.

② 의류패션 전문점의 입지
㉠ 의류패션 전문점은 도심의 중심상업지역(CBDs)이나 쇼핑센터들의 밀집지역과 그 지역전체를 포함한 형태로, 의류패션 전문센터 또는 테마 의류센터 등의 형태로 입지하는 것이 일반적이다.
㉡ 의류패션 전문점은 백화점보다 더 인기 있는 곳이라고 생각되는 곳에 입지하며, 그 위치들은 소비자들을 위한 볼거리와 레크리에이션 기회를 제공하며 많은 사람들이 구매하도록 하는 능력을 발휘한다.

(3) 의류패션 전문점의 운영전략

① 시장상황의 파악
㉠ 시장조사는 패션 트렌드 파악과 물건 매입 그리고 도매 상인들과의 관계를 돈독히 하는 여러 가지 복합적인 목적을 갖고 있다.
㉡ 또한 매장에서도 바쁘지 않은 시간대에는 항상 패션 잡지와 사이트를 둘러보며 유행 패션을 연구하도록 하고, 인기 TV프로나 유명 스타의 패션에도 관심을 갖는다.

② 매장구성 및 관리
㉠ 최근 브랜드 매장구성의 기본개념은 비주얼 머천다이징(VMD : visual merchandising)이다. VMD는 매장에 진열되어 있는 상품을 효과적으로 보여주어 고객들에게 강한 구매욕구를 불러일으키고, 또 상품을 기억하고 구매충동을 갖게 하여 상품을 구입하게 만드는 역할을 하게 하는 데 초점이 있다.
㉡ VMD란 소비자가 원하는 상품을 적절한 시기에, 적절한 가격으로, 적절한 장소에서 제공받을 수 있도록 하기 위해 각각의 상품에 아이덴티티를 부여함으로써, 그 상품이 소비자에게 최대한 부각될 수 있도록 시각적으로 연출하고 제시하는 것을 말한다.
㉢ VMD는 마케팅 목표의 효율적인 달성을 위하여 정보수집, 재고관리, 판매촉진을 통해 매력적으로 진열·판매하는 활동이다.
㉣ 이를 위해서는 매장의 컨셉을 확실히 할 필요가 있는데, 컨셉을 명확히 하여 상품의 일관된 이미지를 부여하여 매출을 증대시키는 것이다.

③ 재고관리
아무리 매출이 높아도 재고가 발생하지 않을 수 없고 따라서 반품도 발생한다. 이에 대비하기 위해서는 자주 시장을 파악하여 빠르게 매장에 반영하는 것이 최선이다.

(4) 제조직매형 전문점(SPA)

① SPA의 의의
㉠ SPA의 확산
ⓐ 최근 가두매장이 대형화되면서 의류업체 등이 종전 프랜차이즈 형태에서 직영점 체제로 변화를 시도하고 있다. 패션전문점의 확산과 더불어 합리적 가격의 중요성이 대두되

면서 직영 또는 반직영 체제의 유통망인 SPA(Speciality retailer of Private label Apparel) 형태의 점포가 크게 확산되고 있다.
ⓑ 우리나라에서도 그동안 ZARA(스페인), Uniqlo(일본), Codes Combine, Forever21(미국) 등의 SPA 업체들이 대형매장을 개설하여 영업을 해 왔고, H&M(스웨덴)과 SPAO(한국) 등이 새로 SPA 매장을 개설하였다.

ⓒ SPA의 의미
ⓐ SPA란 1986년에 미국의 청바지 회사인 갭(Gap)이 도입한 개념으로, 전문점(Speciality retailer)과 자사상표(Private label) 및 의류(Apparel)라는 의미를 합친 합성어로, 이를 번역하자면 '제조직매형 의류전문점'이라고 할 수 있다.
ⓑ SPA는 기획부터 디자인·생산·유통·판매가 모두 한 회사의 지붕 아래에서 이루어지는 것을 말한다. 모든 공정이 일괄적으로 이루어짐으로써 저렴하고 트렌디한 제품을 소비자에게 공급할 수 있다는 것이 강점이다. 급변하는 유행에 맞춰 새로운 아이템을 빠르게 선보여 패스트패션(fast fashion)이라고도 한다.

② SPA의 특징과 영업전략
㉠ SPA의 특징
ⓐ SPA는 백화점 유통에 드는 비용을 절감시키고, 매장을 직영으로 운영하므로 가격은 저렴하고 소비자의 요구는 빨리 알아차려 제품에 반영하는 것을 특징으로 한다.
ⓑ SPA는 기획에서부터 판매에 이르기까지 하나로 연결되어 있기 때문에, 이곳에서는 이미 판매하여 소비자들에게 검증된 상품만을 제조하여 판매가 이루어진다.

㉡ SPA의 영업전략
ⓐ SPA는 비용의 절감을 통하여 소비자의 부담을 줄이는 합리적인 패션유통의 한 형태이기 때문에, 소비자가 원하는 스타일을 파악해 신속한 기획과 생산, 반품과 매장관리가 한꺼번에 이루어져 재고부담이 적다.
ⓑ SPA는 매장 내에서 모두 팔 수 있는 상품을 만들기 위해 정확한 수요예측이 필수적이다. 또한 다품종 소량생산의 제조직매형 의류브랜드라는 차별화된 제품 전략이 요구된다.

6 패션잡화점, 생활용품 전문점 및 식료품점의 입지선정

(1) 패션잡화점

① 패션상품의 의의
㉠ 패션상품은 소매점에게 좋은 기회도 제공하지만 동시에 상당한 위험요소로서 작용을 한다.
㉡ 패션상품의 성공은 고객이 위치하는 패션 상품의 수명주기가 어디인지의 파악, 소매점으로서의 명성 획득, 대량판매에 대한 준비, 적절한 때에 빠져 나오는 타이밍 결정 등에 달려 있다.
㉢ 소비자들의 패션을 수용하는 기간과 정도에 대한 이해는 패션상품 도입에 필수적으로 요구되고 있다. 패션상품의 수명주기는 도입기, 수용기, 쇠퇴기의 3단계로 분류된다.

(2) 생활용품 전문점

① 생활용품 전문점의 입지
생활용품은 의식주와 관련된 소비재 상품이므로, 입지선정이 사업의 성패를 좌우한다. 생활용품이라도 상품의 성격에 따라 입지를 달리해야 한다.
- ㉠ 대형할인점 등과 취급 품목이 겹치는 업태라면 인근에 대형 유통센터가 없는 지역이 유리하다.
- ㉡ 기능성 생활용품, 장식용 디자인 소품, 홈쇼핑 판매품목 등과 같이 대형 할인점에서는 취급하지 않는 틈새 상품(niche products)을 취급하는 매장이라면 적극적으로 대형할인점 출점 지역 인근으로 진출하는 것이 오히려 유리하다.
- ㉢ 생활용품 전문점은 대단위 아파트 밀집지역, 주택가 밀집지역 등 주거지 인근에 출점하여야 하며, 통행량이 많은 곳이나 슈퍼마켓 근처가 입지로 적합하다.

② 생활용품 전문점의 상권
- ㉠ 생활용품 전문점은 가능하면 1층 점포에 출점하는 것이 좋다. 단, 전문 상가 건물 내에 입점할 경우 상가 건물이 활성화되어 있고 흡인력이 좋다면 1층이 아닌 매장도 무관하다. 간판 노출도가 좋다고 상가가 활성화되지 않은 건물의 지하층이나 2, 3층에 입점하는 것은 피해야 한다. 생활용품 전문점의 판매품목 중 상당수는 충동구매 성향이 높아서 접근성이 뛰어난 점포가 유리하기 때문이다.
- ㉡ 소득수준 면에서는 생활용품 할인점의 경우 서민층 밀집주거지역 부근이 유리하다. 생활수준이 높은 중산층 이상의 소비자들은 물건이 비싸도 고가의 브랜드나 명품을 선호하는 경향이 있고, 생활용품 가격의 높고 낮음에 크게 신경쓰지 않고 백화점이나 대형할인매장의 생활용품을 더 선호한다.

(3) 식료품점

① 청과물
- ㉠ 청과물의 의의
    - ⓐ 청과물은 신선한 채소·과실 등 식용 원예생산물을 총칭하는 것으로 채소에는 무·감자 등과 같은 뿌리채소, 오이·토마토 등과 같은 열매채소, 배추·시금치 등 잎채소, 아스파라거스와 같은 줄기채소, 꽃양배추와 같은 꽃채소 등이 있다.
    - ⓑ 과실은 주로 나무 열매를 가리키는데, 사과·배 등의 이과류, 복숭아·자두 등의 핵과류, 밤·호두 등의 견과류, 포도·무화과 등의 장과류 등으로 구분한다.
- ㉡ 청과물점의 주의점
    - ⓐ 청과물은 부패되기 쉽고 수요의 탄력성이 적어 신속한 유통이 요구된다.
    - ⓑ 청과물은 저온보관시설·가공시설 등 상품의 가치를 유지할 수 있는 제반시설을 갖추고 있어야 한다.

② **식료품점의 입지 및 영업전략**
　㉠ 카테고리 킬러(category killer)처럼 식료잡화점은 주로 가격으로 승부해야 한다. 그리고 가격경쟁력이 높은 도매클럽은 독립입지해도 무방하다.
　㉡ 주민들의 이용빈도가 높으므로 주민들이 쉽게 이용할 수 있도록 주택가에 위치해야 하며, 주차장은 점포에 근접해 있어야 한다. 식료잡화점은 일용품을 함께 판매하므로 주거지 인근에 입지해야 한다.
　㉢ 표적고객의 주거지역으로부터 거리가 멀어질수록 식료품점은 대형화되는 경향이 있다.
　㉣ 무, 배추 등과 같이 부피가 크고 무거운 식료품의 소매점은 운반이 용이하도록 주거지 가까이 입지해야 한다.

제4절 경쟁점 조사·분석 및 대책

1 경쟁점 조사 방법

(1) 경쟁점 조사의 의의와 목적
　① **경쟁점 조사의 의의**
　　㉠ 경쟁점 조사는 입지선정 과정에서 가장 중요한 작업 중 하나이다. 아무리 상권이 뛰어나고, 좋은 입지를 선정했다고 해도 그 상권에 자신이 하려는 업종이 이미 포화상태라면 개점의 의미가 없기 때문이다.
　　㉡ 경쟁점 조사에서는 먼저 경쟁(competition)에 대한 개념을 정립해야 한다. 대부분의 업종들은 다른 점포와 경쟁하는 동시에 양립(compatibility)한다. 양립이란 상권 내에 유사 업종이 함께 모여 있음으로써 서로의 매출이 증대하는 효과를 말한다.
　　㉢ 경쟁점 조사에서는 왜 고객이 경쟁점을 이용하는지 그 이유를 파악해야 한다. 고객이 주변의 경쟁점을 이용하는 경우는 가격이 저렴하거나, 상품의 품질이 우수하거나, 점포가 청결하거나 또는 종업원이 친절하기 때문일 것이다.
　② **경쟁점 조사의 목적**
　　㉠ 점포 후보지 인근의 경쟁점 현황을 조사하는 목적은 경쟁점포의 인지도, 매장 크기, 취급하는 상품의 성격, 영업시간, 하루 내점 고객수 등을 조사하여 경쟁점보다 우월화, 차별화 전략을 세우기 위해서이다.
　　㉡ 경쟁점이라는 말에서 알 수 있듯이 주변 상권에 경쟁점이 많으면 영업에 부정적인 영향을 주는 것이 일반적이다. 하지만 경쟁점이 있다고 해서 모두 불리한 것은 아니고 주위에 같은 업종이 많아서 오히려 시너지 효과(synergy effect)를 얻는 경우도 있다.

ⓒ 경쟁점 현황 조사의 궁극적인 목적은 차별화 전략을 세워 해당 상권을 찾아온 고객을 경쟁점이 아닌 자신의 점포로 끌어들이는 방법을 찾아내는 것이다. 즉, 주변의 다른 점포와 같은 업종으로 영업을 하고 있더라도 자기 점포만의 전문성을 확보하여 고객층을 세분화해서 고객층에 맞는 특징 있는 상품과 서비스를 갖추면 경쟁점을 이길 수 있다.

③ **경쟁점 조사방법**

경쟁점 조사에서는 입점객 조사, 고객단가 조사, 상품력 조사 및 점포와 영업상황 조사 등을 실시한다.

(2) 입점객 조사와 객단가 조사

① **입점객 조사법**

입점객 조사는 통행량 조사와 같은 방법으로 입점객을 성별·연령별·시간대별·교통수단별로 구분하여 조사한다. 각 구분별로 모두 교차하여 조사하여야 한다.

② **고객단가 조사**

ⓐ 각 계산대의 정산금액을 매출이 집중된 몇 개의 시간대로 나누어 관찰하여 평균금액을 기초로 고객단가를 추정한다.

ⓑ 동일한 업태인 경우 규모를 고려해서 동업태 평균단가를 참고할 수도 있다.

(3) 상품력 조사

① **상품별 선반점유 면적**

ⓐ 경쟁점과의 공통 상품에 대해서는 같은 규격의 선반 등에 진열되어 있는 경우, 상품별로 점유하고 있는 선반의 길이를 측정한다.

ⓑ 선반의 규격 및 진열방법이 다른 경우는 용적을 측정해서 비교하고 자기 점포의 전략상품을 고려해서 조사할 상품을 선택하는 것이 좋다.

② **상품구색**

상품구색의 폭, 상품의 양과 유행상품의 취급 여부, 정품 취급 여부, 생활제안 타입의 상품, 상품의 신선도 등을 관찰조사를 중심으로 조사한다.

③ **상품구성 및 배치상태**

ⓐ 업종·업태 및 점포규모에 따라 다르지만, 상품구성에 대해서는 간단하게 타 점포와의 상대적 평가를 할 수 있다.

ⓑ 고객의 구매활동을 유도하기 위해서는 회유성(excursion)을 중시해야 한다. 즉, 점포 내의 진열시설 및 통로의 물리적 구성에 따라 좌우된다.

④ **상품가격**

가격이 저렴한가, 구매하기 쉬운 가격으로 되어 있는가, 가격대의 폭은 어떠한지 등을 조사하여 가격도 타 점포와의 비교에 의해 상대적으로 평가한다.

⑤ **상품 관리력**

상품 관리력은 상품관리 상황의 관찰에 의해 추정한다. 사용 중인 계산대, 계산대 주변 및 진열선반의 상황, 주문과 상품인수의 진행상황 등을 확인하며 파악한다.

(4) 점포와 영업상황 조사

점포시설과 영업상황 등에 대해서는 실측과 청취 및 관찰에 의해 조사한다.

① **점 포**
- ㉠ 점포시설 : 외장 및 간판의 상태, 주차장의 상태, 점두연출의 상태, 조명과 색상의 상태, 진열선반 및 진열연출정도를 조사한다.
- ㉡ 점포상황 : 자기 점포로부터의 거리정도, 가시성, 점포와 도로의 인접상황정도, 매장 면적의 정도, 전면 폭의 정도를 관찰·조사한다.

② **영업상황**
- ㉠ 영업체제 : 영업시간 및 휴일, 종업원수 및 종업원의 접객기술, 상품지식, 의욕, 계산대의 대수 및 가동상황 등을 조사한다.
- ㉡ 서비스 : 인적 서비스, 청결함, 깨끗함 등을 조사한다.
- ㉢ 판매촉진 : 점두·점내연출상황, 돌출광고, 기획상품의 판매상황, 스탬프 및 할인권 등의 판촉수단 이용상황 등을 조사한다.

2 경쟁점 분석

(1) 경쟁점 분석에서의 고려사항

① 경쟁구조를 분석하는 경우에는 상권의 계층적 구조에 입각하여 경쟁업체를 분석하는 것이 필요하고, 잠재적인 경쟁업체도 고려하여야 한다.
② 예를 들면 1차 상권 또는 2차 상권 내의 경쟁업체를 중점적으로 분석해야 하지만, 경우에 따라서는 3차 상권에 위치한 업체도 강력한 경쟁상대로 철저히 분석하여야 한다.
③ 현재는 그 상권에서 영업하고 있지는 않지만, 앞으로 점포개설을 준비하는 업체도 경쟁업체로 분석하여야 한다.

(2) 차별화와 양립

① **경합의 의미**

'경합'이라는 말에는 두 가지 의미가 포함되어 있는데 '경쟁'이라는 요소와 '양립'이라는 요소이다. 이 두 가지 결합의 상태는 소매업에서만 볼 수 있는 특징이다. 즉, 소매업에서는 집적(clustering)에 의한 상호 양립을 깊게 하면서 동시에 보다 치열한 경쟁상태로 나아가는 것이다.

② **양립성을 높이기 위한 상품세분화의 단계**
- ㉠ 취급 품목 : 단지 업종이 같다는 이유만으로 경쟁의식을 갖는 경우가 많으나, 상품세분화 분석 결과 취급품목이 다르다면 경쟁점 관계라기보다 양립점의 관계라고 할 수 있다. 예를 들어 같은 정육점이라도 A점이 쇠고기 중심, B점이 돼지고기 중심, C점이 닭고기 중심이라면, A, B, C의 3개 점포는 서로 양립점의 관계인 것이다.

      ⓒ 가격 범위 : 만일 주력 품종이 같고 차별화도 쉽지 않을 경우에는 가격대를 비교해 볼 수 있다. 만일 주력 품종이 같다고 해도 서로 가격대가 틀리다면 이것은 경쟁점이라 볼 수 없고 양립점이 되는 것이다.
      ⓒ 적정 가격 : 가격대도 같다면 동일 품종의 적정 가격을 비교한다. 만일 적정 가격이 다르다고 해도 우리 점포의 적정 가격이 과연 채산성이 있는지 없는지를 다시 한번 살피는 것이 필요하다.
      ⓔ 적정 가격 대비 품질 : 마지막으로 적정 가격이 같은 경우, 품질을 통한 경쟁 극복 대책을 세우도록 한다. 같은 적정 가격 품목의 품질을 경쟁점의 품질보다 높게 유지하는 것이다.

3 경쟁점 대책

(1) 경쟁점 대책을 위한 필요사항

① 상권의 변화에 민감해야 한다.
② 경쟁점의 출현에 민감해야 한다.
③ 주변의 업종 변화를 파악해야 한다.
④ 주변 경기의 흐름을 파악해야 한다.
⑤ 외부환경의 변화를 파악해야 한다.

(2) 경쟁점포 출현과 대응

① 상권에 대한 사전장악
    ㉠ 우선 경쟁점이 출현하기 어렵게 미리 상권에 대한 장악력을 가질 필요가 있다. 예방적인 조치가 최선이라고 말할 수 있다.
    ㉡ 또 자신의 업종이 어떤 유형에 속해 있는가에 따라 대처방법은 달라져야 한다. 집심형 점포의 경우 양립상태에 있을 때 더 매출이 증가할 수 있지만, 서비스업이나 판매업처럼 경쟁점포가 많으면 시장이 분할하기 때문에 어려움에 직면할 수 있다.

② 다양성과 전문성 여부의 결정
    ㉠ 경쟁점이 출현하면 그 경쟁점의 장·단점을 충분히 파악하여 다양성을 추구할 것인지 또는 전문성을 추구할 것인지 선택을 해야 할 필요가 있다.
    ㉡ 경쟁점의 매장규모가 자신의 매장보다 적다면 우선 다양성을 더욱더 강조할 필요가 있다. 반면 경쟁점의 매장규모가 자신의 매장보다 크고 상품력에서 우수하다면 전문성을 강조할 필요가 있다.

③ 소형매장의 이점
    소형매장은 소형매장으로서의 장점들을 가지고 있다. 우선 고정비에서 원가절감을 추구할 수 있기 때문에 장기전에 더 강한 면모를 가질 수 있다. 따라서 경쟁점포의 출현을 너무 단기적인 시각으로 이해하는 것은 지양해야 한다.

④ **유통경로의 장악**

타 점포와 경쟁시 유통경로에 대한 장악력을 키워야 한다. 물품구매에 있어 타 경쟁 점포에 대해 우위를 정하기 위해서 물품배송업체 등과 협상의 묘를 잘 살려야 한다.

⑤ **상품관리의 개선**
- ㉠ 경쟁상대가 새로운 판촉방법으로 매장의 손님을 빼앗아 갈 경우 상품관리에 최선을 다할 필요가 있다.
- ㉡ 신설점포의 경우 물품구색과 고객서비스 대응이 느린 경우가 많기 때문에 계속적인 고객 유출이 생겨서는 힘들다는 것을 명심하고, 새로운 판촉행사에 대응할 만한 판촉대안을 만들어야 하며, 이때도 상대적으로 저렴함을 느낄 수 있도록 유도하는 소프트 디스카운트(soft-discount)를 내세우는 것도 좋은 방법이다.

⑥ **경쟁과 양립의 확인**
- ㉠ 어떤 상권에 있어서 업종이 같다고 경쟁업체로 평가하는 경향이 있다. 하지만 이것은 현상을 제대로 이해하지 못한 것이다.
- ㉡ 상품분석을 세분화하면, 상호 간에 주력상품이 다른 경우 경쟁업체이기보다는 양립할 수 있는 업체로 이해하면 좋다. 소매업의 집적 효과를 함께 노릴 수도 있으며, 하나의 중심상권까지도 만들어 낼 수 있는 여지도 있다.

⑦ **상품구성의 분석**
- ㉠ 점포의 상품구성을 분석할 때 우선 구매동기, 빈도수, 가격대, 가격대비 품질 등의 내용의 순으로 살펴볼 필요가 있다. 외관상 취급품목이 같아 보이더라도, 주로 취급하여 판매하는 것들이 서로 상이할 때 주로 많이 전시되어 있는 것들을 주력상품으로 이해하면 된다.
- ㉡ 또한 상품부문에서 큰 차이가 없다고 할 때 가격대가 다르다면 그것도 엄밀하게 말하면 경쟁업체라고 말하기에는 애매한 부분이 있다. 구매하는 고객층이 서로 다를 수가 있기 때문이다.

⑧ **입지와 취급상품의 일치여부 확인**
- ㉠ 입지와 취급상품의 일치도를 체크해야 한다. 소매업은 수동적인 영업형태를 취하는 경우가 대부분이다. 따라서 찾아오는 손님을 상대해야 하는데, 입지라는 관점에서 보면 점포는 우선 점포의 크기와 입지의 집적도의 관점에서 살펴보아야 한다.
- ㉡ 점포의 크기가 클수록 비례해서 당연히 내방 고객들이 많다. 하지만 이와 아울러 살펴야 할 것은 주로 이용하는 고객들이 어느 곳에서 매장으로 오는가이다.
- ㉢ 또한 입지의 집적도가 높은 곳이란, 가까운 곳에서 많은 고객이 찾아오는 경우이며, 단골고객의 방문빈도수가 높은 곳이다.

⑨ **취급상품의 품질**

다음으로 살펴야 할 것은 품질이다. 상품의 구색, 가격의 범위와 함께 품질은 점포의 특성을 나타내는 중요한 요소로, 특히 적정가격을 기대하고 점포를 방문하는 고객에게는 가격대비 품질에 대한 만족수준을 최대화할 필요가 있다.

CHAPTER 02 실전감각 기르기

01 서로 마주 보는 점포들이 선형으로 배치되고 그 사이로 보행자 통로가 존재하는 형태이며, 보행자 통로의 양쪽 끝에 백화점과 같은 핵심점포를 배치하는 쇼핑센터의 건물배치 유형은?

① 선형 쇼핑센터
② 몰(mall)형 쇼핑센터
③ 군집형 쇼핑센터
④ L형 쇼핑센터
⑤ U형 쇼핑센터

해설 ② 쇼핑센터는 스트립 쇼핑센터와 쇼핑몰로 구분되는데, 선형으로 배치된 점포들 사이에 보행자 통로가 존재하는 형태는 몰(mall)형 쇼핑센터이다.
쇼핑몰(shopping mall)은 최근 들어 많이 등장하고 있는 것으로, 과거의 도로를 중심으로 한 직선적 상가 배치에서 벗어나, 원형 등 면 중심으로 상가를 배치한 형태를 말한다. 최근에는 단일의 개발업자가 건물의 내부에 천장까지 이어지는 넓은 홀을 두고 그 주변으로 상점들을 배치한 형태의 대형 쇼핑몰들이 등장하고 있다.

02 상권분석에서 활용하는 조사기법 중에서 조사대상과 조사장소가 점두조사법과 가장 유사한 것은?

① 가정방문조사법
② 지역할당조사법
③ 고객점표법
④ 내점객조사법
⑤ 편의추출조사법

해설 ④ 점두조사법(instore survey)은 점포를 방문한 고객의 주소와 방문횟수 등을 직접 질문을 통해 조사하는 방법으로, 내점객조사와 가장 유사한 방법이다.
점포를 방문한 소비자를 대상으로 상권분석에 필요한 자료를 수집하는 방법으로는 점포 앞을 지나는 사람들을 대상으로 실시하는 점두조사법과 점포 안에 들어온 내점객을 대상으로 하는 내점객조사법 등이 있다.

Answer 01 ② 02 ④

03 다음 중 입지선정에 대한 내용으로 적합하지 않은 것은?

① 입지는 상권과 밀접한 관계를 가지며 사업이 지향하는 목적에 따라 결정된다.
② 입지란 입지주체가 정하는 경제활동의 장소를 말한다.
③ 입지주체가 요구하는 자연적·사회적 제 조건을 입지조건이라 한다.
④ 유통시설의 입지조건은 유통전략에 영향을 주지 않는다.
⑤ 입지는 정적이고 공간적인 개념인데 반해, 입지선정은 동적이고 공간적·시간적인 개념이다.

> 해설 ④ 유통시설의 입지조건에 따라 유통전략은 달라져야 한다. 경쟁점포가 있는 경우에는 차별화 전략을 세워야 할 것이고, 경쟁점포가 없는 경우에는 고객을 유인할 수 있는 전략을 세워야 한다.

04 다음 중 입지선정과 관련된 의사결정의 내용에 대해 잘못 설명한 것은?

① 이미 보유하고 있는 토지에 관해 어떻게 이용할 것인가를 결정하는 것도 입지선정에 속한다.
② 입지선정은 입지주체가 추구하는 입지조건을 갖춘 토지를 발견하는 것으로 동적·공간적 개념을 말한다.
③ 입지선정에 대한 의사결정과정에 있어서 유통업의 업태유형은 전혀 영향을 미치지 못한다.
④ 입지선정이 잘못되면 경영관리상 노력의 낭비를 가져와 사업의 실패가 초래될 수 있다.
⑤ 입지선정 과정에서의 입지경쟁은 토지이용을 집약화시키며 토지의 단위면적당 노동과 자본의 투자비율을 높인다.

> 해설 ③ 입지선정을 위한 의사결정과정에서 유통업의 업태요인은 매우 중요한 요인이다. 유통업태가 소매업인지 도매업인지에 따라 입지요인이 달라지기 때문이다.

05 입지선정은 일반적으로 지역(region), 상권(trade area), 특정입지(site) 등 세 가지 수준의 분석을 거쳐 이루어진다. 다음 중 특정지역에 입지한 소매점들에 대한 전체적인 수요의 안정성을 위협하는 정도가 가장 낮은 요인은?

① 지역경제를 구성하는 산업부문들의 경기변동 사이클상의 유의성
② 지역경제를 구성하는 산업부문들의 동일한 수명주기의 장단(長短)
③ 지역에 입지한 기업들의 고용수준의 계절적 변동
④ 지역에 입지한 소매점포들 사이의 경쟁강도
⑤ 상권을 형성하는 배후도시의 인구 변동

> 해설 특정지역에 입지한 소매점들에 대한 수요의 안정성을 물어보는 문제이다. 경기변동(호경기와 불경기)이나 계절적 변동, 산업의 수명주기 등은 수요에 영향을 미치지만 점포 간의 경쟁강도는 수요와는 관련이 없다.

Answer 03 ④ 04 ③ 05 ④

06 최근 소매업의 추세에 대한 설명으로 옳지 않은 것은?

① 업체 간 경쟁관계로부터 업태 간 경쟁(상호유형)관계의 증가
② 집중화 현상의 심화, 즉 거대 유통상의 독점·과점적 지위의 강화
③ 새로운 소매유형의 결합 및 탄생, 즉 슈퍼마켓, 편의점 등과 은행의 일부업무와의 결합을 통한 새로운 형태의 소매업 탄생
④ 풀서비스 업태유형의 도입강화
⑤ 소매업의 양극화 현상

해설 최근 소매업에서의 중요한 추세는 백화점의 성장세가 둔화되고 대형 할인점이나 하이퍼마켓 및 유사 업종 등의 성장세가 두드러지고 있다는 점이다. 백화점의 경우에는 판매사원에 의한 풀서비스가 일반적이지만 대형 마트나 하이퍼마켓은 셀프서비스가 일반화되어 있다.

07 쇼핑센터 등 복합상업시설에서는 테넌트믹스(tenant mix) 전략이 중요하다고 하는데 여기서 말하는 테넌트는 무엇인가?

① 앵커스토어
② 자석점포
③ 임차점포
④ 부동산 개발업자
⑤ 상품 공급업자

해설 ③ 상업시설의 일정한 공간을 임대하는 계약을 체결하고 해당 상업시설에 입점하여 영업하는 임차점포를 테넌트(tenant)라고 한다.
① 앵커스토어(anchor store), 즉 정박임차인은 쇼핑센터 가운데서도 매장면적을 최대로 점유하여 간판역할을 하는 점포(예를 들면 백화점과 같은 점포)를 말한다.
② 고객 유도시설은 고객을 모으는 자석과 같은 역할을 한다고 하여 소매자석(customer generator : CG)이리고도 한다. 인스토어형 고객 유도시설은 주 출입구, 주차장 출입구, 계산대, 에스컬레이터 주통로 등이다.

참고 교외형 고객 유도시설의 대표적인 것은 대형 레저시설이나 대형 소매점, 간선도로, 인터체인지 등이다. 도시형 고객 유도시설로는 지하철 역(개찰구)이나 대형 소매점 등이 있다.

08 다음의 내용 중에서 일반적인 중심상업지역(CBDs)의 특징들만을 모두 골라 묶은 것은?

㉠ 대중교통의 중심지이며 도보통행인구(보행자)도 많은 편이다.
㉡ 건물의 고층화·과밀화로 토지이용이 집약적이다.
㉢ 계획적으로 조성되어 체계적인 입지구조를 가진다.
㉣ 심각한 교통문제가 발생하기 때문에 지가가 비교적 저렴하다.

① ㉠
② ㉠, ㉡
③ ㉠, ㉡, ㉢
④ ㉠, ㉡, ㉣
⑤ ㉠, ㉡, ㉢, ㉣

Answer 06 ④ 07 ③ 08 ②

해설 중심상업지역(CBDs)은 계획적으로 조성된 것이 아니고 자연발생적으로 형성되어 입지구조가 불규칙적이다. 중심상업지역은 상업활동으로 인해 많은 사람을 유인하기 유리한 지역으로 대중교통의 중심지역이며, 자동차와 도보통행인구도 많은 지역이다. 중심상업지역(CBDs)은 높은 지가로 인해 토지이용이 집약화되어 건물이 고층화·과밀화된다. 교통체증이 발생하고, 주차문제가 심각한 것이 문제점이다. 또한 주말이나 야간에는 도심공동화 현상(도넛현상)이 나타나 유동인구의 감소로 매출이 저조하다.

09 넬슨(Nelson)의 입지선정 8원칙 개념에 대한 설명으로 옳지 않은 것은?

① 상권잠재력 - 영업의 형태가 비슷하거나 동일한 점포가 집중적으로 몰려있어 고객의 흡입력을 극대화할 수 있는지 고려해야 함
② 접근 가능성 - 고객이 찾아오기 쉬운 점포로 대중교통과 주차장 등을 고려해야 함
③ 중간 저지성 - 잘 알려진 점포로 가는 길목에 있는 입지를 선택하는 것도 좋음
④ 양립성 - 상호보완 관계에 있는 업종의 점포가 서로 인접하면 고객의 유입을 증가시킬 수 있음
⑤ 경쟁 회피성 - 가능하다면 주변에 경쟁점포가 없는 입지를 선택하고 경쟁점의 규모 등을 감안해야 함

해설 ① 동종 상품을 취급하는 점포 등 유사한 점포들이 집중적으로 몰려 있는 경우 소비자에 대한 흡인력을 극대화할 수 있는 가능성을 누적적 흡인력(cumulative attraction)이라고 한다.
상권의 잠재력(potential)은 상권이 얼마나 많은 인구를 포함하고 있어 매출액과 수익성에 어느 정도의 영향을 미칠 수 있는가를 의미한다. 즉 상권의 크기와 수익창출 능력을 말하는 것이다.
넬슨(R. E. Nelson)은 점포의 경영주체가 최대의 이익을 얻을 수 있는 매출액을 확보하기 위하여 어떤 점을 고려할 것인가에 대해 8가지 원칙을 제시하였다. 8가지는 상권의 잠재력, 접근 가능성, 성장 가능성, 중간 저지성, 누적적 흡인력, 양립성, 경쟁 회피성, 용지 경제성 등이다.

10 단일의 개발업자가 의도적인 개발계획하에 원스톱 쇼핑이 가능하도록 소매업을 비롯한 다양한 업종 및 업태들을 하나의 지역에 대규모로 형성한 집단판매시설을 의미하는 것은?

① 아웃렛
② 쇼핑센터
③ 대형 슈퍼마켓
④ 대형 할인점
⑤ 카테고리 킬러

해설 우리나라의 「유통산업발전법 시행령」에서는 쇼핑센터를 '근린생활시설이 설치되는 장소를 제외한 매장면적의 합계가 3,000m² 이상인 점포의 집단으로서 다수의 대규모 점포 또는 소매점포와 각종 편의시설이 일체적으로 설치된 점포로서 직영 또는 임대의 형태로 운영되는 점포의 집단'으로 정의하고 있다.

Answer 09 ① 10 ②

② 쇼핑센터(shopping center)는 도시 근교에 넓은 토지를 확보하여 백화점 등 규모가 큰 소매점을 중심으로 하여 연쇄점, 전문점, 소매점 등을 모아 원스톱 쇼핑(one-stop shopping)이 가능하도록 계획적으로 만들어진 대규모 집단판매시설이다.

11 다음 중 스트립 쇼핑센터(strip shopping center)의 설명으로 가장 옳지 않은 것은?

① 네이버후드 센터(neighborhood center), 커뮤니티 센터(community center), 파워 센터(power center)는 스트립 쇼핑센터의 유형이다.
② 네이버후드 센터(neighborhood center)는 소비자와 가장 가까운 지역에서 그들의 일상적 욕구를 만족시키기 위해 편리한 장소를 제공하도록 설계된 곳이다.
③ 커뮤니티 센터(community center)는 의류와 일반상품에 대해 네이버후드 센터보다 다양한 범위의 상품을 제공한다.
④ 파워 센터(power center)는 선별된 패션과 품질이 우수하고 값이 비싼 독특한 제품을 판매하는 고급 의류점이나 선물점 등으로 구성되어 고객 흡인력이 강한 상품을 제공한다.
⑤ 파워 센터는 대규모 할인점이나 백화점을 핵점포(anchor store)로 유치하는 것이 적절한 점포의 유형이다.

[해설] 파워 센터(power center)는 전문센터라고도 하는데, 할인점·할인 백화점·창고형 클럽 등을 포함하는 대형 점포들로 구성되어 있으며, 홈디포 등 카테고리 킬러형 소매점에도 적합하다. 파워 센터는 대규모 할인점이나 백화점을 핵점포(anchor store)로 유치하는 것이 적절한 점포의 유형이다.

12 다음 중 파워 센터의 특징에 대한 설명으로 가장 거리가 먼 것은?

① 도시 중심부에 위치한다.
② 대형 점포들과 함께 소수의 소규모 전문점들도 입주한다.
③ 할인 백화점, 할인점, 창고형 클럽을 포함하는 일부 대형 점포들로 구성한다.
④ 특정 카테고리를 장악하는 카테고리 킬러형 소매점에 적합한 입지이다.
⑤ 일정한 구매목적을 가진 고객들로 하여금 어느 한 점포에서 단시간 내에 상품을 구매할 수 있도록 배려한다.

[해설] ① 스트립 쇼핑센터의 한 유형인 파워 센터(power center)는 대부분 넓은 주차장이 필요하기 때문에 교외지역에 위치하고 있다.

Answer 11 ④ 12 ①

13 다음의 내용 중에서 쇼핑몰의 일반적인 장점들만을 모두 골라 묶은 것은?

> ㉠ 입점업체의 구성을 쇼핑몰 전체적 관점에서 계획하고 통제한다.
> ㉡ 다양한 유형의 점포, 다양한 구색의 상품, 쇼핑과 오락의 결합 등으로 고객흡인력이 매우 높다.
> ㉢ 영업시간, 개별점포의 외양 등에서 높은 동질성을 유지한다.
> ㉣ 쇼핑몰 안에 있는 점포들은 중심상업지역에 있는 점포들에 비해 임대료가 비교적 싸다.

① ㉠, ㉣
② ㉡, ㉣
③ ㉠, ㉡, ㉢
④ ㉠, ㉡, ㉣
⑤ ㉠, ㉡, ㉢, ㉣

[해설] ㉣ 쇼핑몰 내부의 임대료는 상당히 비싼 편이다. 그리고 이는 쇼핑몰의 단점으로 지적할 수 있다.

14 의류패션업에서 소비자의 취향을 반영하여 최근 크게 증가세를 보이고 있는 SPA에 대해 설명한 것이다. 바르지 못한 것은?

① SPA는 1986년에 미국의 청바지 회사인 갭(Gap)이 도입한 개념으로, 전문점(speciality retailer)과 자사상표(private label) 및 의류(apparel)라는 의미를 합친 것이다.
② SPA는 기획부터 디자인·생산·유통·판매가 일괄적으로 이루어짐으로써 저렴하고 트렌디한 제품을 소비자에게 공급할 수 있다는 것이 강점이다. 급변하는 유행에 맞춰 새로운 아이템을 빠르게 선보여 패스트패션(fast fashion)이라고도 한다.
③ SPA는 매장 내에서 모두 팔 수 있는 상품을 만들기 위해 정확한 수요예측이 필수적이고, 또한 전국의 직영매장에서 판매하므로 소품종 대량생산으로 생산비용을 절감하여야 한다.
④ SPA는 백화점 유통에 드는 비용을 절감시키고, 매장을 직영으로 운영하므로 가격은 저렴하고 소비자의 요구는 빨리 파악하여 제품에 반영하는 것을 특징으로 한다.
⑤ 기획에서부터 판매에 이르기까지 하나로 연결되어 있기 때문에, 이곳에서는 이미 판매하여 소비자들에게 검증된 상품만을 제조하여 판매가 이루어진다.

[해설] SPA는 다품종 소량생산의 제조직매형 의류브랜드라는 차별화된 제품전략이 요구된다.

15 다음의 특징을 모두 갖춘 쇼핑센터는?

> • 주로 도심중심지에 상권의 형성
> • 개별점포의 영업시간 등 운영에 대한 간섭
> • 다양한 유형의 많은 점포들을 집적
> • 입점업체구성(mix)의 계획적 조정
> • 높은 임대료와 관리비용

① 파워 센터
② 스트립 쇼핑센터
③ 아웃렛 쇼핑센터
④ 쇼핑몰 또는 쇼핑센터
⑤ 백화점

>[해설] 다양한 유형의 많은 점포들이 집적되어 있고, 주로 도심중심지에 상권을 형성하며 입점업체를 계획적으로 구성(mix)하는 것은 쇼핑센터(shopping center)이다.

16 다음 중 쇼핑센터의 유형별 핵점포 및 주요 취급상품의 종류에 대한 연결이 올바르지 않은 것은?

① 지역형 쇼핑센터 - 1개 혹은 2개의 (대형)백화점, 선매품에 중점
② 커뮤니티 쇼핑센터 - 양판점 또는 종합할인점, 편의품 및 일부 선매품에 중점
③ 근린형 쇼핑센터 - 대형 할인점, 선매품에 중점
④ 초광역형 쇼핑센터 - 다수의 백화점, 선매품에 중점
⑤ 파워 쇼핑센터 - 대규모 할인점, 백화점

>[해설] 핵점포(anchor store)는 상권이 넓고 다수의 고객을 유인할 수 있는 영업력이 강한 점포 또는 쇼핑센터의 중심점포를 말한다.
>③ 근린형 쇼핑센터(네이버후드 센터)의 핵점포는 대부분 슈퍼마켓으로 편의품에 중점을 두고 있다.

17 쇼핑센터 안에서 고객의 유인을 담당하는 점포를 핵점포(anchor store)라고 부른다. 다음 중 슈퍼마켓이 가장 강력한 핵점포의 역할을 수행해 줄 수 있는 쇼핑센터의 유형은?

① 테마·페스티벌 쇼핑센터
② 지역 쇼핑센터
③ 파워 쇼핑센터
④ 네이버후드 쇼핑센터
⑤ 커뮤니티 쇼핑센터

>[해설] 네이버후드 쇼핑센터는 백화점이나 대형 마트, 전문점 등에 비해 규모가 작은 슈퍼마켓이 핵점포의 역할을 하게 된다. 미국의 경우 네이버후드 센터의 약 1/2은 슈퍼마켓이고, 나머지의 1/3은 드럭 스토어가 차지하고 있다. 파워 센터의 경우에는 백화점이나 고급 전문점 등이, 커뮤니티 센터의 경우에는 대형 마트나 전문할인점 등이 핵점포의 역할을 한다.

Answer 15 ④ 16 ③ 17 ④

18 다음 중 쇼핑센터 내부의 입지에 대한 설명으로 가장 부적절한 것은?

① 비슷한 표적시장을 갖는 경쟁점포들은 서로 가까이 입지해야 한다.
② 쇼핑센터의 핵점포(anchor store)에 가까울수록 임대료가 비싸다.
③ 중심상점을 몰로 연결하고 그 양측에 전문점을 두어, 주차장이나 대중교통수단으로부터의 진입방향에 출입구를 위치시킨다.
④ 보완상품을 판매하는 점포들은 서로 가까이 입지해야 한다.
⑤ 충동구매가 잦은 상품을 주력상품으로 하는 소매점포는 가능한 한 핵점포에서 먼 곳에 입지해야 한다.

> **해설** 핵점포(anchor store)는 상권이 넓고 다수의 고객을 유인할 수 있는 영업력이 강한 점포 또는 쇼핑센터의 중심점포를 말한다. 따라서 핵점포에 가까이 입지하면 집객력을 높여 매출을 증대시킬 수 있다. 그러나 핵점포에 가까울수록 임대료가 비싸진다는 점도 고려해야 한다.

19 쇼핑센터 신규입지에 대한 평가기준으로서 그 중요성이 상대적으로 가장 낮은 것은?

① 부지의 규모와 형태
② 용도규제와 주변의 환경
③ 주변도로로부터의 가시성 : 건물외관, 심벌타워 등
④ 건물 및 토지의 잠재적 투자안정성
⑤ 교통수단과 접근성

> **해설** 쇼핑센터는 판매활동을 통해 매출액과 이익의 증대를 추구하는 것이지, 부동산에 대한 투자에 목적이 있는 것은 아니다. 따라서 입지평가기준으로서 건물 및 토지의 잠재적 투자안정성은 그 중요도가 가장 낮다고 할 수 있다.

20 다음의 점포들 중에서 목적점포(destination stores)에 해당하는 점포들을 모두 골라 묶은 것은?

> ㉠ 특정상권 안에서 가장 낮은 가격으로 식품을 판매하는 대형 슈퍼마켓
> ㉡ 특정상권 안에서 뚱뚱한 사람들에게 맞는 청바지를 파는 유일한 점포
> ㉢ 수많은 종류의 장난감을 판매하는 카테고리 킬러

① ㉠
② ㉠, ㉡
③ ㉠, ㉢
④ ㉡, ㉢
⑤ ㉠, ㉡, ㉢

Answer 18 ⑤ 19 ④ 20 ⑤

[해설] 목적점포(destination stores)는 그 점포가 일반적인 상업 중심지 밖에 있더라도 소비자가 그 점포만을 방문하기 위하여 이동할 용의가 있는, 즉 매장 자체가 목적지가 되는 점포이다. 예를 들어, 유명 브랜드의 아웃렛(outlet)이 도시 외곽에 세워졌다고 하더라도 소비자는 기꺼이 장거리를 이동하여 그 점포를 이용한다. 이 경우 같은 센터에 있는 매장이라도 다른 상권을 가지게 될 수 있다. 다른 업체와 비교하여 확실한 기술력을 보유하고 있는 업체나 뛰어난 마케팅 능력을 보유하고 있으며 스스로도 충분히 능력을 발휘할 수 있어 확실한 비교우위를 가진 점포라면 목적점포가 될 수 있다.

21 다음 중 유명상표의 제품을 상설적으로 할인판매하는 업태의 대표적 유형은?

① 파워 센터(power center)
② 테마 센터(theme center)
③ 키오스크(kiosks)
④ 아웃렛 센터(outlet center)
⑤ 슈퍼지역 센터(super regional center)

[해설] 아웃렛 센터(outlet center)는 유명 메이커와 백화점의 비인기 상품, 재고품, 하자상품 및 이월상품 등을 대폭적으로 할인된 가격으로 판매한다. 같은 업종의 수십 개 또는 수백 개의 점포가 출점하여 쇼핑센터를 이루는 업태이므로 재고상품이 집화되는 물류센터 주변에 위치하는 것이 대부분이다. 또한 기존 유통구조와의 갈등을 피하기 위해 주로 도심 외곽에 입지하는 것이 일반적이다. 제조업자가 공장의 재고품이나 하자상품을 직영 아웃렛에서 판매하는 경우를 팩토리 아웃렛(factory outlet)이라고 하며, 일반 소매업체의 재고품을 모아 판매하는 경우를 리테일 아웃렛(retail outlet)이라고 한다.

22 쇼핑몰이 다른 소매입지에 비해 향유하는 우위에 대한 내용으로 가장 부적절한 것은?

① 입점업체 믹스가 계획될 수 있다.
② 각각의 소매업체는 자사점포의 외부환경에 대해 관리할 필요가 없다.
③ 모든 입점업체들은 자신들의 점포경영에 대해 쇼핑몰에서 관리를 해주기 때문에 좋아한다.
④ 다양한 유형의 많은 점포와 다양한 구색의 상품 그리고 쇼핑을 오락과 결합하여 쇼핑의 중심지가 되고 있다.
⑤ 개별업체들 입장에서는 투자의 위험성이 상대적으로 낮다.

[해설] 쇼핑몰의 전체적 관점에서 쇼핑몰 본부가 입점업체의 구성, 즉 입점업체 믹스를 계획하고 통제한다. 이와 함께 입점업체들의 매장경영 전반에 대해 계획·실행·관리를 해주기 때문에 개별업체들 입장에서는 투자의 위험성이 상대적으로 낮다.
③ 쇼핑몰의 입점업체들에 대해 쇼핑몰에서 전체적으로 관리를 해준다고 해서 모든 입점업체들이 반드시 좋아하는 것은 아니다. 입점업체는 개점 및 폐점시간이나 점포 디스플레이 등을 독자적으로 조정하려는 경우도 있기 때문이다.

Answer 21 ④ 22 ③

23 점포의 입지유형을 집심성, 집재성, 산재성으로 구분할 때 넬슨의 소매입지 선정원리 중에서 집재성 점포의 기본속성과 연관성이 가장 큰 것은?

① 양립성의 원리
② 경쟁위험 최소화의 원리
③ 경제성의 원리
④ 누적적 흡인력의 원리
⑤ 고객 중간유인의 원리

[해설] 입지를 공간균배의 원리에 따라 구분하면 집심성 입지, 집재성 입지, 산재성 입지 등으로 구분한다. 집재성 입지는 가구점이나 기계기구점처럼 같은 업종의 점포들이 모여 집적효과를 거둘 수 있는 입지이다.
집재성 점포처럼 여러 점포가 인접하여 입지하여야 매출을 증대시킬 수 있는데 이를 누적적 흡인력(cumulative attraction)의 원칙 또는 동반유인의 원칙이라고 한다.

24 업태에 따른 소매점포의 적절한 입지유형을 설명한 페터(R. M. Fetter)의 공간균배원리를 적용한 것으로 가장 옳지 않은 것은?

① 편의품점 - 산재성 입지
② 선매품점 - 집재성 입지
③ 부피가 큰 선매품의 소매점 - 국부적 집중성 입지
④ 전문품점 - 집재성 입지
⑤ 고급고가품점 - 집심성 입지

[해설] 집재성 입지는 동일 업종이 모여 있어야 집적 효과를 얻는 유리한 입지로서 가구점, 중고 서점, 전자제품, 기계점, 관공서 등이 해당된다. 반면 전문품점은 도시의 중심지(CBD)에 입지해야 유리한 집심성 입지에 해당한다.

25 노면 독립입지에 입주하는 것이 가장 부적합한 소매점포의 유형에 해당하는 것은?

① 소비자들이 비교구매를 통해 구입하는 선매품을 주로 취급하는 소매점
② 취급하는 상품에 대해 확실한 전문성을 갖춘 소매점
③ 목적구매상품(destination goods)을 취급하는 대규모 소매점
④ 독자적으로 고객을 흡인할 수 있는 마케팅 능력을 갖춘 소매점
⑤ 할인점처럼 저비용·저가격 정책을 실시해야 하는 소매점

[해설] 노면 독립입지(freestanding sites, isolated sites) 또는 독립입지는 다른 업체들과 지리적으로 떨어져서 교외지역에 독립하여 입지하는 것을 말한다. 독립입지하는 경우에는 고객을 유인할 수 있는 마케팅 전략을 세워야 한다.
① 전문품의 경우에는 독립입지가 바람직할 수도 있지만, 선매품의 경우에는 여러 점포를 통해 상품을 비교한 후 구매하므로 독립입지는 바람직하지 않다.

Answer 23 ④ 24 ④ 25 ①

26 소매업의 입지유형 중 독립입지(freestanding sites)에 대한 설명으로 옳지 않은 것은?

① 독립입지의 경우 도심지에 주로 위치하며 독립입지의 소매점포를 방문하는 고객들은 특정 점포에서의 쇼핑을 목적으로 방문하는 경우가 일반적이다.
② 중·소형 소매업체보다 오히려 창고형 대규모 소매점이나 하이퍼마켓, 카테고리 전문점 등 주로 대형 소매업체들에 더욱 알맞은 입지유형의 하나이다.
③ 시너지 효과를 창출할 수 있는 다른 점포들이 없기 때문에 쇼핑몰이나 쇼핑센터에 입점해 있는 점포들에 비해 고객유인 효과가 상대적으로 저조한 편이다.
④ 독립입지의 장점으로는 낮은 임대료, 넓은 주차공간, 고객을 위한 보다 높은 편의성, 확장의 용이성 등을 들 수 있다.
⑤ 영업시간·제품·간판에 대한 규제가 완화되므로 그에 알맞은 경영자의 경영전략 수립이 필요하다.

[해설] 독립입지(isolated sites)는 다른 업체들과 지리적으로 떨어져서 교외지역에 독립적으로 입지하는 것을 의미한다. 따라서 중·소형 소매업체보다는 하이퍼마켓이나 대형 할인점, 회원제 창고형 할인점 등 대형 소매업체들에게 적합한 입지유형이다.

27 복합용도개발(MXDs : mixed-use developments)지역의 설명으로 거리가 먼 것은?

① 복합용도개발은 많은 쇼핑객들을 점포로 유인하기 때문에 소매업체에게 인기가 있다.
② 개발업체들은 공간을 효율적으로 사용할 수 있기 때문에 복합용도개발을 선호한다.
③ 복합용도개발의 좋은 예는 주로 도시 변두리와 도심 외곽의 한적한 지역에서 찾아볼 수 있다.
④ 복합용도개발은 쇼핑센터, 오피스 타워, 호텔, 주상복합건물, 시민회관, 컨벤션센터 등 하나의 복합건물에 다양한 용도를 결합시킨 것을 의미한다.
⑤ 복합용도개발은 구성요소들 간에 견고한 물리적 기능의 통합에 의한 고도의 토지이용을 창출하는 데 있다.

[해설] ③ 복합용도개발(MXDs)은 주로 도심의 낡은 건물이 재건축되면서 이루어지는 경우가 일반적이다.

Answer 26 ① 27 ③

28 다음 중 특정입지(sites) 안에서의 입지적 장점과 단점을 설명한 것으로 가장 타당하지 않은 것은?

① 독립입지는 보다 큰 가시성, 확장의 용이성 및 간판, 영업시간, 제품에 대한 규제완화 등을 장점으로 들 수 있으나 고객을 유인하기 위해 마케팅 정책에 있어서 특별한 것을 제공해야 한다.
② 핵점포(anchor store)에 가까운 입지일수록 임대료가 비싸다.
③ 충동구매 품목의 판매비중이 낮은 점포는 목적구매 품목의 판매비중이 높은 점포에 비해 임대료가 상대적으로 비싸다.
④ 목적점포(destination stores)에 가까운 입지일수록 임대료가 비싸다.
⑤ 복합용도개발은 높은 시너지 효과와 업무의 효율성 향상 및 도심공동화 현상을 완화할 수 있다.

[해설] 소비자의 소비행태는 목적을 세워 구매하는 목적구매와 지나치게 충동적으로 구매하는 충동구매로 구분할 수 있다. 목적구매의 경우에는 사전에 구매할 의사를 충분히 가지고 찾아오므로 사람이 많은 곳에 입지할 필요가 없다. 반면, 충동구매는 가급적 유동인구가 많은 곳에 입지하는 것이 유리하다.
③ 충동구매 품목의 판매비중이 높은 점포는 유동인구가 많은 곳이므로 점포의 임대료가 비싸다.

29 다음 중 독립입지의 독자적 상권개발과 기존상권 선택을 비교한 것으로 틀린 것은?

	구 분	독자적 상권개발	기존상권 선택
①	기본전략	새로운 경영환경의 창조	형성되어 있는 환경에의 적응
②	시장전략	마케팅 개척	마케팅 적응
③	고객전략	고객의 창조와 선별	고객층 적응
④	의식과 특성	타율적·정태적 수렴성	자율적·동태적 확장성
⑤	운영방식	확장 위주의 경영계획추진	점포면적·거리·광고전략의 차별화

[해설] ④ 의식과 특성에 있어서 독자적 상권개발의 경우에는 자율적·동태적 확장성이고, 기존상권 선택의 경우에는 타율적·정태적 수렴성이 옳다.

Answer 28 ③ 29 ④

30 다음 중 부지 선정시 고려요소(미시적 요소)와 거리가 먼 것은?

① 취급상품의 종류와 고객의 구매습관 ② 경쟁점포와의 위치관계
③ 예상 매출액 ④ 자본투자에서 얻어지는 수익
⑤ 도로망의 확장계획

해설 ㉠ 출점지역 선정시 고려요소(거시적 요소) : 상업지역의 인구, 잠재적 고객의 구매습관, 지역의 발전 방향, 지역주민의 구매력, 부의 분배상태, 경쟁 상태와 강도, 제반 법령과 제도, 경쟁점의 확장 계획
㉡ 부지 선정시 고려요소(미시적 요소) : 예상 매출액, 고객의 통행량, 접근성, 부지의 특징, 부지의 유용성(임대계약조건 등) 등

31 다음 중 백화점의 입지선정시 고려요인과 가장 거리가 먼 것은?

① 상품의 다양성 정도 ② 소비자의 접근성 정도
③ 소비자의 흡인력 정도 ④ 상권 내 소비자의 경제력 및 소비형태
⑤ 제반 법령과 제도

해설 입지(location)는 점포가 소재하고 있는 위치적인 조건으로 일반적으로 상권의 크기, 교통망, 고객층, 점포의 지세 및 지형과 밀접한 관련을 맺고 있다. 백화점과 같은 소매업에서 가장 유리한 입지는 많은 주민이 거주하는 지역으로 도심상업지역 또는 중심상업지역(CBDs)에 위치하는 도심입지나 시장지향형 입지가 유리하다.
① 입지선정은 백화점이 위치할 장소를 정하는 것이므로 상품의 다양성과는 관련이 없다.

참고 백화점의 입지선정시 고려해야 할 요인
㉠ 상업지구의 인구수 : 도시의 인구수와 그 주변 상업지구의 인구수는 그 상업지구 소매점포의 잠재적 고객수를 결정하는 데 중요한 조건이다.
㉡ 도심지역의 발전 : 도심의 일정지구가 발전되면 산업의 종류와 인구변동의 변화요인에 밀접한 관련성을 가지고 있다.
㉢ 예비고객의 구매습관 : 고객의 쇼핑장소, 쇼핑거리, 기호, 성향 등에 따라 상점의 위치선택에 상당한 영향을 줄 수 있다.
㉣ 지역주민의 구매력 : 일정한 지역의 소매점 총판매량은 그 지역주민의 구매능력과 상당히 밀접한 관계를 가지고 있다. 이러한 구매능력은 그 지역주민의 월급생활지수와 평균급료나 연금, 재산세 등이 중요한 요소이다.
㉤ 부의 분산 여부 : 구매력과 이윤에 영향을 미치는 또 다른 요소로, 가정의 형태와 종류, 주택의 소유자 비율, 교육수준, 자동차 대수와 종류, 신용카드의 보급 및 사용현황 등이 있다.
㉥ 경쟁의 본질과 강도 : 경쟁점의 수나 형태, 면적, 위치는 점포를 세울 도시나 쇼핑센터의 선택에 영향을 미친다.
㉦ 제반 법령과 제도 : 세금을 결정하는 법령과 점포 설치에 대한 인·허가와 면허는 점포의 위치선정에 중요한 영향을 미친다.
㉧ 기타의 조건 : 경쟁점 확장계획, 도로망 계획, 상품의 원활한 공급 등은 점포의 위치선정에 상당한 영향을 미친다.

Answer 30 ⑤ 31 ①

32 다음 중 백화점의 좋은 입지에 대한 설명으로 가장 거리가 먼 것은?

① 중심상업지역과 쇼핑센터는 백화점들의 좋은 입지이다.
② 백화점 입지는 중심상업지역에 위치하지만 그 지역에서 근무하는 사람들을 잠재고객으로 갖는 이점은 없으며 도시 변두리의 잠재고객들이 집결되는 현상이 있다.
③ 백화점 입지는 넓은 면적과 다양한 상품에 의해 상당히 많은 사람들을 유인한다.
④ 백화점들은 보통 중심상업지역이나 지역 쇼핑센터 또는 슈퍼지역 쇼핑센터에 위치한다.
⑤ 유동인구, 주요산업 및 대중교통과의 연계성 등 장기적인 발전가능성이 있어야 한다.

[해설] 주로 중심상업지역(CBDs)에 위치하는 백화점은 그 지역에서 근무하는 사람들을 잠재고객으로 갖는 이점이 있다. 또한 도시 변두리의 고객들을 흡인하는 힘을 지니고 있다.

33 다음 중 의류패션 전문점의 입지에 대한 설명으로 가장 적합한 것은?

① 의류패션 전문점의 입지는 오락과 즐거움을 제공할 수 있고, 비교구매가 가능한 중심상업지역 또는 인근지역의 입지가 좋은 입지이다.
② 의류패션 전문점의 업체들은 백화점과 같이 규모가 큰 경쟁자가 입주해 있는 쇼핑몰은 피해야 한다.
③ 소비자들이 상품들을 비교하며 시간을 보낼 수 있는 입지는 점포의 시간당 매출이 저조하므로 의류패션 전문점을 위한 좋은 입지가 될 수 없다.
④ 의류패션 전문점은 소비자들이 주로 여성이므로 식료품점과 가까울수록 좋은 입지이다.
⑤ 의류패션 전문점은 경쟁이 치열하므로 모여 있는 곳은 피해야 한다.

[해설] 의류패션 전문점은 일반적으로 도시의 중심(CBDs)이나 그 주변 인근지역에 점포가 밀집되어 형성되어 있다. 이는 의류패션상품이 선매품(shopping goods)이어서 고객이 여러 점포를 다니며 가격과 디자인・색상・품질 등을 비교하여 구매하기 때문이다.
② 의류패션 전문점은 집재성 점포유형에 해당하므로 백화점이 입주해 있는 쇼핑몰은 좋은 입지가 된다.
③ 소비자들이 상품들을 비교하며 시간을 보낼 수 있는 입지는 의류패션 전문점의 좋은 입지가 된다. 시간당 매출액은 별 의미가 없으며 점포면적당 매출액이 중요하다.
④ 의류패션 전문점과 식료품점은 입지조건이 다르다. 그리고 이 경우 의류패션 전문점은 목적점포가 될 수 있지만 식료품점은 그렇지 못하므로 식료품점과 가깝다는 것은 의미가 없다.

Answer 32 ② 33 ①

34 다음 중 업종에 따른 입지에 대한 설명으로 바람직하지 않은 것은?

① 백화점은 중심상업지역이 적합하다.
② 수입용품 판매점은 중산층 이상의 거주지가 유리하다.
③ 의류전문점의 경우 중산층 주거지역이 적합하다.
④ 생활용품 할인점의 경우 서민층 주거지역이 유리하다.
⑤ 식료잡화점은 주거지 인근에 입지해야 한다.

[해설] 수입용품을 판매하는 입지는 수입상품의 종류에 따라 다르다. 고가품이면 고소득층 거주지가, 중저가품이면 중산층 이하의 거주지가 적합하다.
③ 의류전문점의 경우 중심상업지역(CBDs)이나 고소득층 주거지역에 입지하는 것이 바람직하다.

35 입지조건과 입지선정에 관한 다음의 내용 중 틀린 것은?

① 토지는 용도가 다양하므로 용도별로 다양한 입지선정이 이루어지고 또 한 가지 용도라 하더라도 목적에 따라 여러 가지 입지가 가능하다.
② 입지주체가 요구하는 자연적·사회적 제 조건을 입지조건이라고 한다.
③ 이미 보유하고 있는 용지를 어떻게 이용할 것인가를 결정하는 것은 입지선정과는 관련이 없다.
④ 입지조건은 입지주체에 따라 달라지고 시간의 경과에 따라서도 달라진다.
⑤ 주거지의 입지조건은 쾌적성과 편리성 및 접근가능성이고, 상업지는 수익성, 공업지는 생산관련 비용, 농업지는 생산성이 높은 곳이다.

[해설] ③ 입지선정은 새로운 용지를 선정하는 것(입지론) 외에 이미 보유하고 있는 용지를 어떤 용도와 규모로 이용할 것인가를 결정하는 것(적지론)도 포함한다.

36 다음의 내용이 의미하는 것은?

> 본래 옥외에 설치된 대형 천막이나 현관을 뜻하는 페르시아어에서 유래된 말로서 간이 판매대·도로변의 소형 매점을 가리킨다. 정보통신에서는 정보서비스와 업무의 무인자동화를 위하여 대중들이 쉽게 이용할 수 있도록 공공장소에 설치한 무인단말기를 가리킨다. 멀티미디어 스테이션(multimedia station) 또는 셀프서비스 스테이션(self service station)이라고도 하며, 대개 터치스크린 방식을 적용하여 정보를 얻거나 구매·발권·등록 등의 업무를 처리한다.

① outlet
② power center
③ kiosk
④ shopping mall
⑤ theme center

[해설] ③ 키오스크(kiosk)는 보통 옥외에 설치된 도로변의 간이 판매대나 소형 매점을 의미한다.

Answer 34 ③ 35 ③ 36 ③

37 다음은 넬슨(R. E. Nelson)이 주장하는 점포입지의 8원칙 중 한 가지에 대해 설명한 것이다. 올바른 것을 고르면?

> 공존력이라고도 하는 것으로, 인접한 서로 다른 소매점포 간에 고객을 서로 주고받을 수 있는 능력을 의미한다. 예를 들면, 보완재(complimentary goods)의 성격이 강한 상품을 판매하는 소매점들이 인근에 자리 잡을 경우 각 소매점들은 고객을 서로 주고받으면서 매상을 높일 수 있게 된다.

① 누적력(cumulative attraction) ② 양립성(compatibility)
③ 저지성(interception) ④ 잠재력(potential)
⑤ 접근성(accessibility)

[해설] 문제의 내용은 양립성(compatibility)에 대한 설명이다. 양립성은 점포들 간의 가격체계나 이미지가 다를 경우보다는 유사할 경우 더 커진다. 다시 말하여 표적고객층이 동일할수록 점포 간의 고객교환 현상이 더 쉽게 일어나게 된다.

38 다음 중 상업지 입지평가의 지역요인으로 볼 수 없는 것은?

① 경관 등 자연적 환경
② 고객의 교통수단 형태
③ 배후지 및 고객의 양과 질
④ 지역, 지구제에 따른 토지공간의 이용에 대한 행정적 규제
⑤ 인근지역의 번영의 정도

[해설] 상업지 입지평가는 지역요인과 개별요인으로 구분해서 실시한다. 지역요인은 대상점포를 포함하고 있는 주변 인근지역(상권지역)을 대상으로 검토해야 하는 요인이고, 개별요인은 대상점포의 부지를 중심으로 검토해야 하는 요인을 말한다.
① 상업지의 경우 중요한 것은 매상고, 즉 수익성이다. 경관 등 자연적 환경은 주거지나 레저용 부지의 경우에 해당되는 지역요인이다.

Answer 37 ② 38 ①

39 동일상권 내 소비자들의 라이프스타일을 조사하는 방법인 AIO 분석에서 측정해야 할 요소를 전부 고르면?

> ㉠ 소비자들의 관심사(interests)　　㉡ 소비자들의 활동(activities)
> ㉢ 소비자들의 연령분포(ages)　　　㉣ 소비자들의 의견(opinions)

① ㉠, ㉡
② ㉡, ㉢
③ ㉠, ㉡, ㉢
④ ㉡, ㉢, ㉣
⑤ ㉠, ㉡, ㉣

해설 라이프스타일에 대한 측정은 AIO(Activities, Interests and Opinions) 기법이 가장 많이 이용된다. AIO 분석은 응답자들을 대상으로 한 조사에서 도출하는 행동(activities), 관심(interests) 그리고 의견(opinions) 등으로 측정된다.

40 다음 중 다점포 경영의 성향에 대한 설명으로 가장 거리가 먼 것은?

① 본점은 상품구색, 가격, 광고, 판촉활동 등에 대한 의사결정과정에 있어서 지역시장은 무시하고 자사의 이익을 위해 전국 시장의 욕구에 적합하게 수립해야 한다.
② 다점포 경영은 규모의 경제 이익과 효율을 고려하여 계획적으로 여러 지역에 출점하는 것을 말한다.
③ 본점을 통한 대량매입과 각 지점을 통한 대량판매의 동시 실현을 목표로 하는 경영체제를 말한다.
④ 본점이 전 지점을 위한 상품구입을 통괄적으로 담당하고, 각 지점은 오로지 판매활동에만 전념할 수 있도록 하는 체제이다.
⑤ 동일업종이나 업태의 수를 증가시킴으로써 구매자에 대한 구매력을 향상시킬 수 있다.

해설 다점포 경영(multistore operation)은 각 지역에 지점포를 출점하게 하는 전략에 따라서 만든 각 체인점에 대한 영업관리를 의미한다. 즉, 규모의 이익과 효율을 고려하여 계획적으로 여러 지역에 출점하는 것을 말한다.
① 다점포 경영에서는 상품구색이나 가격결정, 판촉활동을 전국시장보다는 지역시장의 욕구에 적합하게 수립할 수 있다는 장점이 있다.

Answer 39 ⑤　40 ①

41 입지선정 및 입지의 접근성과 관련된 설명으로 올바르지 않은 내용은?

① 허프 모델(Huff Model)이 나타내고 있는 바와 같이 경쟁점포와의 상호관계에서 고객흡인력은 유통매장의 규모에 반비례하고 시간·거리에는 비례한다.
② 주차시설의 양과 질은 쇼핑센터(쇼핑몰) 및 주차시설을 개별적으로 갖춘 단독매장들에 대한 접근성을 평가하기 위한 중요한 요인의 하나이다.
③ 혼잡도는 사람들이 밀집되어 복잡한 정도뿐만 아니라 자동차가 밀집되어 복잡한 정도를 모두 내포하고 있는 개념이다.
④ 일정수준을 넘어가는 매장 내 혼잡도는 쇼핑속도를 떨어뜨리고 고객불만을 야기하여 매출 하락으로 연결될 수 있는 반면, 적정수준의 혼잡도는 오히려 고객에게 쇼핑의 즐거움을 더해 주기도 한다.
⑤ 접근성은 시간적·경제적·거리적 부담 모두를 포함하는 개념이다.

해설 ① 허프 모델(Huff Model)의 경쟁점포와의 상호관계에서 고객흡인력은 유통매장의 규모에는 비례하고 시간(또는 거리)에는 반비례한다.

42 다음 중에서 특정입지(sites)의 접근성을 평가할 때 일반적으로 고려해야 하는 항목들만을 모두 골라 묶은 것은?

㉠ 주변의 도로패턴	㉡ 주변의 교통량
㉢ 주변의 도로상태	㉣ 입지 내 주차장의 크기

① ㉠
② ㉠, ㉡
③ ㉠, ㉡, ㉢
④ ㉠, ㉡, ㉣
⑤ ㉠, ㉡, ㉢, ㉣

해설 접근성(accessibility)을 평가하기 위해서는 ㉠ 계획된 점포에 이르게 하는 전철, 버스, 지하철과 같은 대중교통시설, ㉡ 잠재적 고객들과 종업원들의 주거지로부터 계획된 점포와의 거리, ㉢ 점포가 위치한 지역만의 교통혼잡과 하루 중의 혼잡시간과 주중의 혼잡 요일에 대한 분석, ㉣ 계획된 점포의 편리한 도보거리 내에서 유용하게 사용할 수 있는 주차시설과 요금, ㉤ 점포가 도로변에 위치해 있는지의 여부, ㉥ 도로의 폭, ㉦ 부지가 위치한 블록 등을 고려해야 한다.

Answer 41 ① 42 ⑤

43 하나의 산업을 이해하기 위해서는 우선 그 산업에 대한 경쟁구조의 분석이 필요하다. 경쟁구조분석, 즉 완전경쟁구조, 독점적 경쟁구조, 과점구조 및 독점구조 상황을 분석·판단하는 기준요소와 가장 거리가 먼 것은?

① 시장에서의 공급자와 수요자의 수
② 목표시장에서 목표고객 그룹의 상표충성 정도
③ 실제 또는 인지되고 있는 상품차별화의 정도
④ 가격에 대한 결정권이 시장 혹은 기업, 즉 누구에게 가격결정에 대한 권한이 있는지의 여부
⑤ 기업의 시장 진입과 퇴출의 자유 정도

해설 산업의 경쟁구조를 분석·판단하는 기준은 세 가지가 있다. ㉠ 수요자와 공급자와 수, ㉡ 상품의 동질성 정도(상품차별화의 정도), ㉢ 새로운 기업의 진입(entry)의 자유 정도 등이다. 여기서 공급자의 수가 많을수록 시장은 경쟁적이 되고 가격결정에 영향을 미칠 수 없게 된다. 반면, 공급자의 수가 적을수록 시장은 독과점 구조가 되고 가격결정에 큰 영향을 미치게 된다.

44 소매입지의 평가를 위해 다른 지역과 비교한 특정지역 내의 일인당 소매 매출액을 측정하는 지표는?

① 구매력지수(BPI)
② 시장매력도지수(GIMA)
③ 소매포화지수(IRS)
④ 시장확장 잠재력지수(MEP)
⑤ 판매활동지수(SAI)

해설 소매입지의 평가를 위해 다른 지역과 비교한 특정지역 내의 일인당 소매 매출액을 측정하는 지표는 판매활동지수(SAI : Sales Activity Index)이다.

판매활동지수(SAI) = $\dfrac{\text{총소매매출액에서 차지하는 그 지역의 비율(\%)}}{\text{총인구에서 차지하는 그 지역인구의 비율(\%)}}$ 이다.

SAI가 높다는 것은 일반적으로 그 지역의 구매력은 크다는 것을 의미한다.

45 페터(Fetter)의 공간균배원리에 따른 점포유형 중 국부적 집중성 점포에 해당하는 것은?

① 도매점, 백화점
② 은행, 보험회사
③ 농기구점, 석재점
④ 피복점, 의류점
⑤ 영화관, 철공소

해설 상업입지에 해당하는 점포의 소재 위치별 분류는 다음과 같다.

집심성 점포	배후지의 중심지 입지가 유리한 점포의 유형으로 도매상, 백화점, 피복점, 의류점, 보석, 귀금속점, 극장 등이 주로 입지한다.
집재성 점포	같은 업종은 서로 집적하여 입지해야 유리한 점포의 유형으로 은행, 보험회사, 기계점, 가구점 등이 있다.
산재성 점포	같은 업종은 분산 입지해야 유리한 점포입지의 유형으로 잡화점, 어물점, 과자점, 이발소 등이 있다.
국부적 집중성 점포	같은 업종끼리 국부적 중심지에 입지해야 유리한 점포의 유형으로 농기구점, 석재점, 철공소, 비료·종묘상 등이 있다.

46 시장의 매력도를 측정하기 위한 시장의 경제적 기반 평가에 적합한 요인으로 가장 올바르게 묶인 것은?

⊙ 앞으로의 경제 활성화 정도
ⓒ 현금 사용자의 거래당 평균 구매액
ⓒ 경제활동 가능자 중 취업자 비율
ⓔ 무작위로 선택한 1개 점포의 고객이용 횟수
ⓜ 신문, 잡지, 방송 등 미디어매체의 광고 이용가능성

① ⓒ, ⓒ, ⓔ
② ⊙, ⓒ, ⓜ
③ ⊙, ⓒ, ⓒ
④ ⓒ, ⓒ, ⓜ
⑤ ⊙, ⓒ, ⓒ, ⓔ

해설 시장의 매력도 측정시 경제적 기반 측정 요인
• 앞으로의 경제 활성화 정도
• 경제활동 가능자 중 취업자 비율
• 지역정부기관의 지역경제 활성화 노력
• 지역시장에 대한 정부의 법적 규제
• 광고매체의 이용가능성과 비용

Answer 46 ②

CHAPTER 03 개점전략

제1절 개점계획

1 점포개점의 의의와 원칙

(1) 점포개점의 의의

① **점포개점의 전제**
소매점포를 개점하려 하는 경우 가장 우선적으로 고려해야 할 것은 점포입지이다. 매출이 확실하게 보장되는 점포는 한정되어 있으므로 그러한 입지를 확보하기 위해서는 앞에서 논의한 여러 가지 기법들을 활용하여 치밀한 분석을 해야 한다.

② **개점계획의 의의**
개점계획 또는 개점전략이란 결국 매출이 확실하게 보장되는 입지를 찾는 것부터 시작한다. 소매점포가 많이 위치해 있어 경쟁이 치열한 것처럼 보여도 여러 가지 규제가 완화되는 추세이므로 새로운 점포는 계속 개설되고 있다.

(2) 개점전략의 방향

① **시장력 우선전략**
점포를 개점할 때는 시장력이 높은 지역부터 출점하는 것이 바람직하다. 그 이유는 시장력의 크기에 따라 경합의 정도가 다르기 때문이다. 시장력이 크면 경합의 영향은 작고 시장력이 작으면 경합의 영향은 크다. 이 전략은 '인지도 확대전략'과도 연계하여 확인해야 한다.

② **시장력 흡수전략**
이는 시장에 맞는 규모와 형태로 출점해야 한다는 것이다. 시장규모에 맞는 출점을 해야 그 시장이 갖는 잠재력을 충분히 흡수할 수 있다. 시장규모가 크다고 해도 상대적으로 점포규모가 작다면 시장의 잠재수요를 충분히 흡수할 수 없다.

③ **인지도 확대전략**
점포 개점지역에서 인지도를 높이기 위해서는 상품이나 체인을 인지시키는 광고뿐만 아니라 점포 그 자체를 인지시킬 수 있도록 고객과의 접촉횟수를 늘리려는 노력이 필요하다. 이는 신규고객의 유치를 위해 필요하다.

(3) 개점을 위한 전략수립 절차

신규점포를 개설하기 위해서는 먼저 입지를 선정한 후 점포계획을 수립해야 한다. 그리고 입지선정을 위해서는 먼저 상권분석이 선행되어야 한다. 따라서 상권분석 → 입지선정 → 점포계획 → 소매믹스설계의 순으로 전략수립이 이루어져야 한다.

2 투자의 기본계획

(1) 화폐의 시간적 가치를 고려하는 방법(할인 방식)
   ① 순현재가치법
      ㉠ 순현가의 의미 : 순현가(NPV : Net Present Value)는 투자의 결과 발생하는 현금유입의 현가에서 현금유출의 현가를 뺀 것이다.

$$NPV = 현금유입의\ 현가 - 현금유출의\ 현가$$
$$= \sum_{t=1}^{n} \frac{C_t}{(1+r)^t} - C_0$$

여기서 할인율 r은 투자안을 채택하기 위하여 그 투자안이 벌어들여야 하는 최소한의 수익률로 소요자본의 기회비용을 의미한다. 이것을 요구수익률 또는 자본비용이라고 한다.
      ㉡ 투자결정 : 독립적인 투자안의 경우 순현가(NPV) > 0이면 투자안을 채택하고, 순현가(NPV) < 0이면 투자안을 기각한다. 그리고 상호배타적인 투자안의 경우 순현가(NPV) > 0인 투자안 중 순현가가 가장 높은 투자안을 채택한다.
      ㉢ 평가 : 순현가법은 주주 부의 극대화라는 기업의 목표에 부합되는 가장 합리적인 투자안의 평가방법이다.
   ② 내부수익률법
      ㉠ 내부수익률 : 내부 수익률(IRR : Internal Rate of Return)은 순현가(NPV)를 0으로 만드는 할인율, 즉 기대수익의 현재가치와 투자비용을 같도록 만드는 할인율을 말한다. 즉, 내부수익률은 예상된 현금수입과 지출의 합계를 서로 같게 만드는 할인율이다.
      ㉡ 투자결정 : 계산된 내부수익률이 내부수익률 ≥ 요구수익률이면 그 투자를 채택하고, 내부수익률 < 요구수익률이면 그 투자를 기각한다. 일반적으로 순현가법이 투자판단의 준거로 내부수익률법보다 선호된다.
   ③ 수익성수법
      ㉠ 수익성지수(PI) : 수익성지수(PI : Profit Index) 또는 현재가치지수(PVI : Present Value Index)는 사업기간 중의 총현금 수입합계의 현재가치를 순현금 투자지출 합계의 현재가치로 나눈 상대지수로서, 순현가(NPV)가 같은 두 개 이상의 사업을 비교 검토할 때 유효한 지표로 사용된다.
      ㉡ 투자결정 : 만일 순현가(NPV)와 기타 모든 판단 지표가 동일할 경우 초기 현금투자가 적은 사업일수록 높은 수익성지수를 나타내게 된다. 수익성지수 > 1인 경우 그 투자안을 채택한다.

(2) 화폐의 시간적 가치를 고려하지 않은 방법(비할인 방식)

① **회수기간법**
  ㉠ 회수기간 : 회수기간(payback period)은 투자에 소요된 모든 비용을 회수하는데 걸리는 기간을 의미한다.
  ㉡ 투자결정 : 투자안의 회수기간이 기업 자체에서 결정한 목표회수기간보다 짧을 경우 투자안을 채택하고, 상호배타적인 투자안의 경우 회수기간이 가장 짧은 투자안을 채택한다.
  ㉢ 평가 : 회수기간법은 회수기간 내 현금흐름의 화폐적 시간가치를 무시하고, 회수기간 이후의 현금흐름을 무시하며, 목표회수기간의 선정이 자의적이라는 문제점이 있다.

② **회계적 이익률법**
  회계적 이익률법(accounting rate of return)은 연평균순수익을 연평균투자액으로 나눈 것으로 회계적 이익률이 높을수록 양호하다고 판단한다. 목표이익률보다 회계적 이익률이 크면 투자안을 채택한다.

(3) 점포관련 투자형태의 유형

투자형태	특징 및 장·단점
점포신축을 위한 부지매입	• 일반적으로 자산가치가 상승하는 경우가 많다. • 점포형태, 진입로, 주차장, 구조 등 하드웨어에 대한 계획을 새롭게 세울 수 있다. • 다른 경우에 비해 초기에 투자해야 하는 비용이 많은 편에 속한다. • 주변지역(상권)의 환경변화에 빠르게 대응하기가 어렵다.
점포신축을 위한 부지임대	• 부지매입에 비해 초기 투자비용이 적지만 자산가치 상승도 적다. • 점포형태, 진입로, 주차장, 구조 등 하드웨어에 대한 계획을 새롭게 세울 수 있다. • 계약기간 만료시에는 더 이상 지상권을 주장할 수 없다.
점포출점을 위한 건물매입	• 초기 투자비용이 많이 드는 편이다. • 기존의 건물을 인수하는 경우이므로 감가상각에 대한 고려가 필수적이다. • 기존상권에 진입하기 때문에 영업권에 대한 이익을 얻을 수 있으나, 업종전환에 어려움이 있을 수 있다.
점포출점을 위한 건물임대	• 다른 투자형태에 비해 초기 투자비용이 가장 적게 든다. • 주변지역(상권)의 환경변화에 빠르게 대응할 수 있다. • 신속히 사업을 시작할 수 있고 업종선택이 용이하다. • 좋은 입지를 선택할 수 있다.

3 개점입지에 대한 법률규제 검토

개점 시 꼭 필요한 법률내용을 숙지하고 있으면 불필요한 시간과 비용의 낭비를 줄일 수 있다. 특히 「상가건물 임대차보호법」과 「학교보건법」(정화구역) 등은 개점할 때 반드시 점검해야 할 법률이다.

(1) 상가건물 임대차보호법

① 법의 보호내용

㉠ 타인의 건물을 임차하여 점포를 개점하려면 「상가건물 임대차보호법」의 주요내용을 알고 있어야 한다. 이 법은 임대차 등기가 없더라도 임대인이 건물을 인도하고 「부가가치세법」, 「소득세법」, 「법인세법」 등의 규정에 의한 사업자 등록을 신청한 다음 날부터 제3자에 대해 효력이 생긴다.

㉡ 「민사집행법」에 의한 경매 또는 「국세징수법」에 의한 공매시 임차건물의 환가대금에서 후순위 권리자 또는 그 밖의 채권자보다 우선하여 보증금을 변제받을 수 있는 권리가 생긴다.

② 임대차계약의 갱신

㉠ 임대인은 임차인이 임대차기간이 만료되기 6개월 전부터 1개월 전까지 사이에 계약갱신을 요구할 경우 정당한 사유 없이 거절하지 못한다.

㉡ 다만, 다음의 어느 하나에 해당하는 경우에는 정당한 사유가 있는 것으로 본다.
ⓐ 임차인이 3기의 차임액에 해당하는 금액에 이르도록 차임을 연체한 사실이 있는 경우
ⓑ 임차인이 거짓이나 그 밖의 부정한 방법으로 임차한 경우
ⓒ 서로 합의하여 임대인이 임차인에게 상당한 보상을 제공한 경우
ⓓ 임차인이 임대인의 동의 없이 목적 건물의 전부 또는 일부를 전대(轉貸)한 경우
ⓔ 임차인이 임차한 건물의 전부 또는 일부를 고의나 중대한 과실로 파손한 경우
ⓕ 임차한 건물의 전부 또는 일부가 멸실되어 임대차의 목적을 달성하지 못할 경우
ⓖ 임대인이 철거 또는 재건축 계획에 따라 또는 안전사고 우려 등의 법에서 정한 사유로 목적 건물의 전부 또는 대부분을 철거하거나 재건축하기 위하여 목적 건물의 점유를 회복할 필요가 있는 경우
ⓗ 그 밖에 임차인이 임차인으로서의 의무를 현저히 위반하거나 임대차를 계속하기 어려운 중대한 사유가 있는 경우

㉢ 임차인의 계약갱신요구권은 최초의 임대차기간을 포함한 전체 임대차기간이 10년을 초과하지 아니하는 범위에서만 행사할 수 있다.

㉣ 갱신되는 임대자는 전 임대자와 동일한 조건으로 다시 계약된 것으로 본다. 다만, 차임과 보증금은 청구 당시의 차임 또는 보증금의 5% 범위에서 증감할 수 있다.

㉤ 임대인이 임대차기간이 만료되기 6개월 전부터 1개월 전까지 사이에 임차인에게 갱신 거절의 통지 또는 조건 변경의 통지를 하지 아니한 경우에는 그 기간이 만료된 때에 전 임대차와 동일한 조건으로 다시 임대차한 것으로 본다. 이 경우에 임대차의 존속기간은 1년으로 본다. 이때, 임차인은 언제든지 임대인에게 계약해지의 통고를 할 수 있고, 임대인이 통고를 받은 날부터 3개월이 지나면 효력이 발생한다.

③ 차임 또는 보증금의 증감 청구

㉠ 차임 또는 보증금이 임차건물에 관한 조세, 공과금, 그 밖의 부담의 증감이나 「감염병의 예방 및 관리에 관한 법률」에 따른 제1급 감염병 등에 의한 경제사정의 변동으로 인하여 상당하지 아니하게 된 경우에는 당사자는 장래의 차임 또는 보증금에 대하여 증감을 청구할 수

있다. 그러나 차임 또는 보증금의 증액 청구는 청구 당시의 차임 또는 보증금의 5%를 초과하지 못한다.
ⓒ 이에 따른 증액 청구는 임대차계약 또는 약정한 차임 등의 증액이 있은 후 1년 이내에는 하지 못한다.

④ **확정일자**

법적 보호를 받기 위해서는 확정일자를 받아야 한다. 확정일자를 받으면 전세권 등기 효력과 같은 법적인 효력을 갖게 된다.

⑤ **권리금**

㉠ 권리금(premium)은 기존 점포의 영업시설·비품 등 유형물이나 거래처, 신용, 영업상의 노하우 또는 점포 위치에 따른 영업상의 이점 등 무형의 재산적 가치에 대한 대가이다.
ⓒ 권리금은 그동안 관행적으로만 인정되어 왔으나 2015년 「상가건물임대차보호법」이 개정되면서 법률규정으로 포함되었다.
ⓒ 법에서는 "권리금이란 임대차 목적물인 상가건물에서 영업을 하는 자 또는 영업을 하려는 자가 영업시설·비품, 거래처, 신용, 영업상의 노하우, 상가건물의 위치에 따른 영업상의 이점 등 유형·무형의 재산적 가치의 양도 또는 이용대가로서 임대인, 임차인에게 보증금과 차임 이외에 지급하는 금전 등의 대가를 말한다"고 정의하고 있다(법 제10조의3).
ⓔ 권리금은 바닥권리금, 영업권리금, 시설권리금으로 나뉜다. 바닥권리금은 말 그대로 상권과 입지를 말하며, 역세권이나 유동인구가 많은 곳일수록 바닥권리금이 높다. 영업권리금은 사업자가 얼마나 많은 단골을 확보했는지의 여부에 따라 결정된다. 시설권리금은 감가상각 후 남은 시설의 가치를 말한다.

> **지식+톡톡** 권리금 회수기회 보호
>
> 과거에는 임대인이 횡포를 부리면 임차인은 권리금을 회수하지 못하고 쫓겨나는 경우가 많았으나 개정법률에서는 '임대인이 임차인의 권리금 회수를 방해하여서는 안 된다'는 의무를 부과하고 있다. 구체적인 사례는 4가지를 규정하고 있다(법 제10조의4).
> 1. 임대인의 신규임차인에 대한 권리금 수수 행위
> 2. 종전임차인의 신규임차인에 대한 권리금 지급 방해 행위
> 3. 상가건물에 관한 조세, 공과금, 주변 상가건물의 차임 및 보증금, 그 밖의 부담에 따른 금액에 비추어 현저히 고액의 차임과 보증금을 요구하는 행위(주변의 시세에 비교하여 지나치게 높은 권리금의 요구 행위)
> 4. 정당한 이유없이 신규임차인과 계약을 거절하는 행위

⑥ **폐업으로 인한 임차인의 해지권**

㉠ 임차인은 「감염병의 예방 및 관리에 관한 법률」에 따른 집합 제한 또는 금지 조치(운영시간을 제한한 조치를 포함한다)를 총 3개월 이상 받음으로써 발생한 경제사정의 중대한 변동으로 폐업한 경우에는 임대차계약을 해지할 수 있다.
ⓒ 이에 따른 해지는 임대인이 계약해지의 통고를 받은 날부터 3개월이 지나면 효력이 발생한다.

⑦ 환산보증금
  ㉠ 환산보증금 기준은 영세상인의 범위를 규정하기 위해 정한 보증금 수준을 의미하는 것으로 「상가건물 임대차보호법」에서 보증금과 월세 환산액을 합한 금액을 말한다.
  ㉡ 우선변제를 받을 환산보증금의 기준은 전국적으로 표준화된 동일기준에서 현재는 지역별 차등적용으로 변경되었다.
  ㉢ 환산보증금이 일정액[서울특별시는 9억원, 수도권 과밀억제권역 및 부산광역시는 6억 9천만원, 광역시(부산광역시 제외) 5억 4천만원, 그 밖의 지역 3억 7천만원]을 넘게 되면 건물주가 월세를 올리는 데 제한이 없어진다.

(2) 건축법
 ① 용도규정
  「건축법」중 자영업자의 창업과 관련된 용도는 제1종 근린생활시설, 제2종 근린생활시설, 판매시설, 노유자시설(노인 및 어린이시설) 및 숙박시설 등이 있다.
 ② 용도변경
  건축물 대장의 용도와 창업하려고 하는 업종이 다를 경우, 용도변경 신청을 해야 한다. 건축물의 허가 용도에 따라 정화조 규격, 하수도 부담금액 등 부담세액이 달라지기 때문이다.
 ③ 건폐율
  건폐율(building coverage ratio)이란 건축밀도를 나타내는 대표적인 지표의 하나로서, 「건축법」에서는 대지면적에 대한 건축면적의 비율로 정의하고 있다. 여기서 대지면적이란 건축대상 필지 또는 부지의 면적이며, 건축면적은 건물의 외벽이나 이를 대신하는 기둥의 중심선으로 둘러싸인 부분의 수평투영면적이다.
 ④ 용적률
  용적률(floor area rario)은 건축물 연면적을 대지면적으로 나눈 비율을 말한다. 건축물 연면적은 건축물 각 층의 바닥면적 합계이다. 용적률을 계산할 때 지하층의 바닥면적은 포함시키지 않으며, 또 지상 층의 면적 중에서 주차용으로 쓰는 것, 주민공동시설의 면적, 초고층 건축물의 피난안전구역의 면적은 포함시키지 않는다.

(3) 학교보건법 중 정화구역
 ① 법이 적용되는 범위
  PC방이나 오락실, 숙박업소, 유흥업소의 창업자는 「학교보건법」을 사전에 점검해야 한다.
 ② 정화구역
  ㉠ 학교나 학교설립 예정지로부터 200m까지는 '학교환경위생 정화구역'으로 설정되어 있다. 이 중 50m까지는 절대정화구역으로, 200m까지는 상대정화구역으로 분류한다.
  ㉡ 절대정화구역에는 청소년에게 유해하다고 판단되는 모든 업종의 영업이 전면 금지된다. 상대정화구역은 절대정화구역을 제외한 지역으로 학교환경위생 정화위원회의 심의를 거쳐 영업을 허가받을 수도 있다.

제2절 점포의 개점과 폐점

1 출점 및 개점

(1) 개점을 위해 검토해야 할 내용

개점을 위해 여러 가지 필요한 사항을 검토하여 몇 개의 대안점포가 결정되면 최종적인 선택을 위해 각 대안점포의 미래가치를 충분히 조사하고 예측해야 한다.

① **상권의 현황 파악**

먼저 거주인구 및 세대수 증가여부, 재개발이나 재건축 등에 따른 장래의 인구동향, 연령구성, 소득수준 등을 조사해야 한다. 그리고 인근에 살거나 현재 영업을 하고 있는 점포들을 방문하여 점포범위 내의 상권현황을 충분히 파악한다.

② **유동인구의 흐름 파악**

특정한 시간대가 아닌 아침부터 밤까지 유동인구의 흐름을 확인하고 상권을 점검한다. 또한 가까운 장래에 대중교통의 변화나 대형점포의 출점 계획이 있는지에 대해 도시계획, 도로확장 계획 등을 검토해 봐야 한다.

③ **통행량 조사**

점포 성공을 약속하는 입지조건은 사람과 자동차의 움직임이나 통행량에서 결정된다. 이것은 하루의 시간경과에 따라 변화하므로 어느 정도의 양이 얼마만큼 변화하는지 종합적인 평가가 이루어져야 정확한 결과를 얻을 수 있다.

④ **상품별 입지확인**

점포에서 취급하는 상품별로 유리한 입지를 구별해 보면, 식품과 생활용품 등을 판매하는 점포라면 주택이나 아파트 밀집지역이 좋다. 또 패션과 관련된 의류품, 화장품, 보석 등을 취급하는 점포라면 역세권의 유동인구가 많은 곳이 유리하다.

(2) 출점전략

구 분	시장력 낮음	시장력 높음
점포수 많음	도미넌트 전략	
		브랜드 전략
		다각화 전략
		인지도 우선전략
점포수 적음	무풍지대 전략	시장력 선택전략
	시장력 우선전략	

① **출점전략의 선택**

지역별로 활용되는 출점전략은 크게 두 가지로 구분된다. 점포수가 적은 경우에는 시장력 우선전략, 점포수가 많은 경우에는 도미넌트 전략을 활용한다.

② 시장력 우선전략

시장력 우선전략은 무풍지대 전략과 시장력 선택전략 등 두 가지로 분류된다.
- ㉠ 무풍지대 전략 : 경쟁이 없고 해당 상권을 독점하는 전략으로, 상권범위가 넓고 충분한 매출을 얻을 수 있다. 단 최적의 입지가 아니라면 경쟁점이 출점할 수 있다.
- ㉡ 시장력 선택전략 : 상권의 집적이 높아 좁은 상권에서도 시장력 집중에 의해 충분한 매출을 올릴 수 있는 전략이다.

③ 도미넌트 전략의 의의
- ㉠ 도미넌트(dominant) 상권전략은 하나의 특정상권에 여러 개의 점포를 개설하여 시장점유율을 확대하려는 전략을 의미한다. 주로 스타벅스와 같은 커피전문점이나 파리바게트 등의 외식산업 프랜차이즈 업체에서 사용하고 있다.
- ㉡ 장점으로는 물류 및 점포관리의 효율성 증대, 상권 내 시장점유율의 확대, 경쟁점의 진입 차단, 브랜드 인지도 개선 및 마케팅 효과 개선 등을 들 수 있다. 그러나 자기잠식, 즉 제살 깎아먹기와 같은 문제가 발생할 수 있고, 단위점포의 매장면적을 키우기 어렵다.
- ㉢ 따라서 도미넌트 전략을 활용하기 위해서는 충분한 시장수요가 있는 지, 또 각각의 점포가 상호 시너지 효과를 낼 수 있는지를 확인해야 한다. 또한 출점에 대한 법적 규제가 있는지도 확인해야 한다.

④ 도미넌트 전략의 유형

도미넌트 전략은 인지도 우선전략, 다각화 전략, 브랜드 전략 등 세 가지로 구분된다.
- ㉠ 인지도 우선전략 : 일정한 넓은 지역이나 도시 전체를 대상으로 한 집중 출점전략으로 시장력이 높은 상권범위에 복수의 동일간판점포를 최적 배치하여 그 지역에서 인지도를 높이는 전략이다. 매출과 이익을 높일 수 있다.
- ㉡ 다각화 전략 : 집중출점으로 동일간판점포를 최적배치한 후 해당 상권에서 자사의 시장점유율을 더 높이기 위한 전략이다. 시장력이 높은 지역에서 업종과 업태를 변화시켜 고객의 니즈를 흡수하여 매출을 올리는 전략이다.
- ㉢ 브랜드 전략 : 끼어들기나 위성출점이라고 불리는 것으로 집중출점에 의해 최적배치 한 후, 점포 사이의 상권을 메워 매출을 늘리고자 하는 중복출점전략이다.

(3) 출점절차

신규점포의 출점은 출점방침 결정 → 출점지역 결정 → 점포 물색 → 사업계획(수익성 및 자금조달계획) 수립 → 점포매입(또는 건설) → 개점의 순으로 이루어진다.

(4) 피해야 할 점포입지

① 점포주변에 같은 업종의 큰 점포가 있는 곳

소비자들은 대부분 크고 화려한 곳을 선호한다. 특별한 노하우가 없다면 주변의 다른 점포보다 규모가 작으면 경쟁에서 밀리게 된다. 따라서 자신이 얻고자 하는 점포의 규모보다 더 크고 더 화려한 상점이 옆에 들어설 가능성이 높으면 피하는 것이 좋다.

② 상권이 확대되는 곳

대형유통시설이 들어서거나 새로운 역세권이 형성되는 경우에는 일반주택이 상가주택으로 변하면서 상권이 활성화되겠지만 상권의 범위만 넓어지고 상권이 분산되어 경쟁만 치열해지는 경우가 많으므로 주의해야 한다.

③ 맞은편에 점포가 없는 경우

맞은편에 점포가 없는 경우는 고객흡인력이 약하기 때문에 주변점포들 모두 어려운 상태라고 볼 수 있다.

④ 유동인구가 그냥 흐르는 곳

유동인구가 많더라도 목적지를 향해 가는 사람이 대부분인 입지는 별로 도움이 되지 않는 곳이 많다.

⑤ 업종이나 주인이 자주 바뀌는 점포

가능하면 좀 비싸더라도 한 사람이 오랫동안 영업을 한 점포, 혹은 여러 사람이 차지하려고 하는 점포를 얻는 것이 좋다.

⑥ 임대료나 권리금이 유난히 싼 점포

임대료와 권리금이 싸다면 싼 이유가 있다. 그 상권에는 적절한 임대료와 권리금이 있어 건물주가 그 이상을 받고 싶어도 그러지 못하는 경우도 있다.

2 내점객 조사

점포의 출점 후 상권의 환경변화로 인해 기대한 만큼 성과가 나오지 않는 경우 업종변경이나 폐점을 고려해 볼 수 있다. 이 경우 먼저 내점객 조사를 해 볼 필요가 있다.

(1) 내점객 조사의 의의

① 내점객 조사의 의의

㉠ 내점객 조사는 점포의 방문자에 대하여 조사원이 질문지를 기초로 조사한다. 표본 수는 절대적인 크기가 정해져 있는 것은 아니고, 대략 방문자 수의 15~20%가 적당하다.

㉡ 방문자의 대략적인 주소를 알 수 있으므로, 이를 기초로 상권의 범위도 파악할 수 있다. 그러나 조사의 목적은 상권범위의 파악이 아니라 발전적인 점포운영 전략을 계획하기 위한 것이다.

㉢ 경쟁하는 점포 및 그 이용상황을 함께 파악한다. 고객의 만족도의 결과를 기초로 만족과 불만족의 이유를 질문한다.

② 내점객 조사의 내용

㉠ 방문빈도 : 자기점포에서 조사하고 싶은 빈도의 범위를 분류해서 조사표에 미리 기입해 놓으면 조사하기 쉽다.

㉡ 방문사유 : 예상되는 이유를 미리 조사표에 기입해 두면 편리하다.

㉢ 교통수단 : 점포까지 무엇을 이용해서 왔는가를 묻는 것이다. 예를 들면 도보, 자전거, 자동차, 버스, 전철 등으로 구분한다.

② 소요시간 : 교통수단에 관계없이 자택에서 점포에 도달하기까지의 소요시간만을 기입한다.
◎ 만족도 : 자기점포에 대한 만족도를 조사한다. 즉, '매우 만족', '만족', '보통', '불만', '매우 불만' 등을 질문하는 것이다. 조사원은 답변자가 '불만'이라는 응답도 쉽게 할 수 있도록 중립적인 자세를 유지해야 한다.
⊎ 만족과 불만의 이유 : 만족도의 결과를 기초로 만족과 불만의 이유를 자세히 파악한다. 특히 불만의 이유는 가급적 구체적으로 파악하는 것이 좋다.
◈ 경합점 : 경합관계에 있는 점포 및 이용상황을 조사한다.
◎ 의견 및 희망사항 : 자기점포에 대한 소비자의 의견 및 희망사항 등을 파악한다. 이를 잘 파악하면 점포운영에 참고가 되는 경우가 많다.
㊅ 조사 대상자의 특성 : 주소, 이름, 연령, 결혼여부, 직업 등을 조사한다.

(2) 내점객 조사방법

① 고객점표법
애플바움(William Applebaum)은 소비자들로부터 획득한 직접정보를 이용하여 1차 상권과 2차 상권을 획정하는 기법을 개발하였다.
㉠ 먼저 점포에 출입하는 고객들을 무작위로 인터뷰하여 고객들의 거주지나 출발지를 확인하고, 이를 지도 위에 그린 격자도면에 표시하여 고객점표도를 작성한다. 고객점표도에는 대상점포에서 쇼핑을 하는 고객들의 지리적 분포가 나타난다.
㉡ 다음에는 격자별로 인구를 계산하여야 한다. 여기서 격자의 크기는 필요에 따라 조절할 수 있다.
㉢ 격자별 인구가 계산되면 격자별로 매상고를 추계한다. 그 다음에는 몇 개의 격자를 그룹화하여 상권을 확정한다.

② 실제조사방법
실제 조사방법으로 드라이빙 테스트와 직접면접조사가 있다.
㉠ 드라이빙 테스트는 차를 운전하고 다니면서 관찰조사하여 상권을 분석하는 방법이고, 직접면접조사는 조사원이 각 가정을 개별방문하여 상권을 분석하는 방법이다.
㉡ 직접면접조사는 방문조사이므로 부재자 거주분을 포함한 표본수를 준비해야 한다.
㉢ 직접면접조사에서 표본은 주민등록 기본대장에 의해서 수집하고, 특히 표본의 편중을 지양해야 한다. 직접면접조사에서 질문항목은 15항목 정도로 제한한다.

③ 2차 자료 이용법
㉠ 타임페어법 : 타임페어(time-fare)법은 점포에서 역까지 전철과 버스노선별 소요시간(time)과 요금(fare)을 조사해서 상권을 파악하는 방법으로 소비자들의 이용도가 높은 교통수단일수록 좋다.
㉡ 2차 자료에 의한 방법 : 2차 자료에 의한 방법은 이미 조사된 2차 자료를 이용하여 시간적 간격을 참작해서 대략적인 상권을 파악하는 방법이다.

ⓒ 판매기록 이용법 : 판매기록 이용법은 일정기간 동안의 판매활동을 통해 쌓인 판매기록과 고객명부 등을 이용해 상권을 추정하는 방법이다.

④ 유동인구수의 조사
  ㉠ 점포 앞을 도보로 이동하는 인구수, 즉 점포 전면의 유동인구를 반드시 체크해야 한다. 이는 점포의 매출을 결정하는 가장 중요한 요인이다. 여기서 주의할 것은 도로를 도보로 이동하고 있는 전체인구수가 아닌 점포 전면을 통행하는 인구수만을 체크해야 한다는 점이다.
  ㉡ 유동인구의 조사는 남녀별, 연령 및 계층별로 이루어져야 한다.
  ㉢ 또한 주말 통행인구 및 주중 통행인구를 나누어 조사해야 하며, 원칙적으로 매시간 조사해야 하나, 출근시간인 8시경과 출근시간 후인 10시, 점심시간인 12시, 오후 2, 4시경과 퇴근시간인 6시 그리고 퇴근 이후의 저녁 시간인 20시, 22시, 24시 그리고 다음날 2시경에 체크하는 것이 통상적이다.
  ㉣ 체크시간은 60분 지속적인 것이 아니라 대략 15분 체크한 후, 파악된 통행인구수에 4를 곱한 것을 한 시간 동안의 통행인구로 파악하면 된다.

3 업종전환과 폐점

(1) 업종전환과 폐점의 검토

① 상권의 환경변화와 대책
  급변하는 상권의 환경변화로 인해 매출이 감소하여 적자를 면하지 못하는 경우에는 여러 가지 가능성을 놓고 대책을 세워야 한다. 이런 경우 새로운 경영방식을 도입할 수도 있고, 점포의 외장과 내장을 바꾸어 보는 등 물리적인 면에서의 대책을 세울 수도 있다.

② 폐점의 검토
  강력한 경쟁점포가 등장하는 등 주변 환경의 변화와 거주자의 생활패턴의 변화에 직면하여 현재의 점포규모나 업태 또는 업종으로는 적응하기 어렵다고 판단되는 경우 폐점을 고려할 수도 있다.

(2) 폐점시 검토할 내용

폐점까지 고려하고 있다면 현재의 상황을 재검토하여 폐점 의사결정을 하여야 한다. 폐점을 위한 평가는 다음의 두 단계로 이루어진다.

① 제1단계 : 시장규모와 매출규모의 평가
  시장규모는 도시형 점포의 경우 점포를 중심으로 반경 500m 이내 1차 상권의 소매판매액으로 한다. 그리고 교외형 점포는 점포의 주간과 야간 고객, 그리고 반경 3km 전후의 소매판매액으로 평가한다. 그리고 매출규모의 점포의 매출평균으로 평가한다.

② 제2단계 : 시장성장성과 손익분기점 평가
  시장성장성은 도시형 점포의 경우 점포를 중심으로 반경 500m~1km 범위의 소매판매액 성장률을 기초로 평가한다. 반면 교외형 점포의 경우 점포를 중심으로 반경 3km 전후 범위의 주·야간 인구 증가율, 세대수 증가율로 평가한다.

③ **폐업의 결정**
　㉠ 시장성장성과 손익상황 평가에서 모두 부정적인 평가결과가 나온 경우 폐업을 검토해야 한다. 폐업결정은 신속하게 하는 것이 바람직하다.
　㉡ 여기서 매출 및 손익상황에 대한 데이터는 과거 2~3년 정도의 것을 잘 분석해서 현재까지의 추이를 잘 파악하는 것이 중요하다. 또한 시장규모 및 시장성장률 역시 현재까지의 추이와 함께 도시개발계획 등 관련법규의 개정여부와 가능성 등을 종합적으로 분석하여 판단해야 한다.

CHAPTER 03 실전감각 기르기

01 점포 개점에 있어 고려해야 할 법적 요소와 관련된 설명 중 가장 옳지 않은 것은?

① 용도지역이 건축 가능한 지역인지 여부를 관련 기관을 통해 확인한다.
② 학교시설보호지구 여부와 거리를 확인한다.
③ 건폐율이란 부지 대비 건물 전체의 층별 면적합의 비율을 말한다.
④ 용적률이란 부지면적에 대한 건축물의 연면적의 비율로 부지 대비 총건축 가능평수를 말한다.
⑤ 용도지역에 따라 건폐율과 용적률은 차이가 발생하기도 한다.

해설 ③ 건폐율(building coverage)은 대지면적에 대한 건축면적의 비율을 말한다. 건폐율을 산정할 때 대지면적은 1층만의 면적을 말하므로 지상층의 주차용으로 쓰는 건축면적은 포함되지만 지하층의 면적, 초고층 건축물의 피난안전구역의 면적은 제외한다.
한편 부지 대비 건물 전체의 층별 면적합의 비율은 용적률(floor area ratio)이다. 용적률을 계산할 때 지하층의 바닥면적은 포함시키지 않으며, 또 지상층의 면적 중에서 주차용으로 쓰는 것은 포함시키지 않는다.

02 토지의 이용 및 건축물의 용도, 건폐율, 용적률, 높이 등에 대한 국토계획법과 관련한 설명으로 옳지 않은 것은?

① 도시지역과 취락지역은 용도지역의 종류들이다.
② 도시지역은 주거지역, 상업지역, 공업지역, 녹지지역으로 구분한다.
③ 용도지구는 용도지역의 제한을 강화하거나 완화하여 적용함으로써 용도지역의 기능 증진을 도모하는 것이다.
④ 경관지구, 미관지구, 고도지구 등은 용도지구의 종류들이다.
⑤ 용도구역은 용도지역 및 용도지구의 제한을 강화하거나 완화하여 이들을 보완하는 역할을 한다.

해설 ①「국토의 계획 및 이용에 관한 법률」에서는 용도지역을 도시지역, 관리지역, 농림지역 및 자연환경보존지역으로 구분하고 있다.

Answer 01 ③ 02 ①

03 점포를 건축하기 위해 필요한 토지와 관련된 설명으로서 옳지 않은 것은?

① 획지란 인위적·자연적·행정적 조건에 따라 다른 토지와 구별되는 일단의 토지이다.
② 획지는 필지나 부지와 동의어이며 획지의 형상에는 직각형, 정형, 부정형 등이 있다.
③ 각지는 일조와 통풍이 양호하지만 소음이 심하며 도난이나 교통피해를 받기 쉽다.
④ 각지는 출입이 편리하며 시계성이 우수하여 광고선전의 효과가 높다.
⑤ 각지는 획지 중에서도 2개 이상의 가로각(街路角)에 해당하는 부분에 접하는 토지이다.

[해설] ② 획지는 필지나 부지와 다른 개념이다. 획지는 인위적(인위적인 경계)·자연적(산·하천 등)·행정적(지목·지번 등) 조건에 의해 다른 토지와 구별되는 가격 수준이 비슷한 토지를 말한다. 반면 필지란 하나의 지번이 붙는 토지의 등록 단위를 말하며(공간정보의 구축 및 관리 등에 관한 법률 제2조) 토지 소유자의 권리를 구분하기 위한 표시이다. 부지는 구조물의 지반이 되는(또는 될 예정인) 토지를 말한다.

04 소매점포를 개점하기 전에 실시하는 투자분석에 대한 설명으로 가장 옳지 않은 것은?

① 예상매출액을 기준으로 손익분석을 실시한다.
② 매출이익, 영업이익, 경상이익, 순이익 등 다양한 이익을 추정한다.
③ 투자수익률은 연간 매출이익을 총투자액으로 나눈 것이다.
④ 투자수익률을 12로 나누어 월단위의 투자회수기간을 추정한다.
⑤ 투자회수기간은 짧을수록 바람직하다.

[해설] ③ 투자수익률(ROI, Return On Investment)은 순이익을 총투자액으로 나눈 것이다.

05 입지선정과정 중 점포의 부지평가과정에서 관련 법규를 검토할 때 알아야 할 기본적 개념들이다. 그 내용이 옳지 않은 것은?

① 용적률은 대지 내 건축물의 건축 바닥면적을 모두 합친 면적(연면적)의 대지면적에 대한 백분율이다.
② 건폐율은 대지면적에 대한 건축면적의 비율로 건축물의 과밀을 방지하고자 설정된다.
③ 도시지역은 토지이용의 목적에 따라 주거지역, 상업지역, 공업지역, 녹지지역으로 구분된다.
④ 상업지역은 중심상업지역, 일반상업지역, 근린상업지역, 유통상업지역으로 세분할 수 있다.
⑤ 관련 법률에서 허용하는 용적률의 기준은 상업지역의 유형에 따라 다르지만, 건폐율은 동일하다.

[해설] ⑤ 관련 법률에서 허용하는 용적률과 건폐율의 기준은 상업지역의 유형, 즉 용도지역에 다르다. 예컨대 도시지역 상업지역의 건폐율은 중심상업지역 90%, 일반상업지역 80%, 근린상업지역 70%이다. 용적률은 각각 1,500%, 1,300% 및 900%이다.

Answer 03 ② 04 ③ 05 ⑤

06 건물을 매입하여 출점하는 경우에 대한 설명으로 옳지 않은 것은?

① 초기 투자금액이 많이 소요될 수 있다.
② 영업활성화를 통해 자산가치 증식을 기대할 수 있다.
③ 상권환경 변화에 대응하기가 어렵다.
④ 안정적 영업을 지속할 수 있다.
⑤ 영업이 부진할 경우 임대 등 다른 방법을 모색하기가 용이하다.

> [해설] ⑤ 건물을 매입하여 출점하는 경우 기존상권에 진입하기 때문에 영업권에 대한 이익을 얻을 수 있으나, 영업이 부진한 경우 업종전환에 어려움이 있을 수 있다.

07 입지유형 중 거리에서 통행하는 유동인구에 의해 영업이 좌우되는 입지는?

① 적응형 입지 ② 목적형 입지
③ 생활형 입지 ④ 다목적용 입지
⑤ 실속형 입지

> [해설] 적응형 입지란 거리에서 통행하는 유동인구에 의해 영업이 좌우되는 입지로, 대부분 패스트푸드, 판매형 아이템사업 등이 이에 해당한다.

08 토지의 이용 및 건축물의 용도 등을 제한하는 용도지역 중 「국토의 계획 및 이용에 관한 법률 시행령」에 따라 정한 상업지역에 해당하지 않는 것은?

① 중심상업지역 ② 일반상업지역
③ 선용상업지역 ④ 근린상업지역
⑤ 유통상업지역

> [해설] 「국토의 계획 및 이용에 관한 법률 시행령」에서 상업지역은 중심상업지역, 일반상업지역, 근린상업지역, 유통상업지역으로 세분하고 있다(시행령 제30조).

Answer 06 ⑤ 07 ① 08 ③

09
「상가건물 임대차보호법」에서는 권리금을 아래의 글상자와 같이 정의하고 있다. (   ) 안에 들어갈 내용으로 옳지 않은 것은?

> 권리금이란 임대차 목적물인 상가건물에서 영업을 하는 자 또는 영업을 하려는 자가 (   ), 상가건물의 위치에 따른 영업상의 이점 등 유형·무형의 재산적 가치의 양도 또는 이용대가로서 임대인, 임차인에게 보증금과 차임 이외에 지급하는 금전 등의 대가를 말한다.

① 영업시설·비품 ② 경쟁상황
③ 거래처 ④ 신용
⑤ 영업상의 노하우

해설 법에서는 "권리금이란 임대차 목적물인 상가건물에서 영업을 하는 자 또는 영업을 하려는 자가 영업시설·비품, 거래처, 신용, 영업상의 노하우, 상가건물의 위치에 따른 영업상의 이점 등 유형·무형의 재산적 가치의 양도 또는 이용대가로서 임대인, 임차인에게 보증금과 차임 이외에 지급하는 금전 등의 대가를 말한다"고 정의하고 있다(법 제10조의3).
권리금(premium)은 기존 점포의 영업시설·비품 등 유형물이나 거래처, 신용, 영업상의 노하우 또는 점포 위치에 따른 영업상의 이점 등 무형의 재산적 가치에 대한 대가이다.
권리금은 그동안 관행적으로만 인정되어 왔으나 2015년 「상가건물 임대차보호법」이 개정되면서 법률규정으로 포함되었다.

10
임차할 점포를 평가할 때 고려해야 할 사항으로 가장 옳지 않은 것은?

① 입점 가능한 업종 ② 임대면적 중 전용면적
③ 점포 소유자의 전문성 ④ 점포의 권리관계
⑤ 점포의 인계 사유

해설 임차할 점포의 입지조건을 평가하기 위해 점포의 가시성, 접근성 등을 검토해야 한다. 이와 함께 점포의 권리관계, 임대면적 중 전용면적, 입점 가능한 업종 및 이전의 임차자가 점포를 인계하는 사유들도 파악해야 한다.

11
점포의 매력도를 평가하는 입지조건의 특성과 그에 대한 설명이 올바르게 연결된 것은?

① 가시성 - 얼마나 그 점포를 쉽게 찾아올 수 있는가 또는 점포 진입이 수월한가를 의미
② 접근성 - 점포를 찾아오는 고객에게 점포의 위치를 쉽게 설명할 수 있는 설명의 용이도
③ 홍보성 - 점포 전면을 오고 가는 고객들이 그 점포를 쉽게 발견할 수 있는지의 척도
④ 인지성 - 사업 시작 후 고객에게 어떻게 유효하게 점포를 알릴 수 있는가를 의미
⑤ 호환성 - 점포에 입점 가능한 업종의 다양성 정도, 즉 다양한 업종의 성공가능성을 의미

해설 ①은 접근성, ②는 인지성, ③은 가시성, ④는 홍보성에 대한 설명이다.

Answer 09 ② 10 ③ 11 ⑤

12 동선의 제약에 대한 구분에 해당하는 것을 모두 고른 것은?

> ㉠ 상품적 제약　　　　　㉡ 시간적 제약
> ㉢ 행동적 제약　　　　　㉣ 금전적 제약

① ㉠, ㉡　　　　　　　　② ㉡, ㉣
③ ㉠, ㉢, ㉣　　　　　　④ ㉡, ㉢, ㉣
⑤ ㉠, ㉡, ㉢, ㉣

해설 동선이란 사람들이 집중하는 상권을 묶는 흐름을 말하는데, 유동인구는 많지만 동선으로서의 의미가 적은 곳은 대체로 시간적 제약, 행동적 제약, 금전적 제약 등의 특성을 가지게 된다.

13 아래 글상자에 출점과 관련된 몇 가지 의사결정 사안들이 제시되어 있다. 다음 중 출점 의사결정 사안을 논리적 과정에 따라 가장 올바르게 배열한 것은?

> 가. 출점할 점포 결정
> 나. 머천다이징 결정
> 다. 점포의 층별 배치 결정
> 라. 점포의 확보 및 사용과 관련된 행정처리

① 가 → 나 → 다 → 라　　　　② 라 → 가 → 나 → 다
③ 가 → 라 → 다 → 나　　　　④ 나 → 다 → 가 → 라
⑤ 나 → 라 → 가 → 다

해설 출점 의사결정과정은 출점할 점포 결정 → 점포의 확보 및 사용과 관련된 행정처리 → 점포의 층별 배치 결정 → 머천다이징 결정의 순으로 이루어진다.

14 「상가건물 임대차보호법」(법률 제18675호, 2022.1.4., 일부 개정)은 임대인은 임차인이 임대차기간이 만료되기 6개월 전부터 1개월 전까지 사이에 계약갱신을 요구할 경우 정당한 사유 없이 거절하지 못한다고 규정하면서, 예외적으로 그러하지 아니하는 경우를 명시하고 있다. 이 예외적으로 그러하지 아니한 경우로서 가장 옳지 않은 것은?

① 임차인이 2기의 차임액에 해당하는 금액에 이르도록 차임을 연체한 사실이 있는 경우
② 서로 합의하여 임대인이 임차인에게 상당한 보상을 제공한 경우
③ 임차인이 임대인의 동의 없이 목적 건물의 전부 또는 일부를 전대(轉貸)한 경우
④ 임차인이 임차한 건물의 전부 또는 일부를 고의나 중대한 과실로 파손한 경우
⑤ 임차인이 거짓이나 그 밖의 부정한 방법으로 임차한 경우

Answer 12 ④　13 ③　14 ①

[해설] 임대인이 임대차기간이 만료되기 6개월 전부터 1개월 전까지 사이에 임차인의 계약갱신 요구를 거절할 수 있는 정당한 사유에 해당하는 것은 임차인이 3기의 차임액에 해당하는 금액에 이르도록 차임을 연체한 사실이 있는 경우이다.

15 점포개설과정에서 점포의 매매와 임대차 거래 전에 반드시 확인해야 할 공부서류와 그 내용을 위쪽 괄호부터 순서대로 바르게 연결한 것은?

- 건축물관리대장 ( )
- 등기사항전부증명서 ( )
- 토지이용계획확인원 ( )
- 토지대장 ( )

가. 토지의 지번, 지목(사용용도), 면적, 토지등급
나. 소유자 인적사항, 권리관계, 매매과정, 압류, 저당권 등의 설정내용
다. 점포의 면적, 구조, 용도, 연면적, 건폐율, 용적률, 건축연도 등
라. 용도지역·용도지구·용도구역, 토지거래 규제 여부, 도로개설 여부 등

① 가 - 나 - 라 - 다　　② 나 - 가 - 라 - 다
③ 다 - 나 - 가 - 라　　④ 다 - 나 - 라 - 가
⑤ 나 - 다 - 가 - 라

[해설] 건축물관리대장의 내용은 점포의 면적, 구조, 용도, 연면적, 건폐율, 용적률, 건축연도 등이다. 등기사항 전부증명서에는 소유자 인적사항, 권리관계, 매매과정, 압류, 저당권 등의 설정내용 등이 포함된다. 토지이용계획 확인원에는 용도지역·용도지구·용도구역, 토지거래 규제 여부, 도로개설 여부 등이 포함된다.

16 다음에서 설명하고 있는 시설로 가장 옳은 것은?

슈퍼마켓과 일용품 등의 소매점으로서 동일한 용도에 쓰이는 바닥면적의 합이 $1,000m^2$ 미만인 것

① 제1종 근린생활시설　　② 제2종 근린생활시설
③ 근린공공시설　　　　　④ 일반판매시설
⑤ 특수판매시설

[해설] 「건축법」상 제1종 근린시설은 슈퍼마켓, 이용원, 의원, 탁구장, 마을회관 등 주택가와 인접해 주민들의 생활 편의를 도울 수 있는 시설을 말한다. 슈퍼마켓이나 일용품 등의 소매점으로서 바닥면적의 합계가 1천m^2 미만인 것, 휴게음식점이나 제과점으로서 바닥면적의 합계가 $300m^2$ 미만인 것, 이용원, 미용원, 목욕장 및 세탁소 등이다.

Answer　15 ④　16 ①

17 대규모점포와 중소유통업의 상생발전을 목적으로 대형마트 등에 대한 영업시간 제한과 의무휴업일 지정 등에 관한 내용을 규정하고 있는 법률은?

① 전통시장 및 상점가 육성을 위한 특별법
② 유통산업발전법
③ 도·소매업진흥법
④ 도시재정비 촉진을 위한 특별법
⑤ 독점규제 및 공정거래에 관한 법률

> [해설] ② 대형마트 등에 대한 영업시간 제한과 의무휴업일 지정에 관한 내용을 규정하고 있는 법률은 「유통산업발전법」이다. 시장·군수·구청장 등은 오전 0시부터 오전 10시까지의 범위에서 영업시간을 제한할 수 있고, 매월 이틀을 의무휴업일로 지정하여야 한다. 또한 「유통산업발전법」에서 정한 전통상업보존구역에 준대규모점포를 개설하려고 하는 경우에는 영업 개시 전까지 개설등록을 하여야 한다.

18 상권들에 대한 점포의 출점 여부와 출점 순서를 결정할 때는 상권의 시장 매력성과 자사 경쟁력을 고려해야 한다. 시장 매력성은 시장의 규모와 성장성, 자사 경쟁력은 경쟁 강도 및 자사 예상매출액 등을 결합하여 추정한다. 점포 출점에 대한 다음의 원칙들 가운데 가장 옳지 않은 것은?

① 경우에 따라 자사 경쟁력보다 시장 매력성을 우선적으로 고려할 수도 있다.
② 경쟁 강도가 낮아도 자사 예상매출액 또한 낮으면 출점하지 않는 것이 바람직하다.
③ 무조건 큰 규모로 개점하여 경쟁력을 강화하기보다 적정규모로 출점한다.
④ 시장 매력성은 큰데 예상매출액이 작으면 경쟁력을 개선할 수 있을 때만 출점하는 것이 바람직하다.
⑤ 더 큰 시너지를 얻을 수 있으므로 자사점포 간 상권 잠식은 오히려 유리한 현상이다.

> [해설] ⑤ 예를 들어 도미넌트(dominant) 상권전략은 하나의 특정상권에 여러 개의 점포를 개설하여 시장점유율을 확대하려는 전략이다. 이 경우 시너지 효과가 아니라 자기잠식, 즉 제 살 깎아먹기와 같은 문제가 발생할 수 있고, 단위점포의 매장면적을 키우기 어렵다.

19 점포가 위치하게 되는 부지의 위치 및 특성에 대한 일반적 설명으로 옳지 않은 것은?

① 획지는 건축용으로 구획정리를 할 때 한 단위가 되는 땅을 말한다.
② 획지 중에서 두 개 이상의 도로에 접한 경우를 각지라고 한다.
③ 각지는 1면각지, 2면각지, 3면각지 등으로 불리기도 한다.
④ 각지는 일조와 통풍이 양호하고 출입이 편리하며 광고효과가 높다.
⑤ 각지는 상대적으로 소음, 도난, 교통 등의 피해를 받을 가능성이 높다는 단점이 있다.

> Answer 17 ② 18 ⑤ 19 ③

[해설] ③ 각지(corner lot)는 접면하는 각의 수에 따라 2면각지, 3면각지, 4면각지로 나눌 수 있다. 각지는 둘 이상의 도로에 접하고 있는 획지를 말한다. 특히 상업용 부동산은 도로와 접면 부분이 넓을수록 그 가치가 높다. 즉 2개 이상의 가로에 접하면 출입의 편리, 뛰어난 접근성, 진열한 상품의 광고 선전 효과가 좋아 유리하다. 또한 일조와 통풍 조건도 양호하다. 그러나 쾌적성이 중요한 주거용 부지의 각지에 많은 보행인과 차량소음, 매연이 있다면 오히려 주거성이 떨어진다.

20 점포의 입지조건을 검토할 때 분석해야 할 점포의 건물구조와 관련된 설명으로 옳지 않은 것은?

① 도시형 점포에서는 출입구의 넓이, 층수와 계단, 단차와 장애물 등을 건물구조의 주요요인으로 고려해야 한다.
② 교외형 점포에서는 주차대수, 부지면적, 정면너비, 점포입구, 주차장 입구 수, 장애물 등을 건물구조의 주요요인으로 들 수 있다.
③ 점포의 정면너비는 시계성과 점포 출입의 편의성에 크게 영향을 미친다.
④ 일반적으로 점포부지의 형태는 정사각형이 죽은 공간(dead space) 발생이 적어 가장 좋다고 알려져 있다.
⑤ 점포의 형태로 인해 집기나 진열선반을 효율적으로 배치하기 어려운 경우가 있는데 이때 사용하지 못하는 공간을 죽은 공간(dead space)이라 한다.

[해설] 점포 내의 진열장 등이 직사각형인 경우가 많아 점포부지가 정사각형이면 직사각형인 경우에 비해 죽은 공간(dead space)이 많이 발생한다. 바람직한 점포부지의 형태는 부지의 2면 이상이 도로에 접한 직사각형이 바람직하다.

21 「유통산업발전법」에서는 대규모점포 등과 중소유통업의 상생발전을 위하여 필요하다고 인정하는 경우 대형마트 등에 대한 영업시간 제한이나 의무휴업일 지정을 규정하고 있다. 이에 대한 내용으로 옳지 않은 것은?

① 특별자치시장·시장·군수·구청장 등은 오전 0시부터 오전 10시까지의 범위에서 영업시간을 제한할 수 있다.
② 특별자치시장·시장·군수·구청장 등은 매월 이틀을 의무휴업일로 지정하여야 한다.
③ 동일 상권 내에 전통시장이 존재하지 않는 경우에는 위의 내용이 적용되지 아니한다.
④ 영업시간 제한 및 의무휴업일 지정에 필요한 사항은 해당 지방자치단체의 조례로 정한다.
⑤ 의무휴업일은 공휴일 중에서 지정하되, 이해당사자와 합의를 거쳐 공휴일이 아닌 날을 의무휴업일로 지정할 수 있다.

[해설] ③ 동일 상권 내에 전통시장의 존재 여부와 관계없이 대형마트 등에 대한 영업시간 제한이나 의무휴업일 지정은 적용된다(법 제12조의2).

Answer 20 ④ 21 ③

22 매입하려는 상가건물이 지하 1층 지상 4층으로 대지면적은 250m²이다. 층별 바닥면적은 각각 200m²으로 동일하며 주차장은 지하 1층에 150m²와 지상 1층 내부에 100m²로 구성되어 있다. 이 건물의 용적률은?

① 260%
② 280%
③ 300%
④ 320%
⑤ 340%

[해설] 용적률(floor area ratio)은 건축물 연면적을 대지면적으로 나눈 비율을 말한다. 건축물의 연면적은 건축물 각 층의 바닥면적 합계이다. 용적률을 계산할 때 지하층의 바닥면적은 포함시키지 않으며, 또 지상층의 면적 중에서 주차용으로 쓰는 것은 포함시키지 않는다.
따라서 용적률 = (200m² × 4 - 100m²)/250m² = 280%이다.

23 「상가건물 임대차보호법」(법률 제18675호, 2022.1.4., 일부 개정) 등의 관련 법규에서는 아래 글상자와 같이 상가 임대료의 인상률 상한을 규정하고 있다. 괄호 안에 들어갈 내용으로 옳지 않은 것은?

> 차임 또는 보증금의 증액청구는 청구 당시의 차임 또는 보증금의 100분의 (   )의 금액을 초과하지 못한다.

① 3
② 4
③ 5
④ 8
⑤ 10

[해설] 「상가건물 임대차보호법」은 상가건물 임대차 갱신 시 임대인이 일방적으로 차임 또는 보증금을 증액하려는 경우, 청구 당시의 차임 또는 보증금의 5%를 초과하지 못하도록 제한하고 있다.

Answer 22 ② 23 ③

유통관리사 한권으로 끝내기

3과목

유통마케팅

유통관리사 출제경향 및 학습전략

1 기출문제분석

대분류	중분류	2021			2022			2023			합계
		1회	2회	3회	1회	2회	3회	1회	2회	3회	
유통마케팅 전략기획	유통마케팅전략	4	5	4	2	5	2	4	3	3	32
	유통경쟁전략	2	2	2	3	3	2	2	4	2	22
	상품관리 및 머천다이징 전략	2	3	4	4	4	4	3	2	3	31
	가격관리전략	4	2	2	4	2	2	2	4	3	24
	촉진관리전략	3	3	3	1	1	2	3	2	2	19
	디지털 마케팅 전략										
점포관리	점포구성	1	1	1	1	1	1	1	1	1	9
	매장 레이아웃 및 디스플레이	3	4	4	6	2	5	4	4	5	37
	매장환경관리	1	1				1		1		4
상품판매와 고객관리	상품판매	1	1	1				1			4
	고객관리	1	1				1	1	1	1	6
	CRM 전략 및 구현방안	1	2	1	1	1	1	2	1	1	12
유통마케팅 조사와 평가	유통마케팅 조사	1	1	2	2	2	2	1	2	1	13
	유통마케팅 성과평가	1		1	2	1	1	1		1	8
기 타						3	1			2	6

유통마케팅

2 수험 대책

25문항이 출제되는 유통마케팅은 크게 유통마케팅 전략기획, 디지털마케팅 전략, 점포관리, 상품판매와 고객관리, 유통마케팅 조사와 평가 등으로 구성되어 있지만 마케팅 이론과 실무적인 내용들은 물론 최근에 새로 등장하고 있는 마케팅 기법들도 출제되므로 범위가 매우 넓다고 볼 수 있다.

세부적으로 보면 마케팅의 기본개념, 마케팅요소 4P와 4C 및 마케팅 믹스, STP전략을 포함한 유통경쟁전략, 상품수명주기별 마케팅 전략, 가격설정, 판매촉진, 점포의 레이아웃과 진열기법, 머천다이징, 고객관계관리(CRM), 마케팅 조사 방법 등에 관한 내용이 주로 출제되고 있다.

CHAPTER 01 유통마케팅 전략기획

제1절 유통마케팅 전략

1 유통마케팅의 개요

(1) 마케팅의 개념과 본질

① **마케팅의 개념**

필립 코틀러(P. Kotler)는 "마케팅이란 기업이 고객을 위해 가치를 창출하고 강한 고객관계를 구축함으로써 그 대가로 고객들로부터 상응한 가치를 얻는 과정"으로 정의한다. 이러한 코틀러의 정의는 마케팅을 '고객욕구를 충족(satisfying consumer needs)시키는 과정'이라는 관점에서 이해해야 한다는 것이다.

② **마케팅의 본질**

㉠ 마케팅은 아이디어·제품 및 서비스에 대한 발상, 가격결정, 촉진 및 유통을 계획하고 실행하는 과정인데 이는 마케팅 요소 4P를 결합하는 활동, 즉 마케팅 믹스를 의미한다.

㉡ 마케팅 믹스(marketing mix)는 고객욕구를 충족시키고 고객관계를 구축하기 위해 사용되는 마케팅 도구들의 집합을 말한다. 4P는 제품(product), 가격(price), 유통(place), 촉진(promotion)을 의미한다.

(2) 마케팅 활동의 변천

① **전통적 마케팅과 현대적 마케팅**

㉠ 전통적 마케팅

전통적 마케팅은 기업이 생산된 제품을 판매하는 푸시(push) 마케팅이라는 특징이 있다. 고객의 만족도가 다시 상품계획에 반영되는 피드백(feed-back)이 전혀 없다.

㉡ 현대적 마케팅

현대적 마케팅은 소비자의 만족을 추구하고, 소비자의 욕구 충족 및 복지증진에 기여하는 풀(pull) 마케팅이다. 또한 피드백(feed-back)이 이루어지는 순환적(cyclical) 마케팅이다. 현대적 마케팅은 구매자 중심의 시장으로, 전사적·통합적·선행적 마케팅을 추구한다.

② **현대적 마케팅의 특징**

㉠ 소비자 지향성 : 소비의 극대화, 소비자 만족의 극대화, 선택의 극대화 및 생활의 질 극대화 등을 통하여 소비자의 질적·양적 생활수준의 창출·유지·향상을 도모하는 것을 말한다.

㉡ 기업목적 지향성 : 기업목적 지향성은 기업이 추구하는 이윤을 소비자의 만족을 통해서 창출하는 것을 의미한다.

ⓒ 사회적 책임 지향성 : 경제적·문화적·생태적·사회봉사적·법률적·윤리적 책임 등 사회적 책임(CSR)을 지는 것을 말한다.
ⓔ 통합적 마케팅 지향성 : 통합적 마케팅은 위의 세 가지가 이루어질 수 있도록 기업의 모든 기능을 통합·조정하여 전사적 마케팅(total marketing)의 입장에서 수행하는 것을 의미한다.

(3) 새로운 마케팅의 전개

① 개별고객 욕구의 충족

ⓐ 세분화 마케팅 : 소비자의 특성에 따라 시장을 몇 개로 세분화(segmentation)한 후, 각 세분시장의 특성에 맞는 마케팅 활동을 펼치는 것을 세분화 마케팅이라고 한다.

ⓑ 맞춤 마케팅 : 맞춤 마케팅(customized marketing)은 개별 소비자의 요구에 맞는 제품을 만들어 판매하는 방식을 말한다. 일대일 마케팅(one-to-one marketing)이라고도 한다.

② 관계 마케팅

ⓐ 관계 마케팅
기업 간의 경쟁이 치열해짐에 따라 기업은 새로운 고객의 창출도 중요하지만 그것보다 기존의 고객과의 관계를 잘 유지하는 것이 쉽고 저렴하게 수익을 확보하는 방법이라는 것을 자각하게 되었고 이에 따라 관계 마케팅(relation marketing)이 점차 중요시되고 있다.

ⓑ 고객관계관리(CRM)
관계 마케팅은 점차 CRM(customer relationship management), 즉 고객관계관리라는 기법을 통하여 한 단계 높은 수준으로 발전하고 있다. CRM은 기업 전체의 조직과 활동이 고객 중심으로 움직이는 시스템을 구축하는 것이 목적이다. CRM이 web상에서 구현되는 것을 e-CRM이라고 한다.

(4) 정보화사회와 마케팅

① 인터넷 마케팅

ⓐ 인터넷 마케팅의 의의
ⓐ 1990년대 초 인터넷이 본격적으로 활용되면서 기업과 기업 사이뿐 아니라 기업과 소비자, 소비자와 소비자 간 정보의 전달과 공유가 가능해지게 되었다.
ⓑ 이러한 인터넷을 이용하여 사이버 공간에서 일어나는 마케팅 활동을 인터넷 마케팅(internet marketing)이라고 한다.

ⓑ 프로슈머의 등장 : 인터넷 마케팅의 등장은 일대일 마케팅의 실현에 한 걸음 더 다가가는 계기가 되었으며, 고객과 기업 간의 의사소통이 한층 원활해짐으로써 고객의 욕구와 의견이 생산에 반영되는 것이 손쉬워졌다. 이런 의미에서 피터 드러커(P. Drucker)는 소비자가 미래에는 생산자인 동시에 소비자인 프로슈머(prosumer)가 될 것이라고 하였다.

② 노이즈 마케팅

ⓐ 노이즈 마케팅의 정의
ⓐ 노이즈 마케팅(noise marketing)은 자신들의 상품을 각종 구설수에 휘말리도록 함으로써 소비자들의 이목을 집중시켜 판매를 늘리려는 마케팅 기법이다.

ⓑ 소음이나 잡음을 뜻하는 노이즈(noise)를 일부러 조성해 그것이 긍정적인 영향을 미치든 부정적인 영향을 미치든 상관없이 그 상품에 대한 소비자들의 호기심만을 부추겨 상품의 판매로 연결시키는 판매기법이다.
ⓒ 노이즈 마케팅의 한계 : 노이즈 마케팅 기법은 비록 얼마동안은 소비자들의 관심이나 호기심을 자극할 수 있을지 몰라도 지속적으로 반복할 경우에는 최소한의 신뢰성마저도 얻지 못하고 소비자들의 불신만 조장하게 되는 한계를 지니고 있다.

③ **바이럴 마케팅**
  ㉠ 바이럴 마케팅의 정의
    바이럴 마케팅(viral marketing)은 소비자가 블로그나 카페 등을 통해 자발적으로 어떤 기업이나 기업의 제품을 홍보하기 위해 널리 퍼뜨리는 마케팅 기법으로, 컴퓨터 바이러스처럼 확산된다고 해서 이러한 이름이 붙었다. 바이러스(virus) 마케팅이라고도 한다.
  ㉡ 입소문 마케팅과의 차이
    바이럴 마케팅은 입소문 마케팅과 유사하지만 전파하는 방식이 다르다. 입소문 마케팅은 정보 제공자를 중심으로 메시지가 퍼져 나가지만 바이럴 마케팅은 정보 수용자를 중심으로 퍼져 나간다.

④ **SNS 마케팅**
  ㉠ SNS 마케팅의 의미
    ⓐ 소셜네트워크서비스(SNS)는 페이스북이나 인스타그램, 트위터, 카페 및 블로그 등을 통해 온라인상에서 다수의 불특정 타인과 관계를 맺을 수 있는 서비스를 말한다.
    ⓑ SNS는 고객 간의 소통은 물론 기업체와 고객의 직접적인 대화를 통해 정보를 제공하고 있다.
  ㉡ SNS 마케팅의 장·단점
    ⓐ 이메일(e-mail)은 일반적으로 이메일을 보낸 사람과 받는 사람만이 볼 수 있지만 소셜네트워크를 이용하면 모든 사람이 공유할 수 있으므로 고객과의 소통을 보다 효율적으로 할 수 있다.
    ⓑ 기존의 홈페이지는 가입 후에 사용이 가능하였으나 소셜네트워크서비스 사용자는 소셜네트워크서비스의 가입으로 여러 업체의 접근이 효과적으로 용이한 장점이 있다.

(5) **마케팅 개념과 기업 경영철학**
  ① **마케팅 개념의 의의**
    ㉠ 마케팅 개념의 의미 : 마케팅이 고객만족을 통해 이익을 실현하기 위한 활동이라면 이 같은 목표를 달성하기 위한 기업의 여러 가지 노력들을 한 방향으로 모아줄 수 있는 이념 또는 철학이 필요하다. 이를 마케팅 개념(marketing concept)이라고 한다.
    ㉡ 마케팅 개념의 구분
      기업 중심적 마케팅 개념으로는 생산개념, 제품개념, 판매개념 등이 있고, 고객 중심적 마케팅 개념으로는 마케팅 개념, 사회지향적 마케팅 개념 등이 있다.

② 마케팅 개념의 전개
   ㉠ 생산개념
   생산개념(production concept)은 소비자들이 폭넓게 이용할 수 있고 낮은 원가의 제품을 선호한다는 전제하에, 생산방법의 개선과 유통의 효율화를 통해 원가절감에 노력을 집중해야 한다는 사고를 말한다.
   ㉡ 제품개념
   ⓐ 제품개념(product concept)은 소비자들이 가격에 대응하는 최고의 품질을 가진 제품을 선호한다는 전제하에 제품 품질의 개선에 노력을 집중해야 한다는 사고를 말한다.
   ⓑ 제품개념은 마케팅을 근시안적(myopia)으로 만들 수 있다. 마케팅 근시안은 기업의 사업영역을 너무 좁게 규정하여 제품 자체의 품질향상만이 전부라 생각하고 여기에 안주하다 나날이 변하는 소비자들의 기호, 기술수준 등의 요구에 부응하지 못하여 결국 서서히 몰락해 가는 현상을 말한다.
   ㉢ 판매개념
   판매개념(selling concept)은 소비자는 기업이 판매와 판매촉진에 노력을 집중해야 한다는 사고를 말한다. 판매개념은 소비자들은 여러 가지의 판매자극을 통하여 보다 많은 제품을 사도록 유인될 수 있다는 것을 전제로 한다.
   ㉣ 마케팅 개념
   ⓐ 마케팅 개념(marketing concept)은 소비자의 욕구를 먼저 파악해서 소비자가 바라는 제품이나 서비스를 경쟁업자보다 더 효율적으로 제공함으로써 기업의 목표달성이 가능하다고 보는 사고를 말한다.
   ⓑ 소비자들은 자신들의 특정한 욕구를 가장 잘 충족시켜줄 수 있는 제품을 제공해주는 기업을 좋아할 것이라는 것을 전제로 등장한 사고이다.
   ㉤ 사회적 마케팅 개념
   ⓐ 사회적 마케팅 개념(societal marketing concept)은 마케팅 개념에 소비자 및 사회의 복지향상이 이루어지는 방식으로 기업이 적응해 가야만 된다고 하는 사고를 말한다.
   ⓑ 이 개념의 전제는 소비자는 그들의 욕구와 장기적인 이익 및 사회의 복지향상을 충족하려고 관심을 보이는 기업을 점차 단골로 삼게 된다는 것이다.
   ⓒ 마케팅 정책을 수립할 때 3가지 요소의 균형이 요구된다.

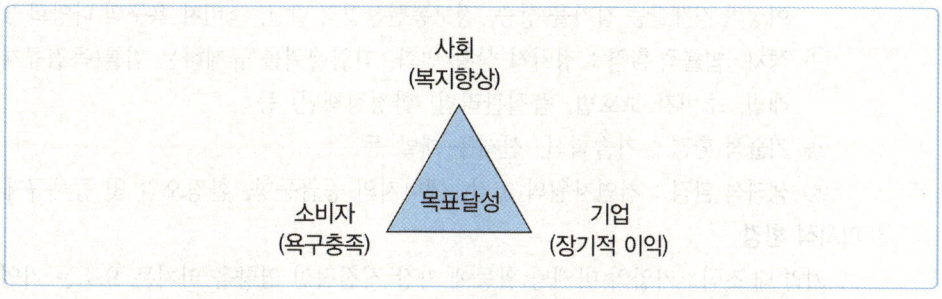

2 유통마케팅 환경분석

(1) 마케팅 환경

① **마케팅 환경의 의의**
  ㉠ 마케팅 환경의 뜻
    ⓐ 마케팅 활동에는 기업 내외의 여러 요소들이 영향을 미친다. 이처럼 마케팅 활동에 영향을 미치는 요소들을 마케팅 환경(marketing environment)이라고 한다.
    ⓑ 기업이 창조적으로 적응해 나가야 하는 마케팅 환경은 크게 거시적 환경과 내부환경인 미시적 환경, 그리고 과업환경과 제약환경 및 소비자 환경 등이 있다.
  ㉡ 마케팅 환경의 변화
    ⓐ 마케팅 환경은 마케팅 활동에 기회(opportunity)요인으로 작용하기도 하지만 위협(threat)요인으로 작용하기도 한다. 그러므로 마케팅 환경의 변화추이를 정확히 파악하고, 이러한 변화에 신속히 적응해 가는 것은 성공적인 마케팅 활동에서 매우 중요하다.
    ⓑ 예를 들어, 수요가 공급을 초과하던 시기에는 고객의 필요(needs)와 요구(wants)를 만족시키기 위한 노력보다는 원가를 절감하고 생산성을 높이는 데 중점을 두었지만, 공급이 수요를 초과하게 되자 고객의 필요와 요구를 충족시키기 위한 노력이 보다 중요하게 되었다.

② **거시적 환경**
  ㉠ 거시적 환경의 의의
    ⓐ 거시적 환경(macro environment)은 기업의 경쟁 및 시장환경을 둘러싼 환경을 말한다. 거시적 환경의 영향은 간접적이며 단기적으로는 잘 변하지 않으므로, 기업의 생존과 번영을 위해서는 이를 잘 파악하고 신속하게 적응해야 한다.
    ⓑ 사회·문화적 환경, 경제적 환경, 정치·법률적 환경, 기술적 환경, 생태적 환경 등이 거시적 환경을 구성한다.
  ㉡ 거시적 환경의 내용
    ⓐ **사회·문화적 환경** : 인구구조의 변화와 지역별·성별·연령별 인구구조 등 인구통계학적 환경요인, 생활양식 등
    ⓑ **경제적 환경** : 구매력과 밀접한 관련이 있는 것으로 소득수준의 향상, 소비구조의 변화, 여성의 경제활동 참가율 상승, 정보통신산업의 발달, 소비자 욕구의 다양화 및 고급화 등
    ⓒ **정치·법률적 환경** : 정치적 상황 변화, 기업행위를 규제하는 법률(독점규제 및 공정거래법, 소비자 보호법, 품질관리법, 환경정책법) 등
    ⓓ **기술적 환경** : 기술혁신, 신제품 개발 등
    ⓔ **생태적 환경** : 천연자원의 고갈, 에너지의 공급동향, 환경오염 및 공해규제의 강화 등

③ **미시적 환경**
  ㉠ 기업 내 조직 : 기업의 마케팅 활동에 가장 직접적인 영향을 미치는 요소는 기업 내의 여러 조직 및 조직의 활동이다. 최고경영층과 각 기능부서를 말한다.

ⓒ 미시적 환경 : 조직의 외부에서 마케팅 활동에 영향을 미치는 미시적인 요소로는 다른 기업과의 경쟁이나 중간상인, 소비자 및 주주, 시민단체, 채권자 등과 같이 기업과 이해관계가 있는 모든 집단(stakeholder)을 들 수 있다.

(2) 마케팅 관리

① 마케팅 요소

　㉠ 4P

　　마케팅 관리자는 마케팅 요소 4P를 잘 배합함으로써 고객을 만족시킬 수 있는 프로그램을 개발해야 한다. 여기서 4P는 제품, 가격, 프로모션, 유통을 가리킨다.

　　ⓐ 제품(product) : 고객의 필요와 욕구를 만족시키는 재화, 서비스, 혹은 아이디어
　　ⓑ 가격(price) : 제품을 얻기 위해 지불하는 것
　　ⓒ 프로모션(promotion) : 구매자와 판매자 간의 커뮤니케이션 수단
　　ⓓ 유통(place) : 소비자가 제품을 구매하는 장소

　㉡ 마케팅 믹스 : 마케팅 믹스(marketing mix)는 표적시장에서 마케팅 목표를 달성하기 위해 기업이 활용하는 마케팅 요소들의 결합을 말한다. 일반적으로 마케팅 믹스는 4P를 가리키는 말이라고 할 수 있는데 4P는 기업이 통제할 수 있는 통제가능변수(controllable variables)이다.

② 마케팅 관리

　㉠ 마케팅 관리모델

　　ⓐ 4P 모델의 중심에는 고객이 있다. 그것은 모든 마케팅 활동이 고객의 필요와 욕구를 만족시키는 것을 목표로 한다는 것을 의미한다. 그리고 고객의 둘레에는 4P, 그 둘레에는 환경변수(정치·법, 사회·문화, 기술, 경제)가 있다.
　　ⓑ 따라서 이 모델이 의미하는 바는 환경변수의 제약 아래 네 가지 변수를 적절히 조합·혼합하여 고객을 만족시켜야 한다는 것이고, 이 과정이 바로 마케팅 관리이다.

　㉡ 최근의 경향

　　마케팅 요소 4P는 기업의 입장에서 강조되는 것이기 때문에 고객의 입장에서 마케팅 관리를 이해해야 한다는 것을 강조하기 위해 4P 대신 4C로 봐야 한다는 주장이 있다.

　　ⓐ Consumer : 제품(product)이 아니라 고객이 원하는 것이므로 고객(consumer) 또는 고객가치(customer value)이다.
　　ⓑ Cost : 가격(price)이 아니라 소비자들이 구매하는데 들어가는 노력, 시간, 심리적 부담 등 고객이 지불하는 비용(cost)이다.
　　ⓒ Convenience : 구매하는 장소가 중요한 것이 아니라 고객이 편리하게 구매할 수 있는 정도, 즉 편의성(convenience)이 중요하다.
　　ⓓ Communication : 프로모션(promotion)이라는 용어에는 일방적인 전달이라는 의미가 내포되어 있다. 따라서 고객입장을 고려하면 커뮤니케이션(communication)이 되어야 한다.

3 시장세분화 등 STP 전략

(1) 목표마케팅

① **목표마케팅의 이해**

㉠ 목표마케팅의 의의

ⓐ 목표마케팅(target marketing)은 전체시장을 세분시장으로 구분하고 이들 중 하나 혹은 그 이상의 시장부문을 선정하여 각 시장부문에 적합한 제품과 마케팅믹스를 개발하는 마케팅 방법이다.

ⓑ 목표마케팅은 STP라고 알려진 과정에 따라 수립된다. 여기서 STP는 시장세분화(segmentation), 목표시장의 선택(targeting), 포지셔닝(positioning)을 나타낸다. 제품의 시장을 세분화하고 기업의 능력과 제품의 특성에 맞는 세분시장을 목표시장으로 선정한 후 목표시장 내에서 최적의 포지셔닝을 하는 과정을 거치면서 이루어지게 된다.

㉡ 목표마케팅의 단계

시장세분화	시장표적화	시장 포지셔닝 (시장위치화)
• 시장세분화를 위한 기준설정 • 세분시장의 프로필 개발	• 세분시장의 매력도 평가 • 표적시장의 선정	• 각 표적시장의 포지셔닝 개발 • 각 표적시장의 마케팅 믹스 개발

② **대량마케팅과 목표마케팅**

㉠ 대량마케팅

ⓐ 대량마케팅(mass marketing)은 단일제품을 전체시장을 대상으로 대량생산·판매하는 마케팅 유형을 말한다. 고객의 욕구 중에서 이질성보다 동질성에 초점을 두고 최소의 비용과 가격으로 최대의 잠재시장을 창출하고자 하는 마케팅이다.

ⓑ 표준화에 의한 원가 절감이나 규모의 경제(economies to scale) 이익을 얻을 수 있다.

ⓒ 규모의 경제는 자본 투입을 늘려 대규모 생산을 하는 경우 단위당 생산비(평균비용)가 절감되는 것을 의미한다. Wal-mart와 E-mart의 합병은 규모의 경제 이익을 얻으려는 것이다.

㉡ 제품차별화 마케팅

ⓐ 제품차별화 마케팅(product-differentiated marketing)은 성능이나 디자인, 품질 등이 다른 제품을 둘 혹은 그 이상 생산하여 판매하는 마케팅이다.

ⓑ 상이한 시장부문에 소구(appeal)하는 것이 아니라, 전체 시장을 대상으로 구매자들에게 다양성을 제공하기 위한 것이다.

ⓒ 목표마케팅
  ⓐ 목표마케팅(target marketing)은 하나 혹은 그 이상의 시장부문을 선정하여 각 시장부문에 적합한 제품과 마케팅 믹스를 개발하는 마케팅을 말한다. 세분화 마케팅이라고도 한다.
  ⓑ 대량마케팅, 제품차별화 마케팅 단계에서 목표마케팅으로 이동하였고, 범위의 경제(economies to scope) 이익을 얻을 수 있다.

> **지식+톡톡 규모의 경제와 범위의 경제**
>
> 1. **규모의 경제**
>   ① 기업이 생산규모를 확대하여 생산량을 점차 증가시킬 때 장기평균비용(LAC)이 하락하는 경우 규모의 경제(economies of scale)가 있다고 한다. 반대로 장기평균비용이 상승하면 규모의 불경제(diseconomies of scale)가 있다고 한다.
>   ② 규모의 경제가 나타나는 가장 큰 이유는 분업과 그에 따른 전문화(또는 특화)를 들 수 있다. 이와 함께 기술적 요인도 들 수 있다.
> 2. **범위의 경제**
>   범위의 경제(economies of scope)는 어떤 두 가지 이상의 생산물을 따로따로 독립된 기업에서 생산하는 것보다 한 기업이 동시에 생산하는 것이 더 유리한 경우, 즉 비용이 적게 드는 경우를 가리킨다.
>   범위의 경제는 냉장고와 에어컨처럼 성격이 유사한 결합생산물의 경우에 나타날 수 있다. 또한 생산시설이나 유통망을 공동으로 사용할 수 있는 경우, 생산과정에서 나오는 부산물을 원료로 이용할 수 있는 경우에 나타날 수 있다. 미국의 AOL과 Time-Wanner의 합병은 범위의 경제 이익을 얻으려는 것이다.

(2) 시장세분화

① 시장세분화의 의미와 성격
  ㉠ 시장세분화의 의미
    ⓐ 마케팅 전략을 세우기 위해서는 누구를 고객으로 할 것인가를 결정해야 한다. 이는 시장의 선택을 의미하는데, 시장의 선택을 위해서는 먼저 시장을 나누어야 한다.
    ⓑ 시장을 나누고 그 중에서 각 시장의 크기, 시장 잠재력, 고객의 이해 등을 분석해야 한다. 이렇게 시장을 분류하는 과정을 시장세분화(market segmentation)라고 한다. 그리고 시장을 특정 기준으로 나누어, 동질적인 소비자들로 구성된 나누어진 시장을 세분시장(market segment)이라고 한다.
  ㉡ 시장세분화의 성격
    ⓐ 시장세분화는 이질적인 시장을 몇 개의 동질적인 시장으로 구분하는 과정이다.
    ⓑ 시간의 경과에 따라 구매활동의 양상이 변화하므로 시간적 제약조건을 내포하는 개념이다.
    ⓒ 세분화된 시장은 수요곡선의 위치와 기울기가 다르므로 각각 별도의 제품 또는 마케팅 믹스를 필요로 한다.

② 시장세분화의 요건
  ㉠ 내부적으로 동질적, 외부적으로 이질적 : 개개 세분시장은 마케팅 변수에 대하여 상이한 반응을 보일 만큼 이질적이어야 하지만, 세분시장 내의 소비자들은 마케팅 변수에 대하여 동일한 반응을 보여야 한다.
  ㉡ 측정 가능성(measurability) : 구매자의 특성에 관한 정보를 입수함으로써 세분시장의 크기와 구매력을 측정할 수 있어야 한다. 즉, 세분시장의 특성, 구매력, 크기 등을 측정할 수 있어야 적절한 전략을 수립할 수 있다.
  ㉢ 규모(또는 실체성) : 세분시장의 규모가 충분히 크고 수익률이 높아서 별개의 시장으로 개척할 만한 가치가 있어야 한다. 이를 실체성(substantiality)이라고도 한다.
  ㉣ 접근 가능성(accessibility) : 세분시장에 있는 소비자들에게 효과적으로 접근할 수 있어야 한다. 그들이 현재의 유통수단으로 접근할 수 없는 농촌지역에 살거나 TV·신문의 보급률이 낮아 광고를 거의 접하지 못한다면 이런 세분시장은 마케팅의 입장에서는 의미가 없는 것이다.
  ㉤ 신뢰성(reliability) : 세분시장은 일정기간에 걸쳐 일관성 있는 특징을 지녀야 한다.
  ㉥ 유효타당성(validity) : 세분시장의 구분기준에 타당해야 한다.

> **지식+톡톡** 시장세분화의 전제조건
>
> 시장세분화(market segmentation)는 전체시장을 일정한 기준(연령·성별·지역 등 소비자의 특성, 사용량·상표애호도 등 제품의 사용행태)에 의해 동질적인 몇 개의 세분시장으로 구분하는 것을 말한다. 세분시장이 되기 위한 조건은 다음과 같다.
> • 각 세분시장은 서로 이질적인(heterogeneous) 소비자 욕구를 가져야 한다.
> • 각 세분시장은 충분한(substantial) 시장규모를 가져야 한다.
> • 각 세분시장에 대해 접근이 용이하도록(accessible) 시장세분화가 이루어져야 한다.
> • 각 세분시장의 특징과 크기를 측정할 수(measurable) 있어야 한다.

③ 시장세분화의 기준
  ㉠ 세분화 기준 변수
    시장을 세분화하는 데는 어떤 기준이 필요하다. 시장세분화는 시장세분화 변수에 따라 행해지는데 어떤 변수가 적합한가는 기업이 처한 상황에 달려있다. 세분화 기준변수는 크게 고객행동변수와 고객특성변수로 구분된다.
  ㉡ 두 가지 변수의 평가
    ⓐ 시장세분화가 의미가 있으려면 세분시장마다 소비자의 행동이 달라야 한다. 따라서 사용량, 상표 충성도, 추구하는 편익 등 고객행동변수에 따라 세분화하는 것이 의미가 있다.
    ⓑ 그러나 고객행동변수는 관찰과 측정이 어려워 시행이 어려운 경우가 많다. 반면 고객특성변수는 고객의 행동과 직접 관련이 없다는 문제가 있지만 관찰과 측정이 용이하다. 따라서 현실적으로 고객행동변수와 관련이 있는 고객특성변수를 이용하여 세분화하는 방법이 많이 이용되고 있다.

시장세분화의 기준		
기 준	구체적인 예	비 고
지리적 변수	지역, 인구밀도, 기후, 시·군 규모 등	
인구통계적 변수 또는 사회경제적 변수	연령, 성별, 소득, 직업, 교육수준, 가족규모, 가족생활주기, 종교, 세대, 사회계층 등	측정이 용이하므로 가장 많이 사용
심리분석적 변수	생활양식(life style), 개성 등	
구매자행동변수 또는 인간행태별 변수	• 구매동기 • 구매를 통한 혜택 • 사용률 : 사용빈도에 의한 분류 • 상표애호도 • 사용량 • 사용자 지위 : 비·기·잠재·신규사용자에 의한 분류 • 구매준비단계 • 제품에 대한 태도	실제의 제품이나 제품속성에 대해 구매자가 가지는 지식, 태도 등에 따른 분류이므로 논리적으로 가장 타당

④ **세분시장의 평가**

㉠ 세분시장 평가의 의의 : 시장세분화를 한 후에는 각 세분시장을 평가하여 자사의 경쟁우위가 확보될 수 있는 가능성을 파악하고, 전망이 좋은 세분시장을 선택해야 한다. 세분시장의 평가는 시장규모, 시장성장률 등 시장요인과 자사의 자원, 마케팅 믹스 등과의 적합성 측면에서 이루어져야 한다.

㉡ 시장요인

ⓐ 세분시장의 규모 : 시장규모가 크다고 해서 높은 수익을 보장해 주는 것은 아니다. 규모가 큰 시장은 성장률이 낮고 많은 경쟁자가 있어 경쟁에 불리한 측면이 있다. 따라서 기업의 규모를 고려하여 세분시장을 선택해야 한다. 즉, 소규모 기업의 경우에는 소규모 시장을 공략하는 것이 바람직하고, 대규모 기업은 시장규모가 큰 시장을 선택하는 것이 바람직하다.

ⓑ 세분시장 성장률 : 성장률이 높은 시장은 매출과 이윤의 지속적인 성장을 가져다주기 때문에 바람직한 시장이라고 할 수 있다. 따라서 성장률과 미래의 경쟁상황을 예측하여 의사결정을 해야 한다.

ⓒ 경쟁 요인 : 현재의 경쟁자와 잠재적 경쟁자를 고려하여 세분시장에서의 성공가능성을 예측할 수 있다.

㉢ 적합성 : 매력적인 시장이라도 기업목표와 어긋난다면 선택할 수 없는 경우가 많다. 또한 시장이 매력적이고 기업의 목표와 일치한다고 해도 기업의 자원이나 능력이 부족하다면 그 시장은 선택할 수 없다.

⑤ 시장세분화의 이점
  ㉠ 특정시장 부문에 바탕을 둔 마케팅 계획과 예산을 수립함으로써 보다 유리한 마케팅 전략을 구사할 수 있다.
  ㉡ 시장을 소비자 욕구, 구매 동기 등으로 정확히 파악할 수 있다.
  ㉢ 마케팅 자원을 효과적으로 배분할 수 있다.
  ㉣ 소비자의 다양한 욕구를 충족시켜 매출액의 증대를 기할 수 있다.
⑥ 제품차별화와 시장세분화
  ㉠ 유사점
    ⓐ 불완전 경쟁시장에서의 비가격 경쟁의 한 방법이다.
    ⓑ 소비자 욕구의 충족이라는 공통목표를 지닌다.
    ⓒ 제품차별화는 시장세분화 없이는 그 효과를 완전히 발휘하기가 곤란하다.
  ㉡ 차이점

제품차별화	시장세분화
동질시장	이질시장
구매자에 다양성 제공	상이한 시장부문에 소구
일반적인 시장에서의 폭(breadth) 추구	제한된 시장에서의 깊이(depth) 추구
판매 개념	마케팅 개념

(3) 표적시장의 선정
  ① 표적시장 선정의 의의와 전략
    표적시장 선정은 기업이 시장에 진출하기 위하여 각 시장부문을 평가하고, 하나 혹은 그 이상의 시장부문을 선택하는 과정을 의미한다. 표적시장 선정전략으로는 비차별화 마케팅 전략, 차별화 마케팅 전략, 단일시장 집중화 마케팅 전략 등이 있다.
  ② 표적시장 선정전략의 유형
    ㉠ 비차별화 마케팅 전략
      ⓐ 전체시장을 대상으로 단일의 제품을 생산·판매하고자 하는 마케팅 전략이다.
      ⓑ 고객욕구의 차이점보다는 공통점에 초점을 둔 것이므로 수요의 동질성이 높은 경우에 유용한 전략이다.
      ⓒ 표준화와 대량생산에 의한 원가절감이 가능하다.
    ㉡ 차별화 마케팅 전략
      ⓐ 시장부문의 존재를 인식해서 각각 다른 제품과 마케팅 프로그램을 개발하려는 전략을 의미한다.
      ⓑ 마케팅 개념에 입각한 전략이라고 할 수 있다.
      ⓒ 세분시장에 대응하는 제품을 생산하여 마케팅 활동을 수행하는 계층 마케팅(class marketing)이다.

© 단일시장 집중화 마케팅 전략
  ⓐ 기업의 자원이나 능력이 제한되어 있는 경우, 하나 또는 소수의 시장부문에서 높은 시장점유율을 얻고자 하는 전략이다.
  ⓑ 생산, 유통, 촉진 측면에서 전문화의 이점과 이로 인한 운영상의 경제성이 실현될 수 있다.
  ⓒ 진출하는 시장부문(예컨대, 틈새시장 혹은 니치시장)에서 강력한 시장지위를 향유할 수 있다.

③ **표적시장 선정에서 고려요소**
  ㉠ **기업의 자원** : 기업의 자원이 제한된 경우에는 집중적 마케팅 전략이 바람직하다.
  ㉡ **제품의 동질성** : 동질적 제품은 비차별화 마케팅 전략, 이질적 제품은 차별화 마케팅 전략이 바람직하다.
  ㉢ **제품수명주기** : 도입기에는 비차별화 마케팅 전략, 성숙기에는 차별화 마케팅 전략이 바람직하다.
  ㉣ **시장의 동질성** : 시장의 동질성이 높을수록 비차별화 마케팅 전략이 바람직하다.
  ㉤ **경쟁자** : 경쟁자의 수가 많을수록 비차별화 마케팅 전략이 바람직하다.
  ㉥ **경쟁자의 마케팅 전략** : 경쟁자가 비차별화 마케팅 전략을 구사할 때 차별화 마케팅 전략을 사용하면 효과적이다.
  ㉦ **소비자의 민감도** : 민감도가 낮은 제품은 비차별화 마케팅 전략, 민감도가 높은 제품은 차별화 마케팅 전략이 바람직하다.

④ **매력적인 시장부문의 발견**
  ㉠ **제품-시장 집중전략** : 집중적 마케팅 전략(concentrated marketing strategy)으로, 강력한 시장위치 확보 및 특별한 명성을 얻을 수 있으나 높은 위험에 직면한다.
  ㉡ **제품 전문화 전략** : 여러 고객집단에 판매할 수 있는 특정제품에 집중하는 전략으로 특정제품의 영역에서 명성의 확보가 가능하다.
  ㉢ **시장 전문화 전략** : 여러 개의 특정고객군의 요구를 충족하는 데 집중하는 전략으로 제품의 수가 많아진다.
  ㉣ **선택적 전문화 전략** : 다세분시장 진출전략(multi-segmented coverage strategy)으로 규모, 성장가능성 및 수익성 관점에서의 매력이 높고 기업의 목적 및 자원과 부합되는 여러 개의 세분시장에 진출하는 것인데, 위험은 분산된다.
  ㉤ **완전도달 전략** : 모든 세분시장에 모든 제품을 제공하여 포괄하려는 것이다.

4 포지셔닝 전략

(1) 포지셔닝의 의의

① **포지션과 포지셔닝**
  ㉠ 제품 포지션 : 제품 포지션(position)이란 특정제품이 경쟁제품에 비하여 소비자의 마음 속에 차지하는 상대적 위치를 의미한다.
  ㉡ 포지셔닝 : 포지셔닝(positioning)이란 표적시장에서 고객의 욕구를 파악하여 경쟁제품에 비하여 차별적 특징을 갖도록 제품개념을 정하고 소비자들의 지각 속에 적절히 위치시키는 노력이다. 시장세분화와 제품차별화의 두 개념이 잘 조화되어 제품 이미지를 창조함으로써 시장에서의 위치를 확고히 하는 것을 말한다.

② **재포지셔닝**
재포지셔닝(repositioning)이란 포지션이 잘못되었다고 판단된 경우 제품의 변경에 의하거나 또는 제품의 변경 없이 광고나 다른 마케팅 변수의 변경에 의해 포지셔닝 위치를 변경하는 것이다.

(2) 포지셔닝의 유형

① **제품속성에 의한 포지셔닝**
제품의 속성을 기준으로 포지셔닝하는 방법으로 가장 널리 사용된다. 예컨대, 현대 아반떼는 저가격과 실용성을 강조하며, 볼보(Volvo)는 안전성 측면에서 강력하게 포지셔닝하고 있다. 한편 BMW는 성능이 우수하다는 것을 강조하고 있다.

② **이미지 포지셔닝**
제품의 추상적인 편익을 강조하여 포지셔닝하는 경우이다. 예컨대, 맥심 커피는 "가슴이 따뜻한 사람과 만나고 싶다", "커피의 명작, 맥심" 등의 광고 카피를 이용하여 정서적, 사색적 고급 이미지를 형성하려고 오랜 기간 노력하여 성공하였다.

③ **사용상황이나 목적에 의한 포지셔닝**
제품이 사용될 수 있는 상황을 묘사하여 포지셔닝할 수 있다. 예컨대, 아멕스 카드는 카드가 사용되는 장소, 분실할 수 있는 상황을 통하여 신뢰성을 강조하고 있다.

④ **제품 사용자에 의한 포지셔닝**
제품의 사용자나 사용계층을 이용하여 포지셔닝할 수 있다. 예컨대, 코카콜라는 젊은이들이 사용하는 모습을 오랫동안 광고에 사용하여 왔다. 버드와이저는 젊은 남성, 노동자 계층이 주로 사용하는 맥주로 포지셔닝하고 있다.

⑤ **경쟁제품에 의한 포지셔닝**
소비자의 지각 속에 위치하고 있는 경쟁제품과 명시적 혹은 묵시적으로 비교하게 하여 포지셔닝하는 방법이다. 예컨대, 7-up이라는 사이다는 un-cola라는 단어를 사용하여 콜라의 대체품으로서의 위치를 강조한 바 있다.

제2절 유통경쟁전략

1 유통경쟁의 개요

(1) 유통전략의 의미와 수준

① 전략의 의미
  ㉠ 전략(strategy)은 환경의 제약 하에서 목표달성을 위해 조직이 사용하는 주요 수단으로서 환경과 자원 동원의 상호작용 유형이다.
  ㉡ 이러한 정의는 전략이란 정확한 조직의 목표를 세우고 기업 활동의 제약조건이 되는 환경을 분석하고 환경에 대해 조직이 대응(행위)해 나가는 과정을 의미한다. 여기에서 환경에 대한 조직의 대응은 자원의 동원이라는 수단으로 나타나게 된다.

② 전략의 수준
  ㉠ 전사적 전략 : 전사적 전략(corporate strategy)은 사업의 영역을 선택하고(어떤 사업을 할 것인가) 여러 사업을 효과적으로 관리(사업 분야를 기업 전체의 관점에서 어떻게 효과적으로 관리할 것인가)할 것인가 라는 문제를 결정한다.
  ㉡ 사업부전략 : 사업부전략(business strategy)은 특정사업 영역 내에서 경쟁우위를 획득하고 유지해 나가는 방법에 관한 문제를 다룬다.
  ㉢ 기능전략 : 기능전략(function strategy)은 사업부 전략으로부터 도출되며 상위의 전략을 효과적으로 실행하기 위한 수단으로서의 역할을 한다. 생산·마케팅·재무·인사 등 경영의 주된 기능부문 내에서 어떻게 하면 주어진 자원을 효과적으로 활용할 것인가의 문제를 다룬다.
  ㉣ 마케팅 전략 : 마케팅 전략(marketing strategy)은 전사적 전략과 사업부 전략이 이루어진 후 마케팅 부문에 목표를 수립하고 시장, 경쟁 등에 관한 분석을 행하며 기업 내의 마케팅 자원을 효율적으로 활용하는 방안을 결정하는 과정이다.

(2) 전략적 계획수립

① 전략적 계획수립의 의의와 단계
  ㉠ 전략적 계획수립의 의의
    ⓐ 전략적 계획수립은 기업의 목표와 능력을 변화하는 마케팅 기회에 적합하도록 하여 유지하기 위한 관리과정이다.
    ⓑ 전략적 계획은 기업수준 및 사업부수준에서 전개되는 마케팅 관리과정으로 기업의 마케팅 목표를 달성하기 위하여 취하는 기본정책이며, 표적시장, 마케팅 믹스 등에 관해 기업운영의 대체적인 지침을 제공해 준다.
  ㉡ 전략적 계획의 수립단계

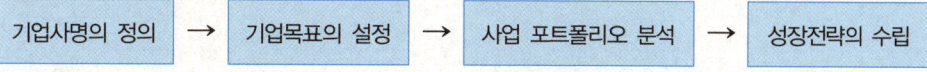

ⓐ 기업사명의 정의 : 기업사명(mission)은 사업영역의 규정, 시장지향성, 실현 가능성, 동기부여적인 내용 등을 포함한다.
ⓑ 기업목표의 설정 : 기업사명은 구체적인 경영목표(goals)로 전환되어서 목표에 의한 경영이 수행되어야 한다.
ⓒ 사업 포트폴리오 분석 : 기업이 목표를 설정한 후에는 기존사업에 대한 평가를 위해 사업 포트폴리오 분석(business portfolio analysis)을 하여야 한다. 이는 기업의 한정된 자원을 기업의 각 사업부에 어떻게 배분하는 것이, 즉 어떤 사업 포트폴리오를 갖는 것이 가장 효율적인가를 결정하는 것이다.
ⓓ 성장전략의 수립 : 신규사업에 대한 평가를 통해 성장전략을 수립한다. 새로운 사업을 통한 기업성장은 크게 집약적 성장, 통합적 성장 및 다각화 성장 등 3가지 방법을 통해 이루어질 수 있다.

② **사업의 정의와 사명, 목표**
㉠ 사업의 정의
ⓐ 일반적으로 사업의 정의는 목표 고객집단이 누구이며, 충족되어야 하는 고객의 편익이 무엇이며, 고객의 편익을 제공해 주는 수단, 즉 핵심기술이 무엇이냐는 세 가지 측면에서 이루어진다.
ⓑ 이는 기업이 목표로 하는 고객(target market)을 분명히 하고 그 고객들이 추구하는 편익을 중심으로 사업의 정의가 이루어져야 한다는 의미이다.
ⓒ 레빗(Levitt)은 사업을 고객이 얻는 편익 중심이 아니라 생산하는 제품 중심으로 기술하는 경우 마케팅 근시(marketing myopia)에 빠질 수 있다고 경고하였다.
㉡ 기업의 사명
ⓐ 기업의 사명(mission)은 기업의 존재의의와 목적을 규정하는 것이다. 사명은 기업이 추구하는 것과 장기적으로 바람직한 기업의 비전을 의미하며 다른 기업과 차별화시켜 주고 그 활동영역을 규정하는 역할을 한다.
ⓑ 즉, 기업에 정체성을 부여해주고 성장과 발전의 방향을 나타내며 이에 따른 요구되는 행동양식을 선택하는 근거가 된다.
㉢ 기업의 목표
ⓐ 기업의 사명을 확립하는 것과 아울러 구체적인 목표를 회사의 각 단계별로 세우는 것이 전략수립의 또 하나의 중요한 단계이다.
ⓑ 먼저 가장 높은 단계로서 기업의 전반적인 사업목표를 정한다. 그 다음 단계로 좀 더 구체적인 마케팅 목표를 정하고, 마지막으로 그 마케팅 목표를 성공적으로 달성하기 위한 마케팅 전술을 정하게 된다.

(3) 사업 포트폴리오 분석(기존사업에 대한 평가)

① 사업 포트폴리오 분석의 의의
  ⊙ 기업이 추구해야 할 사명과 달성하고자 하는 목표를 확립하면 기업의 한정된 자원을 기업의 각 사업부에 어떻게 배분하는 것이, 즉 어떤 사업 포트폴리오를 갖는 것이 가장 효율적인가를 결정해야 한다.
  ⓒ 사업 포트폴리오 분석은 기업 내 주요사업부분, 즉 전략적 사업단위(SBU)의 현재 위치를 분석하고, 그 매력도를 평가하기 위한 것이다.
  ⓒ 즉, 기업 내 각 사업부문 중 어떤 부분을 확대·강화하고 어떤 부분을 축소·제거할 것인가를 평가하기 위한 것으로, 바람직한 경영 다각화의 방안으로 적용된다.

② 전략적 사업단위
  ⊙ 전략적 사업단위(strategic business unit : SBU)는 회사를 구성하고 있는 주요한 사업단위이다.
  ⓒ 전략적 사업단위의 특징은 다음과 같다.
    ⓐ 각각이 소규모 기업체와 같은 독립적인 사업단위, 즉 분권화된 사업단위가 된다.
    ⓑ 다른 사업과 독립적으로 계획을 수립하고, 독특한 임무를 가지며, 자체의 경쟁자가 존재한다.
    ⓒ 하나 혹은 그 이상의 기업부문, 부문 내의 제품계열, 단일제품, 단일상품 등이 하나의 SBU가 될 수 있다.

③ 사업 포트폴리오 분석기법
  기존의 사업 포트폴리오 분석기법으로는 BCG 기법(PPM), GE/McKinsey 사업 포트폴리오 분석기법 등이 있다.

(4) PPM : BCG 기법

① PPM의 의의와 가정
  ⊙ PPM의 의의
    ⓐ PPM(product portfolio management)은 미국의 Boston Consulting Group이라는 경영자문회사에 의해 고안된 사업부 단위의 대표적인 경영전략기법으로 BCG 기법이라고도 한다.
    ⓑ PPM은 시장성장률과 상대적인 시장점유율에 의해 사업부문이나 경영다각화의 순서와 정도를 결정하는 기법이다.
  ⓒ PPM의 가정 : PPM은 시장성장률과 상대적인 시장점유율이 기업의 현금흐름(cash flow)과 깊은 관계가 있다고 가정한다. 즉, 시장성장률이 높으면 시설 및 운전자본에 대한 투자가 많이 필요하므로 현금유출이 증가한다. 그리고 상대적인 시장점유율이 높으면 수익성이 제고되므로 현금유입이 증가한다.
  ⓒ 성장률-시장점유율 매트릭스
    ⓐ 수직축의 시장성장률은 해당 산업이 속해 있는 시장의 연간성장률을 의미한다.

ⓑ 수평축은 상대적인 시장점유율로 해당 산업에서의 SBU의 상대적 시장점유율을 의미한다.
② 성장률-시장점유율 매트릭스의 특징

```
BCG matrix
              고 ┌─────────────┬─────────────┐
                │   stars     │question marks│
                │  성장사업    │   개발사업    │
    시장성장률   ├─────────────┼─────────────┤
                │  cash cow   │    dogs     │
                │  수익주종사업 │   사양사업    │
              저 └─────────────┴─────────────┘
                     고              저
                       상대적 시장점유율
```

㉠ 개발사업(question marks, problem childrens)
　ⓐ 고성장, 저점유율 전략사업부로 제품수명주기상 도입부에 해당된다.
　ⓑ 시장점유율을 증가시키기 위하여 추가적인 시설투자와 노동력 증대가 필요하므로 많은 자금이 필요한 단계이다.
　ⓒ 경영자는 자금과 마케팅 노력을 집중적으로 투입하여 스타방향으로 이전시킬 것인가, 그렇지 않으면 시장을 포기할 것인가를 신중하게 검토하여야 한다.
　ⓓ 개발사업단계에서는 모험심과 창업가적인 정신을 가진 경영자를 필요로 한다.
㉡ 성장사업(stars)
　ⓐ 고성장, 고점유율 전략사업부로 제품수명주기상 성장기에 해당된다.
　ⓑ 현금유입도 크지만 빠른 성장을 뒷받침하기 위하여 현금유출도 많은 단계이다.
　ⓒ 수익성의 측면이 아니라 집중적인 투자를 통하여 시장점유율을 극대화하는데 초점을 맞추는 단계이다.
　ⓓ 성장사업단계에서는 마케팅 전개능력이 뛰어난 경영자를 필요로 한다.
㉢ 수익주종사업(cash cows)
　ⓐ 저성장, 고점유율 사업부로 제품수명주기상 성숙기에 해당된다.
　ⓑ 전략사업부 자체뿐 아니라 다른 전략사업부가 필요로 하는 자금을 공급해 줄 수 있는 역할을 한다.
　ⓒ 시장점유율을 방어하면서 수익성을 극대화해야 하므로 원가절감과 혁신적인 마케팅 전략이 필요한 단계이다.
　ⓓ 수익주종사업단계에서는 경영합리화 능력을 지닌 경영자를 필요로 한다.
㉣ 사양사업(dogs)
　ⓐ 저성장, 저점유율 사업부로 제품수명주기상 쇠퇴기에 해당된다.
　ⓑ 기업의 산업 내에서의 위치도 불리하므로 가능하면 자금을 더 투입하지 않고 현금의 유입을 극대화하려는 전략이 필요하다.

③ 대응전략
  ㉠ 확대 또는 강화(build)전략(육성전략)
    ⓐ 전략사업단위의 시장점유율을 높이고자 하는 전략, 즉 시장점유율이 경쟁자보다 상대적으로 더 큰 폭으로 늘어나도록 하기 위하여 많은 투자가 필요하다.
    ⓑ 단기이익을 희생하고 장기이익을 도모하는 전략으로 개발사업(question marks)에 적합하다.
  ㉡ 유지(hold)전략
    ⓐ 기존에 영위하고 있던 사업단위를 현재수준으로 유지시키는 전략, 즉 전략사업단위의 시장점유율을 계속 유지하고자 하는 전략이다.
    ⓑ 계속적 현금유입이 기대되는 강력한 수익주종사업(cash cows)에 적합하다.
  ㉢ 수확(harvest)전략(회수전략)
    ⓐ 장기적 효과와 관계 없이 단기 현금회수를 노리는 전략으로, 사업단위에 대한 투자를 극소화하거나 중단하여 사업단위를 경쟁자에 비해 상대적으로 축소시키는 전략이다.
    ⓑ 약한 수익주종사업이나 개발사업, 사양사업에 적합하다.
  ㉣ 철수 또는 제거(divest)전략
    자원을 다른 사업에 사용하는 것이 더 효율적이므로 사업을 판매·청산하는 전략으로, 사양사업과 전망 없는 개발사업에 적합하다.

(5) GE/맥킨지 사업 포트폴리오 분석

① **GE/McKinsey 모형의 의의**
  GE/McKinsey 모형은 BCG 모형의 문제점을 개선하기 위해 산업성장률, 시장점유율 이외의 보다 다양한 환경·전략변수들을 반영한 사업부 평가모형이다.

② **평가요인**
  이 모형에서는 BCG 모형에서와 마찬가지로 산업매력도(market attractiveness)와 사업경쟁력(business strength)이라는 두 개의 차원을 이용하여 개별 사업부를 평가하지만, 각 차원의 평가에 있어 보다 다양한 변수들을 이용하고 있다는 점에서 BCG 모형과 차이가 있다.
  ㉠ 산업의 매력도 평가요소 : 시장규모, 산업성장률, 산업의 평균수익률, 경쟁의 정도, 산업의 집중도, 산업의 전반적 수급상황, 기술적 변화 정도 등
  ㉡ 사업부의 경쟁력 평가요소 : 시장점유율, 관리능력, 기술수준, 제품의 품질, 상표이미지, 생산능력, 원가구조, 유통망, 원자재 공급원의 확보 등

③ **평가방법**
  ㉠ 각 사업부의 산업매력도 지수와 사업경쟁력 지수의 값은 각각의 평가요소별 평가점수에 속성별로 가중치를 반영한 가중평가점수를 합산하여 구한다. 물론 이 가중치는 평가자의 주관적 판단에 의해 이루어진다.
  ㉡ 산업매력도와 사업부 경쟁력은 각각 상·중·하로 나누어져 매트릭스는 총 9개의 영역으로 구분된다.

④ **문제점**
   ㉠ 변수의 선정과 속성별 가중치 및 평가점수의 계산이 주관적이다.
   ㉡ 이 모형은 BCG 모형과 마찬가지로 너무 현금흐름에 초점을 맞춤으로써 사업부들 간의 연계성을 잘 반영하지 못하고 있다.

(6) **성장전략의 수립(신규사업에 대한 평가)**
새로운 사업을 통한 기업성장은 크게 다음과 같은 3가지 방법을 통해 이루어질 수 있다.

집약적 성장 (intensive growth)	통합적 성장 (integrative growth)	다각화 성장 (diversification growth)
시장침투 (market penetration)	후방통합 (backward integration)	집중적 다각화 (concentric diversification)
시장개발 (market development)	전방통합 (forward integration)	수평적 다각화 (horizontal diversification)
제품개발 (product development)	수평적 통합 (horizontal integrative)	복합적 다각화 (conglomerate diversification)

① **집약적 성장**
   ㉠ 집약적 성장(intensive growth) 또는 집중적 성장은 현재의 영업범위 내에서 기업이 가능한 기회를 확인하려는 전략이다. 현재의 제품 및 시장과 관련된 기회를 충분히 활용하지 못하고 있는 경우에 유용하다.
   ㉡ 앤소프(H. Igor Ansoff)의 제품·시장 확장 그리드(product·market expansion grid)

	현존제품	신제품
현재시장	시장침투	제품개발
신시장	시장개발	다각화

   ⓐ **시장침투 전략** : 현존시장에서 현재제품의 시장점유율을 증가시키는 전략으로, 기존고객의 구매빈도를 증가시키고, 경쟁기업의 고객을 유인하며, 미사용 고객층을 설득하는 방법을 사용한다.
   ⓑ **시장개발 전략** : 현재의 제품으로 충족시킬 수 있는 욕구를 가진 새로운 시장을 개발하는 전략이다.
   ⓒ **제품개발 전략** : 신제품의 개발가능성을 고려한다.

② **통합적 성장**
   ㉠ 통합적 성장(integrative growth)은 산업 내 마케팅시스템의 다른 부분과의 통합기회를 확인하려는 전략이다. 기업이 속한 산업의 성장전망이 좋을 때나 기업이 산업 내에서 전방·후방 또는 수평적으로 이동함으로써 얻는 것이 많을 경우에 유용하다.

ⓛ 형 태
   ⓐ 후방통합 : 마케팅 경로상의 공급시스템에 대한 소유나 통제를 강화하는 것을 말한다.
   ⓑ 전방통합 : 마케팅 경로상의 유통시스템에 대한 소유나 통제를 강화하는 것을 말한다. 후방통합과 전방통합을 합쳐서 수직적 통합이라 한다.
   ⓒ 수평적 통합 : 동일 마케팅 경로상의 일부경쟁자에 대한 소유나 통제를 강화하는 것을 말한다.

③ **다각화 성장**
   ㉠ 다각화 성장(diversification growth)은 기업이 속한 산업 밖에서 기회를 발견하고자 하는 전략으로, 기업이 속한 산업이 성장기회를 제공하지 못하는 경우나 산업 외부의 기회가 우수한 경우에 유용하다.
   ㉡ 형 태
   ⓐ 집중적 다각화(concentric diversification) : 현재의 제품계열에 기술이나 마케팅에서 시너지를 갖고 있는 신제품을 추가해서 고객에게 호소하는 성장전략
   ⓑ 수평적 다각화(horizontal diversification) : 현재의 제품계열과 관련이 없는 신제품으로 현재의 고객에게 호소하는 성장전략
   ⓒ 복합적 다각화(conglomerate diversification) : 현재의 기술, 시장, 제품과 관련이 없는 신제품을 추가해서 새로운 고객에게 호소하는 성장전략

(7) 세부적 마케팅 계획수립

전략적 계획수립을 통하여 기업의 전반적인 사명과 각 SBU의 목표를 설정한 후에는 각 SBU 내에서의 세부적인 마케팅 계획을 수립하여야 한다.

① **전략사업단위별 사명의 확립**
   광범위한 기업의 사명범위 내에서 관련된 사업부의 사명을 정의한다. 우리는 어떤 사업을 하고 있는가? 우리의 고객은 누구인가? 고객이 원하는 가치는 무엇인가? 등의 근본적 질문에 답해야 한다.

② **외부환경분석 및 내부능력 평가**
   SWOT 분석 등을 통하여 외부환경의 기회와 위협을 분석하고, 전략사업단위별로 사업의 강약점을 분석한다.
   ㉠ 마케팅 기회(marketing opportunity)는 특정회사가 마케팅 활동에 있어서 경쟁적 우위를 누릴 수 있는 매력적인 사업영역으로, 사업의 매력성 정도와 그 확률과의 관계에서 탐색할 수 있다.
   ㉡ 마케팅 위협(marketing threat)은 마케팅 대응이 적절하지 못할 경우에 사업에 악영향을 미칠 환경의 비호의적 동향을 말하는데, 사업의 심각성 정도와 그 확률과의 관계에서 탐색할 수 있다.

③ **목표설정**
   계획기간 동안에 달성하고자 하는 구체적인 목표를 설정한다.

④ **전략수립**

목표달성을 위한 전략방향을 설정하는 데 포터(M. Porter)의 본원적 경쟁전략(generic competitive strategies)을 제시하면 다음과 같다.

본원적 경쟁전략의 유형

경쟁적 범위	경쟁력 우위요소	
	비용우위	고객이 인식하는 제품의 특성
전체시장	원가우위 전략	차별화 전략
세분시장	(원가우위) 집중화	(차별적) 집중화

㉠ 포터(M. E. Porter) 교수는 경쟁우위의 원천과 경쟁영역의 범위를 기준으로 4가지의 경쟁전략을 제시하였다. 포터 교수는 사업부에서 경쟁우위를 확보하기 위한 방안을 본원적 전략(generic strategy)이라고 하였다.

㉡ 본원적 전략은 크게 두 가지로 나누어질 수 있는데 하나는 동일한 제품을 경쟁자보다 싸게 만들어서 판매하는 방법으로, 이를 원가우위 전략(cost leadership strategy)이라고 한다.

㉢ 다른 하나는 다소 비싸더라도 경쟁자에 비해 우수하게 만들고 높은 마진을 통해 목표를 달성하는 방법으로, 이를 차별화 전략(differentiation strategy)이라고 한다.

㉣ 유통업체가 경쟁업체에 비해 상품을 저렴한 가격으로 매입할 수 있는 경우에는 원가우위 전략을 채택하는 것이 바람직하다.

㉤ 동시에 경쟁영역의 범위가 좁은 경우에 사용할 수 있는 전략은 집중적 전략이다. 집중적 전략은 기업의 마케팅 자원이 제한되어 있고 경쟁영역의 범위가 좁은 경우, 즉 세분시장을 대상으로 하는 전략이다.

⑤ **실행계획수립 및 실행**

㉠ 마케팅 실행의 의의 : 마케팅 실행은 마케팅 목표를 달성하기 위해 마케팅 계획을 마케팅 행동으로 전환시키는 과정이다.

㉡ 마케팅 계획수립과의 차이 : 마케팅 계획수립은 어떤 마케팅 활동을 왜 고려해야 하는지를 다루는 반면, 마케팅 실행은 누가, 언제, 어디서, 어떻게 등의 내용을 다루는 것이다. 기업은 가장 효과적인 마케팅 실행을 통해 경쟁우위를 달성할 수 있다.

㉢ 마케팅 실행의 성공요건

ⓐ 마케팅 실행의 성공여부는 기업이 회사 내·외부의 사람들, 조직구조, 의사결정, 보상시스템, 기업문화를 얼마나 잘 조합시켜 전략실현에 도움이 될 응집력이 있는 행동 프로그램을 만드느냐에 달려있다.

ⓑ 또한 마케팅 전략의 성공적인 실행을 위해, 기업의 마케팅 전략은 조직구성원이 공유하는 가치와 기업문화와 조화를 이루어야 한다.

⑥ 통제 및 피드백(feedback)
　㉠ 통제의 의의
　　ⓐ 마케팅 계획 실행 중에 나타날 수 있는 예상하지 못한 많은 변수에 대응하기 위하여, 마케팅 부서는 마케팅 활동을 지속적으로 모니터링(monitoring)하고 통제(controlling)를 실시해야 한다.
　　ⓑ 마케팅 통제는 마케팅 전략과 계획의 실행결과를 평가하고, 마케팅 목표가 성취될 수 있도록 시정조치를 취하는 것이다.
　　ⓒ 마케팅 통제의 과정은 행동 프로그램 혹은 마케팅 목표의 수정을 필요로 할 수도 있다.
　㉡ 통제의 유형 : 회사에서 필요한 마케팅 통제의 유형에는 연차계획 통제, 수익성 통제, 효율성 통제 및 전략 통제가 있다.
　　ⓐ 연차계획 통제 : 이는 연차계획에서 월별 또는 분기별 중간목표로 규정된 특정한 제품이나 시장의 매출액, 시장점유율, 마케팅 비용, 고객태도 등이 제대로 달성되고 있는지의 여부를 검토하고 필요에 따라 시정조치를 취하는 것을 의미한다. 이는 최고경영진이나 중간경영진에 의해 행하여진다.
　　ⓑ 수익성 통제 : 수익성 통제는 특정한 제품이나 시장에 대하여 어떠한 마케팅 활동이 확대·축소 조정되어야 하는지를 결정하기 위하여 제품별, 시장별, 유통경로별 등으로 수익성을 평가하는 것이다. 이는 마케팅 통제자에 의해 시행된다.
　　ⓒ 효율성 통제 : 효율성 통제는 비용 효율성의 측정 및 개선과 마케팅 비용효과를 측정하기 위한 것이다. 라인과 스탭 관리자나 마케팅 통제자에 의해 시행된다.

마케팅 통제의 유형

통제유형	주된 담당자	통제 목적	접근방법
연차계획 통제	• 최고경영진 • 중간경영진	계획이 제대로 실행되고 있는지 확인	• 매출 분석 • 시장점유율 분석 • 비용대비 매출 비율 • 재무 분석 • 시장에 기반한 스코어카드 분석
수익성 통제	마케팅 통제자	회사의 수익성 분석	제품·영역·고객·세분시장·영업채널·주문규모별 수익성
효율성 통제	• 라인과 스태프 관리 • 마케팅 통제자	비용 효율성의 측정 및 개선과 마케팅 비용효과 측정	영업인력·광고·프로모션·유통의 효율성
전략 통제	• 최고경영진 • 마케팅 감사진	시장·제품·경로별로 적합한 최상의 기회를 추구하는지 조사	• 마케팅 효과 측정 도구 • 마케팅 감사 • 마케팅 성과 검토 • 사회윤리적 책임과 검토

2 환경 분석과 기업능력 분석

(1) 환경과 기업능력 분석

① 환경 분석
  ㉠ 환경이 기업에 미치는 영향의 중요성은 환경의 변화가 어떤 기업에는 기회로 또 다른 기업에게는 위협으로 작동할 수 있다는데 기인한다.
  ㉡ 따라서 기업은 지속적인 환경감시를 통하여 환경 속에서 기회가 되는 요인과 위협이 되는 요인을 발견하여 위협요인을 피하며 시장기회는 적극활동해 나갈 수 있도록 기업 전략을 수립해 나가야 한다.

② 기업능력 분석
  ㉠ 기업능력 분석은 보유자원의 분석과 조직구조의 분석으로 이루어진다.
  ㉡ 보유자원 분석은 기업이 전략을 수행하는 데 동원할 수 있는 자금과 자금 이외에 필요한 설비, 자연자원, 노하우 등을 살펴보는 과정이다.
  ㉢ 조직구조 분석은 기업의 관리자와 종업원이 공유하는 가치관인 기업문화에 관한 분석과 기업 내 기능 부서 간의 관계에 관한 분석을 의미한다.

(2) 환경과 기업 내부능력의 결합

① 의 의
  환경의 기회·위협 요인과 기업의 내부능력을 조화롭게 고려한 전략의 수립이 기업의 경쟁력을 좌우하게 된다.

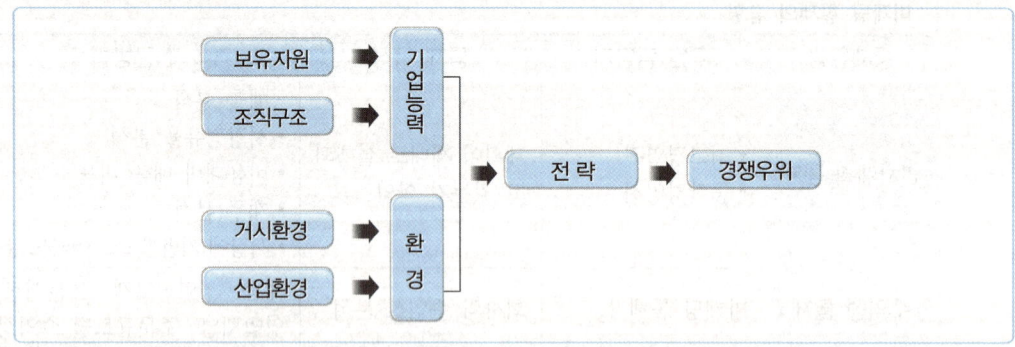

② SWOT 분석
  ㉠ 이러한 개념을 쉽게 설명해 주는 모델이 흔히 쓰이는 SWOT 분석 또는 TOWS matrix이다. SWOT는 강점(S : strength), 약점(W : weakness), 기회(O : opportunity), 위협(T : threat)의 머리 글자로 기업 내부의 강점과 약점을 파악하여 환경의 기회요인을 포착하고 위협요인을 회피하는 전략의 수립이 이루어져야 한다는 모형이다.

ⓒ SWOT 분석의 목적은 기회를 최대화하고 위협을 최소화하여 기업의 자원을 가장 효율적으로 사용하려는 것이다.

구 분	강점(S)	약점(W)
기회(O)	SO 최적의 전략	WO 약점을 보완하고 기회이용
위협(T)	ST 강점으로 위협 제거	WT mini-mini전략

ⓒ 피터 드럭커(P. Drucker)는 강점을 살릴 수 있는 전략이 최우선이라고 하였다. 예컨대, WT 상황이라고 판단되면 철수, 핵심역량 개발, 전략적 제휴, 벤치마킹 등의 전략을 수립한다.
② SO 상황에서는 시장기회 선점전략, 시장/제품 다각화 전략을 채택할 수 있고, ST 상황에서는 시장침투 전략, 제품확장 전략, 그리고 WO 상황에서는 핵심역량 강화전략, 전략적 제휴 등의 전략을 채택한다.

3 서비스 마케팅

(1) 서비스의 의의

① **서비스의 의미**
　㉠ 서비스는 고객의 욕구충족을 위해 사람의 노력이나 설비 등을 통해 제공되는 무형의 행위나 활동을 의미한다. 즉, 서비스는 통신, 여행, 법률 자문, 교육, 금융서비스, 제품의 판매 등을 의미하고, 이러한 서비스를 제공하는 개인이나 조직의 마케팅 활동을 서비스 마케팅(service marketing)이라고 한다.
　㉡ 서비스는 성과(performance)의 실현을 통해 고객에게 만족을 제공한다. 성과-만족은 소비자가 서비스의 무형적 활동에 의해 제공된 성과를 경험하면서 얻는 호의적 감정을 말한다.

② **서비스의 특성**
　서비스는 ㉠ 무형적(intangible)이고, ㉡ 생산과 동시에 소비(비분리성)되며, ㉢ 이질성(heterogeneity), ㉣ 소멸성(perishability) 등의 특성을 지니고 있다.

③ **서비스 제공의 원천에 따른 서비스의 분류**
　㉠ 사람 중심의 서비스 : 사람 중심의 서비스(people-based services)는 약간의 설비가 필요하지만 사람이 중심이 되는 서비스의 유형으로, 변호사의 법률자문이나 교수의 강의, 경비원의 경비 등이 그 예가 된다.
　㉡ 설비 중심의 서비스 : 설비 중심의 서비스(equipment-based services)는 상당한 설비의 지원이 필요한 서비스 유형이다. 예를 들면 운수업, 숙박업, 레저업 및 치과의사의 진료 등을 들 수 있다.
　㉢ 제품 관련 서비스 : 제품 관련 서비스(product-related services)는 제품이 본원적 제공물이고 서비스는 지원역할만 하는 서비스 유형이다. 예를 들면 제품 판매업이나 A/S업 등이다.

(2) 서비스 품질의 의의
① 서비스 품질의 개념
- ㉠ 서비스 품질은 소비자에 의해 주관적으로 인식된 서비스 품질(perceived service quality)을 의미한다. 서비스 품질은 서비스를 평가하는 과정의 산출물이며, 기대된 서비스와 지각된 서비스와의 차이에서 비롯된다.
- ㉡ 한편 서비스 마케팅의 대표적인 학자들인 파라슈라만 등(Parasuraman, Zeithamal and Berry)은, 서비스 품질은 고객이 받을 것이라고 기대하는 정도와 실제적으로 수행된 서비스의 성과를 비교해 나타나는 차이로 알 수 있는 것으로 정의하고 있다.

② 서비스 품질의 속성
- ㉠ 탐색속성(search attributes) : 제품의 구매 전에도 알 수 있는 제품의 특성, 색상·스타일·디자인 등의 외적인 특성과 가격, 상표명 등의 가시적인 특성을 말한다.
- ㉡ 경험속성(experience attributes) : 제품의 구매 전에는 쉽게 알 수 없고, 소비하면서 또는 소비한 후에야 알 수 있는 특성을 말한다.
- ㉢ 신용속성(credence attributes) : 건강진단이나 증권투자 등의 서비스처럼 제품을 구매하고 서비스를 받은 후에도 쉽게 평가하기 힘든 속성이다.

(3) 서비스 품질격차 모형(Gap 분석모형)
① Gap 분석모형의 의의
- ㉠ 서비스 제품에 있어서 고객만족은 고객이 구매 이전에 가지고 있던 기대수준보다 실제 제공받는 서비스의 품질이 크거나 별 차이가 없을 경우에 발생한다.
- ㉡ 이에 따라 서비스 기업에서는 고객의 서비스 품질에 대한 기대수준과 실제로 제공되는 서비스의 차이를 줄이기 위해 다각적인 노력을 필요로 하는데, 이를 위한 실천방법으로 파라슈라만 등이 제시한 Gap 분석모형이 널리 활용되고 있다.
- ㉢ Gap 분석모형은 서비스 품질 문제의 근본적인 원인을 분석하고 서비스 품질을 어떻게 향상시킬 것인가에 대한 시사점을 주기 위해 개발되었다. 이 모형은 서비스의 성공 원천으로 고객의 기대와 필요라는 점을 인지하고 실제 고객의 기대와 충족 능력 사이의 격차를 최대한 좁히는 것이 중요하다고 주장하고 있다.

② 4가지의 Gap
Gap 분석모형에 의하면 소비자의 서비스 품질에 대한 기대수준과 제공되는 서비스 간의 차이는 4가지 요인에 의해 발생한다.
- ㉠ 기업의 관리자가 고객의 욕구를 제대로 파악하지 못하는 경우(갭 1) : 고객의 욕구에 대한 오해(이해 차이)
- ㉡ 관리자가 고객의 욕구를 파악하여도 구체적으로 이를 어떻게 만족시켜 주어야 할지를 모르는 경우(갭 2) : 부적절한 업무과정(과정 차이)
- ㉢ 서비스를 전달하는 직원이 정해진 지침을 제대로 따르지 않는 경우(갭 3) : 직원의 훈련 부족(행동 차이)

② 기업이 광고 등을 통해 약속한 서비스 내용과 실제 제공되는 서비스 간에 차이가 발생하는 경우(갭 4) : 과도한 기대수준 형성(촉진 차이)
③ 기대된 서비스와 지각된(인식한) 서비스의 차이(갭 5) : 이는 갭 1~4의 한 가지라도 존재하면 발생하는 차이(인식 차이)

서비스 품질 Gap

Gap의 종류		Gap의 내용
Gap 1	고객의 기대와 경영자 인식 간의 차이	제공되는 서비스의 내용에 대한 서비스 기업 경영자의 고객과의 불일치
Gap 2	경영자 인식과 실행 가능한 서비스 수준과의 차이	기술적인 어려움, 비현실적 구상 등으로 인해 실제로 적용 불가능한 서비스 내용
Gap 3	실행 가능한 수준과 실제 제공된 서비스와의 차이	종업원의 피로, 사기 저하 등 전달체계에서의 부작용
Gap 4	제공된 서비스와 홍보된 서비스의 차이	과장된 광고 등에 의한 지각의 차이
Gap 5	기대된 서비스와 지각된 서비스와의 차이	갭 1~4의 한 가지라도 존재하면 발생하는 차이

(4) 서비스 품질의 측정 : SERVQUAL 모형

① **SERVQUAL 모형의 의미**
  ㉠ SERVQUAL은 서비스(sevice)의 품질(quality), 즉 서비스에 대한 고객의 만족도를 측정하기 위한 도구이다. 서비스의 품질은 고객의 기대 및 욕구수준과 실제성과 간의 차이(갭)에 의해 인식할 수 있다.
  ㉡ 파라슈라만 등은 고객들은 서비스 품질을 평가하는 것이 제품 품질을 평가하는 것보다 어렵고, 서비스 품질의 지각은 실제 서비스 성과에 대해 고객이 갖는 기대와 비교한 후 결정되며, 품질의 평가는 서비스의 결과만으로 이루어지는 것이 아니라 서비스 전달 과정도 함께 포함된다고 주장하였다.

② **SERVQUAL의 준거기준**
파라슈라만 등은 서비스 품질의 준거기준으로 신뢰성, 대응성, 유형성, 능력, 예절, 안전성, 신빙성, 가용성, 커뮤니케이션, 고객 이해 등 10개 차원을 제시하였다. 이들은 후에 이 10개 차원을 5개 차원(RATER)으로 정리하여 새로이 제시하였다.

SERVQUAL의 5개 차원 : RATER

5개 차원	의 미
신뢰성(Reliability)	서비스에 대한 신뢰를 바탕으로 정확하게 업무를 수행하는 능력
확신성(Assurance)	고객에 대해 직원들의 능력·예절·신빙성·안전성을 전달하는 능력
유형성(Tangible)	눈으로 구분가능한 설비나 장비 등 물리적으로 구성되어 있는 외양
공감성(Empathy)	고객에게 제공하는 개별적인 배려와 관심
대응성(Responsiveness)	고객에게 언제든지 준비된 서비스를 제공하겠다는 것

③ SERVQUAL에 대한 평가
  ㉠ SERVQUAL은 최초 개발 이후 서비스 품질을 측정하고 연구하는 도구로 가장 많이 이용되어 왔으며 또 가장 일반화된 모형으로 평가되고 있다.
  ㉡ SERVQUAL은 서비스 기업이 고객의 기대와 평가를 이해하는 데 사용할 수 있는 다섯 가지 차원의 다문항 척도(multiple-item scale)로 이루어져 있으며, 각 차원들은 4~5개의 문항으로 측정되어 총 22개의 문항으로 구성되어 있다.

(5) 서비스 프로세스 매트릭스 모형
  ① 서비스 프로세스 매트릭스의 의의
    ㉠ 슈메네(Schumenner)는 고객과의 상호작용/개별화 정도와 노동집중도(노동집약형태)에 의해 서비스를 네 가지 형태로 분류하였다.
    ㉡ 여기서 노동집중도(labor intensity)는 시설이나 가치에 대한 노동비율의 정도를 의미하고, 고객과의 상호작용/개별화 정도는 서비스를 설계하거나 또는 고객에게 제공하는 과정에 고객이 참여하는 정도를 의미한다.

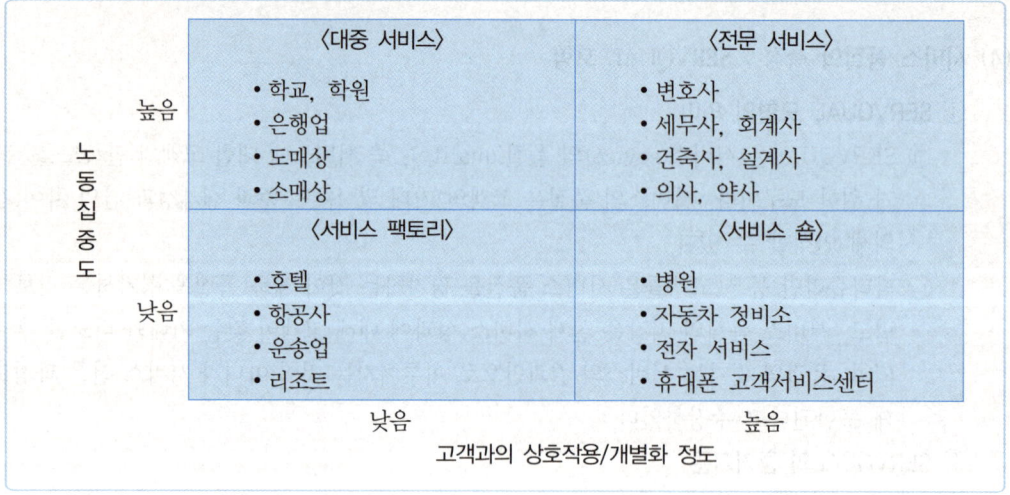

  ② 서비스 프로세스의 유형
    ㉠ 서비스 팩토리
      ⓐ 서비스 팩토리(service factory), 즉 서비스 공장은 고객과의 상호작용 정도와 노동집약도가 낮은 서비스업체이다.
      ⓑ 서비스 팩토리에서는 제조업체처럼 대규모 설비를 이용하여 고객에게 제공하는 서비스가 표준화되어 있다. 따라서 서비스 팩토리는 제조업체와 가장 유사한 서비스업체라고 할 수 있다. 이런 의미에서 서비스 팩토리라고 하는 것이다.
      ⓒ 서비스 팩토리의 목적은 대량서비스를 통해 비용을 낮추는 것이다. 서비스 팩토리의 예로는 항공사, 대부분의 수송회사, 호텔, 그리고 리조트 등을 들 수 있다.

ⓒ 서비스 숍
   ⓐ 고객과의 상호작용 정도가 점차 높아짐에 따라 서비스 팩토리는 서비스 숍(service shop)이 된다. 서비스 숍에 오는 고객은 욕구가 일률적이지 않고 다양하지만 수요가 많다.
   ⓑ 따라서 서비스 숍에서는 비교적 큰 수요를 충족시키기 위해 어느 정도의 설비시설을 갖추고 있다. 서비스 숍의 예로는 병원, 정비소 등을 들 수 있다.
ⓒ 대중 서비스
   ⓐ 대중 서비스(mass service)는 노동집약적이면서 고객과의 상호작용 정도가 낮은 서비스 조직이다.
   ⓑ 대중 서비스의 예로는 소매상, 도매상, 은행, 학교 등을 들 수 있다. 고객과의 상호작용 정도가 증가함에 따라 대중 서비스는 전문 서비스가 된다.
ⓒ 전문 서비스
   전문 서비스(professional service)에는 변호사, 의사, 회계사 등이 속한다. 전문 서비스에 대한 수요는 비교적 크지 않지만, 전문성 때문에 비용은 대체적으로 높다.

③ **서비스 프로세스의 전략**
서비스 매트릭스는 서비스 조직이 서비스 매트릭스의 어떤 부문에 속하는가에 따라 중점을 두어야 할 의사결정 내용이 무엇인지를 보여준다.

구 분	주요 의사결정 내용
노동집약도가 낮은 경우	• 토지, 설비, 기기와 같은 자금결정 • 새로운 테크놀로지에 대한 결정 • 비수기와 성수기의 수요에 대한 결정 • 서비스 공급의 스케줄링에 대한 결정
노동집약도가 높은 경우	• 고용, 훈련 • 직무수행에 방법과 통제 • 인력자원에 대한 스케줄링 • 복지후생
고객과의 상호작용 정도가 높은 경우	• 일관된 서비스품질 유지 • 종업원의 충성심 • 소비자와 접촉할 때 종업원의 임무
고객과의 상호작용 정도가 낮은 경우	• 마케팅 • 서비스의 표준화 • 서비스 시설

제3절 상품관리 및 머천다이징 전략

1 머천다이징 및 상품관리의 개요

(1) 다차원적 상품개념

① 다차원적 상품의 의의

㉠ 다차원적 상품의 의미
ⓐ 상품(product)이라고 하면 눈에 보이는 물리적인 부분만을 생각하기 쉬우나 눈에 보이지 않는 부분까지 확장하여 생각할 필요가 있다. 예를 들면, 출퇴근용 자동차를 구입하는 경우 자동차라는 물리적 상품만 구매하는 것이 아니고 물리적 상품과 관련된 서비스까지 구매하는 것으로 보아야 한다.
ⓑ 마찬가지로 자동차 회사가 물리적 자동차만 판매한다고 생각한다면 부수적인 서비스의 제공에 소홀하게 됨으로써 고객가치의 창출에 실패하고 말 것이다.

㉡ 세 가지 차원의 제품
ⓐ 이런 의미에서 필립 코틀러(P. Kotler)는 제품을 세 가지 차원의 집합으로 보아야 한다고 하였다.
ⓑ 즉, 제품은 소비자의 기본적 욕구와 2차적 욕구를 충족시켜 줄 수 있는 것으로, 핵심제품과 유형제품, 확장제품 등 세 가지 차원의 개념이 결합된 총체적 제품(total product)으로 파악한다.

② 제품의 세 가지 차원

㉠ 핵심제품(core product)
ⓐ 자동차의 구매는 구매하는 사람이나 상황에 따라 편리한 출퇴근을 위해, 사회적 인정을 위해, 속도감을 즐기기 위해서 등 여러 가지 편익(benefit)을 얻기 위한 것인 경우가 많다.
ⓑ 이처럼 소비자가 특정 제품으로부터 얻기 원하는 기본적인 편익을 핵심제품(core product)이라고 한다. 핵심제품은 가장 기초적인 차원에서 인식되는 제품개념으로 제품이 주는 혜택 그 자체를 의미한다. 즉, 소비자의 기본적 욕구를 충족시킬 수 있는 특성으로서의 제품개념이다.

㉡ 유형제품
ⓐ 유형제품(tangible product)은 구매자가 느낄 수 있는 특정한 형태로서의 제품개념으로 실체제품이라고도 한다.
ⓑ 핵심제품에 품질수준, 상표명(브랜드), 스타일, 패키징, 기타의 특성(feature) 등 5가지 특성을 부여했을 때의 제품수준이다.

ⓒ 확장제품
  ⓐ 확장제품(extended product)은 유형제품에 추가하여 제공되는 서비스나 혜택을 포함하는 제품개념으로 증폭제품이라고도 한다. 이러한 서비스나 편의가 제공될 때 제품이 진정한 가치를 고객에게 제공하게 된다.
  ⓑ 사후서비스(A/S), 제품보증, 운반, 설치, 배달 등이 확장제품에 포함된다.

(2) 제품의 분류
  ① 상품의 용도에 따른 구분
    ㉠ 소비재
      ⓐ 소비재(consumption goods)는 소비자의 최종 소비에 이용되는 상품을 말한다. 편의품·선매품·전문품, 그리고 비탐색품 등은 모두 소비재이다.
      ⓑ 또한 소비재는 내구성(durability)의 정도에 따라 내구(durable)소비재와 단용(single used)소비재로 구분하기도 한다.
    ㉡ 산업재
      산업재(industrial goods)는 다른 제품의 생산을 위해 투입되는 상품을 말하는 것으로 원료·부품·반제품 등을 말한다. 동일한 상품이라도 용도에 따라 소비재가 되기도 하고 산업재가 되기도 한다.
  ② 구매관습에 의한 소비재의 구분
    ㉠ 편의품
      ⓐ 편의품(convenience goods)은 구매빈도가 높은 저가격의 제품으로 습관적 구매를 하는 경향이 강한 제품이다. 제품의 비교와 구매에 있어서 최소한의 노력을 기울이므로 관여도가 낮다. 또한 상표에 따른 선호도가 뚜렷하지만 다른 상품으로 대체 가능하다. 치약, 세제, 비누 등 일상의 생활필수품이 좋은 예가 된다.
      ⓑ 편의품은 특성상 저가격을 유지해야 하며 가능한 많은 소매상이 취급하여 소비자가 쉽게 구매할 수 있도록 전략을 세워야 한다. 따라서 마케팅 요소 4P 중 특히 경로(place) 변수에 초점을 맞춰야 하다.
      ⓒ 인지도를 높여 구매시 최초 상기 상표가 될 수 있도록 많은 광고비를 지출하는 것이 보통이다. 광고뿐 아니라 판매촉진도 널리 사용한다.
      ⓓ 편의품점은 소비자의 다양한 욕구 중에서 특히 시간과 노력을 절약하려는 욕구를 중시하여 주로 주거지에서 가까운 저차원 중심지에 입지하고 산재성 점포 유형인 경우가 많다.
    ㉡ 선매품
      ⓐ 선매품(shopping goods)은 여러 점포를 통해 상품을 비교한 후 최종 구매가 이루어지는 상품이다. 편의품에 비해 구매빈도는 낮고 가격은 높은 편이다. 즉, 관여도가 대체로 높은 제품으로, 패션의류, 승용차, 가구, 가전제품 등이 좋은 예가 된다.

ⓑ 동질적 선매품은 품질면에서는 유사하지만 가격면에서는 비교적 큰 차이가 있기 때문에 상표 간의 비교에서는 가격변수가 중요한 역할을 한다. 반면 이질적 선매품은 의류나 가구 등과 같이 가격보다 제품의 특성이 더 중요한 선매품이므로 제품변수가 중요하다.
ⓒ 선매품은 제품의 차별성을 강조하는 광고를 하고 많은 소매상이 취급하도록 할 필요는 적지만 점포의 이미지가 중요하다.
ⓓ 선매품점은 중차원 또는 고차원 중심지에 입지하고, 집심성 또는 집재성 점포인 경우가 일반적이다.

ⓒ 전문품
ⓐ 전문품(specialty goods)은 매우 높은 관여도를 보이며 구매자의 지위와 연관이 높은 매우 높은 가격대의 제품을 의미한다. 최고급 시계, 전문가용 카메라, 고급 의류 및 장신구류 등이 전문품으로 분류된다.
ⓑ 전문품에 대한 소비자의 상표 충성도는 매우 높고 높은 가격을 지불하는데 주저하지 않는다. 구매자의 지위를 강조하는 광고가 효과를 발휘한다.
ⓒ 소수의 점포만으로 충분하며 점포의 이미지 관리도 매우 중요하며 점포의 위치는 중요하지 않지만 위치를 널리 알릴 필요는 있다. 전문품점은 주로 고차원 중심지(CBDs)에 입지하고 집심성 점포인 경우가 일반적이다.

③ 인지된 위험수준에 따른 분류
인지된 위험(perceived risk)수준에 따라 제품을 고관여 제품과 저관여 제품으로 구분한다.

㉠ 소비자 관여
소비자 관여(consumer involvement)는 소비자가 제품을 구매할 때 기울이는 노력 또는 개입의 정도를 나타내는 것으로, 소비자 특성, 제품특성, 상황특성에 의해 영향을 받는다.

㉡ 저관여 제품
ⓐ 저관여 제품(low involvement product)은 구매중요도가 낮고 값도 싸며, 상표 사이의 차이가 별로 없고 잘못 구매했을 때 위험이 적은 제품을 말한다.
ⓑ 저관여 제품은 일반적인 소비자 구매 의사결정과는 달리 구매행동 후에 태도가 형성된다.
ⓒ 외적 정보의 탐색 없이 제한된 내적 정보에 의존하거나, 과거의 경험·기억에 의존한 구매가 이루어지고 충동구매하는 경우도 많다.
ⓓ 저관여 제품은 광고의 노출빈도는 적게, 도달범위는 넓게 하는 것이 효과적이고, 대량 광고가 중요하며, 소매점의 위치(입지, location)가 매우 중요하다.

㉢ 고관여 제품
ⓐ 고관여 제품(hight involvement product)은 구매중요도가 크고, 값도 비싸고 잘못 구매했을 경우에 위험이 큰 제품을 말한다. 일반적인 소비자 행동모형에 적합한 제품이다.
ⓑ 고관여 제품은 광고의 노출빈도는 많게, 도달범위는 좁게 하는 것이 효과적이고, 인적 판매와 함께 제품의 품질향상에 신경을 써야 한다.

④ 상품의 라이프 사이클(PLC)에 의한 분류
  ㉠ 도입기 상품
    ⓐ 새로 개발된 신상품으로, 대규모의 광고와 샘플을 제공하는 등의 적극적인 판매촉진 활동을 통해 상품의 존재를 알리는 한편, 유통업자에게는 적극적인 취급을 요청한다.
    ⓑ 소매점은 판매동향과 소비자의 반응에 유의하고 고소득층을 상대로 고가정책(skimming pricing)을 수립한다.
  ㉡ 성장기 상품
    ⓐ 판매가 크게 증가하여 소매점은 높은 수준의 이익을 실현한다. 브랜드 간의 경쟁이 심해지므로 상품차별화를 통한 경쟁력 강화를 모색하고 집중적으로 유통망을 사용한다. 중간 소득층을 표적시장으로 하여 설득 위주의 촉진전략을 수립한다.
    ⓑ 소매점으로서는 이익률이 높은 이 기간에 대량판매와 품절에 의한 기회손실이 발생하지 않도록 매입과 상품관리에 충분한 배려를 하지 않으면 안 된다. 침투할 새로운 세분시장을 모색한다.
  ㉢ 성숙기 상품
    ⓐ 수요가 포화상태가 되어 판매 신장률은 둔화되지만 규모의 경제(economies to scale) 실현으로 이익은 최고수준에 도달한다. 차별화와 시장세분화 및 물적 유통의 합리화에 주력한다.
    ⓑ 소매점에서는 큰 이익을 기대할 수 없으나 재고에 주의하면서 판매를 계속해 가게 된다.
  ㉣ 쇠퇴기 상품
    매출과 이익이 감소한다. 소매점은 가능한 재고를 축소하고 이익이 나지 않아도 싼 가격에 판매하는 전략을 세운다.

(3) 인터넷 제품

① 인터넷 제품의 의의
  ㉠ 인터넷 제품의 뜻
    인터넷 제품(internet goods)을 디지털 제품(digital goods)이라고도 한다. 디지털 제품은 디지털의 형태로 제작되어 디지털의 형태로 저장, 배달, 소비되는 제품을 의미한다. 예를 들면, 인터넷을 통해 제공되는 정보서비스나 게임, 음악파일 등을 들 수 있다.
  ㉡ 인터넷 제품의 특징
    디지털 제품은 정보의 특징을 그대로 가지고 있는 제품이다. 따라서 디지털 제품의 특징은 곧 정보(information)의 특징이라고 할 수 있다.
    ⓐ 일반재화는 판매되면 소유권이 이전된다. 그렇지만 정보는 판매되더라도 여전히 소유권을 가지고 있으며 거의 추가비용 없이 복제하여 판매할 수 있다.
    ⓑ 일반재화는 한계생산체감의 법칙(즉, 수확체감의 법칙)의 지배를 받는다. 그러나 정보는 획득에 많은 비용이 들어가지만 한 번 얻어지면 추가비용 없이 재사용할 수 있으며 사용횟수가 늘어날수록 사용횟수당 비용은 감소하는데 이를 수확체증의 법칙이라고 한다.

② 인터넷 상거래의 특징
  ㉠ 인터넷 상거래의 의의
    ⓐ 인터넷 상거래는 전자 상거래를 의미한다. 전자 상거래(electronic commerce)는 일반적으로 기업, 정부기관과 개인 간에 다양한 전자적인 매체를 이용하여 상품이나 서비스를 교환하는 방식이라 할 수 있다.
    ⓑ 전자 상거래는 거래와 관련된 모든 정보를 교류함으로써 기업의 비즈니스 방식을 재창조하고 기업조직의 구조를 개선하고 고객이 만족할 수 있는 서비스를 제공함으로서 경쟁 우위를 확보하고 제조, 유통, 지원에 대한 서비스 향상 및 비용을 절감하여 궁극적으로 기업의 이윤을 극대화시키는 것이다.
  ㉡ 인터넷 상거래의 특징
    ⓐ 인터넷을 통해서는 제품에 관한 많은 정보를 얻을 수 있다. 여러 상표들의 가격을 단번에 알 수 있으며 다른 사용자들의 사용 소감도 쉽게 접할 수 있다.
    ⓑ 인터넷에서 성공적인 상거래를 위해서는 필립 코틀러가 제시하는 제품의 3가지 차원 중에서 확장제품(augmented product)의 관리가 중요하다. 기업은 소비자에게 부가 서비스의 제공을 통해 인터넷의 문제점을 극복해야 한다.

2 머천다이징과 브랜드

(1) 가격존에 의한 분류

① **가격존**
  가격존(price zone)은 상품의 매가에 있어서 상한선과 하한선의 간격(폭)을 말한다. 가격폭 또는 가격대라고도 한다.

② **가격선, 가격점, 가격범위**
  ㉠ 가격선(price line) 또는 가격라인은 하나의 상품가격존(가격폭, 가격대) 내에서 매가의 종류를 의미한다.
  ㉡ 가격점(price point)은 가격선 중에서 소비자의 절대 다수가 구매하고자 하는 가격을 말한다.
  ㉢ 가격범위(price range)는 가격점을 중심으로 판매수가 많은 가격대를 말한다.

(2) 브랜드에 따른 분류

① **브랜드의 의의**
  ㉠ 브랜드(brand)는 제품이나 서비스의 제조업자나 판매업자가 누구인지를 파악할 수 있게 하는 이름, 용어, 사인, 심볼, 디자인 및 이들의 결합을 의미한다. 소비자는 브랜드를 제품을 구성하는 중요한 부분으로 생각하며, 브랜딩(branding)은 제품에 가치를 부가할 수 있다.
  ㉡ 브랜드명은 구매자에게 자신이 원하는 편익을 파악하는데 도움을 주고, 또한 제품품질의 수준과 일관성에 관한 정보를 제공한다.

② 브랜드의 종류
  ㉠ 제조업자 브랜드(NB) : 제조업자 브랜드(NB : national brand) 제품은 제조업자가 자신의 제품임을 나타낼 수 있는 상품명이나 기호 혹은 기업명이나 기호 등으로 표시한다.
  ㉡ 유통업자 브랜드(PB) : 유통업자 브랜드(PB : private brand) 제품은 대형 도·소매 유통업체가 자신의 제품임을 나타낼 수 있는 상품명이나 기호 혹은 기업명이나 기호 등으로 표시된다.
  ㉢ No name 브랜드 : No name 브랜드 제품은 사업자나 소비자가 브랜드의 가치를 전혀 인식하고 있지 못하거나 브랜드의 가치를 전혀 지니고 있지 못한 제품을 말한다. 예컨대, 채소류 등의 농산물이나 종이컵 등의 제품이다.
  ㉣ 브랜드 간의 관계 : NB 제품, PB 제품 및 no name 제품들은 상호 경쟁관계이면서 또한 보완하는 관계이기도 하다.

③ PB의 확산
  ㉠ 확산 배경
    ⓐ 제조업체가 주도해 왔던 제품개발에 유통업자가 관여하고 독자적인 브랜드를 출시하게 되면서 유통업자의 독자브랜드가 많아지게 되었다.
    ⓑ PB는 소매경영에서 상품구색을 결정하는데 있어 가장 중요한 의사결정이 되고 있다. 따라서 소매업자들은 자사의 능력을 고려하여 PB로 상품 구색을 결정할 필요가 있다.
  ㉡ PB의 유형 : PB는 제네릭 브랜드(Generic Brand)와 하우스 브랜드(House Brand or Store Brand)로 구분된다.
    ⓐ 제네릭 브랜드는 포장 등에 염가의 소재를 사용한다든지, 라벨인쇄를 생략하고 간소화하여 저가격을 실현하는 것으로 가격소구형 PB라고 한다. 대부분은 브랜드가 없고 품질에 그다지 차이가 없는 상품에 이용된다.
    ⓑ 하우스 브랜드 제품은 품질은 NB 제품과 거의 동일하지만 가격은 약간 낮은 수준에서 설정하여 자사의 체인명이나 독자적인 브랜드 명칭을 부여하는 것으로 품질중시형 PB라고 한다. NB 제품과 비교하여 품질에 손색이 없는 상품을 저가격으로 제공하는 하우스 브랜드는 PB의 주력이 되고 있다.
    ⓒ 유통업자는 광고선전비를 절약하고 대량판매를 통해 보다 저렴한 가격으로 상품을 제공할 수 있다는 장점이 있다. 또 자사의 체인점에 대한 고객의 로열티를 향상시키고 해당 카테고리에 속하는 유력한 제조업체에 대한 협상력 향상 등의 장점이 있다.
  ㉢ PB를 선호하는 이유
    ⓐ 브랜드의 유명도보다는 품질과 가격을 중요시하는 고객들의 고객 애호도(충성도)를 높여 단골고객 확보에 유리하다.
    ⓑ NB 생산업체와의 협상에서 대체재의 존재를 통해 보다 유리한 고지를 점령할 수 있다.
    ⓒ 상품의 브랜드 이미지(가치)지향 고객그룹보다 상품의 기능적인 품질 대비 가격측면에서 합리적인 상품을 선호하는 고객그룹의 확보가 용이하다.

④ 브랜드 자산
  ㉠ 브랜드는 기업이 고객과의 관계를 구축하는 핵심요소이다. 브랜드는 제품과 제품성과에 관한 소비자의 지각과 느낌을 상징한다. 강력한 브랜드의 가치는 소비자 선호와 충성도를 얻는 힘에 있다.
  ㉡ 강력한 브랜드는 높은 브랜드 자산을 갖는다. 브랜드 자산(brand equity)은 브랜드명을 안다는 것이 제품이나 서비스에 대한 고객반응에 미치는 긍정적·차별적 효과를 말한다.
  ㉢ 고객이 브랜드 구매를 위해 추가로 지불하려는 금액은 브랜드의 자산적 가치를 측정하는 척도의 하나이다. 브랜드 가치평가(brand valuation)는 브랜드의 재무적 가치를 추정하는 과정이다.

⑤ 브랜드 전략
  강력한 브랜드를 구축하여 높은 브랜드 자산을 보유하여 경쟁우위를 얻기 위한 의사결정을 브랜드 전략이라고 한다. 브랜드 전략의 주요 영역은 브랜드 포지셔닝, 브랜드명 선택, 브랜드 소유자(후원자)의 결정, 브랜드 개발 등을 포함한다. 다음 그림은 브랜드 전략의 주요 의사결정 내용을 보여준다.

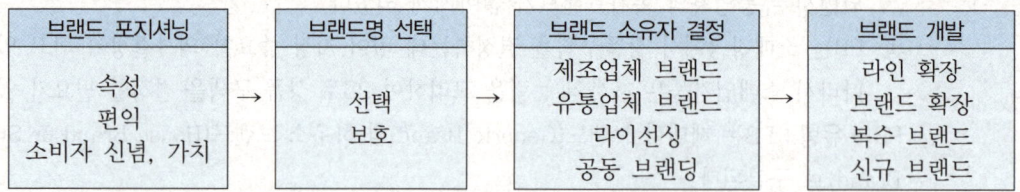

⑥ 브랜드 개발
  기업은 브랜드 개발과 관련하여 네 가지 선택대안을 고려할 수 있다. 라인 확장, 브랜드 확장, 복수 브랜드, 신규 브랜드가 그것이다.

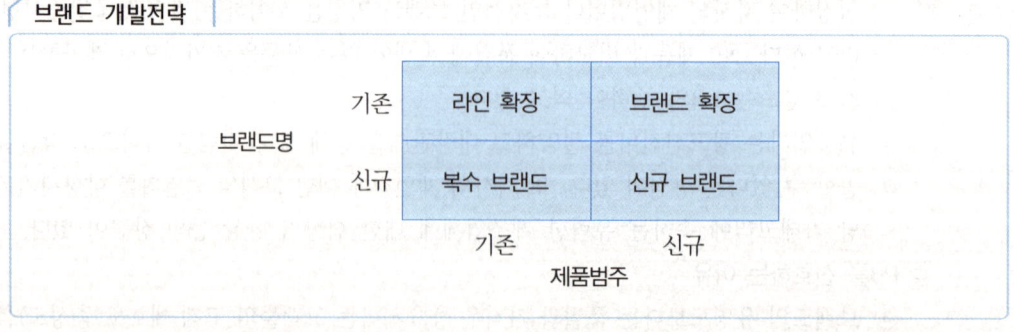

  ㉠ 라인 확장(line extension) : 제품범주 내에서 새로운 형태, 컬러, 사이즈, 원료, 향의 신제품에 대하여 기존 브랜드명을 함께 사용하는 것이다. 기업은 신제품을 출시할 때 낮은 원가와 낮은 위험을 실현하는 방법의 하나로 라인 확장을 사용한다. 라인 확장의 가장 효과적인 경우는 자기잠식 없이 경쟁 브랜드의 매출을 빼앗아 올 때이다.

    ⓒ 브랜드 확장(brand extension) : 브랜드 확장은 현재의 브랜드명을 새로운 제품범주의 신제품으로 확장하는 것이다. 예컨대, 유한 킴벌리는 1회용 기저귀 시장에서 선도적 브랜드인 하기스를 유아용 제품 전체에 대하여 사용하고 있다. 이는 신제품이 출시되자마자 바로 소비자가 인지하고 빠르게 수용할 수 있다는 장점이 있다.
    ⓒ 복수 브랜드(multibranding) : 기업은 동일 제품범주에서 여러 개의 브랜드 제품을 도입하는 경우가 있다. 이러한 복수 브랜딩은 서로 다른 구매동기가 있는 소비자에 맞추어 서로 다른 특성과 소구점이 있는 브랜드 제품을 공급할 수 있다는 장점이 있다. 그러나 각 브랜드가 낮은 시장점유율을 차지하거나 수익성이 매우 낮을 수 있다는 것이다.
    ⓔ 신규 브랜드 : 기존 브랜드명의 파워가 약해지고 있다고 판단되면 새로운 브랜드명을 도입할 수 있다. 또는 새로운 제품범주로 진출하려고 할 때, 새로운 브랜드명을 개발할 수 있다.

3 업태별 머천다이징 및 상품기획

(1) 제품믹스의 의의
① 제품믹스의 개념
   ⊙ 제품믹스(product mix) 혹은 제품구색(product assortment) 또는 제품포트폴리오(product portfolio)는 특정 판매업자가 판매용으로 시장에 제공하는 제품라인(제품계열) 품목을 합한 것을 말한다.
   ⓒ 제품라인(product line) 또는 제품계열은 서로 밀접하게 관련된 제품들의 집합을 말하는데, 이들은 비슷한 기능을 수행하거나(주방용품), 동일한 고객집단에게 판매되거나(샤넬제품), 동일한 유통경로를 통해 판매되거나(방문판매 등), 비슷한 가격대에서 판매되기 때문에 하나의 제품라인에 포함될 수 있다.
② 제품믹스의 차원
   기업의 제품믹스는 4가지 주요 차원을 가지는데, 제품믹스의 넓이, 길이, 깊이, 일관성이 그것이다.
   ⊙ 제품믹스 넓이 : 넓이(width)는 기업이 보유한 제품라인의 수를 말한다. 예컨대, CJ라이온은 세제, 샴푸, 화장품, 구강용품 등의 계열을 보유하고 있다.
   ⓒ 제품믹스 길이 : 길이(length)는 각 제품라인을 구성하는 품목의 총수를 말한다. 예컨대, CJ라이온의 세제에는 비트, 참그린, 향포린스 등의 품목들을 보유하고 있다.
   ⓒ 제품믹스 깊이 : 깊이(depth)는 제품라인 내의 각 제품이 제공하는 품목들의 수(versions)를 말한다. 예를 들면, CJ라이온의 세제 중 비트에는 바르는 비트, 액체비트, 분말비트 등의 개별품목을 소비자에게 제공한다.
   ⓔ 제품믹스의 일관성 : 일관성(consistency)은 다양한 제품라인의 최종용도, 생산요건, 유통경로 등과 얼마나 밀접하게 관련되어 있는지를 말한다. CJ라이온의 제품라인은 동일한 유통경로를 통해 판매되는 생활용품이라는 점에서 일관성이 있다.

③ 제품믹스의 사례

예를 들어, 어느 소매상의 생활용품 판매대에 진열된 제품이 다음과 같다고 할 때 제품구성의 넓이(폭)는 5이고, 제품계열 구성의 평균깊이는 3이 된다. 여기서 제품 깊이가 가장 깊은 제품은 세탁비누이다.

세수비누	세탁비누	화장품	휴지	치약
솔포 서퍼 핸디	크린업 화이트 파워큐 수퍼앨 클로라	세시봉 소렌토 멜로시 레녹스	콤보	후라보노 하이진

(2) 제품구성 계획

① 제품구성 계획의 의의
  ㉠ 제품구성 계획은 제품의 계열구성과 품목구성 모두를 포함하는 개념이다.
  ㉡ 제품구성의 종합화 정책, 즉 제품다양화(products diversification) 정책은 제품계열의 확대를 추진하는 정책, 즉 제품믹스의 폭(width)을 넓히는 정책을 말한다.
  ㉢ 반면 제품구성의 전문화 정책, 즉 제품단순화(products simplification) 정책은 특정 제품계열의 품목구성의 확대를 추진하는 정책으로 제품믹스의 깊이(depth)를 늘리는 정책을 말한다.

② 제품구성 계획의 방법
  ㉠ 종합화와 전문화의 동시 실현 : 상품구성을 넓고 깊게 하는 것으로, 백화점이 추구하는 정책이다.
  ㉡ 종합화 위주로 상품구성 : 상품구성을 넓고 얇게 하는 것으로 양판점이나 대형 마트 등이 추구하는 정책이다.
  ㉢ 전문화 위주로 상품구성 : 상품구성을 좁고 깊게 하는 것으로 전문점이나 카테고리 킬러(CK) 등이 추구하는 정책이다.

③ 제품계열 계획
  제품계열 계획에서는 제품계열의 폭과 깊이, 수익성, 경쟁 가능성과 상품의 수명주기, 단위 품목과 그 재고량 등을 고려하여 계획을 수립한다.

④ 제품구성 계획의 유형
  ㉠ 단품 수량계획
    단품 수량계획은 단위제품(SKU)의 재고를 어느 정도로 유지할 것인가를 계획하는 것이다. 이 경우 예상판매량과 재고관리비를 고려하여 단위제품의 재고를 결정한다.
  ㉡ 이종 구색계획
    ⓐ 이종 구색계획은 제품계열을 어떻게 나눌 것이며 몇 가지나 보유할 것인가를 결정하는 것이다. 즉, 이종 구색계획은 제품의 계열구성 계획을 의미한다.

ⓑ 일반적으로 점포가 크고 일괄 쇼핑(one stop shopping)을 지향할수록 상품계열은 다양해지고, 전문화를 지향할수록 취급하는 제품계열의 수는 제한적일 수밖에 없다.

ⓒ 동종 구색계획

ⓐ 동종 구색계획은 특정 제품계열 내에 포함될 제품품목의 종류와 수에 대한 계획을 의미한다. 즉, 동종 구색계획은 제품의 품목구성 계획을 의미한다. 동종 구색계획에서는 대체로 가격을 주된 경쟁요인으로 하는 경향이 있다.

ⓑ 편의성을 강조하는 점포들은 동종구색을 얇게 하는 편이고, 반면 소비자들에게 다양한 선택의 기회를 제공하면서 특정 제품을 중심으로 전문화를 시도하는 점포들은 동종구색을 깊게 하는 편이다.

4 상품 카테고리 계획과 관리

(1) 제품라인의 의사결정

① 제품라인 의사결정의 의의

㉠ 제품전략은 개별 제품이나 서비스에서의 의사결정뿐 아니라 제품라인의 구축과 관련된 의사결정을 포함한다. 제품라인 또는 제품계열은 서로 밀접하게 관련된 제품들의 집합을 의미한다.

㉡ 제품라인에서의 주요 의사결정은 제품라인 길이(product line length)에 관한 것인데, 이는 제품라인에 포함된 품목 수를 말한다.

② 제품라인 길이의 중요성

㉠ 품목을 추가하여 라인의 길이를 늘리면 소비자의 다양한 욕구를 만족시킬 수도 있고 이윤이 늘어날 수도 있다. 그러나 품목이 너무 많아지게 되면 관리비용만 많이 들고 하나하나의 품목이 이윤에 기여하는 정도가 적어지게 된다.

㉡ 새로 추가된 품목이 경쟁사의 고객을 빼앗아 오는 것이 아니라 다른 품목의 고객을 빼앗아 오는 자기잠식 현상이 생겨나기도 한다.

㉢ 따라서 제품관리자는 정기적으로 제품라인 분석을 통해 제품라인을 구성하는 각 품목이 매출과 이익을 평가하여 각 품목이 제품라인의 성과에 어느 정도 공헌하는지 파악해야 한다.

(2) 제품라인의 길이 확대전략

① 라인길이의 확장

㉠ 기업은 라인확장전략(line stretching)과 라인충원전략(line filling) 등 두 가지 방법으로 제품라인의 길이를 늘릴 수 있다. 라인확장전략은 현재의 가격대 이상으로 제품라인의 길이를 늘리는 것이다.

㉡ 계열의 넓이를 현재의 품목보다 저가격·낮은 품질의 제품을 추가하여 연장하는 전략을 하향확장이라고 하고 고가격·고품질의 제품을 추가하여 연장하는 전략을 상향확장이라고 한다.

② 라인확장의 유형
  ㉠ 상향확장(upward stretching) : 고급품 시장의 성장률이 높거나 고급품의 마진이 높아서 회사가 현재의 품목보다 더 높은 품질과 가격의 품목을 제품계열에 추가하는 것을 말한다. 상향확장을 시도할 경우 소비자에게 고급제품을 만들어낼 수 있다는 확신을 심어주어야 하는 어려움이 있다.
  ㉡ 하향확장(downward stretching) : 고급품만을 생산하던 회사가 현재의 품목보다 낮은 품질과 가격의 품목을 제품계열에 추가하는 것을 말한다. 하향확장을 시도할 경우 기존 고급제품을 생산한다는 회사의 이미지가 흐려질 위험이 있다는 것을 유의할 필요가 있다.
  ㉢ 양면확장(two way stretching) : 회사가 현재의 제품계열을 시장을 상층부(고급품시장)와 하층부(저가품시장)의 양면으로 연장하는 것을 말한다.
③ 라인충원전략
  ㉠ 라인확장전략 이외에 라인을 늘리기 위해 고려할 수 있는 대안이 라인충원(product line filling)전략이다. 이는 현재의 취급품목 범위 안에서 새로운 품목을 추가하는 것이다.
  ㉡ 라인충원전략은 추가이익을 얻거나, 거래유통업체를 만족시키거나, 과잉생산능력을 활용하거나, 완전제품라인을 갖춘 시장선도자가 되거나, 경쟁사의 진입을 봉쇄하기 위해 도입된다.
  ㉢ 그러나 라인충원전략은 품목 간의 자기잠식 현상을 가져올 수 있고, 고객의 혼란을 초래할 수 있다. 이를 막기 위해 기업은 고객이 새로운 품목이 기존 품목과 차이가 있는 것으로 지각하는지 확인해야 한다.

5 제품수명주기별 상품관리전략

(1) 제품수명주기의 의의와 형태
  ① 제품수명주기의 의의
    ㉠ 새로운 제품이 개발되면, ⓐ 처음으로 시장에 등장하는 도입기, ⓑ 판매가 빠르게 증가하는 성장하는 성장기, ⓒ 판매증가율이 둔화되는 성숙기, ⓓ 판매가 감소하는 쇠퇴기를 거쳐 점차 시장에서 사라지게 된다. 이러한 과정을 제품수명주기(PLC : product life cycle)라고 한다.
    ㉡ 제품수명주기에 따라 기업의 이익도 변하게 된다. 즉, 도입기에는 적자를 보이다가 성장기에 들어서면서 흑자로 돌아서게 되고, 일반적으로 성장기 후반에 최고의 이익을 낸 뒤 서서히 감소하게 된다.
  ② 제품수명주기의 분석수준
    제품수명주기는 분석수준에 따라 상이한 모습을 보여주는데 제품군(product class), 제품형태(product type) 및 브랜드(brand) 수준에 따라 차이를 보인다.
    ㉠ 제품군 수준 : 맥주, 양주, 담배와 같은 제품군 수준의 수명주기는 일반적으로 매우 긴 것으로 알려져 있다.
    ㉡ 브랜드 수준 : 그랜저나 마티즈, 하이트나 카스, 던힐이나 에쎄 등과 같은 브랜드 수준의 수명주기는 긴 것은 매우 길고 짧은 것은 매우 짧은 불규칙한 형태를 나타내는 것이 일반적이다.

ⓒ 제품형태 수준 : 전형적인 제품수명주기는 필터담배, 자동세탁기, 전동타자기, 수동타자기 등과 같은 제품형태 수준에서 나타난다.

(2) 제품수명주기 단계별 마케팅 관리

① 도입기
  ㉠ 도입기의 특징
    ⓐ 기본적 형태의 제품이 생산되며 소비자가 제품정보를 가지고 있지 않고 판매가 완만하게 상승하나 제품개발비용, 광고 및 판매촉진 등의 비용이 많이 들어가 적자를 벗어나지 못한다.
    ⓑ 수요가 적기 때문에 생산량도 적고 제품의 원가도 높다. 전반적인 제품의 수요가 적어 경쟁도 적은 편이다.
  ㉡ 마케팅 전략
    ⓐ 제품을 널리 인지시키고, 판매를 늘리는 것이 마케팅의 전략적 목표가 된다.
    ⓑ 광고의 주된 대상은 제품을 조기에 수용할 가능성이 높은 혁신소비자이며 이들에게 인지시킴으로써 구전효과에 의한 확산을 기대할 수 있다. 제품에 관한 정보를 주어 상표 인지도를 높이는 광고를 행하고 수량할인, 소매상광고지원 등 중간상 대상 판매촉진을 통하여 제품이 많은 소매상에서 취급할 수 있도록 해야 한다.
    ⓒ 일반적으로 개발비, 생산 및 마케팅 비용 등을 초기에 뽑기 위해, 초기 고가격 전략(skimming pricing strategy)을 사용하는 경우가 많다. 경쟁이 적기 때문에 현실적으로 가능한 경우가 많다.
    ⓓ 경쟁사의 진입이 예상되고 경험곡선 효과를 볼 가능성이 클 때에는 시장침투 가격전략(penetration pricing strategy)을 사용하여 시장점유율을 높이는 데 주력할 수 있다.

② 성장기
  ㉠ 성장기의 특징
    성장기에는 수요가 급속히 늘어난다. 이익이 발생하기 시작하고 대체로 성장기 말에 최다 이익이 실현되는 경우가 많다. 경쟁제품이 나타나고 모방제품, 새로운 기능이 추가된 개량제품이 나타난다.
  ㉡ 마케팅 전략
    ⓐ 마케팅 목표는 상표를 강화하고 차별화를 통해 시장점유율을 확대하는 것이 된다.
    ⓑ 제품성능에 관한 구체적 정보를 소비자에게 제공하여 타 제품과의 차이점을 알게 하여 일반 소비자의 인지도와 관심을 높이는 광고가 필요하다.
    ⓒ 취급점포를 대폭 확대하여 소비자가 쉽게 구매할 수 있도록 하는 집중적 유통(intensive distribution)전략을 사용하게 된다.
    ⓓ 제품의 품질을 향상시키고 새로운 특성과 서비스를 추가한 변형제품, 개량제품을 출시함으로써 경쟁제품과 차별화한다.
    ⓔ 경쟁이 심해짐에 따라 경쟁을 고려한 가격전략을 선택하게 된다.

③ 성숙기
　㉠ 성숙기의 특징
　　성숙기에는 수요의 신장이 멈추게 된다. 수요가 멈춤에 따라 생산능력은 포화상태가 되고 이익은 절정을 지나 감소하기 시작한다. 격심한 경쟁을 거쳐 경쟁제품이 시장에서 점차 사라지기 시작한다.
　㉡ 마케팅 전략
　　ⓐ 마케팅의 목표는 경쟁우위를 유지하고 상표 재활성화를 통하여 수요를 늘리는 것이 된다.
　　ⓑ 이미지 광고를 통한 제품 차별화를 시도하고 제품의 존재를 확인시키는 광고(reminder advertising)를 행하게 된다.
　　ⓒ 신규소비자 창출보다 경쟁사의 고객을 빼앗아 오기 위한 가격할인, 쿠폰 등 판매촉진의 사용이 증가한다.
　　ⓓ 경쟁사의 가격에 대응하는 가격전략을 사용하게 되어 가격이 하락하는 경향을 보인다. 유통망을 확충하는 것은 의미가 없고 기존에 구축된 광범위한 유통망을 유지, 보호하는 데 힘써야 한다.
　　ⓔ 성숙된 시장에서 제품을 다시 한번 활성화시키는 재활성화(revitalization)를 시도할 필요가 있다. 신규 사용자를 찾거나 기존고객의 사용빈도나 사용량을 늘이거나 제품의 새로운 용도를 개발하여 매출을 늘리는 시장확대 전략을 사용하거나 품질, 특징, 스타일을 변화시켜 판매를 증가시키거나 재포지셔닝을 통하여 매출을 증가시킬 수 있다.

④ 쇠퇴기
　㉠ 쇠퇴기의 특징
　　제품이 쇠퇴기에 접어들면 매출이 감소하고 이익이 매우 적어진다. 경쟁제품들이 시장에서 철수하게 되어 경쟁사의 수는 감소한다.
　㉡ 마케팅 전략
　　ⓐ 마케팅 목표는 단기 수익을 극대화하는 방안을 찾는 것이다. 가능한 비용을 줄이고 매출을 유지하여 수익을 극대화한다.
　　ⓑ 제품을 상기시키는 수준의 최소한의 광고를 하여 경비를 절약하고 매출액이 적은 품목은 제거하고 기여도가 높은 품목만 남기고 과잉설비를 제거하고 하청을 늘인다.
　　ⓒ 취약한 중간상을 제거하고 우량 중간상만 유지하며 최소한의 이익을 유지하는 저가격 정책을 사용하게 된다. 그러나 충성도가 높은 소수의 고객을 대상으로 고가격 정책을 사용하는 경우도 있다.

제품수명주기에 따른 전략

전략	도입기	성장기	성숙기	쇠퇴기
마케팅 목표	인지도 제고 및 판매 증가	시장점유율 확대	기존 점유율 유지	수확 또는 철수
제품	기본형태	품질 개선, 서비스 향상	상표·모델의 다양화	기여도 낮은 품목 철수
가격	고가격 또는 저가격	경쟁 고려 저가격	경쟁 고려 방어가격	저가격
유통	선택적 유통	집약적 유통	유통망 방어	우량 중간상만 유지
광고	조기 구매자 대상 인지도 구축	일반 소비자 대상 인지도·관심도 구축	상표 간 차이, 제품 편익 강조	최소한의 광고
판매촉진	사용을 유도하기 위한 판매촉진	판매촉진 감소	경쟁제품으로부터 고객을 빼앗기 위한 판매촉진	최저로 감소

(3) 신제품의 개발

① 신제품의 개념

신제품은 혁신적이며 특이한 제품, 중요한 속성이 차별화된 대체품 및 특정기업에 새롭지만 시장에는 이미 존재하는 모방제품을 말한다. 신제품은 상대적인 개념으로 신제품의 여부는 궁극적으로 구매자들의 지각에 의존하게 된다.

② 신제품 개발과정

㉠ 신제품에 대한 마케팅 전략의 수립 : 출시할 제품시장의 정의, 신제품 개발 목표, 표적시장의 선정 및 포지셔닝 등에 관한 계획을 수립한다.

㉡ 아이디어 창출 : 종업원의 제안, 표적집단 면접(FGI)을 통한 아이디어 창출, 중간상·부품 공급업자 등의 정보를 통해 아이디어를 얻는다. 이 단계에서는 브레인 스토밍(brain storming) 기법이 가장 많이 사용된다.

㉢ 아이디어의 선별 : 창출된 아이디어들을 여러 가지 기준에 따라 평가 선택한다. 사업성이 없거나 소비자의 선호를 얻을 수 없을 것으로 생각되는 아이디어는 제거한다.

㉣ 제품개념 개발 및 테스트 : 제품개념은 제품 아이디어를 소비자가 사용하는 용어로 전환시킨 것이다. 소비자들의 제품에 대한 지각도 작성에 다차원척도법이 주로 이용되고, 제품속성의 조합에 대한 소비자의 선호를 파악하는 데 컨조인트 분석(conjoint analysis)이 이용된다.

㉤ 사업성 분석 : 제품개념이 긍정적 평가를 받으면 사업매력도를 평가하게 된다. 사업성 분석(business analysis)에서는 신제품의 예상매출액, 예상비용, 예상이익 등을 평가한다.

㉥ 시험 마케팅 : 시험 마케팅(test marketing)을 통해서 소비자의 반응과 매출가능성을 조사한다. 문제는 시험기간 중 신제품 정보가 누출될 가능성이 있다는 점이다. 성공에 대한 확신이 있고, 제품개발 및 시장도입 비용이 적은 경우 시험을 거치지 않고 바로 출시할 수 있다. 특히 모방의 가능성이 큰 패션의류의 경우는 시험 마케팅을 하지 않는 경우가 많다.

ⓢ 상업화 : 신제품 출시에 관한 최종적인 의사결정을 내리는 단계로 시기(timing)의 선정, 제품출시의 장소, 표적고객의 선정 및 도입기 마케팅 전략의 선정을 고려해야 한다.

> **지식+톡톡** 다차원척도법과 컨조인트 분석
>
> 1. **다차원척도법**(multidimensional scaling technique : MDS)
>   고려의 대상이 되는 여러 제품속성들을 소비자가 느끼기에 비슷한 순서대로 짝지어서 나열하여, 그 자료를 바탕으로 컴퓨터로 하여금 비슷한 제품들은 서로 가깝게, 그렇지 않은 제품들은 서로 멀리 위치하도록 공간상에 배치하게 하는 기법을 말한다.
> 2. **컨조인트 분석**(conjoint analysis)
>   제품구매시 소비자가 중요하게 생각하는 제품속성별로 소비자가 원하는 속성의 수준을 찾아내게 함으로써 최적의 신제품을 개발할 수 있게 하는 기법이다.

제4절 가격관리전략

1 가격관리의 개요

(1) 가격의 의의
① 가격의 의미와 특징
  ㉠ 가격(price)은 제품이나 서비스를 소유 또는 사용하는 대가로 지불해야 하는 금전적 가치를 의미한다. 따라서 가격의 결정은 제품이나 서비스의 가치를 평가하는 것이라고 할 수 있다.
  ㉡ 마케팅믹스 요소에서 제품, 유통 및 촉진은 모두 비용을 수반하지만, 가격은 매출을 일으키는 유일한 원천이다. 또한 앞의 세 가지 요소는 모두 상당한 시간을 요하는 부분이지만, 가격은 빠르게 변화시킬 수 있기 때문에 가장 큰 유연성을 지닌 마케팅믹스 요소이다.
② 가격의 역할
  ㉠ 제품의 품질에 대한 정보 제공 : 가격은 제품의 품질에 대한 정보를 제공하는 역할을 한다. 가격이 높을수록 품질도 높다는 생각을 하는 소위 가격-품질연상 현상이 있다. 뿐만 아니라 같은 제품이라도 가격이 싼 할인점에서 판매하면 뭔가 신뢰가 가지 않는 경향이 있다.
  ㉡ 수익의 크기 결정 : 가격은 기업의 수익(매출액, revenue)을 결정하는 유일한 변수이다. 기업은 고객의 요구에 적합한 제품이나 서비스를 판매함으로써 높은 수익을 실현하게 된다. 반면 제품, 유통, 촉진 등의 마케팅믹스 요소는 비용 유발 요인이 된다.
  ㉢ 경쟁의 도구 : 가격은 중요한 경쟁의 도구이다. 가격 이외의 마케팅믹스 요소들은 짧은 시간에는 변화시킬 수 없다. 그러나 가격은 결정한 즉시 실행에 옮길 수 있기 때문에 경쟁 전략적 도구로 쉽게 사용할 수 있다.

(2) 가격결정시 고려요소

가격을 결정할 때에는 내적 기업요인과 외적 환경요인 모두를 고려해야 한다. 내적 요인으로는 기업의 마케팅 목표, 마케팅믹스 전략, 원가 및 산업의 특성 등이 있고, 외적 요인으로는 시장수요, 경쟁요인, 기타 환경요인 등이 있다.

① 마케팅 전략의 검토
  ㉠ 제품의 포지셔닝 : 소비자들에게 자사의 제품이 경쟁사와 비교해 어떻게 지각되고 있는가에 따라 가격의 책정이 달라질 수 있다. 고급 이미지를 가지고 있을 때와 그렇지 않을 때 가격 책정은 달라진다.
  ㉡ 제품 라인 : 동일 제품 라인상의 다른 제품과 조화를 이루어야 한다. 현대자동차의 승용차 라인인 그랜저와 소나타, 아반테를 예로 들면 소나타를 출시할 때 가격은 아반테 가격과 조화를 이루어야지 만약 차이가 거의 없다면 소나타의 판매는 잘 되겠지만 아반테의 판매는 부진하게 되는 자기잠식(cannibalization)이 발생할 수 있다.
  ㉢ 제품수명주기 : 제품수명주기(PLC)에서 어느 단계에 위치하는지를 검토해야 한다. 비교적 경쟁이 없는 도입기에는 가격을 높게 책정하다가 성장기에 들어섰다고 판단되면 경쟁을 대비하여 가격을 내리는 경우가 일반적이나 반대의 경우도 있다.

② 기업 전략목표의 검토
  ㉠ 기업 전략목표의 의의
    ⓐ 기업의 전략적 목표는 크게 이익을 지향하는 경우와 단기적 이익보다는 장기적 성장을 위해 매출, 즉 시장점유율의 증대를 지향하는 경우가 있다.
    ⓑ 단기적 이익을 지향하는 경우는 초기 고가격전략을 선호하는 경향이 있으며 시장점유율을 중시하는 기업은 침투가격전략을 선호한다.
  ㉡ 시장침투 가격전략
    ⓐ 시장침투 가격전략(market penetration pricing policy)은 초기에는 저가격을 설정하여 시장점유율을 높이고, 시장점유율을 확보하고 난 후에는 점차 가격을 높여나가는 가격전략이다.
    ⓑ 이 전략은 수요 가격탄력성이 크고 규모의 경제가 나타날 수 있는 경우에 효과적인 가격전략이다.
    ⓒ 또한 시장침투 가격전략은 경험곡선 효과가 크게 나타나는 산업인 경우 쉽게 사용할 수 있으며 경쟁자의 진입이 예상되는 경우에 시장을 선점하려는 목적으로 사용된다.
  ㉢ 초기 고가격전략
    ⓐ 초기 고가격전략 또는 상층흡수 가격전략(skimming pricing policy)은 시장대응을 목적으로, 신제품을 시장에 도입하는 초기에 고가격을 설정하여 고소득층을 흡수하고, 점차 가격을 인하하여 저소득층에도 침투하려는 전략이다.
    ⓑ 특허나 기술상의 문제로 경쟁자의 시장진입 가능성이 적을 때 효과적이고, 단기에 투자비용의 회수가 용이하다.

ⓒ 예를 들어, 반도체처럼 새 모델이 계속 개발되는 제품의 경우 새 모델이 나오기 전 투자비용을 회수하려는 목적으로 많이 사용된다. PC 가격이 초기에는 매우 높으나 시간의 경과에 따라 급속히 하락하는 경우를 볼 수 있는데, 이러한 현상은 초기 고가격전략을 채택했기 때문이다.

③ 기타 고려요소
  ㉠ 소비자의 반응
    ⓐ 소비자의 반응을 알기 위해서는 가격변화에 따른 구매량의 변화 정도를 나타내는 수요의 가격탄력성, 즉 수요곡선(demand curve)의 기울기를 계산해봐야 한다.
    ⓑ 그러나 수요곡선만으로는 복잡한 소비자의 반응을 다 설명할 수 없다. 가격에 대하여는 매우 복잡한 심리적 반응이 있기 때문이다. 따라서 가격결정에 소비자의 심리적 요인을 철저히 검토하여야 한다.
  ㉡ 제품의 원가구조
    제품의 정확한 원가구조를 아는 것은 가격결정에 필수적이다. 현실적으로 이것은 관리회계의 모든 것이라고 할 만큼 어려운 일이다. 제품의 원가는 가격의 하한선이 된다. 상한선은 소비자의 지각된 가치이다.
  ㉢ 경쟁제품의 가격
    ⓐ 현실적으로 경쟁제품의 가격과 비교하여 가격을 결정하는 경우가 많이 있다. 예를 들어, 가격 경쟁이 치열한 시장에서 어떤 기업이 여러 가지 제품을 제공하는 경우, 특정의 제품을 손실유도상품(loss leader)으로 설정하여 타사에 뺏길 고객을 자사로 유인해 오는 경우가 있다.
    ⓑ 단, 이 경우 다른 제품에서 효과적인 가격책정을 통해 loss leader로 말미암은 기업측의 손해를 커버할 수 있어야 한다. 이 제품은 그 제품 자체로는 손실(loss)을 초래하나 다른 제품의 판매를 유도(lead)하기 때문에 loss leader라고 한다.
  ㉣ 기 타
    ⓐ 그밖에도 정부의 규제, 여론, 소비자단체 등의 반응을 고려해야 한다. 특히 오늘날에는 정부의 규제 외에도 소비자운동의 확산으로 소비자들의 목소리가 점점 커지고 있으며, 많은 소비자단체들이 활동 중이다.
    ⓑ 정보통신과 매스미디어의 발달, 인터넷을 통한 네티즌 간의 비평의 확대 재생산으로 여론의 힘이 점차 커지고 있다. 따라서 기업은 이러한 제반 여건도 고려하여 가격을 책정하여야 한다.

2 가격설정의 방법

(1) 가격설정의 의의

기업은 마케팅 전략과 가격전략 목표, 소비자의 반응, 제품의 원가구조, 경쟁제품의 가격 등 다양한 요소를 검토한 후 가격을 결정하게 된다. 가격결정의 방법으로는 크게 원가 중심 가격결정, 소비자 중심 가격결정, 경쟁자 중심 가격결정 등의 방법이 있다.

(2) 원가 중심 가격결정

① **원가 중심 가격결정의 의의**
  ㉠ 원가(또는 비용) 중심의 가격결정방법은 제품의 생산과 판매에 들어가는 모든 비용을 충당하고 목표로 한 이익을 낼 수 있는 수준에서 가격을 결정하는 방식이다.
  ㉡ 즉, 제품의 원가에 일정 마진(margin)을 더하거나, 목표 판매량과 목표이익을 정해 놓고 가격을 결정하는 방법이다.
  ㉢ 비용과 이윤의 합산 방법에 따라 비용가산방식에 따른 가격결정, 가산이익률에 따른 가격결정, 목표투자이익률에 따른 가격결정, 그리고 손익분기점과 목표이익에 의한 가격결정 등이 있다.
  ㉣ 이 방법은 수요자가 생각하는 제품의 가치나 경쟁자의 가격을 전혀 고려하지 않는다는 한계가 있다.

② **원가가산 가격결정**
  ㉠ 원가가산 가격결정(cost-plus pricing)방법은 사전에 결정된 목표이익을 총비용에 가산함으로써 가격을 결정하는 가장 손쉬운 방법이다.
  ㉡ 먼저 총생산량을 추정한 후 고정비용과 변동비용을 산출하여, 여기에 목표이익을 합산한 다음 이 값을 총생산량을 나누어 가격을 결정한다.

$$가격 = \frac{총고정비용 + 총변동비용 + 목표이익}{총생산량}$$

  ㉢ 원가가산법은 수요탄력성이 작은 제품이거나, 기업이 가격을 통제할 수 있는 경우에 효과적이다.

③ **가산이익률 가격결정**
  ㉠ 가산이익률에 따른 가격결정(mark up pricing)은 제품 한 단위당 생산/구매비용에 대해 판매비용을 충당하고도 적정이익을 남길 수 있는 수준의 가산이익률(mark up)을 결정하여 가격을 책정한다.

$$\text{가격} = \frac{\text{단위비용}}{1 - \text{가산이익률}}$$

$$\text{마크업(mark-up)} = \frac{\text{판매가격} - \text{제품원가}}{\text{판매가격}}$$

ⓒ 목표판매량을 달성하지 못할 가능성이 있는 계절적 제품들, 재고관리비용이 높은 제품들, 약품과 같이 비탄력적 수요를 지닌 제품들에 대해서는 일반적으로 높은 가산이익률(mark up)을 책정한다.

④ **목표이익률에 따른 가격결정**

㉠ 목표이익률에 따른 가격결정(target return pricing)방법 또는 목표이익 가산법은 기업이 목표로 하는 수익률을 달성할 수 있도록 가격을 책정하는 방법이다.

$$\text{가격} = \frac{\text{투자비용} \times \text{목표이익률(\%)}}{\text{표준생산량}} + \text{단위비용}$$

ⓒ 일정한 이익률을 확보하는 것이 중요한 자본집약적인 산업이나 공공사업에서 주로 사용된다.

⑤ **손익분기점 분석과 목표이익에 의한 가격결정**

㉠ 손익분기점 분석과 목표이익에 의한 가격결정(breakeven analysis and target profit pricing)은 손익분기점 분석을 통해 가격이 주어졌을 때 손실을 면할 수 있는 최소한의 판매량을 계산할 수 있다.

$$\text{손익분기점(판매량)} = \frac{\text{총고정비용}}{\text{가격} - \text{단위당 변동비용}}$$

ⓒ 기업은 단지 손실을 면할 수 있는 수준이 아니라 목표이익을 낼 수 있는 수준에서 가격을 결정해야 한다. 즉, 이익을 극대화할 수 있는 수준의 가격을 선택하여야 한다.

(3) 소비자 중심의 가격결정

① **소비자 중심 가격결정의 의의**

㉠ 많은 기업들이 제품에 대한 소비자의 지각된 가치(perceived value)에 입각하여 가격을 책정하고 있다. 지각된 가치에 따른 가격책정방법(perceived value pricing)은 생산자의 비용이 아닌, 구매자의 지각된 가치를 기준으로 삼는 방법이다.

ⓒ 소비자의 지각된 가치를 파악하기 위해서는 소비자 조사를 통해 표적고객의 수용가능한 가격, 소비자들의 구매의도(수요), 수요의 가격탄력성, 표적시장의 특성 등에 대한 정보를 수집해야 한다. 컨조인트 분석(conjoint analysis) 등의 조사기법도 널리 사용된다.

ⓒ 만일 시장에 이미 경쟁제품이 출시된 상태라면, 경쟁제품에 대한 소비자의 지각된 가치 또한 파악하여야 한다.

> **지식+톡톡** 고객 지향적 가격결정
>
> - 고객지향적 가격정책(COP : customer-oriented pricing)은 소비자에 맞추어 가격을 여러 가지로 책정하는 방식이다. 특히 고객관계관리(CRM)의 필요성 내지는 유용성이 부각되면서 고객관리 차원에서 이 가격정책을 실시하기도 한다.
> - 고객지향적 가격정책은 고객의 충성도를 높여 고객생애가치(consumer LTV)를 높이기 위해 충성도가 높은 고객과 일반고객에게 차별화된 가격을 적용하는 가격정책이다.

② 지각된 가치를 파악하는 방법
  ㉠ 직접가격 평가법(direct price-rating method) : 소비자들에게 제품에 대해 지각하는 가치를 직접 물어보는 방법으로 실제로 자주 활용되는 방법이다. 소비자들에게 상품을 보여준 후, 얼마나 지불할 용의가 있는지를 물어 보는 것이 이에 해당한다.
  ㉡ 직접 지각가치 평가법(direct perceived value-rating method) : 여러 개의 상품을 놓고 소비자의 상대적인 지각가치를 직접 조사하는 방법이다.
  ㉢ 진단적 방법(diagnostic method) : 조사제품에 대하여 제품속성의 중요도와 속성별 신념을 평가하도록 하여 이를 토대로 지각된 가치를 추정하는 방법이다.

(4) 경쟁자 중심의 가격결정
  ① 경쟁자 중심 가격결정의 의의
    ㉠ 경쟁자 중심 가격결정방법은 경쟁자들이 정하는 가격이 가격결정 기준이 된다. 소비자들은 각 경쟁사들이 제공하는 제품들이 서로 유사하다고 생각하고 경쟁제품들의 가격을 비교하여 특정 제품을 선택할 것이라는 가정에 기초하고 있다.
    ㉡ 경쟁자 중심의 가격결정방법에는 시장가격에 따른 가격결정 방법과 경쟁입찰에 따른 가격결정 방법이 있다.
  ② 시장가격에 따른 가격결정
    ㉠ 시장가격에 따른 가격결정(going-rate pricing)방법을 추구하는 기업은 자신들의 비용구조나 제품에 대한 수요보다는 시장의 가격을 보다 중요하게 생각하고, 주요 경쟁자의 제품 가격과 동일하거나 비슷한 수준에서 가격을 책정한다.
    ㉡ 이 방법은 과점 산업에서 흔히 볼 수 있는데, 시장선도기업이 가격을 책정하면 다른 기업들은 자신들의 원가나 수요와는 관계 없이 그 가격을 그대로 받아들이는 방법이다. 시장가격에 따른 가격결정은 지나친 가격경쟁을 방지해 주기도 한다.
  ③ 경쟁입찰에 따른 가격결정
    ㉠ 정부가 구매하는 제품이나 서비스의 가격은 경쟁입찰(competitive bidding)에 의해 결정되는 경우가 많은데, 이를 경쟁입찰에 따른 가격결정(sealed-bid pricing) 방법이라고 한다.

ⓛ 2개 이상의 기업들이 제품이나 서비스, 프로젝트 등에 대한 가격을 제시하면 구매자는 품질과 가격을 고려하여 선택한다. 만일 동일한 품질이라면 가장 낮은 가격이 낙찰되게 된다.

3 가격설정정책

(1) 가격설정정책

① **제품결합 가격전략**
  ㉠ 가격계열화
    ⓐ 가격계열화(price line pricing)는 한 제품에 대하여 품질이나 디자인을 조금씩 달리하는 제품계열(product line)에 대하여 가격대를 설정하고, 그 가격대 내에서 개별 상품에 대한 구체적인 가격을 결정하는 전략이다.
    ⓑ 이 경우 가격을 지나치게 세분화하면 소비자들이 가격에 따른 제품의 차이를 인지하지 못할 수 있다. 또한 가격이 높을수록 수요가 비탄력적으로 변화하므로 가격 차이를 크게 하는 것이 바람직하다.
  ㉡ 2부제 가격(이분가격)
    ⓐ 서비스 기업들의 경우 서비스의 제공가격을 기본요금과 추가적인 사용료로 구성된 2부제 가격(two-part pricing)을 시행하는 경우가 많다.
    ⓑ 놀이공원의 경우 입장료를 내고도 놀이기구들을 이용할 때마다 추가적인 사용료를 내는 것은 2부제 가격의 한 예라고 할 수 있다.
    ⓒ 이러한 2부제 가격을 통해 기업들은 낮은 기본요금을 통해 소비자의 구매를 최대한 유도하고 사용료를 통해 이익을 확보하게 된다.
  ㉢ 제품묶음 가격
    ⓐ 제품묶음 가격(product-bundle pricing)이란 자사가 제공하는 여러 개의 제품이나 서비스를 묶어서 하나의 가격으로 판매하는 것을 말한다. 묶음가격이 그 개별 구성요소들 가격의 합보다 저렴하게 설정함으로써 소비자가 묶음형태의 제품을 구매하도록 유도하는 것이다.
    ⓑ 개별제품 각각에 대한 경쟁력이 약한 기업들은 최적의 제품묶음을 형성하여 저렴한 묶음가격을 제시함으로써 경쟁우위를 획득할 수 있다.
  ㉣ 구속가격
    ⓐ 구속가격(captive pricing) 또는 노획가격(포획가격)은 프린터와 프린터 잉크, 카메라와 필름, 컴퓨터와 소프트웨어 등의 완전보완재의 경우 주품목의 가격은 저렴하게, 부품목의 가격은 비싸게 책정하여 판매하는 방식이다.
    ⓑ 완전보완재의 경우 부품목은 주품목이 없으면 필요가 없으므로, 부품목의 수요가 일어나려면 주품목에 대한 구매가 먼저 있어야 한다. 일단 주품목을 구입하더라도 부품목이 없으면 무용지물이므로 부품목의 가격은 조금 비싸더라도 소비자들은 구입하게 된다.

② 소비자 심리에 근거한 가격결정 방법
　㉠ 단수가격 : 단수가격(odd pricing)은 1,000원, 10,000원 등 화폐단위에 맞게 결정하는 것이 아니라 조금 낮은 990원, 9,900원 등으로 가격을 책정하는 방법을 말한다. 상당히 낮은 것으로 느낄 수 있고, 정확한 계산에 의해 가격이 책정되었다는 느낌을 줄 수 있다.
　㉡ 관습가격 : 관습가격(custom pricing)은 원가상승에도 불구하고 오랜 기간 동안 소비자들이 습관적으로 일정 금액을 지불해 왔기 때문에 기업들이 그에 따라 책정하는 가격을 의미한다. 껌은 500원, 자동판매기의 콜라는 1,000원 등과 같이 오랫동안 잘 변하지 않고 있다.
　㉢ 명성가격 : 명성가격(prestige pricing)은 가격과 품질의 상관관계가 매우 높게 인지되는 제품인 경우에는 고가격을 유지하는 경우가 많다.
　㉣ 손실유도가격(loss leader pricing) : 제품계열 판매를 목적으로, 특정제품의 가격을 낮게 책정하여 그 품목의 수익성은 하락하지만, 이로 인하여 다른 품목의 매출액 증대로 기업 전체의 이익이 증대되는 효과를 얻을 수 있다.

③ **가격할인전략**
　㉠ EDLP 전략
　　ⓐ EDLP(every day low pricing)는 항시 저가정책으로 모든 상품을 언제나 싸게 파는 것을 의미한다. 상품을 싸게 파는 할인점의 전신은 디스카운트 하우스라는 업태로 1948년 미국에서 유진 파카우프에 의해서 처음 창설됐다.
　　ⓑ 그러나 실제로 이 용어가 유명해진 이유는 세계최대의 할인점은 월마트가 전략적으로 'everyday low price'라는 정책을 취하고 나서부터다.
　　ⓒ 월마트의 전략은 자사의 물류센터를 먼저 세운 후 그 인근에 매장을 오픈함으로써 물류비용을 절감시킴으로써 저가정책을 효율적으로 활용하는 것이었고 우리나라에서는 이마트가 EDLP를 추구해서 고객으로부터 큰 호응을 받은 바 있다.
　㉡ HLP 전략
　　ⓐ HLP(high-low pricing) 전략은 일반적으로 EDLP 정책보다 높은 가격을 추구하지만, 소비자들을 유인하기 위하여 필요한 시기에는 적극적으로, 할인된 낮은 가격을 제공하는 가격정책이다.
　　ⓑ 일반적으로는 저가격을 지향하기보다 품질이나 차별화된 서비스를 강조하는 가격정책이다.
　　ⓒ 가격세일 행사를 빈번하게 하게 되고, 따라서 세일시기와 비세일시기 사이에 수요의 변동이 크기 때문에 EDLP 정책에 비해 상품재고관리가 복잡하다.
　　ⓓ 세일행사를 하는 경우에는 소비자에게 알려야 하므로, 항상 낮은 가격으로 판매하는 EDLP 정책에 비해 광고비가 많이 들게 된다.

④ **가격조정전략**
많은 기업들이 소비자로 하여금 대금을 빠른 시일 내에 지급하도록 하거나, 많은 양을 구매하도록 하거나, 비성수기에도 구매하도록 유도하기 위해서 가격조정전략을 쓴다. 가격을 조정하는 방법으로는 현금할인, 수량할인, 거래할인, 계절적 할인, 공제가 대표적인 예이다.

㉠ 현금할인 : 현금할인(cash discount)은 제품대금을 빠른 시일 내에 지급할 경우 가격을 할인해 주는 것을 말한다. 이 방법은 어음을 할인하기 위한 이자지급분이나 외상매출회수비용 등을 줄이고 유동성을 확보하기 위해 주로 사용된다.

㉡ 수량할인 : 수량할인(quantity discount)은 대량으로 구매하는 소비자에게 할인해 주는 방법이다. 대량판매는 판매비용이나 재고비용, 수송비, 주문처리비용 등을 절감할 수 있으므로 기업은 고객에게 이에 상응하는 금액을 할인해줄 수 있다.

㉢ 거래할인 : 거래할인(transactional discount)은 기능적 할인이라고도 하는데 판매, 보관, 장부정리 등과 같이 판매업자가 해야 할 일을 대신 수행하는 중간상에 대한 보상으로 할인을 해 주는 것이다.

㉣ 계절적 할인 : 계절적 할인(seasonal discount)은 계절이 지난 제품이나 서비스를 구매하는 소비자에 대해 할인해 주는 것을 말한다. 겨울용품인 스키나 코트를 봄이나 여름에 가격할인을 하는 경우가 그 예이다.

㉤ 공제 : 공제(allowance)에는 기존제품을 신형제품과 교환할 때 기존의 제품가격을 적절하게 책정하여 신제품의 가격에서 공제해주는 거래공제와 제조업자의 광고나 판매촉진 프로그램에 참여하는 유통업자들에게 보상책으로써 가격을 할인해 주거나 일정금액을 지급해 주는 판매촉진공제가 있다.

⑤ **가격차별화 전략**

㉠ 가격차별화의 의미

가격차별화(price discrimination)는 독점기업이 더 많은 이윤을 얻기 위해 동일한(동질적인) 제품에 대해 서로 다른 가격을 정하는 것이다.

㉡ 가격차별화의 조건

ⓐ 가격차별화가 이루어지기 위해서는 시장을 분리할 수 있어야 하고 지속적으로 분리되어야 한다. 또한 분리된 시장 사이에 상품의 재판매가 이루어질 수 없어야 한다. 그리고 분리된 각 시장에서 수요의 가격탄력성이 달라야 한다. 이 경우 수요탄력성이 작은 시장에서 더 높은 가격을 정한다. 시장지배력(독점력)이 있어야 한다.

ⓑ 완전경쟁 시장에서는 다수의 공급자가 동질적인 상품을 공급하므로 공급자 누구도 가격에는 영향을 미칠 수 없다. 따라서 가격차별화는 이루어질 수 없고 일물일가의 법칙이 성립한다.

> **지식+톡톡 재판매 가격유지정책**
>
> - 재판매 가격유지(resale price maintenance)는 상품의 생산자가 소매업자에게 상품의 재판매 가격을 준수하도록 만드는 행위를 말한다.
> - 재판매 가격은 상한가격이나 하한가격을 정해서 준수하도록 하는 경우도 있고, 특정가격을 정하여 그 가격으로만 판매하도록 하는 경우도 있다.
> - 재판매 가격유지정책은 자유로운 경쟁을 저해하는 측면이 있기 때문에 공정거래법에 의해 금지되고 있다.

(2) 인터넷 가격설정

① 인터넷이 가격에 미치는 영향

㉠ 가격의 하락측면

인터넷 상거래가 활성화되면 가격정보가 공개되어 경쟁제품보다 가격을 높게 책정하기 어렵고, 직거래화로 인한 중간상 마진의 소멸로 가격이 하락할 것이라는 것이 일반적인 예상이다.

㉡ 가격의 상승측면

ⓐ 그러나 가격이 오히려 상승할 수도 있다는 주장도 상당한 근거가 있다. 인터넷 구매의 편리함에 소비자는 오프라인보다 가격이 높더라도 온라인에서 구매할 가능성이 있다는 것이다.

ⓑ 그리고 인터넷 쇼핑몰의 설치와 운영에 예상보다 많은 설치비와 물류비가 들기 때문에 직거래로 인한 비용절감이 생각보다 낮아서 가격이 낮아질 수 없을 것이라는 예측도 상당히 맞는 것으로 드러나고 있다.

② 인터넷상의 가격결정 전략

㉠ **온라인 경매** : 소비자가 제품에 대하여 선호하는 만큼의 가격을 제시하고 제시된 가격 중에서 최고가로 낙찰된다. 그러나 입찰된 금액이 판매자가 제시한 최저입찰가격에 미치지 못하면 유찰이 된다. 판매자는 경매과정에서 거의 아무런 역할을 하지 못하고 소비자들끼리의 경쟁에 의해서 가격이 결정된다.

㉡ **온라인 역경매** : 경매(auction)는 구매자 간의 경쟁에 의해 가격이 결정되는데, 역경매(reverse auction)에서는 거꾸로 판매자들 간의 경쟁에 의해 가격이 결정되는 경우이다. 소비자가 원하는 제품의 수량, 최고가격 등을 제시하면, 판매자들이 자신들의 가격을 제시하고 최저가격을 제시한 제품이 판매된다.

㉢ **온라인 공동구매** : 정해진 수의 소비자들이 모이면 저렴한 가격에 제품을 구입할 수 있게 되는 것이 공동구매(cooperative buying)이다. 고객들은 대량구매 할인 혜택을 받을 수 있게 되고, 제조업체는 박리다매로 안정된 수익을 올릴 수 있다. 커뮤니티 사이트의 특정 커뮤니티 회원들이 공동으로 구매하게 될 경우, 상당한 교섭력을 발휘하여 제품의 가격을 결정하게 될 가능성이 매우 높다.

제5절 촉진관리 전략

1 촉진관리 전략의 개요

(1) 프로모션의 의의

① **프로모션과 커뮤니케이션**
  ㉠ 프로모션의 의미 : 프로모션(promotion)이란 제품에 대한 정보를 고객에게 알리고, 구매하도록 설득하고, 구매를 유도하는 인센티브(incentive)를 제공하여 판매를 촉진하는 마케팅 활동을 의미한다.
  ㉡ 커뮤니케이션 : 프로모션이라는 용어가, 고객을 이해하고 고객의 소리를 듣고 제품에 반영하고 이를 다시 고객에 알린다는 프로모션의 본래의 의미를 왜곡시킬 소지가 있어서, 점차 쌍방향적 의사소통이라는 의미를 가지는 마케팅 커뮤니케이션(marketing communication) 개념을 사용하게 되었다.

② **커뮤니케이션의 의미와 특성**
  ㉠ 커뮤니케이션의 의미
    ⓐ 기업들은 좋은 제품을 개발하고, 소비자들의 구매를 유도할 수 있는 가격을 정하고, 유통경로의 설계를 통해 고객들이 쉽게 제품을 구매할 수 있도록 노력한다.
    ⓑ 그러나 이러한 제품, 가격 및 유통을 효과적으로 수행하는 일 못지않게 중요한 것이 소비자들과의 원활한 의사소통(communication)이다.
  ㉡ 커뮤니케이션과 피드백
    ⓐ 실제로 기업들은 중간상, 소비자, 대중들에 대한 효과적인 의사전달을 위해 광고(advertising), 판매촉진(sales promotion), PR(public relation), 인적 판매(personal selling) 등 다양한 마케팅 커뮤니케이션 활동을 수행하고 있다.
    ⓑ 그리고 이러한 의사전달이 이루어지면 중간상, 소비자, 대중들은 의사전달에 대한 피드백(feedback)을 제공한다.
  ㉢ 촉진믹스
    촉진믹스(promotion mix)라고 불리는 기업의 총체적인 마케팅 커뮤니케이션 프로그램은 기업이 마케팅 목표 달성을 위해 사용하는 광고, 인적 판매, 판매촉진 그리고 PR 등 활동의 조합으로 구성되어 있다.

③ **커뮤니케이션의 수단**
  ㉠ 광 고
    ⓐ 광고(advertising)는 기업 등의 스폰서가 제품이나 서비스 또는 아이디어를 제시하거나 촉진하기 위해 비용을 지불하는 비개인적 형태의 커뮤니케이션을 총칭하는 말이다.
    ⓑ 광고에는 인쇄 및 방송매체를 이용한 광고, 옥외광고 등의 다양한 유형이 있다.

ⓒ 인적 판매
  ⓐ 인적 판매(personal selling)는 제품이나 서비스의 판매를 목적으로 기존의 또는 잠재고객에 대한 판매 프레젠테이션 또는 대화 등의 개인적 커뮤니케이션을 말한다.
  ⓑ 인적 판매를 위해서는 판매 프레젠테이션이 주로 사용되지만 박람회, 업종별 전시회 등의 행사가 활용되기도 한다.
  ⓒ 인적 판매는 개별고객의 특성에 따른 적절한 메시지를 전달할 수 있고, 시장상황 및 여건에 따라 보다 유연하고 탄력적인 적용이 가능하다는 장점이 있다. 그러나 메시지 노출횟수당 커뮤니케이션 비용은 TV광고보다 많이 든다는 단점이 있다.

ⓒ 판매촉진
  ⓐ 판매촉진(sales promotion)은 제품이나 서비스의 구매를 촉진하기 위한 단기적인 동기부여 수단의 일체를 말한다. 광고와 홍보, 인적 판매를 제외한 촉진활동을 판매촉진이라고 한다.
  ⓑ 판매촉진을 위한 수단에는 구매시점 진열, 가격할인, 쿠폰 제공, 제품사용 시범보이기 등이 있다.

ⓔ PR
  ⓐ PR(public relation)은 기업이 자사의 이미지를 제고한다든지, 자사에 대한 호의적인 평판을 얻거나 비호의적인 평판을 제거 내지는 완화시키려는 커뮤니케이션 활동을 통해 기업과 직・간접적인 관계에 있는 여러 집단들과 좋은 관계를 유지해 나가는 것을 말한다.
  ⓑ PR은 홍보(publicity)를 포함하는데 홍보보다는 넓은 의미로 사용되는 개념이다. 홍보는 비용을 들이지 않고 기업이나 제품을 매체의 기사나 뉴스로 소비자들에게 알리는 것을 말한다.
  ⓒ 광고와 홍보의 차이점은 광고는 광고비를 지불하지만, 홍보는 광고비를 지불하지 않는다는 것이다.

커뮤니케이션 수단의 특징

구 분	범 위	소구방법	장 점	단 점
광 고	대 중	감성적	• 메시지 통제가능 • 다수 대중에 전달	• 효과측정이 어려움 • 정보의 양이 제한
인적 판매	개별고객	이성적	• 정보의 양과 질 • 즉각적 피드백	• 높은 비용 • 느린 프로모션 속도
판매촉진	대 중	이성적	• 즉각적인 효과 • 효과측정이 용이 • 시행이 용이	• 모방이 쉬움 • 단기적 효과
PR	대 중	감성적	• 신뢰도가 높음	• 통제가 어려움 • 간접적 효과

④ 커뮤니케이션 전략
  ㉠ 풀 전략
    ⓐ 풀(pull) 전략은 제조업자 쪽으로 당긴다는 의미로 소비자를 상대로 적극적인 프로모션 활동을 하여 소비자들이 제품을 찾게 만들고 중간상인들은 소비자가 원하기 때문에 제품을 취급할 수 밖에 없이 만드는 전략이다.
    ⓑ 풀 전략을 사용할 경우 광고와 홍보를 주로 사용하게 되며 쿠폰, 견본품, 경품 등과 같은 소비자를 대상으로 하는 판매촉진을 많이 사용하게 된다.
  ㉡ 푸시 전략
    ⓐ 푸시(push) 전략은 제조업자가 소비자를 향해 제품을 밀어낸다는 의미로 제조업자는 도매상에게, 도매상은 소매상에게, 소매상은 소비자에게 제품을 판매하게 만드는 전략이다.
    ⓑ 푸시 전략은 인적 판매를 통하거나 가격할인, 수량할인 등과 같은 중간상인을 대상으로 하는 판매촉진을 주로 사용하여 실행하게 된다.

(2) 커뮤니케이션 프로그램의 수립과정
  ① 제품 및 시장상황 분석
    먼저 제품의 특징과 시장상황을 파악해야 한다. 제품의 인지도, 시장에서의 위치, 경쟁제품과 자사제품의 시장 포지셔닝, 가격, 유통 측면의 상대적 강점과 약점 등을 파악해야 한다.
  ② 커뮤니케이션 목표의 수립
    ㉠ 목표의 내용
      ⓐ 매출액의 증가 : 과거에는 커뮤니케이션의 목표가 주로 매출액의 증가로 설정되었다. 그렇지만 커뮤니케이션이 매출액에 미치는 영향은 서서히 나타나는 경향이 있고 매출액에는 커뮤니케이션뿐 아니라 제품, 가격, 유통 등이 복합적으로 영향을 미치기 때문에 그 중에서 커뮤니케이션의 영향을 구분하기 어렵기 때문에 매출액을 커뮤니케이션의 목표로 하는 것은 한계가 있다.
      ⓑ 커뮤니케이션 효과의 창출 : 점차 매출액보다는 인지, 태도, 구매의도 등 커뮤니케이션 효과의 창출에 목표를 두는 경향이 있다.
    ㉡ 커뮤니케이션 목표의 조건
      커뮤니케이션 목표는 구체적이고 계량적이어야 하고 기준점이 명시되어야 한다. 또한 목표로 하는 시간도 명시되어야 한다. 예를 들면, "표적시장의 제품인지도를 현재 40%에서 6개월 이내에 70%로 향상시킨다."와 같은 형태가 된다.
  ③ 표적청중 선정
    목표고객과 목표청중은 차이가 난다. 목표고객 중에서 해결하고자 하는 커뮤니케이션 문제와 기회에 초점을 맞추어 목표청중이 선정되어야 한다.

④ 커뮤니케이션 예산의 결정
  ⊙ 커뮤니케이션 예산의 결정방법
    ⓐ 하향식(top-down) 접근법은 최고경영자가 나름대로의 기준에 따라 커뮤니케이션 예산을 결정하고 그에 맞추어 커뮤니케이션 전략을 집행하는 것으로 가용자금법(가능예산방법), 임의할당법, 매출액비율법(판매비율방법), 경쟁사기준법 등이 있다.
    ⓑ 상향식(bottom-up) 접근법은 커뮤니케이션 목표를 설정하고 이를 달성하기 위해 수행되어야 하는 세부 커뮤니케이션 활동을 결정한 후 각각의 활동에 필요한 비용을 추정하여 커뮤니케이션 예산을 결정하는 방식으로 목표과업법이 대표적이다.
  ⓒ 가용자금이용법
    기업의 재정이 허락하는 범위 내에서 커뮤니케이션에 배정하는 방식이다. 커뮤니케이션의 목표와 아무런 관계 없이 결정되기 때문에 적절하지 못한 방식이나 커뮤니케이션 전략이 없는 기업에서 널리 사용된다.
  ⓒ 매출액비율법
    ⓐ 실무에서 가장 널리 사용되는 방식으로 현재 또는 예상 매출액의 일정 비율을 커뮤니케이션 예산에 배정하여 사용하는 방식이다.
    ⓑ 시행이 간단하기도 하고, 대체로 시장점유율에 따라 예산이 결정되므로 기업끼리 지나친 커뮤니케이션 경쟁이 자제된다는 장점이 있다.
  ⓔ 경쟁사대항법
    ⓐ 경쟁기업이 커뮤니케이션에 사용하는 금액에 맞추어 비슷하게 예산을 배정하는 방식이다.
    ⓑ 그러나 기업에 따라 상황이 너무나 다르기 때문에 남들만큼 사용한다는 것이 결코 효과적인 방법이 아니라고 할 수 있다.
  ⓜ 목표과업법
    ⓐ 목표과업법(objective and task method)은 커뮤니케이션 목표를 정하고 목표를 달성하기 위한 과업을 결정하고, 이 과업을 수행하는 데 필요한 비용을 모든 합하여 커뮤니케이션 예산으로 정한다.
    ⓑ 매우 합리적인 방법이나 목표를 달성하기 위한 과업을 정하고 비용을 계산한다는 것이 쉬운 문제가 아니기 때문에 대기업을 중심으로 사용되고 있다.

2 프로모션믹스

(1) 광고

광고관리의 의사결정은 5단계를 거쳐 이루어진다. 광고목표 설정 → 광고예산 결정 → 메시지(광고카피) 작성 → 광고매체 선정 → 광고효과 측정의 순서이다.

① 광고목표의 설정
   ㉠ 광고목표와 계층적 효과모형
      ⓐ 전통적으로 광고의 목표는 매출액의 증대로 생각해 왔다. 그러나 오늘날에는 광고의 목표를 매출보다는 커뮤니케이션 효과의 창출로 보는 것이 일반적이다.
      ⓑ 커뮤니케이션 효과는 보통 계층적 효과모형(hierarchy of effects)으로 설명한다. 광고의 목표는 이러한 계층적 효과모형의 단계의 일부분을 향상시키는 것이다.
   ㉡ 계층적 효과모형
      ⓐ 인지적 반응 : 커뮤니케이션 자극을 받게 되면 여러 가지 생각을 떠올리게 된다. 광고되고 있는 제품이나 광고 모델 등에 대한 긍정적, 부정적 생각, 과거의 경험 등의 생각이 의식적, 무의식적으로 나게 되고 제품에 대해서 알게 되는데 이러한 반응을 인지적 반응(cognitive effect)이라고 한다.
      ⓑ 태도의 형성 : 자극에 의해 일어난 생각은 제품에 관하여 좋은 혹은 나쁜 태도를 형성하게 한다. 이를 태도적 효과 혹은 감성적 효과(affective effect)라고 한다.
      ⓒ 행동 의도와 행동 : 제품에 관한 좋은 태도는 행동에 대한 의도가 생겨나게 하고, 반드시 그렇지는 않지만 많은 경우 구매행동으로 이어진다. 그러나 저관여 제품의 경우에는 행동이 먼저 일어나고 다음에 태도가 형성되는 경우도 있다.

② 메시지의 결정
   ㉠ 메시지의 의의
      ⓐ 광고의 메시지(message)를 어떻게 정할 것인가는 어떻게 소비자의 태도에 영향을 미치는가라는 측면에서 고려할 수 있다.
      ⓑ 즉, 소비자의 제품에 대한 인지도를 높이거나 친근감을 높임으로써 태도에 영향을 미치거나, 속성이나 편익을 강조함으로써 태도에 영향을 미치는 등 여러 가지 방법이 있을 수 있다.
   ㉡ 메시지의 결정방법
      ⓐ 인지와 친근감을 높인다 : 많이 접한 메시지는 내용에 관계 없이 친근감을 주게 되고 이것은 제품에 관하여 좋은 태도를 형성케 하는 경향이 있다.
      ⓑ 브랜드의 속성·편익을 통해 태도변화를 유도한다 : 광고에서 제품의 속성이나 편익을 강조함으로써 태도변화를 유도한다. 즉, 이성에 소구(appeal)하는 방법이다.
      ⓒ 브랜드 인격을 창조한다 : 지속적인 광고로 브랜드의 성격을 형성하게 할 수 있다. 광고에서 상표를 중요한 인생의 가치와 연관시켜 지속적으로 보여줌으로써 브랜드 인격을 창출할 수 있다.

ⓓ **감정을 자극한다** : 따뜻함, 공포, 때로는 유머의 감정을 자극하여 제품에 대한 태도에 영향을 미친다. 따뜻한 감정은 인간의 관계에 기인한다고 볼 수 있다. 공포도 감정의 한 형태이다.

ⓔ **사회적 규준을 창조한다** : 광고에서 준거집단이 제품을 사용하거나 선호한다는 것을 보여줌으로써 영향을 미칠 수 있다. 준거집단(reference group)은 개인의 열망, 행위, 평가의 준거기준을 제공해 주는 실제 혹은 가상의 개인 혹은 그룹을 말한다.

③ **매체의 선정**

㉠ 매체선정의 의의

ⓐ 매체(media)는 크게 신문, 잡지 등의 인쇄매체, TV, 라디오 등의 전파매체와 옥외광고, 차량 등으로 구분된다. 점차 인터넷을 이용한 광고가 널리 사용되고 있다. 인터넷도 하나의 훌륭한 매체인 셈이다.

ⓑ 매체의 선택은 제품의 특성, 메시지의 내용, 표적청중의 매체관습 등을 면밀히 분석한 후 예산의 범위 내에서 결정되어야 한다.

㉡ 매체선정의 기준

ⓐ **접촉범위** : 접촉범위(reach) 또는 도달범위란 정해진 기간 동안 적어도 한 번 이상 광고에 접촉되는 사람들의 수를 뜻한다. 신문광고가 한 주일에 500,000명의 사람에게 읽혀졌다면 이 광고의 접촉범위는 500,000명이다. 도달범위는 특정광고에 노출된 청중의 수를 말하지만, 광고의 노출률을 실제로 측정하는 것은 불가능하기 때문에 실무적으로는 TV의 시청률이나 신문의 구독률(실질적으로는 발행부수) 등을 이용하여 측정한다.

ⓑ **접촉빈도** : 접촉빈도(frequency)는 일정 기간 동안 한 사람에게 몇 번이나 접촉되는가를 나타낸다. 예를 들어 500,000명 중 300,000명에게는 한 번씩 접촉되고 100,000명에는 두 번씩, 나머지 100,000명에게는 3번씩 접촉되었다면 접촉빈도는 (300,000 × 1) + (100,000 × 2) + (100,000 × 3)을 500,000으로 나누어준 것이 된다. 이 경우 접촉빈도는 1.6이 된다.

ⓒ **총접촉량** : 총접촉량(impression)은 특정매체를 통해 전달되는 접촉의 총량을 나타낸다. 접촉범위에 접촉빈도를 곱한 것이나. 위의 경우 500,000 × 1.6 = 800,000이 된다.

ⓓ **총접촉비율** : 총접촉비율(gross rating points, GRP)은 접촉비율과 접촉빈도의 곱으로 계산된다. 접촉비율은 조사하려는 매체를 보유한 가구 중 특정광고를 본 가구의 비율을 뜻한다. 예를 들어, 위의 예에서 광고가 실린 신문을 구독하는 가구(사람)가 총 2,000,000가구였다면 500,000명의 사람이 그 광고를 읽었기에 접촉비율은 25가 되고 총접촉비율은 25 × 1.6 = 40이 된다.

㉢ 목표과업법에 의한 매체선정

ⓐ 광고를 얼마나 자주 노출시킬 것인가를 결정하기 위해서는 우선 광고의 목표를 점검해야 한다. 목표가 제품의 인지률을 10% 향상시키는 것이라면 이를 위하여 몇 번의 노출이 필요한지를 결정하여야 한다. 노출을 결정하면 비용을 계산한다.

ⓑ 비용은 1,000명의 사람에게 노출되는데 드는 비용(cost per thousand persons reached, CPM)을 기준으로 한다. CPM은 매체비용을 접촉범위로 나누어 계산한다. 목표를 달성하기 위한 노출이 결정되고 이어서 비용이 결정되면 바로 광고예산을 결정하는 방법이 목표과업법(objective and task method)이다.
　　　ⓒ 예산의 산정은 목표과업법이 가장 합리적인 방식이며 이 외에도 경쟁사의 광고비와 비교해서 책정하거나 매출액의 일정 비율을 광고에 사용하는 방식 등 여러 가지 방식이 있다.

④ **사용매체의 결정**
　㉠ 매체의 종류
　　매체(media)는 크게 인쇄매체와 라디오, 텔레비전과 같은 시청각 위주의 매체로 나누어진다.
　㉡ 인쇄매체의 특징
　　ⓐ 인쇄매체의 특징은 소비자가 정보를 처리하는데 매우 이성적 접근을 한다는 것이다. 인쇄정보를 처리할 때 소비자는 왼쪽 뇌의 활동이 활발하며 눈이 글자를 따라 움직여 나간다.
　　ⓑ 따라서 신문, 잡지 등 인쇄매체를 통해서는 많은 양의 정보를 전달할 수 있으며 일단 메시지를 읽는 소비자에게는 제품에 관한 많은 정보를 전달할 수 있다.
　㉢ 시청각매체의 특징
　　ⓐ 텔레비전과 같은 매체를 통한 정보는 소비자가 아주 소극적으로 처리한다. 즉, 적극적으로 주목하지 않아 광고의 내용을 잘 기억하지는 못하지만, 자신도 모르게 텔레비전 광고의 이미지는 뇌 속에 남아 실제 구매상황에서 떠오르게 된다.
　　ⓑ 따라서 텔레비전을 통해서는 제품에 관한 정확한 많은 정보를 줄 수는 없고, 아주 간단한 정보를 주거나 제품의 인지도를 높이고 제품의 이미지를 형성하도록 하기 위한 목적으로 사용된다.

매체의 비교

매 체	장 점	단 점
T V	• 시청각 효과가 있다. • 짧은 시간에 다수의 청중에 전달 가능하다. • 주의를 끄는 힘이 강하다.	• 광고비가 비싸고, 광고시간이 짧다. • 제작기간이 길다. • 표적이 어렵다. • 다른 광고와 간섭이 심하다.
신 문	• 제작기간이 짧다. • 많은 양의 정보전달이 가능하다. • 특정 독자층에만 전달이 어느 정도 가능하다.	• 광고의 수명이 매우 짧다. • 인쇄가 조잡하다. • 시각에만 한정한다. • 주의를 끌기 어렵다.

잡 지	• 광고의 수명이 길다. • 표적이 가능하다. • 많은 양의 정보를 전달이 가능하다. • 인쇄의 질이 높다.	• 독자가 한정적이다. • 시급한 광고를 실을 수 없다. • 다른 광고와 간섭이 심하다.
라디오	• 광고비가 싸다. • 전문채널의 증가로 표적이 상당히 가능하다.	• 보여줄 수 없다. • 전달 가능한 정보의 양이 적다. • 주의를 끌기 어렵다. • 광고시간이 짧다.
옥외 광고판	• 광고비가 싸다. • 여러 번 보게 된다. • 특정 지역 표적이 가능하다.	• 정보의 양이 적다. • 환경에 나쁜 영향을 미친다. • 표적청중에 전달이 용이하지 않다.

⑤ 광고효과의 측정
  ㉠ 커뮤니케이션 효과의 측정
    ⓐ 광고가 집행되면 그 효과를 측정하여 광고전략을 평가하고 미래의 광고전략에 기본 자료로 삼아야 한다.
    ⓑ 커뮤니케이션 효과의 측정은 광고가 시행되기 이전의 인지도(awareness), 태도(attitude), 선호도 등을 측정한 후 사후에 측정한 것과 비교하여 이루어진다.
    ⓒ 측정은 보통 회상(recall)과 재인(recognition)으로 이루어진다.
  ㉡ 회상 : 회상(recall)은 광고를 행한 매체에 접촉한 소비자들로 하여금 그 매체에서 본 광고를 얼마나 기억하는지 알아보는 방법이다. 주관식 시험에 해당한다고 할 수 있다.
  ㉢ 재인 : 재인(recognition)은 여러 개의 광고를 보고 접촉한 적이 있는 광고를 찾아내게 하는 방법이다. 객관식 시험에 해당한다고 할 수 있다.

(2) 판매촉진
① 판매촉진의 개념
  보통 판매촉진은 "프로모션 중 광고, PR, 인적 판매를 제외한 모든 마케팅 활동"이라고 매우 모호하게 정의된다. 프로모션 중 광고, PR, 인적 판매는 제품이 기본적으로 제공하는 것으로 소비자를 설득하나 판매촉진은 가격을 깎아준다거나 선물을 제공하는 등 별도의 부차적 이득을 제공함으로써 행동을 유도한다. 판매촉진을 줄여 판촉이라고 하기도 한다.
② 소비자 대상 판매촉진
  ㉠ 비가격 판매촉진
    ⓐ 프리미엄(premiums) : 백화점의 화장품 매장에서 화장품을 일정 금액 이상 구입하면 화장품 가방 또는 여행용 가방이나 머플러 등을 함께 지급하는 것을 말한다.
    ⓑ 견본품(product sampling) : 무료로 나눠줌으로써 신제품의 브랜드를 인지하도록 촉진하였다. 때로는 고객이 샘플을 얻기 위해 쿠폰을 오리고 자신의 정보를 적거나 직접 매장으로 가서 쿠폰을 제시해야만 견본품을 얻을 수 있는 정보도 있다.

ⓒ 콘테스트(contest) : 콘테스트는 소비자가 상품을 타기 위해 자신의 능력을 활용하여 경쟁하도록 하는 판매촉진방법인데 이러한 콘테스트에 참여하기 위해서는 제품을 구매하거나, 사업자가 요구하는 설문지나 고객카드를 작성해야 한다.

ⓓ 시연회(demonstration) : 시연회는 고객의 눈앞에서 실제로 상품을 보여주면서, 실현을 통하여 상품의 사용법과 차별화된 우위성을 납득시키는 방법이다. 특히 전문품이나 대중에게 직접 시험 구매시키기에는 무리가 있는 제품 또는 샘플로 제작하기에 어려움이 있는 제품의 경우에 사용된다.

ⓛ 가격 판매촉진

ⓐ 가격할인(discount) : 가격할인은 해당 제품에 대해 경제적인 측면에서 가격을 할인해 줌으로써 소비자들에게 직접적인 구매동기를 부여할 뿐만 아니라 즉각적인 상품구매를 유도한다.

ⓑ 쿠폰(coupon) : 쿠폰은 그것을 소지한 사람에게 어떤 이익이나 현금 적립 혹은 선물을 주기 위해 인쇄매체의 형태를 띠고 유통되는 것을 말한다. 즉, 가격할인을 보장하는 증서(certificate)라고 할 수 있다. 쿠폰은 단기적인 매출액의 증대에는 효과가 있으나 장기적인 효과를 기대하기는 어렵다.

ⓒ 리펀드(refund) : 리펀드는 소비자가 구매하는 시점에서 즉시 현금으로 돌려주는 형태로 이루어짐으로써 신제품을 구매하도록 유도하거나 브랜드 전환을 유도할 목적으로 활용되는 경우가 흔하다.

ⓓ 리베이트(rebate) : 리베이트는 소비자가 해당 제품을 구매했다는 증거를 제조업자에게 보내면 구매가격의 일부분을 소비자에게 돌려주는 것을 말한다. 한국에서는 매우 드물지만, 미국에서는 널리 시행되는 기법이다. 이 기법은 자동차와 같이 고가 제품에도 자주 사용된다.

> **지식+톡톡 컨티뉴어티(continuity)**
>
> 흔히 말하는 마일리지(milage)가 바로 이것이다. 단골고객 보상이라고도 한다. 항공회사의 마일리지 제도처럼 계속 구매하는 고객에 혜택을 주는 제도이다. 자사의 제품을 구매해주는 충성도가 높은 고객에 보상을 해준다는 성격이 강하다.
> 마일리지를 시작하려면 자신의 정보를 제공하여야 하며 이 정보는 바로 데이터베이스에 저장되고 분석되는 점이 큰 이점이다. 가장 흔히 볼 수 있는 것이 주유소에서 일정량 이상 주유하면 상품을 제공하는 제도이다. 요즘 대학가를 중심으로 커피점이나 레스토랑에서 마일리지 제도를 도입하여 인기를 끌고 있는 데 그것이 컨티뉴어티의 일종이다.

③ 중간상 대상 판촉

㉠ 중간상 할인 : 제조업자가 중간상에 각종 지원을 해주는데 일정량 이상을 구매한 중간상에게 할인해 주기도 하고, 제품을 소매상이 취급해주는 대가로 일정액을 지급하기도 한다. 이러한 각종 지원의 통틀어 중간상 할인(trade allowance)이라고 한다.

ⓒ 협동광고 : 각 지역의 소매상이 제품의 광고를 지역 특성에 맞게 시행하는 대가로 광고비를 지원하는 경우도 있는데 이를 협동광고라고 한다.

④ 판매촉진의 효과

판매촉진에 의한 판매의 증대는 크게 네 가지 요인에 의해 이루어진다. 상표전환과 재구매, 제품군 확장, 구매 가속화이다.

㉠ 상표전환 : 상표전환(brand switching)은 판매촉진이 없었더라면 다른 상표를 구매하였을 소비자가 판매촉진이 실행 중인 상표를 구매하게 되는 현상을 말한다.
ⓒ 재구매 : 재구매는 소비자의 학습과정에 의해 설명될 수 있는 것으로, 소비자가 판매촉진 때문에 특정상표의 제품을 구매하게 되면 그 제품의 성능에 대해 알게 되고, 그 성능에 만족하게 되면 해당 상표를 반복구매하게 되는 습관이 형성된다.
ⓒ 제품군 확장 : 제품군 확장(category expansion)은 판매촉진으로 새로운 구매상황의 창출과 특정제품의 사용량 자체의 증대를 통해 특정 제품군의 일차수요(primary) 자체를 증대시키는 것을 말한다.
㉢ 구매 가속화 : 구매 가속화(purchase acceleration)는 판매촉진으로 평소 구매량보다 많은 양을 한꺼번에 구매하는 재고 쌓기(stockpiling) 현상과 구매시점의 앞당김(forward buying) 현상으로 나타난다.

(3) PR

① PR의 의의

㉠ PR(public relations)은 고객뿐 아니라 기업과 직접·간접으로 관계를 맺고 있는 여러 집단과 좋은 관계를 구축하고 유지하여 기업의 이미지를 높이고 궁극적으로 구매의 증대를 가져오기 위한 활동이라고 정의할 수 있다.
ⓒ 홍보(publicity)와 혼동하기 쉬운데 홍보는 기업의 활동이나 상품에 관한 정보를 신문이나 방송의 기사의 내용으로 다루게 하는 활동을 의미하는 면에서 PR보다 범위가 좁다.

② PR의 효과

㉠ PR은 광고의 효과와 매우 비슷한 효과를 가져온다. 그렇지만 매체비용을 지급하지 않고 소비자가 광고보다 신문이나 방송 뉴스의 내용을 더 신뢰하는 경향이 있다는 면에서 장점이 있다.
ⓒ 그러나 광고와 달리 신문이나 방송에 어떤 내용을 언제 나갈 수 있는지를 알기도 어렵고 내용도 통제할 수 없다는 한계가 있다.

(4) 인적 판매

① 인적 판매의 의의

인적 판매는 판매원이 직접 고객을 만나 제품을 알리고 주문을 유도하는 다양한 활동을 의미한다. 산업재의 판매에 주로 많이 사용된다.

② **인적 판매의 효과**
　㉠ 판매사원은 회사를 대표하는 사람이기에 판매사원의 활동방식과 태도는 회사의 이미지와 바로 연결된다. 고객의 제품에 대한 평가, 고객의 요구사항 등 고객 정보를 수집하여 회사에 보고하여 반영토록 하는 매우 중요한 역할을 수행한다.
　㉡ 판매사원의 활동 중 무엇보다 중요한 것은 고객과 장기적인 관계를 형성하여 관계 지향적 판매가 이루어지도록 하는 것이다.

3 디지털 마케팅 전략

(1) 디지털 마케팅의 개요

① **디지털 마케팅의 정의**
　디지털마케팅(Digital marketing)은 On-line 기반의 디지털 기술을 사용하여 상품 및 서비스를 홍보하고 판매하는 마케팅으로 온라인-마케팅, 웹-마케팅이라고도 한다. 현재는 페이스북, 인스타그램 등 소셜미디어를 이용한 SNS 마케팅 활동이 주로 행해지고 있다.

② **디지털 마케팅의 종류**
　㉠ 이메일 마케팅(E-mail Marketing) : 이메일-뉴스레터, 이벤트, 할인 등을 이메일을 통해 고객에게 알리고 주문을 유도하는 방법이다.
　㉡ 콘텐츠 마케팅(Content Marketing) : 콘텐츠를 제작해 불특정다수에게 상품과 서비스를 알리는 방법으로 블로그, 유튜브, 팟캐스트 등에서 다양한 형태의 콘텐츠를 이용하여 고객과 양방향 의사소통한다.
　㉢ 모바일 마케팅(Mobile Marketing) : 개인화된 모바일 기기를 통한 마케팅으로 모바일 앱 광고, 모바일 SMS 광고 등이 있으며 개인화된 메시지 전달이 가능하다.

③ **디지털 마케팅의 장점**
　㉠ 기존의 촉진수단과 비교할 때 촉진비용 절감효과가 크다.
　㉡ 마케팅 효과의 측정 및 추적이 용이하다.
　㉢ 타겟층에 대한 인구통계학적 분석이 가능하다.
　㉣ 소비자와의 즉각적인 양방향 의사소통이 가능하다.

④ **온라인 구매결정과정**
　㉠ 오프라인에서의 구매결정과정은 AIDA로 설명되는 인지(Attention) → 흥미(Interest) → 욕구(Desire) → 행동(Action)의 과정을 거치는 것이 일반적이다.
　㉡ 온라인에서의 구매결정과정은 일본의 광고대행사 '덴츠'사가 구축한 모델로 AISAS라고 하여 인지(Attention) → 흥미(Interest) → 검색(Search) → 행동(Action) → 공유(Share)의 과정을 거치는 것으로 제시한다.

⑤ **웹사이트 및 온라인 쇼핑몰 구축**
　웹사이트 구축 절차는 ㉠ 적절한 웹사이트 주소등록, ㉡ 웹호스팅 서비스에 등록, ㉢ 사이트 디자인, ㉣ 사이트 홍보 수행 등의 순서로 진행된다.

(2) 웹사이트 사용자 경험에 대한 이해(UI/UX)

① UI(User Interface)
㉠ UI, 즉 사용자 환경은 사용자 화면(환경)이라는 의미로, 사용자와 모바일, 컴퓨터 간 상호 작용하는 환경을 뜻한다. 사용자(User)들이 IT 기기를 작동하기 위해 접촉하는 매개체인 컴퓨터를 조작할 때 나타나는 아이콘 디자인, 모양 및 텍스트 등의 구동화면도 이에 해당한다.

㉡ UI의 설계방향

직관성	컨트롤, VIEW 부분을 나누어 첫 사용에도 사용법을 쉽게 인지할 수 있다.
일관성	다양한 부분에 걸쳐 사용 편의성에서 일관성이 있으면 학습이 용이하다.
효율성	사이트에 익숙해진 다음에 더 효율적으로 사용할 수 있다면 가장 좋다.

② UX(User Experience)
㉠ UX, 즉 사용자 경험은 사용자가 제품이나 서비스를 체험할 때 느낄 수 있는 감정을 말하는 사용자 경험으로, 사이트 방문자의 전반적인(총체적인) 경험을 의미한다.

㉡ UX는 사용자 인터페이스(UI)에 의해 발전된 것으로 단순히 아름답게 보이는 것이 아니라 인간이 인지하지 못하는 니즈(needs)를 발견하고 공감하기 위한 수단을 말한다.

(3) 검색엔진 마케팅과 검색엔진 최적화(SEO)

① 검색엔진 마케팅
㉠ 검색엔진 마케팅(Search Engine Marketing)은 네이버, 구글, 야후 등의 검색엔진을 활용해 광고를 집행하는 마케팅기법으로 검색엔진 광고와 검색엔진 최적화를 통해 실행된다.

㉡ 검색엔진 결과 페이지에 자사 사이트의 가시성(visibility)을 증가시켜 사이트를 홍보하는 온라인 마케팅 방법으로, '키워드 광고'가 대표적이다. 검색엔진 광고를 통해 상품이나 서비스를 검색 결과 사이트 상단에 노출할 수 있다.

② 검색엔진 최적화
㉠ 검색엔진 최적화(SEO : Search Engine Optimization)는 검색엔진을 사용자 편의성에 맞추어 최적화하여 검색엔진 상단에 자사의 사이트를 노출시키는 것을 의미한다.

㉡ SEO를 통해 자사 사이트를 상단에 노출시켜 마케팅 효과 및 매출액 제고를 꾀할 수 있다.

㉢ SEO의 목표는 직접 트래픽 또는 대금을 지불하는 키워드 광고 결과가 아닌 자연검색어 결과를 개선하는 데 있다.

4 소셜미디어 마케팅

(1) 소셜미디어 플랫폼의 이해

① 소셜미디어 플랫폼의 개념과 기대효과
㉠ 소셜미디어 플랫폼(social media flatform)은 사용자가 콘텐츠를 만들고 공유하면서 온라인 네트워크에 연결하는 온라인 환경을 뜻하며, 페이스북, 트위터(현재는 X), 인스타그램, 유튜브 등이 대표적이다.
㉡ 소셜미디어 플랫폼의 기대효과로는 커뮤니케이션의 연결, 정보제공과 업데이트, 자기표현과 개인 브랜딩, 비즈니스 관계의 형성, 사회적 운동과 영향력 표출 등을 들 수 있다.

② 소셜커머스
최근 인스타그램, 유튜브, 틱톡과 같은 소셜미디어 플랫폼에는 소비자가 앱에서 나가지 않고도 제품을 검색하고 쇼핑할 수 있는 쇼핑 기능이 있는데, 이를 소셜커머스(social commerce)라고 한다.

(2) 소셜미디어 마케팅

① 소셜미디어 마케팅의 개념
소셜미디어 마케팅(socialmedia marketing)은 페이스북, 인스타그램 등의 소셜미디어를 통해 소셜미디어 사용자들의 반응과 관심을 받을 수 있도록 각 채널에 최적화된 다양한 콘텐츠를 기획·제작하고, 잠재고객 또는 고객들과 활발하게 소통하며 상품이나 서비스를 알리고 정보를 공유하는 온라인 마케팅을 의미한다.

② 소셜미디어 마케팅 절차
소셜미디어 마케팅은 최적 플랫폼 선정 → 적합한 콘텐츠 기획 → 콘텐츠 제작 → 캠페인 추적 → 캠페인 결과 평가 등의 순서에 따라 이루어진다.

③ 소셜미디어의 유형

SNS 플랫폼	가장 일반적 유형으로 사용자들이 프로필을 생성하고 친구, 동료 등과 연결할 수 있는 플랫폼. 페이스북이 대표적임
마이크로블로킹 플랫폼	유저들이 짧은 글이나 업데이트를 하여 공유하는 플랫폼. 트위터가 대표적이며 글자 수 제한 있음
이미지 공유형 플랫폼	유저들이 사진/이미지를 업로드하고 공유할 수 있는 플랫폼. 인스타그램이 대표적임
비디오 공유형 플랫폼	동영상을 업로드하고 공유할 수 있는 플랫폼으로 YouTube가 대표적임. 시청자들은 동영상을 시청하고 구독, 좋아요, 댓글 등으로 상호작용
전문 네트워크 플랫폼	비즈니스/직장 관련 정보를 공유하고 커뮤니티와 네트워킹을 할 수 있는 플랫폼. Linked-In이 대표적임

CHAPTER 01 실전감각 기르기

01 마케팅 활동을 올바로 이해하고 실행하는 데 필요한 마케팅의 다양한 개념들, 즉 마케팅 관리철학 혹은 지향성에 대한 설명 중 가장 올바르지 않은 것은?

① 일반적으로 마케팅 개념의 발전단계는 생산개념, 제품개념, 판매개념, 마케팅 개념 및 사회적 마케팅 개념으로의 역사적 발전과정으로 설명하고 있다.
② 마케팅의 생산개념은 소비자들이 저렴하고 쉽게 구할 수 있는 제품을 선호하기 때문에, 생산과 유통의 효율성을 향상시키는데 주력해야 한다는 철학을 가지고 있다.
③ 소비자는 최고의 품질, 성능, 혁신적 특성을 가진 제품을 선호하기 때문에 지속적인 제품개선에 마케팅 전략의 초점을 맞추어야 한다는 주장이 바로 제품개념 마케팅 관점이다.
④ 마케팅의 판매개념은 소비자 욕구, 기업의 목표, 소비자와 사회의 장기적 이익 간에 균형을 맞춘 현명한 마케팅 의사결정을 내림으로써 판매가 더욱 촉진될 수 있다고 보는 관점·철학이다.
⑤ 마케팅 개념은 기업이 목표시장의 욕구를 파악하고 경쟁사보다 그들의 욕구를 더 잘 충족시켜야만 조직의 목표가 달성될 수 있다고 보는 마케팅 철학·관점을 말한다.

해설 ④ 소비자 욕구, 기업의 목표, 소비자와 사회의 장기적 이익(복리) 간에 균형을 맞춘 현명한 마케팅 의사결정을 내려야 한다는 믿음은 사회적 마케팅 개념(societal marketing concept)이다.
판매개념(selling concept)은 충분한 규모의 판매촉진 노력이 이루어지지 않으면 소비자는 충분한 양의 제품을 구매하지 않을 것이라는 사고를 말한다. 이 개념은 비탐색재(unsought goods)를 취급하는 기업들이 수용한다.

02 시장세분화를 위한 소비자의 행동분석적 요인에 해당되지 않는 것은?

① 편 익
② 제품의 사용경험
③ 제품의 사용정도
④ 상표애호도
⑤ 가족생애주기

해설 시장세분화의 기준변수에서 가족생애주기는 인구통계적 변수(또는 사회경제적 변수)에 해당된다. 소비자의 행동분석적 요인은 실제의 제품이나 제품속성에 대해 구매자가 가지는 지식, 태도 등에 따른 분류이므로 시장세분화에서 논리적으로 가장 타당하다. 반면 인구통계적 변수는 측정이 용이하기 때문에 가장 많이 사용된다.

Answer 01 ④ 02 ⑤

03 고객세분화의 유형 중 행동적 세분화에 대한 설명으로 가장 올바르지 않은 것은?

① 소비자들의 사회계층 및 라이프스타일에 따른 생활양식을 바탕으로 구매행동과 관련된 특징들을 세분화한 것이다.
② 행동적 세분화의 한 유형인 효익세분화(benefit segmentation)는 구매자들을 그들이 제품으로부터 추구하는 혜택 혹은 편익에 따라 구분하는 것이다.
③ 행동적 세분화의 한 유형인 사용상황 세분화는 구매자들의 제품정보 습득경로, 실제 구매 여부 또는 구매한 물건을 사용하는 상황에 따라 시장을 나누는 것이다.
④ 특정 오렌지 주스 브랜드가 소비자들에게 '아침에 차갑고 건강에 좋은 오렌지 주스를 마시자'는 캠페인을 전개해 왔다면, 시장을 행동적으로 세분화하여 접근한 것이다.
⑤ 제품을 소비하는 양에 따라 또는 충성도의 수준에 따라 소비자들을 나누었다면 행동적 세분화라 할 수 있다.

[해설] ① 소비자들의 사회계층 및 라이프스타일에 따른 생활양식을 바탕으로 서로 다른 세분시장으로 나누는 것은 심리묘사적(psychographic) 세분화이다.

04 소셜미디어 마케팅의 장점으로 옳은 것은?

① 소셜미디어는 표적화되어 있고 인적(personal)인 속성이 강하다.
② 소셜미디어 캠페인의 성과는 측정이 용이하다.
③ 마케터의 메시지 통제 정도가 강하다.
④ 기업과 제품에 대한 정보를 푸시를 통해 적극적으로 제공한다.
⑤ 소셜미디어 캠페인은 실행이 단순하고 역효과가 없다.

[해설] 소셜미디어 마케팅은 텔레비전, 신문 등과 같은 전통적인 대중매체를 통해 광고나 홍보를 했던 기존의 마케팅과는 달리 인스타그램, 트위터, 페이스북 등과 같은 소셜미디어를 활용하는 마케팅 전략을 말한다.
소셜미디어 마케팅은 사용자 간 관계를 형성할 수 있는 웹 기반의 플랫폼인 소셜 네트워크 서비스를 활용하여 고객들과 소통하므로 대상이 표적화되어 있고 인적 속성이 강한 것이 특징이다.

Answer 03 ① 04 ①

05 다음의 마케팅 개념 중 사회지향적 마케팅 개념을 설명하고 있는 것은?

① 소비자의 욕구를 먼저 파악해서 경쟁업자보다 더 효율적으로 소비자가 원하는 제품을 공급해야 한다.
② 생산성 향상 및 유통 효율화를 통한 원가절감에 중점을 두어야 한다.
③ 소비자의 욕구충족을 위해 제품의 품질향상에 노력해야 한다.
④ 표적시장의 욕구충족과정에서 고객과 사회 전체의 복지를 향상시키는 방향으로 기업이 적응해 가야 한다.
⑤ 판매와 판매촉진에 노력을 집중해야 한다는 사고이다.

해설 마케팅 개념은 '생산개념 → 제품개념 → 판매개념 → 마케팅 개념 → 사회지향적 마케팅 개념'의 순으로 발전되어 왔다. 여기서 사회지향적 마케팅 개념은 마케팅 조직은 표적시장의 욕구와 관심을 파악하여 이를 경쟁사보다 효과적이고 효율적으로 충족시켜야 하며, 이 과정에서 고객과 사회 전체의 복지를 보존·향상시켜야 한다는 개념이다. 즉, 기업은 소비자의 욕구충족과 기업의 이윤추구는 물론 소비자의 장기적인 이익 및 사회복리를 추구해야 한다는 관리이념이다.
①은 마케팅 개념, ②는 생산개념, ③은 제품개념, ⑤는 판매개념에 대한 설명이다.

06 유통마케팅의 패러다임이 거래지향적 마케팅에서 관계지향적 마케팅으로 전환되면서 나타난 변화에 대한 설명으로 옳지 않은 것은?

① 범위의 경제에서 규모의 경제로 경제 패러다임이 변화되었다.
② 시장점유율보다 고객점유율에 초점을 맞춘다.
③ 단기적 매출 증가보다 장기적 고객자산 증가를 중요시한다.
④ 단품보다는 수명이 더 긴 상표에 대한 경험의 개선을 강조한다.
⑤ 세분화 및 표적시장 선정보다는 바람직한 고객포트폴리오 구축에 힘쓴다.

해설 ① 규모의 경제는 원가절감을 가져오기 때문에 거래지향적 마케팅의 경제 패러다임이 된다. 관계지향적 마케팅이 강조되면서 경제 패러다임은 범위의 경제로 변화되었다.

Answer 05 ④ 06 ①

07 소비자의 합리적인 구매 의사결정과정에 대한 설명 중 가장 올바르지 않은 것은?

① 구매과정은 구매자가 문제 혹은 욕구를 인식함으로써 시작된다.
② 욕구가 발생되는 소비자는 대안을 평가하게 되는데, 대안의 평가기준은 개인적, 상업적, 공공적, 경험적 원천으로부터 제공받는다.
③ 최근 구매자가 구매과정에서 인터넷을 통해 정보를 탐색하는 경향이 많아지고 있다.
④ 구매 의사결정단계에서 소비자는 선택 집합 내의 상표들 중에서 선호하는 것을 선택하고, 가장 선호하는 상표를 구매할 의도를 갖는다.
⑤ 구매 후 행동단계에서는 구매자가 제품에 대한 기대와 지각된 성과를 통해 만족 여부를 결정하게 된다.

[해설] 구매자의 의사결정 과정은 욕구인식 → 정보탐색 → 대안평가 → 구매결정 → 구매 후 행동의 단계를 거친다. 여기서 대안평가(alternative evaluation)의 기준은 개인에 따라, 제품에 따라 그리고 상황에 따라 달라진다. 일반적으로 소비자는 구매할 대안을 자신의 경험이나 학습을 통해서 얻은 신념(beliefs)과 태도(attitude)에 의해 결정하는 경우가 많다.
② 욕구가 발생되는 소비자는 관련되는 정보를 탐색한 후 대안을 평가한다. 대안의 평가기준은 주로 개인적, 경험적 원천으로부터 제공받는다.

08 구매자의 행동에 영향을 미치는 주요 요인에는 문화적 요인, 사회적 요인, 개인적 요인 및 심리적 요인 등이 있고, 이들 요인들은 세부적으로 몇 가지의 요소들로부터 영향을 받는다. 다음 중 성격이 구별되는 하나는?

① 신 념
② 태 도
③ 지각 · 인식
④ 개 성
⑤ 학 습

[해설] ①②③⑤는 심리적 요인이며, ④의 개성은 개인적 요인이다.
[참고] 소비자의 구매 의사결정에 영향을 미치는 요인
　㉠ 개인적 요인(personal factors) : 나이와 생애주기, 직업과 경제적 상황, 라이프스타일 및 성격(개성)과 자아(personality and self concept) 등
　㉡ 심리적 요인(psychological factors) : 동기(motivation), 지각(perception), 학습(learning), 신념과 태도(beliefs and attitudes) 등
　㉢ 사회적 요인(social factors) : 소집단과 가족 등
　㉣ 문화적 요인(culture factors) : 문화와 하위문화, 사회계층 등

Answer 07 ② 08 ④

09 소비자들은 자신들이 이미 선택 구매한 브랜드에 유리하도록 자신들의 태도를 변화시킴으로써 그들이 내린 의사결정에 대한 정당성을 강화하려는 경향이 있다고 한다. 이러한 경향을 가장 잘 설명하고 있는 것은?

① 합리적 행동
② 기대 불일치
③ 수동적 학습
④ 자기 정당화
⑤ 인지 부조화

[해설] 소비자들은 자신들이 이미 선택 구매한 브랜드에 유리하도록 자신들의 태도를 변화시킴으로써 그들이 내린 의사결정에 대한 정당성을 강화하려는 경향을 인지 부조화라고 한다.

10 소비자 구매행동 유형 중 부조화 감소 구매행동(Dissonance-Reducing Behavior)과 가장 거리가 먼 것은?

① 소비자의 관여도가 높은 제품을 구매할 때 주로 발생한다.
② 구매 후 결과에 대하여 위험부담이 높은 제품에서 빈번하게 발생한다.
③ 주로 고가의 제품이나 전문품을 구매할 때 빈번하게 발생한다.
④ 주기적·반복적으로 구매해야 하는 제품을 구매할 때 빈번하게 발생한다.
⑤ 각 상표 간 차이가 미미한 제품을 구매할 때 빈번하게 발생한다.

[해설] 소비자 구매행동의 유형을 구매자의 관여도와 브랜드 차이 정도에 근거하여 복잡한 구매행동, 부조화 감소 구매행동, 습관적 구매행동, 다양성 추구 구매행동으로 구분할 수 있다.
부조화 감소 구매행동(dissonance-reducing behavior)은 비싸고, 가끔 발생되고, 위험이 수반되는 구매로 인해 소비자가 그 구매에 높이 관여되어 있지만 브랜드 간에 별 차이가 없을 때 발생한다.
④ 주기적·반복적으로 구매해야 하는 제품을 구매할 때 발생하는 것은 습관적 구매행동이다.

11 소비자의 구매행동에 대한 설명으로 가장 옳지 않은 것은?

① 관여도가 높고 브랜드 간의 차별화가 클수록 복잡한 구매행동을 보인다.
② 간헐적 구매가 이루어지며 브랜드 간 차이가 없는 경우에는 인지 부조화 감소행동을 보인다.
③ 제품에 자기표현적 측면이 강하고 제품의 가격이 높은 경우 인지 부조화 감소행동을 보인다.
④ 제품에 대한 소비자 관여도가 낮지만 브랜드 간에 차이가 있는 구매상황에서는 다양성 추구 구매행동을 보인다.
⑤ 소비자의 관여도가 낮고 브랜드 간 차이가 없는 경우에는 습관적 구매행동을 보인다.

Answer 09 ⑤ 10 ④ 11 ③

해설) 소비자의 구매행동은 소비자의 관여도에 따라 고관여 구매행동과 저관여 구매행동으로 구분할 수 있다. 이 중 고관여 구매행동은 복잡한 구매행동과 부조화 감소 구매행동으로, 그리고 저관여 구매행동은 습관적 구매행동과 다양성 추구 구매행동으로 나눌 수 있다.
③ 제품의 구매 후, 특히 고가품을 구매한 소비자의 대부분은 자기의 의사결정이 옳았는지에 대한 확신의 부족으로 인지 부조화(cognitive dissonance) 또는 심리적인 불편(psychological discomfort)을 경험한다. 대부분의 제품이 결점과 장점을 동시에 가지고 있기 때문에 소비자들은 거의 모든 구매에 있어서 어느 정도의 구매 후 부조화를 느끼게 된다.

12 소비자의 구매행동과정 중에서 저관여 제품인 경우에 생략되는 과정은?

① 문제인식　　　　　　　② 정보탐색
③ 대체안 평가　　　　　　④ 구매결정
⑤ 구매 후 행동

해설) 저관여 제품(low involvement product)은 구매 중요도가 낮고 가격도 낮으며, 상표 사이의 차이가 별로 없다. 또한 잘못 구매한 경우에도 위험이 적은 제품이다. 저관여 제품은 일반적인 소비자 구매의사결정과는 달리 구매행동 후에 태도가 형성된다. 외적 정보의 탐색 없이 제한된 내적 정보에 의존하고, 과거의 경험이나 기억에 의한 구매나 충동구매가 이루어진다. 따라서 ② 저관여 제품의 경우 정보탐색과정은 생략된다.

13 소비자의 태도는 행동에 영향을 미칠 뿐만 아니라 행동 뒤에 이어지는 태도에도 영향을 미친다. 행동이 태도에 영향을 미칠 가능성이 있는 상황에 해당하는 것을 모두 고른 것은?

| ㉠ 기대 불일치 | ㉡ 인지 부조화 |
| ㉢ 수동적 학습 | ㉣ 경험 부족 |

① ㉠, ㉡　　　　　　　　② ㉠, ㉡, ㉢
③ ㉡, ㉢, ㉣　　　　　　④ ㉠, ㉢, ㉣
⑤ ㉠, ㉡, ㉢, ㉣

해설) 소비자가 상품을 구매한 후 소비자의 기대수준과 지각된 성과에 의해 만족 여부가 결정된다. 이 경우 소비자가 불만족하면 인지 부조화(cognitive dissonance)가 발생하고, 이는 소비자의 태도에 영향을 미치게 된다. 이 외에도 기대 불일치나 수동적 학습이 태도에 영향을 미칠 수 있다.

Answer　12 ②　13 ②

14 제품의 포트폴리오 계획 방법 중 BCG 매트릭스에 대한 설명으로 가장 바르지 않은 것은?

① 가로축은 판매되는 제품에 대한 상대적 시장점유율을, 세로축은 제품이 판매되는 시장의 평균성장률로 하여 구성된다.
② 별(Star), 자금젖소(Cash Cow), 물음표(Question Mark), 개(Dog)의 네 가지 영역으로 구분된다.
③ 자금젖소(Cash Cow)는 저성장 고점유율을 보이는 곳으로서, 투자가 필요한 다른 전략사업단위에 투자할 자금을 창출할 수 있다.
④ 별(Star)은 시장점유율이 높을 뿐만 아니라 높은 성장률이 기대되므로 급격한 성장을 유지하기 위해 많은 투자가 필요한 부분이다.
⑤ 물음표(Question Mark)는 시장의 성장률은 높지만 낮은 시장점유율을 보이고 있는 곳으로 시장지위가 낮으므로 가능한 빨리 철수해야 하는 부분이다.

[해설] 물음표(question mark) 영역은 시장의 성장률은 높지만 낮은 시장점유율을 보이고 있는 곳으로, 계속적인 투자를 통해 시장점유율을 높여가는 확대 또는 강화(build)전략을 택할 수도 있고, 단기 현금회수를 노리는 수확(harvest)전략(회수전략)이나 철수 또는 제거(divest)전략을 택할 수도 있다.

15 기업의 자원이 제한되어 있는 경우 어떤 표적시장 선택전략이 좋은가?

① 비차별화 마케팅 전략
② 차별화 마케팅 전략
③ 집중 마케팅 전략
④ 원가우위 마케팅 전략
⑤ 시장침투 전략

[해설] 집중 마케팅 전략은 기업의 자원이나 능력이 한정되어 있을 때 하나의 세분시장(니치시장 또는 틈새시장)만을 공략하여 강력한 지위를 확보할 수 있는 전략이다. 단, 표적세분시장의 소비자 욕구가 변화하거나 강력한 경쟁자가 생기는 경우 다른 대안이 없어 위험분산이 되지 않는다는 단점이 있다.

Answer 14 ⑤ 15 ③

16 다음의 설명은 유통기업이 시장을 세분화하기 위해 분석하는 방법 중의 하나이다. ( ) 안에 해당하는 분석기법은 무엇인가?

> ( )은 제품대안들에 대한 소비자의 선호 정도로부터 소비자가 각 속성(attribute)에 부여하는 상대적 중요도(relative importance)와 각 속성수준의 효용(utility)을 추정하는 분석방법이다. 특히 ( )에서는 응답자들에게 여러 속성수준들의 결합으로 구성되는 제품 프로파일(대안)들을 제시하고 응답자들은 각 프로파일에 대한 그들의 선호 정도를 답한다.

① 판별분석
② 군집분석
③ 다차원척도법
④ 컨조인트분석
⑤ 회귀분석

해설 컨조인트분석(conjoint analysis)은 제품구매시 소비자가 중요하게 생각하는 제품속성별로 소비자가 원하는 속성의 수준을 찾아내게 함으로써 최적의 신제품을 개발할 수 있게 하는 기법이다. 컨조인트 분석은 ㉠ 제품의 최적속성 결정, ㉡ 매출액·시장점유율의 추정, ㉢ 연구대상제품에 대한 수익성·사업성 분석, ㉣ 시장세분화, ㉤ 광고·커뮤니케이션의 효율화에 활용될 수 있다.

17 포지셔닝의 유형과 그 설명으로 가장 거리가 먼 것은?

① 제품편익에 의한 포지셔닝이란 제품이나 점포의 외형적 속성이나 특징으로 소비자에게 차별화를 부여하는 것을 말한다.
② 이미지 포지셔닝이란 고급성이나 독특성처럼 제품이나 점포가 지니고 있는 추상적인 편익으로 소구하는 방법을 말한다.
③ 사용상황 포지셔닝이란 제품이나 점포의 적절한 사용상황을 묘사하거나 제시함으로써 소비자에게 부각시키는 방식이다.
④ 경쟁제품 포지셔닝이란 소비자의 지각 속에 위치하고 있는 경쟁사와 명시적 혹은 묵시적으로 비교하게 하여 자사 제품이나 점포를 부각시키는 방식이다.
⑤ 품질 및 가격 포지셔닝이란 제품 및 점포를 일정한 품질과 가격수준으로 포지셔닝하여 최저가격 홈쇼핑이나 고급전문점과 같이 차별적 위치를 확보하는 방식이다.

해설 제품편익에 의한 포지셔닝은 제품이 주는 편익(benefit)을 기준으로 포지셔닝하는 방법으로 가장 널리 사용된다. 예컨대, 현대자동차의 아반테는 저가격과 실용성을 강조하며, 볼보(Volvo)는 안전성 측면에서 강력하게 포지셔닝하고 있다.

Answer 16 ④ 17 ①

18 마케팅의 정책적 수단인 4P는 사실 구매자의 사고보다 판매자의 사고를 대변한다고 할 수 있다. 다음 중 고객관점에서 본 4P에 속하지 않는 것은?

① 고객의 가치(customer value)
② 고객의 구매력
③ 고객의 편의성
④ 고객과의 커뮤니케이션
⑤ 고객의 구매비용

[해설] 마케팅 요소 4P는 기업의 입장에서 강조되는 것이기 때문에 고객의 입장에서 마케팅 관리를 이해하기 위해서는 4P를 4C로 봐야 한다는 주장이 있다. 4C는 제품이 아니라 고객의 가치(customer value), 가격이 아니라 고객의 구매비용(cost), 경로가 아니라 고객의 편의성(convenience), 촉진이 아니라 고객과의 커뮤니케이션(communication)이다.

19 앤소프(H. Igor Ansoff)는 제품의 유형(기존제품 대 신제품) 및 시장의 유형(기존시장 대 신시장)을 기준으로 하여 기업의 다양한 성장전략의 방향을 제시하고 있다. 다음 중 시장침투전략의 방법과 가장 거리가 먼 것은?

① 기존고객의 구매량을 증가시키는 방법
② 경쟁기업의 고객을 유인하는 방법
③ 판촉활동을 통하여 비사용자를 설득하는 방법
④ 인터넷과 같은 새로운 유통망을 구축하는 방법
⑤ 신규점포를 추가하여 시장을 확대하고, 방문시 구매액을 증대시키는 방법

[해설] ①②③⑤는 시장침투전략이고, ④는 시장개발전략이다.

[참고] 집약적 성장의 세 가지 성장전략
새로운 사업의 성장전략 중 집약적 성장(intensive growth) 또는 집중적 성장은 현재의 영업범위 내에서 기업이 가능한 기회를 확인하려는 전략이다. 현재의 제품 및 시장과 관련된 기회를 충분히 활용하지 못하고 있는 경우에 유용하다. 집약적 성장의 세 가지 성장전략은 앤소프(H. Igor Ansoff)의 제품·시장확장 그리드(product·market expansion grid)를 통해 파악할 수 있다.

	현존제품	신제품
현재시장	시장침투	제품개발
신시장	시장개발	다각화

㉠ 시장침투(market penetration)전략은 현존시장에서 현존제품의 시장점유율을 증가시키는 전략으로 기존고객의 구매빈도를 증가시키고, 경쟁기업의 고객을 유인하며, 미사용 고객을 설득하는 방법이 있다.
㉡ 시장개발(market development)전략은 현존제품으로 충족시킬 수 있는 욕구를 가진 새로운 시장을 개발하는 전략이다.
㉢ 제품개발(product development)전략은 신제품의 개발가능성을 고려하는 전략이다.

Answer 18 ② 19 ④

20 다음 중 시장 커버리지 정책(market coverage policies)에 있어서 영역제한(territorial restrictions)과 관련된 설명으로 옳지 않은 것은?

① 특정 제조업체가 오프라인 중간유통상으로 하여금 자사취급제품에 대한 인터넷판매를 금지하는 행위 또한 영역제한(territorial restrictions)의 범주에 포함된다.
② 유통업체가 제조업체보다 우위의 시장정보를 가지고 있는 경우(information asymmetry)에 제조업체가 영역제한을 하지 않는 경우보다 하는 경우 브랜드 내 경쟁이 약화되며 따라서 시장조건에 적합한 가격을 제시할 수 있게 된다.
③ 유통업체의 영역제한 위반사실을 찾아내기 어려운 경우 제조업체는 영역제한을 사전에 활용할 가능성이 높다.
④ 유통업체가 제조업체와의 거래에 (특유)투자가 많을수록 유통업체의 기회주의적 성향은 감소하며 결과적으로 제조업체가 유통업체에 대해 영역제한을 강제할 수 있는 능력은 강화된다.
⑤ 영역제한은 불공정 거래행위로 간주되지만 그러나 영역제한의 위법성은 논란의 여지가 남아 있다.

> **해설** 제조업자는 흔히 소매업자들의 영업활동 영역(지역 혹은 거래대상)을 제한하려고 하는 경우가 있는데, 이를 영역제한(territorial restrictions)이라고 한다. 이는 「독점규제 및 공정거래에 관한 법률」상 불공정 거래행위로 간주된다.
> ③ 유통업체의 영역위반 사실을 찾아내기 어려운 경우라면 영역제한을 사전에 활용할 이유가 없다.

21 소매업체들이 추구하는 성장전략에 대한 설명으로 가장 옳지 않은 것은?

① 현재의 소매업태를 사용하여 기존의 고객을 직접 공략하는 것을 시장침투전략이라 한다.
② 현재의 소매업태를 이용하여 새로운 시장을 공략하는 것을 시장확장전략이라 한다.
③ 표적시장의 고객 중 자사의 점포에서 쇼핑하지 않는 고객을 유인하는 것을 소매유인전략이라 한다.
④ 동일한 표적시장의 고객에게 새로운 소매업태를 제공하는 것을 소매업태개발전략이라 한다.
⑤ 현재 공략하고 있지 않는 세분시장에 대해 새로운 소매업태를 제공하는 것을 다각화전략이라 한다.

> **해설** ③ 표적시장의 고객 중 자사의 점포에서 쇼핑하지 않는 고객을 유인하는 것도 시장침투전략에 해당한다.
> 시장침투전략(market penetration)은 현재의 소매업태를 사용하여 기존의 고객을 향해 직접 투자하는 것이다. 즉, 해당 소매업체의 표적시장의 고객 중에서 자사의 점포에서 쇼핑하지 않는 고객을 유인하고, 현재의 고객들로 하여금 보다 자주 점포를 방문하여 보다 많은 상품을 구입하도록 유도하여 매출을 증대시키려는 전략이다.

Answer 20 ③ 21 ③

소매업체들이 추구하는 네 가지 성장 기회는 소매업태와 표적 세분시장을 기준으로 다음과 같이 구분된다.

	기존 표적세분시장	신규 표적세분시장
기존 소매업태	시장침투	시장확장
신규 소매업태	소매업태개발	다각화

22 전자상거래에서는 전통적인 제조업 마케팅 정책의 의사결정요소인 4P를 근거로 한 소위 "4A"를 개발하여 마케팅 믹스를 위한 의사결정요소로 활용한다. 전자상거래가 성공적이기 위해서는 4P정책뿐만 아니라 4A정책 또한 중요하다. 다음 중 4A의 요소에 속하지 않는 것은?

① 방법(any way)
② 제품(any product)
③ 시간(any time)
④ 고객(any customer)
⑤ 장소(any where)

해설 인터넷 마케팅에서의 4A란 방법(Any way), 제품(Any product), 시간(Any time), 장소(Any where)를 말한다. 인터넷에서는 이러한 4A와 4P를 기초로 복합 마케팅 전략을 구사해야 한다.

23 다음 중 건강진단이나 증권투자 등 전문적인 서비스를 받은 후 일정시간 내에는 알 수 없으며, 시간이 지남에 따라 경험하게 되는 서비스 품질의 속성을 무엇이라 하는가?

① 탐색속성(search attributes)
② 신용속성(credence attributes)
③ 경험속성(experience attributes)
④ 부가속성(additional attributes)
⑤ 공감성(empathy)

해설 서비스 품질의 속성은 탐색속성(search attributes), 경험속성(experience attributes) 및 신용속성(credence attributes)으로 구분할 수 있다. 신용속성은 건강진단이나 증권투자 등 전문적인 서비스를 받은 후 일정시간 내에는 알 수 없으며, 시간이 지남에 따라 경험하게 되는 서비스 품질의 속성을 말한다.

24 고객의 서비스 품질 지각에 영향을 미치는 요인들 중 응답성에 해당하는 것은?

① 고객에게 문제가 생겼을 때 관심을 보이고 해결해 줄 것이다.
② 기업은 약속한 시간에 서비스를 제공할 것이다.
③ 직원들은 고객의 질문에 답변할 충분한 지식을 갖고 있을 것이다.
④ 직원은 고객의 필요와 욕구를 이해할 것이다.
⑤ 직원은 항상 자발적으로 고객을 도울 것이다.

Answer   22 ④   23 ②   24 ①, ⑤

해설 파라슈라만 등(PZB)은 SERVQUAL의 준거기준으로 5가지를 제시한다. 신뢰성(reliability), 확신성(assurance), 유형성(tangible), 공감성(empathy), 대응성(responsiveness)이다.
이 중 응답성(또는 대응성)은 고객을 돕고 즉각적인 서비스를 제공하려는 의지를 의미한다. 예를 들면, 서비스의 적시성, 고객의 문의나 요구에 대해 즉시 응답, 신속한 서비스 제공 등을 말한다. ①과 ⑤ 모두 응답성에 해당한다.

25
일반적으로 서비스의 갭(gap)이란 기대가치와 실제 경험가치의 차이를 의미한다. 다음 중 갭(gap)의 발생원인에 대하여 옳게 설명하고 있는 것은?

① 행동차이 : 고객이 인식한 서비스 수준이 실제 제공된 서비스 수준과 다른 것
② 이해차이 : 고객의 기대에 대한 경영자의 인식이 부정확한 것
③ 과정차이 : 실제 제공되는 서비스 표준과 다르게 말하는 것
④ 촉진차이 : 서비스의 구체적 절차와 다르게 직원들이 서비스를 제공하는 것
⑤ 인식차이 : 정해진 지침을 제대로 지키지 않는 것

해설 서비스 갭 분석모형에 의하면 소비자의 서비스 품질에 대한 기대수준과 제공되는 서비스 간의 차이는 4가지 요인에 의해 발생한다.
㉠ 갭 1 : 기업의 관리자가 고객의 욕구를 제대로 파악하지 못하여 고객의 욕구에 대해 오해하는 경우이다(이해차이).
㉡ 갭 2 : 관리자가 고객의 욕구를 파악하여도 구체적으로 이를 어떻게 만족시켜주어야 할지를 모르는 경우로서, 부적절한 업무과정으로 발생한다(과정차이).
㉢ 갭 3 : 서비스를 전달하는 직원이 정해진 지침을 제대로 따르지 않는 경우로서, 직원의 훈련 부족으로 발생한다(행동차이).
㉣ 갭 4 : 기업이 광고 등을 통해 약속한 서비스 내용과 실제 제공되는 서비스 간에 차이가 발생하는 경우로서, 과도한 기대수준 형성으로 발생한다(촉진차이).
㉤ 갭 5 : 기대된 서비스와 지각된(인식한) 서비스의 차이를 말하는데, 이는 갭 1~갭 4의 한 가지라도 존재하면 발생하는 차이이다(인식차이).

26
서비스 프로세스는 고객과의 상호작용 · 개별화의 정도와 노동집중도에 의해 구분이 가능하다. 고객과의 상호작용 · 개별화의 정도는 낮은 반면 노동집중도는 높은 서비스 프로세스를 무엇이라고 하는가?

① 전문서비스 ② 집중서비스
③ 대중서비스 ④ 서비스 팩토리
⑤ 서비스 숍

Answer 25 ② 26 ③

해설 슈메네는 고객과의 상호작용·개별화 정도와 노동집중도(노동집약형태)에 의해 서비스를 네 가지 형태로 분류하여 서비스 프로세스 매트릭스를 개발하였다. 여기서 노동집중도(labor intensity)는 시설이나 가치에 대한 노동비율의 정도를 의미하고, 고객과의 상호작용·개별화 정도는 서비스를 설계하거나 또는 고객에게 제공하는 과정에 고객이 참여하는 정도를 의미한다.
노동의 집중도가 높은 것은 대중서비스와 전문서비스이고, 고객과의 상호작용·개별화 정도가 높은 것은 전문서비스와 서비스 숍이다. 고객과의 상호작용·개별화의 정도는 낮은 반면 노동집중도는 높은 서비스 프로세스는 대중서비스이다.

27 인적 판매에 대한 설명으로 옳지 않은 것은?

① 소비자와 대화를 나누며 상품관련 정보를 제공하고 설득하여 판매활동을 종결한다.
② 소비자의 질문이나 요구에 대하여 즉각적인 피드백이 가능하다.
③ 소비자마다 다르게 요구하는 사항들을 충족시키기 위해 필요한 방법을 신속하게 제시할 수 있다.
④ 다른 촉진활동에 비해 더 효과적으로 소비자반응을 유도해 낼 수 있다.
⑤ 백화점의 판매원과 같은 주문창출자와 보험판매원과 같은 주문수주자의 두 가지 유형으로 구분된다.

해설 인적 판매(personal selling)는 판매원 판매라고도 하며, 판매원이 고객을 만나 대화를 통해 자사의 상품을 사도록 권유하는 마케팅활동을 말한다. 인적 판매는 판매 설명회, 트레이드 쇼, 인센티브 프로그램을 포함한다.
⑤ 판매원에는 단순히 상품을 배달만 해 주는 배달원(deliverer), 수동적으로 주문을 받기만 하는 주문수령자(order taker), 고객과 좋은 관계를 유지하고 고객의 자문에 응하는 섭외사원(missionary), 창의력을 발휘하여 적극적으로 수요를 창출하는 판매원(demand creator) 등 여러 가지가 있다.

28 다음 글상자 안의 소비자 행동에 대응하기 위한 유통기업의 전략으로 가장 옳은 것은?

- 소비자들은 전통적인 은행 영업점포 외에도 이동식 무인점포, 스마트폰, 편의점 등으로 은행업무를 보는 공간을 다변화하고 있다.
- 소비자들은 갑작스런 강추위 때문에 외출을 꺼려하면서 온라인몰에서 상품주문이 대폭 증가하였다.

① 중간상 생략 전략
② 제3자 로지스틱스 전략
③ 전속적 유통 전략
④ 수직적 마케팅시스템 구축 전략
⑤ 복수경로 유통 전략

Answer 27 ⑤ 28 ⑤

해설 제시된 내용은 복수 유통경로(다중 유통경로) 전략으로, 최근에는 멀티채널에서 옴니채널로 진보하고 있다. 멀티채널(multi channel)은 각 채널을 독립적으로 운영하여 온·오프라인이 경쟁관계라고 한다면, 옴니채널(omni)은 고객중심의 유기적 채널로 온·오프라인이 상생관계라는 점에서 다르다.

29 다음의 조사내용과 가장 밀접한 관련이 있는 것은?

> 특정브랜드의 상품을 구매하고자 하는 소비자들이 1차적으로 방문한 유통매장의 진열대에서 원하는 특정브랜드의 상품이 존재하지 않을 경우 소비자가 대체제품을 구매하지 않고 그 점포를 나가는 것을 조사한다.

① brand awareness
② brand acceptability
③ brand loyalty
④ brand valuation
⑤ brand modifier

해설 상표애호도(brand loyalty)란 소비자가 동일한 상표를 반복 구매하는 성향을 의미한다. 자사상표에 대한 상표애호도의 정도에 따라 소비자를 ㉠ 자사상표를 애호하는(loyal) 소비자, ㉡ 다른 상표에 돌아가면서 구매하는 변덕스러운 고객(switchers), ㉢ 자사상표를 전혀 구매하지 않고 다른 상표들을 구매하는 비구매자(non buyers)로 구분할 수 있다. 상표애호도에 따라 분류된 세분시장에서는 차별적인 마케팅 전략이 요구된다.

30 다음 글상자에서 설명하고 있는 용어는?

> • 유통업체와 상품공급업체 간 분리되어 있는 머천다이징과 재고관리 등의 기능을 상품별로 모두 통합하는 것을 뜻한다.
> • 매입에서 판매까지의 기능을 상품별로 수직통합하는 것을 의미한다.
> • 유통업체와 상품공급업체가 새로운 정보 기술을 활용하여 구매의사결정에 관련된 활동을 공동으로 추진하는 활동을 말한다.

① 상품 카테고리 관리
② 구색 계획
③ 단품 관리
④ 상품 라인 확장
⑤ 세그먼트 머천다이징

해설 카테고리 관리(category management)는 유통업체와 공급업체가 새로운 정보기술을 사용하여 머천다이징 전략과 구매의사 결정을 공동으로 추진하여 효과성을 높이려는 활동을 말한다. 카테고리 관리는 각기 분리되어 있는 머천다이징의 각 활동과 재고관리 등의 기능을 모두 통합시킨 것이다.

Answer 29 ③ 30 ①

31 다음 중 NB(national brand), PB(private brand)상품에 대한 설명으로 옳지 않은 것은?

① 전체 판매상품 혹은 매장진열상품 중에서 PB상품의 구성비가 많을수록 점포이미지에 부정적인 영향을 미칠 수 있다.
② PB제품이란 브랜드로 정착하지 못하거나 브랜드화가 될 가능성이 거의 없는 모방 및 표절제품 등을 의미한다.
③ 소비자들은 일반적으로 NB를 더욱 선호하는 반면, 유통업자들은 PB를 더욱 선호하는 경향이 있다.
④ PB상품은 NB상품에 비해 상품에 대한 인지도, 품질에 대한 인지도 등은 떨어지나 상대적으로 소비자가 지불하는 가격면에서 저렴하다.
⑤ PB제품을 통해 NB 생산업체와의 협상에서 대체재의 존재를 통해 보다 유리한 고지를 점령할 수 있다.

[해설] 브랜드로 정착하지 못하거나 브랜드화가 될 가능성이 거의 없는 모방 및 표절제품 등은 no name brand라고 한다.

32 상품계열의 계획내용과 연관내용 중 반드시 필요한 사항을 모두 고른 것은?

㉠ 상품계열의 수익성	㉡ 상품계열의 경쟁가능성
㉢ 상품계열의 내구성	㉣ 상품의 수명주기

① ㉠, ㉡
② ㉡, ㉣
③ ㉠, ㉡, ㉣
④ ㉡, ㉢, ㉣
⑤ ㉠, ㉢, ㉣

[해설] 상품계열의 계획은 기업이 수익성, 시장점유율, 매출증대 중 어느 것을 목표로 하는지에 따라 달라진다. 상품계열의 계획에서 고려해야 할 사항은 수익성과 상품의 수명주기, 경쟁가능성 등을 들 수 있다.

33 중간상이 제조업자를 위해 지역광고를 하거나 판촉을 실시할 경우 이를 지원하기 위해 지급되는 보조금으로, 중간상이 제조업자에게 물품대금을 지불할 때 그 금액만큼 공제하는 가격할인 유형으로 옳은 것은?

① 수량 할인
② 거래 할인
③ 현금 할인
④ 상품 지원금
⑤ 판매촉진 지원금

[해설] 판매촉진 지원금(promotional allowances)은 중간상(재판매업자)이 자사제품을 취급하고, 진열공간을 제공하고, 소매광고를 통하여 자사제품을 촉진하고, 제품을 고객에게 적극적으로 판매하도록 설득시키기 위해 사용된다.

Answer 31 ② 32 ③ 33 ⑤

판매촉진 지원금의 형태에는 물량비례 보조금, 머천다이징 보조금, 리스팅 보조금, 재고보호 보조금, 리베이트가 있다. 물량비례 보조금(case allowance)은 특정기간 내에 구매하는 상품의 양에 따라 지원금을 지급하는 형태이고, 재고보호 보조금(floor stock protection allowance)은 제조업자의 판촉기간 동안 소매업자가 구입한 상품의 재고위험성을 보상하기 위한 것이다.

34 상품계열관리에 관한 내용으로서 (   ) 안에 알맞은 단어를 바르게 나열한 것은?

> 상품계열은 상품계열의 (㉠)와(과) (㉡)(으)로 구성된다. 상품계열의 (㉠)은(는) 상품계열 내의 하부 상품계열의 수, 즉 상품계열의 다양성을 말한다. 상품계열의 (㉡)는 특정상품 내의 품목의 수를 말한다.

① ㉠ 상품폭(goods width)　　㉡ 상품깊이(goods depth)
② ㉠ 상품폭(goods width)　　㉡ 상품길이(goods length)
③ ㉠ 상품깊이(goods depth)　㉡ 상품길이(goods length)
④ ㉠ 상품길이(goods length)　㉡ 상품깊이(goods depth)
⑤ ㉠ 상품깊이(goods depth)　㉡ 상품폭(goods width)

[해설] 상품계열의 구성은 상품폭(넓이, width)과 상품깊이(depth)로 구성된다. 상품구성의 폭은 점포가 몇 종류의 상품계열을 취급하는가를 의미하고, 상품구성의 깊이는 각 상품계열에서 점포가 제공하는 품목의 수를 의미한다.

35 제품전략에 대한 설명으로 가장 올바르지 않은 것은?

① 제품라인은 유사기능을 수행하거나, 동일 고객집단에게 판매되거나, 동일 유통경로를 통해 판매되거나, 또는 비슷한 가격대에서 판매되는 등의 이유로 서로 밀접하게 관련된 제품들의 집합을 말한다.
② 제품라인 길이는 제품라인에 포함된 품목들의 수를 말하는 것으로 라인 내 브랜드의 총수와 각 제품들이 제공하는 품목들의 수를 포함한다.
③ 라인충원전략(line filing)이란 기존의 제품라인 범위 내에서 더 많은 품목들을 추가하는 것이고, 라인확대전략(line stretching)이란 현재의 가격대 이상으로 제품라인의 길이를 늘리는 것이다.
④ 몇 개의 제품라인을 보유한 기업들은 제품믹스를 구성하는데 제품 포트폴리오란 특정 판매업자가 판매용으로 시장에 제공하는 제품라인과 품목들을 합한 것을 말한다.
⑤ 제품믹스는 넓이, 길이, 깊이, 일관성 등 4가지 주요차원을 갖는데 이 중 일관성은 다양한 제품라인들이 최종용도, 생산요건, 유통경로 등에서 얼마나 밀접하게 관련성이 있는가를 의미한다.

Answer　34 ①　35 ②

[해설] 제품에 관한 의사결정에서는 제품라인 의사결정과 제품믹스 의사결정을 구분하여야 한다. 제품라인(product line)은 서로 밀접하게 관련된 제품들의 집합을 의미하는 것으로 제품라인의 길이는 제품라인에 포함된 품목 수를 의미한다. 제품믹스(product mix) 또는 제품 포트폴리오는 제품라인과 품목을 합한 것을 의미한다. 제품믹스 길이는 각 제품라인을 구성하는 품목의 총수를 의미한다.
② 라인 내 브랜드의 총수와 각 제품들이 제공하는 품목들의 수를 포함하는 것은 제품믹스 길이이다.

36 다음 중 신제품 개발과정에 포함되지 않는 것은?

① 아이디어 창출
② 아이디어 확장
③ 시제품 개발
④ 사업성 분석
⑤ 시험 마케팅

[해설] 신제품 개발과정은 '신제품에 대한 마케팅 전략의 수립 → 아이디어 창출 → 아이디어 선별 → 제품개념 개발 및 테스트 → 사업성 분석 → 시험 마케팅 → 상업화'의 단계를 거친다.

37 제품수명주기별 중점전략에 관한 설명 중 옳은 것은?

① 도입기는 제품이 시장에 도입되는 단계로 판매가격은 주로 시장침투가격으로 한다.
② 성장기는 매출액이 급격히 증가하는 단계로 품질관리가 중점활동이 된다.
③ 성숙기는 이익이 극대화되었다가 감소하는 시기로 신제품 개발전략이 요구되는 단계이다.
④ 성숙기는 매출액의 성장이 둔화되는 단계로 시장세분화를 실시해야 하는 단계이다.
⑤ 쇠퇴기는 매출이 감소하므로 점유율 확대를 통한 매출 증대가 필요한 단계이다.

[해설] ① 도입기에는 일반적으로 초기고가정책(skimming pricing), 즉 시장대응목적의 가격정책을 실시한다.
② 시장에서 고품질이라는 평가가 있어야만 성장기로 들어갈 수 있으므로 품질관리에 중점을 두어야 하는 단계는 도입기이다.
④ 성숙기는 매출액 성장률이 둔화되기 시작하므로 새로운 고객보다 기존고객의 사용빈도를 높이는 데 주력해야 한다.
⑤ 쇠퇴기는 가능한 비용을 줄이고 매출을 유지하여 수익을 극대화해야 한다.

38 '목표가격결정법'이라는 가격결정방법은 다음 중 어떤 가격결정방법에 속하는가?

① 수요기준 가격결정법
② 경쟁기준 가격결정법
③ 원가기준 가격결정법
④ 시가기준 가격결정법
⑤ 가치기준 가격결정법

Answer 36 ② 37 ③ 38 ③

해설 기업이 제품가격을 결정하기 위하여 채택할 수 있는 가격결정방법에는 원가 중심적인 가격결정, 소비자 중심적인 가격결정, 그리고 경쟁제품 중심의 가격결정이 있다. 이 중 원가 중심 가격결정(cost-based pricing)에는 원가가산 가격결정(cost-plus pricing)과 목표이익 가격결정(target profit pricing)이 대표적이다. 목표이익 가격결정이란 기업이 설정한 목표이익을 실현하는 매출수준에서 제품가격을 결정하는 방법이다.

39 다양한 가격전략을 소개하는 다음의 설명 중에서 그 내용이 올바른 것은?

① 할인을 강조하기 위해 가격을 홀수로 책정하고 품질을 강조하기 위해 가격을 짝수로 책정하는 전략을 침투가격전략(penetration pricing)이라고 한다.
② 고가를 책정함으로써 소비자들이 제품을 고품질, 높은 신분, 고가치를 인식하도록 하는 전략은 단수가격전략(odd-even pricing)이라고 한다.
③ 신제품에 대하여 시장도입 초기 높은 가격을 책정한 후 시간이 지남에 따라 점차적으로 가격을 낮추는 전략을 스키밍 가격전략(skimming pricing)이라고 한다.
④ 대규모 매출을 기대하고 낮은 가격으로 시장에 출시하는 전략을 명성가격정책(prestige pricing)이라고 한다.
⑤ 가격과 품질의 상관관계가 매우 높게 인지되는 제품인 경우에는 고가격을 유지하는 것을 관습가격(custom pricing)이라 한다.

해설 ① 시장침투 가격정책(penetration price policy)은 제품의 시장성장률을 증대시키기 위하여 제품의 도입 초기에 저가를 설정하는 정책을 말한다.
② 단수가격전략(odd-even pricing)은 할인을 강조하기 위해 가격을 홀수로 책정하고 품질을 강조하기 위해 가격을 짝수로 책정하는 전략을 말한다.
④ 명성가격정책(prestige pricing)은 고가를 책정함으로써 소비자들이 제품을 고품질, 높은 신분, 고가치를 인식하도록 하는 전략을 말한다.
⑤ 관습가격(custom pricing)은 오랜 기간 동안 소비자들이 습관적으로 일정금액을 지불해 왔기 때문에 기업들이 그에 따라 책정하는 가격을 의미한다.

Answer 39 ③

40 제조업자들의 가격전략에서 문제를 일으키는 설명들이다. 올바르게 짝지어진 것은?

> ㉠ 브랜드 제품들이 비인가 유통업자와 딜러들에 의해 낮은 가격으로 판매되는 시장
> ㉡ 소비자들이 제품의 시연, 설명 등은 오프라인의 완전서비스 유통업자들에게 제공받고, 동일 제품을 가격이 저렴한 온라인 쇼핑몰에서 구매할 경우, 온라인 쇼핑몰이 누리는 거래관행

① ㉠ – 난매시장　　　　　㉡ – 복수경로
② ㉠ – 회색시장　　　　　㉡ – 무임승차
③ ㉠ – 회색시장　　　　　㉡ – 복수경로
④ ㉠ – 난매시장　　　　　㉡ – 기회주의
⑤ ㉠ – 비허가시장　　　　㉡ – 기회주의

[해설] 회색시장(gray market)이란 정상적인 유통경로가 아닌 비정상적인 유통경로를 통해서 브랜드 제품을 싸게 판매하는 시장을 의미한다. 두 번째 내용은 대가를 지불하지 않고 이익만 취하는 무임승차(free ride)를 의미하는 내용이다.

41 다음에서 서술하는 가격결정방법은 무엇인가?

> 기본제품(면도기, 프린터 등)과 종속제품을 함께 생산, 판매하는 제조업체는 기본제품에 대해서는 저가격을, 종속제품에 대해서는 고가격을 책정하는 가격전략을 사용한다.

① 노획가격결정(captive pricing)
② 묶음가격(price bundling)
③ 이미지 가격결정(image pricing)
④ 유인가격결정(loss-leader pricing)
⑤ 이분가격결정(two-part pricing)

[해설] 노획가격(포획가격, 구속가격, captive pricing)는 프린터와 프린터 잉크, 카메라와 필름, 컴퓨터와 소프트 웨어 등 완전 보완재의 경우 주품목의 가격은 저렴하게, 부품목의 가격은 비싸게 책정하여 판매하는 방식이다.

Answer 40 ② 41 ①

42 가격결정의 유형에 대한 설명으로 옳지 않은 것은?

① 상층흡수 가격정책은 제품도입기에 고가의 가격설정으로 투자액의 조기회수를 가능하게 하는 가격결정방법이다.
② 시장침투 가격결정은 제품도입기에 시장성장률 확대를 위해 저가의 가격설정을 하는 방법으로 수요의 가격탄력성이 높은 제품에 많이 이용된다.
③ 손실유도 가격결정은 특정제품의 가격을 대폭 인하하여 다른 품목의 수익성을 확보하기 위한 일종의 심리가격결정이다.
④ 종속제품 가격결정은 주요 제품과 함께 사용하는 제품을 동시에 생산하는 경우 기본제품은 높은 가격으로 종속제품은 낮은 가격으로 가격을 결정하는 것이다.
⑤ HL 전략은 세일행사를 하는 경우에는 소비자에게 알려야 하므로, 항상 낮은 가격으로 판매하는 EDLP 정책에 비해 광고비가 많이 들게 된다.

해설 종속제품에 대한 가격결정(captive-product pricing)은 주요 제품과 함께 사용하는 제품(종속제품)을 동시에 생산하는 경우 기본제품은 낮은 가격을 책정하고 종속제품은 높은 가격을 책정하는 전략을 흔히 사용한다. 예컨대, Gillette사의 경우 면도기는 낮은 가격으로, 면도날은 높은 가격으로 판매하여 높은 이익을 올리고 있다.

43 다음 중 스키밍 가격정책(skimming pricing)과 관련된 것을 모두 고른 것은?

㉠ 신제품의 가격	㉡ 수요의 가격탄력성
㉢ 한계원가	㉣ 경쟁제품의 가격

① ㉠, ㉡
② ㉡, ㉢, ㉣
③ ㉠, ㉡, ㉣
④ ㉠, ㉢, ㉣
⑤ ㉠, ㉡, ㉢, ㉣

해설 스키밍 프라이싱(skimming pricing policy), 즉 상층흡수 가격전략은 시장대응을 목적으로, 신제품을 시장에 도입하는 초기에 고가격을 설정하여 고소득 계층을 흡수하고, 점차 가격을 인하하여 저소득 계층에도 침투하려는 전략이다. 수요의 가격탄력성이 비탄력적일 때 효과적이다.

Answer 42 ④ 43 ③

44 다음 중 high-low 가격정책에 대한 설명으로 옳지 않은 것은?

① 일반적으로 EDLP 정책보다 높은 가격정책을 추구하지만, 소비자들을 유인하기 위하여 필요한 시기에 적극적으로 할인된 낮은 가격으로 제공하는 가격정책이다.
② high-low 가격정책은 EDLP 정책보다 광고비용이 적게 든다.
③ 전반적으로 저가격을 지향하기보다는 품질이나 서비스를 강조하는 가격정책이다.
④ 가격세일행사를 빈번하게 하게 되는 high-low 가격정책은 세일시기와 비세일시기 사이 수요의 변동이 크기 때문에 EDLP 정책을 선택한 경우에 비해 상품재고관리가 복잡하다.
⑤ 세일은 재고를 줄이며, 동일한 제품으로 여러 소비자들의 특성에 소구할 수 있다.

[해설] HL(high-low) 가격정책은 평상시에는 높은 가격을 유지하다가, 바겐세일(bargain sale)기간을 정하여 대폭 할인된 가격으로 판매하여 소비자들을 유인하려는 가격전략이다.
② high-low 가격정책을 택하는 경우 바겐세일을 하게 되면 이러한 사실을 소비자에게 알려야 하므로 EDLP 가격정책에 비해 광고비용이 많이 든다.

45 묶음가격(bundle pricing)에 대한 다음 설명 중 옳지 않은 것은?

① 두 가지 이상의 제품이나 서비스를 패키지로 묶어서 가격을 책정하는 것을 말한다.
② 보완관계에 있는 상품들보다 대체관계에 있는 상품들을 묶어서 책정하는 경우가 일반적이다.
③ 개별제품에 대하여 단독으로는 판매되지 않는 순수묶음제와 개별제품에 대한 단독판매와 묶음판매 모두 가능한 혼합묶음제로 분류할 수 있다.
④ 규모의 경제 효과나 범위의 경제 효과가 있을 때 사용한다.
⑤ 묶음가격을 그 개별 구성요소들 가격의 합보다 저렴하게 설정함으로써 소비자가 묶음형태의 제품을 구매하도록 유도하는 것이다.

[해설] 두 가지 이상의 제품이나 서비스를 패키지로 묶어서 가격을 책정하는 묶음가격(bundle pricing)은 보완관계에 있는 상품들에 대해 실시하는 경우가 일반적이다.

46 다음 중 재판매 가격유지행위(resale price maintenance)에 대한 설명으로 가장 옳은 것은?

① 제조업체가 도매상에서의 도매가격을 통제하는 행위
② 생산자가 소매상이 판매하는 소매가격을 통제하는 행위
③ 도매상이 소매상이 판매하는 소매가격을 통제하는 행위
④ 중앙도매상이 지방도매상에서의 판매가격 및 소매상에서의 소비자 구입가격을 통제하는 행위
⑤ 제조업자와 도매상이 재고상품의 판매가격을 합의하여 결정하는 행위

Answer 44 ② 45 ② 46 ②

[해설] 재판매 가격유지는 상품의 생산자 또는 공급자가 소매업자에게 상품의 판매가격(resale price)을 정해주고 이를 준수하도록 만드는 행위를 말하며, 특정한 가격을 정해주거나 또는 가격의 상한가(또는 하한가)를 준수하도록 한다. 재판매 가격유지는 유통단계의 자유롭고 공정한 경쟁을 저해하고 수요와 공급의 원칙에 근거하는 정상적인 가격형성을 막음으로써 소비자들의 이익을 해칠 수 있다.

47 다음 ( ) 안에 가장 알맞은 전문용어는?

> 묶음가격전략에는 순수 묶음가격제와 혼합 묶음가격제가 있다. 혼합 묶음가격제는 묶음가격전략의 효과를 반감시키는 위험이 존재하지만 통합상품의 가격이 개별상품의 합보다 저렴하다는 것을 강조해주는 ( )의 역할을 해주기 때문에 보다 효과적일 수 있다.

① 준거가격
② 주문방식에 따른 가격차별화
③ 협상가격
④ 사용량에 따른 가격차별화
⑤ 하한가격

[해설] 준거가격(reference price)은 소비자들이 제품가격의 높고 낮음을 평가할 때 비교기준으로 사용하는 가격을 말한다. 소비자는 어떤 제품의 가격이 준거가격보다 높으면 비싸다고 인지를 하고, 준거가격보다 낮다면 싸다고 인지한다.

48 다음 중 가격차별화(price differentiation)에 대한 설명으로 가장 옳지 않은 것은?

① 기업은 가격차별화 정책을 통해 가격차별화 정책을 사용하지 않는 경우보다 수익이 증대될 수 있는 장점이 있다.
② 가격차별화는 주로 특정 상품계열 내에서 상품에 따라 가격을 다르게 책정하는 것을 의미한다.
③ 가격차별화를 적용하기 위해서는 시장세분화 작업이 가능해야 할 뿐만 아니라 또한 선행되어야 한다.
④ 가격차별화는 시장구조에 따라 효과가 동일하지 않으나 일반적으로 불완전경쟁시장에서 효과적이다.
⑤ 가결차별화는 수요의 가격탄력성에 따라 시장을 세분화하여 각 시장의 탄력성에 따라 가격을 결정하게 된다.

[해설] 가격차별화(price differentiation)는 시장지배력이 있는 독과점기업이 시장을 분리한 후 동일한(동질의) 상품을 서로 다른 가격으로 판매하는 것을 말한다. 가격차별화를 통해 독과점기업은 이윤을 증대시킬 수 있다. 가격차별화가 이루어지기 위해서는 ㉠ 시장을 지속적으로 분리할 수 있어야 하고, ㉡ 분리된 시장 간에 상품의 유통(재판매)이 없어야 하며, ㉢ 분리된 시장의 수요의 가격탄력성이 달라야 한다.
② 가격차별화는 동일한 상품을 서로 다른 가격에 판매하는 것을 말한다.

Answer 47 ① 48 ②

49 유통경로에 참여하는 구성원 간의 관계에서 작용하는 경로파워의 원천을 구분하여 설명할 때, (가)와 (나)에 들어갈 용어가 순서대로 옳게 나열된 것은?

> (가) 마진폭의 인하, 밀어내기, 끼워팔기
> (나) 판매지원, 시장정보, 특별할인, 리베이트

① 보상적 파워, 준거적 파워
② 강압적 파워, 보상적 파워
③ 합법적 파워, 강압적 파워
④ 준거적 파워, 전문적 파워
⑤ 전문적 파워, 합법적 파워

[해설] 마진폭의 인하, 밀어내기, 끼워팔기 등은 강압적 파워이고, 판매지원, 시장정보, 특별할인, 리베이트 등은 보상적 파워이다.

[참고] 경로파워의 원천

보상적 파워 (reward power)	판매지원, 영업활동지원, 관리기법, 시장정보, 금융지원, 신용조건, 마진폭의 증대, 특별할인, 리베이트, 광고지원, 판촉물 지원, 신속한 배달, 빈번한 배달, 감사패 제공, 지역 독점권 제공
강압적 파워 (coercive power)	상품공급의 지연, 대리점 보증금의 인상, 마진폭의 인하, 대금결제일의 단축, 전속적 지역권의 철회, 인접 지역에 새로운 점포의 개설, 끼워 팔기, 밀어내기, 기타 보상적 파워의 철회
합법적 파워 (legitimate power)	오랜 관습이나 상식에 따라 당연하게 인정되는 권리, 계약, 상표등록, 특허권, 프랜차이즈 협약, 기타 법률적 권리
준거적 파워 (referent power)	유명상표를 취급한다는 긍지와 보람, 유명업체 또는 관련 산업의 선도자와 거래한다는 긍지, 상호 간 목표의 공유, 상대방과의 관계지속 욕구, 상대방의 신뢰 및 결속
전문적 파워 (expert power)	경영관리에 관한 상담과 조언, 영업사원의 전문지식, 종업원의 교육과 훈련, 상품의 진열 및 전시조언, 경영정보, 시장정보, 우수한 제품, 다양한 제품, 신제품 개발 능력

50 유통경로에서 발생하는 갈등을 관리하는 행동적 방식으로 가장 옳지 않은 것은?

① 문제해결
② 설 득
③ 협 상
④ 협회 공동가입
⑤ 중 재

[해설] 경로갈등을 관리하는 행동적 방식으로는 문제해결(problem solving)을 위하여 서로에게 필요한 상위목표를 설정하는 방법이 있다. 또한 설득(persuasion)에 의해 구성원의 목적 등을 수정하여 갈등을 해결한다. 이외에도 협상(negotiation), 조정(mediation)과 중재(arbitration) 등을 통하여 해결하는 방법이 있다.
한편 개방된 정보교환을 통해 갈등해결을 모색하는 방안으로는 협회 공동가입(joint membership), 인력교환(exchange of person), 호선(co-optation) 등의 방안이 있다.

Answer 49 ② 50 ④

51 다음은 제조업체와 소매유통업체 사이에서 발생하는 두 가지 극단적인 전략관계, 즉 풀(pull) 전략과 푸시(push) 전략에 관한 설명이다. 올바르지 않은 것은?

① 푸시채널 전략에서는 제조업체의 현장 마케팅 지원에 대한 요구수준이 상대적으로 높다.
② 잘 알려지지 않은 브랜드의 제품을 손님이 많이 드나드는 매장에 전시함으로써 고객들을 끌어당기는 것을 풀마케팅 전략(pull marketing strategy)이라고 한다.
③ 제조업체가 자사 신규제품에 대한 시장창출을 소매유통업체에게 의존하는 경향이 강한 것은 푸시 전략이다.
④ 유통업체의 경제성 측면, 즉 마진율은 푸시채널 전략의 경우가 풀채널 전략의 경우보다 상대적으로 높다.
⑤ 풀 전략을 사용할 경우 광고와 홍보를 주로 사용한다.

해설 ② 잘 알려지지 않은 브랜드의 제품을 손님이 많이 드나드는 매장에 전시하고, 고객들의 관심을 끌어 구매하도록 유도하는 것은 밀어내기(push) 전략이다.

52 고관여 제품에 대한 광고전략과 비교하여 저관여 제품에 대한 광고전략의 내용으로 가장 거리가 먼 것은?

① 인쇄매체보다 TV를 주요 수단으로 활용해야 한다.
② 점포 내 진열과 포장과 같은 시각적 및 비(非)메시지 구성요소를 강조해야 한다.
③ 광고의 노출빈도는 적게 해야 한다.
④ 반복되는 단문메시지를 사용하여 수동적인 학습효과를 향상시키고 브랜드 친숙도를 높여야 한다.
⑤ 폭넓은 정보제공에 집중함으로써 소비자의 관심이나 주의를 높여야 한다.

해설 저관여 제품은 별다른 노력을 기울이지 않고 쉽게 구매하는 제품으로 이미 충분한 정보가 제공되어 있다. 따라서 제품정보에 별 관심 없이 제품을 구매하게 된다.
⑤ 폭넓은 정보제공에 집중함으로써 소비자의 관심이나 주의를 높여야 하는 것은 고관여 제품이다.

53 소매점에서 광고를 할 때에는 광고의 효과를 충분히 고려하여야 한다. 이를 위해서는 매출액에 대한 광고비 비율을 지역별로 할당할 필요가 있다. 이때, '잠재고객 가운데서 적어도 1회 이상 광고에 접촉한 세대나 개인의 비율'을 미리 판단할 필요가 있는데, 이를 무엇이라고 하는가?

① 도달(reach) ② 빈도(frequency)
③ 커버리지(coverage) ④ 어프로치(approach)
⑤ 인지(awareness)

Answer 51 ② 52 ⑤ 53 ①

해설 ① 잠재고객 가운데서 적어도 1회 이상 광고에 접촉한 세대나 개인의 비율은 도달(reach) 또는 도달범위라고 한다.

참고 도달범위와 도달빈도
광고매체를 선정하는 데 있어서 도달범위와 도달빈도는 중요한 평가기준이다. 여기서 도달 또는 도달범위(reach)는 일정기간 동안 특정의 광고에 적어도 한 번 이상 노출된 청중의 수나 비율을 말한다. 도달범위는 특정광고에 노출된 청중의 수를 말하지만, 광고의 노출률을 실제로 측정하는 것은 불가능하기 때문에 실무적으로는 TV의 시청률이나 신문의 구독률(실질적으로는 발행부수) 등을 이용하여 측정한다.
한편 도달빈도(frequency)는 일정기간 동안 특정광고가 한 사람에게 평균적으로 몇 번이나 노출되었는가를 말하는 개념이다. 도달빈도는 방송매체의 경우에는 일정기간 동안 방영한 광고횟수로, 인쇄광고는 광고게재 빈도 등을 이용하여 추정된다.

54
A업체가 지역유선방송에 광고를 방영하였고, 한 시청자당 평균 2회 그 광고를 접했다고 한다. 이 사례에서 알 수 있는 것은?

① 도달률(reach)
② 유효노출빈도(effective frequency)
③ 노출빈도(frequency)
④ 인지도(awareness)
⑤ 포괄범위(coverage)

해설 ③ 노출빈도(frequency)는 표적시장의 소비자들이 광고에 평균적으로 몇 회 노출되었는가로 측정된다.

55
화장품 취급점포에서 일정금액 이상을 구입한 고객에게 여행용 가방을 선물로 주었다면, 이것은 무슨 판매촉진의 유형인가?

① 트레이딩 스탬프(trading stamp)
② 콘테스트(contest)
③ 샘플링(sampling)
④ 프리미엄(premium)
⑤ 시연회(demonstration)

해설 소비자 판매촉진 수단의 하나인 프리미엄(premium), 즉 사은품은 제품구매시 무료로 제공되는 일종의 선물로 주유소에서 일정금액 이상을 주유할 때 주는 휴지나 음료수 등, 백화점의 화장품 매장에서 일정금액 이상의 화장품을 구입할 경우에 주는 파우치 백 등이 이에 해당한다.
①의 트레이딩 스탬프(trading stamp)는 마일리지 서비스(milage service)의 한 방법이다.

Answer 54 ③ 55 ④

56 판매촉진 지원금에 대한 설명으로 올바르게 짝지어진 것은?

> A. 점포 내에 판촉물을 전시하거나 소매점광고에 자사 상품을 소개하는 경우에 지급하는 형태의 보조금
> B. 신제품을 구매하거나 특별 전시하는 경우에 지급되는 보조금

① A : 물량비례 보조금　　B : 거래보조금
② A : 광고보조금　　　　 B : 물량비례 보조금
③ A : 거래보조금　　　　 B : 리베이트 보조금
④ A : 머천다이징 보조금　B : 제품진열 보조금
⑤ A : 판촉보조금　　　　 B : 재고보호 보조금

해설 판매촉진 지원금(promotional allowances)은 중간상(재판매업자)이 자사제품을 취급하고, 진열공간을 제공하고, 소매광고를 통하여 자사제품을 촉진하고, 제품을 고객에게 적극적으로 판매하도록 설득시키기 위해 사용된다.
판매촉진 지원금의 형태에는 물량비례 보조금, 머천다이징 보조금, 리스팅 보조금, 재고보호 보조금, 리베이트 등이 있다. 물량비례 보조금(case allowance)은 특정기간 내에 구매하는 상품의 양에 따라 지원금을 지급하는 형태이고, 재고보호 보조금(floor stock protection allowance)은 제조업자의 판촉기간 동안 소매업자가 구입한 상품의 재고위험성을 보상하기 위한 것이다.
A는 머천다이징 보조금(merchandising allowance), B는 리스팅 보조금(listing allowance) 또는 제품진열 보조금이라고 한다.

57 다음은 판매촉진 요인의 효과를 나타내는 용어를 설명하고 있다. 용어와 설명의 내용이 옳게 연결된 것은?

> ㉠ 판매촉진에 의해 대량으로 구매하는 현상이다.
> ㉡ 소비자가 판매촉진 때문에 특정상표의 제품을 구매하게 되면 그 제품의 성능에 대해 알게 되고, 그 성능에 만족하게 되면 해당 상표를 반복적으로 구매하는 현상이다.
> ㉢ 판매촉진이 없었더라면 다른 상표를 구매하였을 소비자가 판매촉진이 실행 중인 상표를 구매하게 되는 현상을 말한다.
> ㉣ 판촉활동 중에 구매시점을 앞당기는 현상이다.
> ㉤ 소비자의 학습과정에 의해 설명될 수 있다.

① 상표전환 - ㉢
② 재구매 - ㉣
③ 제품군 확장 - ㉠
④ 구매 가속화 - ㉡
⑤ 상표전환 - ㉤

해설 판매촉진에 의한 판매의 증대는 크게 네 가지 요인에 의해 이루어진다. 상표전환과 재구매, 제품군 확장, 구매 가속화이다.

Answer 56 ④　57 ①

- 상표전환(brand switching) : 상표전환은 상표들 간에 비대칭적으로 발생한다. 즉, 프리미엄 브랜드가 판매촉진을 하여 중·저가 브랜드의 매출을 잠식하는 것이 중·저가 브랜드가 프리미엄 브랜드의 매출을 판매촉진으로 잠식하는 것보다 훨씬 크다는 것이다.
- 재구매 : 소비자의 학습과정에 의해 설명될 수 있는 것으로, 소비자가 판매촉진 때문에 특정상표의 제품을 구매하게 되면 그 제품의 성능에 대해 알게 되고, 그 성능에 만족하게 되면 해당 상표를 반복구매하게 되는 습관이 형성된다.
- 제품군 확장(category expansion) : 판매촉진으로 새로운 구매상황의 창출과 특정제품의 사용량 자체의 증대를 통해 특정제품군의 일차수요(primary) 자체를 증대시키는 것을 말한다.
- 구매 가속화(purchase acceleration) : 판매촉진으로 평소 구매량보다 많은 양을 한꺼번에 구매하는 재고쌓기(stockpiling) 현상과 구매시점의 앞당김(forward buying) 현상으로 나타난다.

58 정해진 기간 동안 적어도 한 번 이상 광고에 접촉되는 사람의 수를 뜻하는 것은?

① 접촉범위
② 접촉빈도
③ 총접촉량
④ 총접촉비율
⑤ 커버리지

해설 ② 접촉빈도(frequency)는 일정기간 동안 한 사람에게 몇 번이나 접촉되는가를 나타낸다. 예를 들어 50만 명 중 30만 명에게는 한 번씩 접촉되고, 10만 명에는 두 번씩, 나머지 10만 명에게는 세 번씩 접촉되었다면 접촉빈도는 $(300,000 \times 1) + (100,000 \times 2) + (100,000 \times 3)$을 500,000으로 나누어준 것이 된다. 이 경우 접촉빈도는 1.6이 된다.
③ 총접촉량(impression)은 특정매체를 통해 전달되는 접촉의 총량을 나타낸다. 접촉범위에 접촉빈도를 곱한 것이다. 위의 경우 $500,000 \times 1.6 = 800,000$이 된다.
⑤ 커버리지(coverage)는 매체도달범위를 말한다.

59 온라인 광고에 대한 다음의 설명 중에서 옳지 않은 것은?

① 삽입광고(interstitials)는 웹사이트 화면이 바뀌고 있는 동안에 출현하는 온라인 전시광고이다.
② 가장 흔한 형태는 배너(banner)광고인데, 웹페이지의 상하좌우 또는 중간에서도 볼 수 있다.
③ 리치미디어(rich media)란 현재 보고 있는 창 앞에 갑자기 나타나는 새로운 창에 있는 온라인 광고이다.
④ 구글이나 야후 같은 사이트에 검색엔진 결과와 함께 나타나는 링크와 텍스트를 기반으로 하는 광고를 검색 관련 광고(search-related ads)라고 한다.
⑤ 인터넷 액세스형 광고는 웹사이트에서 제공하는 서비스를 무료로 사용하는 대신, 특정의 광고창을 보도록 하는 스폰서십 형태의 광고를 말한다.

Answer 58 ① 59 ③

해설 ③ 리치미디어 광고(rich media advertisement)는 기존의 단순한 형태의 배너광고보다 풍부한(rich) 정보를 담을 수 있는 매체(media)를 이용하는 광고라는 의미가 있다. 스트리밍기법, 다운로드되면 바로 사용자와 상호작용을 할 수 있는 애플릿, 사용자가 배너광고 위에 마우스를 올려놓으면 변하는 광고 등 다양한 방식으로 표현된다. 반면 현재 보고 있는 창 앞에 갑자기 나타나는 새로운 창에 있는 온라인 광고는 인터넷 액세스형 광고(internet access advertisement)이다.

60 인터넷 광고에서 쓰이는 용어로서 가장 적절한 것은?

① 임프레션(impression) : 인터넷 사용자가 웹사이트에 접속했을 때 그 사이트에서 이후에 그 사용자에 관한 정보를 기억해 두기 위하여 사용자의 컴퓨터로 보내는 작은 파일을 말한다.
② 클릭률(click ratio) : 사용자가 광고를 방문하는 것을 말한다.
③ 쿠키(cookie) : 광고를 위한 그래픽 툴의 하나이다.
④ 애드 뷰(ad view) : 특정시간 사용자가 광고된 배너가 있는 페이지를 방문한 수를 의미한다.
⑤ 히트(hit) : 방문자가 배너광고에 접촉한 총횟수를 의미한다.

해설 ① 임프레션(impression) : 배너광고에 노출된 횟수를 의미한다. 그렇지만 그 배너광고를 꼭 보았다는 것을 의미하지는 않는다.
③ 쿠키(cookie) : 웹브라우저에서 현재 상태를 보관하기 위해 임시로 사용 중인 데이터 파일을 나타낸다.
④ 애드 뷰(ad view) : 배너파일이 얼마나 공적으로 다운로드 됐는가를 나타내는 횟수이다.
⑤ 히트(hit) : 다른 컴퓨터가 해당 사이트에 접근하는 횟수를 의미한다.

Answer 60 ②

CHAPTER 02 점포관리

제1절 점포구성 및 레이아웃

1 매장 레이아웃 및 상품진열

(1) 매장 레이아웃의 개요

① 레이아웃의 의미
   ㉠ 레이아웃(layout)은 매장과 통로, 진열장 및 상품 등과 점포의 시설들이 적절한 연관성을 갖도록 배치하는 것을 말한다.
   ㉡ 고객의 심리를 파악하고 무의식적으로 점포 안을 많이 걷게 함으로써 보다 많은 상품을 보여주고 구매하도록 하는 기술이다.

② 점포 레이아웃 설계의 기본원칙
   ㉠ 여유 있는 동선을 확보하고, 매장 모두를 연결해야 한다.
   ㉡ 생산성이 높도록 공간을 설계해야 한다.
   ㉢ 점포에 머무르는 시간이 길어지도록 고객의 동선을 극대화해야 한다.
   ㉣ 고객동선과 종업원의 동선은 교차하는 지점이 가능한 한 적도록 구성해야 한다.
   ㉤ 종업원의 동선은 가급적 보행거리가 짧도록 구성해야 한다.
   ㉥ 상품이동 동선은 고객동선과 교차하지 않도록 구성해야 한다.

(2) 매장 레이아웃 형태

① 격자형(lattice type, grid type)
   ㉠ 설비나 통로를 반복적인 패턴의 사각형으로 배치하고, 상품은 직선형으로 병렬 배치
   ㉡ 고객들이 지나는 통로에 반복적으로 상품을 배치하는 방법이며 비용면에서 효율적
   ㉢ 공간효율을 높이고자 하는 형태로 대형 마트나 슈퍼마켓, 편의점에 가장 적합
   ㉣ 기둥이 많고 기둥간격이 좁은 상황에서도 설비비용을 절감할 수 있고, 통로 폭이 동일하기 때문에 건물 전체 필요면적이 최소화

② 프리 플로우형(free flow type)
   ㉠ 자유형 배치는 일련의 원형·팔각형·타원형·U자형 패턴으로, 비대칭적으로 배치하여 고객이 편안히 둘러 볼 수 있도록 하는 배치
   ㉡ 매장의 판매공간 정면의 전체 패턴을 바꾸지 않고서도 집기를 추가하거나 제거하여 축소하거나 확장 가능

ⓒ 상품이 고객에게 많이 노출되지만, 격자형에 비해 공간생산성은 낮음
ⓔ 소규모 전문매장이나 여러 개의 매장들이 있는 대형 점포에서 주로 활용되고 고객들에게 가장 편안히 둘러 볼 수 있도록 배치하는 방법

③ 루프형(loop type)
ⓐ 루프형 레이아웃은 부티크 레이아웃(boutique layout) 또는 경주로형이라고도 부르는 것으로, 굴곡통로로 고리처럼 연결되어 점포 내부가 경주로처럼 뻗어나간 형태
ⓑ 점포의 입구에서부터 고객의 통로를 원이나 사각형으로 배치하여 점포의 생산성을 극대화시키기 위한 레이아웃 기법
ⓒ 진열된 제품을 고객들에게 최대한 노출시킬 수 있다는 장점을 지니고 있으며, 주요 고객통로를 통해 고객의 동선을 유도
ⓔ 융통성·상품의 노출성·고객 편리성·상품의 개별매장성 등 장점으로 백화점에서 주로 사용
ⓜ 매장이 주통로쪽을 향하고 있고 고객이동이 용이하기 때문에 쇼핑을 증대시키는 장점

제2절 매장환경관리

1 매장환경과 환경관리

(1) 버블계획과 블록계획

① 버블계획
ⓐ 버블(bubble)계획은 전반적으로 제품을 진열하는 매장 공간, 고객 서비스 공간, 창고 등과 같은 점포의 주요 기능공간의 규모와 위치를 간략하게 보여주는 것을 말한다.
ⓑ 버블계획은 소매상의 전략적 목표를 표현할 수 있어야 한다. 즉, 소매상이 점포에서 강조하고자 하는 부분을 고객의 눈에 잘 보이는 곳에 배치한다.

② 블록계획
ⓐ 한편 버블계획에서 간략하게 결정된 배치를 점포의 각 구성부분의 실제 규모와 형태까지 세부적으로 결정하는 것을 블록(block)계획이라고 한다.
ⓑ 고객서비스 공간, 창고공간, 기능적 공간 각각은 기능적 필요나 크기에 따라 배치한다.

(2) 플래노그램

① 플래노그램의 의의
ⓐ 단순히 상품을 진열대에 가져다 놓는 것만으로는 공간생산성을 최대화할 수 없다. 특정 상품이 속한 부서 내에서 상품의 진열위치를 결정하기 위해서는 흔히 플래노그램을 이용한다.
ⓑ 플래노그램(planogram)은 점포 내에 상품을 진열할 때, 상품이 각각 어디에 어떻게 놓여야 하는지를 알려주는, 일종의 진열공간의 생산성을 평가하게 해주는 지침서(또는 계획서, 도표)를 말한다.

ⓒ 즉, 소매점에서 각각의 재고유지단위(SKU) 품목들의 합리적인 공간배치를 파악하기 위해 먼저 각 단품들이 매장 안에 배치될 위치를 정확하게 묘사하는 도표를 말한다.

② 플래노그램의 유용성

플래노그램은 진열 공간의 생산성 평가시에 수단으로 활용된다. 플래노그램으로 가능한 작업은 다음과 같다.

ⓐ 제품의 배치, 위치 변화 등을 실험
ⓑ 파트별, 통로별, 부서별, 제품별 수익성 비교
ⓒ 사전·사후 재무평가
ⓓ 부서별로 필요한 고정 구조물의 종류와 수량 확인
ⓔ 여러 가지 변화(배치, 전시, 할인, 쿠폰 등)에 따른 판매 변화 추적
ⓕ 선반에서의 실제 모습 확인
ⓖ 제품 포장의 테스트

2 매장의 내·외부 환경관리

(1) 쇼윈도와 멀티숍

① 쇼윈도

ⓐ 쇼윈도(show-window)는 고객을 점포에 흡인하는 역할과 점포 품격을 표시하며, 고객의 시선을 점포 내로 유도하는 역할을 한다.
ⓑ 고객의 구매 결정상 심리적 프로세스로써 AIDMA 원리를 쇼윈도 진열에 응용할 수 있는데 이는 주의(attention), 흥미와 관심(interest), 구매욕망(desire), 기억(memory), 구매행동(action) 등의 5단계를 의미한다.

② 멀티숍

ⓐ 멀티숍의 의의 : 멀티숍(multi shop)은 여러 브랜드의 제품을 한 곳에 모아놓고 판매하는 점포를 말한다. 특정 브랜드의 제품만 파는 '브랜드숍(brand shop)'과는 달리 여러 상표를 비교해 살 수 있는 장점이 있다. 편집매장 또는 복합매장으로도 불린다.
ⓑ 멀티숍의 특징 : 편집매장은 백화점 바이어가 직접 상품을 기획해 발주에서부터 매장관리까지 모두 맡아 진행하는 매장으로, 해외 직거래를 통해 기존제품 가격보다 20~30% 싸게 판매한다.

(2) 점포 환경관리

① 점포 분위기

점포 분위기는 조명, 상품구색(상품진열), 향기, 색채 등에 의해 영향을 받는다.

② 상품 진열

ⓐ 윈도 진열(window display) : 점포에 대한 흡인력을 높이고, 점포의 품격을 향상시키며, 특선품 구역으로 통행객과 아이 쇼핑 고객을 점포 내로 끌어들이는 역할을 한다.

- ⓒ **점두 진열(store-front display)** : 통행객과 아이 쇼핑 고객에게 신뢰감을 갖게 하고 구매 분위기를 조성하는 역할, 충동구매 상품을 배치한다.
- ⓒ **점내 진열(interior display)** : AIDCA원칙, 즉 주목 → 흥미 → 욕망 → 확신 → 행동이라는 프로세스를 고려한다.

③ **POP 광고**
- ⊙ POP(point of purchasing) 광고는 구매 시점 광고로써 소매상의 점두나 점내를 활용하여 판촉활동을 수행하는 점내 광고이며, 대량 광고매체에 대응한 광고 용어이다.
- ⓒ 오늘날 대량 판매체제가 구축되면서 셀프 서비스 판매를 중심으로 한 판매방식이 채용되어 주로 슈퍼마켓, 할인점을 지원하기 위해 주로 제조업자가 자신의 대량광고를 판매시점에 접목시킬 목적으로 POP 광고를 작성하여 소매점에 배포하고 있다.

제3절 상품진열

1 진열의 개요

(1) 진열의 의의

① **진열의 의미**

진열(display)은 소비자에게 제품을 알리고 소비자의 구매의욕을 자극하여 제품을 판매할 목적으로, 판매대를 설치·배치하고 상품을 배열하는 것을 말한다.

② **진열의 중요성**
- ⊙ 근래 들어 소매 유통업은 셀프 서비스(seif-service) 방식을 빌어 크게 성장해왔다. 그리고 이러한 셀프 서비스 방식을 가능케 한 것이 바로 진열기술(display technique)이다.
- ⓒ 소매 유통업에서 진열기술이 중요한 이유는 대면판매방식은 판매원이 제품의 특징과 장점을 설명하며 권장 판매를 하지만, 셀프 서비스 판매방식은 제품 스스로가 진열된 상태에서 소비자에게 어필하여 소비자가 구매할 수 있도록 하여야 하기 때문이다.

③ **진열의 효과**
- ⊙ 제품의 진열과 매장의 장식은 점포의 이미지를 높이고 매력을 향상시켜 매출을 늘리는데 있어서 결코 무시할 수 없는 판매의 비결이다. 진열이란 기본적으로 소매점 단계에서 이루어지는 것이므로, 소매점 자체에 있어서는 포장보다 진열이 더 중요한 판매기법이라고 할 수 있다.
- ⓒ 진열은 직접 소비자의 마음을 사로 잡는 중요한 광고 메시지가 되며 소매업자는 물론 제조업자·도매업자에 있어서 중요한 촉진매체라고 할 수 있다.

(2) 진열의 요소

① **진열의 기본요소**
  ㉠ 진열의 요소는 품목(무엇을), 진열의 양(얼마나), 진열의 위치(어디에)와 형태(어떤 형태로), 페이스(어느 면을 보이게)로 이루어진다.
  ㉡ 우선 어떤 품목을 어느 정도 진열할 것인가를 결정하고, 그 다음 진열위치와 형태, 진열페이스를 결정하는 것이 일반적이다.

② **페이싱**
  ㉠ 메인 페이스(main face)는 상품이며, 상표가 붙어 있는 쪽을 얼굴이라고 생각하면 된다. 이러한 상품의 얼굴을 소비자에게 정면(main face)으로 향하도록 진열한다.
  ㉡ 페이싱(facing)은 특정 상품을 가로로 몇 개 진열하는가를 의미한다. 그 진열량 모두를 페이스의 수, 혹은 페이싱이라고 한다. 이는 깊이의 진열이 아닌 넓이의 진열을 말하는 것으로, 같은 선반 위에 몇 단을 쌓아 올리는가는 페이스 수와 관계가 없다.
  ㉢ 매장 전체의 판매를 증가시키기 위해서는 페이스 효과(페이스의 증감이 판매량에 미치는 효과)를 따져 팔리는 만큼의 페이스의 수를 진열하고 잘 팔리는 고회전 상품의 페이스를 확대 진열하는 것이 좋다.

③ **그룹핑과 조닝**
  ㉠ 진열에서의 그룹핑(grouping)이란 각 상품의 묶음(부문화)을 말한다. 공통점이 있는 품목끼리 모아 관련 상품끼리 묶되, 고객의 입장에서 상품탐색기준과 선택기준을 생각해야 한다.
  ㉡ 조닝(zoning)이란 각 묶음의 배치를 말한다. 그룹단위 매출 구성비, 그룹 간 연관(용도별)을 생각해서 각 부문을 어디에 배치할 것인가를 정하고 각 부문에 어떻게 스페이스를 할당할지 정한다.

④ **구색변경**
  기본적으로 ABC 분석을 통해 구색을 변경한다. 여기서 ABC 구성이란 무엇을 어떻게 갖추고, 진열의 양은 어떻게 결정하며, 보충진열은 어떠한 방법으로 하고, 발주관리는 어떻게 할 것인가 하는 요소들을 따져 이루어지는 구성을 뜻한다.

2 진열의 기본조건

(1) 진열의 원칙

① **진열의 원칙의 의의**
  ㉠ 진열은 기본적으로 소비자의 구매심리 프로세스를 고려하여 이루어져야 한다. 기본적으로 소비자의 구매심리 프로세스는 AIDA의 원칙, 즉 주목(attention) → 관심(interest) → 구매욕망(desire) → 구매행동(action)의 과정을 거친다.
  ㉡ 그리고 이 원칙이 광고나 윈도 진열에서는 기억(memory)이 추가되어 AIDMA의 원칙, 점내 진열에서는 확신(confidence, conviction)이 추가되어 AIDCA의 원칙으로 강조되고 있다.

② **AIDMA의 원칙**

AIDMA의 원칙은 광고에 적용되는 소비자의 심리 프로세스이지만 윈도 진열(window display)에도 함께 적용되는 원칙이다.

㉠ A(attention) : 주목, 즉 매장에 들르는 소비자의 눈에 잘 띄고, 주의를 끌 수 있도록 대량으로 진열·연출하고, 탑 보드나 플랭카드·포스터 등을 이용하여 데몬스트레이션을 실시한다.
㉡ I(interest) : 흥미, 즉 매대로 고객을 유도하기 위하여 POP 또는 아이 캣쳐, 상품 설명서, 요리 방법과 같은 제안을 통해 관심을 유발시키고 제품에 대한 이해도를 깊게 한다.
㉢ D(desire) : 욕구, 즉 매장 내에서 상품을 비교·선택하기 쉽도록 하기 위하여 유사상품끼리 그룹핑하여 눈에 띄기 쉽도록 진열하고, 향기와 맛 등 제품의 장점에 대하여 시식이나 견본품 제공 등을 통해 직접 소구하거나 또는 POP 등을 통해 충동구매를 불러일으킨다.
㉣ M(memory) : 기억, 즉 제품을 구매할 때까지 기억할 수 있도록 강한 인상을 심을 수 있어야 한다.
㉤ A(action) : 구매행동, 즉 매장에 진열되어 있는 상품이 소비자의 최종적인 구입결정으로 이어질 수 있도록 매장의 분위기, 진열, 상품설명 POP, 가격표 등이 소비자의 관점에서 이루어 졌는지 점검해 본다.

③ **AIDCA의 원칙**

AIDCA의 원칙은 AIDMA의 원칙에서 M(memory)을 C(confidence or conviction), 즉 확신으로 바꾼 것으로 점내 진열에 적용되는 원칙이다. 상품의 정보를 보다 알기 쉽게 제공하고, 제품의 가격을 눈에 잘 띄게 하여 소비자가 구입에 대한 확신을 가질 수 있도록 한다는 것이다.

(2) 바람직한 진열방법

① **보기 쉽게 할 것**

고객의 입장에서 어느 곳에서든지 보기에 편하고 쉬워야 한다는 것이다.

② **손으로 잡기 쉬울 것**

고객이 쉽게 고르고, 사는 데 어떠한 장애도 없어야 한다는 것이다.

③ **빨리 판매되는 품목부터 배열할 것**

점내 진열에는 고가의 상품부터, 그리고 판매가 빨리 되는 상품부터 배열하는 것이 바람직하다.

④ **가격표시를 할 것**

가격이 잘 보이거나, 쉽게 눈에 띄게 하여 고객들이 고민하지 않고 상품을 선택할 수 있어야 한다.

⑤ **상황에 맞는 분위기 조성**

상황을 묘사하고 생동감과 사실감을 살리기 위해 계절적인 상황도 고려해야 한다.

⑥ **진열 상품을 연출할 것**

디스플레이에 사용되는 상품의 수는 적게 하는 것이 효과적이다. 그리고 상품은 고객에게 어필할 수 있도록 분위기에 맞게 연출을 해야 한다.

⑦ 상품 간에 관련성을 가질 것

같은 종류의 상품은 그룹별로 디스플레이하고, 그 상품과 관계 있는 상품을 공간에 집중 전시한다.

⑧ 고객의 주목을 분리시킬 것

모방에 의한 주목유도라고 하는데, 예컨대 마네킹의 포즈는 고객의 주목을 분리시켜 일정한 방향으로 향하게 한다는 것이다.

⑨ 집시 포인트로 진열할 것

진열된 상품에 고객들의 시선이 몰리게 하여 그 상품은 물론 주변에 배치된 상품의 구매를 촉진하도록 한다.

3 진열의 형식 및 기법

(1) 기본적인 진열형식

① 수직 진열

㉠ 수직 진열(vertical display)은 곤돌라 내에서 동일 품종 상품을 세로로 진열하는 방법이다.

㉡ 수직 진열은 각 부문 상품이 곤돌라 라인 내 골든존(golden zone)에 걸쳐 진열되어 고객에게 균등히 볼 기회를 제공할 수 있고, 고객시선의 흐름을 수직화하여 상품부문을 효과적으로 보이게 하며, 고객 눈에 띄기 쉽다는 장점이 있다. 또한 시선이 상하로만 움직여도 상품을 찾기가 쉽다.

② 수평 진열

㉠ 수평 진열(horizontal display)은 파노라마식 진열이라고도 하는데, 수직 진열이 갖고 있는 대부분의 장점을 단점으로 갖고 있어 좋은 진열방법이라 할 수 없다.

㉡ 그러나 우수한 자석상품부문(power group)이 있는 경우는 수평 진열이 유리하다. 소부문(AU) 내에 극히 강한 자석상품부문이 있고, 각 부문의 회전율이 차이가 있는 경우, 그 자석부문을 우위로 한 수평 진열이 효과적이다.

③ 샌드위치 진열

㉠ 샌드위치 진열(sandwich display)은 진열대 내에서 잘 팔리는 상품 곁에 이익은 높으나 잘 팔리지 않는 상품을 진열해서 고객 눈에 잘 띄게 하여 판매를 촉진하는 진열이다.

㉡ 무형의 광고효과를 얻을 수 있고, 진열대 내의 사각 공간(죽은 공간)을 무력화할 수 있어 효율적이다.

④ 라이트 업 진열

㉠ 라이트 업(right up) 진열은 '좌측보다 우측이 잘 팔린다'는 개념에서 출발한다. 사람의 시선은 좌측으로부터 시작되는 상품명을 읽기 위해 좌측에서 우측으로 움직이기 때문이다. 우측에 고가격, 고이익, 대용량 상품을 진열한다.

㉡ 상품 보충진열 작업을 하는 경우 진열 선반에 남아 있는 잔여 상품을 우측으로 몰아 진열하고, 새로 보충하는 상품은 좌측에 진열하여 상품의 선입선출(FIFO) 작업에 활용한다.

⑤ 전진입체 진열
　㉠ 전진입체 진열은 매력적인 매장을 만들기 위해 적은 수량의 상품이라도 앞으로 내어 쌓는 진열을 말한다. 가능한 한 진열선반 앞에까지 상품을 전진시키고 위에도 공간이 있는 한 쌓아 올린다.
　㉡ 적은 양의 상품을 갖고도 풍부한 진열감을 연출할 수 있다. 제조일자가 빠른 상품과 오래된 상품은 앞으로 내어 진열한다.

⑥ 곡면전고 진열
　㉠ 곡면전고 진열이란 벌크 매대의 효과적인 진열방법으로 완만한 곡면의 산 모양으로 진열하여 양감 있는 진열방식이다.
　㉡ 고객이 접하는 부분을 완만한 고면으로 만들며 진열시 선입선출에 유의해야 한다.

⑦ 컬러 컨트롤 진열
　㉠ 컬러 컨트롤(color control) 진열은 상품의 색채 특성을 파악하여 효과적으로 운용하는 것을 말한다. 색채 배열순서는 밝은 색 → 어두운 색, 맑은 색 → 탁한 색, 옅은 색 → 짙은 색으로 배열하면 좋고, 배열방향은 왼쪽 → 오른쪽, 앞 → 뒤, 위 → 아래로 하는 것이 효과적이다.
　㉡ 주력 색을 정하고 진열상품의 양, 위치, 형태 등을 파악해야 하며, 주위 색과 색상, 채도, 명도 관계를 고려해야 한다. 조명을 사용하는 것도 좋은 방법이다.

⑧ 사이드 진열
　㉠ 사이드 진열(side display)은 매대의 옆에 따로 밀착시켜 돌출하는 기법이다. 주력상품과 관련된 상품을 추가로 '갖다 붙이는 진열'인 것이다. 통로가 넓어야 하고 병목 현상을 피해야 한다.
　㉡ 철수 및 이동이 용이하도록 바퀴 달린 캐리어를 이용하여 박스 상품을 커팅 진열하거나, 점블 바스켓(jumble basket) 진열대를 사용한다.

⑨ 평대 진열
　㉠ 평대 진열은 선반(shelf) 진열과 달리 사방에서 상품에 접근이 용이한 진열방법이다. 주로 청과, 야채 등 생식품 행사용 진열대로 활용되어 왔으며 최근 공산품 가운데 행사상품이나 기획상품 진열에도 적극 활용된다.
　㉡ 통로가 넓어야 하며 재고관리에 주의하여 보조구 활용 및 양감 진열을 한다.

⑩ 트레이팩 진열
　㉠ 트레이팩 진열은 평대 진열과 유사하나 하단 부분을 팰릿 또는 받침대(깔판)만 처리하고 진열상품의 박스 하단 부분을 트레이 형태로 커트해 박스채 쌓아 올린다.
　㉡ 주로 할인점이나 슈퍼마켓 매장에서 대량으로 상품을 쌓아 진열하며 통로 폭이 확보된 매장에서 유용하다.

⑪ 슬롯변환 진열

슬롯변환 진열은 곤돌라 선반 일부를 떼 내어 세로로 긴 공간을 만들어 그곳에 박스 커팅 등 대량 진열을 하는 방법이다. 곤돌라가 직선 진열로 지루함을 주기 때문에 단조로움을 방지하고자 실시하는 변화 진열의 일종이다.

⑫ 돌출 진열

㉠ 돌출 진열은 본 매대 전면에 튀어나오게 하는 진열로 일반 진열보다 확장되고 양감 있는 느낌을 주며 보조기구가 필요하다. 주의사항은 통로가 넓어야 하며 돌출로 인한 사각지대 발생으로 눈에 보이지 않는 손실이 크다는 점이다.

㉡ 고객동선 장애에 의한 고객 통행이 불편하므로 특별한 경우 이외에는 금지하는 것이 좋다.

⑬ 후크 진열

㉠ 후크 진열(hook display)은 선반을 이용하지 않고 후크를 이용하여 진열하는 방식이다. 후크에 걸어야 하기 때문에 구멍이 있는 상품만이 가능하며 상품이 잘 보이는 장점이 있다.

㉡ 주의사항은 후크 진열대 최상단 선반을 떼지 말고 관련 진열한다. 진열상품 아래 낱개로 흩트려서 하는 진열은 금물이다.

⑭ 엔드 진열

㉠ 엔드 진열(end display)은 평대 양 끝에 있는 진열대를 뜻하며 단품 진열, 다품 진열, 관련 진열 세 가지로 분류된다.

㉡ 단품 진열은 신상품, 기획상품 등 특정 브랜드 판매를 극대화시킬 때, 다품 진열은 생활제안, 메뉴제안, 시즌상품 등 명확한 테마를 가진 상품에 쓴다. 관련 진열은 상품력이 높은 주력 품목의 진열 페이싱을 확보한 후 그에 관련된 보조 상품을 일정 비율로 추가 구성하여 연출한다.

⑮ 브레이크 업 진열

㉠ 브레이크 업(break up) 진열은 '진열대 단을 상품 크기에 맞게 조절해서 진열 효과를 높인다'는 원칙에 따른 진열이다. 이 기법은 진열 라인에 변화를 주어 고객 시선을 유도하여 상품과 매장에 주목률을 높이는 효과가 있다.

㉡ 획일적인 선반 모습은 때로는 단조로움을 연출한다. 또한 진열에 있어 진열대 등판이 드러나는 것은 좋은 진열이 아니다.

(2) POP 진열

① POP 진열의 의의

㉠ 매장 안의 제품배치가 대략적으로 끝나면, 소매업자는 매장 내부의 진열(display)을 어떻게 할 것인지를 결정해야 한다.

㉡ POP(point of purchase) 진열방식은 고객에게 정보를 제공해 주고, 매장의 분위기를 반영하며, 제품에 대한 홍보역할을 수행한다. POP 진열(POP 광고)은 설득적이고, 암묵적인 세일즈맨의 역할을 할 수 있으며, 소매업자의 목적을 위하여 유연하게 변화시킬 수 있다는 것을 강조한다.

② 구색 진열

구색 진열(assortment display)은 고객이 제품을 보고, 느낄 수 있도록 진열하는 것을 말한다. 개방된 구색 진열에서는 책이나 의류, 과일과 같이 고객이 만져볼 수 있도록 한다. 그러나 컴퓨터나 CD, 언더웨어 등의 경우에는 고객이 볼 수는 있지만 만지거나 착용하는 것은 금지되는 폐쇄된 구색 진열을 사용한다.

③ 테마별 진열

테마별 진열(theme-setting display)은 제품을 테마별로 특별한 분위기에 맞추어 진열하는 방식이다. 계절(바캉스나 스키시즌 등)이나 특별한 이벤트(발렌타인 데이나 크리스마스 등)에 따라 제품을 진열한다. 이는 판매를 촉진하고 쇼핑을 더욱 즐겁게 만들 수 있다.

④ 패키지 진열

패키지 진열(ensemble display)은 개별 카테고리별로 제품을 진열하는 것보다 하나의 전체적인 효과를 노리고 세팅되어 번들(bundle)로 진열하는 것을 말한다. 마네킹을 이용하여 신발, 모자, 가디건, 스커트 등 모든 의류제품을 보여주면 고객들은 이것들을 각각 구매할 수 있다.

> **지식+톡톡** 연관 진열
>
> 통상 할인점의 진열은 '골든 존(golden zone)' 방식을 따른다. 소비자의 시선은 오른쪽으로 향하기 마련이므로 오른쪽에 주요 매장인 신선매장을 설치한다. 같은 진열대에서도 고가에서 저가 순서로 진열한다. 하지만 요즘은 '연관 진열'이 추세이다. 제품군이 달라도 궁합이 맞는(연관 관계가 있는) 제품을 나란히 진열하여, 매출을 높이게 된다. '양은냄비와 라면', '만두 옆에 올리브유', '삼겹살 옆에 와인' 등이다.

⑤ 옷걸이 진열

옷걸이 진열(rack display)은 걸어서 보여주게 되는 제품을 위한 기능적 효용을 가지고 있다. 이는 주로 의류 소매업에서 이용하는데 조심스럽게 배치되어야 한다. 고객이 혼란을 일으킬 수도 있고, 고객이 제품을 손상시킬 수도 있다는 문제점이 있다.

⑥ 케이스 진열

케이스 진열(case display)은 무겁거나 쌓을 수 있는 수많은 제품들을 진열하는 방식이다. 예전부터 레코드나 책, 스웨터 등이 이 방식으로 진열되어 왔다.

⑦ 컷 케이스

㉠ 컷 케이스(cut case)는 제품을 포장된 상자 속에 그대로 넣어 둔 채로 판매하는 것이다. 슈퍼마켓이나 할인점들이 이러한 방식을 자주 이용하는데, 매장 분위기를 해칠 수 있지만 진열비용이 매우 적게 든다는 장점이 있다.

㉡ 커다란 통(dump bin-a case)에 제품을 쌓아 놓고 저렴하게 판매하는 방식도 많이 이용된다. 이는 개방된 구색진열 방식으로도 볼 수 있는데 진열비용을 아끼면서 제품을 빨리 처분하기 위해 이용된다.

⑧ 쇼케이스 진열(show case display)
  ㉠ 쇼케이스란 상품 진열을 목적으로 상점 내에 설치하는 상자형 구조물을 의미하는 것으로 윈도우형, 카운터형, 섬형 및 스테이지형 등이 있다.
  ㉡ 윈도우형 쇼케이스는 쇼윈도와 쇼케이스의 기능을 겸한 형태로 상품제시가 목적이고, 카운터형 쇼케이스는 흔한 형태로 보통 유리 선반이 2장 있는 3단계 진열식이다.
  ㉢ 섬형 쇼케이스란 어느 방향에서 보아도 내부의 상품을 볼 수 있는 형태이다. 스테이지형 쇼케이스는 점두보다는 점포 안의 공간에 설치되는 것이 일반적이다.

4 상품포장

(1) 포장의 의의와 기능

① 포장의 의의
  ㉠ 포장의 의미 : 포장(packaging)은 물품을 수송·보관함에 있어서 그 가치와 상태를 보호하기 위하여 적절한 재료나 용기 등을 이용하여 물품에 덧붙이는 기술을 의미한다. 즉, 포장(패키징)이란 제품의 포장물을 설계하고 생산하는 활동을 말한다.
  ㉡ 포장의 중요성 : 포장은 제품의 얼굴이다. 포장은 제품의 내용물을 보호하는 단순한 기능적 역할뿐 아니라 제품에 대한 정보의 제공 및 제품의 이미지를 전달하는 등 커뮤니케이션 역할을 수행한다.

② 포장의 기능
  ㉠ 보호성 : 보호성 또는 보전성은 제품의 생산에서부터 폐기되기까지 수송·보관·하역·보관 중에, 제품을 비나 눈, 충격, 해충, 미생물 등의 장애로부터 보호하기 위해 제품의 화학적·생물적·물리적 성격을 파악하여 보호하는 기능을 말한다.
  ㉡ 상품성 : 포장의 상품성 또는 판매촉진성(sales promotion function)도 포장의 중요한 기능이 되었다. 이 기능은 포장만 보고 상품을 고르는 구매 형태를 반영하여 강조되는 것으로, 생산자에게 있어서는 상품을 알릴 수 있고, 소비자에게는 갖고 싶은 상품의 정보를 올바르게 제공해주어 만족스런 구매를 할 수 있게 한다.
  ㉢ 편리성 : 즉, 포장의 편리성은 포장을 쉽게 개봉하고, 보관성을 좋게 하며, 사용하기 편리한 단위로 포장하는 것과 또한 상품을 이동할 때 효율적으로 이동할 수 있도록 하는 운송성이 함께 고려된다.
  ㉣ 심리성 : 할인점이나 슈퍼마켓 등과 같이 셀프 서비스(self-service)에 의한 판매가 이루어지는 점포에서는 소비자가 포장을 보고 구매결정을 하기 때문에 구매심리상의 작용도 포장이 수행한다. 따라서 구매심리를 자극하는 포장의 심리성도 중요한 기능의 하나이다.
  ㉤ 배송성 : 수송포장에 있어서는 외장의 형상·치수·중량 등이 수송·보관·하역에 편리하도록 하여야 하므로 배송성도 포장의 중요한 기능의 하나가 된다.
  ㉥ 경제성 : 포장은 포장의 합리화를 통해 유통과 물류의 합리화를 이루어 제품의 원가를 절감하도록 하는 기능이 있다.

ⓐ 환경 친화성 : 포장 자체가 폐기물이라는 주장도 있지만, 포장은 내용물을 오래 보존하게 하여 폐기물의 발생을 줄여주고, 또한 환경에 해가 되지 않는 포장재를 개발·사용함으로써 지구환경 문제를 해결할 수 있게 한다.

> **지식+톡톡 상품포장의 기능 : 상품기능, 의사전달기능, 가격기능**
>
> 상품포장의 기능은 크게 상품기능, 의사전달기능, 가격기능 등으로 분류할 수 있다.
> ① 상품기능은 상품의 내용물, 즉 일정한 수량을 정해진 단위에 알맞도록 적재하는 기능, 상품의 내용물을 다양한 위험으로부터 보호하는 기능, 소비자가 상품을 편리하게 운반하고 사용하게 하는 기능을 말한다.
> ② 의사전달기능은 특정 상품을 다른 상품과 식별할 수 있게 하는 기능을 말한다.

(2) 포장의 분류

한국산업표준 물류용어(KST-1001)에서는 포장을 낱포장, 속포장 및 겉포장으로 구분하고 있다.

① 낱포장
　㉠ 개장(item package)은 흔히 낱포장이라고도 하며 물품 자체를 하나씩 포장하는 것을 말한다. 즉, 물품을 직접 싸기 위한 포장으로서 대개는 제조공정의 마지막 단계에서 제품에 대해 행하여진다.
　㉡ 이는 단순히 제품의 보호라는 기술적인 요구만을 충족시키는 것이 아니고, 포장재료 또는 용기에 포장된 것이 상점에 진열되어 구매자의 구매의욕을 자극하는 세련된 디자인이라는 시각적인 목적도 지닌다.

② 속포장
　㉠ 내장(interior package)은 속포장이라고도 하며 물품에 대한 수분·습기·광열·충격 등을 방지하기 위하여 적합한 재료와 용기 등으로 물품을 포장하는 형태를 말한다.
　㉡ 즉, 내장이란 개장된 물품을 상자 등과 같은 용기에 넣는 포장으로 포장된 화물의 안쪽에 덧붙여지는 것이다. 이는 개장이나 외장보다 복잡하여 고도의 기술이 요구된다.

③ 겉포장
　㉠ 외장(exterior package)은 겉포장이라고도 하며 수송을 위해 물품을 상자나 나무통 및 금속 등의 용기에 넣거나, 용기를 사용하지 않고 그대로 묶어서 기호 또는 화물을 표시하는 방법을 말한다.
　㉡ 외장에는 포장물이 목적지에 정확히 수송되도록 화인(shipping mark) 등의 표시를 하여야만 하는데 이에는 화물번호, 송화인(회사 등) 표시, 품명·품질 표시기호, 행선지·용적·무게 및 주의사항 등이 포함된다. 이와 같은 외장을 흔히 공업포장이라고 하고, 반면 개장과 내장은 상업포장 또는 소비자포장이라고 한다.

제4절 비주얼 프리젠테이션

1 디스플레이 웨어

(1) 디스플레이 웨어의 중요성

① **디스플레이 웨어의 의의**
 디스플레이 웨어(display ware)는 디스플레이에 사용되는 모든 물품을 의미한다. 여기에는 소품 또는 소도구, 각종 디스플레이 재료 등이 포함된다.

② **소품의 역할**
 ㉠ 상품과 어울리는 소품(props)은 분위기 연출에 큰 영향을 미치며, 고객의 주의를 끌게 하여 구매욕구를 불러일으키는 역할을 한다.
 ㉡ 소품은 디스플레이 디자인의 일부이다. 디스플레이한 상품의 품목이 바뀌면 소품도 바꿔야 한다. 상품만 바뀌고 소품이 그대로이면 디스플레이 전체에 변화가 없는 느낌을 주게 되고, 상품은 그대로라도 소품이 바뀌면 새로운 느낌을 주게 된다.

(2) 디스플레이 재료의 조건

① **디스플레이 재료의 중요성**
 ㉠ 디스플레이 디자인은 궁극적으로 형(form)을 제시하는 것으로, 상품 이외의 주제를 만드는 경우 필수적으로 재료가 사용된다.
 ㉡ 디스플레이 재료는 눈에 보이는 물리적인 것은 물론 눈에 보이지 않는 소리, 향기, 기계가 갖는 기능까지 포함될 정도로 넓게 생각하여야 한다.

② **디스플레이 재료선택시 고려사항**
 디스플레이 재료가 갖는 특징을 최대한 활용하기 위해서는 기본적으로 규격, 물량, 가격, 물성, 질감, 무게 및 가공 등의 사항을 파악해야 한다.

제5절 머천다이징

1 머천다이징의 개요

(1) 머천다이징 정책

① **머천다이징의 의의**
 ㉠ 소매점에서 매입된 제품을 관리하는 것을 머천다이징이라고 한다. 이 과정에서 상품을 매입할 때, 상품구성을 차별화해서 고객들의 이용과 구매빈도를 높여 매출을 높이고 이익을 창출할 수 있도록 하는 것이 머천다이징 정책이라고 할 수 있다.
 ㉡ 결국 저가격과 고객이 원하는 상품구성·품목구성을 통해서 고객들의 방문빈도·구매를 높이는 것이다.

② 상품구매시 고려사항
　㉠ 가격대 : 같은 상품이라도 그 상품의 가격대(price line)는 저가에서 고가까지 다양하다. 하지만 이러한 다양한 가격의 상품들을 모두 취급하는 것은 거의 불가능하다. 점포의 공간상의 제약 때문이다.
　㉡ 상품의 품질 : 같은 상품에서 가격뿐 아니라 상품의 품질도 상품의 재료, 구성, 마무리 작업에 따라 다양하다고 할 수 있는데, 위와 마찬가지로 고객의 특성과 수익을 고려해서 적정한 품질의 상품을 구입해야 한다.
　㉢ 제품의 차별성 : 매우 고급스러운 점포의 경우 다른 점포에서는 취급할 수 없는 제품을 소비자들에게 제공하기도 하는데, 이것은 다른 점포보다 우위를 점할 수 있는 중요한 요소이다.
　㉣ 다양성 : 상품의 다양성은 소비자가 구입하고자 하는 상품을 찾을 수 있도록 만드는데 영향을 준다. 이러한 영향은 소비자들의 방문빈도를 높이게 되며 머천다이징 정책에 영향을 준다. 하지만 과도한 다양성은 소비자들의 실제 구매율을 떨어뜨리게 된다.
　㉤ 상품의 소개 : 신제품을 어느 시점에서 취급할 것인가 하는 문제이다. 어떤 점포는 유행할 것이라고 예상되는 제품을 신속하게 취급하기도 하지만 점포에 따라서는 다른 점포에서 입증된 후에야 제품을 들여오기도 한다.
　㉥ 상품구색 : 상품의 구색을 몇 가지 기본스타일에 한정할 것인지 아니면 다양한 스타일의 제품을 취급할 것인지를 결정한다.
　㉦ 가격정책 : 상품을 할인할 것인지의 여부나 다른 점포와 가격우위를 바탕으로 경쟁할 것인지, 아니면 서비스를 바탕으로 경쟁할 것인지를 결정한다.

(2) 마이크로 머천다이징
　① 마이크로 머천다이징의 의의
　　㉠ 마이크로 머천다이징이란 매입된 제품의 상품관리를 적절하게 수행하는 것을 의미하는데 점포 고객을 만족시키기 위해 필요한 점포특유의 제품믹스를 계획하고 수립하고 배달하는 과정을 의미한다.
　　㉡ 레이저빔 소매업이라고도 하는데, 레이저빔이 어떤 곳에 초점을 맞추듯이 소매업자가 높은 품질, 독점적인 제품, 저가격 등의 자기점포만의 차별화요소를 정하고 거기에 모든 노력을 집중하는 것을 말한다.
　② 매스 커스터마이제이션
　　㉠ 소비자들의 기호나 선호가 개별화되어 가면서 소비자 각자의 기대나 욕구에 맞는 머천다이징을 제공하는 매스 커스터마이제이션(mass customization)이 등장하게 되었다.
　　㉡ 매스 커스터마이제이션은 유통과정의 마지막 과정인 최종소비자에 판매시 제품의 주문생산에 이용되는 부분이나 구성요인을 표준화하는 모듈화나 컴퓨터지원시스템을 통해 가능하다.

2 상품의 매입과 구매계획

(1) 매입의 개념과 유형, 원칙

① 매입의 개념
  ㉠ 매입(buying)이란 고객의 니즈(needs)를 충족시킬 수 있는 상품을 구매하기 위해 상담과 계약을 체결하고, 상품을 인수한 후 검품을 하고 가격을 결정하는 일련의 과정을 말한다.
  ㉡ 즉, 매입은 상품 또는 서비스를 그에 상당하는 대가를 지불하고 다른 경제주체로부터 획득하는 행위를 말한다. 조달(procurement)과 비교하면 매입의 경우에는 일정한 반대급부가 수반되지만, 조달의 경우에는 반드시 반대급부가 수반되는 것은 아니라는 점에 차이가 있다.

② 매입의 유형(매입방식)
  ㉠ 일반매입(정기적 매입) : 일반매입(regular buying) 또는 정기적 매입은 가장 널리 사용되는 매입방법으로, 재고예산과 통제절차에 따라 이루어진다. 대개 일반상품과 패션상품 등의 매입에 이용한다.
  ㉡ 위탁매입(특정매입)
    ⓐ 위탁매입(consignment buying) 또는 특정매입은 제조업자나 도매업자가 자기상품의 노출을 확대하고 판매를 촉진하기 위한 방법의 하나로 이용한다.
    ⓑ 납품업자가 소유권을 보유하되 소매점은 상품진열과 판매를 담당하고, 판매된 상품에 대해 일정액의 수수료를 가져가는 방법이다.
    ⓒ 즉, 소매점에 대하여 반품 허용조건 하에 상품을 진열해 두고 소비자에게 판매된 부분에 대해서만 소매점에서 매입하는 것으로 계약하는 방식을 말한다. 팔리지 않은 상품은 판매기간 후에 납품업자에게 반환된다.
    ⓓ 주로 위험이 크거나 고가이거나 혁신적인 상품으로서 수요에 대한 예측이 어려운 경우 위탁매입이 이용된다.
  ㉢ 약정매입 : 약정매입(memorandum buying) 또는 규약에 의한 매입은 위탁구매의 변형으로 소매업자가 납품받은 상품에 대한 소유권을 보유하되 일정기간 동안에 팔리지 않은 상품은 다시 납품업자에게 반품하던지 혹은 다 팔린 후에 대금을 지급하는 권리를 보유하는 조건으로 구매하는 방식이다.
  ㉣ 인정매입(확인매입) : 인정매입(approval buying) 또는 확인매입은 최종 구매결정이 내려지기 전에, 납품업자로부터 상품이 점포에 배달되어 소매업자가 이를 검사한 뒤 인정하게 되면 최종적인 매입이 이루어지는 방법이다.
  ㉤ 사양매입(명세매입) : 사양매입(specification buying) 또는 명세매입은 소매업자가 미리 정한 세부항목에 대한 주문사양(옵션)에 따른 매입을 의미한다. 경쟁업체와는 구별이 되고 점포의 이미지와 어울리는 제품을 매입할 때 이용되는 방법이다.
  ㉥ 선도매입(사전매입) : 선도매입(forward buying) 또는 사전매입은 제조업자가 판매촉진제품을 계획된 촉진기간 안에 큰 폭으로 할인된 가격으로 판매를 계획하는 경우, 필요한 제품과 수량을 미리 매입하는 방법이다. 대량구매에 따른 재고부담 등의 위험이 수반된다.

> **지식+톡톡 대량매입과 당용매입**
>
> 당용매입은 대량매입에 대비되는 개념으로, 그때그때 필요한 양만을 구매하는 방법을 말한다. 당용매입은 대량매입에 따른 할인혜택은 없지만 상품의 회전이 빠르고, 재고로 인한 손실부담이 적다는 장점이 있다. 당용매입은 식료품 등 부패성 상품의 매입에 이용된다.

③ 상품매입의 원칙 : 5R 원칙
  ㉠ 적정한 거래처(장소)(right place)의 선정·확보
  ㉡ 적정한 품질(right quality)의 확인·확보
  ㉢ 적정한 수량(right quantity)의 파악·확보
  ㉣ 적정한 납기(right time)의 설정·확보
  ㉤ 적정한 가격(right price)의 결정·확보

(2) 상품의 유형화와 매입업무

① 계속상품
  ㉠ 계속상품은 이전에 매입하여 매장에 이미 진열되어 있는 상품구성에 포함하여 계속 취급하고 있는 상품을 말한다.
  ㉡ 계속상품의 매입은 재발주의 형식을 취하며, 매입시 샘플이나 카탈로그를 참고하지 않는다. 그러나 납품된 상품은 반드시 검품을 한다.

② 도입상품
  ㉠ 지금까지 취급하지 않던 상품을 새로이 상품구성에 포함시키려고 하는 상품을 도입상품이라고 한다.
  ㉡ 도입상품은 발주 이전에 샘플을 보고 신중한 검토를 해야 하며, 상품의 기능·안전성·내구성 등을 철저하게 점검하는 동시에 시장성과 유사상품과의 경쟁력 등을 충분히 분석해야 한다.

③ 임시상품
  ㉠ 임시상품은 한정된 기간 동안 특가로 판매하거나 특별행사 개최, 경품부 판매 등을 목적으로 하여 임시로 취급하는 상품을 말한다.
  ㉡ 임시상품은 그 성격상 매입시에 상품의 검토를 소홀히 하기 쉽지만, 짧은 기간이라고 해도 도입상품의 경우처럼 신중한 검토가 필요하다.

④ 시험상품
  시험상품은, 도입상품으로 본격적으로 취급하기에 앞서 시장성을 조사하기 위해 시험적으로 매장에 진열해 두는 상품을 말한다.

⑤ 개발상품
  개발상품은 새로이 기획하고 개발하여 앞으로 육성해 나가려는 상품을 말한다. 통상적인 매입은, 매입처 측에서 기획하고 개발한 상품 중에서 소매상이 선택을 하는 형태로 이루어진다.

⑥ 폐기상품

폐기상품은 지금까지 계속상품으로 취급해 온 상품을 수요의 저하, 계절의 경과, 유행의 쇠퇴 등을 이유로 취급을 중단하고 상품구성에서 제외시키려는 상품을 말한다.

(3) 공급업자와의 매입협상

① 매입협상의 의의와 내용
  ㉠ 매입협상의 의의
    ⓐ 공급업자를 적절하게 평가하고 나면 그들과 실제적으로 매입협상을 하여야 한다. 성공적인 매입계획의 중요한 부분은 공급업체와 적극적으로 협상을 하는 일이다.
    ⓑ 소매업자는 협상을 통해 가격, 도착기일, 할인, 반품 등 세부사항을 결정하여야 한다. 왜냐하면 이러한 요인들은 모두 점포의 수익성과 현금흐름에 영향을 미치기 때문이다.
    ⓒ 모두에게 중요한 것은 거래업체와의 장기적인 관계를 통해 수익을 높이는 것이다. 따라서 서로에게 이익이 될 수 있는 조건을 찾도록 노력해야 한다.
  ㉡ 매입협상에서 바이어(buyer)의 교섭능력 강화요인
    ⓐ 바이어가 큰 기업일수록, 바이어의 구매금액이 공급자의 매출에서 차지하는 비중이 클수록 바이어의 교섭력은 강화된다.
    ⓑ 바이어가 공급자의 제품·가격·비용구조에 대해 많은 정보를 가질수록 바이어의 교섭력은 강화된다.
    ⓒ 바이어가 수직적 통합을 할 수 있는 경우 교섭력은 강화되고, 공급자를 바꾸는데 전환비용이 많이 소요되면 바이어의 교섭력은 약화된다.

② 할인의 형태
  ㉠ 현금할인(cash discounts)
    ⓐ 제조업자와 중간상 간의 거래는 대부분 현금구매가 아닌 어음 등을 이용한 외상거래에 의해 이루어지는데, 물량이 많은 경우 이는 제조업자에게 자금압박을 가져온다.
    ⓑ 이를 해소하기 위해 중간상이 제품을 현금으로 구매하거나 대금을 만기일 전에 지불하는 경우 제조업자는 판매대금의 일부를 할인해주게 되는 것이다.
  ㉡ 거래할인(trade discounts)
    ⓐ 이는 중간상이 제조업자가 일반적으로 수행해야 할 업무(마케팅기능)의 일부를 수행할 경우 이에 대한 보상으로 경비의 일부를 제조업자가 부담하는 것이다.
    ⓑ 각 중간상에게 주어지는 할인율(마진율)은 대체로 수행하는 경로기능에 따라 정해지지만 경우에 따라서는 경로구성원의 시장파워에 의해 결정되는 경우도 있다.
  ㉢ 판매촉진 지원금(promotional allowances)
    ⓐ 판매촉진 지원금은 중간상이 제조업자를 위해 지역광고를 하거나 판촉을 실시할 경우 이를 지원하기 위해서 지급되는 보조금이다. 지원금은 중간상이 제조업자에게 물품대금을 지불할 때 그 금액만큼을 공제하는 것이 보통이다.
    ⓑ 판촉지원금의 형태에는 물량비례 보조금, 머천다이징 보조금, 리스팅 보조금, 재고보호 보조금, 리베이트 등 여러 가지가 있다.

ⓒ 물량비례 보조금(case allowance)은 특정기간 내에 구매하는 상품의 양에 따라 지원금을 지급하는 형태이며, 머천다이징 보조금(merchandising allowance)은 점포 내에 판촉물을 전시하거나 소매점 광고에 자사상품을 소개하는 경우에 지급되는 형태이다.
　　　ⓓ 또한 신제품을 구매하거나 특별 전시하는 경우에 지급되는 리스팅 보조금(listing allowance), 제조업자의 판촉기간 동안 소매업자가 구입한 상품의 재고위험성을 보상하기 위한 소매점 재고보호 보상금(floor stock protection allowance) 등의 형태가 있다.
　　　ⓔ 리베이트(rebate)는 소매업자의 구매량을 늘리고 소비자의 할인을 유도하기 위해서 사용되는데 판매 후 구매영수증을 비롯한 증명서를 제조업자에게 보내면 제조업자가 판매가격의 일정률에 해당하는 현금을 반환해주는 것을 말한다.
　　ⓒ 수량할인(quantity discounts)
　　　ⓐ 수량할인은 중간상들이 일시에 대량구매를 하는 경우 현금할인을 해주는 것이다. 예를 들면, 운반단위별 구매(예를 들면, 한 트럭분, 한 컨테이너분)에 대한 할인, 연간 총구매량에 따라 주어지는 연간구매량 사후할인(annual volume rebate) 등이 있다.
　　　ⓑ 대체로 할인율은 구매량에 따라 증가한다. 기본계약 지원금(base contract allowance)은 최소한의 구매량을 초과한 주문에 대해 주어지는 가격할인이다.
　　ⓜ 계절할인(seasonal discounts)
　　　ⓐ 이는 제품판매에 있어 계절성이 있는 경우(예를 들어, 에어컨과 난방기기 등) 비수기에 제품을 구매하는 고객에게 할인을 해주는 것이다.
　　　ⓑ 제조업자는 계절할인을 통해 적정수준의 조업도를 유지할 수 있으며 자금흐름과 제품보관에 따른 자금부담을 해소할 수 있는 것이다.
　　ⓥ 상품지원금
　　　중간상이 하자있는 제품, 생산된 지 오래된 제품, 질이 떨어지는 제품 등을 구매할 때 이를 보상하기 위해 지급되는 지원금이다. 의류산업에서 재고품이나 하자품을 처분하기 위해서 자주 사용되고 있다.
③ **상품의 주문과정**
　　ⓙ 매입전략문제
　　　ⓐ 집중전략 : 소매업자가 소수의 공급업체와 거래하는 것으로 수량할인, 주문에서 보관까지 운영비 절감 또한 공급업체의 특별한 배려를 기대할 수도 있다.
　　　ⓑ 분산전략 : 여러 공급업체로 주문을 분산시키는 것으로 상품의 다양성 증가, 유행하는 아이템 파악, 공급원 대체, 여러 공급업자 간의 경쟁적 서비스 촉진 등 많은 장점을 가지고 있다.
　　ⓒ 매입방법
　　　ⓐ 대량매입 : 대량매입을 할 경우에는 현금할인이나 수량할인을 받을 수 있는 이점이 있다. 그러나 재고품의 보관비용이 많이 들고 상품의 재고기간이 길어지면 자금이 묶이는 불리한 점도 있다.

ⓑ 당용매입 : 그때그때 필요한 양만큼의 상품을 구매하는 방법이다. 할인혜택은 적지만 상품의 회전이 빠르고 재고로 인한 손실이나 자금의 고정화로 인하여 생기는 불리한 점을 피할 수 있다는 장점이 있다.

3 상품의 발주와 재발주

(1) 발주와 재발주

① 발 주
  ㉠ 상품 매입을 위해 일정한 상점의 매입 담당자로부터 상품 공급처에 상품 매입에 관한 정보가 이전되는 것을 발주(order)라고 한다.
  ㉡ 매입 담당자는 일정한 점포 내의 자료와 공급업자 자료, 경쟁 점포 자료 및 기타 자료를 이용하여 상품 매입을 결정하고 이 중에서 공급처가 필요한 자료를 주문과 함께 발송한다.

② 재발주
  ㉠ 재발주(reorder)는 발주 당시의 각종 자료와 정보를 보유하고 있는 공급자에게 반복적으로 매입할 경우에 주문 상품에 관련된 각종 정보를 이전하는 행위를 말한다.
  ㉡ 계속상품의 발주는 재발주를 의미하므로 상품을 결정할 필요 없이 수량과 납기 등만 결정하면 된다. 계속상품의 재발주에 있어서는 적정재고량의 결정이 가장 중요한 과제가 된다.

(2) 발주방식

① 정기발주법
  ㉠ 발주시기를 정기적으로 정해놓고 고정주기법에 따라 일·주·월 등 일정기간을 정해 발주하는 방식이다.
  ㉡ 발주량에 따라 수요가 일정한 상품(예컨대, 생활필수품)에 적용하는 정량 발주방식과 그때그때의 수요예측에 따라 정기적으로 발주하는 부정량 발주방식이 있다.

② 발주점법
  ㉠ 발주점법 또는 정량발주 시스템(fixed order quantity system)은 재고량이 일정한 재고수준, 즉 발주점까지 내려가면 일정량을 주문하는 주문방식이다.
  ㉡ 이 경우의 발주점은 리드타임 중에 판매되는 재고량과 안전재고량을 합한 만큼의 재고량을 보유한 시점이다.
  ㉢ 발주량은 재고유지비용과 발주비용의 합계를 최소로 하는 경제적 주문량(EOQ)으로 계산한다.

(3) 재발주 기법

① 패션상품의 재발주 기법
  ㉠ 패션상품은 고객이 상품의 스타일·색상·사이즈·가격 등을 충분히 비교·검토한 후 구매하는 상품으로 선매품(shopping goods)에 해당된다. 패션상품에는 같은 품목의 보충발주가 어려운 경우가 많아 고객수요에 적합한 상품구성과 품목별 재고계획에 의해 재발주하게 된다.

ⓒ 패션상품은 상품계열마다 치밀한 모델 스톡 플랜(model stock plan)을 세워 재발주를 통한 상품보충으로 상품구성을 확실하게 유지해 나가는 방식을 취한다. 모델 스톡(model stock)이란 고객수요에 가장 정확하게 합치되는 상품구성 및 품목별 재고유지를 내용으로 하는 이상적인 재고상태를 의미한다.

　　ⓓ 모델 스톡 플랜에서는 상품 하나하나에 붙여진 상품번호는 원칙적으로 표시되지 않지만 보충해야 할 상품의 성격이 표시되고 각 상품에 대해 보유해야 할 재고수량이 명확하게 표시되어 있기 때문에 이를 기준으로 발주수량을 결정한다.

② **항상상품의 재발주 기법**

　　ⓐ 항상상품(staple goods)은 상시상품 또는 일상상품(일용상품)이라고도 하는데 유행상품과 비교되는 개념이다. 계절에 관계 없이 언제나 매장에 진열되는 상품이고 해마다 모델이나 스타일이 바뀌는 성격의 상품이 아니기 때문에 베이직 스톡 리스트(basic stock list)에 의해 재발주한다.

　　ⓑ 식품·일용품과 같은 비계절적 항상상품의 구매는 대부분 계속상품의 재발주 형식을 따르기 때문에 품목별 상시 보유수량을 정해 놓고 이에 따라 보충발주하는데, 이를 위해 상품의 품목번호·품명·판매가격을 기입하여 상시매장이나 재고창고에 유지해야 할 수량을 정해 놓은 일람표를 베이직 스톡 리스트라고 한다.

③ **재발주시 구매조건의 검토**

　　ⓐ 재발주시 구매조건은 자재비·인건비·기타 경비의 상승, 납품가격의 인상, 수요 탄력성에 따른 판매의 증감 등을 면밀하게 검토하여야 한다.

　　ⓑ 발주 후에는 주문량, 주문기간, 주문품질 등이 정확하게 납품될 수 있도록 계속적인 체크가 필요하다.

④ **주문량의 계산**

　　주문량은 월별 매출에 월별 조정분과 월말 재고를 더하고, 여기에서 월초 재고를 차감하여 구한다. 즉, 주문량 = 월별 매출 + 월별 조정분 + 월말 재고 - 월초 재고이다.

4 비주얼 머천다이징(VMD)

(1) **머천다이징**

① **머천다이징의 의미**

　　ⓐ 소매업의 머천다이징(MD)이란 마케팅 목표를 실현하는데 가장 도움이 되도록 특정 상품 및 서비스를 표적고객에 대응하여 적정한 매장, 시기, 가격, 그리고 수량으로 구색을 갖추기 위해 적절하게 구매하고 재고를 관리하는 것이다.

　　ⓑ 머천다이징은 시장조사와 같은 과학적 방법에 의거하여, 수요 내용에 적합한 상품 또는 서비스를 알맞은 시기와 장소에서 적정가격으로 유통시키기 위한 일련의 시책을 말한다.

　　ⓒ 상품화 계획이라고도 하며, 마케팅 활동의 하나이다. 이 활동에는 ⓐ 생산 또는 판매할 상품에 관한 결정, 즉 상품의 기능·크기·디자인·포장 등의 제품계획, ⓑ 그 상품의 생산량 또는 판매량, ⓒ 생산시기 또는 판매시기, ⓓ 가격에 관한 결정을 포함한다.

② 머천다이징의 핵심업무

생산 또는 판매할 상품에 관한 결정, 상품의 구색 맞추기, 점포 구성과 레이아웃 및 컨셉 설정 등은 머천다이징의 핵심업무이다.

(2) 비주얼 머천다이징(VMD)

① 비주얼 머천다이징의 의미
  ㉠ 비주얼 머천다이징(VMD : visual merchandising)은 점포에서는 상품진열의 시각적인 호소력이 매출에 크게 영향을 준다는 사실을 전제로 상품을 보다 효과적으로 표현하여 소비자의 구매를 자극하려는 것이다.
  ㉡ 상품의 진열이나 장식을 연구하여 매장을 연출하고, 소비자에게 시각적으로 어필하는 것으로 인스토어 머천다이징(instore merchandising) 방법 중의 하나이다.

② VMD의 구성요소

VMD는 VP(visual presentation), PP(point of presentation), IP(item presentation)로 구분된다. VP는 보여주기, PP는 판매유도, IP는 판매의 기능이라고 할 수 있다.
  ㉠ VP(visual presentation) : VP는 연출과 테마의 종합표현으로 점포와 상품이미지를 보여주는 기능, 즉 상점의 컨셉(concept)을 부각시키기 위한 상점 토털 이미지화 작업을 말한다.
  ㉡ PP(point of sale presentation) : 상품진열계획의 포인트 전략으로, 고객의 시선이 머무르는 곳에 볼거리를 제공하여 고객이 상품에 관심을 갖도록 유도하는 것이다.
  ㉢ IP(item presentation) : IP는 개개의 상품을 분류하고 정리하여 보기 쉽고 쇼핑하기 쉽게 진열하여 상품에 대한 새로운 정보를 지속적으로 제공함으로써 판매촉진을 도모하는 작업이다.

CHAPTER 02 실전감각 기르기

01 다음 중 점포 레이아웃의 기본원칙에 대한 설명으로 가장 타당하지 않은 것은?

① 점포에 머무르는 시간이 길어지도록 고객의 동선을 극대화해야 한다.
② 고객에게 조언하기 쉽도록 고객동선과 종업원의 동선은 교차하는 지점이 가능한 한 많도록 구성해야 한다.
③ 종업원의 동선은 가급적 보행거리가 짧도록 구성해야 한다.
④ 상품이동 동선은 고객동선과 교차하지 않도록 구성해야 한다.
⑤ 여유 있는 동선을 확보하고, 매장 모두를 연결해야 한다.

해설 점포 레이아웃은 매장과 비매장, 통로, 집기, 디스플레이 도구와 진열장, 상품 등과 건물의 고정시설들이 서로 적절한 연관성을 갖도록 배치하는 것을 말한다.
② 가급적이면 고객의 동선과 종업원의 동선은 교차하는 점이 적도록 설계하는 것이 원칙이다.

02 소매점포는 시각적 커뮤니케이션 요소, 조명, 색상, 음악, 향기 등을 종합적으로 이용하여 내점고객의 지각 및 감정 반응을 자극하고 나아가서 구매행동에 영향을 미치려고 노력한다. 이러한 소매점포 관리 활동을 나타내는 용어로 옳은 것은?

① 점포 배치
② 점포 진열
③ 점포 내 머천다이징
④ 점포 분위기관리
⑤ 감각적 머천다이징

해설 점포 분위기(store atmosphere)는 점포의 물리적 특성들의 조합이라고 할 수 있다. 건물구조, 레이아웃, 디스플레이, 색상, 조명, 온도, 실내소음이나 음악, 냄새나 향기 등을 포함한다. 점포 분위기는 고객들에게 점포에 대한 서비스 수준이나 취급품목의 품질 수준 등에 대한 정보를 전달하는 커뮤니케이션 역할을 한다.

Answer 01 ② 02 ④

03 점포기획자가 상품의 진열방법을 결정함에 있어 가장 우선순위로 내세우는 것은?

① 상품의 잠재적 이윤
② 상품의 가격
③ 상품의 포장
④ 상품과 점포이미지의 일관성
⑤ 상품의 크기

[해설] 상품의 진열방법을 결정함에 있어 가장 중요시해야 할 것은 상품과 점포이미지의 일관성이다.

04 다음 중 점포시설과 디스플레이에 대한 설명으로 옳은 것은?

① 출입구는 넓어야 하며 문턱은 높은 것이 좋다.
② 취급상품의 종류와 관계 없이 쇼윈도의 크기는 크면 클수록 좋다.
③ 조명은 고객의 구매의욕 증가에 도움을 주지 못한다.
④ 점포전면과 외부장식은 점포를 대표하는 상징성을 띠어야 한다.
⑤ 상품의 색채는 판매에 크게 도움이 되지 못하므로 고려하지 않아도 된다.

[해설] ④ 점포 디스플레이는 AIDCA의 원칙에 기초하여 고객을 유인하고 구매의욕을 갖게 하여 궁극적으로는 상품을 구매도록 어필하는 데 있으므로 점두장식은 점포를 대표하는 상징성을 띠어야 한다.
① 출입구는 적당해야 하며 문턱은 없는 것이 가장 바람직하다.
② 쇼윈도(show windows)는 고객을 점포에 흡인하는 역할과 점포 품격을 표시하며, 고객의 시선을 점포 내로 유도하는 역할을 한다. 쇼윈도의 크기는 취급상품의 종류에 따라 달리해야 한다.
③ 조명은 고객의 구매의욕을 증가시키는 데 매우 중요한 역할을 한다.
⑤ 상품의 색채도 구매의욕을 자극하므로 고려해야 한다.

05 레이아웃(layout)의 유형은 크게 격자형, 개방형, 폐쇄형, 부문형으로 나누어진다. 다음 중 격자형에 대한 설명으로 옳지 않은 것은?

① 어떤 형태의 배치보다도 판매공간을 효율적으로 사용할 수 있다.
② 셀프서비스 점포에 필요한 일상적이고 계획된 구매행동을 촉진한다.
③ 흥미로운 쇼핑분위기를 연출하고 고객의 동선을 확장할 수 있다.
④ 재고 및 안전관리를 쉽게 할 수 있다.
⑤ 건물 전체의 필요면적을 최소화할 수 있다.

[해설] ③ 흥미로운 쇼핑분위기를 연출하고 고객의 동선을 확장할 수 있는 것은 자유형(free flow type)이다.

Answer 03 ④ 04 ④ 05 ③

06 점포의 레이아웃(layout)의 형태에 대한 설명으로 옳게 나열된 것은?

> 점포의 (㉠) 배치는 대체로 편의점 등에서 주로 구현하는 방식으로 고객들이 지나는 통로에 반복적으로 상품을 배치하는 방법이며 비용면에서 효율적이다. 점포의 (㉡) 배치는 주로 부티크 매장들의 배치에 활용되고 고객들이 여러 매장들을 손쉽게 둘러 볼 수 있도록 통로를 중심으로 여러 매장 입구를 연결하여 배치하는 방법이다. (㉢)은 소규모 전문매장이나 여러 개의 매장들이 있는 대형 점포에서 주로 활용되고 고객들에게 가장 편안히 둘러볼 수 있도록 배치하는 방법이다.

① ㉠ 격자형 - ㉡ 자유형 - ㉢ 경주로형
② ㉠ 자유형 - ㉡ 경주로형 - ㉢ 격자형
③ ㉠ 자유형 - ㉡ 격자형 - ㉢ 경주로형
④ ㉠ 격자형 - ㉡ 경주로형 - ㉢ 자유형
⑤ ㉠ 경주로형 - ㉡ 격자형 - ㉢ 자유형

해설 편의점이나 대형 마트, 슈퍼마켓 등에서는 격자형(lattice type, grid type) 레이아웃을, 그리고 부티크 매장에서는 루프형(또는 경주로형, loop type) 레이아웃을 활용한다. 소규모 전문매장이나 여러 개의 매장들이 있는 대형 점포에서는 자유형(free flow type) 레이아웃을 활용한다.

07 소매점의 레이아웃(layout)시 비품과 통로를 비대칭적으로 배치하는 방법으로 주로 규모가 작은 전문점 매장이나 여러 개의 작은 전문점 매장이 모여 있는 대형 점포에서 주로 채택하는 레이아웃 방식은?

① 자유형(free-form) 배치
② 경주로형(racetrack, loop형) 배치
③ 격자형(grid) 배치
④ 슬라이딩형(sliding) 배치
⑤ 부티크형(boutique) 배치

해설 프리플로형(free flow type) 배치는 고객들이 자유롭고 편안하게 둘러볼 수 있도록 설계한 것이 특징이다. 격자형에 비해 공간생산성은 떨어지지만 백화점이나 고급 전문점의 경우 많이 채택하고 있다.

Answer 06 ④ 07 ①

08 점포설계의 유형 중 자유형(free-form) 배치에 대한 설명으로 잘못된 것은?

① 비품과 통로를 비대칭적으로 배치하는 방법을 말한다.
② 규모가 작은 전문매장이나 여러 개의 작은 매장으로 구성된 대형 점포에서 주로 이용된다.
③ 격자형(grid) 배치에 비해 많은 상품을 한꺼번에 진열할 수 있어 공간생산성을 높일 수 있다.
④ 고객들에 대한 판매원들의 직접 대인판매에 있어서 중요한 역할을 한다.
⑤ 충동적인 구매를 기대하는 매장에 적격이다.

[해설] 자유형 레이아웃의 가장 큰 장점은 고객들이 편안히 둘러볼 수 있고 상품이 많이 노출될 수 있다는 점이다. 그러나 격자형(grid type, lattice type) 레이아웃에 비해 공간생산성은 떨어진다.

09 오프프라이스(off price) 의류점에서 격자형(grid) 점포배치를 피해야 할 이유로서 가장 옳은 것은?

① 격자형 배치는 비용 효율성이 낮다.
② 격자형 배치는 공간이용의 효율성이 낮다.
③ 격자형 배치는 고객들을 자연스럽게 매장 안으로 유인하지 못한다.
④ 격자형 배치는 고객이 계획에 없던 부문매장(department)을 방문하게 만든다.
⑤ 격자형 배치는 상품진열에 필요한 걸이(fixtures)의 소요량을 대폭 증가시킨다.

[해설] ③ 오프프라이스(off price) 의류점에서 고객들을 자연스럽게 매장 안으로 유인하기 위해서는 프리 플로우형(free flow type), 즉 자유형 배치가 바람직하다. 자유형 배치는 일련의 원형·팔각형·타원형·U자형 패턴으로, 비대칭적으로 배치하여 고객이 편안히 둘러 볼 수 있도록 하는 배치를 말한다.

10 다음의 설명에 해당하는 점포의 레이아웃(layout) 방식은?

> 점포의 입구에서부터 고객의 통로를 원이나 사각형으로 배치하여 점포의 생산성을 극대화 시키기 위한 레이아웃 기법이다. 진열된 제품을 고객들에게 최대한 노출시킬 수 있다는 장점을 지니고 있으며, 주요 고객통로를 통해 고객의 동선을 유도할 수 있다.

① loop layout
② free-form layout
③ grid layout
④ sliding layout
⑤ racetrack layout

[해설] 루프형 레이아웃(loop type layout)은 부티크 레이아웃이라고도 부르는 것으로, 백화점에서 주로 사용한다. 이는 고객으로 하여금 점포 안의 여러 소형매장(부티크)들을 편하게 둘러볼 수 있도록 하는 레이아웃이다. 루프형 레이아웃에서는 일반적으로 점포의 출입구가 여러 개이며, 모든 매장들은 주

Answer ▶ 08 ③ 09 ③ 10 ①

통로변에 위치하여 고객들로 하여금 크고 작은 루프를 돌아다니면서 여러 매장들을 방문할 수 있도록 설계된다. 점포 내에서의 고객흐름을 유도하기 위해 주통로는 표면이나 색상을 달리 하기도 한다.

11 소비자가 점포 내를 걸어 다니는 길 또는 궤적을 '동선'이라고 하는데, 이러한 '동선'은 점포의 판매전략 수립에 매우 중요한 고려요소의 하나이다. 동선에 대한 다음의 설명 중에서 옳지 않은 것은?

① 소비자의 동선은 점포의 레이아웃에 크게 영향을 받는다.
② 평균동선은 가능한 한 길게 유지되는 것이 좋다.
③ 백화점에서는 대형 할인점에서와 마찬가지로 곡선적 동선보다 직선적 동선을 선호한다.
④ 동선은 상품탐색을 용이하게 해 주어야 할 뿐만 아니라 각 통로에 단절이 없는 동선이어야 한다.
⑤ 종업원의 동선은 가급적 보행거리가 짧도록 구성해야 한다.

해설 동선은 소비자가 점포 내를 걸어 다니는 길 또는 궤적(foci)을 말한다. 점포 내의 고객들이 쇼핑을 하는 도중에 고객들 간에 부딪히지 않고 이동을 함과 동시에 자신들이 원하는 상품의 구입에 있어서 쾌적한 분위기를 유지할 수 있도록 설계되어야 함과 마찬가지로 매장 내의 고객들의 흐름을 일정하게 유지되도록 설계되어야 한다.
③ 백화점의 매장은 일반적으로 자유형 레이아웃을 선호하기 때문에 대형 할인점과는 다르게 직선적 동선보다는 곡선적 동선을 선호한다.

12 매장배치와 관련된 용어로, 다음에 해당되는 계획을 무엇이라 하는가?

> 전반적으로 제품을 진열하는 매장공간, 고객서비스 공간, 창고 등과 같은 점포의 주요 기능 공간의 규모와 위치를 간략하게 보여주는 것

① 버블(bubble)계획
② 블록(block)계획
③ 커버리지(coverage)계획
④ 동선계획
⑤ 경로계획

해설 버블(bubble)계획은 전반적으로 제품을 진열하는 매장공간, 고객서비스 공간, 창고 등과 같은 점포의 주요 기능공간의 규모와 위치를 간략하게 보여주는 것을 말한다. 버블계획보다 좀 더 구체적인 계획은 블록(block)계획이다.

Answer 11 ③ 12 ①

13 다음 중 비주얼 머천다이징(visual merchandising)과 관련된 구성요소를 모두 고른 것은?

> ㉠ point of sale presentation　　㉡ item presentation
> ㉢ outer packaging　　㉣ visual presentation

① ㉠, ㉣
② ㉠, ㉡, ㉢
③ ㉡, ㉢, ㉣
④ ㉠, ㉡, ㉣
⑤ ㉠, ㉡, ㉢, ㉣

[해설] 비주얼 머천다이징(VMD : visual merchandising)은 점포에서는 상품진열의 시각적인 호소력이 매출에 크게 영향을 준다는 사실을 전제로 상품을 보다 효과적으로 표현하여 소비자의 구매를 자극하려는 것이다. 즉, 상품의 진열이나 장식을 연구하여 매장을 연출하고, 소비자에게 시각적으로 어필하는 것으로 인스토어 머천다이징(instore merchandising) 방법 중의 하나이다.
비주얼 머천다이징의 구성요소로는 VP, PP 그리고 IP가 있다.
㉠ PP(point of sale presentation) : 상품진열계획의 포인트 전략으로, 고객의 시선이 머무르는 곳에 볼거리를 제공하여 상품에 관심을 갖도록 유도하는 것이다.
㉡ IP(item presentation) : 상품에 대한 새로운 정보를 지속적으로 제공함으로써 판매촉진을 도모하는 작업이다.
㉣ VP(visual presentation) : 상점의 컨셉(concept)을 부각시키기 위한 상점 토털 이미지화 작업이다.

14 시각적 머천다이징(VMD)에 대한 설명으로 옳지 않은 것은?

① 점포 내·외부 디자인도 포함하는 개념이지만 핵심개념은 매장 내 전시(display)를 중심으로 이루어진다.
② 시각적 머천다이징의 요소로는 색채, 재질, 선, 형태, 공간 등을 들 수 있다.
③ 상품과 판매환경을 시각적으로 연출하고 관리하는 일련의 활동을 말한다.
④ 상품의 잠재적 이윤보다는 시각적 우수성, 기획의도, 매장과의 조화가 보다 중요하다.
⑤ 상품에 대한 정보를 제공하고 특정 구매제안을 하기에 용이해야 한다.

[해설] 점포에서는 상품진열의 시각적인 호소력이 매출에 크게 영향을 준다는 사실을 전제로, 상품을 보다 효과적으로 표현하여 소비자의 구매를 자극하려는 것을 비주얼 머천다이징(VMD)이라고 한다. 상품의 진열이나 장식을 연구하여 매장을 연출하고, 소비자에게 시각적으로 어필하는 것으로 인스토어 머천다이징(instore merchandising) 방법 중의 하나이다.
④ VMD는 상품의 시각적 우수성, 기획의도, 매장과의 조화를 통해 매출을 늘리고, 나아가 상품의 잠재적 이윤을 극대화하려는 것이다.

Answer　13 ④　14 ④

15 다음 중 머천다이징(MD)의 핵심업무내용과 가장 거리가 먼 것은?

① 생산 또는 판매할 상품에 관한 결정
② 상품의 구색 맞추기
③ 점포 구성과 레이아웃
④ 점포의 입지선정
⑤ 점포의 컨셉 설정

[해설] ④ 점포의 입지선정은 머천다이징의 업무라고 볼 수 없다.

[참고] 머천다이징(MD)
소매업의 머천다이징(MD)이란 마케팅 목표를 실현하는 데 가장 도움이 되도록 특정 상품 및 서비스를 표적고객에 대응하여 적정한 매장, 시기, 가격, 그리고 수량으로 구색을 갖추기 위해 적절하게 구매하고 재고를 관리하는 것이다. 머천다이징의 의미를 제조업에 적용하면 제품화 계획으로 소비자 니즈나 욕구에 적합한 제품개발을 가리키며 소매업에서는 상품화 정책이라는 의미로 사용하고 있다. 생산 또는 판매할 상품에 관한 결정, 상품의 구색 맞추기, 점포 구성과 레이아웃 및 컨셉 설정 등은 머천다이징의 핵심업무이다.

16 다음의 설명이 의미하는 것은?

> 시장조사와 같은 과학적 방법에 의거하여 수요 내용에 적합한 상품 또는 서비스를 알맞은 시기와 장소에서 적정가격으로 유통시키기 위한 일련의 전략이다. 즉, 제품을 상품화하여 매출을 올리고 이익을 창출하기 위한 전략이라 할 수 있다.

① 머천다이징
② 디스플레이
③ 유통다각화
④ 프로모션 믹스
⑤ 프로세스

[해설] 머천다이징(MD)이란 마케팅 목표를 실현하는 데 가장 도움이 되도록 특정 상품 및 서비스를 표적고객에 대응하여 적정한 매장, 시기, 가격, 그리고 수량으로 구색을 갖추기 위해 적절하게 구매하고 재고를 관리하는 것이다. 머천다이징의 의미를 제조업에 적용하면 제품화 계획으로 소비자 니즈나 욕구에 적합한 제품개발을 가리킨다. 소매업에서는 상품화 정책이라는 의미로 사용하고 있다.

Answer 15 ④ 16 ①

17 다음 중 머천다이징을 가격 중심과 비가격 중심으로 나누었을 때, 비가격 중심 머천다이징의 특징을 가장 올바르게 설명한 것은?

① 고객수를 증가시킴으로써 매출의 증대를 꾀한다.
② 할인점, 카테고리 킬러 등의 유통업태에서 주로 활용하는 기본 머천다이징 기법이다.
③ SCM보다는 CRM을 더욱 중요시한다.
④ 판매성과의 향상보다는 TQM과의 결합을 통한 품질의 향상에 더욱 중점을 두고 있다.
⑤ 다양한 상품구색을 통해 고객의 구매빈도를 높여 매출을 높인다.

[해설] 머천다이징은 시장조사와 같은 과학적 방법에 의거하여, 수요내용에 적합한 상품 또는 서비스를 알맞은 시기와 장소에서 적정가격으로 유통시키기 위한 일련의 시책을 말한다.
③ SCM은 비용의 절감에 중점을 두는 반면, CRM은 고객과의 지속적 관계유지에 중점을 둔다. 따라서 SCM보다는 CRM을 더욱 중요시하는 것이 비가격 중심 머천다이징이라고 할 수 있다.

18 상품포장의 기능은 크게 상품기능, 의사전달기능, 가격기능 등으로 분류된다. 다음 중 포장의 상품기능과 가장 거리가 먼 것은?

① 특정 상품을 다른 상품과 식별할 수 있게 하는 기능
② 상품의 내용물, 즉 일정한 수량을 정해진 단위에 알맞도록 적재하는 기능
③ 상품의 내용물을 다양한 위험으로부터 보호하는 기능
④ 소비자가 상품을 편리하게 운반하고 사용하게 하는 기능
⑤ 단기간 또는 장기간에 걸쳐 제품의 판매를 촉진하는 기능

[해설] 포장의 기본적인 기능으로 ㉠ 내용물 보호성(protection function), ㉡ 취급 편리성(handling convenience function), ㉢ 판매 촉진성(sales promotion function) 등 3가지를 3대 기본기능으로 제시하기도 하고, 여기에 더하여 ㉣ 정보성, 상품성(communication function), ㉤ 환경친화성(environmentally-friendly function), ㉥ 유통합리화와 경제성(economical function) 등을 추가하여 포장의 기능을 6대 기능으로 표현하기도 한다. 또한 이 문제에서와 같이 상품기능과 의사전달기능 및 가격기능으로 분류하기도 한다.
① 특정 상품을 다른 상품과 식별할 수 있게 하는 기능은 의사전달기능이다.

19 할인점의 점두(front)에 배치하기에 가장 적합한 상품으로 볼 수 있는 것은?

① 시즌이 지난 상품
② 내구재(durables)
③ 생활필수품(staples)
④ 충동구매상품
⑤ 전문품

[해설] 점두진열(store-front display)은 통행객과 아이 쇼핑고객에게 신뢰감을 갖게 하고 구매분위기를 조성하는 역할을 한다. 따라서 점두에는 일반적으로 충동구매상품을 배치하는 것이 바람직하다.

Answer ▶ 17 ③ 18 ① 19 ④

20 촉진활동을 구성하는 여러 수단들은 상품의 수명주기나 소비자의 심리적 단계에 따라 그 효과가 달라진다. 다음 중 'AIDA' 모델과 관련하여, 일반적으로 '행동(action)' 단계에서 가장 효과가 크다고 볼 수 있는 촉진수단은?

① 신제품 인지도를 촉진하기 위한 광고
② PPL(product placement) 활동
③ 기업의 PR(public relations) 활동
④ 판매촉진 행사
⑤ 데몬스트레이션(demonstration) 실시

해설 판매촉진(sales promotion)은 광고와 홍보, 인적 판매를 제외한 촉진활동을 말하는 것으로, 제품이나 서비스의 구매를 촉진하기 위한 단기적인 동기부여 수단의 일체를 말한다. 판매촉진은 행동(action)단계에서 가장 큰 효과를 볼 수 있다. 판매촉진을 위한 수단에는 구매시점 진열(point of purchase display), 가격할인, 쿠폰 제공, 제품사용 시범보이기 등이 있다.

21 다음 중 플래노그램(planogram)은 어떤 경우에 활용 가능하도록 고안되었는가?

① 진열공간 생산성 평가
② 입지선정
③ 최적 공급업체 선정
④ 종업원 생산성 평가
⑤ 구매의 편의성

해설 플래노그램(planogram)은 점포 내에 상품을 진열할 때, 상품이 각각 어디에 어떻게 놓여야 하는지를 알려주는, 일종의 진열공간의 생산성을 평가하게 해주는 지침서(또는 계획서, 도표)를 말한다.

22 점포의 진열담당자가 진열이 고객을 흡인하는 데 어느 정도 효과적인가를 평가하기 위하여 사용하는 기준을 모두 고른 것은?

| ㉠ 객단가 | ㉡ 재고회전율 |
| ㉢ 구매객 비율 | ㉣ 내점객 비율 |

① ㉠, ㉢
② ㉠, ㉡, ㉣
③ ㉡, ㉢, ㉣
④ ㉠, ㉡, ㉢
⑤ ㉠, ㉢, ㉣

해설 진열(display)이 고객흡인에 미치는 영향을 파악하려면 진열방식을 바꾼 뒤 내점객 비율, 구매객 비율 및 객단가를 조사해보면 된다.
㉡ 재고회전율(inventory turnover)은 평균적으로 보유하고 있는 재고자산이 판매를 통해 특정기간 동안 회전되는 횟수를 말한다. 효율적인 재고관리 길잡이로서 성과측정의 척도가 될 수 있지만 진열의 효과를 직접적으로 측정하기는 어렵다.

Answer 20 ④ 21 ① 22 ⑤

23 아래 글상자에서 설명하는 이것은?

> 이것은 점포의 판매공간에서 고객의 시선으로 확인할 수 있는 상품의 가로 진열수량과 진열위치를 정하는 것을 의미하며, 각 부문 안에서 어떻게 품목별로 진열 스페이스를 할당할 것인가를 정하는 것을 뜻한다.

① 조닝(zoning)
② 페이싱(facing)
③ 브레이크업(break up)
④ 블랙룸(black room)
⑤ 랙(rack)

해설 ② 페이싱(facing)은 매장에 진열하는 상품과 그 상품의 페이스(상품진열시 가장 앞쪽에 오는 면)를 결정하는 것을 말한다.
① 조닝(zoning)은 그룹화된 각 묶음의 배치를 말한다. 그룹단위 매출 구성비, 그룹 간 연관(용도별)을 생각해서 각 부문을 어디에 배치할 것인가를 정하고 각 부문에 어떻게 스페이스를 할당할지 정한다.
③ 브레이크업(break up)은 진열라인에 변화를 주어 고객시선을 유도함으로써 상품과 매장에 주목률을 높이고자 하는 진열이다.
④ 블랙룸(black room)은 점포에서 고객이 들어갈 수 없는 시설 또는 공간을 의미한다.

참고 진열의 요소
진열의 요소는 품목(무엇을), 진열의 양(얼마나), 진열의 위치(어디에)와 형태(어떤 형태로), 페이스(어느 면을 보이게)로 이루어진다. 우선 어떤 품목을 어느 정도 진열할 것인가를 결정하고, 그 다음 진열위치와 형태, 진열페이스를 결정하는 것이 일반적이다. 즉 매장의 구성은 상품을 분류하고(grouping), 매장배치를 결정(zoning)한 후, 진열면을 배분(facing)하는 순서로 이루어진다.

24 다음은 어떤 상품의 진열방법에 대한 설명인가?

> • 높이 쌓아 놓고 날개 돋친 듯이 팔려 나가게 하라.
> • 점포의 가격 이미지를 강화하는 데 사용된다.
> • 상품 그 자체가 하나의 진열방식이다.

① 아이디어 지향적 진열
② 수직적 진열
③ 전면 진열
④ 적재 진열
⑤ 라이트 업 진열

해설 적재 진열이란 높이 쌓아 놓고 날개 돋친 듯이 팔려 나가게 하거나 점포의 가격 이미지를 강화하는 데 사용된다. 이 방법은 상품 그 자체가 하나의 진열방식이다.

Answer 23 ② 24 ④

25 판매촉진의 목표와 판촉수단을 가장 옳게 연결한 것은?

① 시험구매 촉진 – 견본품 제공
② 재구매 촉진 – 시제품 제공
③ 연속구입 촉진 – 시연회
④ 시험구매 촉진 – 고객멤버십 행사
⑤ 재구매 촉진 – 시식 행사

해설 판매촉진의 목표가 경쟁제품 사용자나 상표전환자의 시험구매 촉진에 있는 경우 견본품이나 시용품 제공, 쿠폰 제공, 시연회, 시식 행사 등의 촉진수단을 활용할 수 있다. 기존고객의 재구매 및 연속구매 촉진을 위해서는 특별포장(보너스 팩 등)이 주로 이용되고, 사은품, 포장 내 쿠폰, 리베이트 등이 이용된다.

26 상품기획 또는 상품화계획 등으로 불리는 머천다이징(merchandising)과 관련된 설명으로 옳지 않은 것은?

① 머천다이징의 성과를 평가하는 대표적 지표인 재고총이익률(GMROI)은 평균재고자산 대비 총마진을 의미한다.
② Merchandiser(MD)는 해당 카테고리에 속해 있는 소분류, 세분류, SKU(Stock Keeping Unit) 등을 관리한다.
③ SKU는 가장 말단의 상품분류단위로 상품에 대한 추적과 관리가 용이하도록 사용하는 식별관리코드를 의미한다.
④ SKU는 문자와 숫자 등의 기호로 표기되며 구매자나 판매자는 이 코드를 이용하여 특정한 상품을 지정할 수 있다.
⑤ 일반적으로 SKU는 상품의 바코드에 표기되는 상품 단위와 동일한 개념으로 사용되며 보통 유통업체에 의해 정해진다.

해설 ⑤ SKU는 상품 관리 및 재고 관리를 위한 최소분류단위로 상품식별(product identification)코드인 바코드에 표기되는 상품단위와는 다르다.

참고 국제표준상품분류에서 규정하고 있는 상품분류에 따라, 상품을 가장 포괄적인 구분에서부터 협소한 구분까지 단계적으로 분류하면 Group – Department – Classification – Category – SKU 등의 순서이다.

Answer 25 ① 26 ⑤

27 다음 중 수직적 진열(vertical display)에 대한 설명으로 가장 올바른 것은?

① 소매점 상표 부착상품을 황금지역(golden zone)에 진열한다.
② 가능한 많은 양의 상품이 시야에 들어오도록 진열한다.
③ 벽이나 곤돌라를 이용하여 상품을 진열한다.
④ 시선의 흐름을 오른쪽에서 왼쪽, 위에서 아래쪽으로 유도한다.
⑤ 구매 욕구를 자극하기 위해 다양한 종류의 상품을 수직으로 진열한다.

> [해설] 수직적 진열(vertical display)은 일반적으로 백화점이나 할인점 등의 식품매장에 가면 가장 많이 볼 수 있는 세로 진열이다. 수직적 진열은 동종의 상품을 벽이나 곤돌라의 위·아래로 배치하여 고객이 좌우로 움직이지 않고도 상품을 보고 구매할 수 있는 이점이 있다.
> ① 골든 존에는 가장 잘 팔리는 상품을 진열한다. PB상품보다는 NB상품이 더 잘 팔린다.
> ② 시야에 너무 많은 상품이 들어오면 혼란을 초래하여 선택하기가 어려워진다.
> ④ 소비자는 오른쪽을 바라보려는 속성이 있으므로 왼쪽에서 오른쪽으로, 아래에서 위로 유도하는 것이 바람직하다.
> ⑤ 수직적 진열은 동종, 동류의 제품을 수직으로 진열한다.

28 다음 중 AIDMA 모델의 촉진활동에 따른 구매단계가 바르게 연결된 것은?

① 인지(awareness) - 감정(interest, desire, memory) - 행동(action)
② 인지(attention) - 감정(interest, desire) - 행동(action, memory)
③ 인지(attention) - 행동(action) - 감정(interest, desire, memory)
④ 인지(attention) - 감정(interest, desire, memory) - 행동(action)
⑤ 감정(interest, desire, memory) - 인지(attention) - 행동(action)

> [해설] AIDMA 모형에서 ㉠ 주의(attention)는 인지단계, ㉡ 관심(interest)과 욕망(desire), 기억(memory)은 감정단계, ㉢ 행동(action)은 행동단계에 해당한다.

29 점포 레이아웃에 대한 설명으로 가장 옳지 않은 것은?

① 구석구석까지 고객의 흐름을 원활하게 유도하도록 설계한다.
② 상품운반이 용이하고 고객의 이동은 방해받지 않도록 통로를 구성한다.
③ 구매를 촉진시키기 위해 연관성 있는 상품을 한 곳에 모은다.
④ 고객의 라이프스타일에 따라 상품을 결합하여 고객의 불필요한 동선을 줄인다.
⑤ 고객동선은 가능한 한 짧게, 작업 동선은 가능한 한 길게 한다.

> [해설] ⑤ 효율적인 점포 레이아웃을 통해 고객의 동선은 주 통로와 부 통로를 구분하여 보다 많은 상품을 보게 하기 위해 가급적 길게 설계하여야 한다. 또한 시선집중을 위한 포인트를 설정하고 사각이 없도록 해야 한다. 반면 작업동선은 가능한 한 짧게 해야 하고 고객동선과 겹치지 않도록 설계해야 한다.

Answer 27 ③ 28 ④ 29 ⑤

30 매장에서 고객에게 상품을 효과적으로 진열하는 방식을 IP(Item Presentation), PP(Point of Presentation), VP(Visual Presentation)로 구분하였다. ㉠, ㉡, ㉢을 순서대로 올바르게 나열한 것은?

㉠	• 점포의 쇼윈도나 매장 입구에서 유행, 인기, 계절상품 등을 제안하여 고객이 매장으로 접근하게 하기 위한 진열 • 중점상품과 중점테마에 따른 매장 전체이미지 표현
㉡	• 매장 내 고객의 시선이 자연스럽게 닿는 벽면, 쇼케이스 그리고 테이블 상단 등을 활용하여 어디에 어떤 상품이 있는가를 알려주는 진열 • 상품을 정면으로 진열하여 주력 상품의 특징을 시각적으로 표현하고 상품의 이미지를 효과적으로 표현
㉢	• 상품을 분류, 정리하여 보기 쉽게 진열하여 하나하나 상품에 대해 고객이 구입의지를 결정하도록 하는 진열 • 각각 상품들을 보고 만지고 고르기 쉽도록 지원

① ㉠ IP, ㉡ PP, ㉢ VP
② ㉠ IP, ㉡ VP, ㉢ PP
③ ㉠ PP, ㉡ IP, ㉢ VP
④ ㉠ VP, ㉡ IP, ㉢ PP
⑤ ㉠ VP, ㉡ PP, ㉢ IP

해설 비주얼 머천다이징(VMD)은 시각적으로 소비자의 구매를 유도해 판매에 이르게 하는 전략을 의미한다. VMD는 고객의 라이프스타일을 파악하고 유인전략을 펼쳐 소매유통기업의 고유 이미지를 창출해낸다. VMD는 상품표현과 관련하여 VP, IP, PP로 나누어 볼 수 있다.
㉠ VP의 역할은 타 매장과의 차별성으로 고객의 시선을 유도하는 것이며 시즌테마에 의한 매장의 메시지를 시각적으로 소구하는 MD 전개의 장소이다. ㉡ PP는 분류된 상품에 판매포인트를 주어 구매를 유도하는 것이다. ㉢ IP의 역할은 상품을 정리하여 보기 편하고 쉽게 선택하도록 하는 것이다.

Answer 30 ⑤

CHAPTER 03 상품판매와 고객관리

제1절 상품판매와 고객서비스

1 상품판매의 의의

(1) 상품판매의 개념

① 판매의 전통적 정의
  ㉠ 미국마케팅학회(AMA : American Marketing Association)의 정의에 의하면 상품판매(selling)는 "잠재고객이 상품이나 서비스를 구매하도록 하거나, 판매자에게 상업적 의미를 갖는 아이디어에 대하여 우호적인 행동을 하도록 설득하는 인적 또는 비인적 과정"이다.
  ㉡ 판매에 대한 이러한 정의는 기업의 관점에서 본 판매의 정의라고 할 수 있다.

② 고객지향적 관점의 정의
  ㉠ 근래에는 판매를 고객지향적 관점에서 파악하는 것이 일반적이다. 고객지향적 관점에서 판매를 정의하면, 판매란 "판매자측과 소비자들이 만족할 수 있도록 잠재고객의 요구와 욕구(needs & wants)를 발견하여 활성화시키고, 그것을 효과적으로 충족시키도록 도와주는 활동 또는 기술"이라고 할 수 있다.
  ㉡ 즉, 판매란 잠재고객의 욕구를 발견하는 수요창출, 교환이 이루어지도록 하는 설득적 커뮤니케이션 활동, 고객의 만족이 높아지도록 하는 서비스의 제공 및 고객관리 활동 또는 기술이다.

(2) 상품판매의 유형

① 판매의 구분
  판매활동은 촉진활동의 한 분야인 판매원에 의한 인적 판매활동과 광고나 홍보 또는 판매촉진 등의 비인적 수단에 의한 비인적 판매활동으로 구분된다.

② 인적·비인적 판매활동의 특징
  ㉠ 인적 판매활동과 비인적 판매활동은 상호보완적인 역할을 한다고 볼 수 있다.
  ㉡ 즉, 비인적 판매활동의 대표적인 방법인 광고가 인적 판매의 판매활동을 조성하는 기능이라면, 인적 판매는 광고에 의해 조성된 판매기회를 인적 판매의 유일한 방법인 판매담당자를 통하여 현실적인 판매로 유도하는 역할을 한다.

(3) 고객서비스의 구성요소

고객서비스(customer services)는 구매자와 판매자의 연결부문에서의 관계에 주목한다. 고객서비스는 거래를 중심으로 거래 전 요소(사전거래, pre-transaction), 거래 중 요소(본거래, transaction), 거래 후 요소(사후거래, post-transaction)로 구분해서 살펴볼 수 있다.

거래 전 요소	거래 중 요소	거래 후 요소
• 서면화된 정책 • 정책(문서)에 대한 고객의 수취, 이해 • 조직구조 • 시스템 유연성 • 관리자 서비스	• 결품률 • 주문정보 • 주문주기의 요인들 • 선적지연 • 교환선적 • 시스템의 정확성 • 주문의 편의성 • 물품대체	• 설치, 보증, 수리, 변경, 부품 공급 • 물품추적 • 클레임 및 고충처리, 반품 • 물품의 일시대체

2 고객정보의 수집과 고객응대

(1) 고객정보의 수집

① **POS 데이터의 수집**

오늘날 고객정보는 주로 POS 시스템, 즉 판매시점정보 시스템을 통해 수집되는 것이 일반적이다. POS 시스템은 주로 소매점포의 판매시점에서 수집한 POS 데이터를 통해 재고관리, 제품 생산관리, 판매관리를 효율적으로 하려는 정보의사소통 방법을 말한다.

② **POS 시스템의 의의**

POS 시스템에서는 바코드를 기반으로 하는 상품정보를 통해 신상품 도입의 성과나 홍보 및 광고효과를 신속하게 파악할 수 있다. 또한 가격변동에 따른 판매량의 변화를 통해 소비자의 가격에 대한 민감도 파악이 용이하다.

(2) 고객응대의 기본 : 접점의 이해

① **MOT의 개념**

㉠ MOT(Moment of Truth)는 고객과 기업이 접촉하는 '결정적인 순간'을 표현하는 것으로, 기업의 생존이 결정되는 순간이라고 할 수 있다. MOT는 고객접점 서비스, 결정적 순간 또는 진실의 순간이라고 표현된다.

㉡ 고객접점 서비스란 고객과 서비스 요원 사이의 15초 동안의 짧은 순간에서 이루어지는 서비스이다. 이 15초 동안에 고객접점에 있는 최일선 서비스 요원이 책임과 권한을 가지고 우리 상품을 선택한 것이 가장 좋은 선택이었다는 사실을 고객에게 입증시켜야 하는 것이다.

ⓒ 즉, '결정적 순간'이란 고객이 기업조직의 어떤 한 측면과 접촉하는 순간이며, 그 서비스의 품질에 관하여 무언가 인상을 얻을 수 있는 순간이다.

② **MOT의 특징**

정 의	고객이 조직의 어떤 일면과 접촉하는 일로 비롯되며 조직의 서비스 품질에 관하여 어떤 인상을 얻을 수 있는 사건
중요성	• 고객과의 많은 접점에서 단 한 가지라도 나쁜 인상을 준다면 그것으로 고객은 기업의 이미지를 결정 • 서비스 기업의 최고의 목표는 최고의 고객 서비스이므로 가장 우선적으로 고객과 기업의 접점에 대한 배려가 중요
목 표	접점의 관리를 통해 고객이 우리 기업을 선택한 것이 최선의 대안임을 증명할 수 있도록 하는 것
권한 위임	고객과의 접점에서 종업원의 신속한 대응을 위해 필요
고객에 대한 배려	기업이 세부적인 점까지 신경을 쓰고 있다는 사실을 고객이 느낄 수 있도록 하는 것
MOT 개선시 고려사항	처음부터 탁월하게 수행하는 것도 중요하지만, 서비스의 불량 발생시 빠른 회복은 역전의 기회

③ **고객응대의 기법**

고객응대는 효과적인 언어서비스, 전화응대, 표정서비스, 동작서비스 등에서 다양한 기법들이 개발되어 제시되고 있다.

(3) **고객응대 단계**

① **고객대기**

고객대기란 언제, 어떠한 경우에도 고객을 맞이할 수 있는 준비와 마음가짐이 되어있는 만전의 판매체제를 시행하는 것으로 머천다이징, 쾌적한 공간관리, 매장연출 그리고 적정한 판매원의 배치와 판매원 각자의 마음가짐과 관련이 있다.

② **접 근**

㉠ 접근(approach)이란 판매를 시도하기 위해서 고객에게 다가가는 것, 즉 판매를 위한 본론에 진입하는 단계를 말한다.

㉡ 접근은 실질적인 판매의 출발점으로서 이 접근에서 고객이 판매담당자에 대해 짧은 순간에 느끼는 감정(첫 인상)이 판매활동의 진행에 매우 크게 영향을 미친다.

③ **고객욕구의 결정**

㉠ 판매를 성공시키기 위해서 판매담당자는 고객욕구의 이해와 그 욕구를 충족시킬 수 있는 상품을 발견하는 것이 무엇보다도 중요하다.

㉡ 판매담당자는 고객과의 접촉을 통해 욕구와 구매계획 등에 대해 가능한 많은 지식과 정보를 획득하여야 한다.

④ 판매제시
  ㉠ 판매제시는 고객접근과 욕구결정단계에서 파악된 고객의 욕구를 충족시켜주기 위해 상품을 고객에게 실제로 보여 주고 사용해 보도록 하여 상품의 특징과 혜택을 이해시키기 위한 활동으로서, 상품의 실연(제시)과 설명이 핵심이다.
  ㉡ 판매제시를 함에 있어서 판매원은 효과적으로 의사전달을 하기 위하여 담화, 경청, 제스처, 전시 및 그 밖의 행동에 관한 어떤 결합에 의존하면서 예상 고객에게 설득적인 소구(appeal)를 행한다.

⑤ 판매결정
  ㉠ 판매결정(closing the sales)단계는 고객이 구매결정의 결단을 내리도록 판매담당자가 유도하는 과정에서부터 고객에게 대금을 수령·입금하기 전까지이다.
  ㉡ 결정(closing)이라는 용어는 판매계약에 대한 고객의 동의를 사실상 획득하는 행위를 지적하기 위하여 사용한다. 판매결정은 판매단계의 만족스러운 완성에 대한 단순한 논리적 결론이다.

⑥ 판매 마무리
  소매점에서의 판매의 최종 마무리는 고객의 구매결정 후 대금을 수령·입금하고, 상품의 포장과 인계, 그리고 전송까지이다.

⑦ 사후관리
  사후관리에는 반품 취급과 고객 컴플레인에 대한 대응이 주 내용을 이룬다. 고객의 컴플레인에 대해서는 구매 후 불만족 감소와 재방문 및 구매, 장기적인 고객관계의 유지 차원에서 고객지향성에 입각한 적극적인 처리 자세가 요구된다.

3 고객 컴플레인 대응

(1) 컴플레인의 의의와 유형

① 컴플레인의 의의
  ㉠ 컴플레인의 의미
    ⓐ 컴플레인(complaint)이란 고객이 상품을 구매하는 과정에서, 또는 구매한 상품에 관하여 품질·서비스·수량 등을 이유로 불만을 제기하는 것으로, 소매업에서 종종 발생하는 사항이다.
    ⓑ 고객의 불만과 오해, 편견 등을 해결해주는 일을 컴플레인 처리라고 하는데, 이는 판매사원의 중요한 임무 중의 하나이다. 판매사원의 성의 있는 컴플레인 처리는 회사의 신용을 더 높여 주고 고객과의 관계를 효과적으로 유지시켜주는 지름길이 되기도 한다.
  ㉡ 컴플레인의 추세
    ⓐ 최근 들어 판매사원들의 부주의나 무성의로 인해 고객의 컴플레인은 점차 증가하는 추세에 있다. 그러나 그 원인은 판매사원에게서도 찾아볼 수 있지만, 소비자 의식이 변화하고 있고 소비자의 요구가 점차 다양화되고 있는 데서 그 원인을 찾을 수 있다.

ⓑ 즉, 소비자 스스로 소비자의 권리를 주장·관철하려는 소비자 의식의 변화와 함께, 정부가 공정거래법 및 소비자보호법을 제정하여 소비자를 보호하려는 정책이 맞물려 컴플레인이 증가하고 있다고 볼 수 있다.

② 컴플레인의 유형과 중요성
　㉠ 불만족한 고객이 취하는 행동유형
　　ⓐ 직접 컴플레인을 제기하는 고객(voicer) : 이는 해당 업체에 직접 항의를 하는 경우로, 기업에 사과와 함께 피해나 손해에 대한 배상을 요구한다.
　　ⓑ 수동적인 고객(passive) : 이는 자신의 불평을 전혀 적극적으로 처리하지 않는 경우다. 이것을 가멘(gamen)이라고도 하는데, 이는 불평하지 않고 소비의 결과를 운명의 결과로 생각하는 것이다.
　　ⓒ 분노하는 고객(irate) : 실질적인 불평의 정도가 정도를 넘는 경우라고 할 수 있다.
　　ⓓ 불평뿐 아니라 적극적으로 불평행위를 취하는 고객(activists) : 자신과 관련이 있는 다른 소비자에게 경고하거나 구매중지, 구매 보이코트 등 사적인 행동을 취한다. 또한 소비자원 등 공식기관이나 민간단체에 불평을 토로함으로써 자신의 불만을 해소하고 배상을 요구한다.
　㉡ 컴플레인의 중요성
　　고객의 컴플레인을 이해함으로서 고객에 대한 정확한 사실과 정보를 얻을 수 있다.
　　ⓐ 고객의 불평은 고객이 원하는 것이 무엇인지를 알려 준다. 따라서 소비자의 불평을 오히려 장려하여 불평에 대해 귀를 기울이는 노력이 필요하다.
　　ⓑ 고객이 불평하지 않는다고 서비스가 충분하고 고객에 대한 욕구충족이 다 이루어졌다고 할 수 없다. 불평 없는 고객이라도 말을 시켜 그 마음의 진실을 이해하도록 노력해야 할 것이다.

(2) 컴플레인의 처리
① 컴플레인 처리의 중요성
　㉠ 소매점포의 모든 컴플레인은 판매사원이나 서비스맨 또는 매장책임자, 회사에게 매우 중요한 의미를 지니고 있다. 판매사원이 컴플레인 처리를 귀찮게 여기고 회피하려 해서는 안 되며, 오히려 긍정적인 자세로 판매증진의 기회로 이해하는 것이 중요하다.
　㉡ 성의를 다하는 컴플레인 처리는 고객과의 관계를 더욱 돈독히 해 주기도 하고 유력한 단골고객으로 만들어지는 경우도 의외로 많다는 것을 알아야 한다.
② 컴플레인의 일반적인 처리방법
　㉠ 컴플레인의 원인 파악
　　ⓐ 고객이 컴플레인을 제기할 때, 고객은 대체로 차분한 상태가 아니기 때문에 조금이라도 대응이 잘못되면 분쟁으로 연결되기가 쉽다. 고객이 컴플레인을 제기하면 차분하게 그리고 죄송스러워하는 태도로 컴플레인의 원인을 파악해야 한다.

ⓑ 컴플레인의 원인은 대체로 복합적인 현상으로 나타나기 때문에 청취하는 과정에 변명을 하지 말고 처음부터 끝까지 적극 경청을 하는 것이 중요하다. 그래야 컴플레인의 원인을 명확히 규명할 수 있다. 중요한 것은 적극적인 경청의 태도만으로도 문제의 상당 부분이 해결된다는 사실이다.

ⓒ 컴플레인의 불만처리 경로
판매사원 스스로 처리가 가능한 컴플레인은 판매사원이 처리한다. 처리결과는 매장책임자나 관리자에게 보고한다. 그러나 판매사원이 처리하기 어려운 컴플레인은 매장책임자에게 보고하여 처리한다.

ⓒ 고객불평의 처리방법(MTP법)
고객불평의 처리방법은 더 높은 고객만족 향상이라는 차원에서 처리되어야 한다. 고객불평의 처리방법으로 주로 MTP법(삼변주의 원칙)이 사용되었는데 사람과 시간, 장소를 바꾸어 불평을 처리하는 방법이다.
ⓐ 사람(man)을 바꾼다 : 판매담당자 → 판매관리자
ⓑ 시간(time)을 바꾼다 : 즉각 처리 → 충분한 시간(냉각기간)을 두고 처리
ⓒ 장소(place)를 바꾼다 : 판매장소 → 사무실·소비자 상담실

③ 컴플레인 유도방법
㉠ 불평 제기의 통로 구축
ⓐ 가장 접근하기 용이한 방법은 불평 호소의 통로를 공식적으로 제공하고, 그것을 고객이 손쉽게 이용하게 한다. 예를 들면, 고객직통전화선(hot line)을 마련하는 것이다.
ⓑ 직통전화선의 유용성은 불만고객의 변화 가능성의 기회를 제공하는 것이다. 불만고객의 극히 일부만이 불평하며 나머지는 제품구입중단, 상표전환, 비방하기 때문이다. 특히 대기업을 인간적으로 느끼게 함으로써 잃어버린 인간관계를 돌이키고 친근감 있는 고객관계를 유지할 수 있다. 이는 비용절감의 효과가 있다.
㉡ 다양한 통로의 구축
이밖에도 소비자 건의함, 상품/서비스 구입시 제공하는 수취인 부담 엽서, 고객초청 간담회, 화난 고객의 불평을 나타낼 수 있는 비디오 카메라 설치 등의 방법을 적용할 수 있다.

④ 컴플레인 마케팅
㉠ 고객만족 경영
기본적으로는 컴플레인이 발생하기 이전에 적극적으로 이를 관리해야 할 것이다. 이를 위해서는 고객 지향적인 마케팅과 항상 고객을 최우선으로 하는 서비스를 제공함으로써, 컴플레인의 발생을 제거하여 고객만족 경영을 이루어야 할 것이다.
㉡ 컴플레인 제기 고객의 평생고객화
ⓐ 컴플레인을 제기한 고객에게 감사의 표현으로 그들만을 위한 특별한 대우(친필로 엽서 보내기, 분기별로 유통매장 홍보내용이 인쇄된 공중전화카드 발송, 고객사은 특별행사 우대권 발송, 음악회 초대권 발송, 특별사은품 지급 등)를 해주는 것이다.

- ⓑ 즉, 컴플레인 고객과 장기적으로 긴밀한 관계를 유지하여 평생고객화하고 고객생애가치(life time value)를 향상시켜 고객 및 기업만족을 극대화시키는 고객관계 마케팅(customer relationship marketing)을 적극적으로 도입해야 한다.
- ⓒ 결국, 컴플레인을 제기했던 고객들을 오히려 감동시켜 까다로운 고객을 영원한 단골로 만들어나갈 수 있다.

> **지식+톡톡 고객지향적인 마케팅**
> - 고객의 입장에서 생각하라.
> - 고객이 하고 싶어하는 대로 하라.
> - 고객을 존경하라.
> - 고객에게 초점을 맞춰라(반응하라, 감정이입하라, 행동을 하라, 고객을 안심시키고 재확신을 시켜주라, 곧바로 행동하라).
> - 고객의 기대를 뛰어 넘어라.

제2절 CRM 전략 및 구현방안

1 CRM의 배경 및 장점

(1) 고객관계관리(CRM)의 등장

① CRM의 의의
  ㉠ 최근 기업에서는 고객정보를 이용하여 고객행동을 이해하고 고객이 원하는 혜택을 파악하여 고객과의 관계를 구축하려는 노력을 강화하고 있다. 이러한 활동에 의한 고객관리를 고객관계관리(CRM : customer relation management)라고 한다.
  ㉡ CRM은 다이렉트 마케팅으로부터 데이터베이스 마케팅을 거치면서 세분화 마케팅, 틈새 마케팅, 개별화 마케팅, 일대일 마케팅, 관계 마케팅 등의 개념을 포괄하면서 발전해 온 개념이다.

고객관리의 변화 추이

구 분	판매 (1970년대)	고객만족 (1980년대)	데이터베이스 마케팅 (1990년대)	CRM (90년대 후반)
대고객 관점	수동적 구매자	선택적 구매자	개성화, 다양화된 구매자	능동적 파트너
고객과의 관계	전체 시장에 일방적 공급	고객 만족도(CSI) 측정, 일방적 관계	그룹화된 고객과의 일방적 관계	개별 고객과 쌍방향 의사소통
고객관리	단순 영업위주	영업과 판매 위주 서비스	IT 기술팀 위주	전사적 관리

② **CRM의 배경**
　㉠ 오늘날 기업들은 다양한 환경변화 요인에 의한 도전을 받고 있다. 고객들은 보다 합리적이고 현명해졌고 또한 개성화되어 고객 자신에 알맞은 특별한 서비스를 원하고 있다.
　㉡ 또한 최근 신기술의 발달 및 인터넷 등 정보 네트워크의 혁명은 기술수준을 평준화시켜 공급자인 기업 간의 경쟁을 보다 심화시키고 있다.
　㉢ 이와 같은 기업환경 변화의 위협 속에서 경쟁력을 유지하며 고객만족을 이루고 매출을 증대시키기 위해서는 신뢰성 있는 고객관계를 지속적으로 구축해 나가야 한다.
　㉣ 성공하는 마케팅은 고객과의 관계를 구축하는 것이며, 고객과의 지속적인 대화를 통하여 고객에게 더 좋은 서비스를 제공하기 위한 장치로서 CRM을 구축하고 관리해야 하는 것이다.
　㉤ 파레토(V. Pareto)의 20-80 법칙에서 알 수 있듯이 상위 20% 고객과의 좋은 관계를 유지하고 지속하는 것이 무엇보다도 중요하다는 것을 인식하게 되었다.

(2) CRM의 목적과 장점

① **CRM의 목적**
　CRM은 기업 간의 지나친 경쟁에 따른 고객의 이탈, 고객의 불만, 새로운 상황에 대한 마케팅 전개방법 등 기업의 다양한 고민을 CRM 시스템 구축을 통해 해결하기 위한 것이다. 즉, 고객을 세분화하여 서비스와 마케팅을 차별화하는 것이 CRM의 목적이자 실천전략이다.

② **CRM의 장점**
　㉠ 기업은 CRM을 통해 고객에 대한 정보를 수집하고, 수집된 정보를 효과적으로 활용하여 매출과 이익을 증대시킬 수 있다. 매출 증대는 기존고객의 유지관리, 기존고객으로부터의 수익성 증대, 수익성 높은 신규고객 확보를 통해 달성된다.
　㉡ CRM은 대량고객화(mass customization)를 가능하게 한다. 세분화하여 고객에게 접근하는 것이 가능할 뿐만 아니라 시스템적 접근으로 대량의 고객화가 가능하다는 것이다. 이는 CRM 구축으로 기업이 얻는 편익으로서 가장 대표적인 것이다.
　㉢ CRM 시스템은 기존고객의 특성에 맞는 상품과 서비스를 제공함으로써 고객의 이탈을 방지함으로써 시장점유율을 높일 수 있게 한다.
　㉣ 또한 CRM 시스템은 고객별 수익성을 평가하고 기여도에 따라 적합한 영업전략을 추진하여 고객 포트폴리오를 개선하고 모든 고객군으로부터 이익을 창출할 수 있게 한다.

(3) CRM의 도입방법

① **단계적인 도입**
　CRM은 단계적으로 도입해야 한다. CRM은 일반적으로 고객확보 → 고객유지 → 전략적인 고객관리 등 세단계를 거쳐 도입된다.

② **CRM 도입의 3단계**
　㉠ 고객확보 단계에서는 오직 고객확보에만 신경을 쓰는 단계이다. 이 단계에 있는 기업들은 신규고객의 유치에만 관심이 있고 고객을 어떻게 유지해 나갈지에 대해서는 별 관심이 없다.

ⓒ 고객유지 단계에 있는 기업들은 고객과의 관계형성과 고객을 어떻게 대하고 고객들과의 비즈니스를 어떻게 할 것인가에 관심을 기울인다.
　　ⓒ 전략적 고객관리 단계의 기업들은 고객을 자산으로 보고 전략을 수립·시행한다. 고객을 세분화한 다음 그에 알맞은 차별화된 상품과 서비스를 제공한다.
③ CRM 도입에서의 유의점
　　㉠ CRM을 도입하는 기업들이 모두 이 세 단계의 어느 하나에 속하는 것은 아니다. 중간에 위치할 수도 있고 어느 하나에 속하지 않을 수도 있다. 그러나 CRM을 도입할 때는 세 단계를 반드시 순차적으로 거쳐야 한다.
　　ⓒ 그리고 전략적 고객관리 단계로 가기 위해서는 CRM에 대한 이해는 물론 진정한 고객만족과 이를 바탕으로 기업가치를 이루겠다는 최고경영자의 의지가 절대적으로 필요하다.
　　ⓒ 또한 CRM은 어플리케이션, 시스템, 정보기술만이 아닌 전략이라는 점을 늘 생각해야 한다. CRM은 정보, 시스템, 경영, 정책, 프로세스 그리고 기업의 조직원들이 총체적으로 집결된 전략이다.

2 CRM의 유형과 구현단계

(1) CRM의 유형

CRM은 크게 CRM 전략과 CRM 시스템 프로젝트로 나눌 수 있고, CRM 시스템은 분석 CRM과 운영 CRM, 협업 CRM으로 나누어진다.

CRM시스템의 종류	특 징
분석(analytical) CRM	Data Warehouse, Data Mining, OLAP 등의 툴을 이용하는 백오피스 지향적인 CRM
운영(operational) CRM	고객과의 접점에서 영업 및 마케팅 서비스를 수행할 수 있도록 지원하는 프론트 오피스 지향적인 CRM
협업(collaborative) CRM	분석 CRM과 운영 CRM을 통합한 의미이면서, 인터넷과 콜센터, 모바일 등 고객과의 다양한 접점을 지원하는 CRM

(2) CRM의 구현단계

① 고객생애 단계
　　㉠ 고객생애 단계 : CRM에서 고객생애 단계는 고객유치 단계, 고객유지 단계 그리고 평생고객화 단계로 구분할 수 있으며, 점차적으로 수익성 또한 상승한다. 이 중 고객유지 단계에서는 수익성 향상을 위해 교차판매(cross selling)와 업셀링(up-selling)을 실행할 수 있다.
　　ⓒ 교차판매 전략 : 교차판매 전략(cross selling strategy)은 한 기업이 여러 제품을 생산하는 경우, 고객의 데이터베이스를 이용하여 기업이 제공하는 다른 제품의 구매를 유도하는 전략이다.

ⓒ 업셀링 : 업셀링(up-selling)은 격상판매 또는 추가판매라고도 하며 특정한 상품 범주 내에서 상품구매액을 늘리기 위해 업그레이드된 단가가 높은 상품의 구매를 유도하는 판매활동의 하나이다. 이러한 업셀링은 소비자에게 신제품과 고급화된 상품으로의 구매를 유도함으로써 자연스럽게 매출액의 증가, 주력 및 신제품의 홍보와 판매효과를 가져온다.

② **CRM의 단계**

CRM의 단계는 고객의 생애가치(lifetime value)를 극대화하기 위하여 관계형성 및 신규고객 확보(acquisition)로부터 시작하여 고객충성도 제고 및 유지(retention), 구매활성화 및 고객확장에 이르기까지 3단계로 나누어 생각해 볼 수 있다.

> **지식+톡톡 CRM과 매스 마케팅의 비교**
>
> ① CRM은 마케팅 믹스를 포함한 마케팅 수단을 적절히 활용하여 고객의 만족을 극대화하고 시장에서의 경쟁력을 확보한다는 점에서는 매스 마케팅과 동일하다.
> ② CRM은 불특정 다수를 대상으로 하지 않고 고객 개개인을 대상으로 하는 일대일 마케팅을 지향한다.
> ③ CRM에서는 쌍방향적이면서도 개인적인 커뮤니케이션이 필수적, 즉 고객과의 피드백 경로가 구축되어야 한다. CRM은 개별 고객에 대한 상세한 데이터 베이스의 구축이 있어야 가능하다.
> ④ 매스 마케팅은 대량생산·대량판매를 지향하지만, CRM은 다품종 소량생산을 지향한다.
> ⑤ 마케팅의 성과지표에 있어서 매스 마케팅은 시장점유율을 중시하지만, CRM은 고객점유율을 중시한다.
> ⑥ 매스 마케팅은 신규고객의 개발을 더 중시하지만, CRM은 기존고객과의 지속적 관계유지에 목표를 두고 있다.

매스 마케팅과 데이터베이스 마케팅

구 분	매스 마케팅	데이터베이스 마케팅
시 대	1960년대	1990년대 이후
매체 형태	대중매체	대중매체와 디지털매체
목표고객	불특정 대다수	고객 개개인
소비자의 욕구	동질적 구매욕구	특화된 욕구
커뮤니케이션 방향	일방적 커뮤니케이션	개인적 커뮤니케이션
생산방식	대량생산·대량판매	다품종 소량생산

(3) CRM의 직접적인 성과척도

① **의 의**

고객관계관리(CRM)는 기업이 구축한 마케팅 데이터베이스를 활용하여 고객과의 관계를 형성하고 고객생애가치를 극대화하는 것을 목표로 하고 있다. CRM의 근간은 고객과의 장기적인 관계를 구축하고 관리하는 것이라고 할 수 있다.

② **CRM의 기본전략**
  ㉠ 기존고객들에 대한 상세한 지식을 기반으로 이들의 구매를 활성화하고 애호도를 향상시키는 것은 CRM에서 가장 중요한 부분을 차지한다.
  ㉡ 고객관계관리(CRM)를 위한 전략으로는 기존고객 유지전략, 고객활성화전략(customer activation strategy), 애호도 제고전략(loyalty enhancement strategy), 교차판매전략(cross-selling strategy), 신규고객 확보전략 등이 있다.

③ **CRM의 성과척도**
  따라서 CRM의 직접적인 성과척도로는 고객획득 및 기존고객 유지비율, 고객생애가치의 증감, 교차판매(cross selling)를 통한 고객획득비율 등을 들 수 있다.

(4) CRM 도입의 기대효과

CRM은 궁극적인 기대효과는 기존사업의 성과 향상과 신규사업 진출에서 플랫폼으로 활용 등 두 가지로 나누어 볼 수 있다.

① **기존사업의 수익 향상**
  ㉠ 신규고객 확보와 고객 수 증대
    ⓐ 고객 수 증대는 잠재적 고객에 대해 일대일로 접근하여 신규고객화하거나 기존고객의 권유를 통하여 증대시킬 수 있다.
    ⓑ 또한 고객 수를 늘리기 위해서는 적극적으로 고객을 확보하는 활동도 필요하지만, 기존의 고객을 잃지 않고 잘 관리하는 활동도 중요하다.
  ㉡ 고객생애가치 제고
    고객생애가치(life time value)라는 것은 고객 한 사람이 죽을 때까지 자사의 상품만을 구매한다고 했을 때의 매출액 혹은 이익을 의미한다. 원래 고객생애가치는 비용을 차감한 순이익적인 개념이나, 계산의 편의상 매출액으로 대신하기도 한다.
  ㉢ 고객 확보비용 감소
    CRM을 실행하게 되면 고객 확보비용이 감소하는 이유는 3가지가 있다.
    ⓐ CRM은 수익 창출의 패러다임을 고객의 양적 증대가 아니라 질적 성장으로 보므로 과다한 경품이나 광고를 통한 신규고객의 확보를 자제하게 된다.
    ⓑ e메일이나 제휴 마케팅과 같은 방법으로 고객에게 일대일로 접근하게 되므로 불특정 다수를 대상으로 광고하는 것에 비해 비용이 감소된다.
    ⓒ 데이터 분석을 통해 우량 성향을 지닌 잠재고객을 찾아내므로 마케팅 자원의 낭비를 예방할 수 있다.
  ㉣ 고객 유지비용 감소
    CRM은 모든 고객이 평등하지는 않다는 생각에서 출발한다. 따라서 수익성이 낮은 고객의 유지비용을 절감하게 됨으로써 매출액당 유지비용이 낮아지게 된다.

② CRM을 통한 신규사업 진출
이전의 신규사업 진출이라면 기존사업과 기술 혹은 생산 공정의 연관성이 있는 사업에 수평적으로 진출하거나, 산업의 계열화를 축으로 수직적으로 진출하는 것이 대부분이었다. 그러나 CRM을 통한 신규사업 진출은 고객의 로열티 및 고객의 니즈에 기반을 둔다.

업무 영역	CRM 도입의 기대효과
마케팅 기회 분석	• 수익 및 고객생애가치(LTV) 증대 • 신규고객 유치 및 기존고객 활성화 • 고객 라이프사이클상의 결정적 시점에 효과적 마케팅 활동 • 평생고객으로 가치를 창출할 수 있게 함
영업지원 활동	• 시장에서의 경쟁력 있는 제품의 파악 및 신속한 대응 전략 수립 • 수익성 높은 고객 분류와 타겟 마케팅
마케팅 관리	• 시장 변화 및 고객의 니즈에 맞는 상품 개발 • 상품에 대한 시장 반응의 신속한 파악 및 보완 • 고객 니즈 변화에 대한 신속한 파악 및 대응
고객 서비스	• 고객 충성도(loyalty) 증대 • 고객 유지율 증대 • 고객 만족 증대 • 고객 행위에 대한 이해 • 교차판매와 상향판매의 기회 증대 및 활용
고객 채널 관리	• 고객 니즈에 맞는 최적의 채널 제공 • 비용을 최소화할 수 있는 고객 유도

(5) 고객충성도 프로그램의 도입
① 고객충성도의 의미
㉠ 고객충성도(customer royalty) 또는 고객애호도는 특정한 제품에 대한 고객들의 열정적인 관심도를 말하는 것으로, 고객충성도가 높은 고객이 많으면 많을수록 기업은 더 많은 수익을 창출할 수 있다.
㉡ 충성도가 높은 고객은 재구매율뿐만 아니라 가격에 덜 민감하게 반응한다. 고객충성이 높은 제품은 시장에서 높은 상대적 가치를 지니고 관성을 가지게 된다.
② 충성도 높은 고객형성 7단계
㉠ 1단계 : 구매용의자(suspect) - 자사 제품이나 타사 제품을 구매할 능력이 있는 모든 사람, 즉 불특정 다수
㉡ 2단계 : 구매가능자(prospect) - 자사제품을 필요로 하고 구매능력이 있는 사람
㉢ 3단계 : 제외잠재자 - 구매가능자 중 제품에 대한 필요를 느끼지 않거나 구매능력이 없다고 판단되는 사람, 목표고객에서 제외
㉣ 4단계 : 최초구매고객 - 자사제품을 1번 구매한 사람, 자사의 고객이 될 수도 경쟁사의 고객이 될 수도 있음
㉤ 5단계 : 반복구매고객 - 자사제품을 최소 2회 이상 구매한 사람

ⓑ 6단계 : 단골고객(client) - 필요한 모든 제품을 자사제품으로 구매하려는 사람, 경쟁사의 유인전략에 동요되지 않음
ⓢ 7단계 : 지지고객(advocate) - 다른 소비자에게 자사제품을 쓰도록 권유하는 사람

(6) 고객생애가치의 극대화

① **고객생애가치의 개념**
  ㉠ 고객생애가치(customer LTV)는 한 고객이 평균적으로 기업에게 기여하는 미래수익의 현재가치를 말한다.
  ㉡ 즉, 고객의 기업에 대한 잠재적인 이익기여도를 의미한다.

② **고객생애가치의 특징**
  ㉠ 고객생애가치는 관계마케팅의 여러 가지 효익을 계량적으로 정리한 개념이다.
  ㉡ 한 시점에서의 가치가 아니고 고객과 기업 간에 존재하는 관계의 전체적인 가치를 말한다.
  ㉢ 매출액이 아니고 이익을 의미한다.
  ㉣ 고객의 이탈률이 낮을수록 고객생애가치는 증가한다.
  ㉤ 고객생애가치를 산출함에 있어서 기업은 어떤 고객이 기업에게 이롭고 유리한 고객인가를 파악할 수 있으며, 그 고객과 앞으로 어떤 관계를 가지도록 하는 것이 합리적인가를 파악할 수 있다.
  ㉥ 우량고객의 효과적 관리를 위해서는 이들이 느끼는 가치에 따라 보상 프로그램을 차별적으로 실시하는 것이 바람직하다.

③ **고객 수익기여도 분석**
  우량고객을 유지하기 위해서는 고객별 수익기여도를 분석해야 한다. 고객별 수익기여도를 분석하는 방법으로는 RFM 분석, LTV 분석 등이 있다.
  ㉠ RFM 분석
    ⓐ RFM 분석은 고객이 최근에(recency), 얼마나 자주(frequency), 얼마의 금액(monetary)을 구매했는가를 분석하는 방법이다.
    ⓑ 그러나 RFM 분석은 구매가능성이 높은 고객을 찾아내는 데는 유용한 기법이지만, 고객의 개별적인 수익기여도를 직접 파악하는 데는 한계가 있다.
  ㉡ 고객실적평가법(HPM)
    ⓐ 고객의 개별적인 수익기여도를 파악하기 위해서는 고객생애가치(LTV) 분석과 고객실적평가법(HPM)을 이용할 수 있다.
    ⓑ 고객실적평가법(HPM : historical profitability measurement)은 과거로부터 현재까지 고객의 구매실적을 분석하여 기업의 수익에 어느 정도나 기여해왔는가를 평가하는 방법이다.
    ⓒ LTV(고객생애가치)는 고객이 향후 예측되는 수익이 어느 정도인지를 측정하는 방법이다.
  ㉢ RFM 분석과 HPM 기법의 평가
    RFM 분석은 우량고객이 될 가능성이 있는 고객이 누구인지를 명확하게 측정할 수 있는 반면, HPM(고객실적평가법) 기법은 이익기여도에 대한 산정기준이 불분명한 단점이 있다.

CHAPTER 03 실전감각 기르기

01 다음 중 매장에 방문한 고객에게 상품을 제시하는 방법으로 가장 옳지 않은 것은?

① 상품의 특징을 명확하게 알 수 있도록 설명한다.
② 고객이 매장에 들어서면 고객이 원하는 상품을 사용하는 상태로 하여 보인다.
③ 상품에 손을 대보게 한다.
④ 상품을 제시하기 전에 가격표를 먼저 보인다.
⑤ 상품에 부수적으로 제공되는 서비스 등을 설명해 준다.

해설 가격의 제시는 고객이 상품에 관심을 보이면서 구매욕구가 발생했다고 판단했을 때 이루어져야 한다.

02 다음 중 판매제시의 특성과 거리가 먼 것은?

① 경쟁심의 배제
② 지속적인 판매권유
③ 예상고객의 신뢰획득
④ 완전성
⑤ 명확성

해설 판매제시의 핵심은 상품의 제시와 설명에 있으며, 이의 특성은 다음과 같다.
㉠ 완전성 : 필요한 모든 정보를 포괄해야 한다.
㉡ 경쟁심의 배제 : 고객과의 경쟁심을 제거해야 한다.
㉢ 명확성 : 예상고객에 대해 명확해야 한다.
㉣ 예상고객의 신뢰획득 : 신뢰를 얻는 것이 매우 중요하다.

03 다음 중 고객관계관리에 있어 관계적 거래의 장점으로 옳지 않은 것은?

① 고객의 성향이나 특성을 충분히 파악하고 있어 고객화된, 즉 개별고객의 특성에 맞는 서비스가 가능하다.
② 장기적인 반복적 거래로 인해 거래의 위험이 감소된다.
③ 구매 상대방에 대해 덜 종속적이며, 거래의 유연성은 높아진다.
④ 거래시 상대방에 대한 탐색비용, 계약비용 및 감시비용과 같은 거래비용이 낮아지게 된다.
⑤ 장기적인 거래를 통한 안정적인 거래선의 확보로 상황변화에 대한 대응능력이 높아진다.

Answer 01 ④ 02 ② 03 ③

[해설] 관계적 거래가 반복되면 구매 상대방에 대한 종속성이 높아지게 되고, 따라서 거래의 유연성은 낮아진다. 이는 관계적 거래의 단점이다.

04 업셀링(upselling)과 연관성이 가장 낮은 것은?

① 교차판매
② 격상판매
③ 고부가가치 품목 유도
④ 거래액 증가
⑤ 객단가 향상

[해설] 업셀링(up-selling)은 격상판매 또는 추가판매라고도 하며 특정한 상품 범주 내에서 상품구매액을 늘리기 위해 업그레이드된 단가가 높은 상품의 구매를 유도하는 판매활동의 하나이다. 이러한 업셀링은 소비자에게 신제품과 고급화된 상품으로의 구매를 유도함으로써 자연스럽게 매출액의 증가, 주력 및 신제품의 홍보와 판매효과를 가져온다.
① 교차판매(cross selling)는 한 기업이 여러 제품을 생산하는 경우, 고객의 데이터베이스를 이용하여 기업이 제공하는 다른 제품의 구매를 유도하는 전략이다. 교차판매비율을 증가시키는 방법으로는 관련이 있는 제품을 패키지로 묶어 싸게 판매하는 전략(묶음가격)이 바람직하다.

05 CRM과 매스 마케팅(mass marketing)을 비교한 것으로 옳은 것은?

① 판매측면에서 매스 마케팅은 거래기반이지만, CRM은 가치를 기반으로 한다.
② 마케팅의 성과지표에 대하여 매스 마케팅은 고객점유율로 나타나고, CRM은 시장점유율로 나타난다.
③ 매스 마케팅의 주된 관심영역은 고객과의 일대일 관계에 있고, CRM은 집단고객에 있다.
④ 고객과의 관계측면에서 매스 마케팅은 고객과의 관계형성에 목표를 두고 있지만, CRM은 신규고객의 개발에 더 많은 의미를 둔다.
⑤ CRM은 대량생산·대량판매를 지향하지만, 매스 마케팅은 다품종 소량생산을 지향한다.

[해설] 고객정보를 이용하여 고객행동을 이해하고 고객이 원하는 혜택을 파악하여 고객과의 관계를 구축하려는 활동에 의한 고객관리를 고객관계관리(CRM ; customer relation management)라고 한다. CRM은 시장점유율보다 고객점유율을 중시하고, 고객과의 일대일 관계에 관심을 둔다. 또한 CRM은 신규고객의 확보보다는 기존고객의 유지에 더 큰 관심을 두고 있다.

Answer 04 ① 05 ①

06 CRM(customer relationship management, 고객관계관리), DBM(database marketing), DM(direct marketing)에 관한 다음의 설명들 중 가장 옳지 않은 것은?

① 고객변화 프로세스는 '불특정 다수(suspect) → 잠재고객(prospect) → 고객(customer) → 단골고객(client) → 충성고객(advocate)'으로 변화하며, CRM은 특히 고객관계 강화에 중점을 두고 있으므로 불특정 다수를 상대로 하는 것은 CRM의 주관심 대상이 아니다.
② CRM의 분석적 단계에서는 data warehouse나 data mart로부터 유용한 CRM 정보를 가지고 data mining 기술을 통해서 모델링을 하고 분석하며, CRM의 활용적 단계에서는 운영적 단계와 분석적 단계에서 나온 모형과 개인정보를 가지고 고객의 세분화에 따른 차별적 마케팅 전략을 수립 및 수행한다.
③ CRM의 운영적 단계에서는 data warehouse나 data mart에 해당하는 것으로서 개별고객 및 고객그룹의 특성에 따라 효과적인 유통경로 등의 최적의 서비스를 제공하고 우수고객에 대한 서비스 상품을 선정하여 제공하고 상품의 cross-selling, up-selling 기회를 활용하며 고객접촉 후 평가 및 기록을 하는 작업프로세스를 의미한다.
④ CRM은 모든 고객을 추구하지 않고 예상 잠재고객 및 기존고객을 확인·규명하는 작업으로부터 시작하여 각 개인고객의 욕구에 대한 기업의 학습수준을 향상하고 강력한 관계를 구축하기 위해 개별고객들과 상호작용하는 것을 의미한다.
⑤ 고객관계관리(CRM)는 기업이 구축한 마케팅 데이터베이스를 활용하여 고객과의 관계를 형성하고 고객생애가치를 극대화하는 것을 목표로 하고 있다.

> **해설** CRM은 고객에 대한 매우 구체적인 정보를 바탕으로 개개인에게 적합하고 차별적인 제품 및 서비스를 제공하는 것이다. 이를 통해 고객과의 개인적인 관계를 지속적으로 유지하고 동시에 고객과의 관계를 새롭게 변화시키려는 일련의 경영활동이라고 한다. CRM은 단순히 고객들의 구매를 유발시키는 것에 그치는 것이 아니라 그들의 마음을 사로잡아 장기적으로 자사제품 혹은 자사 서비스를 애용하게 만드는 것이 중요한 목적이다.
> CRM은 단순히 시장점유율(market share)의 성장만을 추구하는 것이 아니라 고객의 마음 속에 얼마나 깊이 자리잡고 있는가를 나타내는 마음점유율(mind share)을 확보하려는 도구를 지칭한다.

07 다음 중 고객관계관리(CRM)에서의 직접적인 성과척도로 보기 어려운 것은?

① 고객생애가치의 증감
② 교차판매(cross selling)비율
③ 고객획득 및 기존고객 유지비율
④ 직접 마케팅(direct marketing) 비율
⑤ 애호도 제고(loyalty enhancement) 비율

Answer 06 ③ 07 ④

해설 고객관계관리(CRM)는 기업이 구축한 마케팅 데이터베이스를 활용하여 고객과의 관계를 형성하고 고객생애가치를 극대화하는 것을 목표로 하고 있다. 기업은 초기단계에서부터 고객 데이터베이스가 어떻게 활용될 것인가에 대한 구체적인 전략을 수립해야 하고 이러한 전략에 가장 적합한 시스템을 구축해야 한다. CRM의 근간은 고객과의 장기적인 관계를 구축하고 관리하는 것이라 할 수 있다. 기존고객들에 대한 상세한 지식을 기반으로 이들의 구매를 활성화하고 애호도를 향상시키는 것은 CRM에서 가장 중요한 부분을 차지한다. 고객관계관리(CRM)를 위한 전략으로는 기존고객 유지 전략, 고객활성화 전략(customer activation strategy), 애호도 제고전략(loyalty enhancement strategy), 교차판매전략(cross-selling strategy), 신규고객 확보전략 등이 있다.
④ 직접 마케팅의 비율이 고객관계관리의 성과척도인 것은 아니다.

08 다음에서 설명하는 것과 가장 관련이 깊은 것은?

> 생산, 판매, 구매, 인사, 재무, 물류 등 기업업무 전반을 통합·관리하는 경영정보시스템으로 모든 정보가 실시간으로 데이터베이스화되고 각 부서가 이를 공유하게 된다.

① BPR(business process reengineering)
② MRP(material resource planning)
③ ERP(enterprise resource planning)
④ MIS(management information system)
⑤ SCM(supply chain management)

해설 ERP(enterprise resource planning), 즉 전사적 자원계획은 1960년대에 등장한 기업의 원활한 자재 구매활동을 위한 MRP(manufacturing resource planning : 생산자원계획)에서 시작된 개념이다. ERP는 기업활동을 위해 투입되어 사용되고 있는 기업 내의 모든 인적·물적 자원의 관리를 효율적으로 조직·관리하여 궁극적으로 기업의 경쟁력을 강화시켜 주는 역할을 하게 되는 통합정보시스템이다.

09 CRM(Customer Relationship Management)에 관한 내용으로 옳지 않은 것은?

① 고객과의 관계구축이나 관계강화를 통해 기업은 고객이 평생에 걸쳐 구매량과 구매액을 늘려 나가도록 함으로써 고객의 생애가치를 극대화하고자 한다.
② 우량고객이 될 가능성이 높은 후보자를 선별한다.
③ 기존에 구매하던 제품과 관련된 다른 제품들의 구매를 유도한다.
④ 장기간 거래해 온 고객의 거래내역을 잘 알고 있기 때문에 거래를 자동화시켜 고정거래비용을 절감시킬 수 있다.
⑤ 충성고객은 기업과의 거래에 드는 비용이나 가격에 민감해진다고 가정한다.

Answer 08 ③ 09 ⑤

해설 고객관계관리(CRM)에서 충성고객은 기업과의 거래에 드는 비용이나 가격에 대해 비탄력적이라고 가정한다. 즉, 충성고객은 거래에 드는 비용이 증가하거나 가격을 인상해도 계속 구매한다는 가정이다.

10 다음 중 성공적인 CRM(customer relationship management)을 위한 전략적 행동과 가장 거리가 먼 것은?

① 고객서비스에 충실한 CRM을 시행한다.
② 철저하게 고객의 입장에서 고객의 경험을 관리한다.
③ 고객이 CRM 활동을 직접적으로 느끼지 못하게 시도한다.
④ CRM을 중심으로 고객과 적극적으로 커뮤니케이션 한다.
⑤ 고객의 개별적 특성에 따라 1:1 마케팅 서비스를 실시한다.

해설 고객과의 적극적인 커뮤니케이션을 통해 기업의 CRM 활동을 알 수 있도록 해야 CRM의 효과를 높일 수 있다.

11 고객생애가치(customer lifetime value)와 관련된 다음의 내용 중 옳지 않은 것은?

① 관계마케팅의 여러 가지 효익을 계량적으로 정리하는 개념이다.
② 한 고객이 평균적으로 기업에게 기여하는 미래수익의 현재가치를 말한다.
③ 한 고객이 특정기업과 거래에서 얻고자 하는 삶의 질을 의미한다.
④ 고객이탈률을 낮출수록 고객생애가치는 증가한다.
⑤ 매출액 개념이 아니고 이익 개념을 의미한다.

해설 고객생애가치(customer LTV)는 한 고객이 평균적으로 기업에게 기여하는 미래수익의 현재가치를 말한다. 즉, 고객의 기업에 대한 잠재적인 이익기여도를 의미하는 것이다. 고객생애가치는 고객이 얻는 만족을 의미하는 것이 아니다.

12 판매서비스는 거래완결서비스, 상품·서비스의 가치를 높이기 위한 가치증진서비스, 품질 관리를 포함한다. 다음 중 가치증진서비스에 해당하는 것은?

① 고객 요구와 상황에 맞는 조언과 자문의 제공
② 상품 및 서비스의 구입 방식에 관한 정보 제공
③ 상품 및 서비스의 정확한 전달을 보장하는 주문처리
④ 명료하고 정확하며 이해가 용이한 청구서의 발급
⑤ 단순하고 편리하게 설계된 대금 지불과정의 구축

Answer 10 ③ 11 ③ 12 ①

[해설] ① 고객 요구와 상황에 맞는 조언과 자문의 제공이 가치증진서비스에 해당하고, 나머지는 완결서비스에 해당한다.

고객의 점포충성도를 높여주는 유통서비스는 판매원서비스, 신용서비스, 상품서비스, 판매서비스 등으로 구분해 볼 수 있다. 이 중 판매서비스는 소비자가 자사점포에서 상품을 구매할 때 가장 편리하도록 하기 위해 필요한 것이 무엇인가 조사한 후 제공하는 서비스를 말한다.

레위슨 교수 등은 판매서비스에는 대금적립구매서비스, 포장서비스, 쇼핑보조, 신속한 계산 등을 판매서비스의 대표적인 사례로 제시하고 있다.

13 본래 계획한 판매가격과 실제 판매가격의 차이를 의미하며 할인, 특별 할인, 결손의 형태로 나타나는 것을 의미하는 용어로 옳은 것은?

① 마크다운(Markdown) ② 할인(Discounts)
③ 감모(Reductions)   ④ 마크업(Markup)
⑤ 손실(Loss)

[해설] 할인, 특별할인, 결손 등으로 인해 나타나는 계획된 가격과 실제 판매가격의 차이를 감모(Reductions)라고 한다. 여기서 결손은 분실이나 도난, 파손 등으로 발생하는 상품가치의 상실과 감소를 의미한다. 머천다이즈 구매에서 감모계획은 이들 세 요소들이 전체 판매액의 몇 %를 차지할 것인지를 추정하는 작업을 의미한다.

① 마크다운(mark-down)은 가격인하 정책, 즉 이미 결정된 상품가격을 내려 다시 싼 가격을 설정하는 전략으로, 변질이나 파손, 유행에 뒤떨어진 경우, 경쟁과열, 특수 판매방식의 채택 등과 관련하여 이루어진다. 한번 마크다운된 것을 다시 마크업(mark-up)하는 경우도 있는데, 이를 마크백(mark-back)이라고도 한다. ④ 마크업(markup)은 제품원가와 판매가격의 차이를 판매가격으로 나눈 값을 말한다.

14 다음 중 고객별 수익기여도 분석에 관한 설명으로 가장 올바르지 않은 것은?

① RFM(recency frequence monetary) 분석은 최근성, 구매빈도 및 구매량을 이용하여 고객의 로열티를 측정하는 방법이다.
② HPM(고객실적평가법)은 고객이 지금까지 기업의 수익성에 어느 정도 기여해 왔는지를 측정하는 방법이다.
③ LTV(고객생애가치)는 고객이 향후 예측되는 수익이 어느 정도인지를 측정하는 방법이다.
④ HPM(고객실적평가법)은 우량고객이 될 가능성이 있는 고객이 누구인지를 명확하게 측정할 수 있는 반면, RFM 분석기법은 이익기여도에 대한 산정기준이 불분명한 단점이 있다.
⑤ RFM(recency frequence monetary) 분석은 고객의 개별적인 수익기여도를 직접 파악하는 데는 한계가 있다.

Answer 13 ③ 14 ④

[해설] 우량고객을 유지하기 위해서는 고객별 수익기여도를 분석해야 한다. 고객별 수익기여도를 분석하는 방법으로는 RFM 분석, LTV 분석 등이 있다. RFM 분석은 고객이 최근에(recency), 얼마나 자주(frequency), 얼마치의 금액(monetary)을 구매했는가를 분석하는 방법이다. 그러나 RFM 분석은 구매가능성이 높은 고객을 찾아내는 데는 유용한 기법이지만, 고객의 개별적인 수익기여도를 직접 파악하는 데는 한계가 있다.
고객의 개별적인 수익기여도를 파악하기 위해서는 고객생애가치(LTV) 분석과 고객실적평가법(HPM)을 이용할 수 있다. 고객실적평가법(HPM ; historical profitability measurement)은 과거로부터 현재까지 고객의 구매실적을 분석하여 기업의 수익에 어느 정도나 기여해왔는가를 평가하는 방법이다.
④ 우량고객이 될 가능성이 있는 고객이 누구인지를 명확하게 측정할 수 있는 것은 RFM 분석이다. 그리고 LTV 분석이나 HPM 기법은 이익기여도의 산정기준이 불분명한 문제점이 있다.

15 다음 중 고객관계관리(CRM)에 대한 설명으로 가장 옳지 않은 것은?

① CRM은 운영적(operational) CRM, 분석적(analytic) CRM, 협업적(collaborative) CRM 등으로 구성되어 있다.
② CRM은 고객유지보다는 고객획득에 중점을 두고 있다.
③ CRM의 도입배경으로 고객 권한의 증대, 기업변화의 필요성, 치열한 가격경쟁 등을 들 수 있다.
④ 대부분의 CRM 전략과 전술은 고객세분화를 기반으로 하고 있다.
⑤ CRM은 고객과의 관계를 바탕으로 고객생애가치(LTV)를 극대화하고자 한다.

[해설] 고객관계관리(CRM)는 고객이 원하는 제품과 서비스를 지속적으로 제공함으로써 고객을 오래 유지시키고 이를 통해 고객의 평가가치를 극대화하여 수익성을 높이는 통합된 고객관리 프로세스를 말한다. CRM은 신규고객의 획득보다는 기존고객의 유지에 중점을 두고 있다.

16 다음 중 CRM의 직접적인 목표라고 할 수 있는 것은?

① 고객충성도 강화
② 수익성 향상
③ 매출 증대
④ 판매생산성 향상
⑤ 유통채널 강화

[해설] 고객관계관리(CRM)는 고객충성도를 높이는 데 목적을 두고 있다. 즉, 우리 회사의 고객이 누구이고, 고객이 원하는 것이 무엇인가를 파악하여 고객이 원하는 제품과 서비스를 지속적으로 제공함으로써 고객을 오래 유지시키고 이렇게 함으로써 고객생애가치(LTV)를 극대화하여 고객만족을 통해 회사의 수익성을 높이게 된다.

Answer 15 ② 16 ①

CHAPTER 04 유통마케팅 조사와 평가

제1절 유통마케팅 조사

1 유통마케팅 조사의 개요

(1) 마케팅 조사의 의의

① **마케팅 조사의 뜻**
마케팅 관리자의 가장 중요한 역할은 마케팅 의사결정이다. 마케팅 조사(marketing research)는 관련이 있는 사실들을 찾아내고, 분석하며, 가능한 조치를 제시함으로써 마케팅 의사결정을 돕는 역할을 한다.

② **마케팅 조사의 역할**
㉠ 마케팅 조사는 기업이 당면하고 있는 특정 마케팅 상황과 관련된 정보를 체계적으로 수집·분석·보고하는 활동을 의미한다.
㉡ 오늘날에는 주어진 마케팅 문제에 대한 분석이라는 차원을 넘어, 마케팅 문제를 예측하고 진단하기 위해 필요한 정보가 무엇이며, 어떠한 변수가 마케팅 문제의 파악과 분석에 적절한가를 선택하고, 거기에 필요한 타당한 정보를 수집·기록·분석하는 것을 의미한다.

(2) 마케팅 조사의 목적

① 마케팅 조사는 마케팅 전략에 관련된 의사결정에 유용한 정보를 제공하는 것을 그 목적으로 한다.
② 마케팅 조사는 상황에 따라 적절한 해결방안을 제시하여 의사결정에 관련된 불확실성을 감소시켜 의사결정을 돕는 역할을 한다.

2 유통마케팅 조사의 절차와 방법

(1) 마케팅 조사의 절차

마케팅 조사는 문제의 정의 → 조사설계 → 자료수집방법 결정 → 표본설계 → 결과분석과 활용의 순으로 이루어진다.

(2) 문제의 정의

① **문제의 의의**
문제(problem)란 조직의 목표를 달성하는데 방해가 되는 장애라고 할 수 있는데, 문제를 정확히 정의해야만 문제를 해결하는데 필수적인 자료를 밝히고 수집할 수 있다.

② **증상과 문제**

마케팅 조사자는 증상(symptoms)과 문제(problem)를 혼동하지 말아야 한다. 증상이란 단순히 문제가 있다는 것을 알려줄 뿐이다. 가령 커뮤니티 사이트의 신규회원이 줄어들고 있다는 사실은 문제의 증상일 뿐이다.

(3) **조사설계**

조사설계는 문제에 관해 구성된 가설을 검증하기 위한 포괄적인 계획을 의미한다. 문제에 관하여 어떠한 조사를 행할 것인가를 결정하는 것이다. 조사에는 탐색조사, 기술조사, 인과조사의 세 가지 종류가 있다.

① **탐색조사**
  ㉠ 탐색조사의 의의 : 탐색조사(exploratory study)는 시장에 관한 정보획득을 위해 정식조사 이전에 비공식적으로 행하는 조사, 즉 정식조사에 앞서 비공식적인 절차를 통해 관련 내용을 보다 잘 파악하기 위한 예비적인 정보를 수집하기 위한 조사를 말한다.
  ㉡ 탐색조사의 목적
    ⓐ 탐색조사는 문제가 정확히 인식되지 않을 때 문제를 찾아내고 정의하는 것을 목적으로 하는 조사이다.
    ⓑ 탐색조사는 좀 더 정교한 조사를 위한 전단계로, 혹은 가설을 수립하기 위하여 사용되며, 차후 조사의 우선순위를 정하기 위하여, 조사자가 문제에 대해 많이 알고 익숙해지기 위해, 개념을 명확하게 하기 위해 사용된다.
    ⓒ 탐색조사는 문제가 광범위하고 모호한 경우, 이를 세분하여 좀 더 깊이 이해하기 위한 기초적 자료를 수집하고, 의사결정과 관련된 변수들을 찾아내어 변수들 간의 연관성을 파악함으로써 기존가설의 확인 및 새로운 가설의 발견을 목적으로 한다.
    ⓓ 탐색조사는 주로 다른 조사의 선행단계로 수행되는 경우가 일반적이다.
  ㉢ 탐색조사의 특징 : 정해진 규정이나 계획에 의해 이루어지기 보다는 자유로이 여러 가지 방법을 동원하여 행하는 유연성이 한 특징이다. 문제가 밝혀지고 아이디어가 생기면 그것을 정리하고 체계화해서 적절한 가설(hypothesis)을 만들어야 한다.
  ㉣ 탐색조사의 방법 : 탐색조사의 방법으로는 문헌조사법, 관찰법, 전문가의 의견조사(심층면접법을 이용한 조사), 사례조사, 표적집단면접법(FGI) 등이 사용된다.

② **기술조사**
  ㉠ 기술조사의 의의 : 기술조사(descriptive study)는 소비자가 생각하고 느끼고 행동하는 것을 기술하는 조사이다. 기술조사의 종류로는 크게 종단분석과 횡단분석의 두 가지가 있다.
  ㉡ 종단분석
    ⓐ 종단분석(longitudinal studies)은 횡단분석(cross-section studies)보다는 드물게 시행되는 조사로서, 일정기간에 걸쳐 반복적으로 관찰·분석하는 조사이다.

ⓑ 마케팅에서는 종단분석이 주로 패널(panel)에 의해 행해진다. 패널이란 가계, 판매원, 일반 개인 등의 고정된 표본으로서 패널의 구성원들은 일정기간 동안 반복적으로 관찰된다.

ⓒ 횡단분석
  ⓐ 횡단분석은 관심이 있는 집단에서 추출한 표본을 한 시점에서 측정하는 방법으로서 가장 많이 쓰이는 조사방법이다.
  ⓑ 종단분석이 일정시간에 걸쳐 계속 일어나는 사건을 연속적으로 보여줌에 반해 횡단분석은 일정 시점에서의 한 단면을 보여준다. 설문을 통해 조사하는 서베이(survey)가 횡단분석의 전형적인 예이다.

③ 인과조사
  ㉠ 인과조사의 의의 : 마케팅 조사자는 X가 Y를 초래한다는 인과관계형의 가설을 세우는 경우가 많이 있다. 이러한 인과관계를 밝히는 조사를 인과조사(causal research)라고 한다.
  ㉡ 인과관계를 추론하는 3가지 기준
    ⓐ **시간적 선행성** : 인과관계를 추론할 수 있는 첫 번째 기준은, 원인(X)은 결과(Y)보다 먼저 일어나야 한다는 시간적 선행성이다. 만일 결과가 원인보다 먼저 발생한다면 인과관계가 성립할 수 없다.
    ⓑ **공행성** : 인과관계를 추론할 수 있는 두 번째 기준은 두개의 사건 X와 Y가 서로 같이 일어나고 같이 움직여야 한다는 공행성(covariation)이다. 즉, 원인 X의 변화는 항상 Y의 변화를 가져와야 한다. 가령 계란이 닭의 원인이라면 계란에서 닭이 나와야 한다.
    ⓒ **다른 설명의 불가능성** : 세 번째 기준은 인과관계가 성립하려면 다른 설명이 가능하지 않아야 한다는 것이다. 만일 X가 Y보다 선행하고 X와 Y가 같이 일어나며 같이 움직인다 할지라도, 결과 Y를 초래하는 다른 Z가 존재한다면 X와 Y 간의 인과관계는 설득력을 잃을 것이다.
  ㉢ 인과조사와 실험
    ⓐ 인과관계를 밝히는 것이 목적인 조사가 인과조사인데 실험(experiment)이 이에 해당한다. 실험은 탐색조사나 기술조사가 할 수 없는 통제(control)를 할 수 있기 때문에 인과관계를 밝힐 수가 있다.
    ⓑ 즉, 실험에서는 알고 싶어 하는 변수 이외의 다른 요소들은 변화시키지 않고, 즉 상수(constant)로 놓고, 알고 싶어 하는 한두 개의 변수만을 변화시킴으로써(조작함으로써), 다른 변수가 어떤 영향을 받는지 측정한다.
    ⓒ 그리고 다른 변수들은 변화시키지 않는 것, 즉 상수로 놓는 것을 통제(control)한다고 한다. 이렇게 다른 변수들을 통제함으로써 독립변수가 종속변수에 미치는 영향을 집어내어 관찰할 수 있는 것이다.

조사의 유형

분류	특징	예
탐색조사	• 조사하는 문제가 별로 알려지지 않은 경우, 조사자가 통찰과 아이디어를 얻거나 마케팅 의사결정과 관련된 변수를 파악하기 위해 사용 • 특정 조사 설계를 확정하기 전에 예비적으로 수행되는 경향이 많으므로 탄력성이 있어야 함	• 문헌조사 • 전문가 의견조사 • 케이스 스터디
기술조사	• 가장 널리 이용되고, 주로 다음의 네 가지 목적에 사용 ▶ 특정집단의 특성을 묘사하는 것 ▶ 마케팅 현상에 대한 예측 ▶ 특정 상황의 발생빈도 조사 ▶ 경영(마케팅) 관련 변수들 사이의 연관성 정도를 조사	• 특정제품 소비자의 인구통계적 특성 • 신규 판매원의 채용을 위한 향후 3년간 매출액 예측 • 특정 상권 내 거주자의 제반 구매특성
인과조사	• 마케팅 현상에 대한 이해와 여건의 변화가 미치는 영향을 파악하기 위하여 인과관계의 규명이 중요 • 인과관계를 분석하는 데 필요조건은 인과관계에 직접 관련된 원인변수 이외의 다른 변수들이 결과변수에 영향을 주지 않도록 통제하는 것	• 제품의 가격을 10% 인상할 경우 판매에 미치는 영향 • 제품 포장변경이 소비자 태도에 미치는 효과 • 광고가 판매에 미치는 영향

(4) 자료수집방법의 결정

① **자료수집의 절차와 자료의 종류**

㉠ 자료수집의 절차

문제가 정의되고 조사설계가 끝나면 자료수집방법을 결정해야 한다. 자료수집은 2차 자료를 먼저 수집하여 분석한 후 1차 자료의 수집으로 이어진다. 현재 당면한 문제에 충분한 해결책을 줄 수 있는 2차 자료가 있다면 1차 자료는 수집할 필요가 없다.

㉡ 자료의 종류

ⓐ 2차 자료 : 다른 조사를 목적으로 이미 수집되어 있는 자료이다. 2차 자료는 1차 자료에 비하여 시간과 비용을 크게 감소시킬 수 있다는 이점이 있다. 자료의 불편성, 타당성, 관련성, 신뢰성을 신중히 검토해서 조사에 활용해야 한다.

ⓑ 1차 자료 : 적절한 2차 자료가 없을 때에는 직접 자료를 수집하여야 한다. 이때 수집된 자료를 1차 자료라고 한다. 1차 자료의 수집방법으로는 관찰법, 질문법, 실험법, 표적집단면접법(FGI) 등이 있고, 최근 들어 인터넷 사용이 보편화됨에 따라 인터넷을 통한 자료수집도 많이 활용되고 있다.

㉢ 척도의 형태

명목척도	측정대상의 특성을 분류하거나 확인할 목적으로 숫자를 부여하는 것(분석방법 : 교차분석, 부호검정, 캔달의 일치도 검정, 비율계산, 최빈값, 이항분포검정, 카이자승검증 등)

서열척도	측정대상 간의 순서관계를 밝혀주는 척도 : 주로 정확하게 정량화하기 어려운 소비자의 태도, 선호도들의 측정에 이용(양적인 비교는 제공하지 못함. 따라서 중앙값, 서열상관관계, 서열 간의 차이분석 등을 행할 수 있으나 산술평균이나 표준편차와 같은 산술계산을 불가)
등간척도	속성에 대한 순위를 부여하되 순위 사이의 간격이 동일한 척도. 양적인 정도의 차이를 나타내며 해당 속성이 전혀 없는 절대적인 원점은 존재하지 않음(임의적 원점은 존재하지만 무의미) 예 온도
비율척도	등간척도의 특성 + 비율계산이 가능(절대0점이 존재) 예 소득, 무게 등

② **관찰법**
  ㉠ 관찰법의 의의
   ⓐ 관찰(observation)은 사람들이 제공할 수 없거나 제공하기를 꺼려하는 정보를 얻는데 적합한 방법이다. 그러나 느낌이나 태도, 동기 등은 관찰을 할 수 없고, 소비자들의 장기적인 행동도 관찰하기 어렵다.
   ⓑ 관찰법(observation method)은 현재의 행동에 관한 자료에 국한된다는 한계가 있지만 소비자들이 제공하기를 꺼려하는 정보를 수집하는 데 유용한 방법이다.
  ㉡ 관찰법의 장·단점

장 점	• 자료를 준비하는 데 응답자의 협조 의도나 응답능력이 문제가 되지 않는다. • 조사자에게 발생하는 오류를 제거할 수 있다. • 일반적으로 객관성과 정확성이 높다.
단 점	• 태도, 동기 등과 같은 심리적 현상은 관찰할 수 없다. • 장기간에 걸쳐서 발생하는 사건도 관찰하기 어렵다. • 설문지에 비해 비용이 많이 든다.

③ **서베이법**
  ㉠ 서베이법의 의의
   ⓐ 서베이법(survey method), 즉 질문법은 조사 대상자와 의사소통을 하면서 자료를 얻는 방법이다. 의사소통은 보통 설문지를 통해 이루어진다.
   ⓑ 시간과 비용이 적게 들기 때문에 가장 많이 사용되는 1차 자료 수집방법이다.
   ⓒ 시행방법에 따라 분류하면 편지에 의한 방법, 전화로 하는 방법, 개인 인터뷰(면담)의 방법 등이 있다.
  ㉡ 서베이법의 장점
   ⓐ 질문법(survey)의 가장 큰 이점은 다용도성(versatility)에 있다.
   ⓑ 서베이법은 응답자의 인구통계적 특징, 태도나 의견, 의도, 행동의 동기 등 광범위한 정보를 수집할 수 있으며 많은 정보를 짧은 시간에 저렴하게 수집할 수 있는 장점이 있다.

④ 기타의 방법
　㉠ 실험법
　　ⓐ 실험법(experiment method)은 목표시장의 고객을 실제상황에 놓이게 해서 현상에 대한 인과관계를 조사하는 것으로 실험실실험과 현장실험의 두 가지가 있다.
　　ⓑ 적절한 통제가 이루어진다면 가장 확실한 정보를 제공할 수 있지만, 상업적 마케팅 조사에서는 일반적으로 이용되지 않는다.
　㉡ 표적집단면접법(FGI : focus group interview)
　　ⓐ 전문적 지식을 지닌 조사자가 8~12명의 응답자 집단(고객집단)을 대상으로 하여 특정한 주제에 대한 자유로운 토론을 벌여 필요한 정보를 획득하는 방법이다.
　　ⓑ 마케팅 조사에서 가장 많이 이용되는 탐색적 조사의 방법이다.
　㉢ 심층면접법(depth interview)
　　ⓐ 심층면접법은 1명의 응답자와 일대일 면접을 통해 소비자의 심리를 파악하는 조사방법이다.
　　ⓑ 어떤 주제에 대해 응답자의 생각이나 느낌을 자유롭게 이야기하게 함으로써 응답자의 내면 깊은 곳에 자리 잡고 있는 욕구·태도·감정 등을 발견하는 소비자 면접조사이다.
　㉣ 민속지학적 조사(ethnographic research)
　　ⓐ 민속학적 또는 민족지학적 조사(Ethnographic Research)는 마케팅과 관련하여 지역 소비자들이 실제로 제품이나 서비스를 활용하는 방식에 대한 생생하고 구체적인 직접 실험을 통해, 소비자들이 어떤 제품을 선호하고 어떤 제품에 대해 큰 효용을 느끼는지를 연구하는 방법이다.
　　ⓑ 이는 1차 자료를 수집하기 위하여 자연스러운 환경에서 소비자를 관찰하는 정성적 조사방법이다.
　　ⓒ 실험조사(experimental research)에 비해 내적타당성이 낮고, 연구대상의 배경과 정보원들에게 문화적으로 동화되거나 거짓된 정보를 얻을 수 있다는 단점도 있다.

자료수집방법과 마케팅 조사목적과의 관계

비교	조사목적	특징
관찰법 (observation)	탐색조사	• 현재의 여러 현상을 관찰함으로써 정보를 수집 • 현재에 관련된 자료에 국한된 상황
실험법 (experiment)	인과조사	• 실제 상황을 조작하여 그 인과관계를 살핌 • 적절한 통제가 있을 경우에는 확실한 방법
질문조사법 (survey)	기술조사	• 관련 내용을 목표시장의 고객에게 질문하여 정보수집 • 여러 용도로 이용할 수 있어 1차 자료 조사로 가장 많이 이용

(5) 표본설계

① **표본설계의 의의**

㉠ 표본설계

조사방법과 자료수집방법이 결정되면 조사대상을 어떻게 선정할 것인가 하는 문제에 직면하게 된다. 표본설계는 전수조사를 할 것인가 표본조사를 할 것인가를 먼저 정해야 한다.

㉡ 전수조사와 표본조사

ⓐ 전수조사는 인구센서스처럼 모집단 전부를 조사하는 방법이다. 시간과 비용이 많이 들고, 조사과정에서 누락되는 경우도 있기 때문에 정확도가 떨어진다.

ⓑ 표본조사는 모집단 중 일부만을 조사하는 방법이다. 조사대상의 선정은 어떻게 표본을 추출(sampling)할 것인가의 문제로 귀착된다.

㉢ 표본설계시의 고려요소

ⓐ 표본단위(sample unit) : 조사대상이 누구인가

ⓑ 표본크기(sample size) : 얼마나 많은 사람을 대상으로 하는가

ⓒ 표본추출절차(sampling procedure) : 응답자는 어떻게 선정하는가

ⓓ 자료수집수단(means of contact) : 기계장치인가, 질문지인가

② **표본추출방법**

㉠ 표본추출의 순서 : 표본추출의 순서는 우선 모집단을 정확히 정의하고, 표본추출방법을 결정하고, 표본의 크기를 정하는 순으로 진행된다. 조사의 목적을 명확히 하고 모집단을 정의해야 한다.

㉡ 표본추출방법 : 표본추출방법을 크게 구분하면 확률표본 추출법과 비확률표본 추출법이 있다.

ⓐ 확률표본 추출법 : 확률표본 추출법은 통계적인 방법을 통해 객관적으로 표본을 추출하는 방법이다. 확률계산이 가능하고, 오류의 정도(편의)에 대한 추정이 가능하다는 장점이 있다. 대표적인 방법으로 단순임의추출(simple random sampling), 층화추출법(stratified sampling) 등이 있다.

ⓑ 비확률표본 추출법 : 비확률표본 추출법은 통계학적 방법을 쓰지 않고 편의상 혹은 할당에 의해 표본을 추출하는 방법이다. 가장 널리 사용되는 방법이 할당추출법이다. 할당추출법은 표본 중 어떤 특징을 가지는 비율이 모집단이 그 특징을 가지고 있는 비율과 비슷하게 되게끔 할당하여 표본을 추출하는 방법이다.

확률표본 추출법	단순무작위 추출법	일정수의 표본을 난수표를 이용해 무작위 추출한다. 시간·비용이 많이 든다.
	층화 표본 추출법	모집단을 소집단들로 나누고 이들 각 소집단들로부터 표본을 무작위 추출한다.
	군집표본 추출법	모집단을 소집단들로 나누고 이들 각 소집단을 무작위 표본추출한 후 추출된 소집단 내의 구성원들을 모두 조사한다.

비확률표본 추출법	편의표본 추출법	임의로 선정한 지역과 시간대에 조사자가 원하는 사람들을 표본으로 선택한다.
	판단표본 추출법	조사문제를 잘 알고 있거나 모집단의 의견을 반영할 수 있을 것으로 판단되는 특정집단을 표본으로 선정한다.
	할당표본 추출법	분류기준에 의해 전체표본을 소집단으로 분류하고 각 집단별로 필요한 대상을 추출. 상업적으로 마케팅 조사에서 널리 이용된다(비확률 표본추출방법 중 가장 정교한 기법).

(6) 결과의 분석과 활용

① **결과의 분석과 정리**
  ㉠ **결과의 분석** : 앞에서 제시한 단계를 거쳐 자료를 수집하면, 자료분석을 용이하게 하기 위해 관찰된 내용에 일정한 번호를 붙이는 과정인 코딩(coding)을 한 다음 컴퓨터에 입력하여 여러 통계적 기법을 써서 분석한다.
  ㉡ **정보의 정리** : 다음 단계는 분석한 결과를 마케팅 관리자의 의사결정에 도움이 되도록 문장과 도표로 정리한다. 아무리 결과가 좋아도 이용자가 이해하지 못하면 소용이 없으므로 정보이용자의 이해 정도와 지식 정도를 고려하여 보고서를 작성해야 한다.

② **보고서의 작성과 대안의 제시**
  ㉠ 보고서에는 자료의 분석에 근거하여 마케팅 문제에 대한 대안이 제시되어야 한다. 마케팅 문제에는 정답이 없기 때문에 대안들을 놓고 경영자들은 의사결정을 해야 한다.
  ㉡ 마케팅 조사의 결과는 사내에 축적되어야 한다. 이러한 결과들이 데이터베이스에 축적되고 계속 누적 수정됨으로써 계속 발생하는 마케팅 의사결정에 도움을 주어야 한다.

3 유통마케팅 자료분석기법

(1) 자료분석의 의의와 기법

① **자료분석의 의의**
  마케팅 조사를 위한 자료가 수집되면 자료분석을 용이하게 하기 위해 관찰된 내용에 일정한 번호를 붙이는 과정인 코딩(coding)을 한 후 컴퓨터에 입력하여 적절한 통계분석을 한다. 그리고 분석한 결과를 마케팅 관리자의 의사결정에 도움이 되도록 문장과 도표로 정리한다.

② **자료의 분석과 해석**
  ㉠ 분석(analysis)이란 수집된 자료를 가공하여 어떤 의미를 전달할 수 있도록 해준다. 기초자료가 모이고 정리되어 경영자의 의사결정에 도움이 되는 의미를 부여하도록 되어 있을 때 자료는 정보로 변화되었다고 한다.
  ㉡ 해석(interpretation)은 자료의 분석을 통해 새로운 정보를 제공하고, 새로운 정보들이 서로 결합하여 연구의 가설이나 목적에 적합한 새로운 정보를 제공해 주는 과정을 의미한다.

③ 자료분석기법의 체계
  ㉠ 자료분석의 기법을 분석법에 포함되는 변수의 수에 따라 변수가 하나인 경우 단일변수 분석, 변수가 둘인 경우 두 변수 분석 및 다변량 분석(multivariate analysis)으로 분류할 수 있다. 두 변수 분석을 다변량분석에 포함시키는 경우도 있다.
  ㉡ 연구대상을 서술(describe)하느냐 또는 추론(inference)하느냐에 따라 기술통계와 추리통계기법으로 구분할 수 있다.

(2) 자료분석기법
여기서는 변수가 여러 개인 경우의 다변량 분석기법에는 무엇이 있는지 살펴본다.
① 요인분석
  ㉠ 요인분석(factor analysis)은 여러 변수들 간 상호연관성을 분석하고 공통적으로 작용하고 있는 내재적 요인을 추출하여 전체자료를 설명할 수 있도록 변수의 수를 줄이는 기법이다.
  ㉡ 요인분석은 많은 변수들을 보다 적은 수의 변수나 차원으로 축소시켜 그 안에 숨어있는 기본구조를 파악하려고 하는 경우에 사용된다.
② 군집분석
  ㉠ 군집분석(cluster analysis)은 조사대상들을 서로의 상호연관성에 근거하여 동질적인 집단(군집)으로 묶어주는 방법이다. 즉, 소비자나 상표들을 서로 유사한 것끼리 묶어서 군집화 하려는 경우에 사용된다.
  ㉡ 마케팅에서 소비자들을 내부적으로 동질적이며 외부적으로 이질적인 집단으로 분류하는 것이 세분시장의 아이디어인데 세분시장을 분류하는데 군집분석이 널리 사용된다.
  ㉢ 요인분석은 유사한 변수들을 찾아내고 묶어서 내재적 요인으로 해석하는데 비하여, 군집분석은 조사대상들을 유사한 집단으로 묶는 통계기법이라는 면에서 근본적인 차이가 있다.
③ 다차원척도법
다차원척도법(MDS : multi-dimensional scaling)은 소비자가 제품이나 상표에 대해 가지고 있는 인식을 근거로 하여 제품, 상품의 상대적 위치를 파악하려는 경우에 사용된다. 이 기법은 제품, 상표의 포지셔닝 전략에 유용하게 사용될 수 있다.
④ 컨조인트 분석
  ㉠ 컨조인트 분석(conjoint analysis)은 제품구매시 소비자가 중요하게 생각하는 제품속성별로 소비자가 원하는 속성의 수준을 찾아내게 함으로써 최적의 신제품을 개발할 수 있게 하는 기법이다.
  ㉡ 컨조인트 분석은 제품대안들에 대한 소비자의 선호 정도로부터 소비자가 각 속성(attribute)에 부여하는 상대적 중요도와 각 속성수준의 효용을 추정하는 분석방법이다.
  ㉢ 컨조인트 분석은 제품의 최적 속성 결정, 매출액·시장점유율의 추정, 연구대상제품에 대한 수익성·사업성 분석, 시장세분화, 광고·커뮤니케이션의 효율화에 활용될 수 있다.

⑤ 회귀분석
  ㉠ 회귀분석(regression analysis)은 중요한 시장지표변수에 영향을 미치는 변수가 어떤 것들이 있으며 그 영향 정도는 어느 정도인가를 파악하는 데 사용되는 기법이다.
  ㉡ 이때 예측대상변수로 선정된 하나의 변수를 종속변수라고 하며, 이에 영향을 미치는 여러 개의 변수들을 독립변수라고 한다.
  ㉢ 독립변수들과 종속변수와의 관계는 회귀식이라는 함수에 의해 표현되는데, 여기서는 각 독립변수가 종속변수에 미치는 영향의 정도, 방향 등이 회귀계수로서 나타나게 된다.

⑥ 분산분석
  ㉠ 분산분석(ANOVA : analysis of variance)은 어떤 독립변수의 값을 서로 다른 세분시장 또는 목표집단에 대해 서로 다르게 했을 때, 알려고 하는 종속변수의 값이 각 집단별로 다른가를 통계적으로 검정하는 기법이다.
  ㉡ 독립변수의 수가 하나이고 종속변수의 수가 하나인 경우를 일원분산분석(one way ANOVA)이라고 하며, 독립변수의 수가 2개인 경우를 이원분산분석(two-way ANOVA)이라고 한다.

⑦ 판별분석
  판별분석(discriminant analysis)은 사전에 정의된 둘 또는 그 이상의 집단이 어떤 측면에서 서로 구분이 되는지를 알아내는 데 사용되는 기법이다.

4 마케팅 정보시스템

(1) 마케팅 정보시스템의 의의
  ① 마케팅 정보시스템의 의미
    마케팅 정보시스템(MIS : marketing information system)은 마케팅 의사결정자들이 마케팅 활동에 대한 계획수립·실행 및 통제를 개선할 목적으로, 적시에 정확하면서도 적절한 정보를 수집·분류·분석·평가·전달하기 위한 정보시스템이다.
  ② 마케팅 정보시스템의 필요성
    ㉠ 마케팅 활동영역의 확대로 고객 접촉의 기회가 상실됨에 따라 고객에 대한 정보수집의 필요성 증대
    ㉡ 가격경쟁에서 비가격경쟁으로 경쟁의 양상이 변함에 따라 마케팅 수단의 효율성에 관한 정보의 필요성 증대
    ㉢ 한정된 자원의 효율적 이용과 시장변화에의 신속 대응, 소비자 욕구의 다양화
  ③ 마케팅 정보시스템의 이점
    ㉠ 주어진 시간 내에 보다 많은 정보를 획득할 수 있게 함으로써 마케팅 의사결정에 도움을 준다.
    ㉡ 특히 분권화된 대규모 기업의 경우, 산재해 있는 정보를 통합하여 유효하게 사용할 수 있게 된다.

ⓒ 정보를 선별적으로 이용할 수 있게 되고, 시장변화를 보다 신속히 파악할 수 있게 된다.
ⓔ 기업의 마케팅 계획을 보다 효과적으로 통제할 수 있게 되고, 수익성이 낮은 제품의 판별 등과 같은 중요한 정보를 적시에 제공받을 수 있게 된다.

(2) 마케팅 정보시스템의 하위 시스템

① **내부보고 시스템(internal report system)**
기업 내부의 주요거래에 대한 일상적인 정보를 기간보고서를 통하여 경영층에게 보고하는 시스템이다. 주문-지급 순환주기와 판매정보 시스템으로 구성된다.

② **마케팅 정찰 시스템(marketing intelligence system)**
마케팅 정찰시스템은 기업 외부의 마케팅 환경의 동향에 관한 일상적인 자료를 제공하는 시스템으로 기업은 이를 위해 판매원, 도·소매기관, 외부정보 수집전문가 등을 활용한다.

③ **마케팅 조사 시스템(marketing research system)**
기업이 직면하고 있는 구체적인 상황을 해결할 목적으로 필요한 자료를 체계적으로 수집·분석·보고하는 시스템이다.

④ **마케팅 의사결정 지원 시스템(marketing decision system)**
기업과 환경으로부터 관련 정보를 수집, 분석, 해석하고 그 정보를 이용하여 마케팅 활동을 수행하는 데 도움이 되는 소프트웨어와 하드웨어로 구성된 자료·시스템·도구 및 기법들로 구성된 일체의 것으로, 통계적 도구와 모델 그리고 최적화 과정으로 구성된다.

지식+톡톡 마케팅 조사와 마케팅 정보시스템의 비교

마케팅 조사	마케팅 정보시스템
• 외부의 정부 취급에 치중 • 문제해결에 관심 • 단편적 및 단속적으로 프로젝트 기준으로 운영됨 • 과거의 정보에 치중하는 경향 • 컴퓨터 지원 없어도 가능 • 마케팅 정보시스템에 정보를 제공하는 하나의 자료원임	• 외부 및 내부자료도 취급함 • 문제해결은 물론 문제예방에도 관심 • 계속적으로 운영하는 시스템임 • 미래지향적인 경향 • 컴퓨터를 이용하는 과정 • 마케팅 조사 이외에도 다른 하위 시스템을 포함함

제2절 유통마케팅 성과평가

1 유통마케팅 성과평가의 개요

(1) 유통마케팅 성과의 의의

① **유통마케팅 목표**
 ㉠ 유통마케팅의 목표는 마케팅의 기본관점이 판매지향적인지 고객지향적인지에 따라 달라진다. 최근에는 마케팅을 '판매를 하는 행위'라는 오래된 개념에서 벗어나 '고객욕구를 충족(satisfying customer)시키는 과정'이라는 새로운 관점에서 이해하는 것이 보편적이다.
 ㉡ 즉, 마케팅은 기업이 고객을 위한 가치를 창출하고 강한 고객관계를 구축함으로써 그 대가로 고객들로부터 상응한 가치를 얻는 과정이다.

② **유통마케팅 목표의 구체화**
 오늘날 마케팅의 목표는 고객가치(고객을 위한 가치) 창출을 통해 고객에게서 기업가치를 얻는 것이다. 여기서 기업가치는 매출, 이익, 장기적 고객자산의 형태로 나타난다.

(2) 유통마케팅 성과의 평가

유통마케팅의 목표를 기업가치의 획득에 두면, 마케팅의 성과는 마케팅 비용 지출을 통해 얻는 매출액과 이익 및 고객자산을 평가하여 파악할 수 있다.

2 유통마케팅 목표의 평가

(1) 유통마케팅 목표와 성과평가기준

① **유통마케팅 목표의 설정**
 유통마케팅 성과의 평가를 위해서는 먼저 유통마케팅의 목표를 구체적으로 확정해야 한다. 앞에서 언급한 것처럼 유통마케팅의 목표는 만족할 만한 기업가치를 얻는 것이다. 그리고 기업가치는 매출액, 이익 및 고객자산으로 파악할 수 있다.

② **고객자산의 의의**
 ㉠ 유통마케팅 목표로서의 고객자산(customer equity)은 현재고객과 잠재고객 각각의 할인된 고객생애가치(discounted customer lifetime value)를 합한 것을 말한다. 수익성 높은 고객이 기업에 더 높은 충성도를 보일수록, 그 기업의 고객자산은 증가한다.
 ㉡ 고객자산은 현재의 매출 혹은 시장점유율보다 더 나은 기업성과 지표일 수 있다. 매출과 시장점유율은 과거의 기업성과를 반영하지만, 고객자산은 미래의 성과를 반영하기 때문이다.

(2) 마케팅 투자수익률의 측정

① **마케팅 투자수익률의 의의**

과거에는 마케팅 활동이 무형의 성과를 산출하기 때문에 이의 생산성 또는 수익률을 측정하기 어렵다고 생각했다. 그러나 오늘날에는 마케팅 투자수익률을 측정하기 위한 다양한 척도가 개발되어 활용되고 있다.

② **마케팅 투자수익률의 정의**

마케팅 투자수익률(marketing ROI)은 마케팅 투자로 발생한 순수익을 마케팅 투자비용으로 나눈 것으로, 마케팅 활동에 투자(I)하여 발생된 이익(R)수준을 측정한다.

3 유통업의 성과평가

(1) 유통업의 성과평가의 의의

① **유통업의 목표와 성과**

유통업은 그것이 추구하는 목표가 있고 그 목표를 달성하기 위해 구성원의 활동을 계획하고 실행한다. 하나의 기업으로서 유통업이 추구하는 목표는 크게 효과성, 효율성, 형평성 등의 차원에서 파악될 수 있다.

② **유통업 성과측정의 여러 차원**

㉠ 효과성 : 효과성(effectiveness) 또는 유효성은 목표지향적인 성과측정치로서, 표적시장이 요구하는 서비스 성과를, 기업이 얼마나 제공하였는가를 나타낸다. 효과성은 비용이 얼마나 투입되었는가보다는 목표로 하는 서비스 성과가 얼마나 달성되었는가를 평가의 기준으로 한다.

㉡ 효율성
  ⓐ 효율성(efficiency)은 일정한 비용으로 가능한 한 많은 산출물을 획득하거나, 일정한 산출을 얻기 위해 소요되는 비용을 가능한 한 최소로 하는 것을 말한다. 즉, 투입 대 산출 비율로 정의되는 개념으로 구체적으로는 생산성과 수익성을 들 수 있다.
  ⓑ 생산성(productivity)은 자원의 투입에 의해 생산되는 서비스 성과의 양을 의미한다. 종업원 1인당 부가가치나 노동장비율 등의 지표를 사용하여 측정한다.
  ⓒ 수익성(profitability)은 재무적 효율성을 나타내는 지표로서 투자수익률, 유동성, 영업 레버리지, 이익증가율 등이 포함된다.

㉢ 형평성 : 형평성(equity) 또는 공평성은 경영성과의 분배에 관한 기준으로, 개별기업에 의한 해결은 매우 어려우므로 정부의 정책적 개입에 의한 해결이 바람직할 수 있다. 효율성과는 상충관계(trade-off)에 있다.

(2) 영업손익 평가

① **영업손익의 의의**
  ㉠ 영업손익의 의미 : 영업손익(operating profit and loss)은 기업의 주된 영업활동에 의하여 발생하는 수익과 비용의 차이인 이익(또는 손실)을 말하는 것으로, 포괄손익계산서에 기초하여 구해진다.
  ㉡ 영업손익의 계산 : 손익계산의 원리는 매출액에서 매출원가를 차감하여 매출총손익을 계산하고, 매출총손익에서 판매비와 관리비를 차감하여 영업이익 혹은 손실을 파악한다.

```
         매출액
       - 매출원가
         매출총손익
       - 판매비와 관리비
         영업손익
```

② **포괄손익계산서**
  ㉠ 포괄손익계산서의 의의
    ⓐ 포괄손익계산서는 일정기간에 있어서 기업의 경영성과를 나타내는 재무제표이다. 유량(flow) 개념으로 파악된다.
    ⓑ 반면 재무상태표는 일정시점에 있어서 기업의 자산·자본·부채 등 재무상태를 나타내는 재무제표로 저량(stock) 개념으로 파악된다.
    ⓒ 수익과 비용에 관한 내용, 수익에서 비용을 뺀 당기순이익(또는 순손실)이 표시되어, 이를 통해 기업의 경영성과를 판단할 수 있다.
  ㉡ 포괄손익계산서의 구성
    ⓐ 수익(revenues)항목은 매출액, 용역수익, 이자수익, 임대료 등이 있고, 수익이 발생하면 자본(이익잉여금)은 증가한다.
    ⓑ 비용(expenses)항목은 매출원가, 급료, 이자비용, 임차료, 감가상각비 등이 있고, 비용이 발생하면 그만큼 자본(이익잉여금)은 감소한다.

③ **손익분기점 분석**
  ㉠ 손익분기점의 의미
    ⓐ 손익분기점(break-even point, BEP)은 제품의 판매로 얻은 수익과 지출된 비용이 일치하여 손실도 이익도 발생하지 않는 판매량이나 매출액을 말한다.
    ⓑ 손익분기점을 구하려면 우선 모든 비용을 고정비와 변동비로 분해하여야 한다. 여기서 고정비는 조업도에 관계 없이 항상 일정한 비용(감가상각비, 임대료, 경영진의 보수 등)이며, 변동비는 조업도에 따라 비례적으로 변화하는 비용(원재료비, 노무비, 판매수수료 등)이다.

ⓒ 손익분기점은 CVP 분석에서 영업이익이 0(영)이 되는 하나의 점으로 CVP 분석(cost, volume, profit analysis)의 일부분이라고 할 수 있다. CVP 분석은 비용(cost)과 조업도(volume)가 이익(profit)에 미치는 영향을 분석하는 기법이다.
ⓒ 손익분기점 등식

> • 매출액 = 변동비 + 고정비
>   = 매출액 × 변동비율 + 고정비
> • 매출량 × 단위당 판매가격 = 매출량 × 단위당 변동비 + 고정비
> • 손익분기점(매출량) = 고정비/(단위당 판매가격 − 단위당 변동비)

(3) 경영분석

① **경영분석의 의미**
  ㉠ 경영분석(business analysis)은 재무제표를 중심으로 하는 재무정보나 기업 내외의 여러 정보를 이용하여, 기업활동의 적부를 심사하거나 기업자본을 평가하는 것을 말한다.
  ㉡ 재무제표분석이라고도 하는데, 분석목적에 따라 신용분석 · 투자분석 · 내부관리분석 등으로 분류할 수 있다.

② **신용분석**
  ㉠ 신용분석은 금융제도의 확충을 배경으로 하여 신용조사의 수단으로서 발달하였다. 기업의 지불능력이나 채무의 변제가능성을 검사하기 위해 기업의 재무요인이나 인적 · 기술적 요인, 시장 · 산업의 경제요인 등이 분석된다.
  ㉡ 특히 재무요인의 분석은 재무분석이라고도 하는데, 수익성과 유동성, 회전율 등을 분석한다.

③ **투자분석**
  ㉠ 투자분석에서는 기본적으로 기업이나 증권의 평가가 대상이 되지만 그 밖에도 자산구성과 자본구성의 균형, 부채에 의한 '지레효과(leverage effect)'와 재무 리스크의 관계 등이 문제가 된다.
  ㉡ 포트폴리오 이론(portfolio theory)의 출현에 의해 리스크가 증권이론에도 도입되었고 평가가 보다 현실적으로 되었다.

④ **내부관리분석**
  ㉠ 내부관리분석은 관리회계의 일환으로서 제조업의 규모 확대를 배경으로 하여, 기업활동의 계획과 업적평가를 위한 분석이다.
  ㉡ 자본이익률을 중심으로 하는 비율 연쇄, 자기자본이익률을 기축으로 한 비율체계, 손익분기점 분석, 자본예산, 표준원가에 의한 원가분석 등이 이용된다.

(4) 재무성과 평가

① 재무비율분석

⑦ 재무비율분석의 의의

재무비율분석(financial ratio analysis)이란 재무제표(재무상태표, 포괄손익계산서)에서 경제적 의미와 논리적 관계성이 분명한 두 항목 간의 상대적 비율을 구하여 기업의 재무상태 및 성과를 평가하는 것을 의미한다.

ⓒ 전략적 이익모형

ⓐ 전략적 이익모형(SPM : strategic profit model)은 수익성의 평가와 관련하여 가장 많이 사용하는 모형이다. 이는 여러 재무비율들 간의 상호관계를 이용하여 경로성과를 평가하는 방법이다.

ⓑ 이 모형에 의하면 기업의 총자산이익률(당기순이익 ÷ 총자산) = 총자산회전율(순매출 ÷ 총자산) × 순매출이익률(당기순이익 ÷ 순매출)이고, 총자산이익률 × 레버리지비율(총자산 ÷ 순가치) = 투자수익률(당기순이익 ÷ 순가치)이 된다.

ⓒ 재무비율의 종류

재무비율은 크게 유동성비율(liquidity ratio), 레버리지비율(leverage ratio), 활동성비율(activity ratio) 및 수익성비율(profitability ratio) 등으로 구분할 수 있다.

② 유동성비율

유동성비율(liquidity ratio)은 기업의 단기채무 지급능력을 측정하는데 사용되며, 이에 속하는 주요 비율로는 유동비율, 당좌비율 등이 있다.

⑦ 유동비율

ⓐ 유동비율은 단기채무에 충당할 수 있는 유동자산이 얼마나 되는가를 나타내는 비율로서, 기업의 단기채무 지급능력을 나타낸다.

$$유동비율 = \frac{유동자산}{유동부채}$$

ⓑ 이 비율이 높을수록 기업의 단기채무 지급능력은 양호하다고 할 수 있다.

ⓒ 당좌비율

당좌비율은 유동자산 중 용이하게 현금화할 수 있는 당좌자산만으로 단기채무에 충당할 수 있는 정도를 측정하기 위한 비율이다.

$$당좌비율 = \frac{당좌자산}{유동부채}$$

③ 레버리지비율

레버리지비율(leverage ratio)은 기업의 타인자본에 대한 의존도를 나타내는 비율로, 부채비율(debt ratio), 이자보상비율(interest coverage ratio) 등이 있다.

$$부채비율 = \frac{부채총계}{자기자본} = \frac{유동부채 + 고정부채}{자기자본}$$

$$이자보상비율 = \frac{영업이익}{지급이자}$$

④ 활동성비율

활동성비율(activity ratio)은 기업이 자산을 얼마나 효율적으로 활용하고 있는가를 나타내는 비율로, 매출채권회전율과 재고자산회전율, 유형고정자산회전율, 총자산회전율 등이 있다.

㉠ 재고자산회전율

ⓐ 재고자산회전율(inventories turnover)은 재고자산의 회전속도, 즉 재고자산이 당좌자산으로 변화하는 속도를 나타내는 비율이다.

$$재고자산회전율 = \frac{매출액}{재고자산}$$

ⓑ 일반적으로 이 비율이 높을수록 적은 재고자산으로 효율적인 판매활동을 수행하는 것을 의미한다. 그러나 이 비율이 과도하게 높은 경우는 원재료 및 제품 등의 부족으로 계속적인 생산 및 판매활동에 지장을 초래할 수 있다.

㉡ 총자산회전율

총자산회전율(total asset turnover)은 총자산이 1년 동안 몇 번 회전하였는가를 나타내는 비율로, 기업이 투자한 총자본의 활용도를 총괄적으로 나타내는 지표이다.

$$총자산회전율 = \frac{매출액}{총자산}$$

⑤ 수익성비율

㉠ 수익성비율의 의의

수익성(profitability)비율이란 기업의 경영활동에 대한 종합적인 결과로 나타난 일정기간 동안의 경영성과를 측정하는 비율이다. 기업의 경영정책과 의사결정의 결과로 나타난 경영성과를 나타내는 지표로써 기업이 얼마나 효율적으로 관리되고 있는가를 나타내는 종합적인 지표이다.

ⓛ **수익성비율의 종류**

수익성비율에는 매출액순이익률, 매출액영업이익률, 총자산순이익률(return on assets : ROA), 자기자본순이익률(return on equity : ROE) 등이 있다.

$$\text{매출액 영업이익률} = \frac{\text{영업이익}}{\text{매출액}}$$

$$\text{매출액 순이익률} = \frac{\text{당기순이익}}{\text{매출액}}$$

$$\text{총자산 순이익률(ROA)} = \frac{\text{당기순이익}}{\text{총자산}}$$

$$\text{자기자본 순이익률(ROE)} = \frac{\text{당기순이익}}{\text{자기자본}}$$

⑥ **재고투자수익률(GMROI)**

㉠ 소매업의 전반적인 성과를 측정하는 가장 중요한 지표 중의 하나가 재고투자수익률(GMROI : gross margin return on investment)이다. 이는 이익과 재고회전을 모두 고려한 것으로 다음과 같이 계산한다.

$$\text{재고투자수익률(GMROI)} = \frac{\text{총이익}}{\text{평균재고}} = \frac{\text{총이익}}{\text{매출액}} \times \frac{\text{매출액}}{\text{평균재고}}$$

$$= \text{총이익률} \times \text{재고회전율}$$

㉡ 제품관리와 관련하여 소매상은 투자에 대한 회수목표를 달성하기 위해 GMROI를 높이는 것을 목표로 하고 효율적인 총이익률 관리와 재고회전율 관리를 통해 소매점의 성과를 높일 수 있다.

㉢ 한편 제품구색을 계획할 때 고려해야 할 중요한 요소의 하나가 공간이다. 따라서 매장공간당 총이익회수율(GMROS : gross margin return on selling space)은 매장공간당 총이익 회수율을 나타낸다. 총이익과 재고당 판매비율, 재고강도(inventory intensity)는 매장공간의 생산성에 영향을 주는 요인이다.

(5) 균형성과표(BSC)

① **균형성과표의 의의**

균형성과표(BSC : balanced score card)는 조직의 비전과 경영목표를 각 사업부문과 개인의 성과측정지표로 전환해 전략적 실행을 최적화하는 경영관리기법이다. 하버드 비즈니스 스쿨의 로버트 카플란 교수와 경영 컨설턴트인 데이비드 노턴이 공동으로 개발하여 1992년에 최초로 제시했다.

② 균형성과표의 측정지표

재무, 고객, 내부 프로세스, 학습·성장 등 4분야에 대해 측정지표를 선정해 평가한 뒤 각 지표별로 가중치를 적용해 산출한다. BSC는 비재무적 성과까지 고려하고 성과를 만들어낸 동인을 찾아내 관리하는 것이 특징이며 이런 점에서 재무적 성과에 치우친 EVA(경제적 부가가치), ROI(투자수익률) 등의 한계를 극복할 수 있다.

4 경로구성원의 평가

(1) 경로구성원 평가의 의의

대부분의 기업에서는 개별 경로구성원이 해당 기업에 얼마나 공헌하는가에 관심을 가지게 된다. 경로구성원의 공헌도를 평가하는 경우 매출액과 같은 가시적인 재무통계치를 사용하는 경우가 많다. 그리고 이보다 발전된 평가방법으로 활동기준 비용평가(ABC : activity-based costing)와 직접제품 이익평가(DPP : direct product profit) 등이 있다.

(2) 경로구성원의 공헌도 평가방법

① 활동기준 비용평가(ABC)
  ㉠ 활동기준 비용평가(activity based costing)는 1988년 쿠퍼와 카플란(Robin Cooper & Robert Kaplan)에 의해 처음 소개된 것으로 상품을 생산하는데 필요한 활동(activity)을 기준으로 비용을 배분하는 방법이다.
  ㉡ 이는 물류, 생산, 서비스, 기술, 마케팅, 판매, 관리에 소요된 비용은 물론이고 정보원천 비용을 포함한다.
  ㉢ 총비용의 확인과 함께 이 비용을 구체적인 경로기능과 흐름의 성과에 배분하여야 한다. 그래야만 각 경로구성원이 어느 정도의 수익성을 올리고 있고 이를 향상시키기 위하여 어떤 노력을 하여야 할 것인가를 판단할 수 있는 정보를 얻을 수 있다.
  ㉣ 활동기준 비용평가를 수행하기 위해서는 우선 손익계산서에 나타난 회계자료를 유통기능별로 재구성하고 재분류해야 한다. 두 번째 단계는 각각의 경로대안별로 기능비용을 할당하는 것이다. 그리고 세 번째 단계는 경로대안별로 비용-수익을 분석하는 것이다.
  ㉤ 활동기준 비용평가를 활용하면 의사결정에 필요한 우수한 정보를 제공함으로써 각 수준별로 명확한 경로대안을 제시할 수 있으며, 표적고객을 확인할 수 있고, 자본투자의 상대적인 효율성을 극대화시킬 수 있다.

② 직접제품 이익평가(DPP)
  ㉠ 우리나라에서는 GMROI를 매우 중요하게 여기고 있으나, 미국에서는 GMROI와 함께 직접제품이익(direct product profit)을 중요하게 여기고 있다.
  ㉡ 어떤 두 제품의 재고량이 같아도 제품별 지불조건이 모두 다르기 때문에 재고유지비용은 다를 수 있다. 소매상이 제품매입대금을 지불하기 전에 제품을 판매한다면 재고유지비용을 줄일 수 있기 때문이다. 이처럼 제품에 따라 실제 판매비가 달라지기 때문에 소매상은 각 제품이 점포이익에 얼마나 직접적으로 영향을 미치는 지에 주의를 기울일 필요가 있다.

ⓒ DPP는 총판매이익(gross margin)에서 제품판매와 관련된 제비용을 차감하여 제품이 얼마나 이익에 공헌하는 지를 평가한다. DPP에 영향을 주는 요인은 총판매이익(gross margin), 회전율, 대금지불기간이나 보조금, 창고, 수송, 판매, 촉진비용 등이다.

ⓓ 즉, DPP는 직접제품이익을 추구하는 과정에서 유통경로상에서 발생되어 제품비용에 영향을 미치는 항목들(직접제품비용)을 모두 원가계산에 반영한다. 여기서 직접제품비용은 크게 세 가지 원천(직접창고비용, 수송비용, 직접점포비용)에서 발생한다.

CHAPTER 04 실전감각 기르기

01 유통마케팅 조사 프로젝트를 조사목적에 따라 분류할 수 있다. 조사문제와 관련된 마케팅의 현황 및 시장상황(예를 들어, 시장잠재력이나 소비자의 특성 등)을 파악하려는 목적으로 실시하는 조사는?

① 탐색적 조사(exploratory research)
② 기술적 조사(descriptive research)
③ 인과적 조사(causal research)
④ 설문조사(questionnaire research)
⑤ 옴니버스 조사(omnibus research)

해설 ② 기술적 조사(descriptive study)는 소비자가 생각하고 느끼고 행동하는 것을 기술하는 조사이다. 조사문제와 관련된 마케팅의 현황 및 시장상황을 파악하기 위해 행하여진다. 기술적 조사의 종류로는 크게 종단분석과 횡단분석의 두 가지가 있다.

02 마케팅 조사에 대한 설명으로 옳지 않은 것은?

① 할당표본이란 모집단에 포함된 조사대상들의 명단이 기재된 리스트를 할당하는 것이다.
② 소매점들을 매출액에 따라 대형, 중형, 소형으로 나눈 다음, 각 소집단으로부터 표본을 무작위로 추출하는 경우는 층화표본추출에 해당한다.
③ 표본의 크기가 표본의 대표성을 보장해주는 것은 아니다.
④ 현재 일어나고 있는 유통현상을 보다 정확하게 이해하려는 목적의 조사는 기술적 조사에 해당한다.
⑤ 인과적 조사를 위해서는 엄격한 실험설계를 하는 것이 바람직하다.

해설 마케팅 조사를 위한 표본추출에서 할당표본 추출법(quota sampling)은 일정한 분류기준에 의해 전체표본을 소집단으로 분류하고 각 집단별로 필요한 대상을 추출하는 방법이다. 이는 비확률 표본추출방법 중 가장 정교한 기법으로 상업적으로 마케팅 조사에서 널리 이용된다.

Answer 01 ② 02 ①

03 마케팅 문제에 대한 가설설정이 이루어지지 않는 상황에서 마케팅 조사를 실시하려고 한다. 이 경우 활용할 수 있는 마케팅 조사방법으로 가장 거리가 먼 것은?

① 관찰법
② 심층면접법
③ 표적집단면접법
④ 실험법
⑤ 2차 자료조사

[해설] 가설설정이 이루어지지 않은 상황에서 실시되는 탐색조사에는 주로 2차 자료조사, 관찰법, 표적집단면접법(FGI), 심층면접법 등이 이용된다.
④의 실험법은 인과조사에서 사용하는 방법이다.

04 표본추출 유형에 대한 설명으로 옳지 않은 것은?

① 단순무작위표본추출법에서는 모집단의 모든 원소가 알려져 있고 선택될 확률이 똑같다.
② 층화표본추출방법은 모집단이 상호 배타적인 집단으로 나누어지며, 각 집단에서 무작위표본이 도출되는 방식이다.
③ 편의표본추출방식은 조사자가 가장 얻기 쉬운 모집단 원소를 선정하는 방식이다.
④ 판단표본추출방식은 조사자가 모집단을 상호 배타적인 몇 개의 집단으로 나누고 그중에서 무작위로 추출하는 방식이다.
⑤ 할당표본추출방식은 몇 개의 범주 각각에서 사전에 결정된 수만큼의 표본을 추출하는 방식이다.

[해설] ④ 판단표본추출방식은 비확률표본추출법으로 조사문제를 잘 알고 있거나 모집단의 의견을 반영할 수 있을 것으로 판단되는 특정집단을 표본으로 선정한다. 조사자가 모집단을 상호 배타적인 몇 개의 집단으로 나누고 그중에서 무작위로 추출하는 방식은 군집표본추출법이다.

05 판매정보를 수집하는 방법 중 하나를 설명한 것으로 옳은 것은?

> 이 방법은 고객의 구매행동에 대한 내면적 동기나 심리 등을 파악하기 위하여 많이 이용되는 방법 중의 한 가지로서 자유로운 분위기에서 6~12명 정도의 그룹을 구성하여 원하는 제품의 특징이나 현 점포운영에 대한 제안이나 점포설계에 대한 의견 등 특정주제나 문제에 대하여 의견을 진술하는 방법이다.

① 표적집단면접법
② 패널조사법
③ 관찰조사법
④ 서베이법
⑤ 실험법

Answer 03 ④ 04 ④ 05 ①

해설) 표적집단면접법(FGI ; focus group interview)은 고객의 구매행동에 대한 내면적 동기나 심리를 파악하기 위해 이용하는 판매정보 수집방법이다. 자유로운 분위기에서 6~12명 정도의 고객을 하나의 그룹으로 구성하여 의견을 진술하도록 한다. FGI를 통해 얻은 결과는 기술적 조사나 인과적 조사를 통해 재확인한다.

06 유통마케팅 조사의 방법에 대한 내용 중 가장 옳지 않은 것은?

① 질문법은 가장 많이 사용되는 정보수집방법으로 응답자에게 질문표를 이용해서 직접 질문하여 필요한 정보를 수집하는 것으로, 우송법, 전화법, 면접법 등이 있다.
② 실험법은 실제로 조사대상에게 어떠한 반응을 하도록 시도해보고 그 결과로부터 필요한 정보를 입수하는 방법이다.
③ 소비자 패널 조사는 다양한 소비자 그룹에 대해 조사대상을 지속적으로 변경하며 새로운 제품 및 조사항목에 관해 구매나 사용동향을 조사한다.
④ 관찰법은 조사자가 조사대상자를 현장에서 일정한 기간 동안 관찰하면서 있는 그대로의 사실을 수집하는 방법이다.
⑤ 동기조사는 특정 태도와 행동을 유발하는 심층심리에 접근하고자 하는 것으로 'why 리서치'라고도 하며, 심층면접법, 집단면접법 그리고 투영기법 등이 이용된다.

해설) ③ 패널(panel)이란 가계, 판매원, 일반 개인 등의 고정된 표본으로서 패널의 구성원들을 대상으로 일정기간 동안 반복적으로 관찰하는 것이 패널 조사이다.

07 모집단을 특정기준에 의해 몇 개의 그룹으로 나누고 모집단의 비율에 따라 각 그룹 내에서 단순임의추출에 의해 표본을 추출하는 방식은?

① 할당추출법　　　　　　　　② 비확률표본추출법
③ 층화추출법　　　　　　　　④ 판단추출법
⑤ 단순임의추출법

해설) 단순임의추출법의 한계를 극복하기 위한 방법 중의 하나가 층화추출법인데, 이는 모집단을 어떤 기준에 의해 중복되지 않고 빠지는 부분이 없도록 몇 개의 층으로 나누고 모집단의 비율에 따라서 각 층 내에서 단순임의추출을 통해 추출하는 방법이다.

Answer　06 ③　07 ③

08 마케팅 조사에서 표본선정에 관한 설명으로 가장 적절하지 않은 것은?
① 표본추출과정은 '모집단의 설정 – 표본프레임의 결정 – 표본추출방법의 결정 – 표본크기의 결정 – 표본추출'의 순서로 이루어진다.
② 표본의 크기가 커질수록 조사비용과 조사시간이 증가하며, 표본오류 또한 증가한다.
③ 비표본오류에는 조사현장의 오류, 자료기록 및 처리의 오류, 불포함 오류, 무응답 오류가 있다.
④ 층화표본추출은 확률표본추출로, 모집단을 서로 상이한 소집단들로 나누고 이들 각 소집단들로부터 표본을 무작위로 추출하는 방법이다.
⑤ 표본프레임(sample frame)이란 모집단에 포함된 조사대상자들의 명단이 수록된 목록을 의미한다.

[해설] ② 표본의 크기가 커질수록 조사비용과 조사시간은 증가하지만, 표본오류는 감소한다. 따라서 적정한 크기의 표본을 선택하는 것이 필요하다.

09 어느 백화점의 경영 현황을 파악하기 위해 2차 자료를 수집하였다. 2차 자료에 해당하지 않는 것은?
① 제품계열별 판매액
② 지점별 주요 제품 재고
③ 직접 조사한 지점별 고객 만족도
④ 고객별 지출액
⑤ 연간 성장률

[해설] 마케팅 조사에서 수집되는 자료에는 1차 자료와 2차 자료가 있다. 1차 자료는 현재 직면한 문제를 해결하기 위하여 새로이 수집되는 자료를 말하며, 2차 자료는 이미 공개되어 있는 기존의 모든 자료를 말한다. 2차 자료에는 정부에서 발표하는 각종 통계자료, 이미 발표된 논문, 신문기사, 각종 기관이나 조사회사에서 발표되는 결과 등이 포함된다.
② 지점별 주요 제품 재고는 재고조사를 통해 파악해야 하는 자료이므로 1차 자료이다.

10 다음 중 매출자료분석에 활용되는 ABC 분석기법에 대한 설명으로 부적절한 것은?
① 상품의 진열대 관리를 위해서 필요한 분석기법이다.
② POS 시스템에서 나온 자료가 분석에 중요하게 활용된다.
③ 상품명을 기준으로 가나다순으로 분석하므로 ABC 분석이라고 한다.
④ 매출(수익)기여도가 적은 상품으로 인한 매장의 사장화(dead space)를 예방할 수 있다.
⑤ 자료의 분석을 통해 이익추구와 품절방지를 예방할 수 있다.

[해설] ABC 분석은 각각의 상품이 매출에 기여하는 정도를 A·B·C군으로 분류하고, A상품군은 집중관리하고 C상품군은 단순관리함으로써 매장의 생산성을 증대하고자 하는 것이다.
③ 매출액을 기준으로 상품을 분류하는 것으로, 상품명을 기준으로 하는 것이 아니다.

Answer 08 ② 09 ② 10 ③

11 다음에서 설명하고 있는 용어는?

> 각 제품대안들에 대한 선호순위의 분석을 통해 선호도예측, 시장점유율예측이 가능한 분석기법

① 컨조인트 분석　　　② 다차원적 척도법
③ 군집분석　　　　　④ 비율분석
⑤ 회귀분석

해설 컨조인트 분석(Conjoint Analysis)은 어떤 제품의 속성들의 여러 수준에 대해 소비자가 부여하는 효용 값을 도출하는 분석방법이다. 즉, 컨조인트 분석은 제품구매시 소비자가 중요하게 생각하는 제품속성별로 소비자가 원하는 속성의 수준을 찾아내게 함으로써 최적의 신제품을 개발할 수 있게 하는 기법이다.
컨조인트 분석은 ㉠ 제품의 최적 속성 결정, ㉡ 매출액·시장점유율의 추정, ㉢ 연구대상 제품에 대한 수익성·사업성 분석, ㉣ 시장세분화, ㉤ 광고·커뮤니케이션의 효율화에 활용될 수 있다.
이 분석의 목표는 고객 개개인이 개별 서비스 속성의 각 수준에 대하여 얼마만큼의 선호도를 부여하는지를 추정하고자 하는 것이다. 여기서 개별속성의 각 수준에 부여되는 선호도를 부분가치라고 부르는데 이 부분가치들을 합산함으로써 개별 고객이 여러 개의 대안들 중 어느 것을 가장 선호하게 될 지를 예측하는 것이다. 어떤 소매점포이든 몇 개의 중요한 서비스 기능(속성)들을 가지고 있으며 각 기능(속성)은 다시 몇 개의 수준이나 값들을 가질 수 있다고 보는 데서 출발하며, 인간의 선호도나 효용의 평가는 개인 간의 차이가 매우 크다는 가정하에서 이루어지므로 이 분석은 개인차원에서 수행된다.

12 특정 소매점에서 A제품에 대하여 '가격할인'과 '프리미엄 제공'이라는 2개의 판촉전략을 한달간 실행하였다. 그 기간 동안 카드로 A제품을 구매한 고객을 20대, 30대, 40대, 50대로 분류하여 각 판촉활동의 연령대별 매출액 증감효과 차이를 분석하고자 할 경우, 가장 적합한 분석기법은?

① t-검증　　　　　② 회귀분석
③ 군집분석　　　　④ 분산분석
⑤ 판별분석

해설 ④ 분산분석(ANOVA : analysis of variance)은 어떤 독립변수의 값을 서로 다른 세분시장 또는 목표집단에 대해 서로 다르게 했을 때, 알려고 하는 종속변수의 값이 각 집단별로 다른가를 통계적으로 검정하는 기법이다.

Answer　11 ①　12 ④

13 (가), (나) 안에 들어갈 용어로 가장 옳은 것은?

> • 소매점의 목표 달성 여부를 판정하는 기준으로는 (가)와 (나)가 사용된다.
> • (가)는 제품의 판매상황을 알려주는 재고회전율과도 관계된다. 재고회전율은 (가)를 평균 재고자산액으로 나누어 얻는다.
> • GMROI(Gross Margin Return On inventory Investment)는 (나)와 재고회전율을 동시에 감안한 개념이다.

① 가 : 연간 매출액   나 : 경상이익
② 가 : 매출 총이익   나 : 경상이익
③ 가 : 연간 매출액   나 : 총이익률
④ 가 : 총영업이익   나 : 연간 매출액
⑤ 가 : 총매출이익률 나 : 순매출액

해설 소매업의 전반적인 성과를 측정하는 가장 중요한 지표 중의 하나가 재고투자수익률(GMROI : gross margin return on inventory investment)이다. 이는 이익과 재고의 회전율을 모두 고려한 것으로 다음과 같이 계산한다.

$$\text{재고투자수익률(GMROI)} = \frac{\text{총이익}}{\text{평균재고}} = \frac{\text{총이익}}{\text{매출액}} \times \frac{\text{매출액}}{\text{평균재고}}$$
$$= \text{총이익률} \times \text{재고회전율}$$

14 마케팅 조사과정에서 측정된 척도가 명목척도(nominal scale)인 경우 분석수단으로 부적절한 것은?

① 표준편차(standard deviation)
② 이항분포 검증(binomial test)
③ 최빈값(mode)
④ 카이자승 검증(χ^2 test)
⑤ 교차분석(cross tabulation)

해설 측정에 사용되는 도구를 척도라고 하며, 이 척도는 명목척도, 서열척도, 등간척도, 비율척도로 구분된다. 명목척도(nominal scale)는 측정대상의 특성을 분류하거나 확인할 목적으로 숫자를 부여하는 것으로 주로 교차분석, 부호검정, 최빈값, 이항분포 검증, 카이자승 검증 등에 이용된다.
① 표준편차는 등간척도의 경우에 이용될 수 있다.

Answer 13 ③ 14 ①

15 다음에서 사용하고 있는 척도의 유형은?

> A백화점은
> 전통적이다.　-2　-1　0　1　2　현대적이다.

① 선다형　　　　　　　　　　② 거트만 척도
③ 의미차별화 척도　　　　　　④ 중요성 척도
⑤ 서열척도

해설 문제의 척도유형은 의미차별화 척도(semantic differential scale 또는 어의차이 척도)이다. 이는 척도의 양 끝에 속성의 정도를 나타내는 서로 상반되는 수식어를 제시하고, 조사대상의 속성보유 정도에 대한 소비자의 생각을 측정하는 방법이다.

16 투사기법(projective technique)은 응답자 자신의 행동을 직접 설명하게 하기보다는 다른 사람의 행동을 해석하게 하여 응답자의 동기, 신념, 태도 등을 간접적으로 파악하려는 기법이다. 다음 중 투사기법에 해당되지 않는 것은?

① 단어연상(word association)　　② 문장완성(sentence completion)
③ 그림응답(picture response)　　④ 사다리기법(laddering)
⑤ 역할연기(role playing)

해설 투사기법은 임상심리학에서 흔히 활용되는 기법으로, 제시되는 보조물의 유형에 따라 단어연상법, 문장완성법, 만화완성법으로 나누어진다. 최근에는 응답자들에게 어떤 자료를 보여주고 생각나는 바를 자유롭게 이야기하도록 하는 스토리텔링(storytelling) 기법 또는 스토리완성법(story completion)이나 역할연기도 자주 활용되고 있다.

17 마케팅 조사에서 활용되는 통계분석기법을 설명한 내용이다. 어떤 분석기법인가?

> 다수의 변수들이 있을 때 변수 간 상관관계를 이용하여 변수의 숫자를 처리하기 쉬운 수준으로 줄이기 위하여 사용하는 분석기법

① 일원분산분석　　　　　　　② 판별분석
③ 회귀분석　　　　　　　　　④ 요인분석
⑤ 컨조인트 분석

해설 변수가 2개 이상인 다변량 통계분석에서 종속관계를 분석하는 통계기법으로는 분석, 분산분석, 판별분석, 회귀분석 등이 있고, 상호의존관계에 대한 분석기법으로는 요인분석과 군집분석 등이 있다.

Answer　15 ③　16 ④　17 ④

④ 요인분석(factor analysis)은 다수의 변수들을 유사한 특성을 가진 항목들끼리 묶어 적은 수의 요인으로 축약시키는 기법이다. 즉, 수집된 자료에 유사한 성격의 변수들이 많이 포함되어 있을 경우 변수에 포함되어 있는 정보의 손실을 최소화하면서 소수의 요인으로 축약하는 통계기법으로, 차후의 분석을 용이하게 한다.

18 다음에서 설명하고 있는 내용에 가장 적합한 분석방법은?

> 경쟁관계에 있는 여러 상표에 대한 고객들의 인식을 분석하여 포지셔닝맵으로 나타내기 위한 분석기법이며, 이를 통해서 마케팅 관리자는 자사상표의 경쟁관계를 보다 빠르고 쉽게 이해할 수 있다.

① 중요도 – 만족도(I – S) 분석기법
② RFM(Recency, Frequency, Monetary) 분석기법
③ 다차원척도(MDS) 분석기법
④ 연관성(Association rules) 분석기법
⑤ 델파이(Delphi) 분석기법

해설 변수가 여러 개인 경우의 다변량 분석기법 중 다차원척도법(MDS : multi-dimensional scaling)은 소비자가 제품이나 상표에 대해 가지고 있는 인식을 근거로 하여 제품, 상품의 상대적 위치를 파악하려는 경우에 사용된다. 이 기법은 제품, 상표의 포지셔닝 전략에 유용하게 사용될 수 있다.

19 다음 중 인터넷을 이용한 시장조사과정에 대한 설명으로 옳은 것은?

① 오프라인 시장조사과정과 달리 조사계획, 목표시장 설정 등의 단계를 생략할 수 있다.
② 소비자 집단에 대한 대표성 있는 표본의 확보가 용이하며, 자료의 품질도 우수하다.
③ 응답자료의 전송상 보안문제로 인하여 온라인 응답률이 낮아지는 경향이 있다.
④ 설문응답자들의 참여율 저조로 오프라인 조사보다 비용이 과다하게 소요된다.
⑤ 시장조사의 시간적·공간적 제약이 많다.

해설 ① 인터넷을 통한 온라인 조사의 경우에도 조사계획을 수립하고, 목표시장을 설정해야 한다.
② 인터넷 시장조사의 자료품질은 오프라인 조사보다 떨어지는 것이 일반적이다.
④ 오프라인 조사보다 비용은 적게 소요된다.
⑤ 시장조사의 시간적·공간적 제약이 적다.

Answer 18 ③ 19 ③

20 다음 중 마케팅 인텔리전스(intelligence) 시스템에 대한 설명으로 부적합한 것은?

① 비공식적 방법으로 정보를 수집하며 외부자료를 많이 활용한다.
② 기업 외부의 마케팅 환경의 동향에 관한 일상적인 자료를 제공하는 시스템이다.
③ 신문이나 판매원들로부터 경쟁사에 대한 정보를 수집하는 정보시스템이다.
④ 맥레오드의 마케팅 정보시스템 모형에서 입력하위시스템 중 하나이다.
⑤ 경쟁업체 간의 정보공유가 정보수집의 기본원천이다.

[해설] 마케팅 정찰(intelligence) 시스템에서는 협력업체 간에 정보공유가 이루어져야 하는 것으로, 경쟁업체 간에 정보공유가 아니다.

21 (유통)기업의 경영성과를 측정하는 기준으로 효율성, 효과성 및 형평성이 활용된다. 이에 대한 설명으로 옳지 않은 것은?

① 효율성은 일정한 비용으로 가능한 한 많은 산출물을 획득하거나, 일정한 산출량을 얻기 위해 소요되는 비용을 가능한 한 줄이는 것을 말한다.
② 형평성은 개별유통기업들이 해결하기 매우 어려우므로 정부의 정책에 의한 해결이 더 바람직할 수 있다.
③ 성과분배에 있어서 형평성과 효율성은 상충관계(trade-off)가 아니라 상호 보완관계이다.
④ 효과성은 목표지향적인 성과측정치로서 유통기업이 표적시장이 요구하는 서비스 성과를 얼마나 제공하였는가를 나타낸다.
⑤ 효율성은 투입 대 산출의 비율로 정의되는 개념으로 구체적으로는 생산성과 수익성을 들 수 있다.

[해설] 경영성과의 측정지표로서 효율성과 형평성은 성장과 분배의 관계와 마찬가지로 상충관계(trade-off)가 있다. 즉, 효율성만을 추구하면 형평성이 저해되고, 형평성만을 강조하다 보면 효율성이 저해된다.

Answer 20 ⑤ 21 ③

22 다음 글상자에서 설명하는 표본추출방법은?

- 신제품 조사를 위해 표적시장을 잘 반영하리라고 생각되는 집단을 대상으로 설문조사를 함
- 모집단의 대표성보다는, 면접과정에서 풍부한 정보를 수집하기 위해 제품이나 산업에 대해 많은 정보를 갖고 있는 표본을 선정하는 비확률표본추출방법임
- 향후 경제전망에 대한 면접조사를 위해, 일반인보다 경제부분의 전문가들을 선별하여 면접에 참여하도록 함

① 편의표본추출(convenience sampling)　② 판단표본추출(judgement sampling)
③ 할당표본추출(quota sampling)　　　　④ 집락표본추출(cluster sampling)
⑤ 층화표본추출(stratified sampling)

해설 제시된 내용은 판단표본추출법에 대한 설명이다. 판단표본추출법은 비확률표본추출법 중의 하나이다.

23 재고와 판매공간에 대한 수익률을 분석하기 위해 활용하는 GMROI(Gross Margin Return On Inventory investment)와 GMROS(Gross Margin Return On Selling area)에 대한 설명으로 옳지 않은 것은?

① 유통경로상에서 추가 또는 제거해야 할 품목의 결정에 도움을 준다.
② 문제가 되는 상품계열의 수익성을 향상시키기 위한 머천다이징 전략을 강구할 수 있다.
③ 공급업자에게 더 많은 판매촉진과 배달시간 개선을 요구할 수 있는 근거가 된다.
④ 두 가지 척도 모두 단기적 수익성보다는 장기적 수익성을 측정하는 척도이다.
⑤ 매출채권과 외상매입금 등은 재고투자의 계산에 포함되어 있지 않다.

해설 ④ 소매업의 전반적인 성과를 측정하는 수익률은 모두 단기적 수익성을 측정하는 척도이다.
소매업의 전반적인 성과를 측정하는 가장 중요한 지표 중의 하나가 재고투자수익률(GMROI : gross margin return on inventory investment)이다. 이는 이익과 재고의 회전율을 모두 고려한 것이다. GMROS(gross margin return on selling space), 즉 매장공간당 총이익회수율은 제품구색을 계획할 때 고려해야 할 중요한 요소의 하나인 공간을 고려한 것으로, 매장공간당 총이익회수율을 나타낸다. 총이익과 재고당 판매비율, 재고강도(inventory intensity)는 매장공간의 생산성에 영향을 주는 요인이다.
상품차원에서의 성과지표는 재고투자수익률(GMROI)이고, 점포운영측면에서의 성과지표는 매장공간당 총이익회수율(GMROS : gross margin return on selling space)이다.

Answer　22 ②　23 ④

24 기업의 경영성과를 나타내는 지표로서 재무상태표와 포괄손익계산서에 대한 설명으로 옳지 않은 것은?

① 재무상태표는 결산기 말에 기업의 영업활동에 사용되고 있는 자산이 어떠한 형태로 얼마나 현존하고 있는지와 자산이 어떻게 조달되고 있는가를 나타낸다.
② 재무상태표는 각종 자산이나 부채, 자본 등이 어떻게 구성되어 있는지, 균형이 맞는지, 재정상태가 건전한지를 검토할 수 있다.
③ 포괄손익계산서는 결산기 말의 영업성적을 결산하며, 결산에 나타난 손익을 달성하기 위해 어떠한 비용을 사용했는가를 밝히고, 기말 현재의 미처분이익을 나타내는 스톡(stock) 개념의 계산표이다.
④ 손익계산의 원리는 매출액에서 매출원가를 차감하여 매출총손익을 계산하고 매출총손익에서 판매비와 관리비를 차감하여 영업이익 혹은 손실을 파악한다.
⑤ 우리나라 기업회계기준은 재무상태표의 작성을 유동성 배열법에 의하도록 하고 있다.

[해설] 포괄손익계산서는 일정기간(1년) 동안의 기업의 경영성과를 파악할 수 있게 해주는 재무제표의 하나이다. 포괄손익계산서는 일정기간을 기준으로 작성되므로 유량(flow) 개념이다.

25 다음은 재무적 성과지표이다. 이 중 성격이 다른 하나는?

① 매출총이익 ② 공간생산성
③ 자산회전율 ④ 영업이익
⑤ 레버리지비율

[해설] 기업의 재무활동, 즉 재무의사결정(financial decision making)은 투자결정과 자본조달결정의 두 가지로 요약되는데, 이를 위해서는 기업의 재무적 상태에 관한 분석이 전제되어야 한다. 여기서 재무분석의 수단으로는 일반적으로 재무비율분석, 듀퐁의 ROI분석, 손익분기점분석 등이 사용되고 있다.
② 매출총이익, 자산회전율, 영업이익, 레버리지비율 등은 재무적 성과지표이지만, 공간생산성은 재무적 성과지표가 아니다.

Answer 24 ③ 25 ②

26 유통업체에서 카테고리 관리를 할 때, 카테고리별 재무목표를 설정하기 위하여 이익, 매출, 회전률을 결합하여 판단하여야 한다. 이와 같은 목적으로 사용하기에 가장 적합한 재무비율은?

① GMROI(gross margin return on inventory investment)
② ROA(return on assets)
③ ROI(return on investment)
④ EVA(economic value added)
⑤ GMROS(gross margin return on selling space)

[해설] 소매업의 전반적인 성과를 측정하는 가장 중요한 지표 중의 하나가 재고투자수익률(GMROI : gross margin return on inventory investment)이다. 이는 이익과 재고의 회전율을 모두 고려한 것으로 다음과 같이 계산한다.

$$\text{재고투자수익률(GMROI)} = \frac{\text{총이익}}{\text{평균재고}} = \frac{\text{총이익}}{\text{매출액}} \times \frac{\text{매출액}}{\text{평균재고}}$$

= 매출액 이익률 × 재고자산 회전율

② ROA는 자산수익률, ③ ROI는 투자수익률, ④ EVA는 경제적 부가가치이다.
⑤ GMROS(gross margin return on selling space), 즉 매장공간당 총익회수율은 제품구색을 계획할 때 고려해야 할 중요한 요소의 하나인 공간을 고려한 것으로, 매장공간당 총이익회수율을 나타낸다. 총이익과 재고당 판매비율, 재고강도(inventory intensity)는 매장공간의 생산성에 영향을 주는 요인이다.

27 (㉠), (㉡) 안에 들어갈 용어로 옳은 것은?

> □□할인점은 고객의 만족도를 조사하기 위해 두 가지 척도를 사용하기로 결정하였다. (㉠) 척도는 상대적인 순위를 구분하기 때문에 인근 5개 점포와 비교하여 몇 등인지를 알 수 있고, (㉡)척도는 산술적 사칙연산이 가능하고 절대영점을 포함하기 때문에 만족도를 구체적인 점수(예, 100점 만점 중 평균 82점)로 측정할 수 있다는 장점이 있다.

① ㉠-명목, ㉡-서열
② ㉠-명목, ㉡-등간
③ ㉠-서열, ㉡-비율
④ ㉠-서열, ㉡-등간
⑤ ㉠-등간, ㉡-비율

[해설] 측정에 사용되는 척도(scale)는 크게 명목척도, 서열척도, 등간척도 및 비율척도로 나누어진다. ㉠은 서열척도이다. 서열척도(ordinal scale)는 집단구분 외에 측정대상들 간의 순위개념을 측정하기 위해 사용된 수를 말한다. ㉡은 비율척도이다. 비율척도(ratio scale)는 등간척도가 갖는 모든 특성을 포함하는데 대푯값은 평균이고 4칙연산이 모두 가능하다.

[참고] 명목척도와 등간척도
1. 명목척도(nominal scale) : 조사대상의 소속 여부나 대상의 분류를 위해 사용된 수를 말하며, 성별, 직업, 구매상표 등이 명목척도의 예이다. 조사대상에 할당된 수는 대상들 간의 구분 이외의 의미는 전혀 없으므로 네 가지 척도 중 내재된 정보량이 가장 적다.

Answer 26 ① 27 ③

2. 등간척도(interval scale) : 서열척도에 포함된 정보 외에 측정대상들 간의 속성의 차이비교를 가능하게 하는 척도이다. 등간척도는 덧셈과 뺄셈이 가능하지만 측정값들 간의 절대적 비교는 불가능하다.

28 다음 중 소매업체의 성과는 기업, 상품관리, 점포운영의 세 가지 수준에서 평가가 가능하다. 점포운영 수준에서의 평가척도에 해당하는 것을 모두 고른 것은?

> ㉠ 총투자수익률(GMROI) ㉡ 직원 1인당 순매출액
> ㉢ 판매시간당 순매출액 ㉣ 1평방 피트당 순매출액

① ㉠, ㉣
② ㉡, ㉢
③ ㉠, ㉡, ㉢
④ ㉡, ㉢, ㉣
⑤ ㉠, ㉡, ㉢, ㉣

[해설] 점포운영 수준에서 성과는 판매시간당 순매출액, 점포면적당(1평방 피트당) 순매출액, 직원 1인당 순매출액 등을 통해 측정할 수 있다.
㉠ 총투자수익률(GMROI 또는 재고자산총이익률, 이익률, 총마진수익률)은 매출총이익을 재고자산으로 나눈 값으로 이는 기업 전체 수준에서 이익관리와 재고관리를 결합한 성과측정치라고 할 수 있다.

29 다음 중 손익분기점 분석(break-even point analysis)에 관한 내용으로 옳지 않은 것은?

① 손익분기점 분석은 손익분기점을 파악하기 위해 비용 및 매출액 수준과 이익 사이의 관계를 분석하는 기법으로 총수익과 총비용이 일치하게 되는 판매수량 혹은 매출액을 의미한다.
② 경영자가 손익분기점(break-even point) 분석을 통해 어떤 특정가격과 원가구조 하에서 기업이 얼마를 판매해야만 손익이 분기되는가를 예측하는 방법 또는 판매액이 손익분기가 되는 데 얼마나 시간이 소요되는가의 관점에서 예측할 수 있다.
③ 손익분기점 분석은 유동자산에 대한 투자의 적정성을 파악하는 기법으로서 금융권에서 기업대출을 위한 신용도(위험도)를 심사(평가)할 경우 판단기준을 제공해주는 분석도구의 하나이다.
④ 손익분기점 분석은 기본적으로 단기적이고 정태적인 분석수단이라는 한계를 가지고 있음에도 불구하고 동태적인 분석을 위한 기초자료로서 그 중요성을 간과할 수 없다.
⑤ 손익분기점을 구하려면 우선 모든 비용을 고정비와 변동비로 분해하여야 한다.

[해설] 손익분기점 분석(break-even point analysis)은 손익분기점을 파악하기 위해 비용 및 매출액 수준과 이익 사이의 관계를 분석하는 기법이다.

Answer 28 ④ 29 ③

30 손익분기점(break-even ppoint)을 파악하기 위한 구성내용 중 올바르게 표현되지 않은 것은?

① 총수익(총이익) = 총매출액 – 총비용
② 매출액 = 매출액 × 변동비율 + 고정비
③ 변동비용 = 개별상품단위당 변동비용 × 매출(판매)액
④ 매출액 = 판매가격 × 매출(판매)수량
⑤ 비용 = 고정비용 + 변동비용

[해설] 손익분기점(BEP ; break even point)은 제품의 판매로 얻은 수익과 지출된 비용이 일치하여 손실도 이익도 발생하지 않는 판매량이나 매출액을 말한다. 즉, 손익분기점에서는 공헌이익 총액이 고정원가와 일치하여 영업이익이 0(영)이 된다.
③ 변동비용 = 상품단위당 변동비용 × 판매량이다.

31 다음은 직접제품이익(DPP ; direct product profit)과 관련된 설명이다. 가장 거리가 먼 것은?

① 개별품목의 경로성과 측정에 활용될 수 있다.
② 거래비용 분석에 기초하고 있으며, 이를 활용하기 위해서는 상세하고 방대한 자료를 필요로 하기 때문에 실제 활용에 많은 어려움이 존재한다.
③ 단위면적당 매출 혹은 이익을 파악하기 위한 최적의 방법이다.
④ 제품평가에 있어서 고정비용을 제외하는 반면 제품별 영업활동이나 상품 머천다이징 활동에 의해 발생하는 직접비용만을 분석대상으로 삼고 있다.
⑤ 직접제품이익을 추구하는 과정에서 유통경로상에서 발생되어 제품비용에 영향을 미치는 항목들(직접제품비용)을 모두 원가계산에 반영한다.

[해설] 직접제품이익(DPP ; direct product profit)은 미국 소매업계에 급속히 보급되고 있는 새로운 상품관리기법을 말한다. 개별유통 채널의 직접적 재무성과를 측정하는 기법으로 거래와 관련된 변동비용을 분석하기 때문에 상세하고 방대한 회계정보가 필요하지만, 이익과 연계된 직접 판매비용을 측정한다는 측면에서 효과적이라 할 수 있다.
③ DPP는 개별유통 채널의 직접적 재무성과를 측정하는 기법이지, 단위면적당 매출이나 이익을 파악하는 개념이 아니다.

Answer 30 ③ 31 ③

32 다음 중 전략적 수익모형(SPM)에 대한 설명으로 잘못된 것은?

① 기업의 궁극적인 재무목표가 순매출이익률을 높이는 데 있음을 강조한다.
② 자산회전율, 순매출이익률, 영업레버리지를 통해 투자수익률이 높아질 수 있음을 보여준다.
③ 자본관리, 이익관리, 그리고 재무관리를 통해 고수익 관리가 가능함을 보여준다.
④ 도·소매업체의 재무전략을 평가하는 데 있어 유용하게 활용될 수 있다.
⑤ 경영합리화를 진단하는 데 활용할 수 있다.

[해설] ① 순매출이익률을 높이는 것은 재무목표 중 하나이지 궁극적 목표는 아니다.

33 다음 중 재고회전율에 대하여 설명한 것으로 틀린 것은?

① 재고회전율은 순매출을 평균재고로 나눈 값이다.
② 월평균재고는 각월의 재고합계를 총개월수로 나눈 값이다.
③ 재고회전율이 빠르면 빠를수록 수익성은 향상되며 따라서 자금흐름 또한 원활하게 된다.
④ 빠른 재고회전율은 판매가격의 인하를 촉진시킬 뿐만 아니라 상품의 가치를 하락시킬 위험이 높다.
⑤ 이 비율이 낮다는 것은 재고자산에 대한 투자가 과도함을 의미한다.

[해설] 재고회전율은 순매출을 평균재고로 나눈 값이며, 이 중 월평균재고는 각월의 재고합계를 총개월수로 나눈 값이다. 일반적으로 재고회전율이 빠르면 빠를수록 수익성은 향상되며 자금흐름 또한 원활하게 된다.
④ 빠른 재고회전율이 판매가격의 인하를 가져올 수는 있지만, 그렇다고 해서 상품의 가치가 하락하는 것은 아니다.

34 듀퐁(DuPont)에서 개발한 재무관리모형에 기초한 전략적 이익모형을 이루는 구성요소에 해당하는 것을 모두 고른 것은?

㉠ 고객관리	㉡ 재무관리
㉢ 이윤관리	㉣ 자본관리

① ㉠, ㉡
② ㉡, ㉢, ㉣
③ ㉠, ㉡, ㉣
④ ㉠, ㉢, ㉣
⑤ ㉠, ㉡, ㉢, ㉣

[해설] 1930년대 미국의 듀퐁(DuPont)이 개발한 재무통제기법으로 ROI 분석법이 있다. ROI 분석법은 경영활동의 목표를 투자이익률(ROI ; return on investment)의 극대화에 두고, 투자이익률을 결정하는

Answer 32 ① 33 ④ 34 ②

각종 재무요인을 체계적으로 분석·통제하는 기법이다. 투자수익률은 투자를 총자본으로 본 총자본이익률(ROA)과 투자를 자기자본으로 본 자기자본이익률(ROE)로 나누어진다.
㉠ 고객관리는 재무관리모형과는 아무런 관련이 없다.

35

투사기법(projective technique)은 응답자 자신의 행동을 직접 설명하게 하기보다는 다른 사람의 행동을 해석하게 하여 응답자의 동기, 신념, 태도 등을 간접적으로 파악하려는 기법이다. 다음 중 투사기법에 해당되지 않는 것은?

① 단어연상(word association)
② 문장완성(sentence completion)
③ 그림응답(picture response)
④ 사다리기법(laddering)
⑤ 역할연기(role playing)

[해설] 투사기법은 임상심리학에서 흔히 활용되는 기법으로, 제시되는 보조물의 유형에 따라 단어연상법, 문장완성법, 만화완성법으로 나누어진다. 최근에는 응답자들에게 어떤 자료를 보여주고 생각나는 바를 자유롭게 이야기하도록 하는 스토리텔링(storytelling) 기법 또는 스토리완성법(story completion)이나 역할연기도 자주 활용되고 있다.

36

민속지학적 조사(ethnographic research)에 대한 설명으로 가장 옳지 않은 것은?

① 자연스러운 환경에서 소비자를 관찰하는 조사방법이다.
② 1차 자료를 수집하기 위한 조사방법이다.
③ 가설검증을 위한 정량분석에 필요한 자료의 수집에 적합한 조사방법이다.
④ 실험조사(experimental research)에 비해 내적타당성이 낮은 조사방법이다.
⑤ 연구대상의 배경과 정보원들에게 문화적으로 동화되거나 거짓된 정보를 얻을 수 있다는 단점도 있다.

[해설] ③ 민속지학적 조사는 정성적 조사기법이다. 민속학적 또는 민족지학적 조사(Ethnographic Research)는 마케팅과 관련하여 지역 소비자들이 실제로 제품이나 서비스를 활용하는 방식에 대한 생생하고 구체적인 직접실험을 통해, 소비자들이 어떤 제품을 선호하고 어떤 제품에 대해 큰 효용을 느끼는지를 연구하는 방법이다.

[참고] 사례
신선식품을 제조하는 A사는 자사가 개발한 신제품에 적합한 유통경로를 고민하고 있다. 또한 제품에 대한 소비자들의 반응을 궁금해 하고 있다. A사는 10여명의 소비자를 선발하여 그들에게 신제품을 일주일간 집에서 먹게 하고, 소비자와 함께 집에 머물며 식습관을 관찰하였다. 결국, 소비자들이 원하는 제품으로 수정하였고, 그들이 원하는 유통경로에 신제품을 출시하였다.

Answer 35 ⑤ 36 ③

유통관리사 한권으로 끝내기

4과목

유통정보

유통관리사 출제경향 및 학습전략

1 기출문제분석

대분류	중분류	2021 1회	2021 2회	2021 3회	2022 1회	2022 2회	2022 3회	2023 1회	2023 2회	2023 3회	합계
유통정보의 이해	정보의 개념과 정보화사회	1	2	1	2	1	1	1	2	1	12
	정보와 유통혁명	1						1	1	1	4
	정보와 의사결정	1	2	1	1	1	1	1	1		9
지식경영	지식경영의 개념	2	1	1				1	1	1	7
	지식경영 프로세스	1	1	1		1	1				5
	지식경영 정보기술과 지식관리시스템					1		1	1	1	4
	유통정보시스템		1	1	1	1	1			1	6
주요 유통정보기술	바코드의 이해	1	1	1	1	1	1	1	1	1	9
	POS 시스템		1		1	1	1				5
	POS 데이터 활용	1	1	1	1	1	1				6
	EDI 구축 및 효과	1		1	1	1				1	5
	QR 시스템 구축 및 효과	1		1	1	1	1	1	1		7
	유통정보화 기반기술		1		2	1	2	2	1	2	11
유통정보의 활용	데이터관리	1	1	1	1	1	1	2	2	2	12
	고객충성도 프로그램	1	1	1	1	1	1	1	1		8
	e-SCM	1	1	2	2	2	2	2	1	2	15
	e-Retailing 관리	1	1			1		1	1	1	7
전자상거래의 이해	전자상거래 모델	2	2	2	1	2	1	1	1	1	13
	전자상거래 시스템	1		1			1		1		4
	전자상거래 기반기술									1	1
	전자상거래 운영	1	1	1	1				1		5
기 타		2	2	2	2	3	3	4	3	4	25

유통정보

2. 학습 전략

20문항이 출제되는 유통정보는 유통관리사 시험을 처음 준비하는 수험생들이 가장 힘들어하는 과목이다. 그 이유는 기술 발전으로 유통정보와 관련된 생소한 영문 약자 용어들이 많이 등장하기 때문이다. 그러나 용어의 원어 의미를 확인하면서 각 용어의 내용을 이해하고, 유사 용어와의 차이를 구분하며 전체적인 흐름을 파악한다면 고득점을 기대할 수 있는 과목이다.

유통정보에 출제되는 내용 중 상당부분이 유통물류일반과 유통마케팅에서도 함께 나오고 있고, 이미 나왔던 문제들이 반복해서 출제되는 경우가 있다. 따라서 기본적인 내용을 학습하고 기출문제를 충분히 풀어보면 쉽게 접근할 수 있다.

유통정보의 구성은 최근 유통업계의 이슈 및 기술 동향을 고려하여 2024년부터 유통정보의 이해, 주요 유통정보화 기술 및 시스템, 유통정보의 관리와 활용, 전자상거래의 이해, 유통혁신을 위한 정보자원관리, 신융합기술의 활용으로 변경되었다. 특히 공급망에서 유통혁신을 위한 정보자원관리의 중요성을 이해하고, 4차 산업혁명 기술 발전에 따른 신융합기술이 유통분야에 응용되는 경향을 반영하기 위하여 해당 내용이 추가되었으므로 학습과정에서 이에 대한 대비가 필요하다.

세부적으로 살펴보면, 유통정보에서 데이터 거버넌스에 대한 관심이 증가하고 개인정보와 프라이버시에 대한 중요도가 높아짐에 따라 새로 추가된 내용을 학습하여야 한다. 또한 빅데이터, 인공지능, 사물인터넷, 로보틱스, 블록체인, 클라우드컴퓨팅, 가상현실, 자율주행 등 신융합기술에 대한 이해가 요구된다. 한편 지식경영의 비중이 줄어들고, 시험범위와 직무특성의 적합성을 제고하기 위하여 전자상거래에 관한 범위가 축소되었다. 이러한 출제경향의 변화를 파악하여 효율적으로 학습하는 것이 중요하다.

CHAPTER 01 유통정보의 이해

제1절 정보의 개념과 정보화 사회

1 정보와 자료의 개념

(1) 정보와 자료

① **정보의 개념**

정보(information)란 관찰이나 측정을 통해 수집된 자료(data)를 실제 문제해결에 도움이 될 수 있도록 해석하고 정리한 것이다. 즉, 정보는 개인이나 조직이 의사결정을 하는데 사용되도록 각종 자료를 의미 있고 유용한 형태로 처리(가공, 해석, 정리)한 것을 말한다.

② **정보의 역할**

정보는 개인이나 조직의 의사결정에 이용됨으로써 개인이나 조직의 행동방향을 결정지어 준다. 즉, 정보는 인간이 판단하고 의사결정을 내리고, 행동할 때 방향을 설정하도록 도와주는 역할을 수행한다. 이를 통해 정보는 미래의 불확실성을 감소시켜 주는 역할을 한다.

(2) 바람직한 정보의 속성

① **정확성(accuracy)**

정보는 정확한 자료에 근거하여 실수나 오류가 개입되지 않아야 하고, 자료의 의미를 편견의 개입이나 왜곡이 없이 정확하게 전달해야 한다. 정보시스템의 수행기능을 수집·처리·활용단계로 나눌 때 정보의 정확성(accuracy)을 해치는 가장 큰 요인은 수집단계에서 발생하는 오류이다.

② **관련성(relevancy)**

정보는 의사결정과 관련성이 있어야 한다. 즉, 필요한 목적에 정보가 부합되어야 한다. 관련성은 양질의 정보를 취사선택하는 기준이다.

③ **경제성(economy)**

정보를 산출하는 비용이 적정하여, 정보를 얻는 비용보다 정보이용으로 인한 가치창출이 더 커야 한다.

④ **신뢰성(reliability)**

신뢰성은 원천자료의 수집방법과 관련이 있는 것으로, 정보는 신뢰할 수 있어야 한다.

⑤ **완전성(completion)**

정보는 그 내용에 필요한 것이 충분히 내포되어 있어야 한다. 완전성은 문제해결에 필요한 정보가 완비된 정도를 의미하는 것으로, 정성적 가치판단 기준의 하나이다. 또한 완전성은 정보의 과부하 현상(information overload)과 연관이 있다.

> **지식+톡톡** 정보의 과부하(information overload)
>
> - 정보의 과부하는 필요하지 않은 정보나 진부화된 정보가 사용자(의사결정자)에게 과다하게 주어짐으로써 정보의 효율적 이용을 방해하는 현상을 말한다.
> - 경영자들에게 '필요한 정보를 제공하는 것' 못지않게 '필요 없는 정보를 제공하지 않는 것'이 중요한 것은 인간의 정보처리능력을 초과하는 경우 정보과부하가 일어나 반응률이 오히려 감소하기 때문이다.
> - 정보의 과부하 현상을 예방하는 방법으로는 ⓛ 불필요한 정보를 제외하는 방법, ⓒ 경험적인 준거체계를 이용하는 방법, ⓒ 체계적 의사결정 과정을 활용하는 방법 등이 있다.

⑥ **단순성(simplicity)**
정보는 가급적 복잡하지 않고 단순해야 한다. 정보가 지나치게 복잡하거나 상세하면 불필요한 정보이다.

⑦ **적시성(timeliness)**
아무리 양질의 정보라도 필요한 시간에 이용자에게 제공되어야 한다. 즉, 정보는 필요로 하는 시간에 제공될 때 비로소 그 진가를 발휘하게 된다. 이는 정보가 그 자체에 시간적 효용이 더해짐으로써 그 가치가 높아짐을 의미한다.

⑧ **입증가능성(verifiability)**
정보는 입증할 수 있어야 하는데, 이는 같은 정보에 대해 여러 정보원을 체크함으로써 살펴볼 수 있다. 입증가능성은 증거성이라고도 하는데, 정보의 정확성을 확인할 수 있는 정도를 말하는 것이다.

⑨ **접근성(accessibility)**
정보는 공간적으로 쉽게 접근할 수 있어야 가치가 높아진다. 정보의 접근성은 정보의 저장방법에 의해 영향을 받는다. 일반적으로 인터넷상의 정보는 VAN에 존재하는 정보보다 접근성이 높다.

⑩ **형태성(presentability)**
의사결정자의 요구에 정보가 얼마나 부합되는 형태로 제공되는지에 관한 정도를 말한다.

(3) 정보의 가치

① **정보의 유용성**
  ⓛ 정보의 유용성은 정보가 인간의 행동에 얼마나 동기를 부여할 수 있고 의사결정에 기여할 수 있는가에 따라서 결정된다.
  ⓒ 앤드러스(Roman R. Andrus)는 정보의 가치는 정보의 정확성과 함께 정보의 효용(information utility)으로 평가되어야 한다고 주장한다. 즉, 정보는 필요할 때, 필요한 장소에서, 필요한 형태로 제공되어야 가치를 갖는다는 것이다.

② 정보의 효용

형태효용 (form utility)	정보형태가 의사결정자의 요구(requirement)에 보다 밀접하게 부합될수록 정보의 효용은 높아진다.
시간효용 (time utility)	정보는 의사결정자가 필요로 하는 시기에 제공되어야 정보의 효용은 높아진다.
장소효용 (place utility)	정보에 쉽게 접근할 수 있을 때에 정보의 효용은 높아진다. 인터넷과 온라인 시스템은 시간효용과 장소효용을 최대화하는 정보시스템이다.
소유효용 (possession utility)	정보소유자는 다른 사람에게 정보가 흘러가는 것을 통제할 수 있을 때 정보의 가치를 높게 인식한다.

③ 정보의 계량적 가치
  ㉠ 정보의 계량적 가치(quantitative value)는 정보의 가치를 화폐가치와 같은 계량적 기준으로 측정한 것을 말한다.
  ㉡ 의사결정자가 의사결정문제에 대한 사전지식을 어느 정도 가지고 있다는 전제 하에서 측정한 것은 정보의 규범적 가치이다.
  ㉢ 정보가 의사결정을 지원하고, 의사결정행위는 성과를 유발한다는 가정 하에서 정보의 가치를 측정한 것은 정보의 현실적 가치이다.
  ㉣ 정보의 계량적 가치는 경제성으로 표현될 수 있다. 반면 정보의 정성적 가치는 정보의 관련성, 정확성, 적시성, 완전성 등으로 표현된다.

2 정보와 자료, 지식 간의 관계

(1) 자료와 정보, 지식

토머스 데이븐포트(Thomas H. Davenport)는 자신의 저서인 「정보생태학(Information Ecology)」에서 '정보도 그 특성에 따라 데이터, 정보 및 지식으로 계층을 나누어볼 수 있다'고 주장하였다. 일반적으로, 수집한 자료(data)를 의사결정에 유용한 형태로 처리한 것을 정보(information)라고 하고, 이러한 정보가 체계화되어 축적되면 지식(knowledge)이 된다.

① **자료(data)**
자료는 특정한 업무와의 관련성이나 적절성 유무와는 관계 없이, 어떤 현상이 일어난 사건이나 사상을 기록한 것으로 숫자, 기호, 문자, 음성, 그림, 비디오 등으로 표현된다. 이러한 자료들은 운용개념이 없는 사실(facts) 자체를 의미한다.

② **정보(information)**
정보는 자료를 사용자의 목적에 맞게 분류하고 여과하여 요약한 것이다. 자료 그 자체는 의사결정에 활용할 수 없지만, 자료를 체계적으로 정리한 정보는 이용자의 의사결정에 매우 중요하게 이용된다.

③ 지식(knowledge)
　㉠ 지식의 의의
　　지식은 어떤 특정목적의 달성에 유용하도록 정보를 추상화하고 일반화한 것이다. 즉, 정보가 동종의 정보끼리 집적되고 일반화된 형태로 정리되면 지식으로 발전하게 된다. 정보는 인간이 뭔가를 전달할 때의 '내용'이며, 지식은 이러한 정보가 '축적된 형태'라는 것이다.
　㉡ 지식의 특성
　　지식에 대해서는 수확체증의 법칙이 작용한다. 즉, 더 많은 사람이 공유하면 할수록 그 가치가 더 커지는 성질이 있다. 또한 지식은 비경합성(non-rivalry)이 있어 한 사람이 지식을 많이 가지고 있다고 해서 다른 사람의 지식을 줄이는 것이 아니다.

(2) 자료와 정보, 지식의 전환
① 자료의 정보로의 전환
　자료(데이터)를 정보로 전환하는 데는 다섯 유형의 중요한 활동(5C)이 일어난다. 즉, 정보는 맥락화, 분류, 계산, 정정 및 축약을 통해 가치가 부가된 데이터이다.
　㉠ 맥락화(Contextualization) : 데이터 수집의 목적이 알려진다.
　㉡ 분류(Categorization) : 데이터와 관련한 주요 분석단위와 요소가 알려진다.
　㉢ 계산(Calculation) : 데이터로 수학적 또는 통계적 분석을 한다.
　㉣ 정정(Correction) : 데이터의 에러를 정정하거나 줄인다.
　㉤ 축약(Condensation) : 데이터가 요약되거나 정제된다.
② 정보의 지식으로의 전환
　정보가 데이터에서 도출되는 것처럼 지식은 정보에서 나온다. 정보를 지식으로 전환하는 데는 사람의 역할이 절대적으로 중요하다. 그 전환은 네 가지 활동(4C)으로 일어난다. 비교, 결과, 연결 및 대화 등이다.
　㉠ 비교(Comparison) : 한 상황의 정보를 알려진 다른 상황의 정보와 비교한다.
　㉡ 결과(Consequence) : 의사결정이나 행동을 위해 정보에 함축된 것을 발견한다.
　㉢ 연결(Connection) : 하나의 지식과 다른 지식을 연관 짓는다.
　㉣ 대화(Conversation) : 어떤 정보에 대해 생각하는 바를 배우기 위해 다른 사람과 상호작용을 한다.

3 정보혁명의 의의와 특성

(1) 정보혁명의 의의
① 정보혁명의 의미
　정보혁명(information revolution)은 1970년대 이래 전개되고 있는 정보통신기술(ICT)의 발전과 고도로 발달된 정보통신 시스템의 보급으로 인해 가치 있는 정보의 입수가 쉬워져 사회·

경제적 변혁이 이루어지고 있는 현상을 의미한다. 특히 오늘날 인터넷의 폭발적인 보급에 따라 지식정보혁명은 빠르게 진행되고 있다.

② **정보혁명의 전개**

미래학자인 앨빈 토플러(A. Toffler)는 신석기 시대 이래 진행되어온 농업혁명과 18세기 이후 진행된 산업혁명에 견주어 1970대 이후 정보화 사회로의 전개를 정보혁명이라고 부르고 있다.

(2) **정보혁명의 특징**

① **디지털과 인터넷의 보급, 컴퓨터의 발달**

현재의 정보기술의 혁명은 디지털과 네트워크(또는 인터넷)라는 두 가지 요소를 통해 대량의 정보를 처리하는 것으로 규정할 수 있다. 그리고 그 배경으로 지적할 수 있는 것은 정보이론·사이버네틱스 또는 정보과학이라는 새로운 종합적 학문영역의 발전과 컴퓨터의 발달이다.

② **지식기반경제의 등장**

정보혁명과 더불어 지식정보사회 또는 지식기반경제라는 새로운 사회가 등장하였다. OECD의 정의에 의하면 지식기반경제(knowledge-based economies)는 "지식과 정보의 생산·분배·소비에 직접적으로 기초하고 있으면서, 고기술 투자와 고기술 산업, 고숙련 노동 및 그와 연관된 생산성 등이 증가하는 추세를 보이는 경제"이다.

4 정보화 사회의 개요

(1) **정보화 사회의 의의**

① **정보화 사회의 정의**

㉠ 정보화 사회(information-oriented society)는 정보가 유력한 자원이 되고 컴퓨터 기술과 정보·통신기술 등의 발달과 함께 정보가 생활의 핵심이 되고, 사회구성원은 이러한 정보를 이용하여 생활에 적응하는 사회이다.

㉡ 정보화 사회는 미래학자인 앨빈 토플러(A. Toffler)에 의해 제시된 개념으로, 토플러는 정보화 사회를 다품종 소량생산, 분권화에 의한 다양화, 탈대량화, 탈집중화, 탈획일화 등의 특징을 지닌 것으로 규정한다.

② **정보화 사회의 유사개념**

㉠ 다니엘 벨(D. Bell)은 정보화 사회를 탈산업 사회(postindustrial society) 또는 후기 공업화 사회로 규정하였고, 맥클럽(F. Machlup)은 21세기는 지식산업(knowledge industry)이 주도할 것이라고 예측하였다.

㉡ 기타 미국 상무성이 언급한 디지털 경제(digital economy), 존 네이스비트(J. Naisbitt)의 글로벌 사회(global society) 등이 정보화 사회와 유사한 성격을 가지고 있다.

(2) 산업사회와 정보화 사회의 비교

구 분	산업화 이전사회	산업사회	정보화 사회
생산양식	채취	제조	프로세싱/리사이클링
동력 구분	천연동력 : 바람, 물, 동물 등	인위적 동력 : 전기, 석유, 가스, 석탄, 원자력 등	정보 : 컴퓨터 및 자료전송 구조
전략적 자원	원재료	자본	지식
기 술	기능	기계기술	지능기술
인 력	장인, 농부, 수공업자	기술자, 숙련공	과학자, 전문가

(3) 디지털 경제의 특징

① **디지털 경제의 의의**
  ㉠ 디지털 경제(digital economy)는 간단하게 정의하면 디지털 기술에 기반을 둔 경제를 말한다. OECD는 디지털 경제를 '전자상거래를 촉진하는 디지털 기술에 기반을 둔 시장으로 구성된 경제'라고 정의하였다. 또는 "정보통신기술에 의해서 촉진되는 경제적, 사회적 활동의 글로벌 네트워크"라고 정의하기도 한다.
  ㉡ 컴퓨터, 소프트웨어 등 정보처리 기술과 네트워크 등 정보통신기술 발전의 결정체인 인터넷을 통한 디지털 정보의 자유로운 생산, 유통, 공유, 소비 등이 디지털 경제의 중요한 부분을 차지한다.

② **디지털 경제의 특징**
  ㉠ 디지털 경제에서는 정보의 신속한 공유가 이루어지고, 기술의 발전속도가 가속화되며, 시간적·공간적 제약이 줄어들어 경제 및 경영활동이 글로벌화되어 전 세계가 하나의 시장으로 통합되는 경향이 있다.
  ㉡ 디지털 제품간의 컨버전스(convergence)가 활발히 진행되고, 디지털 제품의 라이프사이클이 점점 짧아지고 있다.
  ㉢ 디지털 경제는 수확체증의 법칙(law of increasing returns)이 지배한다. 전통적인 산업경제는 수확체감(diminishing returns)의 법칙이 지배해오고 있으나 지식기반경제의 주력산업인 정보산업, 소프트웨어산업 등에서는 생산량이 증가하더라도 추가비용(한계비용)이 거의 들지 않는 수확체증 특성이 나타난다.
  ㉣ 기업중심의 경영환경에서 고객중심의 경영환경으로 변화되고 있으며, 네트워크화의 진전으로 이종 산업 간의 협력관계 구축이 용이하다.
  ㉤ 전자상거래의 활성화로 거래비용이 획기적으로 줄어드는 마찰 없는 경제가 도래한다.

③ **디지털 재화의 특징**
  디지털 재화(digital goods)는 정보의 특징을 그대로 가지고 있는 제품이다. 예를 들면 인터넷을 통해 제공되는 정보서비스나 게임, 음악파일 등을 들 수 있다.
  ㉠ 수정 용이성 : 디지털 재화의 특성상 필요하면 쉽게 변형 내지 수정할 수 있다.
  ㉡ 비소멸성 : 디지털 제품은 유행이 지나면 효용이 없어지는 경우는 있지만 마모되지는 않는다.

ⓒ 재생산성 : 처음 생산할 때는 고정비용이 많이 소요되지만, 추가생산(재생산)하는 데 가변비용은 거의 들지 않는다(수확체증의 법칙과 관련).
② 경험재 : 사용해보기 전에는 가치를 파악하거나 평가하기가 어렵다.
⑩ 네트워크 재화 : 사용자가 많아질수록 재화의 가치가 기하급수적으로 높아진다.

(4) 디지털 경제를 지배하는 법칙

① **멧칼프의 법칙**
  ㉠ 멧칼프의 법칙(Metcalfe's law)은 네트워크의 가치는 사용자(참여자) 수의 제곱에 비례하지만 비용의 증가율은 일정하다는 것이다. 이는 이더넷(Ether-net)이라는 근거리 네트워킹 기술을 발명한 로버트 멧칼프가 주장한 것이다.
  ㉡ 예를 들어, 10명의 회원에서 1명이 늘면 사용자 수는 10% 증가한다. 그러나 인터넷에서의 효과는 11의 제곱인 121이 되어 10의 제곱인 100보다 21%가 증가한다는 것이다. 따라서 인터넷에서는 적은 노력으로도 커다란 결과를 얻을 수 있다.

② **무어의 법칙**
  ㉠ 무어의 법칙(Moore's law)은 반도체 메모리칩의 집적도(성능)가 18개월마다 2배로 늘어난다는 법칙이다. 멧칼프의 법칙, 코즈의 법칙과 함께 3대 인터넷 경제법칙으로 불린다.
  ㉡ 이 법칙은 컴퓨터의 처리속도와 메모리 용량이 2배로 증가하는 반면 비용은 유지되므로, 상대적으로 비용(가격)이 떨어지는 효과를 가져왔다.

③ **코즈의 법칙**
  ㉠ 코즈(R. H. Coase)의 법칙은 디지털경제 시대에서는 인터넷의 활용으로 거래비용의 감소에 따라 기업내부의 기능이 통합 및 축소되어 조직의 복잡성이 줄어들고, 기업의 수도 감소한다는 것으로 코어스의 법칙이라고도 부른다.
  ㉡ 1970년대 올리버 윌리엄슨(Oliver Williamson)도 주장한 것으로 "조직은 계속적으로 거래비용이 적게 드는 방향으로 변화한다"는 가치사슬을 지배하는 법칙이다.

④ **서프의 법칙**
  ㉠ 인터넷 창시자이자 전산학자인 빈튼 서프(Vinton Cerf)가 주장한 것으로, 데이터베이스가 인터넷에 연동되어 있는 경우 인터넷을 통하여 여러 가지 자료와 정보를 조회하거나 입력할 때 데이터베이스의 가치가 급증한다는 법칙이다.
  ㉡ 인터넷(internet)이라는 이름은 1973년 인터넷 프로토콜 TCP/IP(Transmission Control Protocol/Internet Protocol)의 기본 아이디어를 생각해 낸 서프가 '네트워크의 네트워크'를 지향하며, 모든 컴퓨터를 하나의 통신망 안에 연결(Inter Network)하고자 하는 의도에서 이를 줄여 인터넷(internet)이라 처음 명명한 것에 어원을 두고 있다.

⑤ **캐즘과 단절의 법칙**
  ㉠ 캐즘(chasm)이란 지질학에서 사용되는 전문용어로 지층이 이동하면서 생긴 골이 깊고 넓어 건너기 힘든 커다란 단절을 의미하고, 커다란 벽·갈라진 틈 또는 대홍수라는 의미로도 쓰인다.

- ⓒ 경영학에서 캐즘이란 최신기술의 혁신적인 상품이 초기에는 크게 성공하였지만 주류시장(Mainstream market)에서는 전혀 기대에 미치지 못하는 상황을 의미한다.
- ⓓ 단절의 법칙(Law of distortion)은 무어의 법칙, 멧칼프의 법칙, 서프의 법칙 등이 결합되어 기존의 사회와는 전혀 다른 모습의 사회가 대두되는 상황을 말한다.

⑥ 롱테일 법칙
- ⓐ 롱테일 법칙(Long tail theory)은 하위 80%가 상위 20%보다 더 큰 가치를 만든다는 이론으로, 2004년 미국의 인터넷 비즈니스 관련 잡지 와이어드(Wired)의 편집장 크리스 앤더슨(Chris Anderson)이 주장하였다.
- ⓑ 파레토 법칙(Pareto's law)은 20%의 상품이 총 매출의 80%를 창출하고, 결과물의 80%는 조직의 20%에 의하여 생산된다는 이론이다. 롱테일 법칙은 파레토 법칙과는 거꾸로 80%의 사소한 다수가 20%의 핵심 소수보다 뛰어난 가치를 창출한다는 이론으로, 역(reverse) 파레토 법칙이라고도 한다.

(5) 제4차 산업혁명

① 제4차 산업혁명의 의의
- ⓐ 세계경제포럼(WEF : World Economic Forum)은 2016년 1월 열린 다보스포럼에서 4차 산업혁명을 화두로 제시하면서, 4차 산업혁명을 디지털 혁명에 기반하여 물리적 공간, 디지털적 공간 및 생물학적 공간의 경계가 희석되는 기술융합의 시대로 정의하였다.
- ⓑ 가까운 미래에 도래하여, 이로 인해 일자리 지형변화와 사회구조적 변화가 일어날 것으로 전망되고 있다.

② 특징
- ⓐ 과학기술적 측면에서 모바일 인터넷, 클라우드 기술, 빅데이터, 사물인터넷(IoT), 로봇, 양자암호, 3D 프린팅 및 인공지능(AI) 등이 주요 변화 동인으로 꼽히고 있다.
- ⓑ 초연결성(hyper-connected), 초지능화(hyper-intelligent)의 특성을 가지기 때문에 더 넓은 범위에 더 빠른 속도로 더 큰 영향을 미친다.
- ⓒ 통신(communication), 연산(computation), 조작(control)의 요소를 기반으로 다양한 컴퓨터 기능들이 현실 세계(physical world)와 가상 세계(virtual world)를 융합하여 상호작용할 수 있도록 연계하는 사이버 물리 시스템(CPS : Cyber Physical Systems)은 실시간성, 고신뢰성, 지능성, 안전성, 보안성 등이 강화되면서 무인자동차, 지능형 스마트 공장 구현 등에 활용되고 있다.

5 정보화 사회의 특징과 문제점

(1) 정보화 사회의 특징

① 정보화 사회의 특징
- ⓐ 사회적 측면 : 정보의 가치가 증대되고, 자유로이 이동함에 따라 정보시스템이 일반화되며, 이로 인해 다양화 및 분권화로 대표되는 사회는 더욱 복잡하게 변모될 것이다.

ⓒ **경제적 측면** : 에너지 및 자원 집약적인 하드웨어 중심의 경제구조에서 지식 및 정보 중심의 자원절약형 소프트웨어 중심의 경제구조로 전환될 것이다.
　　　ⓒ **산업적 측면** : 제조업 중심의 산업체제에서 지적 기술 및 정보를 통한 가치창출 중심의 산업체제로 전환될 것이다.
　　　ⓔ **기술적 측면** : 기술집약사회에서 지식집약사회로 전환되어 지식을 바탕으로 하는 고도의 정보·통신기술의 진전이 가속화된다.
　② **정보화 사회에서 기업환경의 변화**
　　정보화 사회에서는 ⓐ 글로벌 시장체제로의 전환으로 인해 기업들 간의 경쟁이 심화되고, ⓑ 소비패턴의 다양화·고급화가 이루어지며, ⓒ 정보기술의 발전속도가 가속화되면서 제품수명주기가 단축된다. ⓔ 또한 실시간 모니터링을 기반으로 예측의 정확도가 향상됨에 따라 리드타임이 단축되고 재고수준도 감소되고 있다.

(2) 정보화 사회의 문제점
　① 소수의 정보독점에 의한 독재
　② 정보과잉 현상
　③ 프라이버시의 침해문제
　④ 문화지체(cultural lag) 현상
　⑤ 정보격차로 인한 국제 간의 불평등 심화

제2절　정보와 유통혁명

1　유통정보혁명의 시대

(1) 유통혁명의 전개
　① **유통혁명의 의미**
　　　ⓐ 유통혁명(distribution revolution)은 본래 대량생산·대량소비의 진전에 따라 상품의 유통부문에서 나타난 유통기구의 혁신을 의미하는 용어로 사용되어져 왔다.
　　　ⓑ 드러커(P. F. Drucker)는 2차 대전 이후 대량소비시대로 진입함에 따라, 종래의 생산자 → 도매상 → 소매상 → 소비자로 이어지는 유통경로가, 생산자와 소매상의 지배력이 강화되어 도매상은 본래의 존재이유를 차츰 잃어가고 있다고 보고(도매상 무용론) 이러한 변화를 유통혁명이라고 표현하였다.
　② **유통혁명의 진전**
　　　ⓐ 유통혁명은 체인스토어·슈퍼마켓·슈퍼스토어·대형할인점·대중양판점·회원제 창고형 할인점 등의 출현에서 확인할 수 있고, 이에 더하여 운수·보관·포장 등의 유통근대화의 진전을 통해서도 알 수 있다. 예컨대, 콜드체인(cold chain)이나 컨테이너 수송 등도 유통혁명의 일환으로 파악된다.

ⓛ 새로운 유통업태들은 소매를 거점으로 하여 공급자와 소비자를 직접 연결해 주는 통합시스템을 적극 활용하는 전략으로 유통시장을 지배하게 되었다.

(2) 유통혁명시대의 특성

구 분	유통혁명 이전의 시대	유통혁명시대
관리핵심	개별기업관리	공급체인관리
경쟁우위요소	비용, 품질	정보, 시간
기술우위요소	신제품 개발	정보, 네트워크
고객·시장	불특정 다수	특화 고객
조직체계	독립적·폐쇄적 조직	유연하고 개방적인 팀조직
이익의 원천	수익제고	가치창출

2 유통업에 있어서의 정보혁명과 유통업태의 변화

(1) 새로운 유통업태의 등장

① **IT기술의 발달**

정보·통신 기술의 발전에 따른 기업들의 정보 중심적 전략이 가능해지고, 인터넷의 확산으로 고객의 소비패턴이 변화됨에 따라 새로운 유통업태들이 등장했다.

② **새로운 유통업태의 등장**

㉠ 1996년 우리나라 유통시장이 완전 개방된 이후 슈퍼마켓 등 소규모 점포의 비중은 크게 감소한 반면, 대형할인점(대형마트), 편의점, 복합쇼핑몰, 무점포판매(TV 홈쇼핑, 인터넷 쇼핑몰, 다단계 판매 등) 등 새로운 유통업태의 성장이 두드러졌다.

㉡ 시장개방은 소비자의 구매패턴에도 영향을 미쳐 저가격으로 원스톱 쇼핑이 가능한 대형할인점의 비중이 크게 높아지고 있다.

㉢ 이와 함께 온라인 유통업이 치지하는 비중도 크게 증가하여 2011년을 기점으로 하여 그 매출액이 대형할인점과 백화점을 앞지르고 있다.

㉣ 소비자가 온라인, 오프라인, 모바일 등 다양한 유통경로를 넘나들면서 상품을 검색하고 구매하며 같은 매장을 이용하는 것처럼 느낄 수 있도록 하는 옴니채널(omni-channel)이 활성화되고 있다.

㉤ 온라인과 오프라인이 결합하는 O2O(Online to Offline)를 기반으로 음식배달, 교통수단, 물류, 숙박 등 다양한 분야에서 고객의 요구에 즉각 대응하는 온디맨드(on-demand) O2O 서비스가 증가하고 있다.

(2) 유통기술의 발전

① **RFID 보급의 확대와 IT 기술의 발전**

㉠ 2005년부터 세계최대의 유통업체인 월마트는 자사의 100대 공급업체에게 RFID 부착을 의

무화함에 따라 유통시장에서 RFID 시대가 시작되었다. RFID의 확산은 물류의 효율성 증대뿐만 아니라 매장환경의 변화를 초래하였다.
ⓒ 의류매장에서는 스마트 피팅시스템(smart fitting system)의 도입으로 소비자가 옷이나 화장품을 직접 사용해보지 않고도 자신에게 맞는 제품을 골라서 살 수 있게 되었다.
ⓒ 판매되는 모든 제품의 상세한 정보를 선반에 설치되어 있는 LCD 디스플레이어를 통해 소비자에게 제공하고 있다.
ⓒ 카트(cart)에 설치되어 있는 내비게이션 시스템을 이용하여 원하는 제품이 진열된 위치를 알려주고 또한 소비자의 동선에 대한 정보를 수집할 수 있게 되었다.

② **생산물 이력제 도입**
㉠ 생산물이력제(traceability)는 생산, 유통, 소비에 이르기까지 물품의 이력을 실시간으로 추적할 수 있도록 해주는 것으로, 생산물의 품질을 보증하여 소비자를 보호하기 위해 지리적 표시제와 함께 도입된 제도이다.
ⓒ 주로 농산물과 축산물 등을 대상으로 생산지와 생산자의 실명을 표시하고 파종에서부터 비료와 농약을 준 시기, 수확한 시기, 유통경로 등을 소비자가 알 수 있도록 한 제도이다.
ⓒ 소비자 보호, 상표보호, 상품의 위·변조 방지 등을 목적으로 도입하였다.

제3절 정보와 의사결정

1 의사결정의 이해

(1) 의사결정의 의의와 과정

① **의사결정의 의미**
㉠ 의사결정(decision making)은 조직의 특정한 문제를 해결하기 위한 여러 가지 대체적 행동과정(alternatives) 중에서 가장 바람직한 행동과정을 선택하는 논리적 과정이라고 정의할 수 있다.
ⓒ 의사결정은 조직의 모든 계층에서 이루어진다. 중간관리층이나 하위관리층도 최고관리층의 결정사항을 단순히 집행만 하는 것이 아니라, 그들 스스로 의사결정을 하기도 한다.

② **의사결정의 과정**
㉠ 의사결정은 여러 단계를 포함하는 과정이다. 일반적으로 의사결정은 문제에 대한 인식 → 대체안의 탐색 → 대체안의 평가 → 대체안의 선택 등의 과정을 거쳐 최종적으로 이루어진다.
ⓒ 그 이후 선택된 대체안(해결안)은 실행에 옮겨지고, 마지막으로 실행한 결과를 평가한다. 그리고 평가결과는 피드백이 이루어져 다음 번의 의사결정에 영향을 미친다.

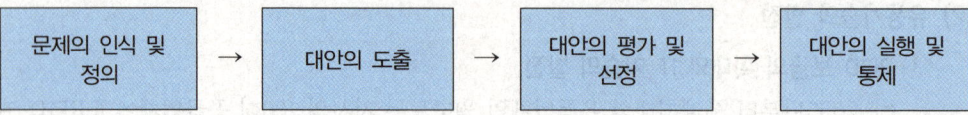

(2) 의사결정의 모형

① 합리적 경제인모형
㉠ 합리적 경제인모형(rational-economic model)은 고전학파 경제학자인 스미스(A. Smith)가 주장하는 인간의 완전한 합리성(perfect rationality)에 기초하여 의사결정을 한다는 가정에 기초하고 있다. 합리적인 의사결정자는 이익의 극대화를 추구하고, 이를 위해 모든 가능한 대체안들을 체계적으로 탐색·평가한다.
㉡ 이 모형은 경영학자들에 의해 옹호되는 가장 이상적인 의사결정모형으로 인간의 전지전능성, 최적대체안의 선택, 목표의 극대화 등을 전제로 하고 있다.
㉢ 이 모형은 실제의 의사결정과정을 설명하기 보다는 의사결정을 어떻게 해야 하는가 하는 당위성을 설명해 주는 규범적 모형(normative model)이라고 할 수 있다.

② 관리인모형 또는 만족모형
㉠ 관리인모형(administrative model)은 합리적 경제인모형을 비판하고 실제의 의사결정을 설명하기 위해 사이먼(H. A. Simon)이 제시한 모형이다.
㉡ 사이먼은 인간능력의 한계로 인해, 의사결정자는 절대적 합리성 기준보다는 제한된 합리성(bounded rationality) 기준에 의해, 또 최적의 대체안보다는 현실적으로 만족할 만한 대체안의 선택, 즉 만족스러운 의사결정을 한다는 만족모형(satisfying model)을 제시한다.
㉢ 이 모형은 행태 심리학자들에 의해 옹호되는 의사결정모형으로, 현실의 의사결정을 설명하고 있기 때문에 기술적 모형(descriptive model)이라고 할 수 있다.

(3) 의사결정의 이론모형

① 규범적 모형(normative model)
㉠ 규범적 모형은 기대치를 극대화하기 위해서 어떻게 의사결정을 해야 하는가의 문제를 다루는 모형이다.
㉡ 의사결정자는 대안과 그 결과에 대해 완전한 정보를 갖고 있다는 완전한 합리성을 지닌 경제적 인간으로 효용 극대화를 추구한다. 주로 정형화된 문제해결에 적합하다. 또한 의사결정사는 의사결정 과정에 내해 서얼을 매길 수 있나.

② 기술적 모형(descriptive model)
㉠ 기술적 모형은 현실상황에서 실제로 의사결정을 내리는 방식을 설명하는 모형이다. 의사결정자는 관리적 인간으로 제한된 합리성하에서 의사결정을 하고 최적의 의사결정보다는 만족스러운 의사결정을 추구한다.
㉡ 지식의 불완전성, 예측의 곤란성, 가능한 대체안의 제약을 전제하는데 주로 비정형화된 문제해결에 적합하다. 탐색과정에는 순서가 있어 이 순서가 선택과정에 영향을 미친다.
㉢ 의사결정과정은 문제발견과정 → 문제해결을 위한 새로운 대체안의 탐구과정 → 발견된 각 대체안을 평가하여 선택하는 과정 등으로 나누어 이루어진다.

2 의사결정의 종류와 정보

(1) 의사결정의 종류

의사결정의 주체에 따라 개인적 의사결정과 조직적 의사결정으로 구분하고, 업무처리절차의 규정 정도에 따라 정형적 의사결정과 비정형적 의사결정으로 구분한다. 그리고 의사결정 계층에 따라 전략적 의사결정, 관리적 의사결정, 업무적 의사결정으로 구분한다.

① **정형적·비정형적 의사결정**

사이먼(H. Simon)은 의사결정 대상의 성격(또는 업무처리절차의 규정 정도)에 따라 정형적(programmed) 의사결정과 비정형적(nonprogrammed) 의사결정으로 구분하였다.

② **의사결정의 비교**

비 교	정형적 의사결정	비정형적 의사결정
문제의 성격	일상적, 보편적 상황	비일상적, 특수적 상황
문제해결안의 구체화 방식	해결안이 조직정책이나 절차에 의해 사전에 상세하게 명시됨	해결안은 문제가 정의된 후에 창의적으로 결정됨
의사결정 계층	주로 하위층	주로 고위층
의사결정 수준	관리적·업무적 의사결정	전략적 의사결정
적용조직 형태	시장과 기술이 안정되고, 일상적이며, 구조화된 문제해결이 많은 조직	구조화가 안 되어 있고, 결정사항이 비일상적이고, 복잡한 조직
전통적 기법	관습, 업무절차 등	판단, 직관, 창조성, 경험법칙 등
현대적 기법	OR, EDPS	휴리스틱 기법

(2) 전략적·관리적·업무적 의사결정

의사결정은 그 수준이나 포괄범위에 따라서 전략적 의사결정, 관리적 의사결정, 업무적 의사결정으로도 나눌 수 있다(H. I. Ansoff).

① **전략적 의사결정**

최고경영자의 전략적 의사결정(strategic decision making)은 주로 기업의 외부문제에 관련된 것으로, 기업이 생산하려고 하는 제품의 믹스와 판매하려고 하는 시장의 선택에 관한 것이다. 그리고 그 목적도 기업의 목표를 달성하기 위해서 최선의 능력을 발휘할 수 있도록 자원을 할당하는 양식을 만들어내는 것이다.

② **관리적 의사결정**

중간경영자의 관리적 의사결정(managerial decision making)은 최대의 과업능력을 산출하기 위해서 기업의 자원을 조직화하는 문제에 대한 의사결정으로, 조직기구에 관한 결정과 자원의 조달과 개발에 관한 결정을 포함한다.

③ **업무적 의사결정**

현장경영자의 업무적 의사결정(operational decision making)은 기업자원의 전환과정에 있어서의 효율을 최대로 하기 위한 의사결정으로 현행 업무의 수익성을 최대로 하는 것을 목적으로 하고, 각 기능부분 및 제품라인에 대한 자원의 배분, 업무의 일정계획화, 통제활동 등을 그 내용으로 한다.

④ **의사결정 수준과 정보**
  ㉠ 전략적 의사결정에 요구되는 정보는 외부정보에 대한 의존도가 높은 반면 컴퓨터 정보시스템에 대한 의존도가 매우 낮다.
  ㉡ 전략적 의사결정에 요구되는 정보는 업무적(운영적) 의사결정에 이용되는 정보보다 정보의 정확성은 낮고, 관리적(전술적) 의사결정에 이용되는 정보보다 정보의 상대적 사용빈도가 낮다.

계층별 의사결정의 유형과 특징

계 층	의사결정의 유형	문제의 성격
최고경영층	전략적 의사결정	총자원을 제품시장의 여러 기회에 할당하는 것
중간경영층	관리적 의사결정	자원의 조직화·조달·개발
현장경영층	업무적 의사결정	주요 기능분야에 자원을 할당하고 일정계획을 수립하는 것

3 의사결정상의 오류와 정보

(1) **전략적 의사결정의 오류와 편견**

① **지나친 확신**
  사업성공에 대한 자신감은 기업가 정신의 근원이기 때문에 중요하다. 그러나 도를 넘어선 지나친 확신은 과도한 낙관주의를 낳게 되고, 이로 인해 사업성에 대한 결정적인 판단착오를 하게 된다.

② **멘탈 어카운팅**
  ㉠ 멘탈 어카운팅(mental accounting)은 사람들이 돈의 원천이 어디인지, 아니면 돈이 어디에 쓰이는지에 따라 같은 돈이라도 그 크기나 가치를 다르게 여기는 현상을 의미한다.
  ㉡ 예컨대, 기업의 경우 구조조정 비용을 손익계산서상의 다른 비용보다 더 당연하게 받아들인다든지, 인터넷에 관련된 새로운 사업을 시작할 때는 쉽게 투자하면서도 핵심사업에 투자할 때는 금액에 제한을 두는 경우이다.

③ **현상유지 선호**
  대부분의 기업은 기존사업의 매각이 가치창출의 중요한 수단임을 인식하면서도 매각을 꺼리게 되는 경우이다. 이러한 현상유지 선호가 항상 나쁜 것은 아니지만, 보다 좋은 기회를 놓치게 되는 경우가 많다는 것이다.

④ **앵커링 현상**
  앵커링(anchoring) 현상은 무엇인가에 근거해서 생각하는 경향을 의미한다. 이성적으로 분석해보면 타당하지 않은 경우에도 과거의 경우에 비추어 미래를 판단하는 경우가 대표적이다.

> **지식+톡톡** 정박효과(anchoring effect)
> - 정박효과 또는 닻내림 효과는 어떤 고정관념에 사로잡혀 상황을 제대로 인식하지 못하고 따라서 제대로 판단하지 못하는 현상을 의미한다.
> - 배가 어느 지점에 닻을 내리면 그 지점에서 크게 벗어나지 못하고 근처를 맴도는 것과 마찬가지로 인간도 각인된 정보를 기준으로 판단하려는 경향이 있다는 사실을 일컫는다. 이는 사람들이 어떤 판단을 하게 될 때 초기에 접한 정보에 집착해 합리적 판단을 내리지 못하는 현상을 일컫는 행동경제학 용어이다.
> - 예를 들면 1990년 8월 2일 대규모의 이라크군 탱크가 쿠웨이트 접경으로 접근하는 것을 쿠웨이트 국경수비대가 감지하고도 설마 이라크가 쿠웨이트를 침공할 것이라고는 생각지 못하고 평상적인 훈련이라 생각하여 전혀 대비하지 않은 경우가 앵커링 효과에 해당한다.

⑤ **매몰비용 오류**
매몰비용 오류(sunk cost fallacy)는 투자에 소요되는 기간이나 금액이 예정보다 훨씬 초과해서 경제적 가치가 없어졌는데도 계속해서 투자하는 경우를 의미한다.

⑥ **잘못된 만장일치 효과**
대부분의 사람들이 자신의 생각과 부합되는 정보만을 쉽게 받아들이고, 기억하기 때문에 발생하는 현상이다. 최고경영자가 자신의 견해나 믿음, 경험을 다른 사람들이 공유한다고 지나치게 믿는 경향을 의미한다.

⑦ **최근성 오류**
과거 정보보다 최근에 주어진 정보에 더 큰 비중을 두는 경우로, 경영자는 과거로부터 축적되어 온 정보보다 최근의 정보에 현혹되는 오류를 범할 수도 있는 것을 의미한다.

⑧ **정당화 추구 오류**
경영자는 선택된 대안을 실행하면서 '무언가 잘못되어 가고 있다'라는 느낌을 받을 수가 있다. 잘못된 대안을 선택하고 실행을 되돌리지 못하는 경우를 말한다.

⑨ **과신 편의**
의사결정자가 자신이 알고 있는 것보다 더 많이 알고 있다고 판단하는 경우이다.

⑩ **고정관념 편의**
의사결정자가 최초의 정보에 고정되어, 차후에 계속되는 정보를 적절히 반영하는 데 실패하는 경우이다.

⑪ **선택적 지각 편의**
의사결정자가 자신의 편향된 인식을 토대로 사건들을 선택적으로 구성하거나 해석하는 경우를 말한다.

⑫ **구성 편의**
의사결정자가 상황에 대한 어떤 면은 배제하면서 다른 면은 선택하여 강조하는 경우이다.

⑬ **자기기여 편의**
자신이 초래한 긍정적인 결과에 대해서는 과대평가하는 반면, 부정적인 결과에 대해서는 과소평가하는 경향을 의미하는 것으로, 유쾌한 정서와 결합되면 더욱 증가한다.

(2) 의사결정의 오류와 정보

이러한 의사결정상의 다양한 오류는 인간이 제한된 합리성을 가진 존재임에도 불구하고 객관적인 정보보다는 자신의 이성이나 판단을 지나치게 신뢰하기 때문에 발생한다. 따라서 이러한 오류를 해결하기 위해서는 많은 정보를 기반으로 구축된 정보시스템을 충분히 활용해야 한다.

제4절 지식경영과 지식관리시스템의 활용

1 지식경제와 지식경영

(1) 지식경제

① **지식경제의 의의**
   ㉠ 지식경제 또는 지식기반경제(knowledge-based economy)는 직접적으로 지식과 정보를 생산·분배·이용하는 산업에 기반을 둔 경제를 의미한다.
   ㉡ 여기서 지식(knowledge)이란 단순히 무엇에 대한 앎만을 뜻하는 것이 아니라, 앎을 바탕으로 무엇인가를 새롭게 창출하고 조직해 체계화함으로써 다시 새로운 것을 창출할 수 있는 기술과 정보까지도 포괄하는 개념이다.

② **지식경제의 특징**
   ㉠ OECD는 지식의 유형을 4가지로 분류하고 '정보'라는 의미에 가까운 'know-what'과 'know-why'를 넘어서 측정이 어려운 'know-how'와 'know-who'라는 요소가 지식기반경제의 핵심요소라고 하였다.
   ㉡ 거시경제적 측면에서 보면 지식경제는 풍부한 지식의 생성과 신속한 유통 및 손쉬운 활용에 의해 노동이나 자본보다 지식이 경쟁력 결정의 핵심요소가 되는 경제를 말한다.
   ㉢ 지식경제에서는 기업·조직·개인·공동체가 효율적으로 지식을 창출·획득·전달·공유할 수 있어야 한다.
   ㉣ 지식경제는 디지털경제를 통해 보다 활성화된다는 점에서 '지식기반경제'가 '디지털경제'보다 포괄적인 개념이다.

(2) 지식경영

① **지식경영의 의의**
   ㉠ 지식경영(knowledge management)은 기업을 둘러싼 환경이 급변함에 따라 이에 적극 대응하기 위한 지속적인 혁신과 함께 이를 가능하게 하는 지식의 중요성이 커짐에 따라 피터 드러커(Peter Drucker)와 노나카 이쿠지로(Nonaka Ikujiro) 등에 제창된 개념이다.
   ㉡ 지식경영은 조직구성원 개개인의 지식이나 노하우를 체계적으로 발굴하여 조직 내 보편적인 지식으로 공유함으로써, 조직 전체의 문제해결 능력을 비약적으로 향상시키는 경영방식이다.

ⓒ 즉, 지식경영은 조직 내 지식의 활발한 창출, 저장, 공유 및 활용을 제도화시켜 조직이 보유한 지식의 최고가치를 실현시키는 것을 목표로 한다. 이를 통해 조직 전체의 문제해결능력과 기업가치를 향상시키고 기업의 경쟁력을 높일 수 있다.

② **지식경영의 정의**
ⓐ 스베이비(Sveiby) : 지식경영이란 조직의 무형자산을 통해 가치를 창출하는 예술이다.
ⓑ 베치만(Bechman) : 지식경영이란 새로운 조직적 역량을 창출하고 구성원의 높은 업무성과를 가능하게 하며, 혁신적 활동을 촉진시키는 동시에, 고객가치를 제고시킬 수 있도록 구성원의 경험과 지식, 전문성을 공식화시키는 것이다. 아울러 여기에 보다 자유롭게 접근, 그것을 쉽게 활용할 수 있도록 추진되는 활동이다.
ⓒ 위그(Wiig) : 지식경영이란 기업의 지식관련 경영활동의 효과성을 극대화하고 지식자산으로부터 최대 부가가치를 창출하기 위해 지식을 창출, 갱신, 적용하는 일련의 체계적이고 명시적이며 의도적인 활동이다.

③ **지식경영의 이점**
ⓐ 지식경영은 사고의 자유로운 흐름을 촉진함으로써 혁신을 촉진한다.
ⓑ 지식경영은 상품과 서비스를 보다 신속하게 시장에 제공할 수 있게 지원함으로써 수입을 증가시키는 효과를 가져올 수 있다.
ⓒ 지식경영은 종업원들의 지식에 대한 가치수준을 인식하고 보상함으로써 종업원들의 사기를 강화하게 한다.
ⓓ 지식경영은 물적 자본보다는 지적 자본으로부터 가치를 만들어 가는 과정이다.
ⓔ 지식경영은 불필요한 과정을 제거함으로써 효율적인 운영을 통해 비용을 감소시킨다.

2 지식경영 관련 이론

(1) 지식경영과 인접학문의 연계
지식경영이론이 발전해 감에 따라 인접학문과의 연계가 이루어지고, 이에 따라 적지 않은 이론의 축적이 이루어지고 있다. 비록 지식경영은 그 역사가 비교적 짧지만 인접 학문과의 연계를 통해 종합적이고 체계적인 지식경영 학문의 발전을 가속화할 수 있을 것이다.

(2) 지식경영 관련 이론
① **혁신이론과 지식경영**
혁신이론(innovation theory)은 지식획득, 창출, 공유, 관리, 활용 등의 측면에서 지식경영과 밀접한 관련이 있는 여러 가지 이론뿐만 아니라 국가의 정책과 체계에 관한 이론들까지 제시해주고 있다.

② **학습이론과 지식경영**
조직수준에서 학습에 관한 이론은 조직 내에서 개인과 조직의 지식획득, 창출, 확산, 공유, 활용에 이르는 광범위한 영역에서 일어나는 학습과정에 관한 이론들을 제시해주고 있다.

③ **지식창조이론과 지식경영**

노나카 교수를 시작으로 관심을 끌게 된 지식창조이론은 기존의 조직학습이 가지고 있는 문제점을 해결하고자 하는 새로운 시도로 등장했으며 지식경영 프로세스를 통해 암묵지와 형식지 간의 변환을 통해 지식창출의 구체적인 방법을 제시해주고 있다.

④ **기술이전 및 네트워크 이론과 지식경영**

기술이전과 네트워크이론은 조직 내부가 아닌 조직 외부로부터의 지식창출과 관련된 분야로 기업이 외부로부터 효과적으로 지식을 획득하고, 외부기업과 공동으로 지식을 창조하고 활용하는데 있어서 유용한 이론을 제공해주고 있다.

⑤ **정보기술시스템과 지식경영**

정보기술시스템은 지식경영 분야에서 가장 빠른 성장과 발전을 거듭하고 있는 분야로 지식의 입수, 공유, 보존, 창조를 위한 인프라 스트럭쳐로서의 정보기술을 활용한 관리시스템 구축이 관심의 초점이 되고 있다.

⑥ **조직이론 및 인적자원관리이론과 지식경영**

전통적 경영학에서 지식경영과 밀접한 관련을 맺고 있는 분야로는 조직이론과 인적자원관리 분야를 들 수 있다. 이 분야에 대한 연구는 비전, 리더십, 조직구조, 조직문화, 교육훈련, 경력관리, 전문인의 동기유발, 인센티브 시스템 등이 지식경영 프로세스에 미치는 영향에 대해 많은 시사점을 제시해주고 있다.

⑦ **지적 자본이론과 지식경영**

이 분야에 대한 연구는 주로 지적 자본에 대한 기본철학을 정립하고 조직 내 숨겨져 있는 인적자본, 고객자본, 조직적 자본, 혁신자본 및 과정자본 등의 지식자본을 측정하기 위한 시스템을 구축하자는 데 그 목적이 있다.

(3) 지식경영이론

지식경영이론을 몇 가지 유형으로 분류해 보면 다음과 같다.

분 류	관련이론
전략이론	자원의존이론, 자원기반이론, 지식기반이론, 상호보완성이론, 상황이론
사회이론	사회교환이론, 사회인지이론, 사회자본이론
기타 이론	사회기술이론, 시스템이론

제5절 지식경영 프로세스

1 지식근로자와 지식경영자

(1) 지식근로자

① **지식근로자의 정의**
  ㉠ 지식근로자(knowledge worker)는 자신의 일을 끊임 없이 개선·개발·혁신하여 부가가치를 올리는 지식을 소유한 사람을 의미한다. 정보를 나름대로 해석하고 이를 활용해 부가가치를 창출해낼 수 있는 노동자를 가리킨다.
  ㉡ 즉, 지식근로자는 자신의 부가가치를 높이기 위해 끊임 없이 지식을 쌓고 개선하며 개발하고 혁신하는 인간으로, 미국의 경영학자인 피터 드러커(P. Drucker)가 『단절의 시대(The Age of Discontinuity)』(1968)에서 지식사회(knowledge society)를 언급하며 처음으로 사용한 개념이다.

② **지식근로자의 특징**
  피터 드러커에 의하면 지식근로자는 풍부한 지적 재산, 투철한 기업가 정신, 평생학습 정신, 강한 창의성, 비관료적인 유연성 등을 갖추었으며, 평생직장인보다는 평생직업인이라는 신념을 지닌다는 특징을 갖고 있다.

③ **지식근로자의 필요성**
  ㉠ 사회와 기업의 관심이 육체노동자에서 지식근로자로 이동하고 있으며 따라서 앞으로 모든 조직에서 경쟁력을 확보하기 위한 유일한 방법은 지식근로자의 생산성을 향상시키는 것이다.
  ㉡ 자본주의 사회에서 생산적인 곳에 자본을 배분할 줄 아는 자본가가 그랬던 것처럼, 지식사회에서는 지식을 생산성 있는 곳에 배분할 줄 아는 지식근로자가 경제 및 사회의 주역이 된다는 것이다.

④ **지식근로자의 생산성 향상을 위한 요건**
  ㉠ 지식 중심의 조직에서 일하는 모든 경영자와 지식근로자들이 알아두어야 할 자기개발의 핵심은 혁신, 리더십, 커뮤니케이션, 의사결정, 인간관계, 시간관리, 목표달성 등이다.
  ㉡ 피터 드러커가 가장 강조하는 것은 자기관리에 대한 스스로의 '책임'이다. 스스로를 높은 성과를 올리는 생산적인 사람, 끊임 없이 혁신을 꾀하면서 계속 발전하는 사람, 다른 사람에게 영향을 미칠 수 있는 비중 있는 사람으로 만드는 것은 오직 그 자신의 지속적인 자기관리노력에 달려 있다는 것이다.
  ㉢ 또한 모든 지식근로자들은 각자의 지식을 활용하여 부가가치를 창출하는 전문가가 되어야 하며, 성과를 올리고 목표를 달성하는데 모든 노력과 재능을 집중시켜야 한다는 점을 강조한다.
  ㉣ 지식근로자는 스스로가 달성하고자 하는 목표, 그리고 그 자신에게 기대되는 공헌을 이룩할 수 있어야 한다. 스스로 목표를 달성하지 못하는 지식근로자는 아무 쓸데없는 존재가 되어버리고 말 것이기 때문이다.

(2) 지식경영자

① **지식경영자의 정의**

지식경영자(CKO : Chief Knowledge Officer)는 조직의 지식경영과 지식관리를 책임지는 경영자를 의미한다. 정보경영자(CIO)가 겸하기도 하지만 피터 드러커는 기업이 보유한 핵심역량(core competence)를 '지식'이라고 하여 단순 '정보'와 구분함에 따라 근래 그 역할에 대한 중요성이 커지고 있다.

② **지식경영자의 역할**

㉠ 지식경영자(CKO)는 기업과 구성원들에게 새로운 지식을 전달하고 분배하여 지식을 기업경영에 효율적으로 활용하게 하는 역할을 한다.

㉡ CKO의 주요임무는 지식경영과 지식관리에 대한 학습을 장려하여 조직의 경쟁력을 근본적으로 늘리고 전략과 비전을 제시하는 것이다.

㉢ CKO는 조직 내 지식경영과 지식관리를 총지휘하는 고급 임원으로, 조직 내부 구성원들이 보유한 전문지식을 발굴하여 효과적으로 활용해야 한다.

㉣ 또 지식경영을 위한 지식공유 시스템의 기반을 구축하여 사내 지식활용을 위한 지식문화 조성 등의 업무를 총괄지휘하며, 각종 정보수집부터 어떤 종류의 지식이 조직의 경쟁우위 강화에 필요한지 등을 결정한다.

2 지적 자본과 지식기반 조직

(1) 지적 자본

① **지적 자본의 정의**

㉠ 지적 자본(intellectual capital)은 기업이 보유하고 있는 각종 지식을 의미하는 것으로 특허권, 상표권, 영업권, 기술과 같은 무형자산을 비롯해 무형자산을 운용하는 연구개발력, 조직원의 창의력과 노하우, 경영진의 관리능력, 회사의 이미지 등을 포괄하는 개념이다.

㉡ 지적 자본은 기계설비, 공장 등과 달리 회계장부에 기재되지 않는 비재무적 자본으로 시장가치와 장부가치 간의 차이를 나타낸다. 눈에 보이는 것이 아니기 때문에 이를 기업경영에 반영하기가 어렵다.

② **지적 자본의 분류**

㉠ 인적 자본(human capital) : 인적 자본은 조직구성원이 보유하고 있는 개인적 능력, 경험, 지식 및 기술 등을 말한다. 이는 기업이나 고객에게 문제 해결방식을 제공하거나 부가가치를 창출해주는 역할을 한다.

㉡ 구조적 자본(structural capital) : 구조적 자본은 조직에 내재돼 있는 무형의 자본으로 인적 자본을 지원하는 조직과 권한 등을 가리킨다. 즉, 고객정보 등 데이터베이스, 업무지침, 지적재산권, 문서나 음성, 화상 등으로 형식화된 지식을 의미한다.

㉢ 고객자본(customer capital) : 고객자본은 기업에 대한 고객과의 관계를 가리키는데, 자금흐름을 원활히 하는 데 중요한 의미가 있다.

(2) 지식기반조직

① 지식기반조직의 의의
피터 드러커에 의하면 지식기반조직(knowledge-based organization)은 지식과 정보의 활용을 강조하는 조직을 의미한다. 지식기반조직은 모든 구성원들로 하여금 개인적 목표와 조직목표를 성취하는데 필요한 지식과 기술을 찾아내어 활용할 수 있도록 보장된 조직이다.

② 지식기반조직의 조건
㉠ 조직구성원들 간의 통일적이고 구체적인 행동을 유발하는 명확한 공동목표를 가지고 있어야 한다.
㉡ 조직의 리더는 구성원 개개인의 역할이 발휘될 수 있도록 유도하여야 한다.
㉢ 하부 조직단위의 업무목표와 실적이 전체 조직의 목표로 환류될 수 있어야 한다.
㉣ 필요한 정보와 지식 그리고 경험이 조직 내에서 공유될 수 있는 탄력적이고 개방적인 조직이어야 한다.

3 조직문화와 지식문화

(1) 조직문화

① 조직문화의 의미
㉠ 조직문화(organizational culture)란 조직구성원 모두가 함께 가지고 있는 가치와 신념, 규범과 전통, 지식과 이념, 습관과 기술 모두를 포괄하는 총체적인 개념이다.
㉡ 조직문화의 개념은 1980년대부터 조직이론에 도입되어 조직개발과 혁신에 응용되고 있다. 피터스와 워터맨(T. Peters and R. Waterman)의 『초우량 기업의 조건』에서 문화와 관련된 경영기법의 우수성이 강조된 이후 문화는 경영관리의 중요한 변수로 인식되었고, 조직문화는 조직활성화를 위한 하나의 도구로 사용되고 있다.

② 조직문화와 조직구조
㉠ 조직구조(organizational structure)가 조직구성원의 행동을 지배하는 공식적 시스템이라면, 조직문화는 조직구성원의 행동을 지배하는 비공식적 분위기라고 할 수 있다.
㉡ 조직문화는 조직구조와는 다르게 공식적인 조직도에 나타나지는 않지만 구성원들의 대인관계, 업무수행과 관련한 태도와 행동을 결정하는 집단적 가치관이나 보이지 않는 규범(value and norm)이다.
㉢ 조직문화도 조직구조처럼 조직목표 달성을 향한 구성원들의 행동을 조정하고 지배한다. 사람으로 말하면 조직구조가 육체(hardware)라면 조직문화는 정신(software)이라고 비유될 수 있다.

(2) 지식문화

① 지식과 패러다임의 전환
㉠ 디지털 기술이 확산되면서, 지식영역에서도 지식의 구조, 지식의 유통, 지식의 주체라는 세 가지 차원의 패러다임 전환이 일어나고 있다.

ⓒ 디지털 기술은 현대 문화의 지형을 새롭게 만들어 가고 있는데, 지식(knowledge)의 영역도 예외는 아니다. 디지털 시대를 맞아 지식의 생산, 유통, 소비 과정은 기존 패러다임과 질적으로 다른 모습을 보여 주고 있다.

② **지식 패러다임의 전환**

지식 패러다임의 전환은 지식의 구조, 지식의 유통, 지식의 주체라는 세 가지 영역을 중심으로 살펴볼 수 있다.

지식 패러다임의 전환

구 분		구 패러다임	신 패러다임
지식의 구조	정보처리	아날로그	디지털
	구 성	독창적 완결	재조합
	텍스트	선형 텍스트	하이퍼텍스트
지식의 유통	분 배	독점	무정부주의
	범 위	국지적	전 지구적
	가 치	생산물	과정과 속도
지식의 주체	지 능	개체 지능	집합 지능
	지식과 육체	육화 지식	탈육화 지식
	역사성	기억	망각

4 지식경영 프로세스

(1) 지식의 변환과정

① **형식지와 암묵지**

마이클 폴라니(Michael Polanyi)는 지식경영과 관련하여 지식을 형식지(explicit knowledge)와 암묵지(tacit knowledge)로 구분한다.

㉠ 형식지는 시험답안에 옮긴 지식처럼 언어나 기호로 표현될 수 있는 지식으로, 교과서에서 배우는 지식이 대표적이다.

ⓒ 반면 암묵지는 기호로 표시되기 어렵고 주로 사람이나 조직에 체화되어 있는 지식을 말한다. 암묵지는 체화된(embodied) 암묵지, 인지적(embrained) 암묵지, 시스템적(embeded) 암묵지, 문화적(encultured) 암묵지 등으로 구분하기도 한다.

② **지식의 변환과정** : 노나카의 SECI 모델

㉠ 지식의 변환과정이란 아래 [그림]에서처럼 암묵지와 형식지가 서로 변환되는 과정이다. 즉, 암묵지가 암묵지로 형식지가 형식지로, 그리고 암묵지가 형식지로 형식지가 암묵지로 변환하는 과정이다.

지식변환 양식

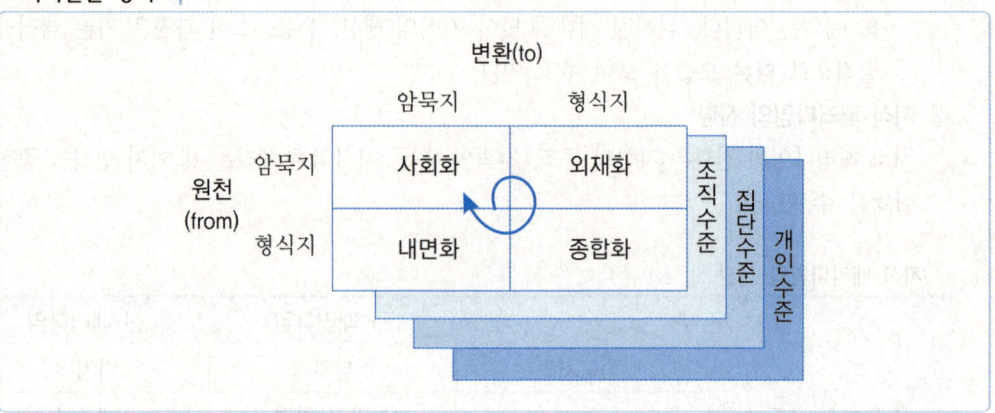

ⓛ 지식변환 양식은 사회화(Socialization) → 외재화(Externalization) → 종합화(Combination) → 내재화(Internalization)의 과정을 거치는데 그 구체적인 내용은 다음과 같다.

사회화	• 경험을 통해 말로 설명하기 어려운 지식을 생각 속에 공유하는 과정 • 이 과정을 통해 창출되는 지식은 상황지(공감지)로, 애정·신뢰와 같은 감정적 지식, 제스처와 같은 신체적 지식, 열정·긴장과 같은 활력적 지식, 즉흥성과 같은 율동적 지식 등
외재화	• 암묵지를 형식지로 표출하는 과정 • 이 과정을 통해 창출되는 지식은 개념지로, 기업의 브랜드 이미지, 신제품 개념, 디자인 기술서 등
종합화	• 개인과 집단이 각각의 형식지를 합쳐서 새로운 지식을 창출하는 과정 • 이 과정을 통해 창출되는 지식은 시스템지로, 제품사양서, 기술사양서, 매뉴얼, 시장동향보고서 등
내재화	• 형식지가 암묵지로 변화되는 과정 • 이 과정을 통해 창출되는 지식은 일상지로 문화, 노하우, 기능적 스킬 등

ⓒ 일본의 노나카 교수는 이러한 지식변환 과정을 거쳐 나오는 지식으로 네 가지 유형을 제시한다. 네 가지 유형의 지식 중 행동론적 지식경영 접근은 상황지, 개념지, 일상지이며, 시스템지만이 시스템적 접근에 해당된다.

상황지(공감지)	사회화 과정을 통해 창출된 암묵지로 감정적 지식, 율동적 지식 등
개념지	외재화 과정을 통해 창출된 형식지로 브랜드 이미지, 신제품 개념, 디자인 기술서 등
시스템지	결합화(종합화) 과정을 통해 창출된 형식지로 제품 프로토타입, 제품사양서, 매뉴얼, 특허 등
일상지	내재화 과정을 거쳐 창출된 암묵지로 문화, 노하우, 기능적 스킬 등

③ **위그의 지식경영 모델**
지식경영이라는 개념을 제일 먼저 정립한 미국의 경영컨설턴트 칼 위그(K. Wiig)는 지식경영 모델에서 지식의 유형을 5가지로 구분하고 있다.
- ㉠ 사실지식 : 데이터 및 인간관계, 측정치, 즉 전형적으로 직접 관찰이 가능하고 검증 가능한 콘텐츠 등을 의미한다.
- ㉡ 개념지식 : 체계나 관점 등을 의미한다.
- ㉢ 일반지식 : 명시적인 지식을 의미한다.
- ㉣ 기대지식 : 아는 자의 판단, 가정 등을 의미하는 것으로, 의사결정에 이용되는 직관, 예감, 선호도, 경험적 판단 등을 들 수 있다.
- ㉤ 방법지식 : 추론, 전략, 의사결정 등에 관한 방법들을 다루는 것으로, 과거의 실수로부터 교훈을 도출하는 방법이나 추세분석을 기반으로 예측을 하는 방법 등을 들 수 있다.

(2) **지식경영 프로세스**

① **지식경영 프로세스의 단계**
지식경영 프로세스의 단계는 지식수집과 창조 → 지식공유와 분배 → 지식습득과 활용의 3단계로 구분할 수 있다. 또는 지식의 창출 → 지식의 공유 → 지식의 저장 → 지식의 사용(활용)의 4단계로 구분하기도 한다.

② **지식의 창출**
단순하고 보편적인 방법을 통해 지식을 창출할 수 있는 가능성을 높이는 것이 지식의 창출 과정에서 가장 중요한 성공요건이 된다. 그리고 이러한 방법은 지식을 그 목적에 따라 정확히 분류하고 가공하는 것으로부터 시작된다.

③ **지식의 공유**
지식의 공유는 민주적이며 열린 조직문화가 선행되어야 한다. 수직적인 조직구조 보다는 수평적 조직구조가 지식경영을 위해 바람직하며, 성과측정을 통해 개인을 평가할 수 있는 성과시스템이 연공서열에 의한 제도보다 바람직한 모델이 된다.

④ **지식의 저장**
지식의 저장은 지식경영에서 지식관리시스템을 통해 가능하다. 지식관리시스템(KMS)은 이전의 데이터베이스 시스템과 달리 특정 목적과 단일화된 인터페이스를 제공하는 것이 아닌 이전의 경영지원 시스템을 통합하며, 각 개인 수준에서 필요로 하는 지식을 개인화(personalized)할 수 있는 지능적 인터페이스를 제공해야 한다.

⑤ **지식의 사용**
아무리 가치 있는 지식이라도 사용하지 않고, 새롭게 가치를 부여하지 않으면 쉽게 진부화되고 만다. 또한 지식은 사용할수록 그 가치가 증폭되는 특성을 지니고 있으므로 조직구성원들의 지식 사용을 적극 권장하고 지원해야 한다.

제6절 지식경영 정보기술과 지식관리시스템

1 지식경영 정보기술

(1) 지식경영 프로세스와 정보기술

① 지식경영 정보기술의 의의
   ㉠ 지식경영 프로세스에서 활용할 수 있는 기술은 펜과 종이처럼 낮은 수준의 기술에서 전문가시스템과 가상현실 디스플레이와 같은 높은 수준에 이르기까지 다양하다.
   ㉡ 다음 [표]는 다양한 지식경영 프로세스에서 사용되는 저술 및 의사결정 지원도구에서 통제어휘 및 데이터베이스 도구에 이르기까지 광범위한 '실행 가능한 기술'을 제시하고 있다.

지식경영 프로세스와 정보기술

지식경영 프로세스	주요 핵심 정보기술
창조·수집	저술도구, 인터페이스 도구, 자료수집 도구, 의사결정 지원도구, 모의실험(시뮬레이션), 데이터베이스 도구, 패턴매칭, 그룹웨어, 통제어휘, 그래픽 도구
수 정	저술도구, 의사결정 지원도구, 하부구조
사 용	인터페이스 도구, 시각화 도구, 의사결정 지원도구, 데이터베이스 도구, 패턴매칭, 그룹웨어, 하부구조, 웹구조
저 장	데이터베이스 도구, 목록도구, 통제어휘, 하부구조
공 유	그룹웨어, 하부구조
전 환	의사결정 지원도구, 모의실험, 데이터베이스 도구, 하부구조
접 근	인터페이스 도구, 데이터베이스 도구, 패턴매칭, 그룹웨어, 통제어휘, 하부구조
처 분	데이터베이스 도구, 하부구조

② 지식경영과 기술 및 접근방법
   ㉠ 지식창조와 수집은 데이터 마이닝, 텍스트 요약, 다양한 그래픽 도구, 지능에이전트의 사용, 다양한 정보검색 방법론과 같은 기술에 의존한다.
   ㉡ 지식저장과 접근은 정보저장소와 데이터베이스 도구에 의존하고 있다.
   ㉢ 지식사용과 공유는 인터페이스 도구, 인트라넷과 인터넷, 그룹웨어, 의사결정 지원도구, 협업시스템에 의존하고 있다.
   ㉣ 지식경영 프로세스에 관여하는 거의 모든 기술은 고속의 연결성, 보안, 결함허용 등을 지원하는 하부구조를 기반으로 한다.

(2) 정보기술의 기능

① 그룹웨어
그룹웨어는 네트워크상에서 그룹 협업을 하게 하는 소프트웨어이다. 예를 들면, 저술공유 도구, 온라인 포럼, 전자우편, 다자간 회의 등이다. 이것들은 먼 거리에 있는 구성원들 간에 협업을 증진시키고 지식근로자의 이동에 드는 시간과 비용을 감소시킨다.

② 패턴매칭
패턴매칭은 인공지능 분야에서의 프로그램에 속하는 중요한 특징으로 지식경영의 많은 분야를 위한 기반을 제공한다. 예를 들면, 전문가 시스템, 지능 에이전트, 기계학습 시스템 등이다.

③ 데이터베이스 도구
데이터베이스 도구는 조직업무에 관한 비즈니스 인텔리전스의 저장 및 검색 그리고 미래예측을 위한 기반을 형성한다. 데이터 웨어하우스와 데이터마트 등이다.

2 지식관리시스템

(1) 지식관리시스템의 의의

① 지식관리시스템의 정의
㉠ 지식관리시스템(KMS : Knowledge Management System)은 조직 내의 인적자원들이 축적하고 있는 개별적인 지식을 체계화하여 공유함으로써 기업경쟁력을 향상시키기 위한 기업정보시스템을 말한다.
㉡ 즉, 지식관리시스템은 조직 내 지식자원의 가치를 극대화하기 위하여 통합적인 지식관리 프로세스를 지원하는 정보기술시스템이다.

② 지식관리시스템의 기본전제
㉠ 지식관리시스템은 조직구성원의 지식자산에 대한 자세, 조직의 지식평가·보상체계, 지식공유 문화 등 조직차원의 인프라와 통신 네트워크, 하드웨어, 각종 소프트웨어 및 도구 등 정보기술 차원의 인프라를 기본전제로 하고 있다.
㉡ 즉, 전자문서관리시스템(EDMS), 인트라넷, 데이터베이스 관리시스템(DBMS), 검색엔진, 개인정보관리 등 기존 정보시스템의 연계를 통해 종합적인 솔루션으로 설계, 구축된 것이 지식관리시스템이다.

(2) 지식관리시스템의 기능

① 지적 자산의 활용
㉠ 인적자원이 개별적으로 보유하고 있는 지식은 비정형의 형태로 존재한다. 즉, 기업 내 각 개인들은 자신의 지식을 각종 문서로 작성 보유하고 있으며, 이를 바탕으로 관련 업무 담당자와 의사교환을 하고 이러한 활동을 기반으로 최종 판단을 하게 되는 것이다.
㉡ 따라서 지식관리시스템의 기본개념은 인적자원이 소유하고 있는 비정형 데이터인 지적 자산을 기업 내에 축적·활용할 수 있도록 하자는 것이다.

② **지식베이스의 활용**
　㉠ 지식을 저장하는 지식베이스는 정의된 조직의 지식스키마에 따라 체계적으로 구성되어 있다. 지식베이스가 원시데이터를 저장하는 데이터베이스에 비유된다면 지식스키마는 원시데이터에 대한 메타데이터를 담고 있는 데이터 사전 또는 데이터베이스 스키마에 비유될 수 있다.
　㉡ 지식베이스 내에 저장되어 있는 지식은 물론 조직 내 다른 정보시스템 서버에 저장되어 있거나 외부 데이터베이스 또는 전문가의 머릿속에 있는 지식의 위치를 파악하고 원하는 지식을 검색하거나 전문가와의 연결을 원할 때는 지식 맵을 이용하게 된다.
　㉢ 이 경우 사용자는 인터넷상에서의 각종 사이트 방문시처럼 원하는 지식사이트를 마우스 클릭만으로 찾아가거나 소프트웨어 에이전트에게 명령을 내려 해당 사이트에서 원하는 정보의 검색을 대행시킬 수도 있다.
　㉣ 그 밖에도 지식관리시스템은 사용자들이 지식을 창출하여 입력하고, 조회, 편집 및 활용을 할 수 있는 여러 가지 기본기능들을 내포하고 있다.

제7절 유통정보시스템

1 정보시스템의 개념 및 설계

(1) 시스템의 이해

① **시스템의 의의**
　㉠ 시스템(system)은 하나 또는 그 이상의 공동목표를 달성하기 위해 투입물을 산출물로 전환시키는 체계적인 처리과정이고, 전체적으로 통일된 하나의 개체를 형성하면서 상호작용을 하는 구성요소들의 집합체이다.
　㉡ 시스템의 구성요소는 환경(environment), 경계(boundary), 투입물(input), 산출물(output), 시스템 내부 구성요소(component) 및 인터페이스(interface) 등으로 구분할 수 있다.

② **시스템의 종류**
　시스템은 시스템의 사용목적과 요소의 결합에 따라 다양한 형태와 종류로 구성된다. 시스템의 유형은 확실성에 따라, 상호작용 여부 등에 따라 그 형태가 결정된다.

구분 기준	시스템의 종류	의 미
확실성의 정도	확정적(deterministic) 시스템	시스템 구성요소의 상호관계를 확실히 예측할 수 있어 불확실성이 없는 시스템
	확률적(probabilistic) 시스템	상호관계를 확률적으로 밖에 알 수 없기 때문에 어느 정도의 오류를 반영하여 확률로 설명하는 시스템
상호작용	폐쇄적(closed) 시스템	물적 자원이나 정보, 에너지 등을 외부환경과 주고받음 없이 자체적으로 운영되는 시스템
	개방적(open) 시스템	투입과 산출을 통해서 그들의 환경과 상호작용하는 시스템

(2) 정보시스템의 이해

① 정보시스템의 의의
㉠ 유용한 정보를 얻기 위해서는 방대한 자료를 객관적·체계적으로 수집·분석·전달·보관하기 위한 시스템이 전제되어야 하는데, 이러한 시스템을 정보시스템(information system)이라고 한다.
㉡ 즉, 정보시스템은 특정 응용분야의 활동과 관련된 자료를 수집·분석·처리하여 의사결정에 필요한 정보를 제공해줄 수 있는 인간과 컴퓨터의 구성요소들로 이루어진 시스템이다.
㉢ 정보시스템은 조직에 필요한 정보제공이나 업무처리를 수행하도록 정보기술을 응용해 놓은 실체이다.

② 정보시스템의 구성요소
㉠ 하드웨어 : 하드웨어(hardware)는 물리적인 컴퓨터 장비로 입력장치(키보드, 마우스, 스캐너, 마이크 등)와 처리장치(연산장치와 제어장치), 출력장치(프린터, 모니터, 스피커 등), 기억장치로 구성된다.
㉡ 소프트웨어 : 소프트웨어(software)는 컴퓨터 작업을 통제하는 프로그램들이다. 운영체제와 유틸리티 등 시스템 소프트웨어는 컴퓨터의 운영을 통제하고, 워드프로세서나 엑셀 등 응용 소프트웨어는 특정업무를 지원한다.
㉢ 데이터베이스 : 데이터베이스(database)는 체계화된 메타데이터의 집합체로 고객·시장·제품 등의 필수적인 기초정보들이 수집되어 있다.
㉣ 네트워크 : 네트워크(network)는 시스템·고객·기업 간의 사이를 연결시켜 주는 역할을 한다. 즉, 연결역할로 다양한 정보수집, 신속한 의사결정, 전 세계 시장으로의 진출을 가능하도록 한다.
㉤ 운영절차 : 운영절차(procedure)는 정보시스템을 활용하기 위한 정책과 규칙으로서 언제, 무슨 일을, 어떻게 수행하는지를 정한 것이다. 사용자를 위한 이용절차, 데이터 입력요원을 위한 업무절차, 컴퓨터 조작요원을 위한 업무절차 등의 유형이 있다.
㉥ 인적자원 : 인적자원(people)은 시스템을 관리·운영·유지하는 모든 사람들을 포함하며, 시스템의 성패를 결정하는 주체이다.

③ 경영지원 기능에 따른 정보시스템의 분류

정보시스템	의 미
운영정보시스템 (OIS)	기업의 운영지원을 위해 사용되는 시스템으로 거래처리시스템, 업무흐름 관리시스템 및 사무자동화시스템 등으로 구성된다.
경영정보시스템 (MIS)	효율적인 의사결정에 필요한 정보를 제공 및 지원하는 시스템으로 경영보고시스템, 의사결정 지원시스템, 중역지원시스템 및 전문가시스템 등으로 구성된다.
전략정보시스템 (SIS)	전략적 활용을 지원하는 시스템으로 최종사용자 전산시스템, 전략정보시스템 등으로 구성된다.

④ 기능별 정보시스템의 분류
  ㉠ 생산정보시스템(production information system) : 제조업체에서 수주에서 생산 및 출하하기까지 일련의 프로세스에서 관련되는 모든 정보를 시스템화한 것을 말한다. 생산정보시스템은 이를 운영·관리함으로써 보다 효과적으로 생산활동을 수행할 수 있도록 지원하는 정보시스템을 말한다.
  ㉡ 재무정보시스템(financial information system) : 자금의 조달 및 효율적인 관리를 지원하는 정보시스템이다. 재무자원의 운용 및 평가에 관한 정보를 제공함으로써 의사결정을 지원하기 위한 정보시스템이다.
  ㉢ 인적자원정보시스템(human resource information system) : 인적자원의 모집·고용·평가·복지 등과 같은 내용과 관련된 시스템이다. 기업의 인적자원 관리활동을 지원하기 위한 시스템을 말한다.
  ㉣ 회계정보시스템(accounting information system) : 자금의 이용 및 흐름에 관한 정보를 관리·제공하는 정보시스템이다.
  ㉤ 유통정보시스템(channel information system) : 기업의 유통활동 수행에 필요한 정보의 흐름을 통합하는 기능을 통해 전사적 유통 또는 통합유통을 가능하게 하는 동시에 유통계획, 관리, 거래처리 등에 필요한 데이터를 처리하여 유통 관련 의사결정에 필요한 정보를 적시에 제공하는 정보시스템이다.

유통정보시스템의 내용

실적관리시스템	제품별·고객별·지역별·사원별(또는 영업소별) 판매실적을 관리하는 시스템
주문처리시스템	고객의 조회에서부터 주문입력, 재고확인, 여신확인 및 주문확정시까지의 정보를 처리하는 시스템
연계시스템	유통정보시스템이 효율적으로 기능하여 유통활동의 효율성이 높아지도록 하위 시스템 사이를 연계시키는 시스템
대금관리시스템	고객이 지불해야 하는 대금과 거래실적에 따른 여신한도 정보를 포함하는 시스템

2 정보시스템의 유형

(1) 의사결정 지원시스템(DSS)
  ① 의사결정 지원시스템의 뜻
    ㉠ 의사결정 지원시스템(DSS : Decision Support System)은 기업경영에서 당면하는 여러 가지 의사결정 문제를 해결하기 위해 복수의 대안을 개발하고, 비교·평가하며, 최적안을 선택하는 의사결정 과정을 지원하는 정보시스템을 말한다.
    ㉡ DSS는 전통적인 데이터 처리와 경영과학의 계량적 분석기법을 통합하여 의사결정자가 보다 손쉽고 정확하게, 그리고 신속하고 다양하게 문제를 해결할 수 있는 정보시스템 환경을 제공한다.

② **의사결정 지원시스템의 특징**
  ㉠ DSS는 문제를 분석하고 여러 대안들을 제시해서 기준에 의한 최적의 대안을 선택하는 과정을 효과적으로 지원하는 것이다. DSS는 의사결정자의 판단을 지원하는 도구이지 그들의 역할을 대체하기 위한 도구가 아니다.
  ㉡ DSS는 의사결정을 지원하기 위한 시스템이기 때문에 그 시스템에서 제시하는 대안이 문제해결의 답이 아니라 보조적인 지식일 수도 있고, 또 답안을 제시하더라도 문제의 해답이 아닐 수 있다.
  ㉢ DSS는 의사결정자가 정보기술을 활용하여 비구조적(unstructured)이고 비정형적(non-programmed)인 의사결정유형의 문제를 해결하도록 지원하는 시스템이다.
  ㉣ DSS는 다수의 상호의존적인 의사결정 또는 순차적인 의사결정을 지원한다. 다양한 의사결정 과정의 스타일뿐만 아니라 탐색, 설계, 선택, 구현 등의 단계를 지원한다.
  ㉤ DSS는 의사결정과정을 비용중심의 효율적인 면보다 목표중심의 효과적인 측면에서 향상시킨다고 할 수 있다.
  ㉥ DSS의 분석기법에는 What-if 분석법(what-if analysis), 민감도 분석법(sensitivity analysis), 목표탐색 분석법(goal-seek analysis), 최적화 분석법(optimization analysis) 등이 있다.
  ㉦ 민감도 분석(sensitivity analysis)은 의사결정 모델에서 다른 조건들이 변화가 없는 일정한 상태에서 특정 요인 하나의 값을 지속적으로 변동시킬 때 나타나는 결과값의 변화를 관찰하는 분석기법이다. 대부분의 민감도 분석은 입력변수의 변화가 출력변수에 미치는 영향을 분석한다.

③ **의사결정 지원시스템의 구성**
  ㉠ **데이터베이스 시스템** : 데이터베이스 시스템은 의사결정에 필요한 다양한 데이터를 저장하고 있는 데이터베이스(DB)와 이를 관리하는 데이터베이스 관리시스템(DBMS : Data Base Management System)으로 구성되어 있다. 데이터베이스의 기능은 의사결정에 필요한 데이터를 저장·관리하고 제공하는 것이다.
  ㉡ **모델베이스 시스템** : 모델베이스 시스템은 의사결정에 필요한 다양한 모델 등을 저장하고 있는 모델베이스(MB)와 이를 관리하는 모델베이스 관리시스템(MBMS : Model Base Management System)으로 구성된다. 특히 모델베이스 시스템은 의사결정에 필요한 모델을 개발·수정·통제하는 기능을 제공한다.
  ㉢ **사용자 인터페이스** : 사용자 인터페이스는 데이터의 입력과 출력, 그리고 다양한 분석과정에서 일어나는 사용자와 시스템 간의 인터페이스 환경을 제공하는 시스템 모듈을 말한다. 이를 대화 생성 관리시스템(DGMS : Dialogue Generation and Management System)이라고도 한다.
  ㉣ **사용자** : 의사결정 지원시스템의 사용자는 주로 기업경영의 주요 의사결정을 담당하는 경영관리자들이다.

④ 의사결정 지원시스템의 분류
  ㉠ 그룹 의사결정 지원시스템
    ⓐ 그룹 의사결정 지원시스템(GDSS : Group Decision Support System)은 공동작업을 수행하는 의사결정자 그룹의 의사소통 및 집단 의사결정을 효과적으로 지원하기 위해 구축하는 시스템을 말한다.
    ⓑ 둘 이상의 구성원들이 그룹 의사결정 환경에서 정보 공유, 아이디어 생성, 대안 평가, 의견 교환, 보고서 작성 등 공동의 의사결정과 집단작업을 할 수 있도록 지원하는 컴퓨터 기반 상호작용 그룹웨어이다.
    ⓒ 의사결정자들의 물리적 위치와 시간에 따라 화상회의, 전자칠판(electronic whiteboard), 전자우편 및 음성우편, 전자결재 등 기능을 제공하는 소프트웨어를 활용하여 그룹 의사결정 관련 업무를 수행함으로써 의사소통 방식이 다양화되고 업무의 유연성이 향상될 수 있다.
  ㉡ 중역정보시스템
    ⓐ 중역정보시스템(EIS : Executive Information System) 또는 임원정보시스템은 중역(또는 임원)들이 자신들의 경영기능을 수행하고 경영목적을 달성하는데 필요한 주요정보를 인식하고 신속하고 신뢰 있게 조회할 수 있도록 지원되는 컴퓨터 정보전달 및 통신시스템을 말한다.
    ⓑ 전략적인 문제를 해결하는 데 요구되는 정보를 제공하여야 하고, 정보를 보다 쉽게 이해할 수 있는 형태로 제공하여야 한다. 또한 사용자가 사용하기 쉬운 인터페이스가 필요하다.
    ⓒ 일반적으로 중역이 필요한 정보의 종류는 요약정보(comfort information), 경고정보(warning), 주요지표(indicators), 상황정보(situational information), 가십(gossip), 외부정보(external information) 등이다.
    ⓓ 주요 기능으로는 개괄정보 보기(drill up), 상세정보 보기(drill down), 예외보고(exception reporting), 추세분석(trend analysis) 등이 있다.
  ㉢ 전문가시스템
    ⓐ 전문가시스템(ES : Expert System) 혹은 지식베이스시스템(knowledge based system)이란 특정영역의 지식을 체계적으로 컴퓨터에 저장함으로써 많은 사람이 적은 비용으로 전문가의 지식을 이용할 수 있도록 만든 소프트웨어이다.
    ⓑ 전문가시스템은 1950년대에 시작된 인공지능(AI : Artificial Intelligence) 연구의 한 응용분야에 속한다.
    ⓒ 전문가시스템의 구성요소는 크게 지식베이스와 소프트웨어, 하드웨어 및 인력으로 크게 나눌 수 있다. 여기서 지식베이스는 특정 문제의 해결에 관련된 지식을 모아놓은 곳이다.
    ⓓ 지식을 컴퓨터에 저장하기 위해서는 적절한 지식의 표현방법이 강구되어야 하는데, 여기에는 규칙(production system), 의미론적 네트워크(semantic network), 프레임(frame) 등이 있다.

② 온라인 분석 프로세싱
  ⓐ 온라인 분석 프로세싱(OLAP : On-Line Analytical Processing)은 최종사용자(end-user)가 다차원 정보에 직접 접근하여 대화식으로 정보를 분석하고 의사결정에 활용하는 과정을 말한다.
  ⓑ OLAP은 데이터를 다차원적으로 수집·관리·프로세싱, 표현하기 위한 응용프로그램 및 기술을 말한다.
  ⓒ OLAP은 사용자에게 제품, 가격, 비용, 지역, 기간 등 상이한 정보에 대해 각 차원을 제공함으로써 일정기간 특정지역에서 특정모델 제품의 판매량, 작년 동월대비 판매량, 예상치와 비교 등의 파악에 신속하게 답을 제공해 준다.

OLAP과 OLTP 비교

구 분	OLAP	OLTP
데이터의 구조	단순(사업분석에 적합)	복잡(운영시스템 계산에 적합)
데이터의 갱신	주기적/정적	순간적/동적
데이터의 내용	배치(batch)성 데이터	실시간 데이터
데이터의 특성	주제중심	거래중심
데이터의 사용법	고도로 비구조화된 분석처리	고도로 구조화된 연속처리

◎ 소프트웨어 에이전트, 지능형 에이전트(S/W Agent)
  ⓐ 기업의 목적을 위해 사용자를 대신하여 작업을 수행하는 프로세스이다.
  ⓑ S/W Agent는 스스로 환경변화를 인지하여 변화하는 환경에 맞는 학습기능을 바탕으로 다른 Agent와 함께 협동으로 작업하며, 독자적인 형태가 아닌 부분적 요소로 동작하는 시스템을 말한다.
  ⓒ S/W Agent는 자율성(autonomy), 지능성(intelligence), 협동성(cooperation), 사교성(sociability)의 특징을 지니고 있다.

3 정보시스템의 운영환경적 특성

(1) 데이터베이스의 구축
  ① 데이터베이스의 뜻
    ㉠ 데이터베이스(DB : DataBase)는 기업의 데이터들을 조합·가공하여 정보를 생산할 수 있도록 조직화된 자료들의 집합을 말한다.
    ㉡ 기업의 모든 자료(data)들을 기업이 수행하는 목적에 다양하게 이용하기 위하여 통합적으로 보관·저장하는 시스템을 말한다.
  ② 데이터베이스 스키마
    스키마(schema)는 데이터 개체와 속성들, 개체의 집합들 간에 발생되는 관계에 대한 정의와 이들이 유지해야 할 제약조건을 말한다. 스키마는 구조나 형상을 의미하는 것으로 데이터

베이스에서는 내부 스키마, 외부 스키마라는 용어를 사용하고, 모델링에서는 스노우플레이크(snowflake) 스키마, 스타 스키마 등의 용어를 사용한다.
- ㉠ 외부 스키마(external schema) : 3단계 중 가장 상위단계에 속하며, 논리적인 부분으로써 사용자가 접근할 수 있는 데이터베이스를 말한다.
- ㉡ 개념 스키마(conceptional schema) : 정보를 저장하고 관리하기 위한 모든 개체들을 기술하며 데이터베이스 관리자에 의해 사용된다.
- ㉢ 내부 스키마(internal schema) : 가장 하위단계로써 물리적 스키마라고도 하며, 저장장치의 입장에서 전체 데이터베이스가 저장되는 방법을 기술한다.

③ 스타 스키마
- ㉠ 스타 스키마(star schema, join schema)는 하나의 사실(fact)을 중심으로 다수의 정보 차원들이 연결되는 구조로서 다차원 모델링을 위하여 이용되는 데이터 구조이고, 테이블 간의 조인(join) 횟수가 적어서 검색속도가 빠르다. 또한 데이터베이스의 구조가 단순해서 사용자들의 데이터 모델에 대한 이해가 용이하다. 스타 스키마라는 이름은 스키마 다이어그램이 마치 별(star) 모양이라 해서 붙인 이름이다.
- ㉡ 스타 스키마를 이용하면, 전통적인 관계형 데이터베이스를 통해 다차원 데이터베이스(MDDB : Multi-Dimensional Database) 기능을 구현할 수 있다. 거의 모든 분야에서 관계형 데이터베이스가 가장 일반적인 데이터 관리 시스템이기 때문에, 관계형 데이터베이스를 사용하여 다차원 모델링을 제공할 수 있다.
- ㉢ 스타 스키마는 검색 시 많은 시간과 자원을 소비하는 조인(join) 횟수를 줄이기 위해 차원 테이블을 가능한한 비정규화하여 데이터를 저장하므로 응답 성능이 향상되지만, 차원 테이블의 비정규화에 따른 중복 데이터로 용량이 증가하는 단점이 있다.
- ㉣ 스노우 플레이크 스키마(snowflake schema)는 차원 테이블을 정규화하여 데이터의 중복을 최소화함에 따라 자료의 무결성을 향상시키는데 유리하지만, 조인(join)이 많아서 응답 성능이 낮고 스타 스키마에 비해 구조가 복잡하여 이해가 어렵다.

(2) 내부 데이터와 외부 데이터

① 내부 데이터
- ㉠ 내부 데이터는 기업이 주관하는 업무에 관련된 데이터를 말한다. 즉, 기업의 생산·조달·판매·운영·물류업무 및 고객서비스 업무 등과 관련된 데이터를 말한다.
- ㉡ 내부 데이터의 유형

판매물류 관련 데이터	재고·출하·창고관리 기록 등
판매·영업 관련 데이터	판매예측·판매수당·주문 및 견적·외상매출 기록 등
조달물류 관련 데이터	원·부자재 재고기록, 입찰기록, 외상매입 기록 등
고객서비스 관련 데이터	고객불만 사례, 고객서비스 기록 등
상품·생산 관련 데이터	생산계획·생산비용·품질관리 기록 등

② 외부 데이터
  ㉠ 외부 데이터는 외부로부터 획득할 수 있는 2차 자료, 협력업체, 경영정보 서비스 제공기관 및 특정사안에 대한 연구결과 등의 형태로 얻을 수 있다. 기업은 내부 데이터를 통제할 수 있지만 외부 데이터는 통제할 수 없다.
  ㉡ 기술정보, 경쟁업체 정보, 경제·정치환경 정보, 사회문화 정보 등이 있다. 외부환경과의 원활한 정보유통을 위해 EDI, SCM 등의 정보활용 기법들이 이용되고 있다.

4 유통정보시스템의 중요성

(1) 유통정보시스템이 유통경로에 미치는 영향
  ① 재고관리의 용이
  정보기술을 이용한 재고관리는 제조업체의 생산계획과 도·소매상의 구매계획에 도움을 줌으로써 고객들의 대기시간을 단축하고 재고의 절대량과 안전재고량 등 재고량을 줄이는데 기여한다.
  ② 물류관리(운송관리)의 용이
  주문 및 처리시간의 단축뿐만 아니라 신속하고 저렴한 운송방법을 제시함으로써 고객서비스의 향상과 물류비용의 절감을 가져오게 되었다.
  ③ 머천다이징 관리의 향상
  소비자의 구매성향과 구매습관을 쉽게 파악할 수 있게 됨에 따라 소비자들이 쉽고 편리하게 구매할 수 있도록 최적의 제품구색을 갖출 수 있게 되었다.
  ④ 촉진관리의 용이
  촉진활동의 성과가 객관적인 자료에 의해 과학적으로 평가할 수 있게 되었다. 또한 새로운 촉진기술을 제공해 줌으로써 더 효과적인 촉진관리가 가능해졌다.

(2) 유통정보시스템이 유통구조에 미치는 영향
  ① 기업경영의 변화
  전사서래의 활성화로 비용설감, 필요인원 감소 등 기업경영에 큰 변화가 나타났다.
  ② 경로파워의 변화
  유통정보의 획득으로 유통경로 파워가 제조업체에서 소매상으로 이동하고, 공급자와 소비자의 직접적인 의사소통으로 중간상이 없어진다.
  ③ 도매상의 기능 약화
  소매업의 대형화·다점포화로 인해 도매상의 기능이 약화된다.
  ④ 진입장벽의 강화
  시스템의 변경이나 경로구성원의 이탈이 어려워져 진입장벽이 강화되고 새로운 경쟁자의 진입이 어려워진다.
  ⑤ 기업경쟁력의 강화
  제조와 운송 사이의 속도증가, 비용절감, 업무효율의 향상 등으로 인해 기업경쟁력을 강화시킨다.

5 유통정보시스템의 구성요소

(1) 유통정보시스템의 구성
유통정보시스템은 포괄적이고 응용성이 있어야 하며 정형성과 개방적 성격을 갖추어야 한다. 또한 유통경영 의사결정을 지원하기에 적절한 정보시스템이어야 한다. 유통정보시스템은 크게 내부환경과 사용자환경, 데이터베이스, 지원체제 및 응용 소프트웨어로 구성된다.

(2) 유통정보시스템의 구성요소
① **내부환경**
내부환경은 정보시스템을 활용하는 경영관리자와 경영활동에서 직면하는 의사결정의 유형, 기업의 목적과 의사결정에 영향을 미치는 기업 내의 여러 가지 요소들을 말한다.

② **사용자환경**
사용자환경은 구축되는 유통정보시스템을 사용하는 과정과 사용기기 등에 대해 제약조건을 설정한다. 컴퓨터의 기종과 사양, 정보의 게시와 조회 방식, 구축되는 유통정보시스템의 사용을 위해 요구되는 기본 지식 등을 말한다.

③ **데이터베이스**
데이터베이스(database)는 정리된 데이터들을 조합·가공함으로써 정보를 생산할 수 있도록 조직화된 데이터들의 집합을 말한다. 유통정보시스템의 구축을 위해서는 기업 내부데이터와 기업 외부데이터 등 두 부류의 데이터베이스가 필요하다.

④ **관리 및 지원체제**
유통정보시스템의 유지·관리·효율적인 사용을 지원(시스템 관리, 네트워크 관리 등)하는 체제를 말한다.

⑤ **응용 소프트웨어**
정보시스템 사용자들이 데이터베이스에 접근하고 데이터를 분석하여 실질적으로 정보를 생산하는데 필수적인 전산 프로그램들을 말한다.

(3) 유통정보시스템의 하위시스템과 기술
① **유통정보시스템의 하위시스템**
유통정보시스템의 하위시스템으로는 수요예측시스템, 구매관리시스템, 주문처리시스템 등이 있다.

② **유통정보시스템의 관련 기술**
CIS의 관련 기술(정보기반시스템)로는 바코드와 RFID 시스템, POS 시스템, EDI, VAN, 데이터베이스 시스템, Internet 등을 들 수 있다.

③ **유통정보시스템의 응용기술**
CIS의 응용기술(정보응용시스템)로는 SCM, QR, ECR, ERP, logistics system 등이 있다.

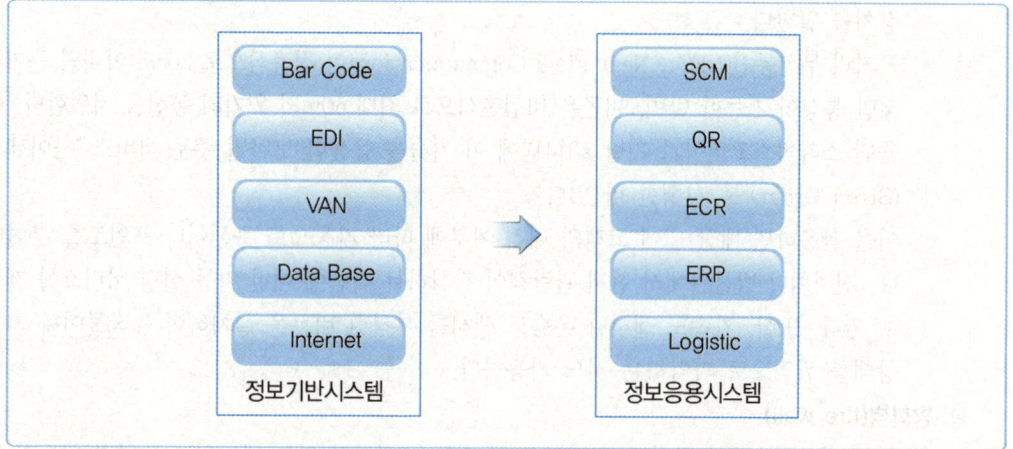

(4) 정보 네트워크

① 커버리지 영역별 정보 네트워크 구분
  ㉠ LAN(Local Area Network) : LAN은 근거리 통신망으로 집, 사무실, 학교 등의 건물과 같은 가까운 지역을 한데 묶는 컴퓨터 네트워크이다. 현재는 단순한 거리개념보다는 한 조직이 중심이 된 인접지역 내의 통신망을 의미한다.
  ㉡ MAN(Metropolitan Area Network) : MAN은 도시통신망으로 큰 도시 또는 캠퍼스에 퍼져 있는 컴퓨터 네트워크이다. LAN에 의해 커버되는 지역보다는 지리적으로 넓은 장소 내의 컴퓨터 자원들과 사용자들을 서로 연결하는 네트워크이다.
  ㉢ WAN(Wide Area Network) : WAN은 광역 통신망으로 국가 전체를 커버하는 통신망으로 LAN과 MAN이 묶여진 네트워크이다. 통신서비스회사(ISP)에 의해 공중망 형태로 운영된다.
  ㉣ GAN(Global Area Network) : GAN은 범지구적으로 국가와 국가 간을 연결하는 네트워크이다. Internet이 GAN에 해당된다.

② 종합정보통신망(ISDN)
  ㉠ ISDN(Integrated Services Digital Network)은 디지털 종합정보통신망으로서 화상회의, 원격감시, 컴퓨터통신, 인터넷연결, 전화통신, 팩시밀리 송·수신 등을 연결하는 안정된 디지털망을 이용하여 영상, 음성, 문자 등을 주고받을 수 있는 종합형 멀티미디어 통신이다.
  ㉡ 즉, 정보통신시스템과 컴퓨터망을 종합적으로 접속하여 모든 유형의 정보통신을 가능하게 한다. ISDN의 전송속도는 64~128Kbps이다.

③ 비콘(beacon)
  ㉠ 비콘(beacon)은 봉화나 등대와 같이 위치 정보를 전달하기 위해 어떤 신호를 주기적으로 전송하는 기기를 말한다. 좁은 의미에서는 IT 기술 기반의 위치 인식 및 통신 기술을 사용하여 다양한 정보와 데이터를 전송하는 근거리 무선통신 장치를 말한다. 즉, 블루투스 기반

으로 근거리 내에 감지되는 스마트 기기에 각종 정보와 서비스를 제공할 수 있는 무선통신 장치를 말한다.
ⓒ 근거리 무선통신(NFC : Near Field Communication)이 접촉식으로 20cm 이내의 근거리에서만 통신이 가능한 반면, 비콘은 비접촉식으로 최대 50m의 원거리 통신을 지원한다. 예를 들면 스타벅스코리아가 지난 2014년에 이 기술을 응용한 모바일 주문 서비스 '사이렌오더(Siren Order)'를 시행한 바 있다.
ⓒ 이를 활용하면 매장 내에 고객의 내점 여부에 따라 자동으로 쿠폰이나 포인트를 부여하거나, 전시회나 박물관에서 현재 관람객이 감상하는 작품에 대한 자동 설명 서비스를 제공할 수 있다. 또한, 가속도 센서나 온습도 센서를 부착한 비콘을 설치하여 농작물이나 기계의 상태를 원격으로 파악하는 것도 가능하다.

④ **방화벽(fire wall)**
㉠ 정보 네트워크에서 방화벽(fire wall)의 기능은 내부와 외부 네트워크를 연결하는 창구 역할과 서비스의 접속 및 거부와 사용자 인증을 위한 기능을 수행한다. 기타 주소변환 및 가상 IP 할당, 감시기록, 추적기능 등을 수행한다.
ⓒ 방화벽시스템을 구축할 때는 방화벽의 가장 중요한 목적인 내부 네트워크의 보호라는 안전성을 고려해야 한다. 그러나 방화벽이 작동되면 네트워크의 단절이나 속도가 느려지는 현상도 발생할 수 있으므로 트래픽(traffic)량이나 동시 사용자수 등을 함께 고려해서 구축해야 한다.

6 유통정보시스템의 구축

(1) 유통정보시스템의 구축과정
유통정보시스템은 기획단계 → 개발단계 → 기술적 구현단계 → 적용단계를 거쳐 구축된다.
① **기획단계**
기획단계에서는 유통정보시스템이 효율적으로 개발되고 현업에 적용될 수 있는 환경을 조성하며, 지침을 제공한다. 또한 해당 기업의 자원과 업무 우선순위에 비추어 유통정보시스템의 구축이 현 수준에서 부적합할 때에는 그것을 과감히 포기하는 것을 포함한다.
② **기술적 구현단계**
기술적 구현단계는 유통정보시스템이 추구하는 목표와 제시된 시스템 설계를 컴퓨터 시스템으로 실현하는 단계이다. 데이터베이스 구축, 소프트웨어와 하드웨어 수요의 결정, 연계네트워크의 결정, 시스템 통제수단의 결정, 사용자환경의 구현, 시범서비스의 개발, 시스템 구축 등의 순서로 이루어진다.
③ **적용단계**
사용자를 위한 사용지침서(매뉴얼)의 개발은 마지막 적용단계에서 이루어진다.

(2) 유통정보시스템의 개발단계

① 주요 유통기능 및 유통기능 수행자의 결정
우선 전체 유통경로 시스템에서 각 경로구성원들이 수행해야 할 주요 기능들을 재정립해야 한다. 주요 유통기능들이 결정되면 각 기능을 경로구성원들 중 누가 수행할 것인가를 결정해야 한다.

② 각 유통기능 수행에 필요한 마케팅 정보의 결정
각각의 유통기능을 수행하기 위해서는 필요한 마케팅 정보의 유형을 확정해야 한다. 이 때 주의해야 할 것은 정보의 적시성과 적소성으로, 필요 이상의 정보가 제공되어 정보의 과부하 현상이 생기는 것을 방지해야 한다.

③ 정보의 수집자, 사용자 및 전달방법의 결정
2단계에서 확정된 마케팅 정보를 누가 수집하며, 이를 누구에게 어떤 방식으로 전달할 것인가를 결정하는 단계이다. 수집된 정보는 각 기능을 수행하는 경로구성원에게 제공되어야 한다.

④ 잡음요소의 규명 및 이의 제거방안 결정
어떤 정보시스템이든지 정보활동의 효율성을 저해하는 잡음(noise)이 있기 마련이다. 대체로 수작업에 의한 정보의 입력 및 전달보다는 정보기술을 이용한 정보의 입력 및 전달의 자동화가 잡음 개입의 가능성을 낮추어 준다.

CHAPTER 01 실전감각 기르기

01 다음 (   ) 안에 들어갈 알맞은 단어를 가장 적절하게 나열한 것은?

> - 사용자가 특정한 목적을 달성하기 위해 수집하여 분석한 사실은 (가)라/이라 구분할 수 있다.
> - 사용자에게 특정한 목적이 부여되지 않은 사실이거나, 가공되지 않은 사실은 (나)라/이라 구분할 수 있다.
> - (다)은/는 정황적이고 어떤 행위를 가능하게 하는 실천적인 (가)로/으로 주어진 상황에 대한 많은 경험과 깊은 사려에 기반을 두고 있다.

① 가 : 자료, 나 : 정보, 다 : 시스템
② 가 : 자료, 나 : 정보, 다 : 지식
③ 가 : 정보, 나 : 자료, 다 : 지식
④ 가 : 정보, 나 : 지식, 다 : 자료
⑤ 가 : 지식, 나 : 자료, 다 : 정보

[해설] 토머스 데이븐포트(Thomas H. Davenport)는 자신의 저서인 『정보생태학』(Information Ecology)에서 '정보도 그 특성에 따라 데이터, 정보 및 지식으로 계층을 나누어 볼 수 있다'고 주장하였다. 일반적으로, 수집한 자료(data)를 의사결정에 유용한 형태로 처리한 것을 정보(information)라고 하고, 이러한 정보가 체계화되어 축적되면 지식(knowledge)이 된다.

02 정보는 특별한 관련성과 목적을 가진 데이터이다. 다음 중 데이터를 정보로 전환하는 데 필요한 다섯 유형의 중요한 활동으로 가장 적합하지 않은 것은?

① 맥락화
② 분류
③ 정정
④ 대화
⑤ 축약

[해설] 데이터를 정보로 전환하는데 필요한 5가지 유형의 활동은 맥락화, 분류, 계산, 정정, 축약이다. 한편 정보를 지식으로 전환하는 사람의 역할은 비교, 결과, 연결, 대화 등이 있다.

Answer 01 ③ 02 ④

03 다음 중 정보의 완전성이란 속성에 대한 설명으로 거리가 먼 것은?

① 정보의 과부화 현상과 연관된다.
② 정성적 가치판단기준 중의 하나이다.
③ 경험적인 준거체계를 이용하는 방법은 정보의 과부하 현상을 예방하는 한 방법이다.
④ 문제해결에 필요한 정보가 완비된 정도를 의미한다.
⑤ 사전확률모형으로 계산이 가능하다.

[해설] 정보의 완전성은 문제해결에 필요한 정보가 완비된 정도를 의미한다. 완전성은 정성적 가치판단기준의 하나이므로 사전확률모형으로 계산할 수 있는 것이 아니다.

04 다음 중 정보의 계량적 가치에 대한 설명으로 거리가 먼 것은?

① 정보의 가치를 화폐가치와 같은 계량적 기준으로 측정한 것을 말한다.
② 의사결정자가 의사결정 문제에 대한 사전지식을 어느 정도 가지고 있다는 전제하에서 측정한 것을 정보의 규범적 가치라고 한다.
③ 정보가 의사결정을 지원하고, 의사결정 행위는 성과를 유발한다는 가정하에서 정보의 가치를 측정한 것을 정보의 현실적 가치라고 한다.
④ 정보의 계량적 가치는 관련성, 정확성, 적시성, 완전성 등으로 표현된다.
⑤ 정보산출비용보다 정보이용으로 인한 가치창출이 더 커야 의미가 있다.

[해설] 앤드러스(Roman R. Andrus)는 정보의 가치는 정보의 정확성과 함께 정보의 효용(information utility)으로 평가되어야 한다고 주장한다. 즉, 정보는 필요할 때, 필요한 장소에서, 필요한 형태로 제공되어야 가치를 갖는다는 것이다.
④ 정보의 계량적 가치를 평가할 수 있는 것은 경제성이다. 즉, 정보를 산출하는 비용이 적정하여, 정보를 얻는 비용보다 정보이용으로 인한 가치창출이 더 커야 한다.

Answer 03 ⑤ 04 ④

05 다음은 산업사회와 정보화 사회의 특성을 비교한 것이다. 빈칸 ㉠, ㉡에 맞는 것은?

구 분	산업화 이전 사회	산업사회	정보화 사회
생산 양식	채취	제조	프로세싱·리사이클링
동력 구분	천연 동력 : 바람, 물, 동물 등	인위적 동력 : 전기, 석유, 가스, 석탄, 원자력 등	정보 : 컴퓨터 및 자료전송 구조
전략적 자원	원재료	(㉠)	(㉡)
기 술	기능	기계 기술	지능 기술
인 력	장인, 농부, 수공업자	기술자, 숙련공	과학자, 전문가

　　㉠　　㉡　　　　　　　　　㉠　　㉡
① 자본 – 기술　　　　　② 기술 – 자본
③ 자본 – 지식　　　　　④ 기술 – 지식
⑤ 자원 – 지식

해설 　산업사회(industrial society)는 산업화(공업화)로 인해 대량생산이 보편화되어 있는 사회를 말하는 것으로, 산업사회의 전략적 자원은 자본과 기술이다. 정보화 사회에 진입하면 정보가 경제의 주축이 되고 이러한 정보의 축적을 통한 지식이 전략적 자원이 된다.
※ 이의신청이 수용되어 복수답안으로 처리된 문제이다.

06 디지털 경제시대에 나타나는 특징으로 가장 옳지 않은 것은?
① 생산량을 증가시킴에 따라 필요한 생산요소의 투입량이 점점 적어지는 현상이 나타난다.
② 투입되는 생산요소가 늘어나면 늘어날수록 산출량이 기하급수적으로 증가하는 현상이 나타난다.
③ 시장에 먼저 진출하여 상당규모의 고객을 먼저 확보한 선두기업이 시장을 지배할 가능성이 높아진다.
④ 생산요소의 투입량을 증가시킬 때 그 생산요소의 추가적인 한 단위의 투입이 발생시키는 추가적인 산출량의 크기가 점점 감소되는 현상이 나타난다.
⑤ 생산량이 많아질수록 한계비용이 급감하여 지속적인 성장이 가능해진다.

해설 　④ 전통적인 경제는 수확체감의 법칙이 지배했지만 디지털 경제에서는 생산요소의 투입량을 증가시킬 때 그 생산요소의 추가적인 한 단위의 투입이 발생시키는 추가적인 산출량의 크기(한계생산)가 점점 증가하는 수확체증 현상이 나타나고 있다.

Answer　05 ③, ④　06 ④

07 다음 중 의사결정의 종류에 대한 설명으로 올바르지 않은 것은?

① 의사결정의 주체에 따라 개인적 의사결정과 조직적 의사결정으로 구분한다.
② 의사결정 결과의 발생확률에 따라 규범적 의사결정과 기술적 의사결정으로 구분한다.
③ 업무처리절차의 규정 정도에 따라 정형적 의사결정과 비정형적 의사결정으로 구분한다.
④ 전략적 의사결정, 관리적 의사결정 등의 구분은 조직계층에 따른 분류이다.
⑤ 의사결정 상황에 따라 확실성하의 의사결정과 불확실성하의 의사결정으로 구분한다.

[해설] ② 규범적·기술적 의사결정은 의사결정자의 합리성에 대한 가정에 따라 구분된다. 규범적 모형은 완전한 합리성 가정, 기술적 모형은 제한된 합리성을 가정한다.
기술적 모형(descriptive model)은 현실상황에서 실제로 의사결정을 내리는 방식을 설명하는 모형이고, 규범적 모형(normative model)은 기대치를 극대화하기 위해서 어떻게 의사결정을 해야 하는가의 문제를 다루는 모형이다.

08 피라미드와 같은 전형적인 조직구조 형태에서는 조직수준별로 의사결정, 문제해결, 기회포착에 요구되는 정보유형이 각기 다르다. 조직 수준과 의사결정 유형, 특성에 대한 설명으로 가장 옳지 않은 것은?

① 전략적 수준은 대부분 비구조화된 의사결정 문제들이 대부분이다.
② 병가를 낸 직원이 몇 명인가는 운영적 수준에서 관리해야 할 정보이다.
③ 효과성에 초점을 둔 핵심성공요인은 운영적 수준에서 고려되어야 할 측정척도이다.
④ 관리적 수준의 대표적인 구성원 유형은 중간 경영자, 매니저, 감독 등이다.
⑤ 운영적 수준의 의사결정은 구조적, 반복적인 특성을 가진다.

[해설] 조직의 위계를 중심으로 가장 상위의 전략적 수준으로부터 관리적(전술적) 수준, 운영적 수준으로 구분한다.
③ 효과성에 초점을 둔 핵심성공요인은 가장 상위의 전략적 수준에서 고려되어야 할 측정척도이다.

09 기업의 구조는 운영, 관리, 전략의 3계층의 피라미드 구조로 보는 것이 일반적이라 할 때, 조직이 수행하는 비즈니스 의사결정 특성에 대한 설명으로 가장 옳지 않은 것은?

① 운영계층의 의사결정은 대부분 단기적이고, 그날 그날의 운영정보를 주로 다룬다.
② 운영계층의 핵심성과지표는 대부분 효과에 중점을 둔다.
③ 관리계층은 중간관리자, 임원 등이 속하며, 의사결정 유형은 준구조적인 형태로 간헐적으로 우발적인 형태의 의사결정을 수행해야 할 때가 있다.
④ 고위경영자, 사장 및 리더들을 포함한 전략계층의 의사결정은 비구조적이거나 일회적인 경우가 많다.
⑤ 전략계층은 조직 외부 및 범산업적 영역에서 발생하는 정보를 수집하고 분석하여 의사결정을 내려야 하는 경우가 많다.

Answer 07 ② 08 ③ 09 ②

해설 ② 운영(operation)은 가장 하위수준의 활동에 대한 의사결정이다. 따라서 운영계층의 핵심성과지표는 계획대로의 실행 여부에 중점을 둔다.

10 의사결정자들 간의 의사소통에 영향을 미치는 요소 중 물리적 위치와 시간에 따른 GDSS(그룹의사결정지원시스템)의 물리적 장치의 형태가 가장 올바르게 짝지어진 것은?

① 같은 시간 – 같은 장소 : Voice mail
② 같은 시간 – 다른 장소 : Conference calls
③ 다른 시간 – 같은 장소 : Screen sharing
④ 다른 시간 – 다른 장소 : Shared office
⑤ 같은 시간 – 같은 장소 : E-mail

해설 그룹의사결정지원시스템 GDSS(Group Decision Support System)는 그룹 의사소통 및 집단 의사결정을 보다 효과적으로 지원하기 위해 구축되는 시스템을 말한다. 같은 시간에 다른 장소에서의 경우 3인 이상이 하는 전화회담(Conference calls)을 이용한다.

11 다음 중 전략적 의사결정에 요구되는 정보의 특성에 대한 설명으로 거리가 먼 것은?

① 컴퓨터 정보시스템에 대한 의존도가 매우 높다.
② 외부정보의 의존도가 매우 높다.
③ 운영적 의사결정에 이용되는 정보보다 정보의 정확성이 상대적으로 낮다.
④ 전술적 의사결정에 이용되는 정보보다 정보의 사용빈도가 상대적으로 낮다.
⑤ 업무적 의사결정에 이용되는 정보보다 구조화 수준이 낮다.

해설 전략적 의사결정은 주로 최고경영자들이 내리는 비정형적 의사결정인 경우가 많다. 주어진 상황하에서 주관적으로 판단하고 결정을 해야 하므로 컴퓨터 정보시스템이 큰 도움이 되지 않는 경우가 많다.
① 정보시스템에의 의존도가 가장 높은 것은 업무적(운영적) 의사결정이다.

12 데이터베이스에 저장된 데이터가 갖추어야 할 특성으로 가장 옳지 않은 것은?

① 표준화
② 논리성
③ 중복성
④ 안정성
⑤ 일관성

해설 ③ 데이터베이스에 저장된 데이터는 중복배제(non-redundancy)의 특성을 지녀야 한다. 즉 하나의 데이터베이스 내에 동일한 사실은 반드시 한 번만 기록되어야 한다.

Answer 10 ② 11 ① 12 ③

그리고 제시된 것 이외에 완전성, 통합성의 조건도 충족되어야 한다. 완전성(completeness)은 업무에 필요로 하는 모든 데이터가 완비되어 있어야 한다는 것이고, 통합성(integration)은 동일한 데이터는 조직의 전체에서 한 번만 정의되고 이를 여러 다른 영역에서도 참조·활용할 수 있어야 한다는 것이다.

13 의사결정(Decision Making)의 오류에 대한 설명으로 가장 옳은 것은?

① 과거 정보보다 최근에 주어진 정보에 더 큰 비중을 두는 경우로, 경영자는 과거로부터 축적되어온 정보보다 최근의 정보에 현혹되는 오류를 범할 수도 있는 것을 '과소평가 오류'라 한다.
② 경영자는 선택된 대안을 실행하면서 '무언가 잘못되어 가고 있다'라는 느낌을 받을 수가 있다. 잘못된 대안을 선택하고 실행을 되돌리지 못하는 경우를 '정당화 추구 오류'라 한다.
③ 경영자의 지나친 낙관주의, 자신과 기업 역량에 대한 과도한 자신감, 새로운 정보를 받아들이지 않으려는 강한 보수성 등 복합적인 요인에 의해 발생하는 것을 '동일시 오류'라 한다.
④ 경영자는 단기적으로 손해가 발생하더라도 장기적인 이익이 되는 방향으로 의사결정을 선택해야만 정당하다는 오류를 '언어나 문맥의 표현 차이 오류'라 한다.
⑤ 경영자가 성공은 자신의 탓으로, 실패는 외부적인 환경요인으로 돌리는 경우를 '선택적 지각 오류'라 한다.

[해설] 의사결정자의 제한된 합리성(bounded rationality)으로 인하여 의사결정과정에는 여러 가지 편견과 오류가 개입되기 마련이다.
② 잘못된 대안을 선택하고 실행을 되돌리지 못하는 경우를 잘못된 대안의 선택을 정당화하려는 것으로 정당화 추구 오류라고 한다.

14 다음 중 유통분야 인력과 정보기술분야 인력 간의 의사소통 현상에 대한 설명으로 거리가 먼 것은?

① 각 분야별로 자신들만의 경험 및 전문용어를 이용해서 상호 의사소통을 시도함으로써 상대분야 인력들이 이해를 못하는 현상이 발생한다.
② 양자 간의 원활한 의사소통은 쌍방의 업무효율성을 높여 결국 시너지효과가 나타난다.
③ 명령체계를 명확히 한 다음에 두 분야 간의 일방향 의사소통구조를 갖는 것이 바람직하다.
④ 두 분야의 원활한 의사소통을 위해 시스템 분석자는 의사소통기술에 능통해야 한다.
⑤ 유통분야 경영자는 정보기술에 대한 이해를 위해 관련 잡지를 읽는 것이 바람직하다.

[해설] 서로 다른 분야 인력 간의 의사소통(communication)에는 잡음(noise)이 많이 발생하여 원활하게 이루어지지 못하는 경우가 일반적이다. 이러한 현상을 해결하기 위해서는 명령체계를 명확히 한 후에 각 분야 간의 양방향 의사소통(two-way communication)구조를 갖는 것이 바람직하다.

Answer 13 ② 14 ③

15 정보기술이 유통경로기능에 직접적으로 미친 영향과 거리가 먼 것은?

① 도소매상의 구매계획에 도움을 주어 재고량을 감소시킨다.
② 유통기업의 투자자유화 폭을 확대시킨다.
③ 신속하고 저렴한 수송방법을 가능하게 한다.
④ 최적의 제품구색을 갖추는 데 도움을 제공한다.
⑤ 촉진관리가 용이해진다.

[해설] ② 정보기술(IT)로 유통이 첨단화되어 유통경로기능에 영향을 미치는 것은 간접적인 효과라고 할 수 있다. 또한 투자자유화의 폭은 정부의 규제가 완화되는 경우 나타나는 것으로 정보기술과는 관련이 없다.

16 다음 중 정보시스템을 정의한 것과 가장 거리가 먼 것은?

① 특정 응용분야의 활동과 관련된 자료를 수집·분석·처리하여 의사결정을 하는 데 필요로 하는 정보를 제공해줄 수 있는 인간과 컴퓨터 시스템의 구성요소들로 이루어진 시스템이다.
② 데이터와 데이터를 처리하는 절차를 입력받아 주어진 절차에 따라 데이터를 처리하며, 처리결과를 출력하는 과정을 가진 시스템이다.
③ 조직에 필요한 정보제공이나 업무처리를 수행하도록 정보기술을 응용해 놓은 실체이다.
④ 시스템으로부터 나온 산출물을 다른 시스템의 투입물로 연결시켜 주는 인터페이스이다.
⑤ 조직 내에서 유용한 정보를 제공함으로써 일상적인 업무, 경영관리, 분석, 의사결정을 지원하는 인간과 기계의 통합시스템이다.

[해설] ④ 정보시스템으로부터 나온 산출물은 의사결정에 활용되고, 그 결과는 다시 피드백이 되어 정보시스템에 투입된다.

17 다음 중 시스템에 대한 설명으로 적절하지 않은 것은?

① 하나 또는 그 이상의 공동목표를 달성하기 위해 투입물을 산출물로 전환시키는 체계적인 처리과정이다.
② 시스템을 한정하고 묘사한 특성들이 시스템의 경계를 형성한다.
③ 전체적으로 통일된 하나의 개체를 형성하면서 상호작용을 하는 구성요소들의 집합체이다.
④ 시스템의 내부는 정해진 목표를 달성하기 위한 처리기능을 수행하는 구성요소들을 포함한다.
⑤ 시스템의 외부는 환경으로서 작용하며, 상호작용을 하는 구성요소들의 유기적인 결합이다.

Answer 15 ② 16 ④ 17 ⑤

[해설] 시스템(system)은 사전적 정의에 따르면 '상호 관련 있는 몇 개의 부분으로 이루어진 유기적 실체'로 정의할 수 있다. 그러나 이 개념을 좀 더 정확히 정의하면 '시스템은 기능적 단위로 이루어진 여러 개의 독립된 구성인자 또는 요소가 전체적 목표를 달성하기 위해 유기적으로 연결되어 상호작용하는 통일체'라고 정의할 수 있다.
⑤ 시스템의 외부는 환경으로서 작용하지만, 상호작용을 하는 구성요소들의 유기적 결합은 시스템 그 자체이다.

18. 다음은 유통정보시스템에 관하여 설명한 내용들이다. 유통정보시스템에 대하여 가장 잘 설명하고 있지 못한 것은?

① 기업의 유통활동 수행에 필요한 정보의 흐름을 통합하는 정보시스템
② 고객의 주문이 발생하는 시점부터 고객이 주문한 상품을 전달받는 과정에서 발생하는 총체적인 업무처리과정을 통합하는 정보시스템
③ 전사적 유통 또는 통합유통을 가능케 하는 정보시스템
④ 유통계획, 관리, 거래처리 등에 필요한 데이터를 처리하여 유통 관련 의사결정에 필요한 정보를 제공하는 정보시스템
⑤ 유통업자 전체 또는 특정업계 유통업자 전체를 위한 거시적인 또는 반거시적인 정보시스템

[해설] 유통정보시스템(CIS ; channel information system)은 기업의 유통활동 수행에 필요한 정보의 흐름을 통합하는 기능을 통해 전사적 유통 또는 통합유통을 가능하게 하는 동시에 유통계획, 관리, 거래처리 등에 필요한 데이터를 처리하여 유통 관련 의사결정에 필요한 정보를 적시에 제공하는 정보시스템이다. 유통정보시스템은 수요예측에서부터 시작되어 유통계획과 관리 및 거래처리를 포함하는 시스템이다.
②는 물류정보시스템(LIS)에 대한 설명이다.

19. 제4차 산업혁명시대의 특징에 대한 설명으로 가장 옳지 않은 것은?

① 2016년 세계경제포럼(WEF ; World Economic Forum)에서 화두로 등장하였다.
② 디지털 혁명에 기반하여 물리적 공간, 디지털적 공간 및 생물학적 공간의 경계가 더욱더 명확해지게 되어 이들 간의 기술 융합을 통한 새로운 공간 생성 시대가 도래하였다.
③ 과학기술적 측면에서 '모바일 인터넷', '클라우드 기술', '빅데이터', '사물인터넷(IoT)' 및 '인공지능(AI)' 등이 주요 변화 동인으로 꼽히고 있다.
④ '초연결성(Hyper-Connected)', '초지능화(Hyper-Intelligent)'라는 특성을 가진다.
⑤ 제4차 산업혁명이 가까운 미래에 도래할 것이고, 이로 인해 일자리 지형변화와 사회구조적 변화가 일어날 것으로 전망되고 있다.

Answer 18 ② 19 ②

해설 ② 세계경제포럼(WEF)은 2016년 1월 열린 다보스포럼에서 4차 산업혁명을 화두로 제시하면서, 4차 산업혁명을 디지털 혁명에 기반하여 물리적 공간, 디지털적 공간 및 생물학적 공간의 경계가 희석되는 기술융합의 시대로 정의하였다.
　④ 과학기술적 측면에서는 이외에도 로봇, 양자암호, 3D 프린팅 등이 변화동인으로 제시되고 있다.

20 다음 중 유통정보시스템과 그 내용이 맞는 것은?

① 대금관리시스템 : 고객의 조회에서부터 주문입력, 재고확인, 여신확인 및 주문확정시까지의 정보를 처리하는 정보시스템
② 실적관리시스템 : 제품별, 고객별, 지역별, 사원(영업소)별 판매실적 등을 관리하는 시스템
③ 수·배송관리시스템 : 구매선, 원자재 동향, 재고관리시스템
④ 연계시스템 : 고객이 지불해야 하는 대금과 거래실적에 따른 여신한도 정보를 포함하는 시스템
⑤ 주문처리시스템 : 유통정보시스템이 효율적으로 기능하여 유통활동의 효율성이 높아지도록 하위시스템 간을 연계시키는 시스템

해설 ① 대금관리시스템은 고객이 지불해야 하는 대금과 거래실적에 따른 여신한도 정보를 포함하는 시스템이다.
　③ 수·배송관리시스템은 주문상황에 대해 적기 수·배송 계획을 수립하여 수송비용을 절감하려는 시스템이다.
　④ 연계시스템은 유통정보시스템이 효율적으로 기능하여 유통활동의 효율성이 높아지도록 하위시스템 간을 연계시키는 시스템이다.
　⑤ 주문처리시스템은 고객의 조회에서부터 주문입력, 재고확인, 여신확인 및 주문확정시까지의 정보를 처리하는 정보시스템이다.

21 다음 중 유통정보시스템에 대한 설명으로 틀린 것은?

① 경로갈등을 해결하고 상호 협력을 증진시키기 위해 필요하다.
② 경로구성원 간의 원활한 커뮤니케이션을 촉진시켜 경로성과를 향상시킨다.
③ 경영정보시스템과 마케팅 정보시스템을 포함하기 때문에 이들 간에 연계가 필요하다.
④ 시스템 구축을 위해 POS, EDI, VAN, CALS 등의 제반 시스템 도입이 필요하다.
⑤ 확대된 시장을 효율적으로 관리하기 위하여 필요하다.

해설 유통정보시스템은 경영정보시스템과 마케팅 정보시스템의 하위시스템이다. 따라서 유통정보시스템이 경영정보시스템과 마케팅 정보시스템을 포함한다는 표현은 옳지 않다.

Answer 20 ② 21 ③

22 유통정보시스템 구축을 위한 내부데이터와 그 내용이 바르지 않은 것은?

① 고객서비스 관련 데이터 : 서비스 기록, 고객불만 사례
② 상품생산 관련 데이터 : 생산계획, 품질관리 기록
③ 판매물류 관련 데이터 : 재고기록, 출하기록, 창고관리 기록
④ 판매영업 관련 데이터 : 판매예측, 외상매출 기록
⑤ 조달물류 관련 데이터 : 생산비용, 원·부자재 재고 기록

> [해설] 조달물류(procurement logistics)는 기업에 있어서 주로 구매, 자재 및 재고관리의 분야에 해당하며, 원·부자재를 조달하여 이를 제조업자의 자재창고에 입고시킬 때까지의 물적 유통을 말한다. 따라서 조달물류 관련 데이터로는 원자재, 부자재, 입찰, 외상, 매입 등의 데이터를 말한다.
> ⑤ 생산비용은 상품생산 관련 데이터이다.

23 유통정보시스템을 활용목적에 따라 거래자료 처리시스템, 지식업무시스템, 정보보고시스템, 의사결정지원시스템 및 중역정보시스템으로 구분하기도 한다. 다음 중 '의사결정지원용 정보시스템'을 구축할 때의 고려사항과 가장 거리가 먼 것은?

① 유통과정상의 문제를 쉽게 해결할 수 있는 다양한 의사결정모형을 제공해야 한다.
② 주기적으로 레포트가 자동으로 생성되도록 함으로써 유통경영관리자의 노력을 줄여주어야 한다.
③ 의사결정 지원시스템이 효과적으로 기능을 발휘하기 위해서는 손쉽게 개선이 가능해야 한다.
④ 사용자 인터페이스 기능의 설계시 정보시스템과 유통경영관리자 간의 상호작용이 용이하도록 하는 방안이 고려되어야 한다.
⑤ 유통경영관리자들의 행동특성을 반영한 의사결정방법과 과정이 구현되어야 한다.

> [해설] 의사결정지원용 정보시스템(DSS)은 새로운 데이터가 필요하거나 분석모델의 구성요소들을 바꾸어야 할 경우에는 이를 즉각적으로 시스템에 반영하여 의사결정이 이루어지도록 하여야 한다. 또한 DSS는 의사결정이 이루어지는 동안에 발생가능한 환경의 변화를 반영할 수 있도록 유연히게 설계되어야 한다.
> ②는 운영정보시스템의 설명이다. DSS는 상황변화에 따라 보고서가 만들어져야 한다.

24 다음 중 정보시스템 능력이 기업에게 경쟁우위를 제공하는 이유로 틀린 것은?

① 기업의 부서 간 상호 의존성 확대
② 환경변화에 대한 대응능력 향상
③ 계획·실행·관리업무의 일관성 유지
④ 업무의 효율성 제고
⑤ 상위시스템의 조정 및 통합

Answer 22 ⑤ 23 ② 24 ⑤

해설 ⑤ 하위시스템 간의 중복을 조정하고 비효율을 제거함으로써 자원의 효율적인 배분이 가능해져 경쟁의 우위를 확보할 수 있다.

25 다음 중 유통정보시스템의 개발단계가 순서대로 옳게 나열된 것은?

㉠ 정보의 수집자와 사용자 및 전달방법의 결정
㉡ 잡음요소의 규명 및 이의 제거방안 결정
㉢ 각 경로기능 수행에 필요한 마케팅 정보 결정
㉣ 주요 경로기능의 결정 및 기능수행자의 결정

① ㉠ - ㉡ - ㉢ - ㉣
② ㉡ - ㉠ - ㉢ - ㉣
③ ㉣ - ㉢ - ㉡ - ㉠
④ ㉢ - ㉣ - ㉠ - ㉡
⑤ ㉣ - ㉢ - ㉠ - ㉡

해설 유통정보시스템의 개발단계는 '주요 경로기능 및 경로기능 수행자의 결정 → 각 경로기능 수행에 필요한 마케팅 정보의 결정 → 정보의 수집자, 사용자 및 전달방법의 결정 → 잡음요소의 규명 및 이의 제거방안 결정'의 순이다.

26 다음 중 ( )에 들어갈 알맞은 말은?

데이터베이스 시스템(DBMS)의 가장 기본적인 구성요소인 데이터베이스는 데이터 간의 구조와 상호관계가 정리되어 있어야 하기 때문에 ( )라고 부르기도 한다.

① 스키마
② 레코드
③ 개 념
④ 관 계
⑤ 필 드

해설 스키마(schema)는 데이터베이스에 저장된 모든 자료들의 모든 논리적 구조 및 관계를 일컫는 말로, 데이터베이스의 논리적 구조와 내용을 DDL(데이터 정의언어)로 기술한 것이다. 데이터베이스의 구조를 추상적인 결과로 기술한 것을 개념스키마, 컴퓨터의 견지에서 기술한 것을 내부스키마, 사용자의 견지에서 기술한 것을 외부스키마라고 한다. 또 응용프로그램의 견지에서 기술한 것을 서브스키마라고 한다.

Answer 25 ⑤ 26 ①

27 인트라넷(intranet)에 대한 설명으로 옳지 않은 것은?

① 인트라넷은 이메일, 팩스 등을 이용함으로써 기업 내부의 커뮤니케이션을 향상시킬 수 있고, 토론그룹, 채팅방, 비디오회의와 같은 서비스를 통해 협업활동을 향상시킬 수 있다.
② 인트라넷은 의사결정과 비즈니스 운영을 지원하는 핵심 애플리케이션 개발과 배치를 위한 플랫폼으로 사용된다.
③ 인트라넷에서 조직 내의 업무처리를 위한 그룹웨어 구축은 비교적 저렴한 비용으로 가능하다.
④ 인트라넷의 외부에서는 내부로 들어오지 못하나 내부에서 외부로 나갈 수는 있다.
⑤ 인트라넷은 파트너 간의 커뮤니케이션의 개선과 사업적 우위를 가져올 수 있다.

[해설] 파트너 간의 커뮤니케이션 개선과 사업적 우위를 가져올 수 있는 것은 엑스트라넷(extranet)이다.

28 전자상거래를 구현하는 네트워크 기술들에 관한 설명 중 가장 옳지 않은 것은?

① LAN(Local Area Network)은 근거리 통신망으로 300m 이하의 통신회선으로 연결된 PC, 메인프레임, 워크스테이션들의 집합을 말한다.
② WAN(Wide Area Network)은 광역 통신망으로 지리적으로 흩어져 있는 통신망을 의미하는 것으로서 LAN보다 넓은 지역을 커버하는 통신구조를 말한다.
③ MAN(Metropolitan Area Network)은 WAN에 의해 커버되는 지역보다는 지리적으로 넓은 장소 내의 컴퓨터 자원들과 사용자들을 서로 연결하는 네트워크이다.
④ 인트라넷(Intranet)은 기업 내에 속해 있는 사설 네트워크로서, 서로 연결되어 있는 여러 개의 근거리 통신망으로 구성될 수 있고, 광역통신망 내에서는 전용회선이 사용되기도 한다.
⑤ 엑스트라넷(Extranet)은 일부 비즈니스 정보나, 운영을 제조업체, 공급업체, 협력업체, 고객 또는 다른 비즈니스 업체들과 안전하게 공유하기 위해 IP와 공중전화망을 사용하는 사설망이다.

[해설] ① 로컬 영역 네트워크(LAN : Local Area Network)는 집, 사무실, 학교 등의 건물과 같은 가까운 지역을 한데 묶는 컴퓨터 네트워크이다.
② 광역 통신망(WAN : Wide Area Network)은 국가나 대륙 등과 같은 넓은 지역을 연결하는 네트워크이다.
③ LAN보다 넓은 지역을 연결하는 도시통신망(MAN : Metropolitan Area Network)은 큰 도시 또는 캠퍼스에 퍼져 있는 컴퓨터 네트워크이다. LAN과 WAN의 중간 크기를 갖는다. DSL 전화망, 케이블 TV 네트워크를 통한 인터넷 서비스 제공이 대표적인 예이다.

Answer 27 ⑤ 28 ③

29 다음의 (1)과 (2)에 들어갈 가장 옳은 용어는?

> 모든 정보가 다 가치가 있는 것은 아니다. 기업이 보유하고 있는 정보를 지적 자산으로서 가치가 있는가를 파악하는 것이 무엇보다도 중요하다. 기업이 보유하고 있는 지적 자산은 크게 (1)와 (2)가 있다. 일반적으로 (2)은(는) 문서화되어 있고, 보존이 가능하고, 성문화할 수 있는 것들로 이루어져 있다. 예를 들면, 특허권, 상표, 사업계획, 시장조사, 고객목록 등이 이에 해당된다. (1)은(는) 사람들 머릿속에 들어 있는 지식이다. 즉, 밖으로 표출되건 되지 않았건 개개인이 가지고 있는 지식을 일컫는다.

① (1) 경험지 (2) 학습지
② (1) 학습지 (2) 경험지
③ (1) 암묵지 (2) 형식지
④ (1) 형식지 (2) 암묵지
⑤ (1) 개인지 (2) 조직지

해설 지식(knowledge)은 기본적으로 처리되지 않은 여러 데이터(data)에서 공통점이나 일관성을 찾아내어 가공한 정보(information)들이 결합된 것을 의미한다. 폴라니(Polanyi)는 지식경영과 관련하여 지식을 형식지(explicit knowledge)와 암묵지(tacit knowledge)로 구분한다. 형식지는 시험답안에 옮긴 지식처럼 언어나 기호로 표현될 수 있는 지식으로, 교과서에서 배우는 지식이 대표적이다. 반면 암묵지는 기호로 표시되기 어렵고 주로 사람이나 조직에 체화되어 있는 지식을 말한다.
(1)은 암묵지, (2)는 형식지이다.

30 형식지의 특성을 표현하는 내용으로 가장 옳지 않은 것은?

① 논리적인 지식
② 객관적인 지식
③ 직감적인 지식
④ 이성적인 지식
⑤ 명시적인 지식

해설 1960년대 과학철학자인 폴라니(Michael Polanyi)는 지식을 형식적 지식(explicit knowledge)과 암묵적 지식(tacit knowledge)으로 구분하였고, 이로부터 지식경영의 개념이 등장하기 시작하였다. 형식적 지식(형식지)이란 말, 즉 언어로 표현할 수 있는 명시적·객관적·논리적인 지식을 의미한다. 반면 암묵적 지식(암묵지)은 개인적인 경험에 의해 얻어지는, 말로 표현하기 어려운 직감적인 지식을 말하는 것으로 노하우 등을 의미한다.

31 이쿠지로 노나카(Nonaka)의 지식전환 프로세스 중, 개인이 생각하고 있는 아이디어나 지식인 암묵지를 글이나 도표의 형태인 형식지로 표현해 나가는 프로세스로, 지식을 표현하는 과정에서 기존지식에 대한 새로운 발견을 할 가능성이 큰 프로세스를 무엇이라 하는가?

① 내재화(Internalization)
② 결합화(Combination)
③ 외재화(Externalization)
④ 정당화(Justifying)
⑤ 사회화(Socialization)

Answer 29 ③ 30 ③ 31 ③

해설 이쿠지로 노나카(Nonaka)의 지식전환 프로세스는 사회화 → 외재화 → 결합화 → 내재화의 순서이다. 이 중 외재화는 암묵지(implicit knowledge)를 형식지(explicit knowledge)로 표현하는 프로세스로, 이 과정을 거쳐 지식은 개념지가 된다.

32 노나카의 SECI 모델에 대한 설명으로 가장 옳지 않은 것은?

① 외부화 - 제품개발 과정의 컨셉창출, 최고경영자의 생각을 언어화하는 일, 숙련 노하우의 언어화, 고객의 암묵적인 니즈를 표출하고 현재화시키는 일
② 종합화 - 언어문서, 데이터베이스 또는 전자메일 등의 매개로 분류, 가공, 조합, 편집에 의한 지식 창조
③ 내면화 - 노하우, 매뉴얼 등을 롤플레잉 등에 의해서 개개인의 내부에 체험적으로 이해시키는 일
④ 사회화 - 고객의 불만이나 불평사항을 체감하고 이를 그림이나 글로 표현하여 팀간 지식 공유를 하는 노력
⑤ 종합화 - 전략, 컨셉의 구체화 등 작업, 부문 간 조정으로 경영수치를 만들고, 제품사양서 작성

해설 사회화(socialization)는 경험을 통해 말로 설명하기 어려운 지식을 생각 속에 공유하는 과정이다. 이 과정을 통해 창출되는 지식은 상황지(공감지)로, 애정·신뢰와 같은 감정적 지식, 제스처와 같은 신체적 지식, 열정·긴장과 같은 활력적 지식, 즉흥성과 같은 율동적 지식 등이다.
④ 고객의 불만이나 불평사항을 체감하고 이를 그림이나 글로 표현하는 것은 외부화(externalization)이다.

33 암묵적 지식을 사회화하는 구체적 방법으로 가장 옳지 않은 것은?

① 직접적 관찰
② 실험과 비교
③ 모방
④ 작업공유
⑤ 클러스터링

해설 지식변환 양식은 사회화 → 외재화 → 종합화 → 내재화의 과정을 거치는데 사회화는 암묵지가 암묵지로 변환되는 것, 즉 경험을 통해 말로 설명하기 어려운 지식을 생각 속에 공유하는 과정이다. 암묵지를 사회화하는 방법으로는 직접적 관찰, 실험과 비교, 모방, 작업공유 등이 있다.
⑤ 클러스터링은 종합화의 방법이다.

Answer 32 ④ 33 ⑤

34 지식을 크게 암묵지와 형식지로 구분할 경우 이에 대한 설명으로 가장 옳지 않은 것은?

① 철학자 폴라니가 우리는 우리가 말할 수 있는 것 이상의 것을 알 수 있다고 한 말은 암묵지와 더 관련이 깊다.
② 암묵지는 언어나 구조화된 체계를 가지고 존재한다.
③ 제품 사양, 문서, 데이터베이스, 매뉴얼, 화학식 등의 공식, 컴퓨터 프로그램 등의 형태로 표현되는 것은 형식지로 분류된다.
④ 암묵지는 개인, 집단, 조직의 각 차원에서 개인적 경험이나 이미지, 혹은 숙련된 기능, 조직 문화, 풍토 등의 형태로 나타난다.
⑤ 형식지는 서술하기 쉽고 객관적, 논리적인 디지털 지식 등이 포함된다.

해설 ② 언어나 구조화된 체계를 가지고 존재하는 것은 형식지이다.
1960년대 과학철학자인 폴라니(Michael Polanyi)는 지식을 형식적 지식(explicit knowledge)과 암묵적 지식(tacit knowledge)으로 구분하였고, 이로부터 지식경영의 개념이 등장하기 시작하였다. 형식적 지식(형식지)이란 말, 즉 언어로 표현할 수 있는 명시적·객관적·논리적인 지식을 의미한다. 반면 암묵적 지식(암묵지)은 개인적인 경험에 의해 얻어지는, 말로 표현하기 어려운 직감적인 지식을 말하는 것으로 노하우 등을 의미한다.

35 다음의 설명에 해당하는 가장 적절한 용어는?

> 지식을 형식지와 암묵지 그리고 조직지와 개인지로 분류하여 보았을 때, 이 중 두 가지 형태의 지식을 결합시켜 생성된 지식으로 추상적이며 개인적인 형식지를 지칭한다. 이는 개인의 산술능력과 같이 언어로 설명가능한 개인차원의 지식으로, 어떤 개인이 독점적으로 보유할 수 있는 지식을 일컫는다.

① 체화지
② 개념지
③ 문화지
④ 명시지
⑤ 사실지

해설 지식변환 양식에서 외재화(externalization)는 암묵지를 형식지로 표출하는 과정을 의미한다. 이 과정을 통해 창출되는 지식은 개념지로, 기업의 브랜드 이미지, 신제품 개념, 디자인 기술서 등이 개념지에 해당한다.

Answer 34 ② 35 ②

36 지식경영을 실천하였을 때 얻을 수 있는 이점으로 가장 옳지 않은 것은?

① 지식경영은 사고의 자유로운 흐름을 촉진함으로써 혁신을 촉진한다.
② 지식경영은 상품과 서비스를 보다 신속하게 시장에 제공할 수 있게 지원함으로써 수입을 증가시키는 효과를 가져올 수 있다.
③ 지식경영은 종업원들의 지식에 대한 가치수준을 인식하고 보상함으로써 종업원들의 사기를 강화하게 한다.
④ 지식경영은 지적 자본보다는 물적 자본으로부터 가치를 만들어 가는 과정이다.
⑤ 지식경영은 불필요한 과정을 제거함으로써 효율적인 운영을 통해 비용을 감소시킨다.

[해설] 지식경영(knowledge management)은 조직구성원 개개인의 지식이나 노하우를 체계적으로 발굴하여 조직 내 보편적인 지식으로 공유함으로써, 조직 전체의 문제해결 능력을 비약적으로 향상시키는 경영방식이다.
④ 지식경영은 물적 자본보다는 지적 자본으로부터 가치를 만들어 가는 과정이다.

37 지식경영(knowledge management)에 대한 다음 설명 중 가장 옳지 않은 것은?

① 지식은 수확체증의 법칙을 따른다.
② 지식은 형식지와 암묵지로 구분된다.
③ 암묵지는 학습과 체험을 통해 습득되지만 외부로 드러나지 않는 지식이다.
④ 형식지와 암묵지는 독립적인 지식창출 과정을 거쳐 각각 저장되고 활용된다.
⑤ 개념지는 외재화 과정을 통해 창출된 암묵지로 감정적 지식이다.

[해설] 지식변환 과정은 형식지(explicit knowledge)와 암묵지(tacit knowledge)가 서로 변화되는 과정이다. 즉, 암묵지가 암묵지, 형식지가 형식지, 암묵지가 형식지, 그리고 형식지가 암묵지로 바뀌는 네 가지 변환과정이다. 형식지와 암묵지는 상호변환 과정을 거쳐 각각 저장되고 활용된다.

38 지식을 형시적으로 보존하는 지식 코드화의 장점으로 가장 옳지 않은 것은?

① 조직 내에서 지식의 공유가 더욱 쉽게 이루어질 수 있다.
② 지식의 외재화는 지식을 비경쟁 재화에서 경쟁 재화로 전환시킨다.
③ 지식이 형식적으로 전환되면 조직의 정착물이 된다.
④ 지식이 가시화되어 접근성이 향상되고, 부가가치적인 의사결정에 사용할 수 있게 된다.
⑤ 형식적 지식의 저장고는 거래의 객체가 될 수 있다.

[해설] 이쿠지로 노나카(Nonaka)는 지식은 사회화 → 외재화 → 결합화 → 내재화의 순서로 전환된다고 주장한다. 지식의 코드화는 지식의 외재화를 의미하는 것으로, 암묵지(implicit knowledge)를 형식지(explicit knowledge)로 표현하는 프로세스이다.
② 지식의 외재화가 이루어지면 지식을 경쟁 재화에서 비경쟁 재화로 전환시킨다.

Answer 36 ④ 37 ④ 38 ②

제1장 실전감각 기르기

39 지식의 창조란 암묵지와 형식지의 상호교환과 순환 프로세스를 통한 지식의 양적, 질적 발전이라 본다. 이 두 종류의 지식에 대한 설명으로 가장 옳지 않은 것은?

① 철학자 폴라니의 "우리는 우리가 말할 수 있는 것 이상의 것을 알 수 있다"라고 한 말은 암묵지와 더 관련이 깊다.
② 암묵지는 언어나 구조화된 체계를 가지고 존재한다.
③ 제품 사양, 문서, 데이터베이스, 매뉴얼, 화학식 등의 공식, 컴퓨터 프로그램 등의 형태로 표현되는 것은 형식지로 분류된다.
④ 암묵지는 개인, 집단, 조직의 각 차원에서 개인적 경험이나 이미지 혹은 숙련된 기능, 조직문화, 풍토 등의 형태로 나타난다.
⑤ 형식지는 서술하기 쉽고 객관적, 논리적인 디지털 지식 등이 포함된다.

해설 폴라니(Polanyi)는 지식경영과 관련하여 지식을 형식지(explicit knowledge)와 암묵지(tacit knowledge)로 구분한다. 형식지는 시험답안에 옮긴 지식처럼 언어나 기호로 표현될 수 있는 지식으로, 교과서에서 배우는 지식이 대표적이다. 반면 암묵지는 기호로 표시되기 어렵고 주로 사람이나 조직에 체화되어 있는 지식을 말한다.
② 언어나 구조화된 체계를 가지고 존재하는 것은 형식지이다.

40 다음은 학자들마다 어떠한 용어를 정의한 내용이다. ( ) 안에 들어갈 용어로 가장 옳은 것은?

- 스베이비(Sveiby) : (　　)이란 조직의 무형자산을 통해 가치를 창출하는 예술이다.
- 베치만(Bechman) : (　　)이란 새로운 조직적 역량을 창출하고 구성원의 높은 업무성과를 가능하게 하며, 혁신적 활동을 촉진시키는 동시에, 고객가치를 제고시킬 수 있도록 구성원의 경험과 지식, 전문성을 공식화시키는 것이다. 아울러 여기에 보다 자유롭게 접근, 그것을 쉽게 활용할 수 있도록 추진되는 활동이다.
- 위그(Wiig) : (　　)이란 기업의 지식관련 경영활동의 효과성을 극대화하고 지식자산으로부터 최대 부가가치를 창출하기 위해 지식을 창출, 갱신, 적용하는 일련의 체계적이고 명시적이며 의도적인 활동이다.

① 핵심역량활동　　② 지식자본측정
③ 프로세스 경영　　④ 성과측정
⑤ 지식경영

해설 ⑤ 지식경영(knowledge management)은 기업을 둘러싼 환경이 급변함에 따라 이에 적극 대응하기 위한 지속적인 혁신과 함께 이를 가능하게 하는 지식의 중요성이 커짐에 따라 피터 드러커(Peter Drucker)와 노나카 이쿠지로(Nonaka Ikujiro) 등에 의해 제창된 개념이다.
지식경영은 조직구성원 개개인의 지식이나 노하우를 체계적으로 발굴하여 조직 내 보편적인 지식으로 공유함으로써, 조직 전체의 문제해결 능력을 비약적으로 향상시키는 경영방식이다.

Answer 39 ② 40 ⑤

41 센지(P. M. Senge)가 제시한 학습조직의 기본요소가 아닌 것은?

① 자아완성(Personal Mastery)
② 개인학습(Private Learning)
③ 사고모형(Mental Model)
④ 공유비전(Shared Vision)
⑤ 시스템 사고(System Thinking)

[해설] 1980년대 말 미국 MIT대학의 피터 센지(P. M. Senge) 교수에 의해 처음으로 제시된 학습조직(learning organization : LO)은 급변하는 경영환경 속에서 승자로 살아남기 위해서는 조직원이 학습할 수 있도록 기업이 모든 기회와 자원을 제공하고 학습결과에 따라 지속적 변화를 이루어야 한다는 것으로 요약된다. 이는 벤치마킹에서 한 단계 발전된 것이다. 벤치마킹이 다른 기업의 장점을 수용하려는 자세를 강조한 것이라면 학습조직은 벤치마킹을 전사적으로 확대할 수 있는 방법을 집중적으로 다루고 있다.
② 학습조직은 개인학습에 의한 개인적 지식이 아니라 집단학습에 의한 조직적 지식을 중시한다.

42 지식근로자가 기업에서 활동할 때 가장 지양해야 할 자세에 해당되는 것은?

① 개인이 창출한 지식이 조직의 지식으로 승화될 수 있도록 해야 한다.
② 자신의 업무를 확대하고 새로운 업무에 도전한다.
③ 세부적인 업무에 치중하는 것보다는 더 넓은 시각을 갖고 근본목적을 달성할 수 있어야 한다.
④ 프로세스 위주의 사고방식을 가져야 한다.
⑤ 모든 관련 정보를 취득하여 표면상의 문제점을 위주로 해결하여야 한다.

[해설] 지식근로자(knowledge workers)는 자신의 일을 끊임없이 개선・개발・혁신하여 부가가치를 올리는 지식을 소유한 사람을 의미한다. 정보를 나름대로 해석하고 이를 활용해 부가가치를 창출해낼 수 있는 노동자를 가리킨다.
⑤ 지식근로자는 지식소스를 파악하고 분석하여 본질적인 문제점을 해결할 수 있는 능력을 갖추어야 한다.

43 다음 중 브레인 스토밍의 설명이 아닌 것은?

① 창의성 있는 아이디어 개발을 위한 기법으로 사용되고 있다.
② 오스본에 의해 창안된 것으로 두뇌선풍, 영감법이라고도 한다.
③ 타인의 아이디어에 대한 종합이나 개선도 가능하다.
④ 아이디어의 양보다 질을 중시한다.
⑤ 리더가 제기한 문제를 회의참가자는 일정한 전제하에서 자유롭게 토론해 가능한 많은 아이디어를 유도해내기 위한 방법이다.

Answer 41 ② 42 ⑤ 43 ④

[해설] 브레인 스토밍(brain storming)은 여러 사람이 모여 다양한 아이디어를 제시하고, 이러한 아이디어들을 취합·수정·보완하여 새로운 아이디어를 얻는 방법을 말한다.
④ 브레인 스토밍은 아이디어의 질보다 양을 중시한다.

44 창의성의 개발기법에 관한 설명 중 틀린 것은?

① 브레인 스토밍은 리더가 제기한 문제에 대하여 자유롭게 의견을 제시하게 한다.
② 고든법은 리더 혼자만이 주제를 알고 집단에는 제시하지 않은 채 짧은 시간 동안 의견을 한 번씩 제시하게 한다.
③ 분석적 기법은 제기된 문제의 여러 요소들을 다각적으로 분석하게 한다.
④ 강제적 관계기법은 정상적으로 관계 없는 구상들을 관련짓도록 유도한다.
⑤ 델파이법은 상호작용 집단이나 명목집단만큼 풍부한 대안을 개발할 수 없다는 한계가 있다.

[해설] ② 고든법은 리더 혼자서만 주제를 알고 장시간 동안 문제해결의 방안을 각자 제시하도록 하는 것이다.

45 지식정보사회에 따른 조직구성원의 행태변화로서 옳지 않은 것은?

① 정보기술의 발달로 인해 조직 내에서 개인의 자신의 업무를 수행하는 데 있어서의 자율성은 약화되었다.
② 조직 내, 조직 간의 경쟁은 가속화된다.
③ 인력의 이동성이 증가하고 있다.
④ 조직문화는 여성적이고 유연한 문화로 바뀌고 있다.
⑤ 연공서열에 따른 보상은 감소하고 개인의 능력과 기술에 따른 보상으로 바뀌고 있다.

[해설] 개인의 자아실현이 강조되므로 개인의 자율성이 높아지며 종전의 강직한 남성적 문화가 유연하고 부드러운 여성적 문화로 전환된다.

46 기업이 지식경영시스템을 도입함으로써 얻을 수 있는 효과와 가장 관련이 먼 것을 고르시오.

① 기업의 경쟁력 강화
② 기업운영의 효율성 향상
③ 시스템 관리비용의 절감
④ 지식자원의 자산화
⑤ 새로운 지식의 창조능력 증대

Answer 44 ② 45 ① 46 ③

해설 지식경영시스템(KMS : Knowledge Management System)은 조직 내의 인적자원들이 축적하고 있는 개별적인 지식을 체계화하여 공유함으로써 기업 경쟁력을 향상시키기 위한 기업정보시스템을 말한다.
③ KMS를 도입하면 시스템 관리비용은 증가한다.

47 조직이나 기업의 인적자원이 축적하고 있는 개별적인 지식을 체계화하여 공유함으로써 경쟁력을 향상시키기 위한 접근방식은?

① 전문가시스템
② 전략정보시스템
③ 지식관리시스템
④ 경영전략시스템
⑤ 경영정보시스템

해설 지식관리시스템(KMS)은 조직이나 기업의 인적자원이 축적하고 있는 개별적인 지식을 체계화하여 공유함으로써 경쟁력을 향상시키기 위한 접근방식이다. KMS는 그동안 회계나 영업, 생산 등의 분야에서 주로 활용되던 정형화된 수치정보의 분석에서, 이제는 직원 개개인들이 업무수행 중 축적한 비정형 정보를 활용하여 기업의 효율성을 꾀하고 지식경영을 하는 데 근본취지가 있다.

48 아래 글상자의 ( ) 안에 들어갈 용어로 옳은 것은?

> ( )은(는) 도제관계에서 초보자가 전문가와 삶을 공유하면서 공동생활을 통하여 기술을 습득하며 멤버십을 확보해 가는 과정에서 활용되었던 지식 습득방법을 모방하여 새로운 모습으로 기업의 지식경영에서 활용되고 있다.
> 이는 특정 주제에 대해서 관심 있는 사람들이 모여 집단을 구성하고 관심 있는 주제나 수행 중인 일에 지속적으로 상호작용함으로써 서로를 도우며, 지식을 쌓아 나가는 과정을 말한다.

① CoP(Community of Practice)
② e-러닝(e-learning)
③ 학습조직(Learning Organization)
④ e-지식(e-knowledge)
⑤ GCS(Group Collaboration System)

해설 CoP(Community of Practice), 즉 실행공동체(또는 지식공동체)는 공통의 관심사를 가진 사람들의 비공식적이고 자발적인 소규모 연구모임을 의미한다. 구성원들의 특정 관심 분야에 대한 정보와 경험을 서로 교환함으로써 기업 내에서 지식의 창출·전파·공유의 기능을 담당하는 풀뿌리 조직 단위로서의 성격을 지닌다.
지식 경영을 성공적으로 수행하고 있는 선진 기업에서는 지식공동체(CoP)가 매우 중요한 역할을 담당하고 있으며 이들 기업은 CoP를 관리의 대상이 아닌 지원의 대상으로 인식하고, CoP 활동이 촉진될 수 있는 여건을 조성함으로써 커다란 성과를 거두고 있다.

Answer 47 ③ 48 ①

49 지식인 또는 지식근로자에게 필요한 자질로 가장 적합하지 않은 것은?
① 자신의 일하는 방법을 부단히 개선·개발·혁신시켜야 한다.
② 자신이 터득한 노하우를 체계적으로 정리하고 기록해야 한다.
③ 자신의 지식을 다른 사람과 자유롭게 공유할 수 있어야 한다.
④ 희소가치가 있는 지식이나 노하우는 암묵지 형태로 존재시켜야 한다.
⑤ 일하는 방법을 개선·개발·혁신함으로써 얻은 아이디어는 구체적인 상품가치를 창출하는 데 연계시켜야 한다.

해설 ④ 희소가치가 있는 지식이나 노하우는 형식지 형태로 외재화(externalization)하여 다른 사람들이 쉽게 공유할 수 있도록 하여야 한다.

Answer 49 ④

CHAPTER 02 주요 유통정보화 기술 및 시스템

제1절 바코드의 개념 및 활용

1 바코드와 유통정보화

(1) 바코드의 의의

① 바코드의 정의
  ㉠ 바코드(bar code)는 가느다란 줄과 굵은 줄 2가지 폭을 가지는 백과 흑의 평행한 줄로 이루어지는 막대, 여백, 전달 부호줄 및 광학식 문자인식을 위한 자형(0)으로 구성되어 제품 또는 제품포장지에 인쇄된 표시를 말한다.
  ㉡ 바코드는 두께가 서로 다른 검은 막대와 흰 막대의 조합을 통해 숫자 또는 특수기호를 광학적으로 쉽게 판독하기 위해 부호화한 것으로 이것을 이용하여 정보의 표현과 정보의 수집, 해독이 가능하다.
  ㉢ 따라서 바코드를 이용하면 소비자 정보에 의한 판매계획의 수립, 주문의 신속화, 출하와 배송의 효율화 등을 기할 수 있다.
  ㉣ 바코드는 제품에 대한 어떠한 정보도 담고 있지 않으며, 바코드를 구성하고 있는 개별 숫자들도 각각의 번호 자체에 어떤 의미도 담고 있지 않다. 즉, 바코드는 제품분류(product classification)의 수단이 아니라 제품식별(product identification)의 수단으로 사용된다.
  ㉤ 식별코드는 사람 또는 사물의 식별을 위한 번호체계이고, 바코드는 식별코드를 막대모양으로 나타낸 것이다.

② 바코드의 원리
  ㉠ 바코드는 컴퓨터 내부 조직의 기본인 0과 1의 비트로 이루어진 하나의 언어로 바의 두께와 스페이스의 폭의 비율에 따라 여러 종류의 코드체계가 있으며, 이 인쇄된 코드는 바코드 인식장치에 빛의 반사를 이용해서 데이터를 재생시키며 재생된 데이터를 수집·전송하는 것이다.

  ㉡ 바(bar)는 흑색 선으로써 빛을 주사시켰을 때 반사율이 적게 나타나며 흰 여백(space)은 백색이므로 반사율이 높게 나타나게 되므로 이 빛의 반사율을 감지하여 부호화된 정보를 판독할 수 있게 된다.

ⓒ 바코드는 스캐너(scanner) 또는 리더(reader)라고 불리는 장치를 이용하여 상품의 제조업체, 품명 또는 가격을 정확하고, 간단하고 쉽게 읽어 들일 수 있도록 고안된 것이다.

③ 바코드 심볼로지
㉠ 정보를 바코드로 표현하는 방법에는 여러 가지가 있는데, 이를 바코드 심볼로지(bar code symbology)라고 한다.
㉡ 바코드 심볼로지는 현재까지 약 150여 종이 개발되어 있으며 같은 데이터라도 심볼체계에 따라 다르게 표현될 수 있으므로 각각의 특성을 충분히 고려한 후 적절한 코드를 선택해야 한다. 바코드 심볼의 구조는 코드의 종류에 따라 다르다.
ⓒ 그동안 우리나라는 유럽의 바코드 체계인 EAN 기준에 의한 KAN 체계를 채택하여 표준형과 단축형 바코드를 사용하여 왔다. 2005년 국제표준 상품코드 관리기관인 EAN/UPC International과 EPC Global이 통합되어 새로운 국제표준 상품코드 관리기관인 GS1으로 발족함에 따라 GS1 체계를 채택하였다.

(2) 바코드의 구조

바코드의 구조는 Quiet Zone, Start/Stop Character, Check Digit, Interpretation Line, X-dimension, Inter-character gap 등으로 되어 있다.

① **Quiet Zone**
바코드를 보면 시작문자 앞과 끝에는 여백이 있는데 이 여백 부분을 quiet zone이라고 한다. 바코드 심볼의 왼쪽 공간을 전방 여백, 오른쪽 공간을 후방 여백이라고 한다. 바코드의 시작과 끝을 명확하게 구현하기 위한 필수적인 요소이다.

② **Start/Stop Character**
시작문자(start character)는 심볼의 맨 앞부분에 있는 문자로서 데이터의 입력방향과 바코드의 종류를 스캐너에 알려주는 역할을 한다. 멈춤문자(stop character)는 바코드의 심볼이 끝났다는 것을 알려주어 스캐너가 바코드 양쪽 어느 방향에서든지 데이터를 읽을 수 있도록 해준다.

③ **Check Digit**
검사문자(check digit)는 메시지가 정확하게 읽혔는지 검사하는 것으로, 수표나 지로(giro) 용지 등 정보의 정확성이 요구되는 분야에 이용되고 있다.

④ **Interpretation Line**
바코드의 윗부분 또는 아랫부분을 말하는 것으로, 숫자·문자·기호 등 사람의 육안으로 식별 가능한 정보가 있는 부분이다.

⑤ **X-dimension, Inter-character gap**
㉠ X-dimension은 바코드의 가장 좁은 바(bar)와 스페이스이다. X-dimension은 바코드 구조상 최소단위를 이루는 것으로 모듈(module)이라고도 한다.
㉡ X-dimension의 크기를 알려주는 것은 Inter-character gap이다. 즉, Inter-character gap은 X-dimension의 크기인 문자들 간의 간격을 말한다.

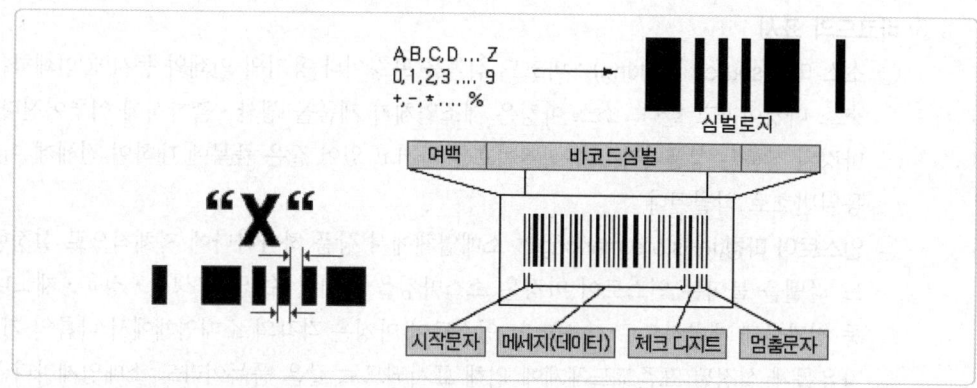

⑥ 바코드의 구성단계 및 단위

바코드는 최소단위인 모듈(module) → 엘리먼트(element) → 심볼문자(symbol character) → 심볼(symbol)의 단계로 구성된다.

(3) 바코드의 장점과 응용분야

① **바코드의 장점**
  ㉠ 신속성이 있다. 즉, 스캐너로 바코드를 읽어 들이는 것은 수작업에 의한 컴퓨터의 입력방법(key-in)보다 훨씬 빠르고 간소하다.
  ㉡ 신뢰성이 매우 높다. 즉, 불명확한 판독으로 인한 오독률 및 에러율이 매우 낮다.
  ㉢ 경제성이 있다. 즉, 도입비용이 저렴하고 응용범위를 다양하게 활용할 수 있다. 바코드에 의한 정보입력 방식은 다른 여타의 입력시스템 방식보다 경제적이므로 작업의 생산성과 효율성을 높일 수 있다.
  ㉣ 실시간 데이터 처리가 가능하다. 바코드로 처리된 데이터 정보는 손쉽게 주컴퓨터에서 실시간 처리가 가능하다. 이런 결과로 필요한 시점에서 상황을 즉시 알아낼 수 있으므로 적정재고의 유지와 효과적인 입·출하관리, 판매관리가 가능해진다.

② **바코드의 응용분야**
  ㉠ **유통관리** : 거래시점에서 발생하는 판매·주문·수금 등의 업무를 즉각적으로 컴퓨터에 입력함으로써 모든 판매정보를 한눈에 알 수 있다.
  ㉡ **자재 및 창고관리** : 자재의 수급계획부터 자재청구, 입고, 창고재고의 재고파악, 완제품 입고에 이르기까지 자재에 관련된 경로를 추적·관리할 수 있다.
  ㉢ **근태관리** : 정확한 출퇴근 시간 및 이와 관련된 급여자료 산출, 출입에 관한 엄격한 통제가 가능하다.
  ㉣ **출하선적관리** : 제품을 출하하고 창고 입출고시에 그 정보를 읽음으로써 제품의 수량 파악, 목적지 식별을 신속하게 할 수 있다.
  ㉤ **매장관리** : 판매, 주문, 입고, 재고현황 등 각 매장의 정보를 신속하게 본사 호스트 컴퓨터로 전송하며 또한 POS 터미널 자체 매장관리도 할 수 있다.

③ 바코드의 표시
  ㉠ 소스 마킹(source marking) : 바코드 심볼을 포장이나 용기의 인쇄와 동시에 인쇄하는 것을 소스 마킹이라고 한다. 소스 마킹은 제조업체가 제품을 생산·출하시에 이루어진다. 소스 마킹된 상품은 상품마다 고유식별번호를 가지고 있어 같은 품목에 대하여 전세계 어디서나 동일번호로 식별된다.
  ㉡ 인스토어 마킹(in-store marking) : 소매업체에서 상품 하나하나에 자체적으로 설정한 바코드 라벨을 붙이는 인스토어 마킹은 소스마킹을 실시할 수 없는 생선·정육·채소나 과일 등 청과물에 제한적으로 사용한다. 인스토어 마킹은 각각의 소매업체에서 나름의 기준으로 자유롭게 설정된 표준코드체계에 의해 표시되므로 같은 품목이라도 소매업체마다 번호가 달라질 수 있다.

④ 마킹의 일반규정
  ㉠ 바코드의 최소치는 표준규격(가로 3.73cm, 세로 2.63cm)의 80%, 최대규격은 표준규격의 200%까지, 그리고 최소 축소치에서의 세로 길이는 1.8cm까지 사용하도록 권장된다.
  ㉡ 바코드 판독기는 바코드의 좌우여백 부분을 통해 바코드의 시작과 종료를 알 수 있기 때문에 바코드 좌우에 반드시 밝은 여백이 있어야 한다.
  ㉢ 바코드의 바탕은 백색으로 하여야 하고 바의 색상은 흑색, 군청색, 진한 녹색, 진한 갈색 등을 사용할 수 있다. 바의 색상을 붉은색, 노란색, 오렌지색으로 해서는 안 된다.
  ㉣ 제작 완료된 바코드 원판(필름마스터)에는 항상 상하좌우 4곳에 코너마크가 표시되어 있다.

⑤ 바코드 인쇄시 가이드라인
  대한상공회의소 한국유통물류진흥원(gs1kr.org)에서는 바코드를 부여하고 인쇄하는데 있어서의 가이드 라인을 정해서 제시하고 있다.
  ㉠ 일반적으로 소매상품의 경우 상품의 뒷면 우측하단에 바코드를 인쇄하는 것이 원칙이다.
  ㉡ 바코드 위치는 일반적으로 상품의 가장자리에서 8~100mm의 거리를 유지한다.
  ㉢ 상품이 원통형인 경우 가능한 바코드를 세워서 인쇄한다.
  ㉣ 상품이 매우 얇은 경우 일반적으로 상품의 윗면에 바코드를 인쇄한다.
  ㉤ 대형상품(중량 13kg 이상, 길이 45cm 이상)의 경우 앞면과 뒷면 2개의 바코드를 인쇄한다.

2 바코드와 국제표준

(1) 데이터 표현방식에 따른 분류
  ① 불연속형 심볼로지
    불연속형(discrete type)은 각 문자들이 독립적으로 분리되어 있고, 문자들 사이에는 갭이 존재하며, 각 문자가 바(bar)로 시작해서 바(bar)로 끝나는 바코드 심볼로지를 말한다. 해독이 될 경우에도 문자별로 다루어진다.

② 연속형 심볼로지

연속형(continuous type)은 불연속형 심볼로지와는 다르게 문자 사이의 갭(Gap)이 존재하지 않으며, 각 문자는 바(bar)로 시작해 스페이스(space)로 끝나는 바코드 심볼로지를 말한다. 다음 문자의 시작문자에 의해서 문자의 끝이 구별된다.

(2) 데이터의 배열방법에 따른 분류

① 1차원(선형) 바코드 심볼로지
㉠ 일차원(1D) 바코드 심볼로지는 데이터를 횡축(X방향)으로 배열하는 단순한 형태로서 1970년대 초 이래, 심볼의 길이(데이터의 길이)가 가변적이고, 오류검출 기능과 보다 높은 데이터 밀도를 가질 수 있는 형태로 발전하였다.
㉡ 일차원 바코드는 제품정보나 물류정보 자체보다는 이들을 담고 있는 데이터베이스에 접근하는 데이터 키(data key)를 표현하는데 이용되고 있다. 이와 같이 데이터 키를 통하여 외부에 이미 존재하는 데이터베이스 시스템에 접근하는 방식을 번호판(licence plate) 구조라고 한다.

② 2차원 바코드 심볼로지
㉠ 2차원(2D) 바코드 심볼로지는 양축(X방향, Y방향)으로 데이터를 배열시켜 평면화한 것으로서 기존의 1차원(1D) 바코드 심볼로지가 가지는 문제점인 데이터 표현의 제한성을 보완하기 위하여 1980년대 중반에 등장하게 되었다.
㉡ 2차원 바코드 심볼로지의 장점은 하나의 심볼에 대용량의 데이터를 포함시킬 수 있는 점, 좁은 영역에 많은 데이터를 고밀도로 표현할 수 있다는 점, 공간이용률이 매우 높다는 점, 심볼이 오염되거나 훼손되어 데이터가 손상되더라도 오류를 검출하여 복원하는 능력이 탁월한 점 등을 들 수 있다.
㉢ 또한 흑백 엘리먼트가 변에 구속되어 있지 않아 심볼 인쇄 및 판독이 쉽고 심볼의 판독을 360° 다방향으로 할 수 있으며, 한국어를 비롯한 모든 외국어 그리고 그래픽 정보까지도 표현할 수 있는 장점이 있다.

(3) 1차원 바코드 심볼로지

① UPC
㉠ UPC(Universal Product Code)는 미국의 식료품 관련 협회인 Ad Hoc위원회가 식료품과 잡화 등 유통제품에 부착하기 위하여 1973년 산업부문 표준심볼로 채택되었다.
㉡ 이 심볼은 IBM에서 고안한 것과 거의 유사한 것으로 2004년까지 미국이나 캐나다 등지에서 POS용으로 백화점이나 슈퍼마켓의 식료품과 일상 잡화, 의료제품 등에 사용되어 왔다.
㉢ 현재는 GS1 코드가 국제표준으로 선정되어 북미지역에 수출하는 경우에도 사용할 수 있게 되어 UPC는 더 이상 사용하지 않는다.
㉣ UPC는 12개의 캐릭터로 구성되어 숫자(0~9)만 표시가 가능하며 세 가지 종류의 형(type)이 있다. Version A는 표준형으로 12자리를 표현하고, Version E는 단축형으로 6자리를, Version D는 확대형으로 표준형보다 많은 데이터를 표현할 수 있다.

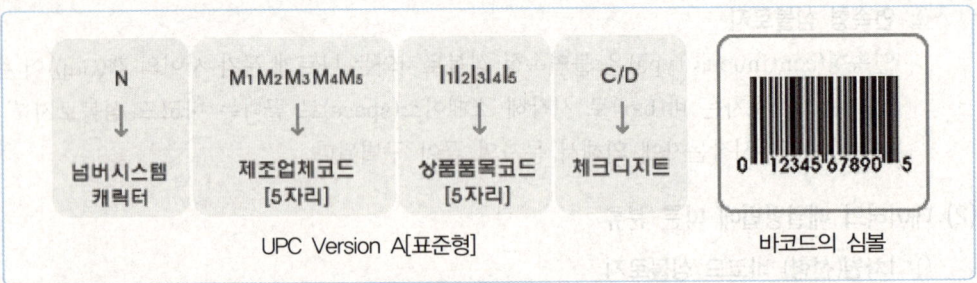

② **EAN CODE**

㉠ 미국이 UPC를 제정한 이후에 1977년 유럽 12개국이 모여서 국제적인 공통 상품코드를 제정했는데 이것이 바로 EAN(European Article Number) 코드이다. EAN 코드는 UPC보다 상위 레벨의 코드로 EAN 코드를 판독할 수 있는 판독기는 UPC를 읽을 수 있으나 그 반대는 성립되지 않는다.

㉡ EAN 코드는 13개의 문자를 포함할 수 있는데 바코드로 표현하는 것은 12자리이고 맨 왼쪽의 문자는 수치로 표현되므로 UPC와 동일한 심볼 길이인 95X를 갖는다.

㉢ EAN 코드의 종류에는 13개의 문자를 포함하는 표준형인 EAN-13과 8개의 문자를 포함하는 단축형인 EAN-8이 있다.

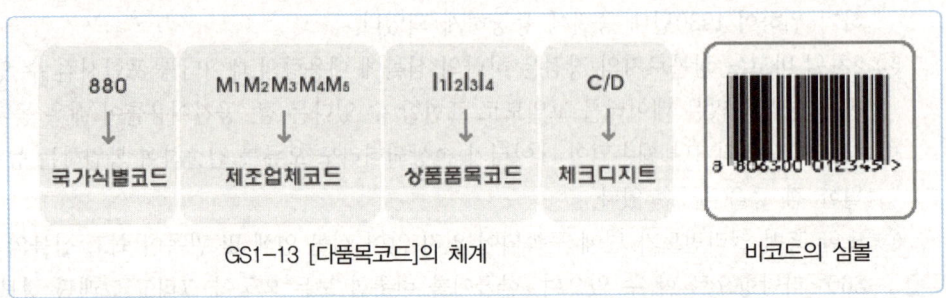

> **지식+톡톡 EAN과 UPC의 차이점**
> ① UPC는 6자리나 12자리로 구성되어 있으며, EAN은 8자리나 13자리로 구성되어 있다.
> ② UPC 심볼이 한 자리의 상품분류 체계번호와 5자리의 제조업체 번호로 좌측 6자리를 표현하는데 반해, EAN 심볼은 세 자리의 국가번호와 네 자리의 제조업체 번호로 좌측 7자리를 표현한다.
> ③ EAN-8은 UPC의 단축형(Version E)과 마찬가지로 소형 제품에 바코드를 부착하기 위해 고안된 것으로 8자리를 표현할 수 있다.

③ ITF CODE
  ㉠ ITF(Interleaved Two of Five) 코드는 한 개의 숫자가 5개의 바와 5개의 스페이스를 교대로 조합시킨 것으로 표준물류 바코드를 박스에 인쇄하기 위하여 사용되는 단품식별 바코드 심볼이다. ITF 코드는 집합포장(기업 간 거래 단위)에 인쇄되어 상품 검품, 분류, 재고실사를 할 때 주로 이용된다.
  ㉡ 이 코드는 숫자 데이터를 표현할 때 많은 데이터를 짧게 코드화할 수 있고, 좌우 양방향으로 판독이 가능하며 자체 감사 기능도 뛰어나므로 산업용 및 소매용으로 많이 사용된다.

2 OF 5 CODE

(4) 2차원 바코드 심볼로지

① 2차원 바코드 심볼로지의 유형
  2차원 심볼로지는 데이터를 구성하는 방법에 따라 크게 다층형 바코드(Stacked Bar Code)와 매트릭스형 바코드(Matrix Bar Code)로 구분된다.

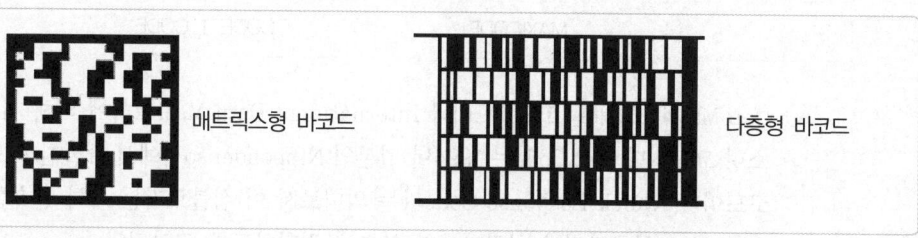

② 다층형 바코드
  ㉠ 다층형 바코드는 1차원 바코드와 같이 개별적으로 인식될 수 있는 몇 개의 문자가 모여 수평방향으로 열(row)을 구성하며 열 안에는 1개 이상의 데이터 문자를 포함하고, 하나의 심볼 안에는 최소 2개 이상의 열을 포함한다.
  ㉡ 다층형 바코드는 1차원 심볼로지의 연장선상에 있으므로 특수한 별도의 장비가 아닌 상용화된 범용 스캐너로 판독이 용이한 장점이 있다.
  ㉢ 다층형 바코드에는 PDF-417, Code 16K, Code 49, Codablock 등이 있다.

CODE 16K CODE   PDF-417 CODE   CODE 49 CODE

③ 매트릭스형 바코드
  ㉠ 매트릭스형(Matrix Code) 바코드는 정방형의 동일한 폭의 흑백 요소를 모자이크식으로 배열하여 데이터를 구성하기 때문에 심볼은 체크무늬 형태를 띤다.
  ㉡ 이 심볼을 판독하는 스캐너는 각 정방형의 요소가 검은지 흰지를 식별해 내고 이 흑백 요소를 데이터의 비트(Bit)로 삼아서 문자를 구성한다. 이런 단순 구조로 인해 다층형 심볼로지나 선형 심볼로지보다 더 쉽게 인쇄나 판독이 가능하다.
  ㉢ 매트릭스 코드에는 QR Code, MaxiCode, Code 1, DataMatrix, VeriCode, ArrayTag, DotCode 등이 있다.

  ⓐ DataMatrix Code는 1989년 미국 International Data Matrix사에 의해 개발된 매트릭스형 코드이다. QR Code는 1994년 일본의 Nippondenso사에서 개발한 매트릭스형 2D 코드이다. Quick Response Code라는 의미로서 이 심볼로지는 특히 신속한 판독을 필요로 하는 물류관리나 공장자동화 부분에 적합하도록 고안되었다.
  ⓑ MaxiCode Code는 1989년 미국의 유수의 택배회사인 UPS(United Parcel Service)사에 의해 개발된 매트릭스형 코드이다. MaxiCode는 UPS에서 운반처리하는 소포와 패키지의 분류와 추적관리, 대금청구를 신속하고 정확하게 처리하여 내부의 물류관리 효율을 증대시키고 고객에 대한 서비스를 향상시키기 위해 개발되었다.

④ QR 코드
  ㉠ 유통, 물류 분야에서 기존 바코드를 대체하는 개념으로 출발한 QR 코드는 별도의 리더기 없이 휴대폰을 리더기로 활용할 수 있어, 명함과 같은 개인적인 서비스까지 그 범위가 급속도로 확대되고 있다.
  ㉡ QR 코드는 데이터와 오류 정정 키들이 네 모서리에 각기 분산된 형태로 포함되어 있어 오염되거나 훼손되었을 경우 바코드에 비해 데이터를 읽어 들이기 쉽다는 장점이 있다.
  ㉢ QR 코드는 네 모서리 중 세 곳에 위치한 검출 패턴을 이용해서 360도 어느 방향에서든지 데이터를 읽을 수 있다는 장점이 있다.

② QR 코드는 모델1과 모델2가 있으며, 현재 QR 코드라 하면 일반적으로 모델2를 가리킨다. 모델2 중 최대버전은 40(177×177셀)이고, 7,089자의 숫자까지 취급할 수 있다. 최대 표현 용량은 숫자 7,089자, 문자(ASCII) 4,296자, 한자 등 아시아 문자 1,817자 등이다.

⑩ 2004년에는 위치 찾기 심볼을 하나만 적용해 아주 작은 공간에서도 사용할 수 있도록 한 초소형 Micro QR 코드를 개발했고, 이후 2008년에는 최대 4만 자리의 숫자를 담을 수 있는 정방형·장방형 iQR 코드를 발표했다. 현재는 일러스트 및 로고 등을 삽입해 독창적인 QR코드를 만들 수 있는 Logo QR로 한 단계 진화된 모습을 보여주고 있다.

⑪ QR 코드를 사용하기 어려운 좁은 공간이나 소량의 데이터만 필요로 하는 경우를 위하여 Micro-QR 코드를 Denso Wave에서 정의하고 있다. Micro-QR 코드는 위치찾기 심볼이 하나이며, 보다 더 작은 공간에 인쇄를 가능하게 해 준다.

⊙ iQR 코드는 기존의 QR 코드보다 정보의 표현밀도가 향상되어 보다 많은 정보를 담을 수 있고, 반대로 동일한 양의 정보를 보다 적은 공간을 활용하여 코드생성이 가능하다는 장점이 있다. 이전보다 코드 생성과 인식정도의 향상으로 자동차, 전기, 전자 등 다양한 업종에서 iQR 코드를 활용할 수 있게 되었다. iQR 코드의 모양은 정사각형은 물론 직사각형의 형태로 표현할 수 있다.

⊙ Frame QR은 코드안에 자유롭게 사용할 수 있는 캔버스 영역을 가진 QR 코드이다. 캔버스 부분에 문자나 화상을 넣을 수 있다.

QR코드의 종류

QR코드 모델1 모델2   Micro QR코드   IQR 코드   SQRC   LogoQ

3 공통상품코드

(1) GTIN

① GTIN 코드의 의미

㉠ GTIN(Global Trade Item Number) 코드는 국제 거래단품 식별코드를 말한다. 거래단품이란 공급체인(supply chain)상에서 가격이 매겨지거나 주문단위가 되는 상품을 말하며, 소비자에게 판매되는 모든 낱개상품뿐만 아니라 묶음상품, 기업 간 주문단위로 이용되는 상자단위도 거래단품의 범주에 포함된다.

㉡ GTIN 코드는 백화점, 슈퍼마켓, 편의점 등 유통업체에서 최종소비자에게 판매되는 상품에 사용되는 식별코드로 EAN 코드에 입력되어 상품제조단계에서 제조업체가 상품포장에 직접 인쇄(source marking)하게 된다.

② GTIN 코드의 종류

GTIN 코드에는 GS1-8(8자리), GS1-13(13자리), GS1-14(14자리)가 있으며, 이를 전산으로 처리할 경우에는 모두 14자리로 입력해야 하므로 각 코드의 앞에 '0'을 채워 14자리로 만든 후 데이터베이스에 입력한다.

③ GTIN 코드의 체계

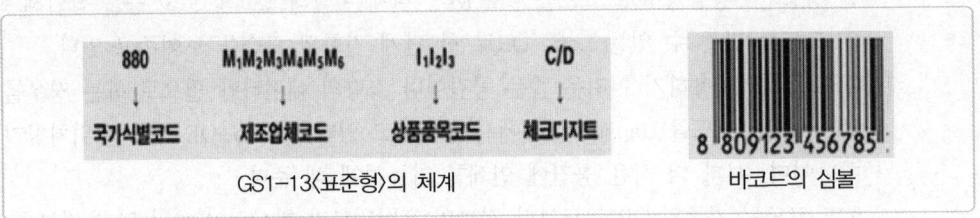

㉠ 국가식별코드(3자리)

GS1-13의 첫 3자리 숫자는 국가를 식별하는 코드로 우리나라는 항상 880으로 시작된다. 국가식별코드가 원산지를 나타내는 것은 아니다. 1981년까지 GS1(국제표준 상품코드 관리기관)에 가입한 국가는 국가식별코드가 2자리이며, 1982년 이후에 가입한 국가는 국가식별코드가 3자리이다. 국가식별코드는 GS1이 부여하며, 우리나라는 대한상공회의소 유통물류진흥원(GS1 Korea)이 관리하며, 국제표준 바코드 시스템의 보급 및 국내 유통정보화를 전담하고 있다.

㉡ 제조업체코드(6자리)

6자리 제조업체코드는 대한상공회의소 유통물류진흥원에서 제품을 제조하거나 판매하는 업체에 부여한다. 업체별로 고유의 코드가 부여되기 때문에 같은 코드가 중복되어 부여되지는 않는다.

㉢ 상품품목코드(3자리)

제조업체코드 다음의 3자리는 제조업체코드를 부여받은 업체가 자사에서 취급하는 상품에 임의적으로 부여하는 코드이며, 000~999까지 총 1,000품목의 상품에 코드를 부여할 수 있다.

㉣ 체크디지트(1자리)

스캐너에 의한 판독 오류를 방지하기 위해 만들어진 코드로, 바코드가 정확하게 구성되어 있는가를 보장해주는 컴퓨터 체크디지트를 말한다. 체크디지트는 컴퓨터에서 자동적으로 계산된다.

> **지식+톡톡** GS1과 GS1 Korea
>
> ① GS1(국제표준 상품코드 관리기관)은 EAN International의 새로운 명칭이다. 우리나라의 경우 GS1 Korea(대한상공회의소 유통물류진흥원)에서 국제표준바코드 시스템의 보급 및 유통정보화를 담당하고 있다.
> ② 일반적으로 EAN 코드는 국가코드 3자리, 제조업체코드 4~6자리(자리수 한계에 따른 소진으로 인해 6자리로 증편), 제품코드는 3~5자리, 체크디지트 1자리로 구성된다. EAN 코드를 GS1 코드로 이름을 바꾼 이래 EAN-13이라면 GS1-13 코드와 같은 것으로 사용되고 있다.
> ③ 또한 국내에서는 EAN을 명칭상 KAN으로 사용하기도 하지만 본질적으로는 EAN 코드를 일컫는다. 즉, 대한상공회의소 유통물류진흥원에서는 EAN 코드를 GS1(국제표준 상품코드 관리기관) 코드로 명칭을 변경하여 사용하고 있다(www.gs1kr.org 참조).

(2) SSCC

① SSCC의 의미

㉠ SSCC(Serial Shipping Container Code), 즉 수용용기 일련번호는 최초배송인과 최종수령인 사이에 거래되는 물류단위 중에서 주로 파렛트와 컨테이너 같은 대형 물류단위를 식별하기 위해 개발한 18자리 식별코드이다.

㉡ 소매상품에 GS1-13을 부여하는 것처럼 각각의 파렛트 또는 컨테이너에 고유한 식별코드를 부여하여 이것을 해체하지 않고 수·배송, 입·출고를 가능하게 할 목적으로 고안되었다.

② SSCC의 구조

㉠ GS1 코드의 경우에는 코드관리기관으로부터 부여받은 국가코드와 업체코드는 그대로 사용하고 포장용기의 일련번호를 부여한다. 그리고 확장자(AI)와 체크디지트를 덧붙여 18자리를 만든다. 즉, SSCC의 바코드 라벨은 GS1-128 바코드 심볼로지와 AI(Application Identifier : 응용 식별자)에 의해서 표시된다.

㉡ 최근 WCO(세계관세기구)에 의해 화물통관코드 UCR(Unique Consignment Reference)로서 SSCC의 채택이 논의되고 있다.

③ SSCC의 기능

㉠ 배송단위에 대한 식별
㉡ 개별적인 배송단위에 대한 추적, 조회
㉢ 운송업체의 효율적인 배송
㉣ 재고관리 시스템을 위한 정확한 입고 정보
㉤ 자동화에 의한 효율적 입고와 배송

(3) RSS

RSS(Reduced Space Symbol)는 정상크기의 바코드를 인쇄할 만한 공간이 없는 소형상품(예) 의 약품)에 부착할 목적으로 개발한 축소형 바코드이다. RSS는 GS1-14 코드의 입력을 기본으로 하며 종류에 따라 부가정보의 추가입력이 가능하다. POS 시스템과 연계할 수 있는 2010년 이후 본격적으로 사용될 전망이다.

(4) EPC

① EPC의 의의

㉠ EPC(Electronic Product Code) 코드는 GS1 표준바코드와 마찬가지로 상품을 식별하는 코드로, RFID 태그의 IC칩에 입력되어 사용되는 전자상품식별코드이다.

㉡ 차이점은 바코드가 품목단위의 식별에 한정된 반면, EPC 코드는 동일 품목의 개별상품까지 원거리에서 식별할 수 있다는 것이다.

㉢ 이를 통해 위조품 방지, 유효기간 관리, 재고관리 및 상품추적 등 공급체인에서 다양한 효과를 누릴 수 있다.

② EPC의 체계

헤더	업체코드 (EPC Manager)	상품코드 (Object Class)	일련번호 (Serial Number)
$H_1\ H_2$	$M_1\ M_2\ M_3\ M_4\ M_5\ M_6\ M_7$	$O_1\ O_2\ O_3\ O_4\ O_5\ O_6$	$S_1\ S_2\ S_3\ S_4\ S_5\ S_6\ S_7\ S_8\ S_9$

㉠ 헤더(Header) : 헤더는 EPC 코드의 전체 길이, 식별코드 형식 및 필터값을 정의한다. 헤더는 가변 길이 값을 가지는데, 현재 2비트와 8비트 값의 헤더가 정의되어 있다. 2비트 헤더는 3개의 값을 가지며(01,10,11), 8비트 헤더는 63개의 값을 가지며, 헤더는 판독기로 하여금 태그의 길이를 쉽게 판단할 수 있도록 돕는다.

㉡ 업체코드(EPC Manager) : GS1 바코드의 업체코드에 해당하며 각국 GS1 회원기관이 할당하며 28비트의 용량으로 7개의 숫자(0~9) 및 문자(A~F)를 조합하여 약 2억 6천만 개의 업체코드를 할당할 수 있다.

㉢ 상품코드(Object Class) : 바코드의 상품품목코드에 해당하며 사용업체가 할당하며 24비트의 용량으로 6개의 숫자와 문자를 조합하여 약 1천 6백만 개 상품에 코드를 부여할 수 있다.

㉣ 일련번호(Serial Number) : 동일상품에 부여되는 고유한 식별번호로서 사용업체가 할당하며 36비트로 8개의 숫자와 문자를 조합하여 680억 개의 상품에 코드를 부여할 수 있다.

③ EPC 코드와 GTIN 코드의 관계

EPC 코드는 기존 바코드(GTIN)를 EPC 코드로 사용할 수 있도록 고안되어 있다. 그 관계는 다음 [그림]과 같다.

EPC 코드와 GTIN 코드의 관계

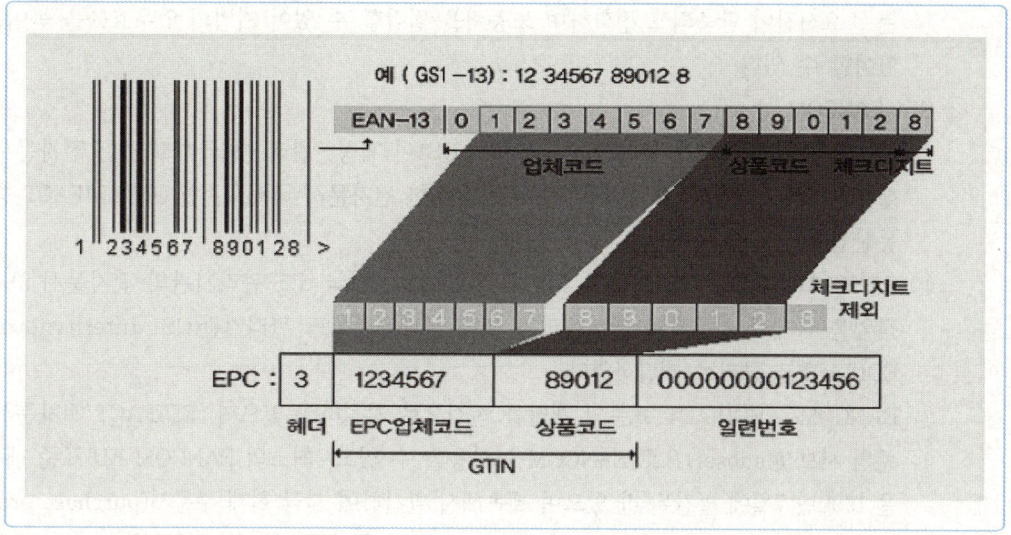

④ EPC 코드의 종류
  ㉠ EPC(Electric Product Code) 코드는 EPC Global이 정의한 GS1 코드 체계를 기반으로 하여 GTIN, GLN, SSCC, GRAI, GIAI, GSRN, GDTI 등 총 7종류의 코드 체계를 가지고 있다. 용도에 따라 다양하게 사용되는 코드로서 유통·물류, 국방, 지리정보, 일반물품 식별 등의 분야에 사용되고 있다.
  ㉡ EPC 코드는 RFID 태그에 기록하기 위한 2진수의 EPC 코드 형식을 의미하며, 바코드의 체계에서 유래하였기 때문에 GS1 코드체계를 따른다.

EPC 코드와 GS1 코드의 비교

EPC 코드	GS1 코드
SGTIN	GTIN : 거래되는 상품의 객체 식별을 위해 만들어진 코드
SGLN	GLN : 법인, 조직체 등의 물리적 위치를 파악하는데 사용되는 코드
SSCC	SSCC : 파렛트, 컨테이너 등의 물류단위 식별에 사용되는 코드
GRAI	GRAI : 회수자산 식별코드로 회수가능한 자산을 식별하는데 사용
GIAI	GIAI : 개별자산 식별코드로 조직이 소유하되 매매하지 않은 자산을 식별
GSRN	GSRN : 서비스 공급자의 서비스를 식별하기 위해 부여
GDTI	GDTI : 문서종류를 구별하기 위한 용도로 사용

(5) EDI
  ① EDI의 의의
    ㉠ EDI(Electronic Data Interchange), 즉 전자문서교환 시스템이란 거래업체 간에 상호합의된 전자문서표준을 이용하여 인간의 조정을 최소화한 컴퓨터와 컴퓨터 간의 구조화된 데이터의 전송을 의미한다.

ⓒ 기존의 서류시스템은 소요시간이 많이 걸리고 부정확하며 많은 노동력이 필요했으나, EDI는 소요시간이 단축되고 정확하며 노동력을 절감할 수 있어 기업의 업무효율을 높이는데 기여할 수 있다.

② GS1 EANCOM
㉠ GS1 EANCOM은 GS1 시스템의 일부로서 GS1이 제정·관리·보급하고 있는 전자문서 실행지침서이다. 행정·상업 및 운송 부문을 위한 전자문서 국제표준인 UN/EDIFACT 중 유통산업에 필요한 항목만을 모아 만들었다.
㉡ EANCOM은 국제 EDI 표준을 의미하는 것으로, 각국 코드관리기관의 전자문서 표준화 작업을 국제적 차원으로 끌어올리기 위해 국제표준코드 관리기관(GS1 International)이 EDIFACT를 근거로 개발하였다.
㉢ EANCOM은 EDIFACT 표준의 개발을 전적으로 지원하고 있으며, EDIFACT 전자문서 표준의 서브셋(subset)으로 EANCOM을 사용할 수 있고, 최초의 EANCOM EDI표준 매뉴얼은 1990년 7월에 발간된 바 있으며 계속해서 발간하여 지금 현재 주문서(purchase order), 송장(invoice), 발송통지서(dispatch advice) 등 총 42종에 이르고 있다.

③ UN/EDIFACT
㉠ UN/EDIFACT(Electronic Data Interchange For Administration, Commerce and Transport)는 유엔유럽경제위원회가 완벽한 EDI 국제표준을 개발하고자 하는 의도에서 개발한 ISO 9735라는 이름의 UN/EDIFACT 구문규칙과 전자문서개발 가이드라인을 말한다.
㉡ 현재 EDIFACT 표준은 UN의 후원하에 유엔유럽경제위원회의 국제무역촉진기구인 UN/ECE/WP.4에 의해 지속적으로 개발되고 있다.

4 상품코드체계

(1) GS1-13

GS1-13 코드는 13자리의 숫자로 구성된 코드로 현재 전 세계에서 사용되고 있는 국제표준이다. GS1-13[다품목코드, 표준형 A], GS1-13[표준형 B], GS1-13[의약품코드] 등이 있다.

① GS1-13[다품목코드, 표준형 A]

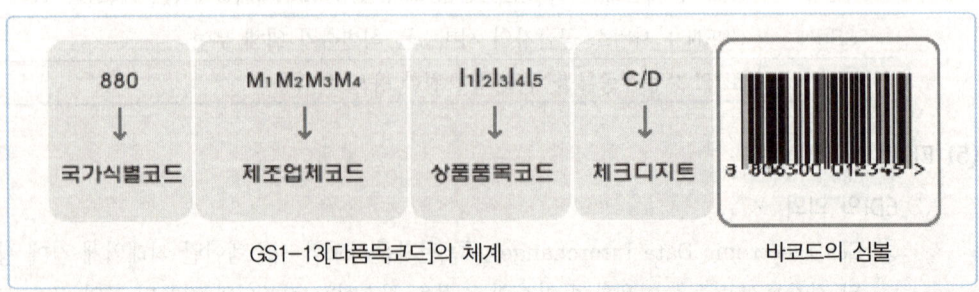

GS1-13[다품목코드]의 체계   바코드의 심볼

㉠ **국가식별코드** : 국가를 식별하기 위한 숫자로 2~3자리로 구성된다. 1982년 이전에 GS1 International에 가입한 국가는 2자리이며, 그 이후에 가입한 국가는 3자리가 부여된다. 우리나라는 1988년에 GS1 International에 가입하여 880의 코드를 취득하였다.

㉡ **제조업체코드** : 상품의 제조업체를 나타내는 4자리 코드로, 의류 등 다품종 취급업체에 부여된다. 우리나라는 대한상공회의소 한국유통물류진흥원(GS1 Korea)에서 제조업체에 부여하고 있다.

㉢ **상품품목코드** : 각각의 단품을 나타내는 5자리 코드로, 제조업체가 자사의 품목에 부여한다.

㉣ **체크디지트** : 스캐너에 의한 판독오류를 방지하기 위해 만들어진 코드로 modulo 10방식에 의해 계산된다.

② GS1-13[표준형 B]와 GS1-13[의약품코드]

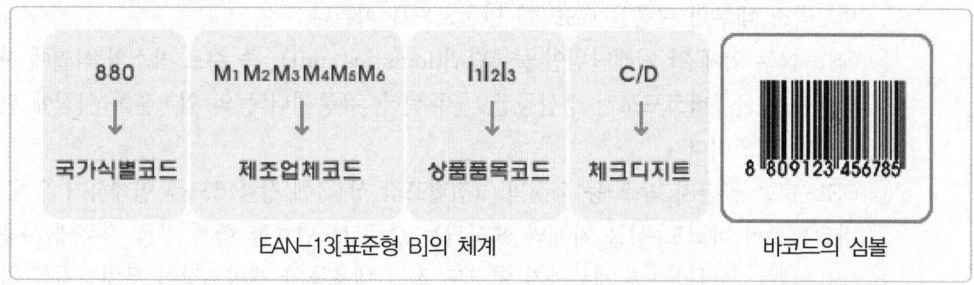

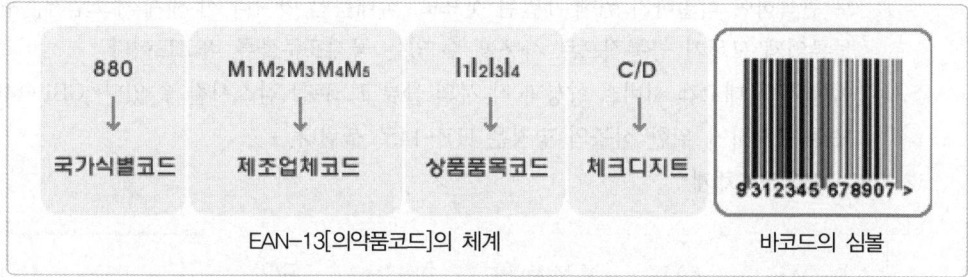

㉠ GS1-13[표준형 B]는 국가식별코드 3자리, 제조업체코드 6자리, 상품품목코드 3자리와 체크디지트로 구성되어 있으며 식품, 화장품 등 소스마킹을 요하는 업체에 부여된다.

㉡ GS1-13[의약품코드]는 국가식별코드 3자리, 제조업체코드 5자리, 상품품목코드 4자리와 체크디지트로 구성되어 있다.

(2) GS1-8

① **단축형의 의의**

단축형은 GS1-13 심볼을 인쇄하기에 충분하지 않은 포장면적을 갖는 작은 상품의 경우에만 사용된다.

② **단축형의 체계**

단축형의 코드체계는 국가식별코드 3자리, 제조업체코드 3자리, 상품품목코드 1자리와 체크디지트로 구성된다.

5 상품코드의 종류

(1) 표준물류 바코드(GS1-14)

① GS1-14의 의의
   ㉠ 표준물류 바코드는 개별적인 물류작업과 물류정보시스템(LIS)을 유기적으로 결합해야 한다. 이를 위해 고안된 표준물류체계가 GS1-14로, GS1-14는 박스단위의 표준물류 코드이며, 박스 내부의 단품은 GS1-13 단품코드를 따른다.
   ㉡ GS1-14는 업체 간 거래단위인 물류단위(logistics unit), 즉 주로 박스의 식별에 사용되는 국제표준 물류바코드로서 생산공장, 물류센터, 유통센터 등의 입·출하 시점에 판독되는 표준 바코드이다.
   ㉢ GS1-14는 골판지 박스 등 외장박스(집합포장 상품)에 상품코드를 인쇄하기 위해 개발된 바코드로써 바코드 심볼 자체와 표시되는 상품코드번호를 함께 부를 경우에 사용한다.
   ㉣ GS1-14는 포장박스를 개봉하지 않고도 직접 내용물의 개별포장이 무엇인지를 자동적으로 판독하여 식별하기 위해 개발된 것으로, 국내뿐만 아니라 전 세계 제조업체, 유통업체, 물류업체 모두가 공통적으로 사용할 수 있는 국제표준물류 바코드이다.
   ㉤ 이를 통해 대고객 서비스 향상과 각 사의 물류코스트를 감소시킬 수 있다. GS1-14를 바코드로 표시하기 위한 심볼의 명칭은 ITF-14로 불린다.

② GS1-14의 코드체계

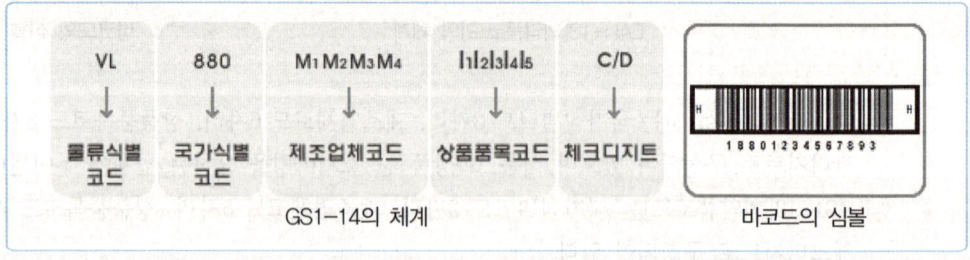

VL	880	$M_1M_2M_3M_4$	$I_1I_2I_3I_4I_5$	C/D
물류식별코드	국가식별코드	제조업체코드	상품품목코드	체크디지트
1자리	3자리	4자리	5자리	1자리

   ㉠ GS1-14는 14자리 코드(숫자)로 구성되는데 물류식별코드 1자리, 국가식별코드 3자리, 제조업체코드 4자리, 상품품목코드 5자리, 체크디지트 1자리이다.

ⓒ GS1-14의 물류식별코드 1자리수는 다음과 같이 부여한다.

물류식별코드	의미하는 내용
0	GTIN에 따른 식별코드 구분 박스 내 소비자 구매단위가 혼합되어 있는 경우
1~8	박스 내에 동일한 단품만이 들어 있는 경우, 물류식별코드는 박스에 포함된 단품의 개수의 차이를 구분한다.
9	추가형(Add-on) 코드가 있는 경우 : 계량형 상품

지식+톡톡 GS1-128

① GS1-8, GS1-13, GS1-14는 단품 또는 박스단위에 인쇄되는 무의미성, 범용성, 식별코드라는 한계를 지니고 있다. 따라서 박스나 파렛트, 컨테이너 등 물류단위(logistics unit)에 다양한 정보를 표시하고, 기업·산업 간에 상호호환이 가능한 표준정보를 담을 수 있는 코드에 대한 욕구가 발생하였다.
② 이에 따라 물류단위의 다양한 정보를 표준화하기 위하여 GS1-128이 개발되었다. GS1-128은 EAN International과 UCC(Uniform Code Council), AIM(Automatic Identification Manufacture)에 의해서 공동으로 개발되었다.

③ **표준물류 바코드의 활용 이점**
㉠ 물류센터 내 검품, 거래처별·제품별 소팅(분류), 로케이션 관리의 자동화
㉡ 물류센터 내 실시간 재고파악을 통한 재고관리의 효율화
㉢ 생산에서 배송까지의 제품이동의 신속·정확화
㉣ 수주에서 납품까지의 리드타임 단축
㉤ 물류단위 중심의 EDI 거래 촉진

(2) GS1 및 ITF

① **ITF의 의의**
㉠ ITF(Interleaved Two of Five)는 표준물류 바코드를 박스에 인쇄하기 위해 사용되는 바코드 심볼이다. 0~9까지의 숫자만을 사용하고 두 종류의 바코드만을 사용하고 짝수개의 숫자로 표기한다.
㉡ 낱개포장 하나하나에 인쇄되는 GS1 코드를 기본으로 하는 물류코드인 ITF는 집합포장에 인쇄되어 검품, 분류, 재고실사 등에 이용된다.

② **GS1과 ITF의 비교**

구 분	KAN	ITF
코드 자리수	표준 13자리, 단축 8자리	14자리
사용처	소비자 구매단위(낱개포장)	기업 간 거래단위(집합포장)
응용분야	POS 시스템, EOS 시스템	재고관리, 입·출고관리, 선반관리, 분류 등

(3) 상품분류코드

① **UNSPSC(전자상거래 표준코드)**
  ㉠ UNSPSC(United Nations Standard Products and Services Code)는 모든 상품과 서비스를 분류하는 분류코드이다. 상세하게 상품을 정의하는 식별코드가 아니라 상품을 카테고리화하는 방식이다.
  ㉡ UNSPSC는 전 세계적으로 가장 널리 알려지고 활용되고 있는 전 산업대상의 전자상거래용 상품분류체계이며, 상품검색 및 원가분석을 위한 핵심데이터이다.
  ㉢ UNSPSC는 대분류로부터 세분류까지 Segment → Family → Class → Commodity의 구조로 되어 있다.

② **HS(Harmonized System)**
  ㉠ HS는 주요 선진국들이 중심이 되어 관세협력이사회 상품분류(CCCN : Customs Cooperation Council Nomenclature)와 미국, 캐나다, 일본 등의 관세율표를 참고하여 국제상공회의소가 개발한 분류코드이다.
  ㉡ 관세부과와 무역통계 등의 업무를 위한 국제관세분류코드로 6자리이다.
  ㉢ 우리나라에서는 HSK로, 세계 공통의 6자리에 자체 분류 4자리를 더해 10자리로 품목을 분류하고 있다.

(4) 국제표준 도서번호(ISBN)

① **ISBN**
  ㉠ 국제표준 도서번호(ISBN : International Standard Book Number)는 현재 전 세계 90여개 국에서 서점정보와 출판물의 판매정보, 재고현황을 신속·정확하게 파악하기 위하여 활용되고 있는 13자리의 숫자로 구성된 번호체계를 말한다.
  ㉡ 2006년까지는 10자리로 구성되었으나 2007년부터는 13자리로 변경되어 현재 두 가지 자릿수가 혼용되고 있다. 그리고 부가기호 5자리는 발행처에서 부여한다. 부가기호 5자리 맨 앞 자릿수는 독자대상기호, 둘째 자릿수는 발행형태, 나머지 세 자릿수는 내용분류기호이다.

  ISBN 978-89-86525-98-2
  　　　① 　② 　③ 　　④ 　⑤
  ① 접두부, ② 국가번호(국제 ISBN 관리기구에서 배정), ③ 발행자 번호(한국문헌정보센터에서 배정), ④ 서명식별 번호, ⑤ 체크디지트

  ㉢ 우리나라는 1990년에 International ISBN Agency로부터 국별번호 89를 취득하였다. 국내 ISBN 대행기관인 국립중앙도서관 한국문헌정보센터에서 ISBN 매뉴얼을 확정함으로써 국내 출판업계 및 서점에서도 같은 ISBN 시스템을 활용한 본격적인 정보관리시스템을 구축할 수 있는 발판을 마련하였다.

② ISBN은 도서, 팸플릿, 복합매체 출판물, 점자자료, 교육용 필름이나 테이프, 카세트에 녹음된 도서, 컴퓨터 소프트웨어, 전자출판물, 지도 등에 표기한다. 그러나 달력이나 광고물 등 수명이 짧은 자료, 선전용 팸플릿, 화첩 등 낱장자료, 연속간행물에는 부여하지 않는다.
⑩ ISBN을 표기할 때는 OCR 문자로 된 ISBN과 GS1의 바코드를 함께 쓴다. 이때 10자리인 ISBN과 13자리인 GS1의 자리수를 맞추기 위해 ISBN의 앞에 단행본은 978, 정기간행물은 977을 붙여 표시한다.

② ISSN
㉠ 정기간행물에 대해서는 ISSN(International Standard Serial Number)이 사용되고 있다.

> ISSN 1225-6021 / ISSN 1225-404X

㉡ ISSN은 끝자리에 숫자나 영문 X를 붙이는데 ISBN과는 달리 번호숫자에 특별한 의미는 없다. 8자리 번호는 한국문헌정보센터에서 배정한다.

제2절 POS 시스템의 개념 및 활용

1 POS 도입과 유통네트워크화

(1) POS 시스템의 개요

① POS 시스템의 의의
㉠ POS, 즉 판매시점(point of sales) 정보관리시스템은, 주로 소매점포의 판매시점에서 수집한 POS 데이터를 통해 재고관리, 제품 생산관리, 판매관리를 효율적으로 하려는 정보 의사소통 방법을 말한다.
㉡ POS 시스템에서는 상품별 판매정보가 컴퓨터에 보관되고, 그 정보는 발주, 매입, 재고 등의 정보와 결합하여 필요한 부문에 활용된다.
㉢ 바코드를 기반으로 하는 상품정보를 통해 신상품 도입의 성과나 홍보 및 광고효과를 신속하게 파악할 수 있다. 또한 가격변동에 따른 판매량의 변화를 통해 소비자의 가격에 대한 민감도 파악이 용이하다.

② POS 시스템의 기능
㉠ 단품관리 : 상품을 제조회사별·상표별·규격별로 구분해서, 각 상품(단품)정보를 수집·가공·처리하는 과정에서 단품(SKU : Stock Keeping Unit)관리가 가능하다.
㉡ 판매시점에서의 정보입력 : 상품에 인쇄되어 있는 바코드를 신속하고 정확하게 자동으로 판독함으로써 판매시점에서 정보를 곧바로 입력할 수 있다.
㉢ 정보의 집중관리 : 입력된 모든 데이터는 다양한 정보로 축적, 가공되어 전략적 의사결정에 활용된다. 단품별 정보, 고객정보, 매출정보, 그 밖의 판매와 관련된 정보를 수집하여 집중적으로 관리할 수 있다.

(2) POS 시스템의 구성기기

① **POS 터미널**

POS 터미널(POS terminal)은 매장의 계산대마다 설치되어 있는 것으로 금전등록기의 기능 및 통신기능을 갖춘 컴퓨터 본체와 모니터, 그리고 스캐너로 구성되어 있다. 스캐너에 의해 자동판독된 상품코드와 거래 관련 자료가 스토어 콘트롤러로 보내지면, 스토어 콘트롤러는 데이터베이스화되어 있는 상품 마스터 파일을 검색하여 상품명, 가격 등을 POS 터미널로 다시 보내준다.

② **스캐너**

스캐너(scanner)는 상품에 인쇄된 바코드를 자동으로 판독하는 장치로, 고정스캐너(fixed scanner)와 핸디스캐너(handy scanner)가 있다.

③ **스토어 컨트롤러**

스토어 컨트롤러(store controller)는 매장의 호스트 컴퓨터(host computer)로 대용량 PC나 미니컴퓨터가 사용되며, 여기에 상품 마스터파일이 기록되어 있다. 매장에서 판매가 이루어지면 판매자료가 스토어 컨트롤러로 전송되며, 스토어 컨트롤러는 자동으로 판매파일, 재고파일, 구매파일 등을 갱신하고 기록하여 저장한다.

④ **POS 시스템의 운용 흐름**

POS 시스템의 업무처리는 스캐너가 상품 바코드를 판독하면서 시작된다. 판독한 정보를 매장 내 메인컴퓨터인 스토어 컨트롤러로 송신하면 스토어 컨트롤러에서 계산대마다 설치된 POS 터미널로 정보가 보내진다. 그 다음으로 POS 터미널에서 영수증 발행 및 인쇄가 이루어지고, 스토어 컨트롤러가 당일의 상품판매 관련 각종 보고서를 작성한다.

2 POS 시스템의 효과

(1) POS 시스템 도입의 장점

① 매장처리시간이 단축되어 고객대기시간이 줄며, 따라서 계산대의 수를 줄임으로써 인력 및 비용절감 효과를 얻을 수 있다.
② POS 시스템의 도입에 의해 판매원 교육 및 훈련시간이 짧아지고 입력오류를 방지할 수 있다.
③ 단품관리에 의해 잘 팔리는 상품과 잘 팔리지 않는 상품을 즉각 찾아낼 수 있다.
④ 전자주문시스템(EOS)과 연계하여 신속하고 적절한 구매를 할 수 있다.
⑤ 기타 재고의 적정화, 물류관리의 합리화, 판촉전략의 과학화 등을 가져올 수 있다.

(2) POS 시스템 도입의 기대효과

① **제조업체에 대한 효과**

단위별 판매동향에 대한 정보수집과 이를 기초로 한 정보분석, POS 자료와 기타 자료의 교차분석으로 자사제품의 시장정보 및 경쟁력을 파악하고 분석이 가능하다.

② **소매업체에 대한 효과**

체크아웃의 처리속도가 크게 빨라지고, 오퍼레이션(operation) 교육비를 감소시키며, 특매가격에서 통상가격으로 환원이 수월하다. 또한 부문화에 따른 인건비를 절감할 수 있으며, 오류 등록의 방지를 최대한 수행할 수 있다.

3 POS 데이터의 분류 및 활용

(1) POS 데이터의 분류

① **상품데이터와 고객데이터**
  ㉠ 상품데이터 : 얼마나 많은 양의 상품이 판매되었는가에 관한 금액자료와, 구체적으로 어떤 상품이 얼마나 팔렸는가에 대한 단품자료로 구분해서 수집·분석한다.
  ㉡ 고객데이터 : 어떤 집단에 속하는 고객인가에 대한 객층자료와 고객 개개인의 구매실적 및 구매성향 등에 관한 개인자료로 구분하여 수집·분석한다.

② **점포데이터와 패널데이터**
  ㉠ 점포데이터 : 점포데이터(store data)는 특정점포에서 팔린 품목, 수량, 가격 그리고 판매시점의 판촉 여부 등에 관한 자료이다.
  ㉡ 패널데이터 : 패널데이터(panel data)는 각 가정단위로 구매한 품목의 수량, 가격 등에 대한 자료이다.

(2) POS 데이터 활용

① **상품정보관리**
  ㉠ POS 데이터에 담겨진 소비자의 욕구에 맞게 점포의 이미지를 설정하고, 그 이미지에 적합한 상품구색, 판촉계획 등이 수립된다. 즉, 철수상품과 신규취급 또는 취급확대상품을 결정하는 데 POS 데이터를 활용할 수 있다.
  ㉡ POS 데이터를 통해 매출관리, 상품구색 계획, 진열관리, 판매촉진 계획, 발주·재고관리 등에 관한 상품정보의 관리가 이루어진다.

② **재고관리와 자동발주**
  ㉠ POS 시스템으로부터 얻어지는 데이터의 활용을 통해 단품관리가 가능해지고, 단품관리를 통해 재고관리가 가능해진다.
  ㉡ 따라서 POS 데이터로부터 얻은 단품별 판매수량에 근거하여 매입을 하고, 단품별 재고·진열단위 등을 고려하여 재고를 증가시키지 않으면서 품절을 방지하는 적정 발주가 가능하다.

③ **인력관리**
  POS 시스템은 시간과 장소, 부문과 상품에 관한 종합적인 데이터를 제공한다. 따라서 이 데이터를 통해 작업량을 도출하여 업무할당 및 관리에 이용하면 효율적인 인력관리가 가능해진다. 또한 현재 인력의 생산성 성과관리 등도 가능해진다.

④ **고객관리**
  POS 데이터를 통해 얻는 고객속성정보(성별, 연령, 주소, 직업 등 고객 신상에 관한 정보), 상품이력정보(구입상품, 수량, 금액, 거래횟수 등에 관한 정보)는 고객별 관리 및 판촉활동을 위한 고객정보의 확보에도 활용될 수 있다.

4 POS 데이터의 수집과 분석

(1) POS 시스템으로 수집되는 데이터

데이터 구분	관리목적	데이터의 종류	데이터의 항목
기본데이터	언제	연·월·일 데이터	시간별 데이터
	어디서	점별·부문별 데이터	점별·부문별 데이터
	무엇을	상품코드별 데이터	상품코드/데이터
	얼마나	판매실적 데이터	판매수량/매출액
	누가	고객별 데이터	고객 속성
	어떻게	거래·지불방법	영수증 분석
원인데이터	왜	상권속성, 점포속성, 상품속성, 매장연출, 매체연출, 판촉연출 등	경쟁상황, 입지조건, 매장면적, 취급상품, 경합상황, 광고/POP, 특매행사 등
	어디서	매대별 데이터	점포/판매대
	누구에게서	담당자별 데이터	매입·판매·물류 담당자·계산원별 데이터
	기타	POS 데이터, POR 데이터, SA 데이터 등	발주, 매입, 재고조사 및 계량 등

(2) POS 데이터의 분석내용

① **매출분석**

매출분석은 부문별·단품별로 그리고 시간대별·계산일별·계산월별로 분석될 수 있다.

② **고객정보 분석**

고객정보는 시간대별 고객 수 및 일별·월별 고객 수 분석, 부문별 고객단가 분석 등을 수집할 수 있다.

③ **시계열 분석**

시계열 분석(time series analysis)은 시간의 진행에 따른 변화의 추이를 분석하는 것으로 전년동기대비 분석, 전월대비 분석, 목표대비 분석 등이 이루어질 수 있다.

④ **상관관계 분석**

상관관계 분석은 원인변수와 결과변수 간의 관계를 분석하는 것으로 상품요인 분석, 영업요인 분석, 관리요인 분석 등이 있다.

5 POS 정보의 활용

(1) POS 데이터의 활용단계

① **제1단계**

기본적인 보고서만 활용하는 단계이다. 즉, 부문별·시간대별 매출액 보고서, 품목별·단품별 판매량 조회 등이 이루어지는 단계이다.

② **제2단계**

상품기획 및 판매장 효율성 제고에 활용되는 단계이다. 판촉분석, 선반진열의 효율성분석, 손실분석, 재고회전율 분석, ABC 분석 등이 행하여진다.

③ **제3단계**

CAO(Computer Assisted Ordering) 재고관리단계로서, 판매정보를 분석하여 발주량을 자동으로 추출한다.

④ **제4단계**

마케팅 단계로서 상품정보와 고객정보를 결합해서 판매증진을 위한 다이렉트 마케팅을 실시한다.

⑤ **제5단계**

전략적 경쟁단계로서 POS 데이터를 경쟁업자 데이터와 결합해서 전략적 경쟁수단으로 활용한다.

(2) 활용단계별 이익

POS 시스템의 이익(merit)은 단순이익(hard merit)과 활용이익(soft merit)으로 나누어 볼 수 있다.

① **단순이익**

㉠ 제1단계에 가까울수록 POS 시스템의 하드웨어에서 얻을 수 있는 직접효과인 단순이익(hard merit)만을 얻게 된다.

㉡ 단순이익은 POS 시스템의 하드웨어를 도입함에 따라 하드웨어 자체의 기능 수행만으로도 모든 기업이 향유할 수 있는 이익을 말한다.

② **활용이익**

㉠ 5단계에 가까울수록 POS 시스템의 활용이익(soft merit)을 얻을 수 있다. 활용이익은 POS 시스템에서 산출된 자료의 활용과정에서 얻게 되는 효과를 말한다.

㉡ 이러한 활용이익은 POS 시스템의 도입 그 자체만으로는 기대하기 어렵고, 시스템을 도입한 기업의 활용능력에 따라 그 크기가 결정된다고 할 수가 있다.

㉢ 활용이익은 ⓐ 정보 활용수준의 명확화, ⓑ 타 정보와의 결합 활용, ⓒ 데이터의 정밀도 유지 및 ⓓ 실용적인 시스템 구축 등이 전제되어야 얻어질 수 있다.

제3절 EDI의 개념 및 활용

1 EDI의 의의

(1) EDI의 정의와 목적

① **EDI의 의의**
   ㉠ EDI(Electronic Data Interchange), 즉 전자문서교환이란 기업 간 교환되는 서식이나 기업과 행정관청 사이에서 교환되는 행정서식을 일정한 형태를 가진 전자 메시지로 변환 처리하여 상호간에 합의한 통신표준에 따라 컴퓨터와 컴퓨터 간에 교환되는 전자문서교환 시스템을 의미한다.
   ㉡ EDI는 거래당사자가 우편이나 우편에 의존하는 종이서류 대신에 컴퓨터가 읽을 수 있는 서로 합의되고 표준화된 자료인 전자서류를 데이터 통신망을 통해 컴퓨터와 컴퓨터 간 재입력 과정 없이 직접 업무에 활용할 수 있도록 하는 새로운 정보전달방식이다.

② **EDI의 통신망**
EDI는 국내 유통거래, 원격교육, 원격 행정업무, 원격 의료서비스, 홈쇼핑 및 홈뱅킹 등 다방면에 걸쳐 이용할 수 있는 전자통신방식을 의미하여 통신망은 주로 VAN 통신망을 이용한다.

VAN과 EDI 비교

구 분	VAN	EDI
정 의	통신회선을 직접보유하거나 임차하여 다양한 부가가치를 부여한 후 음성 또는 데이터 정보를 제공하는 서비스	서로 다른 기업 간에 상거래를 위한 데이터를 합의한 규격에 의해 컴퓨터로 교환하는 것
관 계	EDI를 수행하는 수단, EDI를 담는 용기	VAN이 활용될 수 있는 무한시장, VAN을 이용하는 내용물
기 능	전송, 교환, 통신, 정보처리	합의된 규격에 따른 전자문서교환
적용(물류)	각 물류경로의 강화, 정보전달의 효율화, 화물추적 등	물류기관의 컴퓨터에 의한 주문, 배송보고 등

③ **EDI의 목적**
단순히 종이서류를 추방하는 데 있는 것이 아니라, 상품 수·발주에서의 착오를 줄이고 처리시간을 단축하며, 데이터의 2중 입력이나 문서작성 등의 번거로움을 줄여 물류업무의 효율화를 기하는 데 그 목적이 있다.

(2) EDI의 특징과 구성요소

① **EDI의 특징**
EDI는 컴퓨터와 컴퓨터 간의 문서교환이라는 점에서 기존의 팩스 등과 구별된다. 또한 EDI는 표준화된 업무서식을 교환한다는 점에서 이메일과 구별된다. EDI는 주문서, 송장, 전자자금이체 등의 정형화된 서식을 교환한다.

② **EDI와 e-mail**
　㉠ EDI와 기존의 전자우편(electronic mail)은 자료축적과 전송이라는 점에서는 유사하다. EDI는 표준화(정형화)된 자료교환이지만, 전자우편은 비정형화된 자료의 교환이다.
　㉡ 전자우편이 비정형화된 자료를 다른 용도로 활용하기 위해서는 다시 입력을 해야 하나, EDI는 다시 입력할 필요 없이 즉시 업무에 활용할 수 있다.

EDI와 e-mail 비교

구 분	특 징	장 점	단 점
e-mail	• 단순한 구조의 일반구문, 편지, 안내문 등 비정형적 문서	• 자유로운 형식의 문서 교환이 용이	• 정보의 즉시 DB화 불가
EDI	• 구조화된 표준양식 사용 • 공식거래서류 교환 • 다량자료 반복적 교환 • 가입된 거래상대만 사용	• 재입력 불필요 • 표준메시지 변환 • 독립적인 DB 구축	• 정보교환 불가

③ **EDI의 구성요소**
　㉠ EDI 표준 : EDI 사용자 간에 교환되는 전자문서의 내용 및 구조, 통신방법 등에 관한 지침(UN/EDIFACT)
　㉡ EDI 서비스 제공업자 : EDI는 문서교환 중계장치가 필요하고 이 역할은 부가가치통신망(VAN) 사업자에 의해 수행
　㉢ EDI 서비스의 이용자 : EDI 서비스의 최종소비자(유통업체, 물류업체 등)
　㉣ EDI 사용자 시스템 : 하드웨어, 소프트웨어, 서류작성 응용소프트웨어, 표준형태로 변환시켜 주는 변환처리 소프트웨어, 통신 소프트웨어 등

④ **EDI 표준**
　㉠ EDI 표준이란 EDI 사용자 간에 교환되는 전자문서의 내용과 구조, 통신방법 등에 관한 일련의 규칙 및 지침을 말한다. 상이한 언어·업무처리 방식·컴퓨터 시스템을 보유한 거래당사자 간에 전자문서의 자유로운 교환을 보장하는 공통언어라고 정의할 수 있다.
　㉡ 따라서 EDI표준은 서로 다른 거래당사자들 간 또는 이들의 내부업무 시스템 간에 전자문서 교환이 이루어지게 하는 가장 핵심적인 역할을 수행한다.
　㉢ EDI 표준은 용도에 따라 전자문서표준 또는 메시지표준과 통신표준으로 구분된다.
　㉣ 전자문서표준은 전자적으로 전달될 수 있는 문서, 전자문서에 포함되는 정보, 정보의 순서와 형태, 정보의 각 부분의 의미 등에 대한 지침 등을 포함한다.
　㉤ 이에 비해 통신표준은 컴퓨터를 통한 전자문서의 송수신 규약으로 어떤 정보를 어떤 방식으로 전송할 것인가에 관한 사용자 간의 합의를 말한다.

2 EDI의 효과

(1) EDI 도입의 효과와 문제점

① EDI 도입의 효과
- ㉠ 종이서류 없는 업무환경으로 오류의 감소, 비용절감(사무처리비, 인건비 등)
- ㉡ 내부업무처리 절차의 개선, 업무처리시간 단축, 사무인력의 생산성 향상
- ㉢ 주문 사이클 단축, 재고관리비의 감소
- ㉣ 업무의 정확성 증대 및 주문 사이클 시간 감소에 의한 필요 재고 감소
- ㉤ 고객의 요구에 효율적으로 대응
- ㉥ 거래상대방과의 정보공유로 협력관계 증진
- ㉦ 물류정보의 신속한 유통에 따른 정보관리 강화
- ㉧ 관련 부서 간 정보공유에 따른 업무 감소 및 정확도 증가

② EDI 시스템의 문제점
- ㉠ 주문내용을 변경하는데 유연성이 떨어진다.
- ㉡ 이중 커뮤니케이션 체제가 요구된다. 즉, EDI 도입이 안 된 곳은 서류를 통해 의사소통해야 한다.
- ㉢ 전송되는 정보에 관한 보안·통제의 문제가 대두된다.
- ㉣ 여러 부서 사이에 상당한 수준의 협조가 요구된다.

(2) 유통과 EDI

① 유통부문의 EDI 운용
- ㉠ 유통 EDI는 유통업체의 본사, 지점, 대리점, 협력업체 등과 통신망으로 연결해서 표준전자문서로 교환하는 것을 말한다. 유통 EDI에서는 유통업체와 제조업체가 직영점, 대리점, 할인점 등 관련 유통업체들을 상호 연결하여 유통관련 각종 표준문서와 유통정보를 VAN을 통해 중계 및 전송한다.
- ㉡ 한국유통정보센터가 개발한 유통관련 표준전자문서로는 거래처정보, 상품정보, 주문서, 송장, 송금통지서, 재고현황보고서, 판매정보보고서, 판매예측보고서, 세금계산서, 그 밖의 전자문서가 있다.

② XML/EDI
- ㉠ 전통적인 EDI는 업체의 컴퓨터 시스템 간 사전에 정의된 정형화된 표준문서에 맞춰 거래정보를 배치 또는 실시간에 교환·처리하는 시스템으로, 기업들은 업무처리시간 단축, 업무부대비용 감소, 업무오류 감소, 물류비 절감, 이미지 개선, 인력절감 등에 큰 효과를 얻었다.
- ㉡ 그러나 사용자 내부의 응용 S/W와의 연계가 어려운 점, EDI S/W의 폐쇄성, 법령 및 제도의 미비 등의 이유로 그 효과에 비해 이용도는 낮은 것이 현실이다. 특히 중소기업들의 경우, 기업의 규모에 비하여 과도한 도입 및 운영비용이 EDI 확산에 적지 않은 부담이 되고 있는 실정이다.

ⓒ XML/EDI는 데이터 전달에 초점을 둔 전통적인 EDI의 범위를 확대하여 전자상거래에 필요한 프레임워크를 제공한다는 면에서 전통적인 EDI와 정의가 다르다.
ⓔ 고객 간에 발생하는 상품 전달을 통한 가치의 교환을 지원하는데 데이터의 전자적 교환으로써 영업, 수·배송, 물류, 수금, 세금처리, 생산연계 등의 광범위한 활동을 포함하므로 XML/EDI는 이러한 활동을 통합적으로 지원하는 데이터의 교환방식 및 시스템 프레임워크를 의미하게 된다.

3 VAN, CALS, Internet, Intranet & Extranet

(1) VAN(부가가치 통신망)

① **VAN의 의의**
  ㉠ VAN(Value Added Network), 즉 부가가치 통신망이란 KT와 같은 통신사업자로부터 통신회선을 임차하거나 또는 통신사업자가 직접 보유한 통신회선에 정보처리 기능을 결합하여 부가가치를 부여한 정보서비스를 제공할 수 있도록 구축된 통신망(network)이다.
  ㉡ VAN은 단순한 전송기능은 물론 그 이상의 정보의 축적이나 가공·변환처리 등의 부가가치를 부여한 음성 또는 데이터 정보를 제공해주는 광범위하고 복합적인 서비스의 집합이다.

② **VAN의 활용**
  ㉠ VAN을 이용한 사업의 대표적인 예는 신용카드를 사용하여 결제한 데이터가 신속하고, 정확하며, 일관성 있게 운영될 수 있도록 전산망을 구축하여 서비스를 제공하는 사업자인 금융결제원(KTFC)이나 나이스 정보통신(NICE VAN), 케이에스넷(KSNET) 등을 들 수 있다.
  ㉡ 산업별로 보면 화물추적관리 등을 수행하는 물류수송 VAN, 항공·철도·호텔예약 등에서 활용되는 관광 VAN, POS의 기반이 되는 유통 VAN, 부품의 수·발주에서 활용되는 제조업 VAN 등이 있다.
  ㉢ 유통 VAN은 소매업체의 본·지점과 납품업체, 제조업체의 본사와 지점이나 영업소 또는 판매업체를 연결하여 각종 유통정보를 교환하는데 이용되고 있다. 유통 VAN업체들은 백화점, 쇼핑센터, 연쇄점 등과 유통 VAN을 구성해서 물류활동을 원활하게 해준다.
  ㉣ EDI(전자문서교환 시스템)의 구축, 나아가 유통·물류정보 시스템의 구축을 위해서는 VAN이 우선적으로 마련되어야 한다.

③ **VAN의 유형**
  ㉠ 업계형 VAN : 금융·물류·유통 등에서처럼 동일업종에서 구축하는 수평공동형 VAN을 업계형 VAN이라고 한다.
  ㉡ 거래계열형 VAN : 핵심기업을 중심으로 자사의 거래계열이나, 제조업자와 판매점 등 상거래가 있는 기업끼리 연결되는 수직 VAN을 거래계열형 VAN이라고 한다.
  ㉢ 지역유통 VAN : 다수의 중소 소매업과 도매업의 공동이용형 수·발주 시스템(EOS)의 경우를 지역유통 VAN이라고 한다.

④ VAN의 기능
  ㉠ 기본통신 기능 : 기본 전송로는 통신위성과 광파이버 등이고, 회선교환·버켓교환·고속 디지털 전용선 등 통합 디지털망을 통한 통신 기능을 수행한다.
  ㉡ 통신처리 기능 : 통신과정에서 컴퓨터 처리를 통해 정보를 정확히 전달하는 기능으로, 정보의 식별·미디어 변환·스피드 변환·포맷 교환 등을 수행한다.
  ㉢ 정보처리 기능 : 정보를 전달하는 과정에서 정보를 가공 및 연산하여 새로운 정보기능을 추가하거나 변경하는 기능을 말한다.

(2) CALS(광속상거래)

① CALS의 의의
  ㉠ CALS(Commerce At Light Speed), 즉 광속상거래는 제품의 생산으로부터 폐기에 이르는 전 과정(life-cycle) 동안에 발생하는 모든 정보를 실시간(real-time)으로 디지털 정보기술의 통합을 통해 구현하는 산업정보화 전략을 말한다.
  ㉡ CALS는 기업의 설계, 생산과정과 이를 보급, 조달하는 물류지원과정을 연결시키고 이들 과정에서 사용되는 다양한 정보를 디지털화하여 종이 없이 컴퓨터에 저장, 활용함으로써 업무를 과학화, 자동화하는 개념이다.

② CALS의 특징
  ㉠ CALS는 설계(요구)에서 폐기까지 제품의 라이프 사이클 전체를 대상으로 한다. 반면에 CAD나 EDI 시스템은 라이프 사이클의 특정단계를 대상으로 한다.
  ㉡ CALS는 서류를 없애고 온라인 형태로 정보를 전달하는 시스템이다. 종래의 정보화 대상이었던 수치데이터뿐만 아니라 설계도, 매뉴얼 등을 비롯한 화상 및 음성을 포함한 멀티미디어 정보를 교환할 수 있는 미래형 산업정보시스템이다.
  ㉢ CALS의 실현을 위해서는 전 세계를 연결하는 안정적인 네트워크의 정비가 전제되어야 한다. 따라서 초고속통신망(ISDN)이 전 세계적으로 구축되어야 한다.

③ CALS의 전개
  ㉠ CALS는 이제 제품의 설계에서부터 제조·유통·유지·보수에 이르기까지 모든 데이터(서류, 도면, 거래정보)를 표준화하여 거래관계에 있는 기업 간에 신속히 주고받는 것을 지향하고 있다.
  ㉡ 이와 같이 컴퓨터에 의해 비즈니스 데이터를 공유하고 교환하기 위한 세계적인 표준과 표준적인 통합화 기술이 실현되어 전 세계 기업 간에 이용될 경우 정보통신에 의해 거래가 이루어지는 전자상거래(EC : Electronic Commerce)가 크게 확산될 전망이다.
  ㉢ 이럴 경우 각 기업은 정보 자동화와 정보 통합화를 통해 원가절감, 품질향상, 재고감소 등의 효과를 누리게 되고, 거래 데이터 오류의 감소와 신속한 교환으로 교역이 고속화될 것이다.

④ CALS 관련 기술 및 전략
  ㉠ 통합 데이터베이스(Integrated Database) : 기업의 활동과 관련되는 이질적인 데이터베이스들을 논리적으로 연결시킨 데이터베이스

ⓒ 동시공학(Concurrent Engineering : CE) : 기업의 제조활동 및 관련되는 지원활동을 포함한 모든 업무 프로세스를 동시에 통합하는 새로운 경영체제
　　ⓒ 리엔지니어링(Business Process Re-engineering : BPR) : 고객의 가치를 창출하기 위해 기업이 업무처리 방식을 혁신하는 일련의 활동
　　ⓔ 가상기업(Virtual Corporation : VC) : 각자 핵심역량을 지닌 기업과 기업 또는 다른 조직 간에 공통의 목적을 달성하기 위하여 정보 네트워크에 의해 연결된 하나의 가치사슬로 정의될 수 있는 기업
　　ⓜ 제조데이터 관리(Product Data Management : PDM) : CALS의 개념에서 가장 실천 가능한 현실적인 구현도구로서 제품의 전체 수명주기와 관련된 모든 정보의 생성, 접근, 통제 등에 대하여 체계적인 관리를 수행하는 것
　⑤ CALS의 기대효과
　　㉠ 비용절감효과
　　ⓒ 조직 간의 정보공유 및 신속한 정보전달
　　ⓒ 제품생산 소요시간의 단축
　　ⓔ 산업정보화에 의한 국제경쟁력 강화
　　ⓜ 21세기 정보화 사회로의 조기 진입
　⑥ EC, EDI, CALS의 관계
　　㉠ EC와 CALS의 핵심은 제품의 설계, 조달, 생산, 판매, 결제, 사후관리 등 비즈니스와 관련한 각종 정보를 표준화·디지털화·통합화하여 컴퓨터로 업무를 처리한다는 데에 있다.
　　ⓒ EC와 CALS는 그 발전과정이나 접근방법이 상이하지만 궁극적으로 모든 상거래를 전자적으로 처리하고자 한다는 점에서 동일한 개념으로 이해되고 있다.
　　ⓒ EC는 경영적인 측면에서, CALS는 기술적인 측면에서 보는 것이라고 할 수 있다. EC와 CALS의 근간을 이루는 핵심정보기술이 전자문서교환(EDI)이다.

(3) Internet

인터넷은 Inter Network의 약자로 전 세계에 연결된 수많은 컴퓨터와 다른 네트워크상의 사용자들이 접속되어 있는 컴퓨터 통신망으로 Network of Networks이다. 인터넷은 TCP/IP라는 표준통신규약을 사용하여 전 세계 컴퓨터를 연결한 컴퓨터 통신 네트워크이다.

① 인터넷의 발전
　㉠ 인터넷은 1960년대에 미 국방성의 연구사업으로 만들어진 기간망을 상업적으로 활용하면서 시작되었다. 1977년 패킷교환 프로토콜인 TCP(Transmission Control Protocol)와 IP(Internet Protocol)가 개발되었는데 이것이 인터넷의 통신기반이 되었다.
　ⓒ 1986년 미 국립과학재단은 여러 지역에 국립슈퍼컴퓨터센터를 건립하고 이들을 서로 연결하고 전자메일, 파일전송 프로토콜(FTP : File Transfer Protocol), 뉴스그룹 등 정보공유를 위한 응용기술을 개발하였는데 이것이 인터넷의 모태가 되었다.

② **인터넷의 특징**

인터넷은 월드 와이드 웹을 이용한 정보검색서비스를 포함하여 전자우편(e-mail), 파일전송(FTP), 원거리 접속(remote login), 뉴스서비스 등 다양한 서비스를 제공한다. 인터넷이 제공하는 다양한서비스를 살펴보면, 인터넷의 특성을 다음과 같이 정리해 볼 수 있다.

- ㉠ **매개기술** : 인터넷은 독립적인 당사자들을 상호연결하는 역할을 하며, 그 유형으로는 B2B, B2C, C2C, B2G 등이 있다. 이처럼 인터넷은 쌍방향성 상호작용을 가능하게 한다.
- ㉡ **보편성** : 인터넷은 전 세계를 대상으로 연결되어 세계를 확대하고 축소할 수 있다. 예컨대, 인도에 있는 IT 전문가가 실리콘 밸리에서 일하기 위해 캘리포니아로 이사할 필요가 없다.
- ㉢ **네트워크 외부성** : 기술이나 제품은 사용자의 수가 증가하는 만큼 사용자에게 많은 가치를 제공해줄 수 있다. 즉, 인터넷에 연결된 사람의 수가 많을수록 네트워크의 가치는 증가하게 된다. 이를 네트워크 외부효과라고도 한다.
- ㉣ **유통경로** : 인터넷은 소프트웨어, 음악, 비디오, 항공권 및 관람권 예매, 중개서비스 등과 같은 디지털 상품의 유통경로 역할을 하게 된다. 또한 물리적 상품인 경우에도 제품이나 가격 등에 관한 정보의 전달이 가능하다.
- ㉤ **시간조정** : 인터넷은 시간을 단축하고 확장하는 능력을 지니고 있다.
- ㉥ **정보 비대칭성 감소** : 인터넷은 다양한 정보를 필요한 사람에게 모두 제공해줌으로써 이러한 정보의 비대칭성을 줄이는 역할을 한다.
- ㉦ **무한대의 가상적 수용능력** : 컴퓨터 처리속도, 저장능력, 네트워크 기술의 획기적인 진보에 의해 인터넷은 무한대의 가상적 수용능력을 지니고 있다.
- ㉧ **저비용 표준** : 인터넷은 모든 장소의 모든 사람에게 개방된 표준과 동일한 프로토콜을 제공함으로써 사용하기에 편리하고 저렴한 비용을 유발한다.
- ㉨ **창조적 파괴** : 창조적 파괴는 과거의 낡은 것이 그보다 우수한 새로운 것으로 대체되는 것을 의미한다. 인터넷은 무한의 가능성을 열어줌으로써 창조적 파괴를 가속화시킨다.
- ㉩ **거래비용의 감소** : 판매자와 구매자의 탐색비용, 제품정보 수집비용, 협상·문서 작성·계약·구매와 판매에 관련된 운송비용 등의 거래비용을 감소시킨다.

③ **인터넷 기술**
- ㉠ 네트워킹 분야
    - ⓐ 이용자를 효율적으로 연결하기 위한 이용자 접속기술, 안정적이고 효율적인 상호전송을 유지해주는 통신 프로토콜 등의 세부기술로 나뉜다.
    - ⓑ 기간망과 이용자 단말기를 연결하기 위한 이용자 접속기술로는 전화망과 PC를 연결하는 아날로그 모뎀, N-ISDN, XDSL, 무선 가입자망, 위성망, 광가입자망, LAN 등이 있다.
    - ⓒ 통신 프로토콜 기술은 컴퓨터 간의 안정적인 접속을 위한 IP와 두 지점 간 정보를 정확하게 송·수신할 수 있는 정보전달계통의 프로토콜들, 즉 HTTP, FTP, SMTP 등이 있다.
- ㉡ 검색분야 : 웹 기술과 정보검색의 효율성 증대를 위한 에이전트 기술, 정보의 멀티캐스팅을 위한 인터넷 방송 기술 등이 있다.

ⓒ 정보보호 기술분야 : 기밀성, 위조 및 변조 방지를 위한 보안상의 무결성을 강화하는 것이 기술의 핵심이다.
ⓔ 웹 기술분야 : 기능형 웹 검색 엔진과 같은 기술의 개발이 활성화될 전망이다. 또한 HTML의 한계를 극복한 XML(eXtension Markup Language)의 출현으로 영화 수준의 멀티미디어 정보제작이 더욱 가속화되고 있다.

④ 차세대 인터넷
㉠ 전 세계적으로 인터넷의 급격한 보급과 무선인터넷, 정보가전 등의 신규 IP 주소에 대한 수요가 급증하여 기존의 32비트 IPv4(IP version4) 주소체계로는 이에 대한 대처가 어렵다는 문제가 대두되었다.
㉡ 이러한 문제를 해결하기 위하여 IETF(Internet Engineering Task Force)에서는 IPv6 규격(IP version 6, RFC2460)을 개발하게 되었다.
㉢ 128비트의 IPv6 주소체계는 IP 주소의 부족문제를 근본적으로 해결할 수 있을 뿐만 아니라 품질제어, 보안, 다양한 프로토콜 및 편리한 네트워크 환경설정 기능 등을 용이하게 제공할 수 있어 차세대 인터넷 구현의 핵심요소로 평가되고 있다.

⑤ 인터넷 서비스의 종류
㉠ 원격접속(telnet) : 멀리 떨어져 있는 컴퓨터와 접속하여 자신의 컴퓨터 같이 제어할 수 있는 인터넷 프로토콜
㉡ 파일 송수신(FTP) : 원격지 컴퓨터 간에 파일을 송·수신할 수 있는 서비스
㉢ 이메일(e-mail) : 네트워크로 연결된 사용자 간에 편지를 주고받을 수 있는 서비스
㉣ 유즈넷(usenet) : 일종의 전자게시판
㉤ 아키(archie) : 익명 FTP(anonymous FTP) 파일 검색 툴로 원하는 정보가 어디에 있는지 찾을 때 사용하는 서비스
㉥ 고퍼(gopher) : 데이터를 색인하여 정보를 메뉴 방식으로 검색할 수 있도록 만든 자원 검색 도구. 정보의 내용을 주제별 또는 종류별로 구분하여 메뉴로 구성함으로써, 인터넷에 익숙하지 않은 사용자라도 제공되는 메뉴만 따라가면 쉽게 원하는 정보를 찾을 수 있게 해주는 서비스
㉦ 웹(web) : 인터넷에 존재하는 일반 텍스트 형태의 문서, 그림, 음성, 오디오, 동영상 등의 여러 형태로 만들어진 각종 데이터를 URL(Uniform Resource Locator)을 이용하여 하나의 문서 형태로 통합적으로 제공

> **지식+톡톡** 시맨틱 웹(semantic web)
> ① 시맨틱 웹은 컴퓨터가 정보자원의 뜻을 이해하고, 논리적 추론까지 할 수 있는 차세대 지능형 웹이다.
> ② 현재의 컴퓨터처럼 사람이 마우스나 키보드를 이용해 원하는 정보를 찾아 눈으로 보고 이해하는 웹이 아니라, 컴퓨터가 이해할 수 있는 웹을 말한다.
> ③ 사람이 읽고 해석하기에 편리하게 설계되어 있는 현재의 웹 대신에 컴퓨터가 이해할 수 있는 형태의 새로운 언어로 표현해 기계들끼리 서로 의사소통을 할 수 있는 지능형 웹이다.
> ④ 1998년 월드와이드웹(www)의 창시자인 팀 버너스 리(Tim Berners Lee)에 의해 개발되었다.

⑥ 인터넷의 주소체계
　㉠ 인터넷 주소(IP address) : 인터넷에 연결되어 있는 모든 컴퓨터는 고유한, 유일한 번호는 가지는데 이를 IP 주소라 한다.
　㉡ 도메인 명(domain name) : IP 주소는 사람들이 이해하기 어려운 숫자로 되어 있기 때문에 사용자가 이해하기 쉬운 문자로 표현한 것이다.
　㉢ DNS(Domain Name System) : 도메인 명은 인터넷 사용자의 편의를 위해서 만들어졌으며 인터넷에 연결된 컴퓨터는 이해하지 못한다. DNS는 도메인 명을 컴퓨터가 이해할 수 있는 IP 주소로 바꿔주는 작업을 한다.
　㉣ IPv6 : IPv6란 현재 사용하고 있는 IPv4의 주소길이(32비트)를 4배 확장하여 IETF(Internet Engineering Task Force)가 1996년에 표준화한 128비트 차세대 인터넷 주소체계이다.

(4) 인트라넷과 엑스트라넷

① 인트라넷
　㉠ 인트라넷(intranet)은 인터넷의 기술을 응용한 기업 내 전용 컴퓨터 네트워크로써 기업의 각종 정보를 표준화하여 서버를 통해서 공유하며 인터넷의 표준통신규약인 TCP/IP를 기반으로 인터넷과 동일한 검색 프로그램, 통신장비, 소프트웨어 등을 사용하여 서버를 통해서 이메일, 업무협의, 전자결제, 상품개발, 정보교환 등을 한다.
　㉡ 동일한 회사 내의 관련 부서 간의 납품정보를 공유하기 위해 인터넷 기술을 이용해서 구축한 폐쇄망(closed network)으로, 조직 내의 업무처리를 위한 그룹웨어 구축을 하기 위해서는 비교적 저렴한 비용으로 가능하다.
　㉢ 내부의 하드웨어나 운영체계에 관계 없이 표준화된 소프트웨어 개발환경을 제공한다. 하이퍼링크(hyperlink)를 활용한 문서나 그림, 음성을 첨가한 멀티미디어 문서들을 제작할 수 있다.
　㉣ 고객들로부터 얻은 외부데이터와 조직 업무에 필요한 내부데이터를 이용하여 마케팅이나 의사결정에 필요한 정보를 가공해낼 수 있다.

② 엑스트라넷
　㉠ 엑스트라넷(extranet)은 납품업체나 협력업체 등, 자기 회사와 관련 있는 기업체들과 원활한 의사소통을 위해 인트라넷의 이용범위를 그들과 관련된 기업체들 사이로 확대한 것이다.
　㉡ 엑스트라넷은 납품업체나 협력업체 등 자신의 회사와 밀접한 협력관계를 유지하는 기업들과 업무를 신속하고 능률적으로 처리하기 위해 그들과 관련 기업이 전자문서교환(EDI) 등의 목적으로 인트라넷에 제한적으로 접속하는 것을 허용해야 한다.
　㉢ 엑스트라넷을 구축함으로써 비용이 절감되고 생산성이 향상된다. 또한 정보전달이 가능하므로 의사전달이 향상된다.

③ 인터넷, 인트라넷, 엑스트라넷의 비교

구 분	인터넷	인트라넷	엑스트라넷
접근성	공개, 제한 없음	비공개, 제한적	한정적으로 공개
사용자	제한 없음	허용된 사용자	허용된 관련 그룹
정보 형태	일반적, 대중적, 상업적인 정보	개인적, 기업 내부의 통제된 정보	그룹들 사이에 응용되는 정보

> **지식+톡톡** m-비즈니스(m-business)
> ① m-비즈니스는 이동전화를 포함한 모바일 단말기를 이용한 모든 비즈니스를 의미한다.
> ② 모바일 인터넷이 가지고 있는 실시간 정보를 어디서나 받아볼 수 있는 편재성(ubiquity), 언제 어디서나 접속할 수 있는 도달성(reachability), 보안과 안전이 보장되는 보안성(security), 경박단소한 통신도구의 편리성(convenience) 등의 특징을 활용하는 비즈니스 영역이다.
> ③ 모바일 커머스와 이를 지원하는 m-비즈니스의 발전을 위해서는 모바일 인터넷의 특성에 더하여 특정시점 사용자의 위치파악(localization), 빠른 시간 내 필요한 정보탐색(instant connectivity), 이동통신 사용자의 고객서비스 차별화(personalization)의 특성을 반영하여야 한다.

제4절 QR 시스템의 개념 및 활용

1 QR의 의의

(1) QR의 정의와 유용성

① **QR의 정의**
   ㉠ QR(Quick Response), 즉 신속대응은 1980년대 중반 미국의 섬유산업에서 등장한 것으로 정보기술을 이용하여 제품의 납기를 단축시키고 상품을 적시에 적량만큼 공급하기 위한 시스템이다.
   ㉡ QR 시스템은 미국의 패션의류업계가 수입의류의 급속한 시장 잠식에 대한 방어 목적으로 개발한 것으로, 공급사슬관리(SCM)의 구현방법의 하나이다.
   ㉢ QR은 소비자 중심의 시장환경에 신속히 대응하기 위한 시스템으로 생산에서 유통에 이르기까지 표준화된 전자거래 체제를 구축한다.
   ㉣ 이러한 전자거래 체제의 구축으로 기업 간의 정보공유를 통한 신속·정확한 납품, 생산 및 유통기간의 단축, 재고의 감축, 반품 로스의 감소 등을 실현할 수 있다.

② **QR의 유용성**
   ㉠ QR 시스템의 컨셉은 식료품 업계에서의 ECR(Efficient Consumer Response)과 유사하다. QR 시스템은 정보흐름과 상품흐름 사이의 통합된 고리이다.

ⓒ QR은 대립관계에 있는 섬유의 유통업과 제조업이 협조하여 제조와 판매 사이를 직접 연결하는 정보 네트워크를 구축하여 파트너십을 구축한다.

(2) QR 시스템 구축에 필요한 요소

① 기업의 환경장비 요소

GS1, EDI, POS 시스템, shipping mark, roll ID(원료의 속성식별 라벨) 등이 도입되어야 한다.

② 경영자의 결단력

QR 시스템을 도입하면 초기 투자비용이 많이 소요되고 또한 경쟁사와 정보를 공유하게 된다. 따라서 경쟁사와 정보를 공유할 수 있는 용기와 초기투자 비용에 대한 경영자의 결단력이 필요하다.

2 QR의 효과

(1) QR 시스템의 도입효과

① QR 시스템은 상품을 수령하는데 따른 비용을 줄이고, 업체에서는 즉각적인 고객 서비스를 할 수 있어 서비스의 질을 향상시킬 수 있고 업무의 효율성과 소비자의 만족을 극대화시킨다.

② QR은 정보기술과 참여기술의 활동을 통해 상품에 대한 소비자들의 반응에 신속히 대처하며 비용을 절감한다는 목표를 두고 있다.

③ QR이 추구하는 목적은 제품개발의 짧은 사이클화를 이룩하고, 소비자의 욕구에 신속 대응하는 정품을, 정량에, 적정가격으로, 적정장소로 유통시키는데 있다.

④ QR은 원자재 조달과 생산 그리고 배송에서의 누적 리드타임을 단축시키고 안전재고를 감소시키며, 예측오류를 감소시키는 효과가 있다. 또한 상품로스율을 감소시킨다.

⑤ 실제 QR을 도입한 미국업체들의 경우 품절의 감소, 재고의 감소, 매출의 증가를 경험하였다. QR에서는 소단위(small lot) 생산개념을 통해, 대량생산 시스템이 추구하는 규모의 경제(economies to scale)에서 범위의 경제(economies to scope)로 전환함으로써 기업 간의 재고를 획기적으로 줄이게 된다. 또한 리드타임도 크게 짧아졌고, 상품의 회전율이 크게 상승하였다.

(2) QR 시스템의 역할

① QR 시스템에서는 물류센터의 역할도 변화한다. 과거의 유통업의 물류센터는 공장과 점포시간에 맞추어 상품의 분류와 배송의 역할을 함과 동시에 상품 보관시설을 갖고 있는 것이 보통이었지만, QR 시스템에서는 보관기능을 갖지 않고 분류·배송만 가능한 크로스 도킹 센터(cross docking center)로 변한다.

② QR 시스템의 로지스틱스가 더욱 발전하면 도매나 소매의 유통센터는 소멸한다. 점포에 그대로 진열될 수 있도록 행거(hanger) 설치와 가격 태그(tag)가 부착된 상품이 물류센터를 경유하지 않고 공장으로부터 소매점포에 직접 보내진다. 이것을 FRM(Floor Ready Merchandise)라고 부른다.

(3) ECR

① **ECR의 의의**
  ㉠ 1985년에 도입한 QR이 큰 성공을 거두자, 식료품 및 잡화류 중심의 대형 소매업체와 제조업체가 연대하여 SCM을 추진하였는데, 이를 ECR, 즉 효율적 소비자 대응이라고 한다.
  ㉡ ECR(Efficient Consumer Response)은 QR(Quick Response)이 모태가 되어 개발된 것으로서 미국 슈퍼마켓의 식료품 유통을 개선하기 위해 도입되었다. 주로 효율적인 상품구색 및 재고보충에 중점을 둔다.
  ㉢ ECR은 최종소비자의 만족도를 증대시키기 위해 공급자와 소매업자가 공동으로 협력하는 전략적 제휴의 일종이다.

② **ECR의 전제조건(황금률)**
  ㉠ 최종소비자에게 보다 양질의 제품과 서비스를 제공할 수 있도록 지속적으로 노력해야 한다. 그리고 가능하다면 공급망에 상존해 있는 비용을 줄여야 한다.
  ㉡ win/lose 대신 win/win이라는 협력의 자세가 이익을 가져다줄 수 있다는 고위 경영진의 사고방식 전환이 필요하다.
  ㉢ 마케팅, 물류, 생산에 관련된 의사결정을 할 수 있는 신속하고도 믿을 만한 정보교환 방법이 필요하다. EANCOM 표준 전자문서를 근간으로 한 EDI가 필수적이다.
  ㉣ 생산에서 소비에 이르는 제품의 흐름을 최적화함으로써 적절한 시기에 적절한 제품을 제공할 수 있어야 한다.
  ㉤ ECR의 효과(비용절감, 재고감소, 자원의 효율적 활용 등)를 측정하고, 그 이익(회전율 향상, 이익증가)을 규명하는 한편, 이익의 공정한 분배를 실현할 수 있도록 공동의 평가시스템을 정의해야 한다.
  ㉥ 소비자에게 보다 나은 서비스를 제공하기 위해 파트너와 지속적인 커뮤니케이션이 이루어져야 한다.

③ **ECR의 활용분야**

활용분야	목표
제품구색	판매시점상의 재고, 공간생산성의 최적화
제품보충	생산라인에서 판매대에 이르기까지의 시간과 비용의 최적화
판매촉진	소매업자·소비자를 겨냥한 촉진활동의 효율성 극대화
신제품	신제품의 도입, 개발, 상용화 과정에 나타나는 신제품 출시효과의 극대화

④ ECR의 도구

ECR을 실행하는데 있어서 없어서는 안될 중요한 요소로는 다음 8가지를 들 수 있다. 이 8가지 ECR 도구들은 서로 밀접히 연관되어 있다. 예를 들어, 지속적 제품보충(CRP)이라는 ECR 도구가 가능하기 위해서는 EDI와 CAO뿐만이 아니라 카테고리에 의한 상품관리 기법이 필요하다.

㉠ CAO(컴퓨터를 이용한 자동발주)　　㉡ EDI(전자문서교환)
㉢ cross docking(통과형 물류센터)　　㉣ VCA(가치사슬 분석)
㉤ ABC(활동기준 원가회계)　　㉥ CM(카테고리 매니지먼트)
㉦ CRP(지속적인 제품보충)　　㉧ 배송상품의 순서선정

⑤ ECR의 이익

㉠ ECR은 유통체인의 비용감소, 재고의 감소와 생산성의 향상으로 인한 재무부담의 감소 등 전체 유통망 측면에서 볼 때 상당한 이익을 준다. 상품의 경쟁력이 있을수록 최종소비자에게 돌아가는 이익은 더 증가한다.

㉡ ECR은 단순히 비용의 감소측면에서가 아니라 공급자와 소매업자 사이의 협력을 통한 거래관행의 개선 측면에서도 큰 이익을 준다. 즉, 무재고의 감소, 촉진활동 측면에서의 효율성 제고, 소비자와 소비자 니즈에 대한 지식의 확대, 브랜드 혹은 점포에 대한 소비자 충성도의 증대 등이 몇 가지 예가 될 수 있다.

ECR의 이점	
활용분야	방법
매장의 상품구색 최적화	• 판매 및 평당 마진의 증대 • 상품회전율의 증대
제품보충 최적화	• 창고 및 점포주문의 자동화 • 무재고의 감소 • 분산창고에 의한 물류 • 파손율의 감소 • 재고감소
판촉활동 최적화	• 제조·재고·수송의 최적화 • 반송(회차)·공급자 재고·과다저장의 감소
신제품 평가 최적화	• 신제품 출시 실패율 감소 • 제품평가의 신뢰성 증대

(4) EHCR

① EHCR의 정의

㉠ EHCR(Efficient Healthcare Consumer Response)이란 의료공급체인을 효율적이고 효과적인 방법으로 관리함으로써, 공급체인(supply chain) 내에서 발생하는 모든 비효율적인 요소들을 제거하여 관련 비용을 최소화하려는 의료업계 전체의 노력이라고 할 수 있다.

㉡ 정의 또는 목적상 식품잡화 부문의 ECR과 대등한 개념이다.

② EHCR의 목표

최종소비자의 니즈를 효율적으로 만족시키기 위하여 소비자가 원하는 제품을 원하는 장소와 시기에 가장 저렴한 비용으로 제공하는 것이다.

제5절 발주시스템

1 재고보충 시스템

(1) CR의 의의

① CR의 의의

㉠ "전통적인 상품보충 방법은 유통업체에서 주문서를 작성하여 거래업체에게 발송함으로써 이루어졌다. 이에 비해 CR(Continuous Replenishment), 즉 지속적 상품보충은 소비자로부터 나온 재고 및 판매정보를 기초로 하여 상품보충량을 공급업체가 결정하는 방법으로 전통적인 상품보충 프로세스를 근본적으로 변화시키는 새로운 시스템이다"(ECR Europe).

㉡ ECR Europe의 정의처럼 CR(또는 CRP)는 자동 재고보충, 즉 유통업체가 제조업체와 전자상거래를 통해 상품에 대한 주문정보를 공유하고, 재고를 자동으로 보충·관리하는 것을 의미한다.

㉢ CR은 소비자 수요에 기초하여 유통소매점에 상품을 공급하므로 풀(pull) 방식이다. 반면 유통소매점에 재고가 있음에도 불구하고 상품을 공급하는 것은 푸시(push) 방식이라고 한다.

② CR의 추진방식

㉠ 기업에서 CR을 추진하는 방법에는 크게 두 가지 방법이 있다. 하나는 재고관리의 책임소재를 고려한 방법이고, 다른 하나는 협력업체 간에 정보공유의 정도를 고려한 방법이다.

㉡ 제조업체와 유통업체 사이에서 발생하는 주문은 상품에 대한 수요를 결정하고, 또한 완벽한 주문이행을 위해서는 상품을 공급하는 업체에게 충분한 정보를 제공하여야 한다.

㉢ 이 경우 CR(CRP)은 제조업체와 유통업체 중 누구에게 주문책임이 있느냐에 따라 VMI (Vendor Managed Inventory)와 CMI(Co-Managed Inventory)로 나누어진다.

(2) CR의 목표와 기대효과

① CR의 목표

㉠ CR은 제조업체와 유통업체 사이에 협력관계를 유지하면서 상품의 제조시점에서 판매시점에 이르는 상품보충 사이클의 전 과정에 걸쳐 상품공급을 보다 쉽게 하고, 재고수준을 낮추는 것을 목표로 한다.

㉡ CR은 소비자 수요에 대하여 효율적으로 대응하는 ECR(Efficient Consumer Response) 시스템에서 채용하는 프로그램 중 하나로, 피앤지(P&G)와 월마트(Walmart)가 공동으로 개

발하였다. 전자문서교환 시스템(EDI)에 근간을 두고 있으며, 공급자재고관리(VMI)가 가장 보편적인 형태로 사용된다.

② **CR의 기대효과**
   ㉠ CR 시스템을 통해 제조업체는 판매정보를 공유하므로 생산을 예측할 수 있고, 유통업체는 효율적인 재고관리를 통해 비용을 절감할 수 있는 효과가 있다. 또한 유통공급 과정에서 상품에 대한 주문기능을 향상시키고, 상품의 흐름을 효율적으로 할 수 있다는 장점을 지닌다.
   ㉡ CR을 시행함으로써 기대할 수 있는 가장 큰 효과는 재고수준에 대한 변동과 생산량의 가변성을 최소화하여 생산·재고활동을 균일화하게 할 수 있다는 것이다.
   ㉢ CR은 제조업체와 유통업체가 상호 협력하여 추진하는 활동이기 때문에 제조업체와 유통업체는 모두 다음과 같은 개선효과를 기대할 수 있다.

   - 공급체인의 유지비용 감소
   - 상품보충주기 단축
   - 재고수준 감축
   - 공급속도 향상과 정확성 증대
   - 상품공급의 용이성 향상
   - 상품흐름 균일화
   - 고객서비스 수준 제고

(3) 자동발주시스템(EOS : Electronic Ordering System)
   ① EOS는 신속·정확한 재고관리에 매우 유용한 수단으로, POS 시스템과의 연계하에 이루어진다. 즉, POS 시스템은 각 상품의 수요변동 추이에 관한 즉각적인 정보를 제공해주므로 본사는 이와 함께 재고비용과 조달소요시간에 관한 정보를 활용하여 최적의 재주문점(ROP : Reorder Point)을 결정할 수 있다.
   ② 또한 POS 시스템을 통하여 각 상품의 재고수준을 항상 알 수 있으므로, 재고수준이 설정된 ROP에 도달하면 컴퓨터 네트워크를 통해 자동적으로 발주가 일어난다.

2 재고관리 방식

(1) 공급자 주도형 재고관리
   ① **VMI의 의미**
      VMI(Vendor Managed Inventory), 즉 공급자 주도형 재고관리는 유통업체가 제조업체(공급자)에 판매와 재고에 관한 정보를 제공하면 제조업체가 이를 토대로 과거 데이터를 분석하고 수요를 예측하여 상품의 적정 납품량을 결정하는 시스템이다.
   ② **VMI의 실행 프로세스**
      ㉠ 제조업체(공급자)가 상품보충시스템을 관리하는 경우 상품보충시스템이 실행될 때마다 판매·재고정보가 유통업체에서 제조업체로 전송된다.
      ㉡ 이러한 정보는 제조업체의 상품보충시스템에서 미래의 상품수요량 예측을 위한 데이터로 활용되며, 또한 제조업체의 생산공정에서는 생산량 조절에도 사용된다.

ⓒ CR 시스템에서 계산되는 수요량에 따라 제조업체는 주문서를 작성하게 된다. 제조업체에서 작성된 상품 주문정보는 유통업체로 전송되어 유통업체의 주문처리시스템에 업데이트된다.

③ **VMI의 효과**
   ㉠ VMI는 미래의 상품수요량 예측을 위한 데이터로 활용되고 제조업체의 생산공장에서 생산량의 조절에 이용된다.
   ㉡ 제조업체는 적정예산을 편성하고 적정량의 납품을 하여 경쟁력을 얻을 수 있고, 유통업체는 재고관리에 따른 비용절감 효과를 볼 수 있다.
   ㉢ 제조업체의 CR 시스템에서 계산되는 수요량은 현재와 미래의 생산량 결정을 위한 재고·생산계획 수립에 효과적으로 활용될 수 있다.

(2) 공동 재고관리
   ① **CMI의 의미**
   CMI(Co-Managed Inventory), 즉 공동 재고관리는 제조업체와 유통업체 상호 간에 제품정보를 공유하고 있으면서 공동으로 재고관리를 하는 시스템이다.
   ② **CMI의 실행 프로세스**
   ㉠ CR 시스템이 제조업체와 유통업체에서 공동으로 운영될 경우 판매·재고정보는 CR 시스템이 실행될 때마다 유통업체에서 제조업체로 전송된다. 유통업체로부터 전송된 판매·재고정보는 제조업체의 CR 시스템에서 상품수요예측을 위한 정보로 활용되며, 생산공정에서는 생산량 조절에도 사용된다.
   ㉡ CMI를 거래선 간에 추진할 때에는 주문제안서를 제조업체가 작성하고 이를 유통업체가 수정·확정하게 된다. 즉, CMI는 상품보충에 대한 책임이 유통업체에게 있다는 것이다.

> **지식+톡톡** VMI와 CMI의 차이점
> ① VMI는 제조업체가 제품의 발주를 확정하면 바로 유통업체로 상품의 배송이 이루어진다.
> ② CMI는 제조업체가 제품을 발주하기 전에 주문제안서를 작성하여 유통업체에 보내어 상호 협의하여 발주확정이 이루어진다.

CHAPTER 02 실전감각 기르기

01 다음은 POS에 활용되는 바코드에 관한 설명이다. 가장 적절하지 않은 것은?

① GS1 코드의 표준 타입(13자리)에는 국가코드, 제조업자코드, 유통업자코드 및 체크디지트 등 4가지로 구성되어 있다.
② GS1 코드는 상품식별코드로서 상품마다 인쇄되어 있다.
③ 제조업체에서 GS1 코드를 인쇄한 라벨을 붙이는 방식을 소스 마킹이라고 한다.
④ 상품용 바코드의 한국 국가코드는 880이다.
⑤ 상품 제조단계에서 제조업체가 상품 포장에 직접 인쇄한다.

[해설] GS1 코드의 표준 타입(13자리)에는 국가식별코드, 제조업자코드, 상품품목코드 및 체크디지트 등 4가지로 구성되어 있다. KAN 코드는 현재 GS1 코드로 개편되었다.
① 유통업자코드가 아니라 상품품목코드가 되어야 한다.

02 바코드와 관련된 설명으로 가장 옳지 않은 것은?

① 국내에서 사용되는 표준형 KAN코드는 13자리로 바와 스페이스로 구성되어 있다.
② 국가식별, 상품품목, 제조업체, 체크디지트 순서로 구성되어 있다.
③ 효과적인 사용을 위해서는 코드번호에 따른 상품정보 등을 미리 등록해 둔다.
④ 주로 제조업자나 중간상에 의해 부착된다.
⑤ 생산시점에 바코드를 인쇄하는 것을 소스마킹이라고 한다.

[해설] ② 국제표준 바코드인 GS1-13 코드는 국가식별코드 3자리에 제조업체코드, 상품목코드, 체크디지트 1자리의 순서로 구성되어 있다.

03 인스토어 마킹(instore marking)에 대한 설명으로 가장 옳은 것은?

① 제품의 생산 및 포장단계에서 마킹된다.
② 각각의 소매업체에서 나름의 기준으로 자유롭게 설정한 별도의 표준코드체계에 의해 표시된다.
③ 가공식품, 잡화 등 일반적으로 공장에서 제조되는 제품에 붙여진다.
④ 전 세계적으로 공통으로 사용 가능하다.
⑤ 제조업체에서 포장지에 직접 인쇄하기 때문에 인쇄에 따른 추가비용이 거의 없다.

Answer 01 ① 02 ② 03 ②

[해설] 인스토어 마킹(instore marking)은 소매업체에서 상품 하나하나에 자체적으로 설정한 바코드 마킹을 의미한다. 이는 소스 마킹을 실시할 수 없는 생선·정육·채소나 과일 등 청과물에 제한적으로 사용한다. 소스 마킹된 상품은 상품마다 고유식별번호를 가지고 있어 같은 품목에 대하여 전 세계 어디서나 동일번호로 식별되지만, 인스토어 마킹의 경우에는 각각의 소매업체에서 나름의 기준으로 자유롭게 설정된 표준코드체계에 의해 표시되므로 같은 품목이라도 소매업체마다 번호가 달라질 수 있다.

04 다음 중 바코드를 정확하게 읽었는가의 검사에 활용되는 것은?

① check digit
② start character
③ stop character
④ quiet zone
⑤ interpretation line

[해설] 바코드를 정확하게 읽었는가를 검사하는 역할을 하는 것은 검사문자, 즉 체크디지트(check digit)이다. 체크디지트는 바코드의 맨 마지막 한 자리수이다.

05 국내의 유통, 물류, 서적 등에서 적용되는 바코드(Bar Code)에 대한 일반적인 설명으로 가장 옳지 않은 것은?

① 최대규격은 표준규격의 200%까지, 최소치에서의 세로 길이는 1.8cm까지 사용하도록 권장된다.
② 최소치는 표준규격의 80%를 기준으로 하지만, 경우에 따라 그 이하로의 규격도 가능하나 계산대(POS)에서 판독 불가능한 경우를 대비해야 한다.
③ GS1-14의 체계로서 물류식별코드 1자리, 국가식별코드 3자리, 제조업체코드 4자리, 상품품목코드 5자리, 체크디지트 1자리 등으로 구성된다.
④ ISBN 부여대상 자료를 보면 고교교과서, 수험서, 문학도서, 카세트에 녹음된 도서, 선전용 팸플릿 등 다양하다.
⑤ QR code는 일본에서 개발되었으며, Data Matrix code는 미국에서 개발된 흑백 격자무늬 패턴으로 정보를 나타내는 매트릭스 형식의 이차원 바코드이다.

[해설] ④ 국제표준 도서번호(ISBN : International Standard Book Number)는 도서, 팸플릿, 복합매체 출판물, 점자자료, 교육용 필름이나 테이프, 카세트에 녹음된 도서, 컴퓨터 소프트웨어, 전자출판물, 지도 등에 표기한다. 그러나 달력이나 광고물 등 수명이 짧은 자료, 선전용 팸플릿, 화첩 등 낱장자료, 연속간행물에는 부여하지 않는다.

Answer 04 ① 05 ④

06 바코드 색상 선택시 주의할 사항으로 가장 옳지 않은 것은?

① 바코드의 바(bar) 부분은 반드시 어두운 계열의 색상이어야 한다.
② 바(bar)의 색상은 반드시 하나로 통일되어야 한다.
③ 바코드의 배경은 반드시 흰색과 같이 엷은 색상을 사용해야 한다.
④ 바코드 배경에 색상을 입힐 경우, 바의 색상은 반드시 확연히 구별되는 색상을 사용해야 한다.
⑤ 바코드의 최적 색상 조합은 흑색 바탕에 백색 바(bar)를 사용하는 것이다.

[해설] ⑤ 바코드의 최적 색상 조합은 백색 바탕에 흑색 바(bar)를 사용하는 것이다.

07 인터넷에 대한 설명으로 가장 옳지 않은 것은?

① 인터넷은 '정보의 바다'(sea of information)라고도 불리고 있다.
② 인터넷은 중심이 되는 호스트 컴퓨터를 통해 서비스를 제공하고 있다.
③ 인터넷은 컴퓨터 간의 네트워크 연결로 네트워크 위의 네트워크라고 볼 수 있다.
④ 인터넷은 단일 컴퓨터 상에서 이루어졌던 정보처리 업무의 한계를 극복하기 위한 시도에서 출발하였다.
⑤ 인터넷은 전 세계 수많은 컴퓨터들이 TCP/IP(Transmission Control Protocol/Internet Protocol)라는 통신규약으로 연결되어 있는 거대한 컴퓨터 통신망이다.

[해설] ② 인터넷에는 PC 통신처럼 모든 서비스를 제공하는 중심이 되는 호스트 컴퓨터도 없고 이를 관리하는 조직도 없다. 그러나 인터넷을 총괄적으로 관리하지는 않지만 인터넷상의 어떤 컴퓨터 또는 통신망에 이상이 발생하더라도 통신망 전체에는 영향을 주지 않도록 실제의 관리와 접속은 세계 각지에서 분산적으로 행해지고 있다.

08 다음 바코드에 관한 설명 중 사실과 다른 것은?

① 문자나 숫자를 흑과 백의 막대모양 기호로 조합한 것으로, 컴퓨터가 판독하기 쉽고 데이터를 빠르게 입력하기 위하여 사용된다.
② 표시된 데이터나 정보는 광학식 마크판독장치로 자동판독되어 입력된다.
③ 세계상품코드(UPS)를 따르는 상품의 종류를 나타내거나, 슈퍼마켓 등에서 매출정보의 관리 등에 이용된다.
④ 바코드는 RFID에 비해 도입비용이 많이 들기는 하나 활용범위는 더욱 다양하다.
⑤ 바코드는 데이터의 배열방법에 따라 바이너리 코드와 멀티레벨 코드로 구분한다.

[해설] RFID는 기존에 사용하고 있는 바코드보다 도입비용이 많이 들지만 바코드보다 많은 정보를 담을 수 있어 활용범위가 매우 다양하다.

Answer 06 ⑤ 07 ② 08 ④

09 다음 바코드에 관한 설명 중 사실과 다른 것은?

① 바코드는 두께가 서로 다른 검은 바(bar)와 흰 바(space)의 조합에 의해 사람이 사용하는 숫자 또는 문자를 기계가 판독할 수 있도록 고안된 것이다.
② 바코드는 발행기관에 따라 바이너리 코드와 멀티레벨 코드로 구분한다.
③ 바이너리 코드는 2진법을 표현하는 바코드 체계로 판독이 쉽고 라벨의 발행이 용이하며, ITF, Code 39 등에 쓰인다.
④ 멀티레벨 코드는 고밀도의 정보표현이 가능하여 GS1, Code 128 등에 쓰인다.
⑤ 바코드는 제품에 대한 어떠한 정보도 담고 있지 않다.

[해설] ② 바코드를 바이너리 코드(이진코드, binary code)와 멀티레벨 코드(multi-level code)로 구분하는 기준은 바코드의 배열방법에 따른 것이다.

10 QR 코드에 대한 설명으로 가장 옳지 않은 것은?

① QR 코드(버전 40 기준)의 최대 표현용량은 숫자 7,089자, 문자(ASCII) 4,296자, 한자 등 아시아 문자 1,817자 등이다.
② QR 코드는 네 모서리 중 세 곳에 위치한 검출 패턴을 이용해서 360도 어느 방향에서든지 데이터를 읽을 수 있다는 장점이 있다.
③ 유통, 물류 분야에서 기존 바코드를 대체하는 개념으로 출발한 QR 코드는 별도의 리더기 없이 휴대폰을 리더기로 활용할 수 있어, 명함과 같은 개인적인 서비스까지 그 범위가 급속도로 확대되고 있다.
④ QR 코드는 데이터와 오류 정정 키들이 네 모서리에 각기 분산된 형태로 포함되어 있어 오염되거나 훼손되었을 경우 바코드에 비해 데이터를 읽어 들이기 어렵다는 단점이 있다.
⑤ QR 코드를 사용하기 어려운 좁은 공간이나 소량의 데이터만 필요로 하는 경우를 위하여 마이크로 QR 코드를 Denso Wave에서 정의하고 있다.

[해설] ④ QR 코드는 데이터와 오류 정정 키들이 네 모서리에 각기 분산된 형태로 포함되어 있어 오염되거나 훼손되었을 경우 바코드에 비해 데이터를 읽어 들이기 쉽다는 장점이 있다.

11 QR코드의 설명으로 가장 옳지 않은 것은?

① 바코드와 동일한 양의 자료를 표현하려면 사각형의 모양이라 크기가 더 커야 한다.
② 일부분이 손상되어도 바코드에 비해 인식률이 높은 편이다.
③ 바코드에 비해 담고 있는 정보의 양이 크다.
④ 여러 QR코드로 나뉘어 저장된 정보를 1개의 데이터로 연결하는 것이 가능하다.
⑤ 360° 어느 방향에서든지 인식이 가능하다.

Answer　09 ②　10 ④　11 ①

[해설] ① QR코드는 기존 바코드의 여러 가지 단점을 보완하며 등장한 것으로 작은 공간에 대용량의 정보 저장(표현)이 가능하다.

12 다음 중 바코드의 start/stop 문자의 역할에 대한 설명으로 옳은 것은?

① X-dimension 크기를 알려준다.
② 바코드 심볼을 양쪽 어느 방향에서든 읽을 수 있게 해준다.
③ 문자들 간의 기본 스페이스 크기를 지정해준다.
④ 바코드 내용을 정확하게 읽었는가를 검사해준다.
⑤ 바코드의 시작 및 끝을 명확하게 구현해준다.

[해설] 바코드의 시작문자(start character)는 데이터의 입력방향과 바코드의 종류를 스캐너에 알려주는 기능을 수행하고, 멈춤문자(stop character)는 바코드의 심볼이 끝났다는 것을 알려 주어 바코드 스캐너(scanner) 양쪽 어느 방향에서든지 데이터를 읽을 수 있도록 해준다.

13 최초배송인과 최종수령인 사이에 거래되는 물류단위 중에서 주로 파렛트와 컨테이너 같은 대형 물류단위를 식별하기 위해 개발한 18자리 식별코드는?

① SSCC   ② GS1-14
③ RSS   ④ ISBN
⑤ RFID

[해설] SSCC(Serial Shipping Container Code), 즉 수용용기 일련번호는 최초배송인과 최종수령인 사이에 거래되는 물류단위 중에서 주로 파렛트와 컨테이너 같은 대형 물류단위를 식별하기 위해 개발한 18자리 식별코드이다.

14 GS1 식별코드 중에서 상품식별코드는?

① GLN   ② GRAI
③ GSIN   ④ GINC
⑤ GTIN

[해설] GTIN(Global Trade Item Number) 코드는 국제거래 단품 식별코드를 말한다. 거래단품이란 공급체인(supply chain)상에서 가격이 매겨지거나 주문단위가 되는 상품을 말하며, 소비자에게 판매되는 모든 낱개 상품뿐만 아니라 묶음 상품, 기업 간 주문단위로 이용되는 상자단위도 거래단품의 범주에 포함된다.
① GLN(Global Location Number)은 국제적으로 업체를 식별하기 위한 글로벌 로케이션 코드로, 물리적·기능적·법적 실체를 식별하는데 사용된다.
② GRAI는 재활용자산 식별코드, ④ GINC는 국제선적 식별번호

Answer 12 ② 13 ① 14 ⑤

15 EAN 코드와 관련된 설명으로 가장 옳은 것은?

① EAN 코드는 UPC 코드보다 하위레벨로 EAN 코드 판독기는 UPC 코드도 판독가능하다.
② EAN 코드의 종류에는 EAN-12 표준형과 EAN-8 단축형이 있다.
③ EAN 코드의 종류에 따라 제조업체코드와 상품품목코드를 표현하는 자리수가 다르다.
④ EAN의 국가코드는 3자리이고 체크디지트는 2자리이다.
⑤ 각 캐릭터는 두 개의 바와 두 개의 여백으로 형성된 5개의 모듈로 이루어져 있다.

> [해설] ① EAN 코드는 UPC 코드보다 상위레벨로 EAN 코드 판독기는 UPC 코드도 판독가능하다.
> ② EAN 코드의 종류에는 EAN-13 표준형과 EAN-8 단축형이 있다.
> ④ EAN의 국가코드는 3자리이고 체크디지트는 1자리이다.

16 다음 중 'Interleaved 2 of 5' 코드에 대한 설명으로 부적절한 것은?

① 수치정보에 대해서 가장 높은 밀도로 인쇄가 가능한 전통 바코드 심볼 중 하나이다.
② 2개 숫자 단위로 바와 공백을 이용해서 표시한다.
③ 1개 숫자 표시에 이용되는 바는 2개의 넓은 바와 3개의 좁은 바로 구성된다.
④ 이산형(discrete) 심볼체계이기 때문에 각 숫자 사이에 문자 간 간격부분(inter character gap)이 존재한다.
⑤ 기록밀도가 높고, 적은 스페이스로 많은 정보를 판별할 수 있어 정확도가 높고 인쇄가 용이하다.

> [해설] 2 of 5 코드류 중 가장 많이 사용되고 있는 ITF(Interleaved Two of Five) 코드는 1972년 미국의 Intermec사가 2 of 5 코드의 효율을 증대시키기 위해 개발했으며, 산업용 바코드 중에서 많이 이용된다. 5개의 바(bar) 중 2개의 바가 넓기 때문에 2 of 5라고 한다.
> ④ Interleaved 2 of 5 코드는 한 개의 숫자가 5개의 바와 5개의 스페이스를 교대로 조합시켜 이루어져 있으며 문자 사이의 갭(inter character gap)을 없애 Industrial 코드에 비해 약 40%, Matrix 코드에 비해 약 10% 이상으로 길이를 줄일 수 있다.

17 다음 중 GLN(Global Location Number)에 대한 설명으로 부적절한 것은?

① 조직의 성격이나 물리적 위치에 관계 없이 개별조직을 찾을 수 있도록 도와준다.
② GS1 Korea에 가입된 회원의 경우에는 국가식별코드, 제조업체코드, 로케이션식별코드, 체크디지트 등으로 구성된 13자리 코드체계를 이용한다.
③ 개별조직에 대한 검색트리 형성을 위한 분류코드체계로 볼 수 있다.
④ 관련 데이터베이스에서 조직의 자료를 얻기 위한 키로 활용될 수 있다.
⑤ 한 기업의 물리적, 기능적, 법적 실체를 식별할 때 사용된다.

Answer 15 ③ 16 ④ 17 ③

[해설] GLN은 GDSN 데이터 표준의 하나인 13자리 업체식별코드이다. 즉, GLN은 국제적으로 업체를 식별하기 위한 글로벌 로케이션 코드로, 물리적·기능적·법적 실체를 식별하는 데 사용된다. 국내에서는 GS1 로케이션 코드라고 부른다. GLN은 GTIN과 같은 13자리 코드체계를 사용하지만, 별개의 식별코드체계로 간주한다.
③ GLN은 분류코드체계가 아니라 식별코드체계이다.

18 다음 중 특정 소매점포에서 자신들의 필요에 의해 표시한 특정 소매점포 전용 바코드는 무엇인가?

① 인스토어 마킹 바코드   ② 소스 마킹 바코드
③ GS1   ④ EPC
⑤ GTIN

[해설] ① 특정 소매점포에서 자신들의 필요에 의해 표시한 특정 소매점포 전용 바코드를 인스토어 마킹 바코드라고 한다.

[참고] 인스토어 마킹과 소스 마킹
㉠ 인스토어 마킹(in-store marking) : 소매점에서 바코드 프린터 등의 마킹기기를 이용하여 라벨에 바코드를 인쇄하여 상품에 부착하는 것을 말한다.
㉡ 소스 마킹(source marking) : 제조업체나 판매원이 자사가 생산·출하하는 상품의 포장이나 용기에 세계 어디에서나 정확히 식별되는 바코드 심볼을 동시에 인쇄하는 방법이다. 소스 마킹된 상품의 고유식별번호는 전 세계 어디서나 동일상품을 동일번호로 식별하지만 소스 마킹이 안된 상품은 동일품목이라도 소매업체에 따라 각각 번호가 달라질 수 있다.

19 2차원 코드에 관한 설명으로 가장 옳지 않은 것은?

① 문자, 숫자 등의 Text는 물론 그래픽, 사진, 음성, 지문, 서명 등 다양한 형태의 정보를 담을 수 있다.
② 정보의 자체복구 및 보안인증 기능이 있다.
③ 높은 인식률과 신뢰성을 보증한다.
④ 데이터의 처리속도가 빠르다.
⑤ 종류에는 PDF-417 코드, Code 93, Code 128 및 QR 코드 등이 있다.

[해설] 2차원 바코드인 다층형 바코드에는 PDF-417, Code 16K, Code 49, Codablock 등이 있다. 그리고 매트릭스 코드에는 QR Code, Maxicode, Code 1, DataMatrix, Vericode, ArrayTag, Dot Code, Softstripe 등이 있다.
⑤ Code 93, Code 128 등은 1차원 바코드이다.

Answer 18 ① 19 ⑤

20 POS 시스템으로부터 수집된 각종 데이터 분석부문과 내용의 연결이 올바르지 않은 것은?

① 매출분석 : 시간대별, 단품별
② 시계열분석 : 경쟁사 대비 매출실적, 자사 타점포 대비 매출실적
③ 고객정보분석 : 고객수, 고객단가
④ 상관관계분석 : 상품요인분석, 영업요인분석
⑤ 매출분석 : 계산일별, 부문별

> 해설 시계열분석(time series)은 시간의 진행에 따른 변화를 분석하는 것으로 전년동기대비분석, 전월대비분석, 목표대비분석 등이 이루어질 수 있다.
> ②의 경쟁사대비 매출실적, 자사 타점포대비 매출실적분석은 매출분석에 포함된다.

21 다음은 POS 시스템을 이용한 판매데이터 활용에 관한 설명이다. ( ) 안에 들어갈 단어가 바른 순서대로 조합되어 있는 것은?

> 소매업에 있어서 컴퓨터 이용의 전형적인 예는 POS 시스템이다. POS 시스템의 목적은 (㉠) 관리에 기초한 적절한 재고관리이다. 예를 들어, POS 시스템을 적절히 이용하면 (㉡)을(를) 줄일 수 있으며, 또한 (㉢)의 결품으로 인한 손실을 방지할 수 있다. POS 터미널과 연계하는 스토어 컨트롤러는 POS 데이터를 이용하여 각종 정보관리와 분석을 실시하는 PC로써 (㉣)관리나 설비관리, 온도관리를 할 수 있다.

	㉠	㉡	㉢	㉣
①	단품	인기상품	비인기상품	종업원
②	상품	인기상품	비인기상품	회계
③	단품	비인기상품	인기상품	종업원
④	상품	비인기상품	인기상품	회계
⑤	단품	비인기상품	인기상품	회계

> 해설 POS 시스템은 판매시점 정보관리시스템으로서, 무슨 상품이 언제, 어디에서, 얼마나 팔렸는지를 파악할 수 있도록 상품이 판매되는 시점에 판매정보를 수집하여 관리하는 시스템을 지칭한다. POS 데이터를 분석하여 경영에 활용함으로써 얻게 되는 효과는 판매부진 상품의 구매 중단을 통한 불량재고 삭감, 판매사이클 기간의 단축, 효율적인 상품진열, 보충발주의 간소화 등으로 구분된다. 단품별 판매동향의 파악은 인기상품, 비인기상품, 신제품의 판매동향 파악을 하는 것이다.

Answer 20 ② 21 ③

22 POS 시스템의 특징과 도입효과에 대한 설명으로 옳지 않은 것은?

① 상품별 판매동향 파악이 가능하다.
② 생산시점에서의 정보입력과 정보의 집중관리가 가능하다.
③ 체크아웃의 처리속도 향상과 가격조정이 용이하다.
④ 의사결정에 필요한 다양한 분석이 가능하다.
⑤ 입력오류를 최대한 방지할 수 있다.

> **해설** POS(point of sales) 시스템은 판매시점관리 시스템을 의미하는 것으로 판매시점에서 정보가 입력되고 관리되는 것이다.
> ② 생산시점에서 정보가 입력되는 것이 아니다.

23 다음 중 POS 시스템의 활용효과(soft merit)의 전제조건과 거리가 먼 것은?

① 정보활용 수준의 명확화
② 상품구색관리
③ 타 정보와의 결합 활용
④ 데이터의 정밀도 유지
⑤ 실용적인 시스템 구축

> **해설** POS 시스템의 효과(merit)에는 직접효과(hard merit, 단순효과)와 활용효과(soft merit)가 있다. 직접효과는 POS 시스템 기기를 도입함에 따라 기기 자체의 기능수행만으로도 모든 기업이 향유할 수 있는 효과를 말한다. 반면, 활용효과는 POS 시스템에서 출력한 자료의 활용과정에서 얻게 되는 효과를 말한다. 이러한 활용효과는 POS 시스템의 도입 그 자체만으로는 기대하기 어렵고, 시스템을 도입한 기업의 활용능력에 따라 그 크기가 결정된다고 할 수가 있다.
> 활용효과는 ㉠ 정보활용 수준의 명확화, ㉡ 타 정보와의 결합 활용, ㉢ 데이터의 정밀도 유지, ㉣ 실용적인 시스템 구축 등이 전제되어야 얻어질 수 있다.

24 다음 중 POS 시스템 도입의 직접적 효과로 볼 수 없는 내용은?

① 공급상품의 질적인 향상
② 비용의 감소
③ 생산성 향상
④ 품절·절품현상의 예방
⑤ 점포 사무작업의 단순화

> **해설** ① 판매시점관리(POS) 시스템은 제품의 판매관리 및 재고관리 등 유통에서의 혁신을 기하기 위한 것으로 공급제품의 질적 향상과는 아무 관련이 없다.
>
> **참고** POS 시스템의 도입효과
> ㉠ 제조업체에 대한 효과 : 단위별 판매동향에 대한 정보수집과 이를 기초로 한 정보분석, POS 자료와 기타 자료의 교차분석으로 자사제품의 시장정보 및 경쟁력을 파악하고 분석이 가능하다.
> ㉡ 소매업체에 대한 효과 : 체크아웃의 처리속도가 3배 이상 현저히 빨라지고, 오퍼레이션(operation) 교육비를 감소시키며, 특매가격에서 통상가격으로 환원이 수월하다. 또한 부문화에 따른 인건비를 절감할 수 있으며, 오류등록의 방지를 최대한 수행할 수 있다.

Answer 22 ② 23 ② 24 ①

25 정보통신기술의 확산은 유통산업에 있어서도 기존의 가치사슬을 변화시키고 있다. 다음 중 유통산업의 가치사슬과 각 요소의 질적 변화를 가져오는 디지털 기술이 가장 올바르게 연결된 것은?

① 공급업체관리 - CRM
② 자동발주시스템 - CRP
③ 운송, 택배 - MIS
④ 고객관계관리 - QR
⑤ 재고관리 및 매장 내 상품결손관리 - POS & EDI

[해설] ①의 공급업체관리는 SCM(공급사슬관리), ②의 자동발주시스템은 CAO, ③의 운송, 택배는 GPS(위치추적시스템), ④의 고객관계관리는 CRM과 연결된다.

26 POS 시스템과 데이터에 대해 설명한 것으로 옳지 않은 것은?

① POS 데이터 분석에서 ABC 분석이란 매장의 상품군을 매출액 기준으로 구분하여 A상품군을 집중적으로 육성하고, C상품군을 단품시키는 분석기법이다.
② POS 시스템을 통해 상품관리, 종업원관리, 고객관리 등을 용이하게 할 수 있다.
③ POS 데이터는 점포데이터와 패널데이터로 구분하는데, 점포데이터는 특정점포에서 수집되는 데이터이고, 패널데이터는 각 가정단위로 수집되는 데이터이다.
④ POS 시스템의 hardware 구성요소로는 scanner, POS terminal, store controller 등이 있다.
⑤ 전자주문시스템(EOS)과 연계하여 신속하고 적절한 구매를 할 수 있다.

[해설] ABC 분석기법은 파레토(Pareto) 법칙 또는 20-80 법칙에 기초하여 재고자산관리 및 상품관리를 하는 방법이다. 각 품목이 기업의 이익에 미치는 영향을 고려하여 품목의 가치와 중요도를 분석하고, 품목을 세 그룹(category)으로 나눈 후, 각기 다른 수준의 재고관리방법을 적용하는 재고관리기법이다. 재고자산을 ABC의 3그룹으로 분류하여 각기 다른 재고관리방법을 적용, A그룹은 신중하고 집중적인 재고관리, B그룹은 보통수준의 재고관리, C그룹은 단순한 재고관리를 한다.
① C상품군이라고 해서 단품시키는 것은 아니다.

27 POS(Point Of Sales) 시스템에 관한 설명으로 가장 옳지 않은 것은?

① POS(Point Of Sales)란 유통업자를 위한 구매시점 정보관리시스템을 의미한다.
② 개별상품에 대한 정보를 숫자화한 13자리 혹은 8자리로 구성된 바코드를 기반으로 한다.
③ 수요의 가격탄력성, 즉 가격변동에 따른 판매량의 변화와 소비자들의 가격에 대한 민감도를 신속하게 파악할 수 있게 해준다.
④ 신상품 도입의 성과나 홍보 및 광고의 효과를 신속하게 파악할 수 있다.
⑤ POS 터미널의 도입에 의해 판매원 교육 및 훈련시간이 짧아지고 입력오류를 방지할 수 있다.

[해설] POS 시스템은 point of sales, 즉 판매시점 정보관리시스템을 의미한다. 판매시점에서 모든 정보가 입력·관리됨으로써 유통정보시스템과 물류정보시스템의 기초가 된다.

Answer 25 ⑤ 26 ① 27 ①

28 코리안넷의 주요 기능으로 가장 옳지 않은 것은?

① 상품정보 및 등록관리
② 유통업체 상품정보 전송
③ 국내 유통상품 조회
④ 유통업체 매대관리
⑤ 자사상품 홍보

[해설] 대한상공회의소 한국유통물류진흥원이 운영하는 코리안넷(koreannet.or.kr)은 표준바코드(EAN-13, EAN-14)가 부착된 상품의 상세정보를 표준화시켜 데이터베이스에 등록하고, 이를 제조업체, 물류업체, 유통업체가 인터넷 및 EDI를 통해 실시간으로 활용할 수 있도록 지원하는 전자카탈로그 서비스이다. 코리안넷의 주요기능은 상품정보 및 등록관리, 유통업체 상품정보 전송, 국내 유통상품 조회, 자사상품 홍보 등 4가지가 있다.

29 아래 글상자의 ( ) 안에 공통적으로 들어갈 알맞은 단어는?

> A몰은 PB제품을 가진 대형 유통업체이다. 발주 및 재고정보를 제조업체들과 공유함으로써 적절한 재고 관리를 가능하게 해 주는 ( )을 구축하였다.
> ( )으로 구축된 A몰의 시스템은 재고정보 등 일부 비즈니스 정보들을 승인된 제조업체, 공급업체, 협력업체, 고객 또는 다른 비즈니스 업체들과 안전하게 공유할 수 있도록 지원한다.

① 인트라넷
② 인터넷
③ 통합프로토콜
④ 엑스트라넷
⑤ 이더넷

[해설] ④ 엑스트라넷(extranet)은 납품업체나 협력업체 등 자기 회사와 관련 있는 기업체들과 원활한 의사소통을 위해 인트라넷(intranet)의 이용범위를 그들과 관련된 기업체들 사이로 확대한 것이다. 협력업체들과 엑스트라넷이 구축되면 비용이 절감되고 생산성이 향상된다. 또한 정보전달이 가능하므로 의사전달이 향상된다.

30 다음 중 EDI에 대한 설명으로 적합하지 않은 것은?

① 무역업 분야에서 많이 사용되는 기술
② 문서의 신속한 전달이 가능
③ 표준화된 문서양식을 기초로 자료를 교환
④ B2C의 기반기술
⑤ 고객의 요구에 효율적으로 대응

[해설] EDI는 기업과 기업 간에 문서를 전자적인 형태로 교환하는 것을 말한다. 따라서 EDI는 기업과 기업 간의 전자상거래인 B2B의 기반기술이 된다.

Answer 28 ④ 29 ④ 30 ④

31 전자문서교환(EDI) 시스템이란 거래업체 간에 상호 합의된 전자문서표준을 이용하여 사람의 개입을 최소화한 컴퓨터 간의 구조화된 데이터의 전송을 의미한다. 다음 설명 중 EDI 활용의 효과라고 볼 수 없는 것은?

① 업무소요시간의 감소
② 소요 노동량의 감소
③ 거래의 상대방과 정보공유로 보안성 강화
④ 업무의 정확성 제고
⑤ 물류정보의 신속한 유통에 따른 정보관리 강화

해설 ③ 거래의 상대방과 정보를 공유하게 되면 정보의 보안성 문제가 새로운 문제로 제기된다.

참고 전자문서교환(EDI ; Electronic Data Interchange)
기업 간 교환되는 서식이나 기업과 행정관청 사이에서 교환되는 행정서식을 일정한 형태를 가진 전자메시지로 변환·처리하여 상호간에 합의한 통신표준에 따라 컴퓨터와 컴퓨터 간에 교환되는 전자문서교환 시스템이다. EDI의 도입으로 생산성이 증대되고 이익이 증대되며 거래비용의 감소와 각종 유통정보의 신속한 입수와 더불어 거래절차의 비용절감 및 업무처리시간의 단축을 통해 매출량을 크게 성장시킬 수 있다.

32 다음은 전자문서교환방식의 특성을 비교한 것이다. ( ) 안에 적합하지 않은 것은?

구 분	특 징	장 점	단 점
e-Mail	단순한 구조의 일반구문, 편지, 안내문 등 비정형적 문서	자유로운 형식의 문서 교환이 용이	정보의 즉시 DB화 불가
EDI	• 구조화된 표준양식 사용 • 공식거래서류 교환 • 다량자료 반복적 교환 • 가입된 거래상대만 사용	( )	• 비표준화 • 정보교환 불가

① 재입력 불필요
② 회선유시비용이 불필요
③ 표준메시지 변환
④ 독립적인 DB 구축
⑤ 응용 S/W 직접연결 가능

해설 EDI(Electronic Data Interchange)란 선적요청서(S/R), 주문서(P/D), 상업송장(C/I) 등 기업 간 교환되는 서식이나 수출입허가서(E/L 및 I/L), 수출입신고서(E/D 및 I/D), 수출입허장(E/P 및 I/P) 등 기업과 행정관청 사이에서 교환되는 행정서식을 일정한 형태를 가진 전자메시지를 변환처리하여 상호간에 합의한 통신표준에 따라 컴퓨터와 컴퓨터 간에 교환되는 전자문서교환 시스템을 의미한다.
② EDI는 국내유통거래, 원격교육, 원격행정업무, 원격의료서비스, 홈쇼핑 및 홈뱅킹 등 다방면에 걸쳐 이용할 수 있는 전자통신방식을 의미하며 통신망은 주로 VAN 통신망을 이용한다. 따라서 회선유지비용이 필요하다.

Answer 31 ③ 32 ②

33 다음 중 EDI와 VAN에 대한 설명으로 옳지 않은 것은?

① VAN은 통신회선에 정보처리기능을 결합하여 온라인으로 네트워크화한 시스템이다.
② EDI는 제조, 유통관리에 이르는 기업활동의 전반을 전자화한 정보교환이다.
③ 다른 EDI 프로토콜을 사용하는 기업 간에는 EDI 실행이 어렵다.
④ VAN은 데이터 통신처리업체를 매개로 하여 자료를 교환한다.
⑤ EDI는 컴퓨터와 컴퓨터 간의 문서교환이라는 점에서 기존의 팩스 등과 구별된다.

해설 EDI(Electronic Data Interchange), 즉 전자문서교환 시스템이란 거래업체 간에 상호 합의된 전자문서표준을 이용하여 인간의 조정을 최소화한 컴퓨터와 컴퓨터 간의 구조화된 데이터의 전송을 의미한다.
② 기업활동을 전자화한 것이 아니라, 기업 간의 문서교환을 전자화한 것이다.

34 다음 중 EDI 방식과 e-Mail 방식에 의한 정보교환의 특성에 대한 설명으로 부적절한 것은?

① e-Mail은 자유로운 형식으로 정보를 전달할 수 있다는 장점이 있다.
② EDI는 수신자가 정보를 재입력할 필요성이 없다는 장점이 있다.
③ e-Mail은 구조화된 표준양식을 이용하거나 단순한 일반편지를 이용한다.
④ EDI는 다량자료의 반복적 교환이나 가입된 거래상대자에게의 공식서류 전달을 위해 이용된다.
⑤ EDI는 비표준화된 정보를 교환할 수 없다는 단점이 있다.

해설 EDI와 기존의 전자우편(electronic mail)은 자료축적과 전송이라는 점에서는 유사하다. 그러나 EDI는 표준화(정형화)된 자료교환을 의미하지만, 전자우편(e-Mail)은 비정형화된 자료의 교환이 이루어진다는 점에서 차이가 있다.

35 기업들이 인터넷에서 EDI 역량을 구축하는 이유로 가장 옳지 않은 것은?

① 인터넷은 대규모의 접속가능성으로 폭넓은 비즈니스 활동범위의 확장에 대한 기반이 된다.
② 인터넷은 거래가 가능한 파트너들에 대해 가장 폭넓게 도달할 수 있는 잠재력을 제공한다.
③ 인터넷을 이용하면 통신비용은 VAN의 경우보다는 고가이지만 민감한 데이터들의 전송은 VPN을 통해 보호될 수 있다.
④ 인터넷 기반 EDI에서는 최신 EDI의 사용을 보완하거나 대체가 용이하다.
⑤ 인터넷 기반 EDI에서는 협업, 워크플로우, 검색엔진과 같은 기능들을 가지고 있다.

해설 ③ 최근 활용되고 있는 인터넷 기반의 EDI의 통신비용은 VAN의 경우보다 매우 낮다. 가상사설망(VPN)을 통해 비용도 절감하고 보안문제도 해결할 수 있다. VPN(Virtual Private Network)은 인터넷망과 같은 공중망을 사설망처럼 이용해 회선비용을 크게 절감할 수 있는 기업통신 서비스를 의미한다.

Answer 33 ② 34 ③ 35 ③

36 EDI 표준과 관련된 내용에 대한 것으로 다르게 설명한 것은?

① 최근 인터넷의 보안성 문제로 인해 부가가치통신망을 이용한 EDI 표준에 대한 관심이 높아지고 있다.
② EDI 표준이란 사용자 간의 전자문서의 내용, 구조, 통신방법 등에 관한 규칙이다.
③ EDI의 데이터 표준이란 자료항목의 Syntax와 Semantic에 대한 규칙이다.
④ EDI의 통신표준이란 데이터 교환에 관한 표준이다.
⑤ 상이한 언어·업무처리방식·컴퓨터 시스템을 보유한 거래당사자 간에 전자문서의 자유로운 교환을 보장하는 공통언어이다.

[해설] ① EDI 표준은 사용자 간에 서로 다른 언어와 컴퓨터 시스템으로 인해 제정한 것이므로 보안문제와는 관련이 없다.

[참고] EDI 표준
EDI 표준이란 EDI 사용자 간에 교환되는 전자문서의 내용과 구조, 통신방법 등에 관한 일련의 규칙 및 지침으로서 상이한 언어, 업무처리방식, 컴퓨터 시스템을 보유한 거래당사자 간에 전자문서의 자유로운 교환을 보장하는 공통언어라고 정의할 수 있다.
EDI 표준은 용도에 따라 전자문서표준(formatting standard) 또는 메시지 표준(message standard)과 통신표준(communication standard)으로 구분된다.
㉠ 전자문서표준은 전자적으로 전달될 수 있는 문서, 전자문서에 포함되는 정보, 정보의 순서와 형태, 정보의 각 부분의 의미 등에 대한 지침 등을 포함한다.
㉡ 이에 비해 통신표준은 컴퓨터를 통한 전자문서의 송·수신규약으로 어떤 정보를 어떤 방식으로 전송할 것인가에 관한 사용자 간의 합의를 말한다.

37 다음에서 설명하고 있는 내용으로 가장 정확한 것은?

> 단순한 전송기능 이상의 정보의 축적이나 가공, 변환처리 등의 부가가치를 부여한 음성 또는 데이터 정보를 제공해주는 매우 광범위하고 복합적인 서비스의 집합이다.

① WAN
② EDI
③ LAN
④ CALS
⑤ VAN

[해설] 단순한 전송기능 이상의 정보의 축적이나 가공, 변환처리 등의 부가가치를 부여한 음성 또는 데이터 정보를 제공해주는 매우 광범위하고 복합적인 서비스의 집합은 부가가치통신망(VAN)이다. VAN의 기능에는 기본통신기능, 통신처리기능, 정보처리기능 등이 있다.

Answer 36 ① 37 ⑤

38 다음 중 VAN의 기능이라고 볼 수 없는 것은?

① 정보축적기능　　　　　　② 정보처리기능
③ 통신처리기능　　　　　　④ 기본통신기능
⑤ 지식경영기능

해설　VAN(부가가치통신망)이란 공중 전기통신사업자로부터 회선을 임차하거나 또는 통신사업자가 통신회선을 직접 보유한 회선에, 컴퓨터를 이용한 네트워크를 구성하여 정보를 축적·처리·가공·변환하여 부가가치를 부여한 음성·화상 등의 정보를 정보이용자들에게 제공하기 위한 사업을 말한다. VAN의 기능에는 기본통신기능, 통신처리기능, 정보처리기능 등이 있다.

39 다음 중 SCM 구축을 위한 통신기술로 가장 적합한 것은?

① LAN　　　　　　　　　② VAN
③ 인터넷　　　　　　　　　④ 인트라넷
⑤ 엑스트라넷

해설　공급사슬관리(SCM)란 원자재의 조달에서부터 생산, 판매, 재고관리 등에 이르는 전 공급망을 효율적으로 연계하여 통합·운영하는 경영기법을 말하는 것으로 공급사슬상에 있는 기업들 간의 협력이 매우 중요하다. 따라서 SCM이 구축되기 위해서는 공급사슬상의 기업들이 정보를 공유해야 하므로 엑스트라넷(extranet)이 구축되어야 한다. 엑스트라넷(extranet)은 기업 외부에서 효율적인 업무처리를 위해 인트라넷을 외부로 확대시킨 시스템으로 자사와 제휴 및 관련 업체와의 업무를 공유하거나 협력관계를 유지함으로써 생산성 향상, 비용의 절감, 커뮤니케이션 향상 등을 가져오게 된다.

40 다음 중 CALS의 설명으로 적절한 것은?

① 초기 EDI 시스템이다.
② 초기에는 광속의 전자교역 개념이었다.
③ 미국의 상무성에서 개발한 기술이다.
④ CALS는 동시공학, 수명주기 등의 개념을 기초로 글로벌 전략을 추진한다.
⑤ 정보의 표준화가 필요하지 않다.

해설　① EDI는 1960년대 초에 UN/ECE가 국제적인 무역절차 간소화를 주도한 데서 시작되었다. CALS는 조달에서는 EDI, 설계에서는 동시공학(CE), 제조에서는 품질공학, 운용에서는 물류를 활용한다.
② 광속상거래 개념은 최근에 가장 마지막으로 등장한 개념이다.
③ CALS는 1982년 미국 국방성의 병참지원체제로 개발되었다.
⑤ 모든 정보는 표현·저장·전달할 때 통일된 국제표준에 의거하여 이루어진다.

Answer　38 ⑤　39 ⑤　40 ④

41 다음 설명의 ( ) 안에 들어갈 용어는?

> (　　)은 1980년대 중반 미국의 섬유산업에서 제창된 용어로 정보기술을 이용하여 제품납기를 단축시키고 상품을 적시에 적량만큼 공급시키는 시스템이다.

① QR
② ECR
③ EOS
④ CRP
⑤ SCM

해설 QR(Quick Response), 즉 신속대응 시스템은 생산에서부터 판매에 이르기까지의 시장정보를 수집하여 시장상황의 변화에 즉각적으로(quick) 대응하는(response) 시스템이다. 즉, QR 시스템은 소비자 위주의 시장환경하에서 신속히 대응하기 위한 시스템으로 생산에서 유통까지 표준화된 전자거래 체제를 구축하고 기업과의 정보공유를 통해, 원료조달로부터 최종제품에 이르기까지 납기의 단축과 재고의 감소, 상품기획과 소재기획의 연계 등을 계산하여 가격의 인하, 국내 생산거점의 유지를 도모하고자 하는 유통구조 개혁의 하나이다.

42 다음 중 유통기업이 QR을 도입함으로써 얻을 수 있는 긍정적 효과와 가장 거리가 먼 것은?

① 안전재고 감소
② 상품로스율 상승
③ 리드타임 단축
④ 예측오류 감소
⑤ 유지비용 절감

해설 QR, 즉 신속대응 시스템은 생산에서 판매에 이르기까지 시장정보를 즉각적으로 수집하여 대응하는 시스템이다. 따라서 상품로스율은 감소한다.

43 QR(Quick Response) 시스템에 대한 설명으로 옳지 않은 것은?

① 고객이 원하는 시간과 장소에 필요한 제품을 공급하기 위함이다.
② 미국의 패션의류업계가 수입의류상품의 급속한 시장잠식에 대한 방어목적으로 개발하였다.
③ 바이어의 사전 구매결정에 따른 재고비용의 부담을 발생시키기도 한다.
④ 원자재 조달과 생산 그리고 배송에서의 누적 리드타임을 단축시킨다.
⑤ 시스템의 성과를 생산자, 유통관계자, 소비자 등이 골고루 나누어 갖는다.

해설 QR 시스템이 확립되면 주문에 따른 신속한 생산 및 배송이 이루어지기 때문에 리드타임을 크게 줄일 수 있다. 이런 상황에서 바이어가 사전 구매결정을 내릴 이유가 없다.

Answer 41 ① 42 ② 43 ③

44 유통업체와 제조업체가 공동으로 제품생산 및 판매에 이르는 모든 프로세스 과정에서 비효율성을 제거함으로써 비용절감, 더 나아가서는 소비자 만족의 극대화를 추구하는 시스템을 가장 잘 나타내고 있는 것은?

① QR
② e-Procurement
③ ERP
④ CRM
⑤ BPR

해설 QR(Quick Response), 즉 신속대응 시스템은 생산에서부터 판매에 이르기까지의 시장정보를 수집하여 시장상황의 변화에 즉각적으로(quick) 대응하는(response) 시스템이다. 이는 제조업자와 공급업자 및 운송업자들이 긴밀한 협조관계를 유지하기 위한 시스템이다.
② e-Procurement는 전자구매, ③ ERP는 전사적 자원계획, ④ CRM은 고객관계관리, ⑤ BPR은 업무프로세스이다.

45 다음 중 ECR(Efficient Consumer Response)에 대한 설명으로 거리가 먼 것은?

① 1990년대 초 미국에서 슈퍼마켓들의 매출신장률 저조의 해결방안으로 도입
② QR(Quick Response)을 응용해서 의류분야에 도입한 것
③ 신속·정확한 재고보충을 가능하게 함
④ 공급업체 - 제조업체 - 유통업체 간의 전략적 협조를 기본으로 함
⑤ 신제품의 도입과 개발 및 상용화 과정의 효율성이 높아짐

해설 공급사슬관리(SCM)가 처음으로 등장한 것은 1985년 의류분야에서의 QR이다. 이후 QR의 성공에 자극받아 1990년대 초 미국에서 슈퍼마켓들의 매출신장률 저조의 해결방안으로 ECR이 도입되었다.

46 다음 중 ECR(Efficient Consumer Response)에 대한 설명으로 옳은 것은?

① JIT의 영향을 받아서 개발된 이후에 QR 시스템에 영향을 주었다.
② 1990년대 영국과 일본의 슈퍼마켓에서 공급사슬상의 전방구매와 전매 등의 문제를 해결하기 위한 노력의 결과로서 처음 등장하게 되었다.
③ 식품산업의 공급사슬관리를 위한 모형으로 성과향상을 위해서는 카테고리 관리, 활동기반 원가처리 등이 필요하다.
④ 영국과 일본에서 시작된 ECR 활동이 미국 및 우리나라에도 보급되어 고객가치 창조를 위해서 유통업체를 중심으로 도입이 활성화되고 있다.
⑤ 효율적인 판촉이 가능하며, 업체 간 정보통합이 불필요하다.

Answer 44 ① 45 ② 46 ③

해설 ① 1985년에 처음 등장한 QR의 영향으로 1990년대 ECR이 개발되었다.
②④ ECR(Efficient Consumer Response)은 QR(Quick Response)이 모태가 되어 개발된 것으로서 미국 슈퍼마켓의 식료품 유통을 개선하기 위해 도입되었다. 주로 효율적인 상품구색 및 재고보충에 중점을 둔다.
⑤ 업체 간 정보통합이 요구된다.

47 통합물류시스템의 하나로 각광을 받는 ECR과 QR을 비교한 다음의 내용 중에서 옳지 않은 것은?

① ECR은 자동발주 연속보충 시스템이고, QR은 타이밍에 맞는 보충이 중요한 상품에 적합하다.
② ECR은 진열된 상태에서의 상품납입(FRM)방식이 적합하고, QR은 크로스 도킹 방식의 상품납입이 적합하다.
③ ECR은 가격이 싼 상품에, QR은 가격이 비싼 상품에 적합하다.
④ ECR은 회전율이 높은 상품에, QR은 회전율이 낮은 상품에 적합하다.
⑤ ECR은 식품부문에 적합하고, QR은 의류부문에 적합하다.

해설 ② 진열된 상태에서의 상품납입(FRM)방식이 적합한 것은 QR이고, 크로스 도킹 방식의 상품납입이 적합한 것은 ECR이다. QR 시스템의 로지스틱스가 더욱 발전하면 중간 유통센터는 소멸한다. 점포에 그대로 진열할 수 있도록 행거(hanger) 설치와 가격 태그(tag)가 부착된 상품이 물류센터를 경유하지 않고 공장으로부터 소매점포에 직접 보내진다. 이것을 FRM(Floor Ready Merchandise)이라고 부른다.

48 ECR(Efficient Customer Response)의 구현을 위한 관리기법으로 가장 거리가 먼 것은?

① CAO(Computer Assisted Ordering)
② CR(Continuous Replenishment)
③ CD(Cross Docking)
④ CM(Category Management)
⑤ CP(Count Point)

해설 ECR(Efficient Customer Response)은 1990년대 초 미국에서 슈퍼마켓들의 매출신장률 저조의 해결방안으로 도입된 것으로, 신속·정확한 재고보충을 가능하게 하였다. 이는 공급업체 – 제조업체 – 유통업체 간의 전략적 협조를 기본으로 하고 있다. 효율적 고객반응(ECR)의 구현을 위한 관리기법에는 CAO(Computer Assisted Ordering), CR(Continuous Replenishment), CD(Cross Docking), CM(Category Management) 등을 들 수 있다.

Answer 47 ② 48 ⑤

49 다음 중 CAO(Computer Assisted Ordering)에 대한 설명으로 거리가 먼 것은?

① POS 데이터와 EOS를 연계해서 활용
② 소비자의 수요에 신속한 대응이 가능
③ 주문내용은 EDI를 통해 물류센터로 전송
④ 푸시(push) 방식으로 운영
⑤ 소비자가 선호하는 상품에 대한 파악 가능

> [해설] CAO(Computer Assisted Ordering), 즉 컴퓨터 지원에 의한 주문시스템은 유통소매점포의 기반시스템인 자동발주시스템(EOS)의 하나이다. 실제 재고가 소매점포에서 설정한 기준치 이하로 떨어지면 자동으로 보충주문이 발생되는 것을 말한다. CAO는 POS data를 기반으로 하기 때문에 풀(pull) 방식으로 운영된다.

50 VMI(Vendor Managed Inventory)에 대한 내용으로 틀린 것은?

① 발주업무는 생략되었으나 품절이 도입 전에 비해 다소 높은 것이 단점이다.
② 점포에서는 발주업무를 생략할 수 있다.
③ 납품업자는 VMI를 통해 소비자의 반응을 신속히 파악할 수 있다.
④ 점포의 POS 데이터를 납품업자에게 직접 전송한다.
⑤ 유통업체는 재고관리 비용을 절감할 수 있다.

> [해설] VMI(Vendor Managed Inventory), 즉 공급자 재고관리는 유통업체가 제조업체(공급자)에 판매와 재고에 관한 정보를 제공하면 제조업체가 이를 토대로 과거 데이터를 분석하고 수요를 예측하여 상품의 적정 납품량을 결정하는 시스템이다. 제조업체는 적정예산을 편성하고 적정량의 납품을 하여 경쟁력을 얻을 수 있고, 유통업체는 재고관리에 따른 비용절감 효과를 볼 수 있다.
> ① VMI의 도입으로 발주업무가 생략된 것은 물론, 품절이 감소되는 효과를 얻을 수 있다.

51 VMI(Vendor Managed Inventory)에 대한 설명으로 옳지 않은 것은?

① VMI는 상품의 이익률보다는 직접 기여된 이익을 평가한다.
② VMI는 점포의 POS 시스템 데이터를 거래선과 직접 연결하고, 거래선이 CAO(Computer Aided Oredering)를 통해 발주하는 자동발주기법이다.
③ VMI는 POS 시스템의 활용이익(soft merit)을 높인다.
④ VMI는 공급체인의 목적달성에 유효한 유통정보 활용기법이다.
⑤ 제조업체의 생산공장에서 생산량의 조절에도 이용된다.

Answer 49 ④ 50 ① 51 ①

해설 VMI, 즉 공급자 재고관리는 유통업체가 제조업체(공급자)에 판매와 재고에 관한 정보를 제공하면 제조업체가 이를 토대로 과거 데이터를 분석하고 수요를 예측하여 상품의 적정 납품량을 결정하는 시스템이다. VMI는 미래의 상품수요량 예측을 위한 데이터로 활용되고 제조업체의 생산공장에서 생산량의 조절에 이용된다.

52 다음은 인터넷이 제공하는 대표적인 서비스에 대한 설명이다. 무엇에 대한 설명인가?

> 정보의 내용을 주제별 또는 종류별로 구분하여 메뉴로 구성함으로써, 인터넷에 익숙하지 않은 사용자라도 제공되는 메뉴만 따라가면 쉽게 원하는 정보를 찾을 수 있게 해주는 서비스이다.

① IRC(Internet Relay Chatting) ② Telnet
③ Gopher ④ Archie
⑤ Browser

해설 문제의 내용은 고퍼(Gopher)에 대한 설명이다. 고퍼는 정보의 내용을 주제별이나 종류별로 구분하여 메뉴로 구성, 메뉴 방식으로 사용할 수 있는 인터넷 정보검색 서비스를 말한다. 인터넷에 익숙하지 않은 사용자라도 제공되는 메뉴만 따라가면 쉽게 원하는 정보를 찾을 수 있게 해주는 서비스이다.

53 사용자추적 프로그램으로 방문자가 들어간 사이트의 기록을 저장하여 웹운영자에게 고객식별 및 사이트에서 행하는 고객들의 행동을 쉽게 이해할 수 있도록 정보를 제공하는 프로그램을 뜻하는 것으로 가장 옳은 것은?

① 로그파일(Log-file) ② 쿠키(Cookies)
③ 텔넷(Telnet) ④ 고퍼(Gopher)
⑤ 아크로벳(Acrobat)

해설 제시된 내용은 쿠키에 대한 설명이나. 쿠키(cookie)는 웹브라우저에서 현재 상태를 보관하기 위해 임시로 사용 중인 데이터 파일을 나타낸다. 쿠키파일에는 PC 사용자가 인터넷을 사용한 기록들이 남게 된다. 사용자가 어떤 사이트를 방문하는 경우 그 사이트에서는 사용자의 컴퓨터 내의 쿠키파일을 서버로 읽어 들일 수 있다. 그리고 읽어 들인 파일을 즉시 분석하여 사용 중인 고객의 컴퓨터로 기업은 그 고객에 맞는 정보를 제공해줄 수 있다.

Answer 52 ③ 53 ②

54 다음 중 ( ) 안에 들어갈 용어로 가장 옳은 것은?

> 온·오프라인의 모든 채널이 유기적으로 통합된 ( )이(가) 등장했다. 2000년대 이후 오프라인 매장 외에 PC와 스마트기기가 새로운 판매채널로 추가되면서 멀티채널 환경이 조성됐고, 최근 각 채널들을 유기적으로 통합하는 ( )이(가) 주목받는 상황이다. ( )은(는) 다양한 채널이 서로의 단점을 보완하고 장점을 극대화하며 단일채널로서 역할을 한다는 점에서 각 채널이 독립적으로 운영되며 서로 경쟁하는 멀티채널과 큰 차이를 보인다.

① 비콘
② 옴니채널
③ 무인자동체
④ 드론
⑤ e-채널

해설 설문의 내용은 옴니채널(omni-channel)에 대한 설명이다. 모든 것 또는 모든 방식을 의미하는 접두사 옴니(omni)와 유통경로를 의미하는 채널(channel)의 합성어로, 온·오프라인 매장을 결합하여 소비자가 언제 어디서든 구매할 수 있도록 한 쇼핑체계를 의미한다.

55 인터넷 비즈니스와 관련된 네트워크 기술의 하나로 월드와이드웹(world wide web)을 창시한 팀 버너스 리(Lee)가 창안한 현재의 웹이 의미의 웹으로 진화한 개념으로 컴퓨터가 스스로 문장이나 문맥 속의 단어의 미묘한 의미를 구분하여 사용자가 원하는 정보를 제공할 수 있는 웹을 뜻하는 것은?

① RSS(Rich Site Summary)
② Bluetooth
③ Semantic web
④ WiBro
⑤ Wi-Fi

해설 시맨틱 웹(semantic web)은 컴퓨터가 정보자원의 뜻을 이해하고, 논리적 추론까지 할 수 있는 차세대 지능형 웹이다. 현재의 컴퓨터처럼 사람이 마우스나 키보드를 이용해 원하는 정보를 찾아 눈으로 보고 이해하는 웹이 아니라, 컴퓨터가 이해할 수 있는 웹을 말한다. 즉, 사람이 읽고 해석하기에 편리하게 설계되어 있는 현재의 웹 대신에 컴퓨터가 이해할 수 있는 형태의 새로운 언어로 표현해 기계들끼리 서로 의사소통을 할 수 있는 지능형 웹이다. 1998년 월드와이드웹(www)의 창시자인 팀 버너스 리(Tim Berners Lee)에 의해 개발되었다.

Answer 54 ② 55 ③

56 다음의 (　)에 들어갈 가장 옳은 용어는?

> (　)은(는) 서비스 이용자가 자신이 소지하고 있는 스마트 디바이스를 활용하여 업무 혹은 정보 획득에 활용하는 것으로 2009년 인텔이 처음 도입하였다. (　)업무환경을 조성하였을 경우, 업무용과 개인용으로 구분하여 여러 기기를 사용해야 하는 불편을 없애주고 더불어 회사의 기기 구입비용 절감 등의 효과가 있다. 따라서 생산성 제고를 도모할 수 있다.

① O2O
② BYOD
③ BYOB
④ AR
⑤ Indoor OD

해설 지문의 내용이 설명하는 것은 BYOD이다. BYOD(Bring Your Own Device)는 개인이 보유한 스마트 기기를 회사 업무에 활용하는 것을 의미한다. 즉, 회사 업무에 직원들 개인 소유의 태블릿PC, 스마트폰, 노트북 등의 정보통신 기기를 활용하는 것을 일컫는 것으로, 2009년 인텔이 처음 도입하였다. BYOD 업무환경을 조성하면 직원들이 업무용과 개인용으로 구분하여 여러 기기를 가지고 다녀야 하는 불편이 없어 생산성 향상, 회사의 기기 구입비용을 줄일 수 있는 등의 효과가 있다.

57 다음의 (　) 안에 들어갈 적절한 용어가 순서대로 연결된 것은?

> 공급망관리(SCM)는 적용되는 산업별로 그 표현을 달리하고 있다. 즉, 의류부문에서는 (　), 식품부문에서는 (　), 의약품부문에서는 (　), 신선식품부문에서는 (　) 등으로 불리고 있다.

① QR - ECR - EHCR - EFR
② QR - ECR - EFR - EHCR
③ QR - EHCR - ECR - EFR
④ QR - EFR - EHCR - ECR
⑤ ECR - QR - EHCR - EFR

해설 QR(Quick Response), 즉 신속대응은 1980년대 중반 미국의 섬유산업에서 등장한 것으로 정보기술을 이용하여 제품의 납기를 단축시키고 상품을 적시에 적량만큼 공급하기 위한 시스템이다.
ECR(Efficient Consumer Response)은 미국 슈퍼마켓의 식료품 유통을 개선하기 위해 공급자와 소매업자가 공동으로 협력하는 효율적 소비자 대응이다.
EHCR(Efficient Healthcare Consumer Response)은 의료공급체인을 효율적이고 효과적인 방법으로 관리함으로써 공급체인(supply chain) 내에서 발생하는 모든 비효율적인 요소들을 제거하여 관련 비용을 최소화하려는 시스템인 반면, EFR(Efficient Food service Response)은 신선식품을 대상으로 공급망을 관리하는 시스템이다.

Answer　56 ②　57 ①

CHAPTER 03 유통정보의 관리와 활용

| 제1절 | 데이터관리

1 데이터 웨어하우징과 데이터 마이닝

(1) 데이터 웨어하우스

① 데이터 웨어하우스의 의의
  ㉠ 데이터 웨어하우스(data warehouse)는 기간시스템의 데이터베이스에 축적된 데이터를 공통의 형식으로 변환하여 일원적으로 관리하는 데이터베이스를 의미한다.
  ㉡ 데이터 웨어하우스(warehouse)는 '데이터의 창고'를 의미하는데 데이터의 저장이나 분석방법까지 포함하여 조직 내 의사결정을 지원하는 정보관리시스템으로 이용된다.
  ㉢ 데이터 웨어하우스는 기업 내의 여러 부문에 널려 있는 개별 시스템들을 활용목적별로 통합하여, 마케팅이나 상품진열방식 등의 의사결정에 유용한 정보를 보관해 놓은 대형 전자정보창고(electronic warehouse)라고 할 수 있다.

② 데이터 웨어하우스의 등장배경
  ㉠ 의사결정을 위한 정보 수요의 폭증과 과거의 이력 데이터의 중요성이 부각되었다. 신속하고 즉각적인 의사결정을 위해서는 과거 장기간에 걸친 데이터가 필요한데 이를 해결해 주는 것이 데이터 웨어하우스이다.
  ㉡ 의사결정을 하는 데는 기업 내의 다른 부서, 다른 시스템, 다양한 방식으로 보관된 데이터에 접근하여 다양한 종류의 질적 수행이 가능한 환경의 필요성이 높아졌다.
  ㉢ 각기 구축된 데이터베이스가 운용되고 시간이 지날수록 그 크기가 커짐에 따라 이를 효과적으로 운용할 수 있는 새로운 형태의 통합된 데이터 저장소가 필요해졌다.
  ㉣ 고객의 다양한 요구와 환경변화에 신속하게 대응하기 위해 일상업무 지원뿐만 아니라 데이터 분석이나 의사결정을 지원하는 기업의 전략적 정보 기반 구축이 필요해졌다.

③ 데이터 웨어하우스의 구성
  데이터 웨어하우스는 원시 데이터 계층, 데이터 웨어하우스 계층, 클라이언트 계층으로 구성되어 있다. 그리고 데이터 추출·데이터 저장·데이터 조회활동으로 구성된다.
  ㉠ 원시 데이터 계층 : 기존 메인 프레임 애플리케이션, 클라이언트 애플리케이션, 외부 데이터 소스를 포함한 수많은 소스들로 구성되며, 데이터는 이들 소스로부터 추출되어 변환 및 표준화 과정을 거쳐 데이터 웨어하우스로 적재된다.

- ⓒ **데이터 웨어하우스 계층** : 데이터 웨어하우스 계층은 의사결정을 지원하기 위해 주제 중심적, 통합적, 시계열적 데이터의 집합으로서 사용자의 요구에 따라서 대량의 데이터가 축적된 인프라를 만들어 놓고 활용은 최종 사용자에게 맡기는 계층이다.
- ⓒ **클라이언트 계층** : 사용자들이 정보를 액세스하고 분석할 수 있는 수단으로 데이터 웨어하우스에 대한 별도의 지식 없이도 통합된 데이터의 결과치를 볼 수 있도록 한 계층이다.

④ **데이터 웨어하우스의 특징**

데이터 웨어하우스는 주제지향성, 통합성(일관성), 비휘발성, 시계열성, 접근가능성 등의 특징을 지니고 있다.

- ⓐ **주제지향성** : 데이터 웨어하우스는 기업에서 다양하게 활용할 수 있도록 고객, 벤더, 제품, 가격, 지역 등과 같은 중요한 주제(subject)를 중심으로 그 주제와 관련된 데이터들로 조직된다.
- ⓑ **통합성(일관성)** : 데이터 웨어하우스는 전사적 모델에 기초하여 통합된다. 즉, 데이터 웨어하우스에서는 다양한 시스템을 통하여 수집된 데이터가 주제별로 통합된다. 예를 들어, 기업 내·외부 시스템으로부터 수집된 고객데이터는 고객에 대한 식별자 중심으로 통합되어 고객에 대한 포괄적 정보를 제공한다.
- ⓒ **비휘발성(읽기 전용)** : 데이터 웨어하우스는 읽기 전용(read only) 데이터베이스로서 갱신이 이루어지지 않는다. 즉, 일단 데이터가 적재되면 일괄 처리(batch) 작업에 의한 갱신 이외에는 삽입이나 삭제 등의 변경이 수행되지 않는 특징을 가진다. 데이터 웨어하우스 환경에서는 데이터 로드와 활용만이 존재한다.
- ⓓ **시계열성(역사성)** : 데이터 웨어하우스는 시계열성(시간성) 또는 역사성을 가진다. 데이터는 추세, 예측, 연도별 비교분석 등을 위해 다년간 시계열적으로 축적·보관된다.
- ⓔ **접근가능성** : 데이터 웨어하우스는 컴퓨터시스템이나 자료구조에 대한 지식이 없는 사용자들이 쉽게 접근할 수 있다. 조직의 관리자들은 그들의 PC로부터 데이터 웨어하우스에 쉽게 연결될 수 있어야 한다.
- ⓕ **관계형** : 데이터 웨어하우스는 단순한 데이터의 저장창고가 아니라 관계형 데이터베이스를 근간으로 많은 데이터를 다차원적으로 신속하게 분석하여 의사결정에 도움을 주기 위한 시스템이다.
- ⓖ **다차원 분석처리 지원** : 데이터베이스는 통상 거래를 다루므로 거래발생 즉시 온라인으로 처리되는 OLTP가 사용되지만, 의사결정을 지원하는 데이터 웨어하우스는 축적된 데이터를 분석하는 OLAP(온라인 분석처리)와 다차원 분석을 지원한다.

⑤ **데이터 웨어하우스의 활용**

- ⓐ 데이터 웨어하우스를 이용함으로써 고객들의 구매동향, 신제품에 대한 반응도, 제품별 수익률 등 세밀한 마케팅 정보를 얻을 수 있다.
- ⓑ 목적별 데이터뿐만 아니라 기업활동에 관한 모든 정보를 전 회사 규모의 데이터베이스로 일원화하여 관리하므로 그 용량이 매우 크기 때문에 보통은 관계형 데이터베이스 관리시스템(RDBMS : Relational DataBase Management System)을 사용한다.

ⓒ 수많은 엄청난 용량의 데이터를 그냥 저장만하고 보기만 한다면 아무런 가치가 없다. 따라서 데이터의 가치를 높이기 위해 데이터를 분석하여 회사의 의사결정자들에게 제공함으로써 정확한 의사결정을 할 수 있도록 한 것이 데이터 웨어하우스이다.

⑥ 데이터 마트

데이터 마트(data mart)는 기업규모의 데이터 웨어하우스보다는 범위를 좁게 설정하여 특정 업무영역을 더욱 상세하게 분석하고 활용하기 위해 구축한 작은 규모의 데이터 저장공간이다. 기업 전체보다는 특정 사업부문의 요구에 더 적합하고, 의사결정지원 정보전달을 최적화하고, 요약하거나 또는 샘플 데이터 관리에 초점을 맞추는 시스템이다. 데이터웨어하우스와 데이터 마트의 구분은 사용자의 기능 및 제공범위를 기준으로 한다.

(2) 데이터 웨어하우징

① 데이터 웨어하우징의 의의

ⓐ 데이터 웨어하우징(data warehousing)이란 개방형 시스템 도입으로 여러 부문에 흩어져 있는 각종 기업정보를 최종사용자가 쉽게 활용하여, 신속한 의사결정을 할 수 있도록 흩어져 있는 방대한 양의 데이터에 쉽게 접근하고 이를 활용할 수 있게 하는 기술을 말한다. 즉, 다양한 정보원천으로부터 나온 자료를 분석하고 정보처리가 가능한 환경으로 조정하는 것을 말한다.

ⓑ 데이터 웨어하우징은 중역정보시스템(EIS : Executive Information System)과 의사결정지원시스템(DSS : Decision Support System)을 구축하는 데 사용되었던 이전의 데이터베이스에서 분석·요약된 정보를 선택하여 새로운 데이터 웨어하우스를 구축하거나 이를 활용하는 절차와 과정을 의미한다.

② 데이터 웨어하우징의 구성

ⓐ 데이터 웨어하우징의 구성요소는 기존 데이터의 변환·추출·통합과정, 데이터 웨어하우스에 로딩(loading) 관리과정, 미들웨어, 사용자들의 액세스 과정으로 구성되어 있다.

ⓑ 보통 질의사항이나 보고서 작성도구를 이용하여 필요한 정보를 조회하고 정리하는 과정이며, 정보를 찾아내기 위해서는 OLAP(분석 프로세싱) 도구를 이용하는 것이 보편화되어 있다.

③ 데이터 웨어하우징의 활용

ⓐ 데이터 분석가들은 특정 고객을 위한 판매촉진 방법의 기획부터 매출증대를 위한 점포 내의 상품진열 등에 관한 의사결정을 위해 데이터 웨어하우스로부터 정보를 끌어내는 다양한 과정을 사용한다.

ⓑ 데이터 웨어하우징은 고객충성도 프로그램과 연계될 때 더욱더 효과적으로 사용된다. 판매자료는 일반적으로 고객의 ID카드를 통해 수집되며, 수집된 데이터는 데이터 웨어하우스에 보관되어 충성스런 고객을 대상으로 직접적인 판촉활동을 위해 사용된다.

ⓒ 상황변화에 따른 신속한 의사결정이 필요하고 대량의 운용데이터가 발생하는 분야에서 데이터 웨어하우징을 통해 과거 및 현재의 데이터를 분석함으로써 시장변화와 미래예측까지도 가능하다.

(3) 빅데이터

① 빅데이터의 의의
- ㉠ 빅데이터란 디지털 환경에서 생성되는 데이터로 그 규모가 방대하고, 생성 주기도 짧고, 형태도 수치 데이터뿐 아니라 문자와 영상 데이터를 포함하는 대규모 데이터를 말한다.
- ㉡ 빅데이터 환경은 과거에 비해 데이터의 양이 폭증했다는 점과 함께 데이터의 종류도 다양해져 사람들의 행동은 물론 위치정보와 SNS를 통해 생각과 의견까지 분석하고 예측할 수 있다.
- ㉢ 빅데이터는 기존의 정형화된 데이터뿐만 아니라, 비정형적 데이터까지 포함한 방대한 양의 데이터를 수집하여 다양한 관점에서 신속하게 패턴이나 예측정보를 제공한다.
- ㉣ 빅데이터의 특징은 3V로 요약하는 것이 일반적이다. 즉, 데이터의 양(Volume), 데이터 생성 속도(Velocity), 형태의 다양성(Variety)을 의미한다. 최근에는 가치(Value)나 복잡성(Complexity)을 덧붙이기도 한다.

② 빅데이터의 수집
빅데이터 수집은 분산된 다양한 소스로부터 필요로 하는 데이터를 수동 또는 자동으로 수집하는 과정이다. 조직 내외부의 정형적·비정형적 데이터를 수집하게 되는데 이와 관련된 내용은 다음과 같다.
- ㉠ 로그 수집기 : 웹서버의 로그 수집, 웹로그, 트랜잭션 로그, 클릭 로그, 데이터베이스의 로그 등을 수집
- ㉡ 웹로봇을 이용한 크롤링 : 웹문서를 돌아다니면서 필요한 정보를 수집하고 이를 색인해 정리하는 기능을 수행하며 주로 검색엔진에서 사용
- ㉢ 센싱 : 온도, 습도 등 각종 센서를 통해 데이터를 수집
- ㉣ RSS(Really Simple Syndication) 리더 : 사이트에서 제공하는 주소를 등록하면, PC나 휴대폰 등을 통하여 자동으로 전송된 콘텐츠를 이용할 수 있도록 지원하는 도구
- ㉤ Open-API : Open Application Programmer Interface는 인터넷 이용자가 일방적으로 웹 검색 결과 및 사용자인터페이스(UI) 등을 제공받는 데 그치지 않고 직접 응용 프로그램과 서비스를 개발할 수 있도록 공개된 API

③ 빅데이터의 분석도구
- ㉠ SPSS(Statistical Package for the Social Sciences) : 사용자들이 내장되어 있는 기능을 직관적으로 클릭하는 방식으로 쉽게 데이터를 분석할 수 있는 통계 패키지. 대용량 데이터를 한 번에 처리하기 어려운 한계 존재
- ㉡ SAS(Statistical Analysis System) : 데이터베이스에서 통계학 수치를 산출하거나 리스트를 관리하는 등 다양하고 상세한 분석 기능을 제공하는 통계 소프트웨어. 분석 모듈별로 임대하는 방식이며, SAS식 언어를 기반으로 하는 프로그래밍을 알아야 사용 가능
- ㉢ R : 통계 전문가들이 개발한 오픈소스 프로그래밍 언어로 통계 분석, 데이터마이닝 등에 유용. 많은 통계 패키지와 데이터 시각화 도구가 개발되어 있어서 무료로 다운로드받아 통계 데이터 분석을 수행할 수 있음. 통계 모델링과 통계 분석에 최적화되어 있으나 R언어를 기반으로 하는 프로그래밍을 알아야 사용 가능

② Python : C++, JAVA와 같이 여러 분야에서 사용할 수 있는 범용 오픈소스 프로그래밍 언어. 대량의 데이터를 빠르게 처리하므로 빅데이터 분석을 위한 머신러닝에 유용하며, 모바일 어플리케이션 개발 등 다른 프로그램 개발도 가능. R과 같이 다양한 라이브러리를 지원하므로 무료로 다운로드받아 이용할 수 있으며, 프로그래밍을 알아야 사용 가능

(4) 데이터 마이닝

① 데이터 마이닝의 의의
  ㉠ 데이터 마이닝(data mining)은 대용량의 데이터베이스로부터, 과거에는 찾아내지 못했던 데이터 모델을 새로이 발견하여 실행 가능한 유용한 지식을 추출해 내는 과정을 의미한다. 이렇게 찾아낸 지식은 의사결정에 매우 유용하게 이용된다.
  ㉡ 최근 효과적인 고객관계관리(CRM)를 위한 데이터 마이닝(data mining)이 큰 관심을 끌고 있다. 기업들이 좀 더 효율적인 CRM을 위하여, 데이터 마이닝을 통해 자사의 고객에게 가장 적합한 모형을 찾아내어 마케팅에 적용하고 있다.
  ㉢ 데이터 마이닝은 데이터베이스 내부의 지식발견(KDD : Knowledge Discovery in Database) 과정의 일부이다.

② 데이터 마이닝의 프로세스
  ㉠ 제1단계 : 데이터 추출(sampling)
  ㉡ 제2단계 : 데이터 탐색(exploring)
  ㉢ 제3단계 : 데이터 교정(modifying)
  ㉣ 제4단계 : 모형화 단계(modeling)
  ㉤ 제5단계 : 모형 평가(assessing)

③ 데이터 마이닝의 원리
  ㉠ 마이닝(mining)이란 광산에서 땅을 캐내려가서 보석을 찾아내는 것을 의미한다. 따라서 데이터 마이닝은 데이터베이스를 분석하여 유용한 지식을 추출하는 것을 의미한다.
  ㉡ 깊은 곳에 매장되어 있는 지식은 데이터베이스에서 정보를 검색하고 관리하기 위해 표준 대화식으로 구성된 구조화 질의어(SQL : Structured Query Language)로 추출할 수 있다.
  ㉢ 이보다 조금 더 깊은 곳에 매장되어 있는 지식은 OLAP(On-Line Analytical Process)을 사용하여 추출한다.
  ㉣ 가장 깊이 매장되어 있어서 캐내기 어려운 지식은 의사결정나무(decision tree), 전문가 시스템(expert system)이나 인공지능(artificial intelligence)과 같은 고급 기법을 활용하여 추출할 수 있다.

④ 데이터 마이닝의 기법
  ㉠ 데이터 마이닝 기법에는 전통적 통계기법인 연관규칙(association rule) 분석이나 순차적 패턴(sequential pattern) 분석과 같은 군집분석(clustering) 등이 있다.
  ㉡ 그리고 의사결정나무(decision tree) 모형이나 전문가 시스템 모형(expert system), 신경망(neural network)과 같은 인공지능(artificial intelligence) 기법이 있다.

(5) OLAP

① OLAP의 정의

㉠ OLAP(On-Line Analytical Processing)는 OLTP(On-Line Transaction Processing)에 상대되는 개념이다. 코드(Code)는 OLAP를 "동적 모델로부터 정보를 생성·조작·활성화(animation)·종합하는데 필요한 역동적 기업분석"으로 정의하였다.

㉡ OLTP는 기업 업무에서 발생하는 데이터를 신속하게 처리하여 데이터베이스로 저장 및 관리하는 온라인 거래처리라면, OLAP는 거래처리 과정에서 구축된 다차원 데이터베이스에 사용자가 접근하여 직접 정보를 분석하고 의사결정에 활용하는 온라인 분석처리이다.

② OLAP의 특징

㉠ OLAP 분석을 위해 활용되는 정보의 형태는 다차원적이다. 다차원 정보는 사용자들에 의해 이해되는 기업의 실제 차원(기간, 제품, 부서, 지역 등)을 반영하는 정보로 정보의 다차원성은 OLAP 시스템을 다른 시스템과 구분하는 가장 중요한 개념이다.

㉡ 그러므로 OLAP을 다른 용어로 표현한다면 다차원 분석이라 할 수 있다. OLAP 시스템은 다차원 분석을 지원하기 위해 다차원 모델을 구축한다. 다차원 모델은 일반적으로 큐브(cube)로 표현되는데, 이 경우 차원(dimension)은 큐브를 구성하는 축으로 간주된다.

㉢ 예를 들면, 변수(매출액, 판매량), 매장(서울, 인천), 제품(TV, 컴퓨터)이라는 3개 차원으로 구성된 큐브를 시각적으로 표현하면 다차원 모델로부터 '서울 매장에서 각 제품별 매출액은 어느 정도인가'라는 질의에 대한 분석을 수행할 수 있다.

③ OLAP과 데이터 웨어하우스의 관계

㉠ OLAP 서버는 데이터 웨어하우스 환경에서 사용자에게 다차원 정보를 제공하는 분석용 데이터 마트(data mart)로 정의할 수 있다. OLAP 서버는 비즈니스 룰에 의해 기존의 데이터로부터 새로운 정보를 만들어 내는 연산엔진이라 할 수 있다.

㉡ 데이터 웨어하우스는 사용자의 의사결정을 지원하기 위해 기업이 축적한 많은 데이터를 사용자 관점에서 주제별로 통합하여 별도의 장소에 저장해 놓은 데이터베이스로 이해할 수 있다. 사용자들이 자신의 업무를 보다 효과적으로 수행할 수 있도록, 그리고 정확한 정보에 근거한 의사결정을 할 수 있도록, 가능한 모든 정보의 저장소를 만드는데 있다.

㉢ 따라서 데이터 웨어하우스는 보다 더 상세한 데이터까지 보유할 수 있다. 그러므로 OLAP 서버는 데이터 웨어하우스를 대체하는 개념이 아니며, 보완하는 개념으로 이해된다.

㉣ OLAP 시스템은 사용자에게 일관되고 신속한 응답속도를 제공하기 위해 다차원 정보를 물리적인 공간에 잠시 저장할 수 있으며, 데이터 웨어하우스(혹은 데이터 마트)로부터 실시간적으로 다차원 데이터 구조를 생성할 수 있다. 또한 두 가지 기법을 병행할 수도 있다.

2 데이터 거버넌스

(1) 데이터 거버넌스의 개념
① 데이터 거버넌스의 의의
  ㉠ 데이터 거버넌스(data governance)는 기업의 데이터 표준화 및 품질관리 중요성, 데이터 관련 규제준수 필요성에 따라 데이터의 무결성, 보안성 등을 유지하기 위해 시행하는 모든 정책과 프로세스를 말한다.
  ㉡ 기업은 데이터의 품질과 보안을 유지하기 위하여 누가 어떤 데이터를 언제 어떻게 사용할 수 있는가에 대한 데이터 관리정책, 운영절차, 사용권한 등 데이터 거버넌스를 설정하고 적용한다.
  ㉢ 데이터 거버넌스는 IT 거버넌스와 함께 기업 거버넌스에서 핵심적인 부분을 차지하고 있으며 데이터 표준화, 데이터 관리정책 및 프로세스 수립, 전담 조직 운영 등을 통해 수행된다.

② 데이터 거버넌스의 필요성
  ㉠ 다양한 출처와 이해관계자로부터 수집한 각종 데이터의 복잡도가 증가하면서 데이터의 중복성을 줄이고 데이터 관리 비용을 절감하며 언제 어디서나 동일한 의미를 가질 수 있는 데이터 표준의 확보가 중요해지고 있다.
  ㉡ 데이터 수집과 활용의 시점 차이, 네트워크 지연 등으로 데이터의 무결성 확보가 어려워지면서 데이터 품질관리가 요구되고 있다.
  ㉢ 따라서 체계적인 데이터 관리방법과 전담 조직을 마련하고 데이터 흐름을 포괄적으로 모니터링하며 개선할 수 있는 데이터 거버넌스가 필요하다.

(2) 데이터 거버넌스의 운영
① 데이터 거버넌스 구축 시 고려요소
  ㉠ 데이터 범위 : 마스터 데이터, 트랜잭션 데이터, 운영 데이터, 분석 데이터, 빅데이터 등
  ㉡ 조직 구조 : 책임 있는 소유자, 데이터 책임자, IT 부서, 비즈니스 팀, 임원 간 역할 및 책임
  ㉢ 데이터 표준 및 정책 : 어떤 목표를 위해 무엇을 어떻게 관리해야 하는지 개괄적으로 나타내는 지침
  ㉣ 감독 및 지표 : 전략의 시행과 성과를 측정하는 방식과 매개변수

② 데이터 품질보장 지침
  ㉠ 관련성(relevance) : 데이터가 실제 사용자의 요구를 충족시키는 정도
  ㉡ 적시성(timeliness) : 데이터가 유효한 기간과 데이터가 제공되는 날짜 사이의 지연 정도
  ㉢ 정확성(accuracy) : 측정하기 위한 현상을 데이터가 정확하게 설명하는 정도
  ㉣ 접근성(accessibility) : 사용자가 데이터의 존재를 알고 찾아내어 활용할 수 있는 정도
  ㉤ 해석가능성(interpretability) : 데이터를 적절하게 해석하고 사용하는 데 필요한 보충정보 및 메타데이터의 가용성
  ㉥ 일관성(coherence) : 시간이 경과함에 따라 광범위한 분석 프레임워크에서 데이터를 안정적으로 결합하고 비교할 수 있는 정도

제2절 개인정보보호와 프라이버시

1 개인정보보호와 프라이버시의 개념

(1) 프라이버시의 개념

① 프라이버시의 의의
- ㉠ 초기 프라이버시(privacy)의 개념은 타인의 간섭을 받지 않고 개인의 사적 공간이 유지되는 권리를 말하였으나, 시대 변화에 따라 그 개념이 점차 변화하고 있다.
- ㉡ 1960년 이전 산업사회에서는 물리적 침해로부터 자유로울 권리를 의미하였고, 1960년 이후 산업사회 및 정보화 사회에서는 시간적·공간적 제약을 고려하여 개인정보가 침해로부터 자유로울 소극적 권리를 나타냈다. 그러나 2010년 이후 실제사회와 가상사회가 결합된 유비쿼터스 사회에서는 개인정보의 가치를 보호받을 수 있는 적극적 의미로 발전하였다.

② 프라이버시의 분류
- ㉠ 공간 프라이버시 : 개인의 환경에 대한 관점에서 집, 사무실과 같은 비공개된 장소만이 아닌 공개된 장소도 포함
- ㉡ 신체 프라이버시 : 개인의 신체적·물리적 침해에 대한 관점에서 개인의 신체와 관련된 선택권에 초점
- ㉢ 통신 프라이버시 : 우편, 전화, 이메일 등 통신 보호에 초점
- ㉣ 정보 프라이버시 : 개인정보의 수집, 처리, 이용 등을 개인 스스로 결정할 수 있는 자기통제권을 내포

(2) 개인정보보호의 개념

① 개인정보의 의의
- ㉠ 개인정보는 살아 있는 개인에 관한 정보로서 성명, 주민등록번호 및 영상 등을 통하여 개인을 알아볼 수 있는 정보를 말한다.
- ㉡ 해당 정보만으로는 특정 개인을 알아볼 수 없더라도 다른 정보와 쉽게 결합하여 알아볼 수 있는 정보도 개인정보에 해당한다. 이 경우 쉽게 결합할 수 있는지 여부는 다른 정보의 입수 가능성 등 개인을 알아보는 데 소요되는 시간, 비용, 기술 등을 합리적으로 고려하여야 한다.
- ㉢ 개인정보의 일부를 삭제하거나 일부 또는 전부를 대체하는 등의 방법으로 추가 정보 없이는 특정 개인을 알아볼 수 없도록 가명처리함으로써 원래의 상태로 복원하기 위한 추가 정보의 사용·결합 없이는 특정 개인을 알아볼 수 없는 가명정보도 개인정보이다.

② 개인정보보호의 원칙
- ㉠ 개인정보처리자는 개인정보의 처리 목적을 명확하게 하여야 하고, 그 목적에 필요한 범위에서 최소한의 개인정보만을 적법하고 정당하게 수집하여야 한다.
- ㉡ 개인정보처리자는 개인정보의 처리 목적에 필요한 범위에서 적합하게 개인정보를 처리하여야 하며, 그 목적 외의 용도로 활용하여서는 아니 된다.

ⓒ 개인정보처리자는 개인정보의 처리 목적에 필요한 범위에서 개인정보의 정확성, 완전성 및 최신성이 보장되도록 하여야 한다.
ⓔ 개인정보처리자는 개인정보의 처리 방법 및 종류 등에 따라 정보주체의 권리가 침해받을 가능성과 그 위험 정도를 고려하여 개인정보를 안전하게 관리하여야 한다.
ⓜ 개인정보처리자는 관계 법령에 따른 개인정보 처리방침 등 개인정보의 처리에 관한 사항을 공개하여야 하며, 열람청구권 등 정보주체의 권리를 보장하여야 한다.
ⓗ 개인정보처리자는 정보주체의 사생활 침해를 최소화하는 방법으로 개인정보를 처리하여야 한다.
ⓢ 개인정보처리자는 개인정보를 익명 또는 가명으로 처리하여도 개인정보 수집목적을 달성할 수 있는 경우 익명처리가 가능한 경우에는 익명에 의하여, 익명처리로 목적을 달성할 수 없는 경우에는 가명에 의하여 처리될 수 있도록 하여야 한다.
ⓞ 개인정보처리자는 관계 법령에서 규정하고 있는 책임과 의무를 준수하고 실천함으로써 정보주체의 신뢰를 얻기 위하여 노력하여야 한다.

③ 정보주체의 권리
㉠ 개인정보의 처리에 관한 정보를 제공받을 권리
㉡ 개인정보의 처리에 관한 동의 여부, 동의 범위 등을 선택하고 결정할 권리
㉢ 개인정보의 처리 여부를 확인하고 개인정보에 대한 열람(사본 발급 포함) 및 전송을 요구할 권리
㉣ 개인정보의 처리 정지, 정정·삭제 및 파기를 요구할 권리
㉤ 개인정보의 처리로 인하여 발생한 피해를 신속하고 공정한 절차에 따라 구제받을 권리
㉥ 완전히 자동화된 개인정보 처리에 따른 결정을 거부하거나 그에 대한 설명 등을 요구할 권리

2 개인정보보호 정책

(1) 개인정보 보호법과 다른 법률과의 관계
① 개인정보의 처리 및 보호에 관하여 다른 법률에 특별한 규정이 있는 경우를 제외하고는 개인정보 보호법에서 정하는 바에 따른다.
② 개인정보의 처리 및 보호에 관한 다른 법률을 제정하거나 개정하는 경우에는 개인정보 보호법의 목적과 원칙에 맞도록 하여야 한다.

(2) 개인정보의 수집 및 이용
① 개인정보처리자는 다음의 어느 하나에 해당하는 경우에는 개인정보를 수집할 수 있으며 그 수집 목적의 범위에서 이용할 수 있다.
㉠ 정보주체의 동의를 받은 경우
㉡ 법률에 특별한 규정이 있거나 법령상 의무를 준수하기 위하여 불가피한 경우
㉢ 공공기관이 법령 등에서 정하는 소관 업무의 수행을 위하여 불가피한 경우

ⓔ 정보주체와 체결한 계약을 이행하거나 계약을 체결하는 과정에서 정보주체의 요청에 따른 조치를 이행하기 위하여 필요한 경우
　　ⓜ 명백히 정보주체 또는 제3자의 급박한 생명, 신체, 재산의 이익을 위하여 필요하다고 인정되는 경우
　　ⓗ 개인정보처리자의 정당한 이익을 달성하기 위하여 필요한 경우로서 명백하게 정보주체의 권리보다 우선하는 경우(이 경우 개인정보처리자의 정당한 이익과 상당한 관련이 있고 합리적인 범위를 초과하지 아니하는 경우에 한정)
　　ⓢ 공중위생 등 공공의 안전과 안녕을 위하여 긴급히 필요한 경우
　② 개인정보처리자는 정보주체의 동의를 받을 때에는 다음의 사항을 정보주체에게 알려야 한다. 또한 다음 사항을 변경하는 경우에도 이를 알리고 동의를 받아야 한다.
　　㉠ 개인정보의 수집·이용 목적
　　㉡ 수집하려는 개인정보의 항목
　　㉢ 개인정보의 보유 및 이용 기간
　　㉣ 동의를 거부할 권리가 있다는 사실 및 동의 거부에 따른 불이익이 있는 경우에는 그 불이익의 내용
　③ 개인정보처리자는 당초 수집 목적과 합리적으로 관련된 범위에서 정보주체에게 불이익이 발생하는지 여부, 암호화 등 안전성 확보에 필요한 조치를 하였는지 여부 등을 고려하여 관계 법령에서 정하는 바에 따라 정보주체의 동의 없이 개인정보를 이용할 수 있다.

(3) 개인정보의 수집 제한

　① 개인정보처리자는 관계 법령에 따라 개인정보를 수집하는 경우에는 그 목적에 필요한 최소한의 개인정보를 수집하여야 한다. 이 경우 최소한의 개인정보 수집이라는 입증책임은 개인정보처리자가 부담한다.
　② 개인정보처리자는 정보주체의 동의를 받아 개인정보를 수집하는 경우 필요한 최소한의 정보 외의 개인정보 수집에는 동의하지 아니할 수 있다는 사실을 구체적으로 알리고 개인정보를 수집하여야 한다.
　③ 개인정보처리자는 정보주체가 필요한 최소한의 정보 외의 개인정보 수집에 동의하지 아니한다는 이유로 정보주체에게 재화 또는 서비스의 제공을 거부하여서는 아니 된다.

(4) 개인정보의 제공

　① 개인정보처리자는 다음의 어느 하나에 해당되는 경우에는 정보주체의 개인정보를 제3자에게 제공(공유 포함)할 수 있다.
　　㉠ 정보주체의 동의를 받은 경우
　　㉡ 관계 법령에 따라 개인정보를 수집한 목적 범위에서 개인정보를 제공하는 경우
　② 개인정보처리자는 정보주체의 동의를 받을 때에는 다음의 사항을 정보주체에게 알려야 한다. 또한 다음의 어느 하나의 사항을 변경하는 경우에도 이를 알리고 동의를 받아야 한다.

　　　　㉠ 개인정보를 제공받는 자
　　　　㉡ 개인정보를 제공받는 자의 개인정보 이용 목적
　　　　㉢ 제공하는 개인정보의 항목
　　　　㉣ 개인정보를 제공받는 자의 개인정보 보유 및 이용 기간
　　　　㉤ 동의를 거부할 권리가 있다는 사실 및 동의 거부에 따른 불이익이 있는 경우에는 그 불이익의 내용
　　③ 개인정보처리자는 당초 수집 목적과 합리적으로 관련된 범위에서 정보주체에게 불이익이 발생하는지 여부, 암호화 등 안전성 확보에 필요한 조치를 하였는지 여부 등을 고려하여 관계 법령에서 정하는 바에 따라 정보주체의 동의 없이 개인정보를 제공할 수 있다.

(5) 개인정보의 파기
　　① 개인정보처리자는 보유기간의 경과, 개인정보의 처리 목적 달성, 가명정보의 처리 기간 경과 등 그 개인정보가 불필요하게 되었을 때에는 지체 없이 그 개인정보를 파기하여야 한다. 다만, 다른 법령에 따라 보존하여야 하는 경우에는 그러하지 아니하다.
　　② 개인정보처리자가 개인정보를 파기할 때에는 복구 또는 재생되지 아니하도록 조치하여야 한다.
　　③ 개인정보처리자가 개인정보를 파기하지 아니하고 보존하여야 하는 경우에는 해당 개인정보 또는 개인정보파일을 다른 개인정보와 분리하여서 저장·관리하여야 한다.

3 개인정보보호 방안 및 보안시스템

(1) 개인정보보호 방안
　　① 개인식별정보를 숨기고 데이터를 무력화하기 위해 익명화한 가명정보 및 데이터 마스킹 기술을 사용한다.
　　② 개인정보보호 및 프라이버시 관련 규정을 준수하고 규제에 부합하는 기술을 활용하여 데이터를 수집·보관·처리한다.
　　③ 분산원장기술을 사용하는 블록체인은 데이터를 분산 저장하고 데이터 변경을 불가능하게 만들어 개인정보를 안전하게 관리하는데 도움을 준다.
　　④ 브라우저 확장 프로그램, 암호화 메시징 어플리케이션 등 프라이버시 보호 도구를 활용한다.
　　⑤ 사용자에게 데이터에 대한 권한을 부여하고 권한에 부합하는 데이터 접근과 처리를 허용한다.
　　⑥ 사용자는 비밀번호를 주기적으로 변경하고, 개인정보보호 및 사이버 위협에 대한 교육과 훈련을 받고 실천한다.

(2) 접근통제 방법
　　① **방화벽(firewall)**
　　　신뢰할 수 없는 외부 네트워크로부터 내부 네트워크를 보호하기 위하여 외부의 불법적인 트래픽 유입을 막고, 허가받은 인증된 트래픽만 허용하는 적극적인 방어시스템이다.

② **침입탐지 시스템(IDS : Intrusion Detection System)**
외부의 침입을 탐지하는 시스템으로, 일정한 규칙에 의해 접근을 차단하는 방화벽과는 다르게 IDS는 탐지하여 경고하거나 로그(log)를 남겨 기록하는 예방적인 측면의 방어시스템이다.

③ **침입방지 시스템(IPS : Intrusion Prevention System)**
패킷의 고유 정보를 통해 시간과 빈도에 따른 트래픽 행위 패턴을 정의하고, 해당 네트워크 트래픽을 일정 기간 동안 IP별 또는 서비스별 추이에 따라 값을 설정하여 비정상 트래픽을 탐지하는 방식이다.

④ **네트워크 접근제어(NAC : Network Access Control)**
IP관리와 네트워크 접근에 대한 통제 기능을 통해 사용에 인가되지 않은 사용자나 보안 체계를 갖추지 않은 정보기기의 네트워크 접속을 조절하는 방식이다.

⑤ **망 분리(network separation)**
내부 정보 유출을 막고, 컴퓨터 악성코드가 내부망에 침투하지 못하도록 물리적으로 업무에 사용하는 내부망과 인터넷 접속에 사용하는 외부망을 구분하여 따로 관리하는 체계이다.

(3) **암호화 방식**
① **비밀키 암호화 방식**
㉠ 비밀키 암호화 방식(대칭키 암호화 방식)은 평문을 가진 자가 자신이 소유한 비밀키로 평문을 암호화시키면 그 암호문을 수신한 사람은 암호화시킬 때 사용한 동일한 키를 사용하여 복호화시킨 뒤 원래의 평문 내용을 볼 수 있도록 하는 방식이다.
㉡ 암호화 및 복호화 속도가 빠르지만 어떤 방법으로 자신의 비밀키를 수신자에게 정확히 전달할 것인가하는 문제가 있다. SEED, DES, AES RC2, IDEA 등이 대칭키 암호화 알고리즘이다.

② **공개키 암호화 방식**
㉠ 공개키 암호화 방식(비대칭키 암호화 방식)은 그 창안자들의 이름을 따서 RSA(Rivest, Shamir, Ademan) 방식이라고 하는데 암호화 및 복호화를 할 때 다른 키를 사용하는 방식이다.
㉡ 비대칭키 암호화 방식은 평문을 가진 자가 A의 공개키로 암호화하면 그 암호문을 수신한 사람은 암호화시킬 때 사용한 A의 공개키를 풀기 위해 A 개인키를 사용하여 복호화시킨 뒤 원래의 평문내용을 볼 수 있는 방식이다.
㉢ 키 관리가 용이하고 안전성이 뛰어나므로 전자서명이나 신분인증 프로토콜 등에 적용이 용이하다는 장점이 있다.

비밀키 암호화 방식	공개키 암호화 방식
암호화 속도가 빠르다.	암호화와 복호화 시 많은 시간이 소요된다.
안전성을 위해 키(key)를 자주 바꿔야 한다.	상대적으로 키(key) 변화의 빈도가 적다.
네트워크 사용자가 증가함에 따라 관리해야 하는 키의 개수가 증가한다.	네트워크 사용자가 증가해도 상대적으로 관리해야 하는 키의 개수는 적다.
안전한 키 분배가 용이하다.	상대적으로 키 분배가 어렵다.

(4) 인터넷 보안

① **보안침해 유형**
  ⊙ **패스워드 크래킹(password cracking)**: unix나 기타 시스템의 암호를 해독하는 행위, 비밀번호를 자동으로 알아내는 행위
  ⓒ **스푸핑(spoofing)**: 어떤 프로그램이 정상적인 상태로 유지되는 것처럼 믿도록 속임수를 쓰는 방식이다. 신뢰할 수 있는 클라이언트인 것처럼 속여 공격하는 기법
  ⓒ **디도스(DDoS) 공격**: 네트워크에 연결된 여러 대의 컴퓨터를 이용하여 분산된 공격거점을 이용하여 특정 서버나 네트워크에 대해 적법한 사용자의 서비스 이용을 방해하고자 시도하는 행위
  ② **피싱(phishing)**: 개인정보를 탈취하기 위해 금융관련 사이트나 구매 사이트 등과 동일하거나 유사한 형태의 웹사이트를 만들고 이를 사칭하여 중요정보를 남기도록 유도하는 형태의 공격기법
  ⑩ **스니핑(sniffing)**: 스니퍼를 이용하여 네트워크상의 데이터를 도청하는 행위를 말하는 것으로 많이 이용되는 해킹기법. 스니퍼(sniffer)는 컴퓨터 네트워크상에 흘러다니는 트래픽을 엿듣는 도청장치를 의미하며, 스니퍼를 설치하는 과정은 전화기 도청장치를 설치하는 과정에 비유됨. 스니핑을 예방할 수 있는 가장 좋은 방법은 데이터를 암호화하는 것
  ⑪ **바이러스(virus)**: 컴퓨터 내부 프로그램에 자신을 복사했다가 그 프로그램이 수행될 때 행동을 취하며, 최악의 경우 프로그램 및 PC의 작동을 방해하는 공격방식
  ⓢ **웜(worm)**: 바이러스와 형태 및 작동이 유사하나 프로그램 및 PC의 작동을 방해하지는 않지만 자기 스스로를 계속 복제하여 시스템의 부하를 증가시켜 시스템을 다운시키는 방법
  ⓞ **트로이목마(Trojan horse)**: 일종의 바이러스로 PC 사용자의 정보를 유출하기 위한 방법

② **보안침해 예방대책**
  ⊙ **암호화**: 처리중인 데이터를 가로채서 허가없이 변경하는 경우
  ⓒ **인증**: 사용자가 부정행위를 위해 자신의 신분을 위장하는 경우
    ▶ **커버로스(keberos) 인증**: 제3의 인증서버를 이용해 자동으로 클라이언트와 서버 간에 서로의 신원을 확인하는 기법
  ⓒ **방화벽**: 허가받지 않은 사용자가 네트워크에 접근하는 경우

③ **인터넷 보안 요구사항**
  ⊙ **무결성(integrity)**: 데이터가 전송 도중 또는 데이터 베이스에 저장되어 있는 동안 악의의 목적으로 위·변조되지 않았는지 확인하는 것
  ⓒ **기밀성(confidentiality)**: 비인가자가 부당한 방법으로 데이터를 입수한 경우에도 정보의 내용을 알 수 없도록 하는 것
  ⓒ **인증(authentication)**: 사용자 혹은 프로세스에 대한 해당 네트워크에 엑세스할 수 있는 권한을 부여하는 것
  ② **부인방지(non-repudiation)**: 송수신 당사자가 각각 전송된 송수신 사실을 추후 부인하는 것을 방지하는 것

④ 전자서명의 기본조건
  ㉠ 위조불가 : 합법적인 서명자만이 서명문을 생성할 수 있어야 한다.
  ㉡ 서명자 인증 : 전자서명의 서명자를 불특정 다수가 검증할 수 있어야 한다.
  ㉢ 재사용불가 : 전자문서의 서명을 다른 전자문서의 서명으로 사용할 수 없어야 한다.
  ㉣ 변경불가 : 서명된 문서는 내용을 변경할 수 없기 때문에 데이터가 변조되지 않았음을 보장하는 무결성을 만족시켜준다.
  ㉤ 부인방지 : 서명자가 나중에 서명한 사실을 부인할 수 없어야 한다.

제3절 고객충성도 프로그램

1 고객충성도 프로그램의 개념과 필요성

(1) 고객충성도의 개념
  ① **고객충성도의 의의**
    ㉠ 고객만족은 지속적인 재구매로 이어지게 된다. 고객충성도(customer royalty) 또는 고객애호도란 한 기업의 제품 및 서비스에 대한 고객의 재구매의 정도와 구매한 상표에 대하여 갖는 애착 또는 애정의 정도를 의미한다.
    ㉡ 재구매율이 높은 고객을 충성도가 높은 고객, 즉 충성고객이라고 하는데, 충성도가 높은 고객은 재구매율이 높을 뿐만 아니라 가격에 덜 민감하게 반응한다.
    ㉢ 고객충성도가 높은 고객이 많으면 많을수록 기업은 더 많은 수익을 창출할 수 있다. 따라서 기업은 고객충성도를 높이고 지속적으로 구매를 유지할 수 있도록 해야 한다.
  ② **고객충성도와 고객관계관리**
    ㉠ 최근 기업들은 고객정보를 이용하여 고객행동을 이해하고 고객이 원하는 혜택을 파악하여 고객과의 지속적인 관계를 구축하려는 노력을 하고 있는데, 이러한 고객관리를 고객관계관리(CRM : Customer Relationship Management)라고 한다.
    ㉡ 따라서 CRM은 경쟁상황에서 지속적인 성장을 유지하기 위해 수익성이 높은 고객을 파악하고 이들과의 관계를 구축하고 유지하는 일련의 활동이라고 할 수 있다.
    ㉢ CRM은 고객생애가치(LTV : Life Time Value)를 극대화하기 위하여 관계형성 및 신규고객 확보(acquisition)로부터 시작하여 고객충성도 제고 및 유지(retention), 구매활성화 및 고객확장(extension)에 이르기까지 3단계로 이어진다.
    ㉣ 이렇게 볼 때 고객충성도를 높이는 것은 CRM을 매개로 하여 고객의 이익기여도를 나타내는 고객생애가치를 높이려는 것으로 이해할 수 있다.
  ③ **고객충성도와 형성과정**
    ㉠ 구매인식 충성도 : 브랜드 정보만을 비교해서 타 경쟁사 대비 특정 브랜드만을 선호하여 제품을 인식하는 단계로서, 최근 구매한 경험과 관련된 정보를 기반으로 낮은 수준의 충성도가 형성된다.

- ⓒ 구매애착 충성도 : 만족도의 평가요소에 영향을 받아 새로운 브랜드를 탐색하는 태도와 관련된 단계로서, 고객충성도 형성에 직접적인 영향을 미친다.
- ⓒ 구매의욕 충성도 : 특정 브랜드의 제품을 재구매하는데 영향을 미치는 고객충성도가 깊게 형성된 단계이다. 그러나 이 단계의 충성도는 특정 브랜드의 제품에 대한 재구매 의도를 가진 상태를 의미하며, 실제 구매행동으로 반드시 연결되는 것은 아니다.
- ⓔ 구매행동 충성도 : 구매하려는 의도가 실질적으로 구매행동으로 연결되는 단계이다. 이전에 형성된 고객충성도가 긍정적인 구매의도로 인식되었다면 보다 쉽게 구매행동으로 전환될 것이다.

(2) 고객충성도 프로그램의 필요성

① 고객충성도 프로그램의 아이디어
- ㉠ 고객충성도 프로그램은 20 : 80 법칙, 즉 상위 20%의 고객이 전체 매출의 80%를 차지한다는 파레토 법칙(Pareto's principle)에 근거를 두고 있다.
- ㉡ 또한 기존고객을 유지하는 데 소요되는 비용은 신규고객 한 명을 확보하는데 필요한 비용의 20~25%에 불과하다는 연구결과도 고객충성도 프로그램의 근거가 된다.

② 고객충성도 프로그램의 의의
- ㉠ 고객충성도 제고 프로그램(loyalty enhancement program)은 기존고객이 경쟁회사로 이탈하는 것을 막기 위해 실시하는 프로그램이다. 고객이 원하는 제품 및 서비스의 품질, 고객의 기호 등을 파악하여 고객이 최대의 만족을 느낄 수 있도록 배려함으로써, 한 번의 고객을 평생고객화하려는 프로그램이다.
- ㉡ 자사의 모든 고객에게 특정한 리워드를 제공하거나 수익성이 높은 상품의 재구매율을 높이기 위해 고객의 기여도에 따른 인센티브를 제공하는 기업의 활동이다. 즉, 고객의 반복적인 구매활동에 대한 보상으로 상품할인, 마일리지, 할인쿠폰, 선물 혹은 여행 같은 인센티브를 제공한다.
- ㉢ 고객충성도 프로그램을 수행하는 이유는 충성스러운 고객을 확보하려는 것은 물론이고, 나아가 고객과 고객의 상품구입 정보를 수집하려는 것이다.

③ 고객충성도 프로그램의 내용
- ㉠ 데이터베이스 마케팅 : 고객에 대한 자료를 수집하고 데이터베이스를 구축 및 활용하여 고객이 필요로 하는 상품을 판매하는 전략이다.
- ㉡ 관계 마케팅 : 기존고객의 유지를 위하여, 고객을 기업의 중요한 자산으로 인식하고 고객과의 관계를 형성・유지・제고하여 기업의 매출액을 증대시키고 고객충성도를 높이려는 마케팅 활동을 의미한다.
- ㉢ 고객활성화 전략 : 이는 기존고객 중 우량고객에게 재구매를 유도하거나 구매빈도를 높일 수 있는 인센티브를 부여하여 충성도가 높은 고객으로 발전시키는 전략이다. 그 구체적인 방법으로는 가격할인, 보너스 상품 제공, 마일리지 프로그램 등을 제공한다.

② 교차판매(cross-selling) : 고객 데이터베이스를 이용하여 하나의 상품을 구입한 고객이 보완재 성격의 관련 상품을 추가로 구입할 수 있도록 유도하는 것으로, 고객과 거래의 폭을 넓혀서 고객 이탈이 어렵도록 하고 고객충성도를 제고하려는 방식이다.
⑩ 상향판매(up-selling) : 한 상품을 구입한 고객에게 이전에 알지 못했던 제품과 서비스 옵션을 제공하여 보다 고급의 상품을 판매하는 전략으로, 판매자 입장에서는 더 높은 수익을 창출할 수 있다.

2 고객충성도 프로그램을 위한 정보기술

(1) 웹마이닝

① 웹마이닝의 의의
  ㉠ 웹마이닝(web mining)은 웹상에서 존재하는 모든 데이터(고객 신상정보, 구매기록, 장바구니 정보 등)를 대상으로 웹 데이터 간의 상관관계를 밝혀내고, 웹 사용자의 의미있는 접속행위 패턴을 발견하려는 것으로 고객관계관리(CRM)를 위해 활용하는 기술이다.
  ㉡ 웹서버를 통해 이루어지는 내용이나 활동 사항을 시간의 흐름에 따라 기록하는 웹로그파일을 수집, 분석하여 의미있는 데이터를 추출해 내는 방법이다.
  ㉢ 웹마이닝은 웹콘텐츠(web contents)마이닝, 웹구조(web structure)마이닝, 웹사용(web usage)마이닝 등으로 분류할 수 있다.

② 웹로그 분석
  ㉠ 기업은 고객관계관리를 위해 e-CRM을 구축하고, 웹로그 분석을 실시한다. 웹로그 분석(weblog analysis)은 웹 사이트의 방문객이 남긴 자료를 근거로 웹의 운영 및 방문 행태에 대한 정보를 분석하는 것이다. 방문객이 웹 사이트에 방문하게 되면 웹 서버에는 로그 파일 형태로 기록된다.
  ㉡ 웹서버를 통해 이루어지는 내용이나 활동사항을 시간의 흐름에 따라 기록하는 파일을 웹로그 파일이라 한다. 웹마이닝의 분석 대상인 로그파일은 access log, refferer log, agent log, error log 등이 있다.

③ 웹로그 파일의 종류
  ㉠ access log : 웹사이트 방문자가 웹브라우저를 통해 사이트 방문시, 브라우저가 웹서버에 파일을 요청한 기록과 시간, IP에 관련된 정보에 대한 기록이다.
  ㉡ refferer log : 웹서버를 소개해 준 사이트와 소개받은 페이지를 기록함으로써 해당 웹사이트를 보기 위해서 어떤 페이지를 거쳐왔는지에 대한 기록이다. 사이트 방문자의 웹브라우저 버전, 운영체제의 종류, 화면해상도, 프로그램의 종류 등에 관한 정보로 최적화된 웹사이트를 구성할 수 있는 단서를 제공한다.
  ㉢ agent log : 사이트 방문자의 웹브라우저 버전, 운영체제의 종류, 화면해상도, 프로그램의 종류 등에 관한 정보로 최적화된 웹사이트를 구성할 수 있는 단서를 제공한다.
  ㉣ error log : 웹서버에서 발생하는 모든 에러와 접속실패에 대한 시간과 에러 내용을 모두 기록한다.

CHAPTER 03 실전감각 기르기

01 데이터 웨어하우스(DW)의 특징으로 가장 옳지 않은 것은?
① 고객, 벤더, 제품, 가격, 지역 등 기업에서 다양하게 활용할 수 있도록 주제 중심적으로 또는 비즈니스 차원으로 정렬한다.
② 데이터 웨어하우스에 일단 데이터가 적재되면 일괄처리(batch) 작업에 의한 갱신 이외에는 삽입이나 삭제 등의 변경이 수행되지 않는 특징을 가진다.
③ 데이터는 추세, 예측, 연도별 비교분석 등을 위해 다년간 시계열적으로 축적·보관된다.
④ 다른 데이터베이스로부터 추출된 데이터는 고유의 특성을 살리기 위해 표준화 등의 과정을 통한 변환이 일어나지 않도록 각각 다른 코드화 구조를 가진다.
⑤ 데이터베이스는 통상 거래를 다루므로 거래발생 즉시 온라인으로 처리되는 OLTP가 사용되고, 의사결정을 지원하는 DW는 축적된 데이터를 분석하는 OLAP를 사용한다.

[해설] ④ 데이터 웨어하우스에서는 다양한 시스템을 통하여 수집된 데이터가 주제별로 통합된다. 예를 들어, 기업 내·외부 시스템으로부터 수집된 고객데이터는 고객에 대한 식별자 중심으로 통합되어 고객에 대한 포괄적 정보를 제공한다.

02 다음 중 데이터 웨어하우스의 특성에 대한 설명으로 가장 부적절한 것은?
① 데이터 웨어하우스는 시계열 데이터베이스의 기능을 가지고 있다.
② 데이터 웨어하우스에 데이터가 로딩된 후 사용자들의 갱신이나 삭제가 자유롭다.
③ 데이터 웨어하우스 내의 데이터는 전사적으로 통합되어야만 한다.
④ 데이터 웨어하우스 내의 데이터는 일정한 주제별로 구성된다.
⑤ 데이터 웨어하우스는 기업의 운영시스템과 분리된다.

[해설] 데이터 웨어하우스는 읽기 전용(read only) 데이터베이스로서 갱신이 이루어지지 않는다. 데이터 웨어하우스 환경에서는 데이터 로드와 활용만이 존재한다.

Answer 01 ④ 02 ②

03 다음 중 소매점에서 축적된 모든 데이터의 통합적 관리기법으로 옳은 것은?
① 전자문서교환(electronic data interchange)
② 데이터 웨어하우징(data warehousing)
③ 의사결정 지원시스템(decision support system)
④ 데이터 마이닝(data mining)
⑤ 판매시점관리(point of sale)

해설 데이터 웨어하우징(data warehousing)은 다양한 정보를 분석하여 기업이 원하는 자료를 수집·보관해서 정보처리가 가능하도록 효과적으로 운영하는 전용시스템으로서, 모든 정보를 일관성 있게 통합(integrated)적으로 관리한다.

04 데이터 웨어하우스 기술을 이용해서 판매관리용 정보시스템이 구축된다면 이 시스템이 가질 수 있는 특성으로 거리가 먼 것은?
① 과거 매출액에 대한 자료가 풍부하게 있어서 시계열분석이 가능하다.
② 지역, 고객 등 각 주제별로 관련 자료의 분석이 가능하다.
③ 가능하면 모든 유형의 자료를 이용하기 위해서 최신의 객체지향형 데이터베이스를 기반으로 구축되어 이용이 편리하다.
④ 데이터 마이닝 기법들의 지원이 가능해서 다양한 분석자료를 얻을 수 있다.
⑤ 세분화한 자료를 토대로 차별화된 판매전략을 사용할 수 있다.

해설 데이터 웨어하우스는 기업 내의 여러 부문에 널려 있는 개별시스템들을 활용목적별로 통합하여, 마케팅이나 상품진열방식 등의 의사결정에 유용한 정보를 보관해 놓은 대형 전자정보창고(electronic warehouse)이다.
③ 데이터 웨어하우스는 객체지향형이 아니고, 주제중심형 정보저장창고이다.

05 데이터 마이닝(data mining)에 관한 설명으로 적절하지 않은 것은?
① 데이터 마이닝의 적용범위는 고객관리, 고객유지, 고객세분화, 카드도용 방지, 서비스 품질관리 등 매우 다양하다.
② 데이터 마이닝은 필드, 레코드, 파일 등으로 이루어진 데이터의 모임이다.
③ 데이터 마이닝의 출현 계기는 데이터베이스의 활용도 증가, 데이터의 효과적 관리, 전략적 의사결정능력 제고, 정보추출방법의 필요성 대두에 기인한다.
④ 데이터 마이닝은 데이터 웨어하우스를 구축한 다음 정보분석과정을 거쳐 경영전략을 지원하는 정보를 추출하는 것이다.
⑤ 컴퓨터 시스템을 통해 가설을 발견하는 방식으로 데이터를 이용해 짧은 시간 내에 가능한 한 다수의 유용한 정보를 찾아낸다.

Answer 03 ② 04 ③ 05 ②

해설 데이터 마이닝(data mining)은 데이터 웨어하우스에 숨겨져 있는 데이터 간의 유형과 관계를 탐색하고 이를 분석하여 업무에 적용할 수 있는 정보로 전환함으로써 기업의 의사결정에 적용하는 일종의 데이터베이스 분석기법이다.

06 고객을 관리하기 위해 고객정보를 분석하는데 활용되는 데이터 마이닝 기법과 그 내용으로 가장 옳지 않은 것은?

① 연관성분석 – 데이터 안에 존재하는 품목 간의 연관성 규칙 발견
② 회귀분석 – 하나의 종속변수가 설명(독립)변수들에 의해서 어떻게 설명 또는 예측되는지를 알아보기 위해 변수들 간의 관계를 적절한 함수식으로 표현하는 통계적 방법
③ RFM 모형 – 고객의 수익기여도를 나타내는 세 가지 지표(최근성, 구매성향, 구매횟수)들을 각 지표별 기준으로 정렬하여 점수화하는 방법
④ 군집분석 – N개의 개체들을 대상으로 P개의 변수를 측정하였을 때 관측한 P개의 변수값을 이용하여 N개 개체들 사이의 유사성 또는 비유사성의 정도를 측정하여 개체들을 가까운 순서대로 군집화하는 통계적 분석방법
⑤ 의사결정나무 – 의사결정규칙을 나무구조로 도표화하여 분류와 예측을 수행하는 분석방법

해설 고객의 수익기여도를 분석하는 방법의 하나인 RFM 분석은 고객이 최근에(recency), 얼마나 자주(frequency), 얼마나 많은 금액(monetary)을 구매했는가를 분석하는 방법이다.

07 카플란(Kaplan)과 노튼(Norton)이 제시한 균형성과표(BSC)에 의한 성과측정 요소로 가장 거리가 먼 것은?

① 학습과 성장 관점
② 내부 비즈니스 프로세스 관점
③ 전사적 자원관리 관점
④ 재무적 관점
⑤ 고객 관점

해설 BSC는 재무, 고객, 내부 프로세스, 학습·성장 등 4분야에 대해 측정지표를 선정해 평가한 뒤 각 지표별로 가중치를 적용해 산출한다.
균형성과표(BSC : Balanced Score Card)는 조직의 비전과 경영목표를 각 사업 부문과 개인의 성과 측정지표로 전환해 전략적 실행을 최적화하는 경영관리기법이다. 하버드 비즈니스 스쿨의 로버트 카플란 교수와 경영 컨설턴트인 데이비드 노턴이 공동으로 개발하여 1992년에 최초로 제시했다.

Answer 06 ③ 07 ③

08 다음 표는 산업별 데이터 마이닝의 활용한 예이다. 문제의 예에서 소매·마케팅에서의 데이터 마이닝 활용의 예로서 적합하지 않은 것은?

산업분야	활용범위
제 조	• 최종생산품의 품질에 영향을 미치는 요인 발견 • 경쟁사의 입찰액 예측 • 제품의 수요예측 • 대리점 여신평가모형 개발
유 통	• 매장의 진열전략 수립 • 상품 카탈로그 디자인 • 상품의 교차판매
소매·마케팅	

① 제품·서비스 교차판매
② 고객분류, 그룹별 특성 발견
③ 고객의 특성에 따른 의약품의 부작용 분석
④ 광고, 프로모션, 이벤트의 효과 측정
⑤ 고객 특성별 목표 마케팅

[해설] 데이터 마이닝(data mining)은 대용량의 데이터베이스로부터, 과거에는 찾아내지 못했던 데이터 모델을 새로이 발견하여 실행 가능한 유용한 지식을 추출해내는 과정을 의미한다. 이렇게 찾아낸 지식은 의사결정에 매우 유용하게 이용된다.
③ 고객의 특성에 따른 의약품의 부작용 분석은 제조과정에서 필요한 데이터 마이닝이다.

09 OLAP(Online Analytical Processing)와 OLTP(Online Transaction Processing) 간 비교 설명한 것으로 가장 옳지 않은 것은?

	구 분	OLAP	OLTP
가	데이터의 구조	단순(사업분석에 적합)	복잡(운영시스템 계산에 적합)
나	데이터의 갱신	주기적·정적	순간적·동적
다	데이터의 내용	실시간 데이터	배치(batch)성 데이터
라	데이터의 특성	주제 중심	거래 중심
마	데이터의 사용법	고도로 비구조화된 분석처리	고도로 구조화된 연속처리

① 가
② 나
③ 다
④ 라
⑤ 마

Answer ▶ 08 ② 09 ③

[해설] ③ 온라인거래처리(OLTP)에서는 실시간 데이터를 활용하고, 온라인분석처리(OLAP)에서는 뱃치(batch)성 데이터를 활용한다.

10 다음 (   )에 들어갈 가장 옳은 용어는?

> 전 세계적으로 몇 년간 페이스북 등 소셜 네트워크 서비스나 기기 간 통신을 이용한 센서 네트워크, 그리고 기업의 IT 시스템에서 발생하는 대량의 데이터 수집과 분석, 즉 이른바 (   )의 활용이 활발해지고 있다. 2013년에는 '데이터 규모로써'에서 '데이터 분석 및 활용'으로 초점을 이동하면서 기존의 데이터 웨어하우스(DW) 개념에서 발전지향적인 DW 전략과 새로운 데이터 분석기술이 결합된 (   )시대가 도래할 것으로 예상되고 있다.

① IOE
② 클라우드 컴퓨팅
③ 빅데이터
④ 데이터 마이닝
⑤ OLAP

[해설] 지문의 내용은 빅데이터(big data)에 대한 설명이다. 빅데이터란 디지털 환경에서 생성되는 데이터로 그 규모가 방대하고, 생성 주기도 짧고, 형태도 수치 데이터뿐 아니라 문자와 영상 데이터를 포함하는 대규모 데이터를 말한다. 빅데이터 환경은 과거에 비해 데이터의 양이 폭증했다는 점과 함께 데이터의 종류도 다양해져 사람들의 행동은 물론 위치정보와 SNS를 통해 생각과 의견까지 분석하고 예측할 수 있다.
빅데이터의 특징은 3V로 요약하는 것이 일반적이다. 즉, 데이터의 양(Volume), 데이터 생성속도(Velocity), 형태의 다양성(Variety)을 의미한다(O'Reilly Radar Team, 2012). 최근에는 가치(Value)나 복잡성(Complexity)을 덧붙이기도 한다.

11 빅데이터의 필요성에 대한 내용으로 가장 옳지 않은 것은?

① 빅데이터를 통해 고객과 장기적인 신뢰관계를 구축하여 충성고객을 확보하기 위함이다.
② 급변하는 시장환경에 적극적으로 대처하여 신속한 소비자의 니즈 파악과 대응방안을 마련하기 위함이다.
③ 시장의 환경변화와 제품의 트렌드를 빠르게 파악하여 마케팅 활동과 경영의사결정 과정에 접목하기 위함이다.
④ 경쟁력 강화를 위해 경쟁사와 대비되는 경쟁요소를 발굴하기 위함이다.
⑤ 최고경영자의 직관에 의한 의사결정을 올바르게 내리기 위함이다.

[해설] ⑤ 최고경영자의 의사결정은 대부분 비정형적(non-programmed)이고 비구조적이며 비반복적인 의사결정이다. 그리고 이러한 의사결정은 직관적이므로 정보시스템의 의존도가 매우 낮다.

Answer 10 ③ 11 ⑤

12 최근 들어, 우리 문화와 경제의 수요곡선 머리부분에 위치한 상품뿐만 아니라 꼬리부분에 위치한 상품에도 관심이 집중되고 있다. 이러한 현상에 대한 설명으로 가장 옳지 않은 것은?

① 가상공간의 시장에는 히트상품보다 틈새상품들에 대한 요구가 상대적으로 더 많아지고 있다.
② 틈새상품을 구매하는데 드는 비용이 현저하게 증가하고 있다.
③ 틈새상품을 추천상품으로 노출시키거나 순위를 매기는 등과 같은 다양한 기법으로 수요를 일으켜서 몰려들게 한다.
④ 꼬리부분의 수요가 점점 더 증가하여 곡선이 점점 더 평평해지고 있다.
⑤ 틈새상품의 총합은 히트상품들과 경쟁가능한 시장을 형성하고 있다.

해설 최근 들어 파레토(Pareto) 법칙에 대해 하위 80%가 상위 20%보다 더 큰 가치를 만든다는 크리스 앤더슨(Chris Anderson)의 롱테일(longtail) 법칙에 기반을 둔 내용이다.
② 틈새상품을 구매하는데 드는 비용이 현저하게 감소하고 있기 때문에 나타나는 현상이다.

13 고객관계관리를 위해 활용하는 기술인 웹마이닝에 대한 설명으로 가장 옳지 않은 것은?

① 웹상에서 존재하는 모든 데이터(고객 신상정보, 구매기록, 장바구니 정보 등)를 대상으로 웹 데이터 간의 상관관계를 밝혀내고, 웹 사용자의 의미 있는 접속행위 패턴을 발견하는 방법이다.
② 웹마이닝은 웹콘텐츠 마이닝, 웹구조 마이닝, 웹사용 마이닝 등으로 분류해볼 수 있다.
③ 웹서버를 통해 이루어지는 내용이나 활동 사항을 시간의 흐름에 따라 기록하는 웹로그파일을 수집, 분석하여 의미 있는 데이터를 추출해내는 방법이다.
④ 웹마이닝의 분석대상인 로그파일은 Access log, Refferer log, Agent log, Error log 등이 있다.
⑤ 웹로그 추출방식 중 네트워크에서 주고 받는 패킷데이터에 담긴 사용자의 로그인 정보를 빼내는 방법을 응용하여 방문자의 트랜잭션을 수집하는 TAG 방식이 있다.

해설 ⑤ 웹로그 수집방식 중 네트워크에서 주고 받는 패킷데이터에 담긴 사용자의 로그인 정보를 빼내는 방법을 응용하여 방문자의 트랜잭션을 수집하는 방식은 Sniffing 방식이다. Tag 방식은 각 페이지에 방문자 정보를 얻을 수 있는 태그를 삽입하는 방식을 말한다.

Answer 12 ② 13 ⑤

14 판매촉진과 관련하여 기업에서 실행하는 다양한 사례 중 업셀링(up-selling)과 가장 거리가 먼 것은?

① 5.0Mega화소를 찾는 고객에게 약간 비싼 7.0Mega화소 디지털 카메라를 권유하면서 기능성을 강조한다.
② 예금상품을 원하는 고객에게 보험상품을 동시에 권유한다.
③ 일반적인 연회비가 없는 신용카드 발급을 원하는 고객에게 연회비가 있으나 포인트 적립률은 높은 신용카드를 적극 추천한다.
④ 소형차를 이미 구매하여 이용하는 기존고객에게 중형차에 대한 정보를 제공한다.
⑤ 일반 디지털 TV를 찾는 고객에게 3D TV를 소개하며 권유한다.

[해설] 업셀링(up-selling)은 격상판매 또는 추가판매라고도 하며 특정한 상품범주 내에서 상품구매액을 늘리기 위해 업그레이드된 단가가 높은 상품의 구매를 유도하는 판매활동의 하나이다. 예를 들어, 매장에서 기존의 통돌이 세탁기를 사용하는 소비자에게 드럼세탁기를 권유하거나, 기존 PDP TV를 보유한 고객에게 LCD나 벽걸이형 TV를 권유하는 것을 말한다. 이러한 업셀링(up-selling)은 소비자에게 신제품과 고급화된 상품으로의 구매를 유도함으로써 자연스럽게 매출액의 증가, 주력 및 신제품의 홍보와 판매효과를 가져온다. 최근 방문판매, 대리점 판매를 비롯해 통신판매, 인터넷 판매의 증가로 기업 입장에서는 소비자와의 접점이 다변화되고 있다. 이러한 소비자와의 접점에서 업셀링을 통해 매출액을 늘릴 수 있다.

15 빅데이터 분석 특성에 대한 설명으로 가장 적합하지 않은 것은?

① 정보기술의 발전으로 실시간으로 다량의 데이터를 수집할 수 있다.
② 빅데이터 분석은 정형 데이터 분석은 가능하지만, 비정형 데이터에 대한 분석은 불가능하다.
③ 빅데이터는 거대한 규모의 디지털 정보량을 확보하고 있다.
④ 빅데이터 분석은 새로운 가치를 창출하기 위한 정보를 제공해 준다.
⑤ 시계열적 특성을 갖고 있는 빅데이터는 추세 분석이 가능하다.

[해설] ② 빅데이터 분석은 정형 데이터에 대한 분석은 물론 텍스트 마이닝이나 웹 마이닝을 통해 비정형 데이터에 대한 분석도 가능하다.

16 빅데이터 솔루션에서 처리하는 다양한 데이터는 정형, 반정형, 비정형 데이터로 구별할 수 있다. 이들에 대한 설명으로 가장 옳은 것은?

① 정형 데이터는 데이터 모델 또는 스키마를 따르며 주로 테이블 형식으로 저장된다.
② 비정형 데이터는 ERP, CRM 시스템과 같은 기업의 정보시스템에서 자주 생성된다.
③ 반정형 데이터는 구조가 정의되어 있지 않은, 일관성이 없는 데이터이다.
④ 비정형 데이터는 계층적이거나 그래프 기반이다.
⑤ 은행거래 송장 및 고객기록정보 등이 반정형 데이터의 유형이다.

Answer 14 ② 15 ② 16 ①

[해설] 정형 데이터는 DBMS와 같이 고정된 필드에 저장된 데이터, 반정형 데이터는 XML, HTML, SGML과 같이 데이터의 구조를 표현한 스키마를 포함하는 데이터, 비정형 데이터는 이미지, 동영상, 텍스트 등 데이터의 형이 정해져 있지 않은 데이터를 말한다.
②⑤는 정형 데이터, ③은 비정형 데이터에 대한 내용이다.

17 데이터 가치분석 측면에서 볼 때, 빅데이터의 효용가치로 가장 옳지 않은 것은?

① 표본 추출된 데이터 분석이 아닌 전수분석이 이루어지면서 정보의 왜곡이 줄어든다.
② 데이터의 양이 커지면서 작은 데이터에서는 사용할 수 없었던 새로운 데이터 분석 기법을 적용할 수 있다.
③ 다양한 변수 사이의 새로운 관계를 발견한다.
④ 고객의 행태가 여과 없이 담겨 있는 생생한 정형화된 데이터가 핵심이 된다.
⑤ 사건 발생시점과 데이터 감지시점 사이의 지연이 거의 없어 실시간 나우캐스팅(nowcasting)이 가능하다.

[해설] 빅데이터(big data)란 디지털 환경에서 생성되는 데이터로 그 규모가 방대하고, 생성 주기도 짧으며, 형태도 수치 데이터뿐 아니라 문자와 영상 데이터를 포함하는 대규모 데이터를 말한다. 빅데이터 수집은 분산된 다양한 소스로부터 필요로 하는 데이터를 수동 또는 자동으로 수집하는 과정이다.
④ 빅데이터는 조직 내외부의 정형적 데이터뿐만 아니라 비정형적 데이터까지 포함한 방대한 양의 데이터를 포함한다.

18 유통정보 분석을 위해 활용되는 데이터 분석기법으로 성격이 다른 것은?

① 협업적 필터링(collaborative filtering)
② 딥러닝(deep learning)
③ 의사결정나무(decision tree)
④ 머신러닝(machine learning)
⑤ 군집분석(clustering analysis)

[해설] 지도학습 분석기법(supervised learning)은 입력 데이터와 그에 대한 정해진 출력값을 함께 사용하여 입력과 출력 간 관계를 학습시키고, 새로운 입력 데이터에 대한 예측을 수행하는 분석기법으로 선형 회귀분석, 로지스틱 회귀분석, 의사결정나무, 신경망 모형, 딥러닝, 머신러닝, 협업적 필터링 등이 있다.
비지도학습 분석기법(unsupervised learning)은 정해진 출력값이 없는 입력 데이터만 사용하여 모델을 학습시켜서 데이터의 내부 구조, 패턴, 관계 등을 발견하고 이해하는 분석기법으로 연관규칙분석, 군집분석 등이 있다.

Answer 17 ④ 18 ⑤

CHAPTER 04 전자상거래의 이해

제1절 전자상거래 개요

1 전자상거래의 개념 및 특징

(1) 전자상거래의 개념

① 전자상거래의 의의
  ㉠ 전자상거래(EC : Electronic Commerce, e-commerce)를 간단하게 정의하면 '인터넷이나 PC통신을 이용해 상품을 사고파는 행위'라고 할 수 있다. 즉, 기업과 기업 또는 기업과 소비자 간의 상거래 활동을 다양한 통신 네트워크를 통해 수행하는 것을 말한다.
  ㉡ 이 정의에서 상거래 활동이란 재화와 서비스를 판매하고 대금을 수취하는 일상적인 판매활동뿐만이 아니라, 고객을 상대로 한 마케팅 활동이나 광고, 조달활동 등 판매와 관련된 일체의 활동을 모두 포함하는 개념이다.
  ㉢ 전자상거래는 처음에는 단순한 온라인 쇼핑이라는 뜻이었으나, 현재는 인터넷과 월드 와이드 웹(world wide web) 기술에 의해 실현 가능한 비즈니스와 시장형성의 모든 양상을 의미하는 것으로 변하고 있다.

② 전자상거래 조직
  전통적인 방법으로 오프라인상에서 눈에 보이는 제품을 만들어 파는 기업을 브릭 앤 모타르(brick-and-mortar)라고 한다. 최근 전자상거래가 활성화되면서 등장한 조직은 클릭 앤 모타르(click-and-mortar)라고 한다. 이는 오프라인과 온라인을 모두 활용하는 조직을 말한다.

(2) 전자상거래의 특징

① 판매거점의 불필요
  전통적인 상거래는 고정된 점포를 중심으로 이루어지지만, 전자상거래는 인터넷이라는 가상의 공간(cyber space)에서 이루어진다. 따라서 점포를 유지하는데 들어가는 비용이 전자상거래에서는 발생하지 않는다.

② 유통채널의 축소
  ㉠ 전통적인 상거래는 기업 → 도매상 → 소매상 → 소비자의 유통경로를 가지는데 반해, 인터넷 전자상거래는 도매상이라는 중간상의 유통 단계를 거치지 않고 기업과 소비자가 직접 연결된다.
  ㉡ 이에 따라 중간상이 취하던 이익이 없어지게 되어 고객에게는 보다 저렴한 가격으로, 기업에게는 보다 많은 수익을 달성할 수 있도록 해준다.

③ **영업구역의 확대**

전통적인 상거래는 특정지역에 위치해 영업을 해야 하는 지역적 한계를 가지고 있는데 반해, 전자상거래는 전국적인 범위를 넘어 전 세계적 범위의 거래가 가능하다.

④ **영업시간의 확장**

전통적인 상거래는 제한된 영업시간을 가지고 있는데 반해, 전자상거래는 24시간 영업이 가능하다.

⑤ **마케팅 활동의 변화**

㉠ 전통적인 상거래는 불특정의 대중을 상대로 마케팅 활동이 이루어지는데 반해, 전자상거래는 1대1의 쌍방향 통신을 통한 고객화·개인화된 마케팅 활동이 가능하다.

㉡ 또한 시장진입을 위한 소요자본에 있어서도 전통적 상거래에 비해 저렴한 자본으로 마케팅 활동을 수행할 수 있다.

유통혁명으로 인한 전자상거래와 전통적인 상거래의 비교

분 류	전자상거래	전통적인 상거래
유통채널	기업 ↔ 소비자	기업 → 도매상 → 소매상 → 소비자
거래대상지역	전세계(global marketing)	일부지역(closed clubs)
거래시간	24시간	제약된 영업시간
고객수요 파악	온라인을 통해 실시간 획득 재입력이 필요 없는 디지털 데이터	영업사원이 획득 정보의 재입력 필요
마케팅 활동	상호작용하는 커뮤니케이션을 통한 쌍방향적 마케팅	구매자의 의사와 상관 없는 일방적인 마케팅
고객대응	고객의 니즈(needs)를 신속히 포착 즉시 대응	고객니즈의 신속한 포착이 어렵고 대응이 지연
판매거점	network상의 가상공간(cyber space)	점포(판매공간) 필요
소요비용	저비용과 사이버 마켓 활용	건물임대, 인테리어 비용, 인력 등의 고비용 소요

(3) 전자상거래의 기대효과

① **기업(공급자)입장에서의 기대효과**

㉠ 공간과 시간의 장벽 제거 : 인터넷을 통하여 거래가 이루어짐으로써 기업은 공간과 시간을 초월하여 전 세계의 고객 및 공급업체들을 매우 적은 비용과 노력으로 확보할 수 있게 되었다.

㉡ 짧은 유통채널 : 인터넷을 통하여 판매자와 구매자가 직접 연결되기 때문에 도매점·소매점 등의 중간유통 채널이 없어지거나 크게 줄게 되었다. 이에 따라 보다 저렴한 가격으로 소비자에게 상품을 판매할 수 있게 되었다.

    ⓒ **판매거점의 불필요** : 네트워크상에서 거래가 이루어지므로 점포와 같은 물리적인 공간이 불필요하게 되었다. 따라서 점포유지에 필요한 비용을 절감하게 되었다.
    ⓔ **고객정보의 획득 용이** : 전자상거래 과정에서 확보된 고객정보를 자사의 데이터베이스에 별도의 가공 없이 직접 저장하여 고객에 대한 마케팅 활동에 쉽게 활용할 수 있게 되었다.
    ⓜ **일대일 마케팅 활동 용이** : 데이터베이스를 통하여 특정상품에 관심을 가질 만한 특정 고객을 대상으로 e-mail 등을 통한 일대일 마케팅이 가능해졌다. 따라서 고객의 니즈에 동적으로 그리고 즉각적으로 대응이 가능하게 되었다.
    ⓗ **중소기업의 경쟁기회 제공** : 전자상거래는 중소규모의 기업이 대기업과 경쟁할 수 있는 기회를 제공해 준다.
    ⓢ **초과비용의 절감** : 전자상거래는 물품의 구매 및 조달에 소요되는 각종 업무처리를 전자적으로 처리하게 하여 각종 초과비용을 획기적으로 절감할 수 있게 되었다.
    ⓞ **효율적인 재고관리** : 대량 고객화(mass customization)를 통한 풀(pull) 형태의 SCM이 가능해짐에 따라 보다 효율적인 재고관리와 함께 각종 재고비용의 절감을 가져오게 되었다.
② **고객(소비자)입장에서의 기대효과**
    ㉠ **시간적·공간적 제약의 탈피** : 소비자가 상품을 구입하고자 할 때, 시간적·공간적 제약 없이 필요한 상품을 구입할 수 있다. 따라서 소비자는 상품구입에 소요되는 시간과 노력을 절감할 수 있게 되었다.
    ㉡ **다양한 선택기회의 제공** : 소비자에게 판매자와 상품에 대한 선택의 폭을 넓혀주어, 유사한 기능을 가진 상품일지라도 품질·가격·디자인 등에서 보다 유리한 상품을 선택할 수 있게 되었다.
    ㉢ **향상된 고객 서비스** : 소비자들은 판매자의 웹 사이트에 개설된 FAQ 또는 전자우편 등을 통하여 실시간으로 서비스를 받을 수 있게 되었다.
③ **사회적 측면에서의 기대효과**
    ㉠ **지리적 격차의 해소** : 저개발국 또는 농촌지역의 주민들로 하여금 전자상거래가 아닌 전통적인 방법으로는 획득이 어려운 상품의 구입이나 서비스의 제공을 가능하게 하여 줄 것이다.
    ㉡ **교통혼잡과 환경오염의 감소** : 개인의 재택근무와 재택수업을 보다 촉진하여, 도시의 교통혼잡과 대기오염을 감소시킬 수 있을 것이다.
    ㉢ **삶의 질 향상** : 전자상거래의 활성화를 통하여 가격의 하락이 이루어지면 저소득층의 구매력을 향상시키고 나아가 삶의 질 향상에 기여하게 될 것이다.

2 전자상거래 프로세스

(1) 시스템 구축단계
제조업자와 유통업자, 소비자 및 정부 등이 전자상거래 구현을 위해 각자가 지니고 있는 강점을 활용할 수 있는 시스템을 구축한다.

(2) 전자계약 체결단계

소비자와 기업 간, 기업과 기업 간에 온라인으로 계약을 체결함으로써 전자상거래가 성립된다.

(3) 전자인증 단계

계약체결을 위한 정보를 전송한 상대방이 진실한 거래당사자인지를 확인하여 안전한 거래가 이루어질 수 있도록 하는 것이다. 제3자 신용기관(TTP : Trusted Third Party), TTP 인증기관(CA : Certificate Authority)에서 당사자나 전송한 정보의 진실성을 확인시켜 준다.

(4) 전자결제 단계

전자상거래에서 가장 중요한 요소의 하나가 전자결제 시스템이다. 계약이 체결되면 소비자는 구입하려는 제품이나 서비스의 대금을 결제하여야 하는데 현금거래를 대체하여 이용할 수 있는 방법이 전자결제(e-Payment)이다.

(5) 물류, 수송 및 배송단계

모든 거래가 완성되고 대금결제가 끝나면 제품의 배송이 이루어진다. 기업은 물류의 효율성과 비용절감을 추구할 뿐만 아니라 고객충성도를 향상시키기 위하여 고객지향적인 물류 및 배송관리를 위하여 신속 정확한 배송, 배송상황 추적, 반품 및 품질보증 서비스 등을 제공할 수 있다.

제2절 전자상거래 운영

1 전자상거래 기반기술

(1) 기업 간 전자상거래의 지원기술

① 전자문서교환(EDI)
  ㉠ 전자문서교환(EDI : Electronic Data Interchange)은 서로 다른 기업(조직) 간에 표준화된 전자문서를 이용하여 컴퓨터와 통신망을 통해 비스니스 데이터를 수고받는 것으로서, 구성요소로는 EDI 표준, 사용자시스템, EDI 네트워크, 거래약정(interchange agreement)이 있다.
  ㉡ 우리나라의 경우 정부 주도하에 무역, 통관, 정부조달, 유통, 금융, 보험, 운송, 제조 등 많은 산업분야에서 EDI를 이용하고 있으며, 특히 UN에서 1997년 제정한 EDI 국제표준인 UN/EDIFACT(EDI for Administration, Commerce and Transport)을 채택하고 있다.
  ㉢ 최근에는 1996년 W3C(World Wide Web Consortium)에서 제안한 XML(eXtensible Markup Language)이라는 프로그램 언어를 이용하여 Web상에서 구조화된 문서를 전송할 수 있는 인터넷 EDI 내지 Web EDI에 대한 연구가 활발하게 진행되고 있으며, 일부 기업에서 협력업체들과의 수·발주업무에서 활용하고 있다.

② 광속상거래(CALS)
　㉠ 광속상거래의 의의 : 광속상거래(CALS : Commerce At Light Speed)는 제품의 생산에서 폐기에 이르는 모든 활동을 다양한 표준을 통해 통합하고, 이렇게 통합된 디지털 정보를 공유함으로써 경영 및 생산 전반에 걸쳐 효율화를 꾀하는 산업정보화전략이다.
　㉡ CALS의 구성요소
　　ⓐ 업무프로세스의 변화　　ⓑ 최신 정보기술의 적용
　　ⓒ 정보공유 환경　　　　　ⓓ 국제표준의 사용
　　ⓔ 구조화된 경영

③ 공급사슬관리(SCM)
　㉠ 공급사슬관리(SCM : Supply Chain Management)는 원재료의 수급에서 고객에게 제품을 전달하는 자원과 정보의 일련의 흐름 전체를 경쟁력 있는 업무의 흐름으로 관리하는 것이다. 즉, 사내와 사외의 공급망을 통합하여 계획하고 관리하며, 각 단위시스템의 통합과 연동을 전제로 하고 있다.
　㉡ 이것은 기업 내부의 전사적 자원관리(ERP : Enterprise Resource Planning) 내지 물류관리를 기업 외부의 공급사슬 전체로 확장한 것이라고 이해할 수 있다.

④ 고객관계관리(CRM)
　고객관계관리(CRM : Customer Relationship Management)는 데이터베이스 마케팅, 일대일 마케팅, 관계형 마케팅 등의 연장선상에서 고객 데이터의 세분화를 통해 신규고객 획득, 우수고객 유지, 고객생애가치 증진, 잠재고객 활성화, 평생고객화 등을 추구한다.

2 e-Catalog

(1) e-Catalog의 의의와 특징

① e-Catalog의 의의
　㉠ 전자 카탈로그(e-Catalog)는 상품에 대한 광고나 기업에 대한 홍보가 전자적 파일의 형태로 제작되어 인터넷 홈페이지, 홍보용 CD, 동영상, 플래시 애니메이션 등의 형태로 만들어진 카탈로그를 말한다.
　㉡ 무점포 소매업(non-store retailing)의 한 형태로, e-Catalog를 통해 고객에게 상품에 대한 정보를 제공하고 소매활동을 영위하게 된다.

② e-Catalog의 특징
　㉠ 이미지, 동영상, 소리 등을 이용하여 제품정보를 표현하기도 하며, 전자상거래에서 거래를 위한 기본사항이 된다. 디지털 카탈로그(digital catalog)라고도 한다.
　㉡ e-Catalog의 목적은 상품에 대한 광고 및 촉진, 판매자와 구매자 간의 전자적 상품정보 교환, 상품정보 검색의 편의성 향상 등에 있다.

(2) e-Catalog의 장·단점

① e-Catalog의 장점
- ㉠ 상품의 정보검색이 용이하고 상품정보의 변경이 가능하며, 배포비용이 없어 전 세계적으로 배포할 수 있다.
- ㉡ 종이 카탈로그보다 수정이 용이하고, 시간적·공간적 제약을 상대적으로 적게 받으면서 홍보가 가능하다.
- ㉢ 또한 음성이나 이미지를 포함하여 동영상으로 표시할 수 있으며 상품별로 개별화된 카탈로그를 제작할 수도 있다.
- ㉣ 인터넷을 통해 상품정보의 데이터베이스를 공유함으로써 유통과 제조업체의 업무 효율성을 높일 수 있다.

② e-Catalog의 단점
- ㉠ 사용자가 컴퓨터를 사용할 줄 알아야 하고, 또 인터넷 접근이 가능해야 e-catalog를 사용할 수 있다.
- ㉡ 표준화가 되어 있지 않아 전자 카탈로그의 개발에 어려움이 있다.

(3) 코리안넷(Koreannet)

① 코리안넷의 의의

대한상공회의소 한국유통물류진흥원이 운영하는 코리안넷(koreannet.or.kr)은 표준바코드(EAN-13, EAN-14)가 부착된 상품의 상세정보를 표준화시켜 데이터베이스에 등록하고, 이를 제조업체, 물류업체, 유통업체가 인터넷 및 EDI를 통해 실시간으로 활용할 수 있도록 지원하는 전자카탈로그 서비스이다.

② 코리안넷의 주요 기능
- ㉠ 상품정보 및 등록 관리 : 글로벌 상품분류표준(UNSPSC) 및 상품속성표준(GDD) 기반의 상품정보관리
- ㉡ 유통업체 상품정보 전송 : 코리안넷과 연계된 제휴 유통업체 쪽으로 신규등록된 상품정보 전송
- ㉢ 국내 유통상품 조회 : 업체별, 상품군별 상품정보 검색 가능(이미지 포함)
- ㉣ 자사 상품 홍보 : 자사의 상품 홍보 가능

3 e-Marketplace

(1) e-Marketplace

① e-Marketplace의 의의
- ㉠ e-Marketplace란 인터넷상에서 다수의 판매자와 구매자들이 거래를 이룰 수 있도록 해주는 가상시장(virtual market)을 말한다. 과거의 기업 간 전자상거래가 중개자 없이 개별기업 차원에서 이용되었다면, e-Marketplace에서는 구매자와 판매자 사이에 마켓메이커(market maker)라는 중개자가 개입한다는 점에서 차이가 있다.

ⓒ 즉, e-Marketplace는 인터넷상에서 제품, 서비스, 정보 등 기업의 구매 및 판매와 관련된 모든 서비스를 제공하는 판매자와 구매자의 B2B 전자상거래 커뮤니티를 의미하는 것으로, e-비즈니스의 결정판으로도 불리고 있다.

② **e-Marketplace의 유형**
ⓐ e-Marketplace는 크게 사업영역의 폭과 깊이에 따라 수직형 e-마켓플레이스(vertical e-Marketplace : Vortal)[1]와 수평형 e-마켓플레이스(horizontal e-marketplace : Hortal), 그리고 Vortal과 Hortal을 결합시켜 놓은 Mega-market으로 나눌 수 있다.
ⓒ 시장창출 방식에 따라 카탈로그(catalog)형, 경매(auction)형, 역경매(reverse auction)형, 교환(exchange)형 등으로 구분할 수 있다.

③ **사업영역에 따른 분류**
ⓐ 보털(Vortal) : 특정품목이나 산업을 중심으로 원자재부터 완성품에 이르기까지 수직적인 관계를 갖는 전 품목을 취급하는 Marketplace를 지칭한다. 예를 들면 철강 관련 제품을 모두 취급하는 사이트나 종이 관련 제품을 모두 취급하는 사이트 등이 Vortal이다.
ⓒ 호털(Hortal) : 특정제품이나 산업에 국한하지 않고 다양한 상품을 폭 넓게 취급하는 Marketplace를 지칭한다. 예를 들면, 컴퓨터의 유지・보수나 운영 등에 소요되는 물품이나 품목들을 거래하는 사이트 등이 Hortal이다.
ⓔ Mega-market : Vortal과 Hortal을 결합한 형식의 e-Marketplace를 지칭한다.

④ **시장창출 방식에 따른 분류**
ⓐ 카탈로그(catalog)형 : 판매자가 그들 상품의 가격, 특징 등의 정보를 웹(web)상에 올려놓고 이를 본 구매자가 웹상에서 바로 구매하는 방식이다. 시장가격이 사전에 결정되어 있어 고정적인 성격을 지닌다. 일반적으로 상품의 종류가 매우 다양하고 판매자와 구매자가 많아서 상품에 대한 검색 자체가 힘든 경우 또는 제품가격이 비교적 안정적인 경우에 적합한 유형이라고 할 수 있다.
ⓒ 경매(auction)형 : 경매 메커니즘을 이용한 최적의 매칭(matching)을 통해 상거래가 이루어지는 유형으로, 기업이 판매하고자 하는 물품을 공지하면 다수의 구매자가 가격을 입찰하고 최적의 가격을 제시한 구매자에게 이를 판매하는 방식이다.
ⓔ 역경매(reverse auction)형 : 경매형의 반대개념으로 구매자가 자신이 사고자 하는 물품에 대한 조건을 제시한 후, 다수의 공급자 중 최적의 가격과 거래조건을 제시한 공급자로부터 구매하는 방식이다.
ⓕ 교환(exchange)형 : 양방향 경매방식으로 제3자의 중개에 의해 매우 중립적인 시장의 형태로 이루어진다. 이 경우는 상품의 수급관계와 가격이 매우 유동적인 시장에서 상품의 사양(specification, 스펙)이 정해진 원・부자재나 범용성이 높고 표준화된 상품의 거래에 적합하다.

---

[1] Vertical e-Marketplace를 Vortal이라 하는 것은 Vertical이라는 용어와 Portal(관문)이라는 용어의 합성어이다. 일반적으로 인터넷 브라우저(Browser : Internet Explorer 등)의 초기화면으로 사용하는 페이지를 일컬어 포탈이라 부른다.

⑤ 제품의 표준화와 기업간의 협력관계
  ㉠ 제품의 표준화와 기업간의 협력관계에 따라 연합 거래형 e-Marketplace, 직접 거래형 e-Marketplace, 중개 거래형 e-Marketplace, 공동 구매형 e-Marketplace, 커뮤니티형 e-Marketplace로 구분하기도 한다.
  ㉡ 이 중 제품 표준화 정도는 높지만, 기업간 협력 수준을 요구하는 정도가 낮은 제품을 대상으로 대량생산과 판매가 가능한 특징을 갖는 e-마켓플레이스모델은 중개 거래형이다.
  ㉢ 제품 표준화 정도가 낮은 업종의 제조업체가 사업수행을 위하여 여러 협력업체들과 긴밀한 관계를 유지해야 하며, 가격보다는 서비스 품질을 강조해야 하는 경우에 가장 효과적인 e-Marketplace 모델은 커뮤니티형이다.
⑥ e-Marketplace의 성공요인
  ㉠ e-Marketplace가 성공하기 위해서는 경쟁자와도 과감히 연합할 필요가 있다.
  ㉡ 서로 다른 업종에 종사하는 기업들끼리의 공동체 구성으로 새로운 가치를 창출할 수 있어야 한다.
  ㉢ 동일 그룹 내의 계열사 간의 통합을 통하여 그룹 전체의 경영 효율성을 극대화시킬 수 있어야 한다.

(2) e-Auction
① e-Auction의 의의
  ㉠ e-Auction은 인터넷 경매를 의미하는 것으로, 인터넷의 보급이 확대되고 전자상거래가 활성화되면서 도입되어 시간적·공간적 제약 없이 경매방식의 거래가 이루어지게 된 것이다.
  ㉡ 인터넷 경매의 종류에는 판매자 본위경매(영국식 오름차순 경매), 구매자 본위경매(역경매), 전자동 거래시스템 등이 있다.
② e-Auction의 성장요인
  ㉠ 경매(auction)라는 매매방식이 쇼핑의 흥미를 제공하고, 공급자에게는 광고효과를 창출해주며, 그리고 무엇보다도 소비자가 중심이 되는 거래라는 측면에서 다른 전자상거래 방식과 차별화되기 때문이다.
  ㉡ 구매의 편리성과 접근의 용이성, 가격결정에 있어서 소비자가 참여할 수 있다는 능동성, 시·공간적 비제약성, 소액·저가상품들에 대한 다양한 경매가 소비자를 끌어들이는 요인으로 작용하고 있다.
③ 문제점 및 개선방안
  ㉠ 경매참가자의 실명확인 시스템의 도입 및 개인정보보호 시스템의 강화가 필요하다.
  ㉡ 판매거부 및 구매거부 등 계약질서 문란행위를 방지하기 위한 대책이 마련되어야 한다.
  ㉢ 인터넷 경매에 입찰시 사전에 가격 등 상품정보 획득을 위한 소비자의 노력과 함께 업체의 가격정보 제공이 이루어져야 한다.

> **지식+톡톡 역경매**
>
> ① 역경매(reverse auction)는 일반적인 경매와는 상반되는 개념으로 구매자가 자신이 사고자 하는 물건에 대한 명세와 거래조건을 제시한 후 다수의 공급자 중 최저의 가격과 거래조건을 제시한 공급자로부터 구매하는 방식이다.
> ② 강력한 구매력을 가진 소수의 구매자와 복수의 공급자가 존재하는 시장에 적합하며 구매자에게 절대적으로 유리한 방법이다.
> ③ 역경매의 장점으로는 여러 판매자가 참여할 경우 가격경쟁력이 높다는 점을 들 수 있다.
> ④ 역경매의 단점으로는 판매자의 반복적인 입찰이 필요하다는 점과 반복적인 무한판매 경쟁으로 인한 판매자의 참여 회피, 판매자의 구매자 탐색노력이 필요하다는 점을 들 수 있다.

4 e-Procurement

(1) e-Procurement의 의의

① **e-Procurement의 개념**
  ㉠ e-Procurement, 즉 전자구매(전자조달)는 인터넷 환경을 이용하여 구매요청·승인·주문·운반·결재 및 인도에 이르는 일련의 프로세스를 전략적으로 관리하는 것을 의미한다.
  ㉡ e-Procurement는 주문에서 인도에 이르는 전체 구매 프로세스를 인터넷 환경하에서 유기적으로 연계하고, 구매자와 판매자 간에 공조를 이루어 구매업무의 최적화를 도모하려는 전략적 기법이라고 할 수 있다.
  ㉢ 우리나라의 나라장터(www.g2b.go.kr)는 조달청의 국가종합전자조달 시스템으로 e-Procurement의 대표적인 사례이다.

② **e-Procurement의 이익**
  ㉠ 구매 프로세스의 개선으로 구매비용 절감과 납기의 단축 등 목표를 실현할 수 있다.
  ㉡ 자사의 구매 시스템과 기존 운영 시스템 및 판매자 시스템과의 기능적 통합을 통하여 구매업무의 효율성을 높일 수 있다. 또한 구매절차의 투명성과 공정성 확보가 가능하다.
  ㉢ 구매활동의 전략적 역량 강화를 통하여 기업 전체목표에 부응하는 전략적 구매업무를 수행할 수 있다.
  ㉣ 구매·조달 프로세스가 간소화되고, 구매와 배송 과정에서의 불필요한 행정절차와 오류를 줄일 수 있다.

(2) e-Procurement의 실행

① **구매 프로세스의 정립**
  ㉠ e-Procurement를 통해 기업은 물품 구매요청으로부터 결재 및 인도에 이르는 구매 프로세스 전체과정의 유기적 연계와 통합관리 기능을 확보해야 한다.
  ㉡ 이러한 구매 프로세스의 정립을 통해 구매담당자는 사용이 쉬운 인터페이스를 이용하여 구매물품의 탐색, 주문, 승인을 할 수 있고 미리 승인된 구매품목을 반복구매하는 경우에는 구매절차를 보다 신속히 진행할 수 있다.

ⓒ 동시에 기업들은 일상적이고 반복적인 구매업무들을 자동화함으로써 구매담당자들이 개발구매, 구매전략 수립 및 시장예측 등의 전략적 업무에 집중할 수 있도록 구매 프로세스를 개선해야 한다.

② **통합성의 확보**
ⓐ e-Procurement의 시행으로 기업은 기업 내부의 사용자, 자사의 운영시스템, 공급사의 시스템과의 관계에 있어서 기능적인 통합성(integration)을 확립해야 한다.
ⓑ 이러한 통합성 확보는 구매 프로세스 전반에 걸쳐서 관련자들과 시스템을 이어주는 역할과 동시에 비용절감, 품질향상, 납기단축 등의 성과로 이어져야 한다.

③ **e-Procurement 도구의 운용**
ⓐ 적절한 e-Procurement 도구(tool)의 운용을 통해 기업은 구매 프로세스의 효율화 및 구매회사와 공급사 간의 통합기능을 인터넷 환경에서 수행할 수 있다.
ⓑ 기업들은 통합기능의 구현을 중요한 경영전략 요소로 판단해 왔지만 최근까지 기술적인 한계로 이를 실현하기가 어려웠다. 그러나 인터넷 환경하에서 기업들은 이와 같은 한계를 극복하고 통합기능의 구현을 실현하고 있다.
ⓒ e-Procurement가 실행된다는 것은 구매 프로세스가 구매회사와 공급회사 간에 동시에 진행된다는 것을 의미하며, 이와 함께 e-Procurement 도구와 기업 내부의 ERP 등의 운영시스템이 기능적으로 연계된다는 것을 의미한다.

(3) e-Procurement의 장점

① 기업의 구매비용을 절감시켜 기업 경쟁력을 강화하고자 하는 전자구매시스템을 말하며, 구매·조달의 투명성을 확보하는 부수적인 효과를 거둘 수 있다.
② 거래비용의 절감, 구매자의 생산성 향상, 상품의 표준화와 구매 통합을 통한 가격 하락, 공급자 정보와 가격정보의 흐름과 관리가 향상된다.
③ 구매절차의 간소화, 구매와 배송 과정에서의 불필요한 행정절차와 오류의 감소, 더 좋은 가격과 품질의 상품과 서비스를 공급할 수 있는 새로운 공급자의 발굴 가능성 등이 있다.

5 CM, TOC, CPFR, APS, ATP

(1) 카테고리 매니지먼트(CM)

① **카테고리 매니지먼트의 정의**
ⓐ 카테고리 매니지먼트(CM : Category Management), 즉 카테고리 관리는 특정 제품군(category)을 중심으로 유통업체와 제조업체가 협력을 통해 공동의 수요를 창출해내는 과정을 의미한다.
ⓑ 즉, 카테고리 매니지먼트는 소비자의 가치를 창출하기 위해 유통업체와 공급업체가 비즈니스 결과를 향상시킬 수 있도록 카테고리(category)를 전략적 비즈니스 단위로 관리하는 프로세스를 말한다.

ⓒ 카테고리 매니지먼트에서는 유통업체와 제조업체 사이에 존재하는 벽을 제거함으로써, 신제품 도입, 제품구색, 각종 촉진전략 등을 최적화하여 궁극적인 소비자 수요를 창출하고자 한다.

② **카테고리 매니지먼트의 구성요소**

일반적으로 카테고리 매니지먼트는 상호 연관된 6개 요소로 구성된다. 이 중 전략과 프로세스는 가장 기본적이면서 핵심적인 요소이고, 나머지는 전략 및 비즈니스 프로세스를 지원하는 기반요소이다.

ⓐ 기본요소
 ⓐ 전략
 ⓑ 비즈니스 프로세스
ⓛ 지원요소
 ⓐ 전략적 비즈니스 단위 성과측정을 위한 스코어카드
 ⓑ 조직역량
 ⓒ 정보기술
 ⓓ 거래파트너 간의 협력관계

③ **구성요소의 적용**

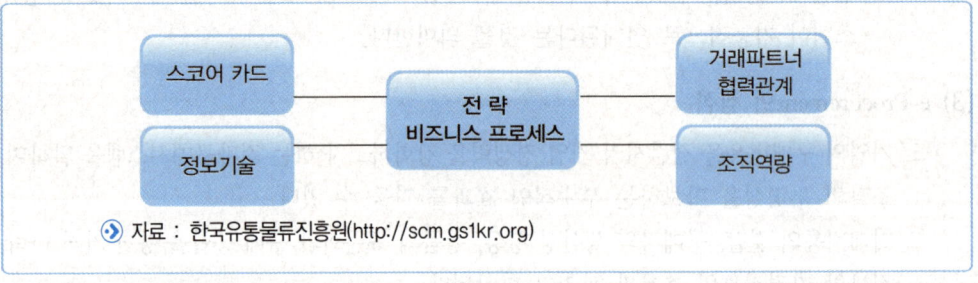

▶ 자료 : 한국유통물류진흥원(http://scm.gs1kr.org)

ⓐ 카테고리 매니지먼트의 6가지 구성요소는 유통업체와 공급업체 모두에게 공통적으로 적용되지만 이 요소들을 구체적으로 적용하는 데 있어서는 유통업체와 공급업체 사이에 중복되는 부분과 서로 다른 부분이 많이 존재한다.
ⓛ 일부 요소들 - 전략, 스코어카드, 정보기술, 조직역량 - 에 대해서는 그 개발과 실행에 있어 중요한 차이점이 있다. 다른 한편으로 공동으로 관리되는 비즈니스 프로세스와 협력관계에 대해서는 그 적용에 있어 중복되는 부분이 많다.

(2) **TOC**

① **TOC의 의의**

ⓐ 흔히 SCM의 핵심엔진으로 평가되는 TOC(Theory of Constraints), 즉 제약이론은[2] 이스라엘의 물리학자인 골드랫(Eliyahu M. Goldratt)이 개발한 생산 스케줄링 소프트웨어

---

[2] 제약이론은 이외에도 제약경영(CM : Constraints Management-APICS의 공식명칭), 제약자원이론, 제약조건이론, 제약관리, 동시제조(Synchronous Manufacturing), 애로자원이론 등으로 불리고 있다.

OPT(Optimized Production Technology)에서 출발한 경영과학의 체계적 이론이다.[3]
ⓒ TOC 이론은 공장의 생산개선 기법에서 출발하였지만, 그 영역을 점차 확대하여 지금은 조직의 경영 전반을 다루는 경영철학으로 확고하게 인정되고 있다. 또한 TOC가 지향하는 것은 우선 영리기업을 시작으로, 비영리단체와 공공기관, 군대, 학교 그리고 개인에 이르기까지 광범위하다.

② **TOC의 적용**

TOC 이론은 생산 스케줄링 외에 성과측정을 위한 회계이론과 정책분석·수립을 위한 사고 프로세스(thinking process)가 포함된다. TOC는 생산분야, 물류분야, 재무분야 그리고 문제해결에 의한 정책수립을 중심으로 시스템 개선에 활용된다.

③ **TOC의 기본원리**

㉠ TOC의 기본원리는 집중개선 프로세스(focusing improvement process)라고 불리는 시스템 사고이다. TOC의 기본전제는 "기업의 목표(goal)가 무엇인가?"라는 평범한 질문에서 시작한다. 기업 스스로 그 존재이유를 명확히 함으로써 보다 현실을 직시할 수 있는 안목을 향상시키려 하는 것이다.

ⓒ 그리고 "기업의 존재 이유는 돈을 버는 것이다"라는 정의를 내리고 있다. 물론 돈을 단순히 목표라는 말로 바꾸어도 된다. 돈을 많이 벌기 위해서는 기업의 성과를 늘려야 한다.

ⓒ TOC는 바로 이 성과를 향상시키기 위한 방법을 찾아내는 것이다. 그런데 모든 기업은 보다 높은 수준의 성과를 얻어낼 수 없도록 성과를 제약하는 자원이 반드시 하나 이상은 존재한다. 따라서 기업은 이러한 제약자원(constraints)들을 파악하여 개선해야만 기업의 성과(throughput)를 향상시킬 수 있다는 것이다.

④ **TOC의 구성**

기업 내의 TOC를 기업 외로 연장해보면, 공급사슬의 제약(bottleneck)을 발견하고 관리하는 SCM에 응용할 수 있다. TOC는 3가지 관리기법과 1가지 성과평가 시스템으로 구성된다.

㉠ 생산·물류 시스템을 관리하여 재고를 줄이면서 산출을 증대시키는 기법인 DBR(Drum-Buffer-Rope)

ⓒ 일반적인 시스템의 개선과 조직이 처한 제약을 판별할 수 있는 사고 프로세스(thinking process)

ⓒ 프로젝트 관리기법인 애로공정(critical chain)

㉣ 성과평가 시스템으로 기존의 원가회계와는 달리 현금흐름을 투명하게 보여줄 수 있는 산출회계(throughput accounting)

---

[3] 골드랫은 1984년에 『The Goal』이라는 기업소설을 통해 TOC 이론을 제안했으며, 생산스케줄을 최적화하는 소프트웨어를 개발하고, 산출회계이론을 제시하였다(임석민, 2008).

> **지식+톡톡** DBR(Drum-Buffer-Rope)

① DBR은 제약이론을 생산시스템에 적용하기 위한 생산계획 및 통제기법, 동기화 물류시스템이다.
② 원자재 투입시점을 조정하여 공정내 종속성과 변동성을 관리하는 기법이고, 능력제약자원이 존재하는 부분이 최대한 100% 가동을 할 수 있도록 공정속도를 조절하여 관리하는 기법이다.
③ Drum은 생산능력이 가장 적어 공정의 생산속도를 결정하는 능력제약자원(CCR : Capacity Constraints Resource)이며 모든 공정은 CCR을 고려해서 전체시스템의 진행속도를 결정한다. Buffer는 시스템에서 발생할 수 있는 지연 등의 혼란 요소로부터 시스템을 보호한다. Rope는 시스템의 모든 자원을 드럼(기준생산일정)에 동기화하기 위한 장치이다.
④ 제약조건이론에서 DBR의 목표는 재고와 운영비용을 효율적으로 관리하면서 쓰루풋(Throughput)에 대한 기대를 만족시키는 것이다.

⑤ **TOC의 유용성**
㉠ 기업활동은 여러 고리로 연결된 사슬(chain)과 같아서 가장 약한 고리를 강하게 만들어야 힘이 커진다. TOC는 사슬의 가장 약한 고리, 즉 목표달성에 방해가 되는 제약(constraints)을 찾아 집중적으로 개선하려는 이론이다.
㉡ SCM에는 뚜렷한 실행도구가 없었는데, TOC를 SCM의 실행도구로 활용할 수 있다. TOC에 기반을 둔 APS(Advanced Planning and Scheduling)가 SCM의 실행도구로 활용될 수 있다. APS의 핵심은 '즉시약속, 정시납품(commit now, deliver on time)'이다. ERP와 통합된 APS를 통해 제조업체는 고객의 주문을 효과적으로 처리할 수 있다.

> **지식+톡톡** 사고 프로세스(thinking process)

골드렛(E. Goldratt)은 기업의 업무에 대한 소통도구로서 사고프로세스를 정의하고, 5가지 논리나무 다이어그램을 제시한다.
① CRT(Current Reality Tree) : 현재상황나무, 현상분석체계도로 드러난 문제증상들로부터 인과관계를 통해 원인이 되는 핵심딜레마를 찾아내고 이로부터 유발되는 문제들을 확인한다.
② EC(Evaporating Cloud) : 구름, 대립해소도, 갈등해소를 위한 해결책 주입으로 공동의 목적을 추구하는 쌍방 간의 갈등, 상충, 대립 등의 상황을 묘사하며, 이런 상황을 해소하는 획기적인 아이디어인 주입(injection)을 찾아낸다.
③ FRT(Future Reality Tree) : 미래상황나무, 미래모습체계도로 주입의 실행을 통해 목적 달성을 방해하는 장애들을 찾아내고, 그 장애들을 극복했을 때를 기술하는 수치적인 최종목표들을 도출한다.
④ PRT(Prerequisite Tree) : 전제조건체계도로 최종목표를 달성하는 과정에서 발생하는 장애(전제조건)와 그것을 극복하기 위한 중간목표를 달성하는데 필요한 전제조건을 도출해 실행계획을 수립한다.
⑤ TrT(Transition Tree) : 실행체계도로 PRT에서 전개한 각각의 중간목표를 달성하기 위해 필요한 구체적인 행동을 도출해 실행계획을 수립한다.

(3) CPFR

① CPFR의 의미
㉠ CPFR(Collaborative Planning, Forecasting and Replenishment), 즉 협력계획, 예측 및 보충 시스템은 판매·재고 데이터를 소비자 수요예측과 주문관리에 이용하고, 제조업체와 공동으로 생산계획에 반영하는 등 제조와 유통업체가 예측·계획·상품보충을 공동으로 운영(협업)하고자 하는 업무 프로세스로 최근 각광받고 있는 SCM 공급측면 응용기술의 하나이다.
㉡ CPFR은 EDI가 새로이 진화된 물류관리 시스템으로 식료품 및 잡화업계에서 인기가 있다. CPFR을 이용하여 소매업체들이 제조업체에게 정보를 보내면, 제조업체는 상품보충에 관한 예측을 하기 위해 이 정보를 사용한다. 그리고 CPFR을 사용하여 제조업체와 소매업체는 상품보충에 대한 의사결정을 공동으로 하게 된다.

② CPFR의 원리
㉠ CPFR의 출발점은 카테고리 매니지먼트 원칙에 근거하여 거래 파트너 간에 특정시장을 목표로 한 사업계획을 공동으로 수립하는 것이다.
㉡ CPFR이 성공하기 위한 핵심요소는 거래 파트너들이 업무프로세스와 사업계획을 공유한다는 합의에 도달하는 것이다.

③ CPFR의 기대효과
CPFR은 매출의 증가, 조직의 합리화 및 정비, 행정 및 운영상의 효율성 제고, 현금 흐름(cash flow)의 개선, ROA(Return On Assets) 향상을 가능하게 하는 효과가 있다.

6 전자결제시스템

(1) 전자결제의 의의

① 전자결제의 의미
㉠ 전자결제(electronic payment)는 전통적인 어음·수표 등에 의한 장표방식 결제에 대응하는 개념으로 지급결제 절차가 장표 사용 없이 전자적인 방식에 의해 이루어지는 것을 의미한다. 전자결제를 e-Credit이라고도 한다.
㉡ 전자결제 방식의 사용이 증가하게 되면 지급결제의 신속화·간소화는 물론 장표 발행 및 취급비용의 감소로 인한 금융기관의 수지개선 효과도 크게 기대할 수 있어 세계적으로 전자결제의 활성화를 위해 많은 노력을 기울이고 있다.

② 전자결제의 유형
㉠ 전자결제는 신용카드와 은행 계좌이체, 은행 가상계좌, 휴대폰, ARS 신용카드 안전결제 등을 통해 이루어진다. 전자결제를 이용하기 위해서는 PG(Payment Gateway) 회사에 가입하여야 한다. PG 회사로는 INICIS, KCP, LG Dacom, KS-net, alltheGate 등이 있다.
㉡ PG 회사는 부가서비스로 에스크로(escrow), 전자보증, 현금영수증 등을 제공하고 있다.

> **지식+톡톡** PG 서비스의 유형
>
> PG(Payment Gateway)회사는 신용카드사와 가맹점 계약을 체결하는 것이 곤란한 중소 쇼핑몰을 대신해 카드사와 대표 가맹점 계약을 맺고 신용카드 결제 및 지불을 대행한 뒤 하부 쇼핑몰에서 수수료를 받는 회사를 의미한다. 신용카드의 PG(Payment Gateway) 서비스는 대표가맹점 서비스와 자체가맹점 서비스 2가지가 있다.
> ① 대표가맹점 서비스는 PG 회사가 중소형 온라인 쇼핑몰을 대표하여 신용카드사와 대표가맹점 계약을 체결하고 거래승인, 매입, 정산 등의 업무를 대행하는 서비스이다. 대표가맹점 서비스는 카드결제정보가 PG 서버에서 처리됨으로써 결제의 안정성과 신뢰성을 높이는 장점이 있다.
> ② 자체가맹점 서비스는 온라인 쇼핑몰이 신용카드사와 가맹점 계약을 직접 체결하고 PG 회사는 결제정보를 중계한다. 자체가맹점 서비스에서의 정산은 신용카드사가 온라인 쇼핑몰과 함께 직접 처리한다.
> ③ 온라인 쇼핑몰은 대표가맹점 서비스보다 자체가맹점 서비스를 이용할 때 보다 신속하게 판매대금을 받을 수 있다.

(2) 전자화폐

① **전자화폐의 의의**
   ㉠ 디지털 기술의 발전과 인터넷의 보급으로 전자상거래가 활발해지면서, 동전이나 지폐 등 기존의 화폐를 대신하는 "제3의 화폐"가 떠오르고 있다. 바로 각종 인터넷 쇼핑몰이나 기타 유료 디지털 콘텐츠를 이용할 때 결제수단으로 사용하는 전자화폐이다.
   ㉡ 영국의 몬덱스(Mondex)에서 처음 출시한 세계 최초의 전자화폐인 몬덱스 카드를 시작으로 국내에서도 소액 결제형 카드인 e-코인을 비롯해 여러 종의 전자화폐가 생겨났다. 최근에는 금융결제원에서 한국형 전자화폐인 K-cash를 선보이기도 했다.

② **전자화폐의 의미**
   ㉠ 전자화폐(electronic cash)는 IC카드 또는 네트워크에 연결된 컴퓨터에 은행예금이나 돈 등이 전자적 방법으로 저장된 것으로, 현금을 대신할 새로운 개념의 화폐이다.
   ㉡ 전자화폐는 정보화 사회에서 현금을 대신할 새로운 개념의 화폐이다. 동전이나 지폐는 부피나 무게가 크므로 사용이 불편하다. 따라서 정보화 사회가 발달하면서 전자화폐의 출현은 필연적이다.

③ **전자화폐의 조건**
   ㉠ 전자화폐가 갖추어야 할 가장 중요한 조건은 첫째, 휴대가 간편해야 한다. 둘째, 누가 어떤 상점에서 무엇을 샀는지를 제3자가 알 수 없어야 한다. 셋째, 위조가 어려워야 한다.
   ㉡ 이외에도 전자화폐는 실물화폐의 특성인 익명성, 양도성, 이동성, 즉시결제성은 물론 디지털화에 따른 부가기능인 원거리 양도성과 분할성 등의 특성도 갖추어야 한다. 이와 함께 실물화폐의 단점인 마모성 및 휴대 불편 등을 해소할 수 있어야 한다.

④ **전자화폐의 유형**
   전자화폐는 화폐적 가치가 어떻게 저장되었는가에 따라서 IC카드형과 네트워크형으로 나뉜다.

㉠ IC카드형 전자화폐
ⓐ IC카드형 전자화폐는 오프라인 전자화폐시스템으로 전자지갑형 전자화폐라고 한다. IC카드에 전자적 방법으로 은행예금의 일부를 옮겨 단말기 등으로 현금처럼 지급하는 것이다.
ⓑ 이러한 IC카드형 전자화폐는 네트워크형과 호환되지 않으면 전자상거래에서는 쓸 수 없다.
ⓒ IC카드형(오프라인) 전자화폐로는 최초의 전자화폐인 몬덱스(Mondex)와 프로톤(Proton), 그리고 애틀란타 올림픽에서 선보인 비자캐시(VisaCash)와 K-cash, mybe 등이 있다.

㉡ 네트워크형 전자화폐
ⓐ 네트워크형 전자화폐는 가상은행이나 인터넷과 연결된 고객의 컴퓨터에 저장한다. 종류에는 사이버코인(cybercoin)과 이캐시(eCash)가 있다. 특히 이캐시는 1994년 10월부터 네덜란드 디지캐시(DigiCash)회사에서 발행한 것으로, 인터넷을 통해 온라인으로 지불하는 최초의 전자화폐이다.
ⓑ 이캐시를 사용하려면 먼저 이캐시 클라이언트 소프트웨어를 이용해 은행에서 이캐시를 찾아 자신의 컴퓨터에 저장한다. 그리고 이캐시를 취급하는 상점에서 물건을 사고 이캐시를 지불한다. 이캐시는 환금성을 가지므로 상점은 바로 물품이나 서비스를 제공할 수 있다.
ⓒ 네트워크상의 소비자와 판매자의 계좌를 설정하여 POS처럼 이체하는 Net Bill도 네트워크형 전자화폐이다.

⑤ 전자화폐의 장점
㉠ 전자화폐는 분실과 도난의 위험이 적으며 한 번의 입금이나 구입으로 잔액이 있는 동안 계속해서 물건을 살 수 있다는 장점이 있다.
㉡ 디지털 상품을 구입할 때 일반 화폐보다 더 편리하며, 또 화폐 제작에 들어갔던 막대한 비용을 줄일 수도 있고 수송 및 보관비용도 절약할 수 있다. 이러한 장점들이 현재 전자화폐의 보급을 확산시키고 있는 요인으로 작용하고 있는 것이다.
㉢ 보안기술의 발달로 이제는 개인의 금융정보가 누출될 위험도 갈수록 줄어들고 있다는 점도 전자화폐의 보급을 활성화한다.

(3) 전자상거래의 안전과 보안
① 에스크로
㉠ 에스크로의 의미
ⓐ 에스크로(escrow)는 전자상거래의 안전성을 높이기 위해 거래대금을 제3자에게 맡긴 뒤 물품배송을 확인하고 판매자에게 지불하는 제도이다.
ⓑ 에스크로는 구매자가 결제대금을 공신력 있는 사업자(에스크로 사업자)가 물품배송을 확인하고 판매자에게 지불하는 제도로써 전자상거래에서 발생 가능한 허위 주문, 미배송 등의 피해를 방지하기 위한 매매 보호서비스이다.

㉡ 에스크로의 절차

전자상거래시 제안된 거래조건에 합의가 되면 에스크로 서비스가 개시된다. 구매자는 상품 수령 후 에스크로 사업자에게 구매승인 여부를 통지하여야 한다.

㉢ 에스크로의 장점
ⓐ 구매자는 구매한 물품의 미배송 등에 따른 피해를 사전에 예방할 수 있으며, 쇼핑몰은 소비자에게 신뢰감을 줌으로써 구축으로 매출 증대의 효과를 기대할 수 있다.
ⓑ 즉, 에스크로 서비스는 구매자뿐만 아니라 판매자가 입을 수 있는 피해도 예방하여 거래의 양 당사자를 모두 보호하는 성격이 강하다.

㉣ 우리나라의 에스크로
ⓐ 전자상거래 등에서의 소비자보호에 관한 법률에 따르면 우리나라는 10만원 이상의 현금결제에 대하여 2006년 4월 1일부터 의무적으로 에스크로를 시행하도록 하고 있다.
ⓑ 에스크로 사업자는 소비자로부터 재화 등을 공급받은 사실을 통보받은 후에 예치된 결제대금을 판매업자에게 지급하도록 하고 있다.
ⓒ 소비자가 정당한 사유 없이 공급받은 사실을 통보하지 아니한 때는 재화 등이 소비자에게 배송완료된 날로부터 3영업일 이상이 지난 후에는 결제대금을 판매업자에게 지급할 수 있다.

② SSL
㉠ SSL(Ssecure Sockets Layer)은 인터넷 상거래시 필요한 개인정보를 보호하기 위한, 개인정보 유지 프로토콜이다.
㉡ SSL은 인터넷 프로토콜(internet protocol)이 보안면에서 기밀성을 유지하지 못한다는 문제점을 극복하기 위해 Netscape가 개발한 것으로, 인터넷 상거래시 요구되는 개인정보와 신용카드 정보의 보안유지에 가장 많이 사용되고 있는 프로토콜이다.
㉢ 최종 사용자와 가맹점 간의 지불정보 보안에 관한 프로토콜이라고 할 수 있다.

③ SET
㉠ SET(Secure Electronic Transaction)는 지불 프로토콜이다. SET는 사이버캐시 방식을 발전시킨 것으로 카드이용자와 신용카드 회사, 상점 등이 연계하여 신용카드 결제를 효과적으로 처리하는 방식이다.
㉡ SET는 표준으로 인정을 받았으나 사용의 번거로움, 처리시간의 지연, 고비용 등으로 거의 활용되지 않고 있다.

내 용	SSL	SET
비 용	저비용	고비용
사용편리성	간편함	다소 어려움
안전성	다소 낮음	높음
조작가능성	상점 단독 가능	다자 간의 협력 필요

실전감각 기르기

01 다음 중 전자상거래의 특성에 대한 설명으로 옳지 않은 것은?

① 특정된 매매당사자로 하여금 직접적 거래를 가능하게 함으로써 상호간의 이익을 극대화할 수 있다.
② 고객의 욕구를 수용하기 위해 막대한 비용과 인력이 필요하다.
③ 네트워크로 연결되어진 가상공간으로 인해 시간적 제약을 극복할 수 있다.
④ 실시간 거래를 전 세계를 대상으로 할 수 있다.
⑤ 도매상이라는 중간상의 유통단계를 거치지 않고 기업과 소비자가 직접 연결된다.

[해설] 전자상거래는 거래와 관련된 모든 정보를 교류함으로써, 기업의 비즈니스 방식을 재창조하고, 기업 조직의 구조를 개선하고, 고객이 만족할 수 있는 서비스를 제공함으로써 경쟁우위를 확보하고 서비스 향상 및 비용을 절감하여 궁극적으로 기업의 이윤을 극대화시키는 것이다.
② 전자상거래는 고객의 욕구도 충족시키면서 동시에 비용절감을 꾀할 수 있는 거래방식이다.

02 점포에 그대로 진열할 수 있도록 가격 태그(tag)가 부착된 상품이 행거(hanger)와 함께 물류센터를 경유하지 않고 공장으로부터 소매점포로 직접 보내는 것은?

① FRM(Floor Ready Merchandise)
② SCM(Shipping Carton Marketing)
③ ASN(Advanced Shipping Notice)
④ 크로스 도킹(cross docking)
⑤ TA링크(Textile Apparel Linkage)

[해설] QR 시스템의 로지스틱스가 더욱 발전하면 도매나 소매의 유통센터는 소멸한다. 점포에 그대로 진열될 수 있도록 행거(hanger) 설치와 가격 태그(tag)가 부착된 상품이 물류센터를 경유하지 않고 공장으로부터 소매점포에 직접 보내진다. 이것을 FRM(Floor Ready Merchandise)이라고 부른다.

Answer 01 ② 02 ①

03 e-비즈니스와 관련된 내용으로 가장 옳지 않은 것은?

① e-Procurement : 인터넷을 활용한 단일 통합채널을 통해 고객과 접촉하며, 지역적·시간적 한계를 극복할 수 있는 고객 관리방법으로서 음성, 동영상, FAQ 등 다양한 기술로 고객응대를 할 수 있다.
② e-SCM : e-Business 환경에서의 디지털 기술을 활용하여 공급자, 제조업자, 유통업자, 고객 등과 관련된 물자, 정보, 자금 등의 흐름을 신속하고 효율적으로 관리한다.
③ e-Logistics : 정보통신기술을 기반으로 물류서비스 제공업체가 다양한 부가가치 물류서비스를 온라인상에서 구현하여 화주기업의 물류 프로세스를 효율적으로 지원하는 활동이다.
④ e-Auction : 구매의 편리성, 접근성, 가격결정에 고객참여가 가능한 능동성, 시·공간의 비제약성, 소액·저가 상품에 대한 경매 등으로 인해 고객들의 관심을 끌어 모으는 계기가 된다.
⑤ e-CRM : 인터넷을 통해 획득한 고객에 대한 정보와 지식을 기반으로, 고객 개인이 필요로 하는 맞춤서비스를 제공할 수 있기 때문에 고객만족도 향상을 기대할 수 있다.

[해설] ① e-Procurement, 즉 전자구매(전자조달)는 인터넷 환경을 이용하여 구매 요청·승인·주문·운반·결재 및 인도에 이르는 일련의 프로세스를 전략적으로 관리하는 것을 의미한다. 즉, e-Procurement는 주문에서 인도에 이르는 전체 구매 프로세스를 인터넷 환경하에서 유기적으로 연계하고, 구매자와 판매자 간에 공조를 이루어 구매업무의 최적화를 도모하려는 전략적 기법이라고 할 수 있다.

04 다음 중 유비쿼터스 컴퓨팅에 대한 설명으로 부적절한 것은?

① 보이지 않는 생활환경까지 최적화하는 인간 중심의 컴퓨팅 환경을 말한다.
② 마크 와이저가 처음 사용한 개념으로 사용하기 쉬운 컴퓨터 개발을 위해 제안된 아이디어이다.
③ 센서, 프로세서, 커뮤니케이션, 인터페이스, 보안 등을 핵심기술요소로 한다.
④ 인간이 환경변화 감지 및 입력기능을 담당하고, 컴퓨터는 계산, 제어, 통신의 기능을 담당한다.
⑤ 소형의 칩들이 무선 네트워크를 통해 연결되어 작동된다.

[해설] 마크 와이저(Mark Weiser)에 의하면 유비쿼터스 컴퓨팅이란 모든 사물에 컴퓨터 칩을 내장하여 상호 의사소통을 통해 보이지 않는 생활환경까지 최적화하는 인간 중심의 컴퓨팅 환경을 의미한다.
④ 인간이 환경변화 감지 및 입력기능을 담당하고, 컴퓨터가 계산·제어·통신의 기능을 담당하는 것은 전통적인 컴퓨팅의 특징이다. 유비쿼터스 컴퓨팅에서는 환경변화의 감지나 상황인식까지도 컴퓨터가 담당한다.

Answer 03 ① 04 ④

05 다음 중 전자상거래 조직이 아닌 것은?

① Brick-and-Mortar Organizations
② Virtual Organizations
③ Pure-Play Organizations
④ Click-and-Mortar Organizations
⑤ Click-and-Brick Organizations

[해설] ① Brick-and-Mortar Organization은 물리적인 판매자에 의해서 물리적 제품을 팔고, 그들의 비즈니스의 모든 실행을 오프라인상에서 하는 과거의 비즈니스 조직형태이다.
④ Click-and-Mortar Organization은 전자상거래 활동을 수행하고 현실세계에서 근본적으로 오프라인으로 작업한다. 즉, 오프라인 작업과 온라인 작업을 병행한다.

06 P2P와 C2C의 가장 큰 특징은 무엇인가?

① 소매점 간 거래
② 중개자의 유무
③ 거래당 단위금액
④ 거래관계의 지속성
⑤ 거래품목

[해설] C2C(consumer to consumer)는 소비자 간의 거래이고, P2P(peer to peer)는 개인 간의 파일전송 등을 목적으로 한 거래이므로 중개자가 개입할 필요가 없다.

07 전자상거래 업체에 적용되는 물류관리에 대한 설명으로 옳은 것은?

① B2B의 경우, 주로 소포장단위의 배송 대상물들이 대량으로 배송되는 경향이 있다.
② B2B의 경우, 소포형태의 배송이 많으며 특정지역을 중심으로 배송처가 집중되는 경향을 보인다.
③ B2C의 경우, B2B에 비해 불특정 다수의 고객을 대상으로 배송이 이루어진다.
④ 공급사슬싱의 배송에 대한 책임범위가 오프라인 상거래에 비해서 좁다.
⑤ C2C의 경우 데이터베이스의 축적된 기반이 있는 경우나 가용인력이 있을 경우에 적용하는 것이 좋다.

[해설] ① 소포장단위로 소포형태의 배송이 이루어지는 것은 B2C의 경우이다.
② B2B는 기업들 간에 이루어지는 전자상거래이므로 대형 포장단위의 배송이 이루어진다.
④ 전자상거래에서의 배송은 공급사슬상에서 이루어지기 때문에 그 책임범위는 오프라인 상거래보다 넓어진다.
⑤ B2B에 대한 내용이다.

Answer 05 ① 06 ② 07 ③

08 다음 중 기업 간 전자상거래의 도입효과로 거리가 먼 것은?

① 시간적·공간적 제약 탈피 ② 새로운 판매기회 포착
③ 판매비용 절감 ④ 고객서비스 개선
⑤ 보안문제 감소

해설 기업 간 전자상거래(B2B)의 도입으로 소량 다빈도 주문·배송이 이루어져 고객서비스가 개선되고, 판매비용의 절감이 이루어지게 되었다.
⑤ 전자상거래가 도입되면 전자결제가 보편화되므로 보안문제가 새로운 문제로 떠오르게 된다.

09 전자상거래를 통한 정보상품 판매에 있어서 가격을 차별화하기 위한 버저닝(versioning) 방식과 가장 거리가 먼 것은?

① 시간의 차이에 의한 버저닝
② 처리속도 차이에 의한 버저닝
③ 성능의 차이에 의한 버저닝
④ 사용자의 심리분석적 차이에 의한 버저닝
⑤ 사용자의 정보상품 인지도 차이에 의한 버저닝

해설 전자상거래를 통한 정보상품 판매에 있어서 가격을 차별화하기 위한 버저닝(versioning) 방식에서는 시간의 차이, 처리속도 차이, 성능의 차이에 의한 버저닝은 가능하여도 사용자의 심리분석적 차이에 의한 버저닝은 있을 수가 없다.

10 다음 중 개별 전자상거래 업체의 물류서비스 운영정책에 대한 설명과 거리가 먼 것은?

| ㉠ 배송시간의 최소화 추구 | ㉡ 물류 e-Hub 구축 |
| ㉢ 적정 판매수요의 예측 | ㉣ 편리한 화물추적정보의 제공 |

① ㉠ ② ㉡
③ ㉢ ④ ㉣
⑤ ㉢, ㉣

해설 ㉡ 물류 e-Hub는 개별 전자상거래 업체가 구축하는 것이 아니라, 여러 물류업체가 참여하여 구축된다.

Answer 08 ⑤ 09 ④ 10 ②

11 다음 중 정보전달이 신속하고, 정확해짐에 따라 기업 간의 물류활동에 대해 나타나고 있는 요구사항에 대한 설명으로 틀린 것은?

① 수·발주단위의 소량화
② 수주에서 납품까지 시간의 단축화
③ 긴급 배송의뢰의 증가
④ 수·발주횟수의 소빈도화
⑤ 배송수단과 방식의 다양화

[해설] ④ 정보전달이 신속하고, 정확해짐에 따라 소량 다빈도 운송이 증가하고 있다.

12 온라인 업체의 배송 네트워크 설계에 대한 설명으로 틀린 것은?

① 배송시설을 분산시켜서 고객과의 거리를 단축시키면 배송서비스에 대한 만족도를 제고시킬 수 있다.
② 중앙집중화된 배송시설은 재고관리의 효율성이 높으나, 고객에 대한 대응성은 떨어진다.
③ 배송시설을 집중하게 되면 규모의 경제를 달성하게 됨으로써 입고수송비용이 현저히 줄어들 수 있다.
④ 공급사슬에 대한 고려를 통해서 원재료 조달의 편의성을 제고시킬 수 있어야 한다.
⑤ 물류의 표준화는 시간적인 면에서는 효율성이 높아지나, 비용적인 면에서는 오히려 효율성이 떨어진다.

[해설] ⑤ 물류의 표준화는 시간적인 면이나 비용적인 면에서도 효율성이 증가한다.

13 소매업체의 물류전략에 관한 설명으로서 ( ) 안에 들어갈 적절한 용어는?

( )하에서는 상품주문이 점포 차원의 수요자료를 기반으로 이루어진다.

① 풀(pull) 전략
② CRM 전략
③ 푸시(push) 전략
④ 아웃소싱 전략
⑤ 푸시 업(push up) 전략

[해설] 상품주문이 점포 차원의 수요자료를 기반으로 이루어지면 소비자의 요구를 반영한 것이다. 이를 풀(pull) 방식이라고 한다.

Answer 11 ④ 12 ⑤ 13 ①

14 전자상거래 시장에 대한 설명으로 가장 부적절한 것은?

① 구조화된 전자상거래란 좁은 의미의 전자상거래를 지칭하며, 표준화된 거래형식과 데이터 교환방식에 따라 조직적·체계적으로 이루어지는 거래로 EDI, EC, CALS, E-mail 등이 있다.
② B2B는 현재 거래주체에 의한 비즈니스 모델 중 거래 규모가 가장 큰 전자상거래 분야로서 기업과 기업이 각종 물품을 판매하는 방식이다. 구매자와 판매자 간에 직접 이루어질 수도, 온라인 중개상을 통해 이루어질 수도 있다.
③ B2C에서는 판매하는 상품의 성격에 따라 제품을 거래하는 사업과 서비스를 제공하는 사업으로 구분할 수 있고, 제품을 거래하는 사업은 다시 물리적 제품의 취급과 디지털 제품의 취급으로 나누어진다.
④ B2B2E는 기업 간 거래와 기업과 종업원 간 거래를 결합한 것으로 종업원들이 필요한 제품들을 생산하는 기업들을 모아서 수수료를 받고 입점시킨 뒤 종업원들을 대상으로 필요한 제품이나 서비스를 제공하는 형태이다.
⑤ B2Bi는 기업과 기업, 기업과 e-Marketplace, e-Marketplace와 e-Marketplace 등 기업 간 전자상거래에서 발생하는 비즈니스 프로세스를 효과적으로 지원하기 위해 전산시스템과 문서 포맷, 애플리케이션을 서로 통합, 연계하는 것이다.

[해설] ① 구조화된 전자상거래란 표준화된 거래형식과 데이터 교환방식에 따라 조직적이고 체계적으로 이루어지는 거래를 의미한다. 구조화된 전자상거래에는 B2B, B2C, CALS 등이 있다.

15 다음 중 e-Logistics의 개념에 대한 설명으로 가장 적합한 것은?

① 물류서비스 제공업체가 IT 기술을 기반으로 다양한 부가가치 물류서비스를 온라인상에서 구현한다.
② 인간의 조정을 최소화한 컴퓨터와 컴퓨터 간의 구조화된 데이터를 전송한다.
③ 기업 내 생산, 물류, 재무, 회계, 영업, 판매, 구매, 인사관리 등의 기관업무에 대한 각종 데이터의 통합과 선진화된 업무프로세스를 지원한다.
④ 고객과 관련된 자료를 분석하여 고객특성에 기초한 마케팅 활동을 계획, 지원, 평가하는 관리체제이다.
⑤ 원자재 조달, 생산, 수·배송, 판매 및 고객관리 프로세스에서 일어나는 물류흐름과 이와 관련된 모든 활동을 통합적으로 관리한다.

[해설] e-Logistics, 즉 물류의 전자화는 정보통신기술을 기반으로 하여 물류서비스 제공업체가 다양한 부가가치 물류서비스를 온라인상에서 구현하여 공급체인관리(SCM) 개념하에, IT 기술을 이용하여 물류프로세스를 효율적으로 지원하는 서비스이다.
②는 EDI, ③은 ERP, ④는 CRM, ⑤는 e-SCM이다.

Answer 14 ① 15 ①

16 다음 중 e-Logistics의 도입에 따르는 물류업무의 변화에 속하지 않는 것은?

① 인포미디어리(infomediary)의 등장
② 물류업무의 전문화
③ 3PL의 등장
④ 물류정보의 통합화(가상 SCM의 구현)
⑤ 물류시장 제품의 범위 증가

해설 전자거래에서 가치를 창출하는 중간거래인을 인포미디어리(infomediary)라고 한다. 기존시장의 중간상인(intermediary) 역할을 하는 자로, 사이버미디어리(cybermediary) 또는 버추얼 인터미디어리(virtual intermediary)라고도 한다.
① 인포미디어리는 인포메이션(information)과 인터미디어리(intermediary)를 합성한 것으로, 상품의 물리적 유통에는 관여하지 않고 정보를 기반으로 가치를 창출하는 인터넷 포털사이트업체·인터넷 경매업체·사이버증권사 등을 말한다. 인포미디어리는 전자상거래에 의하여 도매상과 소매상이 축소되며 기존시장의 중간상인이 해체되어 왔으나, 인터넷을 통하여 생산자와 소비자 간에 필요한 정보를 생성하여 유통시킴으로써 정보흐름을 장악하며 새롭게 등장하였다.

17 다음 e-Logistics 서비스 중 가장 진보된 단계의 서비스는 어떤 것인가?

① 물류비용의 최소화
② 실시간 운송 가능
③ 실시간 재고의 파악이 가능하고, 공급체인의 정보를 제공하는 단계
④ 웹사이트를 통해 화주가 운송업체의 위치를 파악하고, 실시간 화물위치의 파악이 가능한 단계
⑤ 인터넷 기반 물류정보의 실시간 제공, 물류관리의 효율화, 고객맞춤서비스가 가능

해설 e-Logistics 서비스는 인터넷 기반으로 관련 거래주체들 간에 이루어지는 모든 물류활동이 온라인(on-line)상에서 된다. 즉, SCM에 기초하여 전체의 물류프로세스가 효율적으로 수행된다. 이에 따라 물류정보의 실시간 제공, 물류관리의 효율화, 고객맞춤서비스가 가능해진다.

18 다음 중 전자상거래 업체에서 제3자 물류서비스를 이용하는 이유가 아닌 것은?

① 물류비용의 절감
② 물류기능에 대한 통제력 강화
③ 물류인력의 절감
④ 물류서비스 수준의 개선
⑤ 기업 핵심역량 강화

해설 제3자 물류(3PL ; third party logistics)에서 제3자는 화주기업이 고객서비스 향상, 물류비 절감, 물류활동의 효율성 향상 등의 목표를 달성할 수 있도록 물류경로 내의 다른 주체와 일시적이거나 장기적인 관계를 가지고 있는 물류경로 내의 대행자 또는 매개자를 의미한다. 그리고 제3자 물류는 화주

Answer 16 ① 17 ⑤ 18 ②

와 단일 혹은 복수의 제3자가 일정기간 동안 일정비용으로 일정 서비스를 상호 합의하에 수행하는 물류 아웃소싱을 말한다.
② 제3자 물류서비스를 이용하면 물류기능에 대한 통제력은 약화된다.

19 다음 중 택배정보시스템의 내용으로 부적합한 것은?
① 예약관리, 집화, 분류, 배송 등의 서브시스템으로 구성
② 소화물운송을 지원
③ 효율적 door-to-door 서비스의 지원을 목표
④ VAN을 통한 물류위치 추적서비스가 도입되는 추세
⑤ 신속성과 자유로운 배송시간으로 인한 편리성

[해설] 택배정보시스템은 소화물 운송을 지원하기 위하여 구축된 것이다. 택배정보시스템에서 물류위치 추적서비스는 GPS(위성추적시스템)를 통하여 이루어진다.

20 다음 중 l-Commerce(location based commerce)가 소비자나 기업에게 주는 이점과 거리가 먼 것은?
① 안전성   ② 확장성
③ 생산성   ④ 사생활 보호
⑤ 편리성

[해설] l-Commerce(location based commerce), 즉 위치기반 상거래는 이동통신망과 정보기술을 종합적으로 활용한 위치정보기반의 시스템 서비스이다. 최근 들어 IMT-2000 및 지능형 교통시스템(ITS) 등 이동통신망의 고도화에 따라 교통, 물류, 전자상거래 등의 분야에서 각광받기 시작한 기술이다.
④ l-Commerce(location based commerce)에서는 사생활 보호의 문제점이 제기된다.

21 위치기반 상거래(location based commerce)에 대한 설명으로 부적절한 것은?
① 특정위치에 있는 개인들을 대상으로 상거래를 추구하는 모바일 커머스의 일종이다.
② 위치기반의 상거래 기술을 이용하면 위급상황에 대한 알림 서비스사업이 가능해진다.
③ 지리적 내용정보와 위치적 내용정보가 결합되어 특정서비스를 제공한다.
④ 미 국방성에서 제공하는 인공위성이 없으면 서비스가 불가능하다는 단점이 있다.
⑤ 움직이는 사람의 위치를 파악하고 각종 부가서비스를 제공한다.

Answer 19 ④ 20 ④ 21 ④

해설) 위치기반 상거래(LBC : Location Based Commerce)는 이동통신망과 정보기술을 종합적으로 활용한 위치정보기반의 상거래이다. 최근 들어 IMT-2000 및 지능형 교통시스템(ITS) 등 이동통신망의 고도화에 따라 교통, 물류, 전자상거래 등의 분야에서 각광받기 시작한 기술이다.
④ LBC는 이동통신망을 사용하므로 미 국방성이 사용하는 인공위성과는 관련이 없다.

22 다음 중 공급업체가 각 점포에게 필요한 수량만큼 사전에 포장하여 물류센터에 상품을 전달하는 시스템을 무엇이라 하는가?

① CRP(Continuous Replenishment Program)
② QR(Quick Response)
③ EDI(Electronic Data Interchange)
④ 크로스 도킹(cross docking)
⑤ telematics service

해설) 크로스 도킹(cross docking)은 창고나 물류센터로 입고되는 상품을 보관하지 않고, 곧바로 소매점포에 배송하는 물류시스템이다. 보관 및 피킹(storage & picking)작업 등을 제거함으로써 물류비용을 상당히 절감할 수 있다.

23 다음 중 CPFR에 관한 설명으로 적합한 것은?

① 자동보충발주가 가능하다.
② 우리나라에 처음 도입된 유통정보화의 기법이다.
③ 고객관계관리의 하나이다.
④ 우량고객관리 및 불량고객관리가 가능해진다.
⑤ 전자 및 자동차업계에서 인기가 있다.

해설) CPFR(Collaborative Planning, Forecasting and Replenishment), 즉 협력계획, 예측 및 보충시스템은 판매·재고 데이터를 소비자 수요예측과 주문관리에 이용하고, 제조업체와 공동으로 생산계획에 반영하는 등 제조와 유통업체가 예측·계획·상품보충을 공동으로 운영(협업)하고자 하는 업무프로세스로 최근 각광받고 있는 SCM 공급측면 응용기술의 하나이다. CPFR은 EDI가 새로이 진화된 물류관리시스템으로 식료품 및 잡화업계에서 인기가 있다.
CPFR은 매출의 증가, 조직의 합리화 및 정비, 행정 및 운영상의 효율성 제고, 현금흐름(cash flow)의 개선, ROA(Return On Assets) 향상을 가능하게 하는 효과가 있다.

24 다음 중 네트워크형 전자화폐가 아닌 것은?

① net-bill
② e-Cash
③ cyber cash
④ net-cash
⑤ mondex

Answer 22 ④ 23 ① 24 ⑤

해설 네트워크형 전자화폐는 가상은행이나 인터넷과 연결된 고객의 컴퓨터에 저장한다. 종류에는 사이버코인(cyber coin)과 이캐시(e-Cash)가 있다. 특히, 이캐시는 1994년 10월부터 네덜란드 디지캐시(DigiCash)회사에서 발행한 것으로, 인터넷을 통해 온라인으로 지불하는 최초의 전자화폐이다.
⑤ mondex는 IC카드형 전자화폐이다.

25 다음 중 카드형 전자화폐는?

① 몬덱스(mondex)
② 이캐시(e-Cash)
③ 넷빌(net bill)
④ 넷캐시(net cash)
⑤ 사이버코인(cyber coin)

해설 전자화폐는 화폐적 가치가 어떻게 저장되었는가에 따라서 IC카드형과 네트워크형으로 나뉜다. IC카드형(오프라인) 전자화폐로는 최초의 전자화폐인 몬덱스(mondex)와 프로톤(proton), 그리고 애틀란타 올림픽에서 선보인 비자캐시(visa cash)와 k-Cash, mybe 등이 있다.

26 전자화폐의 문제점을 설명한 것에 해당하지 않는 것은?

① 운용비용의 발생
② 양도성
③ 실명성
④ 폐쇄성
⑤ 환전체계

해설 전자화폐는 익명성의 특성을 지니고 있다. 그리고 익명성은 전자화폐의 장점으로 볼 수 있다.

27 전자결제시스템의 유형과 특징을 설명한 것으로 가장 틀린 것은?

① 전자화폐는 유통성, 양도가능성, 단방향성, 범용성, 익명성을 가진다.
② 전자자금이체의 경우도 유통성, 양도가능성, 범용성, 익명성을 가진다.
③ 전자화폐에 의한 전자결제는 금전적인 가치는 사용자가 전자화폐를 사용하기 전에 미리 소비자의 IC카드, 컴퓨터 등 전자장치에 이전된다.
④ 전자자금이체의 경우 금전적 가치는 사용자의 컴퓨터 등 기타 장치에 있지 않고 시스템이 거래당사자의 예금결제를 연결시킨다.

해설 전자결제(electronic payment)는 전통적인 어음·수표 등에 의한 장표방식의 결제에 대응하는 개념으로 지급결제절차가 장표사용 없이 전자적인 방식에 의해 이루어지는 것을 의미한다. 전자결제를 e-Credit이라고도 한다.
① 전자화폐는 쌍방향성의 특징을 갖는다.

Answer 25 ① 26 ③ 27 ①

28
SET(Secure Electronic Transaction)와 SSL(Secure Socket Layer) 간의 비교·설명으로 가장 옳지 않은 것은?

① SSL은 정보보안 소켓계층으로 신용카드의 정보도용을 방지하기 위하여 개인정보인 카드번호 등을 암호화하여 주는 기술이다.
② SET는 인터넷과 같은 개방 네트워크에서 안전한 카드결제를 지원하기 위하여 개발된 전자결제 프로토콜이다.
③ 사용편리성 측면에서 SSL은 암호 프로토콜이 복잡하여 다소 어려운 반면에, SET는 간편하다.
④ SSL은 사용자 지불정보가 상점에 노출되나, SET는 상점에 지불정보가 노출되지 않는다.
⑤ 조작가능성 측면에서 SSL은 상점 단독으로 가능하나, SET는 다자 간의 협력이 필요하다.

해설 SSL(Secure Sockets Layer)은 인터넷 상거래시 필요한 개인정보를 보호하기 위한, 개인정보 유지 프로토콜이다. SSL은 인터넷 프로토콜(Internet protocol)이 보안면에서 기밀성을 유지하지 못한다는 문제점을 극복하기 위해 Netscape가 개발한 것으로, 인터넷 상거래시 요구되는 개인정보와 신용카드 정보의 보안유지에 가장 많이 사용되고 있는 프로토콜이다. 최종 사용자와 가맹점 간의 지불정보 보안에 관한 프로토콜이라고 할 수 있다.
SET(Secure Electronic Transaction)는 전자결제(지불) 프로토콜이다. SET는 사이버캐시 방식을 발전시킨 것으로 카드이용자와 신용카드 회사, 상점 등이 연계하여 신용카드 결제를 효과적으로 처리하는 방식이다.
③ SET는 표준으로 인정을 받았으나 사용의 번거로움, 처리시간의 지연, 고비용 등으로 거의 활용되지 않고 있다.

29
다음 중 전자상거래 과정에서 발생하는 허위거래 또는 사기행위를 방지하기 위한 대책으로 가장 적합한 것은?

① 스마트 카드 ② 키오스크
③ 옵트 아웃(opt-out) ④ 옵트 인(opt-in)
⑤ 에스크로(escrow) 시스템

해설 전자상거래 과정에서 발생하는 허위거래 또는 사기행위를 방지하기 위해 도입한 것이 에스크로 시스템이다. 에스크로(escrow) 시스템은 전자상거래의 안전성을 높이기 위해 거래대금을 제3자에게 맡긴 뒤 물품배송을 확인하고 판매자에게 지불하는 제도이다.

30 다음 중 에스크로(escrow) 서비스를 이용한 전자상거래 과정에 대한 설명으로 옳지 않은 것은?

① 구매자와 판매자 중 어느 한 쪽은 에스크로 서비스 회원이어야 한다.
② 구매자는 상품배송 후 상품대금을 즉각 판매자에게 입금해야 한다.
③ 전자상거래시 제안된 거래조건에 합의가 되면 에스크로 서비스가 개시된다.
④ 구매자는 상품수령 후 에스크로 사업자에게 구매승인 여부를 통보한다.
⑤ 거래대금의 입출금을 제3의 회사가 관리하여 구매자 및 판매자 모두의 거래를 보호한다.

[해설] 에스크로(escrow)는 전자상거래의 안전성을 높이기 위해 거래대금을 제3자에게 맡긴 뒤 물품배송을 확인하고 판매자에게 지불하는 제도이다. 에스크로 서비스의 단계는, 구매자와 판매자 간 거래조건 합의 → 에스크로 사업자에 대한 구매자의 대금결제 → 판매자의 상품배송 → 구매자의 상품수령 확인 → 에스크로 사업자의 상품대금 송부 등의 과정으로 구성되어 있다. 대부분의 온라인 에스크로 서비스는 인터넷을 통해 회원으로 가입 또는 등록절차를 거친 경우에만 이용할 수 있는 시스템으로 운영된다.
② 구매자가 상품수령 확인 후 구매승인 여부를 통지해야 대금이 판매자에게 넘어간다.

31 다음 중 정보 네트워크에서 방화벽의 기능과 거리가 먼 것은?

① 사용자 인증
② 서비스의 접속 및 거부
③ 내·외부 네트워크를 연결하는 창구역할
④ 데이터 복구
⑤ 주소 변환

[해설] 정보 네트워크에서 방화벽(fire wall)의 기능은 내부와 외부 네트워크를 연결하는 창구역할과 서비스의 접속 및 거부와 사용자 인증을 위한 기능을 수행한다.
④ 데이터 복구는 방화벽이 담당할 수 있는 기능이 아니다.

32 다음 중 전자서명(digital signature)에 이용되는 메시지 다이제스트(massage digest)에 대한 설명으로 옳지 않은 것은?

① 송신자가 자신의 비밀키로 메시지 다이제스트를 암호화하면 전자서명이 된다.
② 다른 메시지에서 동일한 메시지 다이제스트는 산출될 수 없도록 되어 있다.
③ 메시지 다이제스트는 MD4, SHA 등의 알고리즘을 통해 생성된다.
④ 메시지 다이제스트의 생성에 이용되는 해시함수는 쌍방향 함수이다.
⑤ 일종의 데이터 지문으로 데이터의 크기에 상관 없이 보통 16 내지 20byte에 해당한다.

Answer 30 ② 31 ④ 32 ④

해설 전자서명(digital signature)은 기존의 수기서명을 전자적으로 구현한 것으로, 임의의 숫자·문자·기호 등이 연속된 형태로 나타난다. 전자서명은 전자서명키 생성프로그램을 이용하여 전자서명 생성키와 전자서명 검증키 쌍을 생성한다. 전자서명키는 자신이 가입한 인증기관에서 사용하는 공개키 알고리즘 중의 하나에 따르거나, 특정한 알고리즘에 따라서 사용자가 직접 생성하게 된다. 그런 다음에 사용자가 보낼 점자문서의 메시지 요약(massage digest)을 생성한다. 이러한 과정에서 해시함수(hash function)의 개념은 어떤 대상의 이름이 길다고 할 때, 각 대상을 구별하여 부를 수 있도록 짧은 길이의 별명을 붙여주는 것과 같다.
④ 해시함수는 일방향(one-way) 함수이다.

33 다음 중 SSL(Secure Socket Layer)에 대한 설명으로 가장 부적절한 것은?

① Netscape사에서 개발한 것이다.
② 개인정보 유지 프로토콜이다.
③ 카드정보의 안전한 전달을 해준다.
④ 세션계층에서 작동한다.
⑤ 지불 프로토콜에 속한다.

해설 ⑤ 지불 프로토콜은 SET(Secure Electronic Transaction)이다. SET는 사이버캐시 방식을 발전시킨 것으로 카드이용자와 신용카드 회사, 상점 등이 연계하여 신용카드 결제를 효과적으로 처리하는 방식이다.

34 공개키 암호화 방식에 대한 내용으로 볼 수 없는 것은?

① RSA 방식은 공개키 암호화 방식을 이용한다.
② 암호화 및 복호화를 할 때, 다른 키를 사용한다.
③ 비대칭키 암호화 방식이라고도 한다.
④ 키의 공유 및 분배에 문제가 있다.
⑤ 키관리가 용이하고 안전성이 뛰어나다.

해설 암호화 방식에는 공개키 암호화 방식(비대칭키 암호화 방식)과 대칭키 암호화 방식이 있다. 공개키 암호화 방식은 그 창안자들의 이름을 따서 RSA 방식이라고 하는데 암호화 및 복호화를 할 때 다른 키를 사용하기 때문에 비대칭이라고 한다.
④ 키의 공유 및 분배에 문제가 있는 것은 대칭키 암호화 방식이다.

Answer 33 ⑤ 34 ④

35. 다음 중 SSL(Secure Socket Layer)과 SET(Secure Electronic Transaction)를 비교한 것으로 틀린 것은?

	내용	SSL	SET
①	속도	고속	저속
②	사용편리성	다소 어려움	간편함
③	안정성	다소 낮음	높음
④	조작가능성	상점 단독 가능	다자 간의 협력 필요
⑤	비용	저비용	고비용

[해설] ② 사용의 편리성에 있어서 SSL이 간편함에 비해, SET는 다소 불편하다.

36. 전자상거래의 지불수단 중 전자수표(electronic check)에 대한 설명으로 가장 옳은 것은?

① 재래식 수표와 달리 은행에 수표계좌 없이도 이용이 가능하다.
② 기업 간(B2B) 전자상거래에 유용한 지불방식이다.
③ 대표적인 전자수표로는 Net-cash, e-Cash 등을 들 수 있다.
④ 전자서명을 사용해도 사용자의 부인방지의 문제를 해결할 수 없다.
⑤ 인증하는 데 별도의 비용이 추가되지는 않는다.

[해설] ① 전자수표의 사용자는 은행에 대한 신용계좌를 갖고 있는 사람으로 제한되며, 전자수표 결제시스템으로 거래를 하기 위해서는 발행자와 인수자의 신원에 대한 인증을 반드시 거쳐야만 한다.
③ 대표적인 전자수표 결제시스템은 e-Check, Net Cheque, Net Bill 등이 있다.
④ 전자수표 발행 및 지급시 암호화 기법이 도입됨으로써 거래의 안정성이 보장되며, 공개키 암호화 방식 및 전자서명방식을 채택하기 때문에 수취인이나 수취인의 거래은행에서도 확인이 가능하며 신속하고 다양한 거래를 할 수 있다.
⑤ 인증에 따른 추가비용이 발생하므로 큰 금액의 거래나 기업 간 상거래의 지불수단에 적합하다.

37. 다음 중 전자상거래시 소액결제에 가장 적절하지 않은 것은?

① 넷빌
② 넷캐시
③ 몬덱스카드
④ e-Cash
⑤ 넷체크

[해설] 전자수표결제는 전자화폐의 소액거래에 비해 상당히 큰 액수의 거래, 즉 기업 간 상거래의 지불수단으로서 적합하다.
⑤ 넷체크는 전자수표 결제시스템이다.

Answer 35 ② 36 ② 37 ⑤

38 다음 중 전자결제에 대한 내용으로 가장 적절하지 않은 것은?

① 전자결제방식의 사용이 증가하게 되면 지급결제의 신속화·간소화는 물론 장표발행 및 취급비용의 감소로 인한 금융기관의 수지개선 효과도 크게 기대할 수 있다.
② 전자결제가 이루어지기 위해서는 안정성, 개인정보 보호, 타인에게 현금양도 가능, 이중사용 방지 등과 관련된 요건이 충족되어야 한다.
③ 전자결제 승인 후 소비자는 은행에 가서 입금을 하게 된다.
④ 전자결제는 보안이나 절차, 인터넷 사용방법 숙지, 카드 미소유 등 단점을 안고 있다.
⑤ 전자결제의 정보보안의 원칙에는 기밀성, 인증, 무결성, 부인방지 등이 있다.

[해설] 전자결제는 신용카드와 은행계좌이체, 은행가상계좌, 휴대폰, ARS 신용카드 안전결제 등을 통해서 이루어진다. 따라서 은행창구에 직접 가서 입금하지 않아도 된다.

39 다음 중 전자화폐와 전자지불시스템의 요건에 대한 설명으로 틀린 것은?

① 상호인증은 거래상대방의 신분을 확인할 수 있도록 하는 기능이다.
② 기밀성은 거래내용이 제3자에게 노출되지 않도록 하는 기능이다.
③ 무결성은 송신자와 수신자가 합법적인 사용자임을 증명하는 기능이다.
④ 부인방지는 이미 성립된 거래에 대한 부당한 번복을 방지하는 기능이다.
⑤ 보안대책으로 암호화, 전자서명, 블라인드 전자서명, 전자화폐 이중사용 방지 등이 있다.

[해설] 전자결제시스템이 전자상거래에 이용되기 위해서는 상호인증(authentication), 기밀성(confidentiality), 무결성(integrity) 및 부인방지(non-repudiation) 등의 조건이 갖추어져야 한다.
③ 무결성(integrity)은 송·수신 메시지가 전송도중 변조되지 않았다는 것을 증명해주는 기능으로, 거래내용의 변조나 승인되지 않은 거래의 생성을 방지하기 위한 기능이다. 송신자와 수신자가 합법적인 사용자임을 증명하는 기능은 상호인증이다.

40 전자상거래에서 시행하고 있는 에스크로(escrow) 제도에 대한 다음 설명 중에서 옳지 않은 것은?

① 익명의 상태에서 거래자 간의 신용만으로 거래가 이루어지는 전자상거래에서 매매행위의 신뢰성을 높여준다.
② 에스크로 사업자가 구매자와 판매자 간의 거래에 개입함으로써 거래절차가 복잡해지고, 판매자에게는 에스크로 수수료가 부담이 될 수 있다.
③ 구매자는 구매대금을 최종적으로 지불하기 전에 물품을 먼저 검사할 수 있는 기회를 가질 수 있다.
④ 원칙적으로 5만원 이상 모든 현금결제거래에 대해서는 에스크로 서비스 적용이 의무화되어 있다.
⑤ 구매자와 판매자 중 어느 한쪽은 에스크로 서비스 회원이어야 한다.

Answer   38 ③   39 ③   40 ④

[해설] 에스크로(escrow)는 상거래(특히, 전자상거래)에서, 판매자와 구매자의 사이에 신뢰할 수 있는 중립적인 제3자가 중개하여 금전 또는 물품을 거래를 하도록 하는 것 또는 그러한 서비스를 말한다. 거래의 안전성을 확보하기 위해 이용된다.
④ 2013년부터 5만원 이하의 모든 소액거래에서도 에스크로 서비스가 의무화되어 있다.

41 다음 중 온라인 거래에서 사용되는 암호화에 대한 설명으로 부적절한 것은?

① 암호화를 위해 대칭키 방식과 공개키 방식 중 하나 이상을 사용한다.
② 공개키 암호화 방식은 2개의 키를 사용해서 암호화를 한다.
③ 전자서명은 수신자가 자신의 비밀키로 만든 암호화된 메시지이다.
④ 전자인증서는 사용자의 신원을 확인시켜주는 것이다.
⑤ 비공개키 암호화 방식은 대부분 암호화 키와 복호화 키가 동일하다.

[해설] ③ 전자서명은 공개키 암호화 방식을 이용한다.

[참고] 전자서명
㉠ UNCITRAL 전자서명 통일규칙 초안에 의하면 '전자서명(electronic signature)이란 자료메시지에 부착되거나(affixed) 논리적으로 결합된(logically associated) 전자적 형태의 자료(data)로서, 서명자의 신원을 확인하고 자료메시지의 내용에 대한 그 사람의 승인을 나타낼 목적으로 사용된 것'을 말한다.
㉡ 이와 비슷한 용어로 디지털 서명이 있는데, 디지털 서명이란 공개키 암호방식을 이용한 전자서명의 한 종류이다. 인터넷 쇼핑이나 사이버 금융거래 등에서 생길 수 있는 정보유출을 줄일 수 있는 효과적인 도구로서 전자상거래, 인터넷뱅킹 등으로 사용되고 있다.
㉢ 인터넷 쇼핑이나 사이버 금융거래 등에서 생길 수 있는 정보유출 등의 위험을 줄일 수 있는 효과적인 도구로서, 전자서명을 활용하면 개인정보 도용이나 변조를 원천적으로 차단할 수 있다.
㉣ 전자서명의 대표적인 용도는 인터넷뱅킹 등의 금융거래, 인터넷 민원서비스, 인터넷 쇼핑 등이 있으며, 앞으로 국제 간 전자상거래, 전자투표 등으로 확대될 수 있다. 인터넷뱅킹이나 온라인 주식거래에 필요한 공인인증서는 국가가 지정한 공인인증기관에서 발행하고 공개키를 관리하는 대표적인 전자서명이다.

42 다음 중 전자구매(e-Procurement) 시스템의 특징이 아닌 것은?

① Push 방식에 의한 효율적인 제품보충으로 공급오류 방지
② 구매과정의 간소화 및 비용절감
③ 구매와 배송과정에서의 불필요한 행정절차와 오류의 감소
④ 신속한 제품구매를 통한 구매비용 감소
⑤ 구매·조달의 투명성을 확보

[해설] e-Procurement, 즉 전자구매(전자조달)는 인터넷 환경을 이용하여 구매요청·승인·주문·운반·결제 및 인도에 이르는 일련의 프로세스를 전략적으로 관리하는 것으로, Pull 방식에 해당한다.

Answer 41 ③ 42 ①

43 전자구매(e-Procurement)에 대한 설명으로 옳지 않은 것은?

① 구매프로세스를 개선하여 구매비용의 절감과 납기의 단축을 실현할 수 있다.
② 자사의 구매시스템과 공급사의 구매시스템과의 유기적 통합을 통해 효율화를 추구한다.
③ 기업 전체의 목표에 부응하는 전략적 구매업무를 수행할 수 있다.
④ 구매데이터를 검증하고 현재 구매의 문제점을 진단하기 위한 목적으로 도입된다.
⑤ 구매활동의 전략적 역량 강화를 통하여 기업의 전체 목표에 부응하는 전략적 구매업무를 수행할 수 있다.

해설) e-Procurement, 즉 전자구매(전자조달)는 인터넷 환경을 이용하여 구매요청·승인·주문·운반·결제 및 인도에 이르는 일련의 프로세스를 전략적으로 관리하는 것을 의미한다. 이를 통해 구매 프로세스의 개선으로 구매비용 절감과 납기의 단축 등 목표를 실현할 수 있다. 또한 구매활동의 전략적 역량 강화를 통하여 기업 전체 목표에 부응하는 전략적 구매업무를 수행할 수 있다.

Answer 43 ④

CHAPTER 05 유통혁신을 위한 정보자원관리

제1절 ERP 시스템

1 ERP 개념

(1) ERP의 의의

① ERP(Enterprise Resource Planning), 즉 전사적 자원관리는 기업 내 구매·생산·재고·영업·물류·인사·재무·회계 등 다양한 업무 프로세스를 연계하고 경영활동에서 발생하는 정보와 자원을 통합적으로 관리하는 통합정보시스템이다.

② 생산관리 측면에서는 자재소요계획(MRP : Material Requirement Planning)에서 진화한 기법으로 볼 수 있으나, 초기와는 달리 생산관리보다는 정보시스템 관점과 전략 경영의 관점에서의 접근이 이루어지고 있다.

③ ERP는 급변하는 경영환경의 변화와 정보기술의 변화에 대응하기 위해 최신의 정보기술과 선진 프로세스를 결합하여 기업의 구조 및 업무처리 방식에 효율성을 높이고, 기업의 전체 정보시스템을 통합하기 위한 시스템이다.

(2) ERP의 특징

① **통합자원관리시스템**

ERP 시스템은 기업의 인적·물적 자원을 유기적으로 연계하여 통합적으로 관리하기 때문에 정보시스템의 전사적 최적화를 추구할 수 있으며 의사결정을 위한 다양한 정보를 제공한다.

② **표준화된 프로세스 적용 및 업무 프로세스 혁신**

ERP는 표준화된 레퍼런스 모델(reference model)에 기반한 정보시스템으로 각 사업별 유형에 따라 모범적인 프로세스 모델을 내장하고 있으며, 기업의 업무 프로세스에 맞게 변형(customizing)하여 시스템을 구축할 수 있다. ERP 시스템을 통해 업무처리의 비효율을 파악할 수 있으므로 업무 프로세스를 본질적으로 혁신하고 기업 구조를 재설계하는 BPR(Business Process Reengineering)[4]로 이어질 수 있다.

---

4) BPR(Business Process Reengineering)은 마이클 해머(M. Hammer)가 주장한 개념으로 비용, 품질, 서비스, 속도와 같은 핵심적 성과에서 극적인(dynamic) 향상을 이루기 위하여 기업 업무 프로세스를 근본적으로(fundamental) 다시 생각하고 혁신적으로(radical) 재설계하는 기업경영혁신을 의미한다.

③ **시스템 연계성 및 확장성**

ERP 시스템 플랫폼은 다양한 운영체계나 데이터베이스에서 운영할 수 있는 인터페이스를 가지고 있어서 특정 하드웨어나 소프트웨어에 제한되지 않는다. ERP는 개방형 구조를 채택하는 시스템이므로 기업의 다른 정보시스템과 비교적 쉽게 연동하여 다양한 업무 프로세서에서 활용할 수 있다.

2 ERP 요소기술

(1) 사용자 인터페이스(GUI : Graphical User Interface)

ERP 시스템은 그래픽으로 구성된 화면에서 제공하는 메뉴기능을 통해 데이터 처리가 가능하므로 기술적인 이해나 업무 절차와 관련된 전문 지식이 없어도 쉽게 이용할 수 있다.

(2) 클라이언트 서버(client/server) 시스템

과거 중앙집중식 메인프레임에서 모든 데이터 처리가 가능했던 정보시스템과 달리, ERP 시스템은 다양한 규모의 시스템이 독립적으로 고유의 기능을 분산처리하는 클라이언트 서버 시스템으로 구성되어 있다. 따라서 개별 PC에서 ERP 시스템과 상호작용하여 업무를 처리할 수 있다.

(3) 전자문서교환(EDI : Electronic Data Interchange)

ERP 시스템은 표준화된 데이터 표현양식을 사용함으로써 보다 신속하고 정확하게 데이터를 전송, 교환, 공유할 수 있게 되었다.

(4) 객체지향기술(OOT : Object Oriented Technology)

ERP 시스템은 데이터와 절차를 하나의 덩어리로 묶어 다양한 모듈을 구성하고, 각 모듈을 독립적 또는 통합적으로 운용하여 간단한 작업으로 기능을 추가할 수 있도록 개발되었다.

(5) 관계형 데이터베이스(RDB : Relational Database)

기존의 파일처리 시스템은 다양한 데이터의 독립성과 종속성에 문제가 발생하기 때문에 ERP 시스템은 대부분 데이터를 계층구조가 아닌 단순한 표(관계)로 표현하는 형식의 관계형 데이터베이스 구조를 채택하고 있다.

(6) 데이터 웨어하우스(data warehouse)

ERP 시스템에서 요구하는 데이터 처리, 저장 수준이 갈수록 증가하면서 다양한 데이터를 다차원적으로 분류, 분석, 가공할 수 있는 기능을 제공하는 데이터 웨어하우스를 채택하고 있다.

3 ERP 구축

(1) ERP 시스템 도입 계획
기업은 ERP 시스템을 도입하기 위하여 프로젝트를 정의하는 과정에서 프로젝트 추진 목적 및 범위, 기간 및 예산을 설정하고 프로젝트팀 구성 및 역할분담, 프로젝트 추진을 위한 자원 계획을 수립, ERP 시스템 및 IT 벤더 선정을 위한 작업을 수행한다.

(2) 현재 프로세스 분석
ERP 도입을 위하여 현재 업무 프로세스, 시스템, 조직 상태를 분석하고 문제점을 파악한다.

(3) 미래 프로세스 분석
AS-IS 업무 프로세스 및 시스템에 대한 현황 파악으로 도출된 문제점을 해결할 수 있는 TO-BE 업무 프로세스, 시스템, 조직을 설계한다.

(4) ERP 시스템 구현
TO-BE 프로세스 분석을 토대로 시스템을 설계하고 코딩하며, 구축한 시스템을 테스트한다. 최종 테스트를 수행한 후 효율적인 시스템 운영을 위한 관리방식과 대책을 수립한다.

(5) ERP 시스템 변화관리
ERP 시스템을 구축한 후 기업에서 경영층과 사용자가 ERP 시스템을 효율적으로 사용하기 위한 교육과 지원을 수행하고, 시스템 활용을 촉진할 수 있도록 보상체계를 마련한다. 또한 지속적인 모니터링을 실시함으로써 문제발생 시 신속하게 시스템을 업그레이드 하고 경영성과가 개선될 수 있도록 관리한다.

4 ERP 적용

(1) 유통분야에서의 ERP 활용 기대효과
① 신속한 업무처리 및 생산 프로세스 단축을 통한 비용 감소
② 통합 데이터베이스로부터 다양한 데이터를 효율적으로 확보
③ 업무의 통합자원관리를 통한 수익성 창출
④ 재무 및 회계 분야의 업무 능률 향상
⑤ 조직 내 정보 시스템의 효율적 활용을 통해 운영비용 절감
⑥ 공급사슬 기업 및 고객들에게 효과적 서비스 제공

(2) 성공적인 ERP 시스템 도입을 위한 요소
① 최고경영층의 확고한 의지 및 지원
② 단위 부서가 아닌 전사적 차원의 문제 접근
③ 프로젝트 리더와 컨설턴트의 탁월한 역량 발휘
④ 경영전략에 연계된 명확한 시스템 구축 목표 수립

⑤ 적정한 개발 방법론 및 기술 적용
⑥ 조직업무 프로세스의 혁신활동과 병행
⑦ 조직구조의 관리 및 조직 인프라 정비
⑧ 다양한 변화관리 프로그램의 효과적인 실시
⑨ 성공적인 프로젝트 감독 및 전략적 추진
⑩ 적절한 커스터마이징(customizing)

(3) ERP 시스템 도입의 주요 실패요인
① BPR 실행의 미흡
② 교육 및 훈련의 부족
③ 프로젝트팀의 계획에 대한 실천력 결여
④ 컨설팅사의 계획 및 실행 능력 부족
⑤ 기술력 부족
⑥ 무리한 프로젝트 추진
⑦ 프로젝트 요원의 자질 및 능력 부족
⑧ 전문가 활용 미비
⑨ 경영층의 관심 부족
⑩ 조직 갈등
⑪ 예산 부족

제2절 CRM 시스템

1 CRM 개념

(1) CRM의 의의
① CRM(Customer Relationship Management), 즉 고객관계관리는 정립된 데이터베이스에 근거하여 개별고객의 특성에 맞는 상품, 가격, 거래조건 등을 제시함으로써 고객 만족도를 향상시키고, 불만은 감소시키며, 고객과의 지속적인 관계를 유지하면서 고객의 충성도를 높여 수익을 창출하고자 하는 전략과 이를 시스템으로 구현하는 모든 과정을 의미한다.
② CRM은 고객과 관련된 기업의 내부 및 외부자료를 분석·통합하여 고객 특성에 기초한 마케팅 활동을 계획하고 지원하며 평가하는 것으로서 고객과의 관계를 바탕으로 고객생애가치(LTV : Life Time Value)를 극대화하기 위한 것이다.
③ CRM은 고객의 데이터베이스를 통해 고객행동을 분석, 예측하여 고객만족을 증대시키고 마케팅 성과를 증진시키는 데 기여한다. CRM에 활용되는 오프라인 정보기술의 한계를 보완하기 위하여 e-CRM을 도입함으로써 지역적, 시간적 제약 없이 온라인 및 모바일에서 실시간으로 고객정보를 처리하고 쌍방향으로 커뮤니케이션할 수 있다.

(2) CRM의 특징

① CRM은 고객 수익성을 우선으로 하여 콜센터, 캠페인 관리도구 등과의 결합을 통해 고객정보를 적극 활용하며, 기업 업무 프로세스를 근본적이고 혁신적으로 재설계하는 BPR의 성격이 강하게 내포되어 있다.
② CRM은 기존의 데이터베이스 마케팅에 비해 고객정보를 획득할 수 있는 방법, 즉 고객과의 접점이 훨씬 다양하고 이 다양한 정보의 획득을 전사적으로 행한다는 점에서 차이가 있다.
③ CRM은 과거의 대중 마케팅과는 확실하게 구분되는 마케팅 방법론으로 최근 등장한 데이터베이스 마케팅, 일대일 마케팅, 관계 마케팅에서 진화한 요소들을 기반으로 한다.

고객관리의 변화 추이

구 분	판매 (1970년대)	고객만족 (1980년대)	데이터베이스 마케팅 (1990년대)	CRM (1990년대 후반)
대고객 관점	수동적 구매자	선택적 구매자	개성화, 다양화된 구매자	능동적 파트너
고객과의 관계	전체 시장에 일방적 공급	고객 만족도(CSI) 측정, 일방적 관계	그룹화 된 고객과의 일방적 관계	개별 고객과 쌍방향 의사소통
고객관리	단순 영업 위주	영업과 판매 위주 서비스	IT 기술팀 위주	전사적 관리

④ CRM은 최근 전자상거래 비즈니스 모델 중 가장 각광을 받고 있는 부문이며, 기업 경쟁력의 핵심과제로 자리잡아 가고 있다.
⑤ CRM은 고객 데이터의 세분화를 통해 신규고객 획득 → 우수고객 유지 → 고객가치 증진 → 잠재고객 활성화 → 평생고객화와 같은 사이클을 통하여 마케팅을 실시한다.

2 e-CRM 개념

(1) e-CRM의 도입배경

① CRM과 e-CRM
  ㉠ 최근 기업의 사업규모가 확대되고 제품과 서비스의 복잡성이 증가함에 따라 기존 CRM 시스템의 한계가 드러나기 시작함에 따라 전통적인 CRM 시스템의 운영이 어려워지고 있다.
  ㉡ 또한 B2C, B2B 전자상거래의 급성장과 더불어 해당 기업들은 고객 서비스 향상에 관심을 기울이기 시작하였으며, CRM 소프트웨어의 중요성도 증대됨과 동시에 기존 CRM 소프트웨어 웹 기능을 추가한 인터넷 채널 중심의 e-CRM으로 발전하고 있다.
② e-CRM의 의미
  ㉠ e-CRM이란 인터넷 기반의 정보시스템을 활용하여 고객관계관리를 강화함으로써 고객의 충성도를 높이고 궁극적으로 기업의 성장을 도모하는 것으로 정의할 수 있다.

ⓛ 즉, e-CRM은 전통적인 CRM 개념을 인터넷 및 전자상거래 시스템이라는 새로운 환경에서 실행하는 것으로 고객에 대한 지식을 기반으로 e-Marketing, 그리고 e-business 등과 같은 인터넷 채널 중심의 고객관계관리 시스템이라고 정의할 수 있다.

(2) e-CRM의 목표 및 특징

① e-CRM의 목표
㉠ e-CRM은 웹사이트를 방문하는 고객들의 로그파일을 분석해서 고객의 성향에 맞는 제품이나 컨텐츠를 실시간으로 추천해주는 일종의 일대일 마케팅 솔루션이다.
㉡ e-CRM에서는 실시간 대화(chat)와 웹을 이용하여 e-mail을 통한 고객관리와 인터넷마케팅을 지원하는 신기술의 등장으로 차별화 및 개인별 맞춤 고객서비스를 제공하는 데 중점을 두고 있다.
㉢ 즉, 인터넷을 통한 고객 요구사항에 신속히 대응(쌍방향 커뮤니케이션)하고, 고객행동(쇼핑패턴, 구매패턴 등)에 대한 예측성을 높임으로써 고객만족도와 시장점유율 증대를 통해 기업의 수익성을 증가시키는 것이 e-CRM의 목표이다.

② e-CRM의 특징
e-CRM 시스템은 온라인상에서 하루 24시간 내내 신속하고 자동화된 고객 서비스를 제공하여야 한다. e-CRM 소프트웨어는 크게 분석 소프트웨어와 운영 소프트웨어 두 가지로 구분된다. 분석 소프트웨어는 고객에 대한 정보를 분석하여 마케팅 활동에 활용하는 기능을 수행하고, 운영 소프트웨어는 고객과의 상호작용을 위한 기능을 수행한다.

3 CRM 요소기술

(1) RFID(Radio Frequency Identification)

무선주파수 식별(무선인식, 무선식별, 전자태그) 기술은 안테나와 칩으로 구성된 RF 태그에 사용 목적에 알맞은 정보를 저장하여 적용대상에 부착한 후 판독기에 해당하는 RFID 리더를 통하여 정보를 인식하는 방식으로 먼 거리에 있는 대상(물건, 사람 등)을 식별할 수 있는 기술이다.

(2) 데이터 웨어하우스(data warehouse)

콜센터, 영업사원, 인터넷, 모바일 등 다양한 고객접점에서 획득한 고객정보를 다차원적으로 분류, 분석, 가공하고 고객행동을 분석, 예측하기 위하여 데이터 웨어하우스 관점에서 고객정보 데이터베이스를 관리한다.

(3) 데이터 마이닝(data mining)

대용량의 데이터베이스로부터 과거에는 찾아내지 못했던 유용한 지식을 추출해 내는 과정을 의미하며, 이렇게 찾아낸 지식은 고객만족을 증대시키고 마케팅 성과를 증진시키기 위한 의사결정에 매우 유용하게 이용된다.

(4) 온라인 분석 프로세싱(OLAP : On-Line Analytical Processing)

관리자는 다차원의 복잡한 질의를 고속으로 처리하는 OLAP를 활용하여 제품, 가격, 비용, 지역, 기간 등 상이한 정보에 대화형으로 접근하여 쉽고 다양한 관점에서 대용량 고객정보를 추출, 분석할 수 있다.

4 CRM 분류 및 구축

(1) CRM의 분류

고객관계관리를 위해 도입하는 CRM 시스템은 사용 목적에 따라 다양하게 구분되며, CRM의 기능에 따라 분석 CRM, 운영 CRM, 협업 CRM으로 분류할 수 있다.

CRM 시스템의 종류	특 징
분석(analytical) CRM	data warehouse, data mining, OLAP 등의 툴을 이용하여 고객데이터를 추출, 분석하는 백오피스 지향적인 CRM
운영(operational) CRM	고객과의 접점에서 영업 및 마케팅 서비스를 수행할 수 있도록 구체적 실행을 지원하는 프론트 오피스 지향적인 CRM
협업(collaborative) CRM	오프라인의 한계를 극복하고 인터넷, 모바일, 콜센터 등 다양한 고객과의 온라인 접점에서 개인화되고 차별화된 서비스 제공을 지원하는 CRM

(2) CRM의 구축

① 기존 고객을 유지하기 위해 자사와 지속적인 관계를 유지하는 우수고객에게 반복구매를 유도하거나 사용빈도를 높일 수 있는 인센티브를 제공하여 충성도가 높은 고객으로 발전시키는 고객활성화 전략과 기존 고객의 이탈을 방지하기 위한 전략을 고려할 수 있다.
② 신규 고객을 확보하기 위해 기존 고객을 통한 바이럴 마케팅(viral marketing)을 실시할 수 있으며, 다양한 마케팅 데이터베이스를 활용하여 잠재고객을 파악하고 이들을 자사 고객으로 전환하기 위한 전략이 필요하다.
③ CRM 전략 수립은 환경 분석 - 고객 분석 - CRM 전략방향 설정 - 고객에 대한 오퍼(offer) 결정 - 개인화 설계 - 커뮤니케이션 설계의 6가지 단계로 구분할 수 있다.
④ CRM 구축을 위해 정보시스템 기반 데이터베이스가 구축되어야 하고, 고객 특성을 분석하기 위한 데이터마이닝 도구가 마련되어야 하며, 마케팅 활동에 대비하기 위한 캠페인 관리도구가 전제되어야 한다. 이러한 CRM을 구현하는 정보기술은 전자적으로 연계되어야 하고 고객지향적이어야 한다.

5 CRM 적용

(1) 유통분야에서의 CRM 도입 기대효과

① 기업은 CRM을 통해 매우 다양한 이익을 얻을 수 있는데, 우선 우수고객의 유지비율을 제고할 수 있으며, 고객의 이탈로 인한 손실을 최소화할 수 있다.

② 또한 잠재고객을 활성화시켜 수익증대 효과는 물론 고객을 과학적으로 분석하고 마케팅 활동을 효율적으로 수행함으로써 비용절감 효과를 기대할 수 있다.

CRM 도입의 기대효과

업무 영역	CRM 도입 기대효과
마케팅 기회 분석	• 수익 및 고객생애가치(LTV) 증대 • 신규고객 유치 및 기존고객 활성화 • 고객 라이프사이클상의 결정적 시점에 효과적 마케팅 활동 • 평생고객으로 가치를 창출할 수 있게 함
영업지원 활동	• 시장에서의 경쟁력 있는 제품의 파악 및 신속한 대응 전략 수립 • 수익성 높은 고객 분류와 타겟 마케팅
마케팅 관리	• 시장 변화 및 고객의 니즈에 맞는 상품 개발 • 상품에 대한 시장반응의 신속한 파악 및 보완 • 고객의 니즈 변화에 대한 신속한 파악 및 대응
고객 서비스	• 고객충성도(loyalty) 증대 • 고객유지율 증대 • 고객만족 증대 • 고객행위에 대한 이해 • 교차판매와 상향판매의 기회 증대 및 활용
고객 채널 관리	• 고객의 니즈에 맞는 최적의 채널 제공 • 비용을 최소화할 수 있는 고객 유도

(2) e-CRM의 활용

① **e-Marketing**

온라인, 모바일에서 광고, 판매촉진, PR(Public Relation), DM(Direct Marketing) 등을 포함하는 시장조사, 고객참여, 가격정보 획득을 위한 마케팅 활동을 전개할 수 있다.

② **e-Selling**

초기의 고객 인식에서부터 상품, 서비스 전달과정에 이르기까지 고객의 전 구매과정을 웹(web)에서 처리할 수 있다.

③ **e-Service**

고객이 웹(web)에서 스스로 정보를 입력 및 수정하고, 주문 및 고장신고 처리현황을 조회하며, 사용내역서 및 요금청구서를 이메일로 받아서 납부하는 등 다양한 고객지원 및 고객서비스를 제공할 수 있다.

제3절 SCM 시스템

1 SCM 개념

(1) SCM의 의의

① **공급사슬의 의미**
  ㉠ 공급사슬(supply chain) 또는 공급망은 원자재 공급자로부터 시작하여 공장·창고를 거쳐 소비자에게 제품이 전달되기까지의 모든 과정, 즉 자재·정보·지불·서비스 등의 흐름을 말한다.
  ㉡ 공급사슬이란 원재료가 최종재로 변환되는 과정상의 조직 및 프로세스의 연결 네트워크를 말한다.

② **공급사슬관리의 의미**
  ㉠ 공급사슬관리(SCM : Supply Chain Management)란 기업 간 또는 기업 내부에서 제품·부품의 공급자로부터 사용자에 이르는 공급체인에 대하여 BPR(Business Process Reengineering) 및 동시공학(concurrent engineering) 기법을 활용하여 불필요한 시간과 비용을 절감하려는 관리기법을 말한다.
  ㉡ SCM은 제품계획, 원재료 구매, 제조, 배달 등 공급사슬에 관련된 구성요소를 유기적으로 통합하고, 그 결과로 생성된 가치를 고객에게 전달하는 것으로 "불확실성이 높은 시장변화에 공급사슬 전체를 기민하게 대응시켜 다이내믹하게 최적화를 도모하는 것"으로 정의할 수 있다.

> **지식+톡톡 SCM의 기원**
> ① SCM의 기원은 1980년대 중반에 미국의 의류제품부문에서 일었던 QR(Quick Response)에서 찾을 수 있다. QR의 도입으로 미국 의류업계와 유통업체는 매출증대 및 재고감소를 가져 왔다.
> ② 이후 1993년에는 가공식품산업에서 이전까지 관행처럼 되어왔던 과다재고 및 반품의 감소 등을 통한 생산성 증대와 유통산업의 경쟁력 제고를 위해 ECR(Efficient Consumer Response), 즉 효율적 소비자 대응이라는 이름으로 유통공급망 내에 존재하는 비효율을 제거하고자 하였다.

③ **SCM의 등장배경**
  ㉠ 고객의 서비스 요구 증대 : 제품 간 경쟁의 결과 품질차이가 적어지고 품질에서의 경쟁우위 확보가 어려워지자, 기업들은 고객에 대한 서비스의 향상으로 부가가치를 창출하려고 하였다.
  ㉡ 시간의 경쟁 : 제품의 수명주기가 갈수록 짧아짐에 따라 신제품의 개발속도도 빨라지고 있다. 따라서 제조업체나 도매업체들은 원재료나 제품에 대해 적기·적량 공급체제를 요구한다. 그리고 최종소비자들은 원하는 제품의 즉시 공급을 원하며, 곧바로 구입할 수 없다면 대체품을 구입하려 한다. 그 결과, 제품의 조달기간이 단축되므로 시간의 경쟁은 불가피하다.

ⓒ 경영의 세계화 : 전자상거래가 발달함에 따라 세계가 하나의 시장으로 인식되고 있다. 이에 맞게 세계 여러 나라에 조립공장, 판매망, 지점, 지사를 설치하고 원재료나 완제품을 공급하려면 공급사슬을 효율적으로 관리해야 한다.

(2) SCM의 특징

① SCM은 이제까지 부문마다의 최적화, 기업마다의 최적화에 머물렀던 정보·물류·자금에 관련된 업무의 흐름을 공급사슬 전체의 관점에서 재검토하여 정보의 공유화와 비즈니스 프로세스의 근본적인 변혁을 꾀하여 공급사슬 전체의 현금흐름(cash flow)의 효율을 향상시키려고 하는 관리의 개념이다.

② SCM은 단순히 데이터를 처리하는 전사적 자원관리(ERP)에 지능을 부여하는 것과 같다. 즉, SCM은 흔히 '풀리지 않는 문제(NP-complete)'라고 하는 기업의 병목(bottleneck)이 되는 계획을 고려하고 있기 때문이다.

③ SCM은 구매·생산·배송·판매 등을 단편적인 책임으로 보는 것이 아니라 하나의 단일체로서 인식하고, 물류의 흐름을 고객에게 전달되는 가치의 개념에 기초하여 접근한다. 또한 단순한 인터페이스 개념이 아닌 통합의 개념으로 정보시스템에 대한 새로운 접근방법이다.

(3) SCM의 중요성과 목적

① **SCM의 중요성**

㉠ 부가가치의 60~70%가 제조과정 외부의 공급사슬상에서 발생하고, 리드타임 중에서 제조에 소요되는 기간보다 공급사슬상에서 소요되는 시간이 훨씬 길기 때문이다.

㉡ 부품 및 기자재 공급의 납기 및 품질의 불확실성과 수요 및 주문의 납기, 수량 등의 불확실성을 제조업체 내에서 수동적으로 흡수하여, 생산계획을 편성하고 재고를 관리하여 리드타임을 단축하고 재고 및 재공을 감축하는 데에는 한계가 있기 때문이다.

㉢ 채찍효과(bullwhip effect)라고 알려져 있는 정보전달의 지연 및 왜곡의 확대 현상이 전통적인 공급사슬상에 나타나기 때문이다. 즉, 공급사슬의 가장 마지막 단계인 소매단계 고객으로부터의 주문 및 수요 행태의 변동에 관한 정보가 도매상, 지역 유통센터 등의 공급사슬을 거슬러 전달되는 과정에서 지연 및 왜곡이 누적되어 납기지연, 결품, 과잉재고 등의 문제가 발생하기 때문이다.

> **지식+톡톡** 채찍효과(bullwhip effect)
>
> ① 공급사슬의 구성은 공급자, 생산자, 도매상, 소매상, 소비자로 볼 수 있는데 공급자쪽으로 갈수록 상류(upstream)이고 소비자쪽으로 갈수록 하류(downstream)라고 한다. 채찍효과(bullwhip effect)는 공급사슬에서 최종 소비자로부터 멀어지는 정보는 정보가 지연되거나 왜곡되어 수요와 재고의 불안정이 확대되는 현상을 말한다.
>
> ② 이러한 정보의 왜곡현상으로 공급망 전체로는 재고가 많게 되고 고객에 대한 서비스 수준도 떨어지며 생산능력 계획의 오류, 수송상의 비효율, 생산계획의 난맥 등과 같은 악영향이 발생될 것이다.

② 생산, 부품조달 및 구매, 보관 및 물류, 운송, 판매 및 유통 등의 기업활동이 글로벌화됨에 따라 공급사슬상의 조달기간(lead time)이 길어지고 불확실해졌기 때문이다.

⑩ 표준화된 제품을 대량생산하여 고객에게 판매하던 과거의 푸시(push) 방식에서 탈피하여 고객의 다양한 요구에 부응하여 다품종을 소량생산해야 하는 대량고객화(mass customization)가 보편화되고 있다. 이러한 대량고객화(mass customization)에 따라 로지스틱스 대상품목이 많아지고 재고 및 물류관리가 복잡해지며 주문관리, 생산계획, 정보관리 및 추적관리가 복잡해졌다. 동시에 리드타임이 길어지고 불확실해지며 재고가 증가하고 주문충족도가 악화되는 등 공급사슬의 효율이 급속이 저하되게 되었기 때문이다.

⑪ 기업 간의 경쟁이 치열해짐에 따라 코스트 및 납기의 개선이 시급하게 되었다. 특히, 고객지향, 고객만족, 시장요구에 대한 적응을 위해 공급사슬의 혁신 요구가 증대되고 있다.

② **SCM의 목적**

㉠ SCM은 제조, 물류, 유통업체 등 유통공급망에 참여하는 전 기업들이 협력을 바탕으로 양질의 상품 및 서비스를 소비자에게 전달하고 소비자는 거기에서 극대의 만족과 효용을 얻는 것을 목적으로 한다.

㉡ SCM은 협력업체와 정보공유 등을 통해 생산과 재고관리의 최적화를 추구하는 경영기법이다. 제조업체는 유통업체 등을 통해 실시간으로 제품수요를 파악한 뒤 이를 바탕으로 제품을 생산하여 재고비용을 줄이고, 정확한 수요예측을 통해 공격적인 마케팅도 펼칠 수 있다.

㉢ SCM의 1차 목표는 정보공유를 통한 재고감축이다. 하지만 최근엔 고객이 원하는 제품을 적기에 공급하는 데 초점을 맞추고 있다.

2 e-SCM 개념

(1) e-SCM의 등장배경

① 인터넷과 함께 등장한 전자상거래(e-commerce)가 성공하기 위해서는 효율적인 SCM의 실현, 공급사슬 파트너 간 정보의 공유, 인터넷 기반기술의 효율적인 활용이 이루어져야 한다. 이러한 배경에서 기존의 SCM이 인터넷 기반의 e-SCM으로 전개되었다.

② 또한 B2C, B2B 전자상거래의 급성장과 더불어 해당 기업들은 고객 서비스 향상에 관심을 기울이기 시작하였으며, CRM 소프트웨어의 중요성도 증대됨과 동시에 기존 CRM 소프트웨어 웹 기능을 추가한 인터넷 채널 중심의 e-CRM으로 발전하고 있다.

(2) e-SCM의 의미

① e-SCM(electronic SCM)은 IT를 활용하여 물자의 흐름을 한눈에 파악할 수 있도록 구축된 SCM이다. 공급사슬은 기업의 물자·정보·자금 등이 가치사슬(value chain)을 따라 이동하면서 부가가치를 창출하는 과정을 의미한다.

② e-SCM은 업무와 조직의 가상화(virtualization), 정보의 통합(integration), 물류와 정보의 동시화(synchronization), 파트너 간 협업화(collaboration), 정보의 디지털화(digitalization),

업무처리의 셀프화(self-service) 등의 e-비즈니스 패러다임을 수용한 새로운 개념의 SCM을 의미한다.

3 SCM 요소기술

(1) 사용자 인터페이스(GUI : Graphical User Interface)

ERP 시스템은 그래픽으로 구성된 화면에서 제공하는 메뉴기능을 통해 데이터 처리가 가능하므로 기술적인 이해나 업무 절차와 관련된 전문 지식이 없어도 쉽게 이용할 수 있다.

(2) 클라이언트 서버(client/server) 시스템

과거 중앙집중식 메인프레임에서 모든 데이터 처리가 가능했던 정보시스템과 달리, ERP 시스템은 다양한 규모의 시스템이 독립적으로 고유의 기능을 분산처리하는 클라이언트 서버 시스템

4 SCM 요소기술 및 정보시스템

(1) SCM을 효과적으로 구축하고 운영하기 위하여 기업 간 정보통신기술 인프라의 표준화가 선행되어야 하고, 상품 및 정보의 원활한 흐름이 보장되며 모든 작업이 시스템에서 자동적으로 처리되어야 한다.

① 이를 위해 필요한 정보기술에는 바코드, 전자태그(RFID), POS(Point of Sales), 전자문서교환(EDI), 전자자금이체 등이 있다.

② SCM 구축에 활용되는 정보시스템으로는 지속적 상품보충(CRP), 자동발주시스템(CAO), 크로스 도킹(cross docking), 전사적 자원관리(ERP) 등이 있다.

(2) CRP(CR)

① **CRP의 의미**

㉠ CRP(Continuous Replenishment Program), 즉 지속적 상품보충 또는 연속적 재고보충은 유통공급망 내의 주문량에 근거한 상품의 판매 데이터를 근거로 하여 적절한 양을 항시 부충해주는 시스템이다. 즉, 경로구성원 간의 정보공유에 의해 공급자가 공급시점과 양을 결정하는 방식이다.

㉡ CRP는 공급체인에 속한 거래업체들 간에 서로 협력하는 업무방식으로서, 실질적인 상품수요와 예측수요를 근거로 공급자가 상품을 소매점에 공급하는 형태이다.

㉢ CRP가 구현되면 다빈도 배송이 가능하게 되어, 재고수준과 운영비를 낮출 수 있다. CRP의 가장 보편적인 형태로 운영되는 공급자 재고관리(VMI : Vendor Managed Inventory)는 물류업체가 재고데이터와 점포별 주문데이터를 매일 공급업체에 전송하면, 공급업체는 물류업체가 소매점포의 상품수요을 충족시킬 수 있도록 책임을 져야 한다.

② **CRP의 특징**

㉠ CRP는 소비자의 수요에 근거하여 공급자가 상품을 공급하는 끌어당기기 방식(pull 방식)

이다. 이에 비해 유통소매점에 재고가 있어도 공급자 입장에서 상품을 공급하는 방식은 밀어내기 방식(push 방식)이라고 한다.
ⓒ CRP는 거래선 간에 상품이 공급되는 모든 지점에 적용될 수 있는 개념이다. 초기단계에서는 유통공급과정에서 상품을 공급받기 위해 유통업체의 물류센터 또는 도매배송업체의 출고데이터를 사용한다.

③ CRP의 효과
㉠ CRP는 전반적인 유통공급과정에서의 상품에 대한 주문기능을 향상시킨다. 정보의 흐름이 정보통신망(VAN, EDI)을 통해 전자적으로 처리됨에 따라 상품의 보충주기가 단축되어, 결과적으로 소비자 수요에 대한 반응도를 높일 수 있게 된다.
ⓒ CRP는 또한 유통공급과정에서의 상품의 흐름을 향상시킬 수 있다. 한 번에 많은 양의 상품을 배송하는 대신, 소매업체와 도매업체 창고의 재고수준을 낮출 수 있도록 소량단위의 배송빈도를 증대시킬 수 있게 된다.
ⓒ 이 경우 배송이 자주 이루어져 운송비용은 더 들지만, 신속한 배송이 이루어져 항상 적정한 재고를 보유하므로 재고보유비용과 운영비 및 부패나 상실로 인한 비용 등을 감소시킬 수 있다.
㉣ CRP는 다른 산업의 거래업체들과 보다 나은 업무적 협조관계를 구축할 수 있다는 점도 장점으로 지적할 수 있다.

(3) CAO
① CAO의 의미
㉠ CAO(Computer Assisted Ordering), 즉 자동발주시스템은 유통소매 점포의 POS 시스템을 기반으로 하여 재고가 소매점포에서 설정한 기준치 이하로 떨어지면 자동으로 보충주문이 발생되도록 구축한 시스템으로 ASO(Automated Store Ordering)라고도 한다.
ⓒ CAO는 POS를 통해 얻어지는 상품흐름에 대한 정보와 계절적인 요인에 의해 소비자 수요에 영향을 미치는 외부요인에 대한 정보, 그리고 실제 재고수준, 상품수령, 안전재고수준에 대한 정보 등을 컴퓨터를 이용하여 통합·분석해서 주문서를 작성하는 시스템을 말한다(ECR US의 정의). 즉, CAO는 POS 데이터와 EOS를 연계하여 활용된다.

② CAO의 전제조건
CAO의 성공적인 구현을 위해서는 실제상품의 판매량과 보충상품의 필요수량 사이의 차이를 효과적으로 관리하는 것이 매우 중요하다.

(4) 크로스 도킹
① 크로스 도킹(Cross Docking)의 의미
㉠ 크로스 도킹은 창고나 물류센터로 입고되는 상품을 보관하지 않고, 곧바로 소매점포에 배송하는 물류시스템이다. 보관 및 피킹(storage & picking)작업 등을 제거함으로써 물류비용을 상당히 절감할 수 있다.

ⓒ 크로스 도킹은 입고 및 출고를 위한 모든 작업에 있어서 긴밀한 동기화(synchronization)를 필요로 한다. 특히 물류센터에서의 크로스 도킹에서는 배송의 동기화가 결정적으로 중요하다.
　　ⓒ 크로스 도킹은 수송된 상품을 수령하는 즉시 중간저장단계가 거의 없거나 전혀 없이 배송지점으로 배송하는 것을 의미하므로, 제조업체는 추가작업 없이 다른 제조업체에서 점포로 배송할 차량에 적재된 유사한 패키지와 함께 배송 도크로 이동시키게 된다.
② **크로스 도킹의 목적**
　　크로스 도킹의 목적은 유통업체나 도매·배송업체의 물류센터에서 발생될 수 있는 비생산적인 재고를 제거하고자 하는 것이다. 크로스 도킹의 이점은 상품을 창고로케이션으로 입고되고 출고되는 데 소요되는 시간과 비용을 제거하는 것이다. 이는 재고 MIS 시스템에 연결데이터를 입력함으로써 가능해진다.
③ **크로스 도킹의 방법**
　　㉠ 파렛트 크로스 도킹 : 파렛트 크로스 도킹은 한 종류의 상품으로 적재된 파렛트별로 입고되고 소매점포로 직접 배송되는 형태로 가장 단순한 형태의 크로스 도킹이다. 이러한 방법은 양이 아주 많은 상품에 적합하다.
　　ⓒ 케이스 크로스 도킹 : 이 방법은 보다 보편화된 크로스 도킹의 형태로 한 종류의 상품으로 적재된 파렛트 단위로 소매업체의 물류센터로 입고된다. 파렛트 단위로 입고된 상품은 각각의 소매점포별로 주문수량에 따라 피킹되어 배송된다.

(5) **ERP**
① **ERP의 의미**
　　㉠ ERP(Enterprise Resource Planning), 즉 전사적 자원관리는 기업 내 구매·생산·재고·영업·물류·인사·재무·회계 등 다양한 업무 프로세스를 연계하고 경영활동에서 발생하는 정보와 자원을 통합적으로 관리하는 통합정보시스템이다.
　　ⓒ ERP는 급변하는 경영환경의 변화와 정보기술의 변화에 대응하기 위해 최신의 정보기술과 선진 프로세스를 결합하여 기업의 구조 및 업무처리 방식에 효율성을 높이고, 기업이 전체 정보 시스템을 통합하기 위한 시스템이다.
② **ERP의 효과**
　　㉠ ERP 시스템은 영업·생산·구매·자재·회계·인사 등 회사 내 모든 업무를 정보기술(IT : Information Technology)자원을 활용하여 동시에 통합 처리하여 정보를 실시간적으로 공유할 수 있다.
　　ⓒ 생산관리 측면에서는 자재소요계획(MRP : Material Requirement Planning)에서 진화한 기법으로 볼 수 있으나, 초기와는 달리 생산관리보다는 정보시스템 관점과 전략 경영의 관점에서의 접근이 이루어지고 있다.

5 SCM 구축 및 활용의 성과측정

(1) SCM의 성공요건

SCM은 ERP, CRM 등의 통합정보 시스템의 지원 없이는 효과를 볼 수 없다. SCM은 주로 외부지향성인데 반해, ERP는 내부지향성 시스템이다. 예컨대, 인터넷으로 주문을 받을 경우 기업 내부에 통합시스템이 존재하지 않으면, 주문을 접수한 뒤 다시 주문내용을 일일이 확인해야 한다.

(2) SCM의 기대효과
① 원자재·시간·인력 등에서의 낭비요인 제거
② 수량·장소·시간변경으로 인한 사고의 예방
③ 실시간 조달
④ 거래·투자비용의 최소화
⑤ 자동보충을 통한 재고감축
⑥ 고객에게 맞춤 서비스 제공
⑦ 리드타임의 단축
⑧ 수평적 사업기회의 확대

(3) SCM의 성과측정을 위한 도구

① SCOR, ECR Scorecard
  ㉠ SCM의 성과측정을 위한 도구로는 대표적인 것이 SCC(Supply Chain Council)에서 개발한 SCOR(Supply Chain Operation Reference)와 식료품 분야에 적용할 수 있는 ECR Scorecard 등이 있다.
  ㉡ 한편 SCM의 성과측정에 있어서 과거에는 비용, 자산회전율 등 재무중심의 성과측정치를 사용하였다. 그러나 이러한 성과측정은 다양한 측면을 고려하지 못하고 있기 때문에 이에 대한 대안으로 최근 들어 균형성과표(BSC : Balanced Score Card)를 이용하는 방안이 제시되었다.

② 균형성과표(BSC)
  ㉠ 균형성과표(BSC : Balanced Score Card)는 조직의 비전과 경영목표를 각 사업 부문과 개인의 성과측정지표로 전환해 전략적 실행을 최적화하는 경영관리기법이다. 하버드 비즈니스 스쿨의 로버트 카플란 교수와 경영 컨설턴트인 데이비드 노턴이 공동으로 개발하여 1992년에 최초로 제시했다.
  ㉡ 재무, 고객, 내부 프로세스, 학습·성장 등 4분야에 대해 측정지표를 선정해 평가한 뒤 각 지표별로 가중치를 적용해 산출한다. BSC는 비재무적 성과까지 고려하고 성과를 만들어낸 동인을 찾아내 관리하는 것이 특징이며 이런 점에서 재무적 성과에 치우친 경제적 부가가치(EVA : Economic Value Added), 투자수익률(ROI : Return on Investment) 등의 한계를 극복할 수 있다.

BSC의 각 분야별 측정지표	
재 무	경제적 부가가치(EVA)
고 객	고객수익성, 재구매 비율
내부 프로세스	고객응대시간, 평균 리드타임, 신제품 비율, 내부관리 능력
학습·성장	직원 생산성, 노하우, 저작권, 정보시스템 역량, 조직 역량

(4) OBI

OBI(Open Buying on Internet)는 상호 접촉형 거래를 향상시키고 용이하게 만드는 표준의 예로 인터넷상에서 기업 간 구매환경의 편의성을 제고하기 위해 설계되었으며, 저렴한 가격의 제품을 대규모로 조달하는데 활용된다.

CHAPTER 05 실전감각 기르기

01 CRM을 구축하기 위한 전제조건과 CRM에 대한 특징으로 가장 옳지 않은 것은?

① 시장점유율보다는 고객점유율에 좀 더 비중을 둔다.
② 고객평생가치 극대화를 통한 고객유지보다는 신규고객 획득에 좀 더 중점을 둔다.
③ 제품판매보다는 고객관계관리에 중점을 둔다.
④ 고객통합 데이터베이스가 구축되어 있어야 한다.
⑤ 고객 특성을 분석하기 위해 마이닝 도구를 활용한다.

[해설] CRM은 신규고객의 확보보다 기존고객의 유지관리가 비용면에서 효율적이라는 것을 알게 되면서 등장하였다. CRM은 다양해지는 고객의 욕구에 유연하게 대처함으로써 수익의 극대화를 추구하려는 것이다. CRM은 개별고객에 대한 상세한 정보를 토대로 그들과의 장기적인 관계를 구축하고 충성도를 높여 고객생애가치를 극대화하려는 것이다.
② CRM은 신규고객의 창출보다 기존고객의 유지에 더 중점을 둔다.

02 공급체인관리(SCM)를 위한 정보기술이라고 정의하기에는 부적합한 것은?

① extranet
② bar code scanning system
③ EDI
④ SAS
⑤ data warehouse

[해설] SCM을 위한 정보기술로는 데이터 웨어하우스, 데이터 웨어하우징, 데이터 마이닝 등이 있다. 그리고 SCM을 위한 정보시스템으로는 지속적 상품보충(CRP), 자동발주시스템(CAO), 크로스 도킹(cross docking), 전사적 자원관리(ERP) 등이 있다.

03 공급체인관리(SCM)에 관한 설명으로 볼 수 있는 내용이 아닌 것은?

① 공급체인관리의 목적은 전체 시스템의 효율화와 최적화를 꾀한다.
② SCM은 공급체인의 가시성으로 인해 확실성하에서의 글로벌 최적화를 추구한다.
③ 공급자와 제조업자의 설비 – 창고 – 물류센터 그리고 전 유통경로에 이르는 과정에서 고객만족에 영향을 미치는 모든 시설을 고려한다.
④ SCM은 전략적 수준에서부터 전술 및 운영수준에 이르기까지 전체적인 측면에서 기업의 활동영역과 운영범위를 포함한다.
⑤ 공급체인을 구성하는 경제주체 전체의 이익을 제고한다.

Answer 01 ② 02 ① 03 ②

[해설] 공급체인관리(SCM)는 전 유통경로에 이르는 과정에서 고객만족에 영향이 있는 모든 시설을 고려하며, SCM은 유통경로의 최적화를 추구한다.

04 다음 중 공급사슬관리 시스템에 대한 설명으로 부적절한 것은?

① 공급사슬 구성원들 간의 정보공유를 촉진한다.
② 공급사슬 구성원들 간의 원자재 및 반자재 등의 상품흐름을 효과적이며 효율적으로 관리하는 실행기능을 가진다.
③ 공급시스템 참여 구성원들 간 정보의 가시성을 약화시킨다.
④ 상적 유통경로와 물적 유통을 결합시키는 총체적 시스템 관점에서 비용과 이익에 대한 최적의 비율관계를 찾아 나가는 작업이다.
⑤ 관련 인프라 및 다른 산업분야로의 수평적 확장의 용이성이 증대된다.

[해설] 공급사슬관리(SCM : Supply Chain Management)는 공급자로부터 최종소비자에게 상품이 도달되는 모든 과정을 의미하며 제품, 정보, 재정의 흐름을 통합하고 관리하는 것을 말한다. SCM은 제조, 물류, 유통업체 등 유통공급망에 참여하는 전 기업들이 협력을 바탕으로 양질의 상품 및 서비스를 소비자에게 전달하고 소비자는 거기에서 극대의 만족과 효용을 얻는 것을 목적으로 하고, 효율적인 SCM은 필요할 때면 언제든지 제품을 항상 쓸 수 있다는 전제하에 재고를 줄이는 것이라고도 말할 수 있다. 또한 SCM은 소비자의 수요를 효과적으로 충족시켜 주기 위하여 신제품 출시, 판촉, 머천다이징, 그리고 상표보충 등의 부문에서 원재료 공급업체, 제조업체, 도·소매업체 등이 서로 협력하는 것이라 할 수 있다.
③ 공급사슬(supply chain)이 구축되면 시스템에 참여하는 구성원들 간에 정보의 가시성이 크게 향상된다.

05 통합물류관리에 대한 다음 설명 중 적절하지 않은 것은?

① 통합물류관리는 조달, 생산, 판매를 일관시스템으로 보고 물리적 재화의 흐름을 총체적으로 관리하는 것을 말한다.
② 통합물류관리의 핵심은 물류활동에 참여하는 주체 간 파트너십의 형성과 정보의 공유에 있다.
③ 통합물류관리에서는 물류기능을 세분화하고 권한을 분산시킴으로써 주문처리시간의 단축화를 도모한다.
④ 통합물류관리의 목표는 고객에 대한 서비스의 최적화이다.
⑤ 통합물류관리는 기업의 경쟁력 강화를 위한 전략이기도 하다.

[해설] 통합물류관리의 대표적인 방법으로는 SCM(Supply Chain Management), ERP(Enterprise Resource Planning), QR(Quick Response) 등이 있으며, 이러한 방법들은 물류기능을 통합하고 권한을 집중시킴으로써 주문처리시간의 단축화를 도모한다.

Answer 04 ③ 05 ③

06 다음 중 SCM(supply chain management)에 대한 설명으로 부적절한 것은?

① 상품기능에 서비스 개선을 추가함으로써 부가가치를 높이려는 방법
② 글로벌화의 가속화로 글로벌 기업들의 주요 경쟁수단
③ 공급사슬 간의 경쟁을 효과적으로 추진하고자 하는 방법
④ 상류의 비용을 하류로 이전시켜서 경쟁력을 얻는 방법
⑤ 재고의 최적화와 리드타임의 감축으로 양질의 상품과 서비스를 제공하는 방법

[해설] 공급사슬관리(SCM : Supply Chain Management)란 기업 간 또는 기업 내부에서 제품·부품의 생산자로부터 사용자에 이르는 공급체인에 대하여 불필요한 시간과 비용을 절감하려는 관리기법을 말한다. SCM은 이제까지 부문마다의 최적화, 기업마다의 최적화에 머물렀던 정보·물류·자금에 관련된 업무의 흐름을 공급사슬 전체의 관점에서 재검토하여 정보의 공유화와 비즈니스 프로세스의 근본적인 변혁을 꾀하여 공급사슬 전체의 자금흐름(cash flow)의 효율을 향상시키려고 하는 관리의 개념이다.
④ SCM은 비용의 이전이 아니라 공급사슬 전체의 흐름을 최적화하여 비용절감을 이루고자 하는 것이다.

07 다음 중 풀(pull) 방식의 공급사슬관리에 대한 설명으로 가장 부적절한 것은?

① 인터넷 기술로 인해 가능
② 지속적 보충시스템이 좋은 예가 됨
③ 계획생산을 기반으로 운영
④ 공급사슬 구성원들 간의 정보공유가 동시적으로 발생
⑤ 광고와 홍보 전략을 주로 사용

[해설] 계획생산을 기반으로 운영되는 것은 공급자 주도의 푸시(push) 방식이다.

08 다음 중 공급사슬관리의 성과측정도구로 가장 부적합한 것은?

① 균형성과표   ② SCOR 모형
③ 경쟁세력모형   ④ 경제적 부가가치법
⑤ ECR scorecard

[해설] SCM을 성공적으로 구축하고 운영하기 위해서는 공급사슬의 현황에 대한 정확한 진단과 대상기업의 핵심성과지표(KPI ; Key Performance Index)를 평가하여 도달가능한 개선목표와 달성하기 위한 구체적인 방안을 수립하여야 한다. 만일, 이때 효과적인 성과측정도구를 가지고 있다면 조직원들에게 전사적인 측면에서 프로젝트의 목적을 쉽게 이해시킬 수 있을 뿐만 아니라 전체 성과를 향상시키는 효과를 기대할 수 있다.
이러한 성과측정을 위한 도구로는 대표적인 것이 SCC(Supply Chain Council)에서 개발한 SCOR(Supply Chain Operation Reference)과 식료품 분야에 적용할 수 있는 ECR scorecard 등이 있다.

Answer 06 ④ 07 ③ 08 ③

한편 SCM의 성과측정에 있어서 과거에는 비용, 자산회전율 등 재무 중심의 성과측정치를 사용하였다. 그러나 이러한 성과측정은 다양한 측면을 고려하지 못하고 있기 때문에 이에 대한 대안으로 최근 들어 균형성과표(BSC ; balanced scorecard)를 이용하는 방안이 제시되었다.

09 e-SCM 추구전략 중, 고객이 상품을 주문한 후 상품을 받을 수 있기를 기대하는 도착시간인 고객허용 리드타임이 실제로 공급업체로부터 유통경로를 거쳐 고객에게 배달되는 총시간인 공급 리드타임보다 짧은 경우에 활용할 수 있는 전략으로 가장 옳은 것은?

① 연속 재고보충계획 전략
② 대량 개별화 전략
③ 구매자 주도 재고관리 전략
④ 제3자 물류전략
⑤ 동시계획 전략

해설 e-SCM을 위한 정보시스템으로 대표적인 것은 지속적 상품보충(CRP), 자동발주시스템(CAO), 크로스 도킹(cross docking), 전사적 자원관리(ERP) 등이다. 이 중 고객허용 리드타임이 공급 리드타임보다 짧은 경우에 활용할 수 있는 전략은 연속 재고보충계획(CRP) 전략이다.
CRP(Continuous Replenishment Programs), 즉 지속적인 상품보충 또는 연속적 재고보충은 유통공급망 내의 주문량에 근거한 상품의 판매 데이터를 근거로 하여 적절한 양을 항시 보충해주는 시스템이다. 즉, 경로구성원 간의 정보공유에 의해 공급자가 공급시점과 양을 결정하는 방식이다.

10 다음 중 SCM용 솔루션에 대한 설명으로 부적절한 것은?

① 기업 간의 정보교류를 위해서 개발된 것으로 기업 간 정보시스템의 특성을 지닌다.
② QR과 연계가 되면 생산에서 판매까지의 전체 과정의 효율성을 높일 수 있다.
③ 인터넷상에서 구현되는 경우가 많기 때문에 누구나 시스템 내의 정보들을 이용할 수 있는 개방형 시스템이다.
④ 조직 내·외부의 정보화가 동시에 추진되며 총괄적 의사결정을 지원하기 위해서 계획관리 중심으로 운영된다.
⑤ 기업 내의 ERP 시스템과 연동되면 제품의 생산계획 및 판매에도 영향을 미친다.

해설 ③ SCM은 기업들 간의 정보공유를 기초로 구축된다. 따라서 개방형의 인터넷이 아니라 엑스트라넷(extranet)상에서 구현되는 개방형과 폐쇄형의 중간에 위치하는 시스템이다.

Answer 09 ① 10 ③

11 다음 중 시장대응적 공급사슬의 형태에 대한 설명으로 부적절한 것은?

① 불확실한 수요에 대응하기 위해서 완충 생산능력을 보유하도록 구축된다.
② 혁신적 제품에 적합한 공급사슬의 형태이다.
③ 스피드와 유연성을 가진 공급자를 통해서 원자재를 조달하는 것이 바람직하다.
④ 제품의 설계시에 제품성능은 최대화하고 제품의 차별화를 신속히 추진한다.
⑤ 공급체인에 속하는 기업 간에 정보를 공유하여 시장상황에 대응한다.

[해설] 시장대응적 공급사슬관리는 시장(소비자)의 수요에 신속히 대응할 수 있도록 운영되는 공급사슬관리이다. 즉, 수요의 변화에 대응하여 즉각적으로 원자재를 구매하여 제품을 생산하는 것이 그 핵심이다.
④ 시장대응적 SCM에서는 생산량을 변화시켜 수요의 변화에 대응하는 것이 핵심이고, 제품의 성능이나 제품의 차별화는 관계가 없다.

12 다음 중 CPFR(Collaborate Planning, Forecasting, and Replenishment)에 대한 설명으로 부적절한 것은?

① 협업적 계획수립을 위해서는 모든 거래파트너들이 주문정보에 대한 실시간 접근이 가능해야 한다.
② 모든 참여자들은 공통된 하나의 스케줄에 따라서 운영활동을 수행한다.
③ 모든 참여자들은 그들이 원할 때 적정한 원자재 및 완제품을 가질 수 있도록 계획 수립 및 수요예측을 하고자 하는 기법이다.
④ 고객서비스를 향상하고 SCM에서의 정보흐름을 가속화하여 재고를 감소시키는 경영전략이자 기술이다.
⑤ 소매업체들이 협업적 수요예측을 하는 이유는 품절 예방, 판매상실 최소화, 재고감축, 긴급배송의 최소화 및 1회 생산량의 최대화 등을 위해서이다.

[해설] CPFR(Collaborative Planning, Forecasting and Replenishment), 즉 협력계획, 예측 및 보충시스템은 판매·재고 데이터를 소비자 수요예측과 주문관리에 이용하고, 제조업체와 공동으로 생산계획에 반영하는 등 제조와 유통업체가 예측·계획·상품보충을 공동으로 운영(협업)하고자 하는 업무프로세스로 최근 각광받고 있는 SCM 공급측면 응용기술의 하나이다. CPFR은 매출의 증가, 조직의 합리화 및 정비, 행정 및 운영상의 효율성 제고, 현금흐름(cash flow)의 개선, ROA(Return On Assets) 향상을 가능하게 하는 효과가 있다.
⑤ 소매업체들이 협업적 수요예측을 하는 이유는 품절 예방, 판매상실 최소화, 재고감축 등에 있고, 긴급배송의 최소화는 물류업체가, 1회 생산량의 최대화는 제조업체가 수요예측을 하는 이유가 된다.

Answer 11 ④ 12 ⑤

13 다음은 인터넷상의 공개구매(OBI : Open Buying on the Internet)에 대한 설명이다. OBI를 통한 거래원칙으로 잘못 설명된 것은?

① 구매기업은 구매요청자의 정보, 계정코드를 승인해야 할 책임이 있다.
② 공급업체 및 구매기업 양측 모두 표준을 준수해야 할 의무가 있다.
③ 공개적인 표준기술의 설정으로 다수의 기업이 활용 가능해야 한다.
④ 현재 활용하고 있는 애플리케이션은 전부 새로운 애플리케이션으로 변경하여야 한다.
⑤ 공급업체는 제품 카탈로그, 가격, 주문입력, 재고관리 등 주문 프로세스를 관리한다.

[해설] 인터넷상의 공개구매(OBI)에서 현재 활용하고 있는 애플리케이션(응용 소프트웨어)을 전부 새로운 애플리케이션을 변경할 필요는 없다. 현재의 애플리케이션을 그대로 활용하면서 상황의 변화에 따라 새로운 애플리케이션을 개발하여 활용해야 한다.

14 물류정보시스템에 관한 다음 설명 중 적절하지 않은 것은?

① GIS(Geographic Information System)는 무선통신을 이용하여 이동체의 위치 및 상태를 실시간으로 파악 또는 관리하는 시스템이다.
② TRS(Trunked Radio System)는 중계국에 할당된 다수의 주파수 채널을 사용자들이 공유하며 사용하는 무선통신서비스이다.
③ LBS(Location Based Service)는 GPS칩을 내장한 휴대폰이나 PDA단말기 등 이동체의 위치를 무선통신으로 위치확인서버에 제공하면 모든 이동체의 현황을 실시간으로 검색하는 데 사용될 수 있다.
④ ITS(Intelligent Transport System)는 도로와 차량 등 기존 교통의 구성요소에 첨단의 전자, 정보, 통신기술을 적용시켜 교통시설을 효율적으로 운영하고 통행자에 유용한 정보를 제공한다.
⑤ GPS(Geopraphic Positioning System)는 인공위성을 이용한 위치파악시스템으로 최소 3개의 위성으로 위치파악이 가능하며, 4개 이상이면 대상의 위치, 고도까지 측정이 가능하다.

[해설] 무선통신을 이용하여 이동체의 위치 및 상태를 실시간으로 파악 또는 관리하는 시스템은 GPS이다.

Answer 13 ④ 14 ①

CHAPTER 06 신융합기술의 활용

제1절 4차 산업혁명과 신융합기술

1 4차 산업혁명과 유통 산업의 변화

(1) 유통 산업의 발전 개요

① 유통 1.0 시대는 시장에서 물건을 사고파는 거래가 이루어진 초기 단계로서 자급자족을 넘어선 수준으로 유통의 속도나 범위가 매우 제한적이었다.

② 전기가 발명되면서 공장에서 대량생산이 가능해짐에 따라 넘쳐나는 상품들을 한 자리에 모아 놓고 소비를 강조하는 대형 유통점이 등장하면서 유통 2.0 시대로 전환되었다.

③ 인터넷의 발달로 더 이상 공간에 지배되는 유통구조가 아닌, 온라인에서 상품을 사고파는 유통 3.0 시대가 시작되면서 소비자는 시간적·공간적 제약에서 벗어나 상품을 비교하고 구매할 수 있게 되었다.

④ 인공지능(AI), 사물인터넷(IoT), 가상현실(VR), 로봇기술, 빅데이터, 드론, 자율주행차 등 정보통신기술(ICT)을 기반으로 실제 세계와 가상 세계를 융합하고 사물을 지능적으로 제어할 수 있는 4차 산업혁명이 시작되면서 상품의 전달 범위, 속도, 선택의 차원이 이전과는 전혀 다른 유통 4.0 시대로 진입하였다.

(2) 신융합기술에 따른 유통업체 비즈니스 모델 변화

① 오프라인 유통업체는 AI, IoT, VR, 3D, Robot, Big data 등 ICT 기술을 도입하여 고객의 경험을 차별화시키고 있다. 신융합기술을 기반으로 다양한 유통채널이 하나의 플랫폼화가 되면서 온라인, 오프라인 유통과 물류가 결합한 새로운 유통 산업이 등장하고 있다.

② 온라인(모바일 포함) 쇼핑 확대 및 오프라인 업체의 온라인 시장 진입 등으로 온·오프라인 쇼핑의 경계가 모호해지면서, 온라인과 오프라인을 자유롭게 넘나들며 상품 정보를 수집하고 최적의 대안을 찾아내는 크로스쇼퍼(cross-shopper)가 증가하고 있다.

③ 이에 따라 매장에서는 상품만 확인하고 구매는 온라인에서 하는 쇼루밍(showrooming), 온라인에서 본 상품을 오프라인에서 구매하는 웹루밍(webrooming 또는 역쇼루밍), 필요에 따라 온·오프라인을 동시에 활용하는 옴니채널(omni-channel) 쇼핑 등 다양한 유형이 존재한다.

④ 소비의 개인화, 유통기업의 대형화, 온라인 쇼핑몰의 확산 등에 따라 선택 가능한 상품 품목수가 급증하고 상품 정보가 과잉 제공되면서 소비자가 원하는 상품을 찾기 위해 투입하는 노력이 크게 증가하였다. 이에 따라 소비자의 구매 피로도를 낮추기 위해 인공지능과 빅데이터 등 정보통신기술을 활용하여 소비자가 필요로 하는 관심상품을 적시적소에 제공하는 방식이 확산되고 있다.

제2절 4차 산업혁명 신융합기술의 개념 및 활용

1 빅데이터와 애널리틱스

(1) 빅데이터와 애널리틱스의 개념

① 빅데이터(big data)는 디지털 환경에서 생성되는 수치, 문자, 영상 데이터를 포함하는 다양한 형태의 방대한 데이터와, 이를 분석하여 가치있는 정보를 추출하는 정보처리 체계를 말한다. 빅데이터의 대표적인 특징은 3V를 의미하는 데이터의 양(Volume), 데이터 생성 속도(Velocity), 형태의 다양성(Variety)이다. 최근에는 가치(Value)나 복잡성(Complexity)을 특징에 포함시키기도 한다.

② 애널리틱스(analytics)는 과거뿐만 아니라 현재 실시간으로 발생하는 방대한 양의 빅데이터에 대하여 연속적이고 반복적인 분석을 통해 미래를 예측하고 통찰력을 제공하는 것이다. 기업 내·외부에 존재하는 각종 정형 데이터 및 비정형 데이터, 기사, 블로그, 이메일, 소셜 데이터 등을 통해 트렌드나 감성 등을 분석하여 기업의 의사결정을 지원한다.

(2) 빅데이터와 애널리틱스의 활용

① 빅데이터 분석은 예측 배송과 같은 물류 프로세스 중 특정 운영 단계에서의 최적화뿐만 아니라 개별 단계 간에 데이터 공유로 전체 공급사슬을 원활하게 운영하기 위해서도 필요하다.

② RFID를 통해 수집된 빅데이터는 재고현황 파악과 실시간 재고위치 파악에 이용될 수 있고, 매장 POS 데이터는 고객 선호도 분석을 통한 수요예측 등에 활용될 수 있다.

③ 물류 배송과 관련된 과거의 데이터가 누적되고 실시간 데이터가 수집되면서 애널리틱스를 사용하여 보다 효율적인 배송을 위해 재고수준을 변경하고 재배치하거나 운송경로를 수정할 수 있다.

2 인공지능

(1) 인공지능의 개념

① 인공지능(AI : Artificial Intelligence)은 인간의 학습, 추론, 문제해결능력을 컴퓨터 프로그램이나 기계에 구현하는 기술이다. 인공지능은 논리 추론, 자연어 처리, 컴퓨터 비전, 음성 인식 등 다양한 기술을 적용하여 데이터 패턴을 학습하고 이를 바탕으로 새로운 문제를 해결한다.

② 인공지능은 크게 강 인공지능과 약 인공지능으로 구분한다. 강 인공지능은 인간과 같은 학습능력과 문제해결능력을 갖춘 인공지능으로 현재 개발 단계에 있다. 약 인공지능은 특정한 문제를 해결하는 인공지능으로 음성 인식, 언어 번역, 자율주행자동차 등이 이에 해당한다.

③ 인공지능은 과거 제어 프로그램에서 경로탐색, 머신러닝을 거쳐, 데이터를 변형하고 살피는 논리체계까지 기계가 스스로 찾아가는 딥러닝으로 진화하고 있다.

④ 머신러닝(machine learning)은 인공지능의 한 분야로, 컴퓨터 시스템이 데이터를 학습하고 패턴을 인식하여 학습능력을 갖추게 하는 기술이다. 머신러닝은 데이터를 기반으로 모델을 구

축하고 해당 모델을 사용하여 분류, 군집화, 예측 등 다양한 작업을 수행한다. 머신러닝은 어떤 데이터의 입력값과 이에 대한 출력값을 알려주고 결과를 도출하도록 학습시켜 새로운 데이터에 대한 분석, 예측을 수행하는 데 사용된다.

⑤ 딥러닝(deep learning)은 머신러닝의 한 분야로, 인공 신경망(artificial neural network)을 기반으로 하는 알고리즘이다. 인공 신경망은 인간 두뇌의 정보 처리 과정을 모방하여 만든 알고리즘으로 이미지, 음성, 텍스트 등 다양한 유형의 데이터에서 탁월한 학습 성능을 보인다. 딥러닝은 인공 신경망 구조를 사용하여 컴퓨터가 스스로 데이터의 특징을 식별하고 복잡한 패턴을 지속적으로 학습하여 예측하고 지능적인 결정을 하는 데 주로 이용된다.

(2) 인공지능의 활용

① 인공지능 알고리즘을 통해 과거 고객 주문 데이터를 분석하여 다음 구매 시점을 예측하고 미리 제품을 준비함으로써 실제 배송에 소요되는 시간을 단축시켜 물류 서비스의 효율을 높이고 서비스 품질을 향상시킬 수 있다.

② 인공지능은 비교적 주기적으로 빈번한 구매가 예상되는 고객을 대상으로 과거 주문한 내역뿐만 아니라 검색내역, 위시리스트, 장바구니에 넣었던 상품, 반품내역, 특정 상품에 마우스 커서가 머물렀던 시간 등의 정보를 종합적으로 분석하여 고객이 실제 구매하기 전에 배송을 준비하는 예측 배송 서비스를 제공할 수 있다.

③ 스마트 SCM은 공급망에 속한 모든 사물 개체를 모니터링함으로써 실시간 의사결정뿐만 아니라 미래 예측을 기반으로 하는 '예측 후 실행' 방식을 추구하고 있으므로 지능형 의사결정에 필요한 인공지능의 중요성은 더욱 중요해지고 있다.

3 RFID

(1) RFID의 개념

① **RFID의 의미**

㉠ RFID(Radio Frequency Identification), 즉 무선주파수 식별(무선인식, 무선식별, 전자태그) 기술은 무선주파수(radio frequency)를 이용하여 먼 거리에 있는 대상(물건, 사람 등)을 식별할 수 있는 기술이다.

㉡ 안테나와 칩으로 구성된 RF 태그에 사용목적에 알맞은 정보를 저장하여 적용대상에 부착한 후 판독기에 해당하는 RFID 리더를 통하여 정보를 인식하는 방법으로 활용된다. 교통카드, 주차관리, 도서관리, 출입통제용 카드, 동물식별, 하이패스용 카드 등에 응용되고 있다.

② **RFID 구축의 구성요소**

㉠ RFID 구축에는 RFID 태그(tag)와 RFID 판독기(reader)가 필요하다.

㉡ 태그는 상품에 부착되며 데이터가 입력되는 IC칩과 안테나로 구성되는데 IC칩 안에 정보를 기록하고 안테나를 통해 리더와 교신하여 데이터를 무선으로 리더에 보낸다. 이 정보는 태그가 부착된 대상을 식별하는데 이용된다. 태그는 배터리 내장 유무에 따라 능동형과 수동형으로 구분된다.

ⓒ 안테나는 무선주파수를 발사하며 태그로부터 전송된 데이터를 수신하여 리더로 전달한다. 다양한 형태와 크기로 제작이 가능하며 태그의 크기를 결정하는 중요한 요소이다.
ⓔ 리더(판독기)는 주파수 발신을 제어하고 태그로부터 수신된 데이터를 해독한다. 리더는 용도에 따라 고정형·이동형·휴대용으로 구분된다. 리더는 안테나 및 RF 회로, 변·복조기, 실시간 신호처리 모듈, 프로토콜 프로세서 등으로 구성되어 있다.
ⓜ 호스트는 한 개 또는 다수의 태그로부터 읽어 들인 데이터를 처리하고, 분산되어 있는 다수의 리더 시스템을 관리한다. 호스트는 리더로부터 발생하는 대량의 태그 데이터를 처리하기 위해 에이전트 기반의 분산 계층구조로 되어 있다.

③ **RFID의 작동원리**

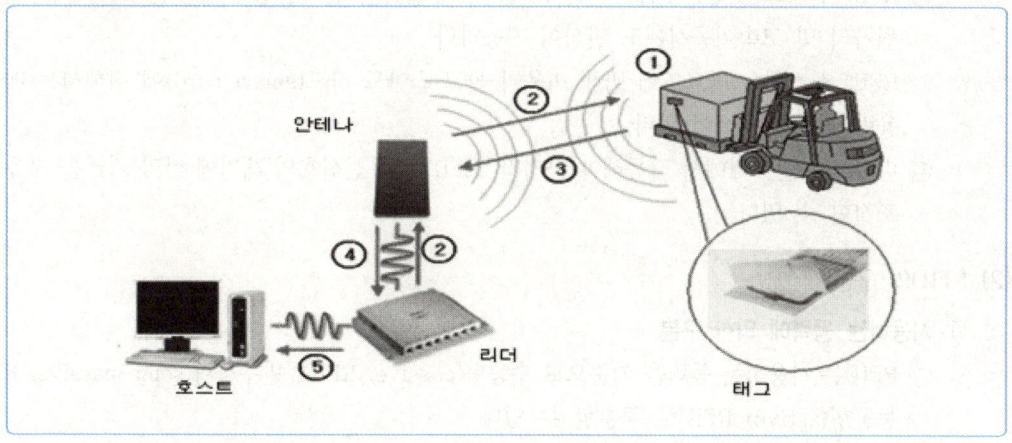

RFID 개념도

㉠ 칩과 안테나로 구성된 태그에 활용목적에 맞는 정보를 입력하고 박스, 파렛트, 자동차 등에 부착한다.
㉡ 게이트, 계산대, 톨게이트 등에 부착된 리더에서 안테나를 통해 발사된 주파수가 태그에 접촉되면 태그는 주파수에 반응하여 입력된 데이터를 안테나로 전송한다.
㉢ 안테나는 전송받은 데이터를 변조하여 리더로 전달하고, 리더는 데이터를 해독하여 호스트 컴퓨터로 전달한다.

④ **바코드와의 차이**

RFID가 바코드와 다른 점은 바코드가 빛을 이용해(광학적으로) 판독하는 대신 전파를 이용한다는 것이다. 따라서 바코드 스캐너처럼 짧은 거리에서만 작동하지 않고 먼 거리에서도 태그를 읽을 수 있으며, 사이에 있는 물체를 통과하여 정보를 수신할 수도 있다.

구 분	바코드(bar code)	RFID
인식방법	광학식(read only)	무선(read/write)
정보량	수십단어	수천단어
인식거리	최대 수십cm	최대 100m
인식속도	개별 스캐닝	최대 수백 개
관리레벨	상품그룹	개개상품(일련번호)
가 격	라벨인쇄 10원 미만	태그 수백원

⑤ **RFID의 특징**
  ㉠ RFID는 태그의 데이터 변경 및 추가가 자유롭고, 일시에 대량의 판독이 가능하다.
  ㉡ RFID의 태그는 냉온·습기·먼지·열 등의 열악한 판독환경에서도 판독률이 매우 높고, 원거리 및 고속이동시에도 인식이 가능하다.
  ㉢ RFID 시스템은 바코드에 비해 비용이 높고 스마트 카드(smart card)에 비해서는 메모리 용량이 작은 단점이 있다.
  ㉣ 바코드는 근거리에서 작동해야 하지만, RFID는 무선신호의 세기에 따라 거리를 자유롭게 조절할 수 있다.

(2) **RFID의 구분**

① **사용하는 동력에 의한 구분**
  ㉠ RFID는 사용하는 동력을 기준으로 수동형(passive) RFID, 반수동형(semi-passive) RFID, 능동형(active) RFID로 구분할 수 있다.
  ㉡ 수동형, 즉 패시브 RFID는 판독기(리더)의 동력만으로 칩의 정보를 읽고 통신하는 형태이고, 능동형, 즉 액티브 RFID는 칩의 정보를 읽고 통신하는데 모두 태그의 동력을 사용한다.
  ㉢ 수동형은 자체 출력 배터리가 부착되어 있지 않아 비용이 상대적으로 저렴하며 2~3m 내의 단거리 판독에 효율적이다. 반면 능동형은 자체 출력 배터리가 부착되므로 가격이 비싸고 수명에 제한이 있지만 수십 미터 원거리 통신이 가능하다. 능동형은 UHF 대역에서 이용된다.

② **주파수에 의한 구분**
  ㉠ LFID(Low Frequency Identification)는 낮은 주파수, 즉 120~140Khz의 전파를 이용한다. 이는 공장자동화 등 근거리에서의 정보인식에 활용되며 시스템 구축비용이 저렴하다.
  ㉡ HFID(High Frequency Identification)는 13.56Mhz를 사용하며, IC 카드나 도서 등 대여 물품 관리, 출입 및 통제, 보안 등 1m 이내에서 정보를 인식할 수 있는 경우에 이용되며 데이터 전송상의 신뢰성이 매우 높다.
  ㉢ 그보다 한층 높은 주파수를 이용하는 UHFID(Ultra High Frequency Identification)는 868~956Mhz 대역의 전파를 이용한다. 최대 수십m 정도에서 무선으로 정보를 인식할 수 있기 때문에 유통 및 물류, 컨테이너 관리 등에 활용된다.

② 가장 높은 주파수 대역폭은 마이크로파(microwave) 대역으로 2.45GHz이다. 인식속도가 빠르고 장거리 인식이 가능한 특징을 지니고 있다. 자동차 운행 흐름 모니터링이나 톨게이트 시스템에 활용된다.

③ **읽기/쓰기 가능 여부에 따른 분류**
㉠ 읽기 전용 태그는 제조시에 정보가 입력되면 정보내용은 변경할 수 없다. 가격이 저렴하여 바코드와 같이 단순인식 분야에 사용된다.
㉡ 한번 쓰기 가능한 태그는 사용자가 데이터를 1회 입력할 수 있으며 입력 후에는 변경할 수 없다.
㉢ 읽기/쓰기 가능 태그는 여러 번 데이터 입력과 변경이 가능하다. 따라서 가격은 높지만 고가 상품 등에 활용할 수 있다.

> **지식+톡톡** RFID의 국제표준
> ① RFID 관련 국제표준은 태그, 리더 등 기기에 대한 표준과 RF 태그에 저장되는 코드 표준으로 크게 구분할 수 있다. 기기 표준은 자사제품과 타사제품 간 호환성을 확보케 하여 중복 투자로 인한 비용을 절감하고 기술개발 촉진 및 시장확대가 가능하다.
> ② 코드의 경우 다른 코드는 응용 분야가 제한적인 경우가 많으나 EPC global이 보급하고 있는 EPC 코드는 유통, 물류를 중심으로 한 전 산업에 적용 가능하며, 이미 바코드와 함께 산업계에서 널리 활용되고 있는 EAN/UCC 식별코드도 EPC 코드에서 수용 가능하다.
> ③ RFID의 국제표준화는 ISO(국제표준화기구)와 IEC(국제전기기술위원회)가 공동으로 구성한 JTC1 산하의 SC31의 워킹그룹 4(WG4)가 중심이 되어 추진하고 있다.

(3) RFID/USN 보안 강화책

① **RFID 프라이버시 보호기법**
㉠ RFID 프라이버시 보호기법 중 물리적 접근기법으로는 킬태그(Kill Tag), 페러데이 우리(Faraday Cage), 능동적 전파방해(Active Jamming) 등이 있다.
㉡ 그리고 기존 암호학적 접근기법으로는 해쉬 락(Hash Lock) 프로토콜, 랜덤 해쉬 락(Randomize Hash Lock) 프로토콜, 해쉬 체인(Hash Chain) 프로토콜, 재암호화(Re-encryption) 기법 등이 있다.

② **보호기법의 종류**
㉠ 킬 태그(Kill Tag) : MIT의 AutoID 센터에서 제안한 방법으로 태그의 설계시 8비트의 비밀번호를 포함하고, 태그가 비밀번호와 'Kill' 명령을 받을 경우 태그가 비활성화되는 방식
㉡ 패러데이 우리(Faraday Cage) : 무선 주파수가 침투하지 못하도록 하는 방법으로 금속성의 그물이나 박막을 입히는 방법. 실제로 RSA 연구소는 2005년 유로화 RFID 시스템 도입에 대비하여 돈봉투에 그물을 입힌 상품을 제시
㉢ 방해 전파(Active Jamming) : 리더기가 제품을 읽지 못하도록 방해신호를 보내는 물건을 소비자가 들고 다니는 방식

② 차단자 태그(Blocker Tag) : 모든 질문 메시지에 대해 '그렇다'라고 대답하는 태그로서, 이 태그를 차단자 태그가 만드는 비밀구역 안에서 안전하게 보호하는 방식

(4) EPC(Electronic Product Code)
① EPC의 의의
  ㉠ EPC(Electronic Product Code)는 EPC Global Inc에서 개발한 코딩방식으로, RFID 태그의 IC칩에 입력되어 사용되는 식별코드이다. EPC가 기존의 바코드 번호와 다른 점은 동일한 상품이라도 모든 개체를 개별적으로 식별할 수 있는 일련번호가 추가되었다는 점이다.
  ㉡ EPC 코드는 광범위한 곳에서 사용되는 코드이기 때문에 RFID 기술과 함께 연동되어 사용이 가능하고, 모든 물품의 개별적 식별이 가능하다. 즉, EPC는 동일품목에 포함되는 모든 개별상품까지 식별할 수 있다.

② EPC 정보처리 시스템

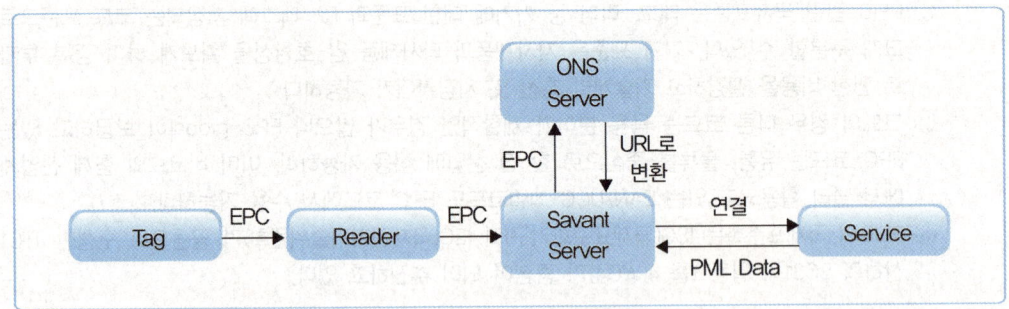

  ㉠ Savant 서버 : 서반트 서버는 리더에서 수신된 정보를 처리하는 일종의 미들웨어로 리더기와 연결되어 있다. 이는 인터넷을 통해 ONS 서버의 DB로 제품코드(EPC)를 조회하고(Query), 조회된 결과(IP)로 PML 서버에 연결하여 해당 EPC의 상세정보를 획득하는 서버이다.
  ㉡ PML(Physical Markup Language) 서버 : PML 서버는 제품의 광범위한 혹은 종합적인 정보를 저장하는 서버이다. Auto-ID센터가 개발한 상품기술방식으로, XML기반의 언어이다.
  ㉢ ONS(Object Name Service) 서버 : ONS 서버는 EPC를 URL로 변환하여, PML 서버의 주소와 연결해주는 서버이다.

③ EPC Global Network의 주요 구성요소
  ㉠ EPC(Electronic Product Code) : RFID를 이용한 객체식별과 EPC Global N/W을 통한 객체정보 접근 및 교환을 위한 Key이다.
  ㉡ ONS(Object Naming Service) : 특정 EPC에 대한 질의에 대하여 객체정보 획득이 가능한 URI 값을 반환함으로써 글로벌 검색서비스를 가능케 하는 구성요소이다.
  ㉢ ALE(Application Level Event) : 리더가 읽어 들인 RFID 태그 정보를 어플리케이션 계층으로 전달하는 역할을 하는 일종의 미들웨어이다.

ⓔ EPCIS(EPC Information Service) : 객체에 대한 정보접근과 교환을 위한 표준 인터페이스로서, 객체 이벤트를 저장하여 객체정보를 여러 어플리케이션에서 사용할 수 있도록 해주는 EPC Global N/W의 가장 중요한 구성요소이다.
　　ⓜ DS(Discovery Service) : EPC Global N/W상에 궁금한 정보를 질의하면 대답해주는 이벤트정보 저장소이다.
　④ **EPC 도입효과**
　　㉠ 상품 현 위치, 판매추이, 재고량, 주문상품의 현 이동경로 등 모든 상품의 이동상황을 실시간으로 파악
　　㉡ 제조업체는 정확한 생산 및 배송계획이 가능, 유통업체는 불필요한 재고와 제품의 결함이 절감되어 비용 절감
　　㉢ 유통, 물류, 철강, 전자, 의류, 식품, 도서 등 다양한 분야에서의 적용 가능

(5) RFID의 활용
　① RFID를 사용하면 태그가 보이지 않아도 물품을 인식할 수 있으므로 무선 스캔 프로세스로 효율성을 높여주며 물류센터의 검수 및 품질검사를 신속하게 처리할 수 있다.
　② RFID는 상품 포장과 배송의 정확성을 제고하기 위해 적용되어 포장과정에서 물품 누락 등을 방지하고 오배송을 개선하는데 활용되고 있다.
　③ 유통업체는 RFID를 이용하여 용이하게 재고를 파악하고, 고객은 전자태그 스티커가 부착된 물품을 계산대에 올려두면 물품이 빠르게 인식되어 금액이 자동으로 계산되므로 계산업무가 간소화된다.

4 사물인터넷

(1) 사물인터넷의 개념
　① 사물인터넷(Internet of Things : IoT)은 생활 속 사물들에 통신 기능을 내장하여 유무선 네트워크로 연결해 정보를 공유하고 상호소통을 이루는 인터넷 기술이다.
　② 사물인터넷이 진화하여 현실세계의 유형 또는 무형의 객체(만물)들을 네트워크로 연결하고 사람과 사물, 사물과 사물 간 언제 어디서나 정보를 주고받고 서로 소통하여 상호작용하는 서비스를 제공하는 기술을 만물인터넷(IoE : Internet of Everything)이라고 한다.
　③ 사물 인터넷에 연결되는 사물들은 자신을 구별할 수 있는 고유한 IP(Internet Protocol)를 가지고 인터넷으로 연결되어야 하며, 외부 환경으로부터의 데이터 취득을 위해 센서를 내장할 수 있다.
　④ 유무선 네트워크에서의 엔드디바이스(end-device)는 물론 인간, 차량, 교량, 각종 전자장비, 문화재, 자연환경을 구성하는 물리적 사물 등이 모두 이 기술의 구성요인에 포함되며, 가전에서부터 자동차, 물류, 유통, 헬스케어에 이르기까지 다양한 분야에서 활용 가능하다.
　⑤ 생체인터넷(IoB : Internet of Biometry)은 스마트 워치, 스마트 운동화 등과 같이 신체에 착용할 수 있는 기기(wearable device)의 센서를 통해 수집한 생체 정보를 분석하여 건강을 관리하는 기술이다.

(2) 사물인터넷의 활용

① IoT 디바이스를 활용한 스마트 유통시스템은 제조자 및 판매자와 고객간 정보교환을 진화시켜서 유통산업 환경을 재구성할 것으로 예상된다.
② 물류창고, 운송차량 내 센서를 통해 실시간으로 수집되는 데이터를 확인할 수 있는 가시성(visibility)을 확보하고, 수집된 데이터를 기반으로 에너지 사용량 추이, 최적 이용 시간대와 같은 데이터 분석 기반의 정보를 제공할 수 있다.
③ CA컨테이너(Controlled Atmosphere container)에 내장된 센서를 통해 수집된 데이터를 기반으로 컨테이너 내부의 온도, 습도, 대기농도 등 상태를 수시로 모니터링하고 관리할 수 있다.

5 로보틱스와 자동화

(1) 로보틱스와 자동화의 개념

① 생산가능인구가 줄어들고 부양해야 할 인구가 늘어나면서 경제성장이 둔화되는 인구오너스(demographic onus) 시대가 도래하면서 기업들은 인건비 상승 부담을 완화하기 위해 노동력을 대체하고 생산성을 증가시킬 수 있는 로보틱스(robotics) 및 자동화 기술을 적극 도입하고 있다.
② 로보틱스는 로봇의 물리적인 모습을 구성하는 기계적이고 전기적인 하드웨어와 로봇 장치가 작동할 수 있는 이면의 지능을 구성하는 소프트웨어가 종합적으로 결합된 로봇공학이다.
③ 로봇은 제조산업 조립라인용 로봇과 같이 위치가 고정되어 매우 통제된 환경에서 단순작업을 반복하는 방식과 물류창고 주문이행용 로봇과 같이 자발적으로 움직이며 작동하는 방식으로 구분할 수 있다.
④ RPA(Robotic Process Automation)는 기존에 사람이 하던 규칙에 기반(rule based)한 표준화된 업무를 컴퓨터를 통해 자동화시키는 작업을 의미한다. RPA는 규칙 기반의 반복적인 업무를 알고리즘화 하여 물리적 로봇이 아닌 소프트웨어를 통해 IT 환경에서 자동으로 처리하는 방식이다.

(2) 로보틱스와 자동화의 활용

① 물류센터에서 물류 로봇은 사람을 대신해 원재료, 부품 등을 안전하고 효율적으로 전달하고 상품을 분류, 이송, 포장, 배송에 이르기까지 광범위한 역할을 수행함으로써 물류 자동화 시스템 구축에 필수요소로 작용하고 있다.
② RPA 소프트웨어 로봇은 시스템 로그인, 납품 파일 작성, 협력사 홈페이지 등록, 내부 전표 생성, 출고 지시, 특정 셀의 데이터 분석, 이메일 자동 분류 및 응답 등의 업무를 처리하여 유통 환경에서 반복적으로 발생하는 정형적인 단순 업무를 자동화하여 수행하고 있다.
③ 인간과 로봇이 결합되어 제조, 유통, 물류 기업들의 생산성 및 정확성을 높이고, 운영 위험을 완화하며, 인원 추가 없이 사업을 확장할 수 있는 효과를 기대할 수 있다.

6 블록체인과 핀테크

(1) 블록체인과 핀테크의 개념

① 블록체인(block chain)은 '블록(block)'과 '체인(chain)'이 결합된 단어로서, 여기서 블록은 일정 시간 동안 발생한 모든 거래가 기록되어 있는 원장을 의미한다. 블록체인은 이 블록들을 블록의 생성 순서에 따라 체인과 같이 연결해 놓은 것으로, 디지털화된 공개 분산원장(distributed ledger)에 의하여 거래 기록의 무결성과 신뢰성을 확보하는 컴퓨터 네트워크 기반 기술이다.

② 블록체인은 좁은 의미로 분산원장 자체를 지칭하며, 넓은 의미에서는 네트워크가 참여자의 합의하에 중개 없이 주체적으로 비즈니스·권한·조직·통제 등의 사회적 기능을 수행하는 유기적 플랫폼이라고 할 수 있다.

③ 핀테크(fintech)는 '금융(finance)'과 '기술(technology)'의 합성어로 예금, 대출, 자산관리, 결제, 송금 등 다양한 금융서비스가 IT, 모바일 기술과 결합된 새로운 유형의 금융서비스를 의미한다. 금융과 IT의 융합을 통한 금융기업의 기술기반 금융서비스 혁신뿐만 아니라 비금융기업의 지급결제와 같은 금융서비스 직접 제공도 핀테크에 해당한다.

(2) 블록체인의 특징

① 업무 효율성 측면

특징	내용
경제성	• 특허가 없는 오픈 소프트웨어 사용에 따른 비용 절감 • 시스템 개발 및 유지보수, DB 운영·관리 보안에 따른 비용 절감 • 송금 및 결제 등에 발생하는 중개수수료 비용 절감
보안성	• 정보를 다수가 공동 분산 소유하여 해킹 불가
신속성	• 거래의 승인 및 기록은 다수 참여에 의해 주기적, 자동적으로 실행되어 신속성 극대화
확장성	• 공개 소스에 이해 구축·연결·확장 용이
투명성	• 각 블록 내 포함된 모든 거래정보에 대한 조회가 가능하므로 거래 양성화 및 규제비용 절감

② 기술·구조적 측면

특징	내용
탈중앙화	• 거래내역을 중앙 집중된 곳에서 관리하지 않고 P2P(peer to peer) 네트워크에서 참여자 간 공유하여 중앙 서버에 의한 변조, 유용이 불가함
분산 네트워크	• 분산된 네트워크상 노드(node/peer)들은 거래를 검증한 다음 자신의 장부에 거래를 추가하여 네트워크 간 연계를 구성함
탈 중개성	• 공인된 제3자의 공증 없이 개인 간 거래가 가능하여 중개에 따른 복잡성이 감소되고, 불필요상 수수료가 경감됨
타임 스탬핑	• 전자기록물의 진본성 및 유효성을 입증하기 위해 거래시점의 확인정보를 관리하여 무결성과 신뢰성을 제공함
동의·합의 기술	• 대규모 노드들 사이에서 각 노드에 분산·저장된 장부의 데이터를 항상 최신 상태로 유지하고, 네트워크 참여자들의 동의·합의 기술에 의해 신규 블록을 검증함

(3) 블록체인의 구분

구분	공개형 (public)	반공개형 (regulated/consortium)	비공개형 (private)
관리주체	모든 거래참여자 (탈 중앙화)	컨소시엄에 소속된 참여자	한 중앙기관이 모든 권한 보유
네트워크 참가요건	없음	참여자 각각의 동의	한 중앙기관 또는 특정 회사에 의한 허가
거버넌스	한 번 정해진 법칙을 바꾸기 매우 어려움	컨소시엄 참여자들의 합의에 따라 상대적으로 용이하게 법칙변경 가능	중앙기관의 의사결정에 따라 용이하게 법칙변경 가능
네트워크 확장성	어려움	쉬움	쉬움
거래속도	느림	빠름	매우 빠름
식별성	익명성	식별 가능	식별 가능
거래증명	작업증명 알고리즘, 거래증명자가 누구인지 사전에 알 수 없음	거래증명자가 인증을 거쳐 알려진 상태이며, 합의된 규칙에 따라 거래검증 및 블록생성	중앙기관에 의한 거래증명
규제변경	어려움	참여자 간 선택에 따라 변경 가능	쉬움

(4) 블록체인과 핀테크의 활용

① 기업 간 물류 프로세스의 연계성이 높아지면서 블록체인을 통한 거래 공급망 관리 및 거래내역 인증이 확산되고 있다. 블록체인 기반 스마트 계약(smart contract)은 온라인상에서 일정한 거래조건 충족 시 거래가 자동으로 이행되도록 하는 프로그램으로, 거래 성립에 필요한 조건들을 계약서에 컴퓨터 코드 형태로 명시해 두고 해당 조건이 만족되면 거래가 자동으로 진행되도록 한다. 즉, 제3자의 개입이 필요 없는 프로그램 기반 거래과정의 특징으로 계약 불이행의 위험을 원칙적으로 차단할 수 있고 복잡한 거래를 자동화시켜 관리비용을 줄일 수 있다. 또한 암호화된 거래 데이터를 네트워크 참여자들이 공동으로 검증한 후 분산된 원장에 보관함으로써 정보의 투명성을 높이고 특정 노드에 의한 정보의 위·변조를 방지하는 효과를 거둘 수 있다.

② 다수 관계자들과 데이터베이스에 흩어져 있던 공급사슬과 무역, 금융문서 처리를 블록체인의 단일 공유 장부 기반으로 간소화하여 효율적으로 관리할 수 있다. 또한 블록체인은 안전하고 접근 가능한 디지털 문서를 공급사슬 당사자들에게 제공하고, 확인된 서명을 기반으로 대금을 전송하여 거래의 신뢰도를 제고한다.

③ 네이버에서 운영하는 핀테크 서비스인 네이버페이는 구매자가 네이버 ID를 이용하여 네이버 쇼핑몰이나 전자상거래 가맹점에서 회원가입 없이 쇼핑, 결제, 배송관리를 할 수 있는 서비스를 제공한다. 또한 구매자는 네이버페이를 통해 오프라인 매장에서도 QR코드 기반으로 모바일 결제를 할 수 있다.

7 클라우드 컴퓨팅

(1) 클라우드 컴퓨팅의 개념

① 클라우드 컴퓨팅(cloud computing)은 인터넷을 통해 가상화된 컴퓨팅 리소스를 제공하고, 데이터를 자신의 컴퓨터가 아닌 인터넷상 서버에 저장하며, 클라우드에 연결된 각종 IT 기기로 컴퓨팅 리소스에 접근하여 이용하는 기술이다.

② 클라우드 컴퓨팅 기술은 흔히 네트워크상에서 인터넷을 '구름(cloud)' 모양으로 표현한데서 그 명칭의 유래를 찾아볼 수 있다.

③ 웹메일이나 웹하드 서비스 등 사용자의 메일이나 정보를 저장하는 하드디스크 공간을 웹상에 가지고 있으면서 인터넷 접속이 가능한 곳 어디서나 확인하고 처리할 수 있는 서비스가 클라우드 컴퓨팅 서비스에 해당한다.

④ 클라우드 컴퓨팅을 도입하면 데이터 센터와 같은 물리적인 서버 구축 비용이 절감되고, 네트워크를 통해 사용자가 필요한 만큼 최신 버전의 기술 서비스를 제공받을 수 있으므로 수요 변화에 유연하게 대응할 수 있다. 또한 사용자는 다양한 IT 기기로 언제 어디서나 파일에 액세스하여 데이터를 처리하고 용이하게 협업할 수 있다.

(2) 클라우드 컴퓨팅의 유형

IaaS (Infrastructure as a Service)	클라우드 공급자가 서버, 네트워크, 저장공간 등 하드웨어 자원을 제공하고, 사용자가 소프트웨어를 탑재하여 사용하는 인프라형 서비스
PaaS (Platform as a Service)	클라우드 공급자가 개발환경을 미리 구축하여 사용자에게 제공하고, 개발자가 코드만 개발하면 사용 가능한 플랫폼형 서비스
SaaS (Software as a Service)	클라우드 공급자가 소프트웨어로 제공하고, 사용자는 설치 없이 구독하는 방식으로 사용하는 소프트웨어형 서비스

(3) 클라우드 컴퓨팅의 활용

① 수많은 디바이스에서 수집한 데이터를 관리하기 위한 플랫폼을 구축하기 위해서는 상당한 시간과 비용이 요구되므로 각 산업에 맞춰 특화된 클라우드 컴퓨팅 서비스를 이용하여 비용부담을 줄이고 운영관리를 일원화하는 추세이다.

② 국내 다수의 이커머스 기업들이 클라우드에 시스템을 구축하여 이커머스와 물류를 클라우드 친화적 구조로 재개발하고, 클라우드에서 대용량의 데이터를 처리하며 데이터를 기반으로 서비스를 제공하고 있다.

③ 스마트팩토리 IoT 데이터, 콜드체인 온도 모니터링 데이터 등을 SaaS 기반 애플리케이션에 저장하여 데이터를 직관적으로 확인하고 분석하며, 알림 기능을 통해 디바이스 장애 또는 온도일탈과 같은 문제상황을 신속하게 파악하고 대응할 수 있다.

8 가상현실과 메타버스

(1) 가상현실과 메타버스의 개념

① 가상현실(VR : Virtual Reality)은 컴퓨터 기술을 사용하여 사용자를 디지털로 생성된 가상 세계로 이동시키는 기술이다. 사용자는 헤드셋 형태의 장비를 통해 실제로 존재하지 않는 가상 환경에서 움직이거나 상호작용할 수 있는 경험을 할 수 있다.

② 증강현실(AR : Augmented Reality)은 실제 환경에 가상의 요소를 추가하여 현실과 가상의 세계를 융합시키는 기술이다. 증강현실은 안경 형태의 장비 또는 스마트폰 등을 통해 주변 상황을 인식하고 이를 기반으로 가상의 객체를 실제 환경에 투영하는 방식으로 작동하여 사용자는 디스플레이를 통해 실제 세계를 보면서 가상의 객체나 정보를 보거나 상호작용할 수 있다.

③ 혼합현실(MR : Mixed Reality)은 현실 세계에 가상현실(VR)이 접목되어 현실의 물리적 객체와 가상 객체가 상호작용할 수 있는 기술이다. 확장현실(XR : eXtended Reality)은 가상과 현실이 실감있게 공존, 소통할 수 있는 모든 가상융합기술(가상현실, 증강현실, 혼합현실 등)을 의미하며 가상과 현실의 연결, 사용자의 몰입 극대화, 현실공간의 제약 해소의 특징을 가진다.

④ 메타버스(metaverse)는 meta(초월, 가상)와 universe(우주, 세계)의 합성어로 가상과 현실이 융합된 세계, 즉 디지털과 현실이 만나는 가상공간을 의미한다.

(2) 가상현실과 메타버스의 활용

① 가상현실(VR) 기술을 통해 매장의 쇼룸 일부를 디지털화 하여 고객이 가상공간에서 리빙제품을 간단하게 조작해볼 수 있는 체험의 기회를 제공한다.
② 고객은 증강현실(AR)을 통해 옷이나 액세서리를 직접 착용하지 않고도 가상으로 피팅하여 어떻게 보이는지 예측할 수 있으며, 실제 현실 공간에 가상 가구를 배치하는 방식으로 고객들이 오프라인 매장을 방문하지 않고도 온라인 구매를 할 수 있도록 유도하고 있다.
③ 라이브 커머스 분야에서는 가상인간이 메타버스 기반의 방송 서비스를 진행하면서 고객들과 실시간 소통하는 새로운 형태의 메타버스 커머스가 시도되고 있다.

9 스마트물류와 자율주행

(1) 스마트물류와 자율주행의 개념

① 스마트물류(smart logistics)는 제품의 수주, 출하, 납품, 사후관리까지의 단계를 정보화시켜서 물류 과정에서 발생하는 여러 정보와 문제점을 실시간으로 파악하고 처리하는 방식이다. 전세계적으로 인공지능(AI), 사물인터넷(IoT), 로봇(robot), 블록체인(block chain), 드론(drone), 자율주행(autonomous driving), 디지털트윈(digital twin) 등 첨단기술을 접목하여 신속하고 유연한 물류서비스를 제공하는 스마트물류가 본격적으로 도입되고 있다.
② 자율주행(autonomous driving)은 인간 운전자의 개입 없이 자동차, 항공기, 로봇 등 수송체가 스스로 경로를 인식하고 장애물을 피하면서 이동하는 기술이다. 인간 운전자의 개입 필요도에 따라 인간이 운전의 주체가 되어 자율주행 시스템의 지원 없이 운전하는 0단계부터 수송체가 운전의 주체가 되어 인공지능 또는 외부 서버와의 통신에 따라 완전 자율주행을 하는 5단계까지 구분할 수 있다.
③ 디지털트윈(digital twin)은 물류센터와 같은 실제 설비, 사물 등을 3D 컴퓨터 화면에 구현하여 장비, 화물 등의 움직임을 실시간으로 확인하고 이상 유무를 점검하며 가상 시뮬레이션을 할 수 있는 기술이다.

(2) 스마트물류와 자율주행의 활용

① 인공지능 및 블록체인 기술로 상품의 정확한 수요 및 재고 예측이 가능하고, 입출고 상태에 대한 정보를 실시간으로 제공하여 물류비용 절감뿐만 아니라 물류의 효율성을 제고하고 있다.
② 국내외 대형 풀필먼트 센터에서는 레이저 스캐너와 충돌방지 센터 등을 탑재한 물류로봇(상품이 적치된 랙)이 작업자가 위치한 피킹존까지 이동하여 주문처리시간을 단축하고 생산성을 높이고 있으며, 재고가 부족한 경우 관리자에게 사전 알림을 제공한다.
③ 자율주행 트럭은 운전자의 조작 없이도 정밀지도와 위성항법장치(GPS : Global Positioning System) 등 각종 센서를 이용하여 도로 상황을 인식하고 스스로 주행할 수 있는 차량으로, 24시간 장거리 운송 및 운전자 인건비 절감 등의 효과를 거둘 수 있다. 또한 차량 간격 제어를 통하여 연속되는 여러 대의 차량을 일정한 간격을 유지하며 이동하는 군집주행(platooning)은 자율주행 트럭을 통한 수송량 증대에 기여할 수 있다.

실전감각 기르기

01 최근 유통정보시스템 구현에 있어 실시간 정보획득 기반기술로 초연결사회에 핵심 주요 기술로도 꼽히는 기술에 대한 설명이다. (   ) 안에 들어갈 가장 적절한 용어는 무엇인가?

> (   )은(는) 컴퓨터 및 네트워크 기술의 발전을 바탕으로 사람 간 연결(Internet of People)을 지원하던 인터넷을 확장해 실세계를 구성하는 모든 개체를 인터넷의 구성원으로 받아들여 정보를 공유하는 것을 일컫는다.
> (   )이(가) 측정·공유하는 데이터는 사람, 환경, 가정, 자동차 등 매우 다양한 원천으로부터 나온다.

① 지그비(Zigbee)
② 빅데이터(Bigdata)
③ 센서(Sensor)
④ 클라우드 컴퓨팅(Cloud Computing)
⑤ 사물인터넷(Internet of Things)

[해설] 제시된 내용은 사물인터넷에 대한 설명이다. 사물인터넷(Internet of Things : IoT)은 사람·사물·공간·데이터 등 모든 것이 인터넷으로 서로 연결되어, 정보가 생성·수집·공유·활용되는 미래 네트워크 기술이다. 이 용어는 1999년 MIT대 오토아이디센터(Auto-ID Center) 소장 케빈 애시턴(Kevin Ashton)이 향후 RFID(전자태그)와 기타 센서를 일상생활에 사용하는 사물에 탑재된 사물인터넷이 구축될 것이라고 전망하면서 처음 사용한 것으로 알려져 있다.

02 최근 유통채널 관리를 위한 정보시스템 구축시, 방대한 양의 정보의 효율적 관리 및 자원의 효율적 활용을 위한 방안으로 제시되고 있는 신기술 중 하나인 클라우드 컴퓨팅에 대한 설명으로 가장 옳지 않은 것은?

① SaaS, PaaS, IaaS 등으로 제공되는 서비스 특성에 따라 유형을 구분해볼 수 있다.
② 웹메일이나 웹하드 서비스 등 사용자의 메일이나 정보를 저장하는 하드디스크 공간을 웹상에 가지고 있으면서 인터넷 접속이 가능한 곳 어디서나 확인할 수 있는 서비스가 클라우드 컴퓨팅 서비스에 속한다.
③ 사용자는 제공받는 서비스와 관련 IT 기술에 대한 전문적인 지식(서버관리, 소프트웨어 유지보수 등)이 반드시 있어야 하나, 자원활용에는 매우 획기적인 성과를 준다.
④ 클라우드 컴퓨팅 기술은 흔히 네트워크상에서 인터넷을 '구름'모양으로 표현한데서 그 명칭의 유래를 찾아볼 수 있다.
⑤ SaaS는 웹을 통한 서비스로 제공되는 소프트웨어를 이용한다는 개념이다.

Answer 01 ⑤ 02 ③

해설 클라우드 컴퓨팅(Cloud Computing)은 정보가 인터넷상의 서버에 영구적으로 저장되고, 데스크탑·태블릿컴퓨터·노트북·넷북·스마트폰 등의 IT 기기 등과 같은 클라이언트에는 일시적으로 보관되는 컴퓨터 환경을 뜻한다. 즉, 이용자의 모든 정보를 인터넷상의 서버에 저장하고, 이 정보를 각종 IT 기기를 통하여 언제 어디서든 이용할 수 있다는 개념이다.

클라우드 컴퓨팅을 도입하면 기업 또는 개인은 컴퓨터 시스템을 유지·보수·관리하기 위하여 들어가는 비용과 서버의 구매 및 설치비용, 업데이트 비용, 소프트웨어 구매 비용 등 엄청난 비용과 시간·인력을 줄일 수 있고, 에너지 절감에도 기여할 수 있다.

클라우드 컴퓨팅 서비스 유형은 클라우드를 통해 하드웨어 네트워크 능력을 제공하는 Platform as a Service(PaaS), 클라우드에 애플리케이션들을 제공하는 Software as a Service(SaaS), 하드웨어, 네트워킹, 애플리케이션을 제공하는 Infrastructure as a Service(IaaS)로 구분된다.

③ 서비스 제공자는 제공하는 서비스와 관련 IT 기술에 대한 전문적인 지식(서버관리, 소프트웨어 유지보수 등)이 반드시 있어야 하나 사용자가 그러한 지식을 가져야 하는 것은 아니다.

03 다음의 사례 내용에 대한 설명으로 가장 옳은 것은?

> 2015년 여름 국내 한 대형마트의 사례이다. 이 마트는 '여름철 과일 기획전'을 열며 미국산 체리 450g 1팩을 7,500원에 팔았다. g당 가격으로 환산할 때 자두보다 4배, 수박보다 10배, 바나나보다 80배 비싼 가격에 팔린 것이다. 이를 가능하게 한 것은 온도에 민감한 체리 수송시, 자동온도조절이 가능한 쿨 컨테이너를 이용하였고, 체리 컨테이너의 온도와 습도 상태를 실시간으로 알려줄 수 있었기 때문이었다.
>
> – 동아비즈니스리뷰 기사에서 일부 발췌

① 사물인터넷 서비스 ② BYOD(Bring Your Own Device)
③ O2O 커머스 ④ 증강현실
⑤ PayWord

해설 ① 사물인터넷(IoT)은 현실세계의 사물들과 가상세계를 네트워크로 상호 연결해 사람과 사물, 사물과 사물 간 언제 어디서나 서로 소통할 수 있도록 하는 미래 인터넷 기술로, 1999년 MIT의 케빈 애쉬톤(Kevin Ashton)이 처음 이 용어를 사용하였다. 유무선 네트워크에서의 엔드디바이스(end-device)는 물론, 인간, 차량, 교량, 각종 전자장비, 문화재, 자연환경을 구성하는 물리적 사물 등이 모두 이 기술의 구성요인에 포함되며, 가전에서부터 자동차, 물류, 유통, 헬스케어에 이르기까지 다양한 분야에서 활용가능하다.

② BYOD(Bring Your Own Device)는 개인이 보유한 스마트기기를 회사 업무에 활용하는 것을 의미한다. 즉, 회사 업무에 직원들 개인 소유의 태블릿PC, 스마트폰, 노트북 등의 정보통신 기기를 활용하는 것을 일컫는 것으로, 2009년 인텔이 처음 도입하였다. BYOD 업무환경을 조성하면 직원들이 업무용과 개인용으로 구분하여 여러 기기를 가지고 다녀야 하는 불편이 없어 생산성 향상, 회사의 기기 구입비용을 줄일 수 있는 등의 효과가 있다.

Answer 03 ①

04 EPC(Electronic Product Code)의 특성에 대한 설명으로 가장 옳지 않은 것은?

① 위조품 방지기능이 있다.
② 유효기간을 관리할 수 있다.
③ 상품그룹별 품목단위, 즉 동일품목까지 식별할 수 있다.
④ 상품 추적기능이 있다.
⑤ 상품별 재고관리가 가능하다.

[해설] EPC(Electronic Product Code)는 RFID 태그의 IC칩에 입력되어 사용되는 식별코드이다. EPC가 기존의 바코드 번호와 다른 점은 동일한 상품이라도 모든 개체를 개별적으로 식별할 수 있는 일련번호가 추가되었다는 점이다. EPC 코드는 광범위한 곳에서 사용되는 코드이기 때문에 RFID 기술과 함께 연동되어 사용이 가능하고, 모든 물품의 개별적 식별이 가능하다.
③ EPC는 동일품목에 포함되는 모든 개별상품까지 식별할 수 있다.

05 EPC(Electronic Product Code)의 정의와 구성요소에 대한 설명으로 가장 옳지 않은 것은?

① EPC는 전자제품코드를 뜻하며, 차세대 바코드라고도 불린다.
② EPC 헤더는 번호, 형식, 버전 등을 포함한 EPC의 전체 길이를 나타낸다.
③ EPC 매니저는 상품코드와 일련번호의 관리책임을 맡고 있는 기업을 표시한다.
④ 일련번호는 품목 내에서의 개별제품의 고유번호를 표시한다.
⑤ EPC는 대한상공회의소 유통물류진흥원에서 개발한 코딩방식으로 개별상품을 식별할 수 있다.

[해설] EPC(Electronic Product Code) 코드는 GS1 표준바코드와 마찬가지로 상품을 식별하는 코드이다. 차이점은 바코드가 품목단위의 식별에 한정된 반면, EPC 코드는 동일품목의 개별상품까지 원거리에서 식별할 수 있다는 것이다.
⑤ EPC는 EPC Global Inc에서 개발한 코딩방식이다.

Answer 04 ③ 05 ⑤

06 다음은 RFID의 구성요소와 원리·기능을 설명한 것이다. 표의 (가)~(라)에 적합한 구성요소를 바르게 설명한 것은?

활용분야	원 리
(가)	• 상품에 부착되며 데이터가 입력되는 IC칩과 안테나로 구성 • 리더와 교신하여 데이터를 무선으로 리더에 전송 • 배터리 내장 유무에 따라 능동형과 수동형으로 구분됨
(나)	• 무선주파수를 발사하며 태그로부터 전송된 데이터를 수신하여 리더로 전달함 • 다양한 형태와 크기로 제작이 가능하며 태그의 크기를 결정하는 중요한 요소임
(다)	• 주파수 발신을 제어하고 태그로부터 수신된 데이터를 해독함 • 용도에 따라 고정형, 이동형, 휴대용으로 구분 • 안테나 및 RF회로, 변·복조기, 실시간 신호처리 모듈, 프로토콜 프로세서 등으로 구성
(라)	• 한 개 또는 다수의 태그로부터 읽어 들인 데이터를 처리함 • 분산되어 있는 다수의 리더 시스템을 관리함 • 리더로부터 발생하는 대량의 태그 데이터를 처리하기 위해 에이전트 기반의 분산계층구조로 되어 있음

① (가) 안테나 - (나) 태그 - (다) 호스트 - (라) 리더
② (가) 태그 - (나) 안테나 - (다) 호스트 - (라) 리더
③ (가) 안테나 - (나) 태그 - (다) 리더 - (라) 호스트
④ (가) 태그 - (나) 리더 - (다) 안테나 - (라) 호스트
⑤ (가) 태그 - (나) 안테나 - (다) 리더 - (라) 호스트

[해설] RFID 구축에는 RFID 태그(tag)와 RFID 판독기(reader)가 필요하다.
(가) 태그는 상품에 부착되며 데이터가 입력되는 IC칩과 안테나로 구성되는데 IC칩 안에 정보를 기록하고 안테나를 통해 리더와 교신하여 데이터를 무선으로 리더에 보낸다. 이 정보는 태그가 부착된 대상을 식별하는 데 이용된다. 태그는 배터리 내장 유무에 따라 능동형과 수동형으로 구분된다.
(나) 안테나는 무선주파수를 발사하며 태그로부터 전송된 데이터를 수신하여 리더로 전달한다. 다양한 형태와 크기로 제작이 가능하며 태그의 크기를 결정하는 중요한 요소이다.
(다) 리더(판독기)는 주파수 발신을 제어하고 태그로부터 수신된 데이터를 해독한다. 리더는 용도에 따라 고정형·이동형·휴대용으로 구분된다. 리더는 안테나 및 RF회로, 변·복조기, 실시간 신호처리 모듈, 프로토콜 프로세서 등으로 구성되어 있다.
(라) 호스트는 한 개 또는 다수의 태그로부터 읽어 들인 데이터를 처리하고, 분산되어 있는 다수의 리더 시스템을 관리한다. 호스트는 리더부터 발생하는 대량의 태그 데이터를 처리하기 위해 에이전트 기반의 분산계층구조로 되어 있다.

Answer 06 ⑤

07 다음은 유통산업에서 RFID를 활용했을 때의 기대효과를 설명한 것이다. 가장 거리가 먼 것은?

① 재고절감 : 상품재고수준의 실시간 파악으로 판매량에 따른 최소 재고수준 유지
② 입출고 리드타임의 절감 및 검수 정확도 향상 : 입출고 상품의 대량판독과 무검수, 무검품의 실현에 따른 리드타임의 획기적 절감
③ 상품손실 절감 : 상품의 수량 및 위치를 실시간 파악함으로써 도난 등의 상품손실 예방
④ 고객점유율 또는 고객의 지출점유율(wallet share) 제고
⑤ 점포 사무작업의 단순화 : 사무작업의 감소로 고객에게 부가적인 서비스 가능

[해설] 유통산업에서 RFID(Radio Frequency Identification)를 활용했을 때의 기대효과는 기존의 바코드에 기반을 둔 POS 시스템의 기대효과에 더하여 시간을 더욱 단축시킬 수 있다는 점을 들 수 있다. 이와 함께 상품의 수량 및 위치를 실시간 파악함으로써 도난 등의 상품손실을 예방할 수 있다는 점을 들 수 있다.
④ RFID를 도입한다고 해서 고객점유율이나 고객의 지출점유율이 높아지는 것은 아니다.

08 RFID(Radio Frequency Identification)와 바코드(bar code)에 관한 설명이다. 올바르지 않은 것은?

① 입력된 정보에 대하여 바코드의 경우는 수정 또는 재입력이 가능하나, RFID는 비접촉식 태그를 이용하여 자동인식되는 기술이므로 재입력이 불가능하다.
② RFID 시스템은 바코드에 비해 비용이 높고 스마트 카드에 비해서는 메모리 용량이 작은 단점이 있으나, 차세대 핵심기술이 되기 위해서는 다양한 표준화작업이 선행되어야 한다.
③ 바코드는 근거리에서 작동해야 하지만, RFID는 무선신호의 세기에 따라 거리를 자유롭게 조절할 수 있다.
④ 바코드와 RFID 태그의 가장 큰 차이점은 정보의 판독방법이다. 바코드는 코드를 개별적으로 하나씩 읽어 정보를 수동으로 인식시켜야 하는 것에 비해, 태그는 다량의 복수정보를 동시에 인식하여 읽거나 입력을 자동화할 수 있다.
⑤ 정보량에 있어서 바코드는 수십 단어에 불과하나, RFID는 수천 단어에 이른다.

[해설] RFID 태그는 읽기전용 태그, 한번 쓰기 가능한 태그, 읽기·쓰기 가능한 태그가 있다. 한번 쓰기 가능한 태그는 사용자가 데이터를 1회 입력할 수 있으며 입력 후에는 변경할 수 없다. 그리고 읽기·쓰기 가능 태그는 데이터 입력과 변경이 여러 번 가능하다. 따라서 가격은 높지만 고가상품 등에 활용할 수 있다.

Answer 07 ④ 08 ①

09 다음 중 유통물류에서의 RFID(Radio Frequency Identification) 도입의 직접적인 효과와 가장 거리가 먼 것은?

① 제품로스율의 저하를 통한 품질향상
② 분실 및 멸실의 방지
③ 고객의 특성에 맞는 상품구색 정책 도입의 편리성
④ 판매시점관리 및 재고조사의 편리성 증대
⑤ 신선도 유지

[해설] RFID(Radio Frequency Identification), 즉 무선주파수 식별(무선인식, 무선식별, 전자태그) 기술은 무선주파수(radio frequency)를 이용하여 먼 거리에 있는 대상(물건, 사람 등)을 식별할 수 있는 기술이다. RFID의 도입을 통해 POS 시스템이 한 단계 더 발전하게 되었다.
① RFID의 도입과 제품로스율, 나아가 품질향상은 아무런 관련이 없다.

10 RFID/USN 시스템에 대한 보안 취약점과 보안 요구사항에 대한 보완책으로 적절하지 않은 것은?

① 킬 태그(Kill Tag) - MIT의 AutoID 센터에서 제안한 방법으로 태그의 설계시 8비트의 비밀번호를 포함하고, 태그가 비밀번호와 'Kill' 명령을 받을 경우 태그가 비활성화되는 방식
② 페러데이 우리(Faraday Cage) - 무선주파수가 침투하지 못하도록 하는 방법으로 금속성의 그물이나 박막을 입히는 방법. 실제로 RSA 연구소는 2005년 유로화 RFID 시스템 도입에 대비하여 돈봉투에 그물을 입힌 상품을 제시
③ 칩 추가(System on chip) - 태그 내에 칩을 추가하여 하드웨어적으로 보호하는 방식
④ 방해전파(Active Jamming) - 리더기가 제품을 읽지 못하도록 방해신호를 보내는 물건을 소비자가 들고 다니는 방식
⑤ 차단자 태그(Blocker tag) - 모든 질문 메시지에 대해 '그렇다'라고 대답하는 태그로서, 이 태그를 차단자 태그가 만드는 비밀구역 안에서 안전하게 보호하는 방식

[해설] RFID 프라이버시 보호기법 중 물리적 접근기법으로는 킬태그(Kill Tag), 페러데이 우리(Faraday Cage), 능동적 전파방해(Active Jamming) 등이 있다. 그리고 기존 암호학적 접근기법으로는 해쉬 락(Hash Lock) 프로토콜, 랜덤 해쉬 락(Randomize Hash Lock) 프로토콜, 해쉬 체인(Hash Chain) 프로토콜, 재암호화(Re-encryption) 기법 등이 있다.

Answer 09 ① 10 ③

11 드론의 구성요인에 대한 설명으로 가장 옳지 않은 것은?

① 드론의 항법센서로는 전자광학센서, 초분광센서, 적외선센서 등이 있다.
② 드론 탑재 컴퓨터는 드론을 운영하는 브레인 역할을 하며 드론의 위치, 모터, 배터리 상태 등을 확인할 수 있게 한다.
③ 드론 모터는 드론의 움직임이 가능하도록 지원하고, 배터리는 모터에 에너지를 제공한다.
④ 드론 임무장비는 드론이 비행을 하면서 특정한 임무를 하도록 장착된 관련 장비를 의미한다.
⑤ 드론 프로펠러 및 프레임은 드론이 비행하도록 프레임워크를 제공한다.

> **해설** 드론 항법센서는 인공위성으로부터 위치신호를 받아서 현재 위치 및 목표 위치를 설정하는 역할을 한다. 그 세부에는 위성 항법, 미세전자기계시스템(MEMS : Micro Electro Mechanical Systems), 임베디드(embedded) 소프트웨어 기술 등이 있다. 전자광학센서, 초분광센서, 적외선센서 등은 드론의 목적에 따라 다양한 역할을 수행하는 임무 장비이다.

12 아래 글상자에서 설명하는 용어로 가장 옳은 것은?

> 모든 디바이스가 정보의 뜻을 이해하고 논리적인 추론까지 할 수 있는 지능형 기술로, 사람의 머릿속에 있는 언어에 대한 이해를 컴퓨터 언어로 표현하고 이것을 컴퓨터가 사용할 수 있게 만드는 것이다. 이 기술은 웹페이지에 담긴 내용을 이해하고 개인 맞춤형 서비스를 제공받아 지능화된 서비스를 제공하는 웹 3.0의 기반이 된다.

① 고퍼(gopher)
② 냅스터(napster)
③ 시맨틱웹(semantic-web)
④ 오페라(opera)
⑤ 웹클리퍼(web-clipper)

> **해설**
> ① 고퍼(gopher) : 정보의 내용을 주제별, 종류별로 구분하여 메뉴로 구성하고, 메뉴 방식으로 사용할 수 있는 인터넷 정보검색 서비스
> ② 냅스터(napster) : 컴퓨터 저장장치에 개인이 보유한 음악파일을 인터넷으로 공유할 수 있게 해주는 프로그램
> ③ 시맨틱웹(semantic-web) : 컴퓨터가 정보자원의 뜻을 이해하고, 논리적 추론까지 할 수 있는 의미론적인 웹
> ④ 오페라(opera) : 여러 종류의 컴퓨터 플랫폼에서 동작할 수 있는 작은 용량과 빠른 속도가 특징인 웹브라우저
> ⑤ 웹클리퍼(web-clipper) : 텍스트, 이미지, 링크 등 웹페이지를 스크랩할 수 있는 기능

Answer 11 ① 12 ③

13 웹 2.0을 가능하게 하고 지원하는 기술에 대한 설명으로 가장 옳지 않은 것은?

① 폭소노미(folksnomy)란 자유롭게 선택된 일종의 태그인 키워드를 사용해 구성원들이 함께 정보를 체계화하는 방식이다.
② UCC(User Created Contects)는 사용자들이 웹 콘텐츠의 생산자인 동시에 소비자로서의 역할을 가능하게 하여 참여와 공유를 지원한다.
③ 매시업(mashup)은 웹 콘텐츠를 소프트웨어가 자동적으로 이해하고 처리할 수 있도록 지원하여 정보와 지식의 공유 및 협력을 촉진한다.
④ API(Application Programming Interface)는 응용 프로그램에서 사용할 수 있도록 컴퓨터 운영체제나 프로그래밍 언어가 제공하는 기능을 제어할 수 있도록 만든 인터페이스이다.
⑤ RSS(Rich Site Summary)란 웹 공간에서 콘텐츠 공유를 촉진하며, 특정 사이트에서 새로운 정보가 있을 때 자동적으로 받아볼 수 있는 콘텐츠 배급방식이다.

해설 웹 1.0은 사용자가 개방형 커뮤니티에서 일방적으로 정보를 받았다면 웹 2.0은 참여, 공유, 개방의 플랫폼을 기반으로 사용자가 정보를 함께 제작하고 공유하는 것을 특징으로 한다. 웹 3.0은 개인화, 지능화 및 상황인식을 기반으로 컴퓨터가 사람을 대신해서 정보를 모으고 필요한 정보와 지식을 추출해서 보여주는 맞춤형 웹이다.
③ 매시업(mashup)은 웹으로 제공하는 정보와 서비스를 융합하여 새로운 소프트웨어, 서비스, 데이터베이스 등을 만드는 것이다. 매시업은 기존의 자원을 활용하여 만들기 때문에 서비스 구축을 위한 비용이 적게 드는 장점이 있는 반면, 다른 서비스에 종속되어 있어 1차 자원의 제공형태에 따라 관리가 어려운 단점이 있다.

Answer 13 ③

유통관리사 한권으로 끝내기

유통관리사 한권으로 끝내기

부록

최근기출문제

2023년 제1회 유통관리사

제1과목 유통물류일반관리

01 수요의 가격탄력성 크기를 결정하는 요인과 관련된 설명으로 가장 옳지 않은 것은?

① 대체재가 있는 경우의 가격탄력성은 크고, 대체재가 없으면 가격탄력성은 작다.
② 소득에서 재화의 가격이 차지하는 비중과 가격탄력성은 반비례한다.
③ 평균적으로 생활필수품인 경우 가격탄력성은 작다.
④ 평균적으로 사치품인 경우 가격탄력성은 크다.
⑤ 재화의 용도가 다양할수록 가격탄력성은 크다.

[해설] 소득에서 차지하는 재화의 가격 비중이 큰 경우 이는 사치재에 해당한다. 일반적으로 사치재는 수요의 가격탄력성이 큰(탄력적인) 재화이므로 가격이 차지하는 비중과 수요의 가격탄력성은 비례관계에 있다.

02 유통비용을 최소화시킬 수 있는 유통시스템 설계를 위한 유통경로의 길이 결정 시 파악해야 할 요소 중 상품요인과 관련된 것만으로 옳게 나열된 것은?

① 부피, 부패성, 기술적 특성, 총마진
② 고객에 대한 지식, 통제의 욕구, 재무적 능력
③ 비용, 품질, 이용가능성
④ 지리적 분산, 고객밀집도, 고객의 수준, 평균 주문량
⑤ 단위가치, 상품표준화, 비용, 품질

[해설] 상품요인은 소멸성(부패성), 부피, 표준화 정도, 서비스 정도, 가격 및 단가 등의 요소이다.
유통경로 길이 설계 시 결정요인

상품요인	소멸성(부패성), 부피, 표준화 정도, 서비스 정도, 가격 및 단가 등
고객요인	고객 수, 지리적 분산, 구매패턴, 판매방법에 대한 반응성 등
경쟁자요인	지역적 근접성, 판로에 따른 근접성, 재무적 강점
제조업자요인	제품믹스, 유통경로 경험, 마케팅 정책 등
유통업자요인	이용가능성, 제품계열의 수용 정도

Answer 01 ② 02 ①

03 조직 내에서 일반적으로 발생할 수 있는 갈등의 순기능적 역할에 대한 설명으로 가장 옳지 않은 것은?

① 향후 발생가능한 갈등을 해결할 수 있는 표준화된 방법을 개발할 수 있다.
② 갈등해결 과정에서 동맹체가 결성되는 경우 어느 정도 경로구성원 간의 힘의 균형을 이룰 수 있다.
③ 경로구성원 간의 의사소통의 기회를 늘림으로써 정보교환을 활발하게 해준다.
④ 고충처리와 갈등 해결의 공식창구와 표준절차를 마련하는 데 도움을 준다.
⑤ 유통시스템 내의 자원을 권력 순서대로 재분배하게 해준다.

[해설] 조직에 있어서 갈등은 외부적으로는 부정적인 측면으로 보일 수 있으나, 내부적으로는 부서 간 힘의 균형을 이루고 의사소통을 공식화하고 표준화시켜 조직 전체를 효율화시키는 순기능으로도 작용한다. 하지만 유통시스템 내 자원을 순서대로 재분배하는 기능으로 작용하지는 않는다.

04 유통산업발전법(법률 제18310호, 2021.7.20. 타법개정)에 의거하여 아래 글상자 괄호 안에 공통적으로 들어갈 단어로 옳은 것은?

- 무점포판매란 상시 운영되는 매장을 가진 점포를 두지 아니하고 상품을 판매하는 것으로서 (   )으로 정하는 것을 말한다.
- 유통표준코드란 상품·상품포장·포장용기 또는 운반 용기의 표면에 표준화된 체계에 따라 표기된 숫자와 바코드 등으로서 (   )으로 정하는 것을 말한다.

① 대통령령
② 중소벤처기업부령
③ 과학기술정보통신부장관령
④ 산업통상자원부령
⑤ 국무총리령

[해설] 유통산업발전법 제2조 제9호(무점포판매)와 제10호(유통표준코드)에 대한 용어의 정의이다. 이는 산업통상자원부령(시행규칙)으로 정한다.

Answer 03 ⑤ 04 ④

05 아래 글상자의 6시그마 실행 단계를 순서대로 바르게 나열한 것은?

> ㉠ 개선된 상태가 유지될 수 있도록 관리한다.
> ㉡ 핵심품질특성(CTQ)과 그에 영향을 주는 요인의 인과관계를 파악한다.
> ㉢ 현재 CTQ 충족 정도를 측정한다.
> ㉣ CTQ를 파악하고 개선 프로젝트를 선정한다.
> ㉤ CTQ의 충족 정도를 높이기 위한 방법과 조건을 찾는다.

① ㉣ - ㉡ - ㉢ - ㉤ - ㉠
② ㉤ - ㉣ - ㉢ - ㉡ - ㉠
③ ㉢ - ㉠ - ㉡ - ㉣ - ㉤
④ ㉣ - ㉢ - ㉡ - ㉤ - ㉠
⑤ ㉢ - ㉡ - ㉠ - ㉣ - ㉤

[해설] 1986년 모토로라에 의해 정립된 품질관리기법으로 1990년대 GE의 잭웰치가 이를 도입함으로써 더욱 중요한 품질관리기법으로 자리잡았다.
6시그마를 실행하기 위한 단계로는 DMAIC이 있으며 이는 순차적으로 적용된다. 첫단계는 핵심품질특성(CTQ)를 파악하는 단계인 Define(정의)로부터 시작하며, 현재 CTQ 충족 정도를 측정하는 Measure(측정), CTQ와 그에 영향을 주는 요인의 인과관계를 파악하는 Analyze(분석), CTQ의 충족 정도를 높이기 위한 개선단계인 Improve(개선), 개선된 상태가 유지될 수 있도록 관리하는 Control(통제) 단계를 순차적으로 적용하게 된다.

06 동기부여와 관련된 여러 가지 학설에 대한 설명으로 옳지 않은 것은?

① 매슬로우는 인간의 욕구를 생리적 욕구부터 자아실현의 욕구까지 총 5단계로 구분하여 설명하였다.
② 맥클리란드는 성장, 관계, 생존의 3단계로 구분하여 설명하였다.
③ 알더퍼의 경우 한 차원 이상의 욕구가 동시에 동기부여 요인으로 사용될 수 있다고 주장하였다.
④ 허쯔버그의 동기요인에는 승진가능성과 성장가능성이 포함된다.
⑤ 허쯔버그의 위생요인에는 급여와 작업조건이 포함된다.

[해설] 동기부여이론 중 성장, 관계, 생존의 3단계로 구분하여 설명한 ERG이론을 정립한 학자는 알더퍼(Alderfer)이며, 맥클리란드는 성취욕구이론을 주장하였다.

Answer 05 ④ 06 ②

07 화인 표시의 종류와 설명의 연결이 옳지 않은 것은?

① 품질 표시(quality mark)는 내용품의 품질이나 등급을 표시한다.
② 주의 표시(care mark)는 내용물의 취급상 주의 사항을 표시한다.
③ 목적항 표시(destination mark)는 선적·양륙 작업을 용이하게 하고 화물이 잘못 배송되는 일이 없도록 목적항을 표시한다.
④ 수량 표시(case mark)는 포장 화물 안의 내용물의 총수량을 표시한다.
⑤ 원산지 표시(origin mark)는 관세법규에 따라 표시하는 수출물품의 원산지를 표시한다.

[해설] 화인(Marking)이란 수출입화물의 식별을 위해 화물의 포장외관에 주화인, 부화인, 목적항, 중량표시, 화물번호, 원산지, 품질마크, 주의사항 등을 표기하는 것을 말한다. 화인에 수량표시는 표시되지 않는다.

08 물류합리화 방안의 하나인 포장 표준화에 관한 내용으로 옳지 않은 것은?

① 재료표준화 - 환경대응형 포장 재료의 개발
② 강도표준화 - 품목별 적정 강도 설정
③ 치수표준화 - 표준 팰릿(pallet)의 선정
④ 관리표준화 - 포장재 구매 기준 및 사후 관리 기준 제정
⑤ 가격표준화 - 물류여건에 대응하는 원가 절감형 포장법 개발

[해설] 물류합리화 방안의 하나인 포장 표준화의 3요소는 규격(치수), 강도, 재료(재질)이며, 최근에는 관리를 포함하여 포장표준화의 4요소로 구분하고 있다.

09 물류비를 분류하는 다양한 기준 중에서 지급형태별 물류비로만 옳게 나열된 것은?

① 조달물류비, 사내물류비, 역물류비
② 수송비, 보관비, 포장비
③ 자가 물류비, 위탁 물류비
④ 재료비, 노무비, 경비
⑤ 조업도별 물류비, 기타 물류비

[해설] 기업물류비산정지침 제7조에 따르면 지급형태별로는 다음과 같이 분류하고 있다.
1. 자가물류비는 자사의 설비나 인력을 사용하여 물류활동을 수행함으로써 소비된 비용을 말하며, 다시 재료비, 노무비, 경비, 이자의 항목으로 구분한다.
2. 위탁물류비는 물류활동의 일부 또는 전부를 타사에 위탁하여 수행함으로써 소비된 비용을 말하며, 물류자회사 지급분과 물류전문업체 지급분으로 구분한다.

Answer 07 ④ 08 ⑤ 09 ③

10 제품수명주기 단계 중 성숙기에 사용할 수 있는 마케팅 믹스 전략으로 옳지 않은 것은?

① 브랜드와 모델의 다양화
② 경쟁사에 대응할 수 있는 가격
③ 브랜드 차별화와 편익을 강조한 광고
④ 기본 형태의 제품 제공
⑤ 집중적 유통의 강화

[해설] 기본 형태의 제품 제공은 도입기에 해당하는 전략에 해당하며, 성숙기에는 다양한 제품과 브랜드 강화를 통해 경쟁기업과 차별화를 강조해야 한다.

11 제품이 고객에게 인도되기 전에 품질요건이 충족되지 못함으로써 발생하는 품질관리 비용으로 옳은 것은?

① 생산준비비용
② 평가비용
③ 예방비용
④ 내부실패비용
⑤ 외부실패비용

[해설] 품질관리에 있어 품질비용(costs of quality)은 제품을 처음부터 잘 만들지 않아 발생하는 비용이다. 이중 예방비용은 제품이 생산되기 전 불량품질의 발생을 미연에 방지하기 위하여 발생하는 비용으로 품질계획, 품질교육, 신제품 설계 검토 등에 소요되는 비용을 말한다.

12 소매점에서 발생할 수 있는 각종 비윤리적 행동에 대한 대처방안으로 옳지 않은 것은?

① 소매점의 경우 공적비용과 사적비용의 구분이 모호할 수 있기에 공금의 사적 이용을 방지하기 위해 엄격한 규정이 필요하다.
② 과다 재고, 재고로스 발생을 허위로 보고하지 않도록 철저하게 확인해야 한다.
③ 협력업체와의 관계에서 우월적 지위 남용을 하지 않아야 한다.
④ 회사명의의 카드를 개인적으로 사용하는 행위를 사전에 방지해야 한다.
⑤ 큰 피해가 없다면 근무 시간은 개인적으로 조정하여 활용한다.

[해설] 최근 기업에서 발생하는 비윤리적 행동에 대한 사회적 공감대가 커지고 있다. 공금 또는 회사카드의 사적 유용(도덕적 해이), 허위보고, 우월적 지위의 남용(갑질) 등이 대표적이다. 반면 타당한 범위 내 근무시간의 개인적 조정은 근로자의 권리에 해당한다.

Answer 10 ④ 11 ④ 12 ⑤

13
아래 글상자 내용 중 글로벌 유통산업 환경변화의 설명으로 옳은 것을 모두 고르면?

> ㉠ 유통시장 개방의 가속화
> ㉡ 주요 소매업체들의 해외 신규출점 증대 및 M&A를 통한 초대형화 추진
> ㉢ 선진국 시장이 포화되어감에 따라 시장 잠재성이 높은 신규시장 발굴에 노력
> ㉣ 대형유통업체들은 해외시장 진출확대를 통해 성장을 도모

① ㉠, ㉡
② ㉠, ㉢
③ ㉠, ㉣
④ ㉡, ㉢, ㉣
⑤ ㉠, ㉡, ㉢, ㉣

[해설] 유통시장 개방의 가속화, 해외 신규출점 증대 및 M&A를 통한 초대형화 추진, 잠재성이 높은 신규시장 발굴 노력, 대형유통업체들의 해외시장 진출확대 등은 글로벌 유통산업의 주요 환경변화에 해당한다.

14
테일러의 기능식 조직(functional organization)에 대한 단점으로 옳지 않은 것은?

① 명령이 통일되지 않아 전체의 질서적 관리가 문란해지는 경우가 있다.
② 각 관리자가 담당하는 전문적 기능에 대한 합리적 분할이 실제상 용이하지 않다.
③ 일의 성과에 따른 보수를 산정하기 어렵다.
④ 상위자들의 마찰이 일어나기 쉽다.
⑤ 각 직원이 차지하는 직능이 지나치게 전문화되어 그 수가 많아지면 간접적 관리자가 증가된다.

[해설] 기능식 조직은 부문화의 가장 기본적인 형태로 전체조직을 인사·생산·재무·회계·마케팅 등의 경영기능을 중심으로 부문화한 조직형태이다. 이 조직의 장점은 부서별로 분업이 이루어짐에 따라 전문화를 촉진시켜 효율을 향상시키고, 관련된 활동을 부서화했기 때문에 개별부서 내의 조정이 용이하며, 직능별 전무화를 선택하여 성과 측정이 편리하다는 점이다. 반면 단점은 기업의 성장으로 인하여 규모가 확대되어 구조가 지나치게 복잡해지면 기업전체의 의사결정이 지연되고, 기업전반의 효율적인 관리·통제가 어려워진다는 점, 최고경영자에게 과다하게 업무가 집중된다는 점 등이 있다.

15
유통기업에 종사하는 종업원의 권리로 옳지 않은 것은?

① 일할 권리
② 근무 시간 중에도 사생활을 보호받을 권리
③ 근무시간 이외의 시간은 자유의사에 따라 정치활동을 제외한 외부활동을 자유롭게 할 수 있는 권리
④ 안전한 작업장에서 근무할 수 있도록 요구할 권리
⑤ 노동조합을 결성하고 파업과 같은 단체 행동을 할 수 있는 권리

Answer 13 ⑤ 14 ③ 15 ③

[해설] 종업원은 근무시간 이외의 시간에는 자유의사에 따라 정치활동을 포함하여 외부활동을 자유롭게 할 수 있는 권리가 당연히 인정된다.

16 도매상의 혁신전략과 내용 설명이 옳지 않은 것은?

구분	혁신전략	내용
㉠	도매상의 합병과 매수	기존시장에서의 지위확보, 다각화를 위한 전후방 통합
㉡	자산의 재배치	회사의 핵심사업 강화 목적, 조직의 재설계
㉢	회사의 다각화	유통다각화를 통한 유통라인 개선
㉣	전방과 후방통합	이윤과 시장에서의 지위강화를 위한 통합
㉤	자산가치가 높은 브랜드의 보유	창고 자동화, 향상된 재고관리

① ㉠ ② ㉡
③ ㉢ ④ ㉣
⑤ ㉤

[해설] 창고 자동화, 향상된 재고관리와 관련된 혁신전략은 자산가치가 높은 브랜드의 보유보다는 생산관리의 효율화 측면과 연관성이 높다.

17 유통경로 기능에 관한 설명으로 옳지 않은 것은?

① 교환과정의 촉진 ② 소비자와 제조업체의 연결
③ 제품구색 불일치의 완화 ④ 고객서비스 제공
⑤ 경로를 통한 유통기능의 제거

[해설] 유통경로는 생산자와 소비자를 연결하는 기능을 하는 채널을 뜻한다. 따라서 경로를 통한 유통기능의 제거는 유통경로의 기능이 될 수 없다.

18 아래 글상자에서 설명하는 유통경영조직의 원칙으로 옳은 것은?

> 조직의 공통목적을 달성하기 위하여 각 부문이나 각 구성원의 충돌을 해소하고 조직 제 활동의 내적 균형을 꾀하고, 조직의 느슨한 부분을 조절하려는 원칙

① 기능화의 원칙 ② 권한위양의 원칙
③ 명령통일의 원칙 ④ 관리한계의 원칙
⑤ 조정의 원칙

Answer 16 ⑤ 17 ⑤ 18 ⑤

해설 유통경영조직의 원리 중 조정의 원리란, 조직 공동의 목표 달성을 위해 집단 전체의 노력을 질서 있게 배열하고, 분화된 여러 부서의 활동들을 통합시키는 원리라 할 수 있다.

19 최상위 경영전략인 기업 수준의 경영전략으로 옳지 않은 것은?

① 새로운 시장에 기존의 제품으로 진입하여 시장을 확장하는 시장개발전략
② 기존 시장에 새로운 제품으로 진입하기 위한 제품개발전략
③ 경쟁사에 비해 우수한 품질의 제품을 제공하려는 차별화전략
④ 기존 제품의 품질 향상을 통해 시장점유율을 높이려는 시장침투전략
⑤ 기존 사업과 연관된 다른 사업을 인수하여 고객을 확보하려는 다각화전략

해설 앤소프(I. Ansoff)의 제품-시장 확장그리드전략(시장침투전략, 시장개발, 제품개발, 다각화전략), 수직적 통합 및 기업인수합병 등은 기업수준의 경영전략에 해당하며, 원가우위전략, 차별화전략, 집중화전략 등은 사업부수준의 전략에 해당한다.

20 마이클 포터의 5가지 세력 모델과 관련한 설명으로 옳지 않은 것은?

① 과업 환경을 분석하는 것으로 이해관계자 분석이라고 할 수 있다.
② 산업 내 기업의 경쟁강도를 파악해야 한다.
③ 신규 진입자의 위험은 잠재적 경쟁업자의 진입 가능성으로 진입장벽의 높이와 관련이 있다.
④ 구매자의 교섭력과 판매자의 교섭력이 주요 요소로 작용한다.
⑤ 상호보완재의 유무가 중요한 경쟁요소로 작용한다.

해설 마이클 포터의 5가지 세력 모델과 관련하여 상호보완재의 유무가 아니라 대체제의 위협이 경쟁요소에 해당한다.

21 아래 글상자 괄호 안에 들어갈 보관 원칙 정의가 순서대로 바르게 나열된 것은?

- 출입구가 동일한 경우 입출하 빈도가 높은 상품을 출입구에서 가까운 장소에 보관하는 것은 (㉠)의 원칙이다.
- 표준품은 랙에 보관하고 비표준품은 특수한 보관기기 및 설비를 사용하여 보관하는 것은 (㉡)의 원칙이다.

① ㉠ 유사성, ㉡ 명료성
② ㉠ 위치표시, ㉡ 네트워크 보관
③ ㉠ 회전대응 보관, ㉡ 형상 특성
④ ㉠ 명료성, ㉡ 중량 특성
⑤ ㉠ 동일성, ㉡ 유사성

Answer 19 ③ 20 ⑤ 21 ③

해설 보관의 원칙 중 회전대응 보관의 원칙은 회전율이 높은 상품, 즉 입출하 빈도가 높은 상품을 출입구에서 가까운 장소에 보관하는 것이 유리하다는 원칙이다. 또한 형상 특성의 원칙은 보관품의 형상이 박스나 파렛트 형태 등 규격이 표준화된 경우에는 랙(rack)을 이용하고, 형상이 불규칙한 비표준품은 포대나 특수 용기를 이용하여 보관하는 것이다.

22 도소매 물류서비스에서 고객서비스에 영향을 주는 요인에 대한 설명으로 옳지 않은 것은?

① 일반적으로 품목의 가용성은 발주량, 생산량, 재고비용 등을 측정하여 파악할 수 있다.
② 예상치 못한 특별주문에 대한 대처 능력은 비상조치 능력으로 파악할 수 있다.
③ 사전 주문 수량과 일치하는 재고 보유를 통해 결품을 방지하고 서비스 수준을 높일 수 있다.
④ 신뢰성은 리드타임과 안전한 인도, 정확한 주문이행 등에 의해 결정된다.
⑤ 고객과의 커뮤니케이션을 통해 고객 서비스 수준을 파악할 수 있다.

해설 사전 주문 수량과 일치하는 재고 보유를 하는 경우 이후에 발생 가능한 추가적인 주문에 대응할 수 없으므로 기회비용이 발생할 수 있고 이는 서비스 수준의 저하를 야기할 수 있다.

23 유통경영환경 분석을 위한 SWOT 분석 방법의 활용에 관한 설명으로 옳지 않은 것은?

① 기회를 최대화하고 위협을 최소화한 기업 자원의 효율적 사용이 목표이다.
② SO 상황에서는 강점을 적극적으로 활용한 시장기회 선점 전략을 구사한다.
③ WT 상황에서는 약점을 보완하기 위해 투자를 대폭 강화한 공격적 전략을 구사한다.
④ WO 상황에서는 약점을 보완하여 시장의 기회를 활용할 수 있는 전략적 제휴를 실시한다.
⑤ ST 상황에서는 시장의 위협을 회피하기 위해 제품 확장전략을 사용한다.

해설 WT 상황은 내부적으로는 약점, 외부적으로는 위협요인이 존재하는 기업환경이므로 위협을 회피하는 보수적인 전략을 취하는 것이 유리하다. 투자를 대폭 강화한 공격적 전략을 구사하는 것은 SO 상황에 해당한다.

24 증권이나 상품과 같은 기업의 자산을 미리 정해 놓은 기간에 정해 놓은 가격으로 사거나 파는 권리인 옵션과 관련된 설명으로 옳지 않은 것은?

① 행사 가격은 미래에 옵션을 행사할 때 주식을 구입하는 대가로 지불하는 금액이다.
② 매도자는 권리만 가지고 매입자는 의무만을 가지는 전형적인 비대칭적인 계약이다.
③ 일반적으로 무위험 이자율이 커질수록 행사가격의 현재 가치는 작아진다.
④ 옵션의 종류로는 콜옵션과 풋옵션이 있다.
⑤ 배당금이 클수록 콜옵션의 가격은 낮아진다.

Answer 22 ③ 23 ③ 24 ②

해설 옵션은 조건부청구권으로, 옵션 구입 후 원하는 조건이 성립되는 경우에만 옵션을 행사하므로 어느 한쪽에게 권리나 의무만 주어지는 비대칭계약에 해당하지는 않는다.

25 모바일 쇼핑의 주요한 특성으로 옳지 않은 것은?

① 스마트폰이 상용화되면서 모바일 쇼핑이 증가하게 되었다.
② 기존의 유통업체들도 진출하는 추세로 경쟁이 치열해졌다.
③ 가격과 함께 쉽고 편리한 구매환경에 대한 중요성도 높아졌다.
④ 스마트폰을 통해 가격을 검색하고 오프라인 매장에서 실물을 보고 구매하는 쇼루밍(showrooming)이 증가하고 있다.
⑤ 정기적인 구매가 이루어지는 생필품은 모바일 쇼핑의 대표적인 판매 품목 중 하나이다.

해설 스마트폰을 통해 가격을 검색하고 오프라인 매장에서 실물을 보고 구매하는 것을 역쇼루밍(reverse showrooming) 또는 웹루밍(webrooming)이라고 한다.

제2과목 상권분석

26 경쟁점포가 상권에 미치는 일반적 영향에 관한 설명으로 가장 옳은 것은?

① 인접한 경쟁점포는 편의품점의 상권을 확장시킨다.
② 인접한 경쟁점포는 편의품점의 매출을 증가시킨다.
③ 인접한 경쟁점포는 선매품점의 상권을 확장시킨다.
④ 산재성입지에 적합한 업종일 때 인접한 경쟁점포는 매출증가에 유리하다.
⑤ 집재성입지에 적합한 업종은 인접한 동일업종 점포가 없어야 유리하다.

해설 ③ 선매품(shopping goods)은 가구나 의류처럼 상품의 가격과 품질, 디자인 등을 여러 점포를 통해 비교한 후 구매하는 제품이다. 따라서 선매품점은 여러 점포가 인접하여 입지하여야 매출을 증대시키고 상권을 확장시킬 수 있다.
④ 산재성입지는 분산 입지해야 바람직하므로 산재성입지에 적합한 업종인 경우 인접한 경쟁점포는 매출을 감소시킨다.
⑤ 집재성입지는 유사업종 또는 동일업종의 점포들이 한 곳에 집단적으로 모여 집적효과 또는 시너지효과를 거두는 입지유형이므로 인접한 동일업종의 점포가 있어야 유리하다.

Answer 25 ④ 26 ③

27 상권을 규정하는 요인에 대한 설명으로 옳지 않은 것은?

① 상권이란 시장지역이라고도 할 수 있으며, 상권을 규정하는 요인에는 시간요인과 비용요인이 있다.
② 시간요인 측면에서 봤을 때, 상품가치를 좌우하는 보존성이 강한 재화일수록 오랜 운송에 견딜 수 있으므로 상권이 확대된다.
③ 재화의 이동에서 사람을 매개로 하는 소매상권은 재화의 종류에 따라 비용이나 시간사용이 달라지므로 상권의 크기가 달라진다.
④ 비용요인에는 생산비, 운송비, 판매비용 등이 포함되며 비용이 상대적으로 저렴할수록 상권은 축소된다.
⑤ 고가의 제품일수록 소비자는 많은 시간과 비용을 투입하므로 상권의 범위가 넓어진다.

[해설] ④ 상권을 규정하는 비용요인에는 운송비와 판매비용 등이 포함된다. 이러한 비용이 상대적으로 작을수록 상권의 범위는 확대된다.

28 상권에 대한 일반적인 설명으로 가장 옳지 않은 것은?

① 업종이나 취급하는 상품의 종류는 상권의 범위에 영향을 준다.
② 사회적, 행정적 요인 등의 기준에 의한 확정적 개념이기에 초기 설정이 중요하다.
③ 가격이 비교적 낮고 구매 빈도가 높은 편의품의 경우 상권이 좁은 편이다.
④ 가격이 비교적 높고 수요 빈도가 낮은 전문품의 경우 상권이 넓은 편이다.
⑤ 소자본 상권의 경우 유동인구가 많고 접근성이 높은 곳이 유리하다.

[해설] ② 상권은 사회적, 행정적 요인 등의 기준에 의한 확률적 개념이므로 이들 요인이 변화하면 상권의 범위는 변화한다.

29 크기나 정도가 증가할수록 소매점포 상권을 확장시키는 요인으로서 가장 옳은 것은?

① 자연적 장애물　　　　　② 인근점포의 보완성
③ 배후지의 소득수준　　　④ 배후지의 인구밀도
⑤ 취급상품의 구매빈도

[해설] ② 인근점포의 보완성이 높아지면 소매점포의 상권은 확장된다. 이는 입지대안 평가의 원칙 중 보충가능성의 원칙(principle of compatibility)에 해당하는 것으로 인접한 지역에 위치한 사업들 간에 보충가능성(보완성)이 높을수록 점포의 매출액이 높아지고 상권은 확장된다. 넬슨(Nelson)의 소매입지의 원칙 중 양립성(compatibility)에 해당한다.

Answer　27 ④　28 ②　29 ②

30 신규로 소매점포를 개점하기 위한 준비과정의 논리적 순서로서 가장 옳은 것은?

① 소매믹스설계 - 점포계획 - 상권분석 - 입지선정
② 소매믹스설계 - 상권분석 - 입지선정 - 점포계획
③ 점포계획 - 소매믹스설계 - 상권분석 - 입지선정
④ 상권분석 - 입지선정 - 소매믹스설계 - 점포계획
⑤ 상권분석 - 입지선정 - 점포계획 - 소매믹스설계

> 해설 소매점포를 개점하기 위해서는 상권분석 → 입지선정 → 점포계획 → 소매믹스설계 등의 절차를 거치는 것이 일반적이다.

31 소매점포의 입지는 도로조건 즉, 해당 부지가 접하는 도로의 성격과 구조에 따라 영향을 받는다. 도로조건에 대한 일반적 평가로서 가장 옳지 않은 것은?

① 도로와의 접면 - 가로의 접면이 넓을수록 유리함
② 곡선형 도로 - 곡선형 도로의 커브 안쪽보다는 바깥쪽이 유리함
③ 도로의 경사 - 경사진 도로에서는 상부보다 하부가 유리함
④ 일방통행 도로 - 가시성과 접근성 면에서 유리함
⑤ 중앙분리대 - 중앙분리대가 있는 도로는 건너편 고객의 접근성이 떨어지기 때문에 불리함

> 해설 ④ 일방통행 도로에 위치한 점포는 시계성(가시성, 시인성)과 교통의 접근성에 있어서 불리하다.

32 점포를 이용하는 소비자나 점포 주변 거주자들로부터 자료를 수집하여 현재 영업 중인 점포의 상권범위를 파악하려는 조사기법으로 보기에 가장 적합하지 않은 것은?

① 점두조사
② 내점객조사
③ 체크리스트(checklist)법
④ 지역표본추출조사
⑤ CST(customer spotting techniques)

> 해설 자료를 수집하여 상권범위를 파악하려는 조사기법으로는 점두조사, 내점객조사, 지역표본추출조사와 CST 기법 등이 있다.
> 체크리스트(checklist)법은 상권의 규모에 영향을 미치는 요인들을 수집하여 이들에 대한 평가결과를 점수화하여 시장잠재력을 측정하는 방법이다. 즉 특정 상권의 제반특성을 여러 항목으로 구분하여 조사하고, 이를 바탕으로 신규점포의 개설가능성 여부를 평가하는 방법이다.

Answer 30 ⑤ 31 ④ 32 ③

33 점포입지의 매력성에 영향을 미치는 요인들을 상권요인과 입지요인으로 구분할 수 있다. 입지요인으로 가장 옳은 것은?

① 가구 특성
② 경쟁 강도
③ 소득 수준
④ 인구 특성
⑤ 점포 면적

해설) 점포입지의 매력성에 영향을 미치는 요인 중 상권요인은 인구, 자연조건, 교통체계 및 유통업의 형태(업태) 등과 관련이 있다.
⑤ 점포 면적은 입지요인에 해당한다.

34 소매입지 유형과 아래 글상자 속의 입지특성의 올바르고 빠짐없는 연결로서 가장 옳은 것은?

> ㉠ 고객흡인력이 강함
> ㉡ 점포인근에 거주인구 및 사무실 근무자가 많음
> ㉢ 점포주변 유동인구가 많음
> ㉣ 대형 개발업체의 개발계획으로 조성됨

① 백화점 - ㉠, ㉢, ㉣
② 독립입지 - ㉠, ㉡, ㉣
③ 도심입지 - ㉠, ㉢, ㉣
④ 교외 대형쇼핑몰 - ㉡, ㉢, ㉣
⑤ 근린쇼핑센터 - ㉠, ㉡, ㉣

해설) ① 백화점은 도심이나 도시의 부심에 주로 위치하므로 사무실 근무자와 점포주변 유동인구는 많지만 거주인구는 많지 않다.

35 "유통산업발전법"(법률 제18310호, 2021.7.20., 타법개정)이 정한 "전통상업보존구역"에 "준대규모점포"를 개설하려고 할 때 개설등록 기한으로서 옳은 것은?

① 영업 개시 전까지
② 영업 개시 30일 전까지
③ 영업 개시 60일 전까지
④ 대지나 건축물의 소유권 또는 사용권 확보 전까지
⑤ 대지나 건축물의 소유권 또는 사용권 확보 후 30일 전까지

해설) 전통상업보존구역에 준대규모점포를 개설하려는 자는 영업을 시작하기 전에 산업통상자원부령으로 정하는 바에 따라 상권영향평가서 및 지역협력계획서를 첨부하여 특별자치시장·시장·군수·구청장에게 등록하여야 한다.(법 제8조)

Answer) 33 ⑤ 34 ① 35 ①

36 소비자가 상권 내의 세 점포 중에서 하나를 골라 어떤 상품을 구매하려고 한다. 세 점포의 크기와 점포까지의 거리는 아래의 표와 같다. Huff모형을 이용할 때, 세 점포에 대해 이 소비자가 느끼는 매력도의 크기가 큰 것부터 제대로 나열된 것은? (단 소비자의 점포크기에 대한 민감도 = 1, 거리에 대한 민감도 모수 = 2로 계산)

점포	거리(km)	점포크기(제곱미터)
A	4	50,000
B	6	70,000
C	3	40,000

① A > C > B
② B > A > C
③ B > C > A
④ C > A > B
⑤ C > B > A

해설 수정 허프(D. Huff)모형은 '소비자가 어느 상업지에서 구매하는 확률은 그 상업 집적의 매장면적에 비례하고 그곳에 도달하는 거리에 반비례한다'는 것이다. 주어진 민감도계수 1과 2를 기초로 각 점포에 대한 소비자의 효용을 구하면 다음과 같다.

점포	거리(km)	점포크기(제곱미터)	효용
A	4	50,000	$\frac{50,000}{4^2} = 3,125$
B	6	70,000	$\frac{70,000}{6^2} = 1,944$
C	3	40,000	$\frac{40,000}{3^2} = 4,444$

소비자가 느끼는 매력도(효용)의 순위는 C > A > B 이다.

37 대형마트, 대형병원, 대형공연장 등 대규모 서비스업종의 입지 특성에 대한 아래의 내용 중에서 옳지 않은 것은?

① 대규모 서비스업은 나홀로 독자적인 입지선택이 가능하다.
② 상권 및 입지적 특성을 반영한 매력도와 함께 서비스나 마케팅력이 매우 중요하다.
③ 주로 차량을 이용하는 고객이 많고, 상권범위는 반경 2~3km 이상이라고 볼 수 있다.
④ 경쟁점이 몰려있으면 상호보완효과가 높아지므로 경쟁력은 입지에 의해 주로 정해진다.
⑤ 대규모 서비스업은 유동인구에 의존하는 적응형 입지보다는 목적형 입지유형에 해당한다.

해설 ④ 대규모 서비스업종에서 경쟁점들이 몰려있으면 상호보완효과가 높아지므로 경쟁력은 교통수단이나 주차의 편리성 등 서비스나 마케팅력에 의해 결정되는 것이 일반적이다.

Answer 36 ④ 37 ④

38 지리학자인 크리스탈러(W. Christaller)의 중심지이론의 기본적 가정과 개념에 대한 설명으로 옳지 않은 것은?

① 중심지 활동이란 중심지에서 재화와 서비스가 제공되는 활동을 의미한다.
② 중심지에서 먼 곳은 재화와 서비스를 제공받지 못하게 된다고 가정한다.
③ 조사대상 지역은 구매력이 균등하게 분포하고 끝이 없는 등방성의 평지라고 가정한다.
④ 최소요구범위는 생산자가 정상이윤을 얻을 만큼 충분한 소비자들을 포함하는 경계까지의 거리이다.
⑤ 중심지이론은 인간의 각종 활동공간이 어떤 핵을 중심으로 배열되어 있다는 인식에서 비롯되었다.

[해설] ② 중심지에서 먼 곳이라도 최대도달거리(the range of goods and services)와 최소수요 충족거리(threshold size)가 일치하면 상권이 형성되고 재화와 서비스가 제공된다.
최대도달거리란 중심지가 수행하는 유통서비스기능이 지역거주자들에게 제공될 수 있는 최대(한계)거리를 말한다. 즉, 최대도달거리는 중심지 활동이 제공되는 공간적 한계를 말하는데 중심지로부터 어느 재화에 대한 수요가 0이 되는 곳까지의 거리를 의미한다.

39 대형 쇼핑센터의 주요 공간구성요소에 대한 설명으로서 가장 옳은 것은?

① 지표(landmark) – 경계선이며 건물에서 꺾이는 부분에 해당
② 선큰(sunken) – 길찾기를 위한 방향성 제공
③ 결절점(node) – 교차하는 통로의 접합점
④ 구역(district) – 지하공간의 쾌적성과 접근성을 높임
⑤ 에지(edge) – 공간과 공간을 분리하여 영역성을 부여

[해설] ③ 쇼핑센터에서 결절점(node)은 교차하는 통로(path)를 연결하며 원형의 내부광장, 교차로, 이벤트 장소가 되는 곳이다.
① 지표(landmark)는 길 찾기를 위한 쇼핑센터의 핵점포나 조각물 또는 장식물 등을 말한다.
② 선큰(sunken)은 '가라앉다(sink)'에서 나온 말로 지하 진입부가 외부와 연결돼 있는 곳을 말한다. 지하층의 어두운 공간에 햇빛을 유도해 특별한 조명 없이도 밝은 공간에서 생활할 수 있다는 장점이 있다.
④ 구역(district)은 개인이나 집단이 소유하거나 점유한 곳으로 쇼핑센터 내 매장을 말한다.
⑤ 에지(edge) 또는 가장자리는 영역을 안에 에워싸고 그 영역에서 밖으로 향하는 것으로 파사드(facade), 난간(parapet), 벽면 등에 해당한다.

Answer 38 ② 39 ③

40 소매점의 상권분석은 점포를 신규로 개점하는 경우에도 필요하지만 기존 점포의 경영을 효율화 하려는 목적으로도 다양하게 활용될 수 있다. 상권분석의 주요 목적으로 보기에 가장 연관성이 떨어지는 것은?

① 소매점의 경영성과를 반영한 점포의 위치이동, 면적확대, 면적축소 등으로 인한 매출변화를 예측할 수 있다.
② 다점포를 운영하는 체인업체가 특정 상권 내에서 운영할 수 있는 적정 점포수를 파악할 수 있다.
③ 소매점을 이용하는 소비자들의 인구통계적 특성들을 파악하여 보다 성공적인 소매전략을 수립하는데 도움을 준다.
④ 소매점을 둘러싸고 있는 상권내외부의 소비자를 상대로 하는 촉진활동의 초점이 명확해질 수 있다.
⑤ 상품제조업체와의 공급체인관리(SCM)를 개선하여 물류비용을 절감할 수 있는 정보를 얻을 수 있다.

[해설] 상권분석은 점포의 매출이 발생하는 지역범위인 상권을 대상으로 경쟁점포 파악, 상권범위 설정, 예상매출 추정 및 적정임차료 추정 등을 목적으로 분석하는 것이다.
상권분석은 제조업체와의 공급체인관리(SCM)나 물류비용의 절감과는 관련이 없다.

41 점포의 매매나 임대차시 필요한 점포 권리분석을 위해서 공부서류를 이용할 수 있다. 이들 공부서류와 확인 가능한 내용의 연결이 옳지 않은 것은?

① 지적도 - 토지의 모양과 경계, 도로 등을 확인할 수 있음
② 등기사항전부증명서 - 소유권 및 권리관계 등을 알 수 있음
③ 건축물대장 - 건물의 면적, 층수, 용도, 구조 등을 확인할 수 있음
④ 토지초본 - 토지의 소재, 지번, 지목, 면적 등을 확인할 수 있음
⑤ 토지이용계획확인서 - 토지를 규제하는 도시계획 상황을 확인할 수 있음

[해설] 토지의 소재, 지번, 지목, 면적, 소유자의 주소, 주민등록번호, 성명 등을 확인할 수 있는 부동산 공부서류는 토지대장이다.

Answer 40 ⑤ 41 ④

42
상권분석 과정에 활용도가 큰 지리정보시스템(GIS)에 관한 설명으로서 가장 옳지 않은 것은?

① 지도작성체계와 데이터베이스관리체계의 결합으로 상권분석의 유용한 도구가 되고 있다.
② 데이터베이스와 함께 활용하기 위해 수치지도보다는 디지털지도가 필요하다.
③ 지도상에 지리적인 형상을 표현하고 데이터의 값과 범위를 지리적인 형상에 할당하고 지도를 확대·축소하는 기능을 위상이라 한다.
④ 빅데이터를 활용하는 지리정보시스템(GIS)과 고객관계관리(CRM)의 합성어인 "gCRM"을 활용하기도 한다.
⑤ 속성정보를 요약하여 표현한 지도를 작성하며, 점, 선, 면의 형상으로 주제도를 작성하기도 한다.

[해설] ② 지리정보시스템(GIS)에서 데이터베이스와 함께 활용하기 위해 수치지도가 필요하다.
③ 위상(topology)은 지도지능(map intelligence)의 일종이며, 이는 개별 지도형상에 대해 경도와 위도 좌표체계를 기반으로 다른 지도형상과 비교하여 상대적인 위치를 알 수 있는 기능을 부여하는 역할을 한다.

43
상권분석 과정에서 점포의 위치와 해당 점포를 이용하는 소비자의 분포를 공간적으로 표현할 때 보편적으로 관찰되는 거리감소효과(distance decay effect)에 대한 설명으로 옳지 않은 것은?

① 고객점표(CST) 지도를 이용하면 쉽게 관찰할 수 있다.
② 거리조락현상 또는 거리체증효과라고도 한다.
③ 거리 마찰에 따른 비용과 시간의 증가 때문에 나타난다.
④ 유사점포법, 회귀분석법을 이용하여 확인할 수 있다.
⑤ 점포로부터 멀어질수록 고객의 밀도가 낮아지는 경향을 말한다.

[해설] 거리감소효과를 거리조락현상 또는 거리체감효과라고도 한다. 거리조락함수(distance-decay function)는 공간상에서 발생하는 현상이 그 중심에서 멀어질수록 크기나 밀도가 감소하는 현상을 나타내는 개념이다. 예를 들어 서울특별시로부터 멀어짐에 따라 주택가격이 크게 낮아지는 것도 거리조락현상이다.
거리조락함수는 도시와 경제지리학에서 매우 중요한 요소 중 하나로 공간적인 파급효과를 이해하는 데 이용되는 개념이다.

Answer 42 ②, ③(복수답안) 43 ②

44. 아래 글상자의 내용에서 말하는 장단점은 어떤 형태의 소매점포 출점에 대한 내용인가?

장점	단점
- 직접 소유로 인한 장기간 영업 - 영업상의 신축성 확보 - 새로운 시설 확보 - 구조 및 설계 유연성	- 초기 고정투자부담이 큼 - 건설 및 인허가기간 소요 - 적당한 부지 확보 어려움 - 점포 이동 등 입지변경 어려움

① 기존건물에 속한 점포임대
② 기존건물 매입
③ 부지매입 건물신축
④ 기존건물의 점포매입
⑤ 신축건물 임대

해설 제시된 장점과 단점을 지닌 점포 투자형태는 점포신축을 위해 부지를 매입하는 것이다.
부지를 매입하여 건물을 신축하는 투자형태는 초기 투자비용은 많이 소요되지만 자산가치가 상승하는 경우가 많다. 또한 점포형태, 진입로, 주차장, 구조 등 하드웨어에 대한 계획을 새롭게 세울 수 있다. 그러나 주변지역(상권)의 환경변화에 빠르게 대응하기가 어렵다는 단점이 있다.

45. 확률적으로 매출액이나 상권의 범위를 예측하는 상권분석 기법들에서 이론적 근거로 이용하고 있는 Luce의 선택공리와 관련이 없는 것은?

① 공간상호작용모델(SIM)은 소매점의 상권분석과 입지 의사결정에 이용하는 근거가 된다.
② 특정 선택대안의 효용이 다른 대안보다 높을수록 선택될 확률이 높다고 가정한다.
③ 어떤 대안이 선택될 확률은 그 대안이 갖는 효용을 전체 선택대안들이 가지는 효용의 총합으로 나눈 값과 같다고 본다.
④ 소비자가 어느 점포에 대해 느끼는 효용이 가장 크더라도 항상 그 점포를 선택하지 않을 수 있다고 인식한다.
⑤ Reilly의 소매중력모형, Huff 모형, MNL 모형은 Luce의 선택공리를 근거로 하는 대표적 상권분석 기법들이다.

해설 레일리(Reilly)의 소매중력모형은 상권분석의 규범적 모형에 속하는 것으로 확률적 모형의 근거가 되는 Luce의 선택공리와는 관련이 없다.
루스(R. D. Luce)의 선택공리(Luce choice axiom)에 이론적 근거를 두고 개발된 것은 확률적 점포 선택 모형이다. 확률적 점포선택 모형에는 허프(Huff) 모형, MNL 모형 및 MCI 모형 등이 있다.

Answer 44 ③ 45 ⑤

제3과목 유통마케팅

46 광고 매체를 선정할 때 고려해야 할 여러 가지 요인에 대한 설명으로 옳지 않은 것은?

① 도달범위(reach)란 일정기간 동안 특정 광고에 적어도 한 번 이상 노출된 청중의 수 또는 비율을 말한다.
② GRP(gross rating points)란 광고효과를 계량화하여 측정하기 위한 기준으로 보통 시청자들의 광고인지도를 중심으로 측정한다.
③ 광고스케줄링이란 일정기간 동안 광고예산을 어떻게 배분하여 집행할 것인가에 대한 결정이다.
④ 도달빈도(frequency)란 일정기간 동안 특정광고가 한 사람에게 노출된 평균 횟수를 말한다.
⑤ CPRP(cost per rating points)란 매체비용을 시청률로 나눈 비용이라 할 수 있다.

[해설] GRP는 광고의 총접촉률을 뜻하며, 특정 광고 스케줄에 노출된 총접촉률 또는 중복된 시청자 수를 의미하는 것이다. GRP는 통상적으로 도달범위와 빈도의 곱으로 계산한다.

47 매장 레이아웃(layout)에 대한 설명으로 가장 옳지 않은 것은?

① 격자형 배치는 고객이 매장 전체를 둘러보고 자신이 원하는 상품을 쉽게 찾을 수 있게 한다.
② 격자형 배치는 다른 진열방식에 비해 공간효율성이 높고 비용면에서 효과적이다.
③ 경주로형 배치는 고객들이 다양한 매장의 상품을 볼 수 있게 하여 충동구매를 유발할 수 있다.
④ 자유형 배치는 규모가 작은 전문매장이나 여러 개의 소규모 전문매장이 있는 대형점포의 배치 방식이다.
⑤ 자유형 배치는 고객들이 주 통로를 지나다니면서 다양한 각도의 시선으로 상품을 살펴볼 수 있다.

[해설] 자유형 배치는 통로를 따라 원형, 타원형, U자형 등 불규칙한 비대칭 배열을 구성함으로써 쇼핑의 즐거움과 충동구매를 유발하는 배치형태에 해당한다.

Answer 46 ② 47 ⑤

48 전략적 CRM(customer relationship management)의 적용 과정으로서 가장 옳지 않은 것은?

① 정보관리과정
② 전략 개발과정
③ 투자 타당성 평가 과정
④ 가치창출 과정
⑤ 다채널 통합과정

[해설] 전략적 CRM이란 고객과의 장기적 관계 형성 및 고객생애가치(CLV) 극대화를 달성하기 위해 데이터 베이스를 구축하고 다양한 온·오프 유통채널을 활용하는 전략을 의미한다. 따라서 투자타당성과는 거리가 먼 개념에 해당한다.

49 도매상의 마케팅믹스전략에 관한 설명으로 가장 옳지 않은 것은?

① 소매상이나 제조업자와 마찬가지로 거래규모나 시기에 따른 가격할인 또는 매출증대를 위한 가격인하 등의 가격변화를 시도하기도 한다.
② 제조업자가 제공하는 촉진물과 촉진프로그램을 적극 활용할 뿐만 아니라 자체적인 촉진프로그램의 개발을 통해 고객인 소매상을 유인하여야 한다.
③ 도매상은 소매상에게 제공해야 할 제품구색과 서비스 수준을 결정해야 한다.
④ 도매상은 최종소비자를 대상으로 영업활동을 하는 것이기 때문에 점포와 같은 물리적인 시설에 비용투자를 해야 한다.
⑤ 일반적으로 도매상은 소요비용을 충당하기 위해 원가에 일정비율을 마진으로 가산하는 원가중심가격결정법을 사용한다.

[해설] 최종소비자를 대상으로 영업활동을 하는 상인은 소매상에 해당한다. 도매상은 다른 상인을 대상으로 판매활동을 영위하는 상인을 뜻한다.

50 소매업체들의 서비스 마케팅 관리를 위한 서비스마케팅믹스(7P)로 옳지 않은 것은?

① 장소(place)
② 가능 시간(possible time)
③ 사람(people)
④ 물리적 환경(physical evidence)
⑤ 과정(process)

[해설] 서비스 마케팅믹스(7P)는 마케팅믹스(4P)인 Product, Price, Place, Promotion에 서비스와 관련된 3P인 People, Process, Physical evidence를 합한 것을 말한다.

Answer 48 ③ 49 ④ 50 ②

51 머천다이징의 개념에 관한 설명 중 가장 옳지 않은 것은?

① 소매점포가 소비자들의 특성에 적합한 제품들을 잘 선정해서 매입하고 진열하는 것이다.
② 소매업체가 좋은 제품을 찾아서 좋은 조건에 매입해서 진열하는 것과 관련된 모든 것을 말한다.
③ 고객의 니즈를 만족시킬 뿐만 아니라 수요를 적극적으로 창출하기 위한 상품화계획을 의미한다.
④ 제품계획 혹은 상품화활동은 상품의 시장성을 향상시킬 수 있는 계획활동이다.
⑤ 제품 및 제품성과에 대한 소비자들의 지각과 느낌을 상징한다.

> [해설] 머천다이징이란 신제품과 관련된 모든 상품화계획을 의미한다. 따라서 고객의 니즈에 부합하는 신제품의 기획 또는 매입, 매장입지의 선정, 매장에 적합한 제품의 선정, 디스플레이와 같은 실질적인 마케팅활동이 모두 포함된다.

52 구매자들을 라이프 스타일 또는 개성과 관련된 특징들을 근거로 서로 다른 시장으로 세분화하는 것을 지칭하는 개념으로 옳은 것은?

① 지리적 세분화
② 인구통계적 세분화
③ 행동적 세분화
④ 심리묘사적 세분화
⑤ 시장형태의 세분화

> [해설] 라이프 스타일 또는 개성은 심리묘사적 세분화 요인에 해당한다. 지리적 세분화 요인은 지역, 기후, 인구밀도 등이 해당하며, 인구통계적 세분화 요인에는 연령, 성별, 구성원의 수, 직업, 종교, 교육 등이 해당한다. 또한 행동적 세분화 요인에는 애호도, 구매빈도, 사용상황 등이 해당한다.

53 제품믹스(product mix) 또는 제품포트폴리오(product portfolio)의 특성 중에서 "제품라인 내 제품품목(product item)의 수"를 일컫는 말로 옳은 것은?

① 제품믹스의 깊이(product mix depth)
② 제품믹스의 폭(product mix width)
③ 제품믹스의 일관성(product mix consistency)
④ 제품믹스의 길이(product mix length)
⑤ 제품믹스의 구성(product mix composition)

> [해설] 제품라인 내 제품품목(product item)의 수는 제품믹스의 깊이를 의미한다. 제품믹스의 폭은 제품라인의 다양성을 뜻하며, 제품믹스의 길이는 제품믹스의 길이와 깊이의 총합을 말한다.

Answer 51 ⑤ 52 ④ 53 ①

54 아래 글상자의 (㉠)과 (㉡)에 들어갈 용어로 가장 옳은 것은?

> 유통경로에서의 수직적 통합에는 두 가지 유형이 있다. (㉠)은(는) 제조회사가 도·소매업체를 소유하거나 도매상이 소매업체를 소유하는 것과 같이 공급망의 상류 기업이 하류의 기능을 통합하는 것이다. 반면 (㉡)은 도·소매업체가 제조기능을 수행하거나 소매업체가 도매기능을 수행하는 것과 같이 공급망의 하류에 위치한 기업이 상류의 기능까지 통합하는 것이다.

① ㉠ 후방통합, ㉡ 전방통합
② ㉠ 전방통합, ㉡ 후방통합
③ ㉠ 경로통합, ㉡ 전방통합
④ ㉠ 전략적 제휴, ㉡ 후방통합
⑤ ㉠ 전략적 제휴, ㉡ 경로통합

해설 해당 문제는 유통경로의 수직적 통합에 대한 물음으로, 제조기업을 중심으로 도매상, 소매상 등 유통기관을 통합하는 것을 전방통합이라 하고, 반대로 유통기관이 상위의 제조기업 등을 통합하는 것을 후방통합이라 한다.

55 아래 글상자의 내용과 관련하여 가장 옳지 않은 것은?

> ㉠ 기존 자사 제품을 통해 기존 시장에서 매출액이나 시장점유율을 높이기 위한 전략이다.
> ㉡ 두 개 이상의 소매업체 간의 자원을 공동으로 이용하여 소유권, 통제권, 이익이 공유되는 새로운 회사를 설립할 때 활용하는 전략이다.
> ㉢ 기존의 제품으로 새로운 유통경로를 개척하여 시장을 확장하는 전략이다.

① ㉠은 소매업체의 성장전략 중 시장침투 전략에 대한 설명이다.
② ㉠은 자사 점포에서 쇼핑하지 않은 고객을 유인하거나 기존 고객들이 더 많은 상품을 구매하도록 유인하는 전략이다.
③ ㉡은 위험이 낮고 투자가 적게 요구되는 전략이지만, 가맹계약 해지를 통해 경쟁자가 되는 위험을 가지고 있다.
④ ㉡은 소매업체가 해외시장에 진출할 때 활용되는 진입 전략 중 하나이다.
⑤ ㉢은 새로운 시장에서 기존 소매업태를 이용하는 성장전략이다.

해설 I. Ansoff의 제품-시장확장그리드에 의하면, ㉠은 시장침투전략, ㉢은 시장개발전략에 해당하며, ㉡은 수평적 통합에 대한 설명에 해당한다. 따라서 수평적 통합의 경우 2 이상의 소매업체들이 통합하게 되므로 투자지분 만큼의 위험을 감수해야 하며 계약해지시 발생할 수 있는 리스크를 방지하기 위해 정관 또는 계약서 등에 의해 특약사항을 기재한다.

Answer 54 ② 55 ③

56 로열티 프로그램으로 가장 옳지 않은 것은?

① 구매액에 따라 보너스 점수를 부여하거나 방문수에 따라 스탬프를 모으게 하는 스탬프 제도
② 상품구매자를 대상으로 여러 혜택을 얻을 수 있는 프로그램에 가입하게 하는 회원제도
③ 20%의 우량고객에 집중해 핵심고객에게 많은 혜택이 부여되는 마케팅 프로그램 기획 및 운영
④ 동일 기업 내 다수의 브랜드의 통합 또는 이종기업 간의 제휴를 통한 통합 포인트 적립 프로그램
⑤ 기업의 자선활동 및 공익프로그램과의 연계를 통한 사회문제해결 및 공유가치 창출 프로그램

[해설] 로열티는 제품브랜드에 대한 고객충성도를 의미하는 용어로 ①②③④는 고객충성도를 높이기 위한 프로모션을 설명하고 있다. 반면 ⑤는 기업의 사회적 책임(CSR)에서 한단계 더 발전한 개념인 기업의 공유가치(CSV : Creativity Sared Value)를 설명하고 있다.

57 시각적 머천다이징에 대한 아래의 설명 중에서 가장 옳지 않은 것은?

① 점포 내외부 디자인도 포함하는 개념이지만 핵심개념은 매장 내 전시(display)를 중심으로 한다.
② 상품과 판매환경을 시각적으로 연출하고 관리하는 일련의 활동을 말한다.
③ 상품과 점포 이미지가 일관성을 유지할 수 있게 진열하는 것이 중요하다.
④ 시각적 머천다이징의 요소로는 색채, 재질, 선, 형태, 공간 등을 들 수 있다.
⑤ 상품의 잠재적 이윤보다는 인테리어 컨셉 및 전체적 조화 등을 고려하여 이루어진다.

[해설] 시각적 머천다이징(Visual Merchandizing)은 점포 내외부 디자인과 디스플레이를 포함하여 상품과 판매환경을 시각적으로 연출하고 관리하는 개념으로 상품의 잠재적 이윤뿐만 아니라 인테리어 컨셉 및 전체적 조화 등을 고려하여 이루어진다.

Answer 56 ⑤ 57 ⑤

58 아래 글상자의 괄호 안에 들어갈 소매업 발전이론으로 옳은 것은?

> (   )은 소매시스템에서 우세한 소매업태가 취급하는 상품계열수의 측면에서 현대 상업 시스템의 진화를 설명하는 이론으로 소매상은 제품구색이 넓은 소매업태에서 전문화된 좁은 제품구색의 소매업태로 변화되었다가 다시 넓은 제품구색의 소매업태로 변화되는 과정을 설명하고 있다.

① 소매아코디언이론(retail accordion theory)
② 소매수명주기이론(retail life cycle theory)
③ 소매차륜이론(the wheel of retailing theory)
④ 변증법적이론(dialectic theory)
⑤ 진공지대이론(vacuum zone theory)

[해설] ② 소매수명주기이론은 소매업태의 발전이 도입기, 성장기, 성숙기, 쇠퇴기 등의 단계를 거친다는 이론이다.
③ 소매차륜이론은 최초의 소매업태이론으로 진입단계에서는 저가격·저서비스·저마진의 특징을, 성장단계에서는 고가격·고서비스·고마진의 특징을 보이다가 새로운 소매업태의 등장으로 쇠퇴한다는 이론이다.
④ 변증법적이론 : 정-반-합의 모형으로, 서로 다른 경쟁적인 소매업태가 각자의 경쟁우위요인을 수용하여 결국 서로의 특성이 화합된 새로운 소매업태로 발전한다는 이론이다.
⑤ 닐슨이 주장한 진공지대이론은 원래의 가격과 서비스 수준을 제공하던 양극단의 점포의 특색이 없어지고 중간영역에 위치하고자 하는데 그 영역을 진공지대라 칭한다.

59 제품에 맞는 판매기법으로 가장 옳지 않은 것은?

① 편의품은 입지 조건에 따라 판매가 크게 좌우되므로 접근이 더 용이하도록 배달서비스 제공을 고려할 필요가 있다.
② 편의품은 보다 풍요로운 생활과 즐거움을 제공하는 제품으로 스타일과 디자인을 강조한다.
③ 선매품의 경우 고객의 질문에 충분히 답할 수 있는 판매원의 교육 훈련이 필요하다.
④ 선매품은 패션성이 강하기 때문에 재고가 누적되지 않도록 시의적절한 판촉을 수행한다.
⑤ 전문품은 전문적이고 충분한 설명을 통해 소비자의 구매의욕을 충분히 자극시켜야 한다.

[해설] 편의품은 일상용품으로 편의성과 실용성이 강조되는 반면 스타일과 디자인이 강조되는 소비재는 선매품에 해당한다.

Answer 58 ① 59 ②

60 옴니채널(omni-channel)의 특징으로 옳지 않은 것은?

① 독립적으로 운영되던 채널들이 유기적으로 통합되어 서로의 부족한 부분을 메워주는 보완적 관계를 갖는다.
② 채널 간의 불필요한 경쟁은 온·오프라인의 판매실적을 통합함으로써 해결한다.
③ 동일한 제품을 온라인이나 오프라인에 상관없이 동일한 가격과 프로모션으로 구매할 수 있다.
④ 온·오프라인의 재고관리 시스템을 일원화할 수 있다.
⑤ 동일한 기업으로부터 공급받은 제품을 매장별로 독특한 마케팅 프로그램을 활용하여 판매한다.

해설 옴니채널(omni-channel)이란 인터넷, 모바일, 카탈로그, 오프라인 매장 등 다양한 유통채널을 유기적으로 결합해 고객 경험을 극대화하는 쇼핑환경을 뜻한다. 따라서 ⑤지문의 설명과는 무관한 개념에 해당한다.

61 고객의 개인정보보호에 관한 내용으로 가장 옳지 않은 것은?

① 고객정보를 제3자에게 제공하거나 제공받은 목적 외의 용도로 이용해서는 안 된다.
② 고객은 개인정보수집, 이용, 제공 등에 대해 동의 철회 및 정정을 요구할 수 있다.
③ SMS 광고 전송 시 전송자의 명칭을 표시하고, 수신거부 의사를 표현할 수 있게 해야 한다.
④ 경품응모권을 통해 수집한 개인정보는 보유 및 이용기간의 제한이 없기 때문에 영구적인 이용이 가능하다.
⑤ 오후 9시부터 아침 8시까지는 별도의 동의 없이 광고를 전송해서는 안 된다.

해설 수집한 개인정보는 보유 및 이용기간의 제한이 없는 것이 아니라 개인정보와 관련된 개별법률들에 따르면 통상 3년에서 5년의 보유기간 경과시 폐기하도록 규정되어 있다.

62 CRM과 eCRM을 비교하여 설명한 내용으로 가장 옳은 것은?

① CRM과 달리 eCRM은 원투원마케팅(one-to-one marketing)과 데이터베이스마케팅 활용을 중시한다.
② CRM과 달리 eCRM은 고객 개개인에 대한 차별적 서비스를 실시간으로 제공한다.
③ eCRM과 달리 CRM은 고객접점과 커뮤니케이션 경로의 활용을 중시한다.
④ eCRM과 달리 CRM은 고객서비스 개선 및 거래활성화를 위한 고정고객 관리에 중점을 둔다.
⑤ CRM과 eCRM 모두 데이터마이닝 등 고객행동분석의 전사적 활용을 추구한다.

Answer 60 ⑤ 61 ④ 62 ⑤

해설 CRM과 eCRM 모두 ① 원투원마케팅(one-to-one marketing)과 데이터베이스마케팅 활용, ② 고객 개개인에 대한 차별적 서비스를 실시간 제공, ③ 고객접점과 커뮤니케이션 경로의 활용을 중시, ④ 고객서비스 개선 및 거래활성화를 위한 고정고객 관리에 중점을 두고 있다.

63. 아래 글상자의 조사 내용 중에서 비율척도로 측정해야 하는 요소만을 나열한 것으로 옳은 것은?

> ㉠ 구매자의 성별 및 직업 ㉡ 상품 인기 순위
> ㉢ 타겟고객의 소득구간 ㉣ 소비자의 구매확률
> ㉤ 충성고객의 구매액 ㉥ 매장의 시장점유율

① ㉠, ㉡, ㉢
② ㉢, ㉣, ㉤
③ ㉣, ㉤, ㉥
④ ㉡, ㉣, ㉥
⑤ ㉢, ㉤, ㉥

해설 비율척도는 등간척도가 갖는 특성에 추가적으로 측정값 사이의 비율계산이 가능한 척도로서, 절대영점이 존재하며, 사칙연산이 가능하고 정보의 수준이 가장 높은 척도로 매출액, 구매확률, 시장점유율, 소득 등의 측정에 활용된다.
㉠ 구매자의 성별 및 직업은 명목척도, ㉡ 상품 인기 순위는 서열척도, ㉢ 타겟고객의 소득구간은 등간척도(구간척도)를 통해 측정한다.

64. 다단계 판매에 대한 설명으로 옳지 않은 것은?

① 고객과 대면접촉을 통해 상품을 판매하는 인적판매의 일종이다.
② 유통마진을 절감시킬 수 있다.
③ 고정 인건비가 발생하지 않는다.
④ 매출 증가에 따라 조직이 비대해지는 단점이 있다.
⑤ 점포 판매에 비해 훨씬 더 적극적으로 시장을 개척해 나갈 수 있다.

해설 다단계판매법은 소비자가 제품 구매 이후 판매원이 되는 영업방식으로 광고비, 유통마진을 줄여 상품가격이 인하되는 효과를 갖는다. 또한 개인단위의 네트워크조직으로 구성되므로 조직이 비대해지는 단점은 발생하지 않는다.

Answer 63 ③ 64 ④

65 소매업체 입장에서 특정 공급자의 개별품목 또는 재고관리 단위를 평가하는 방법으로 가장 옳은 것은?

① 직접제품이익
② 경로 구성원 성과평가
③ 평당 총이익
④ 상시 종업원당 총이익
⑤ 경로 구성원 총자산 수익률

[해설] 제품별 직접이익(DPP : Direct Product Profit, 직접제품이익)은 소매업체의 제품 성과를 평가하는 중요한 측정 도구 중의 하나이며, 경로구성원이 취급하는 개별 제품의 수익성을 평가하는 지표이다.

66 아래 글상자에서 설명하는 경로 구성원들 간의 갈등이 발생하는 원인으로 가장 옳은 것은?

> 소비자 가격을 책정할 때 대규모 제조업체는 신속한 시장침투를 위해 저가격을 원하지만, 소규모 소매업자들은 수익성 증대를 위해 고가격을 원함으로써 갈등이 발생할 수 있다.

① 경로 구성원의 목표들 간의 양립불가능성
② 마케팅 과업과 과업수행 방법에 대한 경로 구성원들 간의 의견 불일치
③ 경로 구성원들 간의 현실을 지각하는 차이
④ 경로 구성원들 간의 파워 불일치
⑤ 경로 구성원들 간의 품질 요구 불일치

[해설] 제조업체는 신속한 시장침투 및 시장점유율 제고를 위해 저가격정책을 선호하는 반면 소매업자 측면에서는 수익성 증대를 위해 고가격을 원하는 바 이는 경로 구성원들 간 목표불일치에 의한 갈등이라 할 수 있다.

67 원가가산법(cost plus pricing)에 의한 가격책정에 관한 설명으로 가장 옳지 않은 것은?

① 제품의 원가에 일정률의 판매수익률(또는 마진)을 가산하여 판매가격을 결정하는 방법을 말한다.
② 단위당 변동비, 고정비, 예상판매량, 판매수익률을 바탕으로 산출할 수 있다.
③ 예상판매량이 예측 가능한 경우 주로 사용하는 방법이다.
④ 생산자 입장에서 결정되는 가격이므로 소비자에게 최종적으로 전달되는 가격과는 차이가 있다.
⑤ 가격변화가 판매량에 큰 영향을 미치지 않거나 기업이 가격을 통제할 수 있는 경우에 효과적이다.

[해설] 원가가산법(cost plus pricing)에 의한 가격책정은 예상판매량 예측이 불가능한 경우 주로 사용하는 방법에 해당한다.

Answer 65 ① 66 ① 67 ③

68 아래 글상자의 내용에 해당되는 마케팅조사 기법으로 가장 옳은 것은?

> 제품 서비스 등의 대안들에 대한 소비자의 선호 정도로부터, 소비자가 각 속성에 부여하는 상대적 중요도와 속성수준의 효용을 추정하는 분석방법

① t-검증 ② 분산 분석
③ 회귀 분석 ④ 컨조인트 분석
⑤ 군집 분석

[해설] 컨조인트 분석은 어떤 제품이나 서비스에 대해서 여러 대안이 있을 경우, 그 대안들에 부여하는 소비자들의 선호도를 조사하고 소비자가 각 속성들에 부여하는 상대적 중요도와 각 속성 수준의 효용을 측정하여 신제품개발 시 활용하는 방법이다. 이는 제품 속성의 중요도 파악 및 시장세분화에 의한 고객 특성 파악을 통해 신제품 아이디어를 도출하고, 가장 선호도가 높은 제품을 결정하기 위한 목적으로 이용된다.

69 매장의 내부 환경요소로 가장 옳지 않은 것은?

① 매장의 입출구와 주차시설 ② 매장의 색채와 조명
③ 매장의 평면배치 ④ 매장의 상품진열
⑤ 매장의 배경음악 및 분위기

[해설] 매장의 입출구와 주차시설은 대표적인 매장의 외부 환경요소에 해당한다.

70 종적인 공간효율을 개선시키고 진열선반의 높이가 낮을 때는 위에서 아래로 시선을 유도하는 페이싱 방법으로 가장 옳은 것은?

① 페이스 아웃(face out) ② 슬리브 아웃(sleeve out)
③ 쉘빙(shelving) ④ 행깅(hanging)
⑤ 폴디드 아웃(folded out)

[해설] 상품진열은 매대나 진열선반에 올려서 디스플레이하는 쉘빙(Shelving)과 상품을 걸어서 진열하는 행잉(hanging) 형태로 구분된다. 또한 다음과 같은 다양한 진열방식이 있다.
① 페이스 아웃(face out) : 고객들에게 상품의 전면 디자인이 잘 보이도록 진열하는 방식
② 슬리브 아웃(sleeve out) : 집어 들기 쉽게 상품의 옆면이 잘 보이도록 진열하는 방법
⑤ 폴디드 아웃(folded out) : 동일한 품목이지만 색상과 원단 패턴이 다양한 상품에 주로 적용되며, 접은 부분이 정면에 보이도록 진열하는 방법

Answer 68 ④ 69 ① 70 ③

제4과목 유통정보

71 QR 코드에 대한 설명으로 가장 옳지 않은 것은?
① 1994년에 일본 덴소웨이브사가 개발했다.
② 숫자와 알파벳 등의 데이터를 담을 수 있다.
③ 오염이나 손상된 데이터를 복원하는 기능이 있다.
④ 국제표준이 정립되지 않아 다양한 국가에서 자체적으로 활용될 수 있다.
⑤ 모바일 쿠폰, 광고, 마케팅 등 다양한 분야에 활용되고 있다.

해설 QR코드는 국제표준 또는 국가표준으로 규격화되어 통일적으로 사용할 수 있다.

72 최근 유통분야에서 인공지능 기술의 활용이 증대되면서 유통업무 혁신을 위한 다양한 가능성을 보여주고 있다. 이에 대한 설명으로 가장 옳지 않은 것은?
① 인공지능 기술을 활용하여 유통업체에서 고객의 일상적인 문의사항에 대해 다양한 정보를 다양한 경로로 제공할 수 있다.
② 인공지능 기술은 주문이행 관련 배송경로, 재고파악 등 고객의 주문에 대한 업무와 관련된 최적의 대안을 신속하게 제공해주어 의사결정에 도움을 줄 수 있다.
③ 인공지능 기술을 활용하면 주문 데이터 패턴을 분석해서 정상적이지 않은 거래를 파악하는 등 이상 현상 및 이상 패턴을 추출하는 데 활용될 수 있다.
④ 인공지능 기술은 알고리즘을 이용해 학습 수준이 강화되기 때문에 이용자의 질의에 대한 응답 수준은 갈수록 정교해질 것이다.
⑤ 챗지피티는 사전에 구축된 방대한 양의 학습데이터에서 질의에 적절한 해답을 찾아 질의자에게 빠르게 제시해 주는 인공지능 기술 기반 서비스로 마이크로소프트사가 개발하였다.

해설 챗지피티(Chat GPT, Generated Pre-trained Transformer)는 오픈에이아이(Open AI)가 개발한 대화 전문 인공지능 챗봇이다. 챗지피티는 사용자가 대화창에 입력한 텍스트에 대하여 사전에 학습한 데이터를 기반으로 단답식 답변부터 번역, 작곡, 코딩작업 등 광범위한 분야에 대한 답변을 생성하여 제시한다.

Answer 71 ④ 72 ⑤

73 데이터 유형 분류와 그 특성에 대한 설명으로 가장 옳지 않은 것은?

① 정형 데이터 - 관계형 데이터베이스 관리 시스템(RDBMS)의 고정된 필드에 저장되는 데이터들이 포함됨
② 정형 데이터 - 데이터의 길이와 형식이 정해져 있어 그에 맞추어 데이터를 저장하게 됨
③ 반정형 데이터 - 문서, 웹문서, HTML 등이 대표적이며, 데이터 속성인 메타데이터를 가지고 있음
④ 반정형 데이터 - JSON, 웹로그 등 데이터가 해당되며, XML 형태의 데이터로 값과 형식이 다소 일관성이 없음
⑤ 비정형 데이터 - 형태와 구조가 복잡한 이미지, 동영상 같은 멀티미디어 데이터가 이에 해당됨

[해설] 정형 데이터는 DBMS와 같이 고정된 필드에 저장된 데이터, 반정형 데이터는 XML, HTML, SGML과 같이 데이터의 구조를 표현한 스키마를 포함하는 데이터, 비정형 데이터는 이미지, 동영상, 텍스트(문서) 등 데이터의 형식이 정해져 있지 않은 데이터이다.

74 CRM을 통해 성공적으로 고객을 관리하고 있음을 추적하기 위해 사용할 수 있는 지표로 가장 옳지 않은 것은?

① 신규 고객 유치율
② 마케팅 캠페인당 구매 건수
③ 마케팅 캠페인당 반응 건수
④ 제품당 신규 판매 기회 건수
⑤ 시스템 다운타임

[해설] 시스템 다운타임은 고장, 정기점검 등을 이유로 시스템을 이용할 수 없는 시간을 의미한다.

75 최근 개인정보보호 문제가 중요한 이슈로 대두되고 있다. 아래 글상자는 하버드 대학교 버크만 센터에서 제시한 개인정보보호 AI윤리원칙이다. ㉠과 ㉡에 해당하는 각각의 권리로 가장 옳은 것은?

> ㉠ 데이터 컨트롤러(data controller)가 보유한 정보가 부정확하거나 불완전한 경우, 사람들이 이를 수정할 권리가 있어야 함
> ㉡ 자신의 개인정보를 삭제할 수 있는 법적 강제력이 있는 권리가 있어야 함

① ㉠ 자기 결정권, ㉡ 정보 열람권
② ㉠ 자기 결정권, ㉡ 정보 정정권
③ ㉠ 정보 삭제권, ㉡ 자기 결정권
④ ㉠ 정보 정정권, ㉡ 정보 삭제권
⑤ ㉠ 정보 열람권, ㉡ 자기 결정권

Answer ▶ 73 ③ 74 ⑤ 75 ④

[해설] • 자기 결정권 : 정보주체가 타인이 보유하고 있는 자신의 개인정보에 접근하여 열람하거나 그 정보의 정정, 삭제, 차단 등을 요구함으로써 자신에 관한 통제력을 행사할 수 있는 권리
• 정보 열람권 : 정보주체는 개인정보처리자가 취급하는 자신의 개인정보에 대한 열람을 해당 개인정보처리자에게 요구할 수 있는 권리

76 산업혁명에 따른 기업의 비즈니스 환경 변화에 대한 설명으로 가장 옳은 것은?

① 1차 산업혁명 시기에는 컴퓨터와 같은 전자기기 활용을 통해 업무 프로세스 개선을 달성하였다.
② 2차 산업혁명 시기에는 업무 프로세스에 대한 부분자동화가 이루어졌고, 네트워킹 기능이 프로세스 혁신을 위해 활성화되기 시작하였다.
③ 3차 산업혁명 시기에는 노동에서 분업이 이루어지기 시작하였고, 전문성이 강조되기 시작하였다.
④ 4차 산업혁명 시기에는 전화, TV, 인터넷 등과 같은 의사소통 방식이 기업에서 활성화되었다.
⑤ 4차 산업혁명 시기에는 인공지능과 사물인터넷 등 신기술 이용을 통해 비즈니스 프로세스에 혁신이 이루어졌다.

[해설] ① 3차 산업혁명 시기에는 컴퓨터와 같은 전자기기 활용을 통해 업무 프로세스 개선을 달성하였다.
② 3차 산업혁명 시기에는 업무 프로세스에 대한 부분자동화가 이루어졌고, 네트워킹 기능이 프로세스 혁신을 위해 활성화되기 시작하였다.
③ 2차 산업혁명 시기에는 노동에서 분업이 이루어지기 시작하였고, 전문성이 강조되기 시작하였다.
④ 3차 산업혁명 시기에는 전화, TV, 인터넷 등과 같은 의사소통 방식이 기업에서 활성화되었다.

77 아래 글상자의 괄호 안에 공통적으로 들어갈 용어로 가장 옳은 것은?

> • (　　)은(는) 디지털 기술을 사회전반에 적용하여 전통적인 사회구조를 혁신시키는 것이다. 일반적으로 기업에서 사물 인터넷, 클라우드 컴퓨팅, 인공지능, 빅데이터 솔루션 등 정보통신기술을 플랫폼으로 구축·활용하여 기존의 전통적인 운영방식과 서비스 등을 혁신하는 것이다.
> • (　　)은(는) 산업과 사회의 각 부문이 디지털화되는 현상으로 인터넷, 정보화 등을 뛰어넘는 초연결(hyperconnectivity) 지능화가 경제·사회전반에 이를 촉발시키고 있다.

① 디지타이제이션(digitization)
② 초지능화(hyper-intellectualization)
③ 디지털 컨버전스(digital convergence)
④ 디지털 전환(digital transformation)
⑤ 하이퍼인텐션(hyper-intention)

Answer 76 ⑤ 77 ④

해설 ① 디지타이제이션(digitization) : 아날로그 데이터를 디지털 데이터 형식으로 변환하는 기술적 과정
② 초지능화(hyper-intellectualization) : 인공지능(Artificial Intelligence, AI) 기술의 발전으로 기계가 다양한 분야에서 수집된 대량 데이터를 분석하고 학습하는 과정을 통해 인간의 지능을 대체하거나 보조하는 수준에 도달하는 것
③ 디지털 컨버전스(digital convergence) : 정보통신기술이 발전함에 따라 기존의 기술, 산업, 서비스, 네트워크의 구분이 모호해지고 이들 간에 새로운 형태의 융합 상품과 서비스들이 등장하는 현상

78 조직에서 의사결정을 할 때 활용되는 정보와 조직 수준과의 관계에 대한 설명 중 가장 옳지 않은 것은?

① 전략적 수준 - 주로 비구조화된 의사결정이 이루어지며, 내부 정보 외에도 외부 환경과 관련된 정보 등 외부에서 수집된 정보도 다수 활용
② 관리적 수준 - 구조화된 의사결정이 이루어지며, 새로운 공장입지 선정 및 신기술 도입 등과 같은 사항과 관련된 내외부 정보를 주로 다룸
③ 전략적 수준 - 의사결정 시 활용되는 정보의 특성은 미래지향적이며 상대적으로 추상적이고 포괄적인 정보를 주로 다룸
④ 운영적 수준 - 구조화된 의사결정이 이루어지며, 일일거래 처리와 같이 구체적이고 상세하며 시간에 민감한 정보를 주로 다룸
⑤ 운영적 수준 - 반복적이고 재발성의 특성이 높은 의사결정들이 주로 이루어지며, 효율성에 초점을 두고 활동이 이루어짐

해설 관리적 수준은 조직의 목표를 달성하고 최대의 과업능력을 산출하기 위하여 기업의 자원을 조직하고 활용을 극대화하는 문제에 대한 반구조화된 의사결정이다. 조직기구에 관한 결정과 자원의 조달과 개발에 관한 결정을 포함한다.

Answer 78 ②

79 아래 글상자의 괄호 안에 공통적으로 들어갈 용어로 가장 옳은 것은?

> - (　　)은(는) 조직의 성과목표 달성을 위해 재무, 고객, 내부프로세스, 학습 및 성장 관점에서 균형 잡힌 성과지표를 설정하고 그 성과를 측정하는 성과관리 기법을 말한다. 매우 논리적이며, 지표와 재무적 성과와의 분명한 상관관계를 보이고 있다. 다만, 외부 다른 기관의 평가와 비교하는 것은 곤란하다.
> - (　　)기반 성과관리시스템은 기관의 미션과 비전을 달성할 수 있도록 전략목표, 성과목표, 관리과제 등을 연계하고, 성과지표를 근거로 목표달성의 수준을 측정해서 관리할 수 있는 IT기반의 성과관리 및 평가시스템을 말한다.

① 경제적 부가가치(economic value added)
② 인적 자원회계(human resource accounting)
③ 총자산이익률(return on assets)
④ 균형성과표(balanced score card)
⑤ 투자수익률(return on investment)

해설　① 경제적 부가가치(economic value added) : 기업이 벌어들인 영업이익에서 세금과 자본비용을 공제한 금액으로, 투자된 자본과 비용으로 실제 얼마나 많은 이익을 올렸는지 나타내는 지표
② 인적 자원회계(human resource accounting) : 인적 자원을 조직의 비용이 아닌 조직의 자산으로 보고 인적 자원의 가치를 화폐로 측정하고 투자의 개념으로 관리하는 제도
③ 총자산이익률(return on assets) : 총자산에서 당기순이익이 차지하는 비중으로, 기업이 보유한 자산을 얼마나 효율적으로 운용했는지 나타내는 지표
⑤ 투자수익률(return on investment) : 기업의 순이익을 투자액으로 나눈 비율로 기업이 투자한 자본이 얼마나 회수되었는지 나타내는 지표

80 아래 글상자의 괄호 안에 들어갈 용어로 가장 옳은 것은?

> 거래처리시스템으로부터 운영데이터를 모아 주제영역으로 구축한 데이터웨어하우스는 조직 전체의 정보를 저장하고 있어 방대하다. (　　)은(는) 특정한 조직이 사용하기 위해 몇몇 정보를 도출하여 사용할 수 있도록 한 사용자 맞춤데이터 서비스를 지칭한다.

① 데이터윈도우　　② 데이터마트
③ 데이터스키마　　④ 데이터모델
⑤ 그룹데이터모델

해설　③ 데이터스키마 : 데이터 개체와 속성들, 개체의 집합들 간에 발생되는 관계에 대한 정의와 이들이 유지해야 할 제약조건
④ 데이터모델 : 데이터베이스를 구축할 때 체계화된 구조를 갖추기 위해 데이터베이스 구조를 명시하기 위한 개념들의 집합

Answer　79 ④　80 ②

81 아래 글상자의 기사 내용과 관련성이 높은 정보기술용어로 가장 옳은 것은?

> B○○리테일이 'C○제○토 한강점'을 선보였다.
> C○제○토 한강점은 제○토월드에서 한강공원을 검색한 뒤 C○편의점에 입장하면 자체 브랜드(PB)상품뿐만 아니라 C○제○○당과 협업을 통한 일반 제조사 브랜드(NB)상품을 둘러볼 수 있다.
> 또한 제품 위에 떠 있는 화살표를 선택하면 해당 제품을 손에 쥐는 것도 가능하다. 아바타들은 원두커피 기기에서 커피를 내리거나 한강공원 편의점 인기 메뉴인 즉석조리라면도 먹을 수 있다.

① 가상 에이전트
② O2O
③ BICON
④ 아바타 에이전트
⑤ 메타버스

해설
① 가상 에이전트 : 고객관계관리(CRM)에서 조직의 온라인 고객 담당 대표 역할을 하는 대화 로봇 프로그램
② O2O : O2O(Online to Offline)의 줄임말로, 온라인과 오프라인이 결합하는 현상
③ BICON : IT 기술 기반의 위치 인식 및 통신 기술을 사용하여 다양한 정보와 데이터를 전송하는 근거리 무선통신 장치

82 산업별 표준화가 반영된 바코드에 대한 설명으로 가장 옳지 않은 것은?

① 보건복지부는 의약품 포장 단위마다 고유번호를 부여하는 '의약품 일련번호 제도'를 시행하고 있다.
② 의약품의 바코드 내에 있는 상품코드(품목코드, 포장단위)는 건강보험심사평가원의 의약품관리종합정보센터에서 부여하는 상품식별번호이다.
③ UDI란 의료기기를 고유하게 식별할 수 있는 체계로 우리나라는 2019년 7월부터 적용되어 현재는 모든 등급의 의료기기에 UDI가 적용되고 있다.
④ 의료기기에 부여되는 UDI 코드는 기본 포장(base package)을 대상으로 모두 개별적으로 부여하므로 혼선을 방지하기 위해 상위 포장(higher levels of packages)인 묶음 포장단위에는 별도로 부여하지 않는다.
⑤ GS1 DataBar(데이터바)란 상품식별 기능만 갖는 기존 바코드와 달리 상품식별코드(GTIN) 외 유통기한, 이력코드, 중량 등 다양한 부가정보를 넣을 수 있는 바코드를 지칭한다.

해설 의료기기 표준코드(UDI : Unique Device Identifier)는 의료기기를 식별하고 체계적·효율적으로 관리하기 위하여 용기나 외장 등에 표준화된 체계에 따라 표기하는 숫자 또는 문자의 조합이다.

Answer 81 ⑤ 82 ④

83 아래 글상자의 괄호 안에 공통적으로 들어갈 용어로 가장 옳은 것은?

> - ( )은 중앙 서버없이 노드(node)들이 자율적으로 연결되는 P2P(peer-to-peer)방식을 기반으로 각 노드에 데이터를 분산 저장하는 데이터분산처리기술이다.
> - 중앙시스템이 존재하지 않는 완전한 탈중앙 시스템이며, 장부에 해당되는 ( )은 누구에게나 공유·공개되어 투명성을 보장하고, 독특한 구조적 특징에 기인하여 데이터의 무결성을 보장하며, 분산된 장부는 네트워크에 참여한 각 노드들의 검증과 합의 과정을 거쳐 데이터 일치에 도달하게 된다.

① 비트코인 ② 비콘
③ 분산블록 ④ 블록체인
⑤ 딥러닝

[해설] ② 비콘 : IT 기술 기반의 위치 인식 및 통신 기술을 사용하여 다양한 정보와 데이터를 전송하는 근거리 무선통신 장치
⑤ 딥러닝 : 인공 신경망 구조를 사용하여 컴퓨터가 스스로 데이터의 특징을 식별하고 복잡한 패턴을 지속적으로 학습하여 예측하고 지능적인 결정을 하는 데 주로 이용하는 머신러닝의 한 분야

84 웹 3.0과 관련된 설명으로 가장 옳지 않은 것은?

① 시맨틱 웹(Semantic Web) - 의미론적인 웹을 뜻하며 기계가 인간들이 사용하는 자연어를 이해하고 상황과 맥락에 맞는 개인 맞춤형 정보를 제공하는 웹
② 온톨로지(Ontology) - 메타데이터들의 집합, 예를 들어 사과를 떠올리면 사과의 색상, 종류 등 관련된 여러가지 정보를 컴퓨터가 이해하고 처리할 수 있는 정형화된 수단으로 표현한 것
③ 중앙집중화(centralization) - 웹 3.0에서 사용자 간 연결은 플랫폼을 중심으로 연결하여 자유롭게 소통할 수 있도록 지원, 결과적으로 플랫폼이 강력한 권한을 가지게 됨
④ 웹 3.0을 실현하기 위해서는 블록체인, 인공지능, AR·VR, 분산 스토리지, 네트워크 등의 기반 기술이 필요, 사용성을 높여야 실효성이 있을 것으로 봄
⑤ 온라인 검색과 요청들을 각 사용자들의 선호와 필요에 따라 맞춰 재단하는 것이 웹 3.0의 목표

[해설] 웹 3.0은 개인화, 지능화 및 상황인식을 기반으로 컴퓨터가 사람을 대신해서 정보를 모으고 필요한 정보와 지식을 추출해서 보여주는 맞춤형 웹으로, 탈중앙화 및 이용자 간 상호작용을 특징으로 한다.

Answer 83 ④ 84 ③

85 아래 글상자의 괄호 안에 들어갈 용어로 가장 옳은 것은?

> (   )은 전자상거래 이용 고객이 기업에서 발송하는 광고성 메일에 대해 수신거부 의사를 전달하여 더 이상 광고성 메일을 받지 않을 수 있는 것을 말한다.

① 옵트 온(opt on)   ② 옵트 오프(opt off)
③ 옵트 오버(opt over)   ④ 옵트 인(opt in)
⑤ 옵트 아웃(opt out)

[해설] ④ 옵트 인(opt in) : 수신자의 사전 동의를 얻은 경우에만 광고성 메일을 발송할 수 있는 방식

86 빅데이터의 핵심 특성 3가지를 바르게 나열한 것은?

① 가치, 생성 속도, 유연성   ② 가치, 생성 속도, 가변성
③ 데이터 규모, 가치, 복잡성   ④ 데이터 규모, 속도, 다양성
⑤ 데이터 규모, 가치, 가변성

[해설] 빅데이터의 대표적인 특징은 3V를 의미하는 데이터의 양(Volume), 데이터 생성 속도(Velocity), 형태의 다양성(Variety)이다. 최근에는 가치(Value)나 복잡성(Complexity)을 특징에 포함시키기도 한다.

87 아래 글상자에서 설명하는 서비스와 관련된 용어로 가장 옳은 것은?

> • 유통데이터를 활용한 다양한 비즈니스 모델을 수행할 수 있도록 지원하기 위해 온라인에서 생산과 소비, 유통이 한 곳에서 이루어지는 '양면시장(two-sided market)' 개념의 장(場)을 지칭하는 용어이다.
> • 비즈니스에서 여러 사용자 또는 조직 간의 관계를 형성하고 비즈니스적인 거래를 형성할 수 있는 정보 시스템 환경으로 자신의 시스템을 개방하여 개인은 물론 기업 모두가 참여하여 원하는 일을 자유롭게 할 수 있도록 환경을 구축하여 참여자들 모두에게 새로운 가치와 혜택을 제공해 줄 수 있는 시스템을 의미한다.

① 데이터베이스   ② 옴니채널
③ 플랫폼   ④ 클라우드 컴퓨팅
⑤ m-커머스

[해설] ② 옴니채널 : 소비자가 온라인, 오프라인, 모바일 등 다양한 유통경로를 넘나들면서 상품을 검색하고 구매하며 같은 매장을 이용하는 것처럼 느낄 수 있도록 하는 쇼핑방식
④ 클라우드 컴퓨팅 : 인터넷을 통해 가상화된 컴퓨팅 리소스를 제공하고, 데이터를 자신의 컴퓨터가 아닌 인터넷상 서버에 저장하며, 클라우드에 연결된 각종 IT 기기로 컴퓨팅 리소스에 접근하여 이용하는 기술
⑤ m-커머스 : 이동 단말기와 무선 통신 네트망을 통해 이동 중에도 언제 어디서나 상품과 서비스를 거래를 할 수 있는 무선 전자상거래(mobile commerce)

Answer 85 ⑤ 86 ④ 87 ③

88 아래 글상자는 인증방식 분류에 대한 설명이다. ㉠, ㉡에 해당하는 용어로 가장 옳은 것은?

> ㉠ 전자적 형태의 문서로 어떤 사람을 특정할 수 있는 정보와 공개 키(public key), 전자서명으로 구성된다. 이 인증방식은 일단 증명서를 발급받기만 하면 주기적으로 그것을 갱신하는 것 외에는 특별히 조치할 사항이 없으므로 사용하기 편리하다는 장점이 있다.
> ㉡ 분산원장을 바탕으로 인증 대상이 스스로 신원을 확인하고 본인과 관련된 정보의 제출 범위와 대상 등을 정할 수 있도록 하는 인증방식이다. 인증대상이 자신의 신원정보(credentials)에 대한 권리를 보다 적극적으로 행사할 수 있는 것이 특징이다.

① ㉠ 비밀번호, ㉡ 분산ID
② ㉠ 디지털문서, ㉡ 분산ID
③ ㉠ 비밀번호, ㉡ 디지털문서
④ ㉠ 생체정보, ㉡ 디지털문서
⑤ ㉠ 생체정보, ㉡ 분산ID

[해설] 생체정보는 지문, 홍채, 얼굴, 정맥 등 신체적 특성이나 목소리, 서명 등 행동적 특성과 같은 개인 고유의 신호를 이용하는 보안 인증방식이다.

89 아래 글상자의 괄호 안에 공통적으로 들어갈 용어로 가장 옳은 것은?

> • (   )은(는) 마이론 크루거(Myron Krueger) 박사에 의해 제시된 개념으로 인조 두외 공간이라고도 한다.
> • (   )에서는 3차원의 가상공간에서 사용자가 원하는 방향대로 조작하거나 실행할 수 있다.
> • (   )의 특성은 영상물의 실시간 렌더링이 가능하므로 원하는 위치에 원하는 모습을 즉시 생산해낼 수 있다.

① 가상 현실
② 증강 현실
③ UI/UX
④ 사이버 물리 시스템
⑤ 브레인 컴퓨터 인터페이스

[해설] ② 증강 현실 : 실제 환경에 가상의 요소를 추가하여 현실과 가상의 세계를 융합시키는 기술
③ UI/UX : 사용자 인터페이스(User Interface, UI)는 사용자와 컴퓨터 시스템, 프로그램 간 상호작용을 가능하게 하는 인간, 환경, 기술요소. 사용자 경험(User Experience, UX)은 사용자가 시스템, 제품, 서비스를 이용하고 상호작용하면서 느끼고 생각하는 총체적인 경험
④ 사이버 물리 시스템 : 통신, 연산, 조작의 요소를 기반으로 다양한 컴퓨터 기능들이 현실 세계(physical world)와 가상 세계(virtual world)를 융합하여 상호작용할 수 있도록 연계하는 시스템
⑤ 브레인 컴퓨터 인터페이스 : 두뇌를 구성하는 신경세포의 신호인 뇌파를 이용하여 외부 기기의 동작을 제어하거나 외부 신호를 이용하여 신경 세포를 자극하는 기술

Answer 88 ② 89 ①

90 아래 글상자의 ⊙과 ⓒ에 해당되는 용어로 가장 옳은 것은?

> • (⊙)은(는) 종종 잘못된 제품 수요정보가 공급사슬을 통해 한 파트너에서 다른 참여자들에게로 퍼져나가면서 왜곡되고 증폭되는 것을 말한다. 예를 들면, 고객과의 최접점에서 어떤 제품의 수요가 약간 증가할 것이라는 정보가 공급사슬의 다음 단계마다 부풀려 전달되어 과도한 잉여재고가 발생하게 되는 현상이다.
> • e-SCM을 구축함으로서 공급사슬의 (ⓒ)을 확보하여 이러한 현상을 감소시키거나 제거할 수 있게 된다.

① ⊙ 풀현상, ⓒ 가시성
② ⊙ 푸시현상, ⓒ 가시성
③ ⊙ 채찍효과, ⓒ 완전성
④ ⊙ 채찍효과, ⓒ 가시성
⑤ ⊙ 채찍효과, ⓒ 확장성

해설
- 풀(pull) 현상 : 제조업자가 광고나 판촉을 이용하여 최종 소비자에게 브랜드나 제품을 알려 자발적으로 구매하도록 하는 것
- 푸쉬(push) 현상 : 제조업자가 판매촉진이나 인적 판매를 이용하여 중간상으로 하여금 제품을 구비하고 소비자에게 판매하도록 유도하는 것

Answer 90 ④

2023년 제2회 유통관리사

제1과목 유통물류일반관리

01 기업윤리의 중요성을 강조하기 위해 취할 수 있는 방법으로 가장 옳지 않은 것은?

① 기업윤리와 관련된 헌장이나 강령을 만들어 발표한다.
② 기업윤리가 기업의 모든 의사결정 프로세스에 반영될 수 있게 모니터링한다.
③ 윤리경영의 지표로는 정성적인 지표가 아닌 계량적인 지표를 활용한다.
④ 조직 내의 문제점을 제기할 수 있는 제도를 활성화한다.
⑤ 윤리기준을 적용한 감사 결과를 조직원과 공유한다.

[해설] 윤리경영의 지표로는 정성적 지표뿐만 아니라 정량적인 지표를 모두 활용하여 평가의 신뢰성을 확보하고 있다.

02 유통경로와 중간상이 필요한 이유에 대한 설명으로 가장 옳지 않은 것은?

① 거래의 일상화를 통해 제반 비용의 감소와 비효율을 개선할 수 있기 때문이다.
② 중간상의 개입으로 공간적, 시간적 불일치를 해소할 수 있기 때문이다.
③ 생산자의 다품종 소량생산과 소비자의 소품종 대량구매 니즈로 인한 구색 및 수량 불일치를 해소할 수 있기 때문이다.
④ 생산자와 소비자 상호간의 정보의 불일치에 따른 불편을 해소해 줄 수 있기 때문이다.
⑤ 중간상을 통해 탐색과정의 효율성을 높일 수 있기 때문이다.

[해설] 생산자의 소품종 소량생산에 대해 중간상인들의 수합, 분류 및 구색맞춤 기능을 통해 소비자의 다품종 소량구매 니즈를 충족시켜 구색 및 수량 불일치를 해소할 수 있다.

Answer 01 ③ 02 ③

03 아래 글상자에서 설명하는 기업이 글로벌 시장에서 경쟁하기 위한 전략을 괄호 안에 들어갈 순서대로 옳게 나열한 것은?

> - (㉠)는 둘 또는 그 이상의 기업들이 맺은 파트너십으로 기술과 위험을 공유한다. 자국에서 생산된 상품만을 허용하는 국가로 진출하기 위한 전략으로 활용할 수 있다.
> - (㉡)은(는) 자사의 독자적인 브랜드 이름이나 상표를 부착하여 판매하는 방식으로 제품의 생산은 다른 기업에게 의뢰한다.

① ㉠ 전략적 제휴 ㉡ 위탁제조
② ㉠ 합작투자 ㉡ 위탁제조
③ ㉠ 전략적 제휴 ㉡ 라이선싱(licensing)
④ ㉠ 합작투자 ㉡ 라이선싱(licensing)
⑤ ㉠ 해외직접투자 ㉡ 프랜차이징(franchising)

[해설] ㉠ 합작투자는 조인트벤처(Joint venture)라고도 하며 해외투자에 있어 독자적인 투자보다는 2 이상의 기업이 파트너십을 구축하여 리스크를 감소시키는 전략에 해당한다.
㉡ 위탁제조는 주문자 상표 부착방식(OEM)이라고 한다.

04 경제활동의 윤리적 환경과 조건을 세계 각국 공통으로 표준화하려는 것으로 비윤리적인 기업의 제품이나 서비스를 국제거래에서 제한하는 움직임을 뜻하는 것은?

① 우루과이라운드 ② 부패라운드
③ 블루라운드 ④ 그린라운드
⑤ 윤리라운드

[해설] 최근 ESG경영이 화두로 떠오르면서 경제활동의 윤리적 환경과 조건을 세계적으로 표준화하려는 노력들이 이루어지고 있으며 이를 윤리라운드라고 한다. 참고로 우루과이라운드는 다자간 무역협상을 GATT체제로 해결하려는 노력이었고, 블루라운드는 노동, 그린라운드는 친환경과 관련된 세계 각국의 움직임이라 할 수 있다.

05 조직에서 경영자가 목표를 설정할 때 고려해야 할 요소들에 대한 설명으로 가장 옳지 않은 것은?

① 조직의 미션과 종업원의 핵심 직무를 검토한다.
② 목표를 개별적으로 결정하거나 외부의 투입을 고려해서 정한다.
③ 목표 진척사항을 평가하기 위한 피드백 메커니즘을 구축한다.
④ 목표 달성과 보상은 철저하게 분리하여 독립적으로 실행한다.
⑤ 가용한 자원을 평가한다.

Answer   03 ②   04 ⑤   05 ④

[해설] 목표 달성의 효과성을 달성하기 위해서는 목표 달성과 보상 간의 체계적인 연계관계를 구축하여 실행하는 것이 동기부여 측면에서 적합하다.

06
리더의 행동을 생산에 대한 관심과 사람에 대한 관심을 기준으로 구분하여 연구한 블레이크(Blake)와 무톤(Mouton)의 관리격자연구에 따른 리더십 유형에 대한 설명으로 가장 옳지 않은 것은?

① 중도형(5-5) – 절충에 신경을 쓰기 때문에 때로는 우유부단하게 비칠 수 있다.
② 팀형(9-9) – 팀의 업적에만 관심을 갖는 리더로 부하를 하나의 수단으로 취급할 수 있다.
③ 컨츄리클럽형(1-9) – 부하의 욕구나 동기를 충족시키면 그들이 알아서 수행할 것이라는 전제하에 나타나는 리더십이다.
④ 무관심형(1-1) – 리더는 업무에 대한 지시만 하고 어려운 문제가 생기면 회피한다.
⑤ 과업형(9-1) – 리더 혼자서 의사결정을 하고 관리의 초점도 생산성 제고에 맞춰진다.

[해설] 팀형(9-9)은 이상형이라고도 하며 팀의 업적과 부하에 대한 관심을 모두 추구하는 리더십 유형에 해당한다. 팀의 업적에만 관심을 갖는 리더로 부하를 하나의 수단으로 취급할 수 있는 유형은 과업지향형(9-1) 리더십에 해당한다.

07
기업이 자금을 조달하는 각종 원천에 대한 설명으로 옳지 않은 것은?

① 단기자금 조달을 위해 신용대출을 활용하기도 한다.
② 채권발행의 경우 기업 경영진의 지배력은 유지되는 장점이 있다.
③ 주식 매각의 장점은 주주들에게 주식배당을 할 법적 의무가 없어진다는 것이다.
④ 팩토링은 대표적인 담보대출의 한 형태이다.
⑤ 채권발행은 부채의 증가로 인해 기업에 대한 인식에 악영향을 끼칠 수 있다.

[해설] 팩토링은 판매기업과 구매기업 간에 발생한 매출채권에 대해 판매기업의 단기적인 현금유동성을 위해 금융기관에서 매출채권을 매입하여 현금을 지급하고 금융기관은 구매기업으로부터 매출채권을 상환하는 금융방식을 의미하므로 담보물을 맡기고 현금을 차용하는 방식인 담보대출과는 개념이 다르다.

Answer 06 ② 07 ④

08 에머슨(Emerson, H.)의 직계·참모식 조직(line and staff organization)의 단점에 대한 설명으로 옳지 않은 것은?

① 명령체계와 조언, 권고적 참여가 혼동되기 쉽다.
② 집행부문이 스태프(staff) 부문에 자료를 신속·충분하게 제공하지 않으면 참모 부문의 기능은 잘 발휘되지 못한다.
③ 집행부문의 종업원과 스태프(staff) 부문의 직원 간에 불화를 가져올 우려가 있다.
④ 라인(line)의 창의성을 결여하기 쉽다.
⑤ 명령이 통일되지 않아 전체의 질서적 관리가 혼란스러워지는 경우가 발생할 수 있다.

[해설] 직계·참모식 조직(line and staff organization)은 라인-스태프조직이라고 하며, 라인조직의 명령일원화원칙에 전문적 지식을 지닌 스태프의 지원을 결합한 조직형태이다. 따라서 직계·참모식 조직은 원천적으로 라인조직이 기반이므로 명령일원화의 원칙이 적용된다.

09 유통경로의 유형 중 가맹본부로 불리는 경로 구성원이 계약을 통해 생산-유통과정의 여러 단계를 연결시키는 형태의 수직적 마케팅 시스템(vertical marketing system)으로 가장 옳은 것은?

① 기업형 VMS
② 위탁판매 마케팅 시스템
③ 복수유통 VMS
④ 프랜차이즈 시스템
⑤ 관리형 VMS

[해설] 수직적 마케팅 시스템(vertical marketing system)은 그 지배력의 강도에 따라 기업형, 계약형, 관리형 VMS로 구분된다. 이 중 계약형 VMS의 대표적인 형태가 가맹본부와 가맹점 간 계약형태로 구성되는 프랜차이즈형 조직이라 할 수 있다.

10 유통경로 구조를 결정하는 데 있어서 유통경로 커버리지(channel coverage)에 대한 설명으로 옳은 것은?

① 유통경로에서 제조업자로부터 몇 단계를 거쳐 최종소비자에게 제품이 전달되는가와 관련이 있다.
② 제품의 부피가 크고 무거울수록, 부패 속도가 빠를수록 짧은 경로를 선택하는 것이 바람직하다.
③ 특정한 지역에서 하나의 중간상을 전속해 활용하는 전략을 집약적 유통(intensive distribution)이라고 한다.
④ 유통경로 커버리지란 특정지역에서 자사 제품을 취급하는 점포를 얼마나 많이 활용할 것인가를 결정하는 것이다.
⑤ 유통경로를 통제하고자 하는 통제욕구가 강할수록 유통경로는 짧아진다.

Answer 08 ⑤ 09 ④ 10 ④

[해설] ① 유통커버리지는 유통집중도(distribution intensity)라고 하며 특정지역에서 자사제품을 취급하는 점포의 수가 얼마나 되는지를 의미한다.
② 일반적으로 부패 속도가 빠를수록 짧은 경로를 선택하는 것이 바람직하나 제품의 부피 또는 무게는 유통경로길이와 무관하다.
③ 특정한 지역에서 하나의 중간상을 전속해 활용하는 전략을 전속적 유통이라고 한다.
⑤ 유통경로의 길이는 제품의 특성, 수요/공급의 특성, 유통비용 등에 따라 결정된다.

11 유통산업의 경제적 의의에 대한 설명으로 가장 옳지 않은 것은?

① 유통산업은 국민 경제적 측면에서 생산과 소비를 연결해주는 기능을 수행한다.
② 유통산업은 국민들로 하여금 상품이나 서비스 소비를 가능하게 함으로써 생활수준을 유지·향상시켜 준다.
③ 유통산업은 국가경제를 순환시키는 데 중요한 역할을 담당하고 있다.
④ 우리나라 유통산업은 2010년대 후반 유통시장 개방과 자유화 정책 이후 급속히 발전하여 제조업에 이은 국가 기간산업으로 성장하였다.
⑤ 유통산업은 생산과 소비의 중개를 통해 제조업의 경쟁력을 높이고 소비자 후생의 증진에 큰 기여를 하고 있다.

[해설] 우리나라 유통산업은 1997년 말 IMF 외환위기로 인해 유통시장이 강제 개방되었고, 최근에는 자유화 정책 이후 급속히 발전하여 제조업에 이은 국가 기간산업으로 성장하였다.

12 물류의 기본적 기능과 관련한 활동에 대한 설명으로 가장 옳지 않은 것은?

① 서로 다른 두 지점 간의 물자를 이동시키는 활동은 수송활동이다.
② 보관활동은 시간적 수급조절기능, 가격조정기능을 수행한다.
③ 상품의 가치 및 상태를 보호하기 위해 적절한 재료와 용기를 사용하는 것은 유통가공활동이다.
④ 수송과 보관 사이에서 이루어지는 물품의 취급활동은 하역활동이다.
⑤ 유통을 촉진시키기 위한 무형의 물자인 정보를 유통시키는 활동은 정보유통활동이다.

[해설] 상품의 가치 및 상태를 보호하기 위해 적절한 재료와 용기를 사용하는 것은 포장활동에 해당한다.

Answer 11 ④ 12 ③

13 조직의 구성원들에게 학습되고 공유되는 가치, 아이디어, 태도 및 행동규칙을 의미하는 용어로 옳은 것은?

① 조직문화(organizational culture)
② 핵심가치(core value)
③ 사명(mission)
④ 비전(vision)
⑤ 조직목표(organizational goals)

[해설] 조직문화(organizational culture)는 사풍(社風)이라고도 하며, 조직의 구성원들에게 지속적으로 학습되고 공유되는 가치, 아이디어, 태도 및 행동규칙을 의미한다.

14 아래 글상자에서 전통적인 유통채널 구조가 점진적으로 변화하는 과정이 순서대로 옳게 나열된 것은?

> ㉠ 전통시장단계
> ㉡ 제조업체 우위단계
> ㉢ 소매업체 성장단계와 제조업체 국제화단계
> ㉣ 소매업체 대형화단계
> ㉤ 소매업체 국제화단계

① ㉢ – ㉣ – ㉤ – ㉠ – ㉡
② ㉡ – ㉢ – ㉣ – ㉤ – ㉠
③ ㉠ – ㉡ – ㉢ – ㉣ – ㉤
④ ㉤ – ㉠ – ㉡ – ㉢ – ㉣
⑤ ㉣ – ㉤ – ㉠ – ㉡ – ㉢

[해설] 유통채널 구조가 점진적으로 변화하는 과정은 '전통시장단계 → 제조업체 우위단계 → 소매업체 성장단계와 제조업체 국제화단계 → 소매업체 대형화단계 → 소매업체 국제화단계'를 거친다고 할 수 있다.

15 유통경로상 여러 경로 기관들의 유통 흐름 유형에 대한 설명으로 옳은 것은?

구문	유형	내용
㉠	물적 흐름	유통 기관으로부터 다른 기관으로의 소유권의 이전
㉡	소유권 흐름	생산자로부터 최종 소비자에 이르기까지의 제품의 이동
㉢	지급 흐름	고객이 대금을 지급하거나, 판매점이 생산자에게 송금
㉣	정보 흐름	광고, 판촉원 등 판매촉진 활동의 흐름
㉤	촉진 흐름	유통 기관 사이의 정보의 흐름

① ㉠
② ㉡
③ ㉢
④ ㉣
⑤ ㉤

Answer 13 ① 14 ③ 15 ③

해설

㉠	상적 흐름(상류) (소유권 흐름)	유통 기관으로부터 다른 기관으로의 소유권의 이전
㉡	물적 흐름(물류)	생산자로부터 최종 소비자에 이르기까지의 제품의 이동
㉢	촉진 흐름	광고, 판촉원 등 판매촉진 활동의 흐름
㉣	정보 흐름	유통 기관 사이의 정보의 흐름

16 유통기업들이 물류에 대한 높은 관심을 가지고 이에 대한 합리화를 적극적으로 검토·실행하고 있는 원인으로 옳지 않은 것은?

① 물류비가 증가하는 경향이 있기 때문이다.
② 생산 부문의 합리화 즉 생산비의 절감에는 한계가 있기 때문이다.
③ 기업 간 경쟁에서 승리하기 위해 물류면에서 우위를 확보하여야 하기 때문이다.
④ 고객의 요구는 다양화, 전문화, 고도화되어 고객서비스 향상이 특히 중요시되기 때문이다.
⑤ 기술혁신에 의하여 운송, 보관, 하역, 포장기술이 발전되었고 정보면에서는 그 발전 속도가 현저하게 낮아졌기 때문이다.

해설 기술혁신에 의하여 운송, 보관, 하역, 포장기술 뿐만 아니라 IT혁명에 의해 정보기술이 비약적으로 발전하고 있다.

17 아래 글상자에서 설명하는 소매상 유형으로 옳은 것은?

> 일반의약품은 물론 건강기능식품과 화장품, 생활용품, 음료, 다과류까지 함께 판매하는 복합형 전문점

① 상설할인매장 ② 재래시장
③ 드럭스토어   ④ 대중양판점
⑤ 구멍가게

해설 소매상유형 중 일반의약품은 물론 건강기능식품과 화장품, 생활용품, 음료, 다과류까지 함께 판매하는 복합형 전문점을 드럭스토어(drug store)라 하고 우리나라에서는 올리브영 등이 이에 해당한다.

Answer 16 ⑤ 17 ③

18 소매수명주기이론(retail life cycle theory)에서 소매기관의 상대적 취약성이 명백해지면서 시장점유율이 떨어지고 수익이 감소하여 경쟁에서 뒤처지게 되는 단계는?

① 도입기
② 성장기
③ 성숙기
④ 쇠퇴기
⑤ 진입기

해설 쇠퇴기(Decline)는 새로운 기술 개발로 기존 제품에 대한 소비자의 욕구가 변하게 되고 매출액이 감소하는 단계로, 소비자의 대부분은 최후 수용층이다. 쇠퇴기에는 경쟁기업들의 철수로 잔류기업이 시장에서 독점적인 지위를 차지할 수 있고, 쇠퇴기의 진행 속도를 늦출 수 있다면 전략에 따라 많은 이익을 창출할 수도 있다.

19 유통산업발전법(법률 제19117호, 2022.12.27., 타법개정)의 제2조 정의에서 기술하는 용어 설명이 옳지 않은 것은?

① 매장이란 상품의 판매와 이를 지원하는 용역의 제공에 직접 사용되는 장소를 말한다. 이 경우 매장에 포함되는 용역의 제공 장소의 범위는 대통령령으로 정한다.
② 임시시장이란 다수(多數)의 수요자와 공급자가 일정한 기간 동안 상품을 매매하거나 용역을 제공하는 일정한 장소를 말한다.
③ 상점가란 일정 범위의 가로(街路) 또는 지하도에 대통령령으로 정하는 수 이상의 도매점포·소매점포 또는 용역점포가 밀집하여 있는 지구를 말한다.
④ 전문상가단지란 같은 업종을 경영하는 여러 도매업자 또는 소매업자가 일정 지역에 점포 및 부대시설 등을 집단으로 설치하여 만든 상가단지를 말한다.
⑤ 공동집배송센터란 여러 유통사업자 또는 물류업자가 공동으로 사용할 수 있도록 집배송시설 및 부대업무시설이 설치되어 있는 지역 및 시설물을 말한다.

해설 유통산업발전법상 용어의 정의를 묻는 문제로, 공동집배송센터란 여러 유통사업자 또는 제조업자가 공동으로 사용할 수 있도록 집배송시설 및 부대업무시설이 설치되어 있는 지역 및 시설물을 말한다.

Answer 18 ④ 19 ⑤

20 조직의 품질경영시스템과 관련한 ISO9000시리즈에 대한 설명으로 가장 옳지 않은 것은?

① 제품 자체에 대한 품질을 보증하는 것이 아니라 제품생산과정의 품질시스템에 대한 신뢰성 여부를 판단하는 기준이다.
② 품질경영시스템의 국제화 추세에 능동적으로 대처할 수 있다.
③ 고객만족을 위한 품질경영시스템을 구축할 수 있다.
④ 품질관련부서의 직원을 중심으로 챔피언, 마스터블랙벨트, 블랙벨트, 그린벨트의 자격이 주어진다.
⑤ 의사결정은 자료 및 정보의 분석에 근거한다.

[해설] ④는 6σ(six sigma)에 대한 설명이다.
ISO9000시리즈는 국제적인 품질경영시스템의 표준을 뜻하며, 품질관련부서의 직원을 중심으로 챔피언, 마스터블랙벨트, 블랙벨트, 그린벨트의 자격이 주어지는 것은 품질관리기법 중 6-시그마에 대한 내용이다.

21 단순 이동평균법을 이용하여 아래 표의 ( ) 안에 들어갈 판매예측치를 계산한 것으로 옳은 것은? (단, 이동평균기간은 2개월로 함)

구분	1월	2월	3월	4월
판매량	17	19	21	( )

① 17
② 18
③ 19
④ 20
⑤ 23

[해설] 최근 2개월치인 2월과 3월분 판매량을 산술평균한다. (19 + 21)/2 = 20개

22 아래 글상자의 괄호 안에 들어갈 경로구성원 간 갈등 관련 용어를 순서대로 나열한 것으로 옳은 것은?

• (㉠)은(는) 상대방에 대해 적대감이나 긴장을 감정적으로 느끼는 것이다.
• (㉡)은(는) 상대방의 목표달성을 방해할 정도의 갈등으로, 이 단계에서는 상대를 견제하고 해를 끼치기 위해 법적인 수단을 이용하며 경로를 떠나거나 상대를 쫓아 내기 위해 힘을 행사하는 것이다.

① ㉠ 잠재적 갈등, ㉡ 지각된 갈등
② ㉠ 지각된 갈등, ㉡ 갈등의 결과
③ ㉠ 감정적 갈등, ㉡ 표출된 갈등
④ ㉠ 표출된 갈등, ㉡ 감정적 갈등
⑤ ㉠ 갈등의 결과, ㉡ 지각된 갈등

Answer 20 ④ 21 ④ 22 ③

해설 유통경로 구성원 간 갈등은 외부적으로는 부정적 기능을, 내부적으로는 순기능을 하기도 하므로 이를 적정수준으로 관리하는 것이 중요하다. 상기 문제는 갈등 관련 용어의 정의 문제로 ㉠ 감정적 갈등은 상대방에 대해 적대감이나 긴장을 감정적으로 느끼는 것을 뜻하며, ㉡ 표출된 갈등은 상대방의 목표달성을 방해할 정도의 심각한 갈등상황을 뜻한다.

23 유통 경로상에 가능하면 많은 수의 도매상을 개입시킴으로써 각 경로 구성원에 의해 보관되는 제품의 수량이 감소될 수 있다는 원칙으로 가장 옳은 것은?

① 분업의 원칙
② 변동비 우위의 원칙
③ 총거래수 최소의 원칙
④ 집중준비의 원칙
⑤ 규모의 경제 원칙

해설 중간상의 필요성에 대한 문제로, 집중준비의 원칙(집중 저장의 원칙)은 중간상이 제품의 보관 기능을 분담함으로써 사회 전체가 원활한 소비를 위해 저장해야 할 제품의 총량을 줄일 수 있다는 원리이다.

24 가맹점이 프랜차이즈에 가입할 때 고려해야 할 점으로 가장 옳지 않은 것은?

① 프랜차이즈가 갖는 투자리스크를 사전에 검토한다.
② 기존의 점포와 겹치지 않는 입지인지 검토한다.
③ 자신의 가맹점만이 개선할 수 있는 부분을 활용한 차별점을 검토한다.
④ 본사에 지불해야 할 수수료를 고려해야 한다.
⑤ 본부의 사업역량이 충분한지 검토해야 한다.

해설 프랜차이즈는 가맹본부에서 제공하는 표준화된 노하우, 기술, 원료제공 등의 시스템 또는 서비스 제공을 기반하는 시스템으로 개별 가맹점만이 개선할 수 있는 차별화된 부분을 검토하는 것은 프랜차이즈계약에 위반되는 사항에 해당한다.

25 물류관리의 3S 1L원칙에 해당되는 용어로 옳지 않은 것은?

① Speedy
② Surely
③ Low
④ Safely
⑤ Smart

해설 3S 1L 원칙은 신속하게(Speedy), 확실하게(Surely), 안전하게(Safely), 저렴하게(Low)를 의미한다.

Answer 23 ④ 24 ③ 25 ⑤

제2과목 상권분석

26 아래 글상자에서 설명하는 입지대안의 평가 원칙으로 가장 옳은 것은?

> 점포를 방문하는 고객의 심리적, 물리적 특성과 관련된 원칙이다. 지리적으로 인접해 있거나, 교통이 편리하거나, 점포이용이 시간적으로 편리하면 입지의 매력도를 높게 평가한다고 주장한다.

① 고객차단의 원칙
② 동반유인의 원칙
③ 점포밀집의 원칙
④ 접근가능성의 원칙
⑤ 보충가능성의 원칙

해설 지리적으로 인접해 있거나, 교통이 편리하거나, 점포이용이 시간적으로 편리하면 입지의 매력도를 높게 평가하는 것은 입지대안 평가의 원칙 중 접근가능성(principle of accessibility)의 원칙이다.

참고 입지의 매력도를 평가하는 원칙(입지대안 평가의 원칙)
㉠ 고객차단의 원칙(principle of intercept)은 입지가 고객이 특정지역에서 다른 지역으로 이동할 때에 고객으로 하여금 점포를 방문하도록 하는 입지적 특성이 얼마나 되는지를 평가하는 것이다. 이러한 특성을 가지고 있는 지역으로 평가되는 입지는 사무실 밀집지역, 상업지역, 쇼핑센터 등이다.(중간 저지성)
㉡ 동반유인의 원칙(principle of cumulative attraction)은 유사하거나 보충적인 소매업들이 군집하고 있는 경우가 분산되어 있거나 독립되어 있는 경우보다 더 큰 유인잠재력을 가질 수 있다는 원칙이다.(누적적 흡인력)
㉢ 보충가능성의 원칙(principle of compatibility)은 두 개의 사업이 고객을 서로 교환할 수 있는 정도를 의미하는데, 이 원칙에 의하면 인접한 지역에 위치한 사업들 간에 보충가능성이 높을수록 점포의 매출액이 높아진다.(양립성)
㉣ 접근가능성의 원칙(principle of accessibility)은 고객의 입장에서 점포를 방문할 수 있는 심리적, 물리적 특성을 의미하는데, 지리적으로 인접해 있거나, 교통이 편리하거나, 시간의 소요가 적은 경우에 점포의 매출이 증대된다는 원칙이다.
㉤ 점포밀집의 원칙(principle of store congestion)은 동반유인이나 보충가능성과는 반대로 지나치게 유사한 점포나 보충할 수 있는 점포들이 밀집되어 있어서 고객의 유인효과를 감소시키는 현상을 의미한다.
㉥ 이용가능성(availability)의 원칙은 그 장소를 임대 또는 매입할 수 있는가 하는 것이다.
㉦ 적합성(suitability)의 원칙은 장소의 규모 또는 구조 등이 개설하려는 소매점포에 적합한가를 의미한다.
㉧ 수용가능성(acceptability)의 원칙은 그 장소를 임대 또는 매입할 만한 충분한 자원이 있는가의 여부이다.

Answer 26 ④

27 중심상업지역(CBD: central business district)의 입지특성에 대한 설명 중 가장 옳지 않은 것은?

① 상업활동으로도 많은 사람을 유인하지만 출퇴근을 위해서도 이곳을 통과하는 사람이 많다.
② 백화점, 전문점, 은행 등이 밀집되어 있다.
③ 주차문제, 교통혼잡 등이 교외 쇼핑객들의 진입을 방해하기도 한다.
④ 소도시나 대도시의 전통적인 도심지역을 말한다.
⑤ 대중교통의 중심이며, 도보통행량이 매우 적다.

[해설] 도시의 도심을 의미하는 중심상업지역(CBD)은 대중교통의 중심이므로 교통이 매우 복잡하고 도보통행량도 다른 지역에 비해 상대적으로 많다.

28 소비자 C가 이사를 하였다. 글상자의 조건을 수정허프(Huff)모델에 적용하였을 때, 이사 이전과 이후의 소비자 C의 소매지출에 대한 소매단지 A의 점유율 변화로 가장 옳은 것은?

㉠ 소비자 C는 오직 2개의 소매단지(A와 B)만을 이용하며, 1회 소매지출은 일정하다.
㉡ A와 B의 규모는 동일하다.
㉢ 이사 이전에는 C의 거주지와 B 사이 거리가 C의 거주지와 A 사이 거리의 2배였다.
㉣ 이사 이후에는 C의 거주지와 A 사이 거리가 C의 거주지와 B 사이 거리의 2배가 되었다.

① 4배로 증가 ② 5배로 증가
③ 4분의 1로 감소 ④ 5분의 1로 감소
⑤ 변화 없음

[해설] 수정허프(D. Huff)모형은 '소비자가 어느 상업지에서 구매하는 확률은 그 상업 집적의 매장면적에 비례하고 그곳에 도달하는 거리에 반비례한다'는 것이다. 수정허프모형에서 점포면적과 이동거리에 대한 소비자의 민감도는 '1'과 '-2'로 고정하여 인식한다.
이사 이전 A의 효용을 1이라고 하면 B의 효용이 $\frac{1}{2^2} = \frac{1}{4}$ 이었으나, 이사 이후에는 B의 효용에 비해 A의 효용은 $\frac{1}{2^2} = \frac{1}{4}$ 가 되었다. 따라서 소매단지 A의 점유율은 1에서 $\frac{1}{4}$ 로 감소하였다.

Answer 27 ⑤ 28 ③

29 둥지내몰림 또는 젠트리피케이션(gentrification)에 관한 내용으로 가장 옳지 않은 것은?

① 낙후된 도심 지역의 재건축·재개발·도시재생 등 대규모 도시개발에 연관된 현상
② 도시개발로 인해 지역의 부동산 가격이 급격하게 상승할 때 주로 발생하는 현상
③ 도시개발 후 지역사회의 원주민들의 재정착비율이 매우 낮은 현상을 포함
④ 상업지역의 활성화나 관광명소화로 인한 기존 유통업체의 폐점 증가 현상을 포함
⑤ 임대료 상승으로 인해 대형점포 대신 다양한 소규모 근린상점들이 입점하는 현상

[해설] 젠트리피케이션(gentrification)은 낙후된 구도심 지역이 활성화되어 중산층 이상의 계층이 유입됨으로써 기존의 저소득층 원주민을 대체하는 현상을 가리킨다.
⑤ 임대료가 상승하면 기존의 소규모 근린상점들은 밀려나고 높은 임대료를 부담할 수 있는 대형점포나 고급점포들이 들어서게 된다.

30 아래 글상자에서 설명하고 있는 상권분석 기법으로서 가장 옳은 것은?

> 분석과정이 비교적 쉽고 비용이나 시간을 아낄 수 있다. 특정 점포의 상대적 매력도는 파악할 수 있지만, 상권의 공간적 경계를 추정하는 데는 도움을 주지 못한다.

① CST map
② 컨버스(P.D.Converse)의 분기점 분석
③ 티센다각형(thiessen polygon)
④ 체크리스트법
⑤ 허프(Huff)모델

[해설] 제시된 내용은 상권분석 기법 중 체크리스트법에 대한 설명이다. 체크리스트(checklist)법은 상권의 범위에 영향을 미치는 요인을 크게 상권내의 제반입지의 특성, 상권의 고객 특성, 상권의 경쟁구조로 구분하여 분석한다.
체크리스트법은 상권의 규모에 영향을 미치는 요인들을 수집하여 이들에 대한 평가결과를 점수화하여 시장잠재력을 측정하는 방법이다. 즉 특정 상권의 제반특성을 여러 항목으로 구분하여 조사하고, 이를 바탕으로 신규점포의 개설가능성 여부를 평가하는 방법이다.

31 신규점포에 대한 상권분석 기법이나 이론들은 기술적, 확률적, 규범적 분석방법으로 구분하기도 한다. 다음 중 규범적 분석에 해당되는 것만을 나열한 것은?

① 체크리스트법, 유추법
② 중심지 이론, 소매인력법칙
③ 허프(Huff)모델, MNL모형
④ 유추법, 중심지 이론
⑤ 소매인력법칙, 허프(Huff)모델

Answer 29 ⑤ 30 ④ 31 ②

해설 상권분석방법 중 규범적 모형은 크리스탈러의 중심지 이론, 레일리의 소매인력법칙 및 수정 소매인력법칙 등이 있다.
서술적 방법은 체크리스트법, 유추법, 현지조사법, 비율법 등이 있고, 확률적 모형은 허프 모형, 루스 모형, MNL 모형, MCI 모형 등이 있다.

32 상권범위의 결정 요인에 대한 설명으로 가장 옳지 않은 것은?

① 상권을 결정하는 요인에는 시간요인과 비용요인이 포함된다.
② 공급측면에서 비용요인 중 교통비가 저렴할수록 상권은 축소된다.
③ 수요측면에서 고가품, 고급품일수록 상권범위가 확대된다.
④ 재화의 이동에서 사람을 매개로 하는 소매상권은 재화의 종류에 따라 비용 지출이나 시간 사용이 달라지므로 상권의 크기도 달라진다.
⑤ 시간요인은 상품가치를 좌우하는 보존성이 강한 재화일수록 상권범위가 확대된다.

해설 비용요인에는 생산비, 운송비, 판매비용 등이 포함된다. 공급측면에서 비용요인 중 운송비(교통비)가 저렴할수록 상권은 확대된다.

33 소매점포의 다른 입지유형과 비교할 때 상대적으로 노면 독립입지가 갖는 일반적인 특징으로 가장 옳지 않은 것은?

① 가시성이 좋다.
② 다른 점포와의 시너지 효과를 기대하기 어렵다.
③ 임대료가 낮다.
④ 주차공간이 넓다.
⑤ 마케팅 비용이 적게 든다.

해설 독립입지의 경우 개점초기에는 소비자들이 그 존재사실을 잘 모르므로 소비자를 점포 내로 유인하기가 어렵다. 소비자들을 점포 내로 유인하기 위해서는 적극적인 광고활동을 해야 하므로 마케팅 비용이 많이 든다.

34 점포의 상권을 설정하기 위한 단계에서의 지역특성 및 입지조건 관련 조사의 내용으로 가장 옳지 않은 것은?

① 유사점포의 경쟁상황   ② 지역의 경제상황
③ 자연적 장애물   ④ 점포의 접근성
⑤ 점포의 예상수요

Answer 32 ② 33 ⑤ 34 ⑤

[해설] 지역특성 및 입지조건 관련 조사는 지역 및 유사점포의 경쟁상황, 점포의 접근성 등을 조사하는 것으로 점포의 예상수요는 조사대상이 될 수 없다.

35. 아래 글상자에 제시된 신규점포의 개점 절차의 논리적 진행순서로 가장 옳은 것은?

㉠ 상권분석 및 입지선정
㉡ 홍보계획 작성
㉢ 가용 자금, 적성 등 창업자 특성 분석
㉣ 실내 인테리어, 점포꾸미기
㉤ 창업 아이템 선정

① ㉠ - ㉤ - ㉢ - ㉡ - ㉣
② ㉤ - ㉠ - ㉢ - ㉡ - ㉣
③ ㉤ - ㉢ - ㉠ - ㉡ - ㉣
④ ㉢ - ㉠ - ㉤ - ㉡ - ㉣
⑤ ㉢ - ㉤ - ㉠ - ㉣ - ㉡

[해설] 주어진 내용으로 신규점포의 개점 절차를 파악하면 가용 자금, 적성 등 창업자 특성 분석 → 창업 아이템 선정 → 상권분석 및 입지선정 → 실내 인테리어, 점포꾸미기 → 홍보계획 작성의 순서이다.

36. 공간균배의 원리나 소비자의 이용목적에 따라 소매점의 입지유형을 분류하기도 한다. 이들 입지유형과 특성의 연결로서 가장 옳은 것은?

① 적응형입지 - 지역 주민들이 주로 이용함
② 산재성입지 - 거리에서 통행하는 유동인구에 의해 영업이 좌우됨
③ 집재성입지 - 동일 업종끼리 모여 있으면 불리함
④ 생활형입지 - 동일 업종끼리 한곳에 집단적으로 입지하는 것이 유리함
⑤ 집심성입지 - 배후지나 도시의 중심지에 모여 입지하는 것이 유리함

[해설] 지역주민이 주로 이용하는 것은 생활형 입지, 유동인구에 의해 영업이 좌우되는 것은 적응형 입지, 동일 업종끼리 모여 있으면 불리한 것은 산재성 입지, 동일 업종끼리 한곳에 집단적으로 입지하는 것이 유리한 것은 집재성 입지이다.

Answer 35 ⑤ 36 ⑤

37 대지면적에 대한 건축물의 연면적의 비율인 용적률을 계산할 때 연면적 산정에 포함되는 항목으로 가장 옳은 것은?

① 지하층의 면적
② 주민공동시설면적
③ 건축물의 부속용도가 아닌 지상층의 주차용 면적
④ 건축물의 경사지붕 아래에 설치하는 대피공간의 면적
⑤ 초고층 건축물과 준초고층 건축물에 설치하는 피난안전구역의 면적

[해설] 용적률(floor area ratio)은 부지 대비 건물 전체의 층별 바닥면적합의 비율이다. 용적률을 산정할 때에는 지하층의 면적, 지상층의 주차용(해당 건축물의 부속용도인 경우만 해당)으로 쓰는 면적, 주민공동시설의 면적, 초고층 건축물의 피난안전구역의 면적은 제외한다.
③ 건축물의 부속용도가 아닌 지상층의 주차용 면적은 연면적 산정에 포함된다.

38 소매업의 공간적 분포를 설명하는 중심성지수와 관련된 설명으로서 가장 옳지 않은 것은?

① 상업인구는 어떤 지역의 소매판매액을 1인당 평균 구매액으로 나눈 값이다.
② 중심성지수는 상업인구를 그 지역의 거주인구로 나눈 값이다.
③ 중심성지수가 1이라는 것은 소매판매액과 그 지역 내 거주자의 소매구매액이 동일하다는 뜻이다.
④ 중심성지수가 1이라는 것은 해당 지역의 구매력 유출과 유입이 동일하다는 뜻이다.
⑤ 소매 판매액의 변화가 없어도 해당 지역의 인구가 감소하면 중심성지수는 낮아지게 된다.

[해설] 소매 판매액의 변화가 없어도 해당 지역의 인구가 감소하면 중심성지수는 상승한다.
중심성지수(centrality index)는 소매업의 공간적 분포를 파악하기 위해 이용되는 개념으로 중심성지수 = $\frac{\text{어떤 지역의 소매인구(상업인구)}}{\text{그 지역의 거주인구}}$ 이다. 여기서 소매인구(상업인구) = $\frac{\text{그 지역의 소매판매액}}{\text{1인당 평균구매액}}$ 이다.
따라서 소매판매액에 변화가 없어도 그 지역의 거주인구가 감소하면 중심성지수는 상승한다. 중심성지수는 상업인구가 거주인구와 동일할 때 1이 되고, 상업인구가 많으면 많을수록 1보다 큰 값이 된다.

Answer 37 ③ 38 ⑤

39
허프(Huff)모델보다 분석과정이 단순해서 상권분석에서 실무적으로 많이 활용되는 수정 허프(Huff)모델의 특성에 관한 설명으로 가장 옳지 않은 것은?

① 분석을 위해 상권 내에 거주하는 소비자의 개인별 구매행동 데이터를 수집할 필요가 없다.
② 허프(Huff)모델과 같이 점포면적과 점포까지의 거리를 통해 소비자의 점포 선택확률을 계산할 수 있다.
③ 상권분석 상황에서 실무적 편의를 위해 점포면적과 거리에 대한 민감도를 따로 추정하지 않는다.
④ 허프(Huff)모델과 달리 수정허프(Huff)모델은 상권을 세부지역(zone)으로 구분하는 절차를 거치지 않는다.
⑤ 허프(Huff)모델에서 추정해야 하는 점포면적과 이동거리 변수에 대한 소비자의 민감도계수를 '1'과 '-2'로 고정하여 인식한다.

[해설] 수정허프(Huff)모델도 허프(Huff)모델과 마찬가지로 상권을 세부지역(zone)으로 구분하는 절차를 거친다.

[참고] 허프(D. Huff)의 확률모형
허프의 확률모형은 신규점포의 예상매출액 추정에 널리 활용되는 기법이다. 예상매출액을 추정하는 절차는 아래와 같다.
- 신규점포를 포함하여 분석대상지역 내의 점포 수와 규모를 파악하고, 분석대상 지역을 몇 개의 구역으로 나눈 다음 각 구역의 중심지에서 개별점포까지의 거리를 구한다.
- 각 구역별로 허프 모형의 공식을 활용하여 점포별 이용확률을 계산하고, 각 구역별 소매 지출액에 신규점포의 이용 확률을 곱하여 구역별로 신규점의 예상매출액을 구하고 이를 합산한다.
- 이 모형에서 신규점포의 예상매출액 = 특정지역의 잠재수요의 총합 × 특정지역으로부터 계획지의 흡인율이다. 또한 허프의 모형에서 지역별 또는 상품의 잠재수요 = 지역별 인구 또는 세대수 × 업종별 또는 점포별 지출액으로 구할 수 있다.

40
복수의 입지후보지가 있을 때는 상세하고 정밀하게 입지조건을 평가하는 과정을 거치게 된다. 가장 유리한 점포입지를 선택하기 위해 참고할 만한 일반적 기준으로 가장 옳은 것은?

① 건축선 후퇴(setback)는 상가건물의 가시성을 높이는 긍정적인 효과를 가진다.
② 점포 출입구 부근에 단차가 있으면 사람과 물품의 출입이 용이하여 좋다.
③ 점포 부지와 점포의 형태는 정사각형에 가까울수록 소비자 흡인에 좋다.
④ 점포규모가 커지면 매출도 증가하는 경향이 있으므로 점포면적이 클수록 좋다.
⑤ 평면도로 볼 때 점포가 도로에 접한 정면너비가 깊이보다 큰 장방형 형태가 유리하다.

Answer 39 ④ 40 ⑤

해설 ⑤ 평면도로 볼 때 점포가 도로에 접한 정면너비가 깊이보다 큰 장방형(직사각형) 형태가 유리하다.
① 건축선의 후퇴는 상가건물의 가시성을 낮춘다.
② 점포 출입구 부근에 단차가 있으면 사람과 물품의 출입을 방해한다.
③ 점포 부지와 점포의 형태는 직사각형에 가까울수록 소비자 흡인에 좋다.
④ 점포규모가 커지면 매출이 증가할 수 있지만 여러 가지 비용이 증가하게 된다.

41

상가건물 임대차보호법(법률 제18675호, 2022.1.4., 일부개정)은 임대인은 임차인이 임대차기간이 만료되기 6개월 전부터 1개월 전까지 사이에 계약갱신을 요구할 경우 정당한 사유 없이 거절하지 못한다고 규정하면서, 예외적으로 그러하지 아니한 경우를 명시하고 있다. 이 예외적으로 그러하지 아니한 경우로서 가장 옳지 않은 것은?

① 임차인이 2기의 차임액에 해당하는 금액에 이르도록 차임을 연체한 사실이 있는 경우
② 서로 합의하여 임대인이 임차인에게 상당한 보상을 제공한 경우
③ 임차인이 임대인의 동의 없이 목적 건물의 전부 또는 일부를 전대(轉貸)한 경우
④ 임차인이 임차한 건물의 전부 또는 일부를 고의나 중대한 과실로 파손한 경우
⑤ 임차인이 거짓이나 그 밖의 부정한 방법으로 임차한 경우

해설 임차인이 3기의 차임액에 해당하는 금액에 이르도록 차임을 연체한 사실이 있는 경우에는 계약 갱신을 거절할 수 있다.

참고 제10조(계약갱신 요구 등)
① 임대인은 임차인이 임대차기간이 만료되기 6개월 전부터 1개월 전까지 사이에 계약갱신을 요구할 경우 정당한 사유 없이 거절하지 못한다. 다만, 다음 각 호의 어느 하나의 경우에는 그러하지 아니하다.
  1. 임차인이 3기의 차임액에 해당하는 금액에 이르도록 차임을 연체한 사실이 있는 경우
  2. 임차인이 거짓이나 그 밖의 부정한 방법으로 임차한 경우
  3. 서로 합의하여 임대인이 임차인에게 상당한 보상을 제공한 경우
  4. 임차인이 임대인의 동의 없이 목적 건물의 전부 또는 일부를 전대(轉貸)한 경우
  5. 임차인이 임차한 건물의 전부 또는 일부를 고의나 중대한 과실로 파손한 경우
  6. 임차힌 건물의 전부 또는 일부가 멸실되어 임대차의 목적을 달성하지 못할 경우
② 임차인의 계약갱신요구권은 최초의 임대차기간을 포함한 전체 임대차기간이 10년을 초과하지 아니하는 범위에서만 행사할 수 있다.
③ 갱신되는 임대차는 전 임대차와 동일한 조건으로 다시 계약된 것으로 본다.
④ 임대인이 제1항의 기간 이내에 임차인에게 갱신 거절의 통지 또는 조건 변경의 통지를 하지 아니한 경우에는 그 기간이 만료된 때에 전 임대차와 동일한 조건으로 다시 임대차한 것으로 본다. 이 경우에 임대차의 존속기간은 1년으로 본다.
⑤ 제4항의 경우 임차인은 언제든지 임대인에게 계약해지의 통고를 할 수 있고, 임대인이 통고를 받은 날부터 3개월이 지나면 효력이 발생한다.

Answer 41 ①

42

상대적으로 광역상권인 시, 구, 동 등 특정 지역의 총량적 수요를 추정할 때 사용되는 구매력지수(BPI : buying power index)를 계산하는 수식에서 가장 가중치가 큰 변수로서 옳은 것은?

① 전체 지역 대비 특정 지역의 인구비율
② 전체 지역 대비 특정 지역의 가처분소득 비율
③ 전체 지역 대비 특정 지역의 소매업 종사자 비율
④ 전체 지역 대비 특정 지역의 소매매출액 비율
⑤ 전체 지역 대비 특정 지역의 소매점면적 비율

[해설] 구매력지수(BPI)를 산출할 때 가장 높은 가중치를 부여하는 변수는 소득(가처분소득)이다. 가중치는 상황에 따라 다르지만 일반적으로 BPI는 아래와 같이 계산된다. 즉 BPI = 0.5X + 0.3Y + 0.2Z이다. 여기서 가중치가 가장 높은 X는 소득관련변수이다.

[참고] 구매력지수
구매력지수(BPI : Buying Power Index)는 소매점포의 입지를 분석할 때 해당 지역시장의 구매력을 측정하는 기준이다. 구매력지수(BPI)는 세 가지 지표를 이용하여 측정한다. 그것은 ㉠ 유효소득(전체의 가처분 소득 중에서 차지하는 그 지역의 가처분 소득 비율)과 ㉡ 인구(총인구에서 차지하는 그 지역인구의 비율), 그리고 ㉢ 소매매출액(전체의 소매매출액에서 차지하는 그 지역의 소매매출액 비율)이다.

43

소매점포의 예상매출을 추정하는 분석방법이나 이론으로 볼 수 있는 것들이다. 가장 연관성이 떨어지는 것은?

① 유추법
② 회귀분석법
③ 허프(Huff)모델
④ 컨버스(P.D. Converse)의 분기점분석
⑤ MNL모형

[해설] 컨버스(P.D. Converse)의 분기점분석은 두 도시 간 상권의 경계를 파악하는 데 활용되는 기법으로 소매점포의 예상매출 분석과는 관계가 없다.

Answer 42 ② 43 ④

44 소매포화지수(IRS)는 지역시장의 공급대비 수요수준을 총체적으로 측정하기 위해 많이 사용되는 지표의 하나이다. 소매포화지수를 구하는 공식의 분모(分母)에 포함되는 요소로 가장 적합한 것은?

① 관련 점포의 총매출액
② 관련 점포의 총매장면적
③ 관련 점포의 고객수
④ 관련 점포의 총영업이익
⑤ 관련 점포의 종업원수

해설 소매포화지수(IRS)는 한 지역내 특정 소매업태에 대한 수요를 매장면적의 합으로 나누어 계산한 것으로, 현재상황에서 공급에 대한 수요수준을 나타내며 지수의 값이 클수록 신규점포 개설의 매력도가 높다는 것을 의미한다.

$$IRS = \frac{\text{지역시장의 총 가구수} \times \text{가구당 특정업태에 대한 지출액}}{\text{특정업태의 총 매장면적}}$$

45 지리정보시스템(GIS)을 이용한 상권정보시스템 구축과 관련된 내용으로 가장 옳지 않은 것은?

① 개별 상점의 위치정보는 점 데이터로, 토지이용 등의 정보는 면(面) 데이터로 지도에 수록한다.
② 지하철노선, 도로 등은 선(線) 데이터로 지도에 수록하고 데이터베이스(DB)를 구축한다.
③ 고객의 인구통계정보 등은 DB로 구축하여, 표적고객집단을 파악하고 상권경계선을 추정할 수 있게 한다.
④ 주제도 작성, 공간 조회, 버퍼링을 통해 효과적인 상권분석이 가능하다.
⑤ 지리정보시스템에 기반한 상권분석정보는 현실적으로 주로 대규모점포에 한정하여 상권분석, 입지선정, 잠재 수요 예측, 매출액 추정에 활용되고 있다.

해설 지리정보시스템(GIS)은 대규모 점포의 입지선정은 물론 소규모 점포의 입지선정에도 활용되고, 잠재고객 추정에도 활용할 수 있다.
중소벤처기업부의 소상공인 상권정보시스템(sg.smba.go.kr), 서울시 우리마을가게 상권분석 시비스(golmok.seoul.go.kr) 등은 GIS를 기반으로 운영되는 상권정보 및 상권분석 시스템이다.

Answer 44 ② 45 ⑤

제3과목 유통마케팅

46 다음 중 효과적인 시장세분화를 위한 조건으로 옳은 것을 모두 고른 것은?

> ㉠ 측정가능성 　　　　　　　㉡ 접근가능성
> ㉢ 실행가능성 　　　　　　　㉣ 규모의 적정성
> ㉤ 차별화 가능성

① ㉠, ㉡, ㉢, ㉣, ㉤　　　　　② ㉠, ㉢, ㉣
③ ㉡, ㉢, ㉤　　　　　　　　　④ ㉡, ㉣, ㉤
⑤ ㉢, ㉤

해설 효과적인 시장세분화 요건
- 측정가능성 : 세분화된 시장의 규모와 구매력 및 세분화 특성이 측정 가능해야 한다.
- 규모의 적정성 : 세분된 시장이 충분한 시장성이 있어야 의미 있는 세분화가 될 수 있다.
- 접근 가능성 : 소비자가 세분시장에 효과적으로 도달해 이들에 대한 서비스가 가능해야 한다.
- 내부적으로 동질적, 외부적으로 차별화 : 각 세분시장은 마케팅 변수에 대하여 상이한 반응을 보일 만큼 이질적이고 차별화가 가능해야 하며, 세분시장 내의 소비자들은 마케팅 변수에 대하여 동일한 반응을 보여야 한다.
- 이밖에 신뢰성과 유효타당성, 실행가능성 등이 있어야 한다.

47 소매경영에서 공급업체에 대한 평가 시 사용하는 ABC분석에 대한 다음 내용 중에서 옳지 않은 것은?

① 개별 단품에 대해 안전재고 수준과 상품가용성 정도를 결정하는 데 사용한다.
② 매출비중이 높더라도 수익성이 떨어지는 상품은 중요시하지 않는 것이 바람직하다.
③ 소매업체들이 기여도가 높은 상품 관리에 집중해야 한다는 관점하에 활용된다.
④ 소매업체 매출의 80%는 대략 상위 20%의 상품에 의해 창출된다고 본다.
⑤ 상품성과의 척도로는 공헌이익, GMROI(마진수익률), 판매량 등이 많이 활용된다.

해설 ABC분석은 파레토법칙에 의해 관리대상을 A, B, C 그룹으로 나누고, 먼저 매출액 또는 기여도 등이 가장 높은 A그룹을 최중점 관리대상으로 선정하여 관리노력을 집중함으로써 관리효과를 높이려는 분석 방법을 말한다.

Answer　46 ①　47 ②

48. 아래 글상자가 공통적으로 설명하는 소매상의 변천과정 가설 및 이론으로 가장 옳은 것은?

> - 소매업태가 환경변화에 따라 일정한 주기를 두고 순환적으로 변화한다는 가설
> - 저가격, 저비용, 저서비스의 점포 운영방식으로 시장에 진입
> - 성공적인 시장진입 이후 동일 유형의 소매점 간에 경쟁이 격화됨에 따라 경쟁우위 확보를 위해 점점 고비용, 고가격, 고서비스의 소매점으로 전환
> - 모든 유형의 소매업태 등장과 발전과정을 설명할 수 없다는 한계를 지님

① 자연도태설
② 소매수명주기 이론
③ 소매아코디언 이론
④ 변증법적 이론
⑤ 소매업 수레바퀴가설

[해설] Malcolm 교수가 1957년 주장한 이론으로 소매업태들이 처음에는 혁신적인 형태의 저비용, 저가격, 저마진 업태로 출발하여 성장하다가 시간이 지나면서 고비용, 고가격 업태로 변화되어 새로운 개념을 가진 신업태에게 그 자리를 넘기고 시장에서 사라진다는 이론이다.

49. 다음 중 소매업체가 점포를 디자인할 때 고려해야 하는 요소로 가장 옳지 않은 것은?

① 표적시장의 니즈를 만족시키기 위한 소매업체의 전략 실행
② 효율적으로 제품을 찾고 구입할 수 있도록 쾌락적 편익 제공
③ 잠재고객 방문 유도 및 방문 고객의 구매율 증가
④ 용이한 점포의 관리 및 유지 비용을 절감할 수 있도록 설계
⑤ 점포설계에 있어서 법적·사회적 요건 충족

[해설] 점포디자인에 있어 효율적으로 제품을 찾고 구입할 수 있도록 하는 것은 경제성을 추구하는 방법이다. 반면 쾌락적 편익을 제공하는 점포디자인은 비용이 많이 발생하므로 서로 성격이 이질적인 디자인 요소를 함께 양립시키는 것은 바람직하지 않다.

50. 다음 중 매장의 생산성을 증대시키기 위한 유통계량조사의 내용으로 가장 옳지 않은 것은?

① 매장 1평당 어느 정도의 매출액이 일어나고 있는가를 파악하기 위한 매장생산성 조사
② 투입된 종업원당 어느 정도의 매출액이 창출되는지를 업계 평균과 상호 비교
③ 현재의 재고가 어느 정도의 상품이익을 실현하는지 알기 위한 교차비율 산출
④ 고객수 및 객단가 산출 및 이전 분기 대비 객단가 증가율 비교
⑤ 채산성을 위한 목표 매출 및 달성 가능성을 분석하기 위한 손익분기 매출액 산출

Answer 48 ⑤ 49 ② 50 ⑤

해설 매장의 생산성 증대는 투입 대비 산출을 의미하는 매장의 효율성(efficiency)을 뜻하며, 이를 위한 조사내용인 ①②③④가 이에 해당한다. 한편 채산성을 위한 목표 매출 및 달성 가능성 분석은 목표 달성과 관련된 효과성(effectiveness)에 대한 조사라 할 수 있다.

51 상시저가전략(EDLP: everyday low price)과 비교한 고저가격전략(high-low pricing)의 장점으로 가장 옳지 않은 것은?

① 고객의 가격민감도 차이에 기반한 가격차별화를 통해 수익증대가 가능하다.
② 할인행사에 대한 고객 기대를 높이는 효과가 있다.
③ 광고 및 운영비를 절감하는 효과가 있다.
④ 동일 상품을 다양한 고객층에게 판매할 수 있다.
⑤ 제품수명주기의 변화에 따른 가격설정이 용이하다.

해설 고저가격전략(high-low pricing)의 단점 중 하나가 고가격 및 저가격 제품 각각의 판매촉진을 위한 촉진비용 및 재고관리비용이 커진다는 것이다.

52 다음 중 경로구성원 평가 및 관리와 관련하여 옳지 않은 것은?

① 기업은 좋은 성과를 내고 고객에게 훌륭한 가치를 제공하는 중간상을 파악하여 보상해야 한다.
② 판매 할당액의 달성 정도, 제품 배달시간, 파손품과 손실품 처리 등과 같은 기준에 관해 정기적으로 경로구성원의 성과를 평가해야 한다.
③ 경로 구성원과의 장기적인 협력관계를 맺기 위해 성과가 좋지 못한 중간상이라도 바꾸지 말아야 한다.
④ 파트너를 소홀히 다루는 제조업자는 딜러의 지원을 잃을 뿐만 아니라 법적인 문제를 초래할 위험이 있다.
⑤ 기업은 경로 구성원이 최선을 다할 수 있도록 지속적으로 관리하고 동기를 부여해야 한다.

해설 유통경로 목표를 달성하기 위해서는 목표와 성과 간의 정확한 평가체계가 중요하다. 따라서 경로 구성원과의 장기적인 협력관계를 맺기 위해 성과가 좋지 못한 중간상이라도 바꾸지 말아야 하는 것은 아니다.

Answer 51 ③ 52 ③

53 아래 글상자가 설명하는 서비스품질을 평가하는 요소로 가장 옳은 것은?

> N사는 고객의 개별적 욕구를 충족시키고자 노력하는 기업으로 포지셔닝하며 고객의 개별 선호에 맞춘 고객 응대를 실천하고 있다. 예를 들어, 양쪽 발 사이즈가 다른 고객에게 사이즈가 각각 다른 두 켤레를 나누어 팔았다. 비록 나머지 짝이 맞지 않은 두 신발을 팔 수 없더라도 고객에게 잊지 못할 감동을 주고 있다.

① 신뢰성(reliability)
② 확신성(assurance)
③ 유형성(tangibility)
④ 공감성(empathy)
⑤ 응답성(responsiveness)

[해설] PZB의 SERVQUAL 모형에 있어서 공감성(empathy)은 고객에게 제공하는 개별적인 배려와 관심, 원활한 의사소통, 고객에 대한 충분한 이해 등으로 이해할 수 있다.

54 서비스기업의 고객관계관리 과정은 "관계구축 – 관계강화 – 관계활용 – 이탈방지 또는 관계해지"의 단계로 나누어 볼 수 있다. 관계구축 단계의 활동으로서 가장 옳지 않은 것은?

① 교차판매, 묶음판매를 통한 관계의 확대
② 고객의 요구를 파악할 수 있는 시장의 세분화
③ 시장의 요구 수준을 충족시키는 양질의 서비스 개발
④ 기업의 핵심가치제안에 부합하는 표적고객 선정
⑤ 고객 니즈를 충족시키는 차별화된 마케팅 전략 수립

[해설] 관계구축 단계는 고객과의 장기적 관계구축을 위한 초기단계를 말한다. 그러나 교차판매, 묶음판매를 통한 관계의 확대는 관계구축 이후에 관계를 활용하는 단계에 해당한다.

55 아래 글상자의 괄호 안에 들어갈 용어로 가장 옳은 것은?

> 제조업체가 최종소비자들을 상대로 촉진활동을 하여 이 소비자들로 하여금 중간상(특히 소매상)에게 자사제품을 요구하도록 하는 전략을 (㉠)이라고 한다. 반면에 어떤 제조업체들은 중간상들을 대상으로 판매촉진활동을 하고 그들이 최종 소비자에게 적극적인 판매를 하도록 유도하는 유통전략을 사용하는데, 이를 (㉡) 전략이라고 한다.

① ㉠ 풀전략, ㉡ 푸시전략
② ㉠ 푸시전략, ㉡ 풀전략
③ ㉠ 집중적 마케팅전략, ㉡ 차별적 마케팅전략
④ ㉠ 풀전략, ㉡ 차별적 마케팅전략
⑤ ㉠ 푸시전략, ㉡ 집중적 마케팅전략

Answer 53 ④ 54 ① 55 ①

[해설] 촉진방법 : Push 전략과 Pull 전략의 비교

구분	Push 전략	Pull 전략
전략의 대상	중간상인(도·소매상)	최종소비자
전략의 진행 방향	생산자 → 중간상 → 소비자	소비자 → 중간상 → 생산자
프로모션 방법	인적판매, 인센티브	광고, 이벤트 행사
관여도 및 브랜드충성도	낮음	높음
적용 시장	산업재	소비재

56 다음은 산업 구조분석 방법인 마이클 포터의 5 force model과 시장매력도 간의 관계에 해당하는 내용이다. 가장 옳지 않은 것은?

① 기업들은 새로운 경쟁자들이 시장에 쉽게 들어오지 못하도록 높은 수준의 진입장벽을 구축하기 위해 노력한다.
② 구매자의 교섭력이 높아질수록 그 시장의 매력도는 낮아진다.
③ 산업 구조분석에서 다루어지는 시장매력도는 산업 전체의 평균 수익성을 의미한다.
④ 5 force model은 누가 경쟁자이고 누가 공급자이며 누가 구매자인지 분명하게 구분된다는 것을 가정하고 있다.
⑤ 대체재가 많을수록 시장의 매력도는 높아진다.

[해설] 대체재가 많다는 것은 경쟁의 정도가 높아진다는 것으로 대체재는 많을수록 시장의 매력도(산업수익률)는 낮아지게 된다.

57 마케팅투자수익률(MROI)에 대한 설명으로서 가장 옳지 않은 것은?

① 마케팅투자수익을 마케팅투자비용으로 나눈 값이다.
② 마케팅투자비용의 측정보다 마케팅투자수익의 측정이 더 어렵다.
③ 측정과 비교가 용이한 단일 마케팅성과척도를 사용하는 것이 바람직하다.
④ 고객생애가치, 고객자산 등의 평가를 통해 마케팅투자수익을 측정할 수 있다.
⑤ 브랜드인지도, 매출, 시장점유율 등을 근거로 마케팅투자수익을 측정할 수 있다.

[해설] 듀퐁에서 고안한 ROI(투자수익률)는 결론적으로 매출액순이익률과 자산회전율이라는 2가지 측정지표를 활용할 수 있는 매우 유용한 성과측정방식에 해당한다.

$$ROI = \frac{순이익}{(자산)투자액} = \frac{순이익}{매출액} \times \frac{매출액}{(자산)투자액}$$

$$= 매출액 \ 순이익률 \times 자산회전율$$

Answer 56 ⑤ 57 ③

58 다음 중 판매촉진에 대한 설명으로 가장 옳지 않은 것은?

① 판매촉진은 고객들로 하여금 즉각적인 반응을 일으킬 수 있고 반응을 쉽게 알아낼 수 있다.
② 판매촉진은 단기적으로 고객에게 대량 또는 즉시 구매를 유도하기 때문에 다른 촉진활동보다 매출 증대를 기대할 수 있다.
③ 판매촉진 예산을 결정할 때 활용하는 가용예산법(affordable method)은 과거의 매출액이나 예측된 미래의 매출액을 근거로 예산을 결정하는 방법을 말한다.
④ 소비자를 대상으로 하는 판매촉진의 유형 중 쿠폰(coupon)은 가격할인을 보장하는 일종의 증서로 지면에 표시된 가격만큼 제품가격에서 할인해 주는 방법이다.
⑤ 중간상의 판매촉진의 유형으로 협동광고는 제조업자가 협동하여 지역의 소매상들이 공동으로 시행하는 광고를 말한다.

[해설] 판매촉진 예산을 결정할 때 활용하는 방법 중 과거의 매출액이나 예측된 미래의 매출액을 근거로 예산을 결정하는 방법은 매출액 기분법에 해당한다. 가용예산법은 운영비용과 이익을 산출한 후에 사용 가능한 금액이 얼마인지에 따라 고객 커뮤니케이션 예산을 설정하는 방법이라 할 수 있다.

59 고객관계관리(CRM)와 관련한 채널관리 이슈에 대한 설명으로 가장 옳지 않은 것은?

① 채널은 고객접점으로서 관리되어야 한다.
② 채널의 정보교환 기능을 활성화시켜야 한다.
③ 채널 파트너와의 협업을 관리해야 한다.
④ 채널을 차별화함으로써 발생할 수 있는 채널 간 갈등을 최소화해야 한다.
⑤ CRM을 성공적으로 수행하기 위해서 다양한 채널을 독립적으로 운영해야 한다.

[해설] CRM을 성공적으로 수행하기 위해서 on/off라인상의 다양한 채널을 통합적으로 운영해야 한다.

60 다음 중 소매업이 상품 판매를 효과적으로 전개하기 위해 제공하는 물적·기능적 서비스에 해당하지 않는 것은?

① 포장지, 선물상자의 제공 등과 같은 상품부대물품의 제공 서비스
② 할부판매, 외상 판매 등과 같은 금융적 서비스
③ 전달 카탈로그, 광고 선전 등과 같은 정보 제공 서비스
④ 고객의 선택 편의 및 구매 효율을 높이는 셀프서비스와 같은 시스템적 서비스
⑤ 상품 설명, 쇼핑 상담, 배달 등과 같은 노역 기술 제공 서비스

[해설] 서비스는 물적·기능적 서비스와 인적 서비스로 분류할 수 있다. 이 중 물적·기능적 서비스에는 설비·부대물품 이용 편익제공, 셀프서비스·자판기서비스, 정보제공서비스, 금융적 서비스 등이 있고, 인적 서비스에는 사람의 지식, 기술, 노동제공 관련 서비스 등이 있다.

Answer 58 ③ 59 ⑤ 60 ⑤

61 다음 중 제품별 영업조직(product sales force structure)의 장점으로 가장 옳지 않은 것은?

① 제품에 대한 지식과 전문성이 강화된다.
② 특히 다양한 제품계열을 가지고 있는 기업의 경우에 적합하다.
③ 제한된 지역을 순방하므로 상대적으로 영업비용을 줄일 수 있다.
④ 제품별 직접판매이익공헌을 평가하기가 용이하다.
⑤ 소비재 기업보다는 산업재를 취급하는 기업일수록 이런 형태의 조직이 유리하다.

[해설] 제한된 지역을 순방하므로 상대적으로 영업비용을 줄일 수 있다는 장점은 사업부제조직 중 지역별 영업조직에 해당한다.

62 아래 글상자의 내용이 공통적으로 설명하고 있는 CRM 분석 도구로 가장 옳은 것은?

> - 사용자가 고객DB에 담겨 있는 다차원 정보에 직접 접근하여 대화식으로 정보를 분석할 수 있도록 지원하는 분석 도구
> - 분석을 위해 활용되는 정보는 다차원적으로 최종사용자가 기업의 전반적인 상황을 이해할 수 있게 하여 의사결정을 지원
> - 예를 들어 사용자가 자사의 매출액을 지역별/상품별/연도별로 알고 싶을 경우 활용할 수 있는 분석 도구

① 데이터 마이닝(data mining)
② 데이터 웨어하우징(data warehousing)
③ OLTP(online transaction processing)
④ OLAP(online analytical processing)
⑤ EDI(electronic data interchange)

[해설] CRM의 성공적 수행을 위한 데이터의 분석도구로 OLAP과 데이터 마이닝이 활용된다. 이 중 OLAP은 데이터 웨어하우스 내에 구축된 자료를 대상으로 User의 의사결정에 필요한 분석을 지원하는 기능을 한다. 반면 데이터 마이닝은 데이터 속에 숨겨져있는 데이터 간 관계, 패턴 등을 탐색하여 모형화하는 기능을 한다.

Answer 61 ③ 62 ④

63 아래 글상자의 내용 중 격자형 레이아웃의 장점만을 나열한 것으로 옳은 것은?

> ㉠ 원하는 상품을 쉽게 찾을 수 있다.
> ㉡ 느긋하게 자신이 원하는 상품을 둘러보기에 용이하다.
> ㉢ 충동구매를 촉진시킬 수 있다.
> ㉣ 고객이 쇼핑에 걸리는 시간을 최소화할 수 있다.
> ㉤ 쇼핑의 쾌락적 요소를 배가시킬 수 있다.
> ㉥ 통로 등의 공간이 비교적 동일한 넓이로 설계되어 공간적 효율성을 높일 수 있다.

① ㉠, ㉣, ㉤
② ㉠, ㉣, ㉥
③ ㉡, ㉣, ㉤
④ ㉢, ㉤, ㉥
⑤ ㉣, ㉤, ㉥

[해설] ㉡, ㉢, ㉤은 자유형 레이아웃(free form lay-out)의 특징을 표현하고 있다.

64 고객생애가치 이론에 관한 설명으로 가장 옳은 것은?

① 고객생애가치는 특정 고객으로부터 얻게 되는 이익흐름의 미래가치를 의미한다.
② 고객 애호도가 높다는 것은 곧 고객생애가치가 높다는 것을 가리킨다.
③ 기업은 고객생애가치를 높이기 위하여 경쟁자보다 더 높은 가치를 제공해 주어야 한다.
④ 올바른 고객생애가치를 산출하기 위해서는 기업의 수입흐름만 고려하면 된다.
⑤ 고객생애가치는 고객과의 한번의 거래에서 나오는 이익을 의미한다.

[해설] ① 고객생애가치는 특정 고객으로부터 얻게 되는 미래 이익 흐름의 현재가치를 의미한다.
② 고객 애호도가 높다고 해서 곧 고객생애가치가 높은 것은 아니다.
④ 고객생애가치를 산출하기 위해서는 기업의 수입과 비용 흐름을 모두 고려해야 한다.
⑤ 고객생애가치는 고객과의 장기적인 거래에서 나오는 이익을 의미한다.

Answer 63 ② 64 ③

65 비주얼 머천다이징(VMD, visual merchandising)에 대한 설명으로 가장 옳지 않은 것은?

① 비주얼머천다이징은 상업공간에 적합한 특정의 상품이나 서비스를 조합하고 판매증진을 위한 시각적 연출계획으로 기획하고 상품·선전·판촉 기능을 수행한다.
② 비주얼머천다이징은 기업의 독자성을 표현하고 타 경쟁점과의 차별화를 위해 상품 진열에 관해 시각적 요소를 반영하여 연출하고 관리하는 전략적인 활동이다.
③ 비주얼머천다이징의 구성요소인 PP(point of sale presentation)는 고객의 시선이 머무르는 곳에 볼거리를 제공하여 상품에 관심을 갖도록 유도하기 위해 활용된다.
④ 비주얼머천다이징의 구성요소인 IP(interior presentation)는 실제 판매가 이루어지는 장소에서 상품구역별로 진열대에 진열하는 방식으로 주로 충동구매 상품을 배치하여 매출을 극대화하기 위해 활용된다.
⑤ 비주얼머천다이징의 구성요소인 VP(visual presentation)는 상점의 컨셉을 부각시키기 위해 쇼윈도 또는 테마 공간 연출을 통해 브랜드 이미지를 표현하기 위해 활용된다.

> **해설** 비주얼머천다이징의 구성요소인 IP는 Item Presentation의 약자로 개별상품을 분류, 정리하여 고객으로 하여금 보기 쉽고, 선택이 용이하도록 신선한 정보를 제공하도록 진열하는 방식을 의미한다.

66 아래 글상자에서 말하는 여러 효과를 모두 보유하고 있는 마케팅 활동은?

| ㉠ 가격인하 효과 | ㉡ 구매유발 효과 |
| ㉢ 미래수요 조기화 효과 | ㉣ 판매촉진 효과 |

① 쿠폰
② 프리미엄
③ 컨테스트
④ 인적 판매
⑤ 리베이트

> **해설** 쿠폰은 소비자를 대상으로 하는 판매촉진방법으로 가격인하 효과와 구매유발을 촉진시키는 가격형 판매촉진에 해당한다.

Answer 65 ④ 66 ①

67 아래 글상자의 설명으로 가장 옳은 것은?

> 동일한 고객층을 대상으로 하되 경쟁업체와 다르게 그들 고객이 가장 원하는 제품과 서비스에 중점을 두거나 고객에게 제시되는 가격대에 대응하는 상품이나 품질을 차별화하는 방향을 전개하는 머천다이징 유형의 하나이다.

① 혼합식 머천다이징(scrambled merchandising)
② 선별적 머천다이징(selective merchandising)
③ 세그먼트 머천다이징(segment merchandising)
④ 계획적 머천다이징(programed merchandising)
⑤ 상징적 머천다이징(symbol merchandising)

해설 ① 혼합식 머천다이징 : 소매점이 상품의 구색, 즉 구성을 확대하여 가는 유형의 상품화를 의미하며 이는 업태간 경쟁 심화에 의해 강조되고 있다.
② 선별적 머천다이징 : 소매업, 2차 상품 제조업자, 가공업자 및 소재 메이커가 수직적으로 연합하여 상품계획을 수립하는 머천다이징 방식으로 패션 머천다이징에 주로 활용된다.
④ 계획적 머천다이징 : 대규모 소매과 선정된 주요 상품 납품회사 간에 계획을 조정 통합화시켜 머천다이징을 수행하는 것으로 특히 대규모 소매점의 경우에 일반화되고 있다.
⑤ 상징적 머천다이징 : 대형 슈퍼마켓이나 지방의 백화점이 전문점 또는 대형 도시 백화점과 차별화를 위해 양판품목군 중심의 종합적인 구색을 갖추되 그 중 일부를 자사 점포의 상징으로 구색을 정하여 중점을 두는 형태의 머천다이징을 말한다.

68 아래 글상자의 괄호 안에 들어갈 용어로 가장 옳은 것은?

> (㉠)은 상품흐름이나 판매를 증진시키기 위해 정상가보다 낮은 가격으로 결정하는 것을 말하며, (㉡)은 특정제품의 가격에 대해 천단위, 백단위로 끝나는 것보다 특정의 홀수로 끝나는 가격을 책정함으로서 소비자로 하여금 더 저렴하다는 느낌을 주기 위한 가격전략이다.

① ㉠ 선도가격(leader pricing), ㉡ 수량가격(quantity based pricing)
② ㉠ 단수가격(odd pricing), ㉡ 변동가격(dynamic pricing)
③ ㉠ 선도가격(leader pricing), ㉡ 단수가격(odd pricing)
④ ㉠ 변동가격(dynamic pricing), ㉡ 묶음가격(price bundling)
⑤ ㉠ 묶음가격(price bundling), ㉡ 단수가격(odd pricing)

해설 선도가격(leader pricing)은 상품흐름이나 판매를 증진시키기 위해 정상가보다 낮은 가격으로 결정하는 것을 뜻한다.
단수가격(odd pricing)은 1,000원, 10,000원 등 화폐단위에 맞게 결정하는 것이 아니라 조금 낮은 990원, 9,900원 등으로 가격을 책정하는 방법을 말한다.

Answer 67 ③ 68 ③

69 소매점의 POS(point of sales)시스템에 대한 설명으로 가장 옳지 않은 것은?

① POS시스템을 통해 소매점별로 수집된 판매 제품의 품목명, 수량, 가격, 판촉 등에 관한 정보를 수집할 수 있다.
② POS시스템은 POS 단말기, 바코드 스캐너, 스토어 콘트롤러(store controller)로 구성되어 있다.
③ POS시스템을 통해 확보한 정보는 고객관계관리(CRM)를 위한 기반 데이터로 활용된다.
④ 전년도 목표 대비 판매량 분석 또는 전월 대비 매출액 변화분석과 같은 시계열 정보를 수집하고 분석하는 데 한계가 있다.
⑤ POS시스템을 통해 신제품에 대한 마케팅효과, 판촉효과 등을 분석할 수 있다.

[해설] 전년도 목표 대비 판매량 분석 또는 전월 대비 매출액 변화분석과 같은 시계열 정보를 수집하고 분석이 가능하다는 점이 POS의 장점이라 할 수 있다.

70 제품수명주기(PLC) 단계 중 성숙기에 이루어지는 판매촉진 전략으로 옳은 것은?

① 상표 전환을 유도하기 위한 판촉을 증대한다.
② 수요확대에 따라 점차적으로 판촉을 감소한다.
③ 매출증대를 위한 판매촉진 활동은 최저 수준으로 감소시킨다.
④ 제품의 인지도 향상을 위한 강력한 판촉을 전개한다.
⑤ 제품 가격을 높이는 대신 짧은 기간에 모든 판촉수단을 활용하는 전략을 실행한다.

[해설] 성숙기의 특징 중 하나는 시장의 경쟁이 치열하고 포화된 상태이므로 매출액 증대 및 시장점유율 유지를 위해서는 기존고객의 사용확대, 경쟁사의 고객을 유인(상표전환 유도)하기 위한 판매촉진을 실시하는 것이 중요하다.

Answer 69 ④ 70 ①

제4과목 유통정보

71 쇼핑몰의 시스템 구성에서 프론트 오피스(front office) 요소로 가장 옳지 않은 것은?

① 상품검색
② 상품등록
③ 상품리뷰
④ 상품진열
⑤ 회원로그인

해설 쇼핑몰의 시스템 구성에서 프론트 오피스(front office)는 사용자, 즉 고객들이 접하는 부분을 말한다. 회원로그인, 상품검색 및 상품리뷰 등이 프론트 오피스 요소이다.
② 상품등록은 관리자가 관리툴을 이용하여 관리하는 백 오피스(back office)의 구성요소이다.

72 라이브 커머스(live commerce)에 대한 설명으로 가장 옳지 않은 것은?

① 라이브 스트리밍(live streaming)과 커머스(commerce)의 합성어이다.
② 온라인상에서 실시간으로 쇼호스트가 상품을 설명하고 판매하는 비즈니스 프로세스이다.
③ 온라인상에서 소비자와 쇼호스트는 실시간으로 소통이 가능하지만 소비자 간의 대화는 불가능하다.
④ 기존 이커머스(e-commerce)보다 소통과 재미를 더한 진화된 커머스 형태이다.
⑤ 최근 소비자들에게 인기를 얻으면서 급성장하고 있다.

해설 온라인상의 라이브 커머스에서는 소비자와 쇼호스트 간의 소통 및 대화는 물론 소비자 간의 대화도 실시간으로 자유롭게 이루어진다.

73 오늘날을 제4차 산업혁명 시기로 구분한다. 제4차 산업혁명에 대한 설명으로 가장 옳지 않은 것은?

① 2016 세계경제포럼에서 4차 산업혁명을 3차 산업혁명을 기반으로 디지털, 바이오와 물리학 사이의 모든 경계를 허무는 융합 기술 혁명으로 정의함
② ICT를 기반으로 하는 사물인터넷 및 만물인터넷의 진화를 통해 인간-인간, 인간-사물, 사물-사물을 대상으로 한 초연결성이 기하급수적으로 확대되는 초연결적 특성이 있음
③ 인공지능과 빅데이터의 결합과 연계를 통해 기술과 산업구조의 초지능화가 강화됨
④ 초연결성, 초지능화에 기반하여 기술 간, 산업 간, 사물-인간 간의 경계가 사라지는 대융합의 시대라고 볼 수 있음
⑤ 4차 산업혁명 시대의 생산요소 토지, 노동, 자본 중 노동의 가치가 토지와 자본에 비해 중요도가 커지는 특징이 있음

Answer 71 ② 72 ③ 73 ⑤

[해설] 과거 1차 산업혁명 시대에는 토지와 노동의 가치가, 2차 산업혁명 시대에는 자본의 가치가 강조되었으나 3차 산업혁명(정보혁명)을 기반으로 한 4차 산업혁명 시대에는 노동의 가치는 낮아지고 기술과 정보 등 새로운 생산요소의 가치가 중요시되고 있다.

[참고] **4차 산업혁명**
- 제4차 산업혁명은 세계경제포럼의 창시자 중 하나인 클라우스 슈바프(Klaus Schwab)가 2015년에 포린 어페어의 기고글을 통해 주장한 개념이다. 2016년 1월 20일 스위스 다보스에서 열린 세계경제포럼에서도 슈바프 스스로가 키워드로 또 제시하여 그 개념이 퍼져나갔다.
- 과학기술적 측면에서 '모바일 인터넷', '클라우드 기술', '빅데이터', '사물인터넷(IoT)' 및 '인공지능(AI)' 등이 주요 변화 동인으로 꼽히고 있다.
- '초연결성(Hyper-Connected)', '초지능화(Hyper-Intelligent)'라는 특성을 가진다.
- 과학기술적 측면에서는 이외에도 로봇, 양자암호, 3D 프린팅 등이 변화동인으로 제시되고 있다.

74 물류의 효율적 회전을 가능하게 하는 QR 물류시스템의 긍정적 효과로 가장 옳지 않은 것은?

① 신속한 대응
② 리드타임 증가
③ 안전재고 감소
④ 예측오류 감소
⑤ 파이프라인 재고 감소

[해설] QR 물류시스템, 즉 소비자 욕구 변화에 신속대응(quick response)하는 물류시스템이 도입되면 리드타임(lead time)은 크게 감소한다.

[참고] QR(Quick Response)은 1980년대 중반 미국의 패션 어패럴 산업에서 공급망에서의 상품 흐름을 개선하기 위하여 판매업체와 제조업체 사이에서 제품에 대한 정보를 공유함으로써, 제조업체는 보다 효과적으로 원재료를 충원하여 제조하고, 유통함으로써 효율적인 생산과 공급체인 재고량을 최소화시키려는 시스템이다. <u>SCM의 최초형태이다.</u>

75 디지털 공급망을 구현하는 데 활용되는 블록체인 스마트 계약(blockchain smart contract) 기술에 대한 설명으로 가장 옳지 않은 것은?

① 특정 요구사항이 충족되면 네트워크를 통해 실시간으로 계약이 실행된다.
② 거래 내역이 블록체인상에 기록되기 때문에 높은 신뢰도를 형성한다.
③ 블록체인 스마트 계약은 중개자 없이 실행될 수 있기 때문에 상대적으로 거래 비용이 낮다.
④ 블록체인 기록을 뒷받침하는 높은 수준의 암호화와 분산원장 특성으로 네트워크에서 높은 보안성을 확보하고 있다.
⑤ 블록체인을 활용하기 때문에 거래 기록에 대하여 가시성을 확보할 수 없다.

Answer 74 ② 75 ⑤

해설 블록체인은 중앙시스템이 존재하지 않는 완전한 탈중앙 시스템이며, 장부에 해당되는 블록체인은 누구에게나 공유·공개되어 투명성을 보장하고, 독특한 구조적 특징에 기인하여 데이터의 무결성을 보장하며, 분산된 장부는 네트워크에 참여한 각 노드들의 검증과 합의 과정을 거쳐 데이터 일치에 도달하게 된다. 따라서 거래 기록에 대해 가시성을 확보할 수 있다.

참고 **블록체인**
1. 블록체인(blockchain)은 분산원장 또는 공공거래장부라고 불리며, 암호화폐로 거래할 때 발생할 수 있는 해킹을 막는 기술에서 출발했다. 다수의 상대방과 거래를 할 때 데이터를 개인 사용자들의 디지털 장비에 저장하여 공동으로 관리하는 분산형 정보기술이다.
2. 블록체인은 비트코인의 기반 기술로, 원장을 금융기관 등 특정 기관의 중앙서버가 아닌 P2P(Peer to Peer, 개인간) 네트워크에 분산해 참가자가 공동으로 기록하고 관리하는 기술이다.
3. 블록체인은 '블록(Block)'을 잇따라 '연결(Chain)'한 모음을 말한다. 블록체인 기술이 쓰인 가장 유명한 사례는 가상화폐인 '비트코인(Bitcoin)'이다. 즉 비트코인의 기반 기술이 블록체인이다.
4. '블록체인(Block Chain)' 기술에서 블록(Block)에는 일정 시간 동안 확정된 거래 내역이 담긴다. 온라인에서 거래 내용이 담긴 블록이 형성되는 것이다. 거래 내역을 결정하는 주체는 사용자다. 이 블록은 네트워크에 있는 모든 참여자에게 전송된다. 참여자들은 해당 거래의 타당성 여부를 확인한다. 승인된 블록만이 기존 블록체인에 연결되면서 송금이 이루어진다. 신용 기반이 아니라 시스템으로 네트워크를 구성, 제3자가 거래를 보증하지 않고도 거래 당사자끼리 가치를 교환할 수 있다는 것이 블록체인 구상이다.

76 경쟁력있는 수익창출 방안을 개발하는 데 활용되는 비즈니스 모델 캔버스를 구성하는 9가지 요인 중에 ㉠ 가장 먼저 작성해야 하는 요인과 ㉡ 마지막으로 작성해야 하는 요인이 있다. 여기서 ㉠과 ㉡에 해당하는 내용으로 가장 옳은 것은?

① ㉠ 가치제안, ㉡ 수익원
② ㉠ 고객관계, ㉡ 고객 세분화
③ ㉠ 수익원, ㉡ 고객 세분화
④ ㉠ 고객 세분화, ㉡ 가치제안
⑤ ㉠ 고객 세분화, ㉡ 비용구조

해설 비즈니스 모델 캔버스를 구성하는 9가지 요인 중에 가장 먼저 작성해야 하는 요인은 고객 세분화이고, 마지막으로 작성해야 하는 요인은 비용구조이다.

참고 비즈니스 모델 캔버스는 크게 인프라(Infrastructure), 제안(Offering), 고객(Customers), 재무(Finances) 4가지 항목으로 나누고 각 항목의 하위 항목으로 비즈니스 모델 캔버스의 9가지 요소가 포함되어 있다.
1. 인프라(Infrastructure) : 핵심 활동(key activities), 핵심 자원(key resources), 핵심 파트너(key partners)
2. 제안(Offering) : 가치 제안(value propositions)
3. 고객(Customers) : 고객 세그먼트, 유통 채널, 고객 관계
4. 재무(Finance) : 비용 구조, 수익원

Answer 76 ⑤

77 데이터 마이닝 기법과 CRM에서의 활용용도를 연결한 것으로 가장 옳지 않은 것은?

① 분류 규칙 – 고객이탈 수준 등급
② 군집화 규칙 – 제품 카테고리
③ 순차 패턴 – 로열티 강화 프로그램
④ 연관 규칙 – 상품 패키지 구성 정보
⑤ 일반화 규칙 – 연속 판매 프로그램

해설 다양한 데이터 마이닝 기법을 통해 일반화 시킬 수 있는 규칙을 찾아내는 것이기 때문에 별도로 일반화 규칙은 존재하지 않는다.

78 최근 정부에서 추진하고 있는 다양한 친환경 제품 관련 인증 제도 관련 설명으로 가장 옳지 않은 것은?

① 환경부・한국환경산업기술원에서는 같은 용도의 다른 제품에 비해 제품의 환경성을 개선한 경우 환경표지인증을 해주고 있다.
② 농림축산식품부・국립농산물품질관리원에서는 유기농산물과 유기가공식품에 대한 친환경농축산물인증제도를 운영하고 있다.
③ 국토교통부와 환경부에서는 한국건설기술연구원을 통해 건축이 환경에 영향을 미치는 요소에 대한 평가를 통해 건축물의 환경성능을 인증하는 녹색건축인증제도를 운영하고 있다.
④ 한국산업기술진흥원에서는 저탄소 녹색성장 기본법에 의거하여 유망한 녹색기술 또는 사업에 대한 녹색인증제도를 운영하고 있다.
⑤ 환경부・소비자보호원에서는 소비자들의 알 권리를 위해 친환경 제품에 대한 정보를 제공하는 그린워싱(green washing)제도를 운영하고 있다.

해설 그린워싱(green washing)은 환경보호 효과가 없거나 심지어 환경에 악영향을 끼치는 제품을 생산하면서도 친환경적인 것처럼 홍보하는 '위장 친환경'을 말한다.
⑤ 환경부와 공정거래위원회는 이름만 친환경인 그린워싱(green washing) 사업자에 대한 관리를 강화하고 있다.

참고 그린워싱
실제로는 친환경적이지 않지만 마치 친환경적인 것처럼 홍보하는 '위장 환경주의'. 80년대 말 환경운동가 제이 웨스트밸드가 피지섬에 갔다가 섬의 환경을 오염시키는 호텔의 객실에 '환경보호를 위해 타월을 재사용해달라'라는 안내문이 있는 걸 보고 만들어냈다.

Answer 77 ⑤ 78 ⑤

79 스튜어트(Stewart)의 지식 자산 특성에 대한 설명으로 가장 옳지 않은 것은?

① 지식 자산의 유형으로 고객 자산, 구조적 자산, 인적 자산 등이 있다.
② 대표적인 고객 자산에는 고객브랜드 가치, 기업이미지 등이 있다.
③ 대표적인 인적 자산에는 구성원의 지식, 경험 등이 있다.
④ 대표적인 구조적 자산에는 조직의 경영시스템, 프로세스 등이 있다.
⑤ 구조적 자산으로 외재적 존재 형태를 갖고 있는 암묵적 지식이 있다.

[해설] 구조적 자산으로 외재적 존재 형태를 갖고 있는 것은 형식적 지식이 있다. 암묵적 지식(암묵지)은 개인적인 경험에 의해 얻어지는, 말로 표현하기 어려운 직감적인 지식을 말하는 것으로 노하우 등을 의미한다.

80 유통업체에서 고객의 데이터를 활용하여 마케팅에 활용하는 사례로 아래 글상자의 괄호 안에 공통적으로 들어갈 용어로 가장 옳은 것은?

> - (　　　)은(는) 국민이 자신의 데이터에 대한 통제권을 갖고 원하는 곳으로 데이터를 전송할 수 있는 서비스이다.
> - (　　　)이(가) 구현되면, 국민은 데이터를 적극적으로 관리·통제할 수 있게 되고, 스타트업 등 기업은 혁신적인 서비스를 창출해 새로운 데이터 산업 생태계가 조성된다.

① 데이터 베이스　　② 빅데이터 분석
③ 데이터 댐　　　　④ 데이터 마이닝
⑤ 마이데이터

[해설] 국민이 자신의 데이터에 대한 통제권을 갖고 원하는 곳으로 데이터를 전송할 수 있는 서비스는 마이데이터(mydata)이다. 개인이 자신의 정보를 적극적으로 관리·통제하는 것은 물론 이러한 정보를 신용이나 자산관리 등에 능동적으로 활용하는 일련의 과정을 말한다.
마이데이터를 이용하면 각종 기관과 기업 등에 분산되어 있는 자신의 정보를 한꺼번에 확인할 수 있으며, 업체에 자신의 정보를 제공해 맞춤 상품이나 서비스를 추천받을 수 있다. 국내에서는 시범 서비스를 거쳐 2022년 1월 5일부터 전면 시행되었다.

Answer　79 ⑤　80 ⑤

81 아래 글상자에서 설명하는 개념으로 가장 옳은 것은?

- 걷기에는 멀고 택시나 자가용을 이용하기에는 마땅치 않은 애매한 거리를 지칭한다.
- 이 개념은 유통업체의 상품이 고객의 목적지에 도착하는 마지막 단계를 의미한다.
- 유통업체는 고객 만족을 위한 배송품질 향상이나 배송 서비스 차별화 측면에서 이 개념을 전략적으로 활용하고 있다.

① 엔드 투 엔드 공급사슬
② 고객만족경영
③ 배송 리드타임
④ 스마트 로지스틱
⑤ 라스트 마일

해설 유통업체의 상품이 고객의 목적지에 도착하는(즉, 고객에게 배송되는) 마지막 단계를 의미하는 것은 라스트 마일(last mile)이다. 이는 고객과의 마지막 접점으로, 상품을 받으면서 고객의 만족도가 결정되는 중요한 단계이다.
이와 반대되는 개념으로, 제조업체에서 물류센터로 물품을 인도하는 물류 프로세스의 가장 첫 단계는 퍼스트 마일(first mile)이라고 한다.
라스트 마일 딜리버리(last mile delivery)는 고객 만족도를 높이기 위해 유통업체들이 서비스 차별화를 위해 배송품질에 주안점을 두면서 생겨난 용어이다. 라스트 마일 딜리버리가 중요한 이유는 고객에게 사용자 경험(UX : User Experience)의 첫 번째 단계이기 때문이다.

82 아래 글상자에서 설명하는 플랫폼 비즈니스의 두 가지 핵심 특성과 관련한 현상을 순서대로 바르게 나열한 것은?

③ 플랫폼에 참여하는 이용자들이 증가할수록 그 가치가 더욱 커지는 현상이 나타나고, ⓒ 일정 수준 이상의 플랫폼에 참여하는 이용자를 확보하게 될 경우, 막강한 경쟁력을 확보해서 승자독식의 비즈니스가 가능하게 되는 현상이 나타난다.

① ③ 메트칼프의 법칙, ⓒ 티핑 포인트
② ③ 파레토의 법칙, ⓒ 롱테일의 법칙
③ ③ 네트워크 효과, ⓒ 무어의 법칙
④ ③ 규모의 경제, ⓒ 범위의 경제
⑤ ③ 학습효과, ⓒ 공정가치선

해설 ③은 메트칼프(Metcalf)의 법칙에 대한 내용이다. 이는 "네트워크의 가치는 가입자 수에 비례해 증대하고 어떤 시점에서부터 그 가치는 비약적으로 높아진다(The usefulness or utility of a network equal to the square of its number of users)."는 것이다.
ⓒ은 티핑 포인트(tipping point)에 대한 설명이다. 작은 변화들이 어느 정도 기간을 두고 쌓여, 작은 변화가 하나만 더 일어나도 갑자기 큰 영향을 초래할 수 있는 상태가 된 단계 또는 인기가 없던 제품이 갑자기 폭발적인 인기를 끌게 되는 시점이나 계기를 말한다.

Answer 81 ⑤ 82 ①

참고 **인터넷 경제를 지배하는 3대 법칙**
1. 파레토(Pareto) 법칙 : 20%의 상품이 총 매출의 80%를 창출하고, 20%의 충성스러운 고객들이 총 매출의 80% 차지하며, 결과물의 80%는 조직의 20%에 의하여 생산된다는 이론이다.
2. 롱테일(longtail) 법칙 : 오랜 동안 적용되어 왔던 파레토(Pareto) 법칙에 반하여 하위 80%가 상위 20%보다 더 큰 가치를 만든다는 것으로, 2004년 미국의 인터넷 비즈니스 관련 잡지 와이어드 (Wired)의 편집장 크리스 앤더슨(Chris Anderson)이 주장한 롱테일(longtail) 법칙을 말한다. 롱테일법칙은 파레토법칙과는 거꾸로 80%의 사소한 다수가 20%의 핵심 소수보다 뛰어난 가치를 창출한다는 이론으로서, 이 때문에 역(逆) 파레토법칙이라고도 한다.
3. 네트워크 효과(network effect) : 특정 상품에 대한 어떤 사람의 수요가 다른 사람들의 수요에 의해 영향을 받는 효과를 말한다. 네트워크 외부효과라고도 하며 밴드웨건 효과(또는 악대차 효과, bandwagon effect)와 속물 효과(또는 백로 효과, snob effect)의 두 종류가 있다.
4. 무어(Moore)의 법칙 : 18개월마다 반도체의 성능은 2배로 증가하나 가격은 불변이라는 법칙을 말한다.

83 고객 수요에 기반한 데이터의 수집과 분석을 통해 고객에게 상황에 따른 다양한 가격을 제시하는 전략을 지칭하는 용어로 가장 옳은 것은?

① 시장침투가격 전략(penetration pricing strategy)
② 초기고가 전략(skimming pricing strategy)
③ 낚시가격 전략(bait and hook pricing strategy)
④ 다이나믹 프라이싱 전략(dynamic pricing strategy)
⑤ 명성가격 전략(prestige pricing strategy)

해설 고객 수요에 기반한 데이터의 수집과 분석을 통해 고객에게 상황에 따른 다양한 가격을 제시하는 전략은 다이나믹 프라이싱(dynamic pricing strategy) 또는 가변적 가격전략이다. 이는 동일한 제품 및 서비스에 대한 가격을 시장상황에 따라 탄력적으로 변화시키는 가격전략을 의미한다.

Answer 83 ④

84 아래 글상자의 OECD 개인정보 보호 8원칙 중 옳은 것만을 바르게 나열한 것은?

> ㉠ 정보 정확성의 원칙 - 개인정보는 적법하고 공정한 방법을 통해 수집되어야 한다.
> ㉡ 수집 제한의 원칙 - 이용 목적상 필요한 범위 내에서 개인정보의 정확성, 완전성, 최신성이 확보되어야 한다.
> ㉢ 목적 명시의 원칙 - 개인정보는 수집 과정에서 수집 목적을 명시하고, 명시된 목적에 적합하게 이용되어야 한다.
> ㉣ 안전성 확보의 원칙 - 정보 주체의 동의가 있거나, 법 규정이 있는 경우를 제외하고 목적 외 이용되거나 공개될 수 없다.
> ㉤ 이용 제한의 원칙 - 개인정보의 침해, 누설, 도용 등을 방지하기 위한 물리적, 조직적, 기술적 안전 조치를 확보해야 한다.
> ㉥ 공개의 원칙 - 개인정보의 처리 및 보호를 위한 정책 및 관리자에 대한 정보는 공개되어야 한다.
> ㉦ 책임의 원칙 - 정보 주체의 개인정보 열람/정정/삭제 청구권은 보장되어야 한다.
> ㉧ 개인 참가의 원칙 - 개인정보 관리자에게 원칙 준수 의무 및 책임을 부과해야 한다.

① ㉠, ㉡ ② ㉠, ㉧
③ ㉡, ㉣ ④ ㉢, ㉥
⑤ ㉤, ㉦

[해설] 경제협력개발기구(OECD) 개인정보 보호 8원칙에서 ㉠은 수집 제한의 원칙, ㉡은 정보 정확성의 원칙이다. ㉣은 이용 제한의 원칙, ㉤은 안전성 확보의 원칙, ㉦은 개인 참가의 원칙, ㉧은 책임의 원칙이다.

85 아래 글상자의 비즈니스 애널리틱스에 대한 분석과 설명 중 옳은 것만을 고른 것은?

> ㉠ 기술분석(descriptive analytics) : 과거에 발생한 일에 대한 소급 분석함
> ㉡ 예측분석(predictive analytics) : 특정한 일이 발생한 이유를 이해하는 데 도움을 제공
> ㉢ 진단분석(diagnostic analytics) : 애널리틱스를 이용해 미래에 발생할 가능성이 있는 일을 예측함
> ㉣ 처방분석(prescriptive analytics) : 성능개선 조치에 대한 대응 방안을 제시함

① ㉠, ㉡ ② ㉠, ㉢
③ ㉠, ㉣ ④ ㉡, ㉢
⑤ ㉡, ㉣

[해설] 예측분석(predictive analytics)은 애널리틱스를 이용해 미래에 발생할 가능성이 있는 일을 예측하는 것이다. 진단분석(diagnostic analytics)은 특정한 일이 발생한 이유를 이해하는 데 도움을 제공한다.

Answer 84 ④ 85 ③

86 유통업체에서 활용하는 블록체인 기술 중 하나인 대체불가능토큰(NFT)의 장점으로 가장 옳지 않은 것은?

① 블록체인 고유의 특성을 기반으로 하기 때문에 희소성을 보장할 수 있고, 위조가 어렵다.
② 블록체인 고유의 특성으로 투명성이 보장되며, 추적 가능하다.
③ 부분에 대한 소유권이 인정되어 각각 나누어 거래가 가능하다.
④ 정부에서 가치를 보증해서 안전하게 거래할 수 있다.
⑤ NFT 시장에서 자유롭게 거래할 수 있다.

해설 NFT(Non-Fungible Token, 대체불가능토큰)란 블록체인 기술을 이용해서 디지털 자산의 소유주를 증명하는 가상의 토큰(token)이다. 그림·영상 등의 디지털 파일을 가리키는 주소를 토큰 안에 담음으로써 그 고유한 원본성 및 소유권을 나타내는 용도로 사용된다. 즉, 일종의 가상 진품 증명서라는 의미다.
대체불가능한 토큰은 고유성을 지니며, 동일품이 존재할 수 없는 주민등록증과 비슷하다. NFT는 거래내역을 블록체인에 영구적으로 남김으로써 그 고유성을 보장받는다.

87 각국 GS1 코드관리기관의 회원업체정보 데이터베이스를 인터넷을 통해 연결하여 자국 및 타 회원국의 업체 정보를 실시간으로 검색할 수 있게 해주는 서비스로 가장 옳은 것은?

① 덴소 웨이브(DENSO WAVE)
② 코리안넷
③ 글로벌 바코드 조회서비스(Global Bar-code Party Information Registry)
④ 글로벌 기업정보 조회서비스(Global Electronic Party Information Registry)
⑤ GS1(Global Standard No.1)

해설 각국 GS1 코드관리기관의 회원업체정보 데이터베이스를 인터넷을 통해 연결하여 자국 및 타 회원국의 업체 정보를 실시간으로 검색할 수 있게 해주는 서비스는 글로벌 기업정보 조회서비스(Global Electronic Party Information Registry)이다.(gs1kr.or.kr)
① 덴소 웨이브(DENSO WAVE)사는 1994년 데이터를 빠르게 읽는 데 중점을 두고 2차원 코드인 QR 코드를 개발한 일본회사이다.
② 코리안넷(koreannet.or.kr)은 표준바코드(GS1-13, GS1-14)가 부착된 상품의 상세정보를 표준화시켜 데이터베이스에 등록하고, 이를 제조업체, 물류업체, 유통업체가 인터넷 및 EDI를 통해 실시간으로 활용할 수 있도록 지원하는 전자카탈로그서비스이다.
코리안넷의 주요기능은 상품정보 및 등록 관리, 유통업체 상품정보 전송, 국내 유통상품 조회, 자사 상품 홍보 등 4가지가 있다.

Answer 86 ④ 87 ④

88 아래 글상자의 괄호 안에 들어갈 용어를 순서대로 바르게 나열한 것은?

- (㉠)은(는) 데이터의 정확성과 일관성을 유지하고 전달과정에서 위변조가 없는 것이다.
- (㉡)은 정보를 암호화하여 인가된 사용자만이 접근할 수 있게 하는 것이다.

① ㉠ 부인방지, ㉡ 인증
② ㉠ 무결성, ㉡ 기밀성
③ ㉠ 프라이버시, ㉡ 인증
④ ㉠ 무결성, ㉡ 가용성
⑤ ㉠ 기밀성, ㉡ 무결성

해설 데이터의 정확성과 일관성을 유지하고 전달과정에서 위변조가 없는 것은 무결성(integrity)이다. 즉 무결성은 데이터가 전송 도중 또는 데이터베이스에 저장되어 있는 동안 악의의 목적으로 위·변조되지 않았음을 보장하는 것이다.
정보를 암호화하여 인가된 사용자만이 접근할 수 있게 하는 것은 기밀성(confidentiality)이다.

참고 전자상거래 보안요건
전자결제시스템이 전자상거래에 이용되기 위해서는 상호인증(authentication), 기밀성(confidentiality), 무결성(integrity) 및 부인방지(non-repudiation) 등의 조건이 갖추어져야 한다.
인증은 사용자 혹은 프로세스에 대한 확인을 의미한다. 통신시스템에서 서명이나 편지의 내용이 실제로 정확한 곳에서 전송되어 오는지 확인하는 것이다. 부인방지는 송수신 당사자가 각각 전송된 송수신 사실을 추후 부인하는 것을 방지하는 서비스다.

89 아래 글상자의 구매-지불 프로세스를 바르게 나열한 것은?

㉠ 재화 및 용역에 대한 구매요청서 발송
㉡ 조달 확정
㉢ 구매주문서 발송
㉣ 공급업체 송장 확인
㉤ 대금 지불
㉥ 재화 및 용역 수령증 수취

① ㉥ - ㉤ - ㉣ - ㉢ - ㉡ - ㉠
② ㉠ - ㉤ - ㉣ - ㉢ - ㉥ - ㉡
③ ㉠ - ㉡ - ㉢ - ㉣ - ㉤ - ㉥
④ ㉠ - ㉡ - ㉢ - ㉥ - ㉣ - ㉤
⑤ ㉥ - ㉤ - ㉠ - ㉢ - ㉣ - ㉡

해설 주어진 내용의 구매 및 지불 절차는 재화 및 용역에 대한 구매요청서 발송 → 조달 확정 → 구매주문서 발송 → 재화 및 용역 수령증 수취 → 공급업체 송장 확인 → 대금 지불의 순이다.

Answer 88 ② 89 ④

90 기업활동과 관련된 내·외부자료를 영역별로 각기 수집·저장관리하는 경우 자료의 활용을 위해, 목적에 맞게 적당한 형태로 변환하거나 통합하는 과정을 거쳐야 한다. 수집된 자료를 표준화시키거나 변환하여 목표 저장소에 저장할 수 있도록 도와주는 기술로 가장 옳은 것은?

① OLTP(online transaction processing)
② OLAP(online analytical processing)
③ ETL(extract, transform, load)
④ 정규화(normalization)
⑤ 플레이크(flake)

해설 수집된 자료를 표준화시키거나 변환하여 목표 저장소에 저장할 수 있도록 도와주는 기술은 ETL (Extract, Transform, Load)이다. ETL은 자료의 추출, 변환, 적재의 약자이다.
데이터웨어하우징 시스템에서 데이터는 데이터웨어하우스에 입력되고, 내용물은 정보로 변환되며, 정보는 사용자가 이용가능하도록 해준다. 내·외부 원천으로부터 데이터가 수송되는 영역에서 데이터의 추출(extraction), 변형(transformation), 선적(loading) 등의 프로세스가 일어나는 데 이를 약자로 ETL이라고 한다.

Answer 90 ③

2023년 제3회 유통관리사

제1과목 유통물류일반관리

01 특정 업무를 수행하는 데 소요되는 비용이 가장 낮은 유통경로기관이 해당 업무를 수행하는 방향으로 유통경로의 구조가 결정된다고 설명하는 유통경로구조이론으로 가장 옳은 것은?

① 대리인(agency)이론
② 게임(game)이론
③ 거래비용(transaction cost)이론
④ 기능위양(functional spinoff)이론
⑤ 연기-투기(postponement-speculation)이론

해설 ④ 기능위양(functional spinoff)이론은 유통경로 결정이론 중 특정 업무를 수행하는 데 소요되는 비용이 가장 낮은 유통 경로기관이 해당 업무를 수행하는 방향으로 유통경로의 구조가 결정된다고 설명하는 이론이다.

02 다음의 자료를 토대로 계산한 경제적 주문량(EOQ)이 200이라면 연간 단위당 재고유지비용으로 옳은 것은?

- 연간제품수요량 : 10,000개
- 1회당 주문비용 : 200원

① 100
② 200
③ 300
④ 400
⑤ 500

해설 $200 = \sqrt{\dfrac{(2 \times 10{,}000 \times 200)}{C_h}}$

$C_h = 100$

Answer 01 ④ 02 ①

03 운송에 관한 다음의 설명 중 가장 옳지 않은 것은?

① 해상운송의 경우 최종목적지까지의 운송에는 한계가 있으므로 피시백(fishy back) 복합운송서비스를 제공한다.
② 트럭운송은 혼적화물운송(LTL : less than truckload) 상태의 화물도 긴급 수송이 가능하고 단거리 운송에도 경제적이다.
③ 다른 운송형태에 비해 철도운송은 상대적으로 도착시간을 보증할 수 있다.
④ 항공운송은 고객이 원하는 지점까지의 운송을 위해 피기백(piggy back) 복합운송서비스를 활용한다.
⑤ COFC는 철도의 무개화차 위에 컨테이너를 싣고 운송하는 방식이다.

[해설] ④ 철도운송은 고객이 원하는 지점까지의 운송을 위해 피기백(piggy back) 복합운송서비스를 활용하며, 항공운송의 경우에는 버디백(birdy back) 방식을 활용한다.

04 자본잉여금의 종류로 옳지 않은 것은?

① 국고보조금
② 공사부담금
③ 보험차익
④ 예수금
⑤ 자기주식처분이익

[해설] ④ 예수금은 부채로 장차 돌려줄 것을 전제로 하고 있는 일시적인 금전으로 이 후에 다시 현금으로 반환하여야 하는 것을 말한다.

05 기업이 e-공급망 관리(e-SCM)를 통해 얻을 수 있는 효과로 가장 옳지 않은 것은?

① 고객의 욕구변화에 더욱 신속하게 대응하게 되고 고객 만족도가 증가한다.
② 공급자와 구매자 간의 정보 공유로 필요한 물량을 자동으로 보충해서 재고 감축이 가능하다.
③ 거래 및 투자비용을 절감할 수 있다.
④ 공급망 자동화를 통해 전체 주문 이행 사이클 타임의 단축이 가능하다.
⑤ 구매자의 데이터를 분석하여 그들의 개별니즈를 충족시킬 수 있는 표준화된 서비스 제공이 가능해졌다.

[해설] ⑤ e-SCM은 인터넷을 통한 공급사슬관리 방식으로 구매자의 데이터를 분석하여 그들의 개별니즈를 충족시킬 수 있는 개별화된 서비스 제공이 가능해졌다.

Answer   03 ④   04 ④   05 ⑤

06 서비스 유통의 형태인 플랫폼 비즈니스(platform business)에 대한 설명으로 가장 옳지 않은 것은?

① 플랫폼을 통해 사람과 사람, 사람과 사물을 연결함으로써 새로운 유형의 서비스가 창출된다.
② 정보통신기술의 발달은 사람 간의 교류를 더 빠르고 효율적으로 실현시키면서 플랫폼 비즈니스 성장에 긍정적인 영향을 미치고 있다.
③ 플랫폼 비즈니스의 구성원은 크게 플랫폼 구축자와 플랫폼 사용자로 나뉜다.
④ 플랫폼은 정보, 제품, 서비스 등 다양한 유형의 거래를 가능하게 해주는 일종의 장터이다.
⑤ 플랫폼 비즈니스 사업자는 플랫폼을 제공해주는 대가를 직접적으로 취할 수 없으므로, 광고 등을 통해 간접적으로 수익을 올리는 비즈니스 모델이다.

해설 ⑤ 플랫폼 비즈니스 모델은 사업자(또는 기업)가 직접 제품 혹은 서비스를 제공하는 것이 아니라 제품 또는 서비스를 제공하는 생산자 그룹과 이를 필요로 하는 사용자 그룹을 연결해 주는 형태의 비즈니스모델을 뜻한다.

07 아래 글상자에서 설명하는 개념으로 옳은 것은?

> 제품에 대한 최종소비자의 수요 변동 폭은 크지 않지만, 소매상, 도매상, 제조업자, 원재료 공급업자 등 공급사슬을 거슬러 올라갈수록 변동 폭이 크게 확대되어 수요예측치와 실제 판매량 사이의 차이가 커지게 된다.

① 블랙 스완 효과(black swan effect)
② 밴드 왜건 효과(band wagon effect)
③ 채찍 효과(bullwhip effect)
④ 베블렌 효과(Veblen effect)
⑤ 디드로 효과(Diderot effect)

해설 ③ 채찍 효과(bullwhip effect)란 소매상, 도매상, 제조업자, 원재료 공급업자 등 공급사슬의 상류로 거슬러 올라갈수록 변동 폭이 크게 확대되어 수요의 왜곡현상이 커지는 것을 의미하는 현상이다.

08 제품-시장 확장그리드(product-market expansion grid)에서 기존제품을 가지고 새로운 세분시장을 파악해서 진출하는 방식의 기업성장전략으로 가장 옳은 것은?

① 시장침투전략(market penetration strategy)
② 시장개발전략(market development strategy)
③ 제품개발전략(product development strategy)
④ 다각화전략(diversification strategy)
⑤ 수평적 다각화전략(horizontal diversification strategy)

Answer   06 ⑤   07 ③   08 ②

해설 ② 시장개발전략(market development strategy) : I. Ansoff의 제품-시장확장 그리드에 따르면 시장개발전략은 기존 제품(또는 서비스)을 가지고 새로운 세분시장을 파악해서 진출하는 방식의 기업 성장전략을 말한다.

구분	기존 제품	신규 제품
기존시장	시장침투 전략(판매노력, 사용량 증대, 고객유인)	제품개발 전략(혁신 제품, 모방적 신제품)
신규시장	시장개발 전략(새로운 시장, 새로운 수요자층)	다각화 전략(신규사업, 신제품)

09 유통경로에서 발생하는 각종 힘(power)에 관한 설명으로 가장 옳지 않은 것은?
① 합법력은 법률이나 계약과 같이 정당한 권리에 의해 발생하거나 조직 내의 공식적인 지위에서 발생한다.
② 강제력의 강도는 처벌이 지닌 부정적 효과의 크기에 반비례한다.
③ 정보력은 공급업자가 중요한 정보를 가지고 있다는 인식을 할 경우 발생한다.
④ 준거력은 공급업자에 대해 일체감을 갖는 경우에 발생한다.
⑤ 보상력은 재판매업자가 자신의 보상을 조정할 수 있는 능력을 가지고 있다고 인식할수록 증가한다.

해설 ② 강압적인 힘(강권력)의 강도는 처벌이 지닌 부정적 효과의 크기에 비례하여 작용하는 것이 일반적이다.

10 윤리경영에서 이해관계자가 추구하는 가치이념과 취급해야 할 문제들이 옳게 나열되지 않은 것은?

구분	이해관계자	추구하는 가치이념	윤리경영에서 취급해야 할 문제들
㉠	지역사회	기업시민	산업재해, 산업공해, 산업폐기물 불법처리 등
㉡	종업원	인간의 존엄성	고용차별, 성차별, 프라이버시 침해, 작업장의 안전성 등
㉢	투자자	공평, 형평	내부자 거래, 인위적 시장조작, 시세조작, 분식결산 등
㉣	고객	성실, 신의	유해상품, 결함상품, 허위 과대광고, 정보은폐, 가짜 상표 등
㉤	경쟁자	기업가치	환경오염, 자연파괴, 산업폐기물 수출입, 지구환경관련 규정위반 등

① ㉠
② ㉡
③ ㉢
④ ㉣
⑤ ㉤

해설 ㉤ 이해관계자인 경쟁자와는 경쟁우위를 다투는 관계로 부당한 인력 유출, 기술노하우 유출 행위 금지 등이 해당한다.

Answer 09 ② 10 ⑤

11 아래 글상자에서 설명하는 유통의 형태로 가장 옳은 것은?

> • 각 판매지역별로 하나 또는 극소수의 중간상에게 자사제품의 유통에 대한 독점권을 부여하는 것이다.
> • 소비자가 제품 구매를 위해 적극적인 탐색을 하고 쇼핑을 위해 기꺼이 시간과 노력을 아끼지 않는 경우에 적합하다.

① 집중적 유통 ② 개방적 유통
③ 선택적 유통 ④ 전속적 유통
⑤ 중간적 유통

해설 ④ 전속적 유통은 각 판매지역별로 하나 또는 극소수의 중간상에게 자사 제품의 유통에 대한 배타적 독점권을 부여하는 형태의 유통커버리지 전략이라 할 수 있다.

12 유통산업이 합리화되는 경우에 나타나는 현상으로 가장 옳지 않은 것은?

① 업무 효율화를 통해 유통업체의 규모가 작아진다.
② 유통 경로상 제조업의 협상력이 축소된다.
③ 법률이나 정부의 규제가 늘어난다.
④ 생산지의 가격과 소비자의 구매가격의 차이가 줄어든다.
⑤ 유통경로가 단축되어 유통비용이 절감된다.

해설 ③ 유통산업이 합리화되는 경우 유통의 효율성이 증가하여 경로가 단축되고 거래비용이 낮아지는 등의 장점이 극대화된다. 따라서 법률이나 정부의 규제 또한 줄어들게 된다.

13 직무기술서와 직무명세서를 비교할 때 직무기술서에 해당되는 내용으로 가장 옳은 것은?

① 작업자의 특성을 평가하여 조직 전략을 효율적으로 달성하기 위한 것이다.
② 속직적 기준으로 직무의 내용을 요약하고 수행에 필요한 정보를 포함한다.
③ 직무명칭, 직무개요, 직무내용 등의 인적 요건을 포함한다.
④ 직무내용보다는 인적요건을 중심으로 정리한다.
⑤ 작업자의 지식, 기능, 능력 등의 요소를 포함한다.

해설 ② 직무분석을 통해 작성되는 직무기술서는 직무명칭, 직무개요, 직무내용 등 직무요건을 중심으로 기술한 보고서로 직무수행에 필요한 정보를 포함한다.
① 작업자의 특성을 평가하여 조직 전략을 효율적으로 달성하기 위한 것은 직무명세서이다.
③④⑤ 작업자의 지식, 기능, 능력 등 인적 요건을 중심으로 정리한 것은 직무명세서이다.

Answer 11 ④ 12 ③ 13 ②

14 유통경영전략의 수립단계를 순서대로 나열한 것으로 가장 옳은 것은?

① 사업포트폴리오분석 – 기업의 사명 정의 – 기업의 목표 설정 – 성장전략의 수립
② 기업의 목표 설정 – 사업포트폴리오분석 – 성장전략의 수립 – 기업의 사명 정의
③ 사업포트폴리오분석 – 기업의 목표 설정 – 기업의 사명 정의 – 성장전략의 수립
④ 기업의 사명 정의 – 기업의 목표 설정 – 사업포트폴리오분석 – 성장전략의 수립
⑤ 성장전략의 수립 – 기업의 목표 설정 – 사업포트폴리오분석 – 기업의 사명 정의

[해설] ④ 유통경영전략의 수립단계 : 기업의 사명 정의 → 기업의 목표 설정 → 사업포트폴리오분석 → 성장전략의 수립

15 보관을 위한 각종 창고의 유형에 대한 설명으로 가장 옳지 않은 것은?

① 자가 창고의 경우 기업이 자신의 목적에 맞게 맞춤형 창고 설계가 가능하다.
② 영업 창고 요금은 창고 이용에 따른 보관료를 기본으로 하며 하역료를 제외한다.
③ 임대 창고는 영업창고업자가 아닌 개인이나 법인 등이 소유하고 있는 창고를 임대료를 받고 제공하는 것이다.
④ 공공 창고는 공익을 목적으로 건설한 창고로 공립 창고가 한 예이다.
⑤ 관설상옥은 정부나 지방자치단체가 해상과 육상 연결용 화물 판매용도로 제공하는 창고이다.

[해설] ② 영업 창고 요금은 창고이용에 따른 보관료를 기본으로 하며 보관을 위해 수행되는 하역료를 포함한다.

16 아웃소싱을 실시하는 기업이 얻을 수 있는 장점으로 가장 옳지 않은 것은?

① 다른 채널의 파트너로부터 규모의 경제 효과를 얻을 수 있다.
② 분업의 원리를 통해 이익을 얻을 수 있다.
③ 고정비용은 늘어나지만 변동비용을 줄여서 비용 절감효과를 얻을 수 있다.
④ 아웃소싱 파트너의 혁신적인 혜택을 누릴 수 있다.
⑤ 자사의 기술보다 우월한 기술을 누릴 수 있다.

[해설] ③ 아웃소싱을 실시하는 경우 위탁기업은 직접 아웃소싱 대상이 되는 작업을 수행하지 않으므로 직접적인 고정비용이 감소하는 반면, 위탁물량이 증가하는 경우 변동비용이 증가할 수 있다.

Answer 14 ④ 15 ② 16 ③

17 아래 글상자가 설명하는 합작투자 유형으로 옳은 것은?

> 공여기업이 자사의 제조공정, 등록상표, 특허권 등을 수여기업에게 제공하고 로열티 혹은 수수료를 받는 형태이다.
> 이를 통해, 수여기업은 생산의 전문성 혹은 브랜드를 자체 개발 없이 사용할 수 있다는 이점이 있고, 공여기업은 낮은 위험부담으로 해외시장에 진출할 수 있다는 장점이 있다.

① 계약생산(contract manufacturing)
② 관리계약(management contracting)
③ 라이센싱(licensing)
④ 공동소유(joint ownership)
⑤ 간접수출(indirect exporting)

해설 ③ 라이센싱(licensing)은 공여기업이 자사의 제조공정, 등록상표, 특허권 등을 수여기업에게 제공하고 로열티 혹은 수수료를 받는 형태로, 공여기업은 낮은 위험부담으로 해외시장에 진출할 수 있다는 장점이 있으며, 반면 라이센스 수여기업은 생산의 전문성 혹은 브랜드를 자체 개발 없이 사용할 수 있다는 이점이 발생한다.

18 아래 글상자가 설명하는 리더십의 유형으로 가장 옳은 것은?

> 대인관계와 활동을 통하여 규범적으로 적합한 리더의 행동이 구성원들에게 모범으로 작용하며, 상호 간 명확한 도덕적 기준과 의사소통, 공정한 평가 등을 통해 부하들로 하여금 규범에 적합한 행동을 지속하도록 촉진하는 것이다.

① 변혁적 리더십(transformational leadership)
② 참여적 리더십(participative leadership)
③ 지원적 리더십(supportive leadership)
④ 지시적 리더십(directive leadership)
⑤ 윤리적 리더십(ethical leadership)

해설 ⑤ 윤리적 리더십(ethical leadership)은 대인관계와 활동을 통하여 규범적으로 적합한 리더의 행동이 구성원들에게 모범으로 작용하며, 상호 간 명확한 도덕적 기준과 의사소통, 공정한 평가 등을 통해 부하들로 하여금 규범에 적합한 행동을 지속하도록 촉진하는 것이다.

참고
- 변혁적 리더십 : 변혁적 리더십은 종업원에 대한 지적 자극, 영감적 동기, 비전 제시, 카리스마를 소유하며 도전을 용납할 수 있는 리더, 조직의 생존을 가능하게 할 리더, 개방된 마인드를 소유한 리더 등을 그 특징으로 한다.
- 허쉬 & 블랜차드 리더십 유형 : 종업원들의 성숙도를 강조하는 상황적 리더십이론을 제시하였다. 리더의 행위를 과업행위와 관계행위의 2가지 차원을 축으로 한 4분면으로 분류하고 여기에 상황요인으로서 부하의 성숙도(업무에 대한 능력, 의지)를 추가하였다.

Answer 17 ③ 18 ⑤

19 제품에 대한 소유권을 갖고 제조업자로부터 제품을 취득하여 소매상에게 바로 운송하는 한정기능도매상으로 옳은 것은?

① 우편주문도매상(mail-order wholesaler)
② 진열도매상(rack jobber)
③ 트럭도매상(truck wholesaler)
④ 직송도매상(drop shipper)
⑤ 현금무배달도매상(cash-and-carry wholesaler)

해설 ④ 직송도매상(drop shipper)은 제품에 대한 소유권을 갖고 제조업자로부터 중공업기계, 목재 등의 제품을 취득하여 소매상에게 바로 운송하는 한정기능도매상을 말한다.

20 대리도매상 중 판매대리인(selling agent)과 제조업자의 대리인(manufacture's agent)의 차이로 옳지 않은 것은?

① 판매대리인은 모든 제품을 취급하지만 제조업자의 대리인은 일부 제품만을 취급한다.
② 판매대리인은 제조업자의 대리인보다 활동범위가 넓고 비교적 자율적인 의사결정이 가능하다.
③ 판매대리인은 제조업자의 시장지배력이 약한 지역에서만 활동하지만 제조업자의 대리인은 모든 지역에서 판매를 한다.
④ 판매대리인은 신용을 제공하지만 제조업자의 대리인은 신용을 제공하지 못한다.
⑤ 판매대리인은 기업의 마케팅 부서와 같은 기능을 수행하는 도매상인 반면 제조업자의 대리인은 장기적인 계약을 통해 제조업자의 제품을 특정 지역에서 판매 대행을 하는 도매상을 말한다.

해설 ③ 판매대리인은 제조업자를 대리하여 모든 지역에서 판매를 하는 반면 제조업자의 대리인은 특정 지역에서 판매대행을 수행하는 도매상이다.

Answer 19 ④ 20 ③

21 불공정 거래행위에 해당되지 않는 것은?

① 기존재고상품을 다른 상품으로 교환하면서 기존의 재고상품을 특정매입상품으로 취급하여 반품하는 행위
② 직매입을 특정매입계약으로 전환하면서 기존 재고상품을 특정매입상품으로 취급하여 반품하는 행위
③ 대규모 유통업자가 부당하게 납품업자 등에게 배타적 거래를 하도록 강요하는 경우
④ 정상가격으로 매입한 주문제조상품을 할인행사를 이유로 서류상의 매입가를 낮춰 재매입하고 낮춘 매입원가로 납품대금을 주는 경우
⑤ 직매입 납품업체의 납품과정에서 상품에 훼손이나 하자가 발생한 경우 상품대금을 감액하는 경우

해설 ⑤ 직매입 납품업체의 납품과정에서 상품에 훼손이나 하자가 발생한 경우 상품대금을 감액하거나 반품하는 것은 정당한 권리라 할 수 있다.

22 샤인(Schein)이 제시한 조직 문화의 세 가지 수준에서 인식적 수준에 해당되는 것으로 가장 옳은 것은?

① 인지가치와 행위가치로 구분할 수 있는 가치관
② 개개인의 행동이나 관습
③ 인간성
④ 인간관계
⑤ 창작물

해설 ① 샤인(Schein)은 조직문화에 대한 조직구성원의 일반적인 인식수준에 대한 구성요소(가공물과 창조물·가치관·기본전제)와 이들 간의 상호작용에 의한 조직문화를 설명하였다. 이 중 인지가치와 행위가치로 구분할 수 있는 가치관이 인식적 수준에 가장 부합한다고 할 수 있다.

23 공급업자 평가방법 중 각 평가기준의 중요성을 정확하게 판단할 수 없는 경우에 유용한 평가방법은?

① 가중치 평가방법
② 단일기준 평가방법
③ 최소기준 평가방법
④ 주요기준 평가방법
⑤ 평균지수 평가방법

해설 ③ 최소기준 평가방법은 평가기준에 대한 중요성을 판단하기 어려울 경우 가중치를 사용하지 않고 각 평가기준별 요구사항을 설정하여 평가하는 방법에 해당한다.

Answer　21 ⑤　22 ①　23 ③

24 소비자기본법(법률 제17799호, 2020.12.29.)에 따라 국가가 광고의 내용이나 방법에 대한 기준을 제한할 수 있는 항목으로 옳지 않은 것은?

① 용도, 성분, 성능
② 소비자가 오해할 우려가 있는 특정용어나 특정 표현
③ 광고의 매체
④ 광고 시간대
⑤ 광고 비용

해설 ⑤ 광고 비용은 광고의 기준에 해당하지 않는다.

참고 소비자기본법 제11조 : 광고의 기준
국가는 물품등의 잘못된 소비 또는 과다한 소비로 인하여 발생할 수 있는 소비자의 생명·신체 또는 재산에 대한 위해를 방지하기 위하여 다음 각 호의 어느 하나에 해당하는 경우에는 광고의 내용 및 방법에 관한 기준을 정하여야 한다.
1. 용도·성분·성능·규격 또는 원산지 등을 광고하는 때에 허가 또는 공인된 내용만으로 광고를 제한할 필요가 있거나 특정내용을 소비자에게 반드시 알릴 필요가 있는 경우
2. 소비자가 오해할 우려가 있는 특정용어 또는 특정표현의 사용을 제한할 필요가 있는 경우
3. 광고의 매체 또는 시간대에 대하여 제한이 필요한 경우

25 상품을 품질수준에 따라 분류하거나 규격화함으로써 거래 및 물류를 원활하게 하는 유통의 기능으로 가장 옳은 것은?

① 보관기능
② 운송기능
③ 정보제공기능
④ 표준화기능
⑤ 위험부담기능

해설 상품을 품질수준에 따라 분류하거나 규격화함으로써 거래 및 물류를 원활하게 하는 유통의 기능은 표준화(standadization)에 해당한다.

Answer 24 ⑤ 25 ④

제2과목 상권분석

26 지리정보시스템(GIS)을 이용한 상권분석과 관련한 내용으로 옳지 않은 것은?

① 각 동(洞)별 인구, 토지 용도, 평균지가 등을 겹쳐서 상권의 중첩을 표현할 수 있다.
② 주제도란 GIS소프트웨어를 사용하여 데이터베이스 조회 후 속성정보를 요약해 표현한 지도이다.
③ 버퍼는 점이나 선 또는 면으로부터 특정 거리 이내에 포함되는 영역을 의미한다.
④ 교차는 동일한 경계선을 가진 두 지도레이어를 겹쳐서 형상과 속성을 비교하는 기능이다.
⑤ 위상이란 지리적인 형상을 표현한 지도상의 상대적 위치를 알 수 있는 기능을 부여하는 역할을 한다.

해설 ④ 동일한 경계선을 가진 두 지도레이어를 겹쳐서 형상과 속성을 비교하는 기능은 중첩(overlay)이다. 즉 중첩은 공간적으로 동일한 경계선을 가진 두 지도레이어에 대해 하나의 레이어에 다른 레이어를 겹쳐 놓고 지도 형상과 속성들을 비교하는 기능이다.

27 구조적 특성에 의해 상권을 분류할 때 포켓상권에 해당하는 것으로 옳은 것은?

① 상가의 입구를 중심으로 형성된 상권
② 고속도로나 간선도로에 인접한 상권
③ 대형소매점과 인접한 상권
④ 소형소매점들로 구성된 상권
⑤ 도로나 산, 강 등에 둘러싸인 상권

해설 ⑤ 도로, 산, 강에 둘러싸인 상권이 전형적인 포켓상권이다.
포켓상권은 상권 내 고객이 외부로 유출되지 않아 외부상권의 영향을 거의 받지 않고 자체상권의 이익을 누릴 수 있는 상권이다. 포켓상권은 독립상권 또는 항아리상권이라고도 한다.

Answer 26 ④ 27 ⑤

28 중심지체계나 주변환경 등에 의해 분류할 수 있는 상권의 유형에 대한 설명으로 가장 옳지 않은 것은?

① 도심상권은 중심업무지구(CBD)를 포함하며 상권의 범위가 넓고 소비자들의 평균 체류시간이 길다.
② 근린상권은 점포인근 거주자들이 주요 소비자로 생활밀착형 업종의 점포들이 입지하는 경향이 있다.
③ 부도심상권은 간선도로의 결절점이나 역세권을 중심으로 형성되는 경우가 많으며 도시전체의 소비자를 유인한다.
④ 역세권상권은 지하철이나 철도역을 중심으로 형성되며 지상과 지하의 입체적 상권으로 고밀도 개발이 이루어지는 경우가 많다.
⑤ 아파트상권은 고정고객의 비중이 높아 안정적인 수요 확보가 가능하지만 외부와 단절되는 경우가 많아 외부고객을 유치하는 상권확대 가능성이 낮은 편이다.

해설 ③ 부도심상권은 간선도로의 결절점이나 역세권을 중심으로 형성되므로 해당 지구의 소비자를 유인하지만 도시전체의 소비자를 유인하지는 못한다.

29 소매점포의 상권범위나 상권형태는 소매점포를 이용하는 소비자의 공간적 분포를 나타낸다. 이에 대한 설명으로 가장 옳지 않은 것은?

① 소매점포의 면적이 비슷하더라도 업종이나 업태에 따라 개별점포의 상권범위는 차이가 날 수 있다.
② 동일 점포라도 소매전략에 따른 판촉활동 등의 차이에 따라 시기별로 점포의 상권범위는 변화한다.
③ 상권의 형태는 점포를 중심으로 일정한 거리 간격의 동심원 형태로 나타난다.
④ 동일한 지역에 인접하여 입지한 경우에도 점포 규모에 따라 개별점포의 상권범위는 차이가 날 수 있다.
⑤ 동일한 위치에서 입지조건의 변화가 없고 점포의 전략적 변화가 없어도 상권의 범위는 유동적으로 변화하기 마련이다.

해설 ③ 상권의 형태는 하천이나 산과 같은 자연 조건, 도로나 대중교통 수단과 같은 교통체계, 점포 규모와 유통업의 형태(업태) 등의 영향을 받기 때문에 동심원 형태가 될 수는 없다. 상권은 다양한 형태를 지니므로 흔히 아메바형이라고 불리고 있다.

Answer 28 ③ 29 ③

30 상권 내의 경쟁점포 분석에 대한 설명으로 가장 옳지 않은 것은?

① 초점이 되는 조사문제를 중심으로 실시한다.
② 조사목적에 맞는 세부조사항목을 구체적으로 정해서 실시한다.
③ 상품구성 분석은 상품구성 기본정책, 상품계열구성, 품목구성을 포함한다.
④ 가격은 조사당시 주력상품 특매상황이라도 실제 판매가격을 분석한다.
⑤ 자사점포의 현황과 비교하여 조사결과를 분석한다.

해설 ④ 상권 내 경쟁점포 분석시 가격은 평상시의 일반적인 판매가격을 분석해야 한다.

31 크리스탈러(Christaller, W.)의 중심지이론에서 말하는 중심지 기능의 최대 도달거리(the range of goods and services)가 의미하는 것으로 가장 옳은 것은?

① 중심지의 유통서비스 기능이 지역거주자에게 제공될 수 있는 한계거리
② 소비자가 도보로 접근할 수 있는 중심지까지의 최대도달거리
③ 전문품 상권과 편의품 상권의 지리적 최대 차이
④ 상위 중심지와 하위 중심지 사이의 거리
⑤ 상업중심지의 정상이윤 확보에 필요한 수요를 충족시키는 상권범위

해설 ① 최대도달거리(the range of goods and services)란 중심지가 수행하는 유통서비스기능이 지역거주자들에게 제공될 수 있는 최대(한계)거리를 말한다. 즉 최대도달거리는 중심지 활동이 제공되는 공간적 한계를 말하는데 중심지로부터 어느 재화에 대한 수요가 0이 되는 곳까지의 거리를 의미한다. 한편 ⑤ 상업중심지의 정상이윤 확보에 필요한 최소한의 수요를 발생시키는 상권범위는 최소수요 충족거리(threshold size)이다.

32 상권 내 소비자의 소비패턴이나 공간이용실태 등을 조사하기 위해 표본조사를 실시할 때 사용할 수 있는 비확률 표본추출 방법에 해당하는 것으로 가장 옳은 것은?

① 층화표본추출법(stratified random sampling)
② 체계적 표본추출법(systematic sampling)
③ 단순무작위표본추출법(simple random sampling)
④ 할당표본추출법(quota sampling)
⑤ 군집표본추출법(cluster sampling)

해설 비확률 표본추출법으로는 편의표본추출법, 할당표본추출법, 판단표본추출법 등이 있다. 비확률표본추출법은 통계학적 방법을 쓰지 않고 편의상 혹은 할당에 의해 표본을 추출하는 방법이다.
반면 확률표본 추출법은 통계적인 방법을 통해 객관적으로 표본을 추출하는 방법이다. 확률계산이 가능하고, 오류의 정도(편의)에 대한 추정이 가능하다는 장점이 있다. 대표적인 방법으로 단순임의추출법, 층화표본추출법, 군집표본추출법 등이 있다.

Answer 30 ④ 31 ① 32 ④

33 상권의 질(質)에 대한 설명으로 가장 옳지 않은 것은?

① 소매포화지수(IRS: index of retail saturation)와 시장확장잠재력(MEP: market expansion potentials)이 모두 높은 상권은 좋은 상권이다.
② 상권의 질을 평가하는 정량적 요소로는 통행량, 야간 인구, 연령별 인구, 남녀 비율 등이 있다.
③ 상권의 질을 평가하는 정성적 요소로는 통행객의 복장, 소지 물건, 보행 속도, 거리 분위기 등이 있다.
④ 일반적으로 특정 지역에 유사한 단일 목적으로 방문하는 통행객보다는 서로 다른 목적으로 방문하는 통행객이 많을수록 상권의 질은 낮아진다.
⑤ 오피스형 상권은 목적성이 너무 강하므로 통행량이 많더라도 상권의 매력도가 높지 않을 수 있다.

해설 ④ 일반적으로 특정 지역에 단일 목적으로 방문하는 통행객보다 서로 다른 목적으로 방문하는 통행객이 많을수록 상권의 질은 높아진다.
또한 특별한 목적을 가지고 있지 않는 사람들이 많이 유입되는 상권의 경우 충동구매품 등 제품의 아이템에 따라서는 좋은 상권이 될 수 있다.

34 도심으로부터 새로운 교통로가 발달하면 교통로를 축으로 도매, 경공업 지구가 부채꼴 모양으로 확대된다는 공간구조이론으로 가장 옳은 것은?

① 버제스(E.W. Burgess)의 동심원지대이론(concentric zone theory)
② 해리스(C.D. Harris)의 다핵심이론(multiple nuclei theory)
③ 호이트(H. Hoyt)의 선형이론(sector theory)
④ 리카도(D. Ricardo)의 차액지대설(differential rent theory)
⑤ 마르크스(K.H. Marx)의 절대지대설(absolute rent theory)

해설 도시 내부의 공간구조를 설명하는 이론 중 도심으로부터 새로운 교통로가 발달하면 교통로를 축으로 도매, 경공업 지구가 부채꼴 모양으로 확대된다는 공간구조이론은 호이트(H. Hoyt)의 선형이론(sector theory)이다.
선형이론은 1939년 버제스의 동심원 모델을 수정 및 보완하여 제시된 모델로, 도시 내부 구조가 도심으로부터 동심원상으로 분포하는 것이 아니라 도심으로부터 방사상으로 전개되는 교통로에 의해 결정된다고 보는 이론이다.

참고 1. 도시 내부의 공간구조는 도시마다 다르게 나타난다. 그러나 학자들은 도시 내부 구조의 유사성을 연구하여 이를 설명하려는 이론이나 모형을 제시하였다. 도시 내부 구조를 설명하는 이론에는 버제스(Burgess)의 동심원 모델, 호이트(Hoyt)의 선형 모델, 해리스(Harris)와 울만(Ullman)의 다핵심 모델 등이 대표적이다.

Answer 33 ④ 34 ③

2. 호이트의 선형이론은 자동차가 보편화되고 교통이 발달하게 되면서 교통로를 따라 지가 분포 패턴이 달라지고 이것이 다시 도시의 토지이용 패턴에 영향을 준다는 것이다.
이 때 상류층의 주거지는 교통이 편리한 주요 교통로를 따라서 가까운 지역에 분포하게 되고 가능하면 공업지역과 멀리 떨어지려는 경향을 가지므로 상류층의 주거지역과 공업지역은 떨어져 있고 그 사이를 중산층 주거지역이나 저소득층 주거지역이 배열되는 형태로 전개된다고 설명한다.

35 인구 9만명인 도시 A와 인구 1만명인 도시 B 사이의 거리는 20km이다. 컨버스의 공식을 적용할 때 도시 B로부터 두 도시(A, B) 간 상권분기점까지의 거리로 옳은 것은?

① 5km
② 10km
③ 15km
④ 20km
⑤ 25km

[해설] 컨버스(Converse)의 제1법칙에 의하면 A시 상권의 한계점 $D(A) = \dfrac{d}{1+\sqrt{\dfrac{P(B)}{P(A)}}}$ 이다. 여기서 d는 두 도시 간의 거리, P(A)와 P(B)는 각 도시의 인구이다.

주어진 자료를 대입하면 A시로부터 분기점까지의 거리 $D(A) = \dfrac{20km}{1+\sqrt{\dfrac{10,000}{90,000}}}$ = 15km이다. 따라서 도시 B로부터 분기점까지의 거리는 20km - 15km = 5km이다.

36 신규점포의 입지를 결정하는 과정에서 후보입지의 매력도 평가에 활용할 수 있는 회귀분석 모형에 관한 설명으로 가장 옳지 않은 것은?

① 종속변수는 독립변수의 영향을 받는 관계이므로 종속변수와 상관관계가 있는 독립변수를 포함시켜야 한다.
② 회귀분석 모형에 포함되는 독립변수들은 서로 상관관계가 높지 않고 독립적이어야 한다.
③ 성과에 영향을 미치는 독립변수로는 점포 자체의 입지적 특성과 상권 내 경쟁수준 등을 포함시킬 수 있다.
④ 인구수, 소득수준, 성별, 연령 등 상권 내 소비자들의 특성을 독립변수로 포함시킬 수 있다.
⑤ 2~3개의 표본점포를 사용하면 실무적으로 설명력 있는 회귀모형을 도출하는 데 충분하다.

[해설] 표본이 되는 점포의 수가 충분하지 않으면 회귀분석 결과의 신뢰성이 낮아질 수 있다.

Answer 35 ① 36 ⑤

37 상품 키오스크(merchandise kiosks)에 대한 설명으로서 가장 옳지 않은 것은?

① 쇼핑몰의 공용구역에 설치되는 판매공간이다.
② 쇼핑몰 내 일반점포보다 단위면적당 임대료가 낮다.
③ 쇼핑몰 내 일반점포에 비해 임대차 계약기간이 길다.
④ 디스플레이 공간이 넓어 점포 면적에 비해 충분한 창의성을 발휘할 수 있다.
⑤ 쇼핑몰 내 다른 키오스크들과 경쟁이 심화될 가능성이 높다.

해설 키오스크(kiosk)는 주로 쇼핑몰의 공용장소에 제품을 진열하고 판매하는 독립매대를 말하며, 빈 공간을 활용할 수 있어 쇼핑몰 운영자에게 선호되는 점포이다. 키오스크는 쇼핑몰 내 일반점포보다 단위면적당 임대료가 낮고, 임대차 계약기간은 짧은 것이 일반적이다.

38 유통산업발전법(법률 제19117호, 2022.12.27.)에서는 필요하다고 인정하는 경우 대형마트에 대한 영업시간 제한이나 의무휴업일 지정을 규정하고 있다. 그 내용으로 가장 옳은 것은?

① 의무휴업일은 공휴일이 아닌 날 중에서 지정하되, 이해당사자와 합의를 거쳐 공휴일을 의무휴업일로 지정할 수 있다.
② 특별자치시장·시장·군수·구청장 등은 매월 하루 이상을 의무휴업일로 지정하여야 한다.
③ 영업시간 제한 및 의무휴업일 지정에 필요한 사항은 해당 지방자치단체장의 명령으로 정한다.
④ 특별자치시장·시장·군수·구청장 등은 오후 11시부터 오전 10시까지의 범위에서 영업시간을 제한할 수 있다.
⑤ 영업시간 제한이나 의무휴업일 지정은 건전한 유통질서 확립, 근로자의 건강권 및 대형점포 등과 중소유통업의 상생발전을 위한 것이다.

해설 ① 의무휴업일은 공휴일 중에서 지정하되, 이해당사자와 합의를 거쳐 공휴일이 아닌 날을 의무휴업일로 지정할 수 있다.
② 특별자치시장·시장·군수·구청장 등은 매월 이틀을 의무휴업일로 지정하여야 한다.
③ 영업시간 제한 및 의무휴업일 지정에 필요한 사항은 해당 지방자치단체의 조례로 정한다.
④ 특별자치시장·시장·군수·구청장 등은 오전 0시부터 오전 10시까지의 범위에서 영업시간을 제한할 수 있다.

Answer   37 ③   38 ⑤

39 입지분석은 지역분석, 상권분석, 부지분석 등의 세 가지 수준에서 실시한다. 경쟁분석을 실시하는 분석수준으로서 가장 옳은 것은?

① 지역분석(regional analysis)
② 부지분석(site analysis)
③ 상권분석(trade area analysis)
④ 지역 및 상권분석(regional and trade area analysis)
⑤ 상권 및 부지분석(trade area and site analysis)

> **해설** 경쟁분석은 상권 내에서의 경쟁관계를 분석하는 것이다. 경쟁분석은 상권 내에서 위계별 경쟁구조분석, 업태별·업태내 경쟁구조 분석, 경쟁 및 보완관계 분석, 잠재경쟁구조 분석 등이 포함된다.
> 경쟁분석은 경쟁점포에 대한 방문조사 외에도 상권 내 경쟁점포의 수와 분포 등 다양한 방법이 활용된다.

40 업태에 따른 소매점포의 적절한 입지유형을 설명한 페터(R. M. Fetter)의 공간균배원리를 적용한 것으로 가장 옳지 않은 것은?

① 편의품점 – 산재성 입지
② 선매품점 – 집재성 입지
③ 부피가 큰 선매품의 소매점 – 국부적집중성 입지
④ 전문품점 – 집재성 입지
⑤ 고급고가품점 – 집심성 입지

> **해설** ④ 전문품점은 집심성 입지가 유리하다. 집심성 점포는 도시의 중심(CBD)이나 배후지의 중심지에 입지해야 유리한 점포이다.
> 페터(R. M. Petter)의 공간균배의 원리에 따르면 시장이 좁고 수요의 교통비 탄력성이 작은 경우에는 집심적 입지, 그리고 시장이 넓고 수요의 교통비 탄력성이 큰 경우에는 산재성 입지 현상이 나타난다.

41 소비자가 원하는 시간과 장소에서 상품을 구입할 수 있게 해야 한다는 의미에서의 상품에 대한 소비자들의 물류요구와 취급하는 소매점 숫자의 관계에 대한 기술로 가장 옳은 것은?

① 물류요구가 높을수록 선택적 유통이 이루어진다.
② 물류요구가 낮을수록 집중적 유통이 이루어진다.
③ 물류요구에 상관없이 전속적 유통이 효율적이다.
④ 물류요구의 크기만으로는 취급하는 소매점 숫자를 알 수 없다.
⑤ 물류요구의 크기는 취급하는 소매점 숫자에 영향을 미치지 않는다.

Answer 39 ③ 40 ④ 41 ④

> [해설] 유통범위(시장 커버리지) 또는 유통집중도(distribution intensity)는 특정지역에서 중간상의 업무를 수행할 소매점포의 수를 의미한다. 유통집중도에 영향을 미치는 요소는 여러 가지가 있으므로 물류요구의 크기만으로는 취급하는 소매점 수를 알기 어렵다.
> 물류요구가 높을수록 집중적 유통이 바람직하고, 물류요구가 낮으면 전속적 유통이 바람직하다.

42 점포개점을 위한 투자계획의 내용으로서 가장 옳지 않은 것은?

① 자금조달계획   ② 자금운용계획
③ 수익계획   ④ 비용계획
⑤ 상품계획

> [해설] 소매점 개점을 위한 투자계획은 개점계획을 자금계획과 손익계획으로 계수화한 것이다. 자금계획은 자금조달계획과 자금운영계획으로 구성되고, 손익계획은 수익계획과 비용계획으로 구성된다.
> 자금계획은 미래의 현금유입과 현금유출을 보여주는 투자활동 현금흐름표로 요약할 수 있다. 그리고 손익계획은 매출 및 지출계획에 근거하여 작성한 손익계획서로 요약할 수 있다.

43 도시상권의 매력도에 직접적으로 영향을 미치는 특성으로서 가장 옳지 않은 것은?

① 인구   ② 교통망
③ 소득수준   ④ 소매단지 분포
⑤ 행정구역 구분

> [해설] 도시상권의 매력도를 평가할 때는 상권의 수요요인과 공급요인을 고려해야 한다. 이 요인들을 평가하기 위해 소매포화지수(IRS)와 시장성장 잠재력지수(MEP)를 활용할 수 있다. 따라서 그 지역의 현재와 미래의 잠재수요, 매장면적에 영향을 미치는 요인들을 고려해야 한다. 행정구역 구분은 도시상권의 매력도와 관련이 없다.

44 상권분석의 주요한 목적으로 가장 옳지 않은 것은?

① 상권범위 설정   ② 경쟁점포 파악
③ 빅데이터 축적   ④ 예상매출 추정
⑤ 적정임차료 추정

> [해설] 상권조사를 통해 수집한 데이터를 기반으로 하여 상권분석이 이루어지므로 빅데이터 축적이 상권분석의 목적이 될 수는 없다.
> 상권분석의 일반적인 목적은 점포를 개설할 상권을 선정하거나 기존점포의 활성화를 위한 마케팅 전략을 수립하려는 것이다. 즉 상권의 특성과 가치를 파악하여 업종을 선택하고 매출액을 추정하려는 것이다.

Answer 42 ⑤ 43 ⑤ 44 ③

45 상가건물 임대차보호법(법률 제18675호, 2022.1.4.) 등의 관련 법규에서는 아래 글상자와 같이 상가 임대료의 인상률 상한을 규정하고 있다. 괄호 안에 들어갈 내용으로 옳은 것은?

> 차임 또는 보증금의 증액청구는 청구당시의 차임 또는 보증금의 100분의 (   )의 금액을 초과하지 못한다.

① 3　　　　　　　　　　　② 4
③ 5　　　　　　　　　　　④ 8
⑤ 10

해설 차임 또는 보증금의 증액청구는 청구당시의 차임 또는 보증금의 100분의 5의 금액을 초과하지 못한다. (법 제11조, 시행령 제4조)

제3과목 유통마케팅

46 통합적 마케팅 커뮤니케이션(IMC: integrated marketing communication)에 대한 설명으로 가장 옳지 않은 것은?

① 광고, 판매촉진, PR, 인적판매, 다이렉트 마케팅 등 다양한 촉진믹스들을 활용한다.
② 명확하고 설득력있는 메시지를 일관되게 전달하는 것이 목적이다.
③ 동일한 표적고객에 대한 커뮤니케이션은 서로 동일한 메시지를 전달한다.
④ 서로 다른 촉진믹스들이 수행하는 차별적 커뮤니케이션 역할들을 신중하게 조정한다.
⑤ 모든 마케팅 커뮤니케이션 캠페인들이 동일한 촉진목표를 달성하도록 관리한다.

해설 ⑤ 광고, 판매촉진, PR, 인적 판매, 다이렉트 마케팅 등 다양한 촉진믹스들은 각각의 특징을 가지고 있으므로 동일한 촉진 목표를 달성하도록 관리하는 것은 비효율적이다.

47 점포공간을 구성할 경우, 점포에서의 역할을 고려한 각각의 공간에 대한 설명으로 가장 옳지 않은 것은?

① 서비스 공간은 휴게실, 탈의실 등과 같이 소비자의 편의와 편익을 위해 설치하는 곳이다.
② 진열 판매 공간은 상품을 진열하여 주로 셀프 판매를 유도하는 곳이다.
③ 판매 예비 공간은 소비자에게 상품에 대한 정보를 전달하거나 결제를 도와주는 곳이다.
④ 판촉 공간은 판촉상품을 전시하는 곳이다.
⑤ 인적 판매 공간은 판매원이 소비자에게 상품을 보여주고 상담을 하는 곳이다.

Answer　45 ③　46 ⑤　47 ③

해설 ③ 판매 예비 공간은 소비자에게 정보를 전달하거나 결제를 도와주는 공간이 아니라 판매를 지원하기 위해 마련한 공간을 의미한다.

48 마케팅믹스 요소인 4P 중 유통(place)을 구매자 관점인 4C로 표현한 것으로 가장 옳은 것은?

① 고객맞춤화(customization)
② 커뮤니케이션(communication)
③ 고객문제해결(customer solution)
④ 편의성(convenience)
⑤ 고객비용(customer cost)

해설 마케팅 요소 4P는 생산자의 관점에서 강조되는 것이기 때문에 구매자 관점에서 마케팅 관리를 이해하기 위해서는 4P를 4C로 보아야 한다는 주장이 있다.
4C는 제품이 아니라 고객의 가치(customer value), 가격이 아니라 고객의 구매비용(cost), 경로가 아니라 고객의 편의성(convenience), 촉진이 아니라 고객과의 커뮤니케이션(communication)이다.

49 온라인광고의 유형에 대한 설명으로 가장 옳지 않은 것은?

① 배너광고(banner advertising)는 웹페이지의 상하좌우 또는 중간에서도 볼 수 있다.
② 삽입광고(insertional advertising)는 웹사이트 화면이 바뀌고 있는 동안에 출현하는 온라인 전시광고이다.
③ 검색관련광고(search-based advertising)는 포털사이트에 검색엔진 결과와 함께 나타나는 링크와 텍스트를 기반으로 하는 광고이다.
④ 리치미디어광고(rich media advertising)는 현재 보고 있는 창앞에 나타나는 새로운 창에 구현되는 온라인 광고이다.
⑤ 바이럴광고(viral advertising)는 인터넷상에서 소비자가 직접 입소문을 퍼트리도록 유도하는 광고이다.

해설 ④ 리치 미디어 광고 : 배너 광고에 비해 풍부한 내용을 담을 수 있는 멀티미디어형 광고를 말한다. 리치 미디어를 표현하는 방법은 배너, 인터액티브 멀티미디어 등이 있다.

Answer 48 ④ 49 ④

50 브랜드 관리와 관련된 설명으로 가장 옳지 않은 것은?

① 브랜드 자산(brand equity)이란 해당 브랜드를 가졌기 때문에 발생하는 차별적 브랜드 가치를 말한다.
② 브랜드 재인(brand recognition)은 브랜드가 과거에 본인에게 노출된 적이 있음을 알아차리는 것이다.
③ 브랜드 회상(brand recall)이란 브랜드 정보를 기억으로부터 인출하는 것을 말한다.
④ 브랜드 인지도(brand awareness)는 브랜드 이미지의 풍부함을 의미한다.
⑤ 브랜드 로열티(brand loyalty)가 높을수록 브랜드 자산(brand equity)이 증가한다고 볼 수 있다.

[해설] ④ 브랜드 인지도(brand awareness)는 브랜드 이미지의 풍부함을 의미하는 것이 아니라, 소비자가 한 제품 범주에 속한 특정 브랜드를 재인(Recognition)하거나 회상(Recall)할 수 있는 능력을 의미한다.

51 상품판매에 대한 설명으로 옳지 않은 것은?

① 인적 판매는 개별적이고 심도 있는 쌍방향 커뮤니케이션이 가능한 것이 장점이다.
② 판매는 회사의 궁극적 목적인 수익창출을 실제로 구현하는 기능이다.
③ 전략적 관점에서 고객과의 관계를 형성하는 영업을 중요시하던 과거 방식에 비해 판매기술이 고도화되는 요즘은 판매를 빠르게 달성하는 전술적·기술적 관점이 더욱 부각되고 있다.
④ 판매는 고객과의 커뮤니케이션을 통해 상품을 판매하고, 고객과의 관계를 구축하고자 하는 활동이다.
⑤ 판매활동은 크게 신규고객을 확보하기 위한 활동과 기존고객을 관리하는 활동으로 나눌 수 있다.

[해설] ③ 전략적 관점에서 과거에는 판매를 빠르게 달성하는 전술적·기술적 관점이 중요했으나, 최근에는 고객과의 관계를 형성하여 장기적인 관계를 구축하는 CRM이 더욱 부각되고 있다.

Answer 50 ④ 51 ③

52 아래 글상자가 설명하는 머천다이징의 종류로 가장 옳은 것은?

> 소매업, 2차상품 제조업자, 가공업자 및 소재메이커가 수직적으로 연합하여 상품계획을 수립하는 머천다이징 방식이다.
> 이는 시장을 세분화하여 파악한 한정된 세분시장을 타겟 고객으로 하여 이들에 알맞은 상품화 전략을 전개하는 것이다.

① 혼합식 머천다이징
② 세그먼트 머천다이징
③ 선별적 머천다이징
④ 계획적 머천다이징
⑤ 상징적 머천다이징

해설 ③ 선별적 머천다이징이란 소매업, 2차상품 제조업자, 가공업자 및 소재메이커가 수직적으로 연합하여 상품계획을 수립하는 머천다이징 방식으로, 시장을 세분화하여 파악한 한정된 세분시장을 타겟 고객으로 하여 이들에 알맞은 상품화 전략을 전개하는 것이다.

53 판매서비스는 거래계약의 체결 또는 완결을 지원하는 거래지원서비스 및 구매과정에서 고객이 지각하는 가치를 향상시키는 가치증진서비스로 구분할 수 있다. 가치증진서비스에 해당되는 것으로 가장 옳은 것은?

① 상품의 구매와 사용 방법에 관한 정보제공
② 충분한 재고 보유와 안전한 배달을 보장하는 주문처리
③ 명료하고 정확하며 이해하기 쉬운 청구서를 발행하는 대금청구
④ 친절한 접객서비스와 쾌적한 점포분위기 제공
⑤ 고객이 단순하고 편리한 방식으로 대금을 납부하게 하는 대금지불

해설 ①②③⑤는 판매서비스 중 거래계약의 체결 또는 완결을 지원하는 거래 지원서비스에 해당한다. 매 과정에서 고객이 지각하는 가치를 향상시키는 가치증진서비스에는 친절한 접객서비스와 쾌적한 점포분위기 제공이 해당한다.

Answer 52 ③ 53 ④

54 전략과 연계하여 성과를 평가하기 위해 유통기업은 균형점수표(BSC : Balanced Score Card)를 활용하기도 한다. 균형점수표의 균형(balanced)의 의미에 대한 설명으로서 가장 옳지 않은 것은?

① 단기적 성과지표와 장기적 성과지표의 균형
② 과거 성과지표와 현재 성과지표 사이의 균형
③ 선행 성과지표와 후행 성과지표 사이의 균형
④ 내부적 성과지표와 외부적 성과지표 사이의 균형
⑤ 재무적 성과지표와 비재무적 성과지표 사이의 균형

해설 ② 과거 성과지표와 미래지향적 성과지표 사이의 균형을 고려함
균형성과표(BSC)는 조직의 비전과 경영 목표를 각 사업 부문과 개인의 성과측정 지표로 전환해 전략적 실행을 최적화하는 경영관리기법으로 재무, 고객, 내부 프로세스, 학습·성장 등 4분야에 대해 측정 지표를 선정해 평가한 뒤 각 지표별로 가중치를 적용하여 산출한다.

55 사람들은 신제품이나 혁신을 수용하고 구매하는 성향에서 큰 차이를 갖는다. 자신의 커뮤니티에서 여론주도자이며 신제품이나 혁신을 조기에 수용하지만 매우 신중하게 구매하는 집단으로 가장 옳은 것은?

① 혁신자(innovator)
② 조기 수용자(early adopter)
③ 조기 다수자(early majority)
④ 후기 다수자(late majority)
⑤ 최후 수용자(laggard)

해설 ② 조기 수용자(early adopter)는 자신의 커뮤니티에서 여론주도자이며 신제품이나 혁신을 조기에 수용하지만 매우 신중하게 구매하는 집단이라 할 수 있다.

참고 로저스의(Rogers)의 혁신수용이론
㉠ 혁신 소비자 : 교육 및 소득수준이 높고, 사회적 활동 활발
㉡ 조기 수용자 : 의견 선도자로서 유행에 민감하고 가치표현적 성격이 강하며 관여도 높음
㉢ 조기 다수자 : 신중한 소비자들로 기술 자체에는 관심이 없고 실제적인 문제에 집중
㉣ 후기 다수자 : 신제품 수용에 의심이 많은 집단으로 가격에 민감하고 위험회피형인 보수적 집단
㉤ 최후 수용자 : 전통고수 성향의 소비자층으로 신제품이 완전히 소비자에 의해 수용되어야만 제품 구매

Answer 54 ② 55 ②

56 표적시장을 수정하거나 제품을 수정하거나 마케팅믹스를 수정하는 마케팅전략을 수행해야 하는 제품수명주기상의 단계로서 가장 옳은 것은?

① 신제품 출시 이전(以前)
② 도입기
③ 성장기
④ 성숙기
⑤ 쇠퇴기

해설 ④ 성숙기(Maturity)는 판매량이 급속하게 증가하다가 정체를 보이는 단계로서 시장성장률이 둔화되는 특징이 나타난다. 제품판매성장률은 점차 감소하고 어느 시점에 이르면 수요는 정체 및 감소하게 되므로 표적시장을 수정하거나 제품을 수정하거나 마케팅믹스를 수정하는 마케팅전략을 수행해야 한다.

57 중고품을 반납하고 신제품을 구매한 고객에게 가격을 할인해 주거나 판매촉진행사에 참여한 거래처에게 구매대금의 일부를 깎아주는 형식의 할인으로 가장 옳은 것은?

① 기능 할인(functional discount)
② 중간상 할인(trade discount)
③ 공제(allowances)
④ 수량 할인(quantity discount)
⑤ 계절 할인(seasonal discount)

해설 ③ 공제(allowances)란 일반적으로 중간상인에 대한 판매촉진의 한 방법으로 행해진다. 중고품을 반납하고 신제품을 구매한 고객에게 가격을 할인해 주거나 판매촉진행사에 참여한 거래처에게 구매 대금의 일부를 깎아주는 형식의 할인으로 이루어진다.

58 카테고리 매니지먼트에 대한 설명으로 가장 옳지 않은 것은?

① 특정 제품 카테고리의 매출과 이익을 최대화하기 위한 원료공급부터 유통까지의 공급망에 대한 통합적 관리
② 제조업체와 협력을 통해 특정 제품 카테고리를 공동경영하는 과정
③ 제품 카테고리의 효율 극대화를 위한 전반적인 머천다이징 전략과 계획
④ 소매업체와 벤더, 제조업체를 포함하는 유통경로 구성원들 간에 제품 카테고리에 대한 사전 합의 필요
⑤ 고객니즈 변화에 대한 신속한 대응뿐만 아니라 재고와 점포운영비용의 절감 효과 가능

해설 ① 원료공급부터 유통까지의 공급망에 대한 통합적 관리는 공급사슬관리에 해당한다.
한편, 카테고리 매니지먼트(CM : Category Management), 즉 카테고리관리는 특정 제품군을 중심으로 유통업체와 제조업체가 협력을 통해 공동의 수요를 창출해내는 과정을 의미한다. 카테고리 매니지먼트에서는 유통업체와 제조업체 사이에 존재하는 벽을 제거함으로써 신제품 도입, 제품 구색, 각종 촉진전략 등을 최적화하여 궁극적인 소비자 수요를 창출하고자 한다.

Answer 56 ④ 57 ③ 58 ①

59 아래 글상자의 성과측정 지표들 중 머천다이징에서 상품관리 성과를 측정하기 위한 지표들만을 나열한 것으로 옳은 것은?

> ㉠ 총자산수익률(return on asset)
> ㉡ 총재고투자마진수익률(gross margin return on investment)
> ㉢ 재고회전율(inventory turnover)
> ㉣ ABC분석(ABC analysis)
> ㉤ 판매추세분석(sell-through analysis)

① ㉠, ㉡
② ㉠, ㉡, ㉢
③ ㉡, ㉢, ㉣
④ ㉢, ㉣, ㉤
⑤ ㉣, ㉤

해설 성과측정 지표들 중 머천다이징에서 상품관리 성과를 측정하기 위한 지표에는 총자산수익률(return on asset), 총재고투자마진수익률(gross margin return on investment), 재고회전율(inventory turnover) 등이 대표적이다. 한편, 상품기획 성과의 측정방법으로는 ABC분석과 판매추세분석(sell-through analysis)이 널리 사용된다. 여기서 판매추세분석은 고객의 수요에 부응하기 위해 가격인하가 필요한지 또는 상품을 구입해야 하는 것인지를 결정하기 위해 실제매출과 매출목표를 비교하는 방법이다.

60 유통경로에 대한 촉진 전략 중 푸시전략에 해당하는 것으로 가장 옳지 않은 것은?

① 소매상과의 협력 광고
② 신제품의 입점 및 진열비 지원
③ 진열과 판매 보조물 제공
④ 매장 내 콘테스트와 경품추첨
⑤ 판매경연대회와 인센티브 제공

해설 ④ 매장 내 콘테스트와 경품추첨은 소비자를 대상으로 하는 풀전략에 해당한다.
PUSH 전략은 제조업자가 소비자를 향해 제품을 밀어낸다는 의미로 제조업자 → 도매상, 도매상 → 소매상, 소매상 → 최종 소비자에게 제품을 판매하게 만드는 전략에 해당한다. 인적 판매 또는 가격할인, 수량할인 등 <u>유통상인을 대상으로 하는 판매촉진</u>을 주로 사용한다.

Answer 59 ② 60 ④

61 아래 글상자에서 제품수명주기에 따른 광고목표 중 도입기의 광고목표와 관련된 광고만을 나열한 것으로 가장 옳은 것은?

> ㉠ 제품 성능 및 이점에 대한 인지도를 높이는 정보제공형 광고
> ㉡ 우선적으로 자사 브랜드를 시장에 알리기 위한 인지도 형성 광고
> ㉢ 제품 선호도를 증가시키고 선택적 수요를 증가시키는 설득형 광고
> ㉣ 여러 제품 또는 브랜드 중 자사 제품을 선택해야 하는 이유를 제공하는 비교 광고
> ㉤ 브랜드를 차별화하고 충성도를 높이는 강화 광고
> ㉥ 자사의 브랜드와 특정 모델, 또는 특정 색이나 사물들과의 독특한 연상을 만드는 이미지 광고
> ㉦ 소비자의 기억 속에 제품에 대한 기억이 남아있을 수 있도록 하는 회상 광고

① ㉠, ㉡
② ㉠, ㉡, ㉢
③ ㉡, ㉢
④ ㉡, ㉢, ㉣
⑤ ㉤, ㉥, ㉦

62 기업과의 관계 진화과정에 따라 분류한 고객의 유형으로 가장 옳지 않은 것은?

① 잠재고객
② 신규고객
③ 기존고객
④ 이탈고객
⑤ 불량고객

> **해설** 고객관계관리(CRM)에 따르면 고객의 발전단계는 잠재고객 → 신규고객 → 단골고객(기존고객) → 옹호고객 → 파트너고객 순으로 발전하며, 기존고객에서 이탈한 이탈고객으로 분류할 수 있다. 불량고객은 노쇼, 블랙리스트 고객 등을 뜻하며 고객의 유형에 포함되지는 않는다.

63 '주스 한 잔에 ○○원' 등과 같이 오랫동안 소비자에게 정착되어 있는 가격을 지칭하는 용어로 가상 옳은 것은?

① 균일가격
② 단수가격
③ 명성가격
④ 관습가격
⑤ 단계가격

> **해설** ④ 관습가격은 비용 상승에도 불구하고 오랜 기간 동안 소비자들이 습관적으로 일정 금액을 지불해 왔기 때문에 기업들이 그에 따라 정착된 가격을 책정하는 전략이다.

Answer 61 ① 62 ⑤ 63 ④

64 CRM 전략을 위한 데이터웨어하우스에 대한 설명으로 가장 옳은 것은?

① 조직 내의 모든 사람이 다양하게 이용할 수 있도록 데이터들을 통합적으로 보관·저장하는 시스템이다.
② 의사결정에 필요한 정보를 생산할 수 있도록 다양한 소스로부터 모아서 임시로 정리한 데이터이다.
③ 의사결정에 필요한 데이터를 분석 가능한 형태로 변환하고 가공하여 저장한 요약형 기록 데이터이다.
④ 데이터의 신속한 입력, 지속적인 갱신, 추적 데이터의 무결성이 중시되는 실시간 상세 데이터이다.
⑤ 일정한 포맷과 형식이 없어 사용자가 원하는 작업을 수행할 수 있는 데이터들의 집합이다.

[해설] ③ Data-Warehouse는 사용자의 의사결정을 지원하기 위해 기업이 축적한 많은 데이터를 사용자 관점에서 주제별로 통합하여 별도의 장소에 저장해 놓은 데이터베이스로 이해할 수 있다. 주제지향성, 통합성(일관성), 비휘발성, 시계열성, 접근가능성의 특징을 지닌다.

65 매장의 상품배치에 관한 제안으로 가장 옳지 않은 것은?

① 가격 저항이 낮은 상품은 고객의 출입이 잦은 곳에 배치한다.
② 충동구매 성격이 높은 상품은 고객을 유인하기 위해 매장의 안쪽에 배치한다.
③ 고객이 꼭 구매하려고 계획한 상품의 경우 위치와 상관 없이 움직이는 경향이 있다.
④ 일반적으로 선매품의 경우 매장 안쪽에 배치한다.
⑤ 매장 입구에서 안쪽으로 들어갈수록 가격이 높은 상품을 배치하면 가격저항감을 줄일 수 있다.

[해설] ② 충동구매 성격이 높은 상품은 고객을 유인하기 위해 매장 전면에 배치하며, 매장의 안쪽에는 전문품이나 고가품을 배치하여 쇼핑의 쾌적성을 제공해야 한다.

66 고객 편리성을 높이기 위한 점포구성 방안으로서 가장 옳지 않은 것은?

① 고객 이동의 정체와 밀집을 막아 이동을 원활하게 하는 레이아웃 구성
② 자유로운 고객 흐름을 방해하지 않게 양방통행 원칙을 준수하여 통로 설계
③ 원스톱 쇼핑을 위해 다종다양의 상품을 제공하기 위한 스크램블드(scrambled) 머천다이징
④ 상품을 빨리 찾을 수 있게 연관성이 높은 상품군별로 모아 놓는 크로스(cross) 진열
⑤ 면적이 넓은 점포의 경우 휴식을 취할 수 있는 휴식시설 설치

[해설] ② 고객동선은 교차하지 않도록 구성하는 것이 원칙이므로 자유로운 고객 흐름을 방해하지 않기 위해서는 양방통행보다는 일방통행 통로 설계가 적합하다.

Answer 64 ③ 65 ② 66 ②

67 CRM(customer relationship management) 실행 순서를 나열한 것으로 가장 옳은 것은?

① 고객니즈분석 - 대상고객선정 - 가치창조 - 가치제안 - 성과평가
② 가치제안 - 가치창조 - 고객니즈분석 - 대상고객선정 - 성과평가
③ 고객니즈분석 - 가치제안 - 대상고객선정 - 가치창조 - 성과평가
④ 가치창조 - 고객니즈분석 - 대상고객선정 - 가치제안 - 성과평가
⑤ 대상고객선정 - 고객니즈분석 - 가치창조 - 가치제안 - 성과평가

해설 CRM(Customer Relationship Management) 실행 순서는 대상고객선정 - 고객니즈분석 - 가치창조 - 가치제안 - 성과평가 순으로 이루어진다.

68 마케팅 조사에 대한 설명으로 가장 옳지 않은 것은?

① 기술조사는 표적모집단이나 시장의 특성에 관한 자료를 수집·분석하고 결과를 기술하는 조사이다.
② 2차자료는 당면한 조사목적이 아닌 다른 목적을 위해 과거에 수집되어 이미 존재하는 자료이다.
③ 1차자료는 당면한 조사목적을 달성하기 위하여 조사자가 직접 수집한 자료이다.
④ 마케팅조사에는 정성조사와 정량조사 모두 필수적으로 제시되어야 한다.
⑤ 탐색조사는 조사문제가 불명확할 때 기본적인 통찰과 아이디어를 얻기 위해 실시하는 조사이다.

해설 ④ 마케팅조사에는 정성조사와 정량조사 모두 필수적으로 제시되어야 하는 것은 아니다. 다만 정량조사와 정성조사는 양자 간 상호보완적인 효과가 있으므로 조사의 신뢰성을 위해서는 함께 진행되는 것이 좋다.

69 짐포의 비주일 머천다이징 요소로서 가장 옳지 않은 것은?

① 점두, 출입구, 건물 외벽 등의 점포 외장
② 매장 및 후방, 고객 동선, 상품배치 등의 레이아웃
③ 매장 인테리어, 조명, 현수막 등의 점포 내부
④ 진열 집기, 트레이, 카운터 등 각종 집기
⑤ 종업원의 복장, 머리카락, 청결 상태 등의 위생

해설 VMD는 마케팅효과를 극대화하기 위해 특정 상품이나 서비스를 시각적으로 연출하고 관리하는 것으로, 점포의 비주얼 머천다이징 요소에는 색채, 재질, 선, 형태, 공간 등과 점포 내·외부 디자인도 포함되며 핵심 개념은 매장 내 전시를 중심으로 이루어진다. 따라서 매장 및 후방, 고객 동선, 상품배치 등의 레이아웃은 비주얼 머천다이징 요소에는 해당하지 않는다.

Answer 67 ⑤ 68 ④ 69 ②

70 상품진열에 대한 설명으로 가장 옳지 않은 것은?

① 고객의 오감을 즐겁게 하면서도 찾기 쉽고 선택을 용이하게 하는 진열을 한다.
② 매장 입구에는 구매빈도가 높은 상품위주로 진열한다.
③ 오픈진열을 할 경우 경품 및 행사상품, 고회전상품, 저회전상품 순으로 진열한다.
④ 셀프서비스 판매방식 소매점에서는 소비자가 직접 상품을 선택할 수 있도록 곤돌라 또는 쇼케이스를 이용한 진열 방식의 활용이 일반적이다.
⑤ 엔드진열은 신상품, 행사상품의 효율적 소구를 위해 매장의 빈 공간에 독립적으로 진열하는 방식이다.

> **해설** ⑤ 엔드진열은 고객들이 이동하는 통로에 직접 매대를 노출시켜 충동구매를 유도하는 전략으로, 테마 상품 또는 소비자들에게 인지도가 있는 상품을 진열하여 매출액을 극대화시키는 진열 방법에 해당한다.

제4과목 유통정보

71 아래 글상자의 괄호 안에 들어갈 용어를 순서대로 바르게 나열한 것으로 가장 옳은 것은?

> 알파고 리(기존 버전 알파고)는 프로 바둑기사들의 기보 데이터를 대량으로 입력받아 학습하는 (㉠)이 필요했다. 반면 알파고 제로는 바둑 규칙 이외에 아무런 사전 지식이 없는 상태에서 인공신경망 기술을 활용하여 스스로 대국하며 바둑 이치를 터득해서 이기기 위한 수를 스스로 생성해낸다. 이렇듯 수많은 시행착오를 통해 최적의 행동을 찾아내는 방식을 (㉡)이라 한다.

① ㉠ 지도학습, ㉡ 비지도학습
② ㉠ 지도학습, ㉡ 준지도학습
③ ㉠ 지도학습, ㉡ 강화학습
④ ㉠ 강화학습, ㉡ 지도학습
⑤ ㉠ 강화학습, ㉡ 준지도학습

> **해설** 기계학습(machine learning)의 알고리즘 유형 중 프로 바둑기사들의 기보 데이터를 대량으로 입력받아 학습하는 것은 지도학습(supervised learning)이고, 수많은 시행착오를 통해 최적의 행동을 찾아내는 방식은 강화학습(reinforcement learning)이다.

> **참고** 머신러닝의 유형
> 머신러닝 알고리즘은 학습 시스템에 정보 및 데이터를 입력하는 형태에 따라 크게 세 가지로 나뉜다.
> • 지도(supervised) 학습 : 입력과 이에 대응하는 미리 알려진 출력(인간 전문가가 제공)을 매핑(mapping)하는 함수를 학습하는 과정이다.
> • 비지도(unsupervised) 학습 : 출력 없이 입력만으로 모델을 구축하여 학습한다. 일반적으로 데이터마이닝의 대부분의 기법이 이에 해당한다.
> • 강화(reinforcement) 학습 : 학습자가 행동을 선택하여 행동으로 환경에 영향을 미치고, 이에 대한 피드백로 보상치를 얻어 학습 알고리즘의 가이드로 사용한다.

Answer 70 ⑤ 71 ③

72 드론의 구성요인에 대한 설명으로 가장 옳지 않은 것은?

① 드론의 항법센서로는 전자광학센서, 초분광센서, 적외선센서 등이 있다.
② 드론 탑재 컴퓨터는 드론을 운영하는 브레인 역할을 하며 드론의 위치, 모터, 배터리 상태 등을 확인할 수 있게 한다.
③ 드론 모터는 드론의 움직임이 가능하도록 지원하고, 배터리는 모터에 에너지를 제공한다.
④ 드론 임무장비는 드론이 비행을 하면서 특정한 임무를 하도록 장착된 관련 장비를 의미한다.
⑤ 드론 프로펠러 및 프레임은 드론이 비행하도록 프레임워크를 제공한다.

[해설] 드론의 관성측정장치(IMU)는 비행체의 관성(움직임)을 여러 가지 물리적 데이터(속도, 방향, 중력, 가속도)로 계측하는 장치이다. 이 장치는 가속도 센서, 지자기 센서, GPS 센서 등으로 구성된 하나의 통합 유닛이다.
가속도 센서(accelerometer)로는 3차원 공간에서 전후·좌우·상하의 움직임을 감지한다. 지자기 센서(geomagnetic sensor)로는 지구의 자기장을 측정해 드론의 진행 방향을 인식한다. 위성항법장치(GPS) 센서는 위성에서 보내는 신호를 받아 비행체의 현재 위치를 비행 제어부에 알려 주는 장치다.

73 아래 글상자에서 설명하는 용어로 가장 옳은 것은?

> 모든 디바이스가 정보의 뜻을 이해하고 논리적인 추론까지 할 수 있는 지능형 기술로 사람의 머릿속에 있는 언어에 대한 이해를 컴퓨터 언어로 표현하고 이것을 컴퓨터가 사용할 수 있게 만드는 것이다. 이 기술은 웹페이지에 담긴 내용을 이해하고 개인 맞춤형 서비스를 제공받아 지능화된 서비스를 제공하는 웹3.0의 기반이 된다.

① 고퍼(gopher)
② 냅스터(napster)
③ 시맨틱 웹(semantic-web)
④ 오페라(opera)
⑤ 웹클리퍼(web-clipper)

[해설] ③ 제시된 내용은 시맨틱 웹(semantic-Web)에 대한 설명이다. 시맨틱 웹은 인터넷비즈니스와 관련된 네트워크 기술의 하나로, 현재의 웹이 의미의 웹으로 진화한 개념으로 컴퓨터가 스스로 문장이나 문맥 속의 단어의 미묘한 의미를 구분하여 사용자가 원하는 정보를 제공할 수 있는 웹이다. 즉, 시맨틱 웹은 사람이 읽고 해석하기에 편리하게 설계되어 있는 현재의 웹 대신에 컴퓨터가 이해할 수 있는 형태의 새로운 언어로 표현해 기계들끼리 서로 의사소통을 할 수 있는 지능형 웹이다. 1998년 월드와이드웹(www)의 창시자인 팀 버너스 리(Tim Berners Lee)에 의해 개발되었다.
① 고퍼(gopher)는 정보의 내용을 주제별이나 종류별로 구분하여 메뉴로 구성, 메뉴 방식으로 사용할 수 있는 인터넷 정보검색 서비스를 말한다. 인터넷에 익숙하지 않은 사용자라도 제공되는 메뉴만 따라가면 쉽게 원하는 정보를 찾을 수 있게 해주는 서비스이다.

Answer 72 ① 73 ③

74 공급사슬의 성과지표들 중 고객서비스의 신뢰성 지표로 가장 옳은 것은?

① 평균 재고 회전율
② 약속 기일 충족률
③ 신제품 및 신서비스 출시 숫자
④ 특별 및 긴급 주문을 처리하는 데 걸리는 시간
⑤ 납기를 맞추기 위해 요구되는 긴급주문의 횟수

해설 공급사슬의 성과지표들 중 고객서비스의 신뢰성 지표로 가장 중요한 것은 약속 기일 충족률이다. 즉 고객과 약속한 인도일을 어느 정도나 충족했는가 하는 것이다.
따라서 리드타임(lead time)을 단축하면 물류비용은 증가하지만 고객서비스의 개선이 이루어진다.

75 지식경영에 대한 설명으로 가장 옳지 않은 것은?

① 피터 드러커(Peter Drucker, 1954)는 재무 지식뿐만 아니라 비재무 지식을 활용해 경영성과를 측정하는 균형성과표를 제시하였다.
② 위그(Wigg, 1986)는 지식경영을 지식 및 지식관련 수익을 극대화시키는 경영활동이라고 정의하였다.
③ 노나카(Nonaka, 1991)는 지식경영을 형식지와 암묵지의 순환과정을 통해 경쟁력을 확보하는 경영활동이라고 정의하였다.
④ 베크만(Bechman, 1997)은 지식경영을 조직의 역량, 업무성과 및 고객가치를 제고하는 경영활동이라고 정의하였다.
⑤ 스베이비(Sveiby, 1998)는 지식경영을 무형자산을 통해 가치를 창출하는 경영활동이라고 정의하였다.

해설 ① 재무 지식뿐만 아니라 비재무 지식을 활용해 경영성과를 측정하는 균형성과표(BSC)는 카플란과 노튼(Robert Kaplan & David Norton)이 개발하였다.
BSC는 재무, 고객, 내부 프로세스, 학습·성장 등 4분야에 대해 측정지표를 선정해 평가한 뒤 각 지표별로 가중치를 적용해 산출한다.

Answer 74 ② 75 ①

76. 웹 2.0을 가능하게 하고 지원하는 기술에 대한 설명으로 가장 옳지 않은 것은?

① 폭소노미(folksonomy)란 자유롭게 선택된 일종의 태그인 키워드를 사용해 구성원들이 함께 정보를 체계화하는 방식이다.
② UCC(user created contents)는 사용자들이 웹 콘텐츠의 생산자인 동시에 소비자로서의 역할을 가능하게 하여 참여와 공유를 지원한다.
③ 매시업(mashup)은 웹 콘텐츠를 소프트웨어가 자동적으로 이해하고 처리할 수 있도록 지원하여 정보와 지식의 공유 및 협력을 촉진한다.
④ API(application programming interface)는 응용 프로그램에서 사용할 수 있도록 컴퓨터 운영체제나 프로그래밍 언어가 제공하는 기능을 제어할 수 있도록 만든 인터페이스이다.
⑤ RSS(rich site summary)란 웹공간에서 콘텐츠 공유를 촉진하며, 특정 사이트에서 새로운 정보가 있을 때 자동적으로 받아볼 수 있는 콘텐츠 배급방식이다.

해설 ③ 매시업(mash-up)은 웹서비스 업체들이 제공하는 각종 콘텐츠와 서비스를 융합하여 새로운 웹서비스를 만들어내는 것을 의미한다.
매시업 서비스로 가장 유명한 것은 구글 지도와 부동산 정보사이트인 크레이그 리스트(www.craigslist.org)를 결합시킨 하우징맵(www.housingmaps.com) 사이트로, 지도 정보에서 특정 지역을 선택하면 해당 지역의 부동산 매물정보를 보여주는 서비스를 제공하고 있다.

77. 스튜워트(W. M. Stewart)가 주장하는 물류의 중요성이 강조되는 이유로 가장 옳지 않은 것은?

① 재고비용절감을 위해서는 증가된 주문 횟수를 처리할 새로운 시스템의 도입이 필요하다.
② 소비자의 제품가격 인하 요구는 능률적이며 간접적인 제품 분배경로를 필요로 하게 되었다.
③ 기업은 물류 서비스 개선 및 물류비 절감을 통해 고객에 대한 서비스 수준을 높일 수 있으며, 이는 기업에게 새로운 수요 창출의 기회가 된다.
④ 소비자의 제품에 대한 다양한 요구는 재고 저장단위 수의 증대를 필요로 하며, 이는 다목적 창고 재고 유지, 재고 불균형 등의 문제를 발생시킨다.
⑤ 가격결정에 있어 신축성을 부여하기 위해서는 개별시장으로의 운송에 소요되는 실제 분배비용에 의존하기 보다는 전국적인 평균비용의 산출이 필요하게 되었다.

해설 ⑤ 가격결정에 있어 신축성을 부여하기 위해서는 전국적인 평균비용보다는 개별시장으로의 운송에 소요되는 실제 분배비용에 의존하는 것이 중요하게 되었기 때문이다.

Answer 76 ③ 77 ⑤

78 POS(point of sale)시스템 도입에 따른 장점으로 가장 옳지 않은 것은?

① 매상등록시간이 단축되어 고객 대기시간이 줄며 계산대의 수를 줄일 수 있다.
② 단품관리에 의해 잘 팔리는 상품과 잘 팔리지 않는 상품을 즉각 찾아낼 수 있다.
③ 적정 재고수준의 유지, 물류관리의 합리화, 판촉전략의 과학화 등의 효과를 가져올 수 있다.
④ POS터미널의 도입에 의해 판매원 교육 및 훈련시간이 짧아지고 입력오류를 방지할 수 있다.
⑤ CPFR(collaborative planning, forecasting and replenishment)과 연계하여 신속하고 적절한 구매를 할 수 있다.

> **해설** CPFR(Collaborative Planning, Forecasting and Replenishment), 즉 협력적 계획, 예측 및 보충 시스템은 판매·재고 데이터를 소비자 수요예측과 주문관리에 이용하고, 제조업체와 공동으로 생산계획에 반영하는 등 제조와 유통업체가 예측·계획·상품보충을 공동으로 운영(협업)하고자 하는 업무 프로세스이다.
> CPFR은 최근 각광받고 있는 SCM 공급측면 응용기술의 하나로 POS 시스템과는 관련이 없다.
> CPFR은 소매업자 및 도매업자와 제조업자가 고객서비스를 향상하고 업자들 간에 공급망(SCM)에서의 정보의 흐름을 가속화하여 재고를 감소시키는 경영전략이자 기술이다.

79 빅데이터 분석 기술들 중 아래 글상자에서 설명하는 용어로 가장 옳은 것은?

> 관찰된 연속형 변수들에 대해 두 변수 사이의 모형을 구한 뒤 적합도를 측정해내는 방법으로, 시간에 따라 변화하는 데이터나 변수들의 어떤 영향 및 가설적 실험, 인과관계 모델링 등의 통계적 예측에 이용될 수 있다.

① 감성분석　　　　　　　　　② 기계학습
③ 회귀분석　　　　　　　　　④ 텍스트 마이닝(text mining)
⑤ 오피니언 마이닝(opinion mining)

> **해설** 문제의 내용은 회귀분석에 대한 설명이다. 회귀분석(regression analysis)은 하나의 종속변수가 독립변수들에 의해서 어떻게 설명 또는 예측되는지를 알아보기 위해 변수들 간의 관계를 적절한 회귀식으로 표현하는 통계적 방법이다.

Answer 78 ⑤　79 ③

80 EDI(electronic data interchange)에 대한 설명으로 가장 옳지 않은 것은?

① EDI는 기업 간에 교환되는 거래서식을 컴퓨터로 작성하고 통신망을 이용하여 직접 전송하는 정보교환방식을 의미한다.
② EDI가 이루어지기 위해서는 거래업체들 간에 서로 교환할 데이터의 형태와 그 데이터를 어떻게 표현할 것인가에 대한 상호합의가 필요하다.
③ EDI를 이용하면 지금까지 종이형태의 문서에 기록하고 서명한 다음, 우편을 통해 전달되던 각종 주문서, 송장, 지불명세서 등이 데이터통신망을 통해 전자적으로 전송되고 처리된다.
④ EDI는 교환되는 거래문서에 대해 통용될 수 있는 표준양식이 정해져야 하며, 이를 통해 전달되는 데이터의 형식이 통일된 후, 이러한 데이터가 일정한 통신표준에 입각해서 상호 간에 교환될 수 있어야 한다.
⑤ 전자문서의 사설표준은 특정 산업분야에서 채택되어 사용되는 표준을 말하며, 사설표준의 대표적인 것에는 국제상품코드관리기관인 EAN(국내의 경우: KAN)이 개발·보급하고 있는 유통부문의 전자문서 국제표준인 EANCOM이 있다.

해설 ⑤ 국제상품코드관리기관인 EAN(국내의 경우 : KAN)이 개발·보급하고 있는 유통부문의 전자문서 국제표준인 EANCOM은 국제표준이다.
EDI 서비스는 1986년 국제연합유럽경제위원회(UN/ECE) 주관으로 프로토콜 표준화 합의가 이루어졌고, 1988년 프로토콜의 명칭을 EDIFACT로 하였으며, 구문규칙을 국제표준(ISO 9735)으로 채택하였다.

81 유통정보혁명의 시대에서 유통업체의 경쟁우위 확보 방안으로 가장 옳지 않은 것은?

① 마케팅 개념측면에서 유통업체는 제품 및 판매자 중심에서 고객 중심으로 변화해야 한다.
② 마케팅 개념측면에서 유통업체는 매스(mass) 마케팅에서 일대일 마케팅으로 변화해야 한다.
③ 마케팅 개념측면에서 유통업체는 기존의 다이렉트(direct) 마케팅에서 푸시(push) 마케팅으로 변화해야 한다.
④ 비즈니스 환경측면에서 유통업체는 전략적 제휴와 글로벌화(globalization)를 추진해야 한다.
⑤ 비즈니스 환경측면에서 유통업체는 제품 및 공정 기술의 보편화로 인해 도래하는 물류 경쟁 시대의 급격한 변화에 대비해야 한다.

해설 ③ 오늘날의 유통정보혁명 시대에서 마케팅 개념측면에서 유통업체가 경쟁우위를 확보하기 위해서는 기존의 푸시(push) 마케팅에서 상품정보와 고객정보를 결합하여 다이렉트(direct) 마케팅으로 변화해야 한다.
다이렉트 마케팅, 즉 직접마케팅은 e-마케팅(인터넷 소매업 또는 인터넷 쇼핑몰), 카탈로그·DM 소매업, 텔레마케팅, 텔레비전 마케팅(TV홈쇼핑) 등을 의미한다.

Answer   80 ⑤   81 ③

82 유통정보시스템의 개념에 대한 설명으로 가장 옳지 않은 것은?

① 물류비용과 재고비용을 감축하여 채널단계에 참여하는 모두가 이익을 얻을 수 있게 한다.
② 유통정보와 프로세스의 흐름을 확보해 시간차로 발생하는 가시성 문제를 최소화하여 시장 수요와 공급을 조절해 주고 각 개인이 원하는 제품과 서비스 공급이 원활하도록 지원한다.
③ 유통정보시스템은 경영자가 유통과 관련된 기업의 목표를 달성하기 위한 효율적이고 효과적인 의사결정을 하는데 필요한 정보제공을 위해 설계되어야 한다.
④ 유통거래를 지원하는 정보시스템으로 관련된 기존 시스템의 정보를 추출, 변환, 저장하는 과정을 거쳐 업무 담당자 목적에 맞는 정보만을 모아 관리할 수 있도록 지원해 준다.
⑤ 유통정보시스템은 기업의 유통활동 수행에 필요한 정보의 흐름을 통합하여 전사적 유통을 가능하게 하고 유통계획, 관리, 거래처리 등에 필요한 데이터를 처리하여 유통관련 의사결정에 필요한 정보를 적시에 제공하기 위한 절차, 설비, 인력을 뜻한다.

[해설] 유통정보시스템(channel information system)은 기업의 유통활동 수행에 필요한 정보의 흐름을 통합하는 기능을 통해 전사적 유통 또는 통합유통을 가능하게 하는 동시에 유통계획, 관리, 거래처리 등에 필요한 데이터를 처리하여 유통 관련 의사결정에 필요한 정보를 적시에 제공하는 정보시스템이다.

83 지식관리시스템에 대한 설명으로 가장 옳지 않은 것은?

① 기업은 고객에게 지속적이고 일관성 있는 정보를 제공하기 위해서 지식관리시스템을 활용한다.
② 기업은 지식네트워킹을 통해서 새로운 제품을 출시할 수 있고 고객에게 양질의 서비스를 제공할 수 있다.
③ 지식을 보유·활용함으로써 제품 및 서비스 가치를 향상시키고 기업의 지속적인 성장에 기여할 수 있다.
④ 기업들은 동종 산업에 있는 조직들의 우수사례(best practice)를 그들 조직에 활용하여 많은 시간을 절약할 수 있다.
⑤ 지식관리시스템은 지식관리 플랫폼으로 고객지원센터 등 기업 내부 지원을 위해 활용되고 있으며, 챗봇, 디지털 어시스트 등 고객서비스와는 거리가 멀다.

[해설] ⑤ 지식관리시스템(KMS)은 지식관리 플랫폼으로 고객지원센터 등 기업 내부 지원을 위해 활용되고 있을 뿐만 아니라, 고객서비스를 개선하기 위해 활용된다.

Answer 82 ④ 83 ⑤

84 아래 글상자의 괄호 안에 들어갈 용어가 순서대로 바르게 나열된 것은?

> 오픈AI는 대화형 인공지능 챗봇 서비스인 ChatGPT를 개발하였다. ChatGPT의 등장은 (㉠)서비스의 대중화를 알리는 첫 시작이라는 데 가장 큰 의의가 있다. 기존에는 (㉡) 서비스가 주를 이뤘으나 ChatGPT의 등장으로 이같은 방식의 서비스가 각광받을 것으로 예상된다.

① ㉠ 식별 AI(discriminative AI), ㉡ 생성 AI(generative AI)
② ㉠ 강한 AI(strong AI), ㉡ 약한 AI(weak AI)
③ ㉠ 생성 AI(generative AI), ㉡ 식별 AI(discriminative AI)
④ ㉠ 약한 AI(weak AI), ㉡ 강한 AI(strong AI)
⑤ ㉠ 논리적 AI(logical AI), ㉡ 물리적 AI(physical AI)

해설 ChatGPT는 생성형 AI(generative AI)이다. 생성형 AI는 텍스트, 오디오, 이미지 등 기존 콘텐츠를 활용해 유사한 콘텐츠를 새롭게 만들어 내는 인공지능(AI) 기술이다. 즉 콘텐츠들의 패턴을 학습해 추론 결과로 새로운 콘텐츠를 만들어내는 것이다.
ChatGPT 이전의 AI는 식별형 AI(discriminative AI)로 외국어의 번역이나 음성 및 화상의 식별 수준에 그치는 수준이다.

85 바코드와 관련된 용어에 대한 설명으로 가장 옳지 않은 것은?

① ITF-14 바코드는 GS1이 개발한 국제표준바코드로, 물류 단위에 부여된 식별코드를 기계가 읽을 수 있도록 막대 모양으로 표현한 것이다.
② GS1 DataMatrix는 우리나라 의약품 및 의료기기에 사용되는 유일한 의약품표준바코드로, 다양한 추가 정보를 입력하면서도 작은 크기로 인쇄가 가능하다.
③ GS1 응용식별자는 바코드에 입력되는 특수 식별자로 바로 다음에 나오는 데이터의 종류, 예를 들어 GTIN, 일련번호, 유통기한 등을 나타내는 지시자를 의미한다.
④ 내부관리자 코드는 GS1 식별코드 중 하나로 특정 목적을 위해 내부(국가, 기업, 산업)용으로 사용되는 코드로 주로 가변규격상품이나 쿠폰의 식별을 위해 사용된다.
⑤ 국제거래단품식별코드는 국제적으로 거래되는 단품을 식별하기 위해 GS1이 만든 코드로 여기서 거래단품(trade item)이란 공급망상에서 가격이 매겨지거나 주문 단위가 되는 상품을 지칭한다.

해설 GS1 DataMatrix는 미국에서 개발된 흑백 격자무늬 패턴으로 정보를 나타내는 매트릭스 형식의 2차원 심볼이다. 다른 GS1 심볼과는 달리 아주 좁은 공간에 많은 정보를 이력할 수 있어 전세계적으로 의약품과 의료기기 분야에서 널리 활용되고 있다. 우리나라에서도 널리 활용되고 있으나 유일한 의약품표준바코드는 아니다. 의약품에는 GS1-13도 함께 활용되고 있다.

Answer 84 ③ 85 ②

86 IoT(Internet of Things)에 대한 설명으로 가장 옳지 않은 것은?

① 오늘날 5G 및 기타 유형의 네트워크 플랫폼이 거의 모든 곳에서 빠르고 안정적으로 대량의 데이터 세트를 처리해 주어 IoT 연결성을 높여 주고 있다.
② 연결상태는 24시간 always-on 방식이다.
③ IoT는 보안 및 개인정보 보호 위험, 기술 간 상호운영성, 데이터 과부하, 비용 및 복잡성 등의 이슈가 관리되어야 한다.
④ 서비스 방식은 빠르고 쉽게 찾는 Pull 방식이다.
⑤ ICT 기반으로 주위의 모든 사물에 유무선 네트워크로 연결하여 사람과 사물, 사물과 사물 간에 정보를 교류하고 상호 소통하는 지능적 환경으로 진화하고 있다.

[해설] 사물인터넷, 즉 IoT(Internet of Things)의 서비스 방식은 사람과 사물을 빠르고 쉽게 찾아야 하므로 Push 방식을 기본으로 하고 있다.

87 아래 글상자에서 설명하는 용어로 가장 옳은 것은?

> 이 개념은 의류산업에서 도입되기 시작하였으며, 소비자 위주의 시장환경에 재고부담을 줄이고 신제품 개발에 도움을 준다. 이것의 기본 개념은 시간 기반 경쟁의 장점을 성취하기 위해 빠르게 대응하는 시스템을 개발하는 것이다.
> 즉, 이것은 생산에서 유통까지 표준화된 전자거래체제를 구축하고, 기업 간의 정보공유를 통한 신속 정확한 납품, 생산·유통기간의 단축, 재고감축, 반품손실 감소 등을 실현하는 정보시스템이다.

① 풀필먼트(fulfillment)
② 신속대응(quick response)
③ 풀서비스(full service)
④ 푸시서비스(push service)
⑤ 최적화(optimization)

[해설] 문제에 제시된 내용은 오늘날 공급사슬관리(SCM)의 최초형태로 평가되고 있는 신속대응(quick response), 즉 QR에 대한 설명이다.
QR은 1980년대 미국의 패션의류산업에서 공급사슬의 상품흐름을 개선하기 위하여 소매업자와 제조업자의 정보공유를 통해 효과적으로 원재료를 충원하고, 제품을 제조하고, 유통함으로써 효율적인 생산과 공급체인의 재고량을 최소화시키려는 전략으로, 보다 정확하고 신속한 고객정보를 획득하여 고객대응속도를 높이고자 개발되었다.

Answer 86 ④ 87 ②

88 스미스, 밀버그, 버크(Smith, Milberg, Burke)는 '개인정보 활용에 따른 프라이버시 침해 우려에 대한 연구'를 통해 개인의 프라이버시 침해 우려 프레임워크를 제시하였다. 이 경우 유통업체의 개인정보 활용 증대에 따라 소비자들에게 발생할 수 있는 프라이버시 침해 우려에 대한 설명으로 가장 옳지 않은 것은?

① 유통업체가 지나치게 많은 개인정보를 수집하는 것에 대한 우려가 나타날 수 있다.
② 유통업체의 정보시스템에 저장된 개인정보에 권한이 없는 부적절한 접근에 대한 우려가 나타날 수 있다.
③ 유통업체에서의 인가받지 못한 개인정보에 대한 이차적 이용에 따른 우려가 나타날 수 있다.
④ 유통업체가 보유하고 있는 개인정보의 의도적 또는 사고적인 오류에 대해 적절하게 보호되고 있는지에 대한 우려가 나타날 수 있다.
⑤ 유통업체가 데이터 3법을 적용하여 개인정보를 활용함에 따라 개인이 자신의 정보에 대한 접근 권한을 차단당하는 상황이 발생할 수 있다는 우려가 나타날 수 있다.

해설 데이터 3법은 「개인정보 보호법」, 「정보통신망 이용촉진 및 정보보호 등에 관한 법률」(정보통신망법), 「신용정보의 이용 및 보호에 관한 법률」(신용정보법)을 말하며, 특정 개인을 식별할 수 없게 한 정보(가명정보)를 개인의 동의 없이 금융·연구 분야에서 활용할 수 있게 하는 내용을 담고 있다.
⑤ 데이터 3법이 시행되어도 개인이 자신의 정보에 대한 접근 권한을 차단당하는 상황이 발생할 수 있는 것은 아니다.

89 빅데이터는 다양한 유형으로 존재하는 모든 데이터가 대상이 된다. 데이터 유형과 데이터 종류, 그에 따른 수집 기술의 연결이 가장 옳지 않은 것은?

① 정형데이터 - RDB - ETL
② 정형데이터 - RDB - Open API
③ 반정형데이터 - 비디오 - Open API
④ 비정형데이디 - 이미지 - Crawling
⑤ 비정형데이터 - 소셜데이터 - Crawling

해설 ③ 반정형데이터(semi-structured data)의 종류에는 HTML, XML, JSON 및 IoT에서 제공하는 센서 데이터 등이 있다. 수집기술로는 Open API, Apache Flum, Chukaw 등이 있다. 반정형데이터는 값과 형식이 다소 일관성이 없다.
①② 정형 데이터(structured data)는 관계형 데이터베이스 관리 시스템(RDBMS)의 고정된 필드에 저장되는 데이터들을 말하는 것으로, 데이터의 길이와 형식이 정해져 있어 그에 맞추어 데이터를 저장하게 된다. 정형데이터에는 관계형데이터베이스(RDB), 스프레드 시트, CSV 데이터 등이 있다. 수집기술로는 ETL, FTP(File Transfer Protocol), API 등이 있다.

Answer 88 ⑤ 89 ③

④⑤ 비정형데이터(unstructured data)는 형태와 구조가 복잡한 이미지, 동영상, 사운드, 텍스트 문서 등 데이터의 형태가 정해져 있지 않은 데이터이다. 수집기술은 Crawling, RSS, Open API 등이 있다.

90 정부는 수산물의 건강한 유통을 위해 수산물 이력제를 시행하고 있다. 이에 대한 설명으로 가장 옳지 않은 것은?

① 수산물을 수확하는 어장에서 시작하여 소비자의 식탁에 이르기까지 수산물의 유통과정에 대한 정보를 관리하고 공개해서 소비자들이 안전하게 수산물을 선택할 수 있도록 도와주는 제도이다.
② 수산물 이력제의 등록표시는 표준화와 일관성을 위해 바코드로 된 이력추적 관리번호만 사용한다.
③ 식품안전사고를 대비하기 위해 소비자가 구매한 수산물의 유통과정이 투명하게 공개되도록 관리하여 신속한 사고발생 단계 파악 및 조속한 조치가 가능하다.
④ 생산자는 수산물에 대한 품질 및 위생정보를 효과적으로 관리할 수 있고 축적된 정보로 소비패턴 및 니즈 파악이 가능하다.
⑤ 수산물 이력제의 활용은 위생 부분의 국제기준을 준수하여 수산물 관리의 국제 경쟁력을 높여 주는 효과가 있다.

해설 ② 수산물 이력제의 등록표시는 해양수산부가 제정한 표지와 이력추적이 가능하도록 부여된 이력추적관리번호, 이력추적이 가능하도록 생성된 QR코드를 사용하고 있다.(fishtrace.go.kr 참조)

Answer 90 ②

참고문헌

김영규, 『경영학원론』, 박영사, 2005
김종신, 『현대유통관리』, 삼영사, 2001
박봉두・박종희・노정구・박철・문성암, 『유통학개론』, 학현사, 2000
박찬욱, 『실전 유통론』, 청람, 2015
서용구・이정희, 『100일만에 배우는 유통관리』, 서울경제경영, 2007
설봉식・최재섭・배두환, 『유통학개론』, 영진닷컴, 2005
송호달 외, 『유통경영론』, 두남, 1999
신광수, 『한국형 소매유통경영』, 청람, 2014
안광호・권익현・임병훈, 『마케팅-관리적 접근』, 제3판, 학현사, 2006
안광호・임병훈, 『마케팅조사원론』 제5판, 학현사, 2011
안광호・하영원・박흥수, 『마케팅원론』, 제6판, 학현사, 2014
안광호・한상린, 『유통원론』, 학현사, 2005
오세조, 『손에 잡히는 유통마케팅』, 개정2판, 중앙경제평론사, 2009
오세조, 『시장지향적 유통관리』, 박영사, 2001
오세조・김상덕, 『손에 잡히는 유통실무 완전정복』, 중앙경제평론사, 2006
오세조・박충환・김동훈, 『마케팅원론』, 전정판, 박영사, 2005
유재욱・안수진, 『소자본 창업경영』, 청람, 2012
윤명길・김유오, 『유통학원론』, 두남, 2011
이동대, 『소매업경영』, 학현사, 2002
이수동・여동기, 『유통관리』, 제3판, 2012, 법문사
이수동・여동기, 『소매경영』 제3판, 학현사, 2015
이신모, 『유통 스페셜리스트』, 두양사, 2008
이재규, 『최신 경영학원론』, 박영사, 2005
한동철・성희승, 『소매관리』, 우용출판사, 2003
한종길, 『소매유통경영론』, 청록출판사, 2008
Levy Waits, 오세조 외 역, 『소매경영』, 한올출판사, 2015

저자약력

황사빈

- 경제학박사

▶ **주요 경력**
- 前) 상명대학교 경제학과, 성결대학교 사회교육원, 동국대학교 전산교육원,
  인하대학교 평생교육원, 강원대학교 산학협력단, 농협대학 유통과정 외래교수
  인천시 공무원교육원, 한국경제신문사 한경아카데미 외래교수
  한국방송통신대학교 산학협력단 유통관리사 강의
  산업통상자원부 연수원, 서울체신청, 전남체신청 외래교수
  한국생산성본부(KPC), 한국표준협회(KSA), 한국능률협회(KMA) 외래교수
  대한상공회의소 NCS(유통관리) 개발위원
- 現) EBS 한국교육방송 유통관리사, 물류관리사 강의
  한국방송통신대학교 경제학과, 경영학과 강사
  인하대학교 경제학과 강의교수
  고려사이버대학교 평생교육학과 외래교수

▶ **저서 및 논문**
- 유통관리사 《유통물류일반관리》, 《유통마케팅》, 《상권분석》, 《유통정보》(2018, 아이엠에듀, 공저)
- 유통실무서 《유통일반》, 《유통마케팅》, 《유통분석》(2014, 한국생산성본부)
- 공인노무사 《경영학개론》(2015, 고시계), 《조직행위론》(2015, 고시계), 《인적자원관리》(2015, 고시계)
- 공인노무사 《경영학개론 연습》(2015, 고시계)
- 공기업 《경영학》(2015, 커리어에듀, 공저)
- 독학사 《경제학개론》, 《경영학개론》, 《마케팅론》, 《마케팅조사》, 《조직행위론》, 《인적자원관리》, 《경영정보론》(2019, 신지원)
- 군무원 《경영학》(2019, 아이엠에듀)

류하영

▶ **약력**
- 인하대 물류전문대학원 물류학 박사 수료
- 인하대 물류전문대학원 물류학 석사

▶ **주요 경력**
- 유한대학교 경영학과 강사
- 서울사이버대학교 글로벌무역물류학과 겸임교수
- 인천직업능력교육원 물류관리사, 유통관리사 강사
- 인천직업능력개발원 무역영어, 국제무역사 강사
- 케듀아이(KEDUi) 물류관리사, 유통관리사 강사

▶ **저서**
- 2024 에듀윌 물류관리사 한권끝장(2024, 에듀윌)
- 2023 에듀윌 물류관리사 한권끝장(2023, 에듀윌)
- 2022 Only1 유통관리사 2급 한권으로 끝내기(2022, 아이엠에듀)

유통관리사 시험대비

유통관리사 2급 한권으로 끝내기

최 신 판	2023. 3. 20
개정1쇄	2024. 4. 5
편 저 자	황사빈 · 류하영
발 행 처	(주)아이엠에듀
등 록	제2012-000016호
주 소	서울시 금천구 가산디지털1로 212(코오롱 디지털타워애스턴) 203호
전 화	02) 796-6861~2
팩 스	02) 796-6864

저자와의
협의하에
인지생략

정가 38,000원

- 본서의 무단 전재·복제행위는 저작권법 제136조에 의거 5년 이하의 징역 또는 5,000만원 이하의 벌금에 처하거나 이를 병과할 수 있습니다.
- 파본은 구입처에서 교환하시기 바랍니다.